新疆文物考古研究所丛刊之九
吐鲁番学研究丛书甲种本之四

新疆洋海墓地

中

吐鲁番市文物局
新疆文物考古研究所
吐鲁番学研究院
吐鲁番博物馆

编 著

文物出版社

Report of Archaeological Excavations at Yanghai Cemetery

by

Turfan City Bureau of Cultural Relics
Xinjiang Institute of Cultural Relics and Archaeology
Academy of Turfanology
Turfan Museum

Cultural Relics Press

第五章　Ⅲ号墓地

Ⅲ号墓地位于Ⅱ号墓地之南，相距最近处126米。墓地中心点位于北纬42°48′326″、东经89°39′184″、海拔 −37米。台地正南北走向，呈不规则形，但可规划成长方形计算面积，即东西宽100、南北长150米，面积1.5万平方米。整个台地上基本都布满了墓葬，在台地的西北，墓葬区一直延伸到下面低平处。墓葬分布均匀，布局疏密相宜，井然有序。依中部墓葬间距5~6米计算，每座墓葬占地面积接近30平方米，可见Ⅲ号墓地墓与墓

的间距最大，但也至少有500座墓葬。

发掘墓葬原编号ⅢM1~ⅢM80，其中的ⅢM69、ⅢM70为相邻墓葬的殉马坑，但不能确定究竟是哪两座墓的，因此保持原编号并在此章叙述。实际上，发掘墓葬只有78座。这些墓葬多数是D型墓，少数为C型墓，1座为B型墓。Ⅲ号墓地的C型墓长宽比都较大，有些墓口的形状类似D型墓（图七九一）。

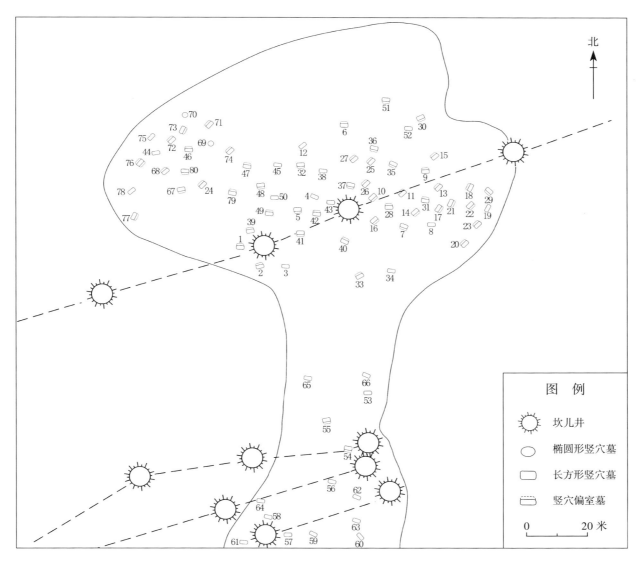

图七九一　Ⅲ号墓地墓葬平面分布示意图（图中数字为墓号）

ⅢM1

墓葬概况

位于墓地（指Ⅲ号墓地，下同）北部，东北邻ⅢM39，东为坎儿井，墓向93°。D型，竖穴偏室土坑墓。墓口距地表深0.2米。竖穴墓道呈长方形，直壁，长2.2、宽1、深1.61米。墓道底北壁掏挖偏室，进深0.68米，弧形顶，平面呈东宽西窄的不规则梯形，长2.22、宽0.45~1.07、顶高0.62、深1.81米。墓室底比墓道底深，形成生土二层台，台高0.2米。墓室填土中夹有骆驼刺、小石块、沙粒等。在墓口下0.6米深处发现一具马的骨架，骨架已被扰动，原来应是一具完整的马骨，但缺颅骨。偏室内有两具人骨架，靠墓口骨架A保存较完整，仰身直肢，头东脚西，面向上，为青年男性，年龄18~22岁。内侧骨架B残缺不全，头骨移位，头西，面向上，青年女性，年龄14~18岁。随葬器物均在偏室内人骨架周围，骨镳、铁衔、骨扣、石珠饰在西部骨架A脚下，铜扣和皮带、木箭、木盘、复合弓、木撑板在骨架B所处位置，木单耳罐、毛发罩、毛编织带在骨架A颅骨旁，骨架A腰间有皮扣（图七九二）。

随葬品

出土铜、铁、骨、木、石质器物和皮制品、毛纺织物等14件（组）。

1. 铁衔　相似的2件。中间由两个小环套接，中间连杆为圆柱状，两端为较大的椭圆形环，与骨镳、辔头连接。单个长10.2、通长19.8、大环直径3.1、小环直径1.9厘米（图七九三，6）。

2. 骨镳　一对。均为兽骨制作。形状相似，扁圆长条形微曲，每只镳面上有两个长圆形孔。长14.2、宽1.9、厚0.8厘米（图七九三，9；图版一八五，5）。

3. 石珠饰　1串40颗。原用毛线穿连在一起，现串线残断。珠饰均为石质，其形状有管状和圆珠两种，颜色有翠绿、深绿、灰、白等。ⅢM1：3-1，直径0.66、高0.56厘米（图七九三，1）。ⅢM1：3-2，直径0.73、

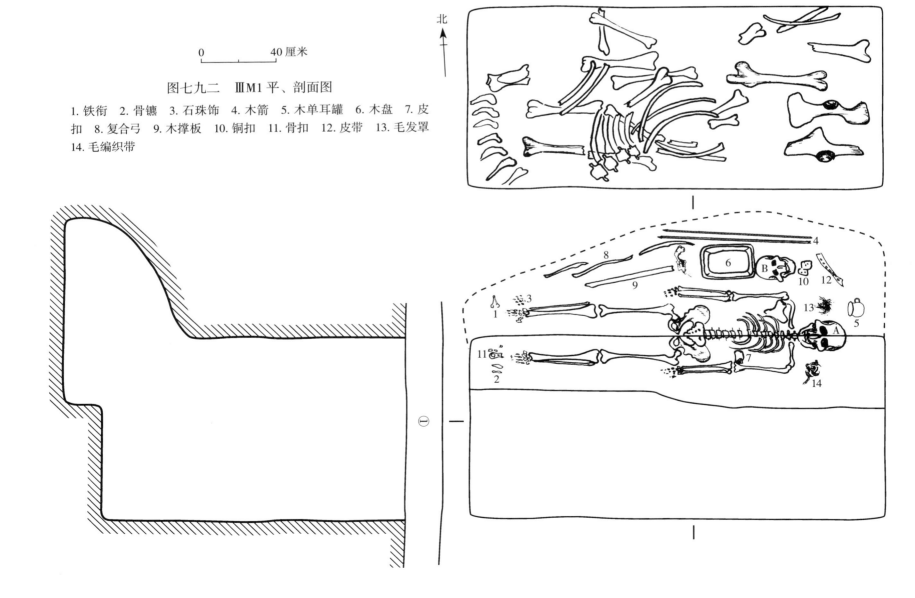

图七九二　ⅢM1 平、剖面图

1. 铁衔　2. 骨镳　3. 石珠饰　4. 木箭　5. 木单耳罐　6. 木盘　7. 皮扣　8. 复合弓　9. 木撑板　10. 铜扣　11. 骨扣　12. 皮带　13. 毛发罩　14. 毛编织带

0　40厘米

北

高 0.4 厘米（图七九三，2）。

4. 木箭　圆木箭杆后端有"U"形挂弦的凹槽。木
箭头呈三棱锥状，尖较钝。通长 81.3、杆直径 0.8、箭头
长 3.7 厘米（图七九三，19；图版一六一，4）。

5. 木单耳罐　圆木挖、削制作。直口，圆唇，球形腹，
圜底，腹部有环状单耳。素面。口径 8.9、腹径 11.9、高
10.5 厘米（图七九三，15；图版一四八，6）。

6. 木盘　圆木削、挖制作。平面略呈长方形，短边

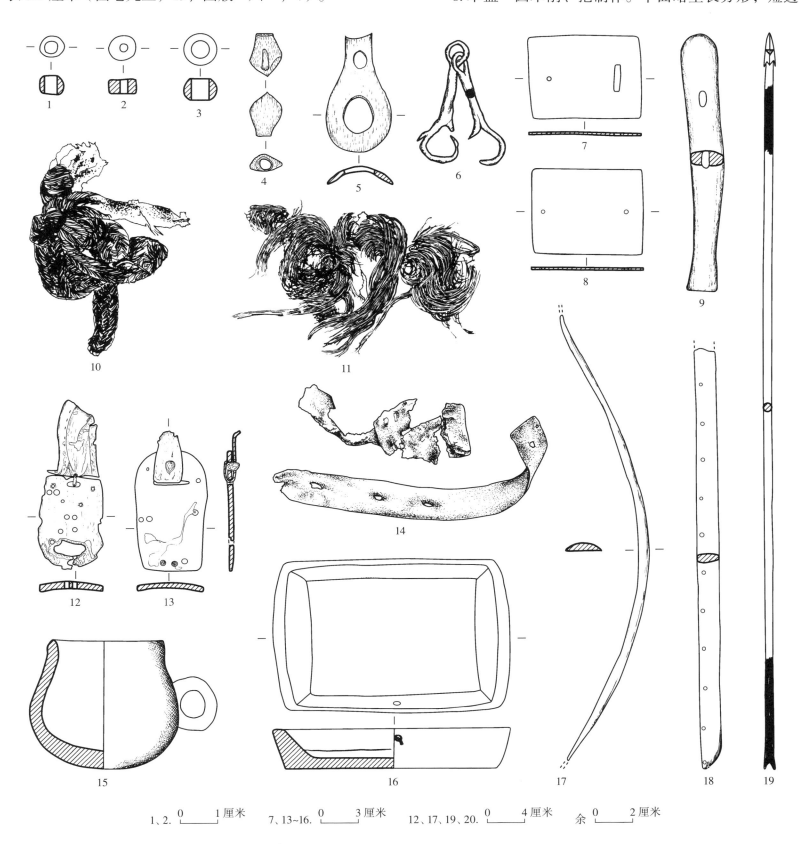

图七九三　ⅢM1 随葬品

1、2. 石珠饰（ⅢM1：3-1、3-2）　3~5. 骨扣（ⅢM1：11-2、11-3、11-1）　6. 铁衔（ⅢM1：1）　7、8. 铜扣（ⅢM1：10-1、10-2）　9. 骨镳（ⅢM1：2）　10. 毛
编织带（ⅢM1：14）　11. 毛发罩（ⅢM1：13）　12、13. 皮扣（ⅢM1：7-2、7-1）　14. 皮带（ⅢM1：12）　15. 木单耳罐（ⅢM1：5）　16 木盘（ⅢM1：6）
17. 复合弓（ⅢM1：8）　18. 木撑板（ⅢM1：9）　19. 木箭（ⅢM1：4）

起拱。敞口，方沿，浅腹，底略呈弧形（短边）。长边壁中部有圆孔，内穿皮条。素面。长 26.1、宽 17、高 4.5 厘米（图七九三，16；图版一四〇，1）。

7. 皮扣　2 件。呈上圆下方的长条形，上方刻横向椭圆形孔，下端刻长方形孔，孔内穿细皮带并与宽皮带相连接，扣面涂黑色，并钻有多孔，与扣背面宽皮带相穿连（图版二二二，7）。ⅢM1：7–1，长 11.6、宽 5.7、厚 0.6 厘米（图七九三，13）。ⅢM1：7–2，长 8.4、宽 5、厚 0.7 厘米（图七九三，12）。

8. 复合弓　残段。用复合材料制成，中间用绣线菊木片，内贴牛角片，外缠牛筋绳。呈拱弧形。残长 24.5、宽 1.9、厚 0.6 厘米（图七九三，17）。

9. 木撑板　胡杨木质。呈长条形，一边抹棱，一边钻有 11 个小圆孔，孔的间距相等。一端有棱角，呈半弧状，另一端残。残长 46.3、宽 2.3、厚 0.6 厘米（图七九三，18）。

10. 铜扣　2 件。均为长方形薄铜片。其中一件一端刻横向长方形孔，另一端钻小圆孔；另一件，两端各钻一小圆孔（图版二〇二，7）。ⅢM1：10–1，长 6、宽 4.6、厚 0.2 厘米（图七九三，7）。ⅢM1：10–2，长 5.9、宽 4.7、厚 0.2 厘米（图七九三，8）。

11. 骨扣　1 串 11 件。动物骨骼加工制作，穿连在一起（图版一九一，6）。按形状可分三种：弧形环状，2 件，有两个椭圆形孔。ⅢM1：11–1，长 6.6、宽 1.4~3.5 厘米（图七九一，5）。圆珠形，8 件。ⅢM1：11–2，直径 1.8、高 1.2 厘米（图七九三，3）。鸡心形，1 件。ⅢM1：11–3，宽 1.7、厚 1、高 2.4 厘米（图七九三，4）。

12. 皮带　残段。牛皮制。长条形，上残留四孔。残长 24.8、宽 2.8 厘米（图七九三，14）。

13. 毛发罩　用黑色毛线编织成大菱格状，罩在头发上。仅残存一部分（图七九三，11；图版二七五，2）。

14. 毛编织带　用多股毛线编织成。有结扣绑在一起，上面连有皮条。宽 1.3 厘米（图七九三，10；图版二七五，1）。

ⅢM2

墓葬概况

位于墓地北部，北邻坎儿井，东邻ⅢM3，墓向 75°，D 型，竖穴偏室土坑墓。墓口距地表深 0.19 米。竖穴墓道呈长方形，直壁，长 2.2、宽 1、深 1.9 米。墓道填土中含沙石。墓道底北壁掏挖偏室，进深 0.62 米，弧形顶，平面呈近半圆形，长 2.2、宽 0.69、顶高 0.52、深 2.1 米。墓室底比墓道底深，形成生土二层台，台高

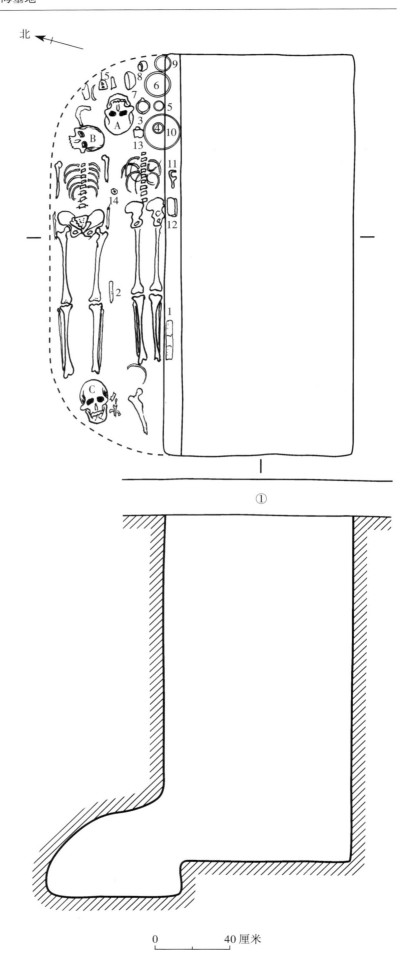

图七九四　ⅢM2 平、剖面图

1. 木撑板　2. 木尺　3、8、13. 陶单耳杯　4、10. 陶盆　5、7、9. 陶碗　6. 陶钵　11. 铁衔　12. 木盒　14. 铁扣　15. 木冠饰

0.2 米。偏室口有芦苇、骆驼刺等，为原来封挡墓室中的存留物。墓室内有两具完整的人骨架，均为仰身直肢，头移位，脚向西，三个头骨均面向上放置。A 在外，壮年男性，年龄 25~30 岁。B 在里面，壮年女性。头骨 C 位于骨架 B 的脚下，成年男性，骨骼均遗失，为二次葬。随葬品大多位于墓室东部，即 A、B 人头骨顶部，个别随葬品散置于骨架两侧。三件陶单耳杯、两件陶盆、三件陶碗及陶钵、木冠饰集中放置于头前，包金铁扣和木尺在 A、B 骨架之间的腰、腿部，木撑板、铁衔、木盒位于骨架 A 外侧（图七九四）。

随葬品

出土陶、木、铁器等 15 件。

1. 木撑板 残，木板制作。长条形，一边有凸棱，板面钻有穿绳小孔。残长 19、宽 5.8 厘米（图七九五，11）。

2. 木尺 残，红柳枝削制。一面有六道刻度线，刻线间距 2.6~3.2 厘米不等。残长 21.2、宽 2、厚 0.9 厘米（图七九五，10；图版一八〇，10）。

3. 陶单耳杯 夹砂红陶。敞口，圆唇，鼓腹，圜底，单耳上扬。素面。口径 7.8、高 8.3 厘米（图七九五，15；图版七六，2）。

4. 陶盆 泥质红陶。口微敛，尖圆唇，斜宽沿，圆腹，圜底近平。素面。口径 15.5、高 5.3 厘米（图七九五，12；图版一〇八，3）。

5. 陶碗 夹砂红陶。口微敛，浅腹，平底。素面。器表有烟熏痕迹。口径 11、底径 9、高 3.5 厘米（图七九五，5）。

6. 陶钵 泥质红陶。敞口，圆唇，圆腹，圜底。器形规整。素面，通体施红陶衣。口径 16.2、高 6.6 厘米（图七九五，8）。

7. 陶碗 泥质红陶。敞口，方沿，浅斜腹，平底。素面，施红陶衣。口径 12.8、底径 7、高 3.2 厘米（图七九五，7）。

8. 陶单耳杯 夹砂红陶。敛口，圆腹，平底，耳残。素面。口径 7.5、底径 6、高 5.6 厘米（图七九五，9）。

9. 陶碗 夹砂红陶。敞口，圆腹，平底。素面。口径 10.4、底径 6.5、高 4.3 厘米（图七九五，4；图版

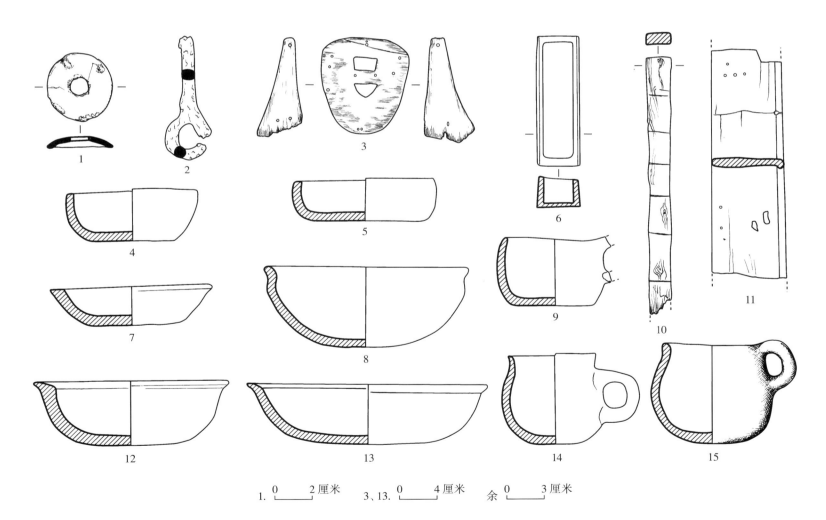

图七九五 ⅢM2 随葬品

1. 铁扣（ⅢM2：14） 2. 铁衔（ⅢM2：11） 3. 木冠饰（ⅢM2：15） 4、5、7. 陶碗（ⅢM2：9、5、7） 6. 木盒（ⅢM2：12） 8. 陶钵（ⅢM2：6） 9、14、15. 陶单耳杯（ⅢM2：8、13、3） 10. 木尺（ⅢM2：2） 11. 木撑板（ⅢM2：1） 12、13. 陶盆（ⅢM2：4、10）

北 ←

①

0 ———— 40 厘米

图七九六 ⅢM3 平、剖面图

1. 陶釜 2. 木盘 3. 复合弓 4. 木扣 5. 陶单耳罐 6. 木手杖 7. 陶钵
8. 木撑板 9. 木箭 10. 木橛 11. 皮带 12. 毛纺织物 13、14. 石磨盘

一二〇，5）。

10. 陶盆 泥质红陶。敞口，尖圆唇，斜沿，圆腹，平底。素面。口径 25.4、底径 12、高 6.7 厘米（图七九五，13）。

11. 铁衔 残。环首，柄呈四棱状。锈蚀严重。残长 10.2、环径 3.7、柄径 0.8~1.3 厘米（图七九五，2）。

12. 木盒 用方形木刻、挖、削制。呈长方体，一端高一端低，边壁钻有小孔，无盖。素面。长 10.7、宽 3.4、高 2.6 厘米（图七九五，6）。

13. 陶单耳杯 泥质红陶。敞口，尖圆唇，圜底，柱状单耳位于颈腹间。施红陶衣。口径 6.9、腹径 8、高 7.5 厘米（图七九五，14；图版七六，3）。

14. 铁扣 扁圆形铁片，中间钻有圆孔，一面包有金箔。直径 3.4、内孔径 1.2 厘米（图七九五，1；图版二〇五，5）。

15. 木冠饰 用薄木板加工成。戴在头上的部分原为敞口的桶状物，四周残失，现仅存顶部。略呈卵圆形，中部有半圆形和长方形孔各一，用以穿系发辫。两侧各竖直安装一块近三角形木板，顶端有小孔和浅槽，好像还用来固定更加细小的装饰物。帽顶长 10.6、宽 9.3 厘米（图七九五，3；图版一五五，5）。

ⅢM3

墓葬概况

位于墓地北部，西邻ⅢM2，墓向 95°。C 型，长方形竖穴土坑墓，直壁。墓口距地表深 0.17 米，墓口长 2.4、宽 1.34 米，墓深 2.02 米。内填黄土，夹含芦苇、沙石等。墓底有四足木尸床，用四根圆木做长方形木框，四根短圆木做足，木框架与足榫卯连接，框架上铺细木棍，再铺毛毡，木棍和毛毡严重朽残，木床长 1.82、宽 1.06、高 0.18 米。共有五个人头骨散置在木床范围内，肢骨多数残失，以头骨为标准：A 位于中北部，成年男性；B 位于偏东北部，成年男性；C 在东北角，成年男性；D 位于西南部，成年女性；E 在中南部，成年女性。随葬品散落于木床上，陶釜和木盘在西南部 D 颅骨旁，木手杖和木撑板在中南部，石磨盘、复合弓、木橛、皮带、木扣、木箭在中部，毛布和另一件石磨盘在东北部，陶钵在东南角，陶单耳罐在北部偏西处（图七九六）。

随葬品

出土木、石、陶器和皮制品、毛纺织物等 14 件（组）。

1. 陶釜 夹砂红陶。器形较大。敞口，方沿，唇呈锯齿状，圆腹，底残，肩部有宽带耳已残。通体施红陶衣，器表有烟熏痕迹。残高 33.3 厘米（图七九七，9）。

2. 木盘　圆木刻、挖、削制。平面呈长方形，两端呈弧形。敞口，方沿，浅腹，弧底，底反扣为砧板，有切痕。口径 17.8~29.8、高 5 厘米（图七九七，10；图版一四一，3）。

3. 复合弓　中间为韧木片，两侧夹以牛角片和筋线，外缠扎牛筋绳，弓弰为三角形，有挂弦倒钩，背部有凹槽以固定弦。弦为牛筋合成。残长 56、厚 1.9 厘米（图七九七，12）。

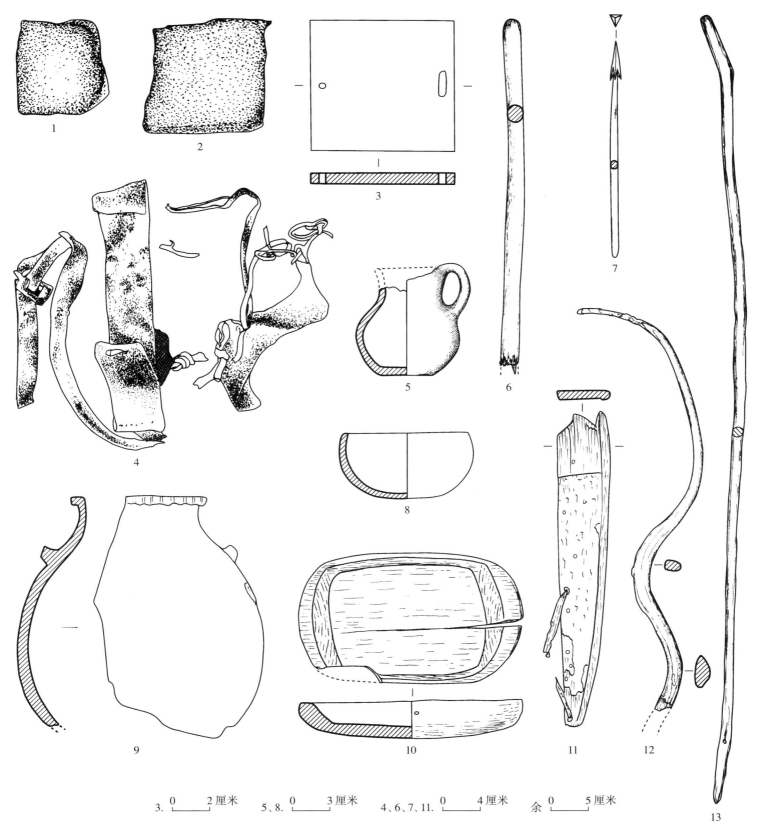

3. <u>　0　　2厘米</u>　　5、8. <u>　0　　3厘米</u>　　4、6、7、11. <u>　0　　　4厘米</u>　　余 <u>　0　　　5厘米</u>

图七九七　ⅢM3 随葬品

1、2. 石磨盘（ⅢM3：14、13）　3. 木扣（ⅢM3：4-1）　4. 皮带（ⅢM3：11）　5. 陶单耳罐（ⅢM3：5）　6. 木橛（ⅢM3：10）　7. 木箭（ⅢM3：9）　8. 陶钵（ⅢM3：7）　9. 陶釜（ⅢM3：1）　10. 木盘（ⅢM3：2）　11. 木撑板（ⅢM3：8）　12. 复合弓（ⅢM3：3）　13. 木手杖（ⅢM3：6）

4. 木扣　2件。木板刻制。均呈长方形，上端刻条形孔，下端刻小圆孔，扣面光滑。ⅢM3：4-1，长 7.6、宽 7.2、厚 0.6 厘米（图七九七，3）。

5. 陶单耳罐　夹砂红陶。口沿残，束颈，鼓腹，平底，单耳。器形较小。素面。底径 4、高 9.2 厘米（图七九七，5）。

6. 木手杖　用自然柳树枝干制作。一端稍削尖，另一端利用自然生长微弯曲处作手柄。长 108、直径 1.5 厘米（图七九七，13）。

7. 陶钵　夹砂红陶。敛口，圆腹，圜底。通体施红陶衣。口径 9.9、腹径 10.6、高 5.5 厘米（图七九七，8；图版一一五，5）。

8. 木撑板　残。呈宽长条形，一边呈弧形，有折棱，外表紧裹缝制柔软的羊皮，为皮弓箭袋的残余，木撑板与皮弓箭袋间钻孔，用羊皮条穿连。残长 34.6、宽 1.7~5.6、厚 1 厘米（图七九七，11）。

9. 木箭　残断。用细木条削制。箭头三棱形尖锥状，杆圆形。残长 23.5、直径 0.9、箭头长 4.3 厘米（图七九七，7；图版一六一，5）。

10. 木橛　残。圆柱形，一头钝，另一头残。有加工过的磨痕。残长 39.2、直径 1.9 厘米（图七九七，6）。

11. 皮带　牛皮制。宽带上联结窄带和皮条，有带舌的骨扣和皮带扣结。残长 39.6、宽 4.8 厘米（图七九七，4；图版二二四，5）。

12. 毛纺织物　虫蛀，残破，红色，平纹织物。长 31.6、宽 17.2 厘米（图版二七五，3）。

13. 石磨盘　残断。现存部分呈近正方形，片状。双面磨光。长 16.1、宽 15.7 厘米（图七九七，2）。

14. 石磨盘　残断，存磨盘的近 1/2 部分。扁平状，一面有磨平的痕迹。残长 13.2、宽 12 厘米（图七九七，1）。

ⅢM4

墓葬概况

位于墓地北部，南邻ⅢM42，东邻ⅢM43，墓向 113°。C 型，长方形竖穴土坑墓，直壁。墓口距地表深 0.9~0.12 米，墓口长 1.51、宽 0.69 米，墓深 0.89 米。填土中夹有沙石和碎石块、骆驼刺等。墓底铺有"人"字纹苇席，席上再铺毛毡。墓底有两个人头骨，其他骨骼残失严重，A 在西北部，成年女性。B 在东南部，成年男性。石杵两件及皮靴、木牌饰、石磨盘在墓中部，皮衣袖和木器在东南角颅骨 B 旁（图七九八）。

随葬品

出土石、木器和皮制品 7 件（组）。

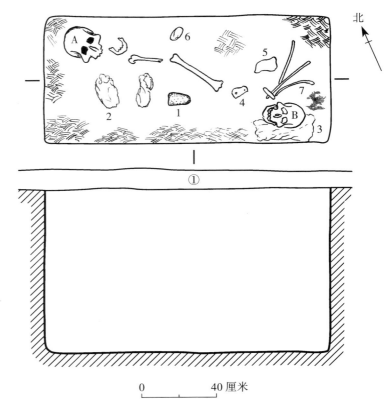

图七九八　ⅢM4 平、剖面图

1、6. 石杵　2. 皮靴　3. 皮衣袖　4. 木牌饰　5. 石磨盘　7. 木器

1. 石杵　灰砂岩。呈柱状，截面呈上宽下窄的梯形。长 11.2、最大直径 6.6 厘米（图七九九，2）。

2. 皮靴　一双。均牛皮缝制。筒部残。残长 24.8、高 17.6 厘米（图七九九，6）。

3. 皮衣袖　用带毛的羊皮缝制。筒形，腋肩处稍粗。长 73.2、直径 22 厘米（图七九九，7；图版二一七，3）。

4. 木牌饰　薄木板制作。有一个直边，另外的边缘呈连弧状，一边略宽。两端各钻有小孔，用于固定。长 7.1、宽 4.2、厚 0.7 厘米（图七九九，4；图版一八二，1）。

5. 石磨盘　用扁平的砾石加工成。残存约四分之一部分。呈三角形，一面有使用痕迹。残长 12.7、最宽 10 厘米（图七九九，3）。

6. 石杵　选自然砾石使用。一端有敲砸痕。长 10.5、直径 5.4 厘米（图七九九，1）。

7. 木器　有长方形底座，上面等距钻三个小圆孔，每孔内插一支细木棍，用途不明。底座长 8、宽 2.4、厚 1.2 厘米，木棍长 28.3 厘米（图七九九，5）。

ⅢM5

墓葬概况

位于墓地北部，东邻ⅢM42，西邻ⅢM49，南邻ⅢM41，墓向 85°。D 型，竖穴偏室土坑墓。墓口暴露于地表。竖穴墓道呈长方形，长 2.21、宽 0.81、深 1.92 米。

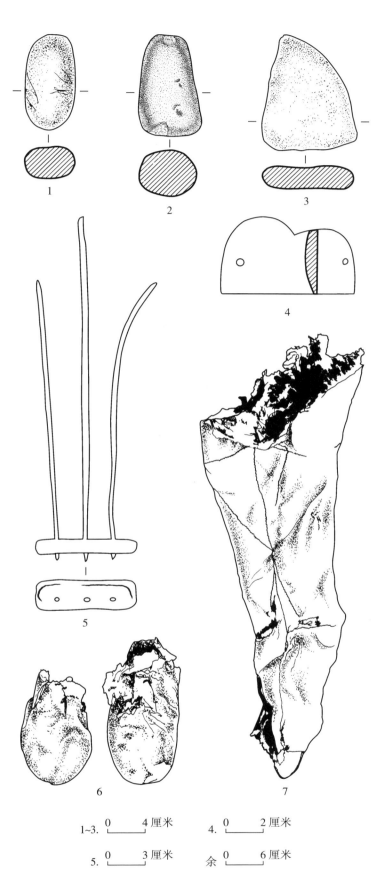

图七九九　Ⅲ M4 随葬品

1、2. 石杵（Ⅲ M4：6、1）　3. 石磨盘（Ⅲ M4：5）　4. 木牌饰（Ⅲ M4：4）
5. 木器（Ⅲ M4：7）　6. 皮靴（Ⅲ M4：2）　7. 皮衣袖（Ⅲ M4：3）

在墓道底南壁掏挖墓室，弧形顶，进深 0.6 米，平面呈近长方形，长 2.41、宽 0.94、顶高 0.6、深 2.14 米。墓室底比墓道底深，形成生土二层台，台高 0.2 米。填土中夹杂有芦苇、骆驼刺等。墓室内置有长方形四足木尸床，床腿嵌入墓底，木床长 2.04、宽 0.82、高 0.22 米。墓室内发现人头骨三个，呈三角位置放置，其他骨骼凌乱而缺少许多。A 颅骨位于木床的中北部，中年男性，年龄 45~55 岁。B、C 颅骨分别位于木床东西两端外侧，B 为未成年人，年龄 2~3 岁。C 为成年女性。随葬品少而分散，陶碗和陶双系罐位于竖穴式墓道底的东北角，石杵和复合弓在墓室中东部，木冠饰残件在墓室东部 C 颅骨旁（图八〇〇）。

随葬品

出土陶、石、木器等 5 件。

1. 陶碗　泥质红陶。敞口，方沿，斜直腹，平底，口沿高低不平。素面。口径 11.6、底径 8.4、高 5.6 厘米（图八〇一，6；图版一二〇，6）。

2. 陶双系罐　夹砂红陶。直口，方唇，鼓腹，圜底近平，口沿下有对称小耳，耳上有小孔。口径 5.1、高 6.2 厘米（图八〇一，3）。

3. 石杵　呈多棱体，上窄下宽，下端有砸痕。长 12、最宽 8 厘米（图八〇一，1）。

4. 复合弓　残，弓体的一部分。中间由绣线菊木片弯曲而成，内粘牛角片，外贴牛筋。残长 35.8、宽 1.1 厘米（图八〇一，2）。

5. 木冠饰　用薄木板加工成。戴在头上的部分原为敞口的桶状物，残失。现仅存顶部两侧安装的长薄片状飞翅一根，用薄木板削制，长方形，抛光，顶端圆润。长 29、宽 4.9、厚 1 厘米（图八〇一，5）。

Ⅲ M6

墓葬概况

位于墓地北部，东望Ⅲ M52，西南邻Ⅲ M12，墓向 90°。D 型，竖穴偏室土坑墓。墓口距地表深 0.14 米。竖穴墓道呈长方形，四角为圆角，四壁竖直，长 1.78、宽 1、深 1.9 米。在墓道底北壁掏挖墓室，进深 0.3 米，弧形顶，平面呈长方形，长 1.8、宽 0.61、顶高 0.48、底深 2.06 米。墓室底比墓道底深，形成生土二层台，台高 0.16 米。填土内夹有土块、干草、沙石等。墓道下 1.3 米深处埋葬马骨，骨架凌乱，仅见腿骨和脊椎骨、肋骨，马骨下铺有苇草。偏室内仅见人肢骨，成年男性，未见头骨，葬式不明。在墓室口出土复合弓，墓室偏西部出土陶碗（图八〇二）。

随葬品

出土陶、木器等2件。

1. 陶碗　夹砂红陶。口微敛，方唇，弧腹，平底。口径10.3、高6.2厘米（图八〇一，4；图版一二〇，7）。

2. 复合弓　用绣线菊木片、牛角片、牛筋复合而成，外用牛筋缠扎。弓一端残，三曲，弓弰刻有挂弦凹槽，弓体中部呈近椭圆形，两端呈梯形。残长105、中径2.4厘米（图八〇一，7）。

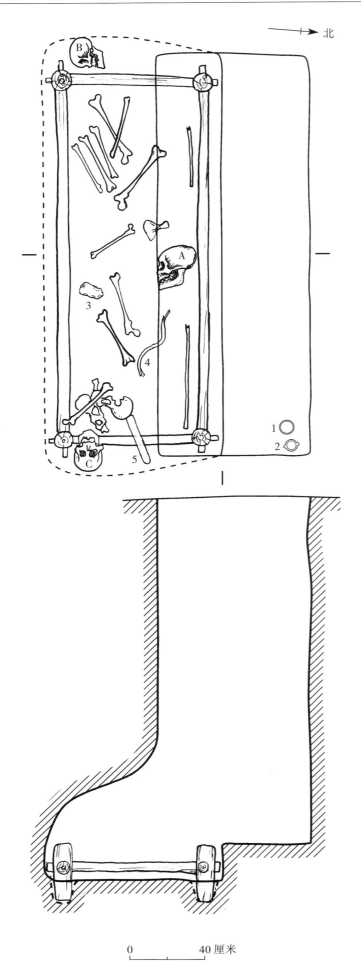

图八〇〇　ⅢM5 平、剖面图

1. 陶碗　2. 陶双系罐　3. 石杵　4. 复合弓　5. 木冠饰

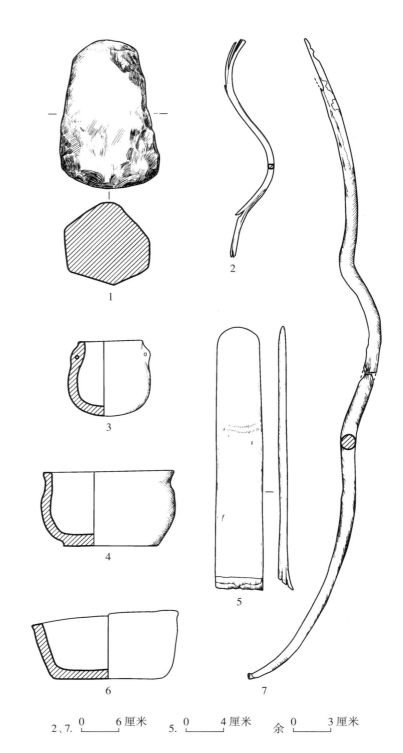

图八〇一　ⅢM5、ⅢM6 随葬品

1. 石杵(ⅢM5：3)　2、7. 复合弓(ⅢM5：4、ⅢM6：2)　3. 陶双系罐(ⅢM5：2)
4、6. 陶碗(ⅢM6：1、ⅢM5：1)　5. 木冠饰(ⅢM5：5)

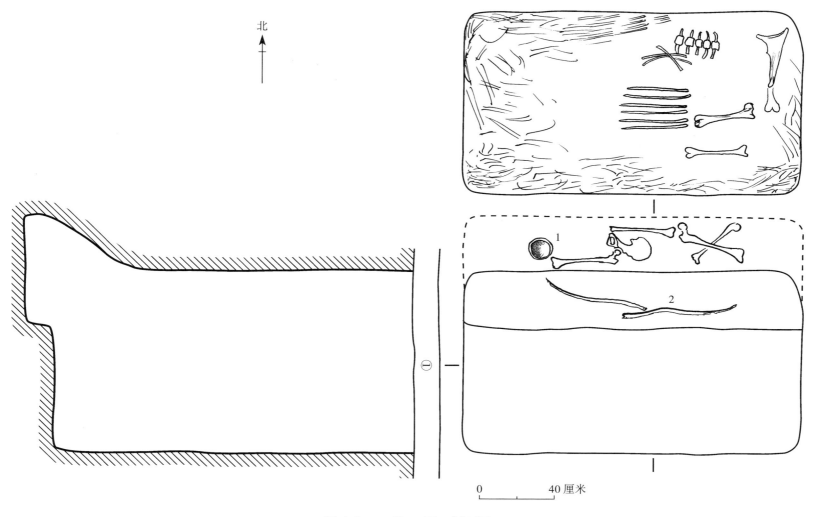

图八〇二　ⅢM6平、剖面图

1.陶碗　2.复合弓

ⅢM7

墓葬概况

位于墓地北部偏东，东北邻ⅢM14，东邻ⅢM8，墓向110°。D型，竖穴偏室土坑墓。墓口距地表深0.1米。竖穴墓道呈长方形，长1.81、宽0.79、底深1.8米。墓道底南壁掏挖偏室，进深1.12米，弧形顶，平面呈长方形，长1.87、宽1.12、顶高0.52、底深1.92米。墓室底比墓道底深，形成生土二层台，台高0.12米。该墓由于进水冲刷，骨架凌乱，盆骨移位到墓室西端，腿骨、肋骨移位，其他骨架腐朽。从残存的股骨和下颌骨数量来看，为双人葬，从一对髋骨看，为成年女性，另一个体性别、年龄不明。随葬的木橛在中南部，木牌饰在西边，东面有毛发罩、毛编织带接裙残片、皮肚袋，木轮状器和铜片在中北部（图八〇三）。

随葬品

出土木、铜器和毛、皮制品7件（组）。

1.木橛　2个。残段，由自然圆木加工而成。一端较粗，一端切削成尖。残长49.8、直径2厘米（图八〇四，5、6）。

2.毛发罩　罩在盘卷的头发和假发上，发网为羊毛细线编织成菱格状，另有稍粗的毛绳联结捆绑。黑色，呈椭圆形。长径29.8厘米（图八〇四，3；图版二七五，5）。

3.皮肚袋　羊肚制成。大口部穿木橛，留小口倒出。现仅存木橛和部分羊肚袋。残长5.5厘米（图八〇四，1）。

4.木轮状器　椭圆形，饼状扁平，外缘一周有槽。长径4.8、短径3.1、厚1.2厘米（图八〇四，7）。

5.铜片　薄片，原卷在木棍上而脱落。长5.2、宽0.3厘米（图八〇四，2）。

6.木牌饰　由木板切割成带缺口的半圆形，一面涂成黑色。残长8.3、宽5.2厘米（图八〇四，4）。

7.毛编织带接裙　红、蓝双色，斜纹毛布。长24.8、宽17.6厘米（图版二七五，4）。

ⅢM8

墓葬概况

位于墓地北部偏东，西邻ⅢM7，东北邻ⅢM14，墓

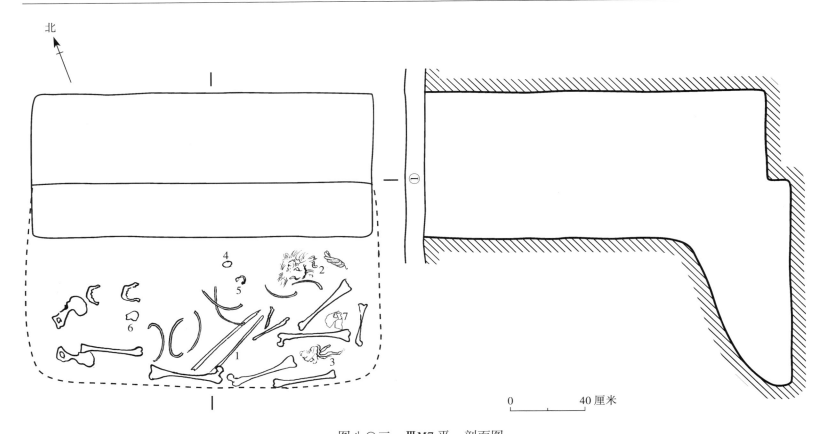

图八〇三　ⅢM7 平、剖面图

1.木橛　2.毛发罩　3.皮肚袋　4.木轮状器　5.铜片　6.木牌饰　7.毛编织带接裙

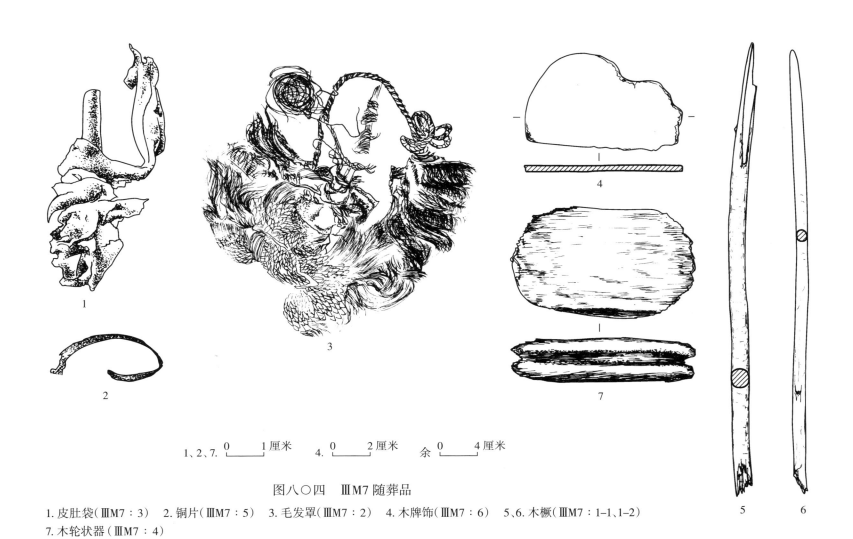

图八〇四　ⅢM7 随葬品

1.皮肚袋(ⅢM7：3)　2.铜片(ⅢM7：5)　3.毛发罩(ⅢM7：2)　4.木牌饰(ⅢM7：6)　5、6.木橛(ⅢM7：1-1、1-2)
7.木轮状器(ⅢM7：4)

向 270°。C 型，圆角长方形竖穴土坑墓，直壁。墓口距地表深 0.2 米，墓口长 1.7、宽 0.5 米，墓深 0.7 米。墓内填土中夹杂有芦苇、土块、小石块等。墓底有男性成年干尸一具，年龄约 40 岁。尸体保存不好，多已成为白骨，头西脚东，仰身直肢，面向南，下颌骨错位，身穿皮衣，脚穿低靿皮靴，皮衣、皮靴腐朽严重。随葬的陶单耳杯、陶筒形杯和陶三足盆都位于头骨两侧（图八〇五）。

随葬品

出土陶器 3 件。

1. 陶三足盆　泥质红陶。小折沿，方唇，浅腹，圜底，底有三个乳突形足。素面。口径 12.2、高 4.8 厘米（图八〇六，1；图版一〇八，7）。

2. 陶筒形杯　夹砂红陶。直口，圆唇，深腹近直，平底，口沿下有单耳。口径 9.4、底径 8.4、高 14.1 厘米（图八〇六，3；图版九三，6）。

3. 陶单耳杯　泥质红陶。直口，球形腹，圜底，单耳位于颈腹之间。素面。口径 5.7、高 7.8 厘米（图八〇六，2；图版七六，4）。

Ⅲ M9

墓葬概况

位于墓地北部偏东，东北邻Ⅲ M15，东南邻Ⅲ M13，墓向 88°。D 型，竖穴偏室土坑墓。墓口距地表深 0.1 米。竖穴墓道呈长方形，四壁竖直，长 1.7、宽 0.6、深 1.4 米。墓道底北壁掏挖墓室，进深 0.53 米，弧形顶，平面呈不规则长方形，长 1.81、宽 0.77、顶高 0.5、深 1.5 米。墓室底比墓道底深，形成生土二层台，台高 0.1 米。在填土中发现有原封盖墓室口的芦苇秆、土坯块等。在墓室东部有两个头骨，墓室中部仅见两个股骨和髋骨，其他骨骼残失，其中 A 在南面，为中年男性，年龄 45~55 岁；B 为未成年人，年龄 10~12 岁。在两人头骨旁随葬有陶单耳杯两件、陶单耳罐、陶碗两件，东部偏中间处有木梳和木冠饰，中部偏西部有陶盘（图八〇七）。

随葬品

出土陶、木器 8 件。

1. 陶单耳杯　夹砂红陶。敞口，腹微鼓，小平底，单耳上扬，由沿翻至腹部。通体素面，器表局部有烟熏痕迹。口径 7.9、底径 3.6、高 5 厘米（图八〇八，2）。

2. 陶单耳罐　夹砂红陶。侈口，鼓腹，平底，单耳残。通体素面，未施陶衣，口沿与底部有火烧痕迹。器形小，胎厚，制作粗糙。口径 6、底径 3.8、高 7.8 厘米（图八〇八，3）。

3. 陶碗　夹砂红陶。敞口，圆腹，圜底近平。器表

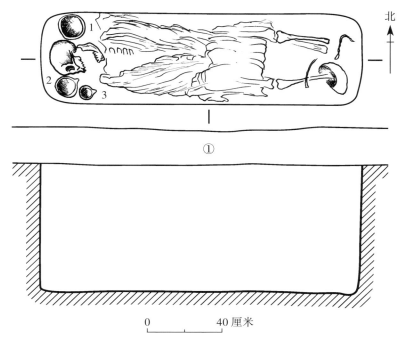

北

①

0　　　　　40 厘米

图八〇五　Ⅲ M8 平、剖面图

1. 陶三足盆　2. 陶筒形杯　3. 陶单耳杯

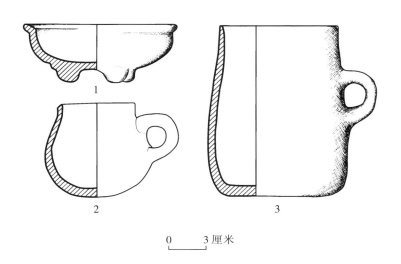

0　　3 厘米

图八〇六　Ⅲ M8 陶器

1. 陶三足盆（Ⅲ M8：1）　2. 陶单耳杯（Ⅲ M8：3）　3. 陶筒形杯（Ⅲ M8：2）

有烟熏痕迹。口径 10.3、高 6.5 厘米（图八〇八，8）。

4. 陶碗　夹砂红陶。敞口，浅腹，平底。通体素面。口径 9.9、底径 7.7、高 3.9 厘米（图八〇八，6）。

5. 陶单耳杯　夹砂红陶。直口，垂腹，圜底，沿下单耳残。通体素面，器表烟熏痕迹。口径 5.9、高 9.6 厘米（图八〇八，4）。

6. 木梳　单齿加工，然后拼粘而成。呈长方形，柄部有皮带缠裹痕，梳齿打磨光滑，现存齿 13 根。长 5.6、现存部分宽 4.2、齿长 3 厘米（图八〇八，1）。

7. 木冠饰　女式筒形帽顶的飞翅两根。两根相同，一左一右。长方形，一端圆角，薄木片削制，抛光上黑色。

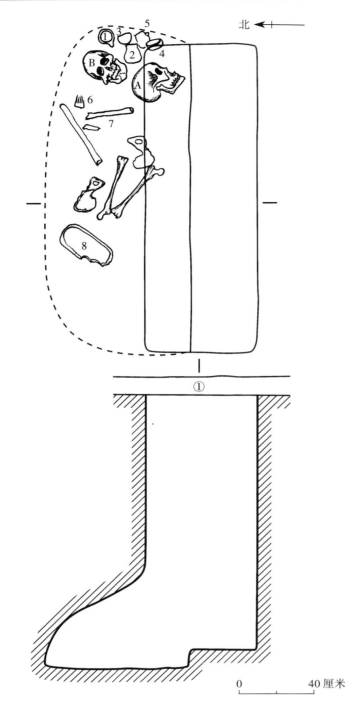

图八〇七　ⅢM9平、剖面图

1、5.陶单耳杯　2.陶单耳罐　3、4.陶碗　6.木梳　7.木冠饰　8.陶盘

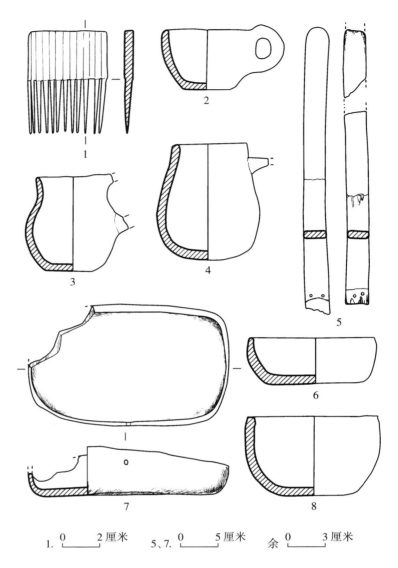

图八〇八　ⅢM9随葬品

1.木梳（ⅢM9：6）　2、4.陶单耳杯（ⅢM9：1、5）　3.陶单耳罐（ⅢM9：2）
5.木冠饰（ⅢM9：7左、7右）　6、8.陶碗（ⅢM9：4、3）　7.陶盘（ⅢM9：8）

长38、宽2.8厘米（图八〇八，5）。

8.陶盘　泥质红陶。直口，平底，圆角方形，微残，一边上有小孔。仿木盘造型。长26.5、宽16.7、高7厘米（图八〇八，7；图版一二二，6）。

ⅢM10

墓葬概况

位于墓地北部，西邻坎儿井，北邻ⅢM26，南邻ⅢM16，墓向47°。D型，竖穴偏室土坑墓。地表为戈壁砾石层，墓口距地表深0.2米。竖穴墓道呈圆角长方形，

长2.33、宽1.08、深1.41米。墓道底南壁掏挖墓室，进深0.46米，弧形顶，墓室底与墓道底平，呈圆角长方形，长2.33、宽0.46、顶高0.5米。墓内填土中夹杂有骆驼刺、干草等。墓道底出土散乱的马骨，墓室内出土两个人头骨，其他骨架腐朽残缺，颅骨A在中南部，青年男性，年龄20~25岁；颅骨B在东北部，壮年男性，年龄25~30岁。在颅骨A旁有羊头骨一个。随葬的复合弓、陶钵两件、木盘和木取火板在东南部，两只皮衣袖位于西南角（图八〇九）。

随葬品

出土陶、木器和皮制品等6件（组）。

1.陶钵　泥质红陶。敞口，圆腹，圜底。通体施红陶衣。口径11.2、高4.8厘米（图八一〇，6）。

2.复合弓　残存1/2，中间为绣线菊木，一边粘牛角片，外用牛筋绳缠扎，弓中部再用牛皮缠裹，并涂黑颜料，

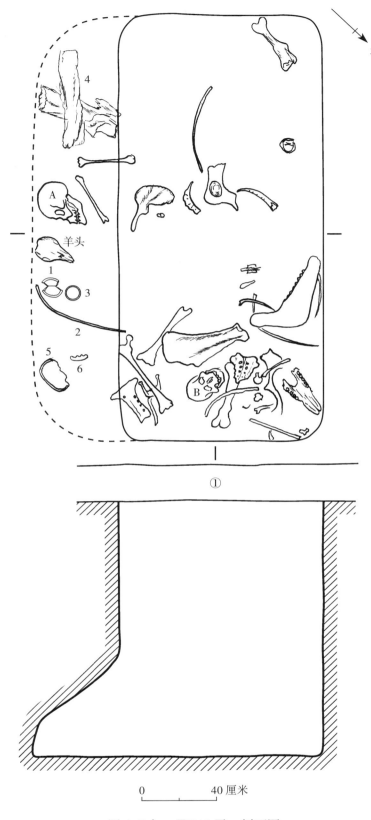

图八〇九　ⅢM10平、剖面图

1、3.陶钵　2.复合弓　4.皮衣袖　5.木盘　6.木取火板

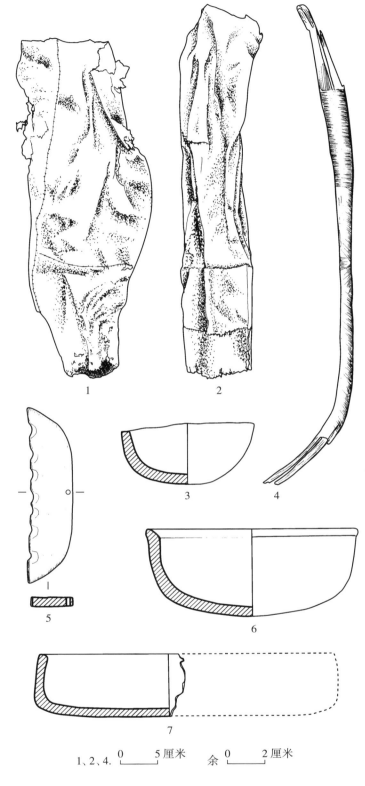

图八一〇　ⅢM10随葬品

1、2.皮衣袖（ⅢM10：4-1、4-2）　3、6.陶钵（ⅢM10：3、1）　4.复合弓（ⅢM10：2）　5.木取火板（ⅢM10：6）　7.木盘（ⅢM10：5）

弓体中部截面呈四棱状，弓弭呈扁平状。残长66、中宽2.5、厚3.5厘米（图八一〇，4）。

3.陶钵　夹砂红陶。敞口，圆腹，圜底。手制，器形较小。口径7、高3.4厘米（图八一〇，3）。

4.皮衣袖　2只。羊皮缝制。圆筒形。残长46.7~

51.5、直径12.6厘米（图八一〇，1、2；图版二一七，4）。

5.木盘　圆木刻、挖、削制。残存一半。平面呈椭圆形，直口，浅腹，平底。口径15.6、高3.5厘米（图八一〇，7）。

6.木取火板　木板制作。长方形，一边两端呈圆角，另一边划刻一排不规则的半圆形，似钻木取火的痕迹。弧边中部有小圆孔。长9.5、宽2.3、厚0.5厘米（图八一〇，5）。

ⅢM11

墓葬概况

位于墓地北部偏东，西邻ⅢM10，东南邻ⅢM14，墓向47°。D型，竖穴偏室土坑墓。墓口距地表深0.18米。竖穴墓道上口呈喇叭形，深0.3米以下四壁竖直，上口长2.06、宽1米，底长1.87、宽0.52米，墓深1.61米。墓道底北壁掏挖墓室，进深0.4米，平顶，平面呈长方形，长1.8、宽0.68、顶高0.59、底深2.07米。墓室底比墓道底深，形成生土二层台，台高0.2米。墓内填土夹杂有骆驼刺、苇草、干草、小石块等。墓室内有两具凌乱的人骨架，两个头骨位于墓室东端。颅骨A靠中间，青年男性，年龄20~25岁；颅骨B在东北角，壮年男性，年龄25~30岁。随葬的铁钩和木扣在中南部，两件石杵在中北部，陶单耳罐和石磨盘在东面，木橛、木构件、毛绳在墓室西部（图八一一）。

随葬品

出土铁、木、陶、石器和毛制品9件（组）。

1. 铁钩　一端呈弯钩扁平状，另一端有扁形环，是弓箭袋皮带上的挂钩。长6.3、宽0.7、厚0.3厘米（图八一二，1；图版二〇四，8）。

2. 木扣　2件。背系有柔软的宽羊皮带，残损严重。呈方形，下部有一长方形孔（图版一五七，9）。ⅢM11：2-1，长4.8、宽4.3、厚0.8~1、孔径0.6~1.2厘米（图八一二，2）。

3. 陶单耳罐　夹砂红陶。敞口，束颈，圆腹，圜底，单耳残。器表有烟熏痕迹。口径6.5、腹径7.7、高7厘米（图八一二，8；图版六〇，5）。

4. 石磨盘　灰砂岩。呈近方形，有磨痕。长11.7、宽11.6、厚2.1厘米（图八一二，7）。

5. 木橛　由自然圆木加工而成。一端较粗，一端渐细成尖。长65.5、直径3.7厘米（图八一二，5）。

6. 木构件　为圆柱状木棒，前端凿有长方形孔。长71.5、直径4.6~6.8厘米（图八一二，6）。

7. 石杵　圆锥状，头圆，截面呈椭圆形。通体磨制光滑。长16、直径4.6~8.8厘米（图八一二，3）。

8. 石杵　圆柱状，截面呈椭圆形。通体磨制光滑。长11.4、直径6厘米（图八一二，4）。

9. 毛绳　用本色羊毛搓合成。一段较细，残长60厘米。两段较粗，残长15~20厘米（图版二七五，6）。

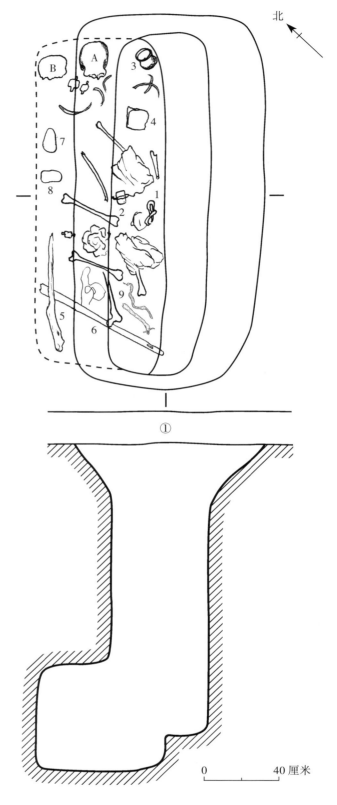

①

0　　　　　　40厘米

图八一一　ⅢM11平、剖面图

1. 铁钩　2. 木扣　3. 陶单耳罐　4. 石磨盘　5. 木橛　6. 木构件　7、8. 石杵　9. 毛绳

ⅢM12

墓葬概况

位于墓地北部，南邻ⅢM32，墓向50°。C型，长方形竖穴土坑墓，直壁。墓口距地表深0.18米，墓口长2、宽0.85米，墓深1.14米。填土中夹杂有土块、骆驼刺等

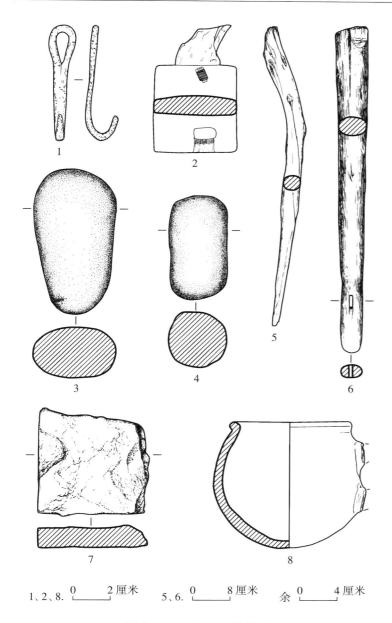

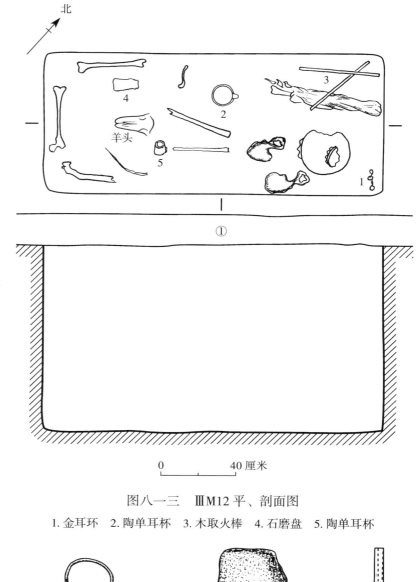

1、2、8. ⊢—0———2厘米   5、6. ⊢—0———8厘米   余 ⊢—0———4厘米

图八一二 ⅢM11 随葬品

1. 铁钩（ⅢM11：1） 2. 木扣（ⅢM11：2-1） 3、4. 石杵（ⅢM11：7、8）
5. 木橛（ⅢM11：5） 6. 木构件（ⅢM11：6） 7. 石磨盘（ⅢM11：4） 8.
陶单耳罐（ⅢM11：3）

图八一三 ⅢM12 平、剖面图

1. 金耳环 2. 陶单耳杯 3. 木取火棒 4. 石磨盘 5. 陶单耳杯

原墓口棚盖坍塌物。墓底有一人的部分骨骼，头骨已碎，
盆骨移位到头骨下，还有锁骨、股骨、胫骨等，从盆骨
看似为成年男性，西部有羊头一个。随葬的金耳环在东
南角，木取火棒在东北角，石磨盘和两件陶单耳杯在中
西部（图八一三；图版三八，6）。

随葬品

出土陶、石、金、木器等5件。

1. 金耳环 两个椭圆形金环焊接在一起，下环挂金
丝链子，穿连一椭圆形蚌壳片坠饰。通长4.4、金环直径
1.2厘米（图八一四，1）。

2. 陶单耳杯 夹砂红陶。直口，筒腹，平底，宽带
耳由沿翻至腹部。素面，器表有烟熏痕迹。口径11.5、
底径9.5、高8厘米（图八一四，4；图版七六，5）。

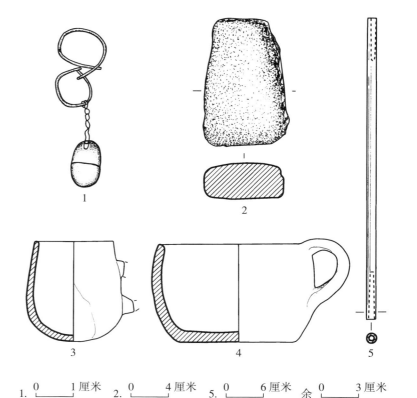

1. ⊢—0——1厘米 2. ⊢—0———4厘米 5. ⊢—0————6厘米 余 ⊢—0———3厘米

图八一四 ⅢM12 随葬品

1. 金耳环（ⅢM12：1） 2. 石磨盘（ⅢM12：4） 3、4. 陶单耳杯（ⅢM12：5、
2） 5. 木取火棒（ⅢM12：3）

3. 木取火棒　树枝干剔皮制作。器具整体粗细均匀。器具两端各钻有深 7~8、直径 0.8 厘米的圆孔。长 50、直径 1.6 厘米（图八一四，5；图版一六六，8）。

4. 石磨盘　扁平呈梯形，一面有磨痕。长 14.2、宽 9、厚 3.9 厘米（图八一四，2）。

5. 陶单耳杯　泥质红陶。敞口，垂腹，圜底，单耳残。器表磨光，施红陶衣。口径 6.2、最大腹径 7.7、高 8.2 厘米（图八一四，3）。

ⅢM13

墓葬概况

位于墓地北部偏东，西北邻ⅢM9，方向 45°。D 型，竖穴偏室土坑墓。墓口距地表深 0.12~0.14 米。竖穴墓道呈长方形，长 2.35、宽 0.89、深 1.21 米。墓道底北壁掏挖墓室，进深 0.6 米，弧形顶，平面呈圆角长方形，长 2.35、宽 0.79、顶高 0.4 米，墓深 1.41 米。墓室底比墓道底深，形成生土二层台，台高 0.2 米。墓室口原用木棍、土块、苇席封堵。墓室内有壮年男性骨架一具，年龄 20~30 岁，头东脚西，仰身直肢，面向上，骨架保存较完整。随葬的陶筒形杯、两件木盘和陶钵在墓道底东南部，墓室内人骨右手旁有皮袋，东北处有木箭和木撑板（图八一五）。

随葬品

出土木、陶器和皮制品 7 件（组）。

1. 木盘　圆木掏挖、刻削而成。平面呈长椭圆形，敞口，圆唇，近平底。长径 53、短径 17、高 5 厘米（图八一六，7）。

2. 木盘　圆木刻挖、削制而成。平面呈长方形，直口，浅腹，平底，口沿高低不平。反扣器底为砧板，有刀切痕。口径 13~23、高 4 厘米（图八一六，4；图版一四〇，2）。

3. 陶钵　泥质红陶。敛口，口沿略向外翻，弧形腹，圜底近平。口径 12.5、高 5.8 厘米（图八一六，3；图版一一五，6）。

4. 陶筒形杯　泥质红陶。微敞口，筒形腹，平底，腹部有耳，已残。素面，器下腹部有烟熏痕迹。口径 8、底径 7.5、高 8 厘米（图八一六，1；图版九四，1）。

5. 木箭　3 支。均残，仅存箭杆后端。圆木杆体粗细均匀，光滑，杆后端有深 0.6 厘米的"U"形凹槽，用于挂弦。残长 33、直径 0.7 厘米（图八一六，6）。

6. 皮袋　残损。用柔软的羊皮缝制。长 4.5、宽 4.3 厘米（图八一六，2）。

7. 木撑板　残。呈扁片状长方体，板面有穿绳用成对的小圆孔七个。残长 22.6、宽 2、厚 0.8 厘米（图八一六，5）。

ⅢM14

墓葬概况

位于墓地北部偏东，西北邻ⅢM11，西南邻ⅢM7，

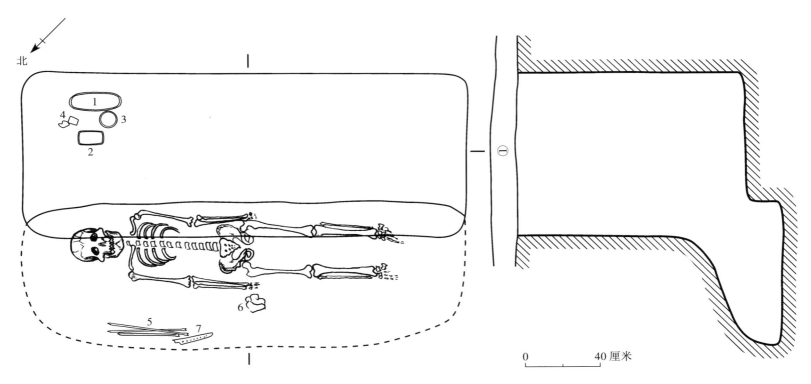

图八一五　ⅢM13 平、剖面图

1、2. 木盘　3. 陶钵　4. 陶筒形杯　5. 木箭　6. 皮袋　7. 木撑板

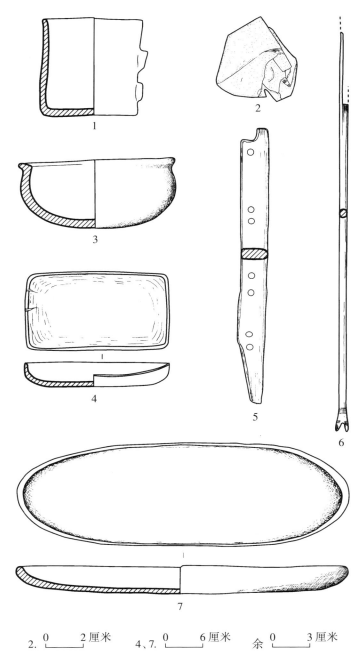

2. ⊢——⊣ 2 厘米　　4、7. ⊢——⊣ 6 厘米　　余 ⊢——⊣ 3 厘米

图八一六　ⅢM13 随葬品

1. 陶筒形杯（ⅢM13：4）　　2. 皮袋（ⅢM13：6）　　3. 陶钵（ⅢM13：3）
4、7. 木盘（ⅢM13：2、1）　　5. 木撑板（ⅢM13：7）　　6. 木箭（ⅢM13：5）

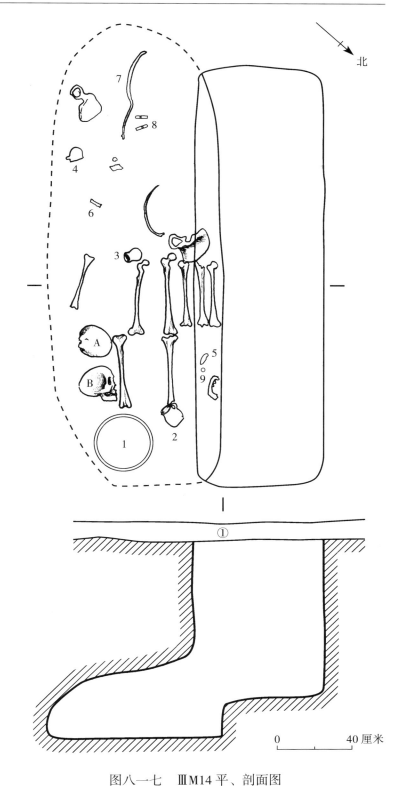

图八一七　ⅢM14 平、剖面图

1. 陶盆　2~4. 陶单耳杯　5. 木取火板　6. 骨管　7. 复合弓　8. 木刀鞘
9. 木扣

东邻ⅢM17，墓向 312°。D 型，竖穴偏室土坑墓。墓口距地表深 0.1 米。竖穴墓道呈长方形，直壁，长 2.32、宽 0.69、深 0.87 米。墓道底南壁掏挖偏室，进深 0.77 米，弧形顶，平面呈圆角长方形，长 2.53、宽 0.93、顶高 0.43、底深 1.09 米。墓室底比墓道底深，形成生土二层台，台高 0.22 米。墓室口原用骆驼刺、苇草、土块封堵。墓室内两具人骨架并排陈置，东西向，脚向东，两个头骨移位到内侧人胫骨旁，其中一髋骨移位到西南角，肋骨朽残缺失。颅骨 A 在西面，壮年男性，年龄 30~40 岁；B 为未成年人，年龄 6~7 岁，其下颌骨在东北部。随葬的陶盆和陶单耳杯在东部，木取火板和木扣在东北部下

颌骨旁，另两件陶单耳杯、骨管、复合弓、木刀鞘散布在墓室西半部（图八一七）。

随葬品

出土陶、木、骨器等 9 件。

1. 陶盆　夹砂红陶。敞口，深腹，小平底。通体施黑陶衣。口径 28.9、底径 15、高 10.5 厘米（图八一八，8；图版一〇八，4）。

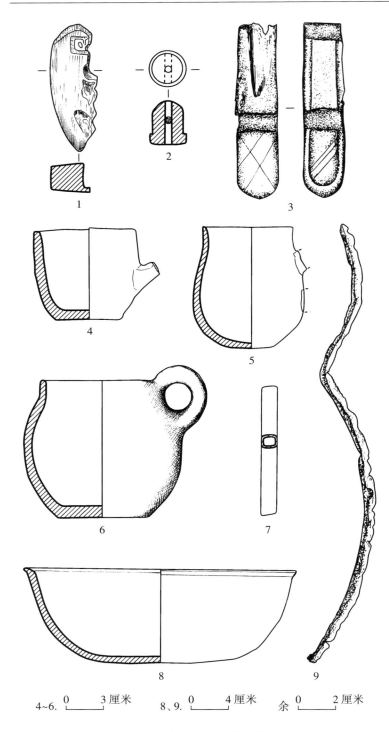

图八一八　ⅢM14 随葬品

1. 木取火板（ⅢM14：5）　2. 木扣（ⅢM14：9）　3. 木刀鞘（ⅢM14：8）
4~6. 陶单耳杯（ⅢM14：4、3、2）　7. 骨管（ⅢM14：6）　8. 陶盆（ⅢM14：1）
9. 复合弓（ⅢM14：7）

2. 陶单耳杯　夹砂红陶。直口，方唇，鼓腹，小平底。单耳由口沿上扬下翻到肩部。口径9、底径7、高12.5厘米（图八一八，6；图版七六，6）。

3. 陶单耳杯　夹砂红陶。敞口，垂腹，小平底，腹部单耳残。器表施红陶衣。口径7.1、底径3、高10厘米（图八一八，5；图版七七，1）。

4. 陶单耳杯　夹砂褐陶。直口，圆腹，小平底，单耳残。素面，器表有烟熏痕迹。口径8.2、底径5.3、高7.5厘米（图

八一八，4）。

5. 木取火板　木板削制。呈扁长体，一边略呈弧形，另一边残，板面钻有圆孔。长7、残宽2.5、厚1.6厘米（图八一八，1）。

6. 骨管　动物肢骨刻、挖制作。管截面呈近椭圆形。通体光滑。长7.1、直径0.7~0.9厘米（图八一八，7）。

7. 复合弓　残，牛角制。弯曲成两个弧形，为弓体的一部分，有虫蛀的小孔。残长48.2、宽1.1厘米（图八一八，9）。

8. 木刀鞘　长条形木片削制。双面有刻划的短浅条和槽，一头方，一头圆。长9.5、宽2.1厘米（图八一八，3）。

9. 木扣　圆木削制。呈圆柱状带帽盖，纵横向均钻有小圆孔，其中横向孔有皮绳残节。直径1.7、帽盖径2、高2.4厘米（图八一八，2）。

ⅢM15

墓葬概况

位于墓地东北部，西南邻ⅢM9，墓向48°。D 型，竖穴偏室土坑墓。墓口距地表深0.1米。竖穴墓道呈长方形，长2、宽0.48、深0.7米。墓道底北壁掏挖墓室，进深0.4米，弧形顶，呈东宽西窄不规则梯形，长2.04、宽0.2~0.53、顶高0.46、底深1.02米。墓室底比墓道底深，形成生土二层台，台高0.3米。墓室口用木棍、土坯封堵。墓室内埋葬青年男性一人，年龄18~22岁，骨架保存完好，头东脚西，仰身直肢，面向上。腿骨残留有皮靴朽片。人骨架头顶部放置木盘，盘内有陶单耳杯三件、陶壶，旁边还有木冠饰构件。骨架右腿边放有复合弓，木箭两件在左腿边。另在人左肩旁有发辫（图八一九）。

随葬品

出土陶、木器和发辫等9件（组）。

1. 木盘　圆木刻、挖、削制作。平面呈圆角长方形，两端起弧拱，一边壁中部有系绳小圆孔。敞口，浅腹，近平底。底反扣为砧板，有刀剁痕。口径16~37、高6厘米（图八二○，10）。

2. 陶单耳杯　夹砂红陶。直口，圆腹，小平底，单耳上扬由沿翻至腹部。素面，器表有烟熏痕迹。口径7.5、底径4.4、高7.3厘米（图八二○，3；图版七七，2）。

3. 陶单耳杯　夹砂红陶。敛口，鼓腹，圆底近平，单耳残。器表有烟熏痕迹。口径7、高6.8厘米（图八二○，4）。

4. 陶单耳杯　夹砂红陶。敞口，束颈，圆腹，平底，

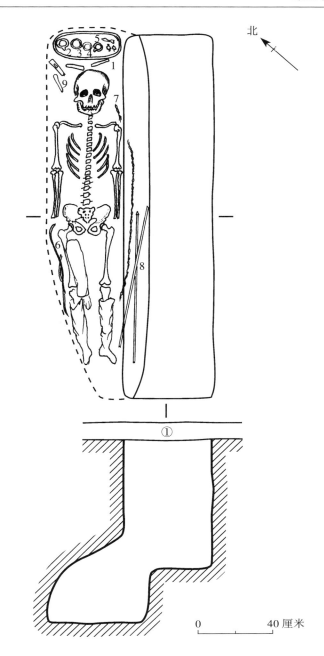

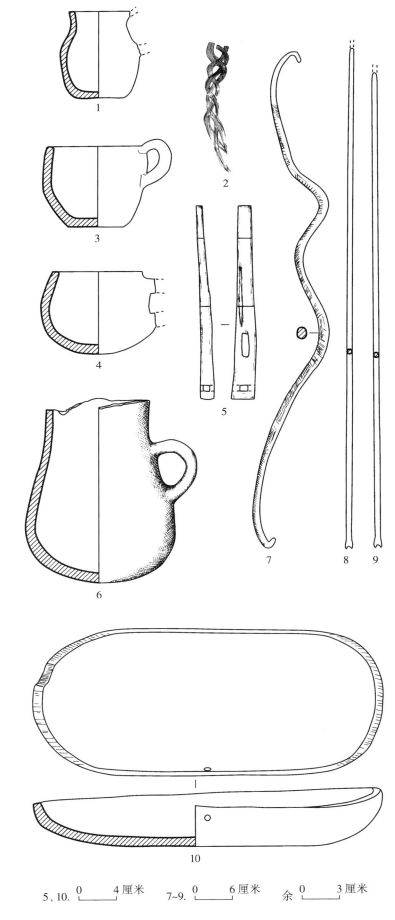

图八一九　ⅢM15平、剖面图

1. 木盘　2~4. 陶单耳杯　5. 陶单耳壶　6. 复合弓　7. 发辫　8. 木箭　9. 木冠饰

单耳残。手制，砂粒裸露，工艺粗糙，口沿残破。口径4.7、底径4.2、高7.2厘米（图八二〇，1）。

　　5. 陶单耳壶　夹砂红陶。口沿残，垂腹，圜底，单耳。器表通体有烟炱。残高15.3厘米（图八二〇，6；图版一〇四，2）。

　　6. 复合弓　中为绣线菊木片，内外夹贴角质片，外用牛筋绳缠扎。五曲，弓弣三角形，呈倒钩状，承弦用。长82厘米（图八二〇，7；图版一八四，6）。

　　7. 发辫　用人头发三股编织，较细且疏松。残长11、宽1.5厘米（图八二〇，2；图版二一二，3）。

　　8. 木箭　2支。残，无箭头。细圆木棍磨光而成。下端有"U"形挂弦凹槽。长78.5~82、直径0.8厘米（图

图八二〇　ⅢM15随葬品

1、3、4. 陶单耳杯（ⅢM15：4、2、3）　2. 发辫（ⅢM15：7）　5. 木冠饰（ⅢM15：9）　6. 陶单耳壶（ⅢM15：5）　7. 复合弓（ⅢM15：6）　8、9. 木箭（ⅢM15：8-1、8-2）　10. 木盘（ⅢM15：1）

八二〇，8、9）。

9. 木冠饰　木刻的长方体，用于冠饰内的插棒，上面有三处穿孔用于固定。长 21、宽 2~2.5 厘米（图八二〇，5）。

ⅢM16

墓葬概况

位于墓地北部，西邻坎儿井，东北邻ⅢM28，墓向48°。D 型，竖穴偏室土坑墓。墓葬开口于地表。竖穴墓道呈长方形，长 1.8、宽 0.59、深 1.37 米。墓道底北壁掏挖偏室，进深 0.63 米，弧形顶，平面呈近长方形，长1.83、宽 1.03、顶高 0.5、底深 1.5 米。墓室底比墓道底深，形成生土二层台，台高 0.13 米。偏室口用树枝和芦苇封堵，然后填沙土。墓室内发现三具人骨架，其中 A、B 两具骨架保存较完整，均头东脚西，仰身直肢。C 仅存头骨，位于墓室内侧西北角，由于头骨过于残破，年龄、性别不清。靠墓室口为 B，壮年女性，年龄 30 岁左右；内侧为 A，下颌脱离原位置而处于左侧，中年男性，年龄约40 岁。B 骨架头骨前部出土木盘，盘内放置陶单耳杯和陶碗，脚下有陶单耳杯；A 头前放置陶碗，另一件陶单耳杯在 B 头前，A 骨架左侧放置复合弓，右侧有木撑板（图八二一）。

随葬品

出土陶、木器等 8 件。

1. 木盘　圆木刻、挖、削制而成。平面呈圆角长方形，两端起弧拱，短边口沿钉有牛角。敞口，浅腹，弧底近平。底反扣为砧板，有刀剁痕。长 56.6、宽 20.5、高 5.2 厘米（图八二二，8；图版一三四，2）。

2. 陶单耳杯　泥质红陶。敞口，圆唇，圆腹，圜底，腹部有一单耳。下腹一侧有烟炱。口径 7.4、高 8.2 厘米（图八二二，1）。

3. 陶碗　夹砂红陶。敛口，圆腹，平底。素面，器表施红陶衣。口径 13.7、底径 6、高 6 厘米（图八二二，4；图版一二〇，8）。

4. 陶单耳杯　夹细砂红陶。敛口，垂腹，平底，单耳位于腹部。口沿高低不平。素面，通体施红陶衣。口径 6、底径 3.6、高 8.5 厘米（图八二二，2；图版七七，3）。

5. 陶单耳杯　夹砂红陶。口微敛，鼓腹，平底，单耳上扬，由沿翻至腹部。口沿高低不平。素面，露胎，砂粒裸露。口径 9、底径 6、高 10.2 厘米（图八二二，3）。

6. 陶碗　夹砂红陶。残，仅剩 1/3。口微敛，方唇，圆腹，平底。素面。口径 13.4、底径 6.5、高 6.6 厘米（图

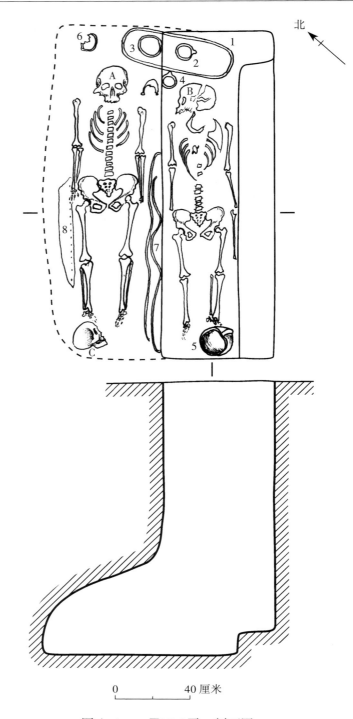

图八二一　ⅢM16 平、剖面图

1. 木盘　2、4、5. 陶单耳杯　3、6. 陶碗　7. 复合弓　8. 木撑板

八二二，6）。

7. 复合弓　中为 1 厘米左右厚的韧木片，两边夹粘牛角片，外面包一层牛筋片，再缠牛筋绳，两端背部有凹槽为固弦用。五曲。三角形弓弭呈倒钩状，承弦用。弓体中间稍粗，截面呈三角形，保存完整。长 112 厘米（图八二二，7；图版一八四，7）。

8. 木撑板　中间宽，两端窄，上有两个一组的小孔共五组，原穿有牛皮绳。有节疤孔三个。板上还残存弓箭袋皮。长 83.2、宽 6.9 厘米（图八二二，5；图版一六五，2）。

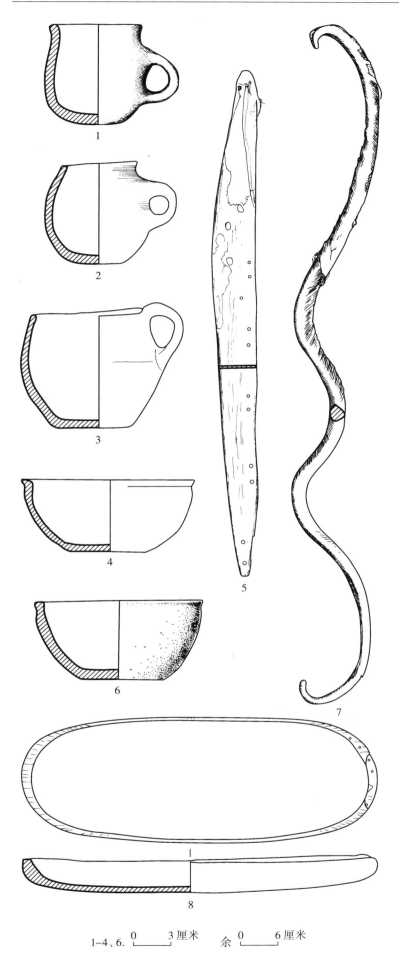

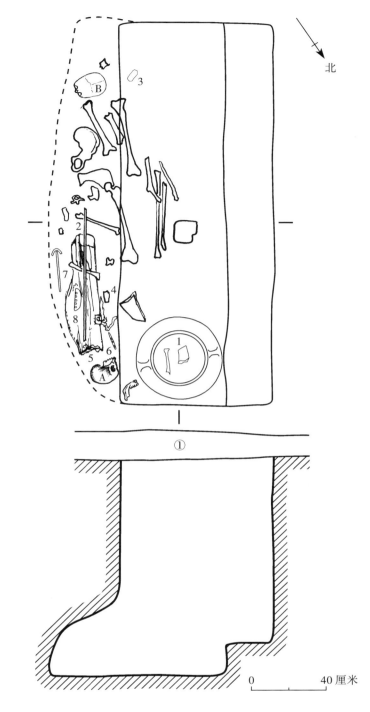

图八二三　ⅢM17平、剖面图

1. 陶釜　2. 木箭　3. 砺石　4. 铁刀　5. 皮弓箭袋　6. 木镳　7. 木搅拌棒
8. 木取火板

图八二二　ⅢM16随葬品

1~3. 陶单耳杯（ⅢM16：2、4、5）　4、6. 陶碗（ⅢM16：3、6）　5. 木撑板
（ⅢM16：8）　7. 复合弓（ⅢM16：7）　8. 木盘（ⅢM16：1）

ⅢM17

墓葬概况

位于墓地东北部，东邻ⅢM21，北邻ⅢM13，墓向33°。D型，竖穴偏室土坑墓。墓口距地表深0.16米，地表为砾石层。竖穴墓道呈长方形，直壁，长2.1、宽0.81、深1.02米。墓道底东壁掏挖偏室，进深0.37米，弧形顶，呈不规则长方形，长2.12、宽0.94、顶高0.38、底深1.2米。墓室底比墓道底深，形成生土二层台，台高0.18米。墓内填土中有骆驼刺、沙石等。墓葬被盗

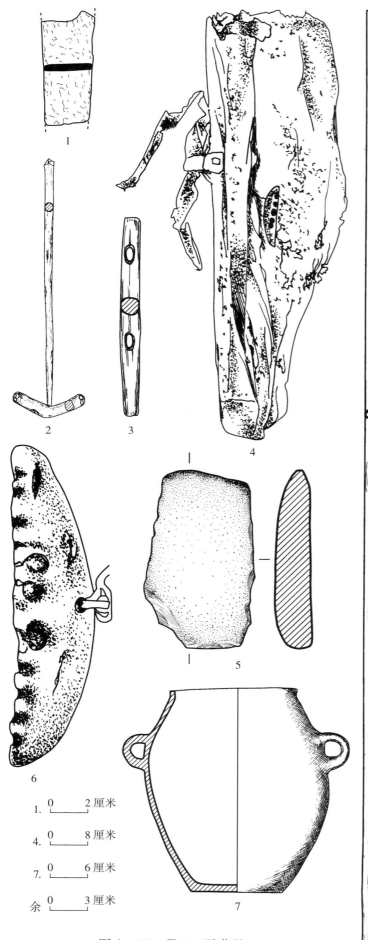

图八二四　ⅢM17 随葬品

1.铁刀（ⅢM17：4）　2.木搅拌棒（ⅢM17：7）　3.木镳（ⅢM17：6）
4.皮弓箭袋（ⅢM17：5）　5.砺石（ⅢM17：3）　6.木取火板
（ⅢM17：8）　7.陶釜（ⅢM17：1）　8.木箭（ⅢM17：2）

扰严重，墓室内人骨架凌乱，从肢骨和头骨数量来看，为双人葬。其中 A 位于东北部，为成年男性；B 位于西南部，为成年女性。墓室东端出土陶釜，A 骨架旁出土皮弓箭袋、木箭、铁刀、木镳、木取火板、木搅拌棒，B 头骨旁有砺石（图八二三）。

随葬品

出土陶、木、铁、石器和皮制品 8 件。

1. 陶釜　夹砂红陶。敞口，方沿，鼓腹，平底，双耳。素面，器表有烟炱。口径 20.2、腹径 29、底径 14.4、高 33.6 厘米（图八二四，7；图版一一〇，3）。

2. 木箭　箭头和箭尾均残失。箭尾有缠痕。长 78、直径 0.7 厘米（图八二四，8）。

3. 砺石　灰砂岩。呈近长方形。表面有磨痕。长 14.9、宽 8.3、厚 2.8 厘米（图八二四，5）。

4. 铁刀　残。呈长方形薄片。器表锈蚀严重。残长 6.2、宽 2.6、厚 0.3 厘米（图八二四，1）。

5. 皮弓箭袋　羊皮缝制。边缘有木制撑板，板上穿孔系住皮囊，分大小两个皮袋：大皮袋装弓，以弓 2/3 的形状做成；小皮袋装箭。长 94.7、宽 27.6 厘米（图八二四，4）。

6. 木镳　呈圆棍状，中部有两个椭圆形穿孔。长 16.4、直径 1.6 厘米（图八二四，3；图版一六二，7）。

7. 木搅拌棒　直棍底端安装"V"形曲木，榫卯结构相连，为搅拌乳制品用。杆长 21.4、头长 5.4、杆径 0.7 厘米（图八二四，2；图版一七二，3）。

8. 木取火板　弧形木制成。弧背中间有一穿孔，内系皮条绳，直边有槽和使用痕迹。长 13.3、宽 3.2 厘米（图八二四，6）。

ⅢM18

墓葬概况

位于墓地东北部，南邻ⅢM22，墓向 26°。D 型，竖穴偏室土坑墓。墓口距地表深 0.21 米。竖穴墓道呈长方形，直壁，长 1.76、宽 0.56、深 0.99 米。墓道底西壁掏挖偏室，进深 0.92 米，弧形顶，平面呈近长方形，长 1.83、宽 1.38、顶高 0.52 米，底深 1.38 米。墓室底比墓道底深，形成生土二层台，台高 0.39 米。墓室口用九根木棒斜立封堵，外覆苇席，再填沙土。墓室内并排陈置三具人骨架，均仰身直肢，保存较完整。靠墓室口的为 A，中年男性，年龄约 45 岁；中间的为 B，壮年女性，年龄约 35 岁；最里面的 C 为未成年女性，年龄 12~15 岁。A 头侧有木冠饰，内插木棍，棍一端绕缠毛线，头枕皮枕，身着长衣，脚穿皮靴，内缠毛绦腰带，均已残破；头顶有陶单耳杯、石杵，右侧置复合弓、木箭、木取火板、金饰件、长衣。
B旁有毛布袋、绿松石饰、皮弓箭袋。C旁有长裙片。B、
C之间有木盘、石杵、陶单耳杯、陶钵、皮刀鞘、木盒、
木箭、石磨盘，木盘中有皮弓箭袋（图八二五）。

随葬品

出土木、陶、石、金器及皮制品、毛纺织物等24件。

1. 木盘　圆木刻、挖、削制而成。呈圆角长方形，
两端起弧。敞口，浅腹，平底。口沿扭曲变形，高低不平。
底反扣为砧板，有刀剁痕。口径19.9~49.6、高6厘米（图
八二六，19）。

2. 陶钵　夹砂红陶。敛口，斜沿微外折，弧腹，圜底。
口径16.1、高6.9厘米（图八二六，17；图版一一五，7）。

3. 陶单耳杯　夹砂褐陶。近直口，圆腹，小平底，
单耳残。素面，器表有烟熏痕迹。口径7.8、底径5、高
7.2厘米（图八二六，11）。

4. 皮弓箭袋　残，羊皮缝制。带木撑板，撑板较长，
上有穿孔系带，与皮囊联结。该撑板顶端有一排十个取
火钻孔，所用木料与取火板相同。袋宽11.8厘米，撑板
长81.4、宽4.2厘米（图八二六，15；图版二二六，7）。

5. 木箭　2支。其一为圆木箭杆，光滑，后端有"U"
形挂线凹槽，头呈四棱锥状，尖较钝。通长83.7、直径
0.84、头长6.4厘米（图八二六，16；图版一六一，6）。

6. 复合弓　中间为厚1厘米左右的韧木片，两边夹
贴牛角片，外包一层牛筋片，再缠扎牛筋绳。五曲。三
角形弓弰呈倒钩状，背部有凹槽，以固弦。弓弦用牛
筋合成，两端有扣，以便挂在弓弰上。保存完整。长
117.4、宽2.6厘米（图八二六，20；图版一八四，8）。

7. 木取火板　薄木板制作。弯曲成钩形，一边沿有
六个刻槽，其中四个使用成圆孔状。长8.1、宽1.8、厚
1.8厘米（图八二六，12）。

8. 皮弓箭袋　残，袋体用野羊皮缝制，袋底用牛皮。
上面扎出成排的三角孔。残长37.5、底宽14.9厘米（图
八二六，14）。

9. 石杵　灰砂岩。呈圆角长方形，下端呈刀状。长
14.4、宽7.4、厚4.4厘米（图八二六，4）。

10. 皮枕　羊皮缝制。长条扁平状，内装碎皮条。长
24、宽7.5厘米（图八二六，6；图版二二二，3）。

11. 陶单耳杯　侈口，尖圆唇，鼓腹，圜底，单耳由
沿上扬翻至腹部。通体施红衣。口径5.8、高5.6厘米（图
八二六，10）。

12. 木盒　方木挖削制作而成。有盖，呈长方体。抹
棱沿，木盖为长方形木板，一侧钻两孔穿两条皮绳与盒
体联结，为上翻盖。盒体直口，平沿，直腹，平底。盒

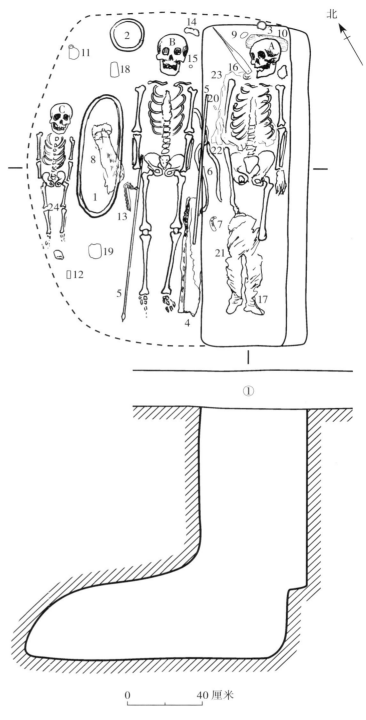

图八二五　ⅢM18平、剖面图

1. 木盘　2. 陶钵　3、11. 陶单耳杯　4、8. 皮弓箭袋　5. 木箭　6. 复合弓
7. 木取火板　9、18. 石杵　10. 皮枕　12. 木盒　13. 皮刀鞘　14. 毛布袋
15. 绿松石饰　16. 木冠饰　17. 皮靴　19. 石磨盘　20. 金饰件　21. 毛编织
带　22、23. 上衣　24. 长裙

底内铺垫两片毛织品。长9.3、宽5.8、通高3.7厘米（图
八二六，18；图版一四五，6）。

13. 皮刀鞘　整块鞣制牛皮裁剪，用牛筋线缝制。一
边呈连弧状，上端口部穿羊皮系带，系带套一圆铁环。
长25.5、宽4厘米（图八二六，8；图版二二五，2）。

14. 毛布袋　红色绒面毛布缝制。近长方形。长
10.2、宽4.6厘米（图八二六，9；图版二七六，1）。

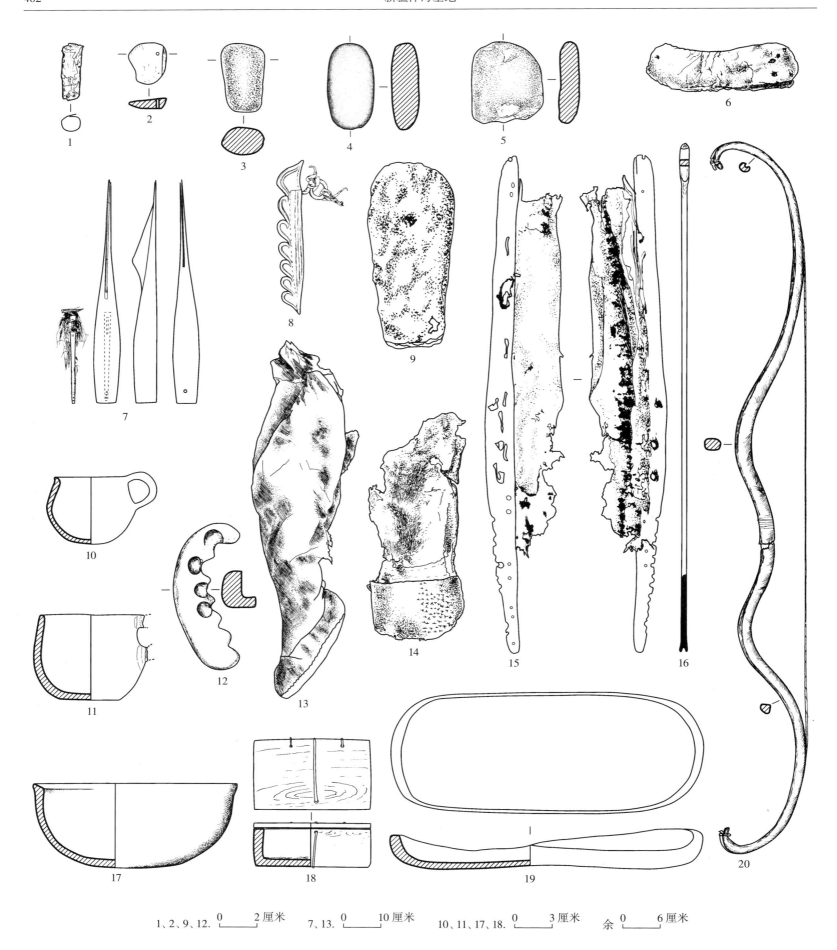

1、2、9、12. ⌞__2厘米__⌟　　7、13. ⌞__10厘米__⌟　　10、11、17、18. ⌞__3厘米__⌟　　余 ⌞__6厘米__⌟

图八二六　ⅢM18 随葬品

1. 金饰件（ⅢM18：20）　2. 绿松石饰（ⅢM18：15）　3、4. 石杵（ⅢM18：18、9）　5. 石磨盘（ⅢM18：19）　6. 皮枕（ⅢM18：10）　7. 木冠饰（ⅢM18：16）　8. 皮刀鞘（ⅢM18：13）　9. 毛布袋（ⅢM18：14）　10、11. 陶单耳杯（ⅢM18：11、3）　12. 木取火板（ⅢM18：7）　13. 皮靴（ⅢM18：17）　14、15. 皮弓箭袋（ⅢM18：8、4）　16. 木箭（ⅢM18：5）　17. 陶钵（ⅢM18：2）　18. 木盒（ⅢM18：12）　19. 木盘（ⅢM18：1）　20. 复合弓（ⅢM18：6）

15.绿松石饰　呈不规则椭圆形，器上方钻一小圆孔。长2.3、宽2、厚0.6厘米（图八二六，2；图版二〇九，6）。

16.木冠饰　薄木板黏合而成。尖锥形体，底部近方形，内空，一面平，余面呈半圆形，上有对称二圆孔。半圆面上方镶装有薄木片制成的三角形翼，通体黑色，尖顶残留纺织物。出土时底部内插一根方木条，木条顶部缠毛线绳，内有人发，另一端亦缠有线绳。木条边长1.2、通长26厘米，底口边长5.2、通高61.6厘米（图八二六，7；图版一五五，7、8）。

17.皮靴　单只。连裤腿，靴面和底为牛皮，筒部用羊皮缝制。通长98、靴长27.9厘米（图八二六，13；图版二二〇，6）。

18.石杵　选用天然砾石。略呈长方体。长11.6、宽7、厚4.5厘米（图八二六，3）。

19.石磨盘　选扁平的天然砾石磨成。背面微凸，正面平，有磨痕。残长13.4、宽11.2、厚2.8厘米（图八二六，5）。

20.金饰件　金箔卷制。呈管状，有小孔。似圆杆状器物外包金饰件。直径1、高3.2厘米（图八二六，1）。

21.毛编织带　黄地方格纹编织带。现存两段：一端缝缀长35.5厘米的棕色褐布，上系结皮扣，距此不远处亦有一系扣皮扣；另一端缝缀一小段辫式带。1/1绕编法。残存两段长、宽一致，均为长45.5、宽5.2厘米（图版二七六，4）。

22.上衣　棕色套头褐衣残片。衣身长72、残宽51厘米。残存左半部，包括左袖。右半部严重残损，仅见前身的局部。领口、袖口缝缀有宽1.5厘米的红色编织带，在肩部、袖头和前身正中处压缀有宽0.5厘米的红色编织带，残片上面保存幅边和幅宽（图版二七六，2）。

23.上衣　棕色褐残衣片。平纹组织。由四片竖向不规则织物缝合而成。长60、宽49厘米（图版二七六，2）。

24.长裙　红黄色褐接裙残片。裙长138、腰残宽118厘米。由红、黄色各两件平纹组织的织物沿幅边纵向接缝，成为红、焦黄、红、黄色横向相间的长裙。毛纺织物都是匹染的，为红色或黄色（图版二七六，5）。

ⅢM19

墓葬概况

位于墓地东北部，北邻ⅢM29，西邻ⅢM22，墓向27°。C型，长方形竖穴土坑墓，直壁。墓口距地表深0.15米，墓口长1.65、宽0.84米，墓深0.79米。填土为黄沙土，内夹杂有骆驼刺、苇草等。墓内埋葬分上下两层：第①层深0.3米，埋葬一未成年人A，仰身直肢，面向上，身裹毛布衣；第②层，B位于墓底，为一成年女性，头北脚南，仰身直肢，左上肢骨残缺，下颌骨移位。在B头骨左侧有陶钵和陶碗（图八二七）。

随葬品

出土陶器2件。

1.陶钵　夹砂红陶。敞口，圆腹，圜底近平，口沿不平。素面，器表有烟熏痕迹。口径11.4、高5.6厘米（图

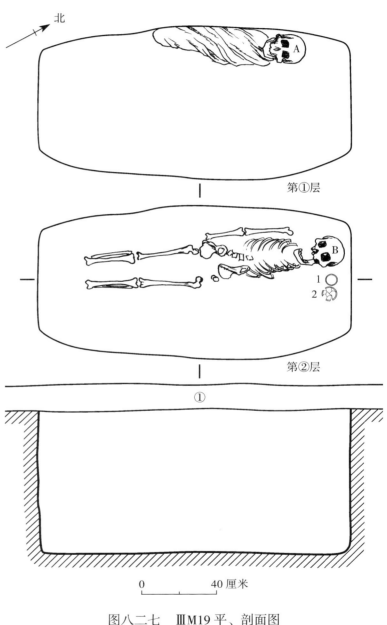

图八二七　ⅢM19平、剖面图

1.陶钵　2.陶碗

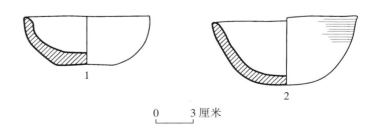

图八二八　ⅢM19随葬品

1.陶碗（ⅢM19：2）　2.陶钵（ⅢM19：1）

八二八，2；图版一一五，8）。

2. 陶碗　夹砂红陶。敞口，圆唇，浅腹，平底。素面。制作粗糙。口径9.9、高4厘米（图八二八，1）。

ⅢM20

墓葬概况

位于墓地北部偏东，东北邻ⅢM23，墓向45°。D型，竖穴偏室土坑墓。墓口距地表深0.14米。竖穴墓道呈长方形，直壁，长1.8、宽0.8、深0.81米。墓道底西北壁掏挖偏室，进深0.58米，弧形顶外高内低，平面呈近圆角长方形，长1.83、宽1.05、顶高0.4、底深1.01米。墓室底比墓道底深，形成生土二层台，台高0.2米。墓

室口原用树枝、苇席封堵，由于遭盗扰破坏，混杂于填土中。该墓由于盗扰，室内人骨残缺不全，未见头骨，从残存情况来看，为单人葬，仰身直肢，成年男性。在人上身左侧出土木盘，右肋骨旁出土陶单耳杯，腿骨左侧出土复合弓、木撑板、木桶残片（图八二九）。

随葬品

出土木、陶器等5件。

1. 木盘　呈近长方形。圆唇，浅腹，近平底，沿一侧有穿孔。底面有刀剁痕。口径24.9~38.3、高5.2厘米（图八三〇，5）。

2. 陶单耳杯　夹砂红陶。口微敛，圆唇，圆腹，小平底，单耳由沿翻至腹部。素面，器表有烟熏痕迹。口径7.5、

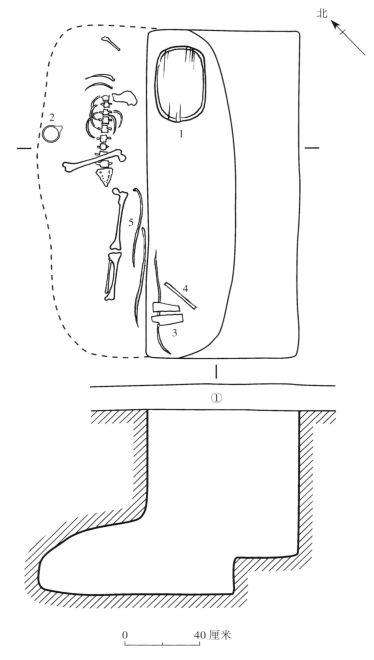

图八二九　ⅢM20平、剖面图

1. 木盘　2. 陶单耳杯　3. 木桶残片　4. 木撑板　5. 复合弓

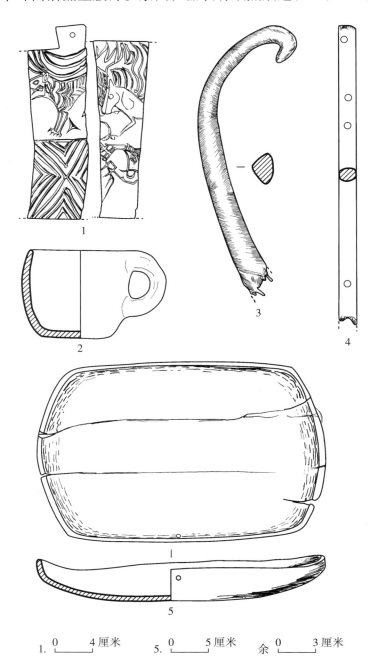

图八三〇　ⅢM20随葬品

1. 木桶残片（ⅢM20：3）　2. 陶单耳杯（ⅢM20：2）　3. 复合弓（ⅢM20：5）
4. 木撑板（ⅢM20：4）　5. 木盘（ⅢM20：1）

底径 5、高 7.3 厘米（图八三〇，2）。

3. 木桶残片　2 片。为同一件木桶的残片。桶口沿上有方形立耳，有小圆形穿孔。桶壁外表面线刻虎、羊等动物组合图及几何图案等，可辨有老虎、北山羊，但均不完整。高 21.5 厘米（图八三〇，1；图版一三〇，4）。

4. 木撑板　残。呈圆棒状，截面呈椭圆形，有穿绳用的小圆形穿孔四个。残长 24.7、直径 1.4 厘米（图八三〇，4）。

5. 复合弓　残存弓弭，呈弯钩状，两面夹粘牛角，再用牛筋线缠扎，弓截面略呈椭圆形。残长 22.2、宽 2.4、厚 1.5 厘米（图八三〇，3）。

ⅢM21

墓葬概况

位于墓地东北部，西邻ⅢM17，东邻ⅢM22，墓向 45°。D 型，竖穴偏室土坑墓，墓口距地表深 0.13 米。竖穴墓道呈长方形，四壁竖直，长 1.9、宽 0.62、深 1.21 米，墓道底东南壁掏挖偏室，进深 0.55 米，呈不规则梯形，弧形顶，长 1.96、宽 0.62~0.85、顶高 0.4、底深 1.31 米。墓室底比墓道底深，形成生土二层台，台高 0.1 米。填土中夹含原封盖墓口用的苇席、骆驼刺等。由于盗扰，墓室内人骨凌乱，共发现七个人头骨，散乱于人骨中，A、B 为成年男性，C 为年龄 2~3 岁未成年人，D、G 为成年男性，E、F 为成年女性，E 人骨下肢上黏附着皮衣残片。随葬器物大多位于墓室东端和竖穴底二层台上，二层台上自西向东依次有复合弓两件、陶单耳杯两件、骨扣，陶碗、陶罐、陶单耳杯、木钵、陶钵、陶单耳罐位于中西部，其中陶罐、陶筒形杯、木钵三件器物在陶钵内，皮枕在西南角，木撑板、木冠饰构件和毛纺织物在中部，木箭和角扣在东南部，毛编织带在 E 的腰部（图八三一）。

随葬品

出土陶、木、骨器和皮毛制器等 18 件（组）。

1. 陶单耳杯　夹砂红陶。口微敛，尖唇，鼓腹，小平底，口沿下有环形单耳。口径 6、底径 5.2、高 7.4 厘米（图八三二，5；图版七七，4）。

2. 陶单耳杯　夹砂红陶。直口，圆腹，平底，宽带耳由沿翻至腹部。器腹有烟熏痕迹。口径 9.6、底径 6.4、高 8.2 厘米（图八三二，12；图版七七，5）。

3. 铁镞　2 件。带木箭杆，其中箭杆为圆木杆，后端残；铁镞呈三棱状，尖、刃锋利，其中一件翼后端有勾刺（图版二〇五，4）。铁镞尾端嵌插入木箭杆连接处用牛筋绳缠扎。ⅢM21：3-1，杆残长 25、直径 0.7、

头长 3.9 厘米（图八三二，10）。ⅢM21：3-2，杆残长 22、直径 0.7、头长 3.9 厘米（图八三二，9）。

4. 骨扣　动物骨骼制作。呈长方形，一端钻一圆孔，穿系软皮条，另一端钻两小孔。扣正面光滑，背面粘宽羊皮带。长 10.6、宽 4.9、厚 0.4 厘米（图八三二，7；图版一九一，7）。

5. 复合弓　残，用绣线菊加工的木片作骨，两边夹粘牛角片，用筋线缠扎，再外裹薄皮质。残长 52.5、宽 3、厚 2 厘米（图八三二，8）。

6. 复合弓　残。中间为 1 厘米厚的绣线菊木片，上

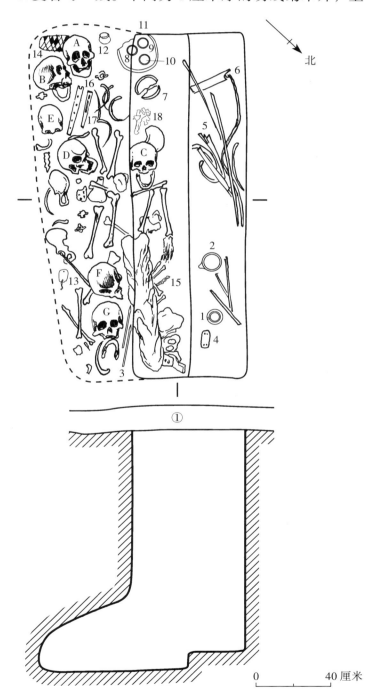

图八三一　ⅢM21 平、剖面图

1、2. 陶单耳杯　3. 铁镞　4. 骨扣　5、6. 复合弓　7. 陶碗　8. 陶罐　9. 陶筒形杯　10. 木钵　11. 陶钵　12. 陶单耳罐　13. 角扣　14. 皮枕　15. 毛编织带　16. 木撑板　17. 木冠饰构件　18. 毛纺织物

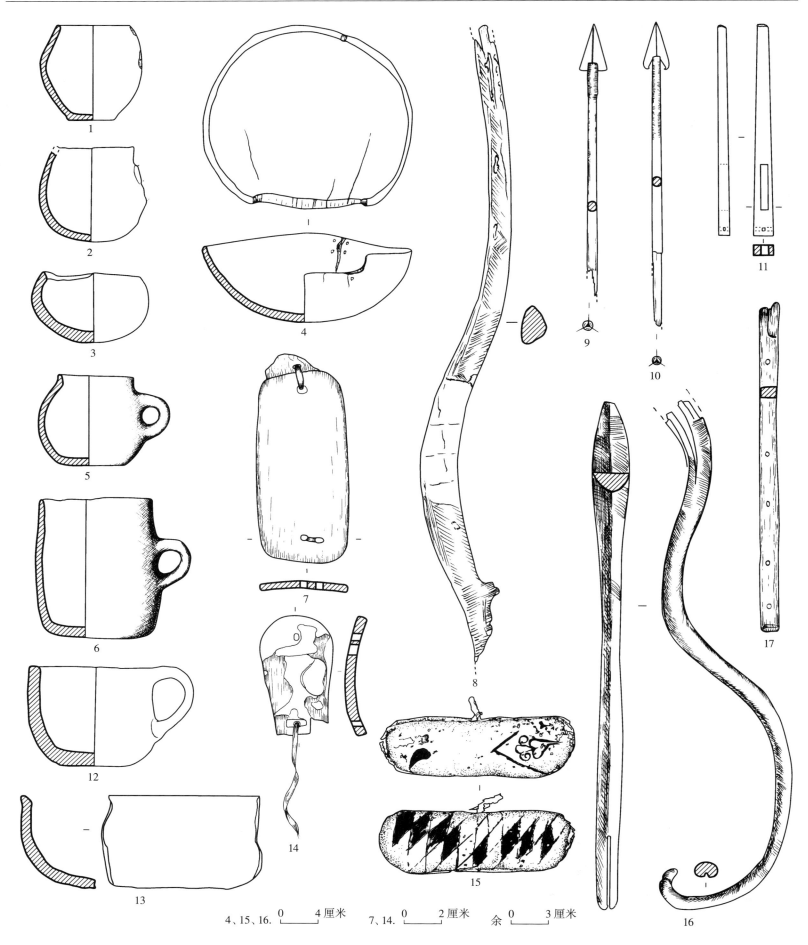

4、15、16. ┣━0━━4厘米　　7、14. ┣━0━━2厘米　　余 ┣━0━━3厘米

图八三二　ⅢM21 随葬品

1. 陶罐（ⅢM21：8）　　2. 陶单耳罐（ⅢM21：12）　　3. 陶钵（ⅢM21：11）　　4. 木钵（ⅢM21：10）　　5、12. 陶单耳杯（ⅢM21：1、2）　　6. 陶筒形杯（ⅢM21：9）
7. 骨扣（ⅢM21：4）　　8、16. 复合弓（ⅢM21：5、6）　　9、10. 铁镞（ⅢM21：3-2、3-1）　　11. 木冠饰构件（ⅢM21：17）　　13. 陶碗（ⅢM21：7）　　14. 角扣（ⅢM21：13）
15. 皮枕（ⅢM21：14）　　17. 木撑板（ⅢM21：16）

贴一层牛角片，下贴一层牛筋皮，外缠扎牛筋绳。弓身截面呈三角形，弓弰处有倒弯，背上有凹槽，用于挂弦，另一端残。长55.9、宽4、厚2厘米（图八三二，16）。

7. 陶碗　夹砂红陶。残片。敞口，圆腹，近平底。底部有烟熏痕迹（图八三二，13）。

8. 陶罐　夹砂红陶。敛口，鼓腹，平底，单耳残。通体施红陶衣。口径5.8、腹径8、底径3.8、高7.9厘米（图八三二，1；图版六六，5）。

9. 陶筒形杯　夹砂红陶。直口，尖唇，深腹，平底，口沿下有单耳。口径8.9、底径8.4、高11.7厘米（图八三二，6；图版九四，2）。

10. 木钵　圆木刻挖削制而成。平面呈椭圆形。敞口，弧腹，圜底，口沿一边作缺口。底反扣为砧板，有刀剁痕。口径20.2~22、高9.7厘米（图八三二，4；图版一四五，2）。

11. 陶钵　夹砂红陶。敛口，鼓腹，圜底。素面，器表有烟熏痕迹。口径7.7、腹径9.4、高5.8厘米（图八三二，3；图版一一六，1）。

12. 陶单耳罐　夹砂红陶。敞口，垂腹，圜底，单耳残。通体施红陶衣。口径6.2、腹径8.3、高7.8厘米（图八三二，2；图版六〇，6）。

13. 角扣　牛角剔皮加工制作。呈长方形，圆首，下端刻长条孔，扣面残，扣尾系绳、羊皮带。长6.7、宽2.6~3.8、厚0.6厘米（图八三二，14；图版一九二，3）。

14. 皮枕　熟皮，用红色毛线缝制而成。扁平，鞋底形。白色皮上绘黑彩，一面绘连续菱格纹，另一面绘曲线、花形纹。长20.7、宽7厘米（图八三二，15；图版二二二，1、2）。

15. 毛编织带　棕黄色锯齿纹编织带。1/1绕编法，显出极似缂织图案的棕、黄色锯齿纹。长35、宽4.5厘米（图版二七七，7）。

16. 木撑板　残。呈四棱体，板面有穿绳小孔五个。残长27.1、宽1.5、厚0.9厘米（图八三二，17）。

17. 木冠饰构件　呈梯形四棱体，下端刻长方形孔，底部四面有对称小圆孔。长17.4、宽0.9~1.5厘米（图八三二，11；图版一五六，1）。

18. 毛纺织物　服饰残片。编织疏松，蓝色和暗红色交织出锯齿纹（图版二七七，1）。

Ⅲ M22

墓葬概况

位于墓地东北部，西邻Ⅲ M21，东邻Ⅲ M19，墓向45°。D型，竖穴偏室土坑墓。墓口距地表深0.15米。竖穴墓道呈长方形，直壁，长1.8、宽0.54、深1.47米。

墓道底东南壁掏挖偏室，进深0.64米，弧形顶，平面呈圆角长方形，长1.85、最大宽0.94、顶高0.6、底深1.7米。墓室底比墓道底深，形成生土二层台，台高0.23米。偏室内陈放人骨架一具，头东脚西，仰身直肢，面向上，骨架保存较完整。中年男性，年龄35岁以上。在墓室外二层台上出土复合弓，台下有木撑板和木冠饰构件，墓室内人头骨右侧有木盘，右臂处出土陶钵，右脚下有陶单耳杯，左股骨旁有木钩（图八三三）。

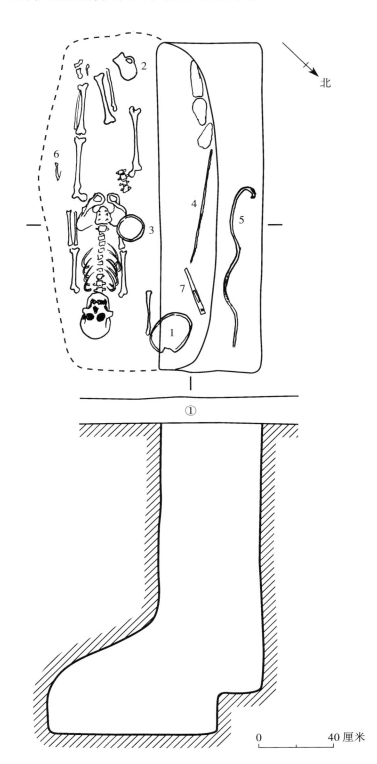

图八三三　Ⅲ M22 平、剖面图

1. 木盘　2. 陶单耳杯　3. 陶钵　4. 木撑板　5. 复合弓　6. 木钩　7. 木冠饰构件

随葬品

出土陶、木器等7件。

1. 木盘　圆木刻、挖、削制而成。呈圆角长方形。敞口，浅腹，平底，底较薄。底反扣为砧板，有刀剁痕。口径21.4~29.4、高5.6厘米（图八三四，5）。

2. 陶单耳杯　夹砂红陶。敞口，圆唇，束颈，鼓腹较深，圜底，上腹部有环形单耳。口径10.5、高18厘米（图八三四，3；图版七七，6）。

3. 陶钵　夹砂红陶。敛口，尖圆唇，圆腹，圜底近平。

器内壁有烟熏痕迹。口径13.4、高7.5厘米（图八三四，4）。

4. 木撑板　呈长条形，一端残，四棱抹角，板面钻有穿绳小孔。残长62.5、宽1.7、厚1厘米（图八三四，6）。

5. 复合弓　中间用绣线菊木片，两边夹粘牛角，外用牛筋绳缠扎，局部再用牛皮条和细麻绳缠扎加固。为五曲，弓中部剖面呈三角形，两端呈扁体，一端残，弓弰呈尖状，有挂弦凸棱。残长89、最大宽2厘米（图八三四，7；图版一八四，9）。

6. 木钩　树枝干削制。钩尖较锐，钩的后端钻有作系绳用的小圆孔。长8.1、直径0.7厘米（图八三四，1）。

7. 木冠饰构件　木板刻制。呈长四棱体。一端凿长方形孔，另一端钻小圆孔，长方形下方刻纵向条形孔，木器中部缠细毛线。长27.4、宽1.1~1.8、厚0.7~1.1厘米（图八三四，2）。

ⅢM23

墓葬概况

位于墓地东北部，东北邻ⅢM19，西南邻ⅢM20，墓向45°。D型，竖穴偏室土坑墓。墓口距地表深0.2米。竖穴墓道呈长方形，直壁，长2.14、宽1.01、深1.81米。墓道底西北壁掏挖偏室，进深0.7米，弧形顶，平面呈长方形，长2.2、宽0.9、顶高0.63、底深2.11米，墓室底比墓道底深，形成生土二层台，台高0.3米。墓内填土为被风刮入的黑沙土。墓室被严重盗扰，人骨架凌乱，未见人头骨，其中一部分肢骨被抛到偏室外的二层台上，从现存股骨数量来看为双人葬，均成年，其一似为男性。在墓室内西南角有羊头一个。墓道底有木棍，在墓室东北角放置木盘，盘内放置陶钵和陶碗，在扰乱的骨架西南部有石磨盘、皮射鞲、皮袋、皮囊、皮刀鞘（图八三五）。

随葬品

出土陶、木、石、皮质器物等9件。

1. 木盘　呈长方形。方沿，浅腹，内底平，外底微弧近平。底反扣为砧板，有刀剁痕。长36、宽20.4、高5.6厘米（图八三六，8；图版一四〇，3）。

2. 陶钵　夹砂红陶。敞口，弧腹，圜底。器腹有烟熏痕迹。口径10.4、高3.9厘米（图八三六，1）。

3. 陶碗　夹砂红陶。敞口，弧腹，平底。通体施黑陶衣。器形较小。口径10.5、高4.1厘米（图八三六，2）。

4. 石磨盘　灰砂岩。残。两端厚，中间薄，呈船形。残长12.7、宽13.2、厚2.6~4.5厘米（图八三六，6；图版二〇六，3）。

5. 木棍　用自然弯曲的树枝干一端削尖制作而成。

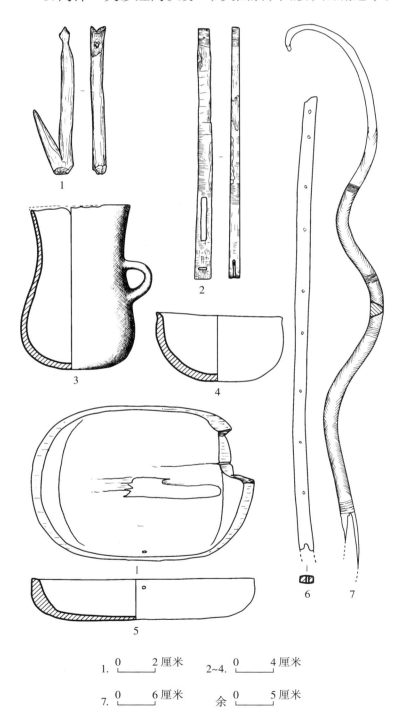

1.　0　　2厘米　　　2~4.　0　　4厘米

7.　0　　6厘米　　　余　0　　5厘米

图八三四　ⅢM22 随葬品

1. 木钩（ⅢM22：6）　2. 木冠饰构件（ⅢM22：7）　3. 陶单耳杯（ⅢM22：2）
4. 陶钵（ⅢM22：3）　5. 木盘（ⅢM22：1）　6. 木撑板（ⅢM22：4）　7.
复合弓（ⅢM22：5）

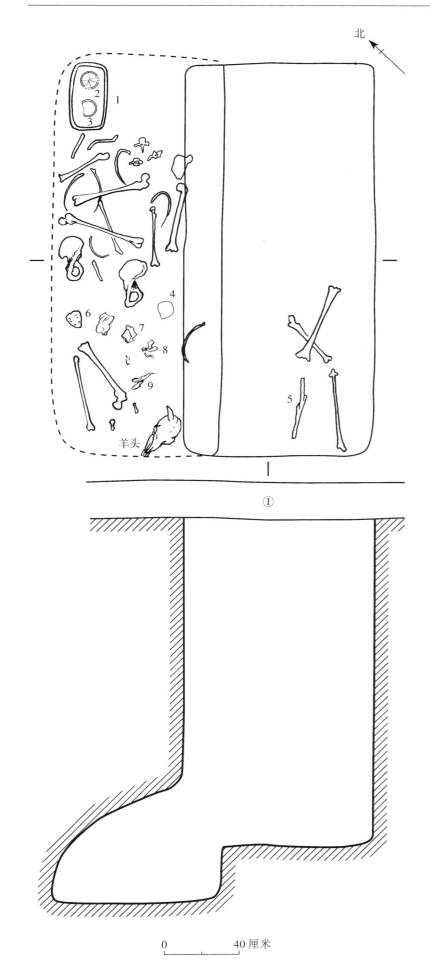

图八三五　ⅢM23 平、剖面图

1. 木盘　2. 陶钵　3. 陶碗　4. 石磨盘　5. 木棍　6. 皮射鞲　7. 皮袋
8. 皮囊　9. 皮刀鞘

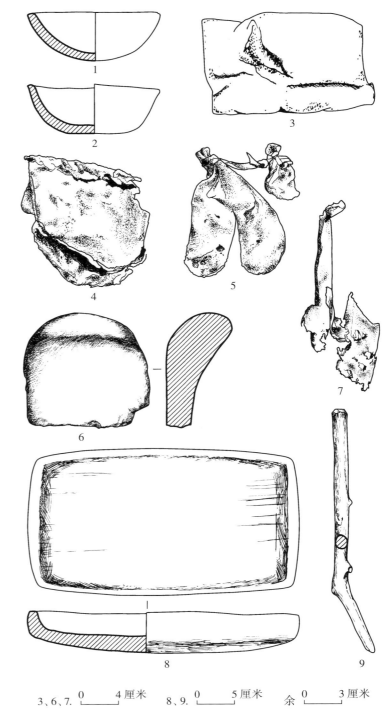

3、6、7　0＿＿4厘米　　8、9　0＿＿5厘米　　余 0＿＿3厘米

图八三六　ⅢM23 随葬品

1. 陶钵（ⅢM23：2）　　2. 陶碗（ⅢM23：3）　　3. 皮射鞲（ⅢM23：6）
4. 皮袋（ⅢM23：7）　　5. 皮囊（ⅢM23：8）　　6. 石磨盘（ⅢM23：4）
7. 皮刀鞘（ⅢM23：9）　　8. 木盘（ⅢM23：1）　　9. 木棍（ⅢM23：5）

长 33.8、直径 1.9 厘米（图八三六，9）。

6. 皮射鞲　牛皮制。由长方形皮块对缝成筒形。长
17.2、直径 11 厘米（图八三六，3；图版二二七，8）。

7. 皮袋　由牛皮缝制。整体呈不规则圆角长方形，
相同的两片合成，上口穿木棍，用牛皮条缝缠。长
10.4、宽 9.3 厘米（图八三六，4；图版二三一，1）。

8. 皮囊　双小袋由皮条将口部捆绑在一起。袋瘦长，
圆底，内装粉状药物。长 10.5、单个直径 3.3 厘米（图

八三六，5）。

9. 皮刀鞘 由牛皮缝制，残存的部分与皮带连接。细长条形。长 16.7、直径 1.8 厘米（图八三六，7）。

ⅢM24

墓葬概况

位于墓地西北部，西邻ⅢM67，东南邻ⅢM79，墓向 44°。D 型，竖穴偏室土坑墓。墓口距地表深 0.1 米。竖穴墓道呈圆角长方形，四壁较直，长 1.9、宽 0.6、深 0.92 米。墓道底西北壁掏挖偏室，进深 0.68 米，弧形顶，平面呈近三角形，长 2.07、最大宽度 0.82、顶高 0.47、

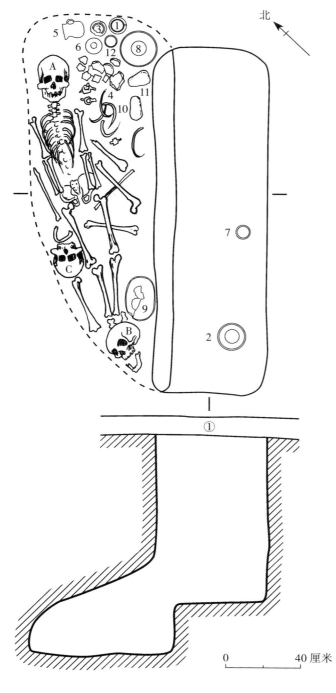

图八三七 ⅢM24 平、剖面图

1、3、5. 陶单耳杯 2、8. 陶碗 4. 陶釜 6. 陶罐 7、12. 陶坩埚 9. 木盘 10、11. 石杵

底深 1.22 米。墓室底比墓道底深，形成生土二层台，台高 0.28 米。该墓曾被盗掘，偏室内发现三个人头骨，靠北壁人骨架 A 保存较完整，仰身直肢，面向上，头东脚西，老年男性，年龄大于 55 岁；其余两具骨架凌乱，残缺不全，颅骨 B 被移到 A 骨架脚下，中年男性，年龄大于 35 岁；腿骨旁为颅骨 C，老年男性，年龄大于 55 岁。随葬器物大多位于墓室东端 A 人头骨旁，有陶单耳杯三件、石杵两件及陶釜、陶罐、陶碗、陶坩埚，木盘出土于人腿骨旁，另一件陶碗和陶坩埚被移置到墓室外二层台上（图八三七）。

随葬品

出土陶、木、石器等 12 件。

1. 陶单耳杯 夹砂红陶。敞口，鼓腹，小平底，环状单耳位于上腹部。素面，器腹有烟熏痕迹。口径 9.4、底径 5.2、高 12.2 厘米（图八三八，9；图版七八，1）。

2. 陶碗 夹砂红陶。口微敛，方唇，弧腹，小平底。口径 15.6、底径 7.6、高 7.6 厘米（图八三八，8；图版一二一，1）。

3. 陶单耳杯 夹砂红陶。敞口，浅腹，平底，单耳由沿翻至腹部，口沿不平。素面，器表有烟熏痕迹。口径 10.5、底径 6、高 9 厘米（图八三八，6）。

4. 陶釜 夹砂红陶。敞口，圆唇，束颈，深鼓腹，平底，腹中部有对称的双耳。口沿外饰附加堆纹呈锯齿状，器表有烟炱。口径 20.8、底径 16.2、高 43.2 厘米（图八三八，12；图版一一〇，4）。

5. 陶单耳杯 夹砂红陶。敞口，方唇，口沿高低不平，垂腹，圜底近平，腹部有单耳。口径 8.5、高 9.8 厘米（图八三八，5；图版七八，2）。

6. 陶罐 夹砂红陶。口沿残，束颈，鼓腹，圜底，单耳残。器表有烟熏痕迹。腹径 8、残高 6.3 厘米（图八三八，1；图版六六，6）。

7. 陶坩埚 夹砂红陶。器形较小。敞口，浅腹，圜底。素面。手制。器表有烟熏痕迹。口径 6.9、高 4.3 厘米（图八三八，4；图版一一一，2）。

8. 陶碗 夹砂红陶。敞口，方沿，圆腹，平底。素面。口径 9.8、底径 5.4、高 4.5 厘米（图八三八，3）。

9. 木盘 圆木刻、挖、削制而成。残损严重。平面呈近椭圆形。敞口，浅腹，平底。底反扣为砧板，有刀剁痕。长 26、宽 16.8、高 6.2 厘米（图八三八，7）。

10. 石杵 青石。背面残，呈梯形扁体。通体磨制光滑。长 13.5、宽 6.9、厚 4.5 厘米（图八三八，10）。

11. 石杵 青石。呈上宽下窄的扁体。通体磨光。长 12、宽 7、厚 5 厘米（图八三八，11）。

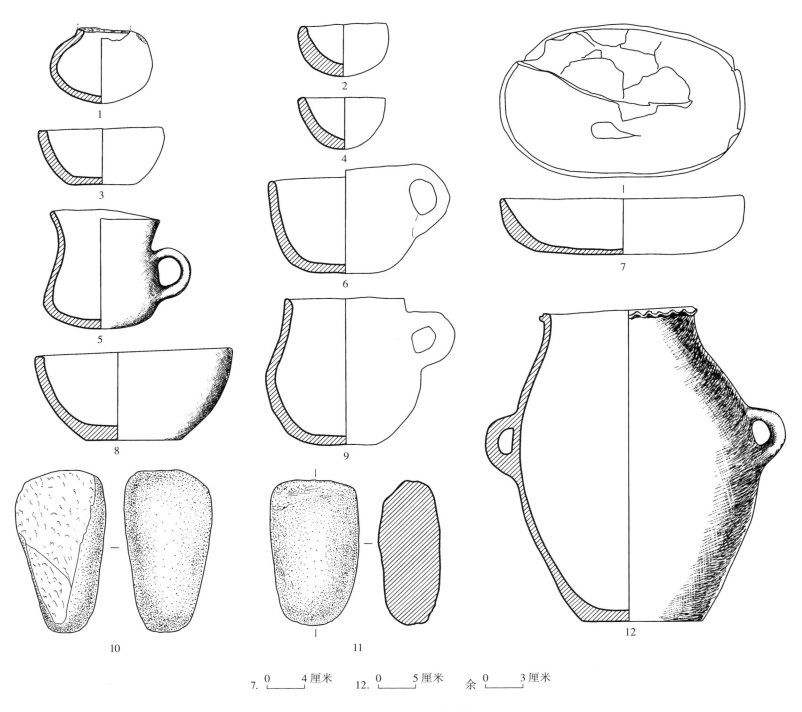

图八三八　ⅢM24 随葬品

1. 陶罐（ⅢM24：6）　　2、4. 陶坩埚（ⅢM24：12、7）　　3、8. 陶碗（ⅢM24：8、2）　　5、6、9. 陶单耳杯（ⅢM24：5、3、1）　　7. 木盘（ⅢM24：9）
10、11. 石杵（ⅢM24：10、11）　　12. 陶釜（ⅢM24：4）

12. 陶坩埚　夹砂红陶。敞口，圆腹，圜底。素面。手制，器形较小，器壁较厚。口径 6.8、高 4.4 厘米（图八三八，2）。

ⅢM25

墓葬概况

位于墓地北部，东邻ⅢM35，西邻ⅢM27，北邻ⅢM36，墓向 42°。D 型，竖穴偏室土坑墓。墓口距地表深 0.1 米。竖穴墓道呈长方形，直壁，长 2.3、宽 1.3、深 1.61 米。墓道底西北壁掏挖偏室，进深 0.76 米，呈

不规则长方形，弧形顶，长 2.41、宽 1.5、顶高 0.55、底深 1.99 米。墓室底比墓道底深，形成生土二层台，台高 0.38 米。原用于封堵偏室口的木棒、土块、苇席等混杂于填土中。墓室内有三个人头骨均移位，骨架凌乱，颅骨 A 为壮年女性，年龄 30~35 岁；B 为壮年男性，年龄 25~35 岁；C 为中年男性，年龄 40~50 岁。随葬品多在墓室外侧，有牛角杯、皮弓箭袋、复合弓、木扣、木冠饰两件、木豆、石磨盘、木撑板、木手杖、陶盆、陶单耳杯、陶碗，内侧有陶碗、陶罐、毛纺织物残片（图八三九）。

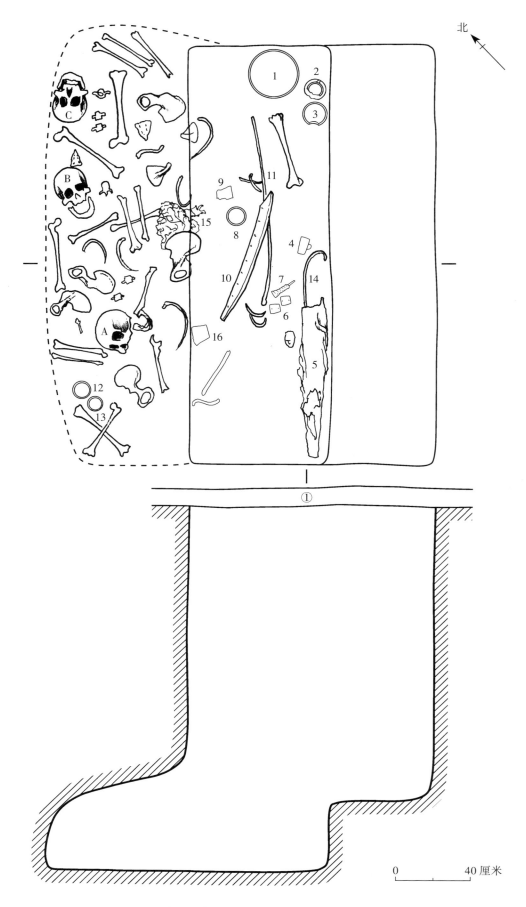

图八三九　ⅢM25平、剖面图

1.陶盆　2.陶单耳杯　3、12.陶碗　4.牛角杯　5.皮弓箭袋　6.木扣　7、16.木冠饰　8.木豆　9.石磨盘　10.木撑板　11.木手杖　13.陶罐　14.复合弓　15.毛纺织物

随葬品

出土陶、角、木、石器和皮制品、毛纺织物等16件。

1. 陶盆　夹砂红陶。敞口，圆腹，平底。素面，器表有烟熏痕迹。口径25.9、底径16、高9.1厘米（图八四〇，9；图版一〇八，5）。

2. 陶单耳杯　夹砂红陶。直口微敛，垂腹，圜底，宽带耳由沿翻至腹部。器表施红陶衣，并有烟熏痕迹。口径8.6、高9.1厘米（图八四〇，7）。

3. 陶碗　夹砂红陶。敞口，圆唇，斜腹，平底。素面，器表有烟熏痕迹。口径13.2、底径7.6、高8.7厘米（图八四〇，8）。

4. 牛角杯　截牛角两端，剔皮。呈圆筒状微弧，底内镶装木底，底平，外壁钻孔用木钉固定，杯壁中部刻孔穿皮条做耳。口径5.2~7.2、底径4.8~5.6、高9.9厘米（图八四〇，2；图版一九五，7）。

5. 皮弓箭袋　由袋与撑板组成，袋用鞣制过的羊皮缝成，已碎成片状。撑板为木质扁长条形，上宽下窄，微曲，上钻数孔穿皮条固袋。挂有一个梳状物，齿较短而疏，锯齿状。撑板长79厘米（图八四〇，10；图版二二六，8）。

6. 木扣　木板刻制。呈长方形，板两端钻有小圆孔。面磨光。长5.6、宽5、厚0.5厘米（图八四〇，3）。

7. 木冠饰　中为木质，呈圆锥状，外套凸棱状皮质。上端残。残长15.2、直径1.8厘米（图八四〇，12；图版一五六，2）。

8. 木豆　敞口，方唇，圆腹，内圜底，喇叭形柱状柄足。口径9.3、足径7.1、足高3.5、通高7.7厘米（图八四〇，1；图版一四七，6）。

9. 石磨盘　砂岩。残。呈近长方形，一端呈弧形，盘底呈凸弧形，盘面较平，有研磨痕。残长24.5、宽15、厚6厘米（图八四〇，11；图版二〇六，4）。

10. 木撑板　由长条形木板刻削而成。近长方形上宽下窄，一端残。一侧有一排穿孔十个，另一侧钻有两孔，边上涂有黑彩。长76.2、宽6厘米（图八四〇，15；图版一六五，3）。

11. 木手杖　由弯曲的自然圆木加工而成。端头有结节。长96.6、直径2厘米（图八四〇，14；图版一七〇，7）。

12. 陶碗　夹砂红陶。口微敛，圆腹，平底，口沿高低不平。器腹有烟熏痕迹。口径9.4、底径5、高5.9厘米（图八四〇，5）。

13. 陶罐　夹砂红陶。口微敛，圆唇外翻，鼓腹，平底。通体施红陶衣，器腹有烟熏痕迹。口径8.5、腹径9.6、底径5.9、高7.2厘米（图八四〇，4）。

14. 复合弓　残存弓弰，中部为木片两边夹粘牛角，外缠扎牛筋绳，弓弰端内曲。残长33.1、宽2.2、厚1厘米（图八四〇，13）。

15. 毛纺织物　毛线织成。本色，平纹。长58、宽46厘米（图版二七七，3）。

16. 木冠饰　圆木刻挖制作而成。喇叭口，平顶，顶端外两侧刻有镶嵌冠翅的凹槽，口沿下两侧有对称凸起。口径12.8、顶径9.6、高9.2厘米（图八四〇，6）。

ⅢM26

墓葬概况

位于墓地北部，北邻ⅢM25，南邻ⅢM10，墓向45°。D型，竖穴偏室土坑墓。墓口距地表深0.2米。竖穴墓道呈长方形，直壁，长2.5、宽0.91、深1.8米。墓道底西北壁掏挖偏室，进深0.34米，弧形顶，底与墓道底平，长2.53、宽1.26、顶高0.3米。墓底铺垫有苇草，填土为细沙土和小石块。偏室内北部葬一人为C，中年女性，年龄35~45岁，骨架保存较完整，头东脚西，仰身直肢，面向上；在偏室和墓道底发现三个人头骨，骨架凌乱，B为中年男性，年龄35~45岁；A为老年男性，年龄50~60岁；D为壮年男性，年龄30~40岁。随葬的陶单耳杯、陶钵、木桶、木冠饰位于东南角，陶单耳杯两件和陶罐底残片位于西部，木盒在中部（图八四一）。

随葬品

出土陶、木器8件。

1. 陶单耳杯　夹砂红陶。敛口，鼓腹，圜底近平，单耳由沿翻至腹部。素面。口径5.5、高5.3厘米（图八四二，2）。

2. 陶单耳杯　夹砂红陶。敞口，垂腹，小平底，单耳位于上腹部。素面。口径7.8、底径4.2、高8.2厘米（图八四二，6；图版七八，3）。

3. 陶罐　夹砂红陶。仅存罐底和下腹部。斜腹，平底。罐外表有烟熏痕迹。底径15.2、残高13.1厘米（图八四二，8）。

4. 陶单耳杯　夹砂红陶。敛口，鼓腹，小平底，环形柱状单耳位于腹部。器表施红陶衣。口径6、腹径8.6、底径3.8、高7.6厘米（图八四二，4；图版七八，4）。

5. 陶钵　夹砂红陶。敞口，方沿，圆腹，圜底。素面，器表有烟熏痕迹。口径9、高4厘米（图八四二，3）。

6. 木盒　方木刻挖制作。呈长方体。方沿，直腹，平底。素面。无盖。长11.6、宽3.8、高3厘米（图八四二，7）。

7. 木桶　圆木刻、挖、削制而成。桶体较瘦，嵌木底残，口沿下有两个对称小圆孔。口径9.4、底径8.9、

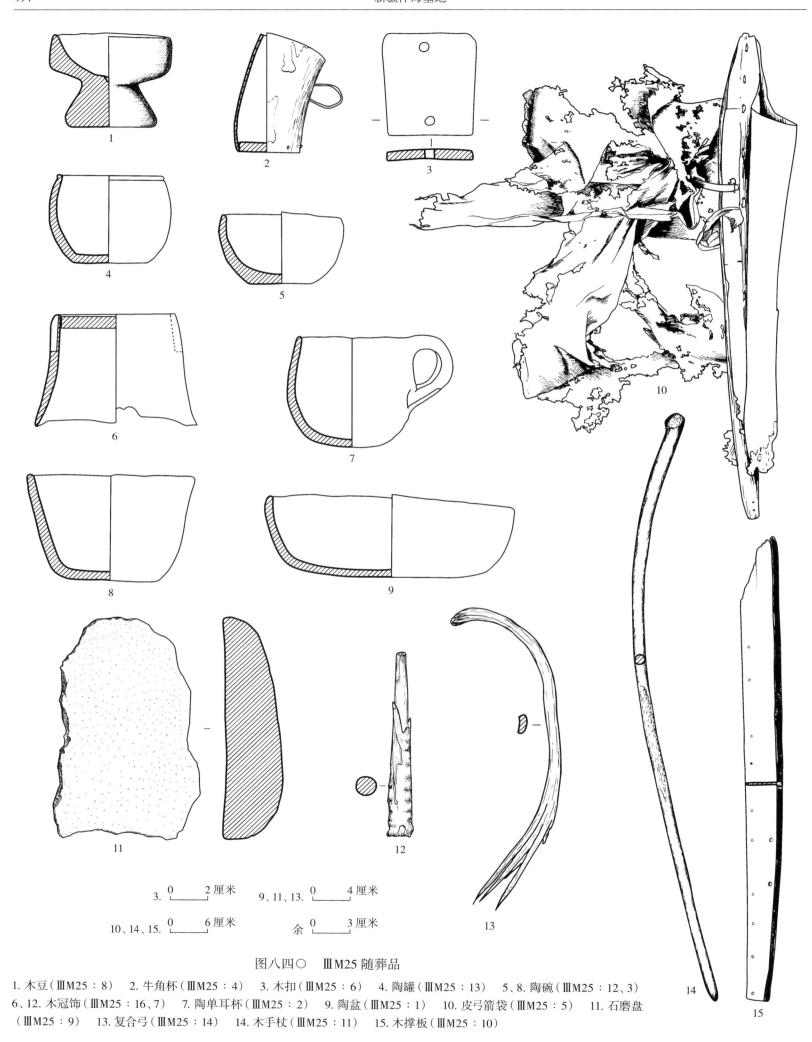

图八四〇 ⅢM25 随葬品

1. 木豆（ⅢM25：8） 2. 牛角杯（ⅢM25：4） 3. 木扣（ⅢM25：6） 4. 陶罐（ⅢM25：13） 5、8. 陶碗（ⅢM25：12、3）
6、12. 木冠饰（ⅢM25：16、7） 7. 陶单耳杯（ⅢM25：2） 9. 陶盆（ⅢM25：1） 10. 皮弓箭袋（ⅢM25：5） 11. 石磨盘
（ⅢM25：9） 13. 复合弓（ⅢM25：14） 14. 木手杖（ⅢM25：11） 15. 木撑板（ⅢM25：10）

北

0 ————— 40厘米

图八四一　ⅢM26平、剖面图

1、2、4.陶单耳杯　3.陶罐　5.陶钵　6.木盒　7.木桶　8.木冠饰

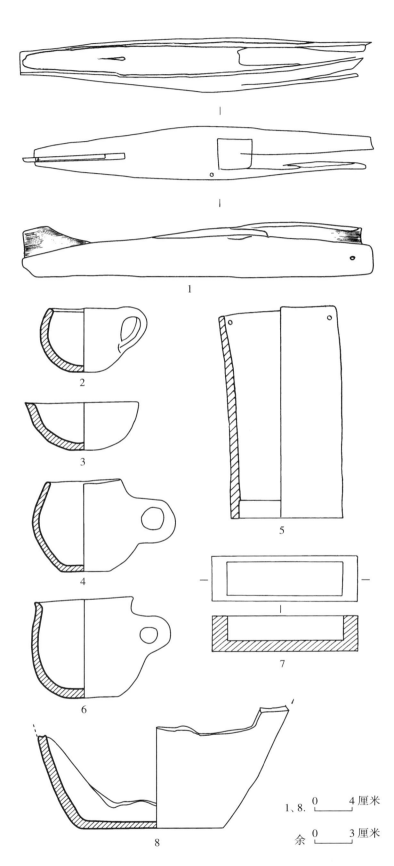

1、8. 0 ——— 4厘米

余 0 ——— 3厘米

图八四二　ⅢM26随葬品

1. 木冠饰（ⅢM26：8）　2、4、6. 陶单耳杯（ⅢM26：1、4、2）　3. 陶钵
（ⅢM26：5）　5. 木桶（ⅢM26：7）　7. 木盒（ⅢM26：6）　8. 陶罐
（ⅢM26：3）

高 17.4 厘米（图八四二，5；图版一三〇，5）。

8. 木冠饰　圆木刻、挖、削制而成。顶残，呈四棱锥状，中间外鼓，两端收细，一面平，余呈近半圆形，顶端一面镶装三角形翼，底端为长方形口内空，壁较薄。通体涂黑色。最宽处 5.7、高 37 厘米（图八四二，1）。

ⅢM27

墓葬概况

位于墓地北部，东邻ⅢM25，南邻ⅢM37，墓向48°。D 型，竖穴偏室土坑墓。墓口距地表深 0.19 米。竖穴墓道呈长方形，直壁，长 2.5、宽 1、深 1.63 米。墓道底西北壁掏挖偏室，进深 0.75 米，墓室底平面呈橄榄形，弧形顶，长 2.5、最大宽 1.1、顶高 0.45、底深 1.8 米。墓室底比墓道底深，形成生土二层台，台高 0.17 米。偏室口原用木棒、草席、土块封堵，被盗扰后，夹杂填土中。偏室内发现两具人骨架：A 位于墓室东部，骨架散乱，残缺不全，头移位向西，中年男性，年龄 45~50 岁；B 位于墓室北壁下，头东脚西，仰身直肢，面向上，腿骨、盆骨移位，为中年女性，年龄 35~45 岁。随葬品均在墓室东部，从东向西依次有陶单耳杯两件、石纺轮、牛角杯、陶单耳杯、石磨盘、木梳、皮袋、木冠饰（图八四三）。

随葬品

出土陶、木、石、角、皮器等 9 件（组）。

1. 陶单耳杯　夹砂红陶。敛口，鼓腹，平底，单耳由沿上扬下翻至上腹部。器表施红陶衣。口径 8、底径 5、高 10.8 厘米（图八四四，7；图版七八，5）。

2. 陶单耳杯　夹砂红陶。敞口，垂腹，圜底，单耳残。通体施红陶衣。口径 5.4、高 6.5 厘米（图八四四，3；图版七八，6）。

3. 皮袋　羊皮缝制。相同的两个直筒形口袋连接在一起。各长 13.7、直径 4.6 厘米（图八四四，2；图版二三一，2）。

4. 石纺轮　木线轴一端较细，杆体磨制圆滑。纺轮为白色石质磨制，呈圆饼状。线轴长 37.8、直径 0.7 厘米，轮径 4、厚 1.3 厘米（图八四四，9）。

5. 木梳　横长方形，梳背刻凹槽，齿单作长锥形，嵌入梳背凹槽内，齿多残缺，现存 8 根。长 7.2、宽6.1、背厚 1.4、齿长 3.7 厘米（图八四四，1）。

6. 牛角杯　自然牛角。圆锥体弯曲，尖部有刻槽。长 18、直径 3 厘米（图八四四，10；图版一九五，8）。

7. 陶单耳杯　夹砂灰陶。敞口，圆唇，浅腹，圜底，带状小耳。素面。器形较小。口径 7、高 3.2 厘米（图

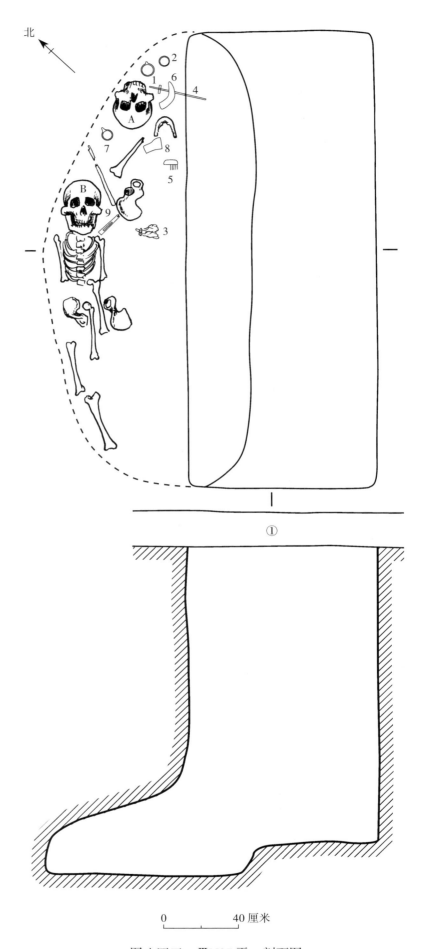

0　　　　40 厘米

图八四三　ⅢM27 平、剖面图

1、2、7. 陶单耳杯　3. 皮袋　4. 石纺轮　5. 木梳　6. 牛角杯　8. 石磨盘9. 木冠饰

八四四，4）。

8. 石磨盘　两边残，平面呈方形，一面平，另一面略凸。长 13.4、残宽 6~8、厚 3 厘米（图八四四，8）。

9. 木冠饰　2 件。木制。ⅢM27：9-1，近长方形顶端残，上有长方形和小圆形孔。残长 19.9、宽 2.2 厘米（图八四四，5）。ⅢM27：9-2，冠帽的后挡板，长方体扁平而薄，下宽上窄，上涂黑色。残长 54.7、宽 4.7、厚 0.6 厘米（图八四四，6）。

ⅢM28

墓葬概况

位于墓地北部，西邻坎儿井，东邻ⅢM14，墓向 90°。D 型，竖穴偏室土坑墓。该墓形制较小，墓口距地表深 0.2 米。竖穴墓道呈长方形，直壁，长 1.85、宽 0.7、深 0.81 米。墓道底北壁掏挖偏室，进深 0.36 米，呈圆角长方形，弧形顶，长 1.85、宽 0.65、顶高 0.36、底深 1.12 米。墓室底比墓道底深，形成生土二层台，台高 0.31 米。填土为风积而成的黑细沙土。该墓盗扰严重，两具人骨架散乱。其中一头骨破碎移位到墓室中部，为青年男性，年龄 14~16 岁；另一位仅存部分下颌骨，性别、年龄不清。墓道底生土二层台上有陶单耳杯（图八四五）。

随葬品

出土陶器 1 件。

1. 陶单耳杯　夹砂红陶。敛口，鼓腹，平底，单耳上扬。素面。口径 7.3、底径 6.4、通高 8.7 厘米（图八四七，6；图版七九，1）。

ⅢM29

墓葬概况

位于墓地东北边沿，西邻ⅢM18，南邻ⅢM19，墓向 46°。D 型，竖穴偏室土坑墓。墓葬地表为平坦的戈壁沙石层，墓口距地表深 0.14 米。竖穴墓道呈圆角长方形，长 1.8、宽 0.58、深 0.86 米。墓道底西南壁开挖偏室，进深 0.3 米，弧形顶，平面呈圆角长方形，长 1.8、宽 0.6、顶高 0.25、底深 1.06 米。墓室底比墓道底深，形成生土二层台，台高 0.2 米。墓室口先斜铺一块席子，再用 14 块图案各异的土坯封堵（图版三八，7），然后填土至墓道口。偏室内葬中年女性一人，仰身直肢，头东脚西，年龄约 35 岁，身穿浅蓝色的衣服，白色棉布裙子，足穿短靿皮靴，双辫用蓝色皮子紧紧裹住，盘于头顶呈圆形，辫梢置于头左侧，左耳戴圆形鎏金铜耳环。头部右侧出土的陶罐内有腐朽成黑色的食物，罐口颈部系毛

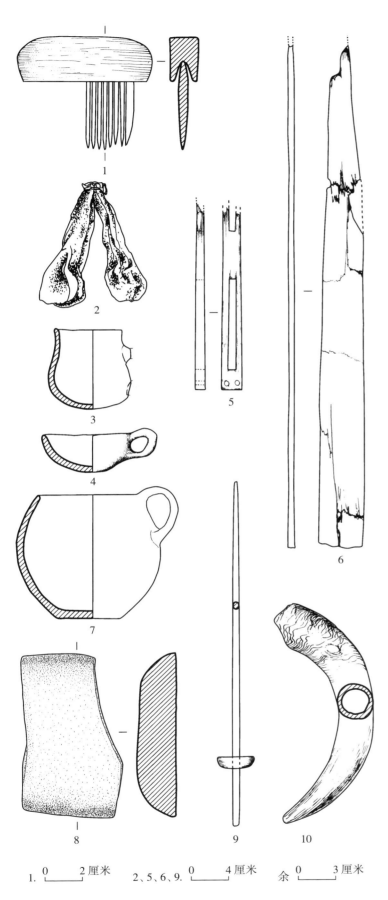

图八四四　ⅢM27 随葬品

1. 木梳（ⅢM27：5）　2. 皮袋（ⅢM27：3）　3、4、7. 陶单耳杯（ⅢM27：2、7、1）　5. 木冠饰（ⅢM27：9-1、9-2）　8. 石磨盘（ⅢM27：8）　9. 石纺轮（ⅢM27：4）　10. 牛角杯（ⅢM27：6）

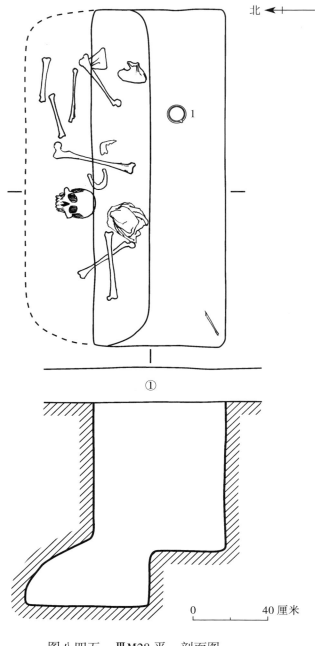

图八四五　ⅢM28 平、剖面图
1. 陶单耳杯

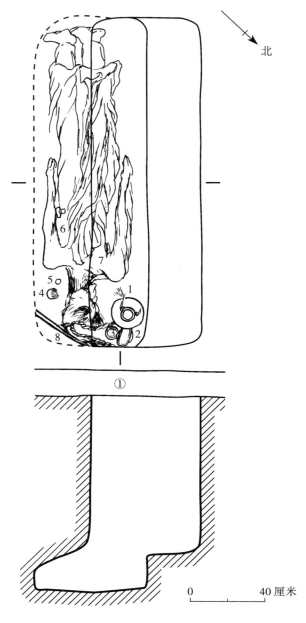

图八四六　ⅢM29 平、剖面图
1. 陶罐　2. 木耳杯　3. 陶碗　4. 木梳　5. 鎏金铜耳环　6. 牛角杯　7. 毛
纺织物　8. 木冠饰

线绳作提手。木耳杯、陶碗在陶罐旁，木梳、鎏金铜耳环、
木冠饰在左侧，牛角杯和毛纺织物在背部（图八四六；
图版三四，1、2）。

随葬品

出土陶、木、铜器和毛纺织物等8件。

1. 陶罐　夹砂红陶。敞口，方唇外翻，束颈，鼓腹，
平底。肩部有五道凸弦纹，颈部系毛线绳。口径10、
腹径17.6、底径10.5、高20厘米（图八四七，8；图版
六七，1）。

2. 木耳杯　圆木挖掘制作而成。口呈椭圆形，沿下
有对称的錾，假圈足。口长径21.5、口短径9.8、足径
5.3~9.9、高7.6厘米（图八四七，7；图版一四七，4）。

3. 陶碗　夹砂褐陶。直口，折腹，平底，假矮圈足。

素面，碗底有烟熏痕迹。口径8.2、底径4.2、高4.1厘米（图
八四七，5；图版一二一，2）。

4. 木梳　梳背顶呈拱形，扁锥形齿细长稠密。通体
光滑。长6.9、宽8、齿长3.6厘米（图八四七，2；图版
一五三，8）。

5. 鎏金铜耳环　细铜丝弯制成环状，两端不闭合，
环表面鎏金。环径2.3、直径0.1厘米（图八四七，1；
图版二〇一，1）。

6. 牛角杯　牛角制成。残片。两半圆用筋线缝合。
腹径11.4、残高9厘米（图八四七，3）。

7. 毛纺织物　残片。蓝色显淡白色竖条纹。长26.6、
宽14.8厘米（图版二七七，2）。

8. 木冠饰　残。两根并行的细红柳棍，底部外裹毛毡，

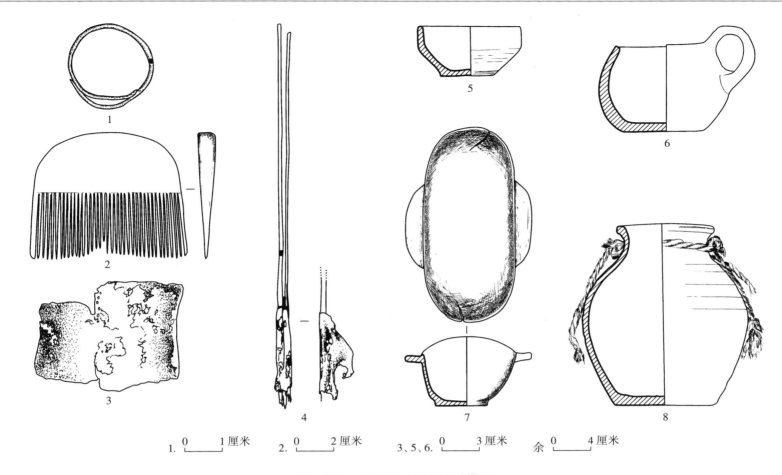

图八四七 ⅢM28、ⅢM29 随葬品

1. 鎏金铜耳环（ⅢM29：5） 2. 木梳（ⅢM29：4） 3. 牛角杯（ⅢM29：6） 4. 木冠饰（ⅢM29：8） 5. 陶碗（ⅢM29：3） 6. 陶单耳杯（ⅢM28：1）
7. 木耳杯（ⅢM29：2） 8. 陶罐（ⅢM29：1）

为插在皮制帽上的部分。残长 41.9 厘米（图八四七，4；图版一五六，3）。

ⅢM30

墓葬概况

位于墓地东北角，西南邻ⅢM52，方向 85°。D 型，竖穴偏室土坑墓。墓口距地表深 0.11 米。竖穴墓道呈长方形，直壁，长 2.2、宽 0.7、深 1.41 米。在墓道底南壁掏挖偏室，进深 0.69 米，弧形顶，呈近长方形，南壁起弧，长 2.2、最大宽 1、顶高 0.45、底深 1.7 米。墓室底比墓道底深，形成生土二层台，台高 0.29 米。填土中夹有骆驼刺、芦苇等。墓室内骨架凌乱，两个人头骨移位，A 为中年男性，年龄 35~45 岁；B 为中年女性，年龄 35~45 岁。随葬品大多位于 A 头部，有陶单耳杯三件、陶带流罐、陶单耳罐、陶钵、木盘、陶碗、木锥、皮弓弦，其余部分散乱于人骨中，北部有复合弓、皮衣袖和木撑板，南部有皮袋、木器具三件、木橛、木纺轮、木箭（图八四八）。

随葬品

出土陶、木器和皮具等 20 件。

1. 陶单耳杯 夹砂红陶。直口，圆唇，垂腹，小平底，口沿下有单耳。口径 5.8、底径 3.9、高 7.2 厘米（图八四九，1；图版七九，2）。

2. 陶带流罐 泥质红陶。敛口，圆唇，鼓腹，小平底，一侧口沿带流，流上翘，另一侧上腹部有一单耳。器表有烟炱。口径 12.8、腹径 16.8、底径 6.6、高 17.4 厘米（图八四九，19；图版六五，4）。

3. 陶单耳罐 夹砂红陶。敛口，圆唇，鼓腹，平底，单耳由沿上扬翻至上腹。素面。口径 8、腹径 12.9、底径 6.2、高 14 厘米（图八四九，18；图版五八，3）。

4. 陶钵 夹砂褐陶。直口微敛，尖圆唇，口沿不平，深腹，圜底。素面，器表有烟熏痕迹。口径 13.5、高 7.8 厘米（图八四九，12；图版一一六，2）。

5. 木盘 呈椭圆形。敞口，口沿不平，浅腹，近平底。底反扣为砧板，有刀剁痕。口长径 30、口短径 23.7、高 5.2 厘米（图八四九，20）。

6. 陶碗 夹砂红陶。直口，圆腹，平底。通体施红陶衣，器表有烟熏痕迹。口径 10.4、底径 7.6、高 5.6 厘米（图八四九，7；图版一二一，3）。

7. 陶单耳杯 夹砂红陶。侈口，鼓腹，小平底，宽

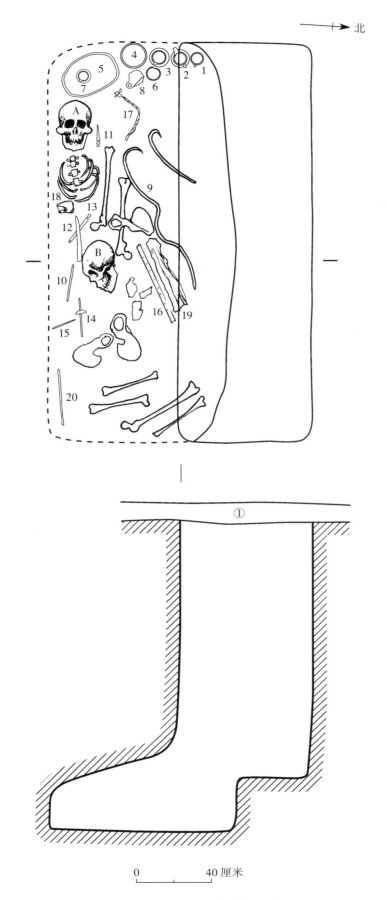

图八四八　ⅢM30平、剖面图

1、7、8.陶单耳杯　2.陶带流罐　3.陶单耳罐　4.陶钵　5.木盘　6.陶碗
9.复合弓　10.木橛　11.木锥　12、13、15.木器具　14.木纺轮　16.木撑
板　17.皮弓弦　18.皮袋　19.皮衣袖　20.木箭

带耳由沿上扬翻至腹部。素面，器表有烟熏痕迹。口径6.8、底径4.5、通高6.8厘米（图八四九，2；图版七九，3）。

8. 陶单耳杯　夹砂红陶。直口，深腹，小平底，单耳由口沿微上扬后下翻至腹部。素面，器表有烟炱。口径8、底径4.5、通高7.8厘米（图八四九，6）。

9. 复合弓　残。中为绣线菊木片，两面夹粘牛角片，外用牛筋线缠扎，再缠皮条，弓弰内曲。残长82.9、宽3.6、厚2.4厘米（图八四九，15；图版一八四，10）。

10. 木橛　呈扁长条状，前端削成刃状。残长17.6、宽0.8厘米（图八四九，5）。

11. 木锥　圆锥体，尖较锐，后端削成折棱连珠状。长8.1、直径0.6厘米（图八四九，10；图版一八〇，8）。

12. 木器具　呈扁长方体，两端削尖，一边薄刃状，微弧。长16.5、宽1、厚0.3厘米（图八四九，4）。

13. 木器具　圆木棒两端束棱，削成笔尖状。长14.9、直径0.85厘米（图八四九，9）。

14. 木纺轮　线轴圆柱状，两端残。纺轮呈圆饼状，底面呈弧拱形。线轴残长16.5、直径0.75厘米，轮径5.4、厚1.5厘米（图八四九，8）。

15. 木器具　圆杆两端削成尖状，杆圆滑。长15.3、直径0.5~0.8厘米（图八四九，3）。

16. 木撑板　平面呈长方形，宽面钻孔，残存九孔，孔中穿有牛筋绳连接皮囊残块。残长62、宽1.6、厚1.2厘米（图八四九，16）。

17. 皮弓弦　牛皮条拧成。一端结死扣，便于挂取。长36、直径0.6厘米（图八四九，14）。

18. 皮袋　羊皮缝制。长圆筒状。长10.4、宽6.9厘米（图八四九，13）。

19. 皮衣袖　羊皮缝制。筒状，袖口较细一些。长70.9、宽7~16厘米（图八四九，17）。

20. 木箭　圆木棍加工而成。箭头为圆头，尾残。残长28.7、直径0.8厘米（图八四九，11）。

ⅢM31

墓葬概况

位于墓地偏东，西南邻ⅢM14，东南邻ⅢM17，东北邻ⅢM13，墓向97°。D型，竖穴偏室土坑墓。墓口距地表深0.1米。竖穴墓道呈长方形，直壁，长1.7、宽0.7、深1.19米。墓道底北壁掏挖偏室，进深0.65米，墓室底呈圆角长方形，弧顶，长1.81、宽0.85、顶高0.52、底深1.34米。墓室底比墓道底深，形成生土二层台，台高0.15米。墓室口原用木棒、石块封堵，内有两

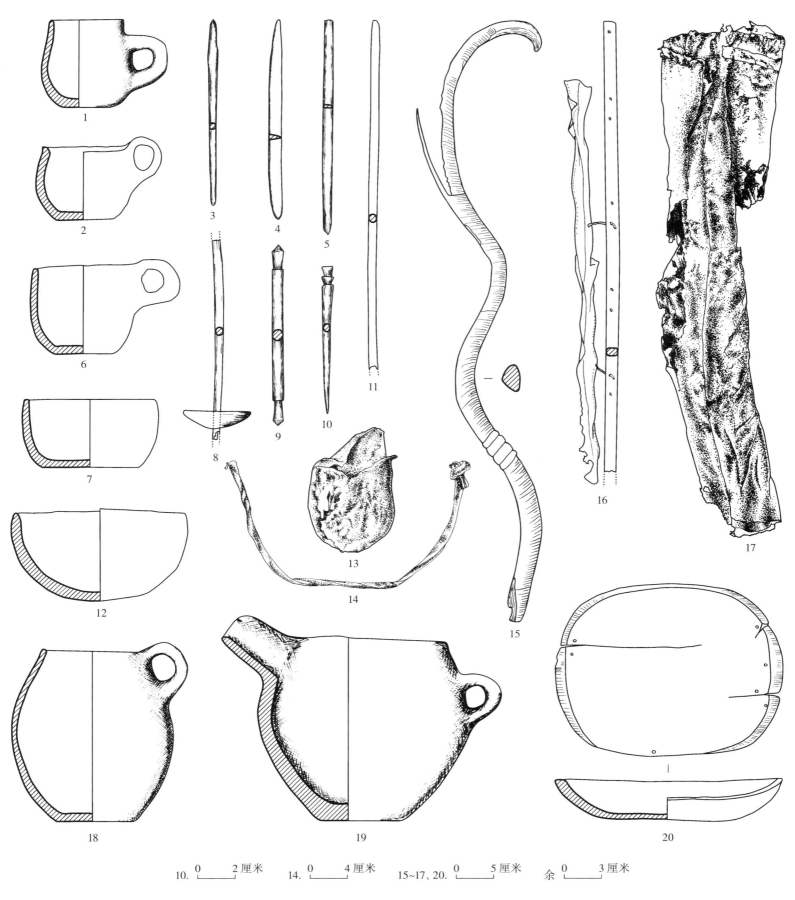

10. $\underset{0 \quad\ \ 2 \text{厘米}}{\vdash\!\!-\!\!-\!\!-\!\dashv}$ 14. $\underset{0 \quad\ \ 4 \text{厘米}}{\vdash\!\!-\!\!-\!\!-\!\dashv}$ 15~17、20. $\underset{0 \quad\ \ \ 5 \text{厘米}}{\vdash\!\!-\!\!-\!\!-\!\dashv}$ 余 $\underset{0 \quad\ \ 3 \text{厘米}}{\vdash\!\!-\!\!-\!\!-\!\dashv}$

图八四九   ⅢM30 随葬品

1、2、6. 陶单耳杯（ⅢM30：1、7、8）   3、4、9. 木器具（ⅢM30：15、12、13）   5. 木橛（ⅢM30：10）   7. 陶碗（ⅢM30：6）   8. 木纺轮（ⅢM30：14）
10. 木锥（ⅢM30：11）   11. 木箭（ⅢM30：20）   12. 陶钵（ⅢM30：4）   13. 皮袋（ⅢM30：18）   14. 皮弓弦（ⅢM30：17）   15. 复合弓（ⅢM30：9）
16. 木撑板（ⅢM30：16）   17. 皮衣袖（ⅢM30：19）   18. 陶单耳罐（ⅢM30：3）   19. 陶带流罐（ⅢM30：2）   20. 木盘（ⅢM30：5）

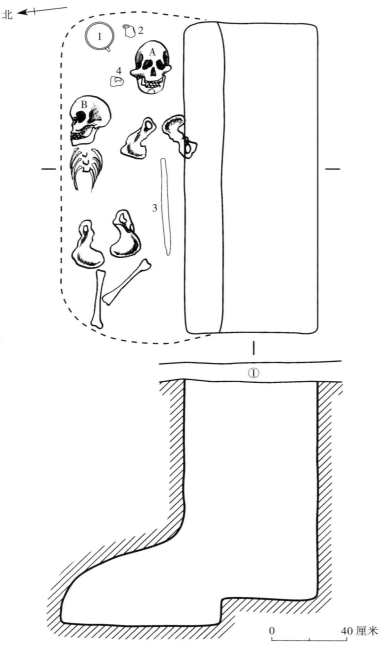

图八五〇 ⅢM31 平、剖面图
1.陶钵 2.陶单耳杯 3.木橛 4.陶器残片

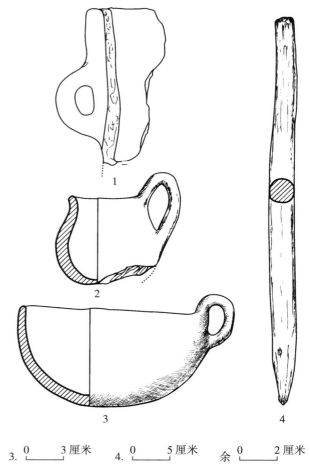

图八五一 ⅢM31 随葬品
1.陶器残片（ⅢM31：4） 2.陶单耳杯（ⅢM31：2） 3.陶钵（ⅢM31：1）
4.木橛（ⅢM31：3）

53.3、直径 3.5 厘米（图八五一，4）。

4.陶器残片 夹砂红陶。直口，有环形单耳。残高 8.6 厘米（图八五一，1）。

ⅢM32

墓葬概况

位于墓地北部，北邻ⅢM12，东南邻ⅢM38，墓向 87°。D 型，竖穴偏室土坑墓。墓口距地表深 0.15 米。竖穴墓道呈长方形，直壁，长 2、宽 0.7、深 0.6 米。墓道底南壁掏挖偏室，进深 0.31 米，底呈圆角长方形，弧顶，长 2、宽 0.7、顶高 0.28、底深 0.8 米。墓室底比墓道底深，形成生土二层台，台高 0.2 米。墓室填土中夹含树枝、土块等。墓室内出人骨一具，被扰乱，头骨位于墓室东端，其他肢骨堆放于墓室西部，成年男性，年龄 30~40 岁。在墓室西南角有木盘、陶三足盆，中部散乱骨架中有陶单耳杯、木杯、角梳（图八五二）。

随葬品

出土陶、木、角器 5 件。

1.陶单耳杯 夹砂红陶。侈口，鼓腹，小平底，环

具人骨架，均移位，并残佚不全，两个头骨均朝向东，A 为成年男性，B 为成年女性。随葬的陶钵、陶单耳杯、陶器残片在墓室东部，木橛位于中部（图八五〇）。

随葬品

出土陶、木器 4 件。

1.陶钵 夹砂红陶。直口微敛，圆腹，圜底，单耳由口沿上扬翻至腹部。口径 14.3、通高 9.4 厘米（图八五一，3；图版一一六，3）。

2.陶单耳杯 夹砂红陶。方唇，侈口，束颈，鼓腹，圜底近平，底残，单耳由口沿上扬下翻至腹底。口径 3.9、残高 6.1 厘米（图八五一，2）。

3.木橛 用自然木棍加工而成。一端削成尖状。长

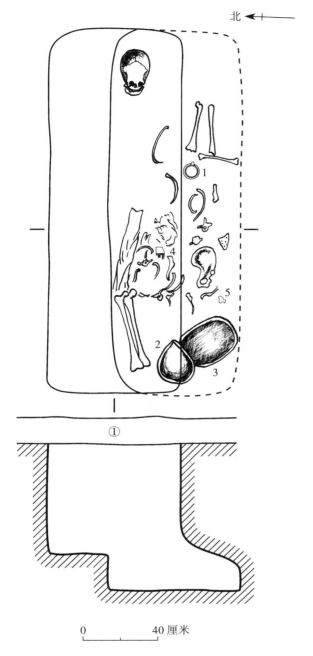

图八五二　ⅢM32 平、剖面图

1. 陶单耳杯　2. 陶三足盆　3. 木盘　4. 角梳　5. 木杯

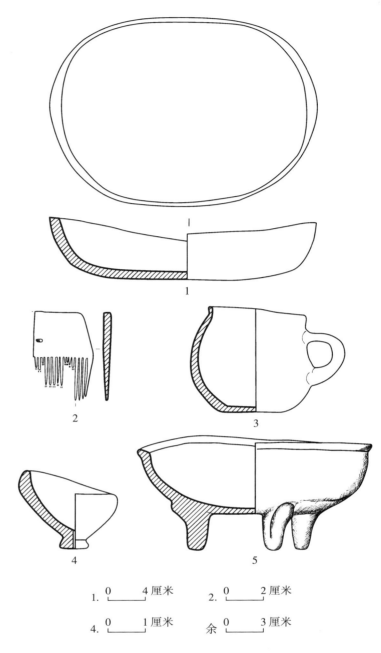

图八五三　ⅢM32 随葬品

1. 木盘（ⅢM32：3）　2. 角梳（ⅢM32：4）　3. 陶单耳杯（ⅢM32：1）
4. 木杯（ⅢM32：5）　5. 陶三足盆（ⅢM32：2）

形单耳位于腹部，口沿高低不平。器表上腹有烟炱。口径 7.8、底径 5.1、高 8.7 厘米（图八五三，3；图版七九，4）。

2. 陶三足盆　夹砂红陶。圆唇，折沿，口沿一边压低，似流嘴状，浅腹，圜底，底有三个柱状足。素面。口径 18.6、高 9.5 厘米（图八五三，5；图版一〇八，8）。

3. 木盘　圆木刻、挖、削制而成。平面呈椭圆形。敞口，口沿高低不平，浅腹，近平底。底反扣为砧板，有刀剁痕。长 28.3、宽 20.7、高 6.8 厘米（图八五三，1）。

4. 角梳　牛角刻制。呈纵长方形，梳齿细密，扁锥形齿，多残断。通体磨制光滑。长 4.9、宽 3.2、厚 0.4、齿长 2.4 厘米（图八五三，2）。

5. 木杯　圆木刻挖制作而成。直口微敛，圆唇，口沿高低不平，斜腹，内圜底，小圈足。素面。口径 2.4、足径 0.8、高 2.2 厘米（图八五三，4）。

ⅢM33

墓葬概况

位于墓地中部，东邻ⅢM34，墓向 60°。D 型，竖穴偏室土坑墓。墓口距地表深 0.19 米。竖穴墓道呈圆角长方形，直壁，长 1.89、宽 0.81、深 1.8 米。偏室开挖于墓道北壁底部，进深 0.4 米，呈近长方形，弧顶，长 1.89、宽 0.76、顶高 0.55、底深 2 米。墓室底比墓道底深，形成生土二层台，台高 0.2 米。墓室口竖立长木棍，外

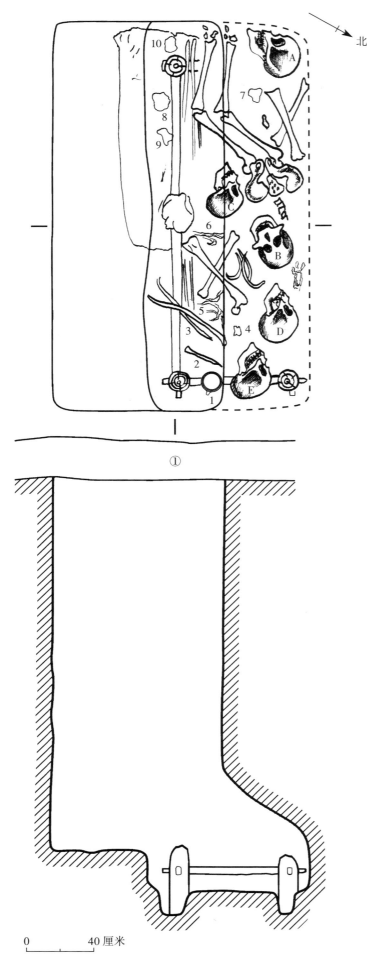

①

0　　　　　　40厘米

图八五四　ⅢM33 平、剖面图

1. 陶筒形杯　2、5、6. 皮带　3. 复合弓　4. 皮囊　7、10. 石杵　8、9. 石磨盘

覆苇席，然后填土封堵。偏室内置四足木尸床，床面用树枝铺成，上面再覆盖毛毡，木制尸床上散置人头骨五个，肢骨凌乱，且残缺不全，均为成年人，三男两女。A 为中年男性，年龄 30~40 岁；B 为青年女性，年龄 20~25 岁；C 为青年女性，年龄 18~22 岁；D 为壮年男性，年龄 30~35 岁；E 为中年男性，年龄 45~50 岁。木尸床长 1.6、宽 0.6、高 0.2 米，床腿嵌入墓室地底，深 0.11 米。随葬陶筒形杯、皮带三件、复合弓、皮囊、石杵两件、石磨盘两件（图八五四）。

随葬品

出土陶、石、木器和皮制品等 10 件。

1. 陶筒形杯　夹砂红陶。直口，筒腹，平底，腹中部有一环形耳。素面，施红陶衣。口径 9.7、底径 10.5、高 13.5 厘米（图八五五，5；图版九四，3）。

2. 皮带　羊皮制。有扣结，上面缝缀长木片一块。残长 14.3、宽 2.5 厘米（图八五五，2）。

3. 复合弓　残段，中间为扁平木片，两边夹贴牛角片，外缠扎筋绳。截面呈三角形，弓弭扁细。残长 48.7、宽 2、厚 1.6 厘米（图八五五，7）。

4. 皮囊　羊皮制成。圆头长方形，残破。长 7.5、宽 3.5 厘米（图八五五，3）。

5. 皮带　牛皮制成。单层，长条形，上面有圆孔。残长 23.2、宽 1.6 厘米（图八五五，1）。

6. 皮带　残段，牛皮折边缝合成。长条形，上缀扣结。残长 19.9、宽 3.3 厘米（图八五五，4）。

7. 石杵　选自然砾石而成。近圆锥状，两端都有敲砸痕，一端较圆。长 10、直径 7.6 厘米（图八五五，8）。

8. 石磨盘　残。扁平状，近方形，两面平，一面有磨痕。残长 11.9、宽 12.9、厚 4.4 厘米（图八五五，10）。

9. 石磨盘　残。扁平状近长方形，两面平，一面有磨痕。残长 13.7、宽 10.3、厚 2.9 厘米（图八五五，6）。

10. 石杵　自然砾石。圆球状。用于敲砸，周边有使用破损痕迹。直径 8.5 厘米（图八五五，9）。

ⅢM34

墓葬概况

位于墓地中部，西邻ⅢM33，东北望ⅢM20，墓向 97°。C 型，长方形竖穴土坑墓，直壁。墓口暴露于地表，墓底不平整，墓口长 2.01、宽 0.7 米，墓深 0.7 米。填土内含小石块、苇草等。由于盗扰，墓底人骨架凌乱，只发现人头骨一个，但有两个个体。A 骨架位于西部，不见颅骨，仅有长骨，为成年女性；B 为壮年男性，年龄 22~30 岁。随葬的木手杖和皮靴在北部，木盘和木冠饰

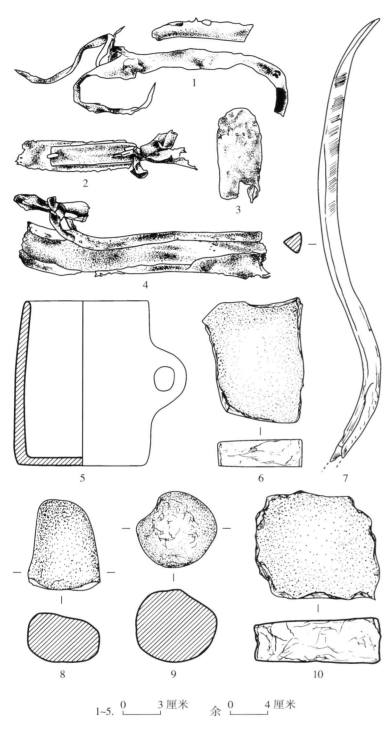

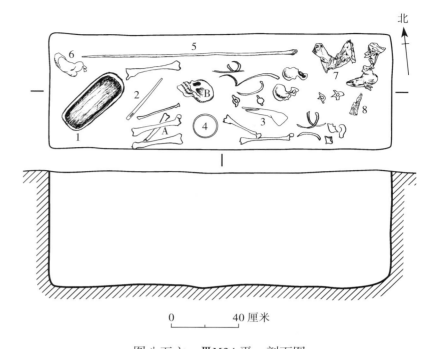

图八五五　ⅢM33 随葬品

1、2、4. 皮带（ⅢM33：5、2、6）　3. 皮囊（ⅢM33：4）　5. 陶筒形杯（ⅢM33：1）
6、10. 石磨盘（ⅢM33：9、8）　7. 复合弓（ⅢM33：3）　8、9. 石杵
（ⅢM33：7、10）

图八五六　ⅢM34 平、剖面图

1. 木盘　2. 木冠饰　3. 冠饰　4. 陶钵　5. 木手杖　6、7. 皮靴　8. 冠饰

部件在西南部，另有角制冠饰和皮制冠饰在中、东部，中部有陶钵，东北角有皮靴（图八五六）。

随葬品

出土陶、木、皮、角质器物8件（组）。

1. 木盘　圆木刻、挖、削制而成。平面呈长方形。直口，浅腹，平底，一边壁钻有系绳小孔。器表光滑，底反扣为砧板，有刀剁痕。长40.6、宽18.1、高5.4厘

米（图八五七，7）。

2. 木冠饰　残。呈四棱形，微弯曲，下端一面凿长方形孔，另面钻两小圆孔，纵向排列。残长29、宽1.6、厚1.5厘米（图八五七，8）。

3. 冠饰　牛角制成。尖锥状，微曲，尖部已残。角内塞有毛织品及木棍。长23.3、直径6.7厘米（图八五七，3）。

4. 陶钵　夹砂红陶。直口，平沿，圆腹，圈底。器表有烟炱。口径15.9、高7.5厘米（图八五七，4）。

5. 木手杖　用自然柳树枝制作。下端削尖，上端略粗，为树根部削做握柄。长129、直径1.5厘米（图八五七，9）。

6. 皮靴　仅存一只。靴筒残。牛皮制，帮包底。长28、残高17厘米（图八五七，1）。

7. 皮靴　一双。牛皮和羊皮缝制成。残破，形状可辨，长靿。长20.8、高35厘米（图八五七，5、6）。

8. 冠饰　牛皮制成。尖锥状，上残，直边加厚。长24、宽8厘米（图八五七，2）。

ⅢM35

墓葬概况

位于墓地北部，西邻ⅢM25，东邻ⅢM15，墓向115°。D 型，竖穴偏室土坑墓。墓口距地表深0.14米。竖穴墓道呈圆角长方形，直壁，长1.71、宽0.6、深1.24米。在墓道底南壁掏挖偏室，进深0.3米，弧顶，呈近

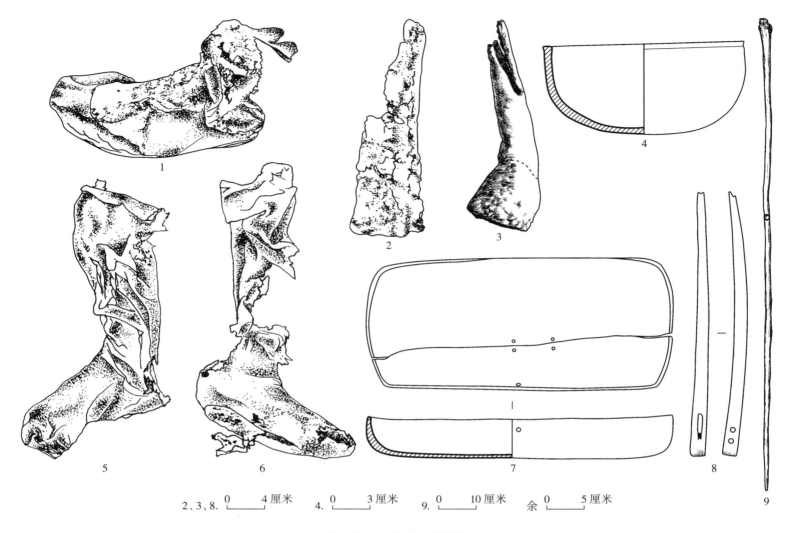

图八五七　ⅢM34 随葬品

1、5、6. 皮靴（ⅢM34：6、7右、7左）　2、3. 冠饰（ⅢM34：8、3）　4. 陶钵（ⅢM34：4）　7. 木盘（ⅢM34：1）　8. 木冠饰（ⅢM34：2）　9. 木手杖（ⅢM34：5）

圆角长方形，偏室底与墓道底平齐，长 1.71、宽 0.9 米，顶高 0.35 米。该墓曾进水，骨架凌乱，朽残严重，未见头骨，从残存的其他骨骼来看，为成年男女二人合葬。墓室东南角有羊头一个，置于陶器残片中。木钵位于墓室东北角，复合弓、木箭和木扣在西部，陶钵两件、铁带钩、木扣、木取火板在中东部（图八五八）。

随葬品

出土陶、木、铁器等 10 件。

1. 木盘　圆木刻、挖、削制而成。呈椭圆形。敞口，方唇，浅腹，圜底近平，沿一侧钻有穿绳小孔。外底面有刀剁痕。口径 19.5~26.8、高 6.4 厘米（图八五九，8；图版一四一，4）。

2. 陶器残片　夹砂红陶。仅存器腹部，有宽带状耳。器腹外壁有烟炱。长 23.1、宽 20.5、厚 1 厘米（图八五九，7）。

3. 复合弓　残，中为绣线菊木片，两侧夹粘牛角片，外用牛筋线缠扎，局部再用窄皮条缠扎。截面呈三棱状。残长 38、宽 2.4、厚 1.5 厘米（图八五九，9）。

4. 木箭　箭头残缺。圆木箭杆尾端刻有挂弦的凹槽。残长 42.4、直径 0.6 厘米（图八五九，10）。

5. 陶钵　夹砂红陶。敞口，方沿，斜腹，小平底。通体施红陶衣。口径 10、底径 4、高 3.2 厘米（图八五九，5）。

6. 陶钵　夹砂红陶。敞口，圆腹，圜底近平。素面，器表有烟熏痕迹。口径 9、高 4.2 厘米（图八五九，4；图版一一六，4）。

7. 铁带钩　锻打制成。椭圆形环连接一弯钩。通长 6、环径 3.3、钩径 0.5 厘米（图八五九，1；图版二〇四，2）。

8. 木扣　木板刻制。呈长方形，一端钻两孔，一端钻一孔，孔内穿皮条，扣背面为宽羊皮。长 6.5、宽 4.4、厚 0.6 厘米（图八五九，2）。

9. 木扣　木板刻制。呈长方形，两端各钻一小圆孔，穿细皮条。通体磨光。长 6.7、宽 4.4、厚 0.7 厘米（图八五九，3）。

10. 木取火板　木板刻制。呈近长方形，两端钻半圆形小孔。长 4.4、宽 1.2、厚 0.6 厘米（图八五九，6）。

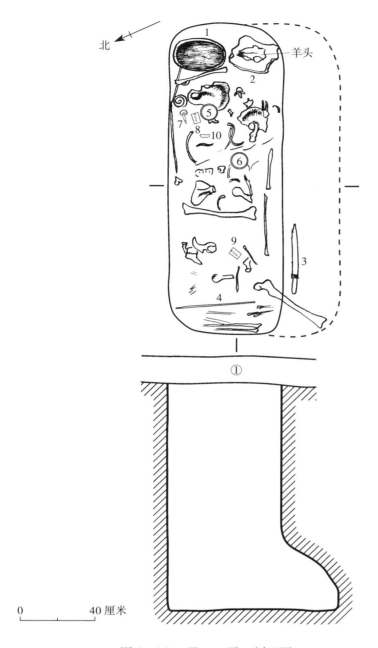

北

羊头

0　　　　　　40厘米

图八五八　ⅢM35平、剖面图

1. 木盘　2. 陶器残片　3. 复合弓　4. 木箭　5、6. 陶钵　7. 铁带钩
8、9. 木扣　10. 木取火板

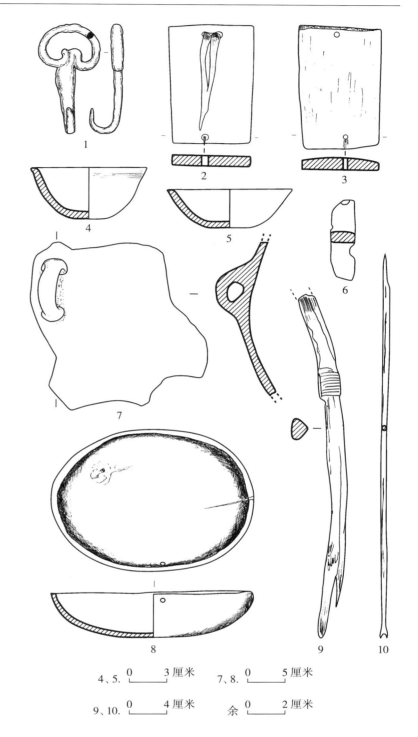

4、5.　0　　　　3厘米　　　7、8.　0　　　　5厘米

9、10.　0　　　　4厘米　　　余　0　　　2厘米

图八五九　ⅢM35随葬品

1. 铁带钩（ⅢM35：7）　2、3. 木扣（ⅢM35：8、9）　4、5. 陶钵（ⅢM35：6、
5）　6. 木取火板（ⅢM35：10）　7. 陶器残片（ⅢM35：2）　8. 木盘
（ⅢM35：1）　9. 复合弓（ⅢM35：3）　10. 木箭（ⅢM35：4）

ⅢM36

墓葬概况

位于墓地北部，南邻ⅢM25，东南邻ⅢM35，西南邻ⅢM27，墓向103°。D型，竖穴偏室土坑墓。墓口距地表深0.2米。竖穴墓道呈长方形，直壁，长1.38、宽0.7、深1.28米。填土中有芦苇、沙石等。墓道底北壁掏挖偏室，进深0.3米，顶为斜弧形，平面近长方形，长1.38、宽0.61、顶高0.4、底深1.39米。墓室底比墓道底深，形成生土二层台，台高0.11米。墓室内人骨凌乱，部分肢骨移至墓室外二层台上。共有头骨四个，两个头向北，A为壮年男性，年龄30~40岁；B为中年男性，年龄35~45岁。其他两个乱置人骨中，C为中年男性，

年龄45~55岁，D为成年女性。墓道底部有陶釜和陶单耳杯，东部有陶碗、毛布包、毛纺织物、骨梳、陶单耳杯三件、石杵，西部有陶钵、毛编织带、带骨扣的皮带、皮靴（图八六○）。

随葬品

出土陶、骨、石器和皮、毛纺织物等15件（组）。

1. 陶釜　夹砂褐陶。直口微敛，口沿高低不平，方唇，溜肩，鼓腹，小平底，腹部有对称双耳。口径15.8、底

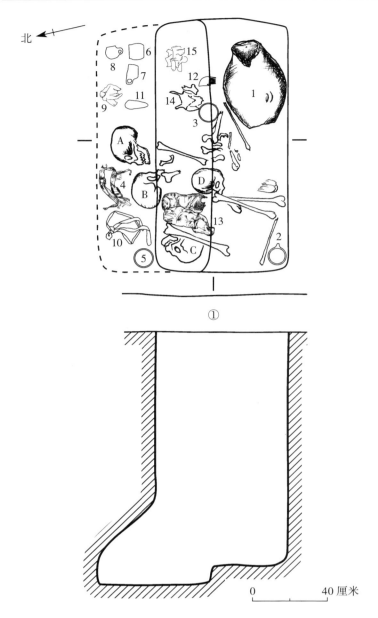

图八六〇　ⅢM36平、剖面图

1. 陶釜　2、6~8. 陶单耳杯　3. 陶碗　4. 骨扣皮带　5. 陶钵　9. 毛布包
10. 毛编织带　11. 石杵　12. 骨梳　13. 皮靴　14、15. 毛纺织物

径 16.5、高 45.9 厘米（图八六一，12；图版一一〇，5）。

2. 陶单耳杯　夹砂褐陶。直口微敛，口沿高低不平，圆腹，近平底，宽带状耳由沿翻至腹部。通体施红陶衣，器表有烟炱。口径 9.6、底径 4.8、高 7.5 厘米（图八六一，11）。

3. 陶碗　夹砂红陶。敞口，圆腹，近平底。素面，器表上腹有烟炱。口径 11.3、高 4.7 厘米（图八六一，2）。

4. 骨扣皮带　扣呈长方形，上连长条形牛皮带两节。骨扣长 5.5、宽 4.2 厘米（图八六一，8；图版二二四，6）。

5. 陶钵　夹砂红陶。直口，圆腹，圈底。素面。口径 10.5、高 5 厘米（图八六一，5）。

6. 陶单耳杯　夹砂褐陶。侈口，圆腹，平底，单耳残。通体施黑陶衣。口径 7.6、底径 6.4、高 7.9 厘米（图

八六一，1；图版七九，5）。

7. 陶单耳杯　夹砂红陶。口沿微残，敞口，筒腹，平底，宽带状耳由沿翻至腹部。素面，器表有烟炱。口径 7.7、底径 6、高 6.3 厘米（图八六一，10）。

8. 陶单耳杯　夹砂红陶。敛口，鼓腹，圈底，腹部有环形柱状单耳。口径 4.7、高 6.9 厘米（图八六一，9）。

9. 毛布包　用一根毛绳把一块平纹黄本色粗毛布捆扎成椭圆形小包，内有药材数根。长 14.6、宽 13.5 厘米（图八六一，4；图版二七七，6）。

10. 毛编织带　羊毛线编织宽条带，中部系结。长 120、宽 2.8 厘米（图八六一，3；图版二七七，5）。

11. 石杵　青石。呈近圆锥状。通体磨制光滑。长 12.3、宽 4.9、厚 3.6 厘米（图八六一，6；图版二〇五，9）。

12. 骨梳　骨板加工而成。残存一半。呈近圆角长方形，10 齿，残存一侧柄部钻有二圆孔。长 7.4、宽 4.1、厚 0.5、齿长 3.1 厘米（图八六一，7；图版一九四，8）。

13. 皮靴　一双。牛皮制。靴筒残。长 28、残高 20 厘米（图八六一，13；图版二二一，1）。

14. 毛纺织物　碎片。单色平纹织物（图版二七七，4）。

15. 毛纺织物　原黄色褐残片。残片为平纹原组织，有两块小残片，其中一块由三块布缝合而成，另外一块是两块布缝合而成。ⅢM36：15-1，长 45.5、宽 83 厘米。ⅢM36：15-2，长 31、宽 61 厘米。

ⅢM37

墓葬概况

位于墓地北部，东邻ⅢM26，南邻坎儿井，墓向 103°。D 型，竖穴偏室土坑墓。墓口距地表深 0.2 米。竖穴墓道呈圆角长方形，直壁，长 2.1、宽 1、深 1.5 米。墓道底北壁掏挖偏室，进深 0.5 米，弧顶，平面呈长方形，长 2.1、总宽 1.5、顶高 0.5 米，墓室底与墓道底平。墓内填土含苇草、黑沙土等。墓底共有三具人骨架，A 骨架位于偏室内，骨架保存较完整，仰身直肢，头东脚西，面北，脚穿高靿皮靴，壮年男性，年龄 30 岁左右；B 骨架头骨移位到头骨 C 旁，骨架保存差，仅存腿骨，下着皮裤、靴，直肢，中年男性，年龄 35~45 岁；C 骨架位于墓道底南部，头东脚西，直肢，面向上，上肢腐朽残，下肢骨保存较完整，脚穿皮靴，腿旁有朽残毛织衣服残片，中年男性，年龄 45~55 岁。随葬的木圈足盘、石磨盘和石锤在西部，木钉、冠饰、木器具、陶筒形杯、木梳、骨纺轮在北部，皮靴、毛纺织物和长衣残片在西部（图八六二；图版三四，3）。

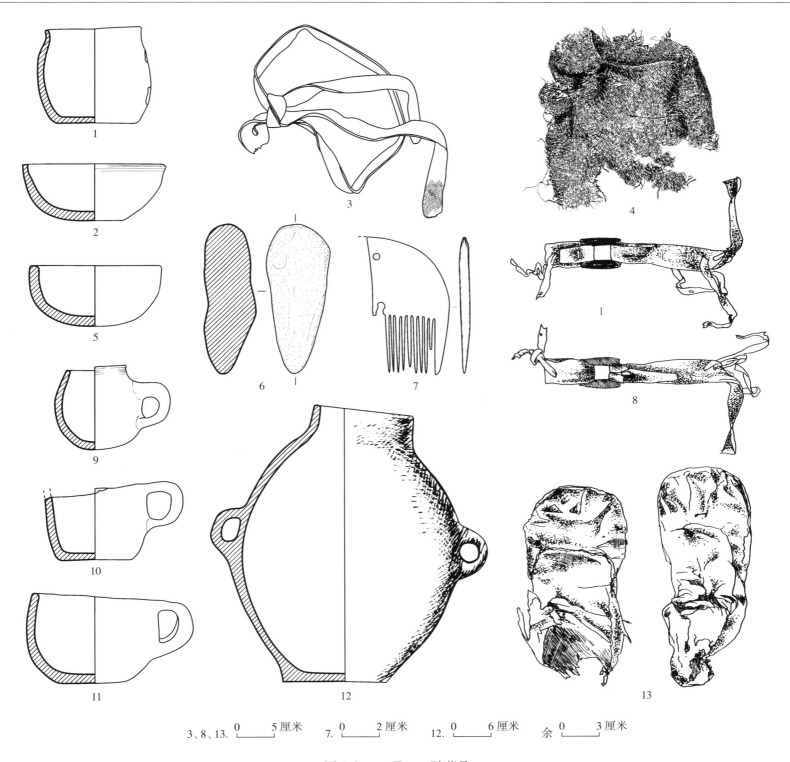

3、8、13. ⌗0⌗5 厘米　　7. ⌗0⌗2 厘米　　12. ⌗0⌗6 厘米　　余 ⌗0⌗3 厘米

图八六一　ⅢM36 随葬品

1、9~11.陶单耳杯（ⅢM36：6、8、7、2）　2.陶碗（ⅢM36：3）　3.毛编织带（ⅢM36：10）　4.毛布包（ⅢM36：9）　5.陶钵（ⅢM36：5）　6.石杵（ⅢM36：11）
7.骨梳（ⅢM36：12）　　8.骨扣皮带（ⅢM36：4）　12.陶釜（ⅢM36：1）　13.皮靴（ⅢM36：13 右、左）

随葬品

出土陶、骨、石、木器和皮、毛纺织物等 18 件。

1. 木圈足盘　圆木刻、挖、削制而成。盘残，复原呈近椭圆形。敞口，浅腹，弧底，喇叭形圈足。残口径 15.4、足径 6.8、高 5.2 厘米（图八六三，1）。

2. 木器具　由自然圆木加工而成。两端刻凹槽，削出圆首，一端已残。长 95.8、直径 4 厘米（图八六三，14）。

3. 骨纺轮　由纺轮和线轴组成。纺轮为骨制，半球形，表面磨光。线轴为圆木杆，一端削尖。线轴残长 15、直径 0.7、轮径 2 厘米（图八六三，6；图版一九二，9）。

4. 木梳　圆木棒刻宽 0.5、深 0.7 厘米的"U"形凹槽，用来安装梳齿。通体光滑，粗细均匀。长 10.2、宽 1.3 厘米（图八六三，8）。

5. 木钉　4 支。树枝干削制。呈圆锥状。ⅢM37：5-1，长 9.8、直径 1.2 厘米（图八六三，7）。

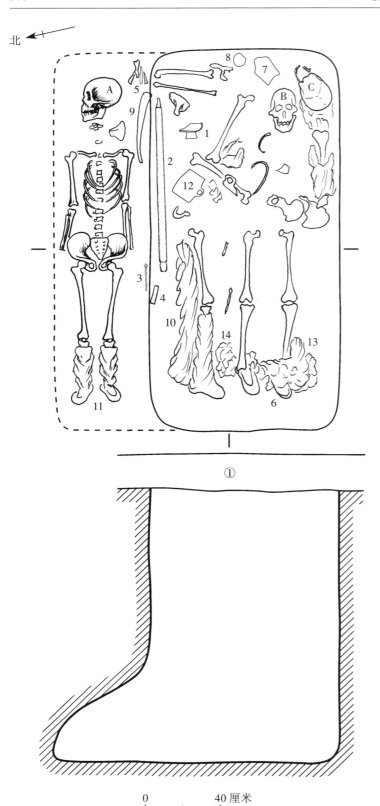

图八六二　ⅢM37 平、剖面图

1. 木圈足盘　2. 木器具　3. 骨纺轮　4. 木梳　5. 木钉　6、10、11. 皮靴
7. 石磨盘　8. 石锤　9. 冠饰　12. 陶筒形杯　13. 毛纺织物接裙　14. 长衣
残片

6. 皮靴　一双。一只残存靴底和面，牛皮制；另一只残存靴筒部分，羊皮缝制。长 24、高 45 厘米（图八六三，11、12）。

7. 石磨盘　残块。扁平，两面都有磨痕。残长

16.3、宽 11.9、厚 3.4 厘米（图八六三，4）。

8. 石锤　选圆形自然砾石。外圈有敲砸破损痕。直径 7.1~8.6 厘米（图八六三，2）。

9. 冠饰　残，牛皮缝制。一边夹细木棍，尖锥状，顶残，为冠饰的顶上部分。残长 39.7、宽 5.6 厘米（图八六三，5）。

10. 皮靴　仅存一只。底用牛皮，筒为羊皮，用细皮条缝制，可包容整条腿，内侧高至大腿根，外侧在髋处有绳扣联结在腰带上。下细上粗。长 72 厘米（图八六三，13；图版二二一，3）。

11. 皮靴　牛皮缝制。长筒，一只残。底长 24、高 32 厘米（图八六三，9、10；图版二二一，2）。

12. 陶筒形杯　夹砂红陶。侈口，筒腹，平底，腹部有桥形单耳。通体施红陶衣。口径 10.2、底径 10.8、高 15.4 厘米（图八六三，3；图版九四，4）。

13. 毛纺织物接裙　红蓝斜褐残片。现残为三片，均为 2/1 斜纹毛纺织物，由红、蓝、黄色织物从幅边处接缝而成，疑原为接裙。ⅢM37：13-1，长 29.5、宽 28 厘米。ⅢM37：13-2，长 30、宽 23.5 厘米。ⅢM37：13-3，长 37、宽 34 厘米（图版二七八，3）。

14. 长衣残片　棉。纺织细腻，残存领口，卷边。残长 50、宽 55 厘米（图版二七八，5）。

ⅢM38

墓葬概况

位于墓地北部，东南邻ⅢM37，西北邻ⅢM32，墓向 95°。C 型，长方形竖穴土坑墓，直壁。表土层为砾石、沙土，墓口距地表深 0.25 米，墓口长 1.82、宽 0.67 米，墓深 1 米。填土中有原封盖墓口用的苇草、骆驼刺、沙石等。墓底有骨架两具，均头东脚西，仰身直肢。A 骨架位于北部，为未成年人，年龄 5 岁左右；B 骨架紧依 A 骨架，为壮年女性，年龄 25~35 岁，脚穿皮靴。A 骨架半身叠压在 B 骨架上。在 B 骨架左侧有陶单耳杯三件和陶单耳罐（图八六四；图版三四，4）。

随葬品

出土陶器和皮制品 5 件（组）。

1. 陶单耳杯　夹砂红陶。侈口，筒腹，平底，腹部单耳残。通体施红陶衣，腹部有黑烟熏痕迹。口径 9.8、底径 8.4、高 11.5 厘米（图八六五，6）。

2. 陶单耳杯　夹砂红陶。敛口，方唇，圆腹，圈底，宽带单耳上扬下翻至下腹。素面。口径 10.1、通高 6.9 厘米（图八六五，4；图版七二，4）。

3. 陶单耳罐　夹砂红陶。直口，圆唇，圆腹，圈底近平，腹部有单耳。口径 6、高 7.5 厘米（图八六五，3；

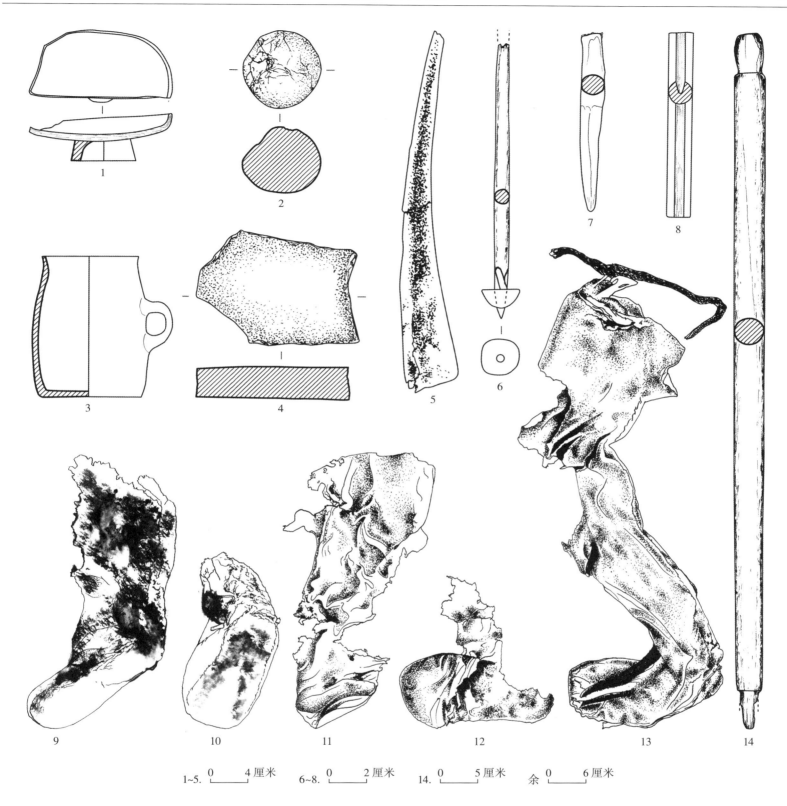

图八六三　ⅢM37 随葬品

1. 木圈足盘（ⅢM37：1）　　2. 石锤（ⅢM37：8）　　3. 陶筒形杯（ⅢM37：12）　　4. 石磨盘（ⅢM37：7）　　5. 冠饰（ⅢM37：9）　　6. 骨纺轮（ⅢM37：3）
7. 木钉（ⅢM37：5-1）　　8. 木梳（ⅢM37：4）　　9~13. 皮靴（ⅢM37：11 右、11 左、6 左、6 右、10）　　14. 木器具（ⅢM37：2）

图版六一，1）。

4. 陶单耳杯　夹砂红陶。直口，口沿不平，筒腹，平底，单耳位于腹部。素面。口径 7.9、底径 6.9、高 8.4 厘米（图八六五，5）。

5. 皮靴　一双。牛皮制。仅存底和帮。长分别为 21.8、24.7 厘米（图八六五，1、2）。

ⅢM39

墓葬概况

位于墓地北部，南邻坎儿井，西南邻ⅢM1，东北邻ⅢM49，墓向 80°。D 型，竖穴偏室土坑墓。墓口距地表深 0.11 米。竖穴墓道呈长方形，直壁，长 2.1、宽

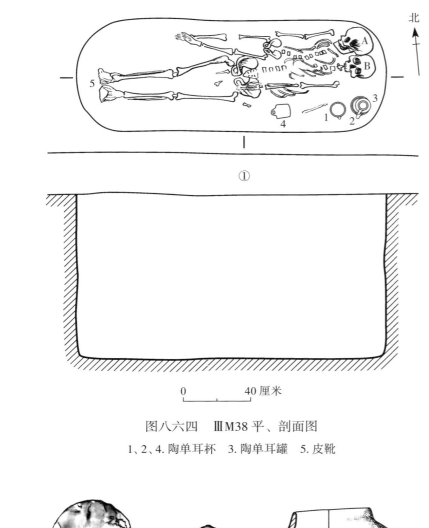

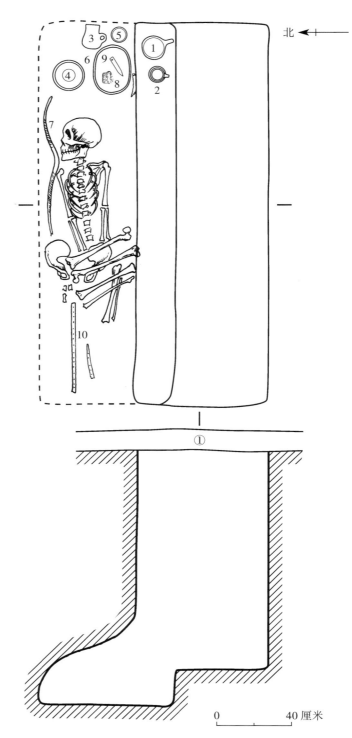

0.69、深 1.2 米。墓道底北壁开挖偏室，进深 0.52 米，弧顶，呈长方形，长 2.1、宽 0.73、顶高 0.46、底深 1.4 米。墓室底比墓道底深，形成生土二层台，台高 0.2 米。填土中夹有骆驼刺、沙石等。偏室内放置人骨一具，头东，面北，下肢骨斜置于盆骨上，仰身屈肢，青年男性，年龄 15~17 岁。复合弓位于右侧，木撑板在腿骨下，其余的随葬品木勺、陶单耳杯两件、陶单耳壶、陶钵、木盘、皮囊和铁刀均位于人头顶部，其中皮囊和铁刀在木盘中（图八六六）。

图八六四　ⅢM38 平、剖面图

1、2、4. 陶单耳杯　3. 陶单耳罐　5. 皮靴

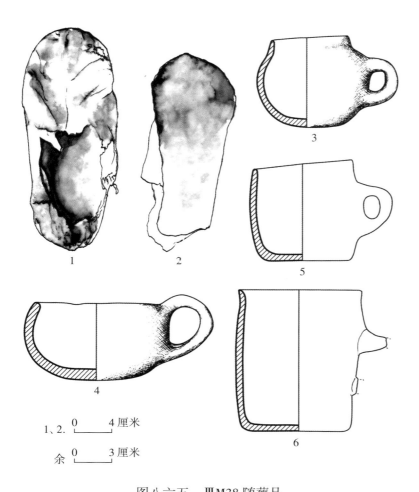

图八六五　ⅢM38 随葬品

1、2. 皮靴（ⅢM38：5-1、5-2）　3. 陶单耳罐（ⅢM38：3）　4~6. 陶单耳杯（ⅢM38：2、4、1）

图八六六　ⅢM39 平、剖面图

1. 木勺　2、5. 陶单耳杯　3. 陶单耳壶　4. 陶钵　6. 木盘　7. 复合弓　8. 皮囊　9. 铁刀　10. 木撑板

随葬品

出土陶、木器和皮制品等 10 件。

1. 木勺　圆木挖削而成。直口，方唇，圆腹，圜底，呈半球形体，腹中部有一曲柄，柄中部有穿孔，一侧口沿磨损严重。口径 11.9、柄长 5.8、高 7.3 厘米（图八六七，4；图版一四八，5）。

2. 陶单耳杯　夹砂红陶。直口，圆唇，垂腹，圜底，沿下腹部有单耳。口径 7.1、高 8.6 厘米（图八六七，3；图版七九，6）。

3. 陶单耳壶　泥质红陶。敞口，圆唇，高领，垂腹，腹部有一单耳。口径 7.2、高 13.3 厘米（图八六七，6）。

4. 陶钵　夹砂红陶。敛口，尖圆唇，宽沿微斜折，圆腹，圜底近平。通体施红陶衣，器形规整。口径 18、高 6.5 厘米（图八六七，7；图版一一六，5）。

5. 陶单耳杯　夹砂红陶。敛口，圆唇，弧腹，平底，口沿下有横鋬，上有穿孔。口径 7.9、底径 6.4、高 6 厘米（图八六七，1）。

6. 木盘　圆木刻、挖、削制而成。呈椭圆形。敞口，浅直腹，平底，一侧边壁有穿绳小孔，底反扣为砧板，有刀剁痕。长 27、宽 19.7、高 5.8 厘米（图八六七，8）。

7. 复合弓　残。中部为绣线菊木片，两边夹粘牛角，外用牛筋线缠扎，再用皮带缠裹。弓弰两侧夹粘牛角，现残状为二曲。残长 75、宽 3.2、厚 1.8 厘米（图八六七，9）。

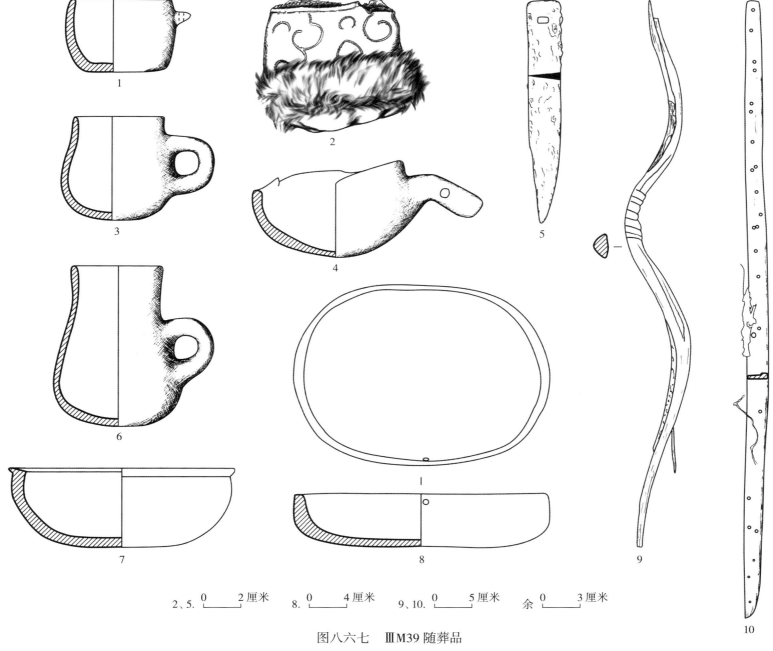

图八六七　ⅢM39 随葬品

1、3. 陶单耳杯（ⅢM39：5、2）　2. 皮囊（ⅢM39：8）　4. 木勺（ⅢM39：1）　5. 铁刀（ⅢM39：9）　6. 陶单耳壶（ⅢM39：3）　7. 陶钵（ⅢM39：4）　8. 木盘（ⅢM39：6）　9. 复合弓（ⅢM39：7）　10. 木撑板（ⅢM39：10）

8. 皮囊　用整块羊皮缝制。呈扁长体。囊表面上半部线绣卷云纹，下半部缝制动物皮毛作装饰。宽 7、高 7.2 厘米（图八六七，2；图版二三〇，5）。

9. 铁刀　呈长方形。尖头，直柄，柄较宽，柄首有长方形孔，弧刃，刃尖锐利。出土时装在皮囊里。长 12.3、宽 1.6、厚 0.4 厘米（图八六七，5；图版二〇四，4）。

10. 木撑板　呈长条形，一端切齐，另一端呈弧刃形。板上有穿孔 28 个，个别孔内还穿有牛皮绳。长 85、宽 2.8 厘米（图八六七，10；图版一六五，4）。

ⅢM40

墓葬概况

位于墓地北部，北邻坎儿井，东南邻ⅢM33，西北邻ⅢM41，墓向 115°。D 型，竖穴偏室土坑墓。墓口距地表深 0.19 米。竖穴墓道呈圆角长方形，直壁，长 3.3、宽 2.3、深 1.9 米。墓道底北壁掏挖偏室，进深 0.65 米，弧顶，平面呈圆角长方形，长 3.3、宽 1.25、顶高 0.6、底深 2.08 米。墓室底比墓道底深，形成生土二层台，台高 0.18 米。墓内填土中夹有砾石块、苇草、沙子等。该墓形制较大，由于盗掘和水毁，室内仅剩下朽残的人骨骼，似成年男性。随葬品分散于墓底，牛角杯、陶器残片两件、石锤、绵羊角两件在东部，复合弓、木箭杆、皮马鞍、皮带在西部（图八六八）。

随葬品

出土陶、木、石、角、皮质器物等 9 件（组）。

1. 牛角杯　用两个牛角片和筋线缝合成型。敞口，筒腹微鼓，底部残。口径 6.9、腹径 8.1、残高 14.8 厘米（图八六九，5）。

2. 皮带　残存一段，似马鞍上用。长条形，上有圆形孔，遭虫蛀。残长 20.9、宽 6 厘米（图八六九，1）。

3. 皮马鞍　残破，皮缝制，内填羊毛和茅草。仅存单扇的一部分。长 41.5、宽 18.4 厘米（图八六九，8）。

4. 木箭杆　箭头残，仅存箭杆。圆木箭杆尾部有挂弦凹槽。残长 34.6、直径 0.8 厘米（图八六九，9）。

5. 复合弓　残，仅存一半。中部为绣线菊木片，两边夹粘牛角片，再用牛筋线缠扎，弓中部外缠扎皮条。残长 60、中部直径 2.2 厘米（图八六九，7）。

6. 陶器残片　夹砂红陶。可辨器底，平底，壁较厚。残长 7.2、宽 6 厘米（图八六九，3）。

7. 陶器残片　夹砂红陶。打制成近圆形，底凸，上面磨平。直径 9.7、厚 0.8 厘米（图八六九，6）。

8. 石锤　自然砾石打制。近圆形，扁平状。一周有敲砸痕。直径 7.2~8、厚 5.2 厘米（图八六九，4）。

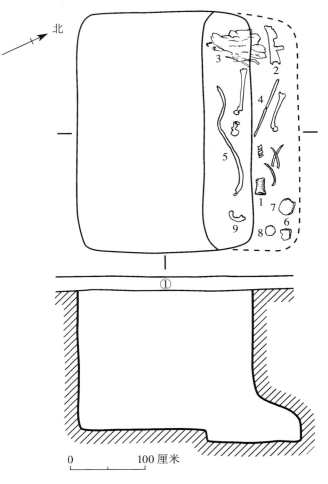

图八六八　ⅢM40 平、剖面图

1. 牛角杯　2. 皮带　3. 皮马鞍　4. 木箭杆　5. 复合弓　6、7. 陶器残片　8. 石锤　9. 绵羊角

9. 绵羊角　2 件。均半成品。角剔皮。一件的一端钻扁孔，另一件残破严重。ⅢM40：9–1，长 7.7、直径 1.2~1.8 厘米（图八六九，2）。

ⅢM41

墓葬概况

位于墓地北部，北邻ⅢM5，西南邻坎儿井，墓向 90°。D 型，竖穴偏室土坑墓。墓口距地表深 0.16 米。竖穴墓道呈长方形，直壁，长 2、宽 0.95、深 1.6 米。偏室开挖于墓道底南壁，进深 0.67 米，弧顶，呈长方形，长 2、宽 0.67、顶高 0.52 米。偏室底与墓道底平。墓内填土中含有芦苇、骆驼刺、沙石等。偏室内出土两个人颅骨，东边为 A，骨架凌乱，大部分人骨架散置于竖穴墓道底部，中年男性，年龄 40~50 岁；B 的主要长骨在偏室内，中年女性，年龄 35~45 岁。随葬的陶单耳杯、筒形杯在 B 头骨旁，陶罐残片、木扣、木冠饰内件、木冠饰外件、陶器残片在东部，石球在西部（图八七〇）。

随葬品

出土陶、石、木器 8 件。

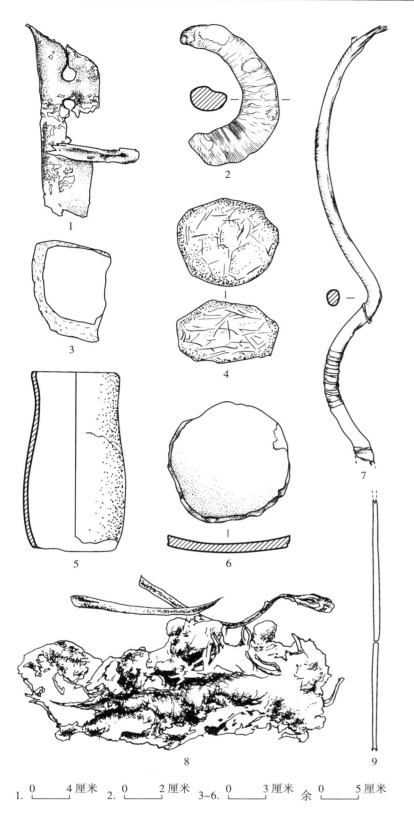

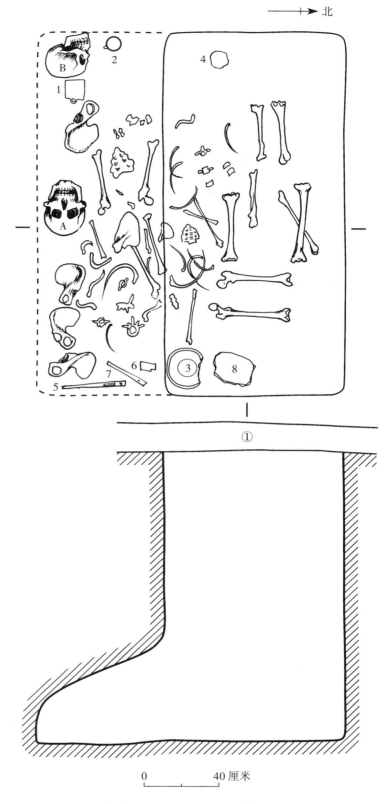

图八六九　Ⅲ M40 随葬品

1. 皮带（Ⅲ M40∶2）　2. 绵羊角（Ⅲ M40∶9-1）　3、6. 陶器残片（Ⅲ M40∶6、7）　4. 石锤（Ⅲ M40∶8）　5. 牛角杯（Ⅲ M40∶1）　7. 复合弓（Ⅲ M40∶5）　8. 皮马鞍（Ⅲ M40∶3）　9. 木箭杆（Ⅲ M40∶4）

图八七〇　Ⅲ M41 平、剖面图

1. 陶筒形杯　2. 陶单耳杯　3. 陶罐　4. 石球　5. 木冠饰内件　6. 木扣　7. 木冠饰外件　8. 陶器残片

1. 陶筒形杯　夹砂红陶。直口微侈，小方唇，直腹，平底，单耳位于腹中部。素面。口径 11、底径 9.5、高 10.3 厘米（图八七一，8；图版九四，5）。

2. 陶单耳杯　夹砂红陶。敞口，垂腹，圜底近平，

柱状单耳位于腹部。素面，施红陶衣。口径 6.9、高 7.5 厘米（图八七一，6；图版八〇，1）。

3. 陶罐　夹砂褐陶。仅存下半部，鼓腹，平底。通体施黑陶衣。泥条盘制。底径 11.9、残高 16.5 厘米（图八七一，7）。

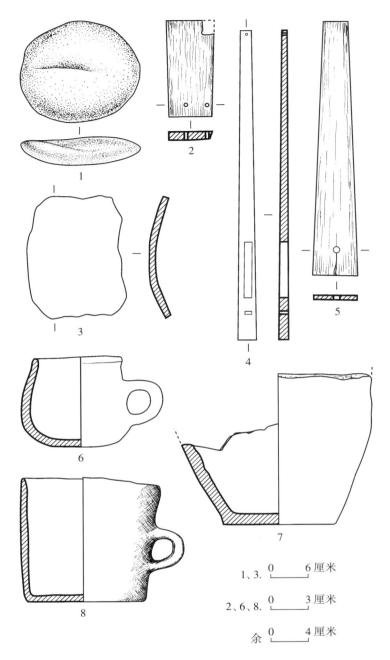

图八七一　ⅢM41 随葬品

1. 石球（ⅢM41：4）　2. 木扣（ⅢM41：6）　3. 陶器残片（ⅢM41：8）
4. 木冠饰内件（ⅢM41：5）　5. 木冠饰外件（ⅢM41：7）　6. 陶单耳杯
（ⅢM41：2）　7. 陶罐（ⅢM41：3）　8. 陶筒形杯（ⅢM41：1）

4. 石球　椭圆形饼状，一面微凸，另一面稍凹。直径 16.7~19.1、厚 2.4 厘米（图八七一，1）。

5. 木冠饰内件　木板刻削制作。呈长四棱状，上窄下宽，下端凿两个纵长条形孔，其下钻小圆孔。长 34、宽 1.2~2、厚 0.7~1 厘米（图八七一，4；图版一五六，4）。

6. 木扣　呈长方形。一端钻两个小孔，另一端挖去一角有缺口。背面有刀切痕，似木盘上的补丁。长 7.9、宽 3.6、厚 0.7 厘米（图八七一，2）。

7. 木冠饰外件　残片，木板削制。呈梯形薄木片，上端钻一小孔。长 27.8、宽 2.5~4.9、厚 0.6 厘米（图

八七一，5）。

8. 陶器残片　夹砂红陶。残存腹部片，器壁较厚。残长 20.2、残宽 14.7、厚 1.2 厘米（图八七一，3）。

ⅢM42

墓葬概况

位于墓地北部，东邻坎儿井，北邻ⅢM4，墓向 75°。D 型，竖穴偏室土坑墓。墓口距地表深 0.1 米。竖穴墓道呈长方形，直壁，长 2、宽 0.8、深 1.5 米。墓道底北壁掏挖偏室，进深 0.3 米，呈长方形，弧顶，长 2、宽 1.11、顶高 0.3、深 1.5 米，墓室底与墓道底平。偏室内 A 骨架紧靠墓室北壁，头向东，仰身，下肢移位，老年男性，年龄在 55 岁以上；另一具人骨架 B 长骨移位到偏室外墓道底部，头骨位于 A 骨架的盆骨西部，老年女性，年龄 50~65 岁。随葬的陶碗在 A 头骨前，石纺轮、木旋镖、木手杖在墓室东北部（图八七二）。

随葬品

出土陶、木、石器 4 件。

1. 陶碗　夹砂红陶。敞口，口沿不平，圆腹，平底。器表有烟炱。手制，器形不规整，制作粗糙。口径 10.8、底径 7.5、高 5 厘米（图八七三，3；图版一二一，4）。

2. 石纺轮　圆木线轴残，杆体粗细均匀。纺轮为青石质，呈半圆球形，磨制光滑。线轴残长 9.2、直径 0.8、轮径 3 厘米（图八七三，1；图版二〇六，6）。

3. 木旋镖　利用自然弯曲的树杆加工制作，近 90°拐角圆滑，握手呈扁圆形，略细于棍体，棍体后端残。残长 15、直径 1.1 厘米（图八七三，2）。

4. 木手杖　圆木棍制作。出土时残成两节，一端尖，另一端残。长 73.8、直径 1.4 厘米（图八七三，4）。

ⅢM43

墓葬概况

位于墓地北部，东邻坎儿井，西邻ⅢM4，墓向 94°。C 型，长方形竖穴土坑墓，直壁。地表为砾石、黑沙土层。墓口距地表深 0.21 米，墓口长 1.89、宽 0.6 米，墓深 0.6 米。墓被严重盗扰，墓底人骨凌乱，有三个人头骨，乱置骨架中，为两男一女。A 头骨在中部，为中年男性，年龄 35~45 岁；B 位于最东头，为成年男性；C 位于东北部，为成年女性。随葬品散乱分布，2 号陶罐置于 1 号陶罐底内，位于西北部，陶双耳杯和珠饰在东南部，石磨盘、木箭杆和两件骨扣在中部（图八七四）。

随葬品

出土陶、石、骨、木器等 8 件（组）。

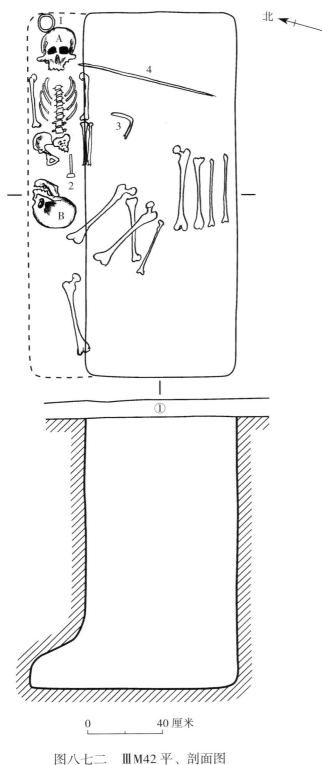

图八七二　ⅢM42 平、剖面图

1. 陶碗　2. 石纺轮　3. 木旋镖　4. 木手杖

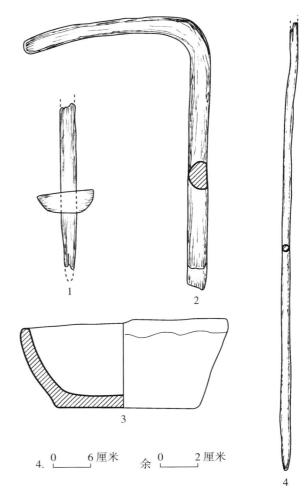

图八七三　ⅢM42 随葬品

1. 石纺轮（ⅢM42：2）　2. 木旋镖（ⅢM42：3）　3. 陶碗（ⅢM42：1）
4. 木手杖（ⅢM42：4）

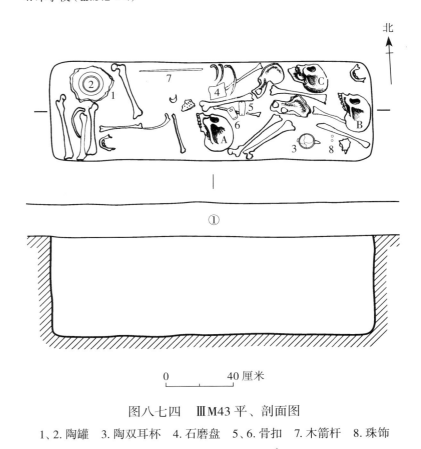

图八七四　ⅢM43 平、剖面图

1、2. 陶罐　3. 陶双耳杯　4. 石磨盘　5、6. 骨扣　7. 木箭杆　8. 珠饰

1. 陶罐　夹砂红陶。仅存下腹至底，平底。素面，器表被烟熏成黑色。底径 13.2、残高 13.6 厘米（图八七五，8）。

2. 陶罐　夹砂红陶。敛口，垂腹，圜底。素面，器表红陶衣多剥落。口径 9.8、腹径 13.7、高 12.6 厘米（图八七五，6）。

3. 陶双耳杯　夹砂红陶。口微敛，圆唇，浅腹，圜底近平，腹部有两个对称较大横鋬耳，一耳残。口径

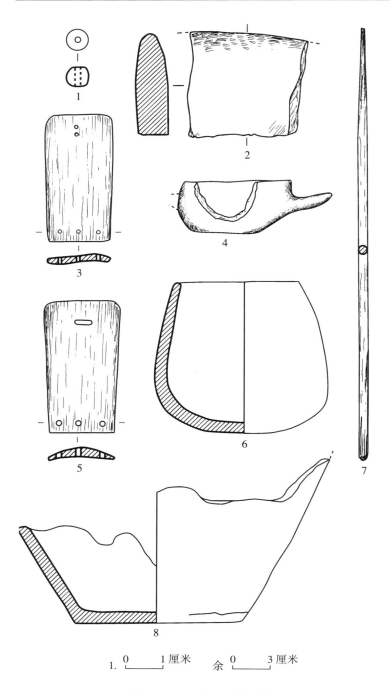

图八七五　ⅢM43 随葬品

1. 珠饰（ⅢM43：8-1）　2. 石磨盘（ⅢM43：4）　3、5. 骨扣（ⅢM43：5、6）　4. 陶双耳杯（ⅢM43：3）　6、8. 陶罐（ⅢM43：2、1）　7. 木箭杆（ⅢM43：7-1）

8.4、高 4.4 厘米（图八七五，4；图版九七，3）。

4. 石磨盘　青砂岩。近方形，一边圆棱，两面较平。残长 9.3、宽 8.8、厚 2.6 厘米（图八七五，2）。

5. 骨扣　动物骨骼制作。牌面光滑，呈长方形，下端横向钻三小孔，上端抹角，纵向钻两孔。长 10.5、宽 5.4、厚 0.6 厘米（图八七五，3；图版一九一，8）。

6. 骨扣　动物骨骼制作。平面呈长方形，截面呈弧形，上端抹角，中部钻条形孔，下端横向钻三小孔。牌正面磨制光滑，长 10.9、宽 5.2~6.1 厘米（图八七五，5；图

版一九一，9）。

7. 木箭杆　2 支。箭两端残。圆杆上端较细，杆体粗细匀称，光滑。ⅢM43：7-1，长 35.7、直径 0.7 厘米（图八七五，7）。

8. 珠饰　2 颗。呈绿色圆球状。中间有小圆孔，表面光滑。ⅢM43：8-1，直径 0.6、高 0.5 厘米（图八七五，1）。

ⅢM44

墓葬概况

位于墓地西北部，北邻ⅢM75，西南邻ⅢM76，墓向 80°。C 型，长方形竖穴土坑墓，直壁。墓口距地表深 0.1 米，墓口长 2.11、宽 1 米，墓深 0.39 米。墓内填土中夹杂有芦苇草屑。墓底人骨架凌乱，发现头骨三个。A 位于西南角，成年女性；B 头骨在中部，成年男性；C 头骨在东北角木盘中，成年女性，肢骨残缺严重。随葬的陶单耳杯和骨带扣在 A 头骨旁，骨弓弭在西北部，2 件木弓弭和牛角片在东南部，木盘、木钵、木扣在东北部（图八七六）。

随葬品

出土陶、木、骨、角器 9 件。

1. 陶单耳杯　夹砂红陶。直口，圆唇，筒腹，平底，腹部有宽带小耳。素面。口径 9、底径 8.2、高 9.8 厘米（图八七七，4）。

2. 木盘　圆木掏挖削刻而成。平面呈长方形，长边较直，短边沿较宽，起拱。底面有刀剁痕。长 47.1、宽 20.1、高 10.7 厘米（图八七七，8）。

3. 木钵　平面呈椭圆形，底较薄，已残破。敞口，口沿高低不平，浅腹，圜底。底面有刀剁痕，反扣为砧板，有切痕。口径 20.3~23.1、高 6 厘米（图八七七，7）。

4. 木弓弭　木质。中部呈四棱状，两端为宽鱼尾状，正视呈弧形状。长 32、宽 0.8~4、厚 0.2~3.6 厘米（图八七七，6）。

5. 牛角片，平面呈长方形，一端方，另一端呈尖状，截面呈弧拱形。通体光滑。长 10.4、宽 4.5、厚 0.4 厘米（图八七七，1）。

6. 木弓弭　薄木片制作。呈柳叶状。长 37.6、宽 0.8~4.7 厘米（图八七七，9）。

7. 木扣　呈纵长方形，上端圆弧形，前端面钉半圆形牛角，中间钻孔穿牛皮绳，板面上端有长条形孔，牌面钉有薄木片，木片上涂红色，木片残存 1/3。长 12.8、宽 5.6~6.4、厚 0.9 厘米（图八七七，3；图版一五八，2）。

8. 骨带扣　用兽骨刻削成。微曲，呈六棱管状，中空，一端有刻槽。通体磨光。长 9.8、宽 1.9、内径 1.2 厘米（图

八七七，2；图版一九一，10）。

9. 骨弓弭 动物骨骼加工制作。呈扁长体，一端边刻"U"形凹槽，另一端中间夹三角形木楔。通体光滑。残长12.3、宽1.2~2.1、厚0.6~1.2厘米（图八七七，5；图版一九〇，5）。

Ⅲ M45

墓葬概况

位于墓地北部，东邻Ⅲ M32，西邻Ⅲ M47，墓向97°。C型，圆角长方形竖穴土坑墓，直壁。墓口距地表深0.11米，墓口长2.3、宽1.18米，墓深1.2米。该墓由于水浸、盗掘，墓底西南角仅存陶釜，未发现其他随葬器物和人的骨骼（图八七八）。

随葬品

出土1件陶器。

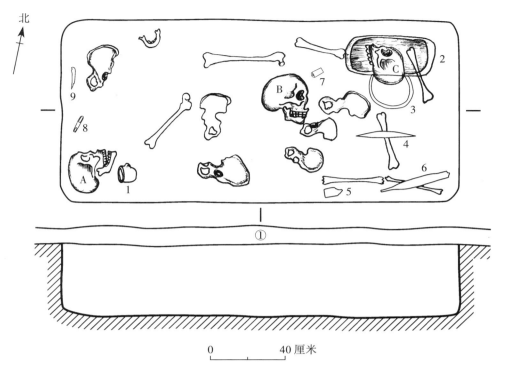

图八七六 Ⅲ M44 平、剖面图

1. 陶单耳杯 2. 木盘 3. 木钵 4、6. 木弓弭 5. 牛角片 7. 木扣 8. 骨带扣 9. 骨弓弭

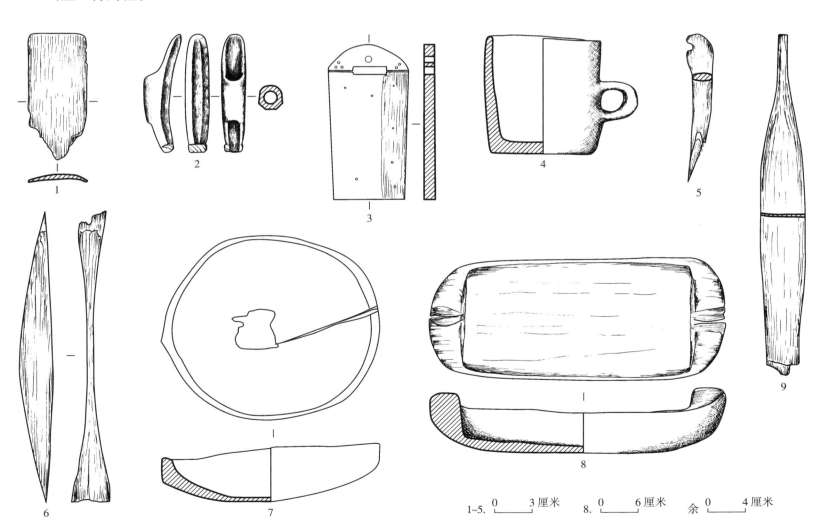

图八七七 Ⅲ M44 随葬品

1. 牛角片（Ⅲ M44：5） 2. 骨带扣（Ⅲ M44：8） 3. 木扣（Ⅲ M44：7） 4. 陶单耳杯（Ⅲ M44：1） 5. 骨弓弭（Ⅲ M44：9） 6、9. 木弓弭（Ⅲ M44：4、6） 7. 木钵（Ⅲ M44：3） 8. 木盘（Ⅲ M44：2）

1. 陶釜　夹砂红陶。敞口，圆唇，溜肩，鼓腹，平底，腹部有两个对称的耳，其中一只残。外沿饰一周带压印纹的附加堆纹，罐腹至底有黑色烟熏痕迹。器形较大。口径 13.9、腹径 32.4、底径 13.8、高 40.7 厘米（图八七九）。

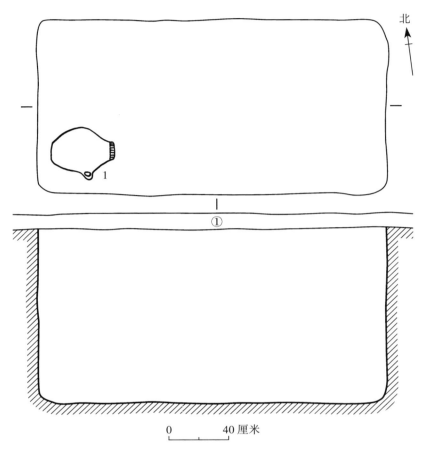

北

0 ——— 40 厘米

图八七八　ⅢM45 平、剖面图
1. 陶釜

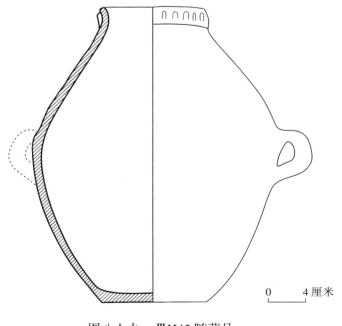

0 ——— 4 厘米

图八七九　ⅢM45 随葬品
陶釜（ⅢM45：1）

ⅢM46

墓葬概况

位于墓地西北部，北邻ⅢM73，东北邻ⅢM69，墓向 92°。D 型，竖穴偏室土坑墓，剖面呈靴形。墓口距地表深 0.1 米。竖穴墓道呈圆角长方形，壁面不平整，长 2.1、宽 0.6、深 0.99 米。墓道底北壁掏挖偏室，进深 0.3 米，弧顶，平面呈长方形，长 2.1、底宽 0.9、顶高 0.4 米，墓室底与墓道底平。墓内填土中含砾石和黑沙土。偏室内东端和墓道底东端各有一人头骨，肢骨残缺严重，偏室外见三根大腿骨和盆骨残块。从头骨看，A 在外侧，成年男性；B 在内侧，成年女性。随葬的陶盆、陶单耳杯、陶筒形杯都在头骨旁，而且陶单耳杯、陶筒形杯都在陶盆内平放，陶钵在墓底偏西南处（图八八〇）。

随葬品

出土陶器 4 件。

1. 陶钵　夹砂红陶。敛口，圆唇，浅腹，近平底。口径 13.2、腹径 14.7、高 6.7 厘米（图八八一，3）。

2. 陶盆　夹砂灰陶。侈口，尖圆唇，斜沿，圆腹，圜底，腹部有两个对称的耳，残。器表有黑色烟熏迹。口径 34.8、高 17.6 厘米（图八八一，4）。

3. 陶单耳杯　夹细砂红陶。敞口，尖圆唇，垂腹，圜底近平，小耳由沿上扬翻至上腹部。素面。口径 6.4、高 6.6 厘米（图八八一，1；图版八〇，2）。

4. 陶筒形杯　泥质红陶。直口，方唇，筒腹，大平底，腹部有单耳。素面。口径 7.9、底径 8、高 6.1 厘米（图八八一，2；图版九四，6）。

ⅢM47

墓葬概况

位于墓地北部偏西，东邻ⅢM45，西北邻ⅢM74，墓向 100°。D 型，竖穴偏室土坑墓。墓口距地表深 0.1 米。竖穴墓道呈长方形，直壁，长 2.2、宽 1.21、深 1.2 米。墓道底北壁掏挖偏室，进深 0.51 米，顶呈斜弧形，墓底平面呈近长方形，长 2.26、宽 1、顶高 0.5、深 1.4 米。墓室底比墓道底深，形成生土二层台，台高 0.2 米。填土中含有封墓室口的木棒、毛毡、石块等。偏室内有两具并排放置的人骨架，仰身直肢，头向东，面向上，下肢骨移位，靠墓室口的 A 骨架下肢朽残，成年女性；里面的人骨架 B 比较完整，成年男性。木盘、陶带流罐、陶钵、陶罐、陶豆、陶盆、砺石、皮枕位于墓室东南部，陶单耳杯、陶钵、皮枕在东北部，木梳、木手杖和皮袋位于墓底中南部（图八八二）。

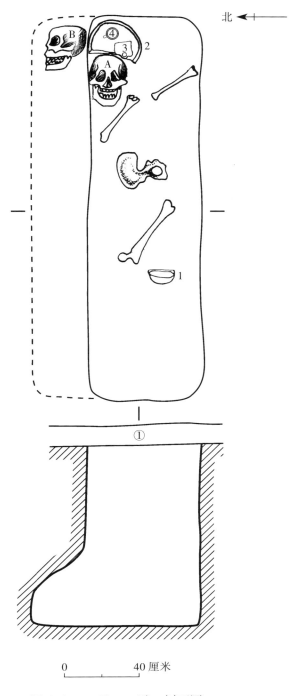

图八八〇　ⅢM46 平、剖面图

1. 陶钵　2. 陶盆　3. 陶单耳杯　4. 陶筒形杯

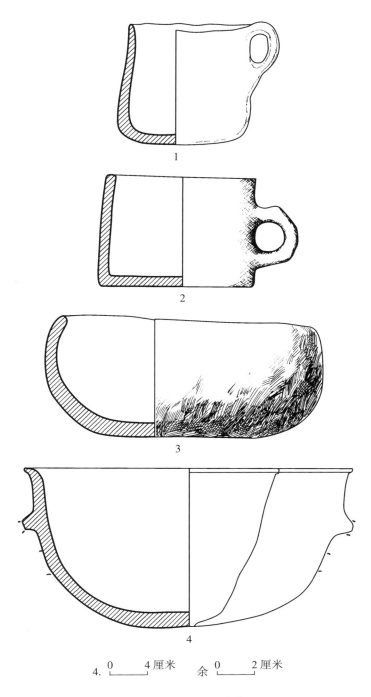

图八八一　ⅢM46 随葬品

1. 陶单耳杯（ⅢM46：3）　2. 陶筒形杯（ⅢM46：4）　3. 陶钵（ⅢM46：1）
4. 陶盆（ⅢM46：2）

随葬品

出土木、石、陶器和皮具 14 件。

1. 木盘　圆木刻、挖、削制。平面呈近方形，敞口，深腹，圜底近平，口沿一处残呈方形缺口。底反扣为砧板，有刀切痕。口径 12.3~12.6、高 4.6 厘米（图八八三，12）。

2. 陶带流罐　夹砂红陶。敞口，圆唇，深腹，平底，流上扬，口沿下有单耳，与流所在方向成直角。口径 12.4、底径 11.4、通高 16.5 厘米（图八八三，13；图版六五，5）。

3. 陶钵　夹砂红陶。敞口，圆唇，浅腹，圜底。上腹有三道凹弦纹。一侧下腹有一小孔，孔内残存皮绳。口径 13、高 5.4 厘米（图八八三，9；图版一一六，6）。

4. 陶罐　夹砂红陶。圆唇，沿微卷，束颈，鼓腹，圜底。口径 6.2、腹径 9.3、高 5.5 厘米（图八八三，5；图版六七，2）。

5. 陶豆　夹砂红陶。敛口，方唇，深圆腹，柱状柄，盘状底座。素面。口径 7.3、足径 5.6、高 9.2 厘米（图八八三，7；图版一二四，2）。

6. 陶单耳杯　夹砂红陶。敞口，圆腹，平底，单耳

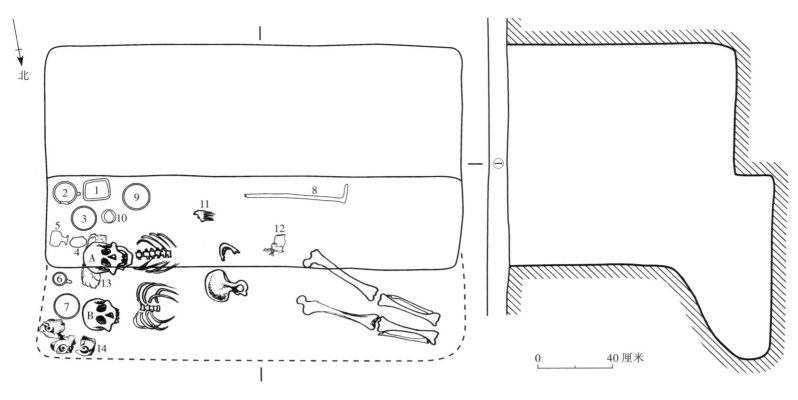

图八八二　ⅢM47平、剖面图

1. 木盘　2. 陶带流罐　3、7. 陶钵　4. 陶罐　5. 陶豆　6. 陶单耳杯　8. 木手杖　9. 陶盆　10. 砺石　11. 木梳　12. 皮袋　13、14. 皮枕

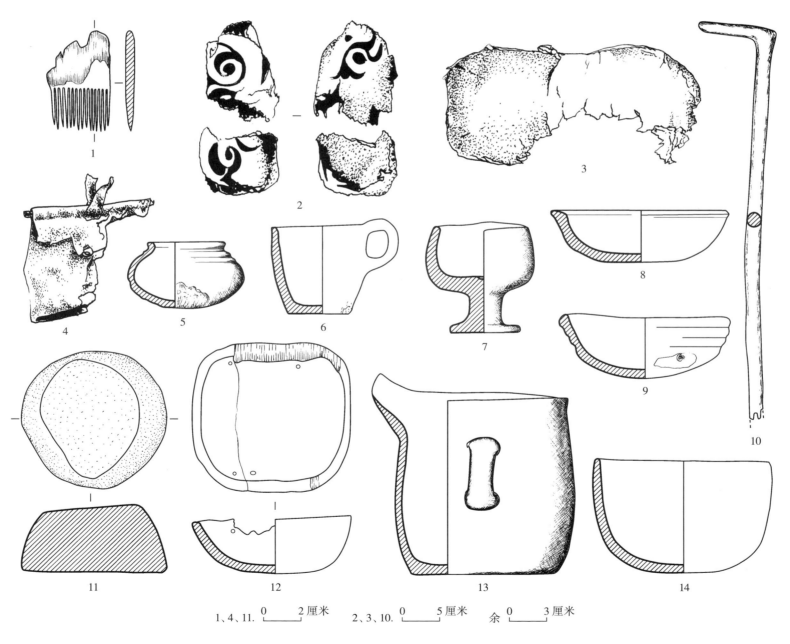

1、4、11.　0　　2厘米　　　　2、3、10.　0　　5厘米　　　余　0　　3厘米

图八八三　ⅢM47随葬品

1. 木梳（ⅢM47：11）　2、3. 皮枕（ⅢM47：14、13）　4. 皮袋（ⅢM47：12）　5. 陶罐（ⅢM47：4）　6. 陶单耳杯（ⅢM47：6）　7. 陶豆（ⅢM47：5）
8. 陶盆（ⅢM47：9）　9、14. 陶钵（ⅢM47：3、7）　10. 木手杖（ⅢM47：8）　11. 砺石（ⅢM47：10）　12. 木盘（ⅢM47：1）　13. 陶带流罐（ⅢM47：2）

由沿上扬下翻至腹部。素面。口径 7.4、底径 4.8、通高 7.9 厘米（图八八三，6；图版八〇，3）。

7. 陶钵　夹砂褐陶。直口，筒腹，圜底。素面，器表有黑色烟熏痕迹。口径 13.8、高 9.1 厘米（图八八三，14；图版一一六，7）。

8. 木手杖　由自然圆木加工而成。有直角拐把，下端残。残长 53.6、手把长 10.1、直径 2 厘米（图八八三，10；图版一七〇，8）。

9. 陶盆　夹砂红陶。敞口，圆唇，斜沿，圆腹，圜底近平。通体施红陶衣。口径 14.1、高 4.3 厘米（图八八三，8；图版一〇八，6）。

10. 砺石　青砂石。呈圆饼状，上窄下宽，两面平。上径 5.2、下径 7.7、厚 3.2~3.7 厘米（图八八三，11）。

11. 木梳　木板刻制。呈纵长方形，梳背残，梳齿细密。残长 5.5、宽 3.3、齿长 2.3 厘米（图八八三，1）。

12. 皮袋　牛皮缝制。近长方形，上口穿木棍，带盖。棍上有皮扣，残断。长 6.4、宽 6.8 厘米（图八八三，4；图版二三一，3）。

13. 皮枕　羊皮制，残。呈近长方形，中间微亚腰。表面有"X"形纹，红彩。长 33.6、宽 16 厘米（图八八三，3）。

14. 皮枕　羊皮缝制。近圆角长方形，扁平状。双面有成组的涡点纹。长 23.5、宽 10.4 厘米（图八八三，2；图版二二二，4）。

Ⅲ M48

墓葬概况

位于墓地北部偏西，东北邻Ⅲ M45，西南邻Ⅲ M79，墓向 85°。D 型，竖穴偏室土坑墓，剖面呈靴形。墓口暴露于地表。竖穴墓道呈长方形，直壁，长 2.4、宽 0.91、深 1.59 米。墓道底南壁掏挖偏室，进深 0.55 米，弧形顶，平面呈长方形，长 2.4、宽 1.46、顶高 0.5 米，偏室底与墓道底平。填土中混有苇草、骆驼刺等。人骨架位于偏室外，头东，其他骨架散乱，有少量脊椎骨和肋骨伴随，偏室内人骨骼较少，合起来共为一个个体，为成年男性。人骨中还发现有马的骨骼残块。竖琴残块在人头骨旁，木器具两件、复合弓、陶钵位于墓底中部（图八八四）。

随葬品

出土木、陶器等 5 件。

1. 木器具　圆木棍两端刻凹槽，中部有两个圆形穿孔。长 15.3、直径 1 厘米（图八八五，4）。

2. 竖琴　仅剩盘一角。宽方沿，二侧沿边穿小木钉。残长 15.6、残宽 7.3 厘米（图八八五，1；图版一八二，5）。

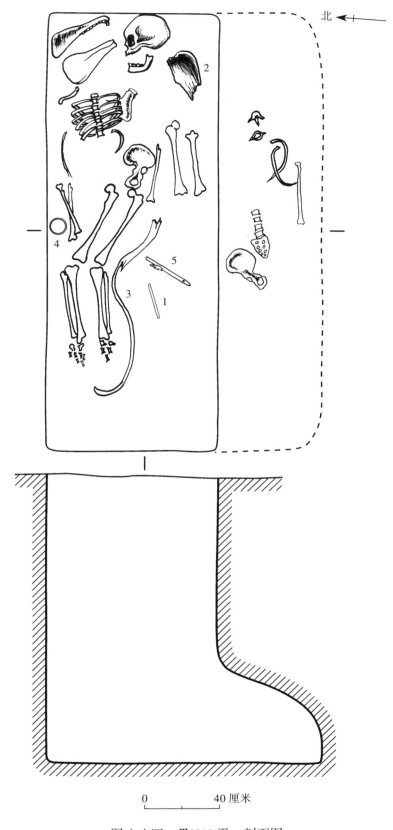

图八八四　Ⅲ M48 平、剖面图
1、5. 木器具　2. 竖琴　3. 复合弓　4. 陶钵

3. 复合弓　中间为绣线菊木片，两面夹粘牛角，外缠扎牛筋绳。弓一端和中部残，弓弰反曲，为五曲。残长 92.8、直径 2.2~2.5 厘米（图八八五，7）。

4. 陶钵　夹砂红陶。敞口，圆唇，圆腹，圜底。通体施红陶衣。口径 13.4、高 5.2 厘米（图八八五，6；图

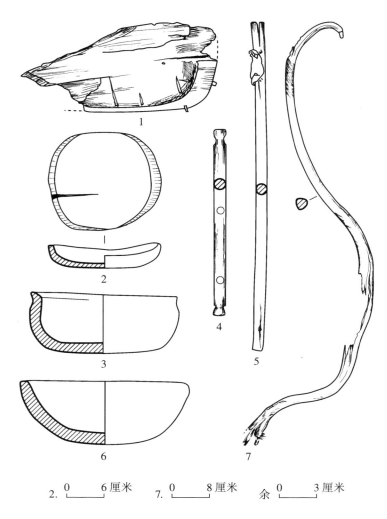

2. [0 —— 6 厘米]　7. [0 —— 8 厘米]　余 [0 —— 3 厘米]

图八八五　Ⅲ M48、Ⅲ M49 随葬品

1. 竖琴（Ⅲ M48：2）　2. 木盘（Ⅲ M49：2）　3. 陶碗（Ⅲ M49：1）　4、5. 木器具（Ⅲ M48：1、5）　6. 陶钵（Ⅲ M48：4）　7. 复合弓（Ⅲ M48：3）

版一一六，8）。

5. 木器具　圆杆微曲，两端钻有小孔，其中一端孔中残留窄皮条。长 27.1、直径 0.9 厘米（图八八五，5）。

Ⅲ M49

墓葬概况

位于墓地北部，西南邻Ⅲ M39，东北邻Ⅲ M50，北为坎儿井，墓向 94°。D 型，竖穴偏室土坑墓。竖穴墓道呈长方形，直壁，长 1.59、宽 0.7、深 1.19 米。墓道底向北壁掏挖偏室，进深 0.38 米，弧形顶，呈近长方形，长 1.72、宽 0.6、顶高 0.47、底深 1.4 米。墓室底比墓道底深，形成生土二层台，台高 0.21 米。由于盗扰，墓室内填土经翻动，包含有芦苇、沙子、土坯块等。墓内发现三个人头骨，A、B 为成年男性，C 为成年女性，骨架凌乱，残缺不全。墓室口东侧出土陶碗，墓室西北角出土木盘（图八八六）。

随葬品

出土陶、木器 2 件。

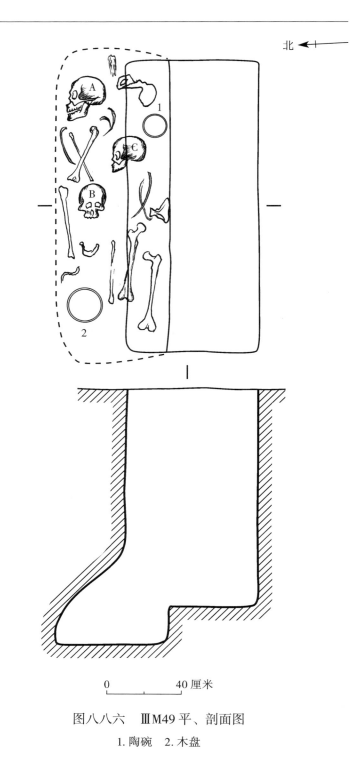

图八八六　Ⅲ M49 平、剖面图

1. 陶碗　2. 木盘

1. 陶碗　夹砂褐陶。侈口，浅腹，平底。素面。口径 11.7、底径 8、高 5 厘米（图八八五，3）。

2. 木盘　圆木刻、挖、削制而成。平面呈近椭圆形，口沿高低不平，薄厚不均。敞口，浅腹，底近平。底反扣为砧板，有刀切痕。口径 16.2~17.9、高 4.2 厘米（图八八五，2）。

Ⅲ M50

墓葬概况

位于墓地北部，西南邻Ⅲ M49，西北邻Ⅲ M48，东邻Ⅲ M4，墓向 90°。C 型，圆角长方形竖穴土坑墓，直壁。

墓口暴露于地表，墓口长 1.92、宽 0.97 米，墓深 0.83 米。
墓室较浅，有明显盗扰翻动痕迹，墓底人骨凌乱，发现
头骨六个，但都保存得不好。头骨 A 位于墓底东南角，
头骨 B、C 位于墓室中部南壁下，头骨 D、E、F 位于墓
底西北角。性别、年龄、葬式不详。随葬器物也散布于
人骨中，陶筒形杯、木手杖、陶罐底、铁扣、木取火板
在墓室西部，木桶底、海贝在东部（图八八七）。

随葬品

出土陶、木、铁器等 7 件。

1. 陶筒形杯　夹砂红陶。侈口，圆唇，垂腹，圜底近平，
单耳。素面。口径 10.1、高 14.6 厘米（图八八八，5；
图版九五，1）。

2. 木手杖　自然木棍加工而成。直角拐把，有节疤。
长 90.1、握手长 10.4、直径 1.6 厘米（图八八八，7；图
版一七〇，9）。

3. 陶罐底　夹砂褐陶。仅存下腹至底，平底。器表
被烟熏成黑色。底径 13.9、残高 14.1 厘米（图八八八，6）。

4. 铁扣　锈蚀严重。纵长方形。残长 8.9、宽 6.6 厘
米（图八八八，3）。

5. 木取火板　长条形四棱体，一边有九个使用痕，
另一边有五个圆形钻孔。长 15.9、宽 2.7、厚 1.7 厘米（图
八八八，4；图版一六五，10）。

6. 木桶底　薄杨木板制作。呈椭圆形饼状。直径

8.3~9.2、厚 1.3 厘米（图八八八，2）。

7. 海贝　呈椭圆形，内空，中缝呈锯齿状。直径
1.3~1.9 厘米（图八八八，1）。

ⅢM51

墓葬概况

位于墓地东北部，东南邻ⅢM52，西南邻ⅢM6，墓
向 275°。D 型，竖穴偏室土坑墓，剖面呈靴形。墓口暴
露于地表。竖穴墓道呈长方形，四壁竖直，长 2.26、宽
0.81、深 2 米。墓道底南壁掏挖偏室，进深 0.6 米，弧形顶，
平面呈圆角长方形，长 2.45、宽 1.41、顶高 0.45、深 2 米，

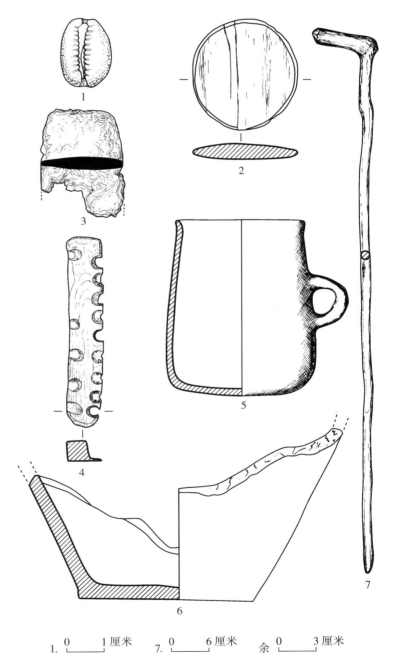

图八八八　ⅢM50 随葬品
1. 海贝（ⅢM50：7）　2. 木桶底（ⅢM50：6）　3. 铁扣（ⅢM50：4）
4. 木取火板（ⅢM50：5）　5. 陶筒形杯（ⅢM50：1）　6. 陶罐底（ⅢM50：3）
7. 木手杖（ⅢM50：2）

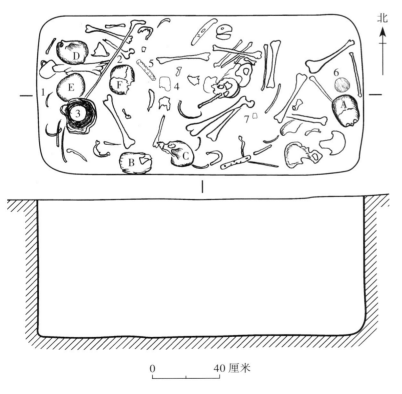

图八八七　ⅢM50 平、剖面图
1. 陶筒形杯　2. 木手杖　3. 陶罐底　4. 铁扣　5. 木取火板　6. 木桶底
7. 海贝

底与墓道底平。该墓被盗扰，填土内含有被扰乱的人骨残节。在墓底中部仅见木器具、木冠饰件、木扣、复合弓等（图八八九）。

随葬品

出土木器等4件。

1. 木器具　圆木棒削制。两端削细圆柱状。长23、直径1.2厘米（图八九〇，2）。

2. 木冠饰　呈长方形，下端钻小圆孔，上端残，中部刻长方形孔。残长34.3、宽3.2、厚1.2厘米（图八九〇，4）。

3. 木扣　呈长方形，圆首，前端刻长方形孔。扣面线刻菱格纹。长7、宽3.5、厚0.6厘米（图八九〇，1；图版一五八，3）。

4. 复合弓　残段。中为木片，两边夹粘牛角片，外缠扎牛筋绳。剖面呈扁锥形。长20.3、宽1.4、厚0.7厘米（图八九〇，3）。

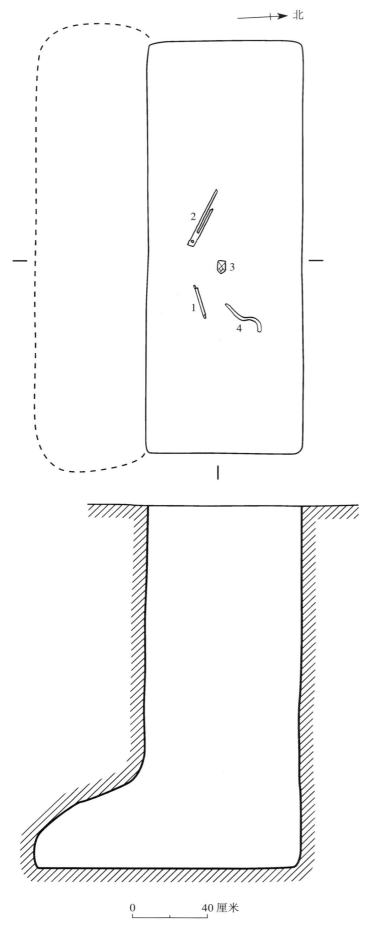

0　　　　40厘米

图八八九　ⅢM51 平、剖面图

1. 木器具　2. 木冠饰　3. 木扣　4. 复合弓

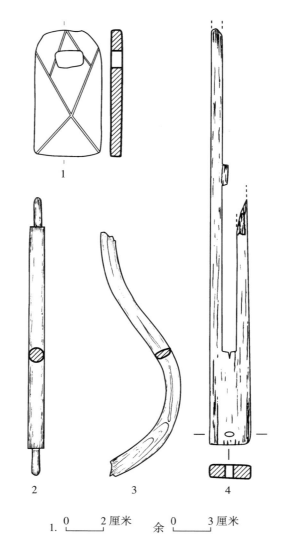

1.　0　　　2厘米　　　余　0　　　3厘米

图八九〇　ⅢM51 随葬品

1. 木扣（ⅢM51：3）　2. 木器具（ⅢM51：1）　3. 复合弓（ⅢM51：4）
4. 木冠饰（ⅢM51：2）

ⅢM52

墓葬概况

位于墓地东北部，西北邻ⅢM51，东北邻ⅢM30，墓向274°。C型，圆角长方形竖穴土坑墓，直壁。墓口暴露于地表，墓口长 2.15、宽 0.93 米，墓深 0.9 米。该墓被盗掘，墓底残留几节人骨，年龄、性别不明。无随葬品（图八九一）。

随葬品

无随葬品。

ⅢM53

墓葬概况

位于墓地南部，北邻ⅢM66，南为坎儿井，墓向270°。C型，圆角长方形竖穴土坑墓，直壁。墓口暴露于地表，墓口长 1.76、宽 0.92 米，墓深 1.2 米。墓内填黄土，夹杂草席片。墓底平整，内葬成年男、女各一人。男性 A 位于南部，头西脚东，仰身直肢，面向上；女性 B 为二次葬，骨骼堆放在一起，位于墓底东北隅，下颌骨残破。陶单耳杯、陶单耳罐在 A 头骨左侧角落处，铁刀在陶单耳杯中，金饰件在 A 骨架左侧（图八九二）。

随葬品

出土陶、铁、金器 4 件。

1. 陶单耳杯　夹砂红陶。敛口，圆腹，平底，较宽的器耳由沿翻至上腹。器表被烟熏成黑色。口径 11.8、底径 10.2、高 11.9 厘米（图八九三，4；图版八〇，4）。

2. 陶单耳罐　夹砂红陶。直口，小方唇，高领，圆腹，圜底近平，宽带状单耳由沿上扬翻至腹部。口内外沿饰连续三角纹，腹部绘变形涡纹，耳面上绘斜线纹。口径 8.3、通高 11.6 厘米（图八九三，2；图版五六，1）。

3. 铁刀　残。呈长条形，一端尖状，刀体锈蚀严重。残长 9.2、宽 1.2、厚 0.4 厘米（图八九三，3）。

4. 金饰件　金箔剪制。禽形，上部钻两个小孔，背部有三个纽空。长 2.5、宽 2.2 厘米（图八九三，1；图版一九七，8）。

ⅢM54

墓葬概况

位于墓地南部，西北邻ⅢM55，东邻坎儿井，墓向280°。D型，竖穴偏室土坑墓。墓口暴露于地表。竖穴墓道呈圆角长方形，四壁竖直，长 1.8、宽 0.8、深 0.56 米。墓道底南壁掏挖偏室，进深 0.26 米，弧形顶，平面呈圆角长方形，长 2、宽 0.7、顶高 0.43、底深 0.92 米。

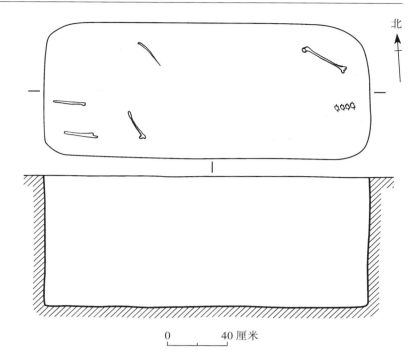

图八九一　ⅢM52 平、剖面图

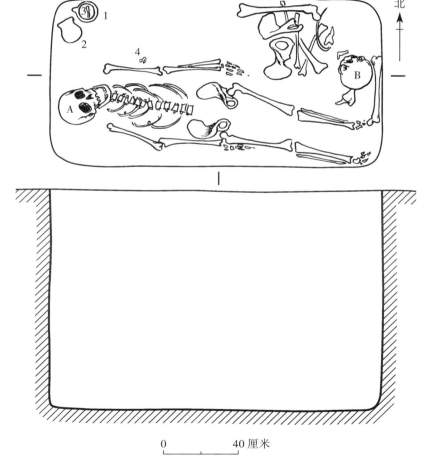

图八九二　ⅢM53 平、剖面图

1. 陶单耳杯　2. 陶单耳罐　3. 铁刀　4. 金饰件

墓室底比墓道底深，形成生土二层台，台高 0.36 米。偏室内有成年男性骨架一具，头西脚东，仰身直肢，右手置于腹部。墓内曾进水，填土板结坚硬。无随葬品（图

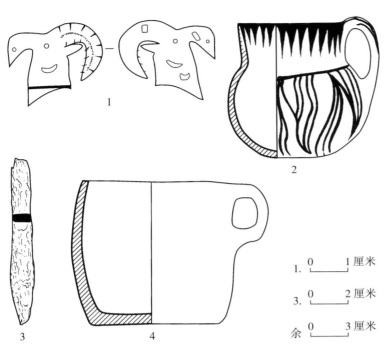

图八九三　ⅢM53 随葬品

1. 金饰件（ⅢM53：4）　2. 陶单耳罐（ⅢM53：2）　3. 铁刀（ⅢM53：3）

4. 陶单耳杯（ⅢM53：1）

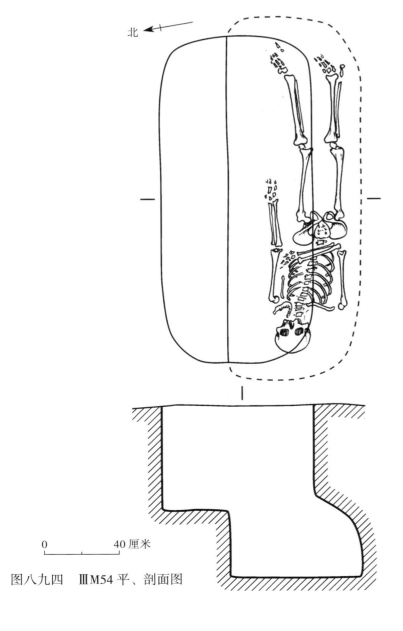

图八九四　ⅢM54 平、剖面图

八九四）。

随葬品

无随葬品。

ⅢM55

墓葬概况

位于墓地南部，东南邻ⅢM54，墓向 260°。D 型，竖穴单侧室土坑墓。墓口暴露于地表。竖穴墓道呈圆角长方形，四壁竖直，长 2.12、宽 0.86、深 0.3 米。墓道底南壁掏挖偏室，进深 0.48 米，平面呈圆角长方形，长 2.28、宽 0.91、顶高 0.43、底深 0.6 米，弧形顶。墓室底比墓道底深，形成生土二层台，台高 0.3 米。墓内有人骨架一具，头西脚东，直肢，上肢骨、肋骨凌乱，头骨也移位，整个上身有扰动，成年男性。在头骨左侧有残陶罐底（图八九五）。

随葬品

出土残陶罐 1 件。

1. 陶罐底　夹砂红陶。仅存罐底至下腹部，平底。器形较大，壁较厚。素面。底径 13、残高 10.1 厘米（图八九六，4）。

ⅢM56

墓葬概况

位于墓地南部，东北邻ⅢM54，东南邻ⅢM62，墓向 283°。C 型，长方形竖穴土坑墓，直壁。墓口暴露于地表，该墓较窄小，墓口长 1.78、宽 0.64 米，墓深 1.5 米。墓底残留凌乱的人骨架，从肢骨来看，为单人葬，壮年男性，年龄 25~35 岁。由于早年被盗掘，无随葬品（图八九七）。

随葬品

无随葬品。

ⅢM57

墓葬概况

位于墓地南部台地的边缘，西为坎儿井，东邻ⅢM59，墓向 270°。C 型，近长方形竖穴土坑墓，直壁。墓口暴露于地表，略呈西宽东窄的梯形，墓口长 1.91、东宽 0.4、西宽 0.8 米，墓深 0.36 米。墓内有人骨架一具，成年男性，头西脚东，仰身，腿屈成弓形，原应是向上屈，头骨残碎。骨架腐朽严重。头骨右侧有两件陶单耳杯，左肘内腰部有铁环（图八九八）。

随葬品

出土陶、铁器 3 件。

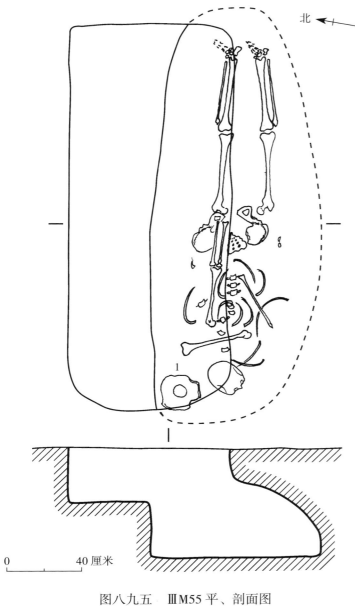

图八九五 ⅢM55平、剖面图
1.陶罐底

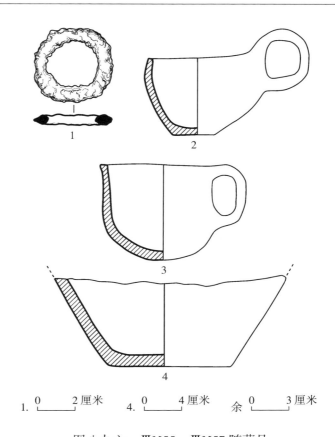

图八九六 ⅢM55、ⅢM57随葬品
1.铁环(ⅢM57∶3) 2、3.陶单耳杯(ⅢM57∶2、1) 4.陶罐底(ⅢM55∶1)

1.陶单耳杯 夹砂红陶。敞口，圆腹，圜底，宽带状器耳由沿上外翻至腹部。器内外壁被烟熏成黑色。口径8.5、高8厘米（图八九六，3；图版八〇，5）。

2.陶单耳杯 夹砂红陶。直口微敛，圆腹，小平底，单耳由沿上扬翻至上腹部。素面。口径8、底径3.3、通高8.8厘米（图八九六，2；图版八〇，6）。

3.铁环 圆环形，截面呈椭圆形。直径4.1厘米（图八九六，1）。

ⅢM58

墓葬概况

位于墓地南部，南邻坎儿井，东南邻ⅢM57，墓向283°。C型，圆角长方形竖穴土坑墓，直壁。墓口暴露于地表，墓口长2.16、宽0.81米，墓深0.86米。墓内填黄土，夹杂碎陶片。墓内葬三人，横向并排放置，均

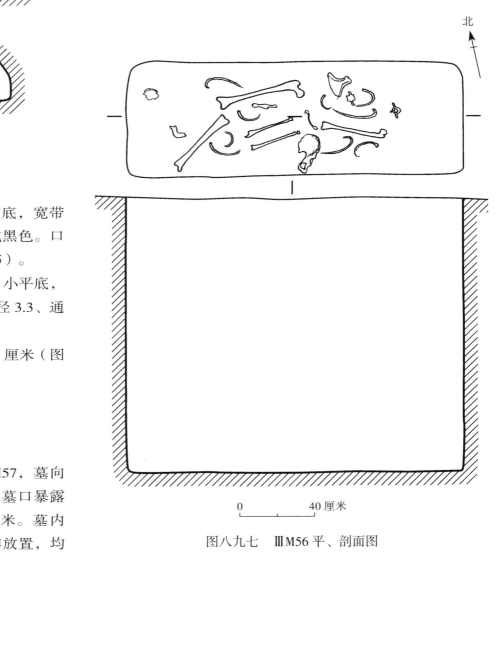

图八九七 ⅢM56平、剖面图

仰身直肢，头西脚东，面向上。中间为 A，中年男性，年龄 35~45 岁，下肢压在右侧骨架上；左为 B，中年女性，年龄 30~45 岁；右为 C，未成年人，年龄 10~14 岁。随葬品中的陶器都在头前，有陶带流罐、陶单耳杯、陶钵两件、陶碗、陶圈足盘，仅有铁刀在骨架外侧（图八九九；图版三四，5）。

随葬品

出土陶、铁器 7 件。

1. 陶带流罐　夹砂红陶。敞口，束颈，鼓腹，圜底，口沿带流，流前端残，单耳由沿翻至上腹部已残。素面。口径 5.9、腹径 7.7、高 8.1 厘米（图九〇〇，5）。

2. 陶单耳杯　夹砂红陶。敞口，束颈，垂腹，圜底，

柱状耳位于上腹部。素面，通体施红陶衣。口径 8、腹径 9.7、高 12 厘米（图九〇〇，7；图版八一，1）。

3. 陶钵　夹砂红陶。敞口，斜方沿，圆腹，圈底近平。素面。口径 12.7、高 5.7 厘米（图九〇〇，4）。

4. 陶钵　夹砂红陶。敞口，斜沿，圆腹，圈底近平。素面。口径 10.4、高 4.6 厘米（图九〇〇，1；图版一一七，1）。

5. 陶碗　夹砂红陶。敞口，斜沿，圆腹，小平底。素面。手制，器壁凹凸不平。口径 11、底径 5、高 4 厘米（图九〇〇，3；图版一二一，5）。

6. 铁刀　仅存刀尖部，锈蚀严重。呈三角形。残长 4.3、宽 0.4~1.3、厚 0.6 厘米（图九〇〇，2）。

7. 陶圈足盘　夹砂红陶。残存底座，呈喇叭状高圈足。素面。足径 12、残高 9.3 厘米（图九〇〇，6）。

ⅢM59

墓葬概况

位于墓地南部边缘，西邻ⅢM57，东邻ⅢM60，墓向 296°。C 型，圆角长方形竖穴土坑墓，直壁。墓口暴露于地表，墓口长 1.92、宽 1.2 米，墓深 0.46 米。墓内有

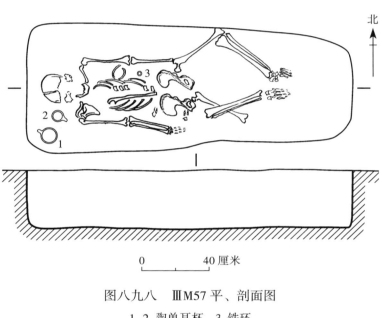

图八九八　ⅢM57 平、剖面图

1、2. 陶单耳杯　3. 铁环

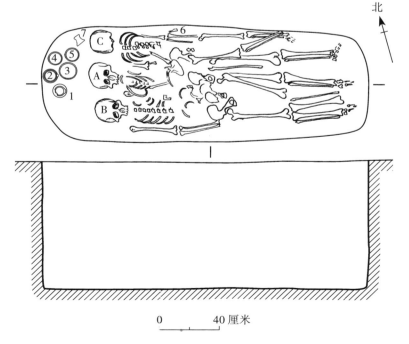

图八九九　ⅢM58 平、剖面图

1. 陶带流罐　2. 陶单耳杯　3、4. 陶钵　5. 陶碗　6. 铁刀　7. 陶圈足盘

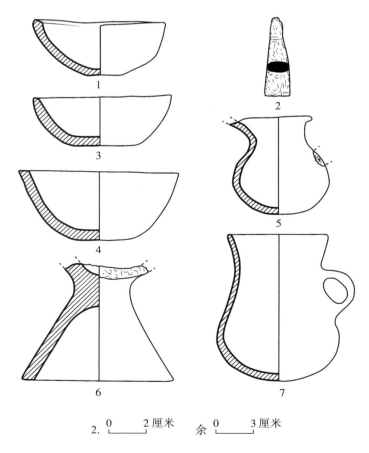

图九〇〇　ⅢM58 随葬品

1、4. 陶钵（ⅢM58：4、3）　2. 铁刀（ⅢM58：6）　3. 陶碗（ⅢM58：5）
5. 陶带流罐（ⅢM58：1）　6. 陶圈足盘（ⅢM58：7）　7. 陶单耳杯
（ⅢM58：2）

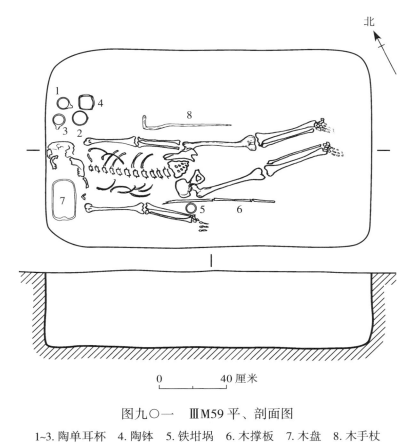

图九〇一　ⅢM59 平、剖面图

1~3.陶单耳杯　4.陶钵　5.铁坩埚　6.木撑板　7.木盘　8.木手杖

成年男性骨架一具，仰身直肢，头西脚东。头骨已破碎，
肋骨、盆骨朽残较严重。头骨左侧放置陶单耳杯三件和
陶钵，右侧放木盘，右手下有铁坩埚和木撑板，左侧有
木手杖（图九〇一）。

随葬品

出土陶、铁、木器 8 件。

1.陶单耳杯　夹砂红陶。有一边的口沿微残损。敛口，
圆腹，平底，宽带状耳。素面。口径 6.6、底径 4.5、高
7 厘米（图九〇二，2）。

2.陶单耳杯　夹砂红陶。敛口，圆腹，平底，宽带
状单耳由沿翻至下腹部，已残。素面。口径 9.2、底径 6、
高 7.8 厘米（图九〇二，6）。

3.陶单耳杯　夹砂红陶。敛口，斜直腹，平底，宽
带状耳由沿翻至下腹部。素面。口径 8.5、底径 5、高 6
厘米（图九〇二，5；图版八一，2）。

4.陶钵　夹砂红陶。敛口，口呈近方形，浅圆腹，平底。
素面。口径 8.6、底径 7.7、高 5.8 厘米（图九〇二，7；
图版一一七，2）。

5.铁坩埚　铸铁制。敞口，圜底。个体较小。口径
5.3、高 2.6 厘米（图九〇二，3；图版二〇四，1）。

6.木撑板　木板加工制作。纵长方形，板面刻小圆
孔十八个，两孔为一组。长 86.8、宽 2.4、厚 0.8 厘米（图
九〇二，8）。

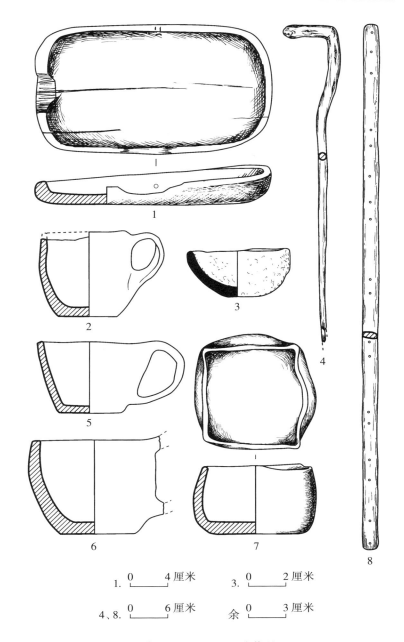

图九〇二　ⅢM59 随葬品

1.木盘（ⅢM59：7）　2、5、6.陶单耳杯（ⅢM59：1、3、2）　3.铁坩埚
（ⅢM59：5）　4.木手杖（ⅢM59：8）　7.陶钵（ⅢM59：4）　8.木撑板
（ⅢM59：6）

7.木盘　圆木掏挖、刻削而成。平面呈长方形，短
边起拱。敞口，圆唇，浅腹，平底。一侧有穿孔，外底
面有刀剁痕。长 25、宽 14.2、高 4.4 厘米（图九〇二，1；
图版一四〇，4）。

8.木手杖　由自然圆木加工而成。直角拐把。长
52.4、直径 1.8、握把长 8.7 厘米（图九〇二，4）。

ⅢM60

墓葬概况

位于墓地南部边缘，北邻ⅢM63，西邻ⅢM59，墓向
310°。C 型，圆角长方形竖穴土坑墓，直壁。墓口暴露
于地表，墓口长 1.91、宽 0.96 米，墓深 0.81 米。墓内有

两层人骨，上层 A 骨架朽残，为未成年人；下层 B 为壮年女性，年龄 30~35 岁，头西脚东，仰身屈肢，原来入葬时下肢上屈，肌肉腐烂后，腿骨自然侧倒向两边呈叉腿状，骨架保存较完整。随葬的陶单耳杯、陶釜在头骨右侧，头顶上有木冠饰，2 件陶器底叠压在右小腿下（图九〇三；图版三五，1）。

随葬品

出土陶、木器 5 件。

1. 陶单耳杯　夹砂红陶。敛口，弧腹，小平底，单耳由口沿下翻至腹部。口径 9.8、通高 8 厘米（图九〇四，2；图版八一，3）。

2. 陶器底　夹砂红陶。应为釜的器底。斜直腹，平底。素面。底径 13.5、残高 9.3 厘米（图九〇四，4）。

3. 木冠饰　圆木掏挖而成。口沿上有对称的凸出，平顶，顶外两侧有长方形对称凹槽，顶面上凿有近梯形和近半圆形两个孔，中间有一小圆孔。口径 9.6、底径 13.1、高 10 厘米（图九〇四，1；图版一五五，6）。

4. 陶器底　夹砂红陶。为杯的器底。腹较直，平底。素面，腹和底外有烟熏痕。底径 9.8、残高 7.9 厘米（图九〇四，3）。

5. 陶釜　夹砂红陶。直口，方唇，溜肩，鼓腹，小平底，腹上部有两个对称宽带耳。口径 19.5、底径 14.5、高 47.2 厘米（图九〇四，5；图版一一一，1）。

ⅢM61

墓葬概况

位于墓地南部边缘，东邻坎儿井，东北邻ⅢM58，墓向 95°。C 型，圆角长方形竖穴土坑墓，直壁。墓口暴露于地表，墓口长 2.02、宽 1.09 米，墓深 0.59 米。该墓被盗扰，填土中有人骨残节和陶器残片。墓底人骨凌乱，头骨破碎，单人葬，为成年男性。乱骨中还有马头骨和羊肢骨。随葬的陶单耳杯、陶碗、陶罐在东北部，木取

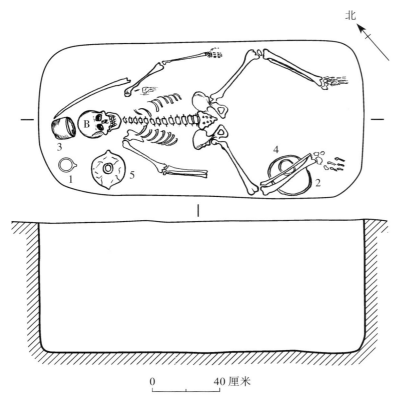

图九〇三　ⅢM60 平、剖面图
1. 陶单耳杯　2、4. 陶器底　3. 木冠饰　5. 陶釜

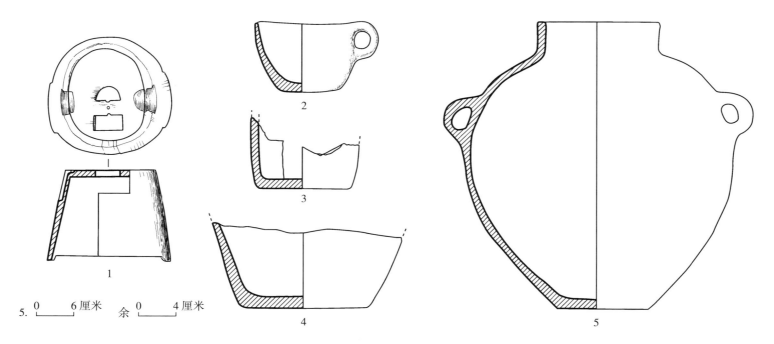

图九〇四　ⅢM60 随葬品
1. 木冠饰（ⅢM60∶3）　2. 陶单耳杯（ⅢM60∶1）　3、4. 陶器底（ⅢM60∶4、2）　5. 陶釜（ⅢM60∶5）

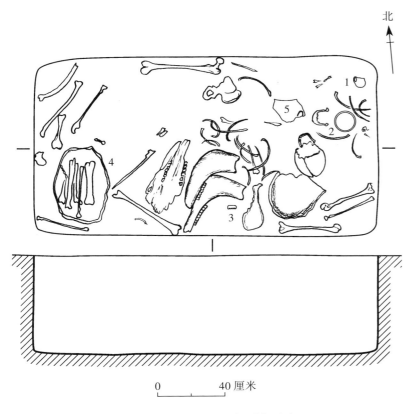

图九〇五　ⅢM61 平、剖面图

1. 陶单耳杯　2. 陶碗　3. 木取火板　4. 陶釜　5. 陶罐

火板在中部偏南，陶釜在西南角，内有羊骨（图九〇五）。

随葬品

出土陶、木器 5 件。

1. 陶单耳杯　夹砂红陶。敞口，圆腹，圜底，宽带耳，由沿上下翻至腹部。素面，腹外有烟炱。口径 4.5、通高 6.6 厘米（图九〇六，3；图版八一，4）。

2. 陶碗　夹砂红陶。敞口，斜沿，斜直腹，平底。腹、底外有烟炱。口径 13.7、底径 7.4、高 6 厘米（图九〇六，4）。

3. 木取火板　呈长条形，两端均抹角，沿一边有圆形取火凹窝四个。长 5、宽 2.3、厚 1.2 厘米（图九〇六，1）。

4. 陶釜　夹砂褐陶。敞口，方沿，鼓腹，小平底，腹部有两个对称錾耳。罐腹被烟熏成黑色。口径 30.2、腹径 34.2、底径 11、高 38.6 厘米（图九〇六，5）。

5. 陶罐　夹砂红陶。口微敛，方沿，腹部有一錾耳。壁厚 0.8、残高 14 厘米（图九〇六，2）。

ⅢM62

墓葬概况

位于墓地南部，南邻ⅢM63，东、北两侧为坎儿井，墓向 293°。C 型，圆角长方形竖穴土坑墓，直壁。墓口暴露于地表，墓口长 2.1、宽 1.02 米，墓深 0.64 米。墓底发现一具人骨架保存较完整，仰身直肢，头西脚东，

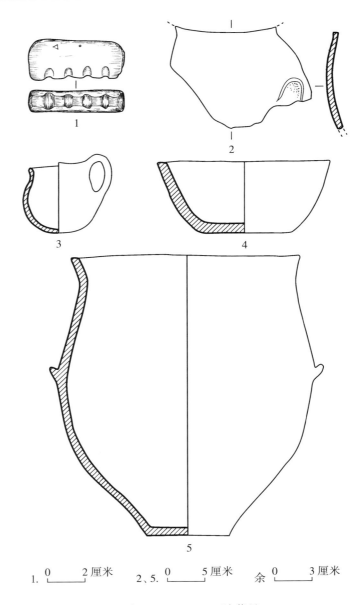

1.　0　　2 厘米　　　2、5.　0　　5 厘米　　　余　0　　3 厘米

图九〇六　ⅢM61 随葬品

1. 木取火板（ⅢM61：3）　2. 陶罐（ⅢM61：5）　3. 陶单耳杯（ⅢM61：1）
4. 陶碗（ⅢM61：2）　5. 陶釜（ⅢM61：4）

头骨上侧扣残破陶釜，为中年男性，年龄 35~45 岁。填土中夹杂陶片，陶单耳杯、陶筒形杯在上身左侧，陶釜和陶罐底在头部（图九〇七；图版三五，2）。

随葬品

出土陶器 4 件。

1. 陶单耳杯　夹砂红陶。敞口，圆腹，平底，单耳位于腹部。器表施红陶衣。口径 6.9、底径 4、高 7.9 厘米（图九〇八，1；图版八一，5）。

2. 陶筒形杯　泥质红陶。敞口，圆唇，垂腹，圜底近平，腹部有单耳。素面。口径 9.7、高 14.6 厘米（图九〇八，3；图版九五，2）。

3. 陶釜　夹砂红陶。直口，方唇，溜肩，鼓腹，底残，腹部有对称的双耳。素面。口径 13.3、腹径 32.3、残高 33.3 厘米（图九〇八，4）。

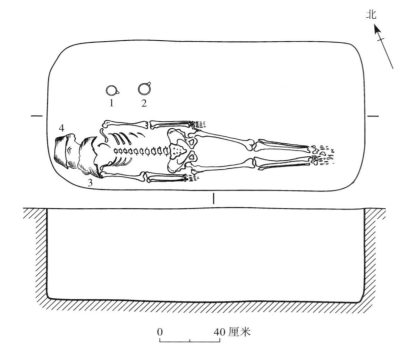

图九〇七　ⅢM62平、剖面图

1.陶单耳杯　2.陶筒形杯　3.陶釜　4.陶罐底

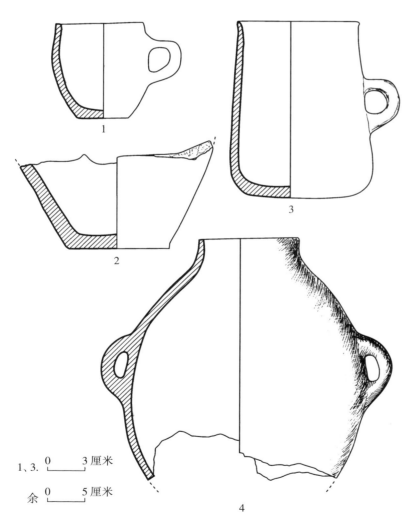

1、3.　0　3厘米

余　0　5厘米

图九〇八　ⅢM62随葬品

1.陶单耳杯（ⅢM62：1）　2.陶罐底（ⅢM62：4）　3.陶筒形杯（ⅢM62：2）
4.陶釜（ⅢM62：3）

4.陶罐底　夹砂红陶。残存下腹至底部，下腹斜收，平底。器形大，壁厚。素面。底径13.5、残高15厘米（图九〇八，2）。

ⅢM63

墓葬概况

位于墓地南部，南邻ⅢM60，北邻ⅢM62，墓向287°。C型，长方形竖穴土坑墓，直壁。墓口暴露于地表，墓口长2.3、宽0.94米，墓深0.68米。墓内填土中还夹有少量人骨碎块和碎陶片。墓底有骨架一具，仰身屈肢，头西脚东，面向上，为成年女性。随葬的陶罐、陶单耳杯、陶钵三件均位于头骨右侧（图九〇九）。

随葬品

出土陶器5件。

1.陶单耳杯　夹砂红陶。敛口，尖唇，弧腹，小平底，单耳由口沿上扬翻至肩部。口径8.3、底径6.1、通高13.6厘米（图九一〇，5；图版八一，6）。

2.陶罐　夹砂红陶。敞口，鼓腹，小平底。素面，腹外有烟炱。口径4.4、腹径5.6、底径2.4、高5.1厘米（图九一〇，2）。

3.陶钵　夹砂红陶。敞口，浅腹，圜底。素面。口径10.2、高4.1厘米（图九一〇，1）。

4.陶钵　夹砂红陶。敞口，圆唇，斜沿，浅腹，圜底。素面。口径11、高4厘米（图九一〇，3；图版一一七，3）。

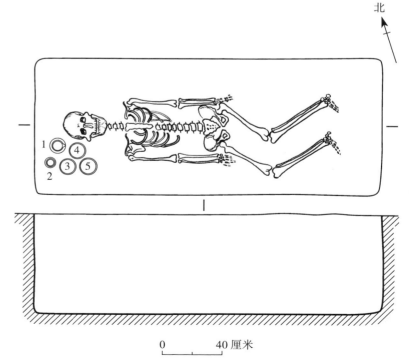

图九〇九　ⅢM63平、剖面图

1.陶单耳杯　2.陶罐　3~5.陶钵

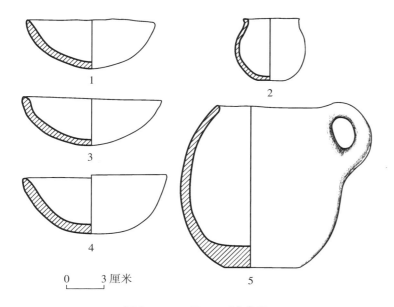

图九一〇　Ⅲ M63 随葬品

1、3、4. 陶钵（Ⅲ M63：3~5）　2. 陶罐（Ⅲ M63：2）　5. 陶单耳杯（Ⅲ M63：1）

5. 陶钵　夹砂红陶。敞口，浅腹，圜底近平。素面。口径 11.4、高 4.8 厘米（图九一〇，4）。

Ⅲ M64

墓葬概况

位于墓地西南部，东南邻Ⅲ M58，墓向 278°。C 型，长方形竖穴土坑墓，直壁。墓口暴露于地表，墓口长 1.63~1.83、宽 1.08 米，墓深 0.55 米。墓内填土中夹有碎骨和陶片，西北和东南各有羊头骨一个。墓内有上、下两层骨架，上层骨架 A 位于墓口下 0.3 米深处，为一成年女性，紧依墓南壁，仰身直肢，头西脚东，头骨移位，骨架较朽残，左侧随葬牛、马头各一个；下层骨架两具，位于墓底，均头西脚东，右边 B 侧身屈肢，成年女性，面向北；左边骨架为 C，成年男性，面向南，仰身屈肢，两具骨架朽蚀严重。随葬的陶单耳罐、陶单耳杯在西北部羊头旁，北壁边自西向东依次有木盘、木钉、钻木取火器、木取火板，木盘内放有羊头骨，两骨架之间有木牌饰、陶碗、铜耳坠、木箭杆、金饰件、砺石、木扣、木撑板（图九一一；图版三五，3、4）。

随葬品

出土陶、石、木、铜、金器 14 件（组）。

1. 陶碗　夹砂红陶。口微敛，圆腹，平底，沿下有鋬耳残。器表有烟熏痕迹。口径 8.4、底径 4.1、高 4.7 厘米（图九一二，10；图版一二一，6）。

2. 陶单耳罐　夹砂红陶。直口，方唇，鼓腹，平底，单耳有沿上扬翻至上腹部。素面。口径 8.6、底径 6.6、通高 12.3 厘米（图九一二，12；图版五六，3）。

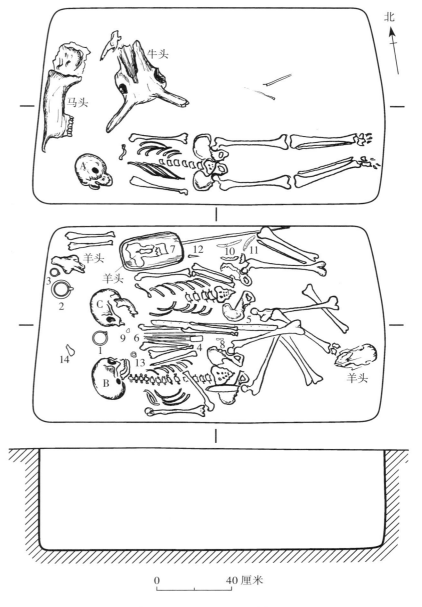

图九一一　Ⅲ M64 平、剖面图

1. 陶碗　2. 陶单耳罐　3. 陶单耳杯　4. 砺石　5. 木撑板　6. 木箭杆 7. 木盘　8. 木扣　9. 铜耳坠　10. 钻木取火器　11. 木取火板　12. 木钉 13. 金饰件　14. 木牌饰

3. 陶单耳杯　夹砂红陶。口部残，微敞，束颈，鼓腹，小平底，单宽耳由沿翻至腹部。有烟炱。口径 5.4、底径 1.2、高 7.6 厘米（图九一二，9）。

4. 砺石　灰砂岩。长方形，扁平状，一端有穿孔，一面有使用磨痕。长 7.7、宽 3.1、厚 1.2 厘米（图九一二，4；图版二〇八，4）。

5. 木撑板　木板加工而成。平面近长方形，一侧切齐，上钻二十一孔，一侧两头起弧。长 63.2、宽 3.6 厘米（图九一二，15）。

6. 木箭杆　6 支。均箭头残。圆木箭杆粗细均匀，下端均有深 0.5 厘米的 "U" 形挂弦凹槽。通体光滑。Ⅲ M64：6-1，残长 34、直径 0.8 厘米（图九一二，13）。

7. 木盘　圆木刻、挖、削制而成，残。平面呈近长

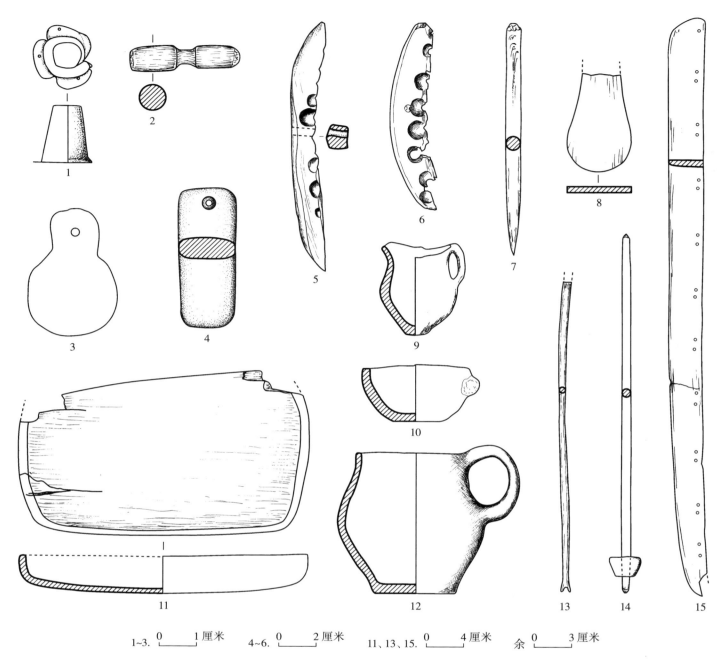

图九一二　ⅢM64、ⅢM65 随葬品

1. 金饰件（ⅢM64：13）　2. 木扣（ⅢM64：8）　3. 铜耳坠（ⅢM64：9）　4. 砺石（ⅢM64：4）　5、6. 木取火板（ⅢM64：10-1、11）　7. 木钉（ⅢM64：12）
8. 木牌饰（ⅢM64：14）　9. 陶单耳杯（ⅢM64：3）　10. 陶碗（ⅢM64：1）　11. 木盘（ⅢM64：7）　12. 陶单耳罐（ⅢM64：2）　13. 木箭杆
（ⅢM64：6-1）　14. 木纺轮（ⅢM65：1）　15. 木撑板（ⅢM64：5）

方形，直口，浅腹，近平底。口长 30.8、残宽 18、高
4.2 厘米（图九一二，11）。

8. 木扣　树枝干削制而成。圆木呈亚腰形，未剔树皮。
长 2.9、直径 0.4~0.7 厘米（图九一二，2）。

9. 铜耳坠　薄铜片压制而成。呈葫芦形，上有穿孔。
长 3.5、宽 2.4、厚 0.1 厘米（图九一二，3）。

10. 钻木取火器　由木质取火板和取火棒组成（图版
一六六，10）。ⅢM64：10-1，取火板呈长条状，略有弯曲，
一边有圆形钻孔五个，为取火所留。长 13.7、宽 1.4、厚
1.2 厘米（图九一二，5）。ⅢM64：10-2，取火棒。长

29.6、直径 0.8 厘米。

11. 木取火板　呈弯曲状，一边沿有八个取火钻
孔，均已使用，呈圆孔状。板中部边缘有一穿绳小孔。
长 10.3、宽 1.9、厚 0.7 厘米（图九一二，6；图版一六
六，5）。

12. 木钉　木棍削刻而成。圆锥状，一端削尖。长
19、直径 1.2 厘米（图九一二，7；图版一八〇，5）。

13. 金饰件　金箔卷制。呈圆筒状，内空，壁薄，底
呈连弧状。口径 0.8、底径 1.3、高 1.6 厘米（图九一二，1；
图版一九七，9）。

14. 木牌饰　木板制作。残。呈近椭圆形。残长8、宽5、厚0.6厘米（图九一二，8）。

Ⅲ M65

墓葬概况

位于墓地南部，东邻Ⅲ M66，墓向280°。C型，长方形竖穴土坑墓，直壁。墓口暴露于地表，墓口长1.61、宽0.8米，墓深1.34米。墓内填土为风成黄沙土。墓底未见人骨，仅见木纺轮（图九一三）。

随葬品

出土木器1件。

1. 木纺轮　纺轮为扁平圆锥状，上下面平。线轴为圆木杆，杆两端稍细。通体光滑。线轴长29.5、直径0.6~0.8、轮径2.6厘米（图九一二，14；图版一七八，8）。

Ⅲ M66

墓葬概况

位于墓地南部，西邻Ⅲ M65，南邻Ⅲ M53，墓向294°。B型，长方形竖穴土坑墓，四边有生土二层台。墓口暴露于地表，四壁竖直，墓口长2.07、宽1.22米，二层台宽0.2、深0.8米，墓底长1.66、宽0.8米，墓深1.7米。该墓早年被盗，墓中没有发现人骨和随葬品（图九一四）。

随葬品

无随葬品。

Ⅲ M67

墓葬概况

位于墓地西北部，西北邻Ⅲ M68，墓向80°。D型，竖穴偏室土坑墓，剖面呈马蹄状。墓口距地表深0.2米。竖穴墓道呈长方形，四壁竖直，长1.9、宽0.71、深0.8米。墓道底北壁掏挖低矮的偏室，进深0.4米，弧形顶外高内低，平面呈近圆角长方形，长1.9、宽0.67、顶高0.35、底深1.08米。墓室底比墓道底深，形成生土二层台，台高0.28米。墓内填土中夹杂有人骨残节。该墓被盗扰，墓底两具人骨凌乱不堪，头骨并排堆放偏室中部，下肢骨移位到偏室外土台上。A在东部，青年女性，年龄14~16岁；B为未成年人，年龄2岁左右，骨骼散布在偏室中。陶带流罐、木冠饰在墓道底中部，陶钵和陶杯在墓室中部外侧，两件陶钵在内侧（图九一五）。

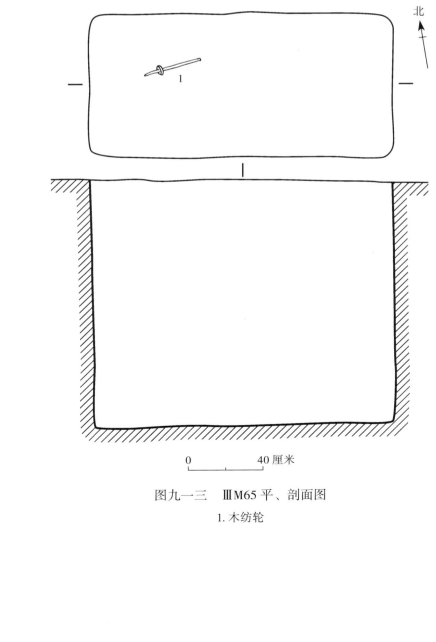

图九一三　Ⅲ M65 平、剖面图

1. 木纺轮

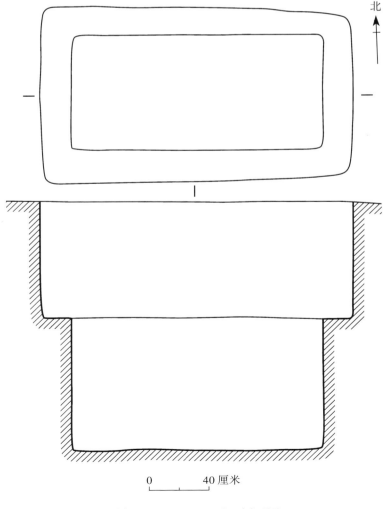

图九一四　Ⅲ M66 平、剖面图

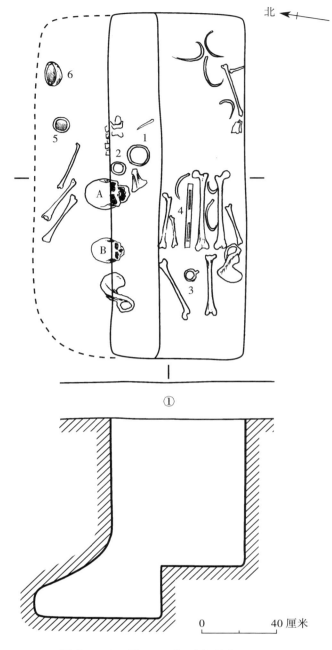

图九一五　ⅢM67 平、剖面图

1、5、6.陶钵　2.陶杯　3.陶带流罐　4.木冠饰件

随葬品

出土陶、木器 6 件。

1.陶钵　夹砂红陶。敞口，圆唇，斜沿，圆腹，圈底。通体施红陶衣。口径 13.5、高 5.8 厘米（图九一六，6）。

2.陶杯　夹砂红陶。敞口，圆唇，鼓腹，圈底。素面。口径 6.4、高 7.9 厘米（图九一六，3）。

3.陶带流罐　泥质红陶。敛口，方唇，束颈，球形腹，圈底，上腹部有单耳，与耳成 90°处沿下有一管状流嘴。陶质较细腻，通体涂红彩，流微残。口径 6、高 6.2 厘米（图九一六，4；图版六五，6）。

4.木冠饰　木板刻制。呈长方形，两端钻有小圆孔，中间刻两个长条孔。长 36.6、宽 1.2~2.2、厚 0.9~1.2 厘

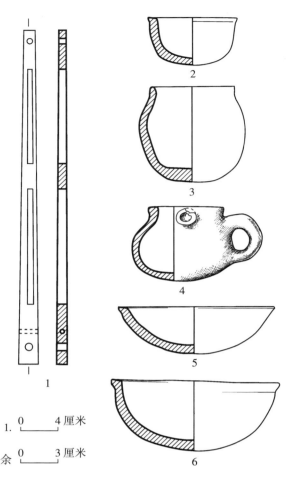

图九一六　ⅢM67 随葬品

1.木冠饰（ⅢM67：4）　2、5、6.陶钵（ⅢM67：5、6、1）　3.陶杯（ⅢM67：2）　4.陶带流罐（ⅢM67：3）

米（图九一六，1；图版一五六，5）。

5.陶钵　夹砂红陶。敞口，圆腹，圈底。通体施红陶衣。口径 7、高 3.9 厘米（图九一六，2；图版一一七，4）。

6.陶钵　夹砂红陶。敞口，平沿，浅腹，圈底。通体施红陶衣，器壁被烟熏成黑色。口径 12.6、高 3.9 厘米（图九一六，5；图版一一七，5）。

ⅢM68

墓葬概况

位于墓地西北部，东南邻ⅢM67，西北邻ⅢM44，墓向 48°。D 型，竖穴偏室土坑墓，剖面呈靴形。墓口距地表深 0.16 米。竖穴墓道呈长方形，直壁，长 2.51、宽 0.9、深 1 米。墓道底西北壁掏挖偏室，弧形顶外高内低，进深 0.45 米，平面呈圆角长方形，长 2.5、宽 1、顶高 0.5、底深 1.51 米。墓室底比墓道底深，形成生土二层台，台高 0.51 米。墓内填土夹有草席、土坯残块等棚盖坍塌物。由于盗扰，两具人骨架移位到墓室西南部。颅骨 A 偏东，老年男性，年龄 50~60 岁；B 偏西，成年女性。二层台东部有复合弓，西南有陶单耳杯和木钉，另一件陶单耳

杯和金饰件在偏室东部。北部随葬有一羊头骨和马下颌骨（图九一七）。

　　随葬品

　　出土陶、木、金器等5件。

　　1. 复合弓　中间为绣线菊木片，两侧夹粘牛角片，

外用牛筋绳缠扎，再包牛皮条。五曲。弓弰呈三角形，残存一端，背有凹槽，以固定弦。长111.5、宽2.4厘米（图九一八，5）。

　　2. 陶单耳杯　夹砂红陶。直口微敞，圆唇，垂腹，圜底，腹部有一单耳。素面。口径7、高6.9厘米（图九一八，4；图版八二，1）。

　　3. 陶单耳杯　夹砂红陶。敛口，鼓腹，平底，宽带耳由沿翻至腹部。器表施红陶衣。口径5.4、底径3.6、高7.4厘米（图九一八，2；图版八二，2）。

　　4. 木钉　树枝干削制。一端削尖呈锥状。长17.7、直径1.7厘米（图九一八，3）。

　　5. 金饰件　金箔压制。呈圆饼状，凹底，边沿钻小孔。直径1.2、厚0.15厘米（图九一八，1）。

ⅢM69

　　墓葬概况

　　位于墓地西北部，北邻ⅢM71，东南邻ⅢM74，墓向46°。殉马坑。竖穴土坑呈圆形，坑口距地表深0.2米，口径1.35米，坑深0.42米。坑内埋葬整马两匹，马骨朽

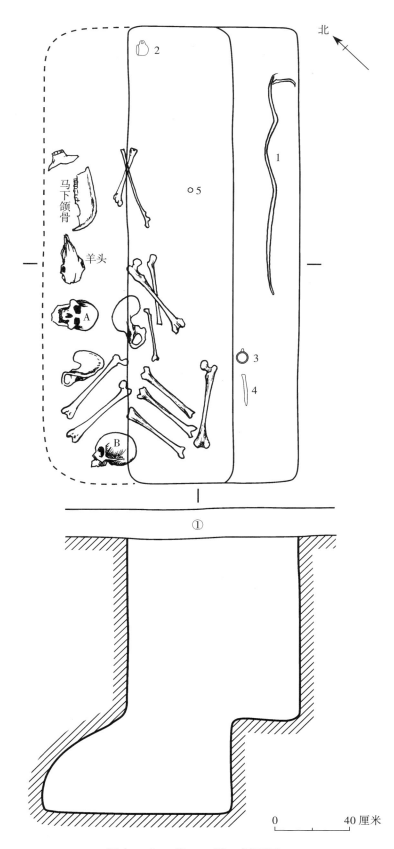

图九一七　ⅢM68平、剖面图

1. 复合弓　2、3. 陶单耳杯　4. 木钉　5. 金饰件

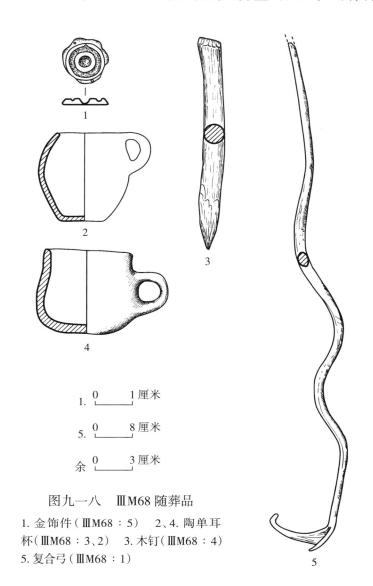

1.　0⊢—⊣1厘米

5.　0⊢—⊣8厘米

余　0⊢—⊣3厘米

图九一八　ⅢM68随葬品

1. 金饰件（ⅢM68：5）　2、4. 陶单耳杯（ⅢM68：3，2）　3. 木钉（ⅢM68：4）

5. 复合弓（ⅢM68：1）

残严重，从朽迹来看，呈蜷曲状（图九一九）。

ⅢM70

墓葬概况

位于墓地西北角，南邻ⅢM73，东南邻ⅢM71，墓向52°。殉马坑。竖穴土坑呈圆形。坑口距地表深 0.12 米，口径 1.18 米，坑深 0.26 米。坑底有马头骨，未见其他骨骼（图九二〇）。

ⅢM71

墓葬概况

位于墓地西北部，南邻ⅢM69，西北邻ⅢM70，墓向52°。D 型，竖穴偏室土坑墓，剖面呈马蹄状。墓口距地表深 0.2 米。竖穴墓道呈长方形，四壁竖直，长 1.61、宽 0.45、深 0.67 米。墓道底北壁掏挖低矮偏室，弧形顶外高内低，进深 0.35 米，平面呈圆角长方形，长 1.61、宽 0.5、顶高 0.28、底深 0.72 米。墓室底比墓道底深，形成生土二层台，台高 0.05 米。填土内夹杂干草、细沙。偏室内和二层台上各有一具人骨架，均头东脚西，仰身直肢，二层台上 B 骨架下肢残缺，面南，未成年男性，年龄 12~13 岁；偏室内 A 骨架胫骨移位，斜置于墓室西部，中年男性，年龄 45~55 岁。随葬品散置于头前和二骨架

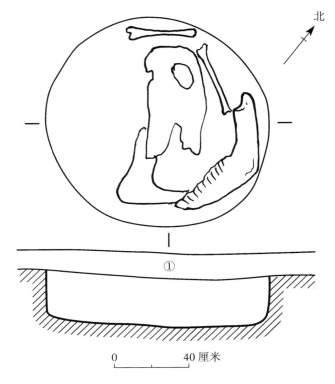

图九二〇　ⅢM70 殉马坑平、剖面图

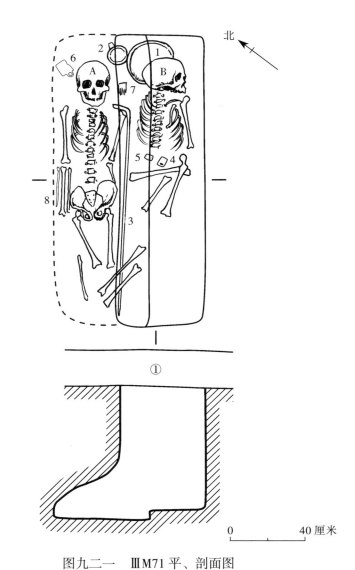

图九二一　ⅢM71 平、剖面图

1. 木盘　2、6.陶筒形杯　3.木手杖　4.骨带扣　5.铁扣　7.木梳　8.木橛

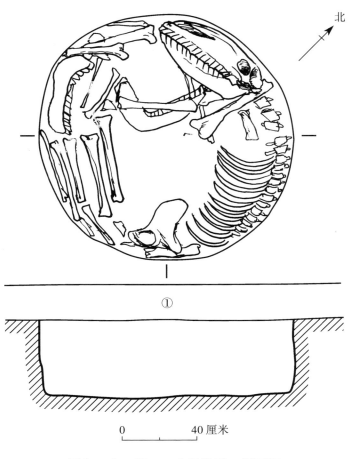

图九一九　ⅢM69 殉马坑平、剖面图

之间，其中木手杖位于 A 骨架左侧，木盘位于 B 人骨头下，骨带扣和铁扣在 B 的腰部，木梳、陶筒形杯两件半包围于 A 的头骨，木橛在其右臂处（图九二一）。

随葬品

出土陶、木、铁器 8 件（组）。

1. 木盘　圆木掏挖而成。敞口，圆唇，浅腹，平底。外底面有刀剁痕。口径 27.6、高 4.2 厘米（图九二二，7；图版一四一，5）。

2. 陶筒形杯　夹砂红陶。直口，圆唇，直筒腹，平底，单耳位于下腹部。口径 11.6、底径 11.6、高 17.8 厘米（图九二二，4；图版九五，3）。

3. 木手杖　自然圆木棍加工而成。一端有近直角拐把，上有节疤。长 111.5、直径 2.2、握手长 11.6 厘米（图九二二，8；图版一七〇，10）。

4. 骨带扣　平面呈长方形，抹角，扣左右两边各钻四小圆孔，两孔为一组，上边纵向钻两孔，下边横向钻两孔，扣下方中部刻扁条形孔。扣面涂黑色。长 8.2、宽 6、厚 0.6 厘米（图九二二，1）。

5. 铁扣　2 件。薄铁片，略呈长方形，三边均钻两小圆孔。ⅢM71：5–1，长 4.2、宽 3.5、厚 0.2 厘米（图九二二，2）。

6. 陶筒形杯　夹砂红陶。口沿残，筒腹，平底，宽带状耳位于腹部。腹、底外有烟炱。底径 7、残高 6.8 厘米（图九二二，3）。

7. 木梳　先用木棍削成单独的一齿或两齿，然后用胶粘拼在一起。呈长方形，梳齿折断了三根，用两根细木棍以皮条捆绑在缺口处。长 11.6、宽 4.7、厚 0.6、齿长 6.1 厘米（图九二二，5；图版一五三，9）。

8. 木橛　圆木棍削制而成。一端尖状已残，另一端刻一周凹槽。残长 22、直径 0.9 厘米（图九二二，6；图版一七一，7）。

ⅢM72

墓葬概况

位于墓地西北部，西邻ⅢM75，东北邻ⅢM73，墓向 45°。D 型，竖穴偏室土坑墓，剖面呈靴形。墓口距地表深 0.17~0.2 米。竖穴墓道呈长方形，直壁，长 1.94、宽 0.9、深 0.61 米。墓道底北壁下掏挖偏室，弧顶，进深 0.29 米，平面呈圆角长方形，长 1.94、宽 0.73、顶高 0.42、底深 0.98 米。墓室底比墓道底深，形成生土二层台，台高 0.37 米。该墓早期被盗，四个人头骨"一"字形摆放墓室北壁下，自东向西 A、B、C 为成年女性，D 为成年男性，肢骨散置于偏室外二层台上。随葬品中，陶带

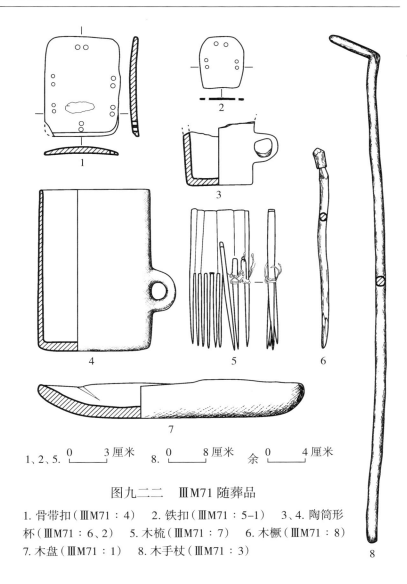

图九二二　　ⅢM71 随葬品

1. 骨带扣（ⅢM71：4）　　2. 铁扣（ⅢM71：5–1）　　3、4. 陶筒形杯（ⅢM71：6、2）　　5. 木梳（ⅢM71：7）　　6. 木橛（ⅢM71：8）　　7. 木盘（ⅢM71：1）　　8. 木手杖（ⅢM71：3）

流罐、陶单耳杯、陶筒形杯和木钵在东部，陶单耳杯、木盘和木钵在西部墓室内（图九二三）。

随葬品

出土陶、木器 7 件。

1. 陶带流罐　夹砂红陶。广口，方唇，鼓腹，平底，耳、流均残。器表有烟炱。口径 16、底径 12.6、残高 18.3 厘米（图九二四，5；图版六六，1）。

2. 陶筒形杯　夹砂红陶。直口，尖圆唇，筒腹，平底，单耳位于腹部。素面。口径 10.4、底径 10、高 14.7 厘米（图九二四，1；图版九五，4）。

3. 陶单耳杯　夹砂褐陶。敞口，口沿高低不平，筒腹，平底，单耳残。素面，器腹外有烟熏痕迹。口径 9.5、底径 7.3、高 7 厘米（图九二四，2）。

4. 陶单耳杯　夹砂红陶。口微敛，方唇，垂腹，圜底近平，单耳位于腹部。素面。口径 7.6、高 8.4 厘米（图九二四，4；图版八二，3）。

5. 木盘　圆木掏、削而成。平面呈椭圆形，方唇，浅腹，近平底。一边壁有一个穿孔。直径 21~22.4、高 4.6 厘米（图九二四，6；图版一四一，6）。

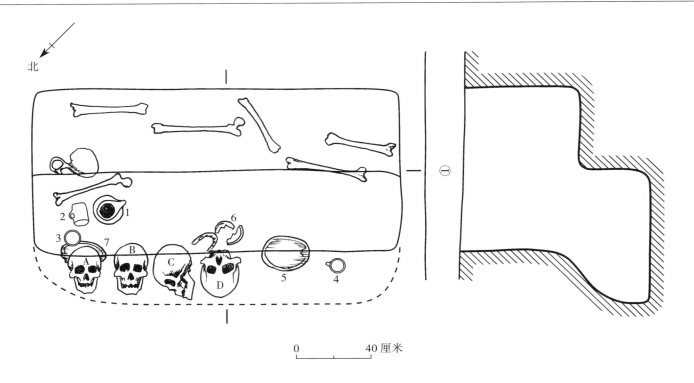

0 ____ 40 厘米

图九二三　ⅢM72 平、剖面图

1. 陶带流罐　2. 陶筒形杯　3、4. 陶单耳杯　5. 木盘　6、7. 木钵

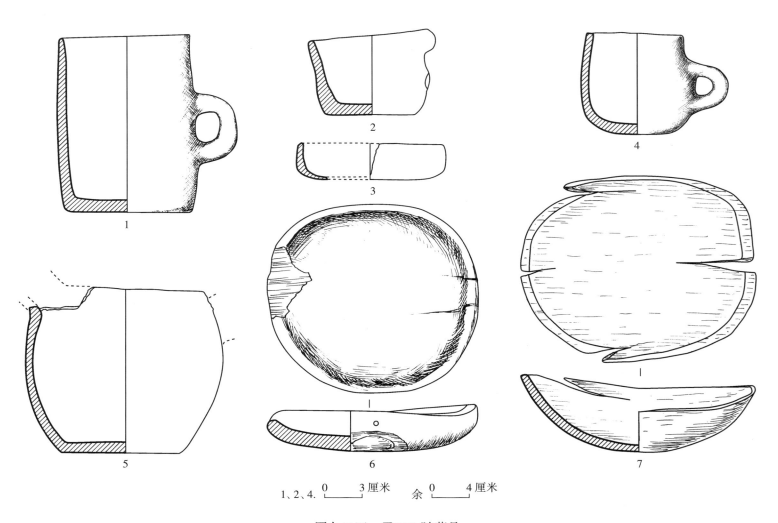

1、2、4. 0 ___ 3 厘米　　余 0 ___ 4 厘米

图九二四　ⅢM72 随葬品

1. 陶筒形杯（ⅢM72：2）　2、4. 陶单耳杯（ⅢM72：3、4）　3、7. 木钵（ⅢM72：6、7）　5. 陶带流罐（ⅢM72：1）　6. 木盘（ⅢM72：5）

6. 木钵　圆木刻、挖、削制而成。残，仅存 1/2。直口，浅腹，平底。底反扣为砧板，有刀切痕。复原口径 15.1、高 4 厘米（图九二四，3）。

7. 木钵　圆木刻、挖、削制而成。呈椭圆形，敞口，弧腹，圜底。底反扣为砧板，有刀剁痕。口径 20.3~25、高 8.5 厘米（图九二四，7）。

ⅢM73

墓葬概况

位于墓地西北部，北邻ⅢM70，西南邻ⅢM72，墓向 47°。D 型，竖穴偏室土坑墓，剖面呈靴形。墓口距地表深 0.18 米。竖穴墓道呈长方形，直壁，长 2.5、宽 1.3、深 1 米。墓道底南壁掏挖低矮偏室，弧形顶，进深 0.55 米，长 2.5、宽 0.9、顶高 0.5、底深 1.41 米。墓室底比墓道底深，形成生土二层台，台高 0.41 米。填土中夹有原封墓室口的木棒残节、苇席残片等。该墓被盗掘，墓室内人骨架散乱，两个人头骨位于西部，仰面，A 骨架靠里面，壮年男性，年龄 20~30 岁；B 头骨在外面，中年男性，年龄 45~50 岁。B 头部随葬品有木盘和陶钵，A 头骨前有木盘和陶筒形杯，木箭和木冠饰在墓室中、东部，木锥、复合弓、骨锥、牛角杯散置于偏室外二层台上（图九二五）。

随葬品

出土木、陶、角、骨器等 10 件。

1. 木盘　圆木刻、挖、削制。平面呈长方形。敞口，方沿，浅腹，近平底，一边壁有一穿绳小圆孔。长 19、宽 12、高 4 厘米（图九二六，6）。

2. 木盘　圆木掏、削制成。直口，圆唇，浅腹，圜底。裂成两片，钻有四对穿孔以加固。口径 21.5、高 6.8 厘米（图九二六，4；图版一四一，7）。

3. 陶钵　夹砂红陶。敞口，圆唇，鼓腹，圜底近平。口径 9.5、高 6 厘米（图九二六，5；图版一一七，6）。

4. 复合弓　残，中间为绣线菊木片，两侧夹粘牛角片，外用牛筋绳缠扎。弓弰处有凹槽，用于挂弦。残长 49、宽 3.5 厘米（图九二六，9）。

5. 木箭　箭头残，似经烧灼，尾端有挂弦凹槽，外有缠痕。长 68.7、直径 0.9 厘米（图九二六，10）。

6. 牛角杯　截取牛角的一部分，用筋线缝制而成，内嵌木底，腹部穿连皮单耳。口沿残缺不齐。口径 11.6、底径 9.8、高 12 厘米（图九二六，1；图版一九六，2）。

7. 木冠饰　长方锥体，截面近梯形，上窄下宽，上端尖圆，中部有上下两组长条形孔。长 44.3、上宽 1、下宽 2.6、厚 1.1 厘米（图九二六，8；图版一五六，6）。

8. 木锥　圆木削制。锥尖呈四棱状，较锐，锥后端呈蒜头状，与锥体之间有一周凹槽。长 20.1、直径 1.4 厘米（图九二六，3）。

9. 骨锥　用兽骨磨制。扁锥体，一端尖锐，微

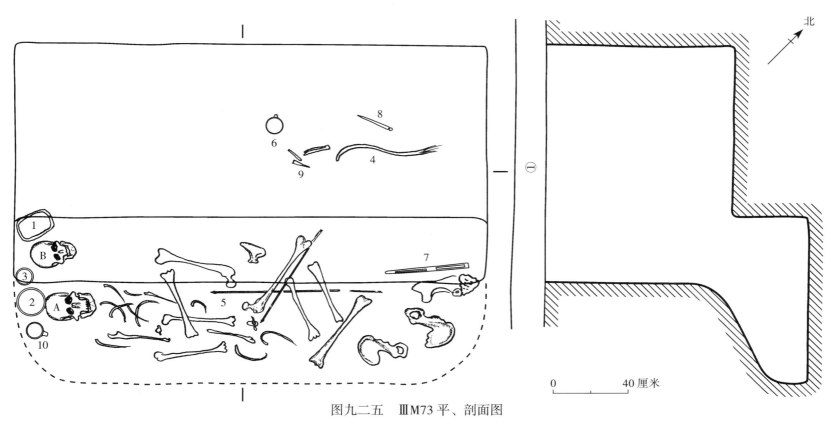

图九二五　ⅢM73 平、剖面图

1、2. 木盘　3. 陶钵　4. 复合弓　5. 木箭　6. 牛角杯　7. 木冠饰　8. 木锥　9. 骨锥　10. 陶筒形杯

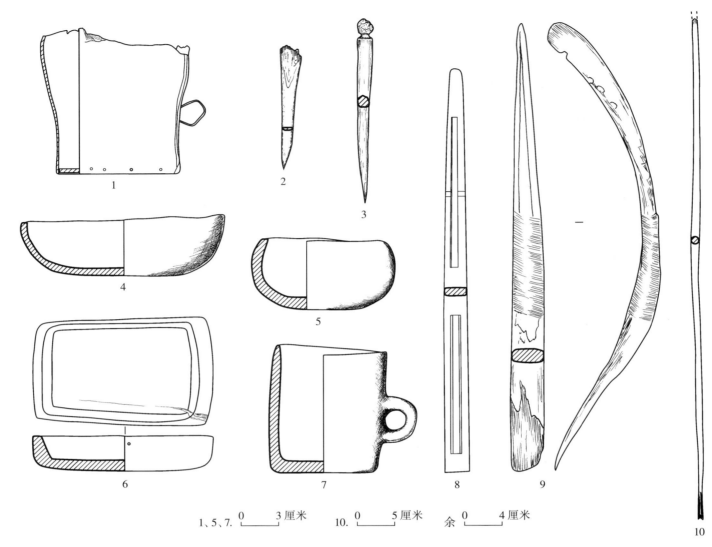

图九二六　ⅢM73 随葬品

1. 牛角杯（ⅢM73：6）　2. 骨锥（ⅢM73：9）　3. 木锥（ⅢM73：8）　4、6. 木盘（ⅢM73：2、1）　5. 陶钵（ⅢM73：3）　7. 陶筒形杯（ⅢM73：10）
8. 木冠饰（ⅢM73：7）　9. 复合弓（ⅢM73：4）　10. 木箭（ⅢM73：5）

曲。通体磨制光滑。长 13.5、最大处直径 2.2 厘米（图
九二六，2）。

　10. 陶筒形杯　夹砂红陶。直口，尖唇，筒腹，平
底，腹部有单耳。口径 8.7、底径 8.2、高 10.6 厘米（图
九二六，7）。

ⅢM74

墓葬概况

　位于墓地西北部，西北邻ⅢM69，东南邻ⅢM47，墓
向 45°。D 型，竖穴偏室土坑墓，剖面呈靴形。墓口距
地表深 0.2 米。竖穴墓道呈长方形，直壁，长 2.55、宽
1.27、深 0.91 米。墓道底北壁下掏挖偏室，弧形顶，进
深 0.37 米，长 2.56、宽 0.85、顶高 0.42、底深 1.18 米。
墓室底比墓道底深，形成生土二层台，台高 0.27 米。填
土中夹有骆驼刺、草席等。偏室内有两具人骨架，均头
向东脚朝西，B 骨架头枕于 A 骨架腿骨上，A 为老年男性，

年龄 50 岁以上；B 为中年男性，年龄 40~45 岁。木盘位
于 A 头骨左侧，角镳、木俑、木箭杆、皮带、皮带扣位
于 B 骨架左侧，陶钵三件、陶坩埚、陶盘位于墓室西南
角（图九二七）。

　随葬品

　出土陶、木、角、皮质随葬器物 11 件（组）。

　1. 木盘　圆木刻、挖、削制。呈长方形，敞口，浅腹，
平底，口沿高低不平。底反扣为砧板，有刀剁痕。口径
26.6~51、高 6 厘米（图九二八，6）。

　2. 陶盘　夹砂红陶。敞口，圆唇，斜直腹，平底。
口径 25.3、底径 16、高 7.2 厘米（图九二八，11；图版
一二二，7）。

　3. 陶钵　夹砂红陶。敞口，圆腹，圈底。器形较
大。素面。口径 22.5、高 9.7 厘米（图九二八，10；图
版一一七，7）。

　4. 陶钵　夹砂红陶。敞口，方沿，浅腹，圈底。素面。

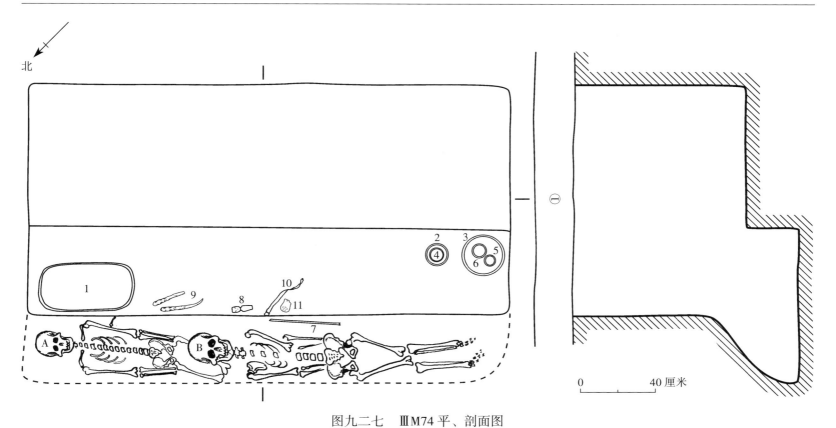

图九二七 ⅢM74 平、剖面图

1. 木盘 2. 陶盘 3、4、6. 陶钵 5. 陶坩埚 7. 木箭杆 8. 木俑 9. 角镳 10. 皮带 11. 皮带扣

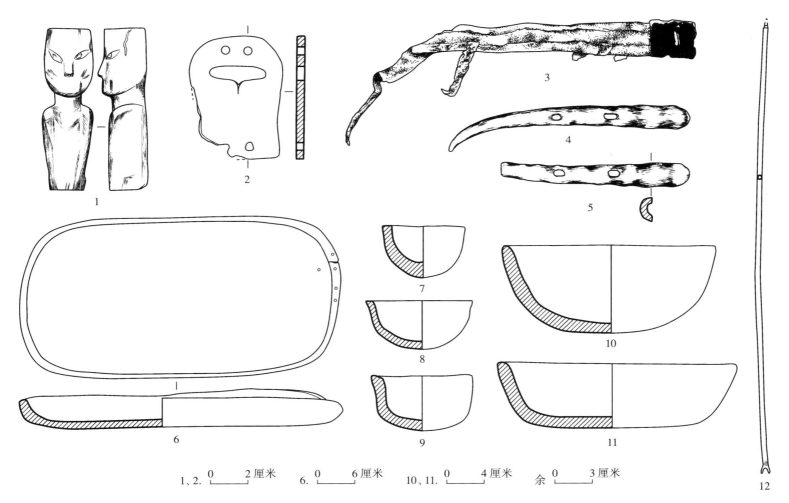

图九二八 ⅢM74 随葬品

1. 木俑（ⅢM74：8） 2. 皮带扣（ⅢM74：11） 3. 皮带（ⅢM74：10） 4、5. 角镳（ⅢM74：9-1、9-2） 6. 木盘（ⅢM74：1） 7. 陶坩埚（ⅢM74：5）
8~10. 陶钵（ⅢM74：4、6、3） 11. 陶盘（ⅢM74：2） 12. 木箭杆（ⅢM74：7）

口径 8.5、高 4 厘米（图九二八，8）。

5. 陶坩埚　夹砂红陶。敞口，方沿，圆腹，圜底。素面。口径 6.7、高 4.3 厘米（图九二八，7）。

6. 陶钵　夹砂红陶。敞口，斜沿，圆腹，圜底。素面。口径 8、高 4.7 厘米（图九二八，9；图版一一七，8）。

7. 木箭杆　圆杆上端残，下端有深约 0.5 厘米的"U"形挂弦凹槽，杆体微曲。残长 36.9、直径 0.5 厘米（图九二八，12）。

8. 木俑　木质圆雕而成。顶平，立目，贯额鼻，胖腮，上衣圆领衫。长 8.9、宽 2.7、厚 2.4 厘米（图九二八，1；图版一八二，7）。

9. 角镳　2 件。用一对羚羊角穿孔制成。其中一件尖端残，每只镳上穿两长方形孔。长 15~19.1、宽 2 厘米（图九二八，4、5）。

10. 皮带　牛皮带上连着一个长方形皮带扣。皮带双边折叠，上级皮条；扣长方形，有一个长条形孔。长 30、宽 3 厘米（图九二八，3；图版二二四，7）。

11. 皮带扣　略呈长方形，圆首，首部钻小圆孔，小孔前方又刻条形孔，扣后端钻两个小圆孔。扣表面涂黑色。长 6.9、宽 4.9、厚 0.4 厘米（图九二八，2）。

ⅢM75

墓葬概况

位于墓地西北边缘，东邻ⅢM72，东南邻ⅢM44，墓向 43°。C 型，长方形竖穴土坑墓，直壁。墓口距地表深 0.11 米，墓口长 1.51、宽 0.66 米，墓深 0.2 米。该墓被盗毁，墓底仅存人骨残节，单人，成年，男性（？）。墓底出土三件陶碗，其中两件在东部，一件在西部，石纺轮及十支木箭在墓底南部（图九二九）。

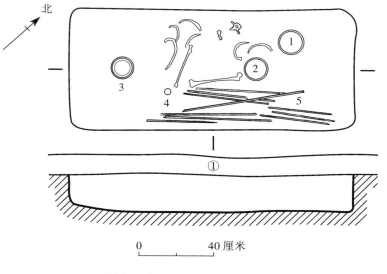

图九二九　ⅢM75 平、剖面图

1~3. 陶碗　4. 石纺轮　5. 木箭

随葬品

出土陶、石、木器 5 件（组）。

1. 陶碗　夹砂红陶。敞口，斜沿，圆腹，平底。素面。口径 13.9、底径 8、高 5 厘米（图九三〇，4；图版一二一，7）。

2. 陶碗　夹砂红陶。敞口，方沿，圆腹，平底。素面。口径 13、底径 10.2、高 3.8 厘米（图九三〇，3）。

3. 陶碗　夹砂褐陶。敞口，斜沿，圆腹，平底。素面。口径 12.1、底径 9.5、高 3.3 厘米（图九三〇，2）。

4. 石纺轮　石墨质。呈喇叭形圆柱体，上宽下窄，磨平，中有圆穿孔。轮呈墨黑色，顶面线刻四个对称的符号。上径 3.5、底径 2、高 1.7 厘米（图九三〇，1；图版二〇六，8、9）。

5. 木箭　10 支。箭头呈三棱锥状，一侧有倒钩刺。圆木箭杆，通体光滑，尾端削有"U"形挂弦凹槽，外有缠扎线迹。ⅢM75：5-1，长 62、杆径 0.8、头长 4 厘米（图九三〇，5；图版一六一，3）。

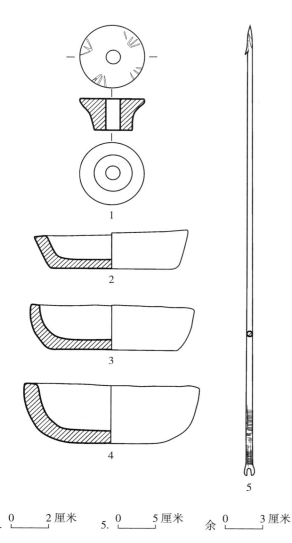

1. 0　2 厘米　　5. 0　5 厘米　　余 0　3 厘米

图九三〇　ⅢM75 随葬品

1. 石纺轮（ⅢM5：4）　2~4. 陶碗（ⅢM75：3、2、1）　5. 木箭（ⅢM75：5-1）

ⅢM76

墓葬概况

位于墓地西北部，东北邻ⅢM44，西南邻ⅢM78，墓向40°。D型，竖穴双偏室土坑墓。墓口暴露于地表。竖穴墓道位于双偏室中间，平面呈长方形，两长边壁向下斜收，剖面口大底小，长1.92、上口宽1.26、下宽0.77、深1.95米。墓道底西壁掏挖西偏室，弧形顶，进深0.61米，平面近长方形，长1.93、宽0.92、顶高0.8米，底与墓道底平。西偏室口遮挡一块苇席，然后封压五块土坯，内葬一老年男性A，年龄约45岁，仰身直肢，身上用白棉布缠裹，脚穿短靿皮靴，尸骨保存完整。墓道底东壁掏挖东偏室，弧形顶，进深0.7米，平面呈近长方形，长1.95、宽0.7、顶高0.76、底深2.23米。东偏室底比西偏室底深，形成生土二层台，台高0.28米。东偏室口遮挡七块土坯，内葬有一具老年女性B，年龄约40岁，头戴棉布帽，面覆白棉布，上身着三角领棉布长袖衫，下身穿白色棉布长裙，保存较好。西偏室男性头部放有陶碗、陶罐三件、木盘，左膝处有木牌；东偏室女性头左侧放草篓，篓内装有石纺轮、铁刀、铁锥两件、木梳、皮带、陶碗（图九三一；图版三八，8）。

随葬品

出土陶、木、石、铁器和皮、草、棉制品等17件。

1.陶罐　泥质灰陶。侈口，方唇，束颈，鼓腹，小平底。素面。口径8.6、腹径12.5、底径6.2、高12.5厘米（图九三二，12；图版六七，3）。

2.陶碗　夹砂红陶。直口，圆唇，斜腹，内圜底，假矮圈足。素面。口径13.6、足径6.3、高5厘米（图九三二，6；图版一二二，1）。

3.木盘　敞口，圆唇，浅腹，平底，假矮圈足，盆底内有凸棱。口径22.5、足径11.3、高3.3厘米（图九三二，9；图版一四一，8）。

4.陶罐　夹砂灰陶。侈口，束颈，鼓腹，平底。素面。口径8.2、腹径12.8、底径7、高11.7厘米（图九三二，7；图版六七，4）。

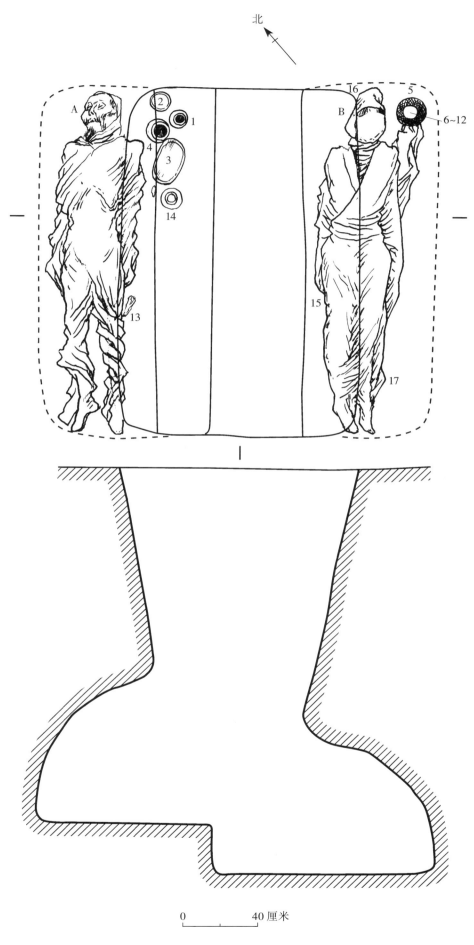

图九三一　ⅢM76平、剖面图

1、4、14.陶罐　2、12.陶碗　3.木盘　5.草篓　6.铁刀　7.石纺轮　8、11.铁锥　9.木梳　10.皮带　13.木牌　15.长裙　16.棉帽　17.接裙

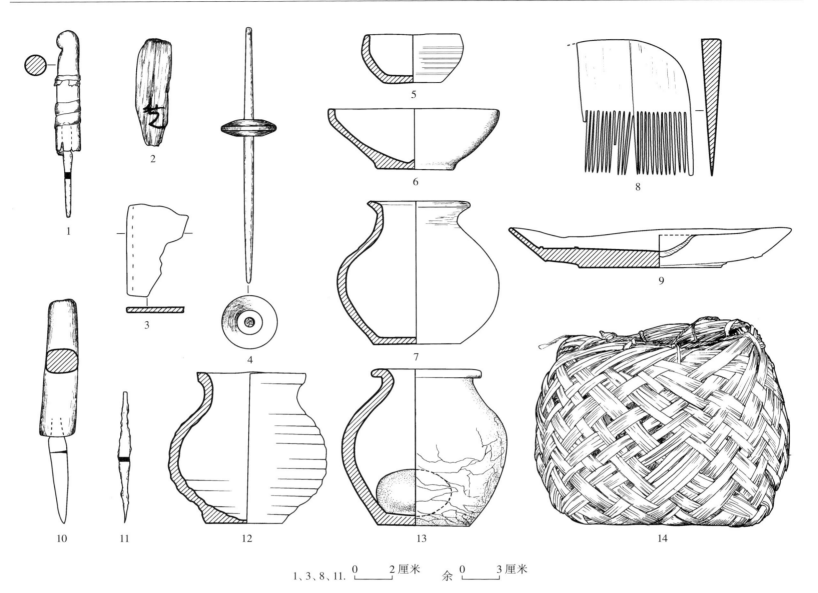

1、3、8、11.　0 ——— 2厘米　　余 0 ——— 3厘米

图九三二　ⅢM76 随葬品

1、11. 铁锥（ⅢM76：8、11）　2. 木牌（ⅢM76：13）　3. 皮带（ⅢM76：10）　4. 石纺轮（ⅢM76：7）　5、6. 陶碗（ⅢM76：12、2）　7、12、13. 陶罐（ⅢM76：4、1、14）　8. 木梳（ⅢM76：9）　9. 木盘（ⅢM76：3）　10. 铁刀（ⅢM76：6）　14. 草篓（ⅢM76：5）

5. 草篓　苇片手编而成。敛口圆，方平底，口用麻绳锁口加固。口径 14、底边长 14.8、高 17.3 厘米（图九三二，14；图版二一二，6）。

6. 铁刀　木柄，单刃铁质。尖头。铁刀外露部分长 7.1、宽 1.4、柄宽 2.7、通长 18.5 厘米（图九三二，10；图版二〇四，7）。

7. 石纺轮　轮石质。呈黑色圆饼状，边沿薄，中间厚。线轴木质两端较细，一端钻小孔。线轴长 21.2、轮径 4.5、厚 1.4 厘米（图九三二，4；图版二〇六，7）。

8. 铁锥　呈四棱尖状，木柄呈圆柱状，柄裂缝，用鞣制的羊皮条缠扎。通长 10.3、尖长 3.6 厘米（图九三二，1；图版二〇五，2）。

9. 木梳　木板刻制。一半残。梳背顶呈拱形，扁锥齿较锐，边齿厚钝。长 7.5、残宽 6、厚 1、齿长 3.5 厘米（图

九三二，8）。

10. 皮带　残。宽带一边穿缝筋线。残长 5.1、宽 3.2、厚 0.3 厘米（图九三二，3）。

11. 铁锥　扁铁制。中宽，两头尖锐，一端呈扁体，原应为安装木柄。长 7.2、最大宽 0.7 厘米（图九三二，11）。

12. 陶碗　夹砂灰陶。直口微敛，圆腹，平底。腹部饰弦纹。口径 7.5、底径 4.6、高 4 厘米（图九三二，5）。

13. 木牌　小木板削成。近长方形，上面有墨书文字，似为"代人"。长 8.9、宽 2.7 厘米（图九三二，2；图版一八二，2）。

14. 陶罐　夹砂红陶。侈口，圆唇，翻折沿，束颈，鼓腹，平底。内有一个鸡蛋和一片带字木牌，鸡蛋成空壳，木牌上字迹不识。口径 8.8、腹径 13.1、底径 7.2、高 13

厘米（图九三二，13；图版六七，5）。

15. 长裙　棉质，土黄色长裙。已残为四片。ⅢM76：15-1，长 78、宽 45 厘米。ⅢM76：15-2，长 43、宽 26 厘米。ⅢM76：15-3，长 68、宽 50 厘米。ⅢM76：15-4，为两块衣襟部分，长 46、宽 38 厘米（图版二七八，4）。

16. 棉帽　棉质。土黄色，现残存帽顶及耳朵部分和一段打结的帽系。整体用四块棉布裁剪缝合成，结构清晰。残长 20、宽 10 厘米（图版二七八，2）。

17. 接裙　红地蓝色斜褐残片。残破严重，仅见由红、蓝、红色斜褐拼接，组织法为 1/2 斜纹。现腐蚀严重，难以测量分析。

ⅢM77

墓葬概况

位于墓地西北边缘，北邻ⅢM78，墓向 46°。D 型，竖穴偏室土坑墓，剖面呈马蹄状。墓口距地表深 0.2 米。竖穴墓道呈长方形，直壁，长 2.4、宽 0.9、深 1.06 米。墓道底南壁掏挖偏室，弧形顶外高内低，进深 0.46 米，平面呈圆角长方形，长 2.4、宽 0.8、顶高 0.45、底深 1.37 米。墓室底比墓道底深，形成生土二层台，台高 0.31 米。墓内填土中含有草席残片、土块等。该墓被盗扰，偏室内有凌乱的人骨架，可辨为分属两个人，A 为中年男性，年龄 40~45 岁；B 为青年女性，年龄 15~20 岁，头移位到墓室西部。A 头骨旁有陶罐、陶钵，上肢骨西面旁有牛角杯，最东部股骨旁有毡帽（图九三三）。

随葬品

出土陶、角器和毡帽 4 件。

1. 牛角杯　牛角截去尖端后安装木塞，口呈椭圆形，口沿下一周有二十一个小圆孔。口径 1.1~4.9、高 13.1 厘米（图九三四，3；图版一九六，1）。

2. 陶罐　泥质红陶。直口，圆唇，平沿，圆腹，小假圈足。上腹饰三道凹弦纹，腹壁一侧堆塑两个突乳。个体较小。口径 7.2、足径 1.4、高 4.8 厘米（图九三四，1；

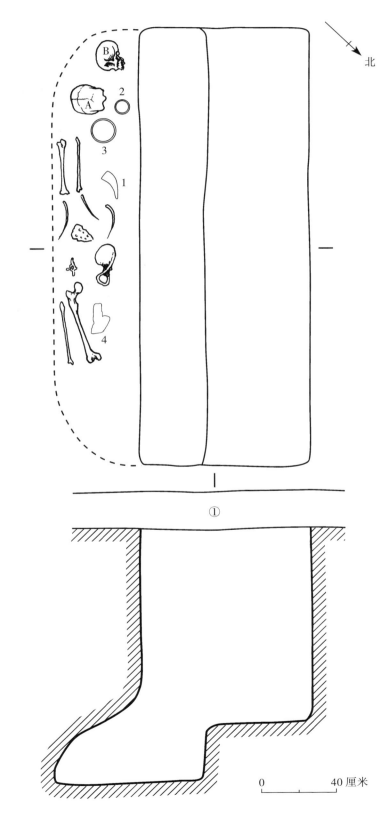

图九三三　ⅢM77 平、剖面图

1. 牛角杯　2. 陶罐　3. 陶钵　4. 毡帽

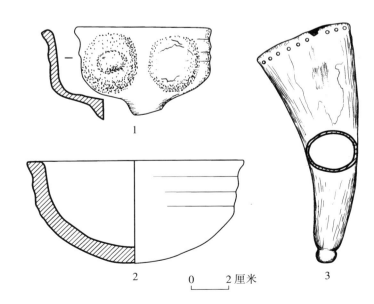

图九三四　ⅢM77 随葬品

1. 陶罐（ⅢM77：2）　2. 陶钵（ⅢM77：3）　3. 牛角杯（ⅢM77：1）

图版六七，6）。

3.陶钵　夹砂红陶。直口，圆唇，平沿，圆腹，圜底。腹部饰三道凸弦纹，通体施红陶衣。口径11.5、高5.6厘米（图九三四，2；图版一一八，1）。

4.毡帽　用两片白色毛毡缝合而成。帽顶前沿弧形，耳部较长。展开长30厘米（图版二七八，1）。

ⅢM78

墓葬概况

位于墓地西北边缘，南邻ⅢM77，墓向50°。C型，长方形竖穴土坑墓，直壁。墓口距地表深0.1米，墓口长2.2、宽0.8米，墓深0.7米。墓底有成年男性骨架一具，仰身直肢，头东脚西，头骨移位，老年男性，年龄50~60岁。头右侧有陶碗、复合弓残段和用皮条穿连的珠饰三颗；残破的石磨盘三件，其中，两件在右手处，一件在左肩处（图九三五）。

随葬品

出土陶、石、木器等6件（组）。

1.石磨盘　灰砂岩。呈近长方体，短边呈弧形，两面研磨下凹，两端厚中间薄。残长11.7、宽15.2、厚1.9~3.6厘米（图九三六，2）。

2.复合弓　残。一端呈近长方形，一端呈扁圆形，为弓弭部。残长28.3、头长8、厚1.2、柄宽1.2、厚1.1厘米（图九三六，6）。

3.珠饰　3颗。石珠呈绿色圆珠状，用窄皮条穿连。

直径0.8、高0.5厘米（图九三六，3；图版二一〇，4）。

4.陶碗　夹砂红陶。敛口，圆唇，斜沿，圆腹，平底。素面。口径7.8、底径4.4、高5厘米（图九三六，1）。

5.石磨盘　残块。呈三角形，扁平状，一面已磨平，另一面略弧。残长16.4、宽11.9厘米（图九三六，5）。

6.石磨盘　残块。近长方形，扁平状，两面已磨平。残长15.1、宽9.2厘米（图九三六，4）。

ⅢM79

墓葬概况

位于墓地西北部，东北邻ⅢM48，东南邻ⅢM49，墓向100°。D型，竖穴偏室土坑墓，剖面呈马蹄形。墓口距地表深0.1米。竖穴墓道呈长方形，直壁，长2.7、宽0.9、深2.31米。墓道底北壁掏挖偏室，弧形顶，进

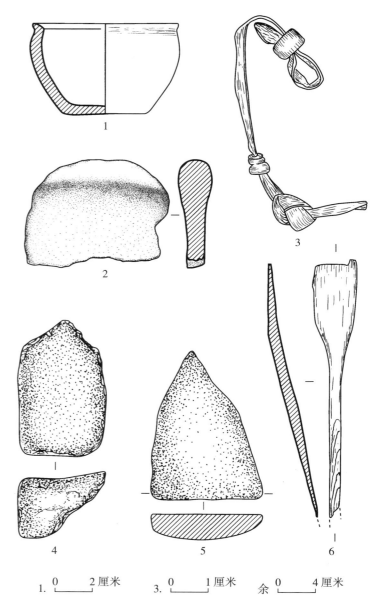

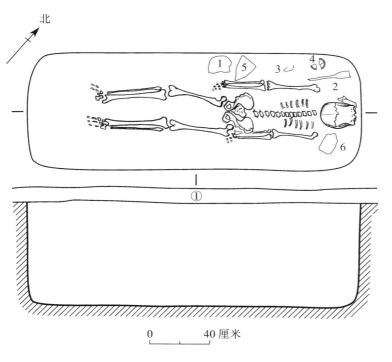

图九三五　ⅢM78平、剖面图
1、5、6.石磨盘　2.复合弓　3.珠饰　4.陶碗

图九三六　ⅢM78随葬品
1.陶碗（ⅢM78：4）　2、4、5.石磨盘（ⅢM78：1、6、5）　3.珠饰（ⅢM78：3）
6.复合弓（ⅢM78：2）

深 0.55 米，平面呈圆角长方形，长 2.7、宽 0.9、顶高 0.48、底深 2.59 米。墓室底比墓道底深，形成生土二层台，台高 0.28 米。该墓被盗掘，填土中见几节肢骨残节，封堵墓室口用的苇席、土块也被扔于填土中，偏室内两个人头骨弃于东壁下，A 在外，壮年男性，年龄 25~35 岁；B 在内，中年女性，年龄 35~45 岁。不见其他骨骼。随葬器物分散在墓底，B 头骨右侧有陶筒形杯两件和木盘，中部有木冠饰两件、木簪、木盒、木箭杆两件、木线轴、木弓弭，西边有木盘和陶钵（图九三七）。

随葬品

出土陶、木器 12 件（组）。

1. 陶筒形杯　夹砂红陶。口残，筒腹，平底，单耳残。素面，腹部有烟熏痕迹。底径 8、残高 9.1 厘米（图九三八，3）。

2. 陶筒形杯　泥质红陶。直口，筒腹，平底，柱状单耳位于腹部。素面，通体施红陶衣。口径 5.6、底径 5、高 7.2 厘米（图九三八，2；图版九五，5）。

3. 木冠饰　2 件。ⅢM79：3-1，残，圆木刻、挖、削制。前端呈四棱尖锥状，后端"U"形，在靠近尖端刻纵向条形孔。冠饰外表涂黑色。长 51.5、最宽处 7.6 厘米（图九三八，4）。ⅢM79：3-2，残，呈四棱尖锥状，后端"U"形，木冠深黑色，并缠裹麻布。残长 29.4、残宽 3.8 厘米（图九三八，5）。

4. 木簪　圆木削制。圆木杆一端残，另一端为葫芦状木雕内钻孔插在木杆上。残长 5.4、直径 0.4、头径 1.4、高 2.4 厘米（图九三八，6；图版一五五，4）。

5. 木盒　方木刻、挖、削制而成。呈长方形，有盖，盖与盒体之间用皮条联结。盖顶及盒侧面雕刻鱼刺纹，盒底雕刻连续折线纹，构成三角形图案。长 14.7、宽 5.5、高 4 厘米（图九三八，1；图版一四五，7）。

6. 木盘　圆木刻、挖、削制而成。略呈椭圆形，底反扣为砧板，有切剁痕。残长 30.2、残宽 10.6、残高 7.5 厘米（图九三八，11）。

7. 木盘　圆木掏挖、刻削而成。木盘已扭曲变形。平面呈圆角长方形，短边起拱。圆唇，浅腹，平底。一边壁中部有穿孔。长 38.5、宽 18.4 厘米（图九三八，12）。

8. 木箭杆　箭头残缺。圆木箭杆，头有安装箭头的凸榫，尾端有"U"形挂弦凹槽，外有缠痕。长 80.2、直径 0.7 厘米（图九三八，13）。

9. 木弓弭　残。中间呈四棱状，两端呈扁平状。长 23、宽 0.7~3、厚 2.4 厘米（图九三八，7）。

10. 陶钵　夹砂红陶。直口，圆唇，浅圆腹，圜底。

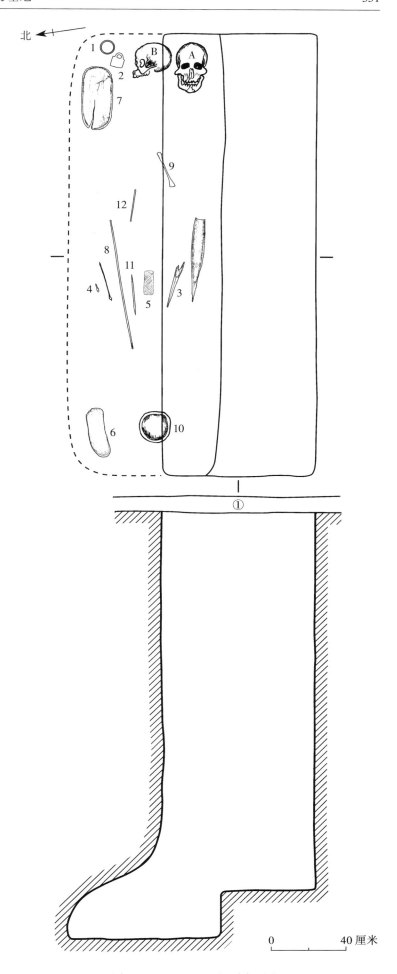

图九三七　ⅢM79 平、剖面图

1、2. 陶筒形杯　3. 木冠饰　4. 木簪　5. 木盒　6、7. 木盘　8、12. 木箭杆
9. 木弓弭　10. 陶钵　11. 木线轴

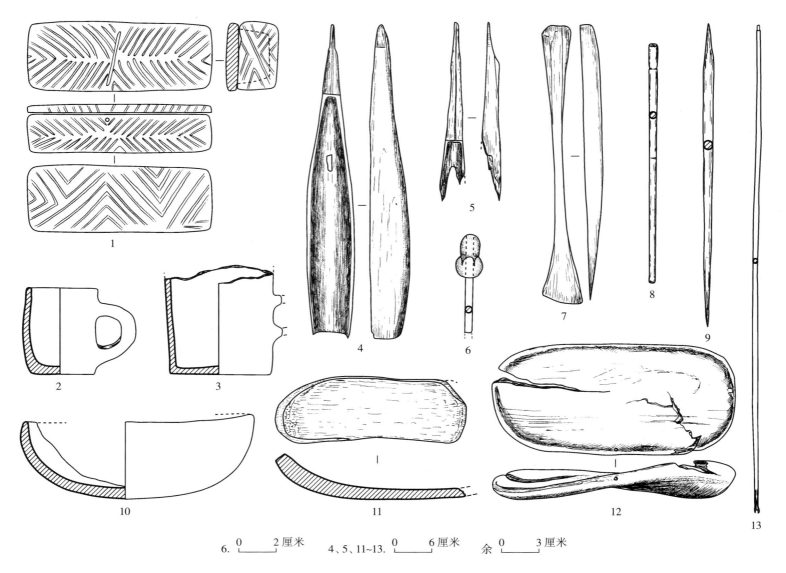

图九三八　ⅢM79 随葬品

1. 木盒（ⅢM79：5）　2、3. 陶筒形杯（ⅢM79：2、1）　4、5. 木冠饰（ⅢM79：3-1、3-2）　6. 木簪（ⅢM79：4）　7. 木弓弝（ⅢM79：9）　8、13. 木箭杆
（ⅢM79：12、8）　9. 木线轴（ⅢM79：11）　10. 陶钵（ⅢM79：10）　11. 木盘（ⅢM79：6）　12. 木盘（ⅢM79：7）

器表光滑。口径 18.2、高 7 厘米（图九三八，10）。

　　11. 木线轴　圆木削制。圆杆两端呈尖锥状。杆体光滑。长 24.9、直径 0.8 厘米（图九三八，9）。

　　12. 木箭杆　两端残。圆木杆体光滑。残长 19.7、直径 0.7 厘米（图九三八，8）。

ⅢM80

墓葬概况

　　位于墓地西北部，北邻ⅢM46，西南邻ⅢM67，墓向 92°。D 型，竖穴偏室土坑墓，剖面呈马蹄状。墓口暴露于地表。竖穴墓道呈圆角长方形，北壁向下斜收，余三壁竖直，长 2.9、宽 1.19、深 1.75 米。墓道底南壁掏挖偏室，进深仅 0.4 米，弧形顶，平面呈圆角长方形，长 2.9、宽 0.9、顶高 0.45、底深 2.08 米。墓室底比墓道底深，形成生土二层台，台高 0.34 米。墓被盗掘，墓底东端发现凌

乱人骨，头骨位于偏室东南角，头南，仰面，从残存肢骨来看，为单人葬，青年男性，年龄 17~22 岁。墓道殉葬一匹整马，蜷缩在东部。随葬器物散乱于偏室中部，有木冠饰、皮囊、木钉五件、木器具三件、木盒和复合弓（图九三九）。

　　随葬品

　　出土木器和皮制品等 8 件（组）。

　　1. 木冠饰　由两部分拼合成：ⅢM80：1-1，由圆木掏挖而成。底口近方形，内空，顶尖锥状，一面较平，余三面呈弧圆形，平面的对面上端有近三角形翼。通体涂成黑色。残长 55、宽 7.5、底边长 4.8 厘米（图九四〇，9；图版一五六，7）。ⅢM80：1-2，长木条加工而成。六个面削刻平整，其中四侧面为梯形，上下二平形面为长方形。左右侧面有一组长方形凿空，近底部有一个圆穿孔，前后侧面有上下两组凿空，近底部有三个穿孔。

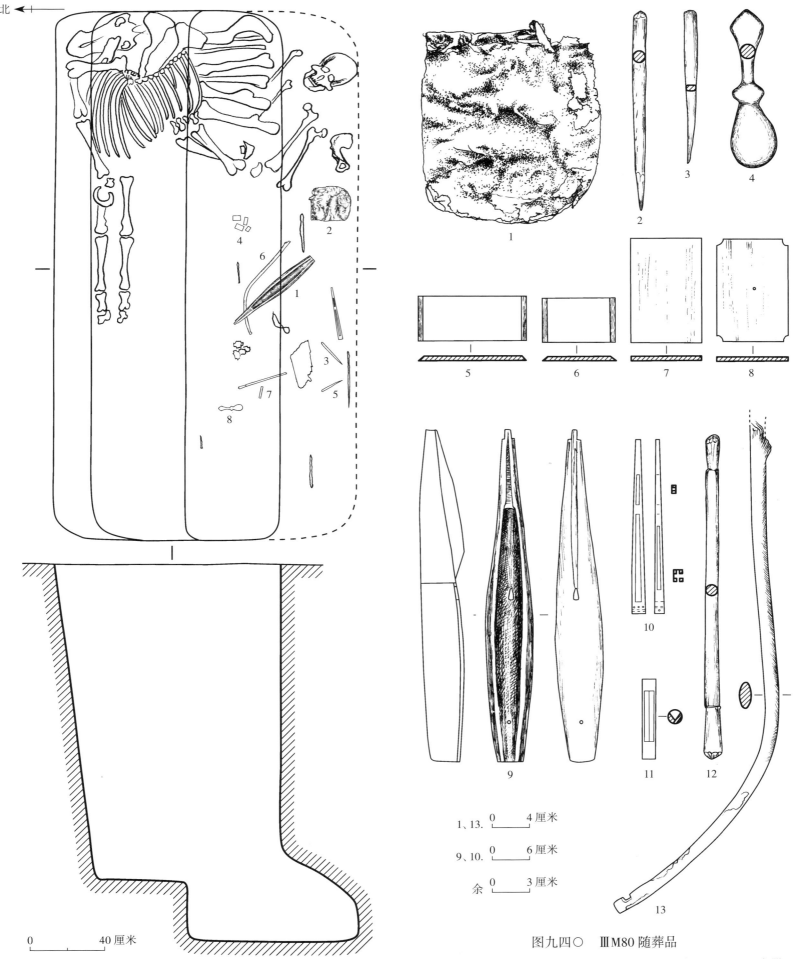

图九三九　ⅢM80 平、剖面图

1. 木冠饰　2. 皮囊　3、5. 木钉　4. 木盒　6. 复合弓　7、8. 木器具

图九四〇　ⅢM80 随葬品

1. 皮囊（ⅢM80：2）　　2、3. 木钉（ⅢM80：3-1、5）　　4、11、12. 木器
具（ⅢM80：8、7-2、7-1）　　5~8. 木盒（ⅢM80：4-1、4-2、4-3、4-4）
9、10. 木冠饰（ⅢM80：1-1、1-2）　　13. 复合弓（ⅢM80：6）

顶面长 0.8、宽 0.6、底面长 2.1、宽 1.5、通长 28.9 厘米（图九四○，10；图版一五六，8）。使用时将ⅢM80：1-2 插入ⅢM80：1-1 中，形成一体。

2. 皮囊　羊皮缝制。近长方形，上口穿细木棍。长 21.2、宽 18.8 厘米（图九四○，1）。

3. 木钉　4 支。圆枝条削制。锥状，尖较锐。ⅢM80：3-1，长 16.4、直径 1.1 厘米（图九四○，2）。

4. 木盒　4 片。呈规整的长方形，其中两片两边抹棱呈 45°斜边，一片四角切角，似半成品木盒。长 5.7~8.6、宽 2.6~5.6 厘米（图九四○，5~8）。

5. 木钉　圆木削制而成。呈扁锥状，尖锐。长 12.6、宽 1.1、厚 0.5 厘米（图九四○，3）。

6. 复合弓　残，仅存一端。截面呈椭圆形，弓弰有系弦的凹槽，中间为绣线菊木片外粘牛角片，再用牛筋绳缠扎。残长 54、宽 3、厚 1.5 厘米（图九四○，13）。

7. 木器具　6 件（图版一七三，8）。ⅢM80：7-1，圆木棍两端一周削细，头为尖圆头稍大。长 26.9、直径 1.2 厘米（图九四○，12）。ⅢM80：7-2，圆木棍中部刻 "U" 形凹槽。长 6.5、直径 1.1 厘米。两组木器用途不明（图九四○，11）。

8. 木器具　木板刻削制作而成。扁体束腰状，腰部有凸棱，木器一端削成三角形，另一端呈近长方形，一面刻近方形凹槽。用途不明。长 13.1、最宽 3.6 厘米（图九四○，4；图版一七三，7）。

第六章　洋海墓地历年被盗墓葬中出土的流散器物

从 1985 年到 2003 年发掘前的 18 年中，洋海墓地每年都被盗掘。遭受破坏的墓葬数量已无从查证，但肯定多于正式发掘的墓葬数目。案件破获后收缴回来许多器物，其中不乏精美的珍品，有些器物甚至在发掘中也未能获得，而且可以确认均为洋海墓地所出土。这批器物大部分收藏在吐鲁番博物馆，小部分收藏在鄯善县博物馆，还有个别器物流散在他处。为了使墓地的资料更加完整，现择其要介绍出来。

第一节　1987 年收缴洋海墓地被盗墓葬出土器物

洋海墓地继 2003 年 2 月公布为新疆维吾尔自治区级文物保护单位后，又于 2006 年 5 月公布为国家级重点文物保护单位。在此之前，由于缺乏有效的保护，墓地连年被盗掘，1987 年收缴的一批洋海墓地出土器物最为丰富。这批器物中的一部分曾分两次发表在《新疆文物》1989 年第 4 期和 1998 年第 3 期上。由于仓促发表，连一张器物照片也没有刊出，器物线图或无或制作粗劣不准确。因此将这批器物重新分类后再进行系统介绍，使洋海墓地的资料更加完整。这批器物有陶器、铜器、铁器、木器、骨器、角器、石器、贝器、玻璃器、金器等。

1987 年收缴的洋海墓地出土器物，最大编号是 248 号。这里择要介绍了 166 件较完整的器物，其中彩陶器有 65 件，有些器物造型和彩陶纹样在 2003 年发掘中也未见出土。同时，还有一些铜器、木器也是可遇而不可求，这对洋海墓地的资料都是一个大的补充。更重要的是，当洋海墓地发掘资料分期工作完成以后，这些洋海墓地的出土器物都可以参与分期，这将大大扩充人们对吐鲁番各阶段史前文化的研究视野。

1. 陶器

113 件。有单耳罐、壶、钵、立耳杯、横耳杯、竖耳杯、筒形杯、带流罐、圈足罐、圈足盘、碗、盆、釜、桶形器。

陶单耳罐　21 件。个体适中，单耳从口沿上翻下贴于腹部。

87M：7，夹砂红陶。直口，微鼓腹，慢圜底，长带状耳。内沿的连续锯齿纹实际上是一个个单独的半圆点，外面通体饰三三成组的竖向锯齿状纹。口径 9.6、高 12.7 厘米（图九四一，1）。

87M：8，夹砂红陶。敛口，微鼓腹，慢圜底。内沿锯齿状纹一直连续到耳的两侧下到接近器底，通体饰宽竖条状锯齿纹。口径 10.2、高 13.2~14.2 厘米（图九四一，2；图版二七九，1）。

87M：9，夹砂红陶。敛口，圆唇，鼓腹，圜底，宽带耳。耳面上饰斜条带纹，通体饰条带纹，内口沿饰锯齿纹。口径 10.8、通高 12.6 厘米（图九四一，6；图版二七九，2）。

87M：10，夹砂红陶。敞口，圆沿，颈微束，鼓腹，圜底，沿腹耳。口沿内绘锯齿纹，器表口沿至腹底绘延长的倒三角纹，耳部绘斜向的梯子状纹饰。口径 9.3、高 9.6 厘米（图九四一，4；图版二七九，3）。

87M：11，夹砂红陶。小折沿，圆唇，鼓腹，呈球形，圜底，宽带状翻耳。内沿饰一圈锯齿形纹，耳上饰网格状纹，通体饰连续"S"形涡纹。口径 6.8、通高 7.8 厘米（图九四一，3；图版二七九，4）。

87M：28，夹砂红陶。直口，方唇，长颈，鼓腹，平底，宽带状耳。通体抹红陶衣饰黑彩，内外口沿饰连续的长锯齿状纹，颈下饰横宽带状弦纹，腹部饰内填斜平行线的大涡纹。口径 8、底径 5.6、高 15.9 厘米（图九四一，5）。

87M：29，夹砂红陶。敞口，圆唇，鼓腹，圜底，口向前倾斜，大宽带耳。通体抹红陶衣饰黑彩，内沿有连续大三角纹，外沿和颈下饰横宽带，腹部饰连续的竖三角曲线纹。口径 8.2、高 12.6 厘米（图九四二，5；图版二七九，5）。

87M：32，夹砂红陶。敞口，圆唇，鼓腹，平底，

图九四一　陶单耳罐（流散）

1.87M：7　2.87M：8　3.87M：11　4.87M：10　5.87M：28　6.87M：9

腹部饰细密的网状纹，内、外口沿饰三角纹。口径 7.8、底径 3.8、高 8.4 厘米（图九四二，1；图版二七九，6）。

87M：64，夹砂红陶。敞口，圆唇，鼓腹，圈底，宽带形耳。通体抹红陶衣饰黑彩，纹样为连续的竖条带纹，内沿下有细密的三角纹，耳面上有连续的三条斜线。口径 10.2、高 12.3 厘米（图九四二，7；图版二八〇，1）。

87M：76，夹砂红陶。直口，圆唇，颈稍高，鼓腹，平底，带状耳侧举。口沿内外饰三角纹，上腹部饰网格纹和正倒三角内充斜线，耳面饰网格纹和平行线纹。口径 6.2、高 8.4 厘米（图九四二，2）。

87M：77，夹砂红陶。口沿稍残。口微敞，方唇，长颈，鼓腹下垂，沿腹耳，底内收。口径 7、高 12 厘米（图九四二，9）。

87M：78，夹砂红陶。敞口，圆唇，鼓腹，圈底，宽带形耳。通体抹红色陶衣，饰黑彩，为细密的三角竖条带纹，耳上饰斜平行线。口径 8.2、高 10.2 厘米（图九四二，3；图版二八〇，2）。

87M：84，夹砂红陶。直口，圆唇，鼓腹，圈底，大宽带耳位置较高。口沿内外饰连续大三角锯齿状纹，腹部饰一周扭曲三角斜平行线纹。口径 10.4、高 11.8 厘米（图九四二，6；图版二八〇，3）。

87M：85，夹砂红陶。直口，圆唇，鼓腹，平底。内外沿饰连续大三角纹，通腹绘规整的网状纹，单耳上有"×"形纹。口径 7.6、底径 6、高 12.3 厘米（图九四二，8；图版二八〇，4）。

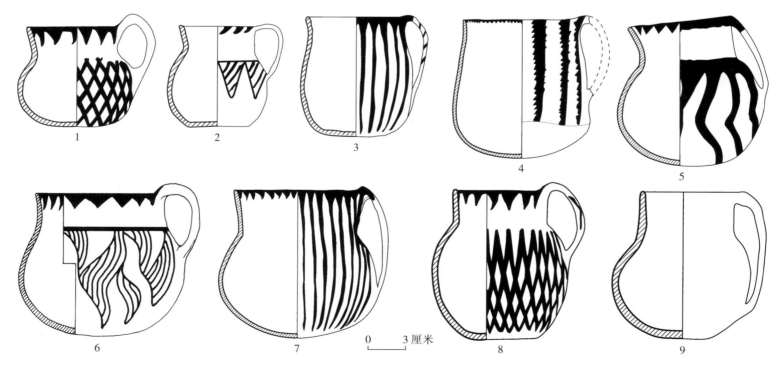

图九四二　陶单耳罐（流散）

1.87M：32　2.87M：76　3.87M：78　4.87M：87　5.87M：29　6.87M：84　7.87M：64　8.87M：85　9.87M：77

87M：87，夹砂红陶。敛口，尖唇，鼓腹，圜底，宽带耳残。器表抹红色陶衣，饰黑彩，通体饰竖条状锯齿纹，内沿饰细密的锯齿状纹。口径9.2、高11.8厘米（图九四二，4；图版二八〇，5）。

87M：94，夹砂红陶。直口，圆唇，鼓腹，平底，大单耳上举。通体抹红陶衣，饰黑彩。内外沿下饰长锯齿纹，颈部和近底处各有一圈横彩带，腹部饰上下相间的扭曲三角纹，三角纹内填平行线。口径6.8、底径5、高11.8厘米（图九四三，4；图版二八〇，6）。

87M：98，夹砂红陶。直口，圆唇，鼓腹，圜底，宽带形耳。通体抹红陶衣。口径8.6、高11.6厘米（图九四三，5）。

87M：102，夹砂红陶。口沿稍残。敞口，方唇，长颈微束，鼓腹，圜底，沿腹耳。口径8.2、高12.5厘米（图

九四三，3）。

87M：105，夹砂红陶。敞口，方唇，颈较长，球形腹，圜底。口径6.3、高15.2厘米（图九四三，2）。

87M：170，夹砂红陶。直口，方唇，球形腹，圜底，宽带状单耳。通体抹红色陶衣饰黑彩，从口沿处三角向下延伸成均匀的竖条纹。口径11.2、高11.8厘米（图九四三，1）。

87M：240，夹砂红陶。器形较大。敞口，方唇，短颈，鼓腹，下腹紧收成平底。器表布满烟垢。口径11.2、底径8.8、高19.2厘米（图九四三，6；图版二八一，1）。

陶壶　16件。个体较瘦高，颈腹耳。

87M：6，夹砂红陶。喇叭口，方唇，垂腹，圜底。上腹饰连续对应的曲线纹，单耳内外沿饰锯齿状纹。口径7、通高9.5厘米（图九四四，1；图版二八一，2）。

87M：18，夹砂红陶。喇叭形口，圆唇，高领，鼓腹，圜底。内外沿饰连续三角纹，腹部饰攀连的扭曲三角纹。口径6.4、高14.2厘米（图九四四，4；图版二八一，3）。

87M：30，夹砂红陶。器物很小。敞口，圆唇，鼓腹，

6.　0 ——— 4厘米　　余 0 ——— 3厘米

图九四三　陶单耳罐（流散）

1.87M：170　2.87M：105　3.87M：102　4.87M：94　5.87M：98

6.87M：240

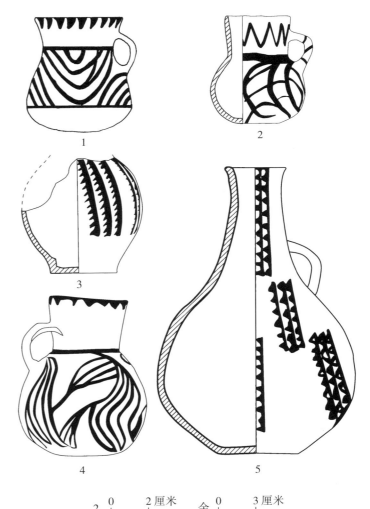

2.　0 —— 2厘米　　余 0 ——— 3厘米

图九四四　陶壶（流散）

1.87M：6　2.87M：30　3.87M：157　4.87M：18　5.87M：40

图九四五　陶壶（流散）

1.87M：79　2.87M：96　3.87M：106　4.87M：80　5.87M：69

图九四六　陶壶（流散）

1.87M：81　2.87M：217　3.87M：230　4.87M：184　5.87M：216
6.87M：187

平底。通体抹红色陶衣，饰黑彩，高领上绘折线纹，器腹绘各种方向的弧线组成的不规则形图案。口径3.4、底径2、高5.9厘米（图九四四，2；图版二八一，4）。

87M：40，夹砂红陶。手制。敞口，长斜颈，颈肩耳，垂腹，平底，蒜头形。红衣黑彩，口沿至腹部绘由两三条锯齿纹为一组的竖向短线条纹，呈上下交错排列。口径4~4.2、底径6.2、高22.4厘米（图九四四，5；图版二八一，5）。

87M：69，夹砂红陶。敞口，细颈，圆肩，鼓腹，圜底，颈肩耳（残）。口径5.8、高9.4厘米（图九四五，5；图版二八一，6）。

87M：79，夹砂红陶。圆唇，鼓腹，小平底。红陶衣黑彩，内沿饰连弧纹，外沿饰锯齿状纹，颈部饰连续双菱格纹，腹部饰一圈由三角下延的竖条纹。口径7.8、底径4.2、通高14厘米（图九四五，1；图版二八二，1）。

87M：80，夹砂红陶。喇叭口，圆唇，垂腹，圜底。口径7.6、高11.5厘米（图九四五，4；图版二八二，2）。

87M：81，夹砂红陶。敞口，方唇，鼓腹，圜底。内外沿饰锯齿状纹，通体也饰横向的锯齿状纹。口径7.4、通高11厘米（图九四六，1；图版二八二，3）。

87M：96，夹砂红陶。敞口，圆唇，高领，鼓腹，平底，溜肩上有双大耳。通体抹红色陶衣饰黑彩，内口沿饰连续三角纹，外沿下饰相对的双三角纹，颈下有横彩带，腹部饰连续的涡纹，内填平行线。口径10.4、底径7、高20.1厘米（图九四五，2；图版二八二，4）。

87M：106，夹砂红陶。敞口，方唇，长颈，鼓腹，颈肩耳，平底。口沿内绘锯齿纹，外口沿也绘锯齿纹，颈肩部绘三角连弧纹。口径9.2、底径7、高19.5厘米（图九四五，3）。

87M：157，夹砂红陶。器物口部残。鼓腹，小凸平底。通体抹红陶衣饰黑彩，通体分布成组的锯齿状纹。内底部有很重的挖补抹痕。底径5.2、残高9.7厘米（图九四四，3）。

87M：184，夹砂红陶。直口，圆唇，大鼓腹，平底，单耳加双系，带流嘴。通体抹红陶衣，饰黑彩，颈与上腹为两三成组的锯齿状纹。口径5.2、底径6.4、高19.2厘米（图九四六，4；图版二八二，5）。

87M：187，夹砂红陶。口沿残。直口，球形腹，平底，对称双小耳。颈部饰波形纹，腹部饰扭曲三角纹。口径7.8、底径8.2、高23.4厘米（图九四六，6；图版二八二，6）。

87M：216，夹砂红陶。喇叭形敞口，方唇，细颈，垂腹，平底。口径8、底径6、高15.6厘米（图九四六，5；图

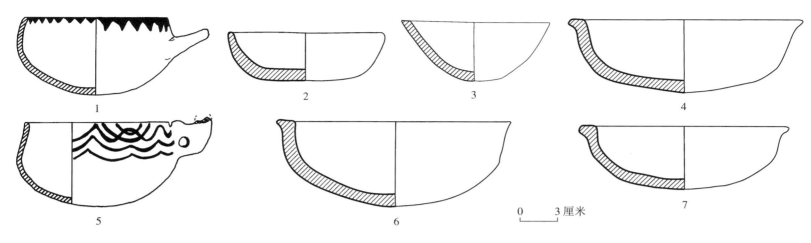

图九四七　陶钵（流散）

1. 87M∶4　2. 87M∶54　3. 87M∶57　4. 87M∶221　5. 87M∶26　6. 87M∶21　7. 87M∶39

版二八三，1）。

87M∶217，夹粗砂红陶。直口，圆唇，鼓腹，平底，圆柱形单耳。口径6.4、底径4.8、高11.5厘米（图九四六，2；图版二八三，2）。

87M∶230，夹砂红陶。敞口，圆唇，鼓腹，圜底，耳面上有乳丁。红衣黑彩，颈部饰波形纹，腹部饰粗折线纹。口径9.6、高18.2厘米（图九四六，3；图版二八三，3）。

陶钵　12件。浅腹，圜底。

87M∶4，夹砂红陶。敛口，鼓腹，单横耳。通体抹红陶衣，饰黑彩，内外口沿饰连续锯齿状纹，耳外侧有"M"形纹。口径11.3、高6.4厘米（图九四七，1；图版二八三，4）。

87M∶20，夹砂红陶。直口，方唇，鼓腹，单耳。通体抹红色陶衣，饰黑彩，内外口沿绘连续三角纹，颈部绘横带状网格纹，腹部绘八个单独的涡旋纹。口径11.4、高7.6厘米（图九四八，4；图版二八三，5）。

87M∶21，夹砂红陶。口微敛，斜平沿，圆唇，浅腹微鼓。口径18.6、高6.9厘米（图九四七，6；图版二八三，6）。

87M∶26，夹砂红陶。敛口，鼓腹，錾形耳带一穿孔，耳尖部残。上腹绘三条波状纹，笔画粗细不匀，其中一组纹样处多画出两条弧线。口径11.6、高7厘米（图九四七，5；图版二八四，1）。

87M∶39，夹砂红陶。敞口，折沿，圆唇，浅腹微鼓。口径16.8、高5.1厘米（图九四七，7；图版二八四，2）。

87M∶54，夹砂红陶。敞口，圆唇。口径12.3、高4厘米（图九四七，2；图版二八四，3）。

87M∶57，夹砂红陶。器形较小。敞口，方唇，斜腹急收成尖圜底。口径12、高4.8厘米（图九四七，3；

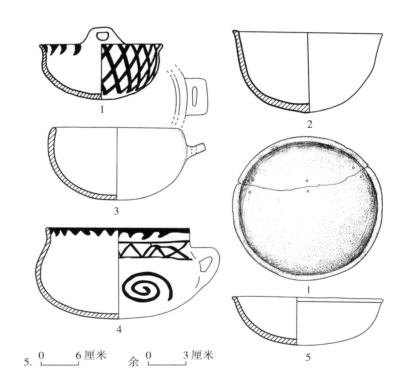

图九四八　陶钵（流散）

1. 87M∶222　2. 87M∶67　3. 87M∶110　4. 87M∶20　5. 87M∶186

图版二八四，4）。

87M∶67，夹砂红陶。敞口，圆唇，无耳。饰红陶衣。口径11.8、高6.6厘米（图九四八，2；图版二八四，5）。

87M∶110，夹砂红陶。敛口，方唇，近半球形，单横耳，耳上有长方形穿孔。通体抹红陶衣。口径10.4、高6厘米（图九四八，3；图版二八四，6）。

87M∶186，夹砂红陶。敞口，圆唇，钵体裂为两半，裂缝处有三对铜眼。口径24.3、高8.2厘米（图九四八，5；图版二八五，1）。

87M∶221，夹砂红陶。口微敞，小折沿，圆唇，浅腹微鼓。口径17.5、高5.9厘米（图九四七，4；图版

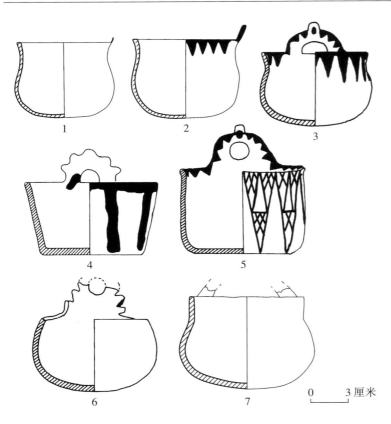

图九四九　陶立耳杯（流散）

1.87M：231　2.87M：197　3.87M：24　4.87M：16　5.87M：89
6.87M：104　7.87M：88

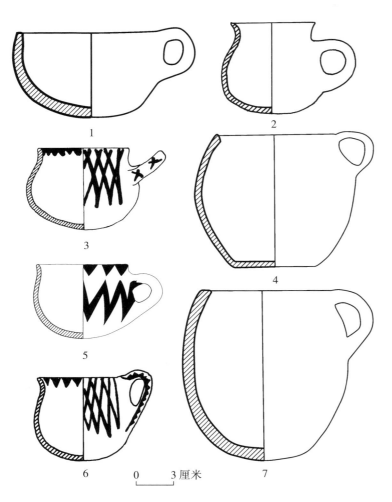

图九五〇　陶竖耳杯、横耳杯（流散）

1、2、4~7.竖耳杯（87M：31、23、36、27、25、35）　3.横耳杯（87M：3）

二八五，2）。

87M：222，夹砂红陶。敞口，方唇，沿上有单横耳。通体饰均匀的网状纹，内沿饰锯齿状纹。口径9.6、高4.6、通高6厘米（图九四八，1；图版二八五，3）。

陶立耳杯　7件。具有仿木器的形态，个体较小，单耳直立于器物口沿之上，带圆形或半圆形耳孔。

87M：16，夹砂红陶。敞口，圆唇，斜腹，大平底，沿上单耳依壁的角度斜立。耳上有花边形装饰，外部有粗糙稀疏的竖条纹。口径10.6、底径7.8、高6、通高8.6厘米（图九四九，4；图版二八五，4）。

87M：24，夹砂红陶。大口，方唇，浅腹，圜底，半圆形耳上有乳突。口沿内外饰连续三角锯齿形纹，外长内短，耳外廓也有锯齿形纹，饰彩部位先抹红陶衣，饰黑彩。口径8.5、通高8.5厘米（图九四九，3）。

87M：88，夹砂红陶。直口，方唇，鼓腹，圜底，沿上竖（高）耳残。器底有烟炱。口径9.2、高7.5厘米（图九四九，7；图版二八五，5）。

87M：89，夹砂红陶。小折沿，圆唇，直壁，大平底，半圆形耳上有乳突。通体饰连续的大三角套小三角网状纹，内沿一圈锯齿形纹一直延连到耳上，红衣黑彩。口径9.9、高7.2、通高10.7厘米（图九四九，5；图版二八五，6）。

87M：104，夹砂红陶。敛口，圆唇，鼓腹，圜底，沿上直耳呈花边状，中有圆孔。口径8.5、高6~9.2厘米（图九四九，6；图版二八六，1）。

87M：197，夹砂红陶。敞口，方唇，束颈，鼓腹，圜底，耳上有乳丁。口沿内外绘锯齿纹。口径8.7、高6.2厘米（图九四九，2）。

87M：231，夹砂红陶。敞口，鼓腹，圜底。耳残。口径7、高6厘米（图九四九，1）。

陶横耳杯　1件。

87M：3，夹砂红陶。直口，鼓腹，圜底，单耳在上腹部横装。通体饰网状纹，内口沿有锯齿状纹，耳面上有"×"形纹。口径7.2、高6.8厘米（图九五〇，3；图版二八六，2）。

陶竖耳杯　17件。这是单耳杯的一般形状，为区分其他形状的器耳而得名。

87M：5，夹砂红陶。敛口，圆唇，鼓腹，圜底，大耳上举。通体饰彩，半边为网状纹，另半边为竖条纹，内沿下饰连续三角纹。有很小的流嘴。口径5.8、高6.2厘米（图九五一，2；图版二八六，3）。

87M：23，夹砂红陶。敞口，圆唇，垂腹，圜底。口径6.6、通高7.6厘米（图九五〇，2；图版二八六，4）。

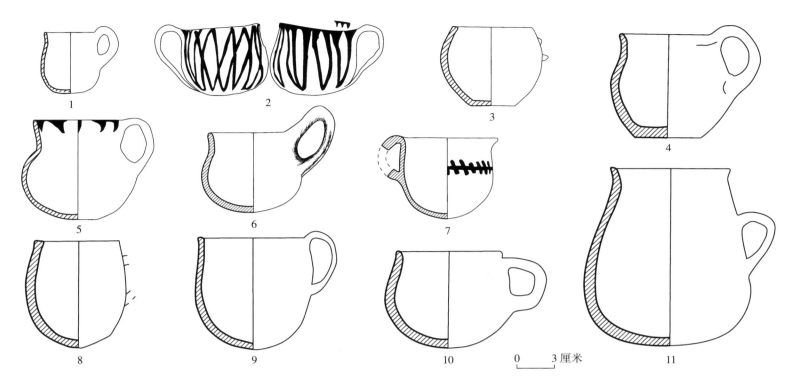

图九五一　陶竖耳杯（流散）
1. 87M：172　2. 87M：5　3. 87M：112　4. 87M：173　5. 87M：70　6. 87M：24　7. 87M：90　8. 87M：72　9. 87M：65　10. 87M：139　11. 87M：71

87M：24，夹砂红陶。敞口，尖唇，鼓腹，圜底，厚壁，又宽又长的单耳上举。外沿有磨痕。口径7.5、高6.5、通高8.8厘米（图九五一，6）。

87M：25，夹砂红陶。敞口，鼓腹，圜底。通体网状纹，内口沿和器耳两侧为锯齿状纹。口径6.8~7.5、高6.7、通高7.2厘米（图九五〇，6；图版二八六，5）。

87M：27，夹砂红陶。小敞口，圆唇，鼓腹，圜底。外沿饰连续三角纹，腹部饰一条横折线纹。口径7.3、高6.2厘米（图九五〇，5；图版二八六，6）。

87M：31，夹砂红陶。敛口，方唇，鼓腹，沿腹耳，圜底。口径11.1、高7.1厘米（图九五〇，1；图版二八七，1）。

87M：35，泥质红陶。敛口，方唇，鼓腹，沿腹耳，圜底。器表打磨光滑。口径10.4、高14厘米（图九五〇，7；图版二八七，2）。

87M：36，泥质红陶。敛口，方唇，鼓腹，小平底，器表打磨光滑。口径9、底径6.2、高11厘米（图九五〇，4；图版二八七，3）。

87M：65，夹砂红陶。口微敞，圆唇，深腹微鼓，圜底。器表有烟炱痕迹。口径8.4、高9.2厘米（图九五一，9）。

87M：70，夹砂红陶。敞口，圆唇，鼓腹，小平底，沿腹耳。内外沿饰稀疏的三角纹，外底、腹部有烟炱。口径7.2、底径2.8、高8.2厘米（图九五一，5；图版二八七，4）。

87M：71，夹砂红陶。口沿稍残。小敞口，尖唇，颈微束，垂腹，慢圜底。口径9.6、高14.6厘米（图九五一，11；图版二八七，5）。

87M：72，夹砂红陶。敛口，方唇，深腹微鼓，圜底，耳残。器表有烟炱痕迹。口径6.8、高8.8厘米（图九五一，8）。

87M：90，夹砂红陶。圆唇，有沿，小鼓腹，圜底，单耳残。通体抹红陶衣，饰黑彩，上腹一周单弦纹上画斜、短平行线。口径8、高6.6厘米（图九五一，7；图版二八七，6）。

87M：112，夹砂红陶。敛口，方唇，鼓腹，平底，耳残。口径6.4、高6.4厘米（图九五一，3）。

87M：139，夹砂红陶。口沿稍残。敞口，尖唇，垂腹，圜底。口径8.4、高8.2厘米（图九五一，10）。

87M：172，夹砂红陶。个体很小，造型别致。敞口，圆唇，圜底。口径4.2、通高5.5厘米（图九五一，1）。

87M：173，夹砂红陶。直口，圆唇，鼓腹，平底，大单耳，厚壁。外沿有磨损痕。口径7.8、底径5.2、高8.6、通高9.3厘米（图九五一，4；图版二八八，1）。

陶筒形杯　6件。壁较直，呈直筒状，单耳，大平底。

87M：34，夹砂红陶。微敞口，圆唇，微亚腰。口径10.5、底径10.2、高16.5厘米（图九五二，5；图版二八八，2）。

87M：73，夹砂红陶。口微敛，方唇，腹微鼓。口径 7.2、底径 6.2、高 5.8 厘米（图九五二，1）。

87M：74，夹砂红陶。直口，圆唇，直腹。口径 6.8、底径 6.6、高 6.8 厘米（图九五二，3）。

87M：75，夹砂红陶。直口，圆唇，腹微鼓。口沿稍残。口径 7、底径 4.4、高 7 厘米（图九五二，2）。

87M：131，夹砂红陶。直口，圆唇，直壁，直筒形，单耳残。通体抹红陶衣饰黑彩，内外沿有三角纹，近底部有连续弧形纹，中部有两圈三角菱格纹，三角内相间填平行线。口径 9.2、底径 8.8、高 14.4 厘米（图九五二，6；图版二八八，3）。

87M：219，夹砂红陶。直口，方唇，上细下略粗。通体饰虚实相间的长菱格网状纹。内外口沿饰连续大锯齿状纹。口径 7.8、底径 7.3、高 12.8 厘米（图九五二，4；图版二八八，4）。

陶带流罐 5 件。形态各异。

87M：12，夹砂红陶。直口，圆唇，鼓腹，圜底，单耳。内外沿饰连续锯齿纹，腹部饰大折线纹。口径 5.4~6.5、

通高 7~8.2 厘米（图九五三，5；图版二八八，5）。

87M：37，夹砂红陶。敞口，圆唇，壁较直，无耳，小尖流。口径 5~6.5、底径 3、高 4.4 厘米（图九五三，1；图版二八八，6）。

87M：38，夹砂红陶。敞口，方唇，鼓腹，圜底，单耳，带流，流与耳呈 90°角。口径 5~5.8、通高 4.6 厘米（图九五三，2；图版二八九，1）。

87M：86，夹砂红陶。敞口，圆唇，鼓腹，圜底，单耳。通体网状纹，内沿和耳两边为锯齿形纹。口径 7.9~9.6、高 14.3~15.5 厘米（图九五三，3；图版二八九，2）。

87M：136，夹砂红陶。直口，圆唇，球形腹，小平底，装饰性的宽短流上举，宽带形耳，腹部两侧有对称的一双盲鼻。口径 13.2、底径 8.4、通高 25.2 厘米（图九五三，4；图版二八九，3）。

陶圈足罐 4 件。形态相似，罐形器带矮圈足，单横耳，耳顶有乳突，均为彩陶。

87M：2，夹砂红陶。小折沿，圆唇，鼓腹。单横耳

图九五二　陶筒形杯（流散）
1.87M：73　2.87M：75　3.87M：74　4.87M：219　5.87M：34
6.87M：131

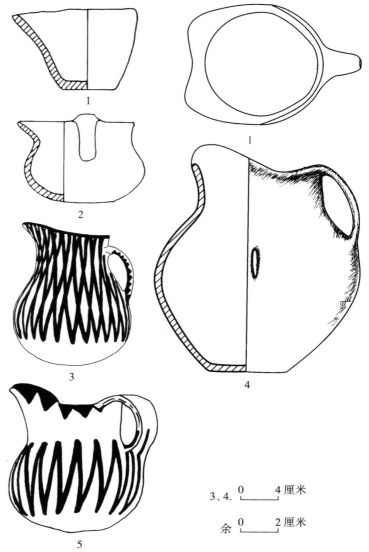

图九五三　陶带流罐（流散）
1.87M：37　2.87M：38　3.87M：86　4.87M：136　5.87M：12

上有双线纹，通体饰竖条带纹，内沿有不规则锯齿纹。口径6.6、足径6.2、高8.2厘米（图九五四，4；图版二八九，4）。

87M：73，夹砂红陶。圆唇，鼓腹，圈足微残。腹部饰一圈连续的涡形纹，内外沿饰锯齿状纹。口径9.8、底径4.1、残高10.2厘米（图九五四，5）。

87M：83，夹砂红陶。敞口，方唇，颈微束，鼓腹，横腹耳并上翘，耳顶部有一乳丁，喇叭状矮圈足。口沿内、外绘几乎相同的锯齿纹，腹部绘由弧线、三角构成的纹样，腹部有间距大致相等的五个乳丁。口径5.7、足径3.6、高5厘米（图九五四，1；图版二八九，5）。

87M：101，夹砂红陶。圆唇，鼓腹，矮圈足，单横耳残。通体抹红陶衣饰黑彩，绘细密的折线纹。口径6.6、足径5、通高6.8厘米（图九五四，2；图版二八九，6）。

陶圈足盘　1件。

87M：17，夹砂红陶。敛口，方唇，浅腹，高圈足。通体抹红色陶衣，饰黑彩，上腹饰六组涡旋纹，大涡旋纹内填斜平行线，相交的小涡旋纹内抹浅黄色彩（复彩），盘内饰双线十字形纹。口径21、足径10.8、通高18.8厘米（图九五四，3；图版二九○，1）。

陶碗　3件。敞口，浅腹，大平底，无耳。

87M：55，夹砂红陶。方唇，大凸底。口径11.8、底径8.4、高5.6厘米（图九五五，2）。

87M：68，夹砂红陶。圆唇。口径8.4、底径4.4、高6.4厘米（图九五五，1）。

87M：171，夹砂红陶。方唇，器壁较厚，上口不平整。口径11.6、底径8.2、高5.9厘米（图九五五，3）。

陶盆　18件。个体较大，浅腹，平底。

87M：1，夹砂红陶。敛口，圆唇，鼓腹，单耳。内口沿饰连弧纹，外饰连续三角纹，每个三角均为一大一小相套，有时套得太紧成为一体。口径16、底径7.8、通高8厘米（图九五六，5；图版二九○，2）。

87M：13，夹砂红陶。敛口，方唇，鼓腹，平底，单耳。通体饰三角网状纹，内沿饰连弧纹。口径13.4、底径7.2、通高7.8厘米（图九五六，4；图版二九○，3）。

87M：14，夹砂红陶。敛口，圆唇，平底，单横耳。外饰三角网状纹间竖条带纹，三角两长边相交后长出，内口沿为锯齿状纹。口径19、底径8、高9.4厘米（图九五六，3；图版二九○，4）。

87M：15，夹砂红陶。敛口，方唇，平底。外沿下有连续的双弧线纹。口径19、底径8.2、高9.3厘米（图九五七，3；图版二九○，5）。

87M：53，夹砂红陶。敞口，圆唇，平底，底部特

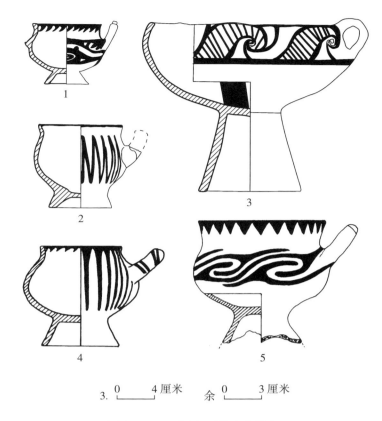

图九五四　陶圈足器（流散）

1、2、4、5. 圈足器（87M：83、101、2、73）　3. 圈足盘（87M：17）

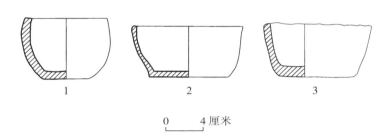

图九五五　陶碗（流散）

1. 87M：68　2. 87M：55　3. 87M：171

别厚实。口径10.4、高5.5厘米（图九五六，10；图版二九○，6）。

87M：56，夹砂红陶。敞口，方唇，浅腹，平底，单鋬小而粗糙，上有一小竖孔。口径17.2~18、底径8~8.5、高8.3~7.6厘米（图九五六，1；图版二九一，1）。

87M：52，夹砂红陶。敞口，方唇，斜壁，小平底。口径17.2、底径8.2、高8.7厘米（图九五六，8）。

87M：82，夹砂红陶。敞口，圆唇，浅腹，小平底微内凹，单耳。通体饰三角网状纹间竖条纹，内沿饰锯齿状纹。口径17.6、底径6、高7.2厘米（图九五六，6；图版二九一，2）。

87M：100，夹砂红陶。小敞口，圆唇，微鼓腹，平底，单横耳。饰三角网状双竖条纹和单三角竖条纹相间的通体彩。口径18.8、底径8.2、高10.4厘米（图九五六，9；

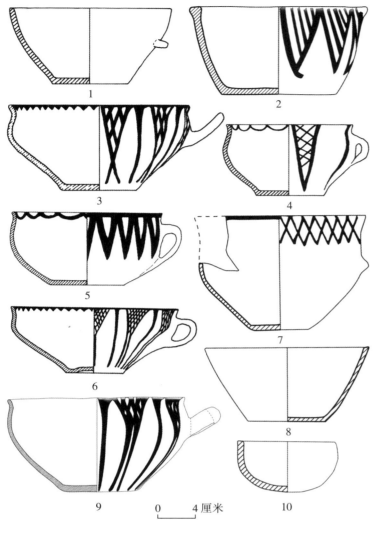

图版二九一，3）。

87M：117，夹砂红陶。敞口，方唇，平底，口沿处有对称的瘤状錾。通体抹红色陶衣，饰黑彩，为连续的大三角纹，三角纹内填斜平行线。口径 18.7、底径 12、高 9.5 厘米（图九五六，2）。

87M：121，夹砂红陶。方唇，斜腹，大平底。口径 14.8、底径 8.2、高 6.3 厘米（图九五七，2）。

87M：129，夹砂红陶。敞口，方唇，鼓腹，薄壁，有单錾形耳，耳上有长方形穿孔。口径 13.3、底径 6.2、高 7.5 厘米（图九五七，4；图版二九一，4）。

87M：160，夹砂红陶。直口，深腹，凸平底，单耳。内沿部饰小三角纹，上腹部有连续折线纹。口径 19.2、底径 8.5、高 14.5 厘米（图九五七，7）。

87M：177，夹砂红陶。敞口，尖唇，鼓腹，平底，薄胎，单耳。外部饰双折线三角纹，附加双线和平行线上加斜线纹。内沿连续三角纹，内腹、底部饰四组由连续三角纹组成的双线纹。口径 18.8~19.6、底径 6.8、高 11.6 厘米（图九五七，6；图版二九一，5）。

87M：179，夹砂红陶。敛口，方唇，单耳顶上有乳丁。红衣黑彩，内沿饰连续锯齿状纹，外沿下饰双线波状纹。口径 13.5、底径 6.4、通高 6.5 厘米（图九五七，1；图版二九一，6）。

87M：191，夹砂红陶。敞口，方唇，斜腹，凸平底，器物严重变形，上口呈近椭圆不规则形。内沿饰连续三角纹，外沿下饰连续折线纹。口径 19.5~24.6、底径

图九五六　陶盆（流散）

1. 87M：56　2. 87M：117　3. 87M：14　4. 87M：13　5. 87M：1
6. 87M：82　7. 87M：202　8. 87M：52　9. 87M：100　10. 87M：53

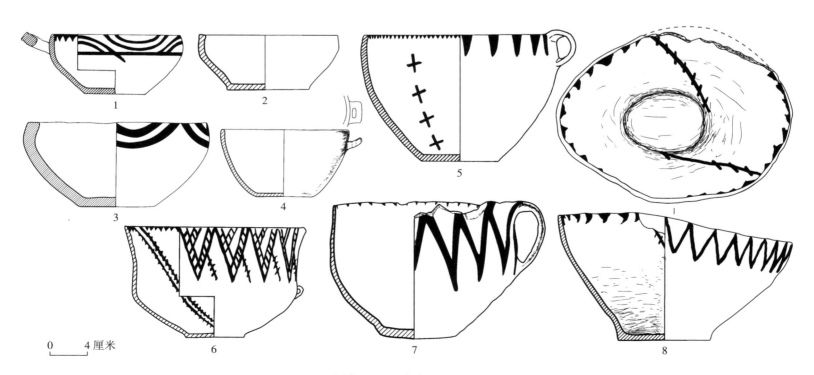

图九五七　陶盆（流散）

1. 87M：179　2. 87M：121　3. 87M：15　4. 87M：129　5. 87M：192　6. 87M：177　7. 87M：160　8. 87M：191

9.2~9.8、高 10.5~13.8 厘米（图九五七，8）。

87M：192，夹砂红陶。直口，方唇，单耳。内沿饰
细密的锯齿纹，外沿下饰稀疏的大三角纹，器内壁饰由
小 "＋" 字组成的大 "＋" 字纹。口径 20.4、底径 8.1、
高 14.2 厘米（图九五七，5）。

87M：202，夹砂红陶。敞口，圆唇，斜壁，腹部
有双小錾。口沿内饰窄条带，外沿下饰网状纹。口径
18.3、底径 6、高 12.4 厘米（图九五六，7）。

陶釜　1 件。

87M：103，夹砂红陶。大敞口，圆唇，鼓腹，平底，
有双錾。通体厚烟炱。口径 17.8、底径 9.8、高 22.2 厘米（图
九五八，2；图版二九二，1）。

陶桶形器　1 件。

87M：162，夹砂红陶。直口，方唇，壁较直，平底，
沿上有对称双直耳。外沿饰连续锯齿纹，腹部饰内填网
状纹的大三角纹和弦纹。口径 13.5、底径 9.2、通高 16.4
厘米（图九五八，1；图版二九二，2）。

2. 木器

23 件。有盘、盆、耳杯、桶、取火板、撑板、梳、
复合弓、旋镖、盒、木器具。

木盘　6 件。用圆木削制。长圆形或圆角长方形，
器无腹。

87M：61，用胡杨木削制。上口长圆形，弧底，器
两端和底部厚实，外底部存剁痕，一长帮中部有穿孔。
长 30.8、宽 10、高 4.3 厘米（图九五九，1）。

87M：138，以木材的自然形状削制。呈不规则形，
三边直，一边弧，浅腹，底近平。口最大长 35.8、宽
23.8 厘米（图九五九，3；图版二九二，3）。

87M：146，平面呈椭圆形。敞口，腹甚浅，圜底，
底部有四处突起的足。长 58.2、宽 22.2、高 6.6 厘米（图
九五九，5；图版二九二，4）。

87M：148，圆木削制。口近椭圆形，浅腹，慢凸
底。一长边有穿孔。长 43.8、宽 19.8、高 7.2 厘米（图
九五九，6；图版二九二，5）。

87M：149，长圆形口，浅腹，底近平。一长边有穿
孔。长 47.2、宽 14.8、高 3.6 厘米（图九五九，4；图版
二九二，6）。

87M：201，圆木削制。圆角长方形，方唇，浅腹，
底近平。长 41、宽 15.2、高 4.1 厘米（图九五九，2）。

木盆　3 件。用圆木挖、刻成，形态差别较大。

87M：42，口较直，呈椭圆状，大平底。口径 14.7、
底径 12.4、高 5.8 厘米（图九六〇，3；图版二九二，7）。

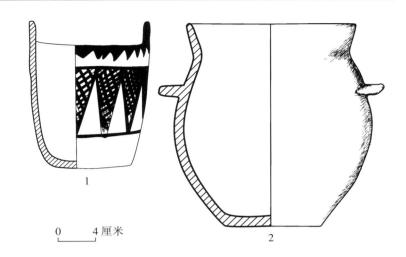

图九五八　陶桶形器、陶釜（流散）
1. 桶形器（87M：162）　2. 釜（87M：103）

87M：108，用圆木挖、刻成。长圆形，口微敛，圜底，
厚壁，两短边各有一个大乳突形錾。通长 37、宽 15、高
13 厘米（图九六〇，1；图版二九三，1）。

87M：161，用胡杨木削、挖成。长圆形，敞口，浅腹，
平底，一长帮上有穿孔，另一长帮较低矮，面上有四小
孔，原来可能帮有加高的木片。底部有刀剁痕。长 21、
宽 12.5、高 5.1 厘米（图九六〇，4）。

木耳杯　1 件。

87M：41，敞口，方唇，浅腹，假圈足状平底，椭
圆形口，无錾，厚薄均匀。口径 6.2~8.6、底径 3.7~5.4、
高 3 厘米（图九六〇，2）。

木桶　1 件。

87M：122，用胡杨木挖、削成。椭圆形口，似流，
器底遗失，上口下有两个穿孔，孔径 0.6 厘米。外沿饰
红色连续大三角纹，近底部也有斑驳的红彩，但纹样不清。
口径 10.6~13.5、底径 10.8、高 18.6 厘米（图九六一，2；
图版二九三，2）。

木取火板　1 件。

87M：62，削出的方形木条，在一面等距刻出八个
槽，其一对应着钻孔。长 18.8、宽 2、厚 1.6 厘米（图
九六一，1；图版二九三，3）。

木撑板　2 件。个体差别较大，但都用木板削制。
长条形，扁平状，一边有成排的穿孔，用做弓箭袋上的
附件。

87M：63，木板削制。长条形，两端弧圆，一边有
成排的穿孔，用做弓箭袋上的附件。长 68、宽 3.6 厘米（图
九六一，4；图版二九三，4）。

87M：153，木板削制。长条形，片状，一头宽
圆。单面浅刻连续的涡旋纹。长 58.7、宽 6.6 厘米（图

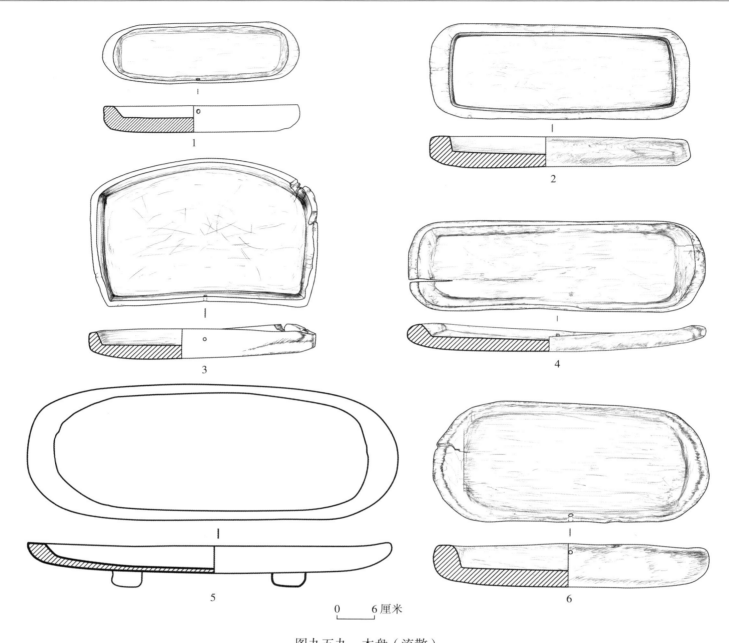

图九五九　木盘（流散）

1.87M：61　2.87M：201　3.87M：138　4.87M：149　5.87M：146　6.87M：148

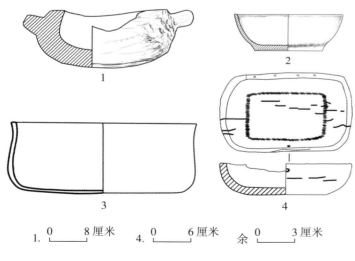

1.　0　　　8厘米　　4.　0　　　6厘米　　余　0　　3厘米

图九六○　木盆、耳杯（流散）

1、3、4.盆（87M：108、42、161）　2.耳杯（87M：41）

九六一，3；图版二九三，5）。

木梳　5件。均扁平的近长方形，柄长齿短。

87M：93，长木片削制。略呈长方形，平顶，两侧有双肩，12齿。长8.2、宽3.2厘米（图九六二，1；图版二九三，6）。

87M：137，用硬木削制。尖顶长条形，扁平状，一边微劈裂残失，10齿。长9.2、宽3.2、厚0.6厘米（图九六二，2）。

87M：203，用薄木片削制。圆顶长方形，共11齿，缺1存10。长7.9、宽4.2、厚0.4厘米（图九六二，4）。

87M：223，扁木片削制。长方形，短粗齿6根。长7.5、宽3.1、厚0.5厘米（图九六二，3；图版二九三，7）。

87M：237，近长方形，扁平，蝶翅形柄，微亚腰，

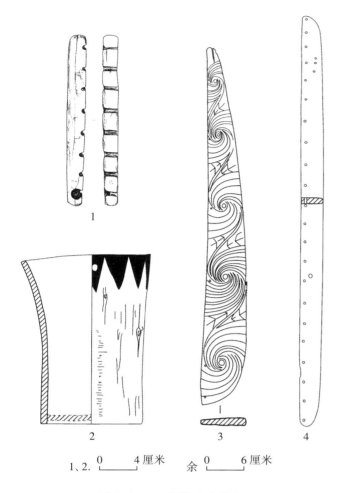

图九六一　木器（流散）

1. 取火板（87M：62）　2. 桶（87M：122）　3、4. 木撑板（87M：153、63）

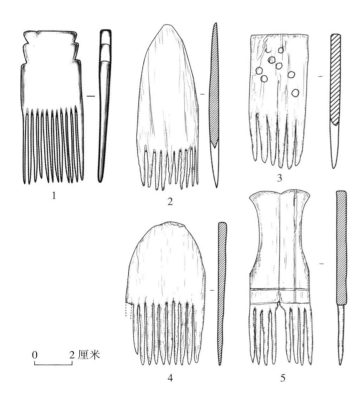

图九六二　木梳（流散）

1. 87M：93　2. 87M：137　3. 87M：223　4. 87M：203　5. 87M：237

两块拼接成，一面有两道相交的凹弦纹。基本完整，存8齿。长9.6、宽3.2、厚0.5厘米（图九六二，5；图版二九三，8）。

复合弓　1件。

87M：152，仅存中段部分，主要为韧木片，存部分动物筋线和牛角片。残长98.5、宽4.5厘米（图九六三，4；图版二九四，1）。

木旋镖　1件。

87M：175，大部分尚存，握柄部残，用自然弯曲的木头削制扁平状体。残长45.2、宽4.5厘米（图九六三，2；图版二九四，2）。

木盒　1件。

87M：226，用圆木挖削成。整体作刺猬形，下腹凿

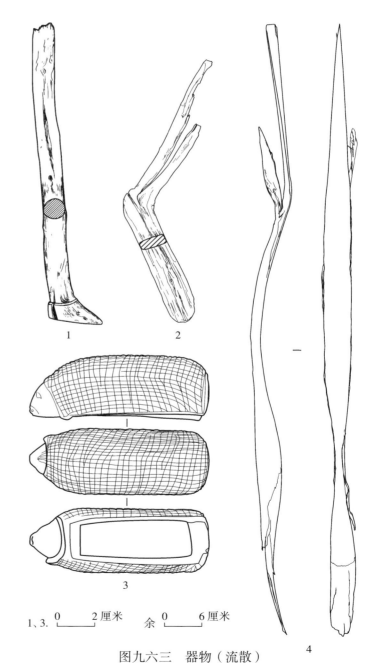

图九六三　器物（流散）

1. 木器具（87M：246）　2. 木旋镖（87M：175）　3. 木盒（87M：226）
4. 复合弓（87M：152）

空作盒体，器盖残失。背部刻出细密的方格纹，一端圆雕出头部，口目分明。长 9.5、宽 3.6、高 3.2 厘米（图九六三，3；图版二九四，3）。

木器具 1 件。

87M：246，木棍削制。残，近靴形，可能用作木器柄。残长 16.5、直径 1.3 厘米（图九六三，1；图版二九四，4）

3. 铜器

23 件。有戈、斧、镞、铃、管、镜、箍、节约、坠饰、仿贝饰。

铜戈 2 件。合范铸制，完整，形态近似。

87M：59，青铜质。阑变为中空的椭圆形銎，一端封闭，稍稍伸出援上呈蘑菇状。銎身穿有一孔。"斧"形内并穿有一孔。援锋尖，刃部钝，援身中线起脊，脊的两侧各有一条凸棱，銎与援的连接处有一乳状饰。后缘缺一角。长 16.1、高 8.7、銎径 3.4 厘米（图九六四，6；图版二九四，5）。

87M：60，红铜质。阑变为中空的椭圆形銎，一端封闭，稍稍伸出援上呈蘑菇状。銎身穿有一孔。"斧"形内并穿有一孔。援锋尖，刃部钝，援身中线起脊，脊的两侧各有一条凸棱，銎与援的连接处有一蘑菇状饰。

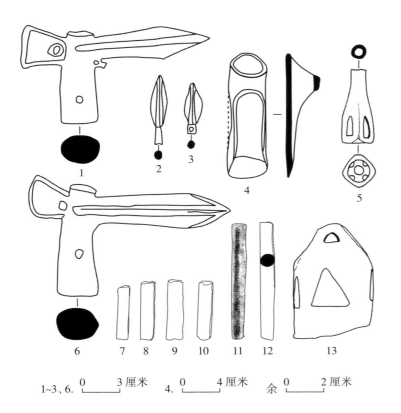

图九六四 铜器（流散）

1、6. 戈（87M：60、59） 2、3. 镞（87M：91-1、91-2） 4. 斧（87M：208） 5、13. 铃（87M：48、47） 7~12. 管（87M：49-1、49-2、49-3、49-4、49-5、49-6）

长 15.1、高 7.7、銎径 3.2 厘米（图九六四，1；图版二九四，5）。

铜斧 1 件。

87M：208，长方形平板状，透銎，拱弧桥形，斧身两边起脊棱，单面刃。长 13.8、宽 4.2、厚 0.8、銎高 3.4、内长径 2.5、内短径 2.2 厘米（图九六四，4；图版二九四，6）。

铜镞 2 件。均为合范铸制，青铜质，完整。

87M：91-1，尖锋，窄翼，刃部钝，起脊，有銎。长 5.9、銎径 0.8 厘米（图九六四，2；图版二九四，7）。

87M：91-2，尖锋，窄翼，刃部钝，起脊，有銎。长 4.8、銎径 0.6 厘米（图九六四，3；图版二九四，7）。

铜铃 2 件。形态大小各异。

87M：47，短粗形，盔形，顶端有双圆孔，正中一周四个大三角形孔。口径 4、高 6.3 厘米（图九六四，13；图版二九五，1）。

87M：48，瘦长形，中空，粗端圆角方形，四侧各有一镂孔，细端圆形。最大径 1.8、长 4.1 厘米（图九六四，5；图版二九五，2）。

铜管 6 件。形态和用途相同，只有 1 个编号。

87M：49，6 件。2 长 4 短，均用厚铜片卷成筒形，与前面的瘦长形铜铃穿连使用。长 3.2~6.3、直径 0.6~0.8 厘米（图九六四，7~12；图版二九五，3）。

铜镜 1 件。

87M：92，边缘稍残。铸制，呈圆饼状，面微凸，背无纹饰，拱桥形纽。直径 7、厚 0.1~0.2 厘米（图九六五，8；图版二九五，4）。

铜箍 2 件。

87M：45，带卷边的短筒状，略椭圆，用做大器柄的加固。直径 2.8~3.4、宽 1.3 厘米（图九六五，7）。

铜节约 2 件一个编号。

87M：50，2 件。形近似。平底，穹背。长 2.3、高 1.7 厘米（图九六五，1；图版二九五，5）。

铜坠饰 4 件。2 个编号，形态差异较大。

87M：44，3 件。大小形状略类同，呈空心圆环状，两端头略细，其一附带有穿孔的小鼻。直径 4.4~6.2 厘米（图九六五，4~6；图版二九五，6）。

87M：51，器体非常薄，全封闭，做工精巧，横截面椭圆形，接口处两边都有平面。直径 3.8、厚 2.3 厘米（图九六五，3；图版二九六，1）。

铜仿贝饰 1 件。

87M：107，仿黄宝螺铸成，卵圆形，酷似黄宝螺。正面凸出，背面凹进。长 1.6、宽 1 厘米（图九六五，2；

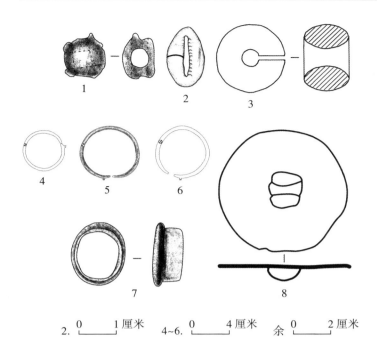

2. ⊢—⊣ 1厘米   4~6. ⊢————⊣ 4厘米   余 ⊢——⊣ 2厘米

图九六五 铜器（流散）

1. 节约（87M：50） 2. 仿贝饰（87M：107） 3~6. 坠饰（87M：51、44-1、44-2、44-3） 7. 箍（87M：45） 8. 镜（87M：92）

图版二九六，2）。

4. 铁器

2件。有衔和镳。

铁衔 1件。

87M：130A，锻打制成。呈哑铃状，两端各为一大环，中间相套在一起的为两个桃形小环。全长23厘米（图九六六，3；图版二九六，3）。

铁镳 1件。

87M：130B，2件。锻打制成。略呈"S"状，两端宽，中间窄并穿有两个方形孔。一件长17.5厘米，另一件长17.7厘米（图九六六，1~2；图版二九六，3）。

5. 其他

骨节约 1件。

87M：233，用兽骨削制。圆形主体，上有四个圆孔，两面平。向上延伸出装饰性的云纹。通体长7.5、宽5.4、厚2.4厘米（图九六七，4；图版二九六，4）。

砺石 1件。

87M：97，砂岩质。呈扁平状的长方体，一端有系孔。通体有磨损痕。长9.5、宽3.8、厚0.9厘米（图九六七，5；图版二九六，5）。

金花 1件。

87M：142，冲压制成。呈十二角形，外六角为柳叶状，内六角为花瓣状，中间有一小孔，孔的四周有一圈

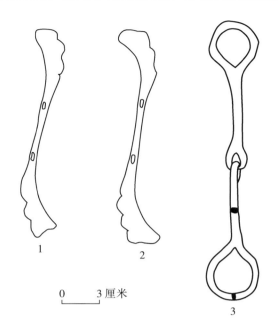

0 ⊢————⊣ 3厘米

图九六六 铁器（流散）

1、2. 镳（87M：130B-1、130B-2） 3. 衔（87M：130A）

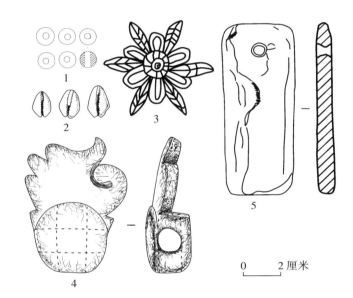

0 ⊢————⊣ 2厘米

图九六七 其他器物（流散）

1. 玻璃珠（87M：124） 2. 海贝（黄宝螺）（87M：95） 3. 金花（87M：142）
4. 骨节约（87M：233） 5. 砺石（87M：97）

凹凸相间的纹饰。最大径5.9厘米（图九六七，3；图版二九六，6）。

海贝（黄宝螺） 1组。

87M：95，12枚。大小、形状近似。壳厚，微扁平，有棱角，淡黄色，壳口窄，唇齿不多，保存基本完好。长1.1~1.6、宽1~1.2厘米（图九六七，2）。

玻璃珠 1件。

87M：124，5枚。色泽和形状、大小相似。玛瑙红色。圆形，有穿孔。直径1、孔径0.3厘米（图九六七，1；图版二九六，7）。

第二节　1988年洋海墓地发掘

1988 年 10~11 月，新疆文物考古研究所对洋海墓地进行了发掘，资料在《中国考古学年鉴（1989）》中有发表。从被盗墓葬暴露的情况看，至少在东西、南北 500 米的范围内，有墓葬分布。这次发掘总面积 1208.5 平方米，共发现 82 座墓葬（包括被盗扰的墓葬在内），Ⅰ区（一号墓地）77 座，Ⅱ区（二号墓地）5 座。

墓葬地表为沙砾戈壁，无封土标记，表层下即见墓口。墓口多开在略呈红色的土层上，有的墓口边残留有做棚盖用的苇子。墓葬形制多为竖穴土坑，呈矩形，个别有生土二层台。另外有三座较大的墓，以墓口为中心，在其外围用土坯砌一圆形圈子。葬具为尸床，框架式榫卯结构，尸床面顺铺一层细长的木棍。墓地有相当一部分小孩墓，其结构与大人墓同。葬式有仰身屈肢葬，多为单人，方向绝大多数基本向东；也有二次葬的，骨骼较乱，有单人也有多人。

随葬品以木器、陶器为多，还有毛织品、铜器、角器、铁器等。木器有圆木桶、木盘、木梳等。陶器中彩陶占相当数量，黑彩，器形有罐、杯、豆、瓶等（图九六八）。铜器多为小饰件，还有圆形素面带纽镜、三翼带铤镞等。铁器有衔和少量锈块。墓中有一些弓、箭，还有一定数量的畜骨，以羊为主。农作物有粟、麦（待鉴定）杆穗。陶器具有浓厚的地方特色。

洋海墓葬随葬品明显反映农业、畜牧业相结合的经济，手工业在经济领域中也占有一定位置。墓葬随葬品中彩陶、铜器、铁器共出。新疆地区共出这些器类的墓地和遗址，其时代早不过西周，晚不过汉代。

第三节　收藏在鄯善县博物馆的洋海墓地流散器物

这里报道的是 1988~2002 年间由鄯善县公安局从抓获的盗墓人手中收缴的部分器物，全部来源于洋海墓地。他们盗掘的地点主要集中在Ⅰ号墓地的中、南部，Ⅱ号墓地的东部，Ⅲ号墓地和外围的斜坡墓道墓。收缴的文物也出土于兹。

这批器物从质地分为陶器、铜器、木、骨、角器、皮制品和毛纺织物。器物原始编号为收缴的年份、墓葬地点代码和当年器物序号的组合，以下从略。

1. 陶器

30 件。有杯、罐、盆、豆、壶等。

陶杯　13 件。单耳，体型都较小。有竖长耳杯、腹横耳杯、沿立耳杯、勺杯、曲腹杯、筒形杯等。

陶竖长耳杯　2 件。带状耳从沿上翻下直达器底，均彩陶。

90M∶1，泥质红陶。手制。敞口，壁较直，缓圜底。通体饰三条为一组的锯齿纹，耳两侧和内口沿也饰锯齿纹。口径 10.2、高 12.8 厘米（图九六九，3；图版二九七，1）。

98M∶40，泥质红陶。手制。敛口，鼓腹，缓圜底。通体饰五组竖向带齿的卷云纹，耳上饰梯形纹，内外沿各有一排锯齿纹。口径 9.2、高 8.3 厘米（图九六九，1；图版二九七，2）。

陶腹横耳杯　1 件。

94M∶17，泥质红陶。手制。敛口，鼓腹，圜底，

图九六八　出土器物

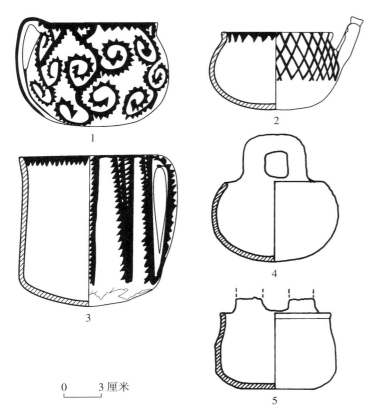

图九六九　陶杯（流散）

1、3. 竖长耳杯（98M：40、90M：1）　2. 腹横耳杯（94M：17）　4、5. 沿立耳杯（00M：4、94M：70）

耳上有平顶的乳丁。通体饰均匀的网状纹，内沿装饰一排锯齿纹。口径8.7、通高7.8厘米（图九六九，2；图版二九七，3）。

陶沿立耳杯　2件。个体很小。

00M：4，夹砂红陶。手制。敛口，鼓腹，圜底，方形耳。耳的对边外表有烟炱。口径8.1、通高10.6厘米（图九六九，4）。

94M：70，夹砂红陶。手制。敞口，鼓腹，平底，方形耳上部残。口径8.8、底径5.2、残高7.5厘米（图九六九，5）。

陶勺杯　3件。个体很小，耳很大，形似杯而用于掏舀流质东西，故名。

02M：31，夹砂红陶。手制。敞口，平底，大单耳。耳的对边外表有磨痕和烟炱。口径10.2、底径6.2、高6.2厘米（图九七〇，2）。

94M：6，夹砂红陶。手制。敞口，圜底，呈半球形，单耳上举。口径12.5、通高7.5厘米（图九七〇，4）。

94M：2，夹砂红陶。手制。敛口，圆唇，圜底。口径8.4、通高7.2厘米（图九七〇，1）。

陶曲腹杯　4件。深腹。

00M：5，夹砂红陶。手制。敞口，鼓腹，圜底，带状单耳。腹部饰连续的三角菱形格纹，内沿装饰一排

图九七〇　陶器（流散）

1、2、4. 勺杯（94M：2、02M：31、94M：6）　3、5~7. 曲腹杯（96M：72、00M：5、96M：80、02M：27）　8. 筒形杯（02M：22）

锯齿纹。口径7.6、高11.2厘米（图九七〇，5；图版二九七，4）。

02M：27，夹砂红陶。手制。敞口，鼓腹，圜底，带状单耳。通体饰成组的网格纹，内沿装饰一排锯齿纹。口径7.8、高11.6厘米（图九七〇，7）。

96M：72，夹砂红陶。手制。敞口，鼓腹，平底，带状单耳。通体饰斜条带纹，内沿抹彩带。口径6.8、通高9.8厘米（图九七〇，3；图版二九七，5）。

96M：80，夹砂红陶。手制。敞口，鼓腹，圜底，带状单耳。口径8.2、高11.2厘米（图九七〇，6）。

陶筒形杯　1件。

02M：22，夹砂红陶。手制。直壁，大平底。通体抛光并抹红色陶衣。耳的对边外表有烟炱。口径10.6、

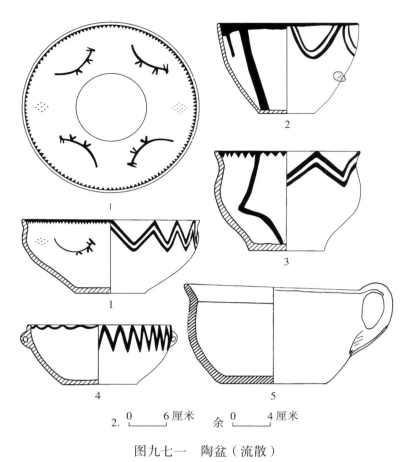

图九七一　陶盆（流散）

1.92M：8　2.92M：49　3.92M：7　4.92M：28　5.94M：21

底径 10.6、高 14.2 厘米（图九七〇，8）。

陶罐　2 件。双耳，敞口，鼓腹。

02M：2，泥质红陶。手制。马鞍形敞口，折腹，平底。口径 9.2、底径 5.2、通高 15.3 厘米（图九七二，2）。

96M：29，夹砂红陶。手制。敞口，垂腹，圜底。口径 8.2、高 12.3 厘米（图九七二，3；图版二九七，6）。

陶盆　5 件。个体都较小。敞口，浅腹，平底。

92M：7，夹砂红陶。手制。圆唇。器表上半部饰一周连续双折线纹，内沿装饰一周锯齿纹，内腹饰有宽折线。口径 15.6、底径 8、高 10.8 厘米（图九七一，3；图版二九八，2）。

92M：8，夹砂红陶。手制。圆唇。器表上半部饰一周连续双折线纹，内沿装饰一排细密的锯齿纹，内壁有四只鹿（羚羊？）纹，在纹样之间各有一个四四和三三圆点组成的菱格。口径 19.2、底径 7.4、高 8.2 厘米（图九七一，1；图版二九八，1）。

94M：21，夹砂红陶。小折沿，大平底，沿腹宽带耳。耳的对边外表有烟炱。口径 18.6、底径 11.2、通高 11.2 厘米（图九七一，5；图版二九八，4）。

92M：28，夹砂红陶。手制。圆唇，有双系。器表

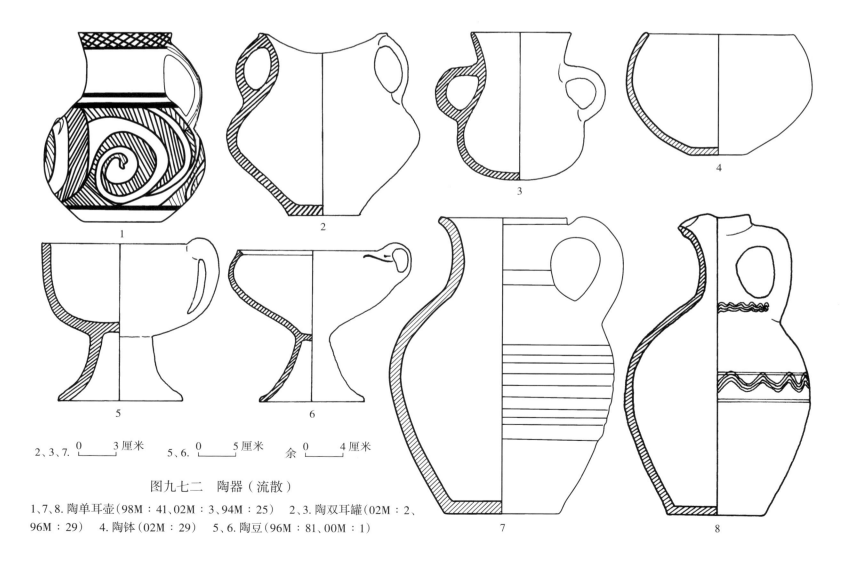

图九七二　陶器（流散）

1、7、8.陶单耳壶（98M：41、02M：3、94M：25）　2、3.陶双耳罐（02M：2、96M：29）　4.陶钵（02M：29）　5、6.陶豆（96M：81、00M：1）

上半部饰一周连续单折线三角纹,内沿装饰一周垂帐纹。口径 15.2、底径 7.8、高 6.6 厘米（图九七一,4;图版二九八,3）。

92M:49,夹砂红陶。手制。圆唇。器表上半部饰一周连续双折线纹,内沿装饰一周宽带纹,内腹饰有双线。口径 22.5、底径 9.2、高 15.2 厘米（图九七一,2）。

陶钵　1 件。

02M:29,泥质灰陶。轮制。敛口,鼓腹,小平底。口径 16.2、底径 5.8、通高 13.3 厘米（图九七二,4）。

陶壶　3 件。形态各异。

98M:41,泥质红陶。手制。敞口,长颈,鼓腹,平底,颈肩宽带耳。与耳相对的一边腹上有一月牙形饰。外沿饰网纹和横带纹,腹部饰变形涡纹内填平行线,耳两边和内口沿饰锯齿纹。口径 10.2、底径 7.8、高 21.3 厘米（图九七二,1;图版二九九,1）。

94M:25,夹砂灰陶。轮制。鸡首壶。鸡首状口,细长颈,大单耳,鼓腹,平底。颈肩与腹上有弦纹和水波纹。口径 7.2、底径 10.4、高 32.8 厘米（图九七二,8）。

02M:3,夹砂灰陶。轮制。敞口,束颈,鼓腹,平底,单耳。颈、腹部有多道细弦纹。口径 10.2、底径 9.2、通高 24.6 厘米（图九七二,7）。

陶豆　2 件。夹砂红陶。手制。深盘,单耳,喇叭形高圈足。

00M:1,敛口,鼓腹。内壁有"十"字形纹,外饰红陶衣。口径 20.3、底径 13.8、通高 22 厘米（图九七二,6）。

96M:81,直口,方唇,带状单耳。外表粗糙。口径 21、底径 16.5、通高 22.5 厘米（图九七二,5）。

彩绘泥俑　4 件。武士俑,形态相似。穿鸡心领窄袖长衣,衣上用黑、红、白横条彩绘装饰,右手握兵器,深目高鼻,戴帷帽。

94M:15,右小臂残。宽 14.4、厚 3.6、通高 37.2 厘米（图九七八,3）。

2. 铜器

25 件。均为小件器物。有镜、衔、刀、铃管、扣饰等。

铜镜　1 件。

99M:1,薄片状,圆形带柄,柄上有圆形孔。圆形直径 11.5、底径 12.4、厚 0.3、通长 15.5 厘米（图九七三,12;图版二九九,2）。

铜衔　1 件。

01M:1,两节式,椭圆形内环相套接,外环马镫形,中段圆柱体。单节长 9.5、通长 18.2 厘米（图九七三,5）。

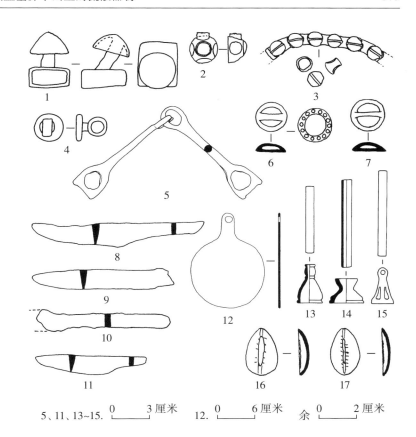

5、11、13~15. ⊢—₃厘米　12. ⊢—₆厘米　余 ⊢—₂厘米

图九七三　铜器（流散）

1、4. 扣饰（01M:8、9）　2. 节约（01M:13）　3. 马辔饰（01M:12）
5. 衔（01M:1）　6、7. 扣（01M:11、10）　8~11. 刀（01M:4、3、20、2）
12. 镜（99M:1）　13~15. 铃管（01M:7-1、7-2、7-3）　16、17. 仿贝饰
（01M:14-1、14-2）

铜刀　4 件。锻造,均长条形。

01M:2,直背,斜刃,刀尖微上翘。通长 9.3、刃宽 1.2、柄宽 0.6、厚 0.3 厘米（图九七三,11）。

01M:3,直背,直刃,柄残。残长 7.5、刃宽 1.1、柄宽 1、厚 0.3 厘米（图九七三,9）。

01M:4,直背,斜刃。通长 9.2、刃宽 1.1、柄宽 0.6、厚 0.3 厘米（图九七三,8）。

01M:20,锈蚀,仅存直柄和部分刃部。残长 7.2、柄宽 0.8、柄长 5.8、厚 0.3 厘米（图九七三,10）。

铜铃管　48 件。从以往的发现来看,这种小铃铛和细小的铜管是一对一配套使用的,所以放在一起介绍。

01M:5,只有铜铃而无铜管,共 25 枚,其中较小的 8 枚缝缀在一块毛绦带上,余皆散件。较大者铸成,中空,长 3.1、大径 1.8 厘米。小个的用铜片卷成,长 1.5、直径 0.8 厘米,在较细的一头穿皮条打结作鼻扣（图九七四,2;图版二九九,3）。

01M:6,成组的 5 套铜铃管缝缀在一块白色毡片上。铃管铸成,中空,内穿毛线绳,管在上、铃在下,下面结有毛线穗。铃长 2.3、大径 1.6 厘米。管长 4.8、直径 0.8 厘米（图九七四,3;图版二九九,4）。

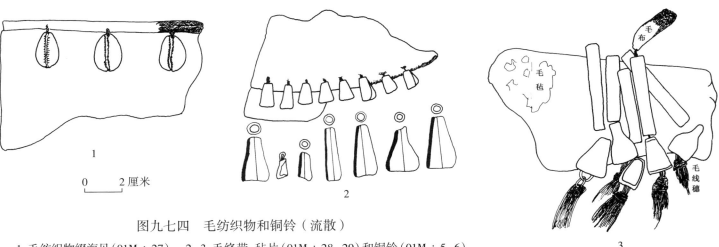

图九七四　毛纺织物和铜铃（流散）

1. 毛纺织物缀海贝（01M：27）　　2、3. 毛绦带、毡片（01M：28、29）和铜铃（01M：5、6）

01M：7，成组的铃管各9枚共18件。管铸成，中空，最长者7.2、直径0.8厘米。铃有三种形状：高脚杯形2枚，口径2、底径0.8、高3.2厘米（图九七三，13）；漏斗形5枚，口径2.8、底径1.8、高2.1厘米（图九七三，14）；锥状镂孔带纽者2枚，口径1.8、高3厘米（图九七三，15；图版二九九，5）。

铜扣饰　4件套。形状各不相同。

01M：8，铸造。扣孔长方形，连接一个蘑菇状铆钉帽。长2.2、宽1.9、高2.8厘米（图九七三，1）。

01M：9，铸造。扣孔圆形，连接一个乳丁状帽。直径1.2、帽径1.5、高1.6厘米（图九七三，4）。

01M：10，共3枚，形状相同。铸造。圆形，素面，有通背纽。直径1.7、厚0.5厘米（图九七三，7）。

01M：11，共2枚，形状相同。铸造。圆形，正面沿缘有一圈圆形凹槽圆圈纹，有通背纽。直径1.9、厚0.5厘米（图九七三，6）。

铜马镳饰　1件。残存一长段。

01M：12，圆形皮条上密集地穿着装饰性铜扣，呈串状，长30余厘米。共有铜扣40个，铜扣铸造，每个都像小戒指，面上有竖槽。直径0.8、厚0.8厘米（图九七三，3；图版二九九，6）。

铜节约　1件。

01M：13，圆形，蘑菇状，六面有孔，内存皮条。直径1.5、厚1.1厘米（图九七三，2）。

铜仿贝饰　6件。

01M：14，形状相似，略有差别。形如海贝，略大点。其一长2.6、宽1.5、厚0.4厘米（图九七三，16、17）。

3. 木器

31件（组）。有桶、盘、盆、杯、臼、匜、纺轮、撑板、杖、镶、鸭、梳、竖琴、弓箭等。

木桶　3件。用胡杨圆木刻挖成筒状，一头刻槽后嵌进木底，另一头穿两个小孔系绳。有些木桶上雕刻出动物图像。

01M：21，桶上有木质纹理和疤痕。口径21.2、底径20.8、高20.5厘米（图九七五，3；图版三〇〇，1）。

01M：22，桶表面阴刻10个动物图像，呈两排互为跟随状。上排5只北山羊，2只前腿跪姿，3只站立，其中1只回头张望；下排3峰骆驼，1头野猪和1匹驯鹿。口径11.6、底径12.4、高17厘米（图九七五，1；图版三〇〇，2）。

01M：23，桶表面涂成黑色后再用粗线条刻出2只虎的图像，沿外轮廓阴刻连续的三角纹似代表鬃毛。再用红、白2色晕染上色。上沿和底部分别阴刻连续的套三角纹，并间隔填红色。口径11.3、底径11.5、高21.2厘米（图九七五，2；图版三〇〇，3）。

木盘　8件。用圆木削、挖成。均浅腹，形态各异。

02M：25，用圆木有分杈的部分削挖成。近圆角三角形。底微凸，表面线刻三只北山羊。口部有一穿孔。口长径30.4、宽17.5、高5.8厘米（图九七六，10；图版三〇一，1）。

95M：55，长圆形口，厚壁，平底。口长径45.8、宽14.5、高7.2厘米（图九七六，9）。

94M：47，长圆形口，壁较薄，平底。外底部有刀刹痕，裂缝处有三组铜眼。口长径32.8、宽18.5、高6.2厘米（图九七六，8；图版三〇一，2）。

94M：31，长圆形口，厚壁，平底。长边中部有一穿孔。口长径52.5、宽15.5、高7.2厘米（图九七六，1）。

94M：45，圆头长方形口，厚壁，平底，一长边中部有一穿孔。口长28.5、宽13.5、高5.8厘米（图九七六，6）。

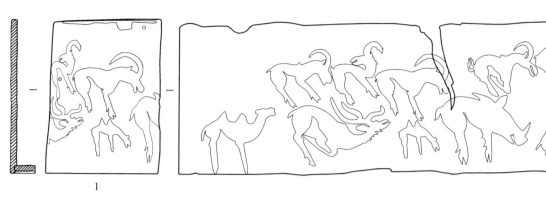

 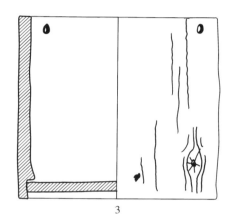

0 ⊢——⊣ 4 厘米

图九七五　木桶（流散）

1.01M：22　2.01M：23　3.01M：21

99M：77，用圆木削挖成。圆头近方形口，弧形底，一长边中部有一穿孔。外底部有刀剁痕。口长 41.2、宽 31.5、高 10 厘米（图九七六，7；图版三〇一，3）。

94M：46，椭圆形口，弧形底。口长径 23.2、宽 16.5、高 6.2 厘米（图九七六，4；图版三〇一，4）。

95M：51，用圆木削、挖成。椭圆形口略有变形，平底。外底部有刀剁痕。口长径 32.5、短径 25.5、高 7.2 厘米（图九七六，5；图版三〇一，5）。

木四足盘　2 件。形态近似，均用圆木连腿整体加工而成。敞口，浅腹，圜底，沿下有一钻孔，足柱状。

99M：76，圆形口，一条腿缺失，后用柽柳棍补装。口径 37.2、通高 12.8 厘米（图九七六，14）。

90M：2，椭圆形口。口长径 39.7、短径 33.4、足高 5.2、通高 12.6 厘米（图九七六，12；图版三〇二，1）。

木盆　2 件。用圆木削挖成。圆形口，圜底，有单系耳。

94M：4，底部有刀剁痕。口径 29.2、高 10.7 厘米（图九七六，3）。

95M：50，系上有穿孔，内存皮条。盘体裂缝处有一组铜眼。口径 24.5、高 7.2 厘米（图九七六，2；图版三〇二，2）。

木杯　1 件。

96M：49，用圆木挖削成。单耳，厚壁，微鼓腹，大平底，底上有刻出的一周深槽。杯体上有三道大裂缝，存捆绑加固用的皮条和固定皮条的木销钉。口径 12.4、底径 11.8、高 14.1 厘米（图九七六，15）。

木臼　1 件。

98M：39，大个体的半球形，外沿等距分布四个方形，其一有系孔并穿着牛皮绳扣。口径 28.2、壁厚 2.4、高 15.6 厘米（图九七六，13；图版三〇二，3）。

木匜　1 件。

95M：5，用圆木挖削成。单长鋬上有系孔，敞口流，厚壁，敞口，口椭圆形，大平底。口径 24、底径 15、高 12.6 厘米（图九七六，11；图版三〇二，4）。

木纺轮　1 件。

93M：60，轮体扁平状，椭圆形，边缘较薄。中间有穿孔，并安装有线轴。轮长径 7.2、短径 6.2、厚 1 厘米，线轴长 32.6 厘米（图九七七，7）。

木撑板　1 件。

95M：57，用木板削刻成。为支撑皮质弓箭袋的帮板。上端较宽些。正面雕刻七组弧线纹。残长 48.6、宽 4.2、厚 0.6 厘米（图九七七，4；图版三〇二，5）。

木手杖　1 件。

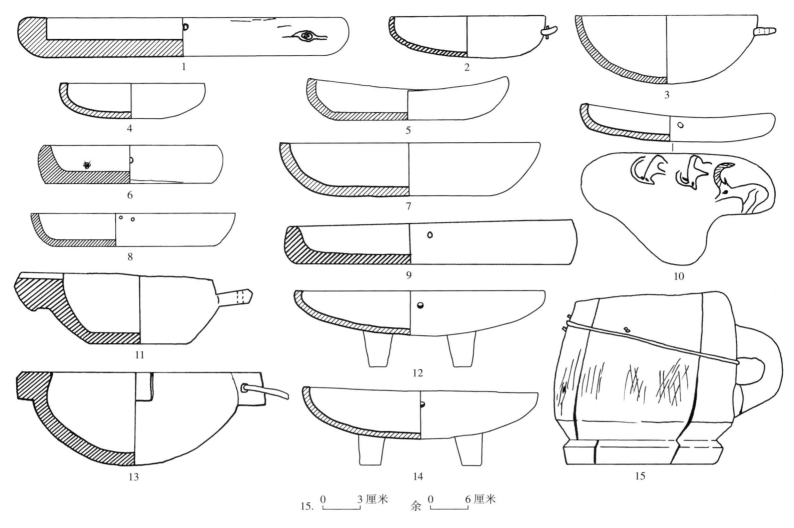

图九七六　木器（流散）

1、4~10. 盘（94M：31、94M：46、95M：51、94M：45、99M：77、94M：47、95M：55、02M：25）　2、3. 盆（95M：50、94M：4）　11. 匜（95M：5）
12、14. 四足盘（90M：2、99M：76）　13. 臼（98M：39）　15. 杯（96M：49）

94M：33，用柔韧的自然圆木制成。直棍，钝角曲柄，圆头。柄上有 4 排 28 枚横向刻槽。长 104.2、最粗处直径 1.8 厘米（图九七七，8）。

木镳　1 件。

94M：32，柽柳木制成。直棍状，上有两个长方形孔。直径 1.5、长 14.6 厘米（图九七七，6）。

木鸭　1 件。

94M：10，用整块木头削刻而成。曲颈，背略凹，并阴刻平行斜线以示羽毛，腹弧线呈船底形。长 12.7、宽 5.8、高 6.4 厘米（图九七七，10）。

木梳　2 件。形状差别较大。

94M：13，弧顶长方形，密齿。宽 7.6、厚 0.6、高 5.8 厘米（图九七七，1）。

01M：24，长条形，亚腰形梳体面上有五横排三角纹，上面两排三角朝下，下面三排朝上，顶插一立柱，9 根粗齿。宽 4.4、厚 0.7、通高 13.2 厘米（图九七七，9；图版三○二，6）。

木冠饰　1 件。

01M：32，用薄木板加工粘合成，四方长筒形，中空，底方，上尖，中间略粗，上端的边斜面上三角形翼缺失，并留下一长方形孔。下口宽 4.8、通长 51.5 厘米（图九七七，5）。

木竖琴　1 件。

93M：53，用胡杨木刻挖成。此器仅存音箱和尾部。外表经打磨抛光，音箱上口平面呈长圆形，底部正中有大半圆形发音孔，音箱两侧有密集的销钉和销钉脱落后留下的小孔，可见曾多次更换过蒙皮。音箱厚 6.2、残长 48.5、宽 13.6 厘米（图九七七，12；图版三○二，7）。

复合弓、木箭及皮弓箭袋　2 套。

01M：25-2，复合弓，1 张。中间用 1 厘米厚的韧木条成型后做骨，两边加粘牛角片和骨板，竖包缠板筋，再缠牛筋绳。弓弰三角形，呈倒钩状，以利挂弦，弦已残。弓长 103.8、直径 2.1 厘米（图九七八，5）。01M：25-3，木箭，5 支。分三截加工后接合，箭尾有挂弦的槽，

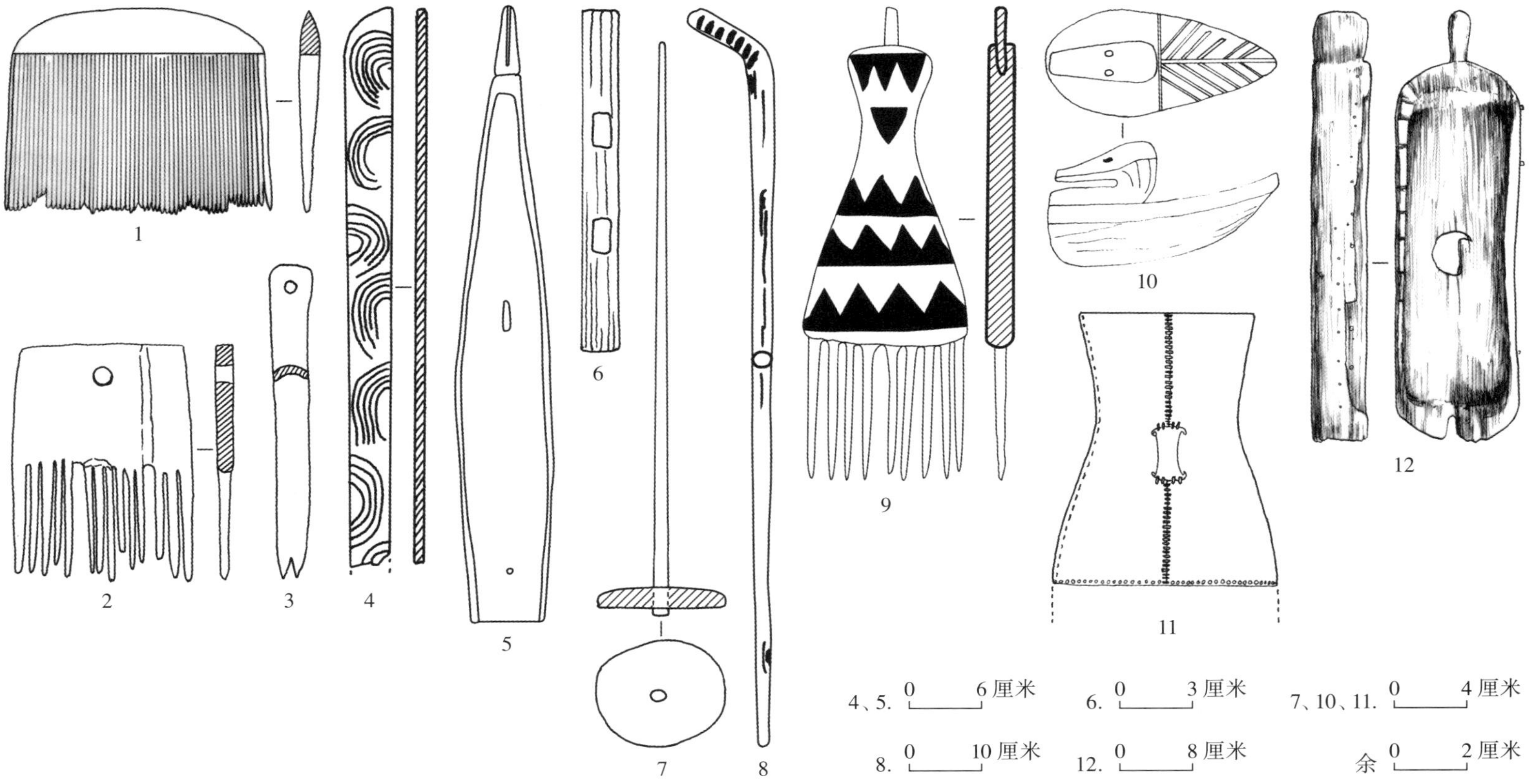

图九七七　木、骨、角器（流散）

1、9. 木梳（94M：13、01M：24）　2. 角梳（02M：36）　3. 骨梳（01M：59）　4. 木撑板（95M：57）　5. 木冠饰（01M：32）　6. 木镳（94M：32）　7. 木纺轮（93M：60）　8. 木手杖（94M：33）　10. 木鸭（94M：10）　11. 角杯（92M：1）　12. 木竖琴（93M：53）

深0.5厘米，并有尾羽3或4枚。其中2支单翼，3支双翼，长59.3厘米（图九七八，6）。直棍（暂且用名）1根，两端中间有孔（此物常见出土，但用途不明）。01M：25-1，皮弓箭袋，1个。用带毛的狼皮缝制，直边有皮带和木撑板，1大袋受弓，2小袋受箭。袋长75.2、宽30.5厘米（图九七八，4）。

01M：26-2，复合弓，1张。中间用1厘米厚的韧木条成型后做骨，两边加粘牛角片和骨板，竖包缠板筋，再缠牛筋绳，弝部缠皮条。弓弰三角形，呈倒钩状，以利挂弦，弦已残。弓长103.5、直径2.5厘米（图九七八，8）。01M：26-1，皮弓箭袋，1个。用鞣制过的小块羊皮缝制，直边有皮带和木撑板，1大袋受弓，3小袋（残）受箭。袋长71.2、宽30.5厘米（图九七八，7）。

木俑　2件。圆木刻制后抛光。头戴扁平帽，上穿右衽褶服，下着裤。面部扁平，无五官和双臂。

94M:11，宽7.9、厚4.3、高22.8厘米（图九七八，1）。

94M:12，宽7.6、厚4.4、高21.7厘米（图九七八，2）。

4. 骨、角器

3件。

骨梳　1件。

01M：59，兽骨片制成。以骨头的弧度刻成长条形，一端有穿孔，另一端有双齿。长8.8、宽1.2、厚0.3厘米（图九七七，3）。

角梳　1件。

02M：36，用牛角加工而成。横曲、竖直、方顶，中间有圆形孔，16枚齿中2枚缺失。长6.7、宽4.9、厚0.6厘米（图九七七，2）。

角杯　1件。

92M：1，用两只牛角加工缝合成亚腰椭圆形杯体，接合处的两边，钻有密集的小圆孔，用细皮条穿合，腰部一侧装皮质桥形耳，皮底缺失，存一周同样细密的小圆孔。口径8.3~9.6、底径9.8~12.2、残高15.8厘米（图九七七，11；图版三〇三，1）。

5. 毛纺织物和服饰

5件。因腐烂和虫蛀，保存都不太好。

01M：27，带贝饰的深蓝色平纹（缂毛）织物。上用红、浅蓝色毛线以通经断纬方法织出满幅斜向的折线纹，蓝地显红色斜线，边缘缝红色毛绦，为头饰的一部分。本来有7枚海贝缝缀在毛纺织物上，其中4枚脱落。残长10.8、宽7.2厘米（图九七四，1；图版三〇三，2）。

01M：28，带铜铃饰的深蓝色平纹（缂毛）织物。上用红、浅蓝色毛线以通经断纬方法织出满幅斜向的折线纹，为胫饰的一部分。多枚铜铃缝缀在毛纺织物上，还带有白色毡片。残长10.3、宽6厘米（图九七四，2）。

01M：29，粗毛毡。用白色、深棕色毛线织出相间的折线纹，存两幅边及带10厘米长的饰穗底边。长12.4、宽6.4厘米（图九七四，3）。

01M：30，绛红色斜纹褐。2/2斜纹毛纺织物，存一侧回纬幅边，一边连缀一条宽1厘米的三角形纹毛绦，毛绦用深蓝色、浅蓝两色线编成。长25、宽18厘米。

01M：31，红、褐色条纹褐。衣服的残片，用红色、浅褐色毛线以平纹相间织出满幅条纹，且红色线条的纬线密度大于褐色线条的纬线密度。残长58、宽40厘米。

第四节　2003~2004年洋海墓地采集器物

2003年3月对洋海墓地的发掘，源于墓地连年被盗掘破坏严重，发掘前，对墓地进行了清扫，采集了一些器物，编号为03M。2004年，洋海夏村村民在洋海Ⅲ号墓地南面戈壁荒漠上垦殖造田，发现并采集了一批器物，编号为04M。出土采集的器物有陶器、木器、皮制器具、铜器、铁器、骨器、角器、石器和食品。

1. 陶器

28件。有单耳罐、壶、碗、圈足盘、圈足罐、双系罐、双耳罐、四足盘、带流杯、单耳杯、带流罐、釜。

陶单耳罐　8件。敞口，深腹，多慢圜底。均为彩陶，红衣黑彩。

03M：1，夹砂红陶。敛口，尖唇，垂腹，慢圜底，宽带耳。通体饰连续的宽锯齿纹。口径9.7、高13.1厘米（图九七九，7；图版三〇三，3）。

03M：2，夹砂红陶。圆唇，垂腹，慢圜底，宽带耳。通体饰连续的上下略宽的竖条纹。口径10.2、高12厘米（图九七九，5；图版三〇三，4）。

03M：4，夹砂红陶。小敞口，尖唇，鼓腹，慢圜底。内沿饰细密的小三角纹，外沿大三角纹向下渐变为竖条纹，至近底部相交。口径10.3、高13.1厘米（图九七九，6；图版三〇三，5）。

03M：5，夹砂红陶。小敞口，圆唇，鼓腹下垂，圜底。通体饰稀疏的折线网状纹。口径9.2、高10.4厘米（图九七九，2）。

03M：6，夹砂红陶。敞口，方唇，鼓腹，小平底，个体较矮胖。红衣黑彩，局部饰三角竖条纹。口径

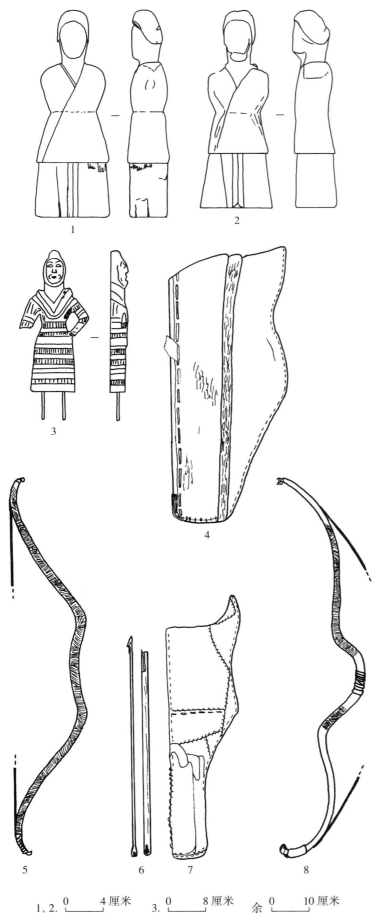

图九七八　器物（流散）

1、2. 木俑（94M：11、12）　3. 泥俑（94M：15）　4、7. 皮弓箭袋（01M：25-1、01M：26-1）　5、8. 复合弓（01M：25-2、26-2）　6. 木箭（01M：25-3）

1、2. |—0——4厘米　3. |—0——8厘米　余 |—0——10厘米

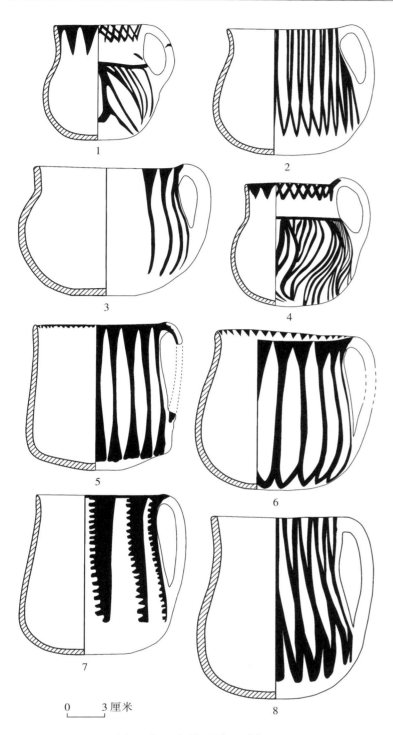

图九七九 陶单耳罐（采集）

1.04M：16 2.03M：5 3.03M：6 4.04M：45 5.03M：2
6.03M：4 7.03M：1 8.03M：8

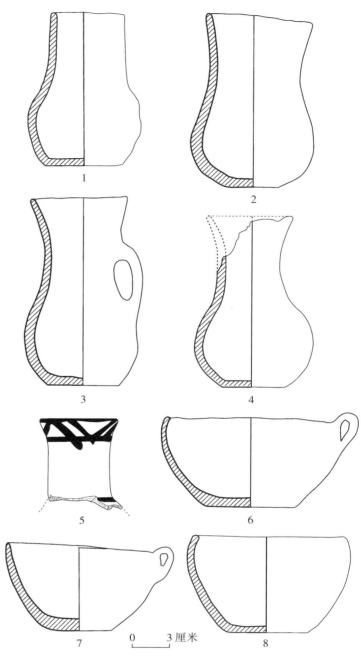

图九八〇 陶壶、陶碗（采集）

1~5.壶（03M：3、04M：28、04M：26、04M：40、04M：3） 6~8.碗
（04M：25、04M：29、04M：11）

11.8、底径 5.2、高 10.6 厘米（图九七九，3）。

03M：8，夹砂红陶。敞口，方唇，鼓腹，圈底，个
体较瘦长。通体饰稀疏的网状纹。口径 10.5、高 15.2 厘
米（图九七九，8）。

04M：16，夹砂红陶。口微敞，鼓腹，圈底。红衣黑彩，
外沿饰网状纹，器腹饰扭曲三角纹，内沿有连续三角纹。
口径 7.2、高 9.5 厘米（图九七九，1；图版三〇四，1）。

04M：45，夹砂红陶。直口，圆唇，鼓腹，圈底。

内沿饰三角锯凿形纹，外沿饰网状纹，器腹饰内填曲线
的扭曲三角纹。口径 7.4、高 10.2 厘米（图九七九，4；
图版三〇四，2）。

陶壶 5 件。敞口，细颈，鼓腹，平底。个体瘦长。

03M：3，夹砂红陶。直口，圆唇，高领，鼓腹，平底。
器表较粗糙。口径 6、底径 6.3、高 12.6 厘米（图九八
〇，1）。

04M：3，夹砂红陶。仅存器物的颈部，余残。红衣
黑彩，口沿下饰双折线纹，颈下有粗弦纹。口径 6.2、残
高 7.5 厘米（图九八〇，5）。

04M：26，夹砂红陶。敞口，方唇，微鼓腹，平底，

单耳。器身瘦长。口径7.7、底径5.8、高15.4厘米（图九八〇，3；图版三〇四，3）。

04M：28，夹砂黑皮红褐陶。敞口，圆唇，鼓腹，小平底。口径8.5、底径3.8、高14.4厘米（图九八〇，2）。

04M：40，夹砂黑皮红褐陶。喇叭形口，圆唇，细长颈，鼓腹，平底。口径6.9、底径5.1、高14.2厘米（图九八〇，4）。

陶碗　3件。大口，浅腹，平底。

04M：11，夹砂红陶。敛口，圆唇，浅腹，平底。口径12、底径6.4、高7.9厘米（图九八〇，8）。

04M：25，夹砂红陶。敛口，圆唇，鼓腹，平底，沿上小单耳。口径14、底径7.2、高7.4厘米（图九八〇，6；图版三〇四，4）。

04M：29，夹砂红陶。敞口，圆唇，平底，沿上小单耳。口径12.2、底径5.2、高7.6厘米（图九八〇，7；图版三〇四，5）。

陶圈足盘　4件。敞口，浅腹，单耳，喇叭形圈足。

03M：9，夹砂红陶。敞口，方唇，矮圈足，单耳。沿下饰一周草率的三角折线纹，底部饰一圈连续三角纹。口径15.8、底径7.2、通高9.2厘米（图九八一，5）。

04M：4，夹砂红褐黑皮陶。存底座和部分手柄。底径9.2、残高6.2厘米（图九八一，4）。

04M：44，夹砂红陶。敞口，方唇，浅盘，单耳，高圈足。内口沿饰三角锯齿状纹，器外部饰内填直平行线的大三角纹。口径23.8、底径10.7、通高19.4厘米（图九八一，3；图版三〇四，6）。

04M：51，夹砂红陶。敛口，方唇，鼓腹，喇叭形圈足，单耳。外饰连续重叠的弧线纹，内沿饰大三角纹。口径19.6、底径12.8、通高16.8厘米（图九八一，1；图版三〇五，1）。

陶圈足罐　1件。

04M：15，夹砂红陶。直口，鼓腹，单耳，喇叭状圈足。罐形体外红衣黑彩，沿下饰折线纹，器腹饰扭曲三角纹，内沿有连续三角锯齿状纹。口径13.2、足径10.4、通高21厘米（图九八一，2；图版三〇五，2）。

陶双系罐　1件。

03M：7，夹砂红陶。敛口，折沿，圆唇，鼓腹，小平底。红衣黑彩，通体饰由三个一组的斜线组成的三角纹。口径11.8、底径4.4、高10.8厘米（图九八二，5；图版三〇五，3）。

陶双耳罐　1件。

04M：21，夹砂黑陶。手制。敞口，圆唇，鼓腹，平底，对称大耳。口径5.2、底径3.8、高7.8厘米（图九八二，1；图版三〇五，4）。

陶四足盘　1件。

03M：10，夹砂红褐黑皮陶。四只圆柱形足，浅盘，圆角长方形，平口，平底，一长边上有小孔，为仿木盘制品。口长25.8、宽17.6、通高9.2厘米（图九八二，2；图版三〇五，5）。

陶单耳杯　1件。

04M：20，夹砂红陶。直口，圆唇，鼓腹，平底，有些夸张的大单耳。口径7.4、底径4.8、通高12厘米（图九八二，3）。

陶带流罐　1件。

04M：43，夹砂红陶。敞口，方唇，宽短流，鼓腹，平底。三耳，腹部有对称双小耳，另有一大型沿腹耳。外沿下饰波形纹，腹部饰上下相连的、内填斜平行线的扭曲三角纹，耳上也饰弧线。口径15.4、底径10.2、通高22.4厘米（图九八二，7；图版三〇六，1）。

陶带流杯　1件。

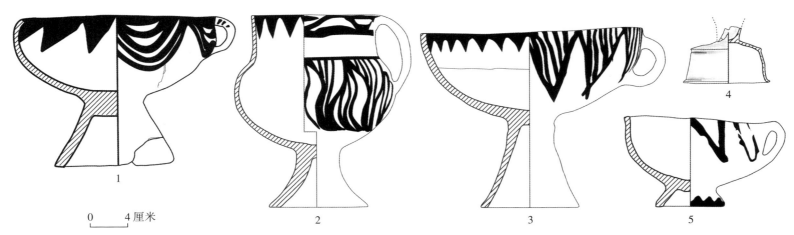

0　　4厘米

图九八一　陶圈足器（采集）

1、3~5.圈足盘（04M：51、04M：44、04M：4、03M：9）　2.圈足罐（04M：15）

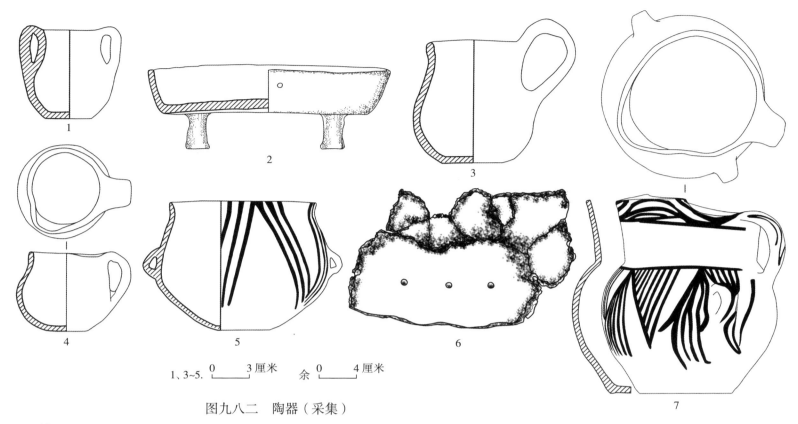

图九八二 陶器（采集）

1. 双耳罐（04M：21） 2. 四足盘（03M：10） 3. 单耳杯（04M：20） 4. 带流杯（04M：55） 5. 双系罐
（03M：7） 6. 釜（03M：26） 7. 带流罐（04M：43）

04M：55，夹砂红陶。直口，鼓腹，平底，单耳，宽短流，流和耳夹角120°。口径6.5、底径3.2、高6.5厘米（图九八二，4；图版三〇五，6）。

陶釜 1件。

03M：26，夹砂红陶，厚胎。存部分带口沿的陶片。敞口，大平底，上沿整齐，沿下有一圈等距的穿孔，残存6枚。残长24.1、残宽15.2厘米（图九八二，6）。

2. 木器

32件。有盘、四足盘、桶、碗、匜、旋镖、梳、复合弓、箭、撑板、器具、鞭杆、直角抹、杖、搅拌棒、扣。

木盘 1件。

04M：17，椭圆形口，方唇，浅腹，四足残。口长径30、短径22.4、残高7.5厘米（图九八三，4）。

木四足盘 1件。

04M：52，用圆木削、挖成，沿边有修补。敞口，方唇，浅腹，一长边有穿孔，四柱形足。长49.6、宽26.8、高11.6厘米（图九八三，6；图版三〇六，2）。

木桶 2件。用胡杨木掏、挖成。

03M：18，外径底大口小，内径上下相同。内装木板作平底，中部和口部各有一穿孔。口径7.6、底径11、高14.4厘米（图九八三，2；图版三〇六，3）。

04M：19，直口，尖唇，直壁，厚平底。上部有两个小穿孔。口径11.8、底径8.8、高14.6厘米（图九八三，3；图版三〇六，4）。

木碗 1件。

04M：27，用胡杨木削制。敛口，鼓腹，假圈足状平底，单横耳上系皮条。口径10.8、底径5.6、高8.8厘米（图九八三，5）。

木匜 1件。

04M：50，用胡杨木削制。前敞后敛的不规则形口，圜底，带短流，单横耳，耳上有小孔。口径20.2~22.4、高9.2厘米（图九八三，1；图版三〇六，5）。

木旋镖 2件。

04M：13，用自然弯曲的绣线菊木削制。打磨光洁，柄部残断。残长25.2、宽3.8厘米（图九七六，3）。

04M：63，仅存手柄。略粗，呈圆形体。上面有短线状刻槽。残长12.2、直径2.9厘米（图九七六，5）。

木梳 3件。各不相同。

04M：49，梳柄为圆雕的呈伏卧状的狼形象，前端有鼻孔，夸张的长嘴和两排牙齿，双三角形眼，两耳竖起，颈稍低，位于整体偏后部，四肢蜷曲，四爪清晰，肥臀垂尾，惟妙惟肖。残存部分梳齿在齿槽中。长12.1、宽5.4厘米（图九八四，4）。

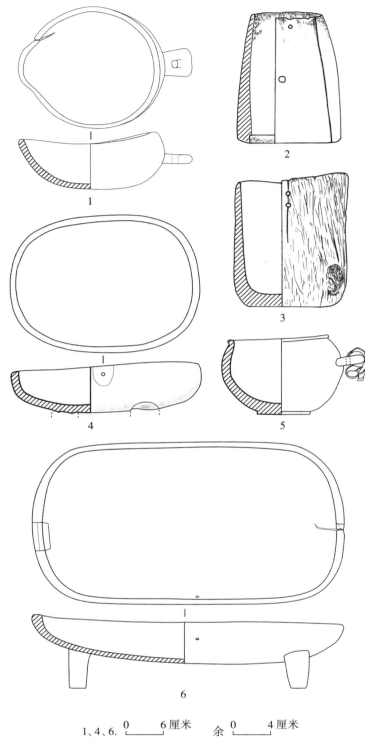

图九八三　木器（采集）

1. 匜（04M：50）　2、3. 桶（03M：18、04M：19）　4. 盘（04M：17）
5. 碗（04M：27）　6. 四足盘（04M：52）

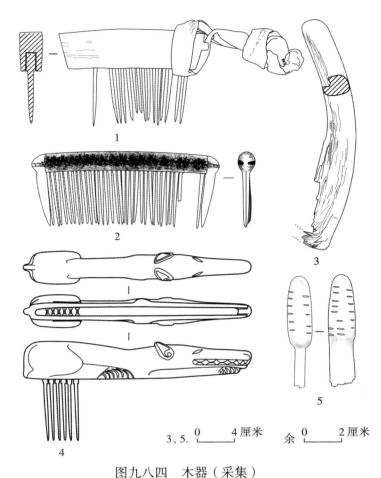

图九八四　木器（采集）

1、2、4. 梳（04M：62、61、49）　3、5. 旋镖（04M：13、63）

04M：61，削制。近长方形，在挖刻出凹槽的木棍上装入梳齿，两端用较大的齿锁住（用胶和插条）。宽10、高4厘米（图九八四，2；图版三〇七，1）。

04M：62，仍系着皮条绳。略呈长方形柄一侧带槽，梳齿并排装入槽中，存15齿。宽7.8、高5.4厘米（图九八四，1）。

复合弓　3件。均由绣线菊木条、牛角片、牛筋和皮胶复合而成。弰部有挂弦钩。

04M：10，断为两截，多种材质制成，中间为韧木片，两边粘牛角片和筋线，弓弰呈三角形。残长81、最大径1.4厘米（图九八五，7）。

04M：22，仅存近一半，由多种材质复合而成。弰部有挂弦钩。残长46.8、直径1.8厘米（图九八五，1）。

04M：32，残为半截，用绣线菊木作骨，两边粘牛角片和牛筋，外缠筋线。弓弭有挂钩。残长46、直径2.2厘米（图九八五，2）。

木箭　4件。均由细木条削制后打磨光滑。

04M：2，仅存尾部。圆箭杆带有箭尾凹槽，缠有四圈细绳用以加固。残长8.6、直径0.6厘米（图九八五，3）。

04M：35，完整件，但变形微曲。单翼，带括。长75.3、直径0.8厘米（图九八五，6）。

04M：38，打磨光滑。箭头三棱形，一侧有单倒刺，有括。长75.2、直径0.8厘米（图九八五，5；图版三〇七，2）。

04M：46，箭杆残段，为木箭杆的近尾端部分。呈小直棍状，多半染黑。残长18.7、直径0.8厘米（图

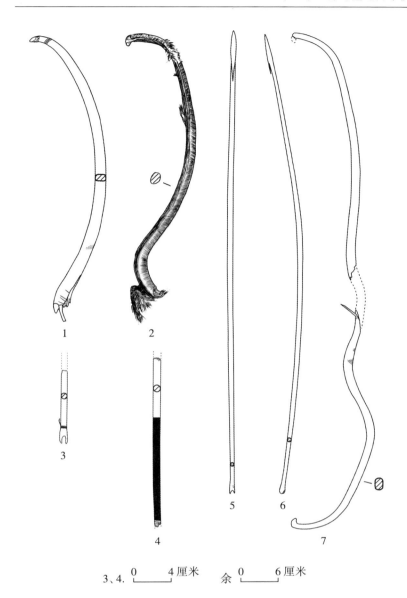

3、4. └─0──4厘米┘ 余 └─0──6厘米┘

图九八五 弓、箭（采集）

1、2、7. 复合弓（04M：22、32、10） 3. 木箭头（04M：2） 4～6. 木箭
（04M：46、38、35）

九八五，4）。

木撑板 2件。均用木板制作。长条形，一边等距分布有成双的穿孔。

04M：18，顶端弧，下端残存原包裹的羊皮。长70、宽4.8、厚0.9厘米（图九八六，12；图版三○七，3）。

04M：34，用长条形木板制成。其中一端稍宽些，沿一边等距有12对穿孔。长65.8、宽2厘米（图九八六，11）。

木器具 4件。造型各不相同，其用途不清楚。

03M：19，用木条削制。一端残，另一端有铤，似应插在有銎的小件器物上。残长14.6、直径0.8厘米（图九八六，4）。

03M：21，两根柳树棍用树皮捆扎。长75.6、粗径2.8厘米（图九八六，10）。

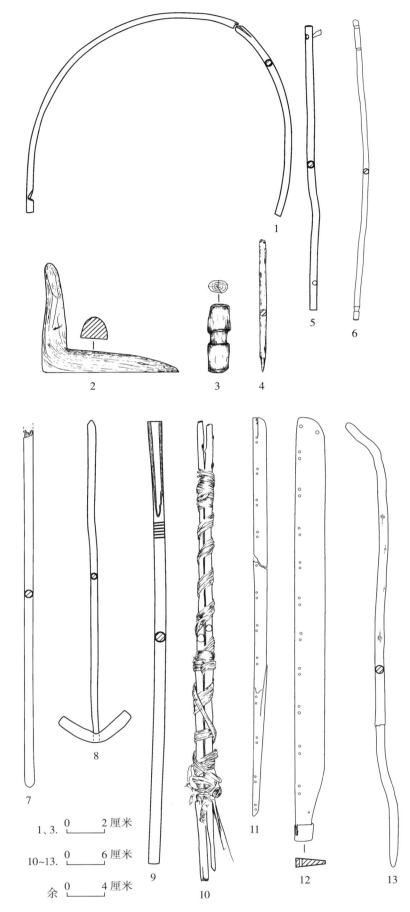

1、3. └─0──2厘米┘

10～13. └─0──6厘米┘

余 └─0──4厘米┘

图九八六 木器（采集）

1、4、7、10. 器具（04M：47、03M：19、04M：58、03M：21） 2. 直角抹（04M：1） 3. 扣（03M：13） 5、6. 鞭杆（04M：33、56） 8. 搅拌器（04M：39） 9. 取火棒（04M：57） 11、12. 撑板（04M：34、18） 13. 手杖（04M：23）

04M：47，残断为两截。存一端有刻槽，弯曲成半圆形。拉直长 30、直径 0.4 厘米（图九八六，1）。

04M：58，残断。棍状，体圆而直。打磨光滑。残长 39.2、直径 1 厘米（图九八六，7）。

木取火棒 1 件。

04M：57，为安装取火头的加长器具，便于用力。用结实的木棍制成，一端有钻孔，便于插入取火头。长 48.8、直径 1.5 厘米（图九八六，9）。

木鞭杆 3 件。圆木棍削制，较短，部分带有鞭梢。

03M：20，柽柳棍削制。微曲，一端有凹槽。长 36.4、直径 0.7 厘米。

04M：33，微曲，两端均有穿孔，一孔中残留皮条。长 31.6、直径 0.9 厘米（图九八六，5）。

04M：56，胡杨木棍削制。两端各有一凹槽。长 33.2、直径 0.6 厘米（图九八六，6）。

木直角抹 1 件。

04M：1，用柽柳木削磨制。呈直角尺形，一端微外撇。长头长 14.5、短头长 12、宽 2.9 厘米（图九八六，2；图版三〇七，4）。

木杖 1 件。

04M：23，用自然长成的绣线菊木棍制成。手柄部微曲。长 73.2、直径 1.6 厘米（图九八六，13）。

木搅拌棒 1 件。

04M：39，用于搅拌乳制品的器具。在直木棍一头安装略粗些的短曲棍。长 35.6、直径 0.8 厘米（图九八六，8；图版三〇七，5）。

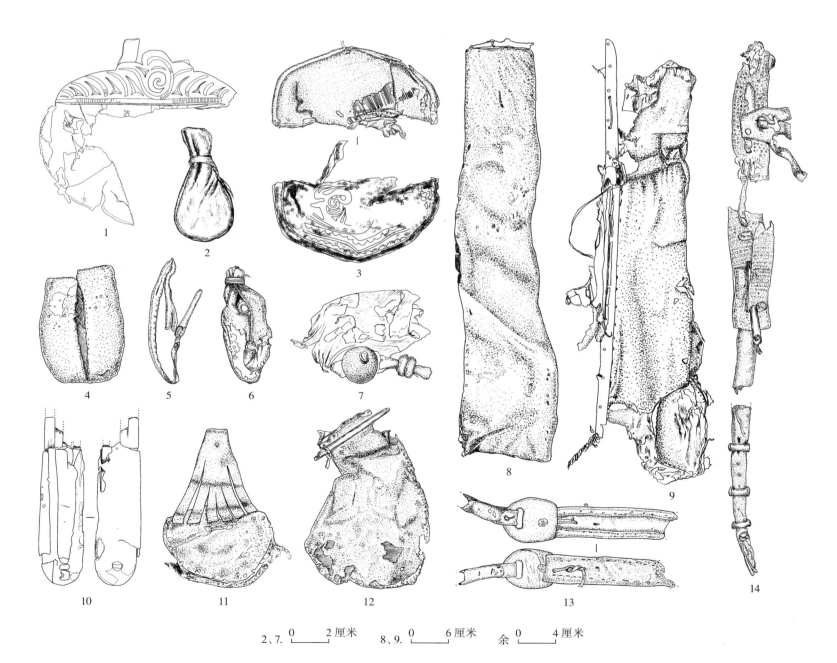

图九八七　皮具（采集）

1~4、6、7、11、12. 皮袋（04M：54、8、7、41、31、24、37、12）　5、13、14. 皮带（04M：6、36、22）　8、9. 皮弓箭袋（03M：23、48）　10. 皮刀鞘（04M：53）

木扣　1件。

03M：13，柽柳棍削制。正中间有宽槽，用于系绳。长 3.8、大径 1.2 厘米（图九八六，3）。

3. 皮制器具

14件。有皮带、皮袋、刀鞘、弓箭袋。

皮带　3件。均用牛皮切割缝制，有扣和穿孔。

04M：6，一端带有木销钉形锁扣。残长 14 厘米（图九八七，5）。

03M：22，残存两段，尾部上面锁有三个皮扣，通体压出成排的点纹，上有木销锁扣。残长分别为 38.6、18.6 厘米，最宽处 4.8 厘米（图九八七，14）。

04M：36，上面连有角质带扣，扣上面安装细小的舌，扣住另一端较细的皮带。残长 23、宽 3.4 厘米（图九八七，13；图版三〇八，1）。

皮袋　8件。用羊皮或牛皮缝制，大小不一。

04M：7，羊皮缝制。内装木梳和小皮袋，正面有花纹。为梳妆袋。高 8.8、宽 17.6 厘米（图九八七，3；图版三〇八，2）。

04M：8，羊皮缝制。皮条系口，内装有粉状物。作为药袋。长 6.2、宽 3.1 厘米（图九八七，2）。

04M：12，羊皮制。肚大口小。上有封口的木扣，将圆木棍一分为二，夹板状，两头用皮条捆绑。长 19.2、宽 12.3 厘米（图九八七，12；图版三〇八，3）。

04M：24，残，羊皮缝制。用羊的股骨头磨光穿孔作扣，上连接皮绳。残长 7.4 厘米（图九八七，7）。

04M：31，羊皮缝制。双囊，扎口。长 13 厘米（图九八七，6）。

04M：37，系带用牛皮，袋体用羊皮缝制。通长 17.5、宽 11.6 厘米（图九八七，11；图版三〇八，4）。

04M：41，牛皮缝制，已开缝。略呈长方形。长 12.7、宽 9 厘米（图九八七，4）。

04M：54，牛皮缝制。三条皮带均残，上部有刻花，作涡纹，下部为半圆形皮囊。长 21.6、宽 20.4 厘米（图九八七，1；图版三〇八，5）。

皮弓箭袋　2件。均用羊皮缝制。

03M：23，仅残存一部分。呈筒状，为弓箭袋上用于装箭的附件。长 68.8、宽 15.2 厘米（图九八七，8；图版三〇八，6）。

04M：48，为一件完整的弓箭袋，并带有木撑板，用皮条致密地与皮袋穿结在一起，整体略呈长方形。长 69.6、宽 16.2 厘米（图九八七，9）。

皮刀鞘　1件。

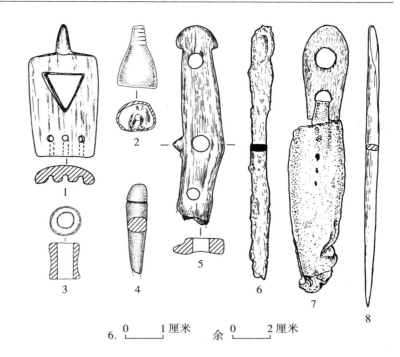

图九八八　骨、铜、铁、石器（采集）

1、3、7. 骨扣（04M：30、03M：12、04M：5）　2. 铜铃（03M：11）　4. 石化妆棒（03M：14）　5. 骨镞（03M：16）　6. 铁刀（04M：9）　8. 骨锥（03M：17）

04M：53，中间插薄木片，外用皮革包裹，底用铁铆钉固定，残为半截。残长 18.6、宽 4.6 厘米（图九八七，10）

4. 铜器

2件。有铃和刀。

铜铃　1件。

03M：11，口不圆，喇叭状，中空，上部较细处有五圈细弦纹。口大径 2.1、上首径 0.6、高 3.4 厘米（图九八八，2）。

铜刀　1件。

04M：14，锻造。长条形，环首，直脊扁茎，柄刃分明。长 22.8、宽 1.5、厚 0.5、环首直径 2.7 厘米（图九八九，7；图版三〇九，1）。

5. 铁器

铁刀　1件。

04M：9，锈蚀，残。柄部截面呈长方形。残长 6.9、宽 0.6 厘米（图九八八，6）。

6. 骨器

5件。有扣、镞、锥。

骨扣　3件。均用兽骨削、磨制。大小、形状各异。

04M：5，上面残存部分皮带，骨扣呈扁片长圆形，一端较大，其上有圆形双孔，一大一小。连皮带残长14.8厘米（图九八八，7；图版三〇九，2）。

03M：12，兽骨磨制。光滑，中空，厚壁，呈管状。长 2、直径 1.5 厘米（图九八八，3；图版三〇九，3）。

04M：30，长方形带舌，中间有三角形孔，后端有并排三个小孔，用于穿结皮带。通长 7.3、宽 3.7 厘米（图九八八，1；图版三〇九，4）。

骨镳 1件。

03M：16，用兽骨削制。从一边孔处残断，在接近断裂处又重新钻出一略小些的圆孔。中孔处一边有尖牙，完整的一端有蘑菇形结节。残长 10.9、宽 2.1 厘米（图九八八，5；图版三〇九，5）。

骨锥 1件。

03M：17，削磨光洁。一端扁，另一端尖锐，中间椭圆。长 15.5、长径 0.7 厘米（图九八八，8）。

7. 角器

3件。有壶、钵、镳。

角壶 1件。

04M：59，用牛角切割压延成。体形较大，由三块压延的牛角片缝合，底片呈钵状，上面由两块弧形片对接缝合。敞口，束颈，鼓腹，平底。口径 15.8、底径 8.8、高 18.8 厘米（图九八九，2）。

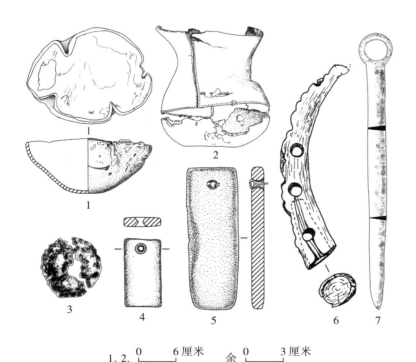

图九八九 角、石、铜器及面饼（采集）

1. 角钵（04M：60） 2. 角壶（04M：59） 3. 面饼（04M：64） 4、5. 砺石（03M：25、24） 6. 角镳（03M：15） 7. 铜刀（04M：14）

角钵 1件。

04M：60，用牛角压延制成。呈有折口的钵状，敞口，圜底。口大径 19.4、高 9.2 厘米（图九八九，1；图版三〇九，6）。

角镳 1件。

03M：15，用羊角前端切、磨制。穿有三个圆形孔，一边有虫蛀蚀，尖端有瘤结。长 16.9、最粗径 2.8 厘米（图九八九，6；图版三〇九，7）。

8. 石器

3件。有化妆棒和砺石。

石化妆棒 1件。

03M：14，呈锥形。尖端微残，灰黑色长石磨光，顶有系绳的凹槽。最大直径 1.1、残长 4.9 厘米（图九八八，4；图版三〇九，8）。

砺石 2件。均由细砂岩磨制。薄体长方形，一端有对钻的系绳孔。

03M：24，青灰色砂岩。穿孔内残存部分皮条。长 11.7、宽 4.1、厚 1.1 厘米（图九八九，5）。

03M：25，褐色砂岩质。残断后重新空孔，光洁规整。长 5.6、宽 2.9、厚 0.8 厘米（图九八九，4）。

9. 其他

面饼 1件。

04M：64，用磨碎的粟粉团成小饼状。直径 4.6、厚 2.2 厘米（图九八九，3）。

前面介绍的全部出土器物，与 2003 年在洋海三处墓地发掘所见器物基本一致。其中的陶双系罐 03M：7、陶单耳罐 03M：1、陶四足盘 03M：10、骨镳 03M：16、铜铃 03M：11 为青铜时代遗存。陶单耳罐 04M：45 和 04M：16、陶带流杯 04M：55、铜刀 04M：14 为早期铁器时代遗存。陶壶 04M：26、牛角壶 04M：59、皮弓箭袋 04M：48 为汉代遗存。当然，它们所代表的年代延续时间也很长。同时还出现了不少新的器型，如陶圈足罐 04M：15、陶带流罐 04M：43、牛角钵 04M：60、圆雕卧狼形柄木梳 04M：49 等虽然都是新出现的器型，但时代特征也还算明显，应该都纳入洋海墓地的时代范围之内，所反映的文化性质也相同。

第五节　2006 年洋海墓地发掘新收获

2006 年 10 月，吐鲁番地区文物局为加强对洋海墓地的保护和管理，要在Ⅰ号墓地北部新建保护站，扩建蓄水池和开垦种植防风沙林带，发现几座被盗扰的古墓葬，经请示上级文物主管部门同意，由吐鲁番学研究院考古研究所的工作人员清理发掘，基本情况如下。

一　位置和编号

发掘的墓葬在Ⅰ号墓地北部，仍属Ⅰ号墓地的范围。共发掘8座，编号为06ⅠM1~M8（图版三一○，1）。

二　墓葬形制

这次在Ⅰ号墓地清理的8座墓葬主要分布在台地北区边缘中部，未见打破关系。墓葬基本上为西北至东南方向。除06ⅠM4为长方形竖穴双偏室墓外，其他均为长方形竖穴土坑墓。墓葬形制较小且浅，不见尸床，一般墓底铺有苇席。墓室大多被严重扰乱。根据墓葬的分布特点，可以分为两处：06ⅠM1~06ⅠM3位于水池东侧，06ⅠM4~06ⅠM8位于绿化林带内。

1. 水池东侧

06ⅠM1

墓口直接暴露在地表，平面呈梯形。方向为110°。墓口长1.22、宽0.72~0.92、深0.48米。墓室填土为细黄沙土，底铺苇席。有一具尸体，骨架凌乱，性别不详。随葬品有木梳（图九九○；图版三一○，2）。

06ⅠM2

位于06ⅠM1北约5米处，墓口直接暴露在地表，平面一头呈弧形。方向280°。墓口长1.34、宽0.78、深0.5米。

墓室填土为黄沙土，葬具底铺苇席，有一具尸体，男性，骨架凌乱。在骨架右肩处出土陶钵（图九九一）。

06ⅠM3

位于06ⅠM2北，墓口距地表0.2米，平面两头呈弧形。方向261°。墓口长1.74、宽0.68、深0.54米。墓室填土为黄沙土，夹杂有小砾石。有一具骨架，为成年男性，保存基本完整，葬式为左侧身屈肢葬。身上尚粘有部分毛衣物，残留有鞋底及小腿绑带。在骨架左侧，靠近肩部出土有木钵（图九九二；图版三一○，4）。

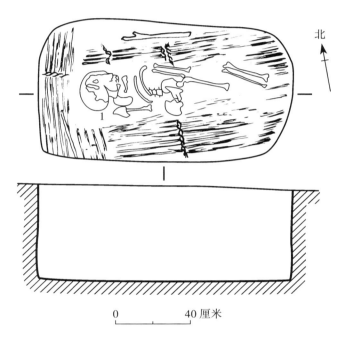

图九九一　06ⅠM2平、剖面图
1. 陶钵

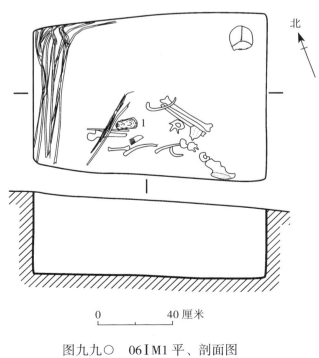

图九九○　06ⅠM1平、剖面图
1. 木梳

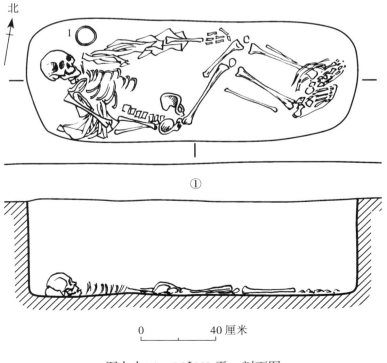

图九九二　06ⅠM3平、剖面图
1. 木钵

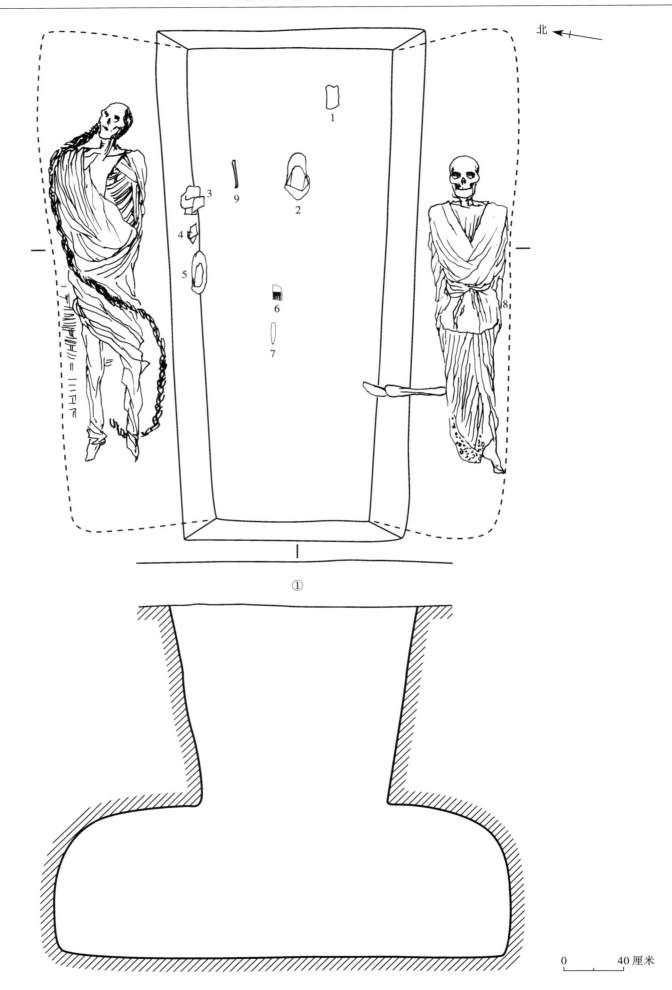

图九三　06ⅠM4平、剖面图

1. "缘禾二年"文书　2、5.绢面纸鞋（右、左）　3.纸帽　4、8.衣物疏　6.木梳　7.带字木片　9.纸片

2. 绿化带内

06ⅠM4

长方形竖穴双偏室墓，墓葬在地表上有封土标志，封土为高约 1.5 米，直径约 5 米的土包。墓口距地表 0.3 米，方向为 80°。墓口平面呈梯形，口大底小。上口长 2.8、宽 1.14~1.42 米，下口长 2.6、宽 0.8~1.08 米，墓深 1.94 米。墓坑填土为细黄沙土夹杂着小砾石。墓底南北两侧各有一偏室，形制几乎一致。偏室封门为规格不等的土坯块垒砌，现已塌向墓室，残存一层。土坯块长 32、宽 24、高 8 厘米。偏室平面呈圆角长方形，顶部近平，填土为细黄沙土，夹有土坯块。南北偏室各有一具干尸，北偏室的干尸为男性，仰身直肢，头东足西，身穿毛织的衣裤，足穿毛织的袜子。原戴有纸帽，出土时已移向封门处。尸身长 1.96 米。尸身下铺有苇席，用粗草绳将苇席与尸体套中。南偏室为一具女性干尸，仰身直肢，头东足西，右小腿被折断移向偏室封门处。身着色彩绚丽的毛织裙衫，足穿帛袜。原穿有印花纸鞋，已被扰动，一只散落在偏室外，一只移向北偏室附近。尸身上盖有苇席，尸身长 1.73 米（图版三一〇，3）。

因墓室已被严重盗掘，随葬品均已移位。在墓坑底内出土有文书（男性衣物疏）、绢面纸鞋（女尸右鞋）、木梳、带字木片，北偏室近封门处出土文书、纸帽、绢面纸鞋（女尸左鞋）等，南偏室在女尸左手臂下出土女性衣物疏（图九九三）。

06ⅠM5

位于 06ⅠM4 西南，墓口距地表 0.12 米，方向 139°。平面为圆角长方形，口大底小。墓口长 1.42、宽 0.86 米，墓底长 1.32、宽 0.78 米，墓深 0.88 米。墓室填土为黄沙土。有一具成年尸体，男性，头向东，骨架凌乱。随葬品为陶单耳罐和陶单耳杯，分别位于骨架脖颈处和脊椎下端（图九九四）。

06ⅠM6

位于 06ⅠM5 东北，墓口距地表 0.4 米，方向 91°。平面为长方形，墓口长 1.5、宽 1 米，墓底长 1.54、宽 0.9 米，墓深 1.18 米。墓室填土为黄沙土，夹杂有芦苇、青稞、黑果枸杞、黍等的植物枝条。底铺苇席。有一具成年尸体，男性，骨架凌乱，仅见头骨和部分肢骨，残留有部分衣物。在墓室东北角出土陶钵和木勺，在两大腿骨中间出土皮囊，墓室西北角出土陶单耳杯，墓室中部出土木锥（图九九五）。

06ⅠM7

位于 06ⅠM6 东北，墓口距地表 0.12 米，方向

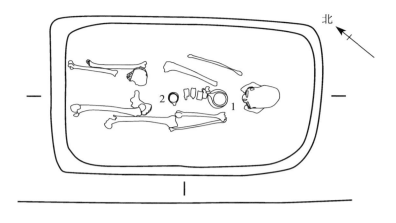

①

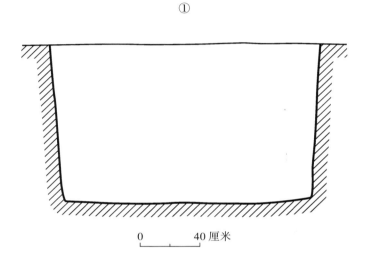

0　　　　40 厘米

图九九四　06ⅠM5 平、剖面图
1. 陶单耳罐　2. 陶单耳杯

105°。平面呈长方形。墓口长 1.51、宽 0.94 米，墓底长 1.28、宽 0.88 米，墓深 0.62 米。墓室填土为黄沙土。底铺苇席。有一具尸体，头向东，骨架凌乱，仅剩头骨和少许肢骨，性别不详。在墓室北壁出土陶单耳罐和陶钵（图九九六）。

06ⅠM8

位于 06ⅠM7 东南，墓口距地表 0.5 米，墓向 115°，平面为长方形。墓口长 1.26、宽 0.66 米，墓底长 1.2、宽 0.7 米，墓深 0.98 米。墓室填土为黄沙土夹有大量芦苇秆。有一具尸体，头向东，骨架凌乱，残存头骨和部分肢骨，性别不详。在头骨右侧出土陶单耳杯、木梳（图九九七）。

三　随葬品

这次在一号台地清理出土的文物计有 20 余件，以陶器为最多，另有木器、皮革制品、毛织品、文书等。

1. 陶器

8 件。均为夹砂红陶。手制。其中以彩陶为主，在

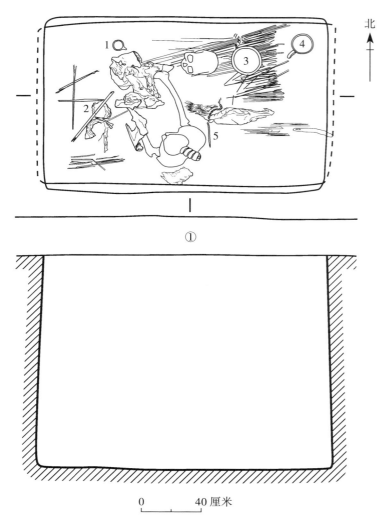

①

图九九五　06 I M6 平、剖面图
1.陶单耳杯　2.皮囊　3.陶钵　4.木勺　5.木锥

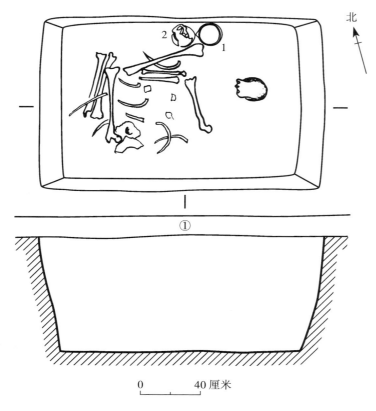

①

图九九六　06 I M7 平、剖面图
1.陶钵　2.陶单耳罐

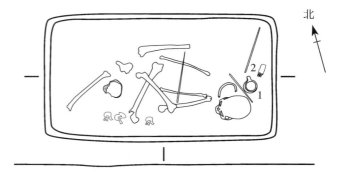

①

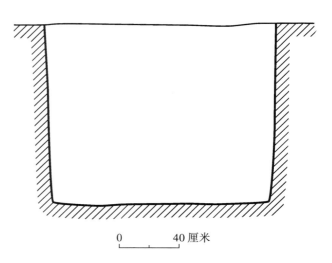

图九九七　06 I M8 平、剖面图
1.陶单耳杯　2.木梳

器表及口沿内侧有红色陶衣，底部露胎。彩为黑色，纹饰主要有锯齿纹、折线纹、倒三角及向下延长的竖线纹。器型有罐、杯、钵三类。

陶单耳罐　2 件。均为彩陶，单耳。

06 I M5：1，敞口，束颈，垂腹，底近平，长带状耳由沿下翻连接近器底。口沿内饰连续锯齿纹，器表饰斜向交叉纹，耳部饰斜线纹。口径 8.3、通高 12.7 厘米（图九九八，1）。

06 I M7：2，口微侈，鼓腹，圜底近平，长带状耳由沿下翻至腹底。口沿内饰连续锯齿纹，器表饰有连续大三角延伸下的条带纹，耳部绘斜线纹，每两条斜线有短竖线相连。口径 9.3、高 11.7 厘米（图九九八，2）。

陶单耳杯　3 件。均为敞口。

06 I M5：2，鼓腹，圜底，带耳由沿下翻至腹部。与耳相对的口沿处有流。口径 5.4、通高 5.5 厘米（图九九八，3）。

06 I M6：1，口微敞，弧腹，圜底，带耳由口沿上扬下翻至腹底。口沿内饰垂帐纹，器表饰菱形网格纹。口径 5.6、通高 6.4 厘米（图九九八，4）。

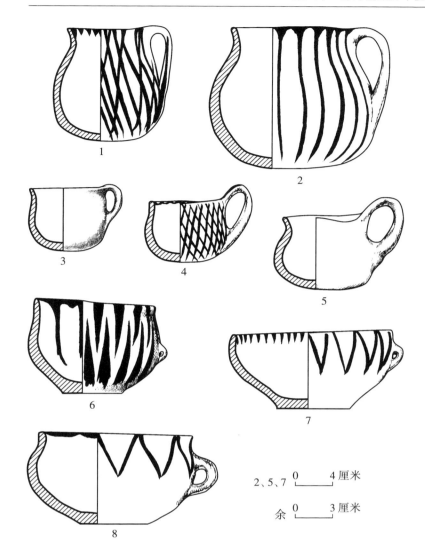

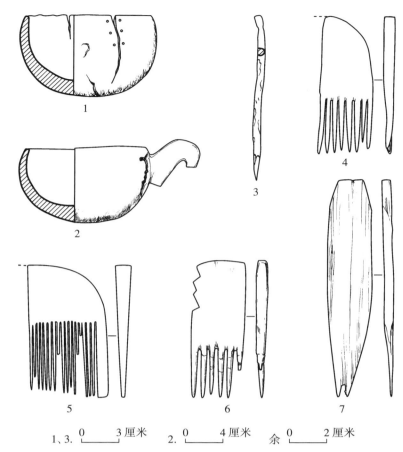

2、5、7 ⊢─────┤ 4 厘米

余 ⊢─────┤ 3 厘米

图九九八　06ⅠM2、06ⅠM5~06ⅠM8 随葬品

1、2. 陶单耳罐（06ⅠM5：1、06ⅠM7：2）　3~5. 陶单耳杯（06ⅠM5：2、06ⅠM6：1、06ⅠM8：1）　6~8. 陶钵（06ⅠM2：1、06ⅠM6：3、06ⅠM7：1）

1、3. ⊢─────┤ 3 厘米　　2. ⊢─────┤ 4 厘米　　余 ⊢─────┤ 2 厘米

图九九九　06ⅠM1、06ⅠM3、06ⅠM4、06ⅠM6、06ⅠM8 随葬品

1. 木钵（06ⅠM3：1）　2. 木勺（06ⅠM6：4）　3. 木锥（06ⅠM6：5）4~6. 木梳（06ⅠM1：1、06ⅠM4：6、06ⅠM8：2）　7. 带字木片（06ⅠM4：7）

06ⅠM8：1，敞口，束颈，圜底近平，带耳从口沿上扬下翻至腹下。口径 6.8、通高 7.6 厘米（图九九八，5）。

陶钵　3 件。均为鼓腹、小平底。

06ⅠM2：1，直口微敞，腹一侧中部有小耳。口径 9.4、底径 4.6、高 7.8 厘米（图九九八，6）。

06ⅠM6：3，口微敞，下腹斜内收。口沿下有小单耳。口沿内饰一周倒三角纹，口沿外饰连续折线纹。出土时，盆内满盛大麻种子。口径 16.8、底径 7.6、高 8.4 厘米（图九九八，7）。

06ⅠM7：1，敞口，圆唇，腹侧有单耳。口径 12.3、底径 5.4、高 7.5 厘米（图九九八，8）。

2. 木器

7 件。有钵、勺、锥、梳、木片。

木钵　1 件。

06ⅠM3：1，用整圆木掏挖、削刻而成。直口微敛，

圜底。表面经打磨光滑。口径 9.9、高 6.7 厘米（图九九九，1）。

木勺　1 件。

06ⅠM6：4，由圆木掏挖、刻削而成。直口，平沿，弧腹微鼓，圜底。勺把位于口沿下，曲柄上扬，尾端弧向下。口径 12.8、通高 9.1 厘米（图九九九，2）。

木锥　1 件。

06ⅠM6：5，木枝条削制而成。锥部尖锐，尾端有凹槽。长 13.7、直径 0.59 厘米（图九九九，3）。

木梳　3 件。木板削刻制成。按其顶部形制可分成两类，一类为弧背，另一类背部为纵长方形。

06ⅠM1：1，弧背，齿呈圆锥状，残存 8 齿。残宽 2.75、高 7.6、齿长 3 厘米（图九九九，4）。

06ⅠM4：6，弧背，齿呈扁锥形，排列密集，残存 18 齿。残宽 4.1、高 7.3、齿长 3.7 厘米（图九九九，5）。

06ⅠM8：2，梳背一侧为锯齿状，背部为纵长方形。齿为圆锥状，上有细刻槽。共 6 齿，一齿残断。表面打磨光滑。宽 2.9、高 7.7、厚 0.5 厘米（图九九九，6）。

带字木片　1 件。

06ⅠM4：7，木板刻削而成。截面呈锥形，尾端平，

另一端有二齿。制作粗糙。上有墨书字迹，字迹淡而难辨。长 12、宽 2.4 厘米（图九九九，7）。

3. 皮革制品

皮囊 1 件。

06ⅠM6：2，牛皮缝合而成。角形，表面压印有心形纹。顶有穿孔，内穿皮条。长 15.8、宽 7.4 厘米（图一〇〇〇，1）。

4. 毛棉织物

主要是 06ⅠM4 女尸身上的衣物。上衣为交领，有黄色围脖。除贴身的黄绢衣相对完整，其余均破损严重。裙子共有四套，从内而外依次是：单层麻布裙，双层黄红相间的布裙，夹棉裙，外罩一层黄纱。另外随葬有一床小棉被。

5. 纸制品

7 件。其中衣物疏 2 件，文书 1 件，绢面纸鞋 2 件，纸帽 1 件，纸片 1 件。

衣物疏 2 件。出土时均折叠成长条形。

06ⅠM4：4，男性衣物疏。尺寸为 24.8 厘米 ×16.4 厘米。竖行墨书汉文 6 行（图版三一一，1）。

06ⅠM4：8，女性衣物疏。尺寸为 25.6 厘米 ×25.3 厘米。竖行墨书汉文 8 行（图版三一一，2）。

"缘禾二年"文书 1 件。

06ⅠM4：1，尺寸为 38.6 厘米 ×24.5 厘米。竖行墨

书汉文 9 行，是写给地府的冥辞。内容为：缘禾二年十月廿七日，高昌郡高宁县都乡安邑里民赳（赵？）货辞（图版三一一，3）。

绢面纸鞋 2 件。原穿在女尸脚上。

06ⅠM4：5，左。方口，浅帮，鞋底内为麻布，外糊一层纸（文书）。鞋帮内为麻布，外为红绢。鞋面为红绢，鞋口用蓝绢缝边。红绢上印有白点或圈。长 24.5、宽 6.6 厘米（图一〇〇〇，2；图版三一一，4）。

从纸鞋中拆出文书有"前秦建元二十年（384 年）三月高昌郡高宁县都乡安邑里籍"和"古写本论语"。

06ⅠM4：2，右。外形与 06ⅠM4：5 一致。鞋底文书为反面。拆出文书有"古写本诗经"和"前凉（？）田亩簿"（图版三一一，5）。

纸帽 1 件。

06ⅠM4：3，由文书合成的硬纸片缝合而成，外敷一层黑色纱布。残破较甚。从纸帽中共拆出文书 43 件，均为官文书，残缺较甚。内容涉及有辞、征发役作、戍守、差役等，此不详述（图版三一一，6）。

纸片 1 件。

06ⅠM4：9，白纸片，折叠成长条形。尺寸为 24.6 厘米 ×16.4 厘米。

四　结语

此次清理的墓葬数量不多，从墓葬形制来看，除 06ⅠM4 为长方形竖穴双偏室墓外，其他墓葬基本上属于 2003 年发掘所定的 C 型长方形竖穴土坑墓，由于扰乱严重，墓口封闭情况以及葬具、葬式都不是很清楚。但从埋葬地出土随葬品来看，此次出土的陶单耳罐与 2003 年发掘的Ⅰ号墓地出土的陶单耳罐略同，均为彩陶，个体小，单耳、鼓腹，口沿内饰三角形，外表饰连续大三角延伸下的条带纹；出土的陶单耳杯与当时所称的勺杯同，个体小，圜底、单耳；其余器物也均能找到同类器。因此，从墓葬形制和出土的随葬品来分析，它们属于同一时期的墓葬。

06ⅠM4 的墓葬形制与其余几座墓明显不同。长方形竖穴偏室墓，在Ⅲ号墓地比较多见，但 06ⅠM4 这样的竖穴双偏室墓，在洋海墓地少有发现，其年代远远要晚于其他墓葬。从出土写给地府的冥辞得知，纪年为"缘禾二年"（433 年）。该年，北凉沮渠牧犍改奉北魏延和年号，不甘心，变为缘禾。两晋南北朝时期，高昌地区受内地汉族人的影响，墓葬形制均改为内地流行的斜坡土洞墓或斜坡土洞带天井、耳室墓。离此墓不远的西区就有一大片斜坡土洞墓，其中著名的威神城主

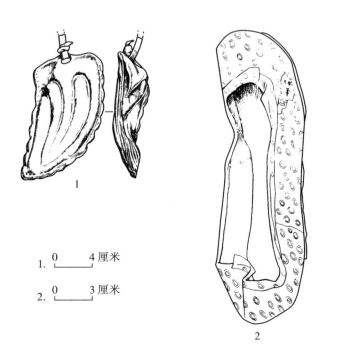

1. 　0　　　4 厘米

2. 　0　　　3 厘米

图一〇〇〇　06ⅠM4、06ⅠM6 随葬品

1. 皮囊（06ⅠM6：2）　2. 纸鞋（06ⅠM4：5）

张祖墓就埋在此地，其年代与赵货墓相近。该墓为何不埋在当时盛行的西边斜坡土洞墓区，而是远离家族坟茔，孤单草率地埋在此地（况且墓葬形制都不依当时葬俗）。此外，从男女随葬衣物疏看出，陪葬的物品非常少，且女墓主人身盖草席，这些都是留给我们后人的谜题。赵货出土时虽呈干尸状，但仍能看出其生前身材魁梧、强壮，身高约 1.90 米。这在高昌地区已知挖掘的干尸里是最高的。赵货生前可能是一个好勇善战之人，三十多岁就被正法，冥辞虽说是枉死，我们无法判定。但是家族出现这样一个罪人，乃家族之不幸，家人害怕受其恶名牵连，只好埋在远离家族坟茔的地方，自行简单埋葬。竖穴偏室墓均系夫妻合葬墓，这里出现竖穴双偏室墓，可能是其妻怕受其影响，虽在同墓却不在同室。这些只是我们的推测，有待新的考古学资料证实。此次发掘为史学界提供了一批新资料，特别是出土的文字资料，户籍、古写本论语、诗经等为研究高昌国早期历史情况，提供了重要的史料，有待于我们进一步深入研究。

第七章 墓葬分期、文化性质和年代

第一节 墓葬类型、演变规律和在墓地的分布区域

洋海墓地的墓葬分布范围很大，除了相邻的三处墓葬总数在3000座左右的大型墓地之外，周围还有许多独立的小墓群。这些分散的墓葬，有竖穴墓、竖穴偏室墓和斜坡墓道洞室墓，因为这次没有在外围进行发掘，所以在墓葬分期的讨论之中暂不涉及。

洋海三处墓地虽然相对独立，但在文化性质上是一致的。这表现在如下几个方面。

（1）墓地都分布在山前戈壁地带的黄土梁上，互相邻近。

（2）墓地的墓葬布局相似，各墓地墓与墓的间距略有差别。

（3）随葬品及随葬品所反映的生产方式、生活、习俗、考古文化相同。

（4）三处墓地都使用带纹样的土坯。Ⅱ、Ⅲ号墓地都有形状相同的被称为"坎土曼"土块的土坯。

（5）从已经发掘的墓葬情况分析，洋海三处墓地的墓葬结构可分成四种类型，即：A型，椭圆形竖穴墓；B型，长方形竖穴二层台墓；C型，长方形竖穴墓，包括口和底大小相当的直壁墓，口大底小的敞口墓和口小底大的袋状墓。D型，竖穴偏室墓，包括竖穴单偏室和双偏室墓。三处墓地都有B、C型墓，而且各型墓在墓地的分布位置也一致。Ⅰ、Ⅱ号墓地有A型墓，Ⅲ号墓地未发现。Ⅰ号墓地B型墓葬比较多，Ⅱ号墓地C型墓葬特别多，Ⅲ号墓地D型墓多。Ⅲ号墓地有1座D型双偏室墓，Ⅰ、Ⅱ号墓地未发现。Ⅱ、Ⅲ号墓地B型墓葬数量很少。

（6）同型墓的葬俗、葬式、随葬品相似或相近。

首先从墓葬类型入手作分期研究。上述三处大型墓地文化性质的一致加上有连贯性而无缺环，在墓葬分期和综合分析研究中可以起到互补的作用。这四种类型的墓葬按结构可以排出逻辑发展序列（按字母的顺序，当然，这个逻辑序列也可能是反方向的），即A→B→C→D。

A型墓中很少有陶器出土，更缺乏彩陶，而铜器相对要多一些。尤其是管銎铜斧和弧背环首铜刀，仅在A型墓中存在。这两种铜器在北方草原文化中多见，同类型者都将时代定在商末周初，即公元前12~前11世纪。

B型墓中出土较多的骨镳，其中有个体较长者，三个等距的孔偏向一边，另一边细而长，顶端多雕出马首形或略呈圆雕的其他动物首形，在欧亚草原地带，被认为是典型的前斯基泰器物，绝对年代为公元前10~前8世纪。B型墓中还出土双环式铜衔，与之相同者在中亚多见，时代为公元前8世纪前后。

至于C型竖穴墓的时代，因为在吐鲁番盆地发掘了许多地点，早已被证明，其时代早于D型竖穴偏室墓，时代上延续比较长。

D型墓葬的时代当在两汉或稍早，因为在D型墓中出土有少数的汉式器物，如带弦纹的陶罐、木耳杯等。

在D型墓中，有1座墓葬为竖穴双偏室，位于Ⅲ号墓地。从墓葬形制逻辑分析，可认为是由竖穴单偏室墓葬发展而来，实际情况也是如此。这座墓葬为ⅢM76，出土有丝绸。此外，2006年在Ⅰ号墓地北部也发现了一座竖穴双偏室墓06ⅠM4，出土有433年的纪年文书（北凉缘禾二年高昌郡高宁县赵货母子冥讼文书）。

因此，上面的序列成立。但是，墓葬形制的演变关系确定后，还必须用器物的组合和型式变化来进行验证、量化，再进行墓葬分期。

A型墓葬大多数都分布在Ⅰ号墓地西南部边缘，B型墓主要分布在Ⅰ号墓地中南部。C型墓葬数量特别多，墓葬总数占全部发掘墓葬的三分之二还要多。宏观上看，它与B型墓葬和D型墓葬都共存过一段时间，Ⅱ号墓地的大多数墓葬都为该型，同时还分布在Ⅰ号墓地北

部和Ⅲ号墓地南部。D型墓主要集中分布在Ⅲ号墓地北部。大体上说，Ⅰ号墓地主要是A、B型墓，为青铜时代；Ⅱ号墓地主要是C型墓，为早期铁器时代；Ⅲ号墓地主要是D型墓，为汉代。而且还证明了，从大的趋势看，三处墓地都是从南部开始使用，到最北部终止（图一○○一）。

第二节　器物组合与分期

一　器物组合

洋海墓地的器物组合十分复杂，不但有大量陶器，而且还有许多其他质地的器物，比如木器，其总数甚至超过了陶器。又如墓地延续使用年代长，当然器物变化也就比较大。在成人墓中，单人男性墓的随葬器物和单人女性墓的随葬器物有很大差别，这主要是由男女劳动分工的差别所导致，具体反映的是生产和生活方式的异同。

随葬器物没有固定的组合形式。其中三人以上的合葬墓和双人合葬、单人墓是不可比的，单人葬也有男女之分，随葬器物也有很大区别。双人合葬多为男女合葬，这种墓葬应为夫妻合葬，即使是这种墓葬，随葬器物的差异也是显而易见。我们考查了所有的成年男女双人合葬墓，随葬器物的组合没有完全相同或相似者。因此可以证明，在随葬器物组合上，有很大的随意性，但相同时代的随葬器物，由于制造材料和技术相同，器物造型比较一致，纹饰也比较一致。如早期的锯齿纹陶单耳罐和中期的涡纹陶单耳罐都有大量遗存。

同型墓葬出土器物相似。

二　典型器物型式的演变

依据墓葬形制的发展变化，来分析典型器物型式的演变（图一○○一）。

陶单耳罐　172件。单耳鼓腹，个体不大。其中6件（ⅠM23：9、ⅠM75：1、ⅠM90：3、ⅠM91：1、ⅡM11：1、ⅡM201：1）未分型式，余从器耳的样式分为两型。

A型　142件。沿至腹耳或单鼻形耳。数量特别多，器形和装饰变化很微妙，尤其是彩陶纹样的变化，代表了洋海陶器装饰纹样的一般演变趋势。除12件（ⅠM8：5、ⅠM15：3、ⅠM16：2、ⅠM26：1、ⅠM61：1、ⅠM72：5、ⅠM129：4、ⅠM176：1、ⅡM33：3、ⅡM50：1、ⅡM51：1、ⅢM30：3）无法分式外，余分五式。

Ⅰ式　3件。浅腹下垂，单鼻形耳，内外沿有简单的纹样。标本号分别为ⅠM18：2、ⅠM215：1、ⅡM89：4。

Ⅱ式　21件。深腹下垂，微圜底，无明显的腹部，大而长的宽带形耳从沿上翻下至近底部，多装饰成组的锯齿形纹、竖条纹。标本号分别为ⅠM1：3、ⅠM3：1、ⅠM5：10、ⅠM6：6、ⅠM11：6、ⅠM16：5、ⅠM25：8、ⅠM32：1、ⅠM62：9、ⅠM87：7、ⅠM90：1、ⅠM99：6、ⅠM102：2、ⅠM103：4、ⅠM107：4、ⅠM132：1、ⅠM136：1、ⅠM161：1、ⅠM167：1、ⅠM173：1、ⅠM218：4。

Ⅲ式　32件。有颈，沿至腹耳，耳稍短，多装饰网状纹和勾连纹。标本号分别为ⅠM3：2、ⅠM14：3、ⅠM23：2、ⅠM25：2、ⅠM26：3、ⅠM26：5、ⅠM37：1、ⅠM38：1、ⅠM43：3、ⅠM47：2、ⅠM49：3、ⅠM49：4、ⅠM68：4、ⅠM80：1、ⅠM95：10、ⅠM96：1、ⅠM113：4、ⅠM142：1、ⅠM142：4、ⅠM148：1、ⅠM148：2、ⅠM170：2、ⅠM207：1、ⅡM52：6、ⅡM84：1、ⅡM127：10、ⅡM147：2、ⅡM150：2、ⅡM172：4、ⅡM182：2、ⅡM196：1、ⅡM210：1。

Ⅳ式　70件。器形略胖，沿至腹耳，耳更短，装饰纹样多明显分为上、下两部分，而且以装饰扭曲三角纹和涡纹为主。标本号分别为ⅠM82：2、ⅠM183：2、ⅡM7：1、ⅡM9：1、ⅡM18：5、ⅡM20：2、ⅡM22：3、ⅡM23：3、ⅡM34：1、ⅡM46：1、ⅡM56：1、ⅡM60：2、ⅡM60：4、ⅡM63：2、ⅡM65：1、ⅡM65：2、ⅡM66：1、ⅡM67：1、ⅡM68：2、ⅡM72：1、ⅡM73：5、ⅡM74：1、ⅡM75：1、ⅡM76：1、ⅡM78：4、ⅡM79：5、ⅡM91：2、ⅡM92：10、ⅡM98：3、ⅡM98：7、ⅡM105：1、ⅡM105：2、ⅡM112：1、ⅡM113：2、ⅡM122：2、ⅡM126：2、ⅡM129：1、ⅡM153：1、ⅡM154：8、ⅡM155：1、ⅡM156：1、ⅡM156：6、ⅡM158：2、ⅡM163：3、ⅡM164：6、ⅡM168：2、ⅡM168：3、ⅡM172：5、ⅡM173：4、ⅡM179：1、ⅡM190：1、ⅡM191：1、ⅡM192：1、ⅡM192：2、ⅡM193：1、ⅡM194：1、ⅡM197：2、ⅡM199：1、ⅡM200：2、ⅡM202：2、ⅡM202：5、ⅡM208：1、ⅡM209：1、ⅡM218：3、ⅡM219：2、ⅡM220：1、ⅡM221：2、ⅡM222：1、ⅡM223：2、ⅢM53：2。

Ⅴ式　4件。长颈，沿至腹耳，耳上举，平底，器形瘦高，少有彩陶。标本号分别为ⅠM190：1、ⅢM3：5、ⅢM9：2、ⅢM64：2。

B 型　24 件。颈至腹耳。不能分式。标本号分别为
ⅠM8：2、ⅠM8：4、ⅠM16：4、ⅠM17：1、ⅠM20：4、
ⅠM36：2、ⅠM38：4、ⅠM68：1、ⅠM89：2、
ⅠM155：4、ⅡM30：2、ⅡM43：5、ⅡM83：1、
ⅡM84：2、ⅡM119：3、ⅡM123：1、ⅡM172：2、
ⅡM173：5、ⅡM173：9、ⅡM207：3、ⅡM211：6、
ⅢM11：3、ⅢM21：12、ⅢM38：3。

陶单耳杯　245 件。器形小。其中 6 件（ⅠM74：5、
ⅠM127：4、ⅠM130：1、ⅢM9：5、ⅢM39：5、
ⅢM64：3）未能分型式外，余分三型。

A 型　151 件。竖耳。之所以取此名称，完全是
为了与横耳杯、立耳杯相并列，实际上就是很普通的
陶杯。除 5 件（ⅠM93：2、ⅡM201：2、ⅡM201：3、
ⅢM12：5、ⅢM14：4）未能分式外，余分五式。

Ⅰ式　2 件。敞口，浅腹，均素面。标本号分别为
ⅠM138：4、ⅠM140：1。

Ⅱ式　30 件。敛口，腹略深，多彩陶。标本号
分别为ⅠM2：2、ⅠM7：1、ⅠM7：2、ⅠM11：1、
ⅠM16：1、ⅠM23：1、ⅠM23：3、ⅠM29：9、
ⅠM34：2、ⅠM35：3、ⅠM40：1、ⅠM42：2、
ⅠM74：2、ⅠM74：6、ⅠM81：1、ⅠM88：1、
ⅠM89：1、ⅠM99：8、ⅠM102：6、ⅠM105：5、
ⅠM107：1、ⅠM129：3、ⅠM148：3、ⅠM148：16、
ⅠM155：2、ⅠM180：5、ⅠM182：5、ⅠM187：3、
ⅠM201：2、ⅡM51：2。

Ⅲ式　14 件。最大腹偏高，腹深中等。标本号分
别为ⅠM82：4、ⅠM106：12、ⅡM10：2、ⅡM55：2、
ⅡM138：10、ⅡM140：2、ⅡM159：3、ⅡM159：4、
ⅡM159：7、ⅡM172：7、ⅡM183：4、ⅡM184：1、
ⅡM203：3、ⅢM38：2。

Ⅳ式　43 件。腹较深。标本号分别为ⅠM199：1、
ⅡM6：1、ⅡM7：2、ⅡM8：1、ⅡM13：3、ⅡM13：10、
ⅡM15：7、ⅡM24：2、ⅡM27：6、ⅡM34：2、
ⅡM43：2、ⅡM63：3、ⅡM78：1、ⅡM88：1、
ⅡM90：2、ⅡM98：2、ⅡM100：2、ⅡM117：2、
ⅡM119：2、ⅡM121：3、ⅡM123：3、ⅡM128：1、
ⅡM142：2、ⅡM147：10、ⅡM150：1、ⅡM152：2、
ⅡM152：3、ⅡM154：9、ⅡM160：2、ⅡM166：2、
ⅡM172：6、ⅡM178：2、ⅡM200：3、ⅡM203：5、
ⅡM204：2、ⅡM205：1、ⅡM205：16、ⅡM211：7、
ⅡM212：3、ⅡM219：1、ⅡM219：5、ⅡM221：1、
ⅢM24：3。

Ⅴ式　57 件。深腹，腹下垂，均素面，多为磨光

陶。标本号分别为ⅢM2：3、ⅢM2：8、ⅢM2：13、
ⅢM8：3、ⅢM9：1、ⅢM12：2、ⅢM14：2、ⅢM14：3、
ⅢM15：2、ⅢM15：3、ⅢM15：4、ⅢM16：4、
ⅢM16：5、ⅢM18：3、ⅢM18：11、ⅢM20：2、
ⅢM21：1、ⅢM21：2、ⅢM22：2、ⅢM24：1、
ⅢM24：5、ⅢM25：2、ⅢM26：1、ⅢM26：2、
ⅢM26：4、ⅢM27：1、ⅢM27：2、ⅢM27：7、
ⅢM28：1、ⅢM30：1、ⅢM30：7、ⅢM30：8、
ⅢM31：2、ⅢM32：1、ⅢM36：2、ⅢM36：6、
ⅢM36：7、ⅢM36：8、ⅢM39：2、ⅢM41：2、
ⅢM46：3、ⅢM47：6、ⅢM53：1、ⅢM57：1、
ⅢM57：2、ⅢM58：2、ⅢM59：1、ⅢM59：2、
ⅢM59：3、ⅢM60：1、ⅢM61：1、ⅢM62：1、
ⅢM63：1、ⅢM68：2、ⅢM68：3、ⅢM72：3、
ⅢM72：4。

B 型　31 件。横耳。横式单耳，个体都较小，是洋
海墓地特有的器类，器耳不像其他器物的竖向安装，好
像专门为了悬挂方便而设计，而且只有 B、C 型墓中出土，
Ⅲ号墓地一件也未见。分三式。

Ⅰ式　12 件。浅腹，器耳较平。标本号分别为
ⅠM7：5、ⅠM56：1、ⅠM58：2、ⅠM58：3、
ⅠM61：2、ⅠM101：5、ⅠM114：1、ⅠM155：6、
ⅠM179：1、ⅠM194：8、ⅠM196：2、ⅠM198：1。

Ⅱ式　12 件。器腹深度中等，器耳挺起中等。标本号
分别为ⅠM42：5、ⅠM54：1、ⅠM60：3、ⅠM104：1、
ⅠM105：1、ⅠM111：1、ⅠM115：1、ⅠM121：2、
ⅠM148：8、ⅠM182：6、ⅠM186：5、ⅠM204：9。

Ⅲ式　7 件。深腹，器耳上举。标本号分别为
ⅡM10：1、ⅡM27：1、ⅡM107：1、ⅡM122：1、
ⅡM135：3、ⅡM178：3、ⅡM191：2。

C 型　57 件。立耳。站立在器物口沿上的单耳，
个体都较小，是洋海墓地特有的器类，器耳不像其他器
物竖向安装在器腹，好像专门为了悬挂方便设计，而且
只有 B、C 型墓中出土，Ⅲ号墓地一件也未见。除 2 件
（ⅠM55：2、ⅠM72：2）未能分式外，余分三式。

Ⅰ式　4 件。敞口，三角形耳上举。标本号分别为
ⅠM8：12、ⅠM101：4、ⅠM103：12、ⅠM136：4。

Ⅱ式　19 件。器腹较直，大平底。器耳为器壁一
侧的向上延伸，两斜边带齿形花边，中间有圆形或三
角形穿孔。标本号分别为ⅠM133：7、ⅠM201：1、
ⅠM204：3、ⅡM12：2、ⅡM38：2、ⅡM52：4、
ⅡM84：4、ⅡM110：3、ⅡM117：1、ⅡM123：2、
ⅡM124：2、ⅡM128：2、ⅡM132：5、ⅡM134：3、

ⅡM134：4、　ⅡM135：1、　ⅡM156：4、　ⅡM166：3、ⅡM169：7。

Ⅲ式　32件。鼓腹，器身多似罐形，圆拱形耳，部分顶部有乳丁。标本号分别为ⅡM23：1、ⅡM30：5、ⅡM44：4、　ⅡM66：2、　　ⅡM93：3、　　ⅡM98：8、ⅡM110：2、ⅡM113：1、ⅡM121：4、ⅡM124：3、ⅡM127：4、ⅡM129：2、ⅡM132：6、ⅡM146：2、ⅡM147：4、ⅡM147：5、ⅡM148：1、ⅡM149：4、ⅡM156：2、ⅡM156：3、ⅡM159：1、ⅡM162：1、ⅡM167：1、ⅡM172：3、ⅡM173：3、ⅡM182：3、ⅡM188：1、ⅡM207：2、ⅡM209：2、ⅡM214：1、ⅡM219：4、ⅡM222：2。

陶单耳壶　41件。个体较大，小口，长颈，大鼓腹，单耳。分四式。

Ⅰ式　8件。从最大腹处向上渐收成小口，到器口处最瘦小，器耳位置高也较小，整体呈蒜头形，器表往往饰成组的锯齿纹或网状纹。标本号分别为ⅠM4：4、ⅠM20：5、　ⅠM62：8、　ⅠM124：1、　ⅠM129：6、ⅠM132：3、ⅠM133：1、ⅠM160：1。

Ⅱ式　18件。口略大，微敞，最大腹在中间部位，器表往往饰折线纹和菱格纹。标本号分别为ⅠM38：3、ⅠM42：14、　ⅠM58：1、　ⅠM59：1、　ⅠM60：2、ⅠM63：2、　ⅠM65：1、　ⅠM68：2、　ⅠM74：1、ⅠM83：7、　ⅠM98：1、　ⅠM99：1、　ⅠM164：6、ⅠM165：4、ⅠM180：4、ⅠM195：1、ⅡM144：3、ⅡM166：4。

Ⅲ式　13件。口更敞一些，略呈喇叭状，垂腹，纹饰组合明显分为上、下两部分，外沿饰网状纹，腹部多饰扭曲三角纹和涡纹。标本号分别为ⅡM6：2、ⅡM19：2、　ⅡM25：4、　ⅡM29：1、　ⅡM31：3、ⅡM53：2、　ⅡM127：6、　ⅡM154：4、　ⅡM154：7、ⅡM176：2、ⅡM190：2、ⅡM195：4、ⅡM203：4。

Ⅳ式　2件。直口，垂腹，颈、口轮廓呈筒形。标本号分别为ⅢM15：5、ⅢM39：3。

陶盆　40件。大敞口，浅腹，平底。单錾、双錾、无錾者均有。其中1件（ⅡM70：4）异形未分型式，余分四式。

Ⅰ式　2件。方唇，腹微鼓，壁呈微弧形，相比之下器腹更深一些，似仿木器的器型。标本号分别为ⅠM138：5、ⅠM154：1。

Ⅱ式　17件。直腹，近口处略有内收。多彩陶，且往往有内彩。标本号分别为ⅠM36：1、ⅠM59：2、ⅠM62：7、　ⅠM74：7、　ⅠM83：2、　ⅠM87：8、

ⅠM89：3、　ⅠM126：1、　ⅠM127：1、　ⅠM128：1、ⅠM129：5、　ⅠM132：2、　ⅠM133：3、　ⅠM160：2、ⅠM166：1、ⅠM181：1、ⅠM208：1。

Ⅲ式　13件。圆唇，直壁，腹深浅中等。彩陶器比例较大。标本号分别为ⅠM112：1、ⅠM183：1、ⅠM187：5、　ⅠM206：1、　ⅡM44：3、　ⅡM64：1、ⅡM64：2、　ⅡM76：2、　ⅡM87：5、　ⅡM116：1、ⅡM172：1、ⅡM205：6、ⅡM206：2。

Ⅳ式　7件。直壁，浅腹，大平底。标本号分别为ⅡM43：9、ⅢM2：4、ⅢM2：10、ⅢM14：1、ⅢM25：1、ⅢM46：2、ⅢM47：9。

陶釜　25件。器形较大，深腹，平底，有双耳。出土时外有烟炱，内装羊骨肉。除1件（ⅡM206：1）未能分式外，余分五式。

Ⅰ式　3件。大敞口，双耳位置高，最大腹位置高，小凸平底。标本号分别为ⅠM54：4、ⅠM66：1、ⅠM173：7。

Ⅱ式　3件。敛口，最大腹位置下移，底略大。标本号分别为ⅠM54：2、ⅠM102：5、ⅡM86：3。

Ⅲ式　6件。敛口，口小，双耳位置下移至腹部，大平底，外沿处往往装饰一圈附加堆压印纹。标本号分别为ⅡM73：1、ⅡM194：3、ⅡM195：5、ⅡM196：4、ⅡM198：1、ⅡM199：5。

Ⅳ式　5件。体形较瘦高，双耳较大。标本号分别为ⅡM106：1、ⅡM202：1、ⅡM203：1、ⅡM205：3、ⅢM61：4。

Ⅴ式　7件。体形更瘦高，双大耳位于最大腹处。标本号分别为ⅢM3：1、ⅢM17：1、ⅢM24：4、ⅢM36：1、ⅢM45：1、ⅢM60：5、ⅢM62：3。

陶圈足盘（豆）　19件。盘都比较浅，圈足从低到高，从肥到瘦，最后成实足，因此也就成为豆。除6件（ⅠM25：4、ⅠM43：2、ⅠM84：2、ⅡM44：7、ⅡM144：6、ⅡM196：3）未能分式外，余分四式。

Ⅰ式　3件。敞口，浅盘，圈足粗矮。标本号分别为ⅠM8：1、ⅠM74：3、ⅠM169：2。

Ⅱ式　3件。敛口，盘中等深，圈足较粗、较高。标本号分别为ⅠM13：1、ⅡM96：1、ⅡM131：2。

Ⅲ式　6件。深鼓腹，直口，圈足高且较细。标本号分别为ⅡM68：1、ⅡM153：2、ⅡM154：3、ⅡM160：1、ⅡM218：6、ⅢM58：7。

Ⅳ式　1件。深腹，敛口，实足成柄。标本号为ⅢM47：5。

木桶　63件。截适当长度的圆木，将中间掏空，

顶上刻出对称的小立耳，下面安装圆形底。其形状依原木而定，器形早晚少有变化。其中18件（Ⅰ M41：3、Ⅰ M80：5、Ⅰ M80：12、Ⅰ M82：3、Ⅰ M160：3、Ⅱ M10：8、Ⅱ M38：4、Ⅱ M44：6、Ⅱ M54：5、Ⅱ M85：3、Ⅱ M122：8、Ⅱ M134：5、Ⅱ M173：2、Ⅱ M188：6、Ⅱ M199：6、Ⅱ M219：9、Ⅱ M221：6、Ⅲ M50：6）异形未分型式，余主要依雕刻图案的技法分四式。

Ⅰ式　4件。非规整的圆筒，底大口小或底小口大，无纹饰。标本号分别为Ⅰ M15：1、Ⅰ M49：5、Ⅰ M87：3、Ⅰ M99：2。

Ⅱ式　25件。规整的筒形，多阴刻动物纹和三角纹。标本号分别为Ⅰ M23：4、Ⅰ M30：1、Ⅰ M34：3、Ⅰ M60：8、Ⅰ M83：1、Ⅰ M84：1、Ⅰ M99：16、Ⅰ M102：4、Ⅰ M129：2、Ⅰ M133：2、Ⅰ M158：1、Ⅰ M158：3、Ⅰ M162：1、Ⅰ M163：1、Ⅰ M170：3、Ⅰ M181：2、Ⅰ M186：4、Ⅰ M187：7、Ⅰ M201：9、Ⅰ M204：1、Ⅰ M218：2、Ⅱ M42：3、Ⅱ M57：1、Ⅱ M58：2、Ⅱ M169：6。

Ⅲ式　14件。规整的筒形，多线刻动物纹和扭曲三角纹。标本号分别为Ⅱ M52：8、Ⅱ M73：4、Ⅱ M95：2、Ⅱ M110：1、Ⅱ M136：1、Ⅱ M140：10、Ⅱ M147：1、Ⅱ M156：5、Ⅱ M161：1、Ⅱ M167：4、Ⅱ M168：1、Ⅱ M178：6、Ⅱ M185：1、Ⅱ M204：1。

Ⅳ式　2件。规整的筒形，偶有浅浮雕或复杂的动物图形。标本号为Ⅲ M20：3、Ⅲ M26：7。

木盘　147件。个体较大，特别浅的器腹，一边沿下有系孔。其中1件（Ⅱ M178：4）异形未分型式，余分三式。

Ⅰ式　45件。长条形浅盘。标本号分别为Ⅰ M1：1、Ⅰ M3：4、Ⅰ M9：3、Ⅰ M11：25、Ⅰ M20：1、Ⅰ M24：1、Ⅰ M25：7、Ⅰ M28：1、Ⅰ M29：10、Ⅰ M49：6、Ⅰ M56：2、Ⅰ M57：1、Ⅰ M58：7、Ⅰ M61：3、Ⅰ M62：6、Ⅰ M72：4、Ⅰ M87：6、Ⅰ M106：8、Ⅰ M110：1、Ⅰ M113：3、Ⅰ M117：2、Ⅰ M119：2、Ⅰ M121：1、Ⅰ M138：6、Ⅰ M142：3、Ⅰ M157：12、Ⅰ M162：2、Ⅰ M173：2、Ⅰ M186：2、Ⅰ M188：1、Ⅰ M189：2、Ⅰ M203：1、Ⅰ M217：2、Ⅱ M1：1、Ⅱ M2：3、Ⅱ M13：7、Ⅱ M86：1、Ⅱ M92：9、Ⅱ M98：1、Ⅱ M132：1、Ⅱ M140：4、Ⅱ M140：5、Ⅱ M219：7、Ⅲ M13：1、Ⅲ M16：1。

Ⅱ式　86件。长圆形，盘较深。标本号分别为Ⅰ M75：5、Ⅰ M94：1、Ⅰ M103：6、Ⅰ M105：3、Ⅰ M106：6、Ⅰ M155：7、Ⅰ M170：1、Ⅰ M195：2、Ⅰ M196：1、Ⅰ M205：1、Ⅱ M5：1、Ⅱ M18：3、Ⅱ M20：1、Ⅱ M21：1、Ⅱ M22：1、Ⅱ M23：5、Ⅱ M24：1、Ⅱ M27：4、Ⅱ M30：4、Ⅱ M32：2、Ⅱ M33：2、Ⅱ M35：1、Ⅱ M56：2、Ⅱ M60：7、Ⅱ M65：6、Ⅱ M72：2、Ⅱ M79：1、Ⅱ M81：1、Ⅱ M84：3、Ⅱ M95：1、Ⅱ M99：1、Ⅱ M104：1、Ⅱ M109：2、Ⅱ M112：2、Ⅱ M114：4、Ⅱ M118：1、Ⅱ M121：1、Ⅱ M122：4、Ⅱ M130：1、Ⅱ M135：7、Ⅱ M138：1、Ⅱ M150：6、Ⅱ M151：1、Ⅱ M154：6、Ⅱ M154：11、Ⅱ M157：6、Ⅱ M158：3、Ⅱ M159：5、Ⅱ M159：9、Ⅱ M163：2、Ⅱ M164：5、Ⅱ M166：1、Ⅱ M166：6、Ⅱ M168：6、Ⅱ M171：1、Ⅱ M173：1、Ⅱ M176：1、Ⅱ M178：1、Ⅱ M178：5、Ⅱ M182：4、Ⅱ M183：1、Ⅱ M192：3、Ⅱ M199：4、Ⅱ M203：2、Ⅱ M204：2、Ⅱ M223：1、Ⅲ M1：6、Ⅲ M10：5、Ⅲ M13：2、Ⅲ M15：1、Ⅲ M18：1、Ⅲ M20：1、Ⅲ M22：1、Ⅲ M23：1、Ⅲ M24：9、Ⅲ M30：5、Ⅲ M32：3、Ⅲ M34：1、Ⅲ M39：6、Ⅲ M44：2、Ⅲ M59：7、Ⅲ M64：7、Ⅲ M73：1、Ⅲ M74：1、Ⅲ M79：6、Ⅲ M79：7。

Ⅲ式　15件。圆形或近圆形，盘较深。标本号分别为Ⅱ M43：7、Ⅱ M71：2、Ⅱ M82：1、Ⅱ M87：3、Ⅱ M142：1、Ⅱ M211：1、Ⅱ M211：13、Ⅲ M3：2、Ⅲ M35：1、Ⅲ M47：1、Ⅲ M49：2、Ⅲ M71：1、Ⅲ M72：5、Ⅲ M73：2、Ⅲ M76：3。

木钵　38件。个体较小，腹相对而言较深。用圆木刻挖成，形状各异，但基本形态都是敞口，圜底。除2件（Ⅰ M150：1、Ⅱ M137：4）未能分式外，余分三式。

Ⅰ式　7件。深腹，有纽状单錾，壁厚且不均匀。标本号分别为Ⅰ M21：15、Ⅰ M33：3、Ⅰ M41：2、Ⅰ M116：1、Ⅰ M145：3、Ⅰ M146：1、Ⅰ M149：8。

Ⅱ式　16件。腹较深，无耳或单竖耳，壁较薄且厚度稍有不均匀。标本号分别为Ⅰ M4：6、Ⅰ M7：3、Ⅰ M25：5、Ⅰ M60：4、Ⅰ M105：6、Ⅰ M119：1、Ⅰ M136：5、Ⅰ M164：7、Ⅰ M204：2、Ⅱ M50：2、Ⅱ M54：7、Ⅱ M58：1、Ⅱ M147：8、Ⅱ M149：1、Ⅱ M177：1、Ⅱ M211：14。

Ⅲ式　13件。腹略浅，单横平耳上有穿孔，壁薄而匀。标本号分别为Ⅰ M202：1、Ⅱ M43：1、Ⅱ M56：3、Ⅱ M81：2、Ⅱ M91：1、Ⅱ M108：2、Ⅱ M159：2、Ⅱ M162：2、Ⅱ M169：1、Ⅲ M21：10、Ⅲ M44：3、Ⅲ M72：6、Ⅲ M72：7。

木纺轮　110件。圆形，上面平，底弧，大多带线轴。分四式。

Ⅰ式　51件。薄体，圆弧底。标本号分别为Ⅰ M1：4、Ⅰ M2：4、Ⅰ M3：3、Ⅰ M7：4、Ⅰ M8：19、Ⅰ M11：17、Ⅰ M15：2、Ⅰ M16：3、Ⅰ M16：7、Ⅰ M23：6、Ⅰ M24：2、Ⅰ M26：4、Ⅰ M27：4、Ⅰ M30：3、Ⅰ M41：5、Ⅰ M43：5、Ⅰ M47：3、Ⅰ M49：8、Ⅰ M56：3、Ⅰ M60：5、Ⅰ M80：3、Ⅰ M83：4、Ⅰ M84：4、Ⅰ M87：10、Ⅰ M97：5、Ⅰ M99：7、Ⅰ M107：2、Ⅰ M113：1、Ⅰ M113：2、Ⅰ M118：1、Ⅰ M121：3、Ⅰ M124：2、Ⅰ M133：9、Ⅰ M133：11、Ⅰ M140：3、Ⅰ M148：9、Ⅰ M155：1、Ⅰ M162：4、Ⅰ M186：1、Ⅰ M193：3、Ⅱ M3：1、Ⅱ M13：1、Ⅱ M30：1、Ⅱ M33：1、Ⅱ M36：2、Ⅱ M38：3、Ⅱ M52：7、Ⅱ M54：3、Ⅱ M135：2、Ⅱ M147：6、Ⅱ M149：2。

Ⅱ式　51件。厚薄中等，圆弧底。标本号分别为Ⅰ M55：4、Ⅰ M58：5、Ⅰ M101：6、Ⅰ M104：2、Ⅰ M114：2、Ⅰ M136：3、Ⅰ M155：8、Ⅰ M158：4、Ⅰ M158：6、Ⅰ M167：4、Ⅰ M187：2、Ⅰ M198：2、Ⅱ M1：3、Ⅱ M5：2、Ⅱ M10：3、Ⅱ M11：4、Ⅱ M12：3、Ⅱ M12：7、Ⅱ M15：1、Ⅱ M17：2、Ⅱ M17：3、Ⅱ M19：1、Ⅱ M24：3、Ⅱ M28：1、Ⅱ M84：5、Ⅱ M85：1、Ⅱ M87：1、Ⅱ M92：6、Ⅱ M93：1、Ⅱ M95：3、Ⅱ M109：1、Ⅱ M110：4、Ⅱ M124：4、Ⅱ M131：1、Ⅱ M132：2、Ⅱ M136：2、Ⅱ M142：1、Ⅱ M148：3、Ⅱ M151：3、Ⅱ M154：5、Ⅱ M159：6、Ⅱ M161：3、Ⅱ M169：9、Ⅱ M188：3、Ⅱ M198：3、Ⅱ M199：3、Ⅱ M200：4、Ⅱ M205：2、Ⅱ M209：3、Ⅱ M211：11、Ⅲ M30：14。

Ⅲ式　6件。厚体，底相对平。标本号分别为Ⅱ M60：6、Ⅱ M65：8、Ⅱ M121：2、Ⅱ M140：6、Ⅱ M191：3、Ⅱ M219：3。

Ⅳ式　2件。厚体，剖面呈倒梯形。标本号分别为Ⅱ M137：3、Ⅲ M65：1。

木取火板　22件（组）。应与木取火棒和木钻头合为一套，但这两种发现较少。分三式。

Ⅰ式　9件（组）。呈长方体，两面钻取。标本号分别为Ⅰ M11：19、Ⅰ M30：2、Ⅰ M30：6、Ⅰ M83：5、Ⅰ M85：1、Ⅰ M138：3、Ⅰ M139：3、Ⅱ M14：1、Ⅲ M50：5。

Ⅱ式　5件。细长方体，有更细小的柄，两面钻取。标本号分别为Ⅰ M192：1、Ⅱ M2：5、Ⅱ M54：1、Ⅱ M104：4、Ⅱ M116：2。

Ⅲ式　8件。呈月牙形，在直边钻孔。标本号分别为Ⅲ M10：6、Ⅲ M14：5、Ⅲ M17：8、Ⅲ M18：7、Ⅲ M35：10、Ⅲ M61：3、Ⅲ M64：10-1、Ⅲ M64：11。

木梳　102件。不规则薄片状，有并排细密的尖齿。分两型。

A型　74件。梳齿和梳柄连在一起，由整块木板制成。分三式。

Ⅰ式　12件。长条形，柄顶有小圆柱，梳柄有亚腰，齿长而少。标本号分别为Ⅰ M47：4、Ⅰ M60：7、Ⅰ M87：9、Ⅰ M118：2、Ⅰ M140：2、Ⅰ M141：6、Ⅰ M144：2、Ⅰ M152：2、Ⅰ M154：2、Ⅰ M156：2、Ⅰ M172：1、Ⅰ M218：3。

Ⅱ式　59件。近长方形，柄两侧有肩或斜坡，齿数量中等。标本号分别为Ⅰ M8：9、Ⅰ M8：22、Ⅰ M9：2、Ⅰ M11：24、Ⅰ M16：6、Ⅰ M23：5、Ⅰ M29：7、Ⅰ M29：8、Ⅰ M30：5、Ⅰ M35：4、Ⅰ M37：2、Ⅰ M42：4、Ⅰ M55：6、Ⅰ M58：4、Ⅰ M72：3、Ⅰ M80：8、Ⅰ M88：2、Ⅰ M93：1、Ⅰ M95：8、Ⅰ M107：3、Ⅰ M123：2、Ⅰ M125：1、Ⅰ M127：2、Ⅰ M129：7、Ⅰ M133：5、Ⅰ M133：6、Ⅰ M148：17、Ⅰ M158：5、Ⅰ M180：3、Ⅰ M182：4、Ⅰ M186：3、Ⅰ M187：4、Ⅰ M193：1、Ⅰ M194：1、Ⅰ M196：4、Ⅰ M198：5、Ⅰ M200：1、Ⅰ M201：4、Ⅰ M204：5、Ⅰ M213：4、Ⅱ M2：6、Ⅱ M13：9、Ⅱ M15：3、Ⅱ M17：4、Ⅱ M18：4、Ⅱ M34：3、Ⅱ M55：1、Ⅱ M65：5、Ⅱ M65：7、Ⅱ M70：1、Ⅱ M87：4、Ⅱ M108：1、Ⅱ M112：3、Ⅱ M131：5、Ⅱ M140：3、Ⅱ M141：1、Ⅱ M169：10、Ⅱ M215：3、Ⅲ M47：11。

Ⅲ式　3件。宽而短，拱弧形柄，齿数多。标本号分别为Ⅱ M97：1、Ⅲ M29：4、Ⅲ M76：9。

B型　28件。梳齿和梳柄分制后安装而成。分四式。

Ⅰ式　4件。梳柄用圆木棍制，短齿。标本号分别为Ⅰ M109：2、Ⅰ M158：2、Ⅱ M25：3、Ⅱ M187：2。

Ⅱ式　13件。梳柄用圆木棍制，长齿。标本号分别为Ⅱ M19：3、Ⅱ M24：4、Ⅱ M32：4、Ⅱ M54：4、Ⅱ M60：5、Ⅱ M92：3、Ⅱ M94：1、Ⅱ M98：9、Ⅱ M132：7、Ⅱ M150：3、Ⅱ M173：7、Ⅱ M188：5、Ⅲ M37：4。

Ⅲ式　8件。柄长方体，长齿。标本号分别为Ⅱ M127：5、Ⅱ M128：3、Ⅱ M136：4、Ⅱ M148：2、Ⅱ M157：5、Ⅱ M163：7、Ⅱ M170：1、Ⅱ M222：3。

Ⅳ式　3件。长圆形柄，长齿。标本号分别为

ⅢM9：6、ⅢM27：5、ⅢM71：7。

竖琴　数量较少，仅发现4件，并且多不完整。分三式。

Ⅰ式　2件。个体较小，五弦，音箱长圆形，无尾。标本号分别为ⅠM8：18、ⅠM90：12。

Ⅱ式　1件。个体中等，五弦，音箱圆头长方形，有尾。标本号为ⅡM63：1。

Ⅲ式　1件。个体较大，音箱也宽大。标本号为ⅢM48：2。

铜刀　13件。无格，均为模制。分四式。

Ⅰ式　4件。弧背，宽体，多为大环首，有些在柄端还有瘤结，扁而薄的柄上往往铸有简单的纹样，如斜平行线纹。标本号分别为ⅠM19：6、ⅠM21：4、ⅠM33：2、ⅠM78：3。

Ⅱ式　2件。弧背，窄体，顶端无孔。标本号分别为ⅠM5：6、ⅠM94：2。

Ⅲ式　3件。直柄，直背，有穿孔。标本号分别为ⅠM75：3、ⅠM159：1、ⅠM195：6。

Ⅳ式　4件。长条形，直柄，直背。标本号分别为ⅠM63：1、ⅡM31：2、ⅡM142：5、ⅡM148：4。

铁刀　9件。无格，均为模制。直柄，直背，多有小穿孔。可分为两式。

Ⅰ式　4件。长条形，直柄，直背。标本号分别为ⅡM43：11、ⅡM65：3、ⅡM92：4、ⅡM158：4。

Ⅱ式　5件。圭形平顶，有孔，柄长，刃短。标本号分别为ⅢM17：4、ⅢM39：9、ⅢM53：3、ⅢM58：6、ⅢM76：6。

衔　11件。其中角、铜质各4件，铁质2件，木质1件。

角衔　4件。中间为微曲的圆棍，两端环下垂，其使用时间最早。标本号分别为ⅠM29：2、ⅠM163：12、ⅡM138：8、ⅡM212：5。

铜衔　4件。分三式。

Ⅰ式　2件。两端各为弧腰梯形单孔，二孔形差别较大。其中一个中环呈不规则形，衔杆向内环延伸出乳状突。标本号分别为ⅠM5：7、ⅠM163：3。

Ⅱ式　1件。两端均呈马镫形，双孔。小圆孔在内，外有较大的"凹"字形孔半包围小圆孔。标本号为ⅡM14：2。

Ⅲ式　1件。较细长，中环椭圆形，两端环单孔，无内小孔。标本号为ⅠM189：10。

铁衔　2件。内桃形小环相套，两端大单环也呈桃形。标本号分别为ⅢM1：1、ⅢM2：11。

木衔　1件。标本号为ⅡM152：7。

镳　45件（组）。一般都成对出土，有木质、角质和骨质。

木镳　16件（组）。分四式。

Ⅰ式　3件（组）。圆柱形，带三槽。标本号分别为ⅠM6：7、ⅠM208：5、ⅠM208：6。

Ⅱ式　7件（组）。扁圆形，三孔偏于一端。标本号分别为ⅠM11：21、ⅠM91：2、ⅠM95：7、ⅠM97：1、ⅠM104：3、ⅠM163：13、ⅡM127：1。

Ⅲ式　3件（组）。圆柱形，三孔均匀分布。标本号分别为ⅠM54：3、ⅡM2：4、ⅡM138：18。

Ⅳ式　3件（组）。带两孔。标本号分别为ⅡM152：14、ⅡM212：6、ⅢM17：6。

角镳　23件（组）。分三式。

Ⅰ式　8件（组）。三孔偏于一端，另一端多雕刻成动物首形状。标本号分别为ⅠM8：15、ⅠM12：10、ⅠM29：1、ⅠM44：1、ⅠM95：6、ⅠM101：1、ⅠM164：3、ⅠM165：3。

Ⅱ式　13件（组）。直接采用动物角的自然弯曲形状，头端无雕刻，三孔偏于一端。标本号分别为ⅠM11：13、ⅠM80：7、ⅠM114：3、ⅠM163：4、ⅠM189：7、ⅠM217：3、ⅡM10：4、ⅡM13：2、ⅡM62：3、ⅡM127：3、ⅡM138：5、ⅡM139：3、ⅡM188：4。

Ⅲ式　2件（组）。形状与Ⅱ式基本相同，但仅有两孔。标本号分别为ⅡM14：3、ⅢM74：9。

骨镳　6件（组）。分三式。

Ⅰ式　3件。柱体稍弯，三孔偏于一端。标本号分别为ⅠM5：8、ⅠM119：4、ⅠM142：6。

Ⅱ式　1件。圆柱形，三孔均匀分布。标本号为ⅡM14：8。

Ⅲ式　2件（组）。仅两孔。标本号分别为ⅡM89：3、ⅢM1：2。

镞　7件（组）。质地有铜、铁、骨质之分。

铜镞　3件。分两式。

Ⅰ式　1件。长鋌，双刃无后锋，柳叶形。标本号为ⅠM150：5。

Ⅱ式　2件。内鋌，双刃四棱形，单面有倒刺。标本号分别为ⅠM42：12、ⅠM98：2。

铁镞　1件。三翼有后锋，有铤。标本号为ⅢM21：3。

骨镞　3件（组）。标本号分别为ⅠM158：7、ⅡM14：7、ⅡM54：8。

木箭　112件（组）。其中有许多木箭残断，分不出式别，计有38件。标本号分别为ⅠM10：1、ⅠM70：1、

ⅠM77：4、　ⅠM95：2、　ⅠM99：4、　ⅠM103：2、
ⅠM103：11、　ⅠM117：8、　ⅠM119：8、　ⅠM130：4、
ⅠM138：9、　ⅠM141：3、　ⅠM155：13、　ⅠM183：5、
ⅡM3：2、　ⅡM9：2、　ⅡM12：4、　ⅡM30：3、
ⅡM32：1、　ⅡM53：3、　ⅡM72：4、　ⅡM136：6、
ⅡM159：8、　ⅡM173：6、　ⅡM221：4、　ⅡM223：4、
ⅢM13：5、　ⅢM15：8、　ⅢM17：2、　ⅢM30：20、
ⅢM35：4、　ⅢM40：4、　ⅢM43：7、　ⅢM64：6、
ⅢM73：5、　ⅢM74：7、　ⅢM79：8、　ⅢM79：12。
余分三式。

Ⅰ式　32件（组）。三棱形，两翼在前，一翼在后。标本号分别为ⅠM5：2、ⅠM8：6、ⅠM11：3、ⅠM11：9、ⅠM11：14、ⅠM20：3、ⅠM42：11、ⅠM82：8、ⅠM83：11、ⅠM90：9、ⅠM100：3、ⅠM106：3、ⅠM109：1、ⅠM110：3、ⅠM118：3、ⅠM131：1、ⅠM133：4、ⅠM139：4、ⅠM148：6、ⅠM148：10、ⅠM148：11、ⅠM148：14、ⅠM148：15、ⅠM150：3、ⅠM160：5、ⅠM163：7、ⅠM165：2、ⅠM173：6、ⅠM185：4、ⅠM189：1、ⅠM189：3、ⅠM217：8。

Ⅱ式　34件（组）。四棱形，单面有倒刺。标本号分别为ⅠM194：2、ⅠM194：4、ⅠM197：2、ⅡM13：4、ⅡM16：1、ⅡM18：1、ⅡM22：2、ⅡM25：2、ⅡM27：5、ⅡM54：2、ⅡM62：1、ⅡM79：4、ⅡM82：3、ⅡM92：7、ⅡM105：3、ⅡM114：3、ⅡM137：1、ⅡM138：7、ⅡM138：21、ⅡM139：1、ⅡM140：7、ⅡM143：3、ⅡM151：1、ⅡM152：6、ⅡM158：1、ⅡM164：1、ⅡM165：2、ⅡM181：1、ⅡM182：5、ⅡM189：4、ⅡM190：5、ⅡM212：1、ⅡM219：8、ⅢM75：5。

Ⅲ式　8件（组）。三棱形，三翼平齐。标本号分别为ⅡM44：5、ⅡM132：3、ⅡM186：2、ⅡM212：1、ⅡM215：1、ⅢM1：4、ⅢM3：9、ⅢM18：5。

弓　110件。以绣线菊木为主要材料，有的配以皮胶、牛角和牛筋。其中2件（ⅠM30：7、ⅠM117：6）未分型式。

木弓　24件。也称单体弓，用圆木削制成。分两式。

Ⅰ式　20件。弓体较短，呈直棍状或微曲，弰部双面槽。标本号分别为ⅠM6：1、ⅠM8：20、ⅠM42：6、ⅠM48：2、ⅠM57：3、ⅠM58：8、ⅠM87：12、ⅠM103：5、ⅠM118：5、ⅠM141：2、ⅠM143：2、ⅠM150：9、ⅠM183：6、ⅠM185：3、ⅠM209：1、ⅠM209：7、ⅠM217：1、ⅡM62：5、ⅡM63：4、

ⅡM81：4。

Ⅱ式　4件。弓体较长，中间弝部加宽加粗明显。标本号分别为ⅠM194：3、ⅡM53：4、ⅡM143：5、ⅡM145：3。

复合弓　84件。以复合材料制成。分两式。

Ⅰ式　34件。长体略有曲折（一曲弓），弰部双面槽形。标本号分别为ⅠM11：7、ⅠM20：2、ⅠM35：2、ⅠM42：8、ⅠM76：2、ⅠM82：7、ⅠM82：11、ⅠM103：7、ⅠM106：1、ⅠM106：14、ⅠM110：2、ⅠM148：5、ⅠM157：11、ⅠM164：5、ⅠM173：5、ⅠM189：4、ⅠM193：4、ⅠM194：6、ⅠM198：3、ⅡM2：1、ⅡM12：6、ⅡM13：5、ⅡM14：5、ⅡM18：6、ⅡM72：5、ⅡM82：2、ⅡM102：1、ⅡM108：4、ⅡM111：1、ⅡM114：2、ⅡM121：8、ⅡM137：2、ⅡM139：2、ⅡM165：1。

Ⅱ式　50件。反曲三连弧形（三曲弓），弰部挂钩形。标本号分别为ⅠM191：1、ⅡM22：4、ⅡM25：1、ⅡM27：2、ⅡM37：1、ⅡM43：6、ⅡM45：2、ⅡM52：10、ⅡM61：5、ⅡM66：3、ⅡM74：3、ⅡM76：3、ⅡM98：4、ⅡM125：1、ⅡM126：1、ⅡM140：1、ⅡM157：7、ⅡM158：5、ⅡM164：1、ⅡM183：2、ⅡM186：1、ⅡM189：3、ⅡM190：3、ⅡM221：5、ⅡM223：9、ⅢM1：8、ⅢM3：3、ⅢM5：4、ⅢM6：2、ⅢM10：2、ⅢM14：7、ⅢM15：6、ⅢM16：7、ⅢM18：6、ⅢM20：5、ⅢM21：5、ⅢM21：6、ⅢM22：5、ⅢM25：14、ⅢM30：9、ⅢM33：3、ⅢM35：3、ⅢM39：7、ⅢM40：5、ⅢM48：3、ⅢM51：4、ⅢM68：1、ⅢM73：4、ⅢM78：2、ⅢM80：6。

木撑板　64件。多用胡杨木制，少数用绣线菊木。用细皮条系扎在皮弓箭袋一长边上。分三式。

Ⅰ式　7件。圆棍形，常常呈竹节状，有多个凹槽或凸棱。标本号分别为ⅠM5：1、ⅠM11：16、ⅠM29：13、ⅠM42：10、ⅠM138：8、ⅠM163：5、ⅠM213：7。

Ⅱ式　7件。平板形，上端宽而圆，渐窄至下端。单长边有稀疏的一排穿孔。单面往往雕刻有连续的羽状涡纹。标本号分别为ⅠM28：3、ⅠM100：2、ⅠM100：5、ⅠM117：5、ⅠM148：4、ⅠM164：4、ⅡM85：2。

Ⅲ式　50件。等宽的窄长条形，两端圆润，单长边有密集的一排穿孔。标本号分别为ⅠM185：1、ⅠM197：1、ⅡM10：6、ⅡM14：6、ⅡM22：5、ⅡM27：3、ⅡM31：1、ⅡM37：3、ⅡM52：1、

ⅡM52：3、ⅡM62：4、ⅡM69：3、ⅡM74：2、ⅡM81：3、ⅡM92：8、ⅡM104：2、ⅡM114：5、ⅡM121：5、ⅡM125：3、ⅡM132：4、ⅡM135：9、ⅡM136：5、ⅡM138：2、ⅡM140：8、ⅡM142：4、ⅡM143：4、ⅡM150：5、ⅡM151：5、ⅡM152：5、ⅡM158：6、ⅡM168：5、ⅡM169：3、ⅡM183：3、ⅡM186：6、ⅡM189：5、ⅡM223：5、ⅡM223：6、ⅢM1：9、ⅢM2：1、ⅢM3：8、ⅢM13：7、ⅢM16：8、ⅢM20：4、ⅢM21：16、ⅢM22：4、ⅢM25：10、ⅢM30：16、ⅢM39：10、ⅢM59：6、ⅢM64：5。

皮弓箭袋 21件。多用鞣制过的羊皮革缝制，大袋受弓，外附小袋受箭。其中1件（ⅠM209：6）未分型式，余分三式。

Ⅰ式 6件。等宽的窄长条形，附一个小袋。标本号分别为ⅠM87：5、ⅠM95：1、ⅠM150：10、ⅠM164：10、ⅠM173：3、ⅠM212：4。

Ⅱ式 7件。略呈长方形，附两至三个小袋。标本号分别为ⅠM8：17、ⅠM90：17、ⅠM147：1、ⅠM157：8、ⅠM195：9、ⅠM195：10、ⅡM165：5。

Ⅲ式 7件。上宽下窄，装木撑板的一边平直，另一边呈三分之二弓长的形状。标本号分别为ⅡM163：5、ⅡM164：2、ⅡM181：2、ⅢM17：5、ⅢM18：4、ⅢM18：8、ⅢM25：5。

皮射韝 12件。红色牛皮革制。分三式。

Ⅰ式 5件。直筒形，一头口略小并微有亚腰，多压边并在中部压出成组的斜线。皮质厚实。标本号分别为ⅠM21：8、ⅠM67：6、ⅠM150：7、ⅠM157：3、ⅠM209：5。

Ⅱ式 4件。形状大多不规则。标本号分别为ⅠM4：7、ⅠM76：3、ⅠM107：5、ⅠM119：7。

Ⅲ式 3件。圆筒形，不压边，没有任何装饰。皮质较薄。标本号为ⅠM195：12、ⅡM169：12、ⅢM23：6。

皮靴 47件（组）。靴底和靴帮用牛皮、靴筒（靿）用羊皮缝制。分三式。

Ⅰ式 17件（组）。短靿，多为尖头。靴帮用多块牛皮缝接。标本号分别为ⅠM21：17、ⅠM26：7、ⅠM52：3、ⅠM67：5、ⅠM76：1、ⅠM87：1、ⅠM107：7、ⅠM108：1、ⅠM109：4、ⅠM109：7、ⅠM127：5、ⅠM141：7、ⅠM147：3、ⅠM150：11、ⅠM157：5、ⅠM193：6、ⅠM215：2。

Ⅱ式 21件（组）。短靿，多为圆头。二块皮革前后对接成靴帮，靴筒（靿）用长方形羊皮块缝制。标本号分别为ⅠM82：9、ⅠM102：7、ⅠM106：9、ⅠM190：2、ⅠM194：9、ⅠM195：3、ⅠM199：4、ⅡM18：8、ⅡM61：6、ⅡM61：8、ⅡM63：8、ⅡM84：7、ⅡM109：6、ⅡM157：8、ⅡM158：7、ⅡM161：5、ⅡM179：3、ⅢM4：2、ⅢM34：6、ⅢM36：13、ⅢM38：5。

Ⅲ式 9件（组）。高靿至大腿根，类似裤腿。顶点扣皮条与皮腰带相连。标本号分别为ⅠM197：3、ⅡM46：3、ⅡM161：4、ⅡM169：11、ⅢM18：17、ⅢM34：7、ⅢM37：6、ⅢM37：10、ⅢM37：11。

三 墓葬、器物分期与诸墓地相对年代

从墓葬形制演变、器物共存关系和典型器物型式演变关系，作墓葬分期与诸墓地相对年代的考察。

首先必须重申，在洋海墓地的四种形制的墓葬中，椭圆形二层台墓的年代最早，接着是长方形竖穴二层台墓，双偏室墓的年代最晚，这种大的发展趋势是清晰明确的。但是，从大量典型器物的共存关系同样可清楚地看到，竖穴墓和长方形竖穴二层台墓共存过相当长的一段时间，共存时段的竖穴墓和长方形竖穴二层台墓的墓口长宽比基本是相同的，一般都小于1：1.5。竖穴墓继续经历了独立存在的时间后，又与单偏室墓共存，这时的竖穴墓上口已经和单偏室墓的上口相似，其长宽比一般都大于1：2。这里还必须说明，洋海墓地的单偏室墓和其他一些同时期的偏室墓一样，比如苏贝希Ⅰ号墓地，墓道上口窄长，墓道较深，墓底平或有很低的二层台，封堵墓室口很少用土坯。与更晚的晋唐时期偏室墓不同，这时的偏室墓墓道上口宽短，墓道较浅，墓底都有较高的二层台，用土坯封堵墓室口。况且这种偏室墓中的出土器物多与斜坡墓道洞室墓的相同而不乏中原文化的影响。

要之，我们在分期时，不是绝对按照墓葬形制，而是结合出土器物的型式，并且必须参照器物的型式进行划分。这样一来，数量特别大的竖穴墓中，大部分属于第三期；一部分属于第二期，如Ⅰ号墓地中、南部的竖穴墓；还有一部分属于第四期，如Ⅲ号墓地北部的竖穴墓。

一期：大多数A型墓。陶器很少，而且器型简单。仅见双线纹等非常简单的彩陶纹样。而毛织服饰却纹样繁复、华丽多彩。随葬的典型器物为Ⅰ式铜刀，铜斧，铜铃，较多的黄宝螺，A型Ⅰ式陶单耳杯，A型Ⅰ式陶单耳罐，Ⅰ式陶盆，木镳，A型Ⅰ式木梳，Ⅰ式木钵，Ⅰ式木桶，Ⅰ式木弓，Ⅰ式木撑板和皮弓箭袋，Ⅰ式皮射韝，Ⅰ式皮靴。服饰纹样有简短的云雷纹、折线纹、锯齿纹、“凸”字形纹、三角形纹、“W”形纹等。

二期：B 型墓和 C 型墓的一部分。大量精美的彩陶器出现，陶胎中夹少量细砂，器物胎薄而精致。随葬的典型器物为 II 式铜刀，I、II 式铜衔、I 式陶单耳壶、B 型 I 式陶单耳杯，C 型 I 式陶单耳杯，A 型 II 式陶单耳杯，A 型 II 式陶单耳罐，I 式陶圈足盘，II 式陶盆，I 式角镳，A 型 II 式木梳，II 式木钵，II 式木桶，II 式木弓，II 式木撑板和皮弓箭袋，II 式皮射鞲，II 式皮靴。服饰纹样有云雷纹、网状纹、折线纹等。

三期：包括前、后两段，大多数的 C 型墓。三期是本墓地最繁荣的时期，墓葬数量多，陶器类型和纹饰种类也最多。随葬的典型器物为 III、IV 式铜刀，III、IV 式铜衔，II、III 式陶单耳壶，B 型 II、III 式陶单耳杯，C 型 II、III 式陶单耳杯，A 型 III、IV 式陶单耳杯，I、II 式陶釜，A 型 III、IV 式陶单耳罐，II、III 式陶圈足盘（豆），III 式陶盆，II、III 式角镳，A 型 II 式木梳，III 式木钵，III 式木桶，II、III 式木弓，III 式木撑板和皮弓箭袋，III 式皮射鞲，II 式皮靴。服饰纹样有曲折纹和窄横条纹。

四期：D 型墓和 C 型墓的一部分。随葬的典型器物为 II 式铁刀，铁衔，IV 式陶单耳壶、A 型 V 式陶单耳罐，IV 式陶豆（圈足盘），V 式陶盆，III 式骨镳，A 型 III 式木梳，III 式木钵和木盘，IV 式木桶，III 式木弓，III 式木撑板和皮弓箭袋，III 式皮射鞲，III 式皮靴。服饰纹样为宽横条纹。

综合考察墓葬形制、器物类型、^{14}C 测年数值，可将一期的绝对年代确定为公元前 13～前 11 世纪，二期的绝对年代确定为公元前 10～前 8 世纪，三期的绝对年代确定为公元前 7～前 4 世纪，四期的绝对年代确定为公元前 3～公元 2 世纪。也就是说，一、二期为青铜时代（夏—西周），三期为早期铁器时代（春秋—战国），四期为汉代（考虑到文化的连续性和不见汉式器物的情况，四期也应属早期铁器时代）。

第三节 文化性质

1. 文化特征

洋海墓地有几处相毗邻的公共墓地，墓地的墓葬布局严谨有序。墓葬形制主要是竖穴二层台墓、竖穴墓和竖穴偏室墓，地面无标识物。

随葬器物以陶器和木器为主，其次是皮具、毛纺织物、铜器、骨角器、铁器等。尤以精美的彩陶、华丽而奇特的服饰、狩猎工具、马具、青铜兵器和动物纹最具特征。还发现一些稀有的器物，有竖琴、旋镖、泥俑、吹风管、皮马鞍、鞍毯、皮射鞲、小觿、法衣、长衣等。同时也

出土了大量的人类和动、植物标本，时间跨度达 1500 年，为研究当时的社会、经济、文化、生态学提供了丰富的第一手资料。

陶器中的立耳杯、横耳杯、壶、圈足盘（豆）、盆和单耳罐都很有地域特色。带动物纹的木桶、木盆、木器具和镳是难能可贵的发光点，皮射鞲、木冠饰、皮靴、成套的弓箭、毛织服装也都很出彩。

这里的彩陶纹饰多样，在内、外口沿装饰连续的三角纹（锯齿状纹）最具特征。以三角纹为母体构成多种变化图案，结构严密、富于变化，且常见耳上的彩绘纹样。三角纹饰不但在陶器中占有很大比例，而且在木器、服饰上也屡见不鲜。

最初的彩陶图案母体来自于毛纺织物的图案，尤其是毛布的幅边纹样，几乎全部复制到了彩陶器的口沿之上，之后有所发展和演变。

青铜时代到早期铁器时代，有马具、青铜兵器和动物纹，这些被称作"斯基泰三要素"（也叫"斯基泰三联合"）的器物。

作为食物的动物肢体的随葬，主要是羊头、整羊、羊排或羊腿等，牛头、马下颌和马肩胛骨、马胫骨等。带装饰的马尾、狗的随葬只有很少的个例，作为交通工具的整个马匹的随葬只是到了晚期才出现。

用植物类食品随葬的例子也比较常见，而且全部都盛放于陶器中。

洋海人头骨形态的综合特征明显倾向于高加索人种系列，其中三分之二近于古欧洲类型，三分之一近于地中海类型。前三期的居民没有大的变化，是一个相对稳定的群体。四期虽有蒙古人种因素的明显增加，但不足以改变基本的综合体。

存在头骨穿孔和文身的习俗。

2. 生产、生活方式和社会结构

从遗存非常丰富的毛纺（编）织物、动物纹、成套的骑射用具、狩猎工具等，反映了当时的生产方式是以畜牧和狩猎为主，洋海人牧养山羊、绵羊、牛和马，同时在灌溉的田地里小面积种植麦类（小麦、大麦和青稞）和谷类（粟、糜子）、蔬菜和葡萄等农作物。

从古老时代起，男人和女人的角色就不同，在以畜牧和狩猎而聚居的群落里，男人是牧人和猎手，他们会或短或长时间地离开居住地。洋海人也是这样，当春风吹暖大地，青壮年会携带弓箭和钻木取火器，赶着畜群（随畜逐水草）到北部的山区甚至天山北坡游牧和射猎。猎捕野生动物是为了保护畜群、获取肉食和毛皮，也或

许只是为了健身和娱乐（天堂一词就出自波斯的一个狩猎场的名字）。同时，在洋海一带有永久居留地，大多数妇女和老弱者会留下来继续生活在居留地，采集野生食物，从事纺织、制陶、木器加工、用所猎杀的动物兽皮做衣裳。还要照顾孩子，养育婴幼，准备和储存食品。

在古代文明中，用图案和色彩装饰物品、衣服是一种重要习俗。将羊毛用纺轮做成纱线，在织机上织成布，用天然染料——植物和矿物染色。每一种文明都产生了自己独特的装饰风格，有时能够据此确定物品的年代和产地。由于有机材料腐烂得很快，古代文明的衣服和织物几乎没有多少存留下来，但洋海墓地的情况不是这样，而且穿戴的高雅冠饰和华丽长衣都有保存下来。洋海墓地出土的毛纺织物从类别上分为上衣（披风、长衣和法衣）、裤子、裙子、披巾等。从毛纺织技艺特点分为有织制而成的毛纺织物（包括平纹组织织物、缂毛织物、斜纹原组织织物及其变化组织织物）和毛编织带（包括绦子），还有最早出现的栽绒毯。毛纺织物的图案纹样十分复杂，常常用简单的变化组织，使织物表面显现出纹样，如山形斜纹和坡斜纹。使用最多的图案是条带纹和方格纹，在长衣的下摆、袖口，或裤子的裤脚处装饰一周图案，这种图案往往是将织制衣料的经线部分两股合并，再与纬线相交织，且要变换基础组织法，以使纹样更加突出。如，有的长衣在下摆和袖口处缂织一列变体三角形图案，将原长衣的黄、棕色经线，两根合并，与蓝、白色纬线以经重平组织为基础组织，采用通经断纬法，缂织出一排蓝、白色相错三角形图案。从出土的这些毛织衣服和毛纺织物看，洋海人已掌握了红、黄、蓝基本色（三原色）的染法，此外，棕色使用的也较多。但对二次混合色的运用还不够稳定和熟练，因而，我们常常为辨别蓝、绿色而争论不休。目前，我们对这些毛织品的染料，还未做科学的检验。用肉眼来观察，这些织物使用的染料中，有植物染料，如红色织物褪色后呈绯色或黄色，其原料可能是茜草等类。

洋海墓地发现出土了数以千计的木器，种类也很多，涵盖了人们生产生活的方方面面。采用了砍削、雕刻、钻孔、黏合、抛光等技艺。所见木容器有盘、盆、豆、臼、杯、桶、勺等。这些器物都是用胡杨树加工成，盘较浅，盆较深，豆深腹有柄。都经过了挖、刻、切、削的工序和过程。有些木盘底部阴刻出怪兽或北山羊的图像。木杯和木桶都是深腹器物，所以全部掏成筒状后再安装圆平底，并且不惜功夫在器表雕刻精美的纹样，有成群结队的山区、草原和沙漠动物图形，如北山羊、马、狼、虎、狗、鹿、骆驼、野猪等，雕刻技法相同，而且神似。小件木器有钉、橛、纺轮、梳、钻木取火器、杖、鞭杆、镳、扣、器柄、直角抹、俑等。还有弓、箭和弓箭袋撑板，竖琴，旋镖，冠饰。木器与洋海人的生活息息相关。

这时生活在洋海的人群虽然还处在原始社会后期，但婚姻和家庭形态已进入文明社会，这可能是以游牧经济为主导的社会形态所独有的形式，甚至完全有可能根本就没有族外婚这种形式而且是一夫一妻制。主要生产资料如畜群和草场由氏族公有，而一般生活资料如墓葬中那些常见的随葬品为小家庭所有。

他们敬奉神灵，信仰萨满教，有巫师阶层。

3. 文化联系和交流

吐鲁番盆地作为一个完整、独立的地理单元，多年来这一区域内开展了大量的考古调查和发掘工作，经过正式发掘的有艾丁湖、三个桥、苏贝希、喀格恰克、加依、阿拉沟、交河故城沟北和沟西等墓地，在英亚依拉克、恰什塔格、乔拉克坎儿、克尔间、东巴扎、伙什江扎、墩买来、三坎克日、吐格曼博依、奇格曼、胜金口、阿斯塔那等遗址和墓地也采集到一些陶片，就墓葬形制和随葬器物而言都应属苏贝希文化，其主要特征是竖穴墓和偏室墓，装饰三角纹、扭曲三角纹、涡纹的罐和壶。拿这个标准去衡量周边邻近地区的柴窝堡、乌拉泊水库，以及天山北麓的木垒、奇台、吉木萨尔等许多地点都非常接近，并且已形成共识。洋海墓地理应融入其中。但上述所有地点都缺少二层台墓、慢圜底陶器、"斯基泰三要素"的器物，因而时间上与洋海的三、四期相当。

洋海墓地分为四期，即四个渐进的阶段：起源、发展、繁荣、衰落。起源阶段，有属高加索人种的一小群人辗转迁居至此（可能来自南西伯利亚），经过休养生息，增强与周边地区的文化联系和交流，文化得到创新、发展和繁荣。匈奴的兴起，引起民族大迁徙，社会不稳定因素增长，文化开始衰落。与此同时，居住在河西走廊西部的族群不断向西迁移，这种浪潮从青铜时代早期就没有停止过。诞生在河西走廊的四坝文化在哈密盆地落脚后又向西发展演变为焉不拉克类型，尽管仍保留着某些来自东方的文化因素，但区域特色逐渐形成，洋海墓地也有类似的情况。

到目前为止，在吐鲁番盆地及其文化波及地域，还没有发现过如同洋海墓地 A、B 型墓同样形制的墓葬。而在焉不拉克墓地，这种墓葬有与洋海墓地相同比例的遗存，这应该被看作是宗教信仰上的复制。察吾呼墓地主要是竖穴石室墓，先挖出椭圆形竖穴，从底部开始沿周边砌石，用以形成二层台，其作用应该与洋海墓地的二层台墓相同，便于棚盖物封蔽墓室口。只因为察吾呼墓地的原生地层是纯净的沙石结构，一点儿黄土也没有，不砌石块就会塌边。焉不拉克墓地有一部分墓葬处于沙石层中，用土坯砌二层台的原因也在于此。而洋海墓地的生土层是纯净的黄土，三千年前修筑的墓室至今不变样，连原来挖掘的工具痕迹尚一清二楚。

区域内的文化联系和交流是显而易见的。东面的哈密焉不拉克文化中，天山北路墓地年代最早，其陶器器型和彩陶纹样多来自河西的齐家文化和四坝文化。天山北路墓地和焉不拉克、五堡、南湾等墓地的双耳罐，在洋海墓地都能找到其后续形式。特别是马鞍口双耳罐，具有寺洼文化所特有的典型器的造型，其来源有待考证。彩陶中的三角纹和扭曲三角纹，也是受河西唐汪式彩陶影响的产物。

和西面的察吾呼文化比较，洋海墓地的生产、生活方式和社会形态结构与之有许多相同之处：以畜牧业为主，经营园圃式农业，过半游牧的生活，处在原始社会后期等。在生产工具和生活用具方面也有交流，最典型的是铜节约、铜衔、骨镳等马具，还有直柄的铜刀。木器也有许多相同点。到了晚期，陶器器形和彩陶纹样也有交流，尤其是吐鲁番盆地特有的扭曲三角纹单耳壶，在察吾呼文化的哈布其罕和老巴仑墓地都有发现。

且末扎滚鲁克文化各墓地所反映的经济形态也比较一致，也为定居或半定居的畜牧文化。那里的木旋镖、木桶及其上的纹样、木梳与洋海的器物比较，仿佛出于同一人之手。另外，在新疆多地都发现了竖琴，它们应该是一个来源，小亚细亚或美索不达米亚。

洋海墓地的出土物十分丰富，与周边的文化联系是多方面的，涉及的问题也比较多。铜器中的环首刀和管銎斧在中国北方草原文化中发现较多，与其相近者有哈密焉不拉克墓地发现的弧背铜刀。察吾乎文化的哈布其罕墓地、伊犁河流域的巩留、特克斯也有发现。双环式铜衔分布地域非常广，七河地发现最多，伊犁、塔城也有发现。这种衔在察吾呼文化墓葬中曾有多件出土，和洋海墓地发现的一样，其式别的演变规律适用于整个中央亚地区，但洋海墓地成为其分布的最东界。因为东邻的哈密地区处于相同时期的墓地中，如焉不拉克、五堡、南湾墓地，都未曾发现过这种样式的铜衔。

新疆彩陶分布在沿天山一带的四个大区，它们分属四个不同的考古文化，从东向西为焉不拉克文化、苏贝希文化、察吾呼文化和伊犁河流域文化。自成体系，各区都经历了发生、发展和衰亡的全过程，但经历的时间并不相同。新疆彩陶有来自东方的影响，也有来自西方的因素，而少有南、北方的文化影响。洋海墓地的彩陶融合了东来因素后有所发展，并继续向西影响了察吾呼文化的彩陶器。从另一个方面来看，洋海墓地的服饰纹样和本身彩陶有许多相似之处，但更加明显的是察吾呼墓地的彩陶，那些带流杯上的颈带彩、腹斜带彩和通体彩的局部纹样，仿佛是从洋海早期服饰上临摹下来的。

在毛纺织物中，缂毛织物最精美，其图案有条纹、折线、方格、锯齿、三角、菱格、涡旋、阶梯纹等。在图案的边缘处，两种不同颜色的纬线总是斜向显花。因而，这些缂毛织物的图案多呈菱格、锯齿、回纹和斜线构成的变体涡旋纹等。另外，用各种小型图案组成的菱格形涡旋纹，以四方连续的方式布满毛纺织物表面的显花法也独具特色。有如彩陶器上口沿内外的锯齿纹，彩陶外壁的三角、菱格纹等，菱格形涡旋纹是彩陶上水波纹的变体，这种纹样运用在纺织上，在当时的技术条件下，只能以几何形式表现。在棕色地上缂织一圈倒置的黄色阶梯状图案。与单耳杯上"带阶梯状装饰的三角形立耳"相同，体现了独特的文化内涵。洋海以西出土的毛纺织物"Z"向加捻，中原地区则多以"S"向加捻。在洋海毛纺织物中，这两种加捻法都有，洋海毛纺织物显现出双向交流的特点。另外也可以看出，在服饰方面与迈埃米尔文化（巴泽雷克期）及扎滚鲁克文化的联系。

黄宝螺产自印度洋和太平洋。但洋海墓地出土的黄宝螺可能来自太平洋沿岸，因为向东方向所见极多，反方向极少。

在发现的植物种类中，粟和穈子来自东方，葡萄、大麻、小花紫草来源于西方。而胡杨、柽柳、松树、绣线菊、铁线莲、芦苇、小獐毛、黑果枸杞等，都为本地生长的植物。动物的品种也很多，有人们牧养和饲养的绵羊、山羊、牛、马、狗、骆驼，也有野生的狼、北山羊、鹿、野猪，就是不见家猪。

在新疆乃至整个中亚区域，有许多考古文化都从青铜时代延续到早期铁器时代，西面有楚斯特文化、古尔布留克文化，东面河西的卡约文化。以前曾认为苏贝希文化是早期铁器时代文化，但洋海墓地的发掘收获使我们清晰地看到，苏贝希文化的早期阶段应为青铜时代，更为重要的是，这与焉不拉克文化、察吾呼文化产生了共鸣。

附表一　I号墓地墓葬登记表

（长度单位：米）

墓号	墓向	墓葬结构	型式	墓室 长×宽-深	葬具	人数	性别	年龄（岁）	随葬品*	期别	备注
I M1	102°	长方形竖穴	C 型	0.98×0.59-0.41	无	1	女	未成年 10~13	木盘 I，陶双耳罐，陶单耳罐 A II，木纺轮 I，银耳环，珠饰 7	二	随葬马胫骨
I M2	143°	长方形竖穴	C 型	（1.37~1.45）×0.75-0.62	蒲草	1	女	壮年 20~25	木杯 2，陶单耳杯 A II，木纺轮 I	二	
I M3	27°	长方形竖穴 单边二层台	B 型	1.19×0.73-0.88	无	1	女	壮年 25~35	陶单耳罐 A II、A III，木纺轮 I，木盘 I，木手杖	二	二层台宽 0.12、深 0.3
I M4	99°	长方形竖穴	C 型	2.09×1-0.71	木床	1	男	壮年 20~30	皮帽，海贝，皮包，陶单耳壶 I，木鞭杆，木钵 II，皮射鞲 II，毛纺织物	二	随葬羊下颌
I M5	110°	长方形竖穴 周边二层台	B 型	1.66×1.2-1.45	木床	2	男	青年 18~22	木撑板 I，木箭 I 5，木钉 2，带扣，砺石，铜刀 II，铜衔 I，骨镳 I 2，骨管，陶单耳罐 A II	二	二层台宽 0.05~0.2、深 0.15
							男	壮年 20~30			
I M6	110°	长方形竖穴 两边二层台	B 型	1.97×0.92-1.4	木床	2	女	壮年 20~30	木弓 I，皮辔头，木鞭杆，陶圈足罐，木棍，陶单耳罐 A II，木镳 I 2	二	二层台宽 0.14、深 0.3；随葬羊头 2
							男	中年 45~50			
I M7	120°	长方形竖穴	C 型	1.82×0.9-1	木床	1	女	壮年 30~40	陶单耳杯 A II 2、B I，木钵 II，木纺轮 I，骨锥，毛编织带	二	
I M8	108°	长方形竖穴 两边二层台	B 型	2.08×1.08-0.98	红柳、木棍、苇席	3	男	中年 40~50	陶圈足盘 I，陶单耳罐 A、B2，陶盘，木箭 I 9，皮盒 2，木钉 2，木梳 II 2，木扣，陶钵，砺石，皮带，角镳 I，皮刀鞘，皮弓箭袋 II，竖琴 I，木纺轮 I，木弓 I，骨管，长衣，栽绒毯，毛编织带，陶单耳杯 C I	二	二层台宽 0.16、深 0.3
							不详	未成年 11~13			
							女	中年 >50			
I M9	105°	长方形竖穴	C 型	1.06×0.64-0.9	无	1	女	老年 >55	陶钵，木梳 A II，木盘 I	二	
I M10	96°	长方形竖穴 两边二层台	B 型	1.8×（0.82~0.9）-1.7	无	1	不详	不详	木箭，皮带，木钉 3	二	二层台宽 0.2、深 0.5
I M11	110°	长方形竖穴 两边二层台	B 型	2.3×（0.96~1.12）-（1.9~1.98）	木床	2	不详	成年	陶单耳杯 A II，皮辔头 2，木箭（箭头 I）10，陶器残片，陶单耳罐 A II，复合弓 I，木锥柄，树皮，马牙，牙扣，角镳 II 2，木钉 4，木撑板 I，木纺轮 I，木鞭，木取火板 I，木扣，木镳 II，木取火棍，发辫，木梳 A II，木盘 I	二	二层台宽 0.17~0.2、深 0.46~0.5；随葬羊头 1
							不详	未成年 6~7			
I M12	90°	长方形竖穴 周边二层台	B 型	（2.48~2.97）×（1.48~1.78）-2.8	无	4	男	中年 45~55	角梳，珠饰 3，羊距骨 2，陶器残片，木钉 3，骨杆，陶器耳，毛纺织物，牙器 2，角镳 I，牛角杯，铜扣，糜饼	二	二层台宽 0.24~0.64、深 0.4~0.58
							男	中年 45~50			
							男	中年 40~45			
							女	壮年 25~45			
I M13	121°	长方形竖穴	C 型	0.84×（0.49~0.56）-0.53	干草	1	不详	未成年 3~4	陶圈足盘 II	三	

* "随葬品"栏中，未注明件数者为 1 件（组），下同。

续附表一

墓号	墓向	墓葬结构	型式	墓室 长×宽-深	葬具	人数	性别	年龄（岁）	随葬品	期别	备注
ⅠM14	112°	长方形竖穴	C型	1.43×0.72-0.9	苇草席	1	男	中年 35~45	陶钵，骨扳指，陶单耳罐AⅢ，毛编织带	三	
ⅠM15	145°	长方形竖穴	C型	（1.12~1.22）×0.8-0.6	无	1	女	中年 35~45	木桶Ⅰ，木纺轮Ⅰ，陶单耳罐A，毛纺织物	二	
ⅠM16	100°	长方形竖穴 两边二层台	B型	1.83×（0.79~0.83）-1.54	无	2	女	中年 40~45	陶单耳杯AⅡ，陶单耳罐A、AⅡ、B，木纺轮Ⅰ2，木梳AⅡ，蚌饰，毛编织带	二	二层台宽0.11~0.17、深0.18；随葬羊头2
							男	中年 45~55			
ⅠM17	112°	长方形竖穴	C型	1.15×0.73-0.41	无	1	男	壮年 25~35	陶单耳罐B	三	
ⅠM18	115°	椭圆形竖穴	A型	1.22×0.87-1.76	无	1	男	成年	陶器残片，陶单耳罐AⅠ，裤子，毛编织带3	一	随葬羊头1
ⅠM19	115°	椭圆形竖穴	A型	1.6×0.92-1.14	木床	1	男	成年	海贝3，木鞭，木盆Ⅰ，铜铃，铜贝饰2，铜刀Ⅰ，绑腿2，毛纺织物，木钉2，铜锥，毛编织带，木柄铜镦	一	随葬羊头1
ⅠM20	110°	长方形竖穴 两边二层台	B型	2.24×1.2-1.48	木床	3	女	壮年 20~30	木盘Ⅰ，复合弓Ⅰ，木箭Ⅰ18，陶单耳罐B，陶单耳壶Ⅰ，海贝，珠饰19	二	二层台宽0.16、深0.29
							男	未成年 13~14			
							男	未成年 10~13			
ⅠM21	130°	椭圆形竖穴 周边二层台	A型	1.31×0.93-1.6	无	3	女	壮年 25±	皮辔头，海贝，铜锥，铜刀Ⅰ，铜耳环，铜斧，铜扣9，皮射韝Ⅰ，金耳环2，木鞭杆，珠饰，铜扣2，毛编织带4，木钵Ⅰ，铜铃，皮靴Ⅰ，毛穗2，法衣，长裤	一	二层台宽0.14~0.36、深1.12；随葬羊头1
							不详	未成年			
							男	中年 40±			
ⅠM22	132°	椭圆形竖穴	A型	1.32×0.75-0.69	无	1	男	成年	无	一	
ⅠM23	108°	长方形竖穴 两边二层台	B型	2×0.8-1.4	苇草、木床	2	男	壮年 30~40	陶单耳罐AⅢ、型式不明，陶单耳杯AⅡ2，木桶Ⅱ，木梳AⅡ，木纺轮Ⅰ，陶盘，木鞭杆	二	二层台宽0.15、深0.3；随葬羊头1
							女	成年			
ⅠM24	90°	长方形竖穴 两边二层台	B型	2.3×0.95-1.6	无	不详	不详	不详	木盘Ⅰ，木纺轮Ⅰ，陶器残片	二	二层台宽0.2~0.25、深0.3
ⅠM25	127°	长方形竖穴 两边二层台	B型	2.7×1.6-1.7	木床	5	女	青年 18~25	牙扣2，陶单耳罐AⅡ、AⅢ，木盆Ⅰ，木盘Ⅰ，木钵Ⅱ，陶圈足盘，陶圈足罐	二	二层台宽0.24、深0.6；随葬羊头2
							女	青年 17~22			
							男	青年 20~25			
							女	成年			
							女	成年			
ⅠM26	90°	长方形竖穴 两边二层台	B型	2.08×1.02-1.5	木床	3	男	青年 18~22	陶单耳罐A、AⅢ2，陶钵，木纺轮Ⅰ，皮辔头，皮靴Ⅰ，皮衣，短裤，长衣，毛编织带3，裤腿	二	二层台宽0.13~0.18、深0.41
							女	成年			
							女	中年 35~45			
ⅠM27	105°	长方形竖穴	C型	1.91×0.8-0.9	无	1	女	壮年 25~30	陶双耳罐，陶钵2，木纺轮Ⅰ	二	随葬羊骨

续附表一

墓号	墓向	墓葬结构	型式	墓室 长×宽－深	葬具	人数	性别	年龄（岁）	随葬品	期别	备注
ⅠM28	108°	长方形竖穴	C型	1.13×0.54－0.65	无	1	不详	成年	木盘Ⅰ，木线轴，木撑板Ⅱ，陶杯残片	二	
ⅠM29	114°	长方形竖穴	C型	1.98×0.98－1.23	无	不详	不详	不详	角镳Ⅰ，角衔，木钉4，木梳AⅡ2，陶单耳杯AⅡ，木盘Ⅰ，皮辔头，木扣，木撑板Ⅰ	二	
ⅠM30	100°	长方形竖穴两边二层台	B型	2×0.8－1.42	苇秆	1	男	成年	木桶Ⅱ，木取火板Ⅰ2，木纺轮Ⅰ，陶器残片，木梳AⅡ，复合弓残片	二	二层台宽0.2、深0.51
ⅠM31	282°	长方形竖穴	C型	0.8×0.42－0.41	无	1	不详	未成年8~10	缂毛织物，毛编织带，披风	二	
ⅠM32	77°	长方形竖穴	C型	1.13×0.84－0.59	无	1	女	壮年25~30	陶单耳罐AⅡ，毛纺织物，皮鞋底	二	
ⅠM33	101°	椭圆形竖穴带横梁	A型	1.22×0.91－0.88	无	1	男	壮年28~30	铜斧，铜刀Ⅰ，木钵Ⅰ	一	随葬羊头1
ⅠM34	100°	长方形竖穴	C型	1.96×1.02－1.4	木床	1	不详	不详	牛角杯，陶单耳杯AⅡ，木桶残片Ⅱ，骨纺轮，陶碗	二	
ⅠM35	100°	长方形竖穴	C型	0.93×0.53－0.7	无	2	女	成年	陶钵，复合弓Ⅰ，陶单耳杯AⅡ，木梳AⅡ	二	
							男	未成年12~13			
ⅠM36	135°	长方形竖穴	C型	0.6×0.35－0.3	无	1	不详	未成年	陶盆Ⅱ，陶单耳罐B	二	
ⅠM37	118°	长方形竖穴	C型	1.16×0.56－0.45	苇席、茅草	1	男	中年40~45	陶单耳罐AⅢ，木梳AⅡ	二	
ⅠM38	130°	长方形竖穴	C型	1.4×0.73－1.25	无	2	女	成年	陶单耳罐AⅢ、B，陶双耳罐，陶单耳壶Ⅱ	二	
							女	成年			
ⅠM39	100°	长方形竖穴	C型	1.42×0.78－0.86	无	1	男	壮年22~30	砺石	二	
ⅠM40	115°	长方形竖穴	C型	1.13×0.51－0.7	苇草席	1	女	未成年14~15	陶单耳杯AⅡ，陶器残片	二	
ⅠM41	85°	长方形竖穴	C型	1.82×0.99－1.1	无	2	女	成年	陶圈足罐，木钵Ⅰ，木桶底，陶碗，木纺轮Ⅰ	一	随葬羊头、马下颌骨
							男	青年20~25			
ⅠM42	112°	长方形竖穴	C型	1.62×1－1.2	苇草、木棍、木床	2	男	壮年25~30	陶碗，陶单耳杯AⅡ、BⅡ，木直角抹，木梳AⅡ，木器具2，木弓Ⅰ，复合弓Ⅰ，木撑板Ⅰ，木箭Ⅰ10，铜镞Ⅱ，铜节约，陶单耳壶Ⅱ，海贝，木钉，木冠饰	二	
							女	青年20~25			
ⅠM43	115°	椭圆形竖穴	A型	1.32×0.72－0.81	无	1	女	青年18~22	木橛，陶圈足盘，陶单耳罐AⅢ，陶钵，木纺轮Ⅰ	二	
ⅠM44	105°	长方形竖穴	C型	1.67×1.06－1.52	苇草帘	2	男	青年18~22	角镳Ⅰ	二	
							男	青年17~20			
ⅠM45	106°	长方形竖穴	C型	1.88×1.02－1.5	无	1	女	壮年35~40	无	三	
ⅠM46	103°	长方形竖穴	C型	1.2×0.84－1	无	2	女	未成年9~11	陶四足盘	二	
							男	未成年8~10			

续附表一

墓号	墓向	墓葬结构	型式	墓室 长 × 宽 - 深	葬具	人数	性别	年龄（岁）	随葬品	期别	备注
Ⅰ M47	135°	长方形竖穴两边二层台	B型	1.1×0.82-0.99	无	2	不详 / 不详	不详 / 不详	陶器残片，陶单耳罐AⅢ，木纺轮Ⅰ，木梳AⅠ	二	二层台宽0.1、深0.3
Ⅰ M48	135°	长方形竖穴两边二层台	B型	1.1×0.78-1.1	无	1	男	中年 40~50	木钩，木弓Ⅰ，木器具	二	二层台宽0.2、深0.4
Ⅰ M49	136°	长方形竖穴	C型	1.7×1.4-1.46	木棍、木床	2	女 / 男	壮年 25~30 / 壮年 35±	牙扣，陶双联罐，陶单耳罐AⅢ2，木桶Ⅰ，木盘Ⅰ，木手杖，木纺轮Ⅰ，砺石，木鞭杆，木线轴，木钉2	二	随葬羊头1
Ⅰ M50	102°	长方形竖穴两边二层台	B型	1.9×1.15-1.65	无	1	女	中年 40~50	无	二	二层台宽0.17、深0.52
Ⅰ M51	50°	长方形竖穴单边二层台	B型	0.6×0.44-0.56	无	1	不详	未成年 2~3	无	二	二层台宽0.1、深0.2
Ⅰ M52	127°	长方形竖穴单边二层台	B型	1.08×（0.78~0.87）-1.38	无	1	男	壮年 20~30	骨锥，木橛，皮靴Ⅰ，毛纺织物	二	二层台宽0.2、深0.68
Ⅰ M53	102°	长方形竖穴单边二层台	B型	0.63×0.56-0.7	无	1	不详	未成年 3~5	无	二	二层台宽0.2、深0.4
Ⅰ M54	96°	长方形竖穴	C型	1.9×（0.76~0.96）-1.52	木床	1	男	成年	陶单耳杯BⅡ，陶釜Ⅰ、Ⅱ，木镳Ⅲ	二	随葬羊头1
Ⅰ M55	109°	长方形竖穴	C型	1.23×0.7-1.01	木床	1	女	中年 50±	陶双耳壶，陶单耳杯C，陶盘，木纺轮Ⅱ，皮盒，木梳AⅡ	二	
Ⅰ M56	100°	长方形竖穴	C型	1.24×0.68-0.7	苇草	1	女	青年 15~17	陶单耳杯BⅠ，木盘Ⅰ，木纺轮Ⅰ	二	
Ⅰ M57	130°	长方形竖穴	C型	1.4×0.98-0.9	芦苇秆、干草	2	男 / 不详	壮年 30~40 / 不详	木盘Ⅰ，木鞭杆，木弓Ⅰ	二	随葬羊头1
Ⅰ M58	100°	长方形竖穴	C型	1.07×（0.56~0.71）-0.67	无	2	男 / 女	壮年 20~30 / 成年	陶单耳壶Ⅱ，陶单耳杯BⅠ2，木梳AⅡ，木纺轮Ⅱ，骨锥，木盘Ⅰ，木弓Ⅰ	二	
Ⅰ M59	120°	长方形竖穴	C型	1.51×0.98-1.12	无	1	女	成年	陶单耳壶Ⅱ，陶盆Ⅱ，食品2	二	
Ⅰ M60	82°	长方形竖穴	C型	1.14×0.68-1.07	苇草	1	女	青年 18~22	陶双耳杯，陶单耳壶Ⅱ，陶单耳杯BⅡ，木钵Ⅱ，木纺轮Ⅰ，陶器残片，木梳AⅠ，木桶Ⅱ，木钉12，骨锥	二	随葬羊头1、羊后腿1
Ⅰ M61	120°	长方形竖穴两边二层台	B型	1.23×0.66-0.52	草席	2	女 / 不详	壮年 30~40 / 未成年 5~6	陶单耳罐A，陶单耳杯BⅠ，木盘Ⅰ	二	二层台宽0.1、深0.16
Ⅰ M62	124°	长方形竖穴两边二层台	B型	1.78×（0.92~0.98）-1.24	苇草席、木床	3	女 / 女 / 男	成年 / 壮年 25~30 / 壮年 25~35	木碗，木钉5，石球，石杵，木盘Ⅰ，陶盆Ⅱ，陶单耳壶Ⅰ，陶单耳罐AⅡ，海贝6	二	二层台宽0.2、深0.41；随葬羊头1
Ⅰ M63	70°	长方形竖穴	C型	1.19×0.6-0.98	无	1	男	中年 45~50	铜刀Ⅳ，陶单耳壶Ⅱ，石杵	三	
Ⅰ M64	140°	长方形竖穴	C型	0.76×0.61-0.33	无	1	不详	未成年 7±	无	二	

续附表一

墓号	墓向	墓葬结构	型式	墓室 长×宽–深	葬具	人数	性别	年龄（岁）	随葬品	期别	备注
ⅠM65	105°	长方形竖穴	C型	1.21×0.66–0.66	无	1	女	成年	陶单耳壶Ⅱ	二	
ⅠM66	90°	椭圆形竖穴	A型	1.2×0.7–0.64	无	1	女	成年	陶釜（残）Ⅰ	一	随葬羊头1
ⅠM67	110°	椭圆形竖穴带横梁	A型	1.82×1.2–1.12	木床	1	男	壮年 25~30	毛编织带4，铜扣2，铜铃管4，木杈，皮靴Ⅰ2，皮射鞲Ⅰ，文身，法衣，长衣，长裤，毛穗	一	随葬羊头1
ⅠM68	100°	长方形竖穴	C型	1.50×0.72–1.12	无	2	男	中年 40±	陶单耳罐AⅢ、B，陶单耳壶Ⅱ，骨纺轮	二	随葬牛头1、羊头1
							女	中年 40±			
ⅠM69	88°	长方形竖穴	C型	1.43×0.64–1.05	无	1	男	成年	无	三	随葬羊头1
ⅠM70	115°	长方形竖穴	C型	1.13×0.57–0.83	芦苇	1	男	成年	木箭2	三	
ⅠM71	70°	长方形竖穴	C型	1.28×0.61–0.64	木床	1	男	成年	无	二	随葬羊头1
ⅠM72	110°	长方形竖穴	C型	1.15×0.7–0.5	苇席	1	女	青年 20~25	珠饰，陶单耳杯C，木梳AⅡ，木盘Ⅰ，陶单耳罐A	二	随葬羊头1
ⅠM73	75°	长方形竖穴	C型	1.02×0.67–0.53	芦苇秆、干草	1	不详	未成年 5~7	无	二	
ⅠM74	100°	长方形竖穴	C型	1.69×0.88–1.18	无	2	男	中年	陶单耳壶Ⅱ，陶单耳杯AⅡ2、型式不明，陶圈足盘Ⅰ，陶器底，陶盆Ⅱ，陶钵	二	随葬羊头1
							女	成年			
ⅠM75	100°	长方形竖穴	C型	1.4×（0.54~0.72）–0.7	苇草	1	女	成年	陶单耳罐，陶花押，铜刀Ⅲ，木锥柄3，木盘Ⅱ，玛瑙珠饰5	三	
ⅠM76	103°	长方形竖穴两边二层台	B型	2×1.4–1.63	无	3	男	中年 35~45	皮靴Ⅰ，复合弓Ⅰ，皮射鞲Ⅱ，披巾2，长衣残片，毛纺织物2，毛编织带4	二	二层台宽0.2、深0.2；随葬羊头1
							女	壮年 30~40			
							男	壮年			
ⅠM77	110°	长方形竖穴	C型	1.14×0.6–0.56	芦苇席	1	男	青年 18~25	角梳，木橛，木器残片，木箭10	二	
ⅠM78	60°	椭圆形竖穴	A型	1.55×1.02–1.08	无	1	男	成年	玛瑙珠饰4，海贝4，铜刀Ⅰ，铜扣13，珠饰6，铜管，绿松石珠饰，陶器残片，毛编织带3，缂毛织物	一	随葬羊头1
ⅠM79	112°	长方形竖穴两边二层台	B型	1.76×1.07–1.31	无	2	男	成年	无	二	二层台宽0.11、深0.4~0.45
							男	成年			
ⅠM80	108°	长方形竖穴单边二层台	B型	1.4×0.97–1.46	木床	2	男	青年 16~22	陶单耳罐AⅢ，陶双耳杯，木纺轮Ⅰ，木鞭，木桶底，皮盒，角镳Ⅱ，木梳AⅡ，草编饰2，骨锥，文身，木桶片，毛编织带	二	二层台宽0.08、深0.16；随葬羊头1
							女	壮年 30~40			
ⅠM81	115°	长方形竖穴	C型	1.21×0.84–0.86	苇席	1	男	未成年	陶单耳杯AⅡ	二	
ⅠM82	105°	长方形竖穴	C型	1.5×0.8–0.93	木床	1	男	成年	木碗，陶单耳罐AⅣ，木桶残片，陶单耳杯AⅢ，木棍，木鞭杆，复合弓Ⅰ2，木箭Ⅰ，皮靴Ⅱ，皮带，石杵	三	随葬羊头1
ⅠM83	125°	长方形竖穴	C型	1.34×0.78–0.99	芦苇草垫	2	女	老年	木桶Ⅱ，陶盆Ⅱ，陶钵，木纺轮Ⅰ，木取火板Ⅰ，陶双耳罐，陶单耳壶Ⅱ，皮盒，海贝，骨锥，木箭头Ⅰ，发辫	二	随葬羊头1
							男	中年			

续附表一

墓号	墓向	墓葬结构	型式	墓室 长×宽-深	葬具	人数	性别	年龄（岁）	随葬品	期别	备注
ⅠM84	80°	长方形竖穴两边二层台	B型	1.4×0.8-1.2	无	不详	不详	不详	木桶Ⅱ，陶圈足盘，陶器残片，木纺轮Ⅰ，长衣，毛编织带2	二	二层台宽0.11、深0.16
ⅠM85	110°	长方形竖穴	C型	1.52×0.96-1.23	木床	1	男	中年35~40	木取火板Ⅰ，木取火棒	二	随葬羊头1
ⅠM86	97°	长方形竖穴两边二层台	B型	1.62×0.96-1.55	无	1	男	成年	无	二	二层台宽0.1、深0.3
ⅠM87	100°	长方形竖穴	C型	1.51×0.8-0.9	苇草席	2	男	中年35~45	皮靴Ⅰ，陶双耳罐，木桶Ⅰ，木钉2，皮弓箭袋Ⅰ，木盘Ⅰ，陶单耳罐AⅡ，陶盆Ⅱ，木梳AⅠ，木纺轮Ⅰ，骨扣，木弓Ⅰ，骨杼，皮带，文身，披风，披巾，毛纺织物4，毛编织带2，毛毯	二	
							女	壮年30±			
ⅠM88	90°	长方形竖穴	C型	1.4×0.86-0.5	无	2	男	壮年	陶单耳杯AⅡ，木梳AⅡ	二	
							男	未成年11~13			
ⅠM89	100°	长方形竖穴	C型	0.92×0.6-0.51	芦苇	2	不详	不详	陶单耳杯AⅡ，陶单耳罐B，陶盆Ⅱ	二	
							不详	不详			
ⅠM90	103°	长方形竖穴两边二层台	B型	2.2×1.4-2.09	木床	2	男	中年45~55	陶单耳罐AⅡ、型式不明，皮袋，木钉12，木鞭2，皮氆头7，角锥，皮编草篓，木箭5，木盆，木橛3，竖琴Ⅰ，皮袋，毛编织带9，皮扳指，皮弓箭袋Ⅱ，陶器残片，毛纺织物，长衣，栽绒毯残片	二	二层台宽0.15~0.2、深0.7
							女	壮年>30			
ⅠM91	110°	长方形竖穴两边二层台	B型	1.7×（0.8~0.83）-1.6	木床	2	男	成年	陶单耳罐，木镢Ⅱ2，木棍10，木钉3，木橛，皮绳，海贝，毛绒线，缂毛织物，毛编织带2，毛毯残片	二	二层台宽0.2、深0.42
							不详	未成年9~10			
ⅠM92	130°	长方形竖穴	C型	1.23×0.7-1.02	无	2	女	壮年30~40	陶无耳杯，缂毛织物，毛编织带	二	
							不详	未成年			
ⅠM93	88°	长方形竖穴	C型	1.34×0.8-1.52	草席	1	女	成年	木梳AⅡ，陶单耳杯A，陶器底	二	
ⅠM94	108°	长方形竖穴两边二层台	B型	1.6×0.84-1.14	木床、芦苇席	1	男	成年	木盘Ⅱ，铜刀Ⅱ，砺石，木钉，木鞭杆	二	二层台宽0.08~0.12、深0.5
ⅠM95	97°	长方形竖穴两边二层台	B型	2.21×1.4-1.52	苇席、木床	2	男	中年45~55	皮弓箭袋Ⅰ，木箭5，木钉5，木器具，簸箕残片，角镢Ⅰ，木镢Ⅱ，木梳AⅡ，小石球，陶单耳罐AⅢ，海贝，木搅拌棒，铜片，栽绒毯残片2，发辫头，双色毛毡	二	北面二层台宽0.09~0.14、南面宽0.19、深0.4
							女	壮年30~40			
ⅠM96	84°	长方形竖穴两边二层台	B型	1.52×0.82-1.1	苇席、木床	1	男	老年50~60	陶单耳罐AⅢ，骨扣，玛瑙珠饰，陶器底	二	二层台宽0.1、深0.36
ⅠM97	78°	长方形竖穴两边二层台	B型	1.9×1.12-1.5	木床	1	男	成年	木镢Ⅱ，角扣，珠饰5，海贝，木纺轮Ⅰ，陶器残片	二	二层台宽0.14、深0.31
ⅠM98	106°	长方形竖穴单边二层台	B型	1.01×0.82-0.96	芦苇	1	不详	未成年	陶单耳壶Ⅱ，铜镞Ⅱ	二	二层台宽0.23、深0.36
ⅠM99	81°	长方形竖穴单边二层台	B型	1.1×0.9-（1.06~1.2）	无	2	男	中年45~55	陶单耳壶Ⅱ，木桶残片Ⅰ、Ⅱ，角锥，木箭6，木钉2，陶单耳罐AⅡ，木纺轮Ⅰ，陶单耳杯AⅡ，木手杖，皮刀鞘，皮囊，簸箕残片，皮带，皮氆头，木器柄	二	二层台宽0.18、深0.51；随葬羊头1
							女	壮年30~40			

续附表一

墓号	墓向	墓葬结构	型式	墓室 长 × 宽 – 深	葬具	人数	性别	年龄（岁）	随葬品	期别	备注
ⅠM100	107°	长方形竖穴周边二层台	B型	1.8×1.75–1.02	苇草	3	男 男 男	中年45~55 成年 成年	骨扣，木撑板Ⅱ2，木箭Ⅰ15，木棍，陶钵，木扣，木橛3	二	二层台宽0.14~0.18、深0.12
ⅠM101	93°	长方形竖穴	C型	1.81×（1.13~1.21）–1.31	无	3	男 男 女	中年 成年 壮年	角镳Ⅰ，发辫2，海贝2，陶单耳杯BⅠ、CⅠ，木纺轮Ⅱ	二	随葬羊头1
ⅠM102	87°	长方形竖穴	C型	1.66×1–（1.27~1.42）	苇草	1	男	成年	陶器残片，陶单耳罐AⅡ，木钉，木桶残片Ⅱ，陶釜残片Ⅱ，陶单耳杯AⅡ，皮靴Ⅱ	二	
ⅠM103	133°	长方形竖穴两边二层台	B型	2×1.06–1.6	芦苇席	2	不详 男	不详 青年17~20	草席，木箭杆3，皮衣袖，陶单耳罐AⅡ，木弓Ⅰ，木盘Ⅱ，复合弓Ⅰ，木棍，木扣和皮绳，陶器残片，陶单耳杯CⅠ，木鞭杆	二	二层台宽0.1~0.15、深0.3；随葬羊头1
ⅠM104	120°	长方形竖穴	C型	1.3×0.8–1	无	1	男	壮年25~30	陶单耳杯BⅡ，木纺轮Ⅱ，木镳Ⅱ，木鞭杆	二	
ⅠM105	78°	长方形竖穴	C型	1.8×1.09–1.02	木床	2	女 女	成年 成年	陶单耳杯AⅡ、BⅡ，陶双耳杯，木盘Ⅱ，木钉5，木钵Ⅱ，木牌饰	三	随葬羊头1
ⅠM106	88°	长方形竖穴	C型	1.81×0.9–1.2	无	2	男 男	成年 成年	复合弓Ⅰ2，木钎，木箭Ⅰ2，陶钵2，木盘Ⅰ、Ⅱ，木钉，皮靴Ⅰ2，海贝4，石珠饰，陶单耳杯AⅢ，陶器耳	三	随葬羊头1
ⅠM107	113°	长方形竖穴单边二层台	B型	1.25×0.87–0.8	干草	1	女	中年40~50	陶单耳杯AⅡ，木纺轮Ⅰ，木梳AⅡ，陶单耳罐AⅡ，皮射鞲Ⅱ，木棍，皮靴Ⅰ，骨扣3	二	二层台宽0.14、深0.55
ⅠM108	98°	长方形竖穴单边二层台	B型	0.76×0.5–0.68	芦苇草垫	1	不详	未成年	皮靴Ⅰ2	二	二层台宽0.14、深0.32
ⅠM109	90°	长方形竖穴	C型	1.38×0.84–0.88	无	1	男	中年40~50	木箭Ⅰ5，木梳BⅠ，木簪，皮靴Ⅰ2，木钉，砺石	二	
ⅠM110	90°	长方形竖穴	C型	1.26×0.68–1	无	1	男	青年20~25	木盘Ⅰ，复合弓Ⅰ，木箭Ⅰ	二	
ⅠM111	78°	长方形竖穴	C型	1.4×0.6–0.91	苇草席	1	女	成年	陶单耳杯BⅡ，骨纺轮	二	
ⅠM112	80°	长方形竖穴	C型	1.02×0.72–0.77	木床	1	不详	未成年	陶盆Ⅲ	三	
ⅠM113	112°	长方形竖穴周边二层台	B型	1.5×0.8–1.25	无	2	女 男	壮年25~35 成年	木纺轮Ⅰ2，木盘Ⅰ，陶单耳罐AⅢ，陶器残片2，陶碗	二	二层台短边宽0.2~0.24、长边0.15、深0.2
ⅠM114	102°	长方形竖穴	C型	1.53×0.64–1.11	无	2	男 女	成年 成年	陶单耳杯BⅠ，木纺轮Ⅱ，角镳Ⅱ2	三	
ⅠM115	80°	长方形竖穴	C型	1.5×1.02–1.27	木床	1	女	成年	陶单耳杯BⅡ，陶纺轮	三	
ⅠM116	105°	长方形竖穴	C型	0.89×0.42–0.7	无	1	不详	未成年6~7	木钵Ⅰ	二	
ⅠM117	75°	长方形竖穴	C型	1.6×0.8–0.93	木床	1	男	中年45~50	皮带，木盘Ⅰ，木标枪，木取火棒，木撑板Ⅱ，复合弓残件，海贝，木箭杆2	二	随葬羊腿骨

续附表一

墓号	墓向	墓葬结构	型式	墓室 长×宽-深	葬具	人数	性别	年龄（岁）	随葬品	期别	备注
ⅠM118	80°	长方形竖穴周边二层台	B型	1.3×0.8-0.92	无	2	女	中年 50±	木纺轮Ⅰ，木梳AⅠ，木箭Ⅰ，陶双耳罐，木弓Ⅰ	二	短边二层台宽0.1、长边宽0.14、深0.4
							男	成年			
ⅠM119	115°	长方形竖穴	C型	1.6×0.88-0.75	苇草木床	1	男	成年	木钵Ⅱ，木盘Ⅰ，木鞭，骨镳Ⅰ，木鞭杆2，木箭，木器具2，皮射鞲Ⅱ，木钉2，陶器残片，皮刀鞘	二	随葬羊头1
ⅠM120	105°	长方形竖穴	C型	1.3×0.78-0.99	苇席	1	男	成年	无	二	
ⅠM121	120°	长方形竖穴	C型	1.3×0.78-1.3	苇草、木棍、木床	1	女	成年	木盘Ⅰ，陶单耳杯BⅡ，木纺轮Ⅰ	二	
ⅠM122	130°	椭圆形竖穴	A型	0.78×0.36-0.38	无	1	不详	未成年	无	一	
ⅠM123	120°	长方形竖穴	C型	1.3×0.61-1.01	无	1	男	成年	陶四足盘，木梳AⅡ	二	
ⅠM124	120°	长方形竖穴单边二层台	B型	1.3×0.8-1.1	无	1	女	壮年 25~35	陶单耳壶Ⅰ，木纺轮Ⅰ，海贝	二	二层台宽0.2、深0.4
ⅠM125	115°	长方形竖穴	C型	1.25×0.65-0.89	无	1	不详	不详	木梳AⅡ	二	随葬羊头1
ⅠM126	115°	长方形竖穴	C型	0.84×0.56-0.7	苇席	1	不详	未成年 3±	陶盆Ⅱ	二	
ⅠM127	95°	长方形竖穴	C型	1.32×0.82-（0.72~0.8）	芦苇	1	女	成年	陶盆Ⅱ，木梳AⅡ，陶双耳罐，陶单耳杯，皮靴Ⅰ	二	
ⅠM128	105°	长方形竖穴	C型	1.22×0.6-0.8	无	1	不详	未成年	陶盆Ⅱ	二	随葬羊头1
ⅠM129	100°	长方形竖穴两边二层台	B型	1.62×0.6-1.12	无	1	女	成年	陶无耳杯，木桶Ⅱ，陶单耳杯AⅡ，陶单耳罐A，陶盆Ⅱ，陶单耳壶Ⅰ，木梳AⅡ	二	二层台宽0.2、深0.6
ⅠM130	123°	长方形竖穴两边二层台	B型	2.04×1.01-1.68	木床	1	不详	未成年 6~7	陶单耳杯（残），海贝4，陶器座，木箭杆5，弓弦，牛角，肚奶袋，皮辔头，皮衣残片，毛纺织物3，披巾，缂毛织物2，毛编织带2，毛毯	一	二层台宽0.15~0.2、深0.38；随葬牛头1、羊头5
ⅠM131	118°	长方形竖穴两边二层台	B型	1.38×0.6-1.11	苇秆	2	女	中年 >40	木箭Ⅰ，牛角杯，陶钵，陶四足盘，羊角2，毛线团	一	二层台宽0.12、深0.19
							男	中年 40~45			
ⅠM132	82°	长方形竖穴	C型	1.96×1-1.53	木床	1	男	壮年 30~35	陶单耳罐AⅡ，陶盆Ⅱ，陶单耳壶Ⅰ，陶碗，骨锥	二	随葬羊下颌骨
ⅠM133	95°	长方形竖穴三边二层台	B型	2×0.96-2.17	木床	2	女	青年 20~25	陶单耳壶Ⅰ，木桶Ⅱ，陶盆Ⅱ，木箭Ⅰ2，型式不明10，木梳AⅡ2，陶单耳杯CⅡ，陶碗，木纺轮Ⅰ2，陶器残片，木扣2，骨锥，陶器底片，木鞭杆，木线轴，毛纺织物4，长衣残片，毛编织带，披巾	二	二层台宽0.2~0.25、深0.62
							男	中年 40~50			
ⅠM134	110°	长方形竖穴	C型	0.8×0.5-0.6	苇草席	1	不详	未成年	无	二	
ⅠM135	250°	长方形竖穴单边二层台	B型	0.75×0.56-0.39	苇席	1	不详	未成年 3±	无	一	二层台宽0.15、深0.2
ⅠM136	77°	长方形竖穴	C型	1.2×0.66-0.5	草垫	1	女	中年 40~50	陶单耳罐AⅡ，陶圈足罐，木纺轮Ⅱ，陶单耳杯CⅠ，木钵Ⅱ，木钉4，骨锥	二	

续附表一

墓号	墓向	墓葬结构	型式	墓室 长 × 宽 - 深	葬具	人数	性别	年龄（岁）	随葬品	期别	备注
ⅠM137	98°	长方形竖穴两边二层台	B型	1.58×0.82-0.98	无	2	男	壮年20~30	陶圈足罐	二	二层台宽0.22、深0.33
							女	壮年25~30			
ⅠM138	105°	长方形竖穴三边二层台	B型	1.82×1-1.71	无	2	不详	不详	陶器底，陶碗，木取火板Ⅰ2，陶单耳杯AⅠ，陶盆Ⅰ，木盘Ⅰ，木取火棒2，木撑板Ⅰ，木箭，木取火棒，栽绒毯	二	二层台宽0.2~0.3、深0.6
							不详	不详			
ⅠM139	60°	长方形竖穴两边二层台	B型	（1.71~1.9）×0.88-1.34	草席、木床	2	男	成年	滑石珠饰83，陶轮，木取火板Ⅰ，木箭Ⅰ8	二	二层台宽0.11~0.19、深0.15
							女	成年			
ⅠM140	110°	长方形竖穴	C型	1.23×0.8-0.4	无	1	女	壮年25~30	陶单耳杯AⅠ，木梳AⅠ，木纺轮Ⅰ，骨锥2，木构件	一	
ⅠM141	110°	长方形竖穴	C型	1.46×1-（0.84~0.92）	无	2	不详	不详	陶碗，木弓Ⅰ，木箭杆，木器具，骨扣，木梳AⅠ，皮靴底Ⅰ，毛纺织物3，木橛，铜耳环	二	
							不详	不详			
ⅠM142	108°	长方形竖穴周边二层台	B型	1.6×0.9-1.8	木床	1	男	成年	陶单耳罐AⅢ2，石扣2，木盘Ⅰ，木鞭杆，骨镳Ⅰ	二	二层台宽0.3、深0.2；随葬狗骨架、羊头1
ⅠM143	110°	椭圆形竖穴带横梁	A型	1.48×0.9-0.95	木床	1	男	成年	铜锥，木弓Ⅰ，木橛，簸箕	一	
ⅠM144	105°	长方形竖穴	C型	1.2×0.72-（0.36~0.79）	无	1	女	不详	铜管4，木梳AⅠ，陶碗，木橛	一	随葬羊头1
ⅠM145	112°	椭圆形竖穴	A型	1.4×1.3-（0.72~0.81）	无	1	男	壮年35±	骨针，骨杼，木钵Ⅰ，木橛，文身，长衣	一	
ⅠM146	120°	椭圆形竖穴带横梁	A型	1.55×0.96-（0.4~0.56）	毛毡	1	男	成年	木钵Ⅰ，骨杼，串饰，草编饰4，木橛，毛纺织物，缂毛织物2	一	
ⅠM147	113°	长方形竖穴单边二层台	B型	1.72×1-（1.9~2）	无	1	男	成年	皮弓箭袋Ⅱ，陶器残片，皮靴Ⅰ2	二	二层台宽0.17深0.4
ⅠM148	90°	长方形竖穴	C型	1.44×0.92-1.27	草席、芦苇叶、秸秆、木床	3	不详	不详	陶单耳罐AⅢ2，木撑板Ⅱ，复合弓Ⅰ，木箭Ⅰ11，木鞭杆，陶单耳杯AⅡ2，BⅡ，木纺轮Ⅰ，牙扣，木橛5，木梳AⅡ，珠饰，木钉2	二	
							女	成年			
							男	成年			
ⅠM149	110°	椭圆形竖穴带横梁	A型	1.3×0.9-1.02	毛毡	1	男	壮年20~30	草编串饰，木鞭杆，木橛，长衣，毛纺织物，毛编织带5，木钵Ⅰ，毛穗	一	
ⅠM150	105°	椭圆形竖穴带横梁	A型	1.33×0.82-1.12	无	1	男	青年20~25	木钵，铜斧，木箭（带箭头Ⅰ）8，木橛，木棍，皮射鞲Ⅰ，木钩（带铜镞），木弓箭（木弓Ⅰ），皮弓箭袋Ⅰ，皮靴Ⅰ2，铜镞Ⅰ	一	随葬羊头1
ⅠM151	95°	长方形竖穴	C型	1.1×0.71-（0.72~0.86）	芦苇	1	不详	不详	木盒，木橛，木棍	二	
ⅠM152	100°	椭圆形竖穴带横梁	A型	1.23×0.82-0.94	毛毡	1	女	成年	陶碗，木梳AⅠ，木橛	二	随葬羊头1
ⅠM153	102°	椭圆形竖穴周边二层台	A型	1.04×0.61-0.85	无	1	女	成年	骨杼，木棍，木橛	一	带横梁；二层台宽0.13~0.17、深0.24
ⅠM154	100°	椭圆形竖穴带横梁	A型	1.32×0.71-0.82	毛毡	1	女	成年	陶盆Ⅰ，木梳AⅠ，铜耳环2，木棍2，木橛11	一	

续附表一

墓号	墓向	墓葬结构	型式	墓室 长 × 宽 – 深	葬具	人数	性别	年龄（岁）	随葬品	期别	备注
ⅠM155	112°	长方形竖穴	C型	1.91×1.39–（1.6~1.63）	无	3	女／女／男	成年／成年／成年	木纺轮Ⅰ、Ⅱ，陶单耳杯AⅡ、BⅠ，陶碗，陶单耳罐B，陶双耳杯，木盘Ⅱ，木鞭，冠饰，铁簪，角梳，木箭，木钉，蚌饰，木鞭杆，皮辔头	三	带横梁
ⅠM156	100°	椭圆形竖穴带横梁	A型	1.26×0.96–0.72	无	1	男	成年	木锥柄，木梳AⅠ，木橛	一	
ⅠM157	98°	长方形竖穴两边二层台	B型	1.52×0.86–2.62	木床	1	男	中年 40±	木冠饰，毛编织带2，皮射韝Ⅰ，皮球，皮靴Ⅰ2，马尾缨穗，木鞭杆，皮弓箭袋Ⅱ，木橛，铜扣，复合弓Ⅰ，木盘Ⅰ，珠饰7，长裤，木器柄，草编饰，毛穗4	二	带横梁；二层台宽0.1、深0.9；西边有一未成年衬葬坑长0.84、宽0.64、深0.6，内葬1~2未成年1人，侧身屈肢，头向东；随葬羊头1
ⅠM158	95°	长方形竖穴	C型	1.42×0.9–1.5	无	2	男／女	青年15~18／中年35~45	木桶Ⅱ2，木梳AⅡ、BⅠ，木纺轮Ⅱ，骨镞3，珠饰2，毛编织带，木橛	二	
ⅠM159	117°	长方形竖穴	C型	2×1.2–1.26	无	2	男／男	成年／成年	铜刀Ⅲ，铜管2，骨扣	三	随葬羊头1
ⅠM160	110°	长方形竖穴周边二层台	B型	1.5×0.7–1.82	无	1	男	成年	陶单耳壶Ⅰ，陶盆Ⅱ，木桶底，木棍，木箭Ⅰ，木棒，木橛	二	短边二层台宽0.06、长边二层台宽0.11、深0.9；随葬羊头1
ⅠM161	118°	长方形竖穴两边二层台	B型	1.05×0.55–0.81	苇席	1	不详	未成年	陶单耳罐AⅡ，陶碗	二	二层台宽0.16、深0.41
ⅠM162	118°	长方形竖穴	C型	1.2×0.6–0.88	无	1	女	成年	木桶Ⅱ，木盘Ⅰ，骨管，木纺轮Ⅰ	二	
ⅠM163	120°	长方形竖穴周边二层台	B型	1.92×1.47–1.82	苇草、木床	1	男	成年	木桶Ⅱ，木手杖柄，铜衔Ⅰ，角镳Ⅱ2，木撑板Ⅰ，木橛3，木箭Ⅰ3，牛角杯，骨扣3，海螺壳饰件，角衔，木镳Ⅱ	二	二层台东宽0.39、北宽0.3、西宽0.5、南宽0.43、深0.42；随葬羊头1
ⅠM164	130°	长方形竖穴	C型	1.6×0.82–（1.37~1.57）	无	2	男／女	壮年20~30／成年	皮辔头，皮带，角镳Ⅰ2，木撑板Ⅱ，复合弓Ⅰ，陶单耳壶Ⅱ，木钵Ⅱ，木钉2，皮带，皮弓箭袋Ⅰ，草籽项链，石珠项链，毛编织带4，毛绳，长衣2，裤子，栽绒毯，毛纺织物2，毛编织毯	三	
ⅠM165	80°	长方形竖穴	C型	1.4×0.93–1.4	苇席、木床	1	女	中年45~55	木钉3，木箭Ⅰ，角镳Ⅰ，陶单耳壶Ⅱ	二	
ⅠM166	100°	长方形竖穴	C型	1.24×0.76–0.91	无	1	女	壮年25~35	陶盆Ⅱ，骨锥	二	

续附表一

墓号	墓向	墓葬结构	型式	墓室 长 × 宽 – 深	葬具	人数	性别	年龄（岁）	随葬品	期别	备注
ⅠM167	110°	长方形竖穴	C型	1.83×1.2– 1.19	苇席、 干草、 木床	3	男 / 男 / 女	中年 30~45 / 成年 / 成年	陶单耳罐AⅡ，皮盒，皮鞋，木纺轮Ⅱ，陶带流杯2，木棍2，木钉2，木橛2，木器具3，缂毛织物，毛纺织物2，毛编织带	二	
ⅠM168	100°	长方形竖穴	C型	1.26×0.8–1	苇草	1	不详	不详	木鞭杆，木橛	三	随葬羊头1
ⅠM169	90°	长方形竖穴	C型	1.4×0.8–1.09	苇草	1	男	中年 40~50	陶碗，陶圈足盘Ⅰ，木扣	二	随葬羊头1
ⅠM170	77°	长方形竖穴	C型	（1.63~1.75） ×（0.9~1.01） –（0.98~1.13）	苇席	1	男	不详	木盘Ⅱ，陶单耳罐AⅢ，木桶Ⅱ	三	随葬羊头1；墓底层清理出植物种子
ⅠM171	130°	椭圆形竖穴 周边二层台	A型	1.3×0.8–1.3	无	1	女	壮年 25~35	骨梳，石珠饰2，项链，铜耳环，木橛	一	二层台宽0.3、深0.2
ⅠM172	82°	长方形竖穴	C型	1.18×0.76– （0.96~0.99）	无	1	女	壮年 30~35	木梳AⅠ，木橛	一	
ⅠM173	104°	长圆形竖穴 袋状	C型	1.9×1– （0.94~1.02）	无	1	男	壮年 25~35	陶单耳罐AⅡ，木盘Ⅰ，皮弓箭袋Ⅰ，木旋镖，复合弓Ⅰ，木箭Ⅰ3，陶釜Ⅰ，木棍	二	
ⅠM174	105°	椭圆形竖穴	A型	1.18×1–0.8	毛毡	1	女	成年	缂毛织物，长衣，毛纺织物，毛编织带	一	
ⅠM175	45°	椭圆形竖穴 带二层台	A型	1.12×0.9– 0.94	无	1	男	壮年 25~30	长衣，珠饰4	一	二层台平面呈月牙形，宽0.34、深0.43
ⅠM176	124°	长方形竖穴 带横梁	B型	1.17×0.82– 1.24	苇草席	1	男	壮年 30~35	陶单耳罐A，珠饰2，木橛	二	带横梁
ⅠM177	102°	椭圆形竖穴 带横梁	A型	1.4×0.8– （1.3~1.38）	无	1	男	壮年 25~35	木杯，玻璃珠饰2	一	
ⅠM178	111°	椭圆形竖穴 周边二层台	A型	0.97×0.6– 0.71	无	1	女	青年 20~25	海贝	一	二层台宽0.25~0.28、深0.07~0.09
ⅠM179	108°	椭圆形竖穴 带横梁	A型	1.5×0.88– 1.32	无	1	女	壮年 30~40	陶单耳杯BⅠ	二	
ⅠM180	100°	长方形竖穴 两边二层台	B型	1.5×0.9–1.4	草席	1	女	壮年 20~30	木钉5，骨锥，木梳AⅡ，陶单耳壶Ⅱ，陶单耳杯AⅡ，陶器耳	一	二层台宽0.1、深0.39
ⅠM181	120°	长方形竖穴 两边二层台	B型	1.7×0.8–1.13	苇草、 芦苇	2	女 / 不详	成年 / 未成年	陶盆Ⅱ，木桶Ⅱ，毛纺织物，毛编织带	二	二层台宽0.18、深0.32
ⅠM182	106°	长方形竖穴	C型	1.25×（0.5~ 0.74）–0.8	苇席	2	男 / 女	青年 18~22 / 成年	陶双耳杯，骨纺轮，木梳AⅡ，陶单耳杯AⅡ、BⅡ，陶碗	三	
ⅠM183	117°	长方形竖穴	C型	0.9×0.46– 0.8	无	1	男	成年	陶盆Ⅲ，陶单耳罐AⅣ，陶钵，角梳，木箭头，木弓Ⅰ，毛纺织物6，木鞭，毛编织帽	三	
ⅠM184	140°	长方形竖穴	C型	1.35×0.59– 0.42	无	1	不详	不详	陶钵	三	随葬羊头1
ⅠM185	100°	长方形竖穴	C型	1.46×0.68– 1.05	无	1	男	成年	木撑板Ⅲ，木棍，木弓Ⅰ，木箭Ⅰ8	三	
ⅠM186	120°	长方形竖穴	C型	1.21×0.72– 0.6	无	1	女	成年	木纺轮Ⅰ，木盘Ⅰ，木梳AⅡ，木桶Ⅱ，陶单耳杯BⅡ	三	

续附表一

墓号	墓向	墓葬结构	型式	墓室 长×宽-深	葬具	人数	性别	年龄（岁）	随葬品	期别	备注
ⅠM187	105°	长方形竖穴	C型	1.31×0.84-1.1	芦苇秆	1	女	未成年	陶碗，木纺轮Ⅱ，陶单耳杯AⅡ，木梳AⅡ，陶盆Ⅲ，陶器残片，木桶Ⅱ	三	
ⅠM188	100°	长方形竖穴	C型	1.51×0.87-1.44	木床	2	女	青年16~18	木盘Ⅰ	二	
							男	成年			
ⅠM189	113°	长方形竖穴	C型	1.58×0.98-1.09	无	2	男	中年40~50	木箭Ⅰ7，木盘Ⅰ，复合弓Ⅰ，木钉，木碗，角镳Ⅱ2，皮辔头2，木橛2，铜衔Ⅲ，弓弦，铜环饰，木鞭杆，木器具，栽绒毛毯	三	
							男	成年			
ⅠM190	105°	长方形竖穴	C型	1.32×0.82-1.61	无	1	女	老年>55	陶单耳罐AⅤ，皮靴Ⅱ，陶器残片，陶器底	四	
ⅠM191	110°	长方形竖穴	C型	1.4×0.8-1.18	无	2	男	中年35~40	复合弓Ⅱ，发辫，陶器底	三	
							女	壮年25~35			
ⅠM192	92°	长方形竖穴	C型	1.29×0.88-1.11	无	1	男	中年	木取火板Ⅱ，木取火棒	三	
ⅠM193	93°	长方形竖穴	C型	1.48×0.81-1.42	苇草	2	男	壮年20~30	木梳AⅡ，发辫，木纺轮Ⅰ，复合弓Ⅰ，木棍，皮靴Ⅰ	二	
							女	成年			
ⅠM194	90°	长方形竖穴	C型	1.4×1.08-1.3	无	4	男	中年35~40	木梳AⅡ，木箭Ⅱ2，木弓Ⅱ，木取火棒，木器具，复合弓Ⅰ，陶单耳杯BⅠ，皮靴Ⅱ，木钉6	二	
							女	青年18~25			
							不详	成年			
							不详	成年			
ⅠM195	123°	长方形竖穴	C型	1.55×1-（1~1.09）	干草	2	男	壮年20~30	陶单耳壶Ⅱ，木盘Ⅱ，皮靴Ⅱ，砺石3，铜刀Ⅲ，陶器耳，皮弓箭袋Ⅱ2，皮衣袖，皮射鞲Ⅲ	三	
							女	壮年35±			
ⅠM196	93°	长方形竖穴	C型	1.4×0.78-0.8	毛毡	2	女	成年	木盘Ⅱ，陶单耳杯BⅠ，木鞭杆，木梳AⅡ，木线轴，木扣，串饰12，铜扣	二	随葬羊头1
							男	青年17~22			
ⅠM197	120°	长方形竖穴	C型	1.22×0.71-0.91	苇草	1	男	青年16~18	木撑板Ⅲ，木箭Ⅱ，皮靴（筒）Ⅲ，皮带	三	
ⅠM198	93°	长方形竖穴	C型	1.42×0.92-0.9	草席	2	女	成年	陶单耳杯BⅠ，木纺轮Ⅱ，复合弓Ⅰ2，簸箕残片，木梳AⅡ	二	
							男	中年35~40			
ⅠM199	120°	长方形竖穴	C型	1.32×0.8-1.1	苇草席	1	女	中年40~45	陶单耳杯AⅣ，陶圈足罐，发辫，皮靴Ⅱ2	三	
ⅠM200	130°	长方形竖穴	C型	1.1×0.82-1.2	无	1	女	壮年25~30	木梳AⅡ，木器具，铜铃	二	土坯上戳印窝纹
ⅠM201	115°	长方形竖穴	C型	1.51×0.83-1.2	木床	1	女	壮年25~35	陶单耳杯AⅡ、CⅡ，陶圈足罐，木梳AⅡ，骨锥，木钉，木盒，海贝，木桶片Ⅱ	三	随葬羊头1
ⅠM202	110°	长方形竖穴	C型	1.5×0.9-1	苇草	1	女	成年	木钵Ⅲ，陶器残片	三	随葬羊头1

续附表一

墓号	墓向	墓葬结构	型式	墓室 长×宽－深	葬具	人数	性别	年龄（岁）	随葬品	期别	备注
ⅠM203	100°	长方形竖穴	C型	1.44×1－1.32	木床	2	男	中年	木盘Ⅰ，簸箕残片，木扣，木钉，砗磲扣	三	随葬羊头1
							女	壮年25~30			
ⅠM204	120°	长方形竖穴	C型	1.64×0.98－1.2	草席	1	男	中年40~50	木桶Ⅱ，木钵Ⅱ，陶单耳杯BⅡ、CⅡ，皮箸头，木梳AⅡ，木鞭杆，木橛6，皮纺轮，兽牙饰	三	
ⅠM205	110°	长方形竖穴	C型	1.3×0.8－（0.79~0.87）	木床	2	男	中年45~55	木盘Ⅱ，木鞭杆	三	
							女	壮年20~30			
ⅠM206	110°	长方形竖穴	C型	1.2×0.9－1.04	无	1	女	未成年14~16	陶盆Ⅲ，簸箕2	三	
ⅠM207	115°	长方形竖穴	C型	1.3×0.88－1.4	无	2	女	中年35~45	陶单耳罐AⅢ	三	
							男	壮年25~30			
ⅠM208	130°	长方形竖穴	C型	1.48×0.84－1.03	木床	1	男	青年20~25	陶盆Ⅱ，海贝13，珠饰12，铜铃7，木镳Ⅰ2，木鞭杆，铜扣2，皮箸头，木器具，毛编织带，木枝丫	二	随葬羊头1
ⅠM209	112°	椭圆形竖穴带横梁	A型	1.2×0.7－0.8	无	1	男	青年20~25	木弓Ⅰ2，陶器残片，木钉，皮球，皮射鞲Ⅰ，皮弓箭袋（残片），木鞭，缂毛织物2，毛穗，毛纺织物2，毛编织带5	一	
ⅠM210	114°	椭圆形竖穴	A型	0.78×0.53－0.26	无	1	不详	未成年	无	一	
ⅠM211	95°	长方形竖穴	C型	1.43×0.89－（1.28~1.49）	毛毡、草屑、树枝条	1	女	壮年25~35	发辫，长衣2，毛纺织物，裤子，毛编织带5，缂毛织物2	二	
ⅠM212	101°	椭圆形竖穴	A型	1.14×0.82－0.56	无	1	男	青年14~16	陶钵，玻璃珠饰3，皮囊，皮弓箭袋Ⅰ，木橛，发辫	一	
ⅠM213	130°	长方形竖穴带横梁	B型	1.2×0.8－0.78	无	1	男	老年55~65	木橛，木棍，皮箸头，木梳AⅡ，木鞭杆，木鞭，木撑板Ⅰ，毛纺织物	二	带横梁
ⅠM214	127°	椭圆形竖穴	A型	1.14×0.76－（0.16~0.19）	无	1	男	成年	发辫，手背文身2，皮球	一	
ⅠM215	119°	椭圆形竖穴带横梁	A型	1.08×0.8－0.5	无	1	男	成年	陶单耳罐AⅠ，皮靴Ⅰ2，手背文身	一	随葬羊头1
ⅠM216	117°	长方形竖穴带横梁	B型	1.18×0.76－0.54	无	1	男	成年	玻璃珠饰3，木器具	二	随葬羊头1
ⅠM217	99°	长方形竖穴两边二层台	B型	1.4×1.02－1.48	柽柳树枝、苇席、木床	1	男	未成年12~14	木弓Ⅰ，木盘Ⅰ，角镳Ⅱ2，木鞭杆，玻璃珠饰2，铜铃，海贝，木箭Ⅰ2，木钉3，拱弧形木器2，木器残片	二	二层台宽0.18、深0.3。墓底面用白灰特殊处理。随葬羊头骨1和羊肢骨
ⅠM218	109°	长方形竖穴两边二层台	B型	1.35×0.82－0.85	干草、树枝	1	女	成年	木线轴，木桶Ⅱ，木梳AⅠ，陶单耳罐AⅡ	一	二层台宽0.1、深0.19

附表二　Ⅱ号墓地墓葬登记表

（长度单位：米）

墓号	墓向	墓葬结构	型式	墓室 长×宽–深	葬具	人数	性别	年龄（岁）	随葬品	期别	备注
ⅡM1	82°	长方形竖穴	C型	1.18×0.68–0.86	无	1	女	成年	木盘Ⅰ，陶碗，木纺轮Ⅱ，毛纺织物	三	
ⅡM2	113°	长方形竖穴	C型	1.4×0.64–1.18	草席	1	男	中年 40~50	复合弓Ⅰ，木盆，木盘Ⅰ，木镳Ⅲ，木取火板Ⅱ，木梳AⅡ，木取火棒，陶圈足罐	三	
ⅡM3	125°	长方形竖穴	C型	1.38×0.54–1.06	毛毡	1	不详	不详	木纺轮Ⅰ，木箭，发辫2，长衣残片，毛纺织物3，毛编织带2，衣袖残片	三	随葬羊下颌骨
ⅡM4	94°	长方形竖穴	C型	1.66×0.94–1.5	木床	1	不详	不详	无	三	随葬羊头1
ⅡM5	118°	长方形竖穴	C型	1.38×0.72–1.14	无	1	女	青年 20~25	木盘Ⅱ，木纺轮Ⅱ，骨杪，木钩	三	随葬羊头1
ⅡM6	98°	长方形竖穴	C型	0.81×0.42–0.68	苇席	不详	不详	不详	陶单耳杯AⅣ，陶单耳壶Ⅲ，角扣，木橛	三	
ⅡM7	120°	长方形竖穴	C型	0.56×0.44–0.18	无	1	不详	未成年	陶单耳罐AⅣ，陶单耳杯AⅣ，木器具	三	
ⅡM8	97°	长方形竖穴	C型	0.74×0.4–0.3	无	1	不详	未成年 4~6	陶单耳杯AⅣ	三	
ⅡM9	111°	长方形竖穴	C型	1.52×0.96–1.1	木床	1	男	壮年 30~40	陶单耳罐AⅣ，木箭杆3，铜扣	三	随葬羊头1
ⅡM10	109°	长方形竖穴	C型	1.76×0.76–1.12	木床、苇席	1	男	老年 50~60	陶单耳杯AⅢ、BⅢ，木纺轮Ⅱ，角镳Ⅱ2，砗磲扣，木撑板Ⅲ，珠饰，木桶底，木花押	三	随葬羊头1
ⅡM11	130°	长方形竖穴	C型	1.3×0.7–1.12	无	1	女	成年	陶单耳罐，陶碗，木棍，木纺轮Ⅱ	三	随葬羊头1
ⅡM12	108°	长方形竖穴	C型	1.54×0.8–1.11	木床、苇席	1	不详	不详	海贝2，陶单耳杯CⅡ，木纺轮Ⅱ2，木箭，木器具，复合弓Ⅰ，骨锥，皮盒，角杯，缂毛织物	三	随葬羊头1
ⅡM13	95°	长方形竖穴	C型	1.42×0.8–1.26	木床、芦苇草	2	男	中年 40~50	木纺轮Ⅰ，骨衔Ⅰ、角镳Ⅱ2，陶单耳杯AⅣ2，木箭Ⅱ23，复合弓Ⅰ，木旋镖，木盘Ⅰ，陶钵2，木梳AⅡ，角锥，砗磲扣，木橛	三	
							女	青年 18~22			
ⅡM14	115°	长方形竖穴	C型	1.63×0.9–1.2	木床	1	男	中年 40~50	木取火板Ⅰ，铜衔Ⅱ，角镳Ⅲ，木扣2，复合弓Ⅰ，木撑板Ⅲ，骨镞，骨镳Ⅱ，木取火棒	三	
ⅡM15	125°	长方形竖穴	C型	1.3×0.62–0.5	不详	2	男	青年 20~25	木纺轮Ⅱ，陶圈足罐，木梳AⅡ，陶纺轮，木钉，陶盘，陶单耳杯AⅣ，骨锥	三	
							女	壮年 25~35			
ⅡM16	118°	长方形竖穴	C型	1.8×0.78–1.24	无	1	男	中年 35~45	木箭Ⅱ2，木钉，陶碗，骨锥	三	随葬羊头1
ⅡM17	134°	长方形竖穴	C型	1.46×0.76–1.25	无	1	女	成年	木四足盘，木纺轮Ⅱ2，木梳AⅡ，骨锥2，木棍	三	
ⅡM18	121°	长方形竖穴	C型	1.65×0.96–1.2	苇草	1	男	壮年 25~35	木箭Ⅱ，木鞭杆，木盘Ⅱ，木梳AⅡ，陶单耳罐AⅣ，复合弓Ⅰ，木线轴，皮靴Ⅱ2	三	随葬羊腿骨
ⅡM19	120°	长方形竖穴	C型	1.52×0.76–1.02	无	2	男	青年 18~22	木纺轮Ⅱ，陶单耳壶Ⅲ，木梳BⅡ，陶圈足罐，骨锥，毛编织带	三	
							女	中年 35~45			

续附表二

墓号	墓向	墓葬结构	型式	墓室 长×宽－深	葬具	人数	性别	年龄（岁）	随葬品	期别	备注
ⅡM20	110°	长方形竖穴	C型	1.76×0.99－1.42	芦苇草	2	女	中年 35~40	木盘Ⅱ，陶单耳罐AⅣ，木盆，皮盒，木扣，木钉	三	随葬羊头1
							男	中年 35~40			
ⅡM21	94°	长方形竖穴	C型	1.16×0.52－0.76	无	1	女?	未成年 10~12	木盘Ⅱ，金耳环	三	
ⅡM22	127°	长方形竖穴	C型	1.56×0.92－1	无	1	男	中年 40~50	木盘Ⅱ，木箭Ⅱ，陶单耳罐AⅣ，复合弓Ⅱ，木撑板Ⅲ，皮带	三	随葬羊头1
ⅡM23	100°	长方形竖穴	C型	1.4×0.6－0.58	无	2	男	青年 18~22	陶单耳杯CⅢ，木钉3，陶单耳罐AⅣ，陶纺轮，木盘Ⅱ，骨锥，木扣，皮扣，馕饼，毛编织带接裙，毛绳残段，地毯，毛纺织物	三	
							女	青年 20~30			
ⅡM24	118°	长方形竖穴	C型	1.5×0.88－0.8	苇席	1	女	青年 20~25	木盘Ⅱ，陶单耳杯AⅣ，木纺轮Ⅱ，木梳BⅡ，木器具2	三	
ⅡM25	106°	长方形竖穴	C型	1.82×1.02－1.2	芦苇草	不详	不详	不详	复合弓Ⅱ，木箭Ⅱ，木梳BⅠ，陶单耳壶Ⅲ	三	
ⅡM26	118°	长方形竖穴	C型	1.6×0.9－1.12	木床	1	不详	不详	无	三	
ⅡM27	115°	长方形竖穴	C型	1.74×0.88－1.06	无	1	男	中年 35~45	陶单耳杯AⅣ、BⅢ，复合弓Ⅱ，木撑板Ⅲ，木盘Ⅱ，木箭Ⅱ10	三	
ⅡM28	91°	长方形竖穴	C型	1.32×0.76－1.08	无	1	不详	未成年 10~12	木纺轮Ⅱ	三	
ⅡM29	100°	长方形竖穴	C型	0.92×0.48－0.31	苇草席	1	不详	未成年 6±	陶单耳壶Ⅲ	三	
ⅡM30	117°	长方形竖穴	C型	1.36×0.8－1.02	无	1	女	青年 18~20	木纺轮Ⅰ，陶单耳罐B，木箭，木盘Ⅱ，陶单耳杯CⅢ，木钉2	三	随葬羊头1
ⅡM31	112°	长方形竖穴	C型	1.5×1－1.2	草席	1	男	成年	木撑板Ⅲ，铜刀Ⅳ，陶单耳壶Ⅲ	三	
ⅡM32	116°	长方形竖穴	C型	1.26×0.9－1.2	无	1	女	青年 17~20	木箭，木盘Ⅱ，木钉，木梳BⅡ	三	
ⅡM33	112°	长方形竖穴	C型	1.54×1.02－1.4	芦苇草席	1	女	中年 40~50	木纺轮Ⅰ，木盘Ⅱ，陶单耳罐A，木桶底	三	
ⅡM34	115°	长方形竖穴	C型	1.6×1.1－1.25	木床	1	男	青年 15~18	陶单耳罐AⅣ，陶单耳杯AⅣ，木梳AⅡ，木簪，木钉2，木橛，皮带	三	
ⅡM35	115°	长方形竖穴	C型	1.6×1.08－0.9	无	2	男	壮年 30~35	木盘Ⅱ	三	随葬羊头2
							女	老年 >55			
ⅡM36	104°	长方形竖穴	C型	1.86×1.17－1.32	无	1	不详	不详	皮盒，木纺轮Ⅰ	三	
ⅡM37	104°	长方形竖穴	C型	1.6×1－1.16	木床	1	男	成年	复合弓Ⅱ，木钉，木撑板Ⅲ	三	
ⅡM38	110°	长方形竖穴	C型	1.56×0.93－0.96	无	1	女	中年 35~45	发辫，陶单耳杯CⅡ，木纺轮Ⅰ，木桶底	三	随葬羊头1
ⅡM39	130°	长方形竖穴	C型	1.56×0.7－0.96	无	1	女	中年 35~45	无	三	
ⅡM40	131°	长方形竖穴	C型	2.2×2－1.92	无	1	男	壮年 30~40	木鞭，木锥2，木扣	三	
ⅡM41	130°	长方形竖穴	C型	2.3×1.51－1.86	无	不详	不详	不详	木器具，木钉2，角杯，皮袋，皮帽，皮簪头，皮囊，毛编织带	三	

续附表二

墓号	墓向	墓葬结构	型式	墓室 长×宽–深	葬具	人数	性别	年龄（岁）	随葬品	期别	备注
ⅡM42	130°	长方形竖穴	C型	1.32×0.76–0.82	无	3	男	壮年 20~30	陶双耳壶，木四足盘，木桶Ⅱ，木冠饰	三	随葬羊头1
							不详	未成年 6±			
							男	中年 35~45			
ⅡM43	100°	长方形竖穴	C型	1.63×1.07–1.4	无	3	男	中年 35~45	木钵Ⅲ，陶单耳杯AⅣ，木手杖，木器具，陶单耳罐B，复合弓Ⅱ，木盘Ⅲ，木盆（匜），陶盆Ⅳ，陶坩埚，铁刀Ⅰ	三	随葬羊头1
							女	壮年 25~35			
							女	壮年 30~40			
ⅡM44	97°	长方形竖穴偏室	D型	墓口1.48×0.8–1.16 墓室1.48×0.3–0.36（高）	无	5	男	壮年 20~30	皮囊，陶碗，陶盆Ⅲ，陶单耳杯CⅢ，木箭头Ⅲ，木桶底，陶圈足盘，骨管，皮带	三	
							女	青年 18~22			
							不详	未成年 11~13			
							女	青年 18~22			
							男	未成年 12~13			
ⅡM45	98°	长方形竖穴	C型	1.9×1.2–1.38	无	1	男	中年 45~55	木旋镖，复合弓Ⅱ，皮袋，木打磨器	三	
ⅡM46	100°	长方形竖穴	C型	3.1×1.9–2.65	无	不详	不详	不详	陶单耳罐AⅣ，发辫2，皮靴，皮条带，毛纺织物，毛毯残片	三	积土石封堆
ⅡM47	104°	竖穴偏室带殉马坑围墙	D型	墓道直径2.8×1.58–1.6 墓室2.1×0.77–0.5（高）	无	1	男	成年	木四足盘	四	封土堆、围墙带殉马坑，整马
ⅡM48	112°	长方形竖穴偏室带殉马坑围墙	D型	墓道2.96×1.24–3.02 墓室2.96×1.86–1.33（高）	木床	1	男	成年	木豆，陶器耳，陶罐，重石，陶钵	四	封土堆、殉马坑，整马2
ⅡM49	126°	长方形竖穴偏室带殉马坑围墙	D型	墓道3.9×（1.45~1.67）–3.66 墓室3.9×2.67–1.6（高）	木床	1	男	成年	陶钵，陶碗	四	封土堆、围墙带殉马坑，整马
ⅡM50	100°	椭圆形竖穴	A型	0.91×0.4–0.19	无	不详	不详	不详	陶单耳罐A，木钵Ⅱ	三	
ⅡM51	110°	长方形竖穴	C型	0.83×0.52–0.5	无	1	不详	未成年 2~3	陶单耳罐A，陶单耳杯AⅡ	三	
ⅡM52	106°	长方形竖穴	C型	1.5×0.9–1.31	无	1	男	中年 40~50	木撑板Ⅲ，木取火棒2，陶单耳杯CⅡ，陶钵，陶单耳罐AⅢ，木纺轮Ⅰ，木桶Ⅲ，骨锥，复合弓Ⅱ	三	
ⅡM53	140°	长方形竖穴	C型	1.12×0.7–0.8	无	1	不详	不详	陶钵，陶单耳壶Ⅲ，木箭2，木弓Ⅱ	三	
ⅡM54	105°	长方形竖穴	C型	1.4×0.72–0.98	苇席	1	女	壮年 25~35	木取火板Ⅱ，木箭Ⅱ3，木纺轮Ⅰ，木梳BⅡ，木桶底，陶钵，木钵Ⅱ，骨镞	三	

续附表二

墓号	墓向	墓葬结构	型式	墓室 长 × 宽 – 深	葬具	人数	性别	年龄（岁）	随葬品	期别	备注
ⅡM55	125°	长方形竖穴	C 型	1.34×0.7–1.2	木床	3	男	中年 35~45	木梳 A Ⅱ，陶单耳杯 A Ⅲ	三	
							男	未成年 12~13			
							女	中年 35~45			
ⅡM56	95°	长方形竖穴	C 型	1.12×（0.38~0.56）–0.46	无	2	不详	未成年 3±	陶单耳罐 A Ⅳ，木盘 Ⅱ，木钵 Ⅲ，木器残片	三	随葬羊头 1
							不详	未成年 2±			
ⅡM57	98°	长方形竖穴	C 型	1.28×0.73–（0.9~1）	无	1	女	青年 15~25	木桶 Ⅱ	三	
ⅡM58	100°	长方形竖穴	C 型	1.61×（0.89~0.98）–（1.3~1.37）	木床	1	女	壮年 20~30	木钵 Ⅱ，木桶 Ⅱ，木扣，木钉，木器具	三	随葬羊头 1
ⅡM59	120°	长方形竖穴	C 型	1.4×0.7–0.6	无	1	女	中年 35~40	陶盘	三	
ⅡM60	103°	长方形竖穴	C 型	1.52×0.84–1.33	无	1	男	壮年 25~35	陶双耳罐，陶单耳罐 A Ⅳ 2，陶圈足罐，木梳 B Ⅱ，木纺轮 Ⅲ，木盘 Ⅱ，皮具，木钉，皮衣袖，毛纺织物，毛编织带	三	随葬羊头、羊脊椎
ⅡM61	103°	长方形竖穴	C 型	1.68×1–1.2	无	1	男	中年 35~45	陶器残片，木旋镖柄，石杵，木钉，复合弓 Ⅱ，皮靴底 Ⅱ，皮囊，皮靴 Ⅱ 2，皮盒	三	随葬羊头 1
ⅡM62	99°	长方形竖穴	C 型	1.9×1.22–1	木床	1	男	中年 40~45	木箭 Ⅱ 7，铜扣 2，角镞 Ⅱ，木撑板 Ⅲ，木弓 Ⅰ	三	随葬羊头 1
ⅡM63	120°	长方形竖穴	C 型	2.38×1.7–1.33	木床	1	女	中年 35~45	竖琴 Ⅱ，陶单耳罐 A Ⅳ，陶单耳杯 A Ⅳ，木弓 Ⅰ，皮衣袖，皮辔头，陶器残片 2，皮靴 Ⅱ 2，毛纺织物 3，毛线绳	三	
ⅡM64	98°	长方形竖穴	C 型	1.1×0.6–0.38	无	1	不详	未成年 11~12	陶盆 Ⅲ 2	三	
ⅡM65	101°	长方形竖穴	C 型	1.48×0.87–0.7	苇草	1	女	中年 40~45	陶单耳罐 A Ⅳ 2，铁刀 Ⅰ，皮包，木梳 A Ⅱ，木盘 Ⅱ，木纺轮 Ⅲ，皮腰带，皮衣袖	三	
ⅡM66	87°	长方形竖穴	C 型	1.8×1.04–1.05	苇草	1	女	壮年 25~30	陶单耳罐 A Ⅳ，陶单耳杯 C Ⅲ，复合弓 Ⅱ	三	
ⅡM67	123°	长方形竖穴	C 型	1.12×0.58–0.6	无	1	不详	未成年 4~6	陶单耳罐 A Ⅳ	三	
ⅡM68	119°	长方形竖穴	C 型	0.86×0.52–0.43	无	1	不详	未成年 3~4	陶圈足盘 Ⅲ，陶单耳罐 A Ⅳ	三	
ⅡM69	119°	长方形竖穴	C 型	1.64×1–1.1	无	1	男	中年 45~55	陶双系罐 2，木撑板 Ⅲ，角梳，木钉	三	
ⅡM70	90°	长方形竖穴	C 型	1.92×1.31–1.04	无	1	女	中年 50~55	木梳 A Ⅱ，木盘足，木橛，陶盆底片	三	随葬羊头 1
ⅡM71	114°	长方形竖穴	C 型	1.7×1–0.48	无	1	女	青年 20~22	木线轴，木盘 Ⅲ	三	
ⅡM72	101°	长方形竖穴	C 型	1.8×1.01–1.1	无	1	男	壮年 30±	陶单耳罐 A Ⅳ，木盘 Ⅱ，木旋镖，木箭，复合弓 Ⅰ，毛纺织物	三	随葬羊头 1
ⅡM73	102°	长方形竖穴	C 型	1.6×0.97–1.66	无	1	女	壮年 20~30	陶釜 Ⅲ，陶双系罐 2，木桶 Ⅲ，陶单耳罐 A Ⅳ	三	

续附表二

墓号	墓向	墓葬结构	型式	墓室 长 × 宽 – 深	葬具	人数	性别	年龄（岁）	随葬品	期别	备注
ⅡM74	107°	长方形竖穴	C型	1.6×0.8–1.13	苇草	1	男	中年 35~45	陶单耳罐AⅣ，木撑板Ⅲ，复合弓Ⅱ	三	随葬羊头1
ⅡM75	295°	长方形竖穴	C型	1.5×0.8–1.32	无	1	男	青年 20~25	陶单耳罐AⅣ	三	
ⅡM76	92°	长方形竖穴	C型	1.6×0.91–1.4	无	1	男	中年 40±	陶单耳罐AⅣ，陶盆Ⅲ，复合弓Ⅱ	三	随葬羊头1
ⅡM77	90°	长方形竖穴	C型	1.5×0.92–1.3	芦苇	1	女	中年 40~45	羊角杯，陶双系罐2，角梳，长裙，长裤	三	
ⅡM78	92°	长方形竖穴	C型	1.36×0.72–0.91	无	1	不详	未成年 10~12	陶单耳杯AⅣ，陶双系罐，木杯，陶单耳罐AⅣ，木钉2	三	
ⅡM79	316°	椭圆形竖穴	A型	1.33×0.92–1	野草小獐茅	1	男	成年	木盘Ⅱ，皮盒，皮袋，木箭Ⅱ，陶单耳罐AⅣ	三	
ⅡM80	108°	长方形竖穴	C型	1.25×0.82–（0.9~0.94）	苇草	1	女	壮年 25~30	无	三	
ⅡM81	110°	长方形竖穴	C型	1.5×0.81–1.4	木床	2	男	中年 45~55	木盘Ⅱ，木钵Ⅲ，木撑板Ⅲ，木弓Ⅰ，木钉5	三	
							男	壮年			
ⅡM82	130°	长方形竖穴	C型	0.78×（0.4~0.51）–0.6	苇草	1	不详	未成年 11~12	木盘Ⅲ，复合弓Ⅰ，木箭Ⅱ2，牙饰	三	随葬羊头1
ⅡM83	150°	椭圆形竖穴	A型	0.67×（0.22~0.37）–（0.24~0.32）	苇草	1	不详	未成年 3~4	陶单耳罐B，木钉2	三	
ⅡM84	96°	长方形竖穴	C型	1.42×0.83–1.2	木床	2	男	壮年 25~30	陶单耳罐AⅢ、B，木盘Ⅱ，陶单耳杯CⅡ，木纺轮Ⅱ，毛纺织物2，皮靴Ⅱ2	三	随葬羊头1
							女	壮年 25~35			
ⅡM85	100°	长方形竖穴	C型	1.52×0.81–0.9	木床	1	女	青年 20~25	木纺轮Ⅱ，木撑板Ⅱ，木桶底	三	
ⅡM86	105°	长方形竖穴	C型	1.76×0.88–1.21	木床	1	男	中年 35~40	木盘Ⅰ，角梳，陶釜Ⅱ，砺石，骨锥	三	
ⅡM87	112°	长方形竖穴	C型	1.34×0.71–（0.78~0.87）	芦苇秆	1	女	壮年 25~35	木纺轮Ⅱ，木线轴，木盘Ⅲ，木梳AⅡ，陶盆Ⅲ	三	
ⅡM88	120°	椭圆形竖穴	A型	1.31×0.78–0.6	无	1	不详	未成年 9~10	陶单耳杯AⅣ，陶钵	三	
ⅡM89	98°	长方形竖穴	C型	1.6×0.93–1.12	木床	1	男	成年	陶勺，陶钵，骨镞Ⅲ，陶单耳罐AⅠ，木钉	三	
ⅡM90	104°	长方形竖穴	C型	1.32×0.83–0.82	无	1	男	壮年 25~35	木橛，陶单耳杯AⅣ	三	
ⅡM91	124°	长方形竖穴	C型	1.02×0.67–0.81	无	1	男	中年 30~40	木钵Ⅲ，陶单耳罐AⅣ	三	
ⅡM92	100°	长方形竖穴	C型	1.3×0.74–0.9	无	2	男	壮年 20~30	木扣，砺石，木梳BⅡ，铁刀Ⅰ，铁锥，木纺轮Ⅱ，木箭Ⅱ4，木撑板Ⅲ，木盘Ⅰ，陶单耳罐AⅣ，木簪，钻木取火器	三	随葬羊头1
							男	中年 40~45			
ⅡM93	110°	长方形竖穴	C型	1.41×0.8–1.1	苇草	2	男	未成年 12~13	木纺轮Ⅱ，陶罐，陶单耳杯CⅢ，骨锥，麦穗	三	
								未成年 13~15			

续附表二

墓号	墓向	墓葬结构	型式	墓室 长×宽－深	葬具	人数	性别	年龄（岁）	随葬品	期别	备注
ⅡM94	100°	长方形竖穴	C型	1.4×0.72－0.82	无	1	男	青年 18~20	木梳BⅡ	三	
ⅡM95	95°	长方形竖穴	C型	1.62×0.96－1.4	无	1	女	中年 35~45	木盘Ⅱ，木桶Ⅲ，木纺轮Ⅱ	三	随葬羊头1
ⅡM96	130°	长方形竖穴	C型	1.17×0.64－1.12	木床	1	不详	未成年 6~8	陶圈足盘Ⅱ	三	随葬羊头1
ⅡM97	105°	长方形竖穴	C型	1.32×0.63－0.83	无	2	女	壮年 30~40	木梳AⅢ	三	随葬羊头1
							男	壮年			
ⅡM98	117°	长方形竖穴	C型	1.03×0.5－0.55	无	2	女	青年 18~20	木盘Ⅰ，陶单耳杯AⅣ、CⅢ，陶单耳罐AⅣ2，复合弓Ⅱ，陶器残片，陶钵，木梳BⅡ	三	
							不详	未成年 12~15			
ⅡM99	110°	长方形竖穴	C型	1.42×0.73－1.08	无	1	男	壮年 30~40	木盘Ⅱ	三	
ⅡM100	97°	长方形竖穴	C型	1.46×0.87－（0.88~0.94）	无	1	女	壮年 30~40	木四足盘，陶单耳杯AⅣ	三	
ⅡM101	115°	长方形竖穴	C型	1.61×0.81－（1.3~1.41）	木床	1	男	老年 >55	无	三	
ⅡM102	130°	长方形竖穴 两边二层台	B型	1.2×0.8－1.3	苇草	1	男	壮年 25~35	复合弓Ⅰ，木碗	二	
ⅡM103	140°	长方形竖穴	C型	1.52×0.85－1.3	无	1	男	壮年 35~45	无	三	随葬羊头1
ⅡM104	130°	长方形竖穴	C型	1.57×0.76－1.1	苇草	1	男	壮年 25~35	木盘Ⅱ，木撑板Ⅲ，皮扣6，木取火板Ⅱ，木器具，皮具，马尾	三	
ⅡM105	115°	长方形竖穴	C型	1.5×0.76－0.87	草席	2	男	中年 45~55	陶单耳罐AⅣ2，木箭Ⅱ	三	
							女	老年 55~65			
ⅡM106	102°	长方形竖穴	C型	1.5×1.39－1.1	苇席	2	男	中年 40~50	陶釜Ⅳ	三	随葬羊头1
							女	壮年 20~30			
ⅡM107	107°	长方形竖穴	C型	1.36×0.61－0.72	无	1	女	青年 18~22	陶单耳杯BⅢ，陶双耳杯	三	
ⅡM108	110°	长方形竖穴	C型	1.4×0.64－（0.88~0.96）	苇草	2	男	壮年 30±	木梳AⅡ，木钵Ⅲ，木钉4，复合弓Ⅰ，陶钵，皮具，陶器残片	三	随葬羊头1
							女	壮年 20~30			
ⅡM109	118°	长方形竖穴	C型	1.6×0.81－1.03	无	2	男	壮年 20~30	木纺轮Ⅱ2，木盘Ⅱ，皮盒，木钉，骨锥，皮靴Ⅱ，毛皮大衣	三	随葬羊头1
							女	壮年 25~30			
ⅡM110	115°	长方形竖穴	C型	1.71×1.07－1.21	无	1	男	壮年 20~30	木桶Ⅲ，陶单耳杯CⅡ、CⅣ，木纺轮Ⅱ	三	随葬羊头1
ⅡM111	110°	长方形竖穴	C型	1.52×0.73－1.35	木床	1	男	壮年 25~30	复合弓Ⅰ，木钉，芦苇管，毛纺织物	三	随葬羊头1

续附表二

墓号	墓向	墓葬结构	型式	墓室 长×宽－深	葬具	人数	性别	年龄（岁）	随葬品	期别	备注
ⅡM112	115°	长方形竖穴	C型	1.51×0.92－0.9	苇草	2	男	壮年 25~30	陶单耳罐AⅣ，木盘Ⅱ，木梳AⅡ	三	随葬羊头1
							不详	不详			
ⅡM113	102°	长方形竖穴	C型	1.2×0.71－0.92	无	1	男	青年 18~22	陶单耳杯CⅢ，陶单耳罐AⅣ	三	
ⅡM114	123°	长方形竖穴	C型	1.4×0.67－0.9	木床	1	男	中年 35~45	陶圈足罐，复合弓Ⅰ，木箭Ⅱ4，木盘Ⅱ，木撑板Ⅲ	三	
ⅡM115	126°	长方形竖穴	C型	1.32×0.64－1	无	1	不详	未成年 7~8	陶器残片，毛纺织物	三	
ⅡM116	116°	长方形竖穴	C型	1.47×0.8－（0.92~1）	无	1	男	壮年 25~30	陶盆Ⅲ，木取火板Ⅱ	三	
ⅡM117	115°	长方形竖穴	C型	1.36×0.68－1.18	木床	1	男	壮年 30±	陶单耳杯AⅣ、CⅡ	三	
ⅡM118	125°	长方形竖穴	C型	1.61×0.98－1.1	无	1	男	中年 45~55	木盘Ⅱ，陶带流杯	三	随葬羊头1、马腿骨1
ⅡM119	115°	长方形竖穴	C型	1.08×0.58－0.7	无	1	男	未成年 11~13	陶钵，陶单耳杯AⅣ，陶单耳罐B	三	
ⅡM120	130°	长方形竖穴	C型	1.28×0.56－0.74	苇席	无	无	无	无	三	
ⅡM121	120°	长方形竖穴	C型	1.36×0.66－0.91	木床、苇席	2	男	青年 20~25	木盘Ⅱ，木纺轮Ⅲ，陶单耳杯AⅣ、CⅢ，木撑板Ⅲ，毛线穗，皮箜头，复合弓Ⅰ，陶钵	三	随葬马头1
							男	青年 14~18			
ⅡM122	95°	长方形竖穴	C型	1.72×0.95－1.29	苇草	1	男	中年 35~45	陶单耳杯BⅢ，陶单耳罐AⅣ，陶双耳杯，木盘Ⅱ，木钉，骨扣，骨纺轮，木桶底	三	随葬羊头1
ⅡM123	115°	长方形竖穴	C型	1.25×0.74－0.9	木床	1	女	老年 >55	陶单耳罐B，陶单耳杯CⅡ、AⅣ	三	
ⅡM124	112°	长方形竖穴	C型	1.16×0.67－0.67	苇草席	2	女	中年 35~45	陶仿木桶杯，陶单耳杯CⅡ、CⅢ，木纺轮Ⅱ	三	随葬羊头2
							不详	未成年 6~7			
ⅡM125	75°	长方形竖穴	C型	1.4×0.84－1	草席	1	男	未成年 10~13	复合弓Ⅱ，角梳，木撑板Ⅲ，皮带，串珠，木橛2，毛绳	三	
ⅡM126	75°	长方形竖穴	C型	1.2×0.75－0.92	芦苇草	1	不详	未成年 12~16	复合弓Ⅱ，陶单耳罐AⅣ	三	随葬羊头1
ⅡM127	150°	长方形竖穴	C型	1.65×0.84－1.32	木床	1	男	壮年 30±	木镳Ⅱ，陶钵，角镳Ⅱ2，陶单耳杯CⅢ，木梳BⅢ，陶单耳壶Ⅲ，陶单耳罐AⅢ，木钉5，木取火棒，骨扣，皮甲	三	随葬羊头1
ⅡM128	123°	长方形竖穴	C型	1.4×0.72－1.2	木床	1	男	壮年 30~40	木梳BⅢ，木杯，陶单耳杯AⅣ、CⅡ，骨锥，木线轴，木橛	三	
ⅡM129	152°	长方形竖穴	C型	1.53×0.92－1.2	无	1	不详	不详	陶单耳罐AⅣ，陶单耳杯CⅢ	三	随葬羊头1
ⅡM130	150°	长方形竖穴	C型	1.42×0.8－1.02	木床	1	不详	不详	木盘Ⅱ	三	
ⅡM131	102°	长方形竖穴	C型	1.23×0.77－1.03	草席	2	男	壮年 25~30	木纺轮Ⅱ2，陶圈足盘Ⅱ，陶罐，木搅拌棒，木梳AⅡ	三	随葬羊头1
							女	青年 18~22			

续附表二

墓号	墓向	墓葬结构	型式	墓室 长×宽－深	葬具	人数	性别	年龄（岁）	随葬品	期别	备注
ⅡM132	108°	长方形竖穴	C型	1.53×0.8－1.19	草席	1	女	中年 35~40	木盘Ⅰ，木纺轮Ⅱ，木箭Ⅲ，木撑板Ⅲ，陶单耳杯CⅡ、CⅢ，木梳BⅡ，木橛	三	随葬羊头1
ⅡM133	105°	长方形竖穴	C型	1.61×0.8－1.1	草席	1	男	老年 >50	无	三	
ⅡM134	110°	长方形竖穴	C型	1.32×0.71－0.81	无	2	女	中年 40~50	角锥，陶碗，陶单耳杯CⅡ2，木桶底	三	
							男	中年 45~55			
ⅡM135	110°	长方形竖穴	C型	1.31×0.66－1.09	苇席	2	男	壮年 25~30	陶单耳杯BⅢ、CⅡ，木纺轮Ⅰ，陶钵，陶碗，皮盒，木盘Ⅱ，木钉3，木撑板Ⅲ	三	
							女	壮年 25~35			
ⅡM136	105°	长方形竖穴	C型	1.35×0.81－0.93	无	1	女	老年 55~65	木桶Ⅲ，木纺轮Ⅱ，木鞭杆，木梳BⅢ，木撑板Ⅲ，木箭杆，木钉	三	随葬羊头1
ⅡM137	120°	长方形竖穴	C型	1.31×0.6－（0.9~1.01）	草席	1	男	未成年 12~13	木箭Ⅱ，复合弓Ⅰ，木纺轮Ⅳ，木钵	三	随葬羊头1
ⅡM138	295°	长方形竖穴	C型	1.85×1.04－1.27	木床	1	男	中年 35~45	木盘Ⅱ，木撑板Ⅲ，木取火棒2，木鞭，皮辔头（带角镳Ⅱ），木器具，木箭（箭头Ⅱ）5，角衔Ⅰ，木镳Ⅲ2，石臼，陶单耳杯AⅢ，木扣5，木打磨器，木锉刀，石杵2，石磨盘，皮马鞍	三	
ⅡM139	130°	长方形竖穴	C型	1.38×0.81－0.79	木床	1	男	中年 35~40	木箭Ⅱ2，复合弓Ⅰ，角镳Ⅱ2，木鞭杆	三	
ⅡM140	120°	长方形竖穴	C型	1.32×（0.8~0.85）－1.12	苇草席	2	男	中年 35~45	复合弓Ⅱ，陶单耳杯AⅢ，木梳AⅡ，木盘Ⅰ2，木纺轮Ⅲ，木箭Ⅱ13，木撑板Ⅲ，木线轴，木桶Ⅲ	三	
							女	中年 35~45			
ⅡM141	122°	长方形竖穴	C型	1.15×（0.52~0.57）－0.6	苇草	2	女	壮年 20~30	木梳AⅡ，簸箕残片	三	
							男	成年			
ⅡM142	285°	长方形竖穴	C型	1.42×0.67－1.11	无	3	男	壮年 30~35	木盘Ⅲ，陶单耳杯AⅣ，木纺轮Ⅱ，木撑板Ⅲ，铜刀Ⅳ	三	
							女	青年 18~25			
							男	成年			
ⅡM143	96°	长方形竖穴	C型	1.46×（0.7~0.82）－1.12	无	2	男	中年 45~55	陶碗，木取火棒2，木箭Ⅱ，木撑板Ⅲ，木弓Ⅱ	三	
							女	青年 20~25			
ⅡM144	90°	长方形竖穴	C型	1.31×0.91－0.8	草席	2	男	壮年 30~40	海贝，陶钵，陶单耳壶Ⅱ，木钉2，珠饰，陶圈足盘	三	
							女	成年			
ⅡM145	100°	长方形竖穴	C型	1.02×0.6－0.7	无	3	男	中年 35~45	陶带流杯，陶钵，木弓Ⅱ	三	
							不详	未成年 7~8			
							女	中年 45±			

续附表二

墓号	墓向	墓葬结构	型式	墓室 长 × 宽 – 深	葬具	人数	性别	年龄（岁）	随葬品	期别	备注
ⅡM146	110°	长方形竖穴	C型	1.56×0.81–1.4	无	1	女	青年 18~25	陶钵，陶单耳杯CⅢ，木钉8，木鞭杆	三	随葬羊头1
ⅡM147	112°	长方形竖穴	C型	1.27×0.61–0.95	苇席、毡子	3	男	青年 18~22	木桶Ⅲ，陶单耳罐AⅢ，陶碗，陶单耳杯AⅣ、CⅢ，木纺轮Ⅰ，陶钵，木钵Ⅱ，砺石	三	
							女	老年 50~60			
							女	中年 40~50			
ⅡM148	90°	长方形竖穴	C型	1.28×0.73–1.31	草席	2	不详	不详	陶单耳杯CⅢ，木梳BⅢ，木纺轮Ⅱ，铜刀Ⅳ	三	
							女	成年			
ⅡM149	120°	长方形竖穴	C型	1.11×(0.52~0.64)–1.14	苇席	1	男	青年 18~24	木钵Ⅱ，木纺轮Ⅰ，陶钵，陶单耳杯CⅢ，陶罐，骨锥	三	随葬羊头1
ⅡM150	140°	长方形竖穴	C型	1.55×0.91–1.31	无	2	女	中年 35~45	陶单耳杯AⅣ，陶单耳罐AⅢ，木梳BⅡ，陶钵，木撑板Ⅲ，木盘Ⅱ	三	随葬羊头1
							男	壮年 35±			
ⅡM151	120°	长方形竖穴	C型	(1.41~1.6)×0.91–0.87	苇草席	1	女	青年 20~25	木盘Ⅱ，木箭Ⅱ，木纺轮Ⅱ，木钉，木撑板Ⅲ	三	随葬羊头1
ⅡM152	125°	长方形竖穴	C型	2.3×(1.68~1.84)–1.9	芦苇秆	2	男	未成年 11~14	陶碗，陶单耳杯AⅣ2，陶双耳杯，木撑板Ⅲ，木箭Ⅱ，木衔Ⅰ，石臼，木扣3，木钉3，木刀鞘，木杆，羊距骨3，木镳Ⅳ2，长裤，毛纺织物2，毛编织带4	三	随葬羊头1
							男	中年 45~55			
ⅡM153	116°	长方形竖穴	C型	1.7×0.91–0.95	芦苇秆	1	女	老年 >55	陶单耳罐AⅣ，陶圈足盘Ⅲ	三	随葬羊头1
ⅡM154	105°	长方形竖穴	C型	1.61×1.2–1.33	无	4	女	中年 35~40	串珠，陶碗，陶圈足盘Ⅲ，陶单耳壶Ⅲ2，木纺轮Ⅱ，木盘Ⅱ2，陶单耳罐AⅣ，陶单耳杯AⅣ，陶带流杯	三	
							女	成年			
							女	未成年 14~16			
							男	成年			
ⅡM155	125°	长方形竖穴	C型	1.5×0.87–0.82	无	1	女	未成年 13±	陶单耳罐AⅣ，陶碗	三	
ⅡM156	318°	长方形竖穴	C型	1.89×(0.88~1.03)–1.17	木床	1	女	中年 45~55	陶单耳罐AⅣ2，陶单耳杯CⅡ、CⅢ2，木桶Ⅲ	三	随葬羊头1
ⅡM157	92°	长方形竖穴	C型	1.71×1.08–1.38	无	2	男	壮年 30~40	砺石，陶罐，石器，木钉3，木梳BⅢ，木盘Ⅱ，复合弓Ⅱ，皮靴Ⅱ，牙扣，皮衣袖，毛裙，毛纺织物	三	
							女	成年			
ⅡM158	115°	长方形竖穴	C型	1.72×0.89–1.04	无	1	男	壮年 25~35	木箭Ⅱ14，陶单耳罐AⅣ，木盘Ⅱ，铁刀Ⅰ，复合弓Ⅱ，木撑板Ⅲ，皮靴Ⅱ，皮衣袖	三	随葬羊头1
ⅡM159	105°	椭圆形竖穴	A型	1.72×1.03–1.09	苇草席	2	女	中年 35~45	陶单耳杯AⅢ3、CⅢ，木钵Ⅲ，木盘Ⅱ2，木纺轮Ⅱ，木箭2，桂叶形木器，骨针，皮包	三	随葬羊头1
							不详	未成年 6±			
ⅡM160	110°	长方形竖穴	C型	1.31×0.7–0.81	无	1	女	青年 16±	陶圈足盘Ⅲ，陶单耳杯AⅣ	三	

续附表二

墓号	墓向	墓葬结构	型式	墓室 长 × 宽 – 深	葬具	人数	性别	年龄（岁）	随葬品	期别	备注
ⅡM161	110°	长方形竖穴	C 型	1.21×0.83–0.86	无	2	不详	未成年 7~8	木桶Ⅲ，陶罐，木纺轮Ⅱ，皮靴Ⅱ、Ⅲ	三	随葬羊头1
							不详	未成年 7~9			
ⅡM162	92°	长方形竖穴	C 型	1.52×（0.88~1.08）–1.09	无	2	女	中年 45~55	陶单耳杯CⅢ，木钵Ⅲ，木搅拌棒，陶钵，木钉，骨扣	三	随葬羊头1
							男	中年 45~55			
ⅡM163	130°	长方形竖穴	C 型	1.43×1.01–1.04	苇草	2	男	壮年 25±	泥俑，木盘Ⅱ，陶单耳罐AⅣ，皮辔头，皮弓箭袋Ⅲ，陶钵，木梳BⅢ，皮条，皮包，皮衣袖，毛编织带接裙，毛纺织物，石杵，长裤	三	
							女	中年 40~45			
ⅡM164	110°	长方形竖穴	C 型	1.5×0.84–1.01	无	1	男	壮年 30~40	复合弓Ⅱ，皮弓箭袋Ⅲ，木箭杆Ⅱ2，木盘Ⅱ，陶单耳罐AⅣ，木钉5，皮包，木弓弣	三	随葬羊脊椎骨、羊头
ⅡM165	90°	长方形竖穴	C 型	1.5×1.13–0.92	无	2	男	老年 >50	复合弓Ⅰ，木箭Ⅱ3，木钉，骨锥，皮弓箭袋Ⅱ	三	随葬羊头1
							女	中年 40~50			
ⅡM166	110°	长方形竖穴	C 型	1.29×0.71–0.92	无	2	不详	未成年 11~12	木盘Ⅱ2，陶单耳杯AⅣ、CⅡ，陶单耳壶Ⅱ，陶盘，木旋镖	三	
							男	壮年 25~30			
ⅡM167	97°	长方形竖穴	C 型	1.45×0.9–1.02	无	1	女	中年 45~45	陶单耳杯CⅢ，陶钵，陶碗，木桶Ⅲ	三	
ⅡM168	120°	长方形竖穴	C 型	1.82×0.97–1.62	无	1	男	壮年 20~30	木桶Ⅲ，陶单耳罐AⅣ2，木钉2，木撑板Ⅲ，木盘Ⅱ，石球，石磨盘	三	随葬羊头1
ⅡM169	120°	长方形竖穴	C 型	1.31×（0.73~0.81）–1.13	土坯、芦苇、木床	3	女	壮年 20~30	木钵Ⅲ，砺石，木撑板Ⅲ，钻木取火器Ⅰ，葡萄藤，木桶Ⅱ，陶单耳杯CⅡ，木钩，木纺轮Ⅱ，木梳AⅡ，皮靴Ⅲ2，皮射鞲Ⅲ	三	随葬羊头2
							男	壮年 25~30			
							不详	未成年			
ⅡM170	125°	长方形竖穴	C 型	1.42×0.72–1.02	木床	1	男	青年	木梳BⅢ，皮盒，木钉2，骨锥	三	
ⅡM171	120°	长方形竖穴	C 型	0.92×0.51–0.69	草席	1	不详	未成年	木盘Ⅱ	三	随葬羊头1
ⅡM172	102°	长方形竖穴	C 型	1.34×0.82–0.82	无	3	男	壮年 30~40	陶盆Ⅲ，陶单耳罐AⅢ、AⅣ、B，陶单耳杯AⅣ2、CⅢ，木杯，骨锥	三	
							女	壮年 30~35			
							不详	未成年 11±			
ⅡM173	115°	长方形竖穴	C 型	1.6×0.85–1.31	苇席	2	男	壮年 20~30	木盘Ⅱ，木桶底，陶单耳杯CⅢ，陶单耳罐AⅣ、B2，木箭杆，木梳BⅡ，簸箕	三	
							女	壮年 30~40			
ⅡM174	97°	长方形竖穴	C 型	1.4×0.8–1.01	无	不详	不详	不详	无	三	
ⅡM175	120°	长方形竖穴	C 型	1.36×0.83–0.9	无	1	男	中年 45~50	无	三	

续附表二

墓号	墓向	墓葬结构	型式	墓室 长 × 宽 − 深	葬具	人数	性别	年龄（岁）	随葬品	期别	备注
ⅡM176	80°	长方形竖穴	C型	2.02×1.22−1.2	无	1	不详	未成年 5~6	木盘Ⅱ，陶单耳壶Ⅲ	三	
ⅡM177	90°	长方形竖穴	C型	1.3×0.76−1.4	苇席	1	男	青年 16~20	木钵Ⅱ	三	
ⅡM178	116°	长方形竖穴	C型	1.58×0.84−1.17	木床	1	女	成年	木盘Ⅱ 2、型式不明，陶单耳杯AⅣ、BⅢ，木桶Ⅲ	三	随葬羊头、羊腿骨和羊肩胛骨
ⅡM179	100°	长方形竖穴	C型	1.41×0.8−0.78	无	1	男	壮年 35±	陶单耳罐AⅣ，木钉，皮靴Ⅱ 2，簸箕残片，皮带	三	
ⅡM180	110°	长方形竖穴	C型	1.5×0.78−1.06	无	1	男	壮年 25~35	砺石，木旋镖	三	
ⅡM181	112°	长方形竖穴	C型	1.66×1.05−1.06	无	1	男	中年 35~40	木箭Ⅱ，皮弓箭袋Ⅲ	三	随葬羊下颌骨
ⅡM182	120°	长方形竖穴	C型	1.65×0.84−0.83	无	2	女	壮年 25~35	陶碗，陶单耳罐AⅢ，陶单耳杯CⅢ，木盘Ⅱ，木箭Ⅱ	三	
							男	壮年 30~40			
ⅡM183	105°	长方形竖穴	C型	1.7×1−1.1	木床	1	男	老年 >50	木盘Ⅱ，复合弓Ⅱ，木撑板Ⅲ，陶单耳杯AⅢ	三	
ⅡM184	130°	长方形竖穴	C型	0.56×0.2−0.13	无	1	不详	未成年	陶单耳杯AⅢ	三	
ⅡM185	127°	长方形竖穴	C型	1.85×0.96−1.1	无	1	男	壮年 30~35	木桶Ⅲ，骨锥	三	
ⅡM186	95°	长方形竖穴	C型	1.43×0.94−1.27	无	1	女	中年 35~40	复合弓Ⅱ，木箭Ⅲ 2，皮包，砺石，木锥 4，木撑板Ⅲ，石锤，石磨盘 2，石杵 2	三	
ⅡM187	85°	长方形竖穴	C型	1.62×1−0.72	无	1	女	青年 25±	骨锥，木梳BⅠ，骨针	三	
ⅡM188	100°	长方形竖穴	C型	1.5×0.91−1.17	无	1	女	中年 40±	陶单耳杯CⅢ，皮盒，木纺轮Ⅱ，角镳Ⅱ，木梳BⅡ，木桶底，木线轴	三	
ⅡM189	78°	长方形竖穴	C型	1.71×0.99−1.37	无	1	男	壮年 25~30	陶碗，陶钵，复合弓Ⅱ，木箭Ⅱ，木撑板Ⅲ	三	
ⅡM190	70°	长方形竖穴	C型	1.71×0.8−1.1	草席	1	男	青年 20~25	陶单耳罐AⅣ，陶单耳壶Ⅲ，复合弓Ⅱ，木直角抹，木箭Ⅱ 10，木旋镖	三	
ⅡM191	100°	长方形竖穴	C型	1.51×0.8−1.15	无	1	女	成年	陶单耳罐AⅣ，陶单耳杯BⅢ，木纺轮Ⅲ	三	随葬羊头1
ⅡM192	85°	长方形竖穴	C型	1.51×0.93−1.1	无	1	女	壮年 28±	陶单耳罐AⅣ 2，木盘Ⅱ，木四足盘	三	
ⅡM193	105°	长方形竖穴	C型	1.6×0.87−1	无	1	女	壮年 30±	陶单耳罐AⅣ	三	
ⅡM194	80°	长方形竖穴	C型	0.87×0.49−0.41	无	1	不详	未成年 12±	陶单耳罐AⅣ，木勺，陶釜Ⅲ	三	
ⅡM195	260°	长方形竖穴	C型	1.51×1−1.07	无	1	女	青年 15~18	陶双系罐 2，陶钵，陶单耳壶Ⅲ，陶釜Ⅲ，金耳环，铜铃，铜片 2，石锤，石磨盘	三	
ⅡM196	128°	长方形竖穴	C型	1.7×1.13−1.31	无	1	女	成年	陶单耳罐AⅢ，陶双系罐，陶圈足盘，陶釜Ⅲ	三	
ⅡM197	118°	长方形竖穴	C型	1.17×0.7−0.7	无	1	女	青年	陶碗，陶单耳罐AⅣ	三	
ⅡM198	110°	长方形竖穴	C型	2.02×1.51−1.26	无	无	无	无	陶釜Ⅲ，陶钵，木纺轮Ⅱ	三	
ⅡM199	95°	长方形竖穴	C型	1.6×0.96−1.37	无	1	女	青年 20~25	陶单耳罐AⅣ，陶双系罐，木纺轮Ⅱ，木盘Ⅱ，陶釜Ⅲ，木桶底	三	随葬羊头1

续附表二

墓号	墓向	墓葬结构	型式	墓室 长×宽-深	葬具	人数	性别	年龄（岁）	随葬品	期别	备注
ⅡM200	85°	长方形竖穴	C型	1.46×0.81-1.21	无	1	女	壮年35~40	木四足盘，陶单耳罐AⅣ，陶单耳杯AⅣ，木纺轮Ⅱ	三	随葬羊头1
ⅡM201	92°	长方形竖穴	C型	1.5×(0.8~0.91)-1	无	2	女 / 女	壮年30~40 / 壮年25~30	陶单耳罐（残），陶单耳杯A2，陶钵	三	随葬羊下颌骨和肢骨
ⅡM202	102°	长方形竖穴	C型	1.61×(0.9~1.03)-1.21	无	1	男	中年50±	陶釜Ⅳ，陶双系罐，木盆，陶单耳罐AⅣ2，石杵	三	
ⅡM203	109°	长方形竖穴	C型	1.52×0.8-1.4	无	4	男 / 男 / 女 / 女	中年40~45 / 壮年30~35 / 壮年20~30 / 壮年30~40	陶釜Ⅳ，木盘Ⅱ，陶单耳杯AⅢ、AⅣ，陶单耳壶Ⅲ	三	
ⅡM204	91°	长方形竖穴	C型	2.01×1.21-1.5	木床	1	女	中年40±	木桶Ⅲ，木盘Ⅱ，陶单耳杯AⅣ，皮腰带	三	随葬羊下颌骨
ⅡM205	114°	长方形竖穴	C型	1.68×1.12-0.7	无	4	女 / 男 / 女 / 不详	成年 / 壮年20~30 / 中年35~40 / 未成年	陶单耳杯AⅣ2，木纺轮Ⅱ，陶釜Ⅳ，陶钵，陶筒形杯，陶盆Ⅲ，陶器残片，木器柄，铁锥，石杵，木手杖，毛编织带5，木钻头，陶碗，皮枕2，皮辔头，毛绳，皮马鞍，毛纺织物，毛毡	三	
ⅡM206	108°	长方形竖穴	C型	1.72×1.17-1.18	无	1	女	中年35~40	陶釜，陶盆Ⅲ	三	
ⅡM207	94°	长方形竖穴	C型	1.9×1.2-1.3	无	1	女	青年20~25	陶罐，陶单耳杯CⅢ，陶单耳罐B，泥饼	三	随葬羊头1
ⅡM208	105°	长方形竖穴	C型	1.52×1-1.1	无	1	女	成年	陶单耳罐AⅣ，陶钵	三	
ⅡM209	99°	长方形竖穴	C型	1.82×(0.85~1)-1.09	无	1	男?	中年40~50	陶单耳罐AⅣ，陶单耳杯CⅢ，木纺轮Ⅱ，珠饰	三	
ⅡM210	117°	长方形竖穴	C型	1.77×1.02-1	无	1	男	壮年25~35	陶单耳罐AⅢ，木旋镖，泥吹风管，砺石，坩埚	三	
ⅡM211	110°	长方形竖穴	C型	1.6×0.89-(1.28~1.32)	干草	2	女 / 女	青年17~25 / 中年45~55	木盘Ⅲ2，陶碗2，角梳，陶仿木桶杯，陶勺，陶单耳罐B，陶单耳杯AⅣ，木线轴，木构件，木花押，木纺轮Ⅱ，陶纺轮，皮囊，木钵Ⅱ，陶器残片，木橛，皮画，毛纺织物，毛编织带接裙	三	随葬羊头1
ⅡM212	120°	长方形竖穴	C型	1.65×1-0.82	木床	无	无	无	木箭Ⅱ、Ⅲ13，铜扣2，陶单耳杯AⅣ，木打磨器，角衔，木镳Ⅳ2	三	随葬殉马坑，整马
ⅡM213	295°	长方形竖穴	C型	0.79×0.52-0.5	无	不详	不详	未成年	无	三	
ⅡM214	117°	长方形竖穴	C型	1.91×1.28-1.08	无	1	女	成年	陶单耳杯CⅢ，陶钵	三	
ⅡM215	110°	长方形竖穴	C型	1.25×0.75-0.76	无	1	男	壮年30~40	木箭Ⅲ，炭精扣，木梳AⅡ	三	随葬羊下颌骨
ⅡM216	120°	长方形竖穴偏室带殉马坑围墙	D型	墓道1.67×1.09-1.34 墓室1.56×0.38-0.42	无	1	女	青年18~22	针线	四	北侧有殉马坑，整马

续附表二

墓号	墓向	墓葬结构	型式	墓室 长 × 宽 – 深	葬具	人数	性别	年龄（岁）	随葬品	期别	备注
ⅡM217	113°	长方形竖穴	C 型	1.34×0.82–0.81	无	1	女	成年	铜针，木线轴，陶器残片 2	三	
ⅡM218	100°	长方形竖穴	C 型	1.34×0.75–0.77	无	2	女	成年	陶双耳罐，陶纺轮，陶单耳罐 AⅣ，皮盒，食品（饼类），陶圈足盘Ⅲ，木钉	三	
							女	成年			
ⅡM219	92°	长方形竖穴	C 型	1.33×0.91–0.69	无	2	男	中年 35~45	陶单耳杯 AⅣ2、CⅢ，陶单耳罐 AⅣ，木纺轮Ⅲ，角梳，木盘Ⅰ，木箭Ⅱ，木桶底	三	
							男	未成年 12~14			
ⅡM220	103°	长方形竖穴	C 型	1.76×1.15–1.24	无	1	女	中年	陶钵，陶单耳罐 AⅣ	三	随葬羊头 1 和羊腿骨
ⅡM221	125°	长方形竖穴	C 型	1.8×0.9–1.09	无	1	男	中年 40~50	陶单耳杯 AⅣ，陶单耳罐 AⅣ，木器具，木箭 6，复合弓Ⅱ，木桶底	三	
ⅡM222	124°	长方形竖穴	C 型	（1.47~1.64）× 0.9–1.22	无	1	女	中年 35~45	陶单耳罐 AⅣ，陶单耳杯 CⅢ，木梳 BⅢ，陶钵，牛角杯	三	随葬羊头 1
ⅡM223	120°	长方形竖穴	C 型	1.64×0.9–1.1	无	1	男	中年 40~50	木盘Ⅱ，陶单耳罐 AⅣ，角带扣，木箭 5，木撑板Ⅲ2，木搅拌棒，木取火棒，复合弓Ⅱ	三	

附表三　Ⅲ号墓地墓葬登记表

（长度单位：米）

墓号	墓向	墓葬结构	型式	墓道 长×宽－深	墓室 长×宽－深（顶高）	葬具	人数	性别	年龄（岁）	随葬品	期别	备注
ⅢM1	93°	竖穴偏室	D型	2.2×1－1.61	2.22×（0.45~1.07）－0.62	无	2	男	青年18~22	铁衔，骨镳Ⅲ2，石珠饰40，木箭（箭头Ⅲ），木单耳罐，木盘Ⅱ，皮扣2，复合弓Ⅱ，木撑板Ⅲ，铜扣2，骨扣Ⅱ，皮带，毛发罩，毛编织带	四	随葬整马
								女	青年14~18			
ⅢM2	75°	竖穴偏室	D型	2.2×1－1.9	2.2×0.69－0.52	无	3	男	壮年25~30	木撑板Ⅲ，木尺，陶单耳杯AV3，陶盆Ⅳ2，陶碗3，陶钵，铁衔，木盒，铁扣，木冠饰	四	
								女	壮年			
								男	成年			
ⅢM3	95°	长方形竖穴	C型		2.4×1.34－2.02	木床	5	男	成年	陶釜Ⅴ，木盘Ⅲ，复合弓Ⅱ，木扣2，陶单耳罐AV，木手杖，陶钵，木撑板Ⅲ，木箭Ⅲ，木橛，皮带，毛布，石磨盘2	四	
								男	成年			
								男	成年			
								女	成年			
								女	成年			
ⅢM4	113°	长方形竖穴	C型		1.51×0.69－0.89	苇席、毛毡	2	女	成年	石杵2，皮靴Ⅱ2，皮衣袖，木牌饰，石磨盘，木器	四	
								男	成年			
ⅢM5	85°	竖穴偏室	D型	2.21×0.81－1.92	2.41×0.94－0.6	木床	3	男	中年45~55	陶碗，陶双系罐，石杵，复合弓Ⅱ，木冠饰	四	
								不详	未成年2~3			
								女	成年			
ⅢM6	90°	竖穴偏室	D型	1.78×1－1.9	1.8×0.61－0.48	无	1	男	成年	陶碗，复合弓Ⅱ	四	随葬马骨
ⅢM7	110°	竖穴偏室	D型	1.81×0.79－1.8	1.87×1.12－0.52	无	2	女	成年	木橛2，毛发罩，皮肚袋，木轮状器，铜片，木牌饰，毛编织带接裙	四	
								不详	不详			
ⅢM8	270°	长方形竖穴	C型		1.7×0.5－0.7	无	1	男	成年40±	陶三足盆，陶筒形杯，陶单耳杯AV	四	
ⅢM9	88°	竖穴偏室	D型	1.7×0.6－1.4	1.81×0.77－0.5	无	2	男	中年45~55	陶单耳杯AV、型式不明，陶单耳罐AV，陶碗2，木梳BⅣ，木冠饰2，陶盘	四	
								不详	未成年10~12			
ⅢM10	47°	竖穴偏室	D型	2.33×1.08－1.41	2.33×0.46－0.5	无	2	男	青年20~25	陶钵2，复合弓Ⅱ，皮衣袖2，木盘Ⅱ，木取火板Ⅲ	四	随葬羊头和马头、肩胛和腿骨
								男	壮年25~30			
ⅢM11	47°	竖穴偏室	D型	2.06×1－1.61	1.8×0.68－0.59	无	2	男	青年20~25	铁钩，木扣2，陶单耳罐B，石磨盘，木橛，木构件，石杵2，毛绳	四	
								男	壮年25~30			
ⅢM12	50°	长方形竖穴	C型		2×0.85－1.14	无	1	男	成年	金耳环，陶单耳杯AV、A，木取火棒，石磨盘	四	随葬羊头1
ⅢM13	45°	竖穴偏室	D型	2.35×0.89－1.21	2.35×0.79－0.4	无	1	男	壮年20~30	木盘Ⅰ、Ⅱ，陶钵，陶筒形杯，木箭3，皮袋，木撑板Ⅲ	四	

续附表三

墓号	墓向	墓葬结构	型式	墓道 长×宽-深	墓室 长×宽-深 （顶高）	葬具	人数	性别	年龄 （岁）	随葬品	期别	备注
ⅢM14	312°	竖穴偏室	D型	2.32×0.69-0.87	2.53×0.93-0.43	无	2	男	壮年30~40	陶盆Ⅳ，陶单耳杯ＡⅤ2，木取火板Ⅲ，骨管，复合弓Ⅱ，木刀鞘，木扣	四	
								不详	未成年6~7			
ⅢM15	48°	竖穴偏室	D型	2×0.48-0.7	2.04×(0.2~0.53)-0.46	无	1	男	青年18~22	木盘Ⅱ，陶单耳杯ＡⅤ3，陶单耳壶Ⅳ，复合弓Ⅱ，发辫，木箭2，木冠饰	四	
ⅢM16	48°	竖穴偏室	D型	1.8×0.59-1.37	1.83×1.03-0.5	无	3	男	中年40±	木盘Ⅰ，陶单耳杯ＡⅤ3，陶碗2，复合弓Ⅱ，木撑板Ⅲ	四	
								女	壮年30±			
								不详	不详			
ⅢM17	33°	竖穴偏室	D型	2.1×0.81-1.02	2.12×0.94-0.38	无	2	男	成年	陶釜Ⅴ，木箭，砺石，铁刀Ⅱ，皮弓箭袋Ⅲ，木镳Ⅳ，木搅拌棒，木取火板Ⅲ	四	
								女	成年			
ⅢM18	26°	竖穴偏室	D型	1.76×0.56-0.99	1.83×1.38-0.52	无	3	男	中年45±	木盘Ⅱ，陶钵，陶单耳杯ＡⅤ2，皮弓箭袋Ⅲ2，木箭Ⅲ，复合弓Ⅱ，木取火板Ⅲ，石杵2，皮枕，木盒，皮刀鞘，毛布袋，绿松石饰，木冠饰，皮靴Ⅲ，石磨盘，金饰件，毛编织带，上衣2，长裙	四	
								女	壮年35±			
								女	未成年12~15			
ⅢM19	27°	长方形竖穴	C型		1.65×0.84-0.79	无	2	不详	未成年	陶钵，陶碗	四	
								女	成年			
ⅢM20	45°	竖穴偏室	D型	1.8×0.8-0.81	1.83×1.05-0.4	无	1	男	成年	木盘Ⅱ，陶单耳杯ＡⅤ，木桶残片Ⅳ，木撑板Ⅲ，复合弓Ⅱ	四	
ⅢM21	45°	竖穴偏室	D型	1.9×0.62-1.21	1.96×(0.62~0.85)-0.4	无	7	男	成年	陶单耳杯ＡⅤ2，铁镞，骨扣，角扣，复合弓Ⅱ2，陶碗，陶罐，陶筒形杯，木钵Ⅲ，陶钵，陶单耳罐Ｂ，皮枕，毛编织带，木撑板Ⅲ，木冠饰，毛纺织物	四	
								男	成年			
								不详	未成年2~3			
								男	成年			
								女	成年			
								女	成年			
								男	成年			
ⅢM22	45°	竖穴偏室	D型	1.8×0.54-1.47	1.85×0.94-0.6	无	1	男	中年>35	木盘Ⅱ，陶单耳杯ＡⅤ，陶钵，木撑板Ⅲ，复合弓Ⅱ，木钩，木冠饰构件	四	
ⅢM23	45°	竖穴偏室	D型	2.14×1.01-1.81	2.2×0.9-0.63	无	2	男	成年	木盘Ⅱ，陶钵，陶碗，石磨盘，木棍，皮射鞲Ⅲ，皮袋，皮囊，皮刀鞘	四	随葬羊头
								不详	不详			
ⅢM24	44°	竖穴偏室	D型	1.9×0.6-0.92	2.07×0.82-0.47	无	3	男	老年>55	陶单耳杯ＡⅣ、ＡⅤ2，陶碗2，陶釜Ⅴ，陶罐，陶坩埚2，木盘Ⅱ，石杵2	四	
								男	中年>35			
								男	老年>55			

续附表三

墓号	墓向	墓葬结构	型式	墓道 长×宽-深	墓室 长×宽-深（顶高）	葬具	人数	性别	年龄（岁）	随葬品	期别	备注
ⅢM25	42°	竖穴偏室	D型	2.3×1.3-1.61	2.41×1.5-0.55	无	3	女	壮年30~35	陶盆Ⅳ，陶单耳杯ＡⅤ，陶碗2，牛角杯，皮弓箭袋Ⅲ，木扣，木冠饰BⅢ，木豆，石磨盘，木撑板Ⅲ，木手杖，陶罐，复合弓Ⅱ，毛布	四	
								男	壮年25~35			
								男	中年40~50			
ⅢM26	45°	竖穴偏室	D型	2.5×0.91-1.8	2.53×1.26-0.3	无	4	女	中年35~45	陶单耳杯ＡⅤ3，陶罐，陶钵，木盒，木桶Ⅳ，木冠饰	四	
								男	中年35~45			
								男	老年50~60			
								男	壮年30~40			
ⅢM27	48°	竖穴偏室	D型	2.5×1-1.63	2.5×1.1-0.45	无	2	男	中年45~50	陶单耳杯ＡⅤ3，皮袋，石纺轮，木梳BⅣ，牛角杯，石磨盘，木冠饰	四	
								女	中年35~45			
ⅢM28	90°	竖穴偏室	D型	1.85×0.7-0.81	1.85×0.65-0.36	无	2	男	青年14~16	陶单耳杯ＡⅤ	四	
								不详	不详			
ⅢM29	46°	竖穴偏室	D型	1.8×0.58-0.86	1.8×0.6-0.25	无	1	女	中年35±	陶罐，木耳杯，陶碗，木梳ＡⅢ，鎏金铜耳环，牛角杯，毛布，木冠饰	四	
ⅢM30	85°	竖穴偏室	D型	2.2×0.7-1.41	2.2×1-0.45	无	2	男	中年35~45	陶单耳杯ＡⅤ3，陶带流罐，陶单耳罐Ａ，陶钵，木盘Ⅱ，陶碗，复合弓Ⅱ，木橛，木锥，木撑板Ⅲ，木器具3，木纺轮Ⅱ，皮弓弦，皮袋，皮衣袖，木箭	四	
								女	中年35~45			
ⅢM31	97°	竖穴偏室	D型	1.7×0.7-1.19	1.81×0.85-0.52	无	2	男	成年	陶钵，陶单耳杯ＡⅤ，木橛，陶器残片	四	
								女	成年			
ⅢM32	87°	竖穴偏室	D型	2×0.7-0.6	2×0.7-0.28	无	1	男	壮年30~40	陶单耳杯ＡⅤ，陶三足盆，木盘Ⅱ，角梳，木杯	四	
ⅢM33	60°	竖穴偏室	D型	1.89×0.81-1.8	1.89×0.76-0.55	木床	5	男	中年30~40	陶筒形杯，皮带3，复合弓Ⅱ，皮囊，石杵2，石磨盘2	四	
								女	青年20~25			
								女	青年18~22			
								男	壮年30~35			
								男	中年45~50			
ⅢM34	97°	长方形竖穴	C型		2.01×0.7-0.7	无	2	女	成年	木盘Ⅱ，木冠饰，冠饰2，陶钵，木手杖，皮靴Ⅱ、Ⅲ	四	
								男	壮年22~30			

续附表三

墓号	墓向	墓葬结构	型式	墓道 长×宽-深	墓室 长×宽-深（顶高）	葬具	人数	性别	年龄（岁）	随葬品	期别	备注
ⅢM35	115°	竖穴偏室	D型	1.71×0.6-1.24	1.71×0.9-0.35	无	2	男	成年	木盘Ⅲ，陶器残片，复合弓Ⅱ，木箭，陶钵2，铁带钩，木扣2，木取火板Ⅲ	四	随葬羊头1
								女	成年			
ⅢM36	103°	竖穴偏室	D型	1.38×0.7-1.28	1.38×0.61-0.4	无	4	男	壮年30~40	陶釜Ⅴ，陶碗，骨扣皮带，陶钵，陶单耳杯AⅤ4，筒形杯，毛布包，毛编织带，石杵，骨梳，皮靴Ⅱ2，毛纺织物2	四	
								男	中年35~45			
								男	中年45~55			
								女	成年			
ⅢM37	103°	竖穴偏室	D型	2.1×1-1.5	2.1×1.5-0.5	无	3	男	壮年30±	木圈足盘，木器具，骨纺轮，木梳BⅡ，木钉4，皮靴Ⅲ2，石磨盘，石锤，冠饰，陶筒形杯，毛纺织物，长衣残片	四	
								男	中年35~45			
								男	中年45~55			
ⅢM38	95°	长方形竖穴	C型		1.82×0.67-1	无	2	不详	未成年5±	陶单耳杯AⅢ，筒形杯2，陶单耳罐B，皮靴Ⅱ2	四	
								女	壮年25~35			
ⅢM39	80°	竖穴偏室	D型	2.1×0.69-1.2	2.1×0.73-0.46	无	1	男	青年15~17	木勺，陶单耳杯AⅤ、型式不明，陶单耳壶Ⅳ，陶钵，木盘Ⅱ，复合弓Ⅱ，皮囊，铁刀Ⅱ，木撑板Ⅲ	四	
ⅢM40	115°	竖穴偏室	D型	3.3×2.3-1.9	3.3×1.25-0.6	无	1	男	成年	牛角杯，皮带，皮马鞍，木箭杆，复合弓Ⅱ，陶器残片2，石锤，绵羊角2	四	
ⅢM41	90°	竖穴偏室	D型	2×0.95-1.6	2×0.67-0.52	无	2	男	中年40~50	陶筒形杯，陶单耳杯AⅤ，陶罐残片，石球，木冠饰内件，木扣，木冠饰外件，陶器残片	四	
								女	中年35~45			
ⅢM42	75°	竖穴偏室	D型	2×0.8-1.5	2×1.11-0.3	无	2	男	老年>55	陶碗，石纺轮，木旋镖，木手杖	四	
								女	老年50~65			
ⅢM43	94°	长方形竖穴	C型		1.89×0.6-0.6	无	3	男	中年35~45	陶罐2，陶双耳杯，石磨盘，骨扣2，木箭杆2，珠饰2	四	
								男	成年			
								女	成年			
ⅢM44	80°	长方形竖穴	C型		2.11×1-0.39	无	3	男	成年	陶筒形杯D，木盘Ⅱ，木钵Ⅲ，木弓弣，牛角片，木扣，骨带扣，骨弓弭	四	
								女	成年			
								女	成年			
ⅢM45	97°	长方形竖穴	C型		2.3×1.18-1.2	无	不详	不详	不详	陶釜Ⅴ	四	
ⅢM46	92°	竖穴偏室	D型	2.1×0.6-0.99	2.1×0.9-0.4	无	2	男	成年	陶钵，陶盆Ⅳ，陶单耳杯AⅤ，陶筒形杯	四	
								女	成年			

续附表三

墓号	墓向	墓葬结构	型式	墓道 长×宽-深	墓室 长×宽-深（顶高）	葬具	人数	性别	年龄（岁）	随葬品	期别	备注
ⅢM47	100°	竖穴偏室	D型	2.2×1.21-1.2	2.26×1-0.5	无	2	男	成年	木盘Ⅲ，陶带流罐，陶钵2，陶罐，陶豆Ⅳ，陶单耳杯ＡⅤ，木手杖，陶盆Ⅳ，砺石，木梳ＡⅡ，皮袋，皮枕2	四	
								女	成年			
ⅢM48	85°	竖穴偏室	D型	2.4×0.91-1.59	2.4×1.46-0.5	无	1	男	成年	木器具2，竖琴（残）Ⅲ，复合弓Ⅱ，陶钵	四	随葬马骨
ⅢM49	94°	竖穴偏室	D型	1.59×0.7-1.19	1.72×0.6-0.47	无	3	男	成年	陶碗，木盘Ⅲ	四	
								男	成年			
								女	成年			
ⅢM50	90°	长方形竖穴	C型		1.92×0.97-0.83	无	6	不详	不详	陶筒形杯，木手杖，陶罐底，铁扣，木取火板Ⅰ，木桶底，海贝	四	
								不详	不详			
								不详	不详			
								不详	不详			
								不详	不详			
								不详	不详			
ⅢM51	275°	竖穴偏室	D型	2.26×0.81-2	2.45×1.41-0.45	无	不详	不详	不详	木器具，木冠饰，木扣，复合弓Ⅱ	四	
ⅢM52	274°	长方形竖穴	C型		2.15×0.93-0.9	无	不详	不详	不详	无	四	
ⅢM53	270°	长方形竖穴	C型		1.76×0.92-1.2	无	2	男	成年	陶单耳杯ＡⅤ，陶单耳罐ＡⅣ，铁刀Ⅱ，金饰件	四	
								女	成年			
ⅢM54	280°	竖穴偏室	D型	1.8×0.8-0.56	2×0.7-0.43	无	1	男	成年	无	四	
ⅢM55	260°	竖穴偏室	D型	2.12×0.86-0.3	2.28×0.91-0.43	无	1	男	成年	陶罐底	四	
ⅢM56	283°	长方形竖穴	C型		1.78×0.64-1.5	无	1	男	壮年 25~35	无	四	
ⅢM57	270°	长方形竖穴	C型		1.91×（0.4~0.8）-0.36	无	1	男	成年	陶单耳杯ＡⅤ2，铁环	四	
ⅢM58	283°	长方形竖穴	C型		2.16×0.81-0.86	无	3	男	中年 35~45	陶带流罐，陶单耳杯ＡⅤ，陶钵2，陶碗，铁刀Ⅱ，陶圈足盘Ⅲ	四	
								女	中年 30~45			
								不详	未成年 10~14			
ⅢM59	296°	长方形竖穴	C型		1.92×1.2-0.46	无	1	男	成年	陶单耳杯ＡⅤ3，陶钵，铁坩埚，木撑板Ⅲ，木盘Ⅱ，木手杖	四	
ⅢM60	310°	长方形竖穴	C型		1.91×0.96-0.81	无	2	不详	未成年	陶单耳杯ＡⅤ，陶器底2，木冠饰，陶釜Ⅴ	四	
								女	壮年 30~35			
ⅢM61	95°	长方形竖穴	C型		2.02×1.09-0.59	无	1	男	成年	陶单耳杯ＡⅤ，陶碗，木取火板Ⅲ，陶釜Ⅳ，陶罐	四	随葬马头骨和羊肢骨

续附表三

墓号	墓向	墓葬结构	型式	墓道 长×宽-深	墓室 长×宽-深（顶高）	葬具	人数	性别	年龄（岁）	随葬品	期别	备注
ⅢM62	293°	长方形竖穴	C型		2.1×1.02-0.64	无	1	男	中年 35~45	陶单耳杯AⅤ，陶筒形杯，陶釜Ⅴ，陶罐底	四	
ⅢM63	287°	长方形竖穴	C型		2.3×0.94-0.68	无	1	女	成年	陶单耳杯AⅤ，陶罐，陶钵3	四	
ⅢM64	278°	长方形竖穴	C型		(1.63~1.83)×1.08-0.55	无	3	女	成年	陶碗，陶单耳罐AⅤ，陶单耳杯，砺石，木撑板Ⅲ，木箭杆6，木盘Ⅱ，木扣，铜耳坠，木取火板Ⅲ2，钻木取火器1，木钉，金饰件，木牌饰	四	随葬羊头3、马头1、牛头1
								女	成年			
								男	成年			
ⅢM65	280°	长方形竖穴	C型		1.61×0.8-1.34	无	不详	不详	不详	木纺轮Ⅳ	四	
ⅢM66	294°	长方形竖穴二层台	B型		1.66×0.8-1.7	无	不详	不详	不详	无	二	四边二层台宽0.2、深0.8米
ⅢM67	80°	竖穴偏室	D型	1.9×0.71-0.8	1.9×0.67-0.35	无	2	女	青年 14~16	陶钵3，陶杯，陶带流罐，木冠饰	四	
								不详	未成年 2±			
ⅢM68	48°	竖穴偏室	D型	2.51×0.9-1	2.5×1-0.5	无	2	男	老年 50~60	复合弓Ⅱ，陶单耳杯AⅤ2，木钉，金饰件	四	随葬羊头1、马下颌骨1
								女	成年			
ⅢM69	46°	殉马坑			1.35-0.42	无	无	无	无		四	葬整马2
ⅢM70	52°	殉马坑			1.18-0.26	无	无	无	无		四	葬整马1
ⅢM71	52°	竖穴偏室	D型	1.61×0.45-0.67	1.61×0.5-0.28	无	2	男	未成年 12~13	木盘Ⅲ，陶筒形杯2，木手杖，骨带扣，铁扣2，木梳BⅣ，木橛	四	
								男	中年 45~55			
ⅢM72	45°	竖穴偏室	D型	1.94×0.9-0.61	1.94×0.73-0.42	无	4	女	成年	陶带流罐，陶筒形杯，陶单耳杯AⅤ2，木盘Ⅲ，木钵Ⅲ2	四	
								女	成年			
								女	成年			
								男	成年			
ⅢM73	47°	竖穴偏室	D型	2.5×1.3-1	2.5×0.9-0.5	无	2	男	壮年 20~30	木盘Ⅱ、Ⅲ，陶钵，复合弓Ⅱ，木箭，牛角杯，木冠饰，木锥，骨锥，陶筒形杯	四	
								男	中年 45~50			
ⅢM74	45°	竖穴偏室	D型	2.55×1.27-0.91	2.56×0.85-0.42	无	2	男	老年 >50	木盘Ⅱ，陶盘，陶钵3，陶坩埚，木箭杆，木俑，角镳Ⅲ2，皮带，皮带扣	四	
								男	中年 40~45			
ⅢM75	43°	长方形竖穴	C型		1.51×0.66-0.2	无	1	男？	成年	陶碗3，石纺轮，木箭Ⅱ10	四	
ⅢM76	40°	竖穴双偏室	D型	1.92×1.26-1.95	1.93×0.92-0.8 1.95×0.7-0.76	无	2	男	老年 45±	陶罐3，陶碗2，木盘Ⅲ，草篓，石纺轮，铁刀Ⅱ，铁锥2，木梳AⅢ，皮带，木牌，长裙，棉帽，接裙	四	
								女	老年 40±			

续附表三

墓号	墓向	墓葬结构	型式	墓道 长×宽-深	墓室 长×宽-深（顶高）	葬具	人数	性别	年龄（岁）	随葬品	期别	备注
ⅢM77	46°	竖穴偏室	D型	2.4×0.9-1.06	2.4×0.8-0.45	无	2	男	中年 40~45	牛角杯，陶罐，陶钵，毡帽	四	
								女	青年 15~20			
ⅢM78	50°	长方形竖穴	C型		2.2×0.8-0.7	无	1	男	老年 50~60	石磨盘3，复合弓Ⅱ，陶碗，珠饰3	四	
ⅢM79	100°	竖穴偏室	D型	2.7×0.9-2.31	2.7×0.9-0.48	无	2	男	壮年 25~35	陶筒形杯2，木冠饰2，木簪，木盒，木盘Ⅱ2，木箭杆2，木弓弝，陶钵，木线轴	四	
								女	中年 35~45			
ⅢM80	92°	竖穴偏室	D型	2.9×1.19-1.75	2.9×0.9-0.45	无	1	男	青年 17~22	木冠饰，皮囊，木钉5，木盒，复合弓Ⅱ，木器具3	四	随葬整马1

下编　研究篇

洋海墓地头骨研究报告*

韩康信[1、2]　谭婧泽[2]　李肖[3]

（1. 中国社会科学院考古研究所　2.复旦大学现代人类学教育部重点实验室　3.中国人民大学国学院）

本报告的人骨材料出自新疆吐鲁番市鄯善县吐峪沟乡洋海古墓地。2003年发掘墓葬521座，收集颅骨标本489具。

洋海人骨报告涉及的内容，首先是在对每具头骨进行性别、年龄鉴定的基础上统计分析该古人口的性别和年龄的分布结构，这些数据属于墓地人口学的重要资料。其次涉及从头骨上考察到的各种病变的调查记录，这些都有助于了解和评估洋海人的体质和病理状况。对头骨穿孔和创伤的调查、分析，进一步评估了洋海人的风俗、信仰及其与周边人群之间的文化联系。

报告中除了用形态学和测量学方面的考察之外，还做了牙齿形态和选取有指标性的头骨形态小变异的种族倾向调查。目的在于尝试使用不同方法，从多角度探讨洋海人的种族属性。而且还对一批未成年头骨进行了测量学研究，考察了脑颅和面颅从未成年到成年水平的成长速度，以及未成年头骨上种族特征的表现和可鉴别的价值。

根据洋海墓地墓葬形制及出土器物的组合关系，将墓葬分为A、B、C、D四型[1]：

A型：椭圆形竖穴二层台墓和椭圆形竖穴墓，主要分布在I号墓地西南部。其他墓地未见。

B型：长方形竖穴二层台墓，绝大部分分布在I号墓地中部和南部，Ⅱ号墓地西南边缘，Ⅲ号墓地南部仅有个案。

C型：长方形竖穴墓，主要分布在I号墓地北部，Ⅱ号墓地绝大部分和Ⅲ号墓地南半部。

D型：竖穴偏室墓，主要分布在Ⅱ号墓地东北角和Ⅲ号墓地北半部。

发掘者结合随葬器物的差异，认为从A～D型的序列存在早晚的不同。根据本报告作者提供的墓葬类型、分期（早、中、晚四期，其中早期包括一、二期）、文化时代关系及各时期的墓葬数，A、B型墓均为早期墓葬，属青铜时代，共96座墓葬；C型墓为中期墓葬，属早期铁器时代，共371座墓葬；D型墓为晚期墓葬，属汉代时期前后，共54座墓葬。考古报告的这些分期也成为本文作者在整理人骨鉴定及测量数据的分期考察时的依据，特别是提供了每个分期所拥有的具体墓葬号（详见后文），使我们便于作这种分期的量化分析[①]。

由于洋海墓地干旱的地理及气候条件，出土的人骨质地相当地好，而且数量很大，仅头骨就收集了489具（其中少部分不完整），可以说这不仅在新疆境内，而且在中国境内考古发掘中收集的最大一批人类学材料。但由于多种原因，发掘者从墓地只采取了头骨，颅后的躯干骨及四肢骨未能收集。这就限制了只能从头骨上获取各种信息如性别、种族、病理、创伤等，减少了从其他骨骼上本有可能提供的更多资料。不过由于新疆地理位置特殊，处在中亚和东亚的黄河农耕文化地理之间，已经有的人类学资料提示这个地区至少在秦汉以前的古代人类在种族形态学上有别于黄河流域的东亚人类。这方面的研究已见诸报告的有来自孔雀河下游的古墓沟、托克逊阿拉沟、和静察吾呼沟、哈密焉不拉克、昭苏夏台—波马、洛浦山普拉、塔什库尔干香宝宝、楼兰城郊等多个古代墓地[2]（图1）。这八个墓地可供计测的头骨合

* 本项目研究得到国家自然基金面上项目（31771325）、国家自然基金重大研究计划培育项目（91631105）、国家自然基金重大研究计划集成项目（91731303）、上海市哲学社会科学规划课题（2010BZH005）资助。

① 这里提供的墓葬类型和分期，是在发掘后不久的2004年底的初步分析，后续的研究证明有偏差。

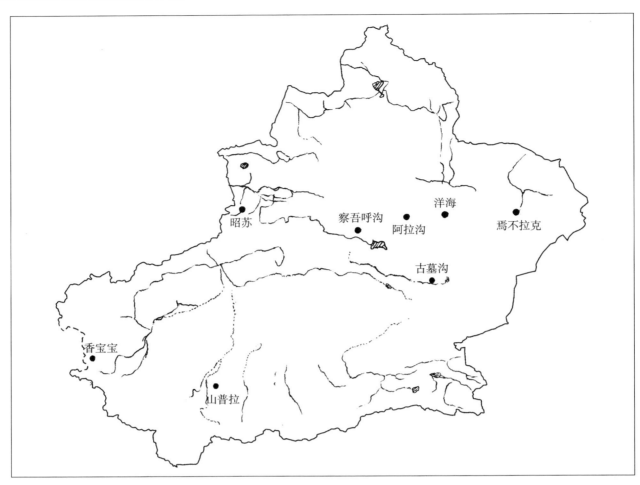

图1　人骨出土墓地分布示意图

计 267 具，而洋海提供的头骨总共达 489 具。这样多的头骨又是从一个墓地出土的，因此它所提供的数据显然更为盈实，也为吐鲁番地区古人的种族组成及他们的来源、生活健康状况及人口学等问题的研究提供了至为重要的机会。

　　洋海古人骨研究工作始于 2004 年 11 月。首先是正式测量前的准备工作，即头骨的清理和装框等，花费了约 13 天（2004 年 11 月 21 日 ~ 12 月 3 日）。从 2004 年 12 月 4 日到 2005 年 1 月 20 日，主要是对头骨逐一鉴定和测量共 48 天。2005 年 4 月第二次赴吐鲁番，主要也是继续测量工作（2005 年 4 月 4 日 ~ 5 月 20 日）。2005 年 7 月第三次赴新疆工作（2005 年 7 月 16 日 ~ 9 月 3 日），参加工作的除本人外，还有复旦大学人类学研究中心的谭婧泽和王玲娥两位同志，她们放弃一暑期协助我作了部分人骨的观测、照相，还承担古 DNA 的取样等工作。

　　下面扼要记述以前学者对新疆古代人骨的研究状况。

　　首先指出，至少在 20 世纪中叶之前，大量的中外学者对包括新疆地区在内的西域和中亚的种族历史有许多讨论。他们的引据基本上都是从民族文化史的讨论中引申出来的。虽说其中有不乏卓见之论，但都还停留在"依

族论种"的替代之说，并且很难理清新疆古代人民的真实来源。其时虽也已有从新疆境内出土古人骨的研究报告，但这些材料并不多，而且都是外国的探险家掠取的，严格来说皆缺乏可靠的考古学依据。而用具备系统科学发掘的古代人骨进行种族形态学的研究应该是在 20 世纪 70 年代以后，伴随新疆考古发掘的发展，面临大量古人骨出土，从这时起才开始了新疆古代种族成分的人类学研究。本报告第一作者有幸从 20 世纪 70 年代开始，借鉴定新疆考古出土人骨之机会，介入了这个领域的研究。一方面对出自不同古代墓地的人骨进行了持续不断的观察和测量，同时花费了大量时间收集苏联境内特别是中亚、哈萨克斯坦、南西伯利亚甚至苏联东欧地区考古出土的人类学资料。这项工作准备了好几年，然后才陆续整理和拟写研究报告。从 20 世纪 80 年代开始，这些报告的单篇形式相继在《考古学报》《人类学学报》及其他考古、历史刊物上发表。人骨涉及的考古地点包括距今约 4000 年的孔雀河古墓沟墓地[3]、距今约 3000 年的哈密柳树泉焉不拉克墓地[4]；距今约 2700 ~ 2000 年的托克逊阿拉沟—渔尔沟墓地[5]；距今约 3000 ~ 2500 年的和静哈尔莫墩察吾呼沟墓地[6]；距今约 2200 年的洛浦山普拉丛葬墓[7][8]；距今约 2000 年的昭苏土墩墓[9]；

表 1　新疆和黄河流域古墓地人骨 DNA 属性

考古遗址	文化年代	样品例数	DNA 属性
新疆且末加瓦艾日克	春秋战国至西汉时期(751B.C. ~ 104B.C.)	17/36	13 例欧亚西部类型, 4 例东部类型
新疆哈密五堡	商周时期(1200B.C. ~ 900B.C.)	26/53	21 例欧亚东部类型, 5 例西部类型
甘肃玉门火烧沟	火烧沟文化类型(1650B.C.)	10/25	欧亚东部类型
青海大通上孙家寨	卡约文化(1000B.C.)、汉代(206B.C. ~ 220A.D.)	31/66	29 例欧亚东部类型, 1 例巴基斯坦类型, 1 例欧亚西部 U4 类型(?)
宁夏中卫—中宁汉墓	汉代(206B.C. ~ 220A.D.)	15/33	欧亚东部类型
陕西扶风周原	西周(1100B.C. ~ 771B.C.)	7/20	欧亚东部类型
陕西临潼秦兵马俑劳工墓	秦代(221B.C. ~ 206B.C.)	19/50	欧亚东部类型
山西襄汾陶寺	新石器时代晚(2500B.C. ~ 1900B.C.)	26/61	欧亚东部类型
山西侯马上马	东周(771B.C. ~ 221B.C.)	9/22	欧亚东部类型
新疆和静	汉代(206B.C. ~ 220A.D.)	3/5	欧亚东部类型
新疆阿克苏拜城	两周时期(1100B.C. ~ 221B.C.)	1/3	东亚或印巴 M 类群

距今约 2800 ~ 2500 年的塔什库尔干香宝宝墓地[10];距今约 2000 年的古楼兰东郊墓地[11]。这些墓地的研究后来总汇在《丝绸之路古代居民种族人类学研究》[12]的专辑中。在《新疆察吾呼——大型氏族墓地发掘报告》中发表了《察吾呼三号、四号墓地人骨的体质人类学研究》[13]。综合以上多个考古地点出土人骨的种族形态学特点,作者主要提出以下几点认知[2]:

(1)至少在新疆的青铜时代—早期铁器时代,新疆境内的古代居民在种族形态学上主要成分接近高加索人种支系,东方种族特征的居民相对较少。

(2)新疆境内的古代高加索种成分并不单一,至少有 3 ~ 4 种不同形态类型,如古欧洲类型、长颅地中海东支类型及短颅的中亚类型。这些不同的形态类型或可能暗示他们各自来源不同。

(3)这些不同的高加索种成分特别是古欧洲类型和地中海类型后来在中亚甚或新疆境内发生混杂,而时代较晚的短颅化类型或可能是受这种混杂因素形成的。

(4)参照我国甘青地区古代人骨的种族形态学特点和新疆境内古代高加索种成分之间存在明显的种族距离,由此推测,至少在秦汉以前,新疆境内的古代高加索种成分尚没有大规模的人群进入西北地区的黄河流域。东方种族大量的西进(包括向新疆境内)可能在汉代和汉代以后,包括历史上记载的匈奴、突厥和蒙古人的多次向西的运动。

以上的认知应该说是从骨骼形态学的调查和研究得到的一些粗浅的轮廓性的看法。由于从骨骼形态学上逐个分辨种族系统依然有很大的难度,也没有更好的办法精确地把它们区隔出来,因而以上几点认识只是从各个墓地为数不多的小型人口群的群体考察中获得的。

在这里值得一提的是近年来遗传学的调查介入了对我国新疆及黄河流域古代人群属性及迁移问题的研究,即从古墓地出土人骨中提取古 DNA 的分析。这项工作是由上海复旦大学生命科学院现代人类学研究中心的 DNA 实验室进行的[14][15]。其提取 mtDNA 的考古材料如遗址、地理位置、文化年代、取样数量及 DNA 属性列于表 1,其中的 DNA 属性一栏是作者从研究报告中的文字分析中摘录出来的。人骨材料的地点大致代表了新疆和黄河流域的古墓地。

由复旦实验室测定的对中国西北地区古代人 mtDNA 多态性研究可以看出,包括新疆在内的中国西北地区古代人的 DNA 属性存在着东、西方人群的交错,"即在新疆地区青铜时代就存在有典型的欧亚西部成分,并且出现欧亚东、西部成分共存的现象。而新疆以东地区,在秦汉时期以前并未出现典型的欧亚西部成分,然而,秦汉以来部分墓葬中出现了少量欧亚西部成分,提示在此之前可能已经出现了欧亚东、西部人群的基因交流,并对后来的西北人群的遗传组成产生了影响。新疆以东西北地区的考古学,体质人类学和古 DNA 研究结果均表明,一直到汉代,这一地区并未出现大规模的欧亚西部人种特征"。

由上可见,遗传学的调查结果如果不计某些细节如个体的种族形态特点与遗传基因之间的关系目前尚不清楚,那么显而易见在种族形态学的地理分布框架与从 DNA 测得的欧亚大陆东西部人群的分布框架之间存在相当一致的结果。

不过从骨骼人类学的可用于测量观察的标本数量不均衡。其中最少的仅一例（塔什库尔干香宝宝墓地），最多的 83 例，次多的为 58、59 例（托克逊阿拉沟、洛浦山普拉），其他的更少，仅 6、13、18 例（楼兰、昭苏、古墓沟）。因此这些材料基本上只代表了每个墓地人口中很少的一部分。与这些地点的材料数量相比，洋海的数量比上述多个地点的总和还多。因而对该墓地人口群的代表性（尽管也只代表洋海全部墓地人口数的一部分）更为充分。这对墓地人口的种族成分、人口结构与年龄性别组成、一些重要的病理创伤及特殊习俗的存在等问题提供了更具统计学价值的材料，也是迄今为止在一个古墓地中收集到的最充实的材料。

一　骨骼材料来源、收集状况及墓葬分期

本报告的古代人骨是吐鲁番地区文物局于 2003 年 3～5 月与新疆文物考古研究所合作，在鄯善洋海墓地进行抢救性发掘时收集的。该墓地位于火焰山南麓的大片荒漠戈壁滩上，总面积约有 5.4 万平方米。墓葬主要分布在三块略高出周围地面的台地上，即发掘报告中所指称的一、二、三号墓地。在这些墓地间有多条东北—西南走向线形排列的坎儿井穿过（井已干涸）。其中有许多墓遭到盗掘和扰乱。据考古报告，这次共发掘清理了 521 座墓葬，其中一号墓地 218 座，二号墓地 223 座，三号墓地 80 座。在一号墓地北部和二号墓地中部据称尚有 2000 余座未发掘的墓葬[1]。如果这一估计数字属实，则已经发掘的只占全部墓葬的五分之一。

又据考古报告，一座墓中的人骨架有单人的也有多人的。葬式似多流行单人屈肢葬。在全部清理的墓葬中，发掘报告认为存在不同的墓葬形制，即 A、B、C、D 型，初步判定墓地的时代范围从青铜时代晚期延续到铁器时代（距今约 3000～2000 年）[1]。

根据考古学者提供的墓葬分类及其时代材料，分为早、中、晚三个时期，由吕恩国先生提供的具体的分类和各期包含的墓葬号如下：

早期墓葬（A、B 型墓，青铜时代）：

属一号墓地的 88 座（ⅠM5、ⅠM6、ⅠM8、ⅠM11～ⅠM16、ⅠM18～ⅠM26、ⅠM30、ⅠM33、ⅠM36～ⅠM39、ⅠM47、ⅠM48、ⅠM50～ⅠM53、ⅠM61～ⅠM67、ⅠM76、ⅠM79、ⅠM80、ⅠM84、ⅠM86、ⅠM90、ⅠM91、ⅠM94～ⅠM100、ⅠM103、ⅠM113、ⅠM118、ⅠM130～ⅠM133、ⅠM135～

ⅠM140、ⅠM142～ⅠM146、ⅠM150～ⅠM154、ⅠM156、ⅠM157、ⅠM160、ⅠM163、ⅠM171、ⅠM172、ⅠM174、ⅠM175、ⅠM209～ⅠM214）。

属二号墓地的 7 座（ⅡM16、ⅡM56、ⅡM72、ⅡM80、ⅡM83、ⅡM84、ⅡM132）。

属三号墓地的 1 座（ⅢM66）。

中期墓葬（C 型墓，早期铁器时代）：

除早、晚期外的所有墓葬，共 371 座。

晚期墓葬（D 型墓，两汉前后）：

属二号墓地的 3 座（ⅡM47～ⅡM49）。

属三号墓地的 54 座（ⅢM1、ⅢM2、ⅢM5、ⅢM7、ⅢM9～ⅢM18、ⅢM20～ⅢM26、ⅢM29～ⅢM31、ⅢM34～ⅢM42、ⅢM46～ⅢM49、ⅢM51、ⅢM54、ⅢM55、ⅢM67、ⅢM68、ⅢM71～ⅢM74、ⅢM76、ⅢM77、ⅢM79、ⅢM80）。

这些墓葬的分期资料是本报告对骨骼测量观察数据进行时间变化分析的依据[16]。

考古发掘时对人骨的收集主要限于头骨，除了零星的脱离头骨也未注明墓号的盆骨部分外，其他颅后骨骼（包括四肢骨）皆未采集。因此本报告的研究材料只限于头骨。据我们清点，洋海墓地头骨包括少数不完整的共 489 具。

由于我们清理时头骨已采到室内，因此出土头骨的墓葬号是从所采头骨上随附的标签纸上填写的号码进行记录。还有少数头骨的墓葬号是发掘者直接用笔书写在头骨上的。由于书写者有时用不同的写法，我们便一一照录。遗憾的是有相当一部分头骨缺少了墓号（共 56 具），其原因主要有两个：一是在墓葬发掘时将书写墓号的标签纸随意卷插在头骨的颧弓处，加上好几具头骨用一个塑料袋装运回来，这样有些标签纸脱落互相之间造成混乱，因而缺失了确实的墓号；再是，保存颅骨标本的库房反复搬迁，在专业人员监管缺失的情况下搞乱了。另有约百具下颌骨与颅骨脱离呈单零状态，其中有一部分是在我们鉴定过程中发现包括在同一袋里的下颌与颅骨不是同一个体。这样的下颌被我们剔除了下来。还有一种情况即同一墓号的人骨有"A""B""C"之分，应该代表不同个体，但有时一个墓号中有两、三个头骨未加区分。因此本报告鉴定的个体难以与发掘记录上应该随附的墓葬图上所示的个体予以一一对应起来，此外一个墓号中有"A"却无"B"或相反，可能与有的未取或墓号佚失有关。总之，在使用本报告所附个体鉴定结果时请考古学者自行核查。

洋海墓地出土的人骨骨质良好，而且几乎很少有埋

在地下受压变形或碎裂的现象。这与埋葬地的特殊干燥及相对疏松的沙土埋葬的地理气候条件有密切的关系。良好的骨质条件对头骨的观察和测量提供了许多方便而减少了花费大量时间和人力去修复它们。

二　墓地人口的性别及年龄结构

要了解洋海墓地的人口面貌，首先要对所获得的古人遗骸进行逐个的尽可能准确的性别年龄鉴定，并将这些结果用统计方法加以整理和分析。这项工作实际上与古人口学的研究有密切关系，或就是其中的重要组成部分。一般来说，由于考古发掘古代人遗骸的数量很大，鉴定这些骨骼的性别年龄都采取用肉眼考察骨骼上可能显示的性别年龄标志。而这些标志本身又有明显的变异幅度，因而只能采取对这些标志所示综合倾向来估计他们的性别和年龄。而要获得比较可信的性别和年龄结果又和所保存下的人骨的完善与否有密切关系。但洋海的人骨前已交代只有头骨可为依据，故而其鉴定结果的准确性会受到一定的影响；而且洋海人骨的个体量大，我们虽然对每具头骨进行了性别和年龄标志的登录，但要把这些个体的原始记录全部发表于报告之内似乎过于庞杂。所以本文中只交待主要的判定依据及其某些必要的说明，并附录每个个体的性别年龄鉴定表（附表1～4），并据此鉴定资料进行分析。

（一）从头骨认定性别的主要依据

用肉眼观察骨骼性别标志的可信度主要取决于两个方面，即一方面鉴定者能够熟练地辨别骨骼解剖学的性别异形标志并合理的予以综合得出性别意见，这需要多年的实际操作的锻炼；另一方面取决于所能提供的骨骼的完整性，保存的骨骼各部位越完整也越容易做出最准确的性别决定。如果这两项条件均具备，有经验的鉴定者判断性别的准确率可达到95%甚至更高。而性别差异最具价值的部位是在盆骨上，这和男女性生殖机能的不同而形成的遗传差异有关。在仅有头骨而无其他骨骼的参考之下，性别的命中率则有所下降，比较好的情况下可达到90%[17]。但这一命中率主要是在成年个体中，不包括未成年，后者尤其是在少年以下的个体在骨骼上的性别异形发育不充分。因此对未成年个体骨骼的性别判定存在很大的难度，在婴幼儿中则更难判定。在这种情况下，一般的处理是不强行鉴定。在我们的报告中，对确有把握的性别判定以"男"或"女"表示，对有倾向性印象的以"男？"或"女？"表示，如果以"？"

表示即不能确定性别。

从头骨上认定性别主要是辨别形态上的一系列异形化标志[18][19]。这些标志如男性头骨在较多的情况下比女性的大而粗壮，女性较小而纤弱；男性的脑颅和面颅比女性的粗壮厚硕，但男性的额部向后上方的坡度不如女性的陡峭丰满；男性的眉弓和眉间突度比女性更强烈，眼眶上缘比女性更圆厚，女性则较锐薄；男性梨状孔比女性相对高而狭；男性颧骨较女性更宽大而强壮；男性乳状突也比女性更粗大；男性枕外隆突发达的等级较女性更多见；男性头骨表面的凹凸程度和肌线等也比女性更明显，女性则相对更光滑。但这些头骨上的性别标志发育程度上的差异在一部分个体中是相对的，而且即便在同一头骨上上述性别差异的表现都未必在同一个性差方向上，即有些特征像男同时有的特征不像男或有些女性头骨的某些形态特征像女，但有些像男等，所以在鉴定时要权衡和把握综合的表现。我们在鉴定洋海头骨的性别时，对那些没有十分把握的特别是一些未成年头骨的性别不强行决定。在统计处理那些带有"男？"和"女？"问号的倾向认定个体则分别置入男性或女性个体中计算。即便在这些个体中难免仍有误判的情况发生，但在数量越多的样本中这种误判的机会可能接近均等，对男女性个体的统计结果不致产生大的误差。

对洋海墓地489具头骨的性别估计结果列于表2。

（二）年龄估计的主要依据

从某种角度讲对头骨个体死亡年龄的估计比判定性别更复杂、难度更大，误差也相当大，特别是用观察骨骼的年龄标志的方法时。因为任何用于估计年龄的标志都免不了有相对的时间范围，而且不同性质的年龄标志常在同一个体中显示的年龄性状不均衡。因而我们一般用个体可能所处的死亡年龄段即以一定的年龄范围来表示，如某个体死于"20～30岁"等。

1. 依牙齿萌出情况估计年龄[18]

从头骨上估计年龄的方法一般来说分未成年和成年，采用的方法不同。对未成年个体最主要而且相对比较准确的方法是利用不同种类齿种萌出齿槽的年龄顺序规律。因为一个人的各种牙齿（包括乳齿和恒齿）从出生到性成熟期，萌出的时间有差异。因此我们利用现代人牙齿萌发时序调查表（表3），对照待测头骨牙齿萌出情况便可获得该个体死亡时的大概年龄。其中注意区分乳牙和恒牙两套的萌发时序。

幼儿的乳齿最早萌出的是下中门齿（DI₁），约在半岁（5～8个月）左右萌出。最晚萌出的乳齿是上第二

表2　洋海墓地头骨性别、年龄鉴定表

期别	墓号	性别	年龄（岁）	期别	墓号	性别	年龄（岁）
早期	I M5：A	♂	青年（18~22）	早期	I M61：?	♀	壮年（25~30）
	I M5：B	♂	壮年（20~30）		I M61：B	♀	壮年（30~40）
	I M6：A	♀	壮年（20~30）		I M61：?	♂	壮年（25~30）
	I M6：B	♂?	中年（45~50）		I M63	♂	中年（45~60）
	I M6：?	♀	中年（35~45）		I M63	?	未成年（6±）
	I M8：A	♂?	壮年（30~40）		I M64	♂	中年（40±）
	I M8：B	♂?	未成年（11~13）		I M64	?	未成年（7±）
	I M8：C	♀?	中年（>50）		I M67	♂	壮年（25~30）
	I M8：?	♂	中年（40~50）		I M76	♀	壮年（30~40）
	I M8：?	♂?	青年（18~22）		I M76	♂	中年（35~45）
	I M8：?	♂?	青年（17~20）		I M80：A	♂?	青年（16~22）
	I M11：A	?	未成年（6~7）		I M80：B	♀?	壮年（30~40）
	I M12：A	♂	中年（45~55）		I M84	♂	中年（35~40）
	I M12：B	♂	中年（45~55）		I M84	♂	青年（20~25）
	I M12：C	♂	中年（40~50）		I M84	♀	壮年（25~30）
	I M12：D	♀	壮年（25~45）		I M90：A	♂	中年（45~55）
	I M12：E?	?	未成年（2~3）		I M90：B	♂	中年（45~55）
	I M14	♂	中年（35~45）		I M90	♀?	壮年（<30）
	I M15	♀	中年（35~45）		I M91	♂?	未成年（9~10）
	I M16：A	♀	中年（40~45）		I M95：A	♂	中年（45~55）
	I M16：B	♂	中年（45~55）		I M95	♂	壮年（20~30）
	I M20：A	♀	壮年（20~30）		I M95	♀	壮年（30~40）
	I M20：B	♂	未成年（13~14）		I M96	♂	老年（50~60）
	I M20：C	♂	未成年（10~13）		I M99	♂	中年（45~55）
	I M21：?	♂	中年（40~45）		I M99	♀	壮年（30~40）
	I M21：?	♀	壮年（25±）		I M100	♂	中年（45~55）
	I M21：?	♂	未成年		I M103：B	♂	青年（17~20）
	I M23	♂	壮年（30~40）		I M130	♂?	未成年（6~7）
	I M25：?	♀	青年（18~25）		I M132	♂	壮年（30~35）
	I M25：B	♀	青年（17~22）		I M133：A	♀?	中年（>40）
	I M25：?	♂?	青年（20~25）		I M133：B	♂	中年（40~45）
	I M26：A	♂	青年（18~22）		I M133：?	♀	青年（20~25）
	I M26：?	♂?	青年（17~20）		I M133：?	♂	中年（40~50）
	I M48	♂	中年（40~50）		I M136	♀?	中年（40~50）
	I M52上层	?	未成年（3~5）		I M140	♀	壮年（25~30）
	I M52下层	♀	壮年（20~30）		I M175	♂	壮年（25~30）
	I M61：A	?	未成年（5~6）		II M16	♂	壮年（30~40）

期别	墓号	性别	年龄（岁）
早期	ⅡM56：A	?	未成年（3±）
	ⅡM56：B	?	未成年（1～2）
	ⅡM56：C	♀？	未成年（13±）
	ⅡM80	♀	壮年（25～30）
	Ⅰ M209	♂？	青年（20～25）
	Ⅰ M211	♀？	壮年（25～35）
	Ⅰ M212	♂	青年（14～16）
	Ⅰ M213	♂	老年（55～65）
	ⅡM132	♀？	中年（35～40）
中期	Ⅰ M1：B	♂	壮年（25～35）
	Ⅰ M1：A	♂	壮年（25～35）
	Ⅰ M1	?	未成年（9～10）
	Ⅰ M2	♀	青年（15～20）
	Ⅰ M3	?	未成年（6±）
	Ⅰ M3	♀？	中年（50～55）
	Ⅰ M3	♀	壮年（20～30）
	Ⅰ M3	♂	壮年（25～35）
	Ⅰ M3	♂	中年（35～45）
	Ⅰ M3	♂	中年（40～50）
	Ⅰ M4	♂	壮年（20～30）
	Ⅰ M4	♂	中年（35～45）
	Ⅰ M7	♀	壮年（30～40）
	Ⅰ M9：A	♀？	老年（>55）
	Ⅰ M31	?	未成年（8～10）
	Ⅰ M35：C	♂？	未成年（12～13）
	Ⅰ M41	♂	青年（20～25）
	Ⅰ M42	♂	壮年（25～30）
	Ⅰ M49：A	♀	壮年（25～30）
	Ⅰ M49：B	♂	壮年（30～35）
	Ⅰ M56：A	♀？	中年（40～50）
	Ⅰ M58	♀	青年（18～20）
	Ⅰ M58	♀	中年（35～40）
	Ⅰ M60	♀？	青年（18～22）
	Ⅰ M70：A	♂	青年（20～25）
	Ⅰ M70：B	♂？	中年（35～45）
	Ⅰ M70：？	?	未成年（5～6）
	Ⅰ M72	♀？	青年（20～25）

期别	墓号	性别	年龄（岁）
中期	Ⅰ M77	♂	中年（40～45）
	Ⅰ M78	♂	中年（>50）
	Ⅰ M78	♂	中年（45～55）
	Ⅰ M85	♂	壮年（30～40）
	Ⅰ M87？	♂	青年（20～25）
	Ⅰ M87	♂	中年（35～45）
	Ⅰ M88	♂？	未成年（11～13）
	Ⅰ M92：A	♀	中年（30～50）
	Ⅰ M98	♂	壮年（30～40）
	Ⅰ M101：B	♂	青年（18～22）
	Ⅰ M101：C	♂	壮年（25～35）
	Ⅰ M101：D	♂？	青年（18～22）
	Ⅰ M102：A	♂	壮年（30～40）
	Ⅰ M104	♂	壮年（25～30）
	Ⅰ M105：B	♂？	未成年（12±）
	Ⅰ M106：A	♀？	壮年（25～30）
	Ⅰ M106：B	♂	青年（20～25）
	Ⅰ M107	♀？	中年（40～50）
	Ⅰ M108	?	未成年（4±）
	Ⅰ M109	♂？	壮年（30～35）
	Ⅰ M110	♂	中年（35～45）
	Ⅰ M141：A	♂	中年（45～55）
	Ⅰ M141：B	♂	中年（40～50）
	Ⅰ M158：A	♂？	青年（15～18）
	Ⅰ M158	♀	中年（35～45）
	Ⅰ M164	♂	中年（45～50）
	Ⅰ M165	♀	中年（45～55）
	Ⅰ M166	♀	壮年（25～35）
	Ⅰ M167：A	♂？	青年（16～25）
	Ⅰ M167：B	♂	壮年（25～35）
	Ⅰ M167：C	♂	壮年（30～40）
	Ⅰ M169	♂	中年（40～50）
	Ⅰ M173	♂	中年（40～45）
	Ⅰ M176	♂	壮年（30～35）
	Ⅰ M177	♂	壮年（25～35）
	Ⅰ M178	♀	青年（20～25）
	Ⅰ M179：A	♀？	壮年（30～40）

期别	墓号	性别	年龄（岁）
中期	Ⅰ M179：B	♂	青年（18 ~ 22）
	Ⅰ M180	♀ ?	壮年（20 ~ 30）
	Ⅰ M188	♀	青年（16 ~ 18）
	Ⅰ M189	♂	中年（40 ~ 50）
	Ⅰ M191	♀ ?	壮年（25 ~ 35）
	Ⅰ M191	♂	壮年（35 ~ 40）
	Ⅰ M193：A	♂	壮年（20 ~ 30）
	Ⅰ M194：?	♂	中年（35 ~ 40）
	Ⅰ M194：B	♀	青年（18 ~ 25）
	Ⅰ M195：A	♂	壮年（20 ~ 30）
	Ⅰ M195：B	♀	壮年（35±）
	Ⅰ M197	♂	青年（16 ~ 18）
	Ⅰ M197	♂	青年（17 ~ 22）
	Ⅰ M199	♀	中年（40 ~ 45）
	Ⅱ M3	♂	中年（40 ~ 50）
	Ⅱ M4	♂	中年（35 ~ 45）
	Ⅱ M9	♂	中年（45 ~ 55）
	Ⅱ M10	♂	青年（16 ~ 20）
	Ⅱ M13	♀	青年（18 ~ 22）
	Ⅱ M13	♂	中年（40 ~ 50）
	Ⅱ M15	♀	中年（35 ~ 40）
	Ⅱ M15：B	♀	壮年（25 ~ 35）
	Ⅱ M15	♂	青年（20 ~ 25）
	Ⅱ M15	♀	壮年（20 ~ 30）
	Ⅱ M19	♀	中年（35 ~ 50）
	Ⅱ M19	♂ ?	青年（18 ~ 22）
	Ⅱ M22	♂	中年（40 ~ 50）
	Ⅱ M23	♂ ?	青年（18 ~ 22）
	Ⅱ M27	♂	中年（35 ~ 45）
	Ⅱ M28	?	未成年（10 ~ 12）
	Ⅱ M29	?	未成年（6±）
	Ⅱ M30	♀	青年（18 ~ 20）
	Ⅱ M33	♀	中年（40 ~ 50）
	Ⅱ M33	♀	?
	Ⅱ M33	♂	中年（45 ~ 50）
	Ⅱ M34：B	♂	青年（15 ~ 18）
	Ⅱ M35	♂	壮年（30 ~ 35）

期别	墓号	性别	年龄（岁）
中期	Ⅱ M35	♀	老年（55 ~ 65）
	Ⅱ M38	♀ ?	中年（35 ~ 45）
	Ⅱ M39	♀ ?	中年（35 ~ 45）
	Ⅱ M42	♂	壮年（20 ~ 30）
	Ⅱ M42	♂	中年（35 ~ 45）
	Ⅱ M43	♂	中年（35 ~ 45）
	Ⅱ M43	♀	壮年（25 ~ 35）
	Ⅱ M43	?	未成年（12 ~ 16）
	Ⅱ M43	♀	壮年（30 ~ 40）
	Ⅱ M44：A	♂	壮年（20 ~ 30）
	Ⅱ M44	♀ ?	青年（18 ~ 22）
	Ⅱ M44	?	未成年（11 ~ 13）
	Ⅱ M44	♀ ?	青年（18 ~ 22）
	Ⅱ M44	♂ ?	未成年（12 ~ 13）
	Ⅱ M45	♂	中年（45 ~ 55）
	Ⅱ M50	♂	中年（40 ~ 50）
	Ⅱ M52	♂	中年（40 ~ 50）
	Ⅱ M54：A	♀ ?	壮年（25 ~ 35）
	Ⅱ M54	♂	中年（35 ~ 40）
	Ⅱ M55	♂ ?	未成年（12 ~ 13）
	Ⅱ M55：A	♂	中年（35 ~ 45）
	Ⅱ M57：A	♀	青年（15 ~ 25）
	Ⅱ M58：A	♂	壮年（20 ~ 30）
	Ⅱ M59：A	♀	中年（35 ~ 40）
	Ⅱ M60	♂	壮年（25 ~ 35）
	Ⅱ M63	♀	中年（35 ~ 45）
	Ⅱ M65	♀	中年（40 ~ 45）
	Ⅱ M66	♀	壮年（25 ~ 30）
	Ⅱ M69	♂	中年（45 ~ 55）
	Ⅱ M73	♀	中年（40 ~ 45）
	Ⅱ M74	♂	中年（35 ~ 45）
	Ⅱ M77	♀	中年（40 ~ 50）
	Ⅱ M81：B	♂	壮年（25 ~ 35）
	Ⅱ M81：A	♂	中年（45 ~ 55）
	Ⅱ M84：B	♀ ?	壮年（25 ~ 35）
	Ⅱ M84	♂	壮年（25 ~ 30）
	Ⅱ M86：A	♂	中年（35 ~ 40）

期别	墓号	性别	年龄（岁）
中期	ⅡM88	？	未成年（9～10）
	ⅡM90	♂	壮年（30～40）
	ⅡM91	♂	壮年（30～40）
	ⅡM92	♂	壮年（20～30）
	ⅡM92	♂	中年（40～45）
	ⅡM93：A	♂？	未成年（13～15）
	ⅡM93	♂	未成年（12～13）
	ⅡM93	♀	中年（40～45）
	ⅡM93	♂	壮年（25±）
	ⅡM94	♂	中年（40～45）
	ⅡM94	♂	青年（18～20）
	ⅡM95	♀	中年（35～40）
	ⅡM95	♀	青年（18～22）
	ⅡM97	♀	壮年（30～40）
	ⅡM98：A	♀？	青年（18～20）
	ⅡM98：B	？	未成年（12～15）
	ⅢM10	♂？	老年（>50）
	ⅢM27：A	♂	中年（45～50）
	ⅢM27：B	♀	中年（35～45）
	ⅢM28	♂	青年（14～16）
	ⅢM32：A	♂	壮年（30～40）
	ⅢM33	♀	青年（20～25）
	ⅢM33	♂	壮年（30±）
	ⅢM33	♀？	青年（18～22）
	ⅢM33	♂	壮年（30～35）
	ⅢM43	♂	中年（35～45）
	ⅢM56	♂	壮年（25～35）
	ⅢM58：北	？	未成年（10～14）
	ⅢM58：中	♂	中年（35～45）
	ⅢM58：南	♀	中年（30～45）
	ⅢM60	♀	壮年（30～35）
	ⅢM62	♂	中年（35～45）
	ⅢM78	♂	中年（50～60）
	ⅠM200：A	♀	壮年（25～30）
	ⅠM201	♀	壮年（25～35）
	ⅠM203	♀	壮年（25～30）
	ⅠM204	♂	中年（40～50）

期别	墓号	性别	年龄（岁）
中期	ⅠM205：A	♂	中年（45～55）
	ⅠM205：B	♀	壮年（20～30）
	ⅠM206	♀	未成年（14～15）
	ⅠM207：A	♀	中年（35～45）
	ⅠM207：B	♂	壮年（25～30）
	ⅠM208	♂	青年（20～25）
	ⅠM210	♂？	未成年（10～11）
	ⅡM100	♀	壮年（30～40）
	ⅡM103	♂	壮年（35±）
	ⅡM104	♂	壮年（25～35）
	ⅡM105：A	♂	中年（45～55）
	ⅡM105：B	♀	老年（55～65）
	ⅡM106：A	♂	中年（40～50）
	ⅡM106：B	♀	壮年（20～30）
	ⅡM108：A	♂	壮年（30±）
	ⅡM108：B	♀	壮年（20～30）
	ⅡM109：A	♂	壮年（20～30）
	ⅡM109：B	♀	壮年（25～30）
	ⅡM110	♂	壮年（20～30）
	ⅡM111	♂	壮年（25～30）
	ⅡM112	♂	壮年（25～30）
	ⅡM113	♂	青年（18～22）
	ⅡM115	？	未成年（7～8）
	ⅡM116	♂	壮年（25～30）
	ⅡM118	♂	中年（45～55）
	ⅡM120	♂	青年（20～25）
	ⅡM121	♂	青年（14～18）
	ⅡM121	♂	青年（20～25）
	ⅡM124	♂？	中年（35～45）
	ⅡM124：B	♂？	未成年（6～7）
	ⅡM125	♂？	未成年（10～13）
	ⅡM126	♂	中年（>50）
	ⅡM127	♂	壮年（30±）
	ⅡM128	♂？	壮年（30～40）
	ⅡM131：B	♀	青年（18～22）
	ⅡM134	♂	中年（45～55）
	ⅡM135：A	♂	壮年（25～30）

期别	墓号	性别	年龄（岁）
	ⅡM135：B	♀	壮年（25～35）
	ⅡM135：C	♀	青年（18～22）
	ⅡM136	♀？	老年（55～65）
	ⅡM137	♂？	未成年（12～13）
	ⅡM138	♂	中年（35～45）
	ⅡM139	？	未成年（4～6）
	ⅡM140：A	♂	中年（35～45）
	ⅡM140：B	♀	中年（35～45）
	ⅡM142：A	♂	壮年（30～35）
	ⅡM142：B	♀	青年（18～25）
	ⅡM142	♂	壮年（30～40）
	ⅡM143：A	♂	中年（45～55）
	ⅡM143：B	♀	青年（20～25）
	ⅡM144	♂	壮年（30～40）
	ⅡM145：A	♂	中年（35～45）
	ⅡM145：B	？	未成年（7～8）
	ⅡM146	♀？	青年（18～25）
	ⅡM147	♂	青年（18～22）
中期	ⅡM147	♀	中年（50～60）
	ⅡM147	♀	中年（40～50）
	ⅡM149	♂？	青年（18～24）
	ⅡM150：A	♀	中年（35～45）
	ⅡM150：B	♂	壮年（35±）
	ⅡM151	♀	青年（20～25）
	ⅡM152	♂	中年（40～45）
	ⅡM152	♂	中年（45～55）
	ⅡM153	♂？	中年（35～45）
	ⅡM153	♀	老年（>56）
	ⅡM154：A	♀	中年（35～40）
	ⅡM154：B	？	未成年（4～6）
	ⅡM154：C	♀	未成年（13±）
	ⅡM154：D	♀？	壮年（30～35）
	ⅡM155	♀？	未成年（11～13）
	ⅡM157	♀	壮年（30～40）
	ⅡM158	♂	壮年（25～35）
	ⅡM159	♀	中年（35～45）
	ⅡM159：B	♀？	未成年（6±）

期别	墓号	性别	年龄（岁）
	ⅡM159	♀	中年（>45）
	ⅡM161：A	？	未成年（7～9）
	ⅡM161：B	？	未成年（7～8）
	ⅡM162：A	♀	中年（45～55）
	ⅡM162：B	♂	中年（45～55）
	ⅡM165：A	♂	老年（>50）
	ⅡM165：B	♀	中年（40～50）
	ⅡM166	？	未成年（11～12）
	ⅡM166	♂	壮年（25～30）
	ⅡM167	♀	中年（45～55）
	ⅡM168	♂	壮年（20～30）
	ⅡM169	♂	中年（35～45）
	ⅡM170	♂	青年（18～22）
	ⅡM172	♂	壮年（30～40）
	ⅡM172	？	未成年（11±）
	ⅡM173	♂	壮年（20～30）
	ⅡM173	♀	壮年（30～40）
	ⅡM175	♂	中年（45～50）
中期	ⅡM176	？	未成年（5～6）
	ⅡM177	♂	青年（16～20）
	ⅡM180	♂	壮年（25～35）
	ⅡM181	♂	中年（35～40）
	ⅡM182：A	♀	壮年（25～35）
	ⅡM182：B	？	未成年（11～12）
	ⅡM182：C	♂	壮年（30～40）
	ⅡM183	♂	中年（>50）
	ⅡM185	♂	壮年（30～35）
	ⅡM189	♂	壮年（25～30）
	ⅡM199	♀	青年（20～25）
	ⅡM201：A	♀	壮年（30～45）
	ⅡM203：A	♂	中年（40～45）
	ⅡM203：B	♂	壮年（30～35）
	ⅡM203：C	♀	壮年（20～30）
	ⅡM203：D	♀	壮年（30～40）
	ⅡM205	♂	中年（40±）
	ⅡM205：C	♀	中年（35～40）
	ⅡM205：B	♂	青年（20～25）

期别	墓号	性别	年龄（岁）
中期	ⅡM206	♀	中年（35～40）
	ⅡM207	♀	青年（20～25）
	ⅡM207	♂	壮年（30～40）
	ⅡM209	♂	中年（40～50）
	ⅡM186	♀	中年（35～40）
	ⅡM206：A	♂	壮年（30～40）
	ⅡM210	♂	壮年（25～35）
	ⅡM210	♂	老年（50～60）
	ⅡM210	♀	青年（20～25）
	ⅡM211：B	♀？	青年（17～25）
	ⅡM211：C	♀	中年（45～55）
	ⅡM217：A	♀？	壮年（20～30）
	ⅡM207	♀	青年（20～25）
晚期	ⅢM5：A	♂	中年（45～55）
	ⅢM5：B	？	未成年（2～3）
	ⅢM10：A	♂	青年（20～25）
	ⅢM10：B	♂	壮年（25～30）
	ⅢM14	？	未成年（6～7）
	ⅢM17	♂	壮年（30～40）
	ⅢM17	♂	青年（18～22）
	ⅢM17	♂	壮年（20～30）
	ⅢM18：A	♂	壮年（30～35）
	ⅢM18：B	♀？	青年（17～22）
	ⅢM18：C	♂	青年（18～25）
	ⅢM22	♂	中年（35～45）
	ⅢM24：A	♂	老年（>55）
	ⅢM24：B	♂	中年（>35）
	ⅢM24：C	♂	老年（>55）
	ⅢM25：A	♀	壮年（30～35）
	ⅢM25：B	♂	壮年（25～35）
	ⅢM25：C	♂	中年（40～50）
	ⅢM26	♀	中年（35～45）
	ⅢM26	♂	中年（35～45）
	ⅢM26	♂	中年（50～60）
	ⅢM26	♂	壮年（30～40）
	ⅢM29	？	未成年（2～3）
	ⅢM30：A	♂	中年（35～45）

期别	墓号	性别	年龄（岁）
晚期	ⅢM30：B	♀	中年（40～45）
	ⅢM34	♂	壮年（22～30）
	ⅢM36	♂	壮年（30～40）
	ⅢM36	♂	中年（35～45）
	ⅢM36	♂	中年（45～55）
	ⅢM37	♂	壮年（30±）
	ⅢM37	♂	中年（35～45）
	ⅢM37	♂	中年（45～55）
	ⅢM38：A	？	未成年（5±）
	ⅢM38：B	♀？	壮年（25～35）
	ⅢM39：B	♂	青年（15～17）
	ⅢM41：A	♂	中年（40～50）
	ⅢM42：B	♀？	中年（35～45）
	ⅢM42：C	♀	老年（50～65）
	ⅢM42：A	♂	老年（55～65）
	ⅢM67	♀	青年（14～16）
	ⅢM67	？	未成年（2±）
	ⅢM68	♂	中年（50～60）
	ⅢM71：A	♂	中年（45～55）
	ⅢM71：B	♂？	未成年（12～13）
	ⅢM73：A	♂	壮年（20～30）
	ⅢM73：B	♂	中年（45～50）
	ⅢM74	♂	中年（>50）
	ⅢM74	♂	中年（40～45）
	ⅢM77：A	♂	中年（40～45）
	ⅢM77	♀	青年（15～20）
	ⅢM79：A	♀？	中年（35～45）
	ⅢM79：B	♂	壮年（25～35）
	ⅢM80	♂	青年（17～22）
墓号分期缺失	No.1	♀？	青年（14～18）
	No.2	♂	青年（18～22）
	No.3	♀	壮年（25～30）
	No.4	♂	壮年（25～35）
	No.5	♂？	未成年（8～10）
	No.6	♀	中年（25～55）
	No.7	♂	青年（18～25）
	No.8	？	未成年（2～3）

续表 2

期别	墓号	性别	年龄（岁）
墓号分期缺失	No.9	♂	中年（45～50）
	No.10	♀	壮年（25～30）
	No.11	♂？	壮年（20～30）
	No.12	♂	壮年（20～30）
	No.13	♀	青年（20～25）
	No.14	♀	青年（20～25）
	No.15	♂？	中年（30～45）
	No.16	♀	未成年（14～15）
	No.17	♂	壮年（25～40）
	No.18	♀？	未成年（9～11）
	No.19	♂	中年（40～50）
	No.20	♂？	中年（40～50）
	No.21	♂	中年（35～40）
	No.22	♀	青年（15～17）
	No.23	♂	壮年（25～35）
	No.24	♀	壮年（30～40）
	No.25	♂	壮年（20～30）
	No.26	♀？	壮年（25～35）
	No.27	？	未成年（6～7）
	No.28	♀	壮年（25～35）
	No.29	♂	壮年（25～35）
	No.30	♂	中年（35～45）
	No.31	♀	壮年（25～30）
	No.32	♀？	壮年（25～35）

期别	墓号	性别	年龄（岁）
墓号分期缺失	No.33	♀	壮年（30～35）
	No.34	♂？	壮年（30～40）
	No.35	？	未成年（3～4）
	No.36	♂	中年（35～45）
	No.37	♂	壮年（20～30）
	No.38	♀	中年（45～55）
	No.39	♀	中年（35～45）
	No.40	？	未成年（6～8）
	No.41	♂	中年（35～45）
	No.42	♀	壮年（25～35）
	No.43	♂	壮年（30～40）
	No.44	♀	中年（>50）
	No.45	♀	青年（17～25）
	No.46	♂？	未成年（11～13）
	No.47	♂	中年（45～55）
	No.48	♂	壮年（25～30）
	No.49	？	未成年（10～12）
	No.50	♂	壮年（25～30）
	No.51	♂	壮年（25～30）
	No.52	♂	老年（>55）
	No.53	♂	壮年（25～30）
	No.54	♀？	壮年（20～30）
	No.55	♀	壮年（20～30）

说明：表中"♂"表示"男"，"♀"表示"女"，"？"为不明。

臼齿（DM^2），约在 2 岁（20～30 个月）萌出。大约到 5～6 岁恒齿开始相继萌出而最终取代乳齿。一般正常情况下，最早萌出的恒牙是第一恒臼齿（M_1^1），到第二恒臼齿（M_2^2）萌出时大约在 13～14 岁，此时恒牙替换乳牙完成，全部换牙的时间在 5～6 岁至 13～14 岁之间。全部换牙时间约需 6～7 年。此外，较多正常情况下，第三恒臼齿（M_3^3）的萌出最晚，大约在 17～25 岁之间。因此有时以第三恒臼齿是否萌出作为个体是否成年的标志。但需要特别注意的是第三臼齿萌出的时间变化比其他齿种更大，有的可早到 13～14 岁，也可晚到 30～35 岁，甚至一部分个体的第三臼齿只部分（如或上或下，或左或右）萌出，也有个体全部终生不出。因此在使用第三臼齿萌出与否来判定成年与否时，要参考其他牙齿的生长和磨蚀情况及颅骨骨缝愈合程度等配合。

如前述，恒齿的全部萌出时间约需 7 年。从牙齿萌发表看，各种齿种萌发的时间次序、上下牙和左右牙之间以及性别之间虽有些差别，但大体上相差不大。特别是在面对大量人骨的鉴定时，我们可以不考虑这些差异。在具体操作前，要求鉴定人有熟练的鉴别齿种的能力、乳齿和恒齿的区别。这些口腔解剖知识在一般骨骼解剖学或专门的口腔医学书籍中都有详细的记述。

2. 由牙齿磨耗程度估计年龄

用牙齿磨耗程度估计年龄是鉴定成年个体大概年龄的主要方法之一[18]，它可以补充用牙齿萌出时序确定年龄只适用于未成年个体的不足。主要观察点是对现代人臼齿的磨蚀程度加以划分等级，并计算这些等级出现

表 3 未成年组牙齿萌出年龄

	乳齿		恒齿		
				男	女
上牙	中央门齿（DI¹）	7.5（6～9）月	中央门齿（I¹）	6.5～8 岁	6～9 岁
	外侧门齿（DI²）	9（6.5～10）月	外侧门齿（I²）	7.5～10 岁	7～10 岁
	犬齿（DC）	18（16～20）月	犬齿（C）	10～13 岁	9.5～12 岁
	—	—	第一前臼齿（P¹）	9～12 岁	9～12 岁
	—	—	第二前臼齿（P²）	10～13 岁	9.5～12 岁
	第一臼齿（DM¹）	14（12～18）月	第一臼齿（M¹）	6～7.5 岁	5.5～7.5 岁
	第二臼齿（DM²）	24（20～30）	第二臼齿（M²）	11.5～14	11～14 岁
下牙	中央门齿（DI₁）	6（5～8）月	中央门齿（I₁）	6～7.5 岁	5～8.5 岁
	外侧门齿（DI₂）	7（6～9）月	外侧门齿（I₂）	6.5～8.5 岁	5.5～9 岁
	犬齿（DC）	16（14～18）月	犬齿（C）	9.5～12 岁	8.5～11.5 岁
	—	—	第一前臼齿（P₁）	9.5～12.5 岁	9～12 岁
	—	—	第二前臼齿（P₂）	10～13 岁	9.5～13 岁
	第一臼齿（DM₁）	12（10～14）月	第一臼齿（M₁）	6～7 岁	5～7 岁
	第二臼齿（DM₂）	20（18～24）月	第二臼齿（M₂）	11～13.5 岁	10.5～13

注：此表引自参考文献［18］。

表 4 牙齿磨耗等级与年龄关系

磨耗等级描述	第一臼齿（M1）平均年龄	第二臼齿（M2）平均年龄
Ⅰ级：齿尖顶和边缘微磨	22.6	23.4
Ⅱ级：齿尖磨平或咬合面中部凹陷	27.3	29.7
Ⅲ级：齿尖大部磨去，齿质点暴露	31.7	37.6
Ⅳ级：齿质点暴露面积扩大相互连成一片	40.6	46.2
Ⅴ级：齿冠部分磨去，齿质全部暴露	52.5	60.3
Ⅵ级：齿冠全部磨耗，齿髓腔暴露	57.5	—

的大致年龄范围。有时将这些用实际标本或模式图表示，便于操作者做出量化的评估。本文在鉴定洋海头骨的个体年龄时参考了现代华北人第一、二臼齿（恒齿）磨蚀的分类等级与年龄变化的关系（表4）。

为了大量个体鉴识的方便，我们还参考了臼齿磨耗等级与相应年龄段关系的模式图比对（图2）。这一模式图是根据英国中世纪人骨的牙齿磨蚀结合其他骨龄变化综合制作的，并且从种族角度它对洋海人骨的年龄鉴定似乎较为合适[20]。

此外，我们还用下门齿（I₁₋₂）切缘磨蚀程度来配合年龄的估计或作为一种补充考察方法，其磨蚀等级与大致的年龄关系如表5[21]。

用牙齿磨蚀程度估计年龄往往因人骨来源的不同，牙齿磨蚀因素复杂如食性、性别、种族、营养、左或右习惯性磨蚀、牙齿或其他口腔疾病的影响等，因此不容

易使不同鉴定者获得完全一致的结果或多少彼此之间存在误差。要获得相对精确的年龄还需要和其他鉴定方法相配合综合予以考虑。

3. 从颅骨骨缝愈合程度估计年龄[18][19]

头骨上骨块之间交接处有许多骨缝组成，如额骨与顶骨之间的交接存在冠状缝；左右顶骨之间是矢状缝；顶骨与枕骨之间是人字缝等。一般来说这些骨缝是骨块的生长点，年幼或年轻时清晰宽松，随年龄增长变紧密、模糊直至隐没。因此也是用来估计年龄的标志之一。各种骨缝愈合的年龄（从开始到完全愈合）大致如表6。

以上各种骨缝的愈合进程变异比较大，一般前四个骨缝（矢、冠、人、基缝）有较大的参考价值，它们从愈合开始到完全愈合的时间段比其他骨缝更小一些。不过在利用骨缝愈合程度估计年龄时需要特别注意它们的变异幅度相当大，同名骨缝在不同的段落愈合的时间不

尽相同，内外骨缝愈合的速度一般内快外慢，还有种族、营养、遗传、疾病等诸多因素的影响。因此单凭颅骨骨缝估计年龄误差有时相当大，相差 6 ～ 10 岁甚至相差 20 岁都是可能的，因而其可信度令人质疑。不过还是可以配合其他估年方法，仍不失为一个参考指标。其中基底缝的愈合进程相对稳定，愈合的年龄段相对短，而且在成年后较快愈合（20 ～ 25 岁），鉴定人常以此缝是否愈合来确定是否成年。简易的示意图可参考图 3。

4．用上腭骨骨缝愈合程度估计年龄[21]

上颌骨腭骨上的腭中缝和腭横缝、门齿缝也随年龄存在愈合现象。其愈合情况与年龄关系大致如下：

门齿缝、腭中缝和腭横缝皆清楚—20 ～ 29 岁

门齿缝和横缝外段消失、中缝后段约 2/3 消失—30 ～ 49 岁

门齿缝、中缝及横缝外侧段全消失—>50 岁

这一方法可更多适用于牙齿皆脱落或口腔疾病严重如牙周病引起的齿槽萎缩吸收的个体，并与其他估年方法互为对照。

5．对被鉴定个体的年龄表示

在实际估计年龄的表示时有的用一个具体数字表示的，如 6 岁、30 岁等。实际上用以上多种方法估算年龄不可能那么准确做到，因为方法本身就存在相当的误差。所以用一个较宽松的年龄段表示似更客观一些。因此在对洋海头骨的年龄表示时便采用年龄段的方法，如 15 ～

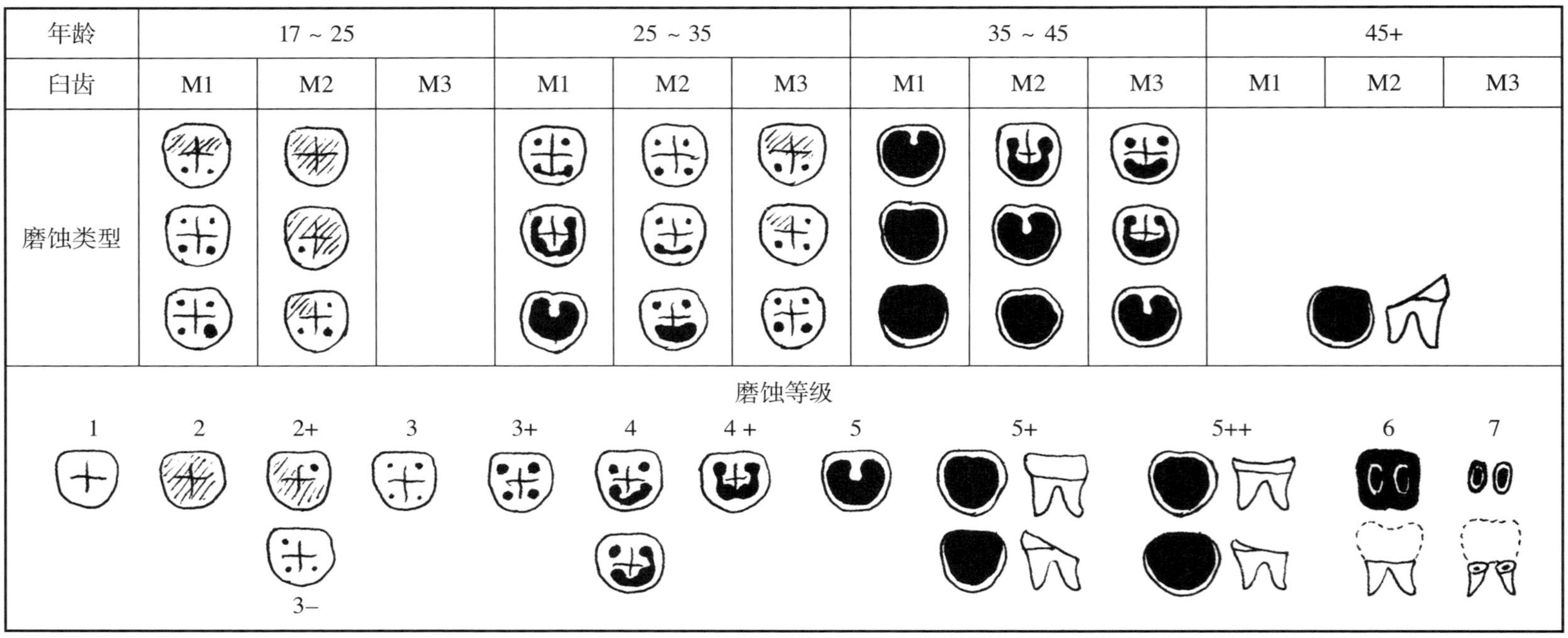

图 2　牙齿磨蚀等级与年龄模式图

表 5　门齿切缘磨蚀与年龄

切缘磨蚀等级	大概年龄
切缘微磨但齿质条未露（Ⅰ级）	约 20 岁
切缘出现细的齿质条（Ⅱ级）	约 30 岁
切缘外露中等宽齿质条（Ⅲ级）	约 40 岁
齿质条大面积外露（Ⅳ级）	约 50 岁

表 6　主要骨缝愈合年龄

骨缝	愈合年龄（岁）	骨缝	愈合年龄（岁）
矢状缝	22 ～ 35	蝶额缝	22 ～ 65
冠状缝	24 ～ 41	乳枕缝	20 ～ 81
人字缝	26 ～ 47	蝶顶缝	29 ～ 65
基底缝	20 ～ 25	蝶颞缝	30 ～ 67
顶乳缝	37 ～ 81	鳞缝	37 ～ 81

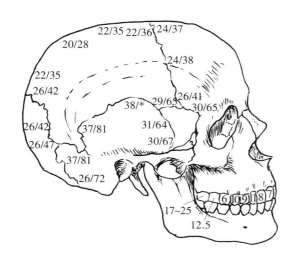

图 3　头骨主要骨缝愈合年龄示意图（据 Ashley–Montagu）

斜线上数字为开始愈合年龄, 斜线下数字为完全愈合年龄, "*" 号为终生不愈合

20 岁、30 ～ 35 岁等。在统计个体的年龄所处的年龄分期时采用了我们常用的分期方法：

婴儿期（初生 ～ 2 岁） 　
儿童期（3 ～ 6 岁）　　　} 未成年
少年期（7 ～ 14 岁） 　
青年期（15 ～ 23 岁）　
壮年期（24 ～ 35 岁）　　
中年期（36 ～ 55 岁）　　} 成年
老年期（56 岁以上）　　

在决定被鉴定个体可能所处年龄分期时，将该个体的年龄段如 20 ～ 30 岁取其中值即 25 岁，决定将它加入壮年期（24 ～ 35 岁）之内。

6. 生命表的制定及预期寿命[22]

就一个人口总体而言，在任何时间都有不同年龄的人在死亡而退出人口总体。通过对一批人的生命过程进行观察便可能揭示出人口死亡过程中的规律性。在人口学中通常把一批同时出生的人口随着年龄的增长而陆续死亡的人数列成一种表格形式，称为死亡表。由于这种表同时也从另一方面反映了这一批人口的整个生命过程，所以也叫作生命表。又因在此表中可以计算人口的平均寿命，有人也叫它寿命表。对一个古代墓地的人口来说，当然不可能是一批同时出生的人口，因为不可能考察出不同墓葬中的死者哪些是同时死亡的。但我们可以假定这些墓葬中的死者都是同时出生的一批人陆续死亡的，并据此制定类似的人口死亡表来考察他们的平均寿命。这种平均预期寿命与简单地用所有人口的估计年龄的总和除以所有人口数所获得的平均死亡年龄不同，因为后者并没有考虑各个年龄的相对死亡水平，严格来讲，它对不同人口是不具对比性的。而利用生命表得出的平均

（预期）寿命则考虑了各个年龄的相对死亡水平。因此平均寿命也是一个综合反映死亡率高低的指标。表中各年龄组的平均预期寿命分别代表存活到该年龄组个体还可以存活多少年。在制定这种生命表时需要每个个体的绝对年龄值，对此本文将用每个洋海头骨死亡时的年龄段的中间值来做出近似的计算，如 15 ～ 20 岁的一个个体折成 17.5 岁等。

（三）洋海墓地人口和性别年龄分布的统计分析

统计学上的人口数是指一定时点和一定地区的有生命的个体总和。因此随时点的不同而统计的人口数是不会相同的，而且不包括任何原因死亡的个体。对已从历史上消逝且无记录可查的史前人口进行现代意义的人口调查自然难以做出如实的复原，因为一个古墓地中的死亡人口往往是在一个相当长的时间里陆续死亡的。而且对古代墓地的考古发掘又大多不是完整的或只挖掘了其中的一部分，因此其整体的代表性也是不充分的。洋海墓地的考古发掘自然也是这种情况，只清理了 521 座墓葬，尚有千座未发掘。不过一个墓地挖掘 500 多墓葬并采集了 489 个头骨，在今天的考古发掘中也不是多见的。据此进行一些假设性人口的一般性调查，如性别结构和死亡年龄及平均寿命等均有助于从一个侧面了解该墓地人口的大概状况。

本文依据前述从头骨上鉴定性别年龄的方法对每具头骨进行了鉴定，全部个体鉴定结果列于表 2（图版三一二 ～ 三四〇）。并根据表 2 的鉴定结果制作了性别年龄分布与性别比例统计表（表 7）。表 7 中的年龄分期分为未成年、青年、壮年、中年和老年五期，其中中年期的年龄范围比较宽。表中的早、中、晚期是按考古报告提供的墓葬时代分期。所谓"缺期"是指因各种原因而墓号佚失者。"性别比例"一栏是男性对女性个体的比例（即男:女），包括按年龄段统计的性别比例和全部个体的性别比例。"性别不明"栏内的 42 个未成年个体不包括在性别比例的统计之内。

根据表 7 的统计，大致可以指出的几点是：

（1）在总共 489 具头骨中，难定性别的有 42 具，而且这些都是定性难度最大的未成年个体。其余 447 个个体的男女性比结构是 279∶168=1.66，这一总体比例显示在已出土的洋海墓葬人口数中男性比女性明显更多。而且这种男多于女的性比失衡也几乎在不同分期的性比上，即早期的性比为 1.77，中期的 1.54，晚期的更大为 3.8。在不同年龄段中也基本如此，只在青年期中这种失衡（1.18）有些弱化。

表 7　洋海墓地人口性别、年龄分布及性别比例统计表

		未成年期 （<15 岁）	青年期 （16 ～ 23 岁）	壮年期 （24 ～ 35 岁）	中年期 （36 ～ 55 岁）	老年期 （>56 岁）	合计
男性	早期	4（8.7%）	10（21.7%）	11（23.9%）	20（43.5%）	1（2.2%）	46（100%）
	中期	11（6.5%）	29（17.3%）	62（36.9%）	63（37.5%）	3（1.8%）	168（100%）
	晚期	1（2.6%）	5（13.2%）	12（31.6%）	17（44.7%）	3（7.9%）	38（100%）
	缺期	2（7.4%）	2（7.4%）	14（51.9%）	8（29.6%）	1（3.7%）	27（100%）
	合计	18（6.5%）	46（16.5%）	99（35.5%）	108（38.7%）	8（2.9%）	279（100%）
女性	早期	0（0.0%）	4（15.4%）	13（50.0%）	9（34.6%）	0（0.0%）	26（100%）
	中期	5（4.6%）	27（24.8%）	34（31.2%）	38（34.9%）	5（4.6%）	109（100%）
	晚期	0（0.0%）	3（30.0%）	2（20.0%）	4（40.0%）	1（10.0%）	10（100%）
	缺期	2（8.7%）	5（21.7%）	11（47.8%）	5（21.7%）	0（0.0%）	23（100%）
	合计	7（4.2%）	39（23.2%）	60（35.7%）	56（33.3%）	6（3.6%）	168（100%）
性别不明	早期	10					10
	中期	22					22
	晚期	5					5
	缺期	5					5
	合计	42					42
合计	早期	14（17.1%）	14（17.1%）	24（29.3%）	29（35.4%）	1（1.2%）	82（100%）
	中期	38（12.7%）	56（18.7%）	96（32.1%）	101（33.8%）	8（2.7%）	299（100%）
	晚期	6（14.0%）	8（18.6%）	14（32.6%）	21（48.8%）	4（9.3%）	53（100%）
	缺期	9（16.4%）	7（12.7%）	25（45.5%）	13（23.6%）	1（1.8%）	55（100%）
	合计	67（13.7%）	85（17.4%）	159（32.5%）	164（33.5%）	14（2.9%）	489（100%）
男女性别比例	早期	4：0	10：4=2.5	11：13=0.85	20：9=2.22	1：0	46：26=1.77
	中期	11：5=2.2	29：27=1.07	62：34=1.82	63：38=1.66	3：5=0.6	168：109=1.54
	晚期	1：0	5：3=1.67	12：2=6.0	17：4=4.25	3：1=3.0	38：10=3.8
	缺期	2：2=1.0	2：5=0.4	14：11=1.27	8：5=1.6	1：0	27：23=1.17
	合计	18：7=2.57	46：39=1.18	99：60=1.65	108：56=1.93	8：6=1.33	279：168=1.66

（2）按男、女组分开计算的不同年龄段的死亡比例，女性组在青年期的死亡比例（23.2%）比男性组（16.5%）更高；壮年期几乎男女持平（35.5%和35.7%）；中年期男性组比女性组稍有上升（38.7%和33.3%），到老年期女性（3.6%）比男性（2.9%）略高。未成年期则男性（6.5%）略高于女性（4.2%）。

（3）就死亡年龄分布的统计，未成年死亡个体（67）占全部（489）人口的13.7%，青年期死亡个体（85）占全部人口（489）的比例也不小（17.4%）。两者合并占31.1%，这个比例显示洋海墓地人口中年轻夭折的死亡比例相当高。

（4）就全部人口的鉴定情况来看，洋海墓地人口中，相对的死亡高峰在24 ～ 55 岁的壮年—中年的大约30 年的时间里，这两个时期的死亡比例（32.5%和33.5%）之和超过了全人口的一半以上（66.0%）。而能进入老年期的仅占很少（2.9%），反映了洋海墓地人口的总体寿命不高。我们用全部（包括未成年个体）489 个体的累加年龄（15243.5 岁）除以全部人口（489）获得的平均死亡年龄为31.7 岁，反映了他们仍是低寿命的人群。

（5）表8中列出了未成年个体死亡年龄的分布情况。

在洋海的67 个未成年个体中，可能是男性的18 例，女性7 例，其余42 例不能确定性别。在全部的未成年人

表 8　未成年个体死亡年龄的分布

	未成年个体数	死于 0～7 岁	死于 8～15 岁
洋海墓地	67（13.7%）	29（43.3%）	38（56.7%）
上孙家寨卡约墓地	53（13.2%）	29（54.7%）	24（45.3%）
上孙家寨汉代墓地	17（9.9%）	11（64.7%）	6（35.3%）

表 9　洋海墓地墓葬分期人口的平均死亡年龄

墓葬分期	人数	各期累计岁	平均死亡年龄
早期	82	2470.5	30.13
中期	299	9278.0	31.03
晚期	53	1796.0	33.89
全部	434	13544.5	31.21

表 10　洋海墓地墓葬分期人口男、女性平均死亡年龄

墓葬分期	男性			女性		
	人数	各期累计岁	平均死亡年龄	人数	各期累计岁	平均死亡年龄
早期	46	1552.5	37.75	26	866.0	33.31
中期	169	5571.5	32.97	108	3486.0	32.28
晚期	38	1443.0	37.97	10	334.5	33.45
缺期	28	905.0	32.32	22	625.0	28.41
全部	281	9472.0	33.71	166	5311.5	32.0

中死于 7 岁以下的占 29 例，占全部未成年个体（67 例）的 43.3%。其余 38 例（占 56.7%）死于 8～15 岁之间。

表 8 中列出了青海大通上孙家寨卡约文化墓地和汉代墓地出土未成年个体的死亡分布[23]。洋海的未成年死亡比例（13.7%）与青海上孙家寨的卡约文化期的（13.2%）比例较接近，上孙家寨汉代的比例（9.9%）比他们更低一些。而死于 0～7 岁期的则是洋海的（43.3%）比青海的两组（54.7%、64.7%）更低，死于 8～15 岁期的则相反（洋海的 56.7%，高于上孙家寨的 45.3% 和 35.3%）。

（6）洋海墓葬分期（早、中、晚三期）计算的平均死亡年龄（包括各分期中的未成年个体）如表 9。

三个分期的平均死亡年龄由早到晚有增大趋势（增大 3.76 岁），其中早期到中期增大幅度不大（增大 0.9 岁），中期到晚期增大较明显（增大 2.86 岁），即后两期的增大是前两期增大的 3.18 倍（2.86/0.9=3.18）。这种随时代平均死亡年龄增长的情况与青海上孙家寨卡约文化早、晚期及汉代三个时期的情况有些不同：卡约早期的平均

死亡年龄是 35.7 岁，晚期为 34.7 岁，下降了 1 岁，而汉代平均死亡年龄是 35.0 岁，介于卡约早、晚期之间，也没有明显的增长。换句话说，上孙家寨墓地人口的平均死亡年龄几乎未增长。

（7）按墓葬分期计算的男、女平均死亡年龄列于表 10。

表 10 中显示，无论男组还是女组都是中期的平均死亡年龄低于早、晚期的，只是男组的中期死亡年龄与其早、晚两组的差别更大一些，而女组的同类差值相对更小（男组中期的平均死亡年龄与其早、晚期的相差 4.78 岁和 5.00 岁；女组的同类差值是 1.03 岁和 1.17 岁）。全部组的男性平均死亡年龄比女性组的平均死亡年龄则女性稍小于男性（相差 1.71 岁）。

（四）洋海墓地人口的生命表及预期寿命

根据性别、年龄和墓葬分期人口资料设制了简略生命表，这是基于假定洋海墓地的所有死者都是同一批出生的人口（表 11、12）。表中年龄组"0–"岁是从出生到 1 岁之间，其间隔仅 1 岁；"1–"岁组是 1～5 岁之间，

间隔 4 岁；"5–"组是 5 ~ 10 岁之间，间隔 5 岁。其余各年龄组间隔皆 5 岁。在计算"各年龄组内生存人年数 Lx"时要注意这个年龄差的不同。表 11 的"平均预期寿命"（$\hat{e}x$）栏内显示，洋海墓地人口的平均预期寿命全组为 32.20 岁。这个年岁比男组（35.37 岁）和女组（33.89 岁）的都小 3.17 岁和 1.69 岁，其原因是在全组中包括了 42 例不能确定性别的个体，他们都是 <15 岁的未成年个体，因而降低了平均预期寿命。在墓葬分期的平均预期寿命中（表 12），早、中期的平均预期寿命比较接近（34.89 岁和 34.57 岁），晚期似有较明显的增加（39.47 岁），增幅近 5 岁。这种情况似乎说明，洋海墓地人口到这个文化时代的晚期人口的平均寿命有较大的提高。不过按本报告所采用的年龄分期来看，洋海人口的平均寿命并不高，似乎在中、老年之间，是低寿命的人口群。这和死亡人口中，低龄者的比例高而老年比例很低有密切关系。这也从一个侧面反映了吐鲁番地区的古代人虽处繁荣，但生命的质量并不高。

三　头骨上的病理记录

本报告并非专门的病理研究，但对骨骼上常见的病理现象特别是与人类生活健康有密切关系的口腔病理现象及其罹患率进行了较详细的群体调查。这些调查记录列于表 13，综合出现情况的统计列于表 14。此外还观察了"眼窝筛"（眼眶顶板上的粟孔样病变）的出现情况。个体观察记录见表 15。我们还发现多发性骨髓瘤和可能是脑积水症的头骨个案病例，并做了记录。

（一）口腔病理的调查

口腔病理中，龋齿病（Caries）、牙周病（Periodontopathy）及齿槽脓肿（Alveolar abscess）是最常见的病种[24]。它们在牙齿和齿槽骨上都留下多样的病理痕迹。本报告中对洋海头骨上的这三种病理现象作了观察（图版三三九，1、3、5；图版三四〇，3）。

所谓龋齿病（Caries）（图版三三九，5）是牙齿的硬组织发生脱钙和有机物分解使牙齿的健康遭到损坏、崩解，是人类极为普遍和熟知的口腔疾病之一。它虽属无致命的慢性疾病，但罹患者深感痛楚。这种疾患的分布和罹患率十分广泛而高，是任何种族、年龄和性别层次的个人都容易罹患的。其发病率因不同民族、地区和年龄的人群及性别的不同而有所差异。一般来说，罹患过龋齿病轻重程度不等的可占到人口的 40% ~ 80%，是发病率很高的一种口腔疾病。其多发部位在后位齿种特

别是臼齿的齿冠咬合面沟窝、前后牙齿邻接处及前位牙齿的唇面和后位牙齿的齿颈部位。这些部位都是食物残渣容易滞留而不易自洁处，因而容易滋生各种细菌发酵产生酸性环境，使牙齿脱钙腐蚀致病。本文决定龋齿的存在是检视牙齿的各部位是否存在龋坑（窝）或洞，其中还包括齿冠龋蚀殆尽而仅存的残根。对洋海墓地头骨上的龋齿病观察的个体记录列于表 13，包括年龄分期的罹患率列于表 14。根据粗略统计，我们观察了 388 个个体，其中有轻重不等的龋齿（包括轻度的沟窝上的小型龋蚀窝洞到大型龋蚀坑直到最严重的残根状）者共 95 例。以此个体计算的罹患比例为 95/388=24.5%。其次按年龄分期的观察和统计，罹患率从未成年（1.3%）、青年（4.9%）、壮年（9.5%）到中年（8.0%）有增长的趋势，在未成年则明显低。主要是在青年期及以后变得更恶化。但应该说明，这些统计数字可能比实际的罹患率要低，因为在这批头骨的观察中，有许多个体的前位齿（主要是单齿根的齿种如门齿、犬齿及前臼齿）有严重脱落丢失现象，因而在这一部分牙齿上的病例观察不到。此外，即使复根的臼齿也因严重的牙周病而生前脱落，其中和先期的龋齿病也不无关系，这一部分牙齿原先可能龋蚀的情况也观察不到。因此洋海墓地人口中龋齿的实际罹患个体的比例比表 14 中所示比例应更高一些。

牙周病（Periodontopathy）（图版三四〇，3）是牙周组织的慢性破坏，其骨性变化特征是齿槽骨的被吸收萎缩和牙周袋的形成，因而患牙的齿根逐渐外露使牙齿松动而易于脱落，牙周组织感染和牙周袋溢脓。发展下去最后可导致牙齿脱落，齿槽最终萎缩闭锁。本报告对是否存在牙周病的骨性病理的认定是齿槽萎缩后齿根的不同程度的外露（齿根外露大约 1/3 以上）、牙齿脱落后齿槽骨普遍萎缩或吸收的标本。因为这些标本的大部分是牙周病发展的最终结果。个体的观察记录在表 13 中，出现的大概比例列于表 14。在一共观察的 476 个体中，从齿根的外露、齿槽骨的明显萎缩到闭合等不同的病变特征来看，其中有 222 个个体有不同等级的牙周病症状，其罹患率为 222/476=46.7%。未成年中未出现此病例，青年期的罹患率也不高（1.5%），明显的出现是在壮年到中年期（15.8% 和 27.1%），这说明此种口腔疾病主要出现在青年期以后的成年人中，也是有随年龄增长的特点。

所谓齿槽脓肿（Alveolar abscess）（图版三三九，1、3）的判定标志，本文主要是根据齿槽骨上有明显由根尖周炎而引发的骨性瘘管（孔）的存在以及因牙齿在炎症脱落后在其齿槽部位明显的病理凹坑的存在，后者可认

表 11　洋海墓地人口全组、男女性组简略生命表

年龄组 (x)	各年龄组死亡人数 (dx)			尚存人数 (lx)			死亡概率 (qx)			各年龄组内生存人年数 (Lx)			未来生存人年数累计 (Tx)			平均预期寿命 ($\overset{\circ}{e}x$)		
	全组	男	女	全组	男	女	全组	男	女	全组	男	女	全组	男	女	全组	男	女
0–	0	0	0	489	253	144	0	0	0	489	253	144	15747.5	8947.5	4880	32.20	35.37	33.89
1–	10	0	0	489	253	144	20.45	0	0	1936	1012	576	15258.5	8694.5	4736	31.20	34.37	32.89
5–	26	1	1	479	253	144	54.28	3.95	6.94	2330	1262.5	717.5	13322.5	7682.5	4160	27.81	30.37	28.89
10–	30	14	4	453	252	143	66.23	55.56	27.97	2190	1225	705	10992.5	6420	3442.5	24.27	25.48	24.07
15–	28	17	9	423	238	139	66.19	71.43	64.75	2045	1147.5	672.5	8802.5	5195	2737.5	20.81	21.83	19.69
20–	57	27	24	395	221	130	144.30	122.17	184.62	1832.5	1037.5	590	6757.5	4047.5	2065	17.11	18.31	15.88
25–	65	32	22	338	194	106	192.31	164.95	207.55	1527.5	890	475	4925	3010	1475	14.57	15.52	13.92
30–	53	30	14	273	162	84	194.14	185.19	166.67	1232.5	735	385	3397.5	2120	1000	12.45	13.09	11.90
35–	60	29	25	220	132	70	272.73	219.70	127.55	950	587.5	287.5	2165	1385	615	9.84	10.49	8.79
40–	70	42	23	160	103	45	437.50	407.77	511.11	625	410	167.5	1215	797.5	327.5	7.59	7.74	7.28
45–	34	23	8	90	61	22	377.78	377.05	363.64	365	247.5	90	590	387.5	160	6.56	6.35	7.27
50–	39	29	7	56	38	14	696.43	763.16	500.00	182.5	117.5	52.5	225	140	70	4.02	3.68	5.00
55–	17	9	7	17	9	7	1000.00	1000.00	1000.00	42.5	22.5	17.5	42.5	22.5	17.5	2.50	2.50	2.50

表 12　洋海墓地分期人口简略生命表

年龄组 (x)	各年龄组死亡人数 (dx)			尚存人数 (lx)			死亡概率 (qx)			各年龄组内生存人年数 (Lx)			未来生存人年数累计 (Tx)			平均预期寿命 ($\overset{\circ}{e}x$)		
	早期	中期	晚期	早期	中期	晚期	早期	中期	晚期	早期	中期	晚期	早期	中期	晚期	早期	中期	晚期
0–	0	0	0	46	169	38	0	0	0	46	169	38	1605	5842.5	1500	34.89	34.57	39.47
1–	0	0	0	46	169	38	0	0	0	184	676	152	1559	5673.5	1462	33.89	33.57	38.47
5–	0	1	0	46	169	38	0	5.92	0	230	842.5	190	1375	4997.5	1310	29.89	29.57	34.47
10–	3	10	1	46	168	38	65.21	59.52	26.32	222.5	815	187.5	1145	4155	1120	24.89	24.73	29.47
15–	5	10	2	43	158	37	116.28	63.29	54.05	202.5	765	180	922.5	3340	932.5	21.45	21.14	25.20
20–	6	18	3	38	148	35	157.89	121.62	85.71	175	695	167.5	720	2575	752.5	18.95	17.40	21.50
25–	6	22	4	32	130	32	187.50	169.23	125.00	145	595	150	545	1880	585	17.03	14.46	18.28
30–	2	24	4	26	108	28	76.92	222.22	142.86	125	480	130	400	1285	435	15.38	11.90	15.54
35–	4	22	3	24	84	24	116.67	261.90	125.00	110	365	112.5	275	805	305	11.46	9.58	12.71
40–	7	27	8	20	62	21	350.00	435.48	380.95	82.5	242.5	85	165	440	192.5	8.25	7.10	9.17
45–	5	15	3	13	35	13	384.62	428.57	230.77	52.5	137.5	57.5	82.5	197.5	107.5	6.35	5.64	8.27
50–	6	18	5	8	20	10	750.00	900.00	500.00	25	55	37.5	30	60	50	3.75	3.00	5.00
55–	2	2	5	2	2	5	1000.00	1000.00	1000.00	5	5	12.5	5	5	12.5	2.50	2.50	2.50

表 13　洋海墓地头骨中口腔病理调查统计表

墓号（期别）	性别	年龄	龋齿病	牙周病	齿槽脓肿
Ⅰ M5：A（早）	男	18～22	无	无	无
Ⅰ M5：B（早）	男	20～30	无	无	无
Ⅰ M6：A（早）	女	20～30	无	无	无
Ⅰ M6：B（早）	男?	45～50	?	LP^{1-2} 和 RP^{1-2} 萎缩闭合；LI_2-M_2 齿根外露 1/2-2/3；RI_{1-2} 1/2-2/3，RC_1、P_1 全露；RP_2 1/2，M_1 3/4，M_2 1/2	LC^1 根部空腔大，M^1 根尖瘘孔；RI^{1-2} 齿槽空腔，C^1 根尖瘘孔
Ⅰ M6（早）	女	35～45	?	LP^1-M^2 和 RM^{1-2} 齿槽萎缩闭合	LI^{1-2}、C^1 根尖瘘孔
Ⅰ M8：A（早）	男?	30～40	无	无	无
Ⅰ M8：B（早）	男?	11～13	无	无	无
Ⅰ M8：C（早）	女?	>50	?	上下齿槽全部闭合	?
Ⅰ M8（早）	男?	17～20	L-RM_1 远中龋（大坑状）	无	RM_1 根尖瘘孔
Ⅰ M8（早）	男?	18～22	无	无	无
Ⅰ M8（早）	男	40～45	无	无	LI^{1-2}、RI^1 根尖瘘孔
Ⅰ M11：A（早）	?	6～7	无	无	无
Ⅰ M12：A（早）	男	45～55	?	LI^1-P^1 萎缩，M_{1-3} 1/2 闭合；RP^1 1/3，I_{1-2} 闭合，C_1 1/3，M_{1-3} 2/3	L-RI^1 齿槽部有炎症痕，RM^1 窝坑
Ⅰ M12：B（早）	男	45～55	?	整个齿槽趋向萎缩	LM^2、RP^{1-2} 根尖瘘孔
Ⅰ M12：C（早）	男	40～50	RM^1 近中 C 蚀坑	RM^1 外露至根尖	RM^1 根尖处齿槽呈坑状
Ⅰ M12：D（早）	女	25～45	无	上齿槽全部萎缩闭合	L-RM_1 齿槽呈凹坑状
Ⅰ M12：E?（早）	?	2～3	无	无	无
Ⅰ M14（早）	男	35～45	无	RM^{1-2} 外露 1/2	RM^3 齿槽凹增大
Ⅰ M15（早）	女	35～45	无	LP^{1-2} 1/2-2/3，M^{1-2} 闭合，P_1-M_2 闭合；RC^1-P^2 闭合；M^{1-2} 2/3，M_{1-3} 闭合	RI^2 齿槽呈凹陷
Ⅰ M16：A（早）	女	40～45	?	LM^1 根全露，M_2 闭合；RC^1-M^2 萎缩	LI^{1-2}、RI^1 根尖瘘孔
Ⅰ M16：B（早）	男	45～55	LI^2-C^1、P^2 残根，M^1 咬合面凹坑，M_1 近中龋蚀；RC^1-P^1、M_1 残根	无	RP^1、M_1^1 有瘘孔
Ⅰ M20：A（早）	女	20～30	无	无	无
Ⅰ M20：B（早）	男	13～14	无	无	无
Ⅰ M20：C（早）	男?	10～13	无	无	无
Ⅰ M21（早）	男	40～45	无	L-R 上齿槽明显萎缩；LM_{1-3}、RP_1、M_1 3/4，R-LI_1-P_1 萎缩吸收	RM_2 齿槽呈坑状
Ⅰ M21（早）	女	25±	无	无	无
Ⅰ M21（早）	男	22～30	无	无	无
Ⅰ M23（早）	男	30～40	无	上齿槽整体萎缩，LI_{1-2} 2/3，M_{1-2} 萎缩，M_3 2/3；RI^2-C^1 1/2，C_1-P_1 1/2，M_1 3/4	无
Ⅰ M25（早）	男?	20～25	无	无	LI^{1-2} 根尖齿槽凹坑状
Ⅰ M25（早）	女	18～25	无	无	无
Ⅰ M25：B（早）	女	17～22	无	无	无
Ⅰ M26：A（早）	男	18～22	无	无	无
Ⅰ M26（早）	男?	17～20	无	无	无

墓号（期别）	性别	年龄	龋齿病	牙周病	齿槽脓肿
ⅠM48（早）	男	40 ~ 50	LM³ 颈部 C 蚀	无	LP¹ 根尖瘘孔，M¹⁻² 齿槽呈大坑
ⅠM52 上层（早）	？	3 ~ 5	无	无	无
ⅠM52 下层（早）	女	20 ~ 30	无	无	无
ⅠM61：A（早）	？	5 ~ 6	无	无	无
ⅠM61：B（早）	女	30 ~ 40	无	LM¹⁻² 齿槽萎缩；RM¹ 2/3，M² 闭合	无
ⅠM61（早）	男	25 ~ 35	无	LM¹⁻²、RM¹⁻² 1/2-2/3	无
ⅠM61（早）	女	25 ~ 30	无	L-RP¹-M² 齿槽萎缩	L-RC¹ 根尖瘘孔
ⅠM63（早）	男	45 ~ 50	无	L-RM¹⁻² 齿槽萎缩	LM¹ 根尖炎症痕
ⅠM63（早）	？	6±	无	无	无
ⅠM64（早）	男	40±	无	RM² 2/3，M₁ 1/2	LI² 根尖瘘孔，P² 齿槽底瘘洞
ⅠM64（早）	？	7±	无	无	无
ⅠM67（早）	男	25 ~ 30	无	无	无
ⅠM76（早）	男	35 ~ 45	？	？	？
ⅠM76（早）	女	30 ~ 40	LM¹ 残根，RP¹、M² 远中 C 蚀	LM² 1/2，M₁₋₂ 1/3；RM¹⁻² 1/2-2/3，M³ 萎缩，M₁₋₂ 1/3	RM¹ 根尖瘘孔，M² 齿槽凹坑状
ⅠM80：A（早）	男？	16 ~ 22	无	无	无
ⅠM80：B（早）	女？	30 ~ 40	RP₂ 残根	LP¹-M² 齿槽萎缩闭合，M₁₋₂ 1/3；RM¹⁻² 1/3，I₁₋₂、P₁₋₂、M₂ 萎缩闭合，C₁ 3/4，M₁ 1/3	无
ⅠM84（早）	男	35 ~ 40	无	LI²、P¹-M² 萎缩闭合，M₂ 1/2；RI²、P¹-M²、C₁-P₁ 萎缩闭合，M₁₋₂ 1/2	LC₁ 齿槽窝状，P₁ 瘘孔
ⅠM84（早）	男	20 ~ 25	LP 近中颈部 C 蚀，P² 残根	LM² 1/2	LP¹⁻² 齿槽大型空腔状，M¹ 齿槽底孔洞；RP² 根尖瘘孔，M¹ 大型齿槽坑状，C₁ 凹陷
ⅠM84（早）	女	25 ~ 30	无	无	无
ⅠM90：B（早）	男	45 ~ 55	？	无	LI¹⁻²、RI¹⁻² 大型根部瘘洞
ⅠM90：A（早）	男	45 ~ 55	？	LM¹⁻² 1/3，M₁ 1/3，M₂ 萎缩；RM¹ 萎缩，M² 1/3，M₁₋₂ 1/3	？
ⅠM90（早）	女？	<30	无	LM¹⁻²、RP²-M² 齿槽萎缩闭合	无
ⅠM91（早）	男？	9 ~ 10	无	无	无
ⅠM95：A（早）	男	45 ~ 55	LP¹ 远中 C 蚀，P² 近中 C 蚀；RM¹ 近中 C 蚀	LM¹⁻² 1/2，M₂ 1/3；RM¹ 1/2，M² 3/4	L-RP² 根尖瘘孔；RM²₂ 齿槽呈凹坑状
ⅠM95（早）	男	20 ~ 30	无	无	无
ⅠM95（早）	女	30 ~ 40	无	L-RM¹ 2/3，M² 萎缩；LM₁₋₃ 1/3，RM₁₋₃ 1/2	无
ⅠM96（早）	男	50 ~ 60	无	RM¹⁻³ 1/3	RM¹ 齿槽凹陷扩大
ⅠM99（早）	男	45 ~ 55	LC¹ 远中 C 蚀呈大型坑状	RM₁ 1/2	LM₂₋₃、RM² 齿根呈坑状
ⅠM99（早）	女	30 ~ 40	LC¹ 残根	LI¹⁻²、P² 萎缩，M¹ 全外露，M² 闭合；RI¹-M² 萎缩闭合	LP¹ 根尖瘘孔
ⅠM100（早）	男	45 ~ 55	？	无	无
ⅠM103：B（早）	男	17 ~ 20	无	无	无

墓号（期别）	性别	年龄	龋齿病	牙周病	齿槽脓肿
I M130（早）	男?	6～7	无	无	无
I M132（早）	男	30～35	无	无	无
I M133：A（早）	女?	>40	?	L–RM^1 2/3；RM^2 1/2	LM$^{2-3}$ 齿槽呈凹坑状；RP^2、M^3 齿槽呈扩大的喇叭形
I M133：B（早）	男	40～45	?	?	?
I M133（早）	女	20～25	无	无	无
I M133（早）	男	40～50	RM$_3$C 蚀	L–RM$^{1-3}$、LRP$_1$–M$_1$ 萎缩闭合	LI^2 瘘孔，I^1 瘘槽状；RI^2 瘘孔，I^1 瘘槽状，C$_1$ 根尖瘘孔
I M136（早）	女?	40～50	无	LM$^{2-3}$ 萎缩闭合，M$_{1-2}$ 1/2–2/3	RM^2 齿槽呈坑状
I M140（早）	女	25～30	RC^1 近中 C 蚀	LM$^{1-2}$ 1/2，M$_{1-2}$ 闭合；RM$^{1-2}$ 1/3，M$_1$ 2/3，M$_2$ 闭合	无
I M175（早）	女	25～30	LM$_2$ 咬面大型 C 蚀坑	RM$_{2-3}$ 萎缩闭合	无
II M16（早）	男	30～40	?	LP^1 萎缩，P^2 1/3，M^1 闭合，M^2 2/3；RP^1 1/3，M^2 1/2	RP^2、M^1 瘘孔，C^1 瘘孔痕
II M56：A（早）	?	3±	LDM$_1$ 远中 C 蚀	无	无
II M56：B（早）	?	1～2	无	无	无
II M56：C（早）	女?	13±	无	无	无
II M80（早）	女	25～30	无	无	无
II M84：B（早）	女?	25～35	无	无	无
II M84（早）	男	25～30	无	无	无
I M209（早）	男?	20～25	RM^1 近中 C 蚀坑	无	无
I M211（早）	女?	25～35	LM^1 咬面大型 C 蚀坑	L M$^{1-2}_{1-2}$ 1/3；R M$^{1-3}_{1-2}$ 1/3	LM^1 根尖瘘孔，M$_1$ 坑状
I M212（早）	男	14～16	L–RM$_2$ 咬面小型 C 蚀坑	无	无
I M213（早）	男	55～65	RP$_2$ 残根，M$_2$ 咬面 C 蚀坑	LM^1 全露，M^2 1/2，M^3 萎缩，M$_1$ 萎缩；RM$^{1-3}$ 萎缩，M$_{1-2}$ 1/2	LM^1 根尖瘘孔，M$_{2-3}$ 深坑状；RC^1、M$^{2-3}_1$ 瘘孔
II M132（早）	女?	35～40	?	LP^1、M$^{1-2}$ 萎缩闭合；RC^1、M$^{1-2}$ 闭合	
I M1：B（中）	男	25～35	无	L–RM$_{2-3}$ 1/3	LI$_1$、C$_1$、RM$_1$ 根尖瘘孔
I M1：A（中）	男	25～35	无	LM^1、M$^{2-3}$ 萎缩，M$_{1-2}$ 2/3–1/2；RM^1 1/3，M^2 2/3，M^3 萎缩	无
I M1（中）	?	9～10	无	无	无
I M2（中）	女	15～20	无	无	无
I M3（中）	?	6±	无	无	无
I M3（中）	女?	50～55	无	L–RP^1–M^2 齿槽萎缩闭合	LM^1、RM^2、I$^{1-2}$ 有瘘孔
I M3（中）	女	20～30	无	无	无
I M3（中）	男	25～35	LM^1 近中 C 蚀	LM^1 全露；RM^1 1/2	RM^1 齿槽萎缩呈凹形
I M3（中）	男	35～45	无	无	无
I M3（中）	男	40～50	LM^2 远中 C 蚀，M^3 近中颈蚀	无	LM^1、RM$^{2-3}$ 瘘孔
I M4（中）	男	20～30	无	无	无
I M4（中）	男	35～45	无	无	无
I M7（中）	女	30～40	无	LM^1 闭合，RM^2 2/3	LP^1、RP^2–M^1 瘘孔

墓号（期别）	性别	年龄	龋齿病	牙周病	齿槽脓肿
I M9：A（中）	女？	>55	？	上齿槽全部萎缩呈脊状闭合	？
I M31（中）	？	8～10	LDM^2 近中 C 蚀	无	无
I M35：C（中）	男？	12～13	无	无	无
I M41（中）	男	20～25	无	LM$_1$ 1/2；RM$_1$ 闭合；M$_2$ 1/2	RP$_{1-2}$ 根尖炎症痕
I M42（中）	男	25～30	RP^2 残根	LM^1 1/2、M^2 萎缩；RM^1 全露、M^2 1/2	L-RP^2 根尖瘘孔，M^2 齿槽底部瘘孔
I M49：A（中）	女	25～30	LP^1 残根	LM^1 2/3，M^2、P$_1$-M$_1$ 闭合，M$_2$ 1/2；RP^2-M^1 闭合，M$^{2-3}$ 2/3、M$_1$ 2/3、M$_{2-3}$ 闭合	L-RP^1 根尖瘘孔
I M49：B（中）	男	30～35	无	无	无
I M56：A（中）	女？	40～50	？	上下齿槽全部萎缩闭合，呈脊状	？
I M58（中）	女	18～20	LM^1、RM^1 齿冠前半 C 蚀呈坑状	无	LM^1 根尖瘘孔
I M58（中）	女	35～40	无	RP^2-M^2 萎缩闭合	LP^2-M^1 齿槽呈坑状；RP^1 根尖瘘孔
I M60（中）	女？	18～22	无	RM$_2$ 闭合	无
I M70：A（中）	男	20～25	无	无	无
I M70：B（中）	男？	35～45	无	RM^1 全露	RM^1 根尖瘘孔
I M70（中）	？	5～6	无	无	无
I M72（中）	女？	20～25	无	无	无
I M77（中）	男	40～45	无	无	L-RM^1 根尖瘘孔
I M78（中）	男	>50	？	L-RM$^{1-2}$ 萎缩闭合，RM$_2$ 1/2；LM$_{1-2}$ 闭合	LI$_{1-2}$ 根尖瘘孔；RI$^{1-2}$ 根尖瘘孔，R P$_1^1$ 坑状和瘘洞痕，M$_2$ 坑状
I M78（中）	男	44～55	无	无	无
I M85（中）	男	30～40	无	无	无
I M87？（中）	男	20～25	无	无	无
I M87（中）	男	35～45	无	LP^2-M^2 闭合，M$_{1-2}$ 1/2；RI^1、P^1-M^3 萎缩闭合，M$_{1-3}$ 1/2	LI$^{1-2}$、P^1 根尖瘘孔
I M88（中）	男？	11～13	无	无	无
I M92：A（中）	女	30～50	无	LM^2 1/3，M^3 萎缩，P$_2$ 闭合，M$_1$ 2/3，M$_2$ 闭合；RM^1 闭合，M$_1$ 1/2，M$_2$ 闭合	LM^1、RM^2 呈坑状
I M98（中）	男	30～40	RM^1 残根	上齿槽大部萎缩	LP^2-M^2 槽坑状，RP^1 根尖瘘孔
I M101：B（中）	男	18～22	无	无	无
I M101：C（中）	男	25～35	？	？	？
I M101：D（中）	男？	18～22	无	无	无
I M102：A（中）	男	30～40	无	LM$^{1-3}$ 1/2，M$_1$ 2/3，M$_3$ 1/2；RM$^{1-3}$ 1/2，M$_{1-2}$ 1/2-2/3	L P$_1^1$ 根尖瘘孔，M$_2$ 凹坑状
I M104（中）	男	25～30	RM$_{2-3}$ 颊侧各一小 C 孔	无	LM^2、RM$_1$ 根尖瘘孔
I M105：B（中）	男？	12±	无	无	无
I M106：A（中）	女？	25～30	无	无	无
I M106：B（中）	男	20～25	无	无	无

墓号（期别）	性别	年龄	龋齿病	牙周病	齿槽脓肿
Ⅰ M107（中）	女？	40～50	LC_1、RM_2 残根	L–RI^1–M^1 闭合，LM^2 2/3，I_1 3/4，I_2 1/2，P_2 2/3，M_{1-2} 1/2；RP_1 1/2，P_2 1/3，M_1 3/4	无
Ⅰ M108（中）	？	4±	无	无	无
Ⅰ M109（中）	男？	30～35	LM_2 咬合面大型 C 坑	无	无
Ⅰ M110（中）	男	35～45	无	无	无
Ⅰ M141：A（中）	男	45～55	无	L–RM^3 2/3	无
Ⅰ M141：B（中）	男	40～50	无	L–RM^1 萎缩	无
Ⅰ M158：A（中）	男？	15～18	无	无	无
Ⅰ M158（中）	女	35～45	LP^1、RM_1 残根	L–RM^1 2/3；LM^{2-3} 萎缩，P_{1-2} 1/2，M_1 3/4，M_{2-3} 萎缩；RI^1–C^1 萎缩，P_1 1/2，P_2 萎缩	LC^1–P^1 根尖瘘孔，M_1 呈大坑状
Ⅰ M164（中）	男	45～50	无	无	LM^1 根尖瘘孔，RM^1 槽坑状
Ⅰ M165（中）	女	45～55	无	LP^{1-2} 萎缩闭合，M^2 萎缩	LM^1 齿槽孔；RP^{1-2}、M^2 根尖瘘孔
Ⅰ M166（中）	女	25～35	RP^1 残根	无	RP^1 根尖瘘孔
Ⅰ M167：A（中）	男？	16～25	无	无	无
Ⅰ M167：B（中）	男	25～35	无	LM^{1-2} 2/3，RM^1 2/3	无
Ⅰ M167：C（中）	男	30～40	LP^1 残根	LP^2 1/2，M^1 2/3，M^2 闭合；RI^1、P^1–M^2 闭合	LP^1 根尖瘘孔
Ⅰ M169（中）	男	40～50	无	LM^1 闭合，L–RM_{1-3} 1/3	LC_1 根尖凹陷，RC_1、M^1 根尖瘘孔
Ⅰ M173（中）	男	40～45	无	LP^2 2/3，M^{1-2}、P_2–M_3 萎缩闭合；RP^2–M^3、P_2–M_2 萎缩闭合	LC^1 根尖瘘孔
Ⅰ M176（中）	男	30～35	LM_1 冠前部 C 坑	无	无
Ⅰ M177（中）	男	25～35	无	无	无
Ⅰ M178（中）	女？	20～25	LC^1 远中 C 洞，RP_1 残根	LM^1 1/2，M^2 闭合，M^3 全露，P_2–M_2 闭合；RM^{1-3} 3/4，P_2–M_2 闭合	无
Ⅰ M179：A（中）	女？	30～40	LP^2 残根，M^2 远中颈 C 蚀	LP^2 2/3，M^1 闭合，M^{2-3}_{1-2} 1/2；RP^1 萎缩，M^1 3/4，M_{1-2} 1/2	LP^2 根尖脓肿
Ⅰ M179：B（中）	男	18～22	无	无	无
Ⅰ M180（中）	女？	20～30	无	无	无
Ⅰ M188（中）	女	16～18	无	无	无
Ⅰ M189（中）	男	40～50	无	无	无
Ⅰ M191（中）	女？	25～35	？	L–RP^1–M^2 萎缩闭合	？
Ⅰ M191（中）	男	35～40	无	LP^2–M^1 萎缩闭合，M^2 1/2；RP^1 1/2，M^{1-2} 1/3	无
Ⅰ M193：A（中）	男	20～30	无	L–RM_2 闭合	RM_1 齿槽凹坑状
Ⅰ M194（中）	男	35～40	无	LM_1 萎缩闭合	无
Ⅰ M194：B（中）	女	18～25	无	无	无
Ⅰ M195：A（中）	男	20～30	无	LM^1 闭合	无
Ⅰ M195：B（中）	女	35±	？	LP^2 1/2，M^2 闭合，P_2 1/2，M_1 闭合，M_2 1/2；RM^{1-2} 闭合，M_3 2/3	LI^2 根尖瘘孔；LM^1、RM_2 齿槽凹坑状

墓号（期别）	性别	年龄	龋齿病	牙周病	齿槽脓肿
Ⅰ M197（中）	男	16 ~ 18	无	无	无
Ⅰ M179（中）	男	17 ~ 22	无	无	无
Ⅰ M199（中）	女	40 ~ 45	无	无	LC^1、P^2 根尖瘘孔，M^3 齿槽扩大；RM^2 齿槽呈坑状
Ⅱ M3（中）	男	40 ~ 50	？	LP$^{1-2}$ 2/3，M$^{1-2}$ 萎缩闭合；RI^2-C^1 1/2，P^2-M^2 萎缩闭合	？
Ⅱ M4（中）	男	35 ~ 45	？	LM$^{1-2}$ 1/2，M$_1$ 3/4，M$_{2-3}$ 2/3；RM$^{1-2}$ 1/2，M$_1$ 3/4，M$_{2-3}$ 2/3	？
Ⅱ M9（中）	男	45 ~ 55	？	L-RM$^{1-2}$ 萎缩 3/4；LM$_1$ 闭合；RM$_1$-P$_2$ 闭合，M$_2$ 1/2	？
Ⅱ M10（中）	男	16 ~ 20	无	无	无
Ⅱ M13（中）	女	18 ~ 22	无	无	无
Ⅱ M13（中）	男	40 ~ 50	LP$^{1-2}$ 残根	LM$^{1-2}$ 萎缩，M^3 1/3，M$_1$ 全露，M$_{2-3}$ 1/2；RM^1 萎缩，M^2 2/3，M^3 全露，M$_{1-2}$ 1/2	LM$^{1-2}$ 坑状；RM^1 凹陷状
Ⅱ M15（中）	女	35 ~ 40	无	无	无
Ⅱ M15：B（中）	女	25 ~ 35	无	LM$^{1-2}$ 2/3；RM^1 2/3，M^2 1/2	无
Ⅱ M15（中）	男	20 ~ 25	无	无	无
Ⅱ M15（中）	女	20 ~ 30	无	无	无
Ⅱ M19（中）	女	35 ~ 50	？	LM^1 1/2，M^2 1/3；RM^1 1/2	LM^3 大而深坑状
Ⅱ M19（中）	男？	18 ~ 22	无	无	无
Ⅱ M22（中）	男	40 ~ 50	？	LI$^{1-2}$ 1/2，P^1 2/3，P^1-M^2 萎缩闭合，C$_1$ 2/3，P$_1$-M$_2$ 萎缩；RI^1-P^2 1/2，M$^{1-2}$ 萎缩，I$_{1-2}$ 2/3，P$_1$-M$_2$ 萎缩闭合	RM$^{1-2}$ 脓肿痕，M$_2$ 大坑状
Ⅱ M23（中）	男？	18 ~ 22	LM$_1$ 残根	无	无
Ⅱ M27（中）	男	35 ~ 45	LP^2 残根，M$_1$ 后半大型 C 蚀坑	LM$^{1-2}$ 萎缩闭合，I$_1$、M$_1$ 1/2；RM$^{1-2}$ 萎缩，M$_2$ 2/3	LC^1-P^1、M^1 根尖瘘孔；RI^1 根尖瘘孔
Ⅱ M28（中）	？	10 ~ 12	无	无	无
Ⅱ M29（中）	？	6 ±	无	无	无
Ⅱ M30（中）	女	18 ~ 20	无	无	无
Ⅱ M33（中）	女	40 ~ 50	？	LI^1-M^2、P$_2$-M$_1$ 萎缩闭合脊状化；RI^1-P^2 萎缩薄脊状化，RP$^{1-2}$ 3/4，P$_2$-M$_2$ 闭合	？
Ⅱ M33（中）	男	45 ~ 50	？	L-RM$^{1-3}$ 1/3、2/3、3/4；LM$_{1-2}$ 1/2、2/3；RM$_{1-2}$ 1/3	LM^1 根尖瘘孔
Ⅱ M34（中）	男	15 ~ 18	LM$_1$ 远中 C 蚀，RM$_1$ 远中 C 蚀大坑	无	无
Ⅱ M35（中）	男	30 ~ 35	LP$_2$、M^1、RC^1-P^1 残根，RM^1 前半 C 坑	LM^2 闭合，M$_1$ 1/3，M$_{2-3}$ 闭合；RM$_{1-3}$ 萎缩闭合	RC^1-P^1、M^1 根尖瘘孔
Ⅱ M35（中）	女	55 ~ 65	LM$_{2-3}$ 远中 C 蚀和近中颈部 C 蚀	LM$^{1-2}$ 全露，P$_2$ 2/3，M$_1$ 闭合，M$_{2-3}$ 2/3；RM$_1$ 1/2	RM^1 齿槽底部有瘘洞
Ⅱ M38（中）	女？	35 ~ 45	LM^2 远中颈部 C 蚀；RM^2 远中 C 蚀洞	？	LM^3 齿槽呈坑状
Ⅱ M39（中）	女？	35 ~ 45	？	LM^1、I$_1$、M$_1$ 萎缩闭合	LP^1 瘘孔；RM^1 脓肿坑
Ⅱ M42（中）	男	20 ~ 30	无	无	RM$^{2-3}$ 根尖瘘孔痕

墓号（期别）	性别	年龄	龋齿病	牙周病	齿槽脓肿
ⅡM43（中）	男	35～45	?	?	?
ⅡM43（中）	女	25～35	?	LP^2-M^1、RP^1-M^1 萎缩闭合	LC^1、RI^2-C^1 根部瘘孔，LM^2 齿孔扩大
ⅡM43（中）	?	12～16	无	无	无
ⅡM43（中）	女	30～40	?	LM^1 1/2；RM_{1-2} 1/2；LM_1 闭合	LP^1、RC^1 瘘孔；RM^1 大孔状
ⅡM44：A（中）	男	20～30	无	无	无
ⅡM44（中）	女?	18～22	无	无	无
ⅡM44（中）	?	11～13	无	无	无
ⅡM44（中）	女?	18～22	LM^1 舌侧大 C 蚀坑	无	无
ⅡM44（中）	男?	12～13	无	无	无
ⅡM45（中）	男	45～55	无	LM^1 2/3，M^2 1/2；RM^{1-2} 2/3	无
ⅡM52（中）	男	40～50	无	RM^1 闭合	无
ⅡM54：A（中）	女?	25～35	RM_2 远中 C 坑；RM_3 近中咬合大 C 坑	无	无
ⅡM54（中）	男	35～40	无	LM^{1-2} 萎缩	无
ⅡM55（中）	男?	12～13	$L-RM_{1-2}$ 颊侧沟小 C 蚀点状坑	无	无
ⅡM55：A（中）	男	35～45	RM_2 远中颈部 C 蚀	LM^{1-2} 2/3、1/3，M_{1-2} 萎缩，M_3 2/3；RP^2-M^1 萎缩闭合，M^2 1/2，M_{1-2} 1/2	RI^2、C^1 根尖瘘孔；LC_1 根部大坑状
ⅡM57：A（中）	女	15～25	无	无	无
ⅡM58：A（中）	男	20～30	无	无	无
ⅡM59：A（中）	女	35～40	无	RM^1 3/4	LM^1、RI^2 根尖瘘孔
ⅡM60（中）	男	25～35	无	无	LI^2 根尖瘘孔
ⅡM63（中）	女	35～45	?	?	LC^1、P^1、M^1 根尖瘘孔
ⅡM65（中）	女	40～45	无	无	LP^2 根尖瘘孔
ⅡM66（中）	女	25～30	无	无	无
ⅡM69（中）	男	45～55	?	LM^2 2/3	LP^2、M^1、RI_1 根尖瘘孔；LM^2 齿槽大面积扩展；RM^3 齿槽呈圆坑状
ⅡM73（中）	女	40～45	?	LM^1 3/4，M^2 闭合，M_1 1/2；RP^2 1/2，P_2-M_1 闭合，M_2 1/2	LC^1、P^1、M^1 及 RP^1 根尖瘘孔；LM_2 齿槽大凹坑状，M_1 有炎症痕
ⅡM74（中）	男	35～45	无	RM^1 萎缩	LP^1、M^1 及 RM^1 根尖瘘孔
ⅡM77（中）	女	40～50	?	$L-RI^2-M^2$ 齿槽萎缩闭合	LI^1 根尖瘘孔
ⅡM81：B（中）	男	25～35	无	无	无
ⅡM81：A（中）	男	45～55	?	上齿槽全部萎缩闭合	?
ⅡM86：A（中）	男	35～40	?	LP^2 闭合，M^3 齿槽变浅；RM^2 萎缩	LP^1、M^1 及 RP^2、M^1 根尖瘘孔
ⅡM88（中）	?	9～10	无	无	无
ⅡM90（中）	男	30～40	?	LI^2、P^1、M^{1-2}、M_1 萎缩闭合，M_2 1/3；RP^1、M^2、I_1、M_1 萎缩闭合，P_2 1/2，M_2 1/3	RM^1 根尖瘘孔
ⅡM91（中）	男	30～40	无	无	无

墓号（期别）	性别	年龄	龋齿病	牙周病	齿槽脓肿
Ⅱ M92（中）	男	20 ~ 30	无	无	无
Ⅱ M92（中）	男	40 ~ 45	?	LM^1、RM^1 1/2，RM^2 2/3	RM^1 根尖瘘孔
Ⅱ M93：A（中）	男?	13 ~ 15	无	无	无
Ⅱ M93（中）	男	12 ~ 13	无	无	无
Ⅱ M93（中）	女	40 ~ 45	?	LP^2 2/3，M^1 闭合；RM$^{1-2}$ 萎缩	LI^1、P^1 及 RI^1、P^2 根尖瘘孔
Ⅱ M93（中）	男	25±	无	无	无
Ⅱ M94（中）	男	40 ~ 45	?	?	?
Ⅱ M94（中）	男	18 ~ 20	无	无	无
Ⅱ M95（中）	女	35 ~ 40	?	无	?
Ⅱ M95（中）	女	18 ~ 22	无	无	无
Ⅱ M97（中）	女	30 ~ 40	?	L–RM$^{1-2}$ 1/2	LP^1 根尖瘘孔
Ⅱ M98：A（中）	女?	18 ~ 20	无	无	无
Ⅱ M98：B（中）	?	12 ~ 15	无	无	无
Ⅲ M10（中）	男?	>50	?	左右上齿槽几全部萎缩闭合	?
Ⅲ M27：A（中）	男	45 ~ 50	?	LM$_1$ 1/2；RM$_1$ 闭合，M$_2$ 1/2	LP^1、M^1 及 RP^1、M^1 根尖瘘孔
Ⅲ M27：B（中）	女	35 ~ 45	?	LI^1、P^1–M^3、M$_{1-3}$ 萎缩闭合；RP^1–M^3、M$_{2-3}$ 萎缩闭合	LI^2、C^1、P^1 根尖瘘孔
Ⅲ M28（中）	男	14 ~ 16	无	无	无
Ⅲ M32：A（中）	男	30 ~ 40	?	?	LI^2、P^2 根尖瘘孔
Ⅲ M33（中）	男	30±	?	LM$^{1-3}$、RM$^{1-2}$ 1/2	LP$^{1-2}$、RI^1 炎症痕；RP^2 根尖瘘孔
Ⅲ M33（中）	女	20 ~ 25	无	无	无
Ⅲ M33（中）	女?	18 ~ 22	无	无	无
Ⅲ M33（中）	男	30 ~ 35	无	无	无
Ⅲ M43（中）	男	35 ~ 45	?	无	LM^2 齿槽扩大
Ⅲ M56（中）	男	25 ~ 35	无	无	无
Ⅲ M58：北（中）	?	10 ~ 14	无	无	无
Ⅲ M58：中（中）	男	35 ~ 45	?	LM^2 几全露，M$_{1-2}$ 闭合；RM$^{1-2}$、M$_2$ 闭合	LI$^{1-2}$、P^1 及 RI$^{1-2}$、P^1、M$_1$ 根尖瘘孔；LM^1、M^3 坑状
Ⅲ M58：南（中）	女	30 ~ 45	?	LP^1–M^1 及 RP^1、M$^{1-2}$、M$_1$ 闭合，RM$_2$ 2/3	LI^1、M^2 根尖瘘孔
Ⅲ M60（中）	女	30 ~ 35	?	?	LM$^{1-2}$ 脓肿痕
Ⅲ M62（中）	男	35 ~ 45	无	无	无
Ⅲ M78（中）	男	50 ~ 60	L–RM$_3$ 咬合面 C 洞	?	?
Ⅰ M200：A（中）	女	25 ~ 30	LM$_2$ 咬合面大 C 洞，RM$_2$ 咬合近中 C 洞	?	?
Ⅰ M201（中）	女	25 ~ 35	无	无	无
Ⅰ M203（中）	女	25 ~ 30	L–RM$_3$ 咬合面小 C 洞，RM^2 咬合面小 C 洞	无	无
Ⅰ M204（中）	男	40 ~ 50	?	上齿槽几全部萎缩闭合；LM$_{2-3}$、RM$_2$ 2/3	?

墓号（期别）	性别	年龄	龋齿病	牙周病	齿槽脓肿
I M205：A（中）	男	45～55	?	LP^2-M^2、RM^{1-3} 闭合	L-RI^1 根尖瘘孔；LP^{1-2} 根尖炎症痕
I M205：B（中）	女	20～30	无	无	无
I M206（中）	女	14～15	无	无	无
I M207：A（中）	女	35～45	RM_2 颊侧颈部 C 蚀	上齿槽全部萎缩闭合；LI_{1-2}、P_1、M_1 及 RI_1、P_2、M_1 闭合，LM_2、RM_2 2/3-1/2	?
I M207：B（中）	男	25～30	无	无	无
I M208（中）	男	20～25	无	无	无
I M210（中）	男?	10～11	无	无	无
II M100（中）	女	30～40	无	无	无
II M103（中）	男	35±	无	无	无
II M104（中）	男	25～35	LM^2 远中颈部 C 蚀，M^3 近中颈部 C 蚀；RP^1 近中 C 蚀	RM^2 萎缩	RM^1 根尖瘘孔
II M105：A（中）	男	45～55	RC^1 远中 C 蚀	LM^{1-2}、RM^{1-3} 萎缩闭合	LP^2、RM^1 根尖瘘孔
II M105：B（中）	女	55～65	?	上齿槽萎缩闭合	RI^2 根尖瘘孔，LM^1 齿槽炎症痕
II M106：A（中）	男	40～50	?	RM^1 1/3	LM_2 齿槽呈大型坑状
II M106：B（中）	女	20～30	无	无	无
II M108：A（中）	男	30±	无	LM^1、RM^{1-2} 1/2	L-RP^2 根尖瘘孔
II M108：B（中）	女	20～30	无	LM^{1-2}、RP^2-M^2 萎缩闭合	RP^1 根尖瘘孔
II M109：A（中）	男	20～30	LP^1 残根	无	无
II M109：B（中）	女	25～30	LM_1 近中咬合面 C 蚀大坑	LM^{1-2}_{1-2}、RM^{1-2}_{1-2} 1/3；RP_2 闭合	无
II M110（中）	男	20～30	无	无	无
II M111（中）	男	25～30	无	无	L-RI^2 根尖瘘孔
II M112（中）	男	25～30	无	无	无
II M113（中）	男	18～22	无	无	无
II M115（中）	?	7～8	无	无	无
II M116（中）	男	25～30	无	无	无
II M118（中）	男	45～55	无	LP^1 闭合	L-RP^2 根尖瘘孔；LM^3 呈坑状
II M120（中）	男	20～25	无	无	无
II M121（中）	男	14～18	RM_2 齿冠外横沟处大型 C 蚀洞	无	无
II M121（中）	男	20～25	无	无	无
II M124（中）	男?	35～45	LC_1 咬合面 C 蚀大洞；LP_2 远中、LM_1 近中接触面 C 蚀	LC^1-P^2 萎缩闭合，LM^1 几全露，LC_1-M_1 3/4，LM_2 闭合；RM^{1-2}_{1-2} 萎缩闭合	R-LI^{1-2} 根尖齿槽呈坑状
II M124：B（中）	男?	6～7	无	无	无
II M125（中）	男?	10～13	无	无	无
II M126（中）	男	>50	LP_2 远中 C 蚀，M_1 近中 C 蚀和远中颈部 C 蚀	LP^1-M^2、RP^2-M^2、L-RI_1、LC_1-M_3 萎缩闭合，RM_1 3/4	RC_1 齿槽坑状

续表 13

墓号（期别）	性别	年龄	龋齿病	牙周病	齿槽脓肿
ⅡM127（中）	男	30±	无	无	无
ⅡM128（中）	男?	30～40	无	无	无
ⅡM131：B（中）	女	18～22	无	无	无
ⅡM134（中）	男	45～55	RP² 近中颈部 C 蚀坑	LP¹、M¹ 3/4；RM¹ 1/2，M² 3/4	LP² 根尖瘘孔，LM¹、RM² 瘘洞、坑状
ⅡM135：A（中）	男	25～30	无	无	无
ⅡM135：B（中）	女	25～35	无	无	LP¹⁻² 根部齿槽呈大凹坑状
ⅡM135：C（中）	女	18～22	无	无	无
ⅡM136（中）	女?	55～65	?	上齿槽全部萎缩闭合	?
ⅡM137（中）	男?	12～13	无	无	无
ⅡM138（中）	男	35～45	无	无	无
ⅡM139（中）	?	4～6	无	无	无
ⅡM140：A（中）	男	35～45	?	LI¹-P¹、P²-M³、P₁-M₂ 萎缩闭合；RI¹-M³、I₁-M₂ 萎缩或闭合或根部大部外露	?
ⅡM140：B（中）	女	35～45	?	LI¹、P²-M² 萎缩闭合；RI¹、I²-M³ 闭合萎缩	?
ⅡM142：A（中）	男	30～35	?	LM¹ 1/2，M₁₋₂ 1/3、1/2；RM¹⁻³ 1/3，M₂ 1/3	无
ⅡM142：B（中）	女	18～25	无	无	无
ⅡM142（中）	男	30～40	?	?	?
ⅡM143：A（中）	男	45～55	?	上齿槽大半萎缩闭合	?
ⅡM143：B（中）	女	20～25	LM²C 蚀坑，M₂ 外侧沟 C 蚀窝，M₃ 咬合面 C 蚀大坑；RM¹ 内侧沟 C 洞，M₂ 外侧沟 C 窝，M₃ 咬合面 C 蚀坑	RM¹ 1/2，M² 2/3	无
ⅡM144（中）	男	30～40	RM₂ 前内尖 C 蚀坑	?	LM¹ 根尖瘘孔
ⅡM145：A（中）	男	35～45	LP₁ 咬合面 C 蚀，P₂ 残根；RP¹ 残根	LI¹、M¹、M₁₋₂ 萎缩闭合，M₃ 1/3；RI¹、P²、M¹ 萎缩闭合，M₁₋₂ 2/3	LI²、P¹⁻²、P₁ 根尖瘘孔；RP¹ 大型瘘洞，M² 炎症痕
ⅡM145：B（中）	?	7～8	无	无	无
ⅡM146（中）	女?	18～25	无	无	无
ⅡM147（中）	男	18～22	无	无	无
ⅡM147（中）	女	50～60	?	LI¹⁻² 1/2，C¹-P² 2/3，M¹⁻² 萎缩闭合，I₁-C₁、M₂ 2/3；RI¹-C¹ 1/3－2/3－1/2，P¹-M¹ 闭合，I₂-P₂ 2/3，M₁₋₃ 闭合	LM¹⁻² 脓肿痕
ⅡM147（中）	女	40～50	?	上齿槽全部萎缩闭合	?
ⅡM149（中）	男?	18～24	无	无	无
ⅡM150：A（中）	女	35～45	RM¹ 近中 C 蚀	无	LI¹、C¹、I₁ 根尖瘘孔
ⅡM150：B（中）	男	35±	无	LM² 全露，M³ 萎缩	LM² 炎症痕，M³ 根尖瘘孔；RP¹、M¹ 炎症痕
ⅡM151（中）	女	20～25	LP² 远中颈部 C 蚀	无	无
ⅡM152（中）	男	40～45	RM₁ 髓腔 C 蚀外露	LM¹⁻² 1/3、1/2；RM¹⁻³ 1/3、1/2、1/3	LP² 根尖瘘孔

墓号（期别）	性别	年龄	龋齿病	牙周病	齿槽脓肿
ⅡM152（中）	男	45～55	?	RM^{2-3} 萎缩	$L-RM_2$ 齿槽扩大深坑状
ⅡM153（中）	男?	35～45	无	无	LM^1 炎症痕，RI^1 根尖瘘孔
ⅡM153（中）	女	>56	?	LI^1-M^3、P_2-M_3 及 RI^1-M^3、P_2-P_3 闭合	?
ⅡM154：A（中）	女	35～40	LM^1 髓腔 C 蚀外露	LM^1、P_1-M_2 1/2、1/2、2/3；RM^1、P_1-M_2 1/2- 2/3	无
ⅡM154：B（中）	?	4～6	?	?	?
ⅡM154：C（中）	女	13±	无	无	无
ⅡM154：D（中）	女?	30～35	无	无	无
ⅡM155（中）	女?	11～13	无	无	无
ⅡM157（中）	女	30～40	无	无	无
ⅡM158（中）	男	25～35	无	无	无
ⅡM159（中）	女	35～45	?	上下齿槽全部萎缩呈脊状闭合	?
ⅡM159：B（中）	女?	6±	无	无	无
ⅡM159（中）	女	>45	?	LP^1-M^3 萎缩闭合；RP^2-M^1 闭合，M^2 萎缩，M^3 1/2	LM^1-C^1、RI^{1-2} 各一根尖瘘孔
ⅡM161：A（中）	?	7～9	无	无	无
ⅡM161：B（中）	?	7～8	无	无	无
ⅡM162：A（中）	女	45～55	LM_2 咬面 C 蚀坑，M_3 远中颈部 C 蚀洞	LI^2、M^{1-2} 萎缩闭合；RM^1 1/2，M^2 3/4	LI^2-C^1 炎症痕；RI^2、P^1 根尖瘘孔
ⅡM162：B（中）	男	45～55	?	上下齿槽已大部萎缩闭合	?
ⅡM165：A（中）	男	>50	?	$L-RM^{1-3}$、I_1-M_3 萎缩闭合	?
ⅡM165：B（中）	女	40～50	?	LI^{1-2}、P^1-M^2 萎缩闭合；RI^1、P^1-M^1 闭合	LC^1、RI^2 根尖瘘孔
ⅡM166（中）	?	11～12	无	无	无
ⅡM166（中）	男	25～30	?	LP^1-M^2、LI_{1-2}、P_2-M_3 萎缩闭合；RP^1-M^2、P_1-M_3 萎缩	RP_2-M_1 根尖瘘孔
ⅡM167（中）	女	45～55	无	$L-RI^1-M^3$ 萎缩闭合；$L-RP_2$ 1/2，M_1 全露，M_2 大半外露	RM_2 呈深坑状
ⅡM168（中）	男	20～30	无	无	无
ⅡM169（中）	男	35～45	?	LM^1 全外露	LM^1 根尖瘘孔
ⅡM170（中）	男	18～22	无	无	无
ⅡM172（中）	男	30～40	LP^2 远中 C 蚀	LM^1、M_{1-2} 2/3；RP^2-M^2 萎缩	LM^2 及 RC^1、M^1 瘘孔
ⅡM172（中）	?	11±	无	无	无
ⅡM173（中）	男	20～30	LM^2 远中 C 蚀大洞	无	无
ⅡM173（中）	女	30～40	LM_1 近中 C 蚀坑；RM^1 残根	RP^2 齿槽萎缩	LP^1、M^1 及 RM^1 瘘孔，LM_1 坑状
ⅡM175（中）	男	45～50	?	LM^1 萎缩，M^2、M_{1-2} 1/2- 1/3；RM^1 萎缩，M_{1-2} 1/3	LM^1 瘘孔，M_2 坑状；RM^1 根尖瘘孔
ⅡM176（中）	?	5～6	无	无	无
ⅡM177（中）	男	16～20	无	无	无
ⅡM180（中）	男	25～35	无	$L-RM^{1-3}$ 1/3- 1/2	无

续表 13

墓号（期别）	性别	年龄	龋齿病	牙周病	齿槽脓肿
ⅡM181（中）	男	35～40	无	无	LP^2、M^1、RM^1 根尖瘘孔
ⅡM182：A（中）	女	25～35	无	无	无
ⅡM182：B（中）	？	11～12	无	无	无
ⅡM182（中）	男	30～40	RP^1 远中 C 坑，P^2 近中 C 坑；LM_3 颊面 C 蚀大型坑	LM^1 萎缩，M^2 1/2；RM^{1-2} 1/2	RP^{1-2} 根尖瘘孔
ⅡM183（中）	男	>50	LM_3 残根	LM^2、RM^2 后外根全露	RI^2、M^1 瘘孔，M_2 齿槽呈深坑状
ⅡM185（中）	男	30～35	无	无	无
ⅡM189（中）	男	25～30	LP^1 残根；RP^1 咬面 C 蚀，M_{2-3} 颊侧颈部 C 蚀	LM_2 1/2	LP_1、M_{1-2} 根尖瘘孔
ⅡM199（中）	女	20～25	无	无	无
ⅡM201：A（中）	女	30～45	？	上齿槽呈脊状闭合	？
ⅡM203：A（中）	男	40～45	？	L–RM^1 几全露	LM^1、P_1 及 RM^1 根尖瘘孔
ⅡM203：B（中）	男	30～35	无	LM^{1-2} 及 RP^2、M^1 萎缩闭合	无
ⅡM203：C（中）	女	20～30	RM^1 残根	LM^1 闭合	LP^2、RM^1 根尖瘘孔
ⅡM203：D（中）	女	30～40	无	无	无
ⅡM205（中）	男	40±	？	LM^1 2/3，M^2 萎缩，M_{1-2} 1/2；RM^{1-2} 萎缩	无
ⅡM205：B（中）	男	20～25	LM_1、RP_2 残根；RM_1 近中远中 C 蚀，M_2 近中 C 蚀	RP_2 闭合，M_2 2/3，M_2 1/3	无
ⅡM205：C（中）	女	35～40	无	无	无
ⅡM206：A（中）	女	35～40	无	LM_1 2/3；RM_{1-2} 1/2	RP^2、M^1 根尖瘘孔
ⅡM207（中）	女	20～25	无	无	无
ⅡM207（中）	男	30～40	无	L–RM^{1-2}_{1-2} 1/2–1/3	无
ⅡM209（中）	男	40～50	？	上齿槽几全部萎缩闭合	？
ⅡM186（中）	女	35～40	无	LM^2 闭合，M_{1-2} 萎缩；RC^1–M^3 闭合，RM_{1-2} 2/3	无
ⅡM206（中）	男	30～40	RM^2 大 C 蚀坑，M^3 颊侧颈部 C 蚀	LM_{2-3} 萎缩闭合	RM^2 根尖瘘孔，M_3 扩大坑状
ⅡM210（中）	男	25～35	无	无	无
ⅡM210（中）	男	50～60	无	上颌齿槽萎缩；LM_1 1/2，RM_1 2/3	RI_1 根尖瘘孔
ⅡM210（中）	女	20～25	RM_2 咬面颊侧横沟 C 蚀洞，RM_3 后部 C 蚀洞连髓腔	无	无
ⅡM211：B（中）	女？	17～25	无	无	RM_2 扩大呈深坑
ⅡM211：C（中）	女	45～55	L–RM^1C 蚀髓腔外露	L–RM_1 1/2	LP^1、RI^2、M^1 根尖瘘孔，L–RM^2 呈凹槽状
ⅡM217：A（中）	女？	20～30	无	无	无
ⅡM207（中）	女	20～25	LM^1 近中 C 蚀	无	无
ⅢM5：A（晚）	男	45～55	无	LM^1、L–RI_1 闭合	RM^1 瘘孔
ⅢM5：B（晚）	？	2～3	无	无	无
ⅢM10：A（晚）	男	20～25	无	无	无
ⅢM10：B（晚）	男	25～30	？	上颌齿槽全部呈脊状闭合，L–RM_{1-3} 闭合	？

墓号（期别）	性别	年龄	龋齿病	牙周病	齿槽脓肿
ⅢM14（晚）	?	6 ~ 7	无	无	无
ⅢM17（晚）	男	30 ~ 40	无	LM$^{1-3}$ 2/3、2/3、3/4；RM^1 2/3，M$_1$ 1/2	无
ⅢM17（晚）	男	18 ~ 22	LM$_1$ 远中 C 蚀坑	无	无
ⅢM17（晚）	男	20 ~ 30	无	无	无
ⅢM18：A（晚）	男	30 ~ 35	LM^1 残根	无	LM^1 根尖瘘孔
ⅢM18：B（晚）	女?	17 ~ 22	LM^1 远中颈部 C 蚀，LM^2 近中颈部 C 蚀	LI^1、M$^{1-2}$ 2/3；RI^1 1/2	LP^2–M$^{1-2}$ 齿槽扩大；RM^1 根尖瘘孔，M^2 齿槽扩大
ⅢM18：C（晚）	男	18 ~ 25	RM^1 残根	无	无
ⅢM22（晚）	男	35 ~ 40	无	L–RM$^{1-2}$ 萎缩闭合	RM$^{1-2}$ 根尖瘘孔
ⅢM24：A（晚）	男	>55	?	LI^1–P^1、M$^{1-3}$ 萎缩闭合；RI$^{1-2}$、M$^{1-2}$ 闭合	LP^2 根尖炎症痕；RP^2 根尖瘘孔
ⅢM24：B（晚）	男	>35	?	LI^1–C^1 闭合；RI^1–M^2 萎缩闭合	?
ⅢM24：C（晚）	男	>55	?	上齿槽全部闭合	?
ⅢM25：A（晚）	女	30 ~ 35	无	LI^2、C^1 1/2、2/3，M^3 萎缩，M$_1$ 2/3，M$_2$ 闭合；RI^1 全露，C$_1$ 1/2，M$_1$ 2/3，M$_2$ 1/2，M$_3$ 1/3	RI^1 炎症痕
ⅢM25：B（晚）	男	25 ~ 35	无	无	无
ⅢM25：C（晚）	男	40 ~ 50	RM^2 咬合面 C 蚀孔	LM$^{1-2}_{1-2}$ 1/2；RM$^{1-2}_{1-2}$ 1/2	RM$^{1-2}$、I$_2$ 根尖瘘孔
ⅢM26（晚）	女	35 ~ 45	无	无	RI^1 根尖瘘孔，P^2、M^1 根尖槽坑
ⅢM26（晚）	男	35 ~ 45	无	无	无
ⅢM26（晚）	男	50 ~ 60	?	上齿槽萎缩闭合；LM$_{1-2}$、RM$_2$ 闭合	?
ⅢM26（晚）	男	30 ~ 40	?	LM$^{1-3}$ 萎缩；RM^1 1/2，M$^{2-3}$ 萎缩	LC^1 根尖瘘孔
ⅢM29（晚）	?	2 ~ 3	无	无	无
ⅢM30：A（晚）	男	35 ~ 45	无	L–RM^1 1/3，M$_{1-3}$ 1/3	无
ⅢM30：B（晚）	女	40 ~ 45	无	L–RM$^{1-2}$ 1/2，M^3 4/4，M$_{1-2}$ 2/3– 1/2	RM^1 齿槽扩大
ⅢM34（晚）	男	22 ~ 30	RM^1 舌侧颈部 C 蚀	无	无
ⅢM36（晚）	男	30 ~ 40	无	无	L–RM^1 各两个根尖瘘孔
ⅢM36（晚）	男	35 ~ 45	无	L–RI^2 闭合，P^1–M^2 萎缩闭合，M$_1$ 萎缩闭合	无
ⅢM36（晚）	男	45 ~ 55	?	上齿槽全部闭合	?
ⅢM37（晚）	男	30±	无	L–RM^1 全露	LI^2 呈凹坑状，L–RM^2 炎症痕
ⅢM37（晚）	男	35 ~ 45	无	无	无
ⅢM37（晚）	男	45 ~ 55	无	L–RM^1 全露	LI^1、P^1 及 RI^2、P^1 根尖瘘孔
ⅢM38：A（晚）	?	5±	无	无	无
ⅢM38：B（晚）	女?	25 ~ 35	无	LP^1–M^1、RP^1–M^2 萎缩闭合；LM$_1$ 2/3，RM$_{1-2}$ 1/2	LM$_1$ 根部炎症痕
ⅢM39：B（晚）	男	15 ~ 17	无	无	无
ⅢM41：A（晚）	男	40 ~ 50	无	无	无
ⅢM42：B（晚）	女?	35 ~ 45	?	LC^1–M^1 萎缩；RP^2–M^2 萎缩闭合	RC^1、P^1 根尖瘘孔

续表 13

墓号（期别）	性别	年龄	龋齿病	牙周病	齿槽脓肿
ⅢM42：C（晚）	女	50～65	LM_2 颊侧颈部 C 蚀；RP_1 咬合面 C 洞	上齿槽几全闭合；RP_{1-2} 1/3，M_1 全露，M_{2-3} 闭合	LM_1 深坑状，RM^{2-3} 瘘孔，RP_1 根尖瘘孔
ⅢM42：A（晚）	男	55～65	？	$L-RM^1$ 萎缩闭合	LC^1、P^2、RP^1 根尖瘘孔
ⅢM67（晚）	女	14～16	无	无	无
ⅢM67（晚）	？	2±	无	无	无
ⅢM68（晚）	男	50～60	？	LM^1、M_{1-3} 1/2；RM^{1-3}、M_{1-2} 萎缩	LM^2 扩大呈凹坑，RM_2 呈深坑状
ⅢM71：A（晚）	男	45～55	？	$L-RI^1-M^2$ 萎缩闭合，LP_2、M_1、M_3 闭合，RP_2-M_3 闭合	LP、M_2 扩大；$R P_1^1$、C_1 根尖瘘孔
ⅢM71：B（晚）	男？	12～13	无	无	无
ⅢM73：A（晚）	男	20～30	无	LM^1 闭合	无
ⅢM73：B（晚）	男	45～50	无	无	无
ⅢM74（晚）	男	>50	LM^1 残根	LM^2 1/2，P^2-M^3 闭合；RP^1-M^2、P_2 闭合，M_{1-3} 1/2	$L-RI^1-C^1$ 有一大泡状坑腔，LM^1、M_2 脓肿坑
ⅢM74（晚）	男	40～45	LM_2、RP^2 残根；RM_2 远中 C 蚀	LI^1-C^1、I_1-P_1、M_1 闭合，M^1 全露，M^2 2/3，P_2 1/2，M_3 闭合；RI^1-C^1、I_1-P_1 闭合，P^1 全露，M^{1-2} 1/2，M_1 2/3，M_2 1/3，M_3 2/3	LP^1、M^{2-3}、M_2、RM^2 根尖瘘孔
ⅢM77：A（晚）	男	40～45	？	LM_{1-2} 1/3；RM_3 1/2	LM^{1-2}、RM^1 瘘洞，RM^2 炎症痕
ⅢM77（晚）	女	15～20	LM_1 前内尖大型 C 蚀洞	无	无
ⅢM79：A（晚）	女？	35～45	？	$L-RI^{1-2}$、P^1-M^2 萎缩闭合	？
ⅢM79：B（晚）	男	25～35	无	无	无
ⅢM80（晚）	男	17～22	无	无	无
No.1（？）	女？	14～18	无	无	无
No.2（？）	男	18～22	无	无	无
No.3（？）	女	25～30	无	RM_1 萎缩闭合	RI^1 根尖瘘孔
No.4（？）	男	25～35	无	无	无
No.5（？）	男？	8～10	无	无	无
No.6（？）	女	25～55	？	$L-RI^1$ 闭合，I^2 萎缩；LC^1-P^2 1/2，M^{1-2}、I_1-M_2 萎缩闭合；RM^{1-2}、I_1-M_2 萎缩闭合	？
No.7（？）	男	18～25	无	无	无
No.8（？）	？	2～3	无	无	无
No.9（？）	男	45～50	无	LM_{1-3}^{1-3} 1/3；RM_{1-3}^{1-3} 1/3	LM^1 根尖瘘孔
No.10（？）	女	25～30	无	无	LM^1 根尖瘘孔
No.11（？）	男？	20～30	无	RI^1 齿槽萎缩	无
No.12（？）	男	20～30	无	无	RM^1 齿槽炎症痕
No.13（？）	女	20～25	无	无	无
No.14（？）	女	20～25	无	无	无
No.15（？）	男？	30～45	无	LM^1 1/3，M^2 萎缩，M_{1-2} 1/2；RM^{1-2} 1/2	无
No.16（？）	女	14～15	$L-RM_1$ 近中颈部 C 蚀	无	无

墓号（期别）	性别	年龄	龋齿病	牙周病	齿槽脓肿
No.17（？）	男	25 ~ 40	无	LM^1 2/3	RM$^{1-2}$ 坑状瘘孔
No.18（？）	女？	9 ~ 11	无	无	无
No.19（？）	男	40 ~ 50	无	LI^1、M^2 萎缩闭合，M$_1$ 4/5，M$_2$ 闭合；RM$_1$ 全露	RM$_2$ 炎症坑
No.20（？）	男？	40 ~ 50	？	L–RM$^{1-2}$ 1/2	LM^3 窝坑状
No.21（？）	男	35 ~ 40	无	无	无
No.22（？）	女	15 ~ 17	无	无	无
No.23（？）	男	25 ~ 35	无	LM^1 1/2	无
No.24（？）	女	30 ~ 40	LM^1 近中 C 蚀；RM^1 残根	LM^1 1/2	LP^2、M^1 根尖瘘孔；RM^1 外根炎症痕
No.25（？）	男	20 ~ 30	无	无	无
No.26（？）	女？	25 ~ 35	无	无	无
No.27（？）	？	6 ~ 7	无	无	无
No.28（？）	女	25 ~ 35	RC^1 残根	LI$^{1-2}$、M^1 萎缩，M^2 1/2，M$_1$ 2/3，M$_{2-3}$ 2/3；RM$^{1-2}$ 1/2，C$_1$–P$_1$、M$_1$ 1/2，M$_{2-3}$ 萎缩	LC^1、RI$^{1-2}$、P^1 根尖瘘孔
No.29（？）	男	25 ~ 35	无	L–RM^1 1/2，M$_1$ 闭合	无
No.30（？）	男	35 ~ 45	？	上齿槽几全部萎缩闭合	？
No.31（？）	女	25 ~ 30	RM^1 残根	LM$^{1-2}$ 1/2、1/3；RM^2 1/3	RM^1 根尖瘘孔
No.32（？）	女？	25 ~ 35	无	L–RM$_1^1$ 1/2	无
No.33（？）	女	30 ~ 35	无	LM^1 闭合，RM$^{1-2}$ 1/3	无
No.34（？）	男？	30 ~ 40	RM$_1$ 大型 C 蚀坑	LI$^{1-2}$、M$^{1-2}$、M$_1$ 萎缩闭合；RM$^{1-2}$ 2/3、1/2，M$_{1-2}$ 1/2	LM$_2$ 深坑状；RI^1、C^1、P^1 根尖瘘孔
No.35（？）	？	3 ~ 4	无	无	无
No.36（？）	男	35 ~ 45	？	LC^1–M^2、I$_2$–P$_1$ 闭合，M$_{1-2}$ 1/2；RP^2 萎缩，M$_{1-2}^{1-2}$ 1/2	LI^1 齿槽窝状，L–RM$^{1-2}$ 坑状，RI^1 根尖瘘孔，C^1 坑状
No.37（？）	男	20 ~ 30	无	无	无
No.38（？）	女	45 ~ 55	？	L–RM$_1$ 萎缩；RI^2 闭合	？
No.39（？）	女	35 ~ 45	LM$_2$ 咬合面大型 C 蚀坑	LI$^{1-2}$、P^1、M$^{1-2}$、M$_1$ 萎缩闭合；RI$^{1-2}$、M$^{1-2}$、P$_{1-2}$ 萎缩闭合，M$_{1-3}$ 2/3	LC^1、M$_2$ 及 RC^1、P^2 根尖瘘孔
No.40（？）	？	6 ~ 8	无	无	无
No.41（？）	男	35 ~ 45	？	L–RP^2–M^2 萎缩闭合	？
No.42（？）	女	25 ~ 35	无	L–RM$^{1-2}$、M$_1$ 1/2；RM$_2$ 2/3	无
No.43（？）	男	30 ~ 40	无	无	无
No.44（？）	女	>50	？	上齿槽脊状闭合	？
No.45（？）	女	17 ~ 25	RM$_3$ 咬合面前部 C 蚀坑	无	RI^2 大型坑状
No.46（？）	男？	11 ~ 13	无	无	无
No.47（？）	男	45 ~ 55	LP^1 远中 C 蚀，P^2 近中 C 蚀	LM$^{1-2}$ 1/3，C$_1$ 1/2，M$_1$ 2/3，M$_{2-3}$ 1/2；RM$^{1-2}$、C$_1$ 1/2，M$_1$ 2/3，M$_{2-3}$ 1/2	RM^3 根尖瘘孔
No.48（？）	男	25 ~ 30	无	无	无
No.49（？）	？	10 ~ 12	无	无	无
No.50（？）	男	25 ~ 30	无	无	无

墓号（期别）	性别	年龄	龋齿病	牙周病	齿槽脓肿
No.51（？）	男	25 ～ 30	无	LM^2 1/2，M^3 萎缩；RP$^{1-2}$ 1/2，M^1 闭合	LI^1、P^2、RI^1 根尖瘘孔；LM^1、M^3 炎症痕
No.52（？）	男	>55	？	LI^1、C^1、P^1 1/2，P^2–M^2 萎缩闭合；RI^1 1/2，I^2–M^2 萎缩	RM^1 根尖瘘孔；M^2 炎症痕
No.53（？）	男	25 ～ 30	无	L–RP^1、M^1 1/2	无
No.54（？）	女？	20 ～ 30	无	LM^2、RM$^{1-2}$ 1/2	LP^2 根尖瘘孔
No.55（？）	女	20 ～ 30	无	无	无

注：表中缩写西文"I""P""M"是齿种的省略代号，分别代表门齿、前臼齿和臼齿。字母的右上角或右下角数字代表该齿种的序位，如"I^1"或"I$_1$"代表第一上门齿或第一下门齿，"I^2"或"I$_2$"代表第二上门齿或第二下门齿，其他齿种也依此类推。齿种缩写字母前的"L"或"R"代表该齿种是左侧或右侧，如 LM 为左侧臼齿，RM 为右侧臼齿。依此类推。

表 14　洋海墓地头骨上口腔病理统计表

年龄分期（岁）	龋齿病个体及百分比	牙周病个体及百分比	根尖周炎个体及百分比
未成年期（<15）	5（1.3%）	0（0.0%）	0（0.0%）
青年期（16 ～ 23）	19（4.9%）	7（1.5%）	8（1.8%）
壮年期（24 ～ 35）	37（9.5%）	75（15.8%）	58（13.2%）
中年期（36 ～ 55）	31（8.0%）	129（27.1%）	100（22.7%）
老年期（>56）	3（0.8%）	11（2.3%）	7（1.6%）
观察个体数	388	476	441
整体罹患率	95/388=24.5%	222/476=46.7%	173/441=39.2%

表 15　洋海墓地头骨中有眼窝筛个体的登记表

墓号	分期	性别	年龄	侧别	病理形态	病理分类
ⅠM8：B	早期	男？	11 ～ 13	对称	有较多粟样孔和微孔	筛孔状
ⅠM25	早期	男？	20 ～ 25	对称	少量微细孔	微孔状
ⅠM25	早期	女	18 ～ 25	左侧	少量粟样孔和微孔	微孔状
ⅠM25：B	早期	女	17 ～ 22	对称	大量粟样细孔	筛孔状
ⅠM61：B	早期	女	30 ～ 40	对称	左多量粟孔状，右少量细孔	筛孔状
ⅠM64	早期	？	7±	对称	大量粟样孔	筛孔状
ⅠM80：A	早期	男？	16 ～ 22	左侧	少量微孔	微孔状
ⅠM80：B	早期	女？	30 ～ 40	对称	少量微孔	微孔状
ⅠM91	早期	男？	9 ～ 10	对称	适量粟样孔	筛孔状
ⅠM130	早期	男？	6 ～ 7	对称	大量微细孔	微孔状
ⅠM209	早期	男？	20 ～ 25	对称	大量微细孔	微孔状
ⅠM31	中期	？	8 ～ 10	对称	大量微细孔	微孔状
ⅠM35：C	中期	男？	12 ～ 13	对称	少量微细孔	微孔状
ⅠM49：B	中期	男	30 ～ 35	左侧	少量微细孔	微孔状
ⅠM60	中期	女？	18 ～ 22	对称	少量微细孔	微孔状
ⅠM70	中期	？	5 ～ 6	对称	较多粟样细孔	微孔状

墓号	分期	性别	年龄	侧别	病理形态	病理分类
ⅠM88	中期	男?	11 ~ 13	右侧	少量粟样孔	微孔状
ⅠM101：B	中期	男	18 ~ 22	对称	少量粟样孔	微孔状
ⅠM108	中期	?	4±	对称	左多微孔，右少	微孔状
ⅠM109	中期	男?	30 ~ 35	对称	较多粟样孔	筛孔状
ⅠM110	中期	男	35 ~ 45	对称	少量粟样孔	筛孔状
ⅠM173	中期	男	40 ~ 45	对称	多微孔	微孔状
ⅠM179：B	中期	男	18 ~ 22	左侧	少量微孔	微孔状
ⅠM193：A	中期	男	20 ~ 30	对称	少量粟样细孔	微孔状
ⅠM194：B	中期	女	18 ~ 25	对称	左少量粟样孔，右微孔	微孔状
ⅡM3	中期	男	40 ~ 50	左侧	少量微孔	微孔状
ⅡM10	中期	男	16 ~ 20	对称	微孔或凹坑	微孔状
ⅡM13	中期	男	40 ~ 50	左侧	少量微孔	微孔状
ⅡM15	中期	男	20 ~ 25	对称	少量粟样孔	微孔状
ⅡM15	中期	女	20 ~ 30	对称	细密粟样孔	筛孔状
ⅡM19	中期	男?	18 ~ 22	对称	粟样微孔	微孔状
ⅡM28	中期	?	10 ~ 12	对称	明显粟样孔	筛孔状
ⅡM30	中期	女	18 ~ 20	对称	左侧小梁结构，右细脉状	小梁状
ⅡM34	中期	男	15 ~ 18	对称	细密微孔	微孔状
ⅡM35	中期	男	30 ~ 35	对称	大量微孔	微孔状
ⅡM55：A	中期	男	35 ~ 45	对称	少量微孔	微孔状
ⅡM56：C	中期	女?	13±	对称	许多微细孔	微孔状
ⅡM65	中期	女	40 ~ 45	对称	许多微细孔	微孔状
ⅡM74	中期	男	35 ~ 45	对称	少量粟样孔	微孔状
ⅡM81：B	中期	男	25 ~ 35	对称	少量粟样细孔	微孔状
ⅡM88	中期	?	9 ~ 10	对称	粟样孔，呈脉络状	小梁状
ⅡM90	中期	男	30 ~ 40	对称	少量微孔	微孔状
ⅡM93：A	中期	男?	13 ~ 15	对称	微细孔状	微孔状
ⅡM93	中期	女	40 ~ 45	对称	微细孔状	微孔状
ⅡM93	中期	男	25±	对称	许多粟样细孔	筛孔状
ⅡM94	中期	男	18 ~ 20	对称	右较多细孔，左少	微孔状
ⅡM98：A	中期	女?	18 ~ 20	对称	微细孔	微孔状
ⅡM98：B	中期	?	12 ~ 15	对称	微细孔	微孔状
ⅢM60	中期	女	30 ~ 35	对称	许多细孔	微孔状
ⅢM78	中期	男	50 ~ 60	对称	许多细粟样孔	筛孔状
ⅠM200：A	中期	女	25 ~ 30	右侧	少量微孔	微孔状
ⅠM210	中期	男?	10 ~ 11	对称	稀疏细孔	微孔状
ⅡM105：B	中期	女	55 ~ 65	对称	大量细孔，呈细脉状	小梁状

墓号	分期	性别	年龄	侧别	病理形态	病理分类
ⅡM106：A	中期	男	40 ~ 50	对称	部分粟样微孔	微孔状
ⅡM108：A	中期	男	30±	？	右少量细孔，左不明	微孔状
ⅡM108：B	中期	女	20 ~ 30	左侧	少量粟样细孔	微孔状
ⅡM110	中期	男	20 ~ 30	对称	大量微孔	微孔状
ⅡM111	中期	男	25 ~ 30	对称	少量细孔	微孔状
ⅡM115	中期	？	7 ~ 8	对称	许多粟样细孔	微孔状
ⅡM120	中期	男	20 ~ 25	对称	较多细孔	微孔状
ⅡM124：B	中期	男？	6 ~ 7	对称	不多微孔	微孔状
ⅡM125	中期	男？	10 ~ 13	对称	一些细孔	微孔状
ⅡM142	中期	男	30 ~ 40	对称	少量细孔	微孔状
ⅡM144	中期	男	30 ~ 40	对称	许多微孔	微孔状
ⅡM145：B	中期	？	7 ~ 8	对称	大量微细孔	微孔状
ⅡM158	中期	男	25 ~ 35	左侧	许多微细孔	微孔状
ⅡM159：B	中期	女？	6±	对称	大量粟样孔	筛孔状
ⅡM161：A	中期	？	7 ~ 9	左侧	许多细孔	微孔状
ⅡM166	中期	男	25 ~ 30	对称	大量密集网络状	小梁状
ⅡM168	中期	男	20 ~ 30	对称	部分微孔	微孔状
ⅡM169	中期	男	35 ~ 45	对称	少量细孔	微孔状
ⅡM173	中期	男	20 ~ 30	对称	少量微细孔	微孔状
ⅡM177	中期	男	16 ~ 20	对称	少量细孔	微孔状
ⅡM183	中期	男	>50	对称	粟样细孔	微孔状
ⅡM199	中期	女	20 ~ 25	左侧	较多粟样细孔	筛孔状
ⅡM203：B	中期	男	30 ~ 35	左侧	少量细孔	微孔状
ⅢM5：B	晚期	？	2 ~ 3	对称	许多细孔	微孔状
ⅢM10：B	晚期	男	25 ~ 30	左侧	较多细孔	微孔状
ⅢM14	晚期	？	6 ~ 7	对称	许多微细孔	微孔状
ⅢM17	晚期	男	18 ~ 22	对称	许多细孔	微孔状
ⅢM24：A	晚期	男	>55	对称	许多细脉状沟及细孔	筛孔状
ⅢM24：C	晚期	男	>55	对称	一些微孔	微孔状
ⅢM29	晚期	？	2 ~ 3	对称	少量细孔	微孔状
ⅢM30：B	晚期	女	40 ~ 45	对称	明显粟孔	筛孔状
ⅢM36	晚期	男	30 ~ 40	左侧	少量粟样孔	微孔状
ⅢM38：A	晚期	？	5±	对称	微细孔	微孔状
ⅢM39：B	晚期	男	15 ~ 17	对称	少量微孔	微孔状
ⅢM42：B	晚期	女？	35 ~ 45	左侧	稀疏微孔	微孔状
ⅢM67	晚期	？	2±	对称	许多细孔	微孔状
ⅢM68	晚期	男	50 ~ 60	对称	部分细孔	微孔状

续表15

墓号	分期	性别	年龄	侧别	病理形态	病理分类
ⅢM71：B	晚期	男？	12～13	对称	多个微细孔	微孔状
ⅢM73：A	晚期	男	20～30	对称	少量粟样小孔	微孔状
No.2	？	男	18～22	对称	少量粟样小孔	微孔状
No.5	？	男？	8～10	对称	许多微细孔	微孔状
No.7	？	男	18～25	左侧	若干微细孔	微孔状
No.9	？	男	45～50	对称	少量粟样孔	微孔状
No.22	？	女	15～17	对称	少量粟样小孔	微孔状
No.35	？	？	3～4	对称	微细孔	微孔状
No.42	？	女	25～35	对称	许多微细孔	微孔状
No.49	？	？	10～12	对称	少量细孔	微孔状

定根部曾有过溢脓现象。这些病变中有许多是由于牙齿龋蚀而引发牙髓病变直接发展而来，是一种牙髓炎的继发病变。洋海墓地头骨上的这类口腔病变的个体记录也列于表14，其统计结果列于表15。对这类病变，我们观察了441个个体，其中有此病变的个体173例，罹患率约为173/441=39.2%。其中未成年期未出现此类病例，青年期也少（1.8%），大量的出现也在壮年（13.2%）和中年期（22.7%）。因此如同龋齿病和牙周病，根尖周炎也随年龄相关，主要发生在壮—中年期。

由上述三种口腔疾患的出现年龄情况来看，龋齿的发生年龄比其他两种疾患的发生更早（在未成年期便有出现，青年期也有一部分），或许是在青年期之后便开始有明显增长。而牙周病和齿槽脓肿或根尖周炎虽然青年期也有出现，但比例不高，而迅速的增长是在壮年期之后。换言之，后两种疾患的明显增加比龋齿病的引发差不多晚了一个年龄分期。这或许暗示，牙周病与根尖周炎有许多是由先期的龋齿病的发展而引发的恶化结果。我们发现在有的患有严重龋齿的根尖部齿槽有明显的瘘管存在或可证明这一点。因此至少可以说这种发病增速的年龄差暗示龋齿病是牙周病甚或根尖周炎继发的一个重要因素。如龋齿发生到严重时影响到齿髓腔直到根尖部齿槽骨，重者甚至形成瘘管。而病牙的脱落加速了齿槽的萎缩、吸收甚至闭合。其实牙周炎和根尖周炎的关系也互为影响。尽管这三种口腔疾病之间在各自的病源学上尚有各自的不同因素，但无论如何它们之间的相互影响也是很重要的。

（二）"眼窝筛"病变的调查[25][26]

"眼窝筛"（Cribra orbitalia）（图版三三八，2）这是日本病理学者的汉字译名，有人也译成"眶顶板筛孔样病变"，是一种出现于眼眶顶板前部的多孔状或筛眼状骨疏松。通常多数左右侧眼眶对称出现，主要的病理变化为板障骨的肥大增生产生压力性萎缩，使构成眶板的骨皮层变薄甚至消失，尤以外层皮质明显。松质骨的过度增加引起整个眶板增厚，而过度增生的骨松质或多孔状骨延伸至眶表面。

1888年Welcker首先报告并描述了德国人的这种病例。后来许多学者相继对这种病例的种族出现频率、分类以及病因学问题进行过探讨。最初它被当作一种种族特征（Welcker，1888）[1]，也有人把这种病例与严重的钩虫病（severe amylostmiasis）相联系（Koganei，1912）。近些年有人提出了眼窝筛病变的发生与缺铁性贫血有关的观点（Hengen，1971；Saul，1972；Carlson et al.，1974；El-Najjar et al.，1976；Steinboch，1976；Cybulski，1977）。根据这种观点，便把眼窝筛病变作为反映古代人群健康状况的标志点之一（El-Najjar et al.，1976；Ryan，1997；Lallo et al.，1977）。对太平洋地区早期人群的这一病变情况也有一些报告（Snow，1974；Johnson and Kerley，1974；Zaino and Zaino，1975；Suzuki，1998）。对眼窝筛病变发生的病因学问题有多种假设：

泪腺刺激说（Lacrimalgland irritation）——泪腺可能

---

① 本报告中国外对眼窝筛的调查及病因学说转引自参考文献［25］［26］，原始文献不再一一列出。

受麻风病的感染发炎刺激骨膜（Hogan and Zimmerman，1962），并依此说解释丹麦中世纪麻风病墓地的人头骨上有高达 69.7% 的病变出现率（MΦller-Christensen，1961）。不过至今远不清楚麻风病对泪腺的影响关系，而且眼窝筛在眶顶板上的病灶远离泪腺窝而怀疑泪腺炎刺激产生眼窝筛的可能性。

沙眼说（Trachoma）——这是基于麻风病人中沙眼（粒状结膜炎和结膜炎）的出现率很高（Chatterjee and Chaudhury，1964），而非特异性沙眼（nonspecific trachoma）也可能是引发眼窝筛病变的原因（Blumberg and Kerley，1966）。如病毒沙眼（viral trachoma）于大量生活在原始生活状态下的人中产生感染。据统计至少在世界人口中 50% 的人感染过这种沙眼，特别是在贫困的非洲和亚洲国家（Heuschen，1966），而且这种感染通常又是左右对称发生的。在解剖学上也与眼眶的前部有密切关系（Nathan and Haas，1966）。但是结膜囊（Conjunctival sac）靠近眼眶的中部侧壁，这些部位从来不与眼窝筛病变发生关系。所以沙眼和其他结膜炎似乎不能作为眼窝筛病变的起因。

营养不良说（Nutritional deficiency）——目前有些资料提示某些营养不良可能是眼窝筛的起因。因为营养的紊乱同整个时期地方人群的眼窝筛病变的发生相符合。这可以解释为什么在未成年孩子中通常比成年人更容易受到感染，因为在孩子的骨骼生长发育期受营养不良的影响更为敏感。又如眼窝筛病变在麻风病患者中较高的发生率可归因于麻风病院的劣质营养条件及由于疾病本身产生的营养障碍（Henschen，1956，1961）。与此相似，在出自生活条件贫困的原始希腊人遗骨中也具有较高的眼窝筛发生率。而这种病害被归因于地中海贫血（Thalassemia）或对幼儿缺失 Vitamin（维生素）的反映，或两者兼而有此（Angel，1964）。相反，在生活条件更好的 2000 名瑞典人的尸体解剖中几乎没有发现一例眼窝筛病变（Henschen，1961）。此外，在对不同骨骼人群的眼窝筛病变调查中，高发病率发生在食物供应不充分的人群里（Alathan and Haas，1966）。在一个反罗马人的 Bar-kockba 战争期间（公元 132 ~ 135 年）用作避难的洞穴里的古代犹太人（Jewish）骨骼上，眼窝筛很普遍，孩子中的感染率高达 95.2%。这些孩子可能是因饥饿而死亡的。

维生素缺乏说（Vitamin deficiencies）——维生素的缺乏也被有些学者认定为引起眼窝筛病变的原因。因为维生素 C 缺乏或坏血病可能引起眼部出血，而在全部婴儿坏血病例中显示大约有 10% 的眼眶疤痕（Orbital lesions）（Still，1915）。此种出血发生在骨膜和骨性眶顶前部之间，并且通常是双侧发生（Rodger and Sinclair，1969）。但这种由眼眶部出血引起骨变化是在动物的实验中报告过，即猨猴子（monkeys）的食物中长时间缺乏维生素 C 而引起了眶部的骨性变化（Howe cited by Hooton，1930；Zilva and Still，1920）。但坏血病肯定不是眼窝筛发生的主要原因，因为眼眶疤痕（orbital lesions）出现在整个坏血病病例中的比例很小。而维生素 A 缺乏和泛酸（pantothemic）虽也影响骨骼的感染，但其骨性变化并不发生在眼眶顶部。

缺铁性贫血假说（Iron deficiency）——最近的研究认为缺铁性贫血（Iron deficiency anemia）是引发眼窝筛病变的主要原因（Carlson et al.，1974；Hengen，1971；Moseley，1965）。因为对世界上许多不同民族的眼窝筛出现率的调查，发现频率最高的是在靠近赤道的地区。这种现象正好同世界上缺铁性贫血的分布有关（WHO report，1968），并且热带地区缺铁性贫血的高发生率与一些寄生虫的侵袭有关，如痢疾性阿米巴（entamoeba histolytica）、结肠小袋（纤毛）虫（balantidium coli）、内圆线虫（strongyloides）、蛔虫（ascaris lumbricoides）、兰氏贾第鞭毛虫（giardia intestinalis）、毛首鞭虫（trichuris trichuris）等，而尤其是钩虫（hookworms）如十二指肠钩虫（ancylostoma duodenale）和美洲板口线虫（necator americanus）。事实上也有眼窝筛病理记录出自严重钩虫病的解剖学例子（Cognei，1912）。引起缺铁性贫血还有其他重要因素，其中包括食物中铁元素的不足，肌醇六磷酸（phytic acid）的存在阻止肠道对铁元素的吸收；口炎性腹泻（sprue）的吸收障碍，婴儿哺乳期的延长（奶中铁元素含量低）及通过出汗的铁元素缺失等。

对未成年孩子眼窝筛的高出现率用营养伤害来解释比较容易，如幼儿断奶的食物转换期容易发生腹泻等，而在这个转换期内更需要铁元素。此外，在孩子中大量寄生虫侵袭的机会更大（May，1958；Trowell and Jalliffe，1958）。许多灵长类也易遭寄生虫侵袭而与出现眼窝筛有关。而在欧洲和其他文明地区由于改善营养和卫生条件使眼窝筛病变急剧减少。在挨饿的人群中，与铁元素的缺乏是相符合的。对骨骼人群及环境的研究也加强了缺铁贫血引起眼窝筛病变的看法。如在古代 Nubia，在 285 个个体中眼窝筛的出现率达到 21.4%。这可能和食用低含铁量的碾碎谷类及普遍寄生虫感染的引发有关（Carlson et al.，1974）。在德国 Nusplingen 出土的 118 个大约公元 400 ~ 800 年的古人骨中，眼窝筛的出现率高达 60%。而对这个地区的水和土壤的分析，缺乏铁元素（Hengen，1971）。有许多人类学家则把眼窝筛看成与疏松骨过度增生（Spongy hyperostosis）有关的证据，并把它设想为这种症状的最早的病灶（Angel，1966；Carlson and VanGerven，1974；Hengen，1971；Hrdlička，1914；Zaino，1967）。如在 60 个有眼窝筛病变的出自 Scottish 头骨中，只有一个有疏松骨过度增生痕迹。又如在 285 个史前 Nubian 头骨中有 21.4% 具有眼窝筛病变，但其中只有一个头骨具有疏松骨过度增生痕迹（Carlson et al.，1974）。在 53 个 Hawaiian 土著人婴儿和小孩头骨中有 22.8% 显示眼窝筛病变，但其中也只有两个头骨显示存在疏松骨过度增生（Johnson and Kerley，1974；Zaino and Zaino，1975）。因此如果眼窝筛和疏松骨过度增生都是由急性或慢性贫血引起的话，以上这些资料似乎暗示眼窝筛是原初的病理紊乱（disorder）。有些学者提出为什么骨髓增生过盛（Marrow hyperplasia）最初发生在眶顶而不是在其他更重要的生血组织（Hematopoietic tissue）的位置（Blumberg and kerley，1966）？实际上骨髓增生过盛可能同时发生在骨骼的不同部分，但只有眶顶显示出这一过程是因为其薄的外板由于底层的肥大和板障增生过盛（Hyperplasis）而容易被侵蚀。

总之对具有不同营养背景的骨骼人口的比较研究有希望对缺铁性贫血是眼窝筛起因的讨论提供进一步的支持。而在猴类中用食物限制性的实验研究又可能提供眼窝筛之谜的重要信息。

本报告考察和记录了洋海墓地头骨上的眼窝筛病变的出现情况作为他们的健康标志之一。前已交代可供观察的头骨共 489 具，它们分别属于三个早晚时期。就一大组头骨而言，其中男性和可能男性的 279 具，女性和可能女性的 168 具，另有 42 具未明性别（见附表 1 至 4）。按三个早、中、晚分期的性别分布是：

早期——82 具，其中男性 46 具，女性 26 具，性别不明 10 具。

中期——299 具，其中男性 168 具，女性 109 具，性别不明 22 具。

晚期——53 具，其中男性 38 具，女性 10 具，性别不明 5 具。

此外还有一部分因各种原因墓号佚失和无法分期的 55 具，其中男性 27 具，女性 23 具，不明性别 5 具。

所有头骨的性别年龄认定依表 2。

对眼窝筛病变的大致量化等级主要采用三级法，以避免其他的不同分类方案可能造成困难和复杂化（Welcker，1888；Nathan and Hass，1966；Hengen，1971；Ryan，1977）。三级划分代表了这类病变的不同发展阶段。即：

Porotic——多孔状，以分散的纤细小孔为特征，散布在眶顶板前部的侵蚀性微细孔。

Cribratic——筛孔状，以更大而多的孔为代表，或称粟样孔。

Tabecular——呈小梁状，孔之间以更大和较深的沟相连接失去孔状个性，呈细脉状分布。

三种等级的模式图如下：

Porotic　　　　Cribratic　　　　Tabercular

对洋海头骨中具有这种病变个体的记录逐一列于表 15。表 15 中病理形态一栏中用词主要有"微孔状""筛孔状"或"粟样孔"及"小梁状"三类，后者个别用了"网络状"用词。这三种用词基本上与上述的"Pototic"、"Cribratic""Tabercular"相对应。

我们对洋海头骨中眼窝筛出现情况进行了统计，其中包括整体的出现率、男女性组的出现率及未成年的出现率和墓葬分期的出现率等。统计结果如下示：

（1）全部罹患个体按墓号、墓葬分期、性别、年龄、病变形态及病变分类等项目登记在表 15 中。

（2）由表 15 获得的基本统计数据如下：

1）全部检出的罹患个体共 100 个头骨，其中男性 59 例，女性 22 例，性别不明的 19 例。

2）在此 100 个体中，年龄小于 14 岁未成年个体 30 例，大于 15 岁的成年个体 70 例。

3）墓葬分期罹患个体（不分性别）的情况是
早期墓葬患者 11 例（观察此期个体 82 例）。
中期墓葬患者 65 例（观察此期个体 299 例）。
晚期墓葬患者 16 例（观察此期个体 53 例）。
墓号佚失患者 8 例（观察墓号佚失个体 55 例）。

4）墓葬分期中罹患者的性别情况是：
早期：男性 4 例，女性 4 例，性别不明 3 例。
中期：男性 42 例，女性 14 例，性别不明 9 例。
晚期：男性 9 例，女性 2 例，性别不明 5 例。
墓号佚失：男性 4 例，女性 2 例，性别不明 2 例。

5）按墓葬分期的未成年罹患个体情况是：
早期：4 例
中期：17 例

晚期：6 例

墓号佚失：3 例

合计：30 例

根据以上统计数据制成表 16 ~ 21：

（3）根据以上统计数据与表 16 ~ 21，对洋海墓地人口中出现的眼窝筛病变情况归结如下：

1）洋海头骨（489 具）中有 100 个体出现轻重程度不等的眼窝筛病变，占全部头骨数的 20.4%。其中男性罹患个体 59 例，占男性个体总数（279 个）的 21.1%；女性罹患个体 22 例，占女性个体总数（168 个）的 13.1%。即男性个体中的罹患率高于女性（见表 16）。

2）在全部 489 具头骨中，小于 14 岁以下的未成年罹患个体 30 例，占 20.4%，占全部未成年个体（67 例）的 44.8%，即在未成年中有将近一半个体普遍出现这种病变。与此相对，在成年个体罹患的 70 例占全部成年个体（422 例）的 16.6%。这两组相应的数据显示，在洋海墓地死亡人口中的未成年病变罹患率很高，在成年中该患病率明显降低，这种情况暗示此种病变主要发生于未成年期，在从未成年向成年过渡中有些个体的病变被"治愈"而消失（见表 17）。

3）按墓葬分期统计的男、女罹患率，男性在早期较低，中、晚期明显增加；女性则晚期较高于早、中期。男女性组相比，女性在早期的罹患率（15.4%）比男性（8.7%）更高，中期（12.8%）则比男性（25.0%）低，晚期（20.0%）也比男性（23.7%）稍低，但差距不大（见表 18）。

4）在不同的墓葬分期中，未成年个体的罹患率从早期的 30.8%，中期的 43.6% 到晚期的 100.0%，似有加重趋势（见表 19）。

5）病变的年龄变化统计，在 100 个罹患个体中，最轻的微孔状等级在所有年龄段中都是最多的，占全部的 81.0%。而筛孔状和小梁状个体在老年似最高，其增长规律筛孔状随年龄的增长大致有增加之势，特别是中、老年更高一些（20.0% 和 25.0%）。小梁状则不那么规律。合计来看，微孔状等级的占大多数（81.0%），其次筛孔状（14.0%），最少小梁状（5.0%）。这些现象说明，在洋海人口中的眼窝筛大部分是轻度等级的，发展至严重等级的不到 20%（见表 20）。

6）病变发生的对称性统计表明，左右对称出现的占大多数（82%），单侧出现的仅 17%，另 1 例不明（只看到一侧出现，另一侧眶部缺残而无法肯定是对称出现还是单侧出现）。此外单侧出现中的左侧比右侧明显更多。这种不对称现象是否暗示此种疾患的原发左侧比右侧的

更早一些也未可知。实际上在对称出现的个体中也不乏有左侧的病变程度重于右侧的个体，而相反的情况则甚少（见表 21）。

关于眼窝筛病因学问题前已例举了多种假说，如种族说、泪腺炎说、沙眼说、营养不良说、维生素缺乏说和缺铁性贫血说等等。而缺铁性贫血说是近年来被认为最具可能的假说（Steinbock，1976）。因为在所有已经观察到患有眼窝筛病变的人群中一般都伴随有相应的流行贫血的现象（Hengen，1917；Carlson et al.，1974；El-Najjar et al.，1976；Lallo et al，1977）。最近根据对包括眼窝筛在内的 porotic 假设的人类学和临床的研究，Stuart-Macadam（1985）认为在成年人中所见的促骨痂形成的骨肥厚（Porotic hyperostosis）的痕迹最有可能代表儿童贫血发生的一段经历过程，或者表示在生长期没有经历完全重建骨骼变化的结果。因此眼窝筛病变被当作良好的反映健康状况的标志之一（Lallo et al.，1977）。

日本学者 Suzuki（1987） 在测定 Marianas（Micronesian）、Hawaiian（Polynesian） 和 Japanese 三组骨骼人群的眼窝筛病变的出现率上分别获得 9.9%、12.5% 和 13.5% 比例，并认为在这三组太平洋人群中没有明显的差异，并且在他发表的 9 组太平洋人口的罹患率范围在 8.0% ~ 15.0% 之间。根据 El-Najjar（1976）研究的两组不同生态和食物环境下的眼窝筛出现情况，其中一组是从 Canyon-site 出土的 Anasagi Indian 头骨，他们大量的依靠玉米为生，而玉米干扰铁元素的吸收，因而表现出很高的罹患率（44.0%）。而另一组是 Sage Plains 的居民，他们消耗富含铁元素的动物食品，因而显示出明显低的罹患率（12.6%）。又据其他的古病理学调查，有些局部人群成年人中也有很高的罹患率可能与取食黍谷类食品（Cardson et al.，1971）、水及土壤中缺乏铁元素有关（Hengen，1971）。而麻风病人的营养不良（Henschen，1961；MΦller-Christensen，1961）等情况也可以引起缺铁性贫血症。因此 Suzuki（1987）认为至少在他调查的三组太平洋人群中在缺铁性贫血上其滋生的生活条件比较优越。

在中国古人骨材料上做眼窝筛病变的调查几乎没有，仅见的是对山东广饶新石器时代人骨上发表过些许的调查[27]，并顺便作为地区性材料的对比，同时发表了现代华北人和云南人头骨的调查（表 22）。就成年头骨而言，在广饶新石器时代的 101 具头骨中发现约 50 具头骨约占 49.8% 有轻重（该文只划分为两个等级）不等的罹患率，这个数据相当高。在 24 具未成年头骨中罹患该病变的有

表 16　洋海墓地全组的罹患率

性别	观察个体数	罹患个体数	罹患百分比
男性	279	59	21.1%
女性	168	22	13.1%
不明性别	42	19	45.2%
合计	489	100	20.4%

表 17　洋海墓地成年和未成年罹患率统计表

年龄	观察个体数	罹患个体数	罹患百分比
成年（>15 岁）	422	70	16.6%
未成年（<14 岁）	67	30	44.8%
全部	489	100	20.4%

表 18　洋海墓地墓葬分期罹患率统计表

墓葬分期	男性	女性	性别不明	合计
早期	4/46（8.7%）	4/26（15.4%）	3/10（30.0%）	11/82（13.4%）
中期	42/168（25.0%）	14/109（12.8%）	9/22（40.9%）	65/299（21.7%）
晚期	9/38（23.7%）	2/10（20.0%）	5/5（100.0%）	16/53（30.2%）
墓号佚失	4/27（14.8%）	2/23（8.7%）	2/5（40.0%）	8/55（14.5%）

表 19　洋海墓地墓葬分期未成年个体的罹患率统计表

分期	未成年个体数	未成年罹患个体数	未成年罹患率
早期	13	4	4/13（30.8%）
中期	39	17	17/39（43.6%）
晚期	6	6	6/6（100.0%）
合计	58	27	27/58（46.6%）

表 20　洋海墓地病变的年龄变化统计表

病变等级	未成年	青年	壮年	中年	老年	合计
微孔状	24（80.0%）	21（87.5%）	22（81.5%）	12（80.0%）	2（50.0%）	81（81.0%）
筛孔状	5（16.7%）	1（4.2%）	4（14.8%）	3（20.0%）	1（25.0%）	14（14.0%）
小梁状	1（3.3%）	2（8.3%）	1（3.7%）	0（0.0%）	1（25.0%）	5（5.0%）
合计	30（100.0%）	24（100.0%）	27（100.0%）	15（100.0%）	4（100.0%）	100（100.0%）

表 21　洋海墓地罹患侧别出现统计表

对称出现	仅左侧出现	仅右侧出现	不明	合计
82%	15%	2%	1%	100%

表 22　不同地区人群（成年）眼窝筛出现频率

样本人群	观察例数	眼窝筛病变出现率	资料来源
Ainu（阿依努）	140	14.3%（20/140）	Koganei（1894）
Japanese（日本人）	631	14.6%（92/631）	Osawa（1888）;Koganei（1912）
Japanese（日本人）	96	13.5%（13/96）	Suzuki（1987）
Chinese（中国人）	–	10.0% ~ 13.4%	Henschen（1967）;Brothwell（1972）
Marianas（马里亚纳人）	161	9.9%（16/161）	Suzuki（1987）
Australians（澳大利亚人）	400	14.3%（57/400）	Webb（1982）
Hawaiian（夏威夷人）	303	12.5%（38/303）	Suzuki（1987）
Peruvian（秘鲁人）	–	8.1% ~ 9.0%	Brothwell（1972）;Henschen（1967）
British Columbia Indians（不列颠哥伦比亚印第安人）	360	8.9%（32/360）	Cybulski（1977）
Yucatan（尤卡坦人，墨西哥）	36	25.0%（9/36）	Hooton（1930,1940）
American Indian（美洲印第安人） European and Asiatic（欧洲和亚洲人）	718	25.3%（182/718）	Nathan and Haas（1966）
German（德国人）	–	3.7%	Welcker（1888）
Nusplingen（奈斯普林人，德国）	118	60.0%（71/118）	Hengen（1971）
Scottish（斯科梯人，苏格兰）	718	6.6%（47/718）	MΦller-Christensen and Sardison（1963）
Nubians（努比亚人，苏丹）	285	21.4%（61/285）	Carlson et al.,（1974）
North Chinese（华北人）	98	14.3%（14/98）	文献［27］
Yunnan（云南人，中国）	136	17.6%（24/136）	文献［27］
Yang hai（洋海，新疆，中国）	422	16.6%（70/422）	
Guangrao（广饶，山东，中国）	101	49.5%（50/101）	文献［27］

注：表中数据转引自参考文献［25］［26］。

17 具，占 70.8%，这个数据特别高，但从新石器墓葬中由于各种原因丢失一些未成年小孩的骨骼，所以这个数据是否接近实际情况或过于偏高也未可知。但是新石器时代未成年人中有偏高的罹患率可能的事实，与此相应，现代成年华北人头骨的出现率为 14.3%（14/98），云南人的出现率为 17.6%（24/136），这两组的成年病变率明显比广饶新石器时代的要低得多。由于这两组材料中只有很少的未成年头骨（华北 5 例，云南 4 例），因而它们的出现率可信度很低。该文最后认为现代的华北和云南头骨的眶顶筛孔病变出现率无显著差异，它们与广饶新石器时代头骨的出现率之间差别明显，广饶头骨上的高病变率"可能与新石器时代原始农耕条件下的低水平营养和不良卫生状况等容易诱发缺铁性贫血有关"。不过这只是对广饶新石器时代人眼窝筛高发病率成因的一般性的推测，对于具体的可能致病因素还需要从饮食、卫生状况及水、土的元素测定等方面进行更多的综合研究。

新疆洋海墓地人口的眼窝筛病变率为 20.4%，其中成年的罹患率为 16.6%，未成年的 44.8%。就成年的罹患率来讲，收集的世界其他各地的成年罹患率（见表22）中除个别地点［如德国的奈斯普林人（Nusplingen）］高达 60% 以外，洋海的病变比例大概在偏低的范围。而未成年中罹患率比较高的现象与其他许多地点的同类比例也较成年为高的现象相似。如苏格兰 18 世纪斯科梯人（Scottish）的未成年头骨中（25 具）患有眼窝筛的就占了 13 个即占 52.0%；而在 718 具成年头骨中的病变比例仅为 6.6%（47 具）（MΦller-Christensen and Sandison，1963）。在 718 具包括了 American Indian、European and Asiatic（美洲印第安人、欧洲和亚洲人）的头骨中，未成年罹患率也高达 64.4%，而成年人的罹患率为 25.3%（Nathan and Haas，1966）。尽管这种未成年高发生率现象与收集未成年材料是否完全有关，但成年个体中的比例明显下降的现象大概可视为此种病变的一个年龄特点。这一特点可能暗示眼窝筛病变易发于未成年，而这个年龄段是从身体的生长到发育的时期，与可能获得的

表 23   洋海墓地 30 例未成年病变个体的年龄分布统计表

年龄（岁）	1–	2–	3–	4–	5–	6–	7–	8–	9–	10–	11–	12–	13–	14–
罹患个体数	0	3	1	1	2	4	3	1	4	1	3	4	2	1

营养状况具有更大的敏感性有密切关系。而洋海墓葬人口中的这一特点也不例外。

从洋海古代人可能依赖为生的饮食条件来看，特别是从缺铁性这个角度是否符合，只能依靠考古学证据的间接推测。考古报告中反映，古洋海人主要从事畜牧牛羊类，它们骨骸的发现相当普遍，植物粮食类发现有麦类。其中按现代对这些食物类的营养成分分析，小麦的含铁元素每百克中只有 0.6 毫克，牛肉为 2.2 毫克，羊肉为 3.9 毫克，牛奶为 0.3 毫克，酸奶 0.3 毫克，奶酪 1.4 毫克。据报告还发现有葡萄的栽培，其含铁量只有 0.2 毫克。如果以上可能作为古洋海人的主要食品，那么它们都可视为低含铁量或比较低含铁量的种类。那么自可类推，该地区的未成年个体的生长期并伴随低含铁量的食物条件[28]。而按正常人每日所需营养素供给量，1 ~ 14 岁未成年所需是 10 ~ 20 毫克，成年以后大致维持这个数量（仅孕妇、乳母有些增加），到中老年则略有减少（12 毫克）。由此可见，从未成年到成年，每个人所需铁元素没有显著的改变，因而低铁量元素条件引起高频率眼窝筛病变的影响主要在未成年时期的生理过程中而在成年期少有影响。这或许就是为什么在未成年中有高频率病变的原因之一。也说明成年个体中病变率的减少并非有更多含铁食物的增加引起的。

本文列出洋海墓地 30 个未成年期罹患个体的年龄分布（表 23）。

由表 23 所列数字来看，从 0 岁到 14 岁的年龄段中，很难说在未成年的哪个时期存在病变出现的相对集中的高峰期，而是在除 1 年岁外，其余每个年岁都有 1 ~ 4 个不等的病变个体出现。因此我们除了这种病变的高发生率主要在未成年期外，很难再进一步寻找更狭窄的年龄特点。由此推测病变的因素所起的作用在未成年时期也渐变积累的过程，不像是某种突发短暂的因素在短时间里促成的结果。应该注意的是洋海墓地不同时期的病变发生率的变化，即无论按性别的区分还是全部个体的观察都是罹患比例有随时间增加的趋势。这一点在全部个体的分期统计中表现得似乎更为明显。与此相应，对未成年个体的分期罹患率的统计也显示随时间罹患率升高。这或暗示这个地区的古代人口中的营养健康状况并未随着时间的推移有明显的改善，甚至有恶化的可能。

从病变的年龄变化来说，在洋海的材料基本上体现在轻度等级，中等和重度等级的很少。除了大部分个体的病变左右侧同时存在外，少部分单侧出现的又以多数出现于左侧，这或许暗示这种疾患在发生学上左侧为先也未可知。

总之，对洋海古代人骨上的眼窝筛病变的调查，在其病因学上的认识更多倾向于未成年期的不良营养或缺铁性贫血引起的，而且这种致病因素对未成年的生长影响很明显。在时间上也没有获得明显的改善，相反似有恶质化的趋势。

（三）多发性骨髓瘤[26]

所谓多发性骨髓瘤（Multiple myeloma-plasma cell myeloma，myelomatosis）[29]是在骨髓里浆细胞恶性瘤引起的增殖，其通常的名称叫浆细胞性骨髓瘤（Plasma cell myeloma）或骨髓瘤（Myelomatosis）。在 50 岁以上的老年人肿瘤病例中大约 90% 是此种肿瘤（End Result in Cancer 3，1968），小于 40 岁的人中并不普遍。在现代人中这种疾病的出现主要在 40 ~ 60 岁的年龄段，儿童和青少年中则稀见此病（Geschickter and Copeland，1944；Porter，1963）。

在成年人中，具造血功能的骨髓的骨骼部分是其主要的涉及部位，如脊椎骨、肋骨、盆骨和头骨等。老年病例中也有涉及股、肱骨的近中部分。肘关节和膝关节的近中骨骼则比较少见（Carson et al.，1955；Aegerter and Kirkpatrick，1968）。在肩部的肩胛骨和锁骨可能受侵蚀损坏而穿孔，但肱骨则不易受影响。肩胛骨的受损主要发生在腋窝下的边缘和肩峰处，锁骨的受损则主要发生在外侧端靠近肩胛骨的关节盂窝部（Moseley，1963）。骨髓瘤细胞在骨髓里无节制地增殖引起骨骼的各种病变，其中最具代表性的是骨性溶解导致向外穿孔。骨髓瘤的伤害发生在头骨和长骨上比较普遍。类似的伤害也可能涉及锁骨的外侧部如肩胛骨肩峰突。而围绕这些骨溶解损伤部位的骨硬化现象是很罕见的。

多发性骨髓病损伤始于骨髓中，而且向骨皮层侵蚀，通常在 X 光透视片上呈扇贝形或圆形影像。由于这种侵蚀向皮质骨层的扩展，经常出现穿孔并伴随形成锐利的边缘。在诸如头盖骨这类扁薄的骨骼上，肿瘤的侵蚀通常穿透内外板而入侵邻接的软组织。

多发性骨髓瘤的发生常呈弥漫性分布，损伤处的骨小梁变细和稀少及伴随骨皮层的薄弱。而骨质疏松的扩展常引起病理骨折和虚脱衰退。有人统计在 97 个病理骨折患者中约有 62% 是此种疾病引起的（Snappor et al.，1953）。

在国外的考古材料中对这种病例的个案有过报道。如在美洲的考古材料中曾报告过 10 例可能是多发性骨髓病的资料，其中一例只有 10 岁（R. Ted Steinbock，1976）。在公元前 2000 ~ 前 1500 年的 Prenees 新石器晚期的头骨上也发现过此种病变（Fusté，1955）。据 Ackerknecht（1953）的回忆，在法国的新石器时代和北美前哥伦比亚（pre-Columbian）时代的人骨中也报告过此种骨髓瘤病例。Ritchie 和 Warren（1932）也记述过一个前哥伦比亚时代印第安人的典型病例。在国内的考古材料上尚未有人报道过这种骨髓瘤的标本。

本报告中的一个病例出自洋海墓地的 ⅡM140：B 墓葬的一具头骨（图版三三七，4；图版三三八，1）。这是一具成年（约 35 ~ 45 岁间）女性头骨，其齿槽骨明显萎缩是牙周病患者。头骨上的多处肉眼可观察到的病变遗迹记录如下：

第一处是在右顶骨的前上部，分布有三个斜行连续排列且病变发展程度不尽相同的骨溶解穿孔，从外表看其中位于最前位的一个孔最大（长宽约 12.5mm×9mm），略近似长圆形，孔的周边骨板上有些骨溶的细孔散布；第二个孔比第一个孔小（长宽约 7mm×8mm），孔形不规则；第三个孔形最小（长宽约 5mm×4mm），近圆形。但其骨内板尚未完全穿透，但板障部分已完全溶蚀呈空隙状。这三个孔的边缘皆呈锐利状。这三个连续排列的孔从它们的大小及骨溶蚀程度来看很像是病变发展的不等过程：第一个孔孔形最大，骨溶蚀伤害最彻底，孔的周边外板上尚留下一些骨溶蚀的粟样细孔，似乎病变的发生最早；第二个孔孔形较小，但骨板已完全穿透，病变的发展似比第一个孔要晚一些；第三个孔最小，骨溶蚀尚未完全向颅腔穿透。

第二处是在右侧蝶额缝上方有一直径约 5mm 的圆形穿孔，其孔缘锐利，损伤部位也没有任何骨硬化现象。

第三处在左顶骨后中部近同侧人字缝处有 5 个大小不等的粟样细孔，用强光源从颅腔内照射该患部可以发现其内外板之间的板障已完全溶蚀而呈现圆形透亮的空腔，但其内板尚未溶蚀穿孔。

第四处是在左顶骨沿同侧冠状缝自蝶缝上方向上向前囟区各有相隔一段距离的三个小粟样孔（直径仅 1 ~

2mm）分布。这三个单独分布的细孔也如前述第三处粟样孔，用强光透照发现内外板之间的板障组织处呈现因溶蚀而形成的圆形空腔，但其内板尚未溶蚀穿透。

除了以上几处脑颅上的病灶外，在此个体的下颌骨上也发现几处病灶：一是在左下颌角部由于与脑颅上相似的骨溶而使下颌角呈圆弧形缺损，暴露出来的内外板之间的疏松组织也呈溶蚀犹如半圆形穿孔。另一是在右下颌角内侧有直径约 2mm 的五个小型粟样孔，同样在强光透射下在内外板之间的疏松组织也被溶蚀形成空隙。由此可以断定这些小孔也是由骨髓病灶刚刚发展到骨外板的萌发标志。第三处是在右下颌髁状突内侧，出现略近长圆形的腐蚀孔，虽还没有穿透下颌髁状突的外侧板，但其内的疏松组织也被病变蚀空了。

由上可见，ⅡM140：B 头骨和下颌骨上由于多发性骨髓瘤的破坏，出现了多处恶性病灶。其中有的一眼看去便能发现较大的穿孔，但有多处仅是单个或少量几个粟样细孔状，稍不注意便很易被忽略过去。这些病灶的形状也明示其病源是先从造血功能的板障组织开始甚至溶蚀骨内外板而成穿孔损害。

为了验证肉眼的观察判定，我们对 ⅡM140：B 头骨作了 X 光透视（图版三三八，1）。从这些透视片上很容易看到在这具头骨的脑颅上散布有很多深色的圆形斑点。这些斑点虽然是因骨髓瘤引起骨溶蚀的病灶，其数量比我们用肉眼观察到的还要多。因此可以断定，这位女性当死于此种恶性骨髓瘤。可惜的是发掘者只采集了头骨，否则或可能在其颅后骨骼上也发现此种病变的弥漫证据。

如前所述，在中国境内古人骨上还没有诊断过多发性骨髓瘤的病例报道。洋海的这一病例可算是最早的一个案例。不过从发现的时间来说，另有更早的一例是在宁夏发现的，但没有正式报道过。由于这两个病例相似，不妨在此一并报告如下。

这是一具出自宁夏固原开发区（南源）唐代墓葬（2004GKM49：乙）的脑颅骨（图版三三七，3），可能是 30 ~ 40 岁的女性。在这具头骨上有几处引人注目的穿孔现象：

首先一处是位于额骨左侧靠后部位有一对彼此紧邻的穿孔，两者略呈偏长的圆形，其长短径分别为 11mm×8mm（靠外侧的孔）和 8.5mm×5mm（靠内侧的孔）。孔的边缘锐而不整齐，其周边外骨上有一些腐蚀状细孔分布，内外板之间的板障也呈腐蚀状。内板也溶蚀成孔。

第二处位于右顶骨靠近冠状缝前囟区的一个穿孔，形状也略近长圆形，孔形比前述的两个孔略小，孔缘也锐利，其周边骨面也散布少量溶蚀状细孔，内板也穿透。

第三处位于从前囟点向后约 32mm 坐落于矢状缝上的一个完全穿透的孔，孔形比前述三个孔稍大，约近圆形。其孔缘锐而呈细齿形曲折，孔边外骨面同样散布溶蚀状粟样小孔。有趣的是在此孔紧靠的前右部聚集散布有已经溶蚀穿透的大小不一的筛样小孔，其溶蚀范围也涉及相应的矢状缝位置。此受蚀部位的头骨内板尚未穿透到颅腔。这显然是发自板障的病灶已经开始溶解到骨外板但尚未发展到完全成孔的阶段。这个病灶是受到邻近穿孔病变的影响而继发形成的。

第四处位于右顶骨前外区颞鳞的上方约 18mm 处，出现一群聚拢一处的密集筛孔样小区。这显然也是此种骨髓瘤多发性病灶之一。

从宁夏这具头骨上病变的形态、大小及病灶的多发性等显示了与洋海头骨的病变十分相似。因而本文报告把它们看成罹患有相同的多发性骨髓瘤的个案病例是可以确信的。总之，洋海和固原这两个骨髓瘤病例是目前仅有的两个考古报告案例。尽管这种恶性骨髓瘤在古代人中发生的情况还缺乏专门的普查结果，但从洋海和固原墓地的大量头骨中只发现个案来看，或许这类恶性癌的发生率未必很高。我们期待在以后的古人骨鉴定中有古病理学家参与专门的调查。目前在这方面还是个欠缺的领域。

（四）脑积水症或舟状颅病例[26]

脑积水症（Hydrocephaly）是一种先天性疾病[30]，这种疾病导致头颅在全部方向上异常加长，同时伴随脑颅骨的纤薄化并常在骨缝处出现小型骨块。但这种脑颅的异常增长与婴儿和小孩脑颅生长与面颅相比的比例增大情况不同，后者不能与病理状态下的脑积水症相提并论。这种病例也可能发生在其他哺乳动物中（Ubelaker et al.，1991）。如果发现这一病例的头骨，建议用照相、X 光透视及测量等方法予以说明。还要记录头骨的薄弱化程度、额外缝间骨出现等。准确的鉴定方法参考 Richards 和 Anton（1991）的文献。

在洋海的古代头骨中，我们发现了一例很可能是这种病例，这是一具性别难以确认的未成年（约 11 ～ 12 岁）头骨（墓号为 ⅡM166）。这具头骨的脑颅在额部显得特别膨隆和向前突出，后枕部也向后圆突，从顶面观呈长狭的鸡蛋形。显然这具头骨在前后方向的增长比横向生长更快速而导致颅形发育上的失衡。测得的脑颅长宽指数明显小（72.2）。颅上主要骨缝皆未愈合，不过没有见到缝间小块骨的存在。这具头骨在形状上或与脑颅也发生变形的舟状颅（Scaphocephaly）有相似

之处，后者脑颅的长狭化及颅指数通常低于 70，但其成因是由于矢状缝过早融合和隐没所致。而患脑积水症头骨（Hydrocephaly）由于头骨在所有方向上均匀扩张，常形成比通常头骨更大的球形状，病因上是先天性的。这种情况又和洋海的头骨有明显不同。因此本报告虽将它列为脑积水症病例，但不排除畸形颅中的舟状颅（Scephocephaly）[30] 的可能性，但头骨未愈合而与舟状颅成因不同。

（五）多孔状骨肥厚病例[26]

多孔状骨肥厚疾病（Spongy hyperostosis）是 1913 年由美国体质人类学家 Alěs Hardlička 在前哥伦比亚时期的秘鲁印第安人头盖骨上指出来的[26]。患病位置在枕骨枕脊上方，其代表性特点是在顶—枕骨骨表面呈现大量细筛孔但不涉及矢状缝和人字缝。这种细孔状分布在左、右两侧且有高度的对称性，因而 Hardlička 称名为对称性骨疏松症（Osteoporosis symmetrica）。类似的筛孔状病在头骨的其他部位也有发现。如 Hardlička 在古秘鲁人头骨上的眼眶顶板上被称之为"眼窝筛"（Cribra orbitalia），而且也具有高度的左右对称性（参见前文）。但两者的实际病因学关系还不清楚。对 Hardlička 提出的专用名称提出了更确切的名称即"海绵质骨肥厚症"（Spongy hyperostosis）（Hamperl，H.and P.Weiss，1955）。

较早时期的学者对这种疾病的病因和发病机理曾有过几种假设，如佝偻病说（Rickets）（Williams，H.V.，1929）、缺钙说（Todd 引自 Williams，1929）、中毒说或内分泌紊乱说（hardlička，A.，1914）、先天性梅毒说（Virochow 引自 Henschen，F.，1961）等。还有的主张头顶水罐说（Smith.E.G. and W.Jones，1908）甚至婴儿头部绷带说（Williams，H.V.，1929）。

1930 年 E.A.Hooton 对 Peos Pueblo 印第安人的报告提出了对多孔状骨肥厚的病因学问题。他指出在 Yucatan 的 Chichen Itza 的 Sacred Cenote 之年轻儿童头骨中（公元 900 ～ 1200 年）。此种疾患很普遍，从出自该遗址的 6 岁和 12 岁的保存良好的 21 具小孩头骨中有 14 具即占 66% 具有显著的 Spongy hyperostosis。类似的疾病也发现于新墨西哥的 Sacred Cenote 及 Pecos Puble 的公元 800 ～ 1800 年的成年人中。Hooton 将这些头骨的 X 光摄影与患有重型地中海贫血（Thalassemia major）现生孩子的 X 光摄影进行了比较之后，指出两者之间有密切相似性，两者的头骨都显示骨骼板障空间扩大头骨的骨髓（Marrow）过度生长，变粗的骨小梁向内表面呈垂

直方向排列，在 X 光照片上呈"hair-on-end"现象，即典型的地中海贫血。早期的比较也在 Mayan 头骨和镰刀形细胞贫血（Sickle-cell anemia）之间的多孔性骨肥厚之间进行过（Moore，1929）。从那时起，有许多人确信这些史前和早期历史时期的人遭受了先天性溶血性贫血（Hemoly tic anemia），就像地中海（Thalassemia）或镰刀形细胞贫血（Sickle cellanemia）。这一误解最近导致了对异常血红细胞史前分布方向的解释（Zaino,D. E.,1964,1967）。

最近在血液学和放射学上的进展显示，一些血液学的紊乱可能在头骨上产生"hair-on-end"型的骨性变化。因此，除了重型地中海贫血（Thalassemia major）和镰刀形细胞贫血外，多孔性骨肥厚（Spongy hyperostosis）疾患可能发生在遗传性球形红细胞症（Spherocytosis）、轻型地中海贫血（Thalassemia minor）、遗传性椭圆形红细胞增多症（Elliptocytosis）和其他不普遍的血液学紊乱上。非遗传性尤其是缺铁性贫血（Iron deficiency anemia）也会产生相似的骨性变化（Moseley,J.E.,1965）。

这种病例在洋海头骨中发现一例，是早期的ⅡM56头骨，可能为女性（图版三三八，3）。在此头骨左右顶骨的后部各有面积较大的细孔分布区，孔区的边缘变得稀疏，但其分布未涉及矢状缝和人字缝。从细孔的大小及分布面积来看尚不属特别严重者。但从年龄来看，此种骨疏松从幼年便发生。应该指出，在这座墓葬中另有两具未成年头骨，都属于婴幼儿（一具约3岁，另一具1～2岁）。在此报告的病理个体还具有中—轻度左右对称的"眼窝筛"（Cribra orbitalia）出现。在另一1～2岁头骨上也同样具有中—轻度对称"眼窝筛"存在。而"眼窝筛"的病因学一般较多与某种贫血或营养不良有关（见前文），而且洋海的头骨中这种病例的出现相当普遍。而本案例的顶骨后部的筛孔状骨疏松与"眼窝筛"同时存在，因而对两者病因学上的关系或也未必决然无关。这还需要作进一步群体性调查。

四　齿牙异常磨蚀和排列畸形[31][32]

齿牙异常磨蚀和排列畸形这两项在洋海头骨中也比较常见的。虽说本报告对它们未作如口腔病理那样的群体性出现率调查，但对这两种畸变现象作了部分的记录。下边将这些记录的个案简要如下。

（一）颊齿的异常磨蚀

这里指称的齿牙异常磨蚀主要发生在左或右颊齿特别在臼齿上。这种磨蚀不同于一般咀嚼食物在牙齿咬合面水平方向的磨蚀，即牙齿的磨蚀面呈强烈的倾斜，一般情况下，上颊齿磨蚀面由内上向外下方倾斜，相应下颊齿的磨蚀面也由内上向外下方倾斜。而且磨蚀的严重程度明显重于其前或后位的相邻齿牙的正常磨蚀。因此在我们用臼齿磨蚀等级来估计个体的牙龄时，常常因此加大了操作的难度乃至放弃而使用其他定年的方法。下边对观察到的部分案例记录如下（图版三四〇，1、2）：

ⅠM133：A，男，40～45岁，早期。上 C-M 颊齿齿冠呈现倾斜磨蚀。

ⅠM95，女，30～40岁，早期。M_1^1 斜磨沉重，I、C、P 前位齿也重度磨蚀。

ⅠM90，男，45～55岁，早期。残留齿槽上的 L M_1^1 明显斜磨。

ⅠM15，女，35～45岁，早期。剩余齿槽上的 RM^1 斜磨，RM$^{1-2}$ 同样显示斜磨。

ⅡM69，男，45～55岁，中期。残留齿槽上的 LM^1、RM^2 及 LM$_{1-2}$ 和 RM$_{1-2}$。齿冠倾斜磨蚀强烈，齿髓腔暴露并感染罹患根尖脓肿（有瘘管形成）。

ⅡM45，男，45～55岁，中期。颊齿斜磨。

ⅡM33，男，45～50岁，中期。M_1^1 明显斜磨。

ⅡM141：A，男，45～55岁，中期。LM^1 和 RM^1 严重斜磨。

ⅡM145：A，男，35～45岁，中期。M_1^1 明显斜磨。

ⅡM150：B，男，35±岁，中期。仅剩 LM^1 重度斜磨。

ⅡM118，男，45～55岁，中期。LM$^{1-2}$、RM$^{1-2}$ 明显斜磨。

ⅠM205：B，女，20～30岁，中期。LM$^{1-2}$、RM$^{1-2}$ 明显斜磨。

ⅢM73：B，男，45～50岁，晚期。LM^1、RM^1 明显斜磨。

ⅢM73：A，男，20～30岁，晚期。LC^1–P$^{1-2}$–M^1 和 RC^1–P$^{1-2}$–M^1 全呈倾斜磨蚀。

仅从以上14个记录到的个体来看，这种颊齿的倾斜磨蚀在男女性个体中皆出现，并且除了个别较年轻外，其他都在壮年以上的个体。这或说明这种磨蚀发生的大致年龄。按墓葬分期，在洋海墓地的早、中、晚期中皆有持续的出现。因此作为一种特殊的磨蚀习俗，其延续的时间很长。

对上述一类的齿牙异常磨蚀现象笔者曾对哈密柳树泉焉不拉克古墓地出土人骨的研究中作过简要的报道[4]。那批人骨不多，可供观测的只有24具头骨，但显现有此类磨损的竟占50%。也是男女皆有，也有左右侧颊齿上同时存在的。在其他地点出土的古人骨中也随时观察到过。由此可见，这种颊齿的异常磨蚀在新疆的古人中相对普遍。

导致这种齿牙异常磨蚀的原因并不清楚，或许与这个地区的古代人中存在日常的某种特殊的加工劳作有关，如经常将坚韧的兽皮或某种条状植物纤维咬紧于上下颊齿间并用力向下拉动的加工运动。

如前述，对洋海头骨的这类齿牙异常磨蚀的观察记录只代表了其中的一部分，因而不能提供较为精确的出现频率。实际存在的数量应该比 14 具头骨更多。其中有相当多的颊齿脱落个体已无从观察到。不过据我们的直观感觉，其出现频率可能不会超过哈密焉不拉克的材料。

（二）齿牙排列拥挤及其他畸形[31][32]

所谓齿牙排列拥挤是由于殖生牙齿的上下齿槽骨空间位置的不充分使各种牙齿在牙槽骨上的排列发生异常，如牙齿错位、移位、扭转等现象使牙齿的排列发生拥挤现象。同时对牙齿本身的畸形、多额齿和缺额齿等诸种畸变做了个案的记录。

Ⅰ M211，女？，25 ～ 35 岁，早期。上下 C 齿拥挤，RI^1 和 I^2 错位，相互前后重叠萌生；$L-RP^1$ 有些向舌侧挤入，$L-RI_{1-2}$ 有些挤压，$L-RI_1$ 向舌侧突出；下 LC 缺额，RC 则被挤压在 I_1 和 P_2 之间并逆时针方向扭转约 45°，该 C 的齿形也比正常的小型化。

Ⅰ M133：B，男，40 ～ 45 岁，早期。M^3 生长异常即 LM^3 的齿冠生长方向朝后内方向，RM^3 齿冠在齿槽里的生长向后外方向突出。

Ⅱ M88？，9 ～ 10 岁，中期。此个体牙釉表面呈明显的多条横线。同时眶上顶板有眼窝筛。

Ⅰ M167：A，男？，16 ～ 25 岁，中期。LP^{1-2} 由正常的前后排列变成两 P 齿同向排列。

Ⅱ M117：A，女？，20 ～ 30 岁，中期。LM^2 颊侧前后两个齿尖之间外侧有一芽形小尖生出，此附尖的着生部位与臼齿旁结节（Paramolar tubercle）的常见位置较接近。

Ⅱ M176，？，5 ～ 6 岁，中期。$L-RM^1$ 前内尖舌侧转角处各生有一个芽状卡氏尖（Carabelli tubercle）。

Ⅱ M151，女，20 ～ 25 岁，中期。$L-RI^1$ 呈明显"翼状形"排列，即 $L-RI^1$ 分别稍向逆时和顺时方向扭转。

Ⅱ M147，男，18 ～ 22 岁，中期。$L-RM^1$ 前内尖外侧有芽状卡氏尖（Carabelli tubercle）。

Ⅱ M146，女？，18 ～ 25 岁，中期。上下齿牙釉表面有多条横纹。

Ⅲ M62，男，35 ～ 45 岁，中期。前位齿拥挤与移位，即 $L-RC_1$、RP_1 向唇侧挤出；$L-RI_{1-2}$ 殖生空间过小而互相错位排列，即 $L-RI_2$ 向舌侧挤入，$L-RI_1$ 则向唇侧方向挤出；I^{1-2} 亦如是，即 $L-RI^1$ 向唇侧挤出，$L-RI^2$ 位置大致正常。此外 RC^1 也略向唇侧挤出，RP^1 则逆时针方向扭转约 45°。

Ⅲ M58：中，女，35 ～ 45 岁，中期。RM^3 斜殖于齿槽内，齿冠向后下方倾斜。

Ⅲ M33，男，30 ～ 35 岁，中期。$L-RM^3$ 齿型小型化近似 P 型，齿根变细呈锥形。

Ⅲ M33，女，20 ～ 25 岁，中期。LI^1 位的齿槽舌侧有一泡状突起，内含一埋没齿牙胚（Impacted tooth）。

Ⅲ M73：B，男，45 ～ 50 岁，晚期。$L-RI_1$ 缺额。

Ⅲ M38：B，女？，25 ～ 35 岁，晚期。LC_1 萌出滞后未萌出齿槽外，系半埋没齿（Half-impacted tooth）。

Ⅲ M34，男，22 ～ 30 岁，晚期。左侧上颌后部齿槽骨上方有一外露的形状不规则的异型齿。

由上述个案的记录显示洋海头骨中存在多种牙位拥挤及齿形畸变等现象，如牙齿的排位不整齐、扭转生长、倾斜萌生、齿形小型化及畸形、齿釉表面呈现横纹、额外附尖、埋没齿、牙齿的滞后萌出及先天缺额。但上述个案的记录还只代表洋海头骨中的一部分，因为这批头骨中的大量牙齿缺失（生前脱落和挖掘时脱落），尤其是前位齿的绝大多数单齿根更容易脱落和丢失等诸多原因，因此很难对这些异常的现象作群体的调查和评估。对上述资料只能对口腔及齿牙畸形有兴趣者提供参考。

五　头骨上创伤记录[33]

我们在洋海头骨的一部分中发现有各种不同形状和不同原因产生的骨折创伤。对这些骨折创伤的形态调查有助于我们了解它们产生的原因及规模大小，从而从一个侧面透视古人生活矛盾及暴力伤害的方面。下边也逐一记述如下：

Ⅰ M48，男，40 ～ 50 岁，早期。右颧弓中段向内塌陷变形，并已呈现骨折后愈合，其骨折痕迹尚可辨别。

Ⅱ M94，男，>40 岁，中期。在额鳞上部中右位置有一略近长椭圆形穿孔［长宽 17m ×（8~9）mm］。此穿孔是原有的，疑为冲击力很强及冲击面集中的金属器（？）打击所致。

Ⅱ M93，男？，13 ～ 15 岁，中期。头骨上有多处打击伤且都位于头骨的左侧：一处在翼区前上颞线之后，穿透孔径约 14mm，近圆形；第二处是在此孔之后的颞鳞上，最大前后方向的长度达 39mm，形状呈短的椭圆形，受击处骨板折裂成多块并向颅腔内塌陷；第三处在前一击伤处之后的顶骨的后下角区，约呈圆形，其大小面积约 43mm×35mm；第四处在枕鳞的偏左侧，骨折范围达到人字点区，其下一半呈圆形穿透至颅腔（直径约 22mm），其上一半穿孔长径约 28mm，骨折破裂骨片仍在原位。

ⅡM44，男？，12～13 岁，中期。在左侧顶结节处有一前后方向的砍痕，长约 14.4mm；在矢状缝后段右前侧有一小型戳痕，长约 5.8mm；在右侧翼区有一前后方向的长达 40mm 的砍痕穿透颅腔；在右侧颞骨的颧弓基部到乳突基部也有一个长达 42mm 的前后方向的线形砍痕。

ⅡM44：A，男，20～30 岁，中期。有三处骨创伤：一处在前额正中部有一大致呈水平方向的锐刃器砍痕，长约 18mm，且穿透至颅腔内；另一处在左顶骨前缘的正中冠状缝处有一长约 23mm 砍痕与冠缝约呈 45°角；第三处在人字点紧左侧大致在人字缝上和稍涉顶骨边缘的部位，也是长约 32mm 的砍痕。所有砍痕无任何愈合痕迹（图版三三九，6）。

ⅡM33，男，45～50 岁，中期。左侧颧—颌交接处曾骨折，骨折处已有骨修复痕迹。

ⅠM189，男，40～50 岁，中期。有两处砍痕和一处戳伤：砍痕之一在左乳突的后上方，砍痕走向与乳突长轴方向垂直并穿透至颅腔，砍痕长约 48mm；砍痕之二在左顶结节位置大致呈水平方向并向后长达 53mm，其下位的砍切面呈平整削面，其上位的砍切边则骨片剥落而呈条带状裂隙；戳孔在人字点上方约 23mm 处的右顶骨紧压在矢状缝上，戳孔直径约 8～10mm，其外口大于内口，孔边缘尚留存小块骨片折裂痕迹，可能为某种锐尖的凶器戳穿所致。

ⅠM70：A，男，20～25 岁，中期。有两处骨伤：一在左顶骨近后上角位置有一长约 34mm 的直线形槽状砍痕；另一在枕外隆突部位，也是大致呈水平方向的线形砍痕，其创伤处外骨板有骨片剥落（图版三三九，7）。

ⅠM1：B，男，25～35 岁，中期。鼻骨下段约二分之一处有骨折后大致原位愈合的创伤痕迹。鼻中隔向右侧折曲并留下由前向后上方的骨裂线（图版三三九，4）。

ⅠM1：A，男，25～35 岁，中期。鼻骨下端部异常下塌状，似经历骨折后原位愈合（图版三三九，2）。

ⅡM126，男，>50 岁，中期。左侧下颌角处骨折向内折曲并有愈合现象，下颌角内外骨面变粗涩，骨折线已隐没。

ⅡM106：A，男，40～50 岁，中期。在枕骨靠近枕外隆突上方偏左位有一长约 22.5mm 的线状伤痕，其上的 1/3 段有愈合痕迹，该伤穿透至颅腔的长度约 6.6mm，缝隙约 1mm。

ⅡM207：A，女，35～45 岁，中期。左侧颧弓骨折向翼窝方向塌陷，骨折线在颊骨中部由前下向后上方倾斜；另一处骨折线在前一个骨折线后约 10mm 处的颧弓前部。骨折线皆愈合模糊（图版三三九，8）。

ⅢM36，男，45～55 岁，晚期。鼻骨中部骨折，使鼻骨下半段向右侧偏斜，左鼻骨骨折线尚可辨别，右鼻骨上骨折线已模糊化。鼻尖向右偏离中矢线位置。

ⅢM25：B，男，25～35 岁，晚期。左侧鼻骨中部骨折后留下斜行裂纹的修复痕迹。

No.16，女，14～15 岁，墓号佚失。在此个体的下颌有两处骨损伤：一处在下颌左侧紧靠下颌支和下颌体过渡部外骨面上存在大致由前上向后下倾斜的骨折线痕迹；另一处在大致相同的下颌角部位的内骨面也有略显曲折的骨裂线痕迹，此骨裂部位从咬合面观察在 M$_3$ 齿位。这两处内外骨折线均已愈合且在骨裂线处有愈合增生的加强现象，下颌支的复位愈合也大致在正常原位，仅支部略有些向内侧偏斜。

No.47，男，45～55 岁，墓号佚失。鼻骨似曾骨折碎裂成至少三块，并彼此错位愈合成不规则状。鼻骨受击方向应从右向左的打击。

根据以上对洋海头骨上所做的观察记录，一共在 17 具头骨上出现各种不同形状的骨折创伤，占全部头骨（489 具）的 3.5%，这个比例不算高。其中男性占大多数有 15 例，女性只有 2 例。以年龄计，成年 14 例，未成年 3 例。

一般来说，头部是打斗时被看好的部位之一，因而也是创伤的多发部位。按创伤所在位置，发生在脑颅部位的达 7 例，其次鼻部的达 5 例，颧弓部位的 3 例。后两者是面骨上很容易骨折的脆弱部位。下颌也可归入面颅部位，共发生 2 例且都在下颌角区。

从创伤的形状判断，有用锐刃的工具或凶器砍削致伤如刀、斧一类；也有锐尖的凶器冲击致伤的如枪、箭一类；还有用钝器打击致伤的如槌、石等。而鼻骨、颧弓及下颌等面部的创伤出现较多，或更可能遭受了拳击致伤的机会更大。

洋海头骨中有创伤的个体不多（3.5%），从墓地出土的器物中，根据初步简报，有铜或铁制刀、斧类，但数量不多，而且器形小，其中最长的刀仅 20 多厘米，一般都仅 10 多厘米。弓和箭相对使用较普遍，而且更合理地主要用于狩猎活动。换句话说，洋海墓地的出土物中，除了弓箭可能用于战争的武器外，可能用于作战的刀、剑、枪之类的武器几乎不见。由此可见，在古代洋海人口中，无论从头骨创伤发生的情况和出土可能用于凶器的性质来推断，这些因创伤而死亡的个体基本上不像是集团战争中的死亡者，而是出于各种原因而导致个体之间的矛盾、冲突的牺牲者。

六 头骨上人工穿孔的观察记录 [34] [35]

从新疆境内考古发掘出土的古人头骨上，常常观察到有穿孔现象。本报告的作者之一最初是在 1979、1983 和 1986 年先后前往托克逊阿拉沟、和静察吾呼沟和哈密焉不拉克三个考古工地鉴定人骨时相继发现了穿孔个案。由于都是零星发现的，仅做了简单的记录和拍了照片。1987 年夏再次到了和静察吾呼沟的考古工地，在四号墓地收集的人头骨上又见到了在多具头骨上的穿孔现象，考古人员否定了这些穿孔是发掘中形成的骨折而肯定是原有的。因此我们对这些穿孔逐一做了较详细的观察和记录，并对这些穿孔形成的可能原因作了初步的分析和讨论 [13]。2004 年冬，又应吐鲁番地区文物局之约，承担了对洋海墓地人头骨的鉴定研究，再次发现在部分头骨上的多例穿孔案例。由于这类穿孔的案例可能涉及某种该地区古人中存在的习俗或文化行为，因而将这些穿孔案例也在本报告中逐一记述出来并对这种穿孔的动机进行分析，以求合理的解释。

（一）穿孔头骨的个案记述及结果

我们在总共 489 具头骨上发现有穿孔现象的头骨共 14 具（表 24；图版三三六；图版三三七，1、2）。从表 24 中头骨穿孔记录栏内可以看出有两种孔形，即一种是孔形完整和规则的，主要是方形和圆形的；另一种是在不规则的破裂边缘发现有半圆形或不完整方形的。总之，这 14 具头骨约占全部 489 具头骨的 2.9%，是少数现象。这个比例比我们在和静察吾呼沟四号墓地所观察到的同类穿孔比例（15/87=17.2%）要低许多。因此洋海墓地人口中实施这种穿孔或说成是一种"习俗"并不普遍。

较规整的方或圆的孔形都是小型的，直径或边长一般不大于 20mm。这种情况也和察吾呼沟墓地的穿孔相同。

从穿孔的边缘看，穿孔的方法是与骨面垂直方向的刻切方法，刻切的工具应是窄刃的金属工具。

所有穿孔的边缘皆未显示骨性修复或愈合痕迹，也

与察吾呼沟的相同。在穿孔周围的外骨面上也无炎症痕迹。这和现有国内外发表的与治疗性质的穿孔相悖，后者穿孔后存活的比例一般都在 50% 或更高。因此洋海墓地的这些穿孔更合理的解释是在死后操作而成，与以治疗为目的之穿孔动机完全不同。

从这 14 具穿孔头骨的性别和死亡年龄来看，全都是男性成年个体。这似乎与察吾呼沟墓地头骨上观察到的情况有些不同，后者除了也是发生在多数男性头骨上之外，还发现在女性和孩童头骨上。

穿孔的位置选择似乎缺少相对固定的集中部位，可以出现在头骨的各个部位，反映了某种选位的随意性。

在同一个体的头骨上穿孔数也似反映了某种随意，如只有一个穿孔直到多个穿孔不等。

从穿孔头骨的墓葬分期来看，早期的 3 例，占全部早期 82 具头骨的 3.7%；中期的 10 例，占所有中期 299 具头骨的 3.3%；晚期的 1 例，占所有 53 具晚期头骨的 1.9%。这种情况说明，这种穿孔在洋海墓地一直在少数人中存在并持续。

（二）对头骨上穿孔的分析与讨论 [34] [35]

首先，按洋海墓地头骨上穿孔出现的个体比例来看仅占 2.9%，按墓葬分期的出现率也基本如此（早期 3.7%、中期 3.3%、晚期 1.9%）。因此就该墓地人口来说，此种"习俗"（如果可以看成是一种习俗的话）并不是普遍实施的行为。但是从和静察吾呼沟墓地的同类习俗来看，出现频率相对高（17.2%），而且在托克逊阿拉沟、哈密五堡和焉不拉克墓地的人骨中也存在此类穿孔的个案情况来看，这种风俗在古代新疆的一部分人群中有一定的地理分布。其实这种地理分布还要更宽泛，因为这类穿孔例证在靠近蒙古的西伯利亚的萨彦—图文文化的木椁墓及哈萨克斯坦中部的卡拉贝埃的公元前 5 ~ 前 4 世纪古墓出土的人头骨上也有发现和报道 [35]。因此这种性质的穿孔分布暗示了新疆境内古代人群同其周邻地区古代人群之间存在联系。

其次，从古代种族的分布来看，可以提示这种穿孔的来源方向，如阿拉沟、哈密地区、和静察吾呼沟及本报告的洋海墓地人骨所示种族形态学特点，基本上体现着西源的高加索人种特点，而不同于黄河流域的古代人群。从这个角度审视，这类穿孔习俗的来历很可能和西方种族的关系更密切 [35]。

从洋海墓地穿孔头骨的时代来看，最早可到 3000 年前的青铜时代，而且可能延续到 2200 年前的早期铁器时代。是否还有更早期的证据目前还无实据。这样的穿孔

表 24 洋海墓地头骨人工穿孔记录表

墓号	墓葬分期	性别	年龄（岁）	头骨穿孔记录
ⅠM70:A	中期	男	20～25	有多处穿孔：一在前囟区左前紧靠冠状缝的额骨上有一方形孔，边长 8mm×9mm，此孔的内板骨裂但尚未剥落下来；二在蝶—额缝处，约近圆形，直径约 9mm；三是紧挨右颞鳞的上后方顶骨上，近似圆形，直径约 9.5mm；四在额骨左侧眶上部有一不规则形大破裂孔，从此孔边的形状至少向三个近似圆形穿孔的不完整形，其中两个在前，一个靠后，直径约 11～12mm，这些孔迹彼此紧挨暗示在该部位连续穿孔作业所致；五在左侧颞鳞与顶骨连接处有一不规则弧形带状大裂孔，在此大裂孔的后下缘有一略近方形的不完全孔迹，边长约 14～15mm；六在左侧量点靠后部位也有一类似方形孔，边长 11mm；七在左顶骨前中部的一个不规则的带状破裂孔。以上穿孔均无任何愈合痕迹。同时，此头骨的左顶骨靠近上角部有一长约 34mm 的线状砍痕，在枕外隆突部位也有水平向的直线砍痕
ⅠM76	早期	男	35～45	在人字点上方的矢状缝上有一近方形的穿孔，边长 18.5mm×15mm，穿孔周边的内板有骨片剥落痕迹，无愈合现象；在额骨较前部位的正中也有一半圆形孔状残迹，其前后径约 16mm，孔缘亦无修复痕迹
ⅠM78	中期	男	45～55	在左侧额结节位有一横向条状破裂孔，在此孔的最内侧端边缘有略近似半圆的不完整孔迹
ⅠM95	早期	男	20～30	在头骨的左侧顶—颞部和顶—枕部大面积残，但在顶骨上部较近同侧冠缝处骨折的边缘有一近似半圆的不完整穿孔遗迹，直径约 17.7mm
ⅠM100	早期	男	45～55	头骨的左侧顶—颞部大块残断，但在左顶结节内侧位接近矢状缝处有一圆形穿孔，在右顶结节内前侧也有略近似圆形骨折和小型穿孔
ⅡM90	中期	男	30～40	在左侧眼眶的上部有一近似方形穿孔，边长约 11mm，孔的边缘有骨屑剥落痕迹，没有修复痕迹
ⅠM106:B	中期	男	20～25	有多起穿孔：一在紧接左顶结的后上方有一方形穿孔，边长约 10mm；二在右侧额结节处的方形穿孔，边长约 14.5mm；三在右颞骨的前中部的方形穿孔，边长 14～15mm；四在前一孔的后上方跨越鳞缝有近似哑铃形的穿孔，其哑铃形的两头实际上代表了两个近似圆形的穿孔，直径分别为 15mm 和 18mm。以上几个穿孔都无任何修复痕迹
ⅠM189	中期	男	40～50	有两个可辨别的穿孔：一个孔位于左顶结节的靠前位置，略近长圆形，长短径 18mm×12mm；另一孔位于左侧顶骨的后中部，距最近人字缝处约 18mm 位置，圆形孔，直径约 13mm。两孔内外板边缘都有小块骨屑剥落，也都没有骨修复痕迹。同时，在这具头骨上至少有两处砍削痕迹存在：一处在左侧乳突的后上方的线状砍痕，与乳突主轴方向相垂直，砍痕甚至穿透至颅腔，砍伤全长约 48mm；另一处在从左侧顶结节位置大致呈水平方向向后伸延的约 53mm 的线状砍伤。这两处砍伤处也无修复痕迹，当是致命因素
ⅡM91	中期	男	30～40	在左侧顶结节紧后下方有一长圆形穿孔，长短径约 31mm×20.5mm，此孔断口似为原有的，其颅腔内板边缘有骨片剥落现象，因此疑是刻切而成；在此孔的后方另有一横跨人字缝的较大穿孔，其长短径约 50mm×37mm，孔的外板断口有刻切痕迹，内板边缘有小骨片剥落。在右侧颞鳞前上部和与其附连的顶骨上也有一不规则形的穿孔，孔的前后方向长约 48mm，上下最宽约 28mm，在此孔的前上缘约呈圆弧形，后缘也略似弧线形，在孔下方边缘靠近蝶—颞缝处也有一段近似浅弧形边缘。在孔的边缘似有切刻痕迹。上述这些孔状可能是在连续刻切骨穿孔的操作中形成的，孔的边缘也没有任何修复痕迹
ⅢM10:A	晚期	男	20～25	在枕骨上鳞部近中偏左靠近人字缝位有一不规则穿孔（18mm×21mm），在该孔的向上边缘有两处呈圆弧形，疑为人工穿孔遗迹
ⅢM32:A	中期	男	30～40	在顶骨的顶结节前上位有一边长约 11mm 的略近似菱形方孔，孔的前边留下线的线形刻切痕迹，在孔的后边断口处还留有未脱落的骨折板斜向颅腔；在此方形孔的内侧紧接矢状缝处也有一个不甚规则的穿孔，长宽径约 29mm×16mm。此两孔皆无修复痕迹，但后一个孔是否人工刻切而成尚存疑
ⅡM121	中期	男	20～25	在右侧顶结节位前方有一正方形穿孔，边长约 12mm，无修复痕迹。在左侧人字缝中部紧贴的枕骨上有一略近圆弧形塌陷骨折
ⅡM142	中期	男	30～40	在左侧冠缝中段前后横越冠缝处有一近似圆形穿孔，直径约 14mm，孔缘不甚齐整并无修复痕迹。另在左顶骨后部接近同侧人字缝处也有一直径约 16mm 的半圆形不完整的穿孔痕迹。两孔皆无修复痕迹
ⅡM93	中期	男	25±	在右侧颞鳞中部有一近圆形穿孔（14mm×16mm）；在枕鳞右上部跨人字缝位另有一边长约 10.5mm 的方形穿孔和紧接此孔的左下方也有约 14mm×18.5mm 的长圆形孔；在枕骨顶平面左侧还有一棱角清楚的不规则形状的孔，而此孔好似上、下两个位置略错位的方形孔组成，其上的方形边长约 8mm，其下边长约 12mm。这种上、下方形穿孔的遗迹有可能是在连续刻切两个方形孔骨块时形成的，孔的边缘同样无修复痕迹

出现年代与新疆其他有同类习俗出现的年代大致相一致，如阿拉沟墓葬的年代在距今 2700～2000 年，哈密五堡和焉不拉克墓地的年代在距今 3200～2500 年，和静察吾呼沟墓地的年代在距今 3000～2500 年。如果这些年代数据可信，那么它们的年代跨度基本上与洋海墓地三期的跨度相重叠。

与和静察吾呼沟墓地的穿孔相比，洋海的案例皆出自成年男性头骨。而如前已指，察吾呼沟墓地的穿孔头骨中既有多数的男性，也有少数的女性和孩童的头骨。可见这种穿孔的实施似乎更偏爱于男性。有的报道中据此将穿孔头骨看成是集团战争的死亡者，但这样的引申还要有合理的解释。为什么在和静的材料中女性和孩童头骨上出现穿孔，而且这些小型穿孔的形状与考古出土的镞之类的武器形成创口的形状不相符合。如据我们观察和考古报告的提供，从新疆境内出土的木质和铜镞有单翼、双翼、三翼及三棱状的，这些镞难以形成圆形和方形的穿孔。其他的如刀、枪、斧之类的工具或武器更难以形成方、圆形穿孔，何况根据考古报告，在这些古墓地出土遗存中很少或几乎不见除弓箭以外的武器，而弓箭本身更可能是狩猎野生动物的工具[1]。

那么这些头骨上的穿孔究竟怎样产生的呢？这涉及古人在头骨上穿孔的动机。这是一个至今颇难说清楚的问题。如前所指，洋海这类的穿孔都是小型的，发生部位和数量不固定、年轻的甚至小孩及至老年人都有，反映了穿孔操作的某种"随意性"。此外，我们所见的这些小型穿孔边缘及周围的内外板没有任何骨组织修复或愈合痕迹、炎症标志存在。这种情况如出自穿孔操作是出自某种治疗理念的话，那么这些受术者很容易全部死亡。而国内外大量的资料证明，作为治疗性质实施的穿孔手术即便在十分原始甚至近于"野蛮"的术具条件下，受术者在术后的存活率都在 50% 以上或更高（这里难以断定受术者术后存活的时间），而赖以判断术后存活是在穿孔边缘必定留下骨组织修复痕迹甚至骨表面留下术后发生炎症痕迹。而洋海及新疆其他地点发现的穿孔头骨与这些条件不相符，因此有理由推测这些穿孔手术并非属于治疗目的，而是在人死后实施的穿孔[13][35]。

关于古代人实施原始穿孔术的动机，国外学者有诸多讨论及多种不同解释。这些解释是不同学者根据不同地区考古材料中发现的穿孔材料各自提出来的，但归纳起来大致有三类，一类是为了治疗某种被认为源自脑部的神灵或魔鬼的作祟引发的突发性或精神性异常行为和疾病，如长时间或周期性头痛、行为失常的神经病、顽固性头痛症、经常的头脑晕眩、突然惊厥昏死、发狂及

癫痫症等[20]。对这些怪异的疾病在古人中很容易产生诸如人的头脑中有邪恶魔鬼或神灵操弄之类的想法。因而企求用头部穿孔的方法将其排除以达治愈的目的。如属这类性质的穿孔更可能与巫术的信仰之间有更密切的联系。

另一类是相对集中于单一的治疗理念而实施的穿孔术。如头部遭受打击骨折致伤，便用开颅的方法减轻脑膜外血肿或水肿对脑产生的痛苦压力，同时敷以某些古人独特的药物治疗等[20]。又如对双眼突然失明也施以穿孔术作为治疗，这在印度古佛经上有记载，即印度阿育王的儿子突然双眼失明，请巴克特利亚的医生开颅治疗也属于这一类。

第三类穿孔据称是从死者头骨上截取盘状骨片作为护身饰物，具有驱邪、护身甚而对死者纪念性的作用[20]。据说这种为取骨片的穿孔风习在欧洲的古人中较多见，而且也和巫术的信仰有关。如果古人用头部穿孔术的目的是为了使受术者能够减缓痛苦而使生命延续或恢复常态，那么这种穿孔术至少有意无意产生一定的疗效而流传下来。即便在现代人中也还能找到这种原始的外科手术，如非洲肯尼亚的土著医生便用简陋的小刀、小钩之类的术具对不同原因导致的头痛症实施这种开颅手术而被治愈的[36]。而对古代的这些受术者在术后存活下来的判定标志即是在头骨的手术部位骨组织是否有任何的修复愈合痕迹出现，如穿孔边缘的钝化、刮削骨面的模糊化或骨增厚，甚至头骨内外板的融合等。而且正如前指，这种原始的穿孔手术的存活率也相当高。相反，如果穿孔的目的是为了从死者头骨上切取骨片，那么穿孔后就不可能发生骨组织修复痕迹出现。为了判断古人头骨上的穿孔是否属于这类性质的，从个案的穿孔来判断有一定的危险性，因为它也可能是因治疗目的穿孔但未成功而立即死亡，如是则不可能在穿孔部位的骨组织上留下修复痕迹。因而要对更多的案例进行收集并做出群体的调查。那么洋海墓地发现的穿孔应该属于哪一类的穿孔呢？据表 24 中所列，在 14 具头骨上大约有可辨别的小型穿孔 38 个，而且所有穿孔全无骨组织的任何修复痕迹出现。因此我们认为洋海的头骨穿孔术是在死后的头骨上操作所致，与治疗理念的穿孔术无关。这一点我们在分析和静察吾呼沟四号墓地的穿孔头骨时也已经指出过，在那批头骨中有 15 具头骨上共有 40 个圆形和方形小孔，也同样没有任何修复痕迹。所以我们可以排除从新疆境内出土头骨上出现的小型方形和圆形穿孔是属于治疗理念下的产物，更不是有人指称的战争凶器造成的创伤标志（理由见前文）[35]。

如果洋海头骨上的穿孔排除了治疗理念的手术（即文中第一、二类穿孔理由），那么我们似乎把它们当成第三类的具有某种巫术理由的穿孔或可能合乎情理，即从死者头骨上刻取小型骨片作为驱邪、纪念一类的身饰，与欧洲古代人中可能存在的同类穿孔性质相似。不过就有的例子来说，欧洲古人截取的盘状骨片比较大，两者是否出于完全相同的理由也还有可讨论的余地，而且还要从考古学上寻找是否存在用小块骨片制作身饰的证据。这样的证据目前尚未获得证实。因此，本文这种初步的看法也还是一个假设而已。不过无论如何将这种小型穿孔看成是战争凶器的创伤并推测受孔人为集团战争中的牺牲者是不可取的。因为方形或圆形的穿孔与考古学上可以提供的镞的形状不相符合。

关于洋海及新疆境内其他古墓地发现的这些穿孔习俗究竟在什么时候和什么地方发生的，如果是从别地流传过来，那么又是从什么地方和依什么路径流入新疆境内的这些问题依然是待解的。前已指出，无论是洋海还是新疆境内其他古墓地发现的这类头骨的种族背景明显与西方高加索种的成分有关。这些穿孔头骨所在古代墓地的年代都在汉以前，当时东方种族尤其黄河流域种族大规模进入新疆境内的可能性不大[37]。因此从种族的流动来看，这种穿孔习俗来自西方高加索种居民的可能性最大。如果我们收集、调查新疆周邻地区古代人的穿孔资料并详加分析或可能探寻它传入新疆境内的具体方向。就已知的情况来看，与新疆境内同类穿孔相似的发现在南西伯利亚、哈萨克斯坦和蒙古国西北部的古代墓地。新疆境内发现主要集中在天山中、东部地区，在昭苏的墓地中也可能出现过（笔者没有看到）。而出自南疆地区的如洛普山普拉、且末加瓦艾日克墓地的头骨上并没有出现穿孔的样例。因此推测这种习俗从新疆西南帕米尔地区传入并沿丝路南线传播的可能性较小，从新疆西北甚至北部的邻里地区传入的可能性更大。

七　牙齿人类学的研究[38][39]

近年来有关古人骨种族或人群属性的研究，在方法论上由过去的头骨形态和测量学的研究向更多方面拓展。如头骨形态小变异的调查及可能存在地区人群或种族差异的讨论及从古人骨上提取 DNA 分析其地区属性乃至人群迁移路线的分析；另一个就是目前已经比较成形的齿牙人类学的调查和分析方法。其中包括各种牙齿直径的测量分析，研究人群之间的关系与对齿冠和齿根各种形态结构的调查来研讨古人的起源与迁移路线。

应该指出，这些不同方法和技术路线的研究，究其基本的目的是借此研究不同地区古代居民的种族或人群的属性及彼此关系，但在具体的方法和材料的对象上采用了完全不同的技术路线。它们之间都是相互独立的，方法上的相关性不大。因此采用这些不同方法对同一批材料进行各自独立的研究，其结果是否能取得基本相符的结果是研究者的重要期待。这种采用不同技术路线对同一目的或同一批（类）材料的研究起到了交叉验核的目的，比单一方法的研究结果具有更多的可信度，也是目前对古人骨种属或人群关系研究的一个重要进步。这方面的研究成果已经积累了很多。例如对日本海岛地区古代人的成分问题（自新石器时代到弥生、古坟等晚近时期），过去一直主张日本的大和民族有统一独立来源，后来从骨骼测量学上提出存在不同来源的观点，提出日本列岛的居民受到外来移民的遗传影响[40]。这一观点后来又获得齿牙人类学研究的支持[41]。目前日本学术界中更普遍接受新石器时代的土著系和弥生时代后有大量外来系移民的观点，并且将这种研究涉及日本外来系居民在亚洲大陆起源地的研究。在中国，类似的不同分支学科的整合和交叉研究也有初步的开展。例如人类学家对新疆和西北地区古代人骨的形态测量学的研究指出在秦汉王朝前，新疆境内的古代人民大多具有西方种族的特征[2][23]。其后由上海复旦大学的古 DNA 实验室所做的中国古代 DNA 多肽性研究的分析也指出，中国西北地区及新疆境内古 DNA 种属类型及其分布与体质人类学研究较为一致的结论，即在新疆地区青铜时代就存在有典型的欧亚西部成分，并且出现欧亚东、西部成分共存的现象。而新疆以东地区，在秦汉时期以前并未出现典型的欧亚西部成分，提示在此之前可能已经出现了欧亚东部和西部人群的交流，并对后来的西北人群的遗传组成产生了影响[14][15]。这一 DNA 研究结果显然支持骨骼人类学上判断的东西方种族的分布、交叉及时限上的估计。

应该指出，在类似的学科交叉的研究中也出现过互相矛盾的现象，如对山东周汉代人骨的研究，从颅骨测量学和形态小变异及齿牙人类学的共同研究认为黄河下游的古代人具有蒙古人种东亚人群的特点，和日本弥生时代的渡来系弥生人具有较密切的联系[42][43]。然而日本东京大学实验室的 DNA 分析，得出全然相悖的结果，认为山东周汉代人遗传属性与西欧和中亚人的接近[44][45]。这个遗传学的结果不仅同体质人类学和考古学相悖，而且与后来复旦大学的 DNA 分析相矛盾，后者认为在秦汉以前，新疆以东的黄河流域并未出现典型的欧亚西部的成分。这一实验的人骨材料也同样包括了山东周汉代的材料[14]。从骨骼测量学的立场来看，人类学家更倾向于复旦实验室的遗传分析。

本节齿牙人类学研究目的也正是在于同骨骼形态测量及形态小变异研究的交叉测验。此外，我们也从洋海人骨上取样进行古 DNA 的测试和分析并交叉验证，对通过几种不同学科分支研究同一遗址出土人骨是否能够建立起共同的研究结果是一次有意义的尝试。

（一）研究材料和观察方法[38][39]

1. 材料

取样材料出自 489 具完整和部分残破头骨上的牙齿。此外另有 82 具单个的与头骨不相配的下颌骨或上颌残片也一并计入观察。不过每个个体牙齿的保存状况不相同，其原因有的是死后脱落丢失，特别是前位的单根齿尤其是门齿、犬齿及前臼齿很容易在采集人骨时脱落丢失；另一个原因是生前因各种牙病（龋齿、牙周病和齿槽脓肿等）而生前即已脱落。因此在牙齿的观察个体上显示出相差很大的统计例数。就单个观察特征而言，最少的观察例数为 61 例，最多的 340 例，平均 196 例。这一点与以往国内少数报道中的观察例数相比则明显是最大的，这对分析结果的可信度提供了统计学上的相对稳定性基础。

在人骨材料的性别认定上，在前文中的《墓地人口的性别及年龄结构》章节里已有交代，即总共 489 具头骨中可认定男性者 279 个，女性 168 个，其他难以决定性别的个体（绝大多数为未成年个体）42 个。此外有 82 具单个的无墓号的下颌骨，它们的性别无予确认，而且其中的一部分或可能与无下颌的头骨重复，但估计这种可能为数很少。因此将它们作为单独个体进行了记录。

这些骨骼的时代从青铜时代延续到铁器时代，距今从公元前 1000 年到公元初，即中原地区的西周—汉代，墓地分早、中、晚三期。但在材料的处理上，本文没有作分期观察，原因是一旦分成三组，由于每组的个体数相差悬殊，容易产生统计学上的不稳定性影响结果。

2. 观察项目与方法

一般的认知，齿牙（齿冠和齿根）上的一些形态结构特征具有很强的遗传性。本文即选用这类时代变化小而遗传特征强及可用作类群比较的非测量性状进行调查。

我们选择了 27 项观察特征。观察记录的分类标准遵循 C. G. Turner II 的 ASU Dental Anthropology System。为了减少观察误差，参考了 ASU System 及 Dahlberg 的标准模型。频度的计算也遵照了 Turner II 的等级[38][46]，参考了真锅义孝等具体计数方法[43]。出现个体的计数

不分性别和年龄等级，左右侧性状皆有的以一侧等级大的计数，仅有一侧可观察性状的也以一个个体计数[47]。

据国外多数学者的测定，如 Scott[48]、Turner II 和 Hanihara[49]、Turner II[50]、真锅义孝[43]、Manabe et al.[51]，牙齿上的非测量性状的性别差异频度可以忽略不计，因此本文的频度统计将男女合并进行。

在以下的记述中，牙齿种类的名称用简略符号表示，如"U"为上颌，"L"为下颌；"I""C""P""M"分别代表门齿、犬齿、前臼齿和臼齿。在齿种简略符号后边的数字如 I1 和 I2 代表第一和第二门齿，其他齿亦如类推（图 4）。

本报告选择了 27 项对人群比较有意义的齿冠和齿根形态结构性状进行调查。这些项目的主要形态简要记述如下：

（1）上第一门齿翼状排列（UI1，Winging）

上第一门齿的排列从咬合面观呈"翼状扭转"，按扭转方向的不同分双翼状（Bilatered winging）（即两个中门齿都向近中舌侧方向扭转，咬合面观呈"V"形）、单翼状（Unilatered winging）（只有一侧门齿扭转，另一门齿直形排列）、直形（Straight）（左右上中门齿排列呈直线形或者顺齿弓曲度排列）、反翼状（Counter-winging）（一个或两个上中门齿向远中舌侧方向扭转，咬合面观呈"∧"形排列）。

（2）上第一门齿铲形（UI1，Shoveling）

上门齿舌面近中和远中边缘脊明显增厚，两边缘脊

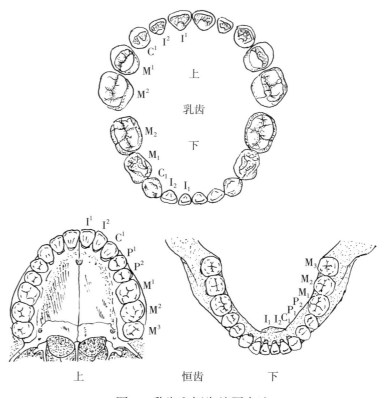

图 4　乳齿和恒齿编写表达

之间的舌面明显呈凹陷，称之为铲形门齿（Shovel-shaped incisor）。一般蒙古人种出现率高。

（3）上门齿双铲形（UI1，Double shoveling）

上门齿唇面的近中和远中边缘脊隆起发达时，其间唇面明显凹陷。Dahlberg（1949）指出此种形态的上门齿比较多地出现在美洲印第安人中。这一特征被归于 Sinodonty（中国型）特征。

（4）上第二门齿斜切痕（沟）（UI2，Interrup groove）

这种沟痕通常更多见于第二门齿，此沟横越齿带（Cingulun），有时向下延续到齿根部。这一特征的遗传性质尚不清楚，但它似乎与指状突（Tuberculum dentale）有关。有人称其为舌面齿颈沟（Linguogingival fissure）（Black，1902）或斜切痕（藤田，1949）。

（5）上第二门齿齿结节（UI2，Tuberculum dentale）

此种结构有时出现于上门齿甚至犬齿上，出现位置在这些牙齿的舌面齿带区（Cingular region），呈凸起状，其形状不一，有的呈脊状（Mediolingual ridges），有的呈不同程度的齿尖状（Cusp）等。由于形态变化大，不容易分类，可能出现较大的观察误差。

（6）上犬齿舌面近中边缘脊（UC，Mesial ridge）

Morris（1975）在研究布须曼（Bushman）人牙齿时注意到这个特征，即上犬齿舌面近中边缘脊隆起比远中边缘脊明显更发达，并且向基底结节连续，并称之为布须曼犬齿（Bushman canine）。

（7）上犬齿舌面远中副脊（UC，Distal accessary ridge）

在犬齿舌面中间隆脊两侧有时可见到近中和远中副脊，它常发生在齿尖顶与远中舌面边缘脊之间的远中舌面小窝上。

（8）上第二臼齿第四次尖（UM2，Hypocone）

上臼齿的基本形态以第一臼齿最具代表性，即一般有四个发育良好的齿尖，即原尖（Protocone）、后尖（Metacone）、前尖（Paracone）和次尖（Hypocone）。但在第二和第三臼齿上，次尖和后尖有退化现象，尤以次尖的退化更为显著，有时甚至完全缺少而呈三尖型。

（9）上第一臼齿第5尖（UM1，Cusp 5）

这种第5尖也叫后小尖（Metaconule），可以偶然出现在后尖（Metacone）和次尖（Hypocone）之间的远中凹上。这种结构被认为在巽他齿系（Sundadonty）中出现较多。

（10）上第一臼齿卡氏尖（UM1，Carabelli's cusp）

出现于上臼齿齿冠近中舌侧即原尖（Protocone或Cusp 1）的舌侧面上的小结节。Carabelli（1842）最初

称它为"Tuberculum anomalum"（异常小结节）。这一特征发育不好时，有时在上述部位以小窝（Pit）或沟（Furrow）的形式出现。Robinson（1956）把这系列特征都包括在"卡氏尖复合体"（Carabelli complex）之内。

（11）上第三臼齿旁结节（UM3，Parastyle）

出现在上臼齿上，是 Bolk（1916）所谓的臼齿旁齿尖（Paramolar cusps）之一。它最常见于第三上臼齿的近中颊侧尖（Paracone或Cusp 2）的颊侧面上。类似的结构也可能在任何上臼齿的第三尖（Cusp 3）的颊侧面上出现。因而 Parastyle 的出现位置在发生学上不总是固定不变的。

（12）上第一臼齿釉质延伸（UM1，Enamel extention）

出现于上臼齿上，也有出现在上前臼齿的。此项特征表现在从上臼齿颊侧面齿颈线中部向上延伸的釉质，呈倒"V"字形。这一特征在 Sinodonty 系列中有较多出现。

（13）上第一前臼齿单根性（UP1，1 root）

指上前臼齿的齿根数。通常上前臼齿为单齿根。如果出现双齿根则通常分成颊侧根和舌侧根。偶尔有时颊侧根再分叉则为三齿根，而且通常在上第一前臼齿上出现这类复根现象。在 Sinodonty 齿系中常较多出现单根现象。

（14）上第二臼齿三根性（UM2，3 roots）

通常出现在上臼齿上。上第一臼齿一般有三个齿根，但齿根数变化最大的在第二上臼齿上。上第三臼齿通常呈单根或双根。这些情况说明从第一到第三臼齿存在齿根数减少和融合现象。在 Sundadonty 齿系中有较多出现。

（15）上第三臼齿退化—先天缺失（UM3，Peg-Shaped and congentical absence）

常发生在上下第三臼齿上。将齿形明显变小而失去正常齿冠形状及第三臼齿先天不萌发者归于此类。也系第三臼齿的退化现象。在 Sinodonty 齿系中较常见。

（16）下第二前臼齿多尖性（LP2，Premolor lingual cusp variation）

当下前臼齿舌侧尖发达时可能有各种变异。下第二前臼齿舌尖有时在舌侧远中部分发育成 1～3 个副尖不等。

（17）下第二臼齿 Y 型沟（LM2，Y-groove pattern）

在下第一和第二臼齿上，下后尖（Metaconid）和下次尖（Hypoconid）之间互相以沟相隔的"Y"字型沟。这是 Gregory（1916）在印度发现的森林古猿（Dryopithecus）下臼齿上观察到的即"Y-5"尖型，是类人猿和人类中存在的基本形式。这种齿冠咬合面沟型在第二、三臼齿上产生许多变化。其一是在下后尖（Metaconid）与下次尖（Hypoconid）之间及下原尖

（Protoconid）和下内尖（Entoconid）之间以点状接触而呈"十"字型；另一变化是在下原尖（Protoconid）和下内尖（Entoconid）之间成沟状接触而呈"X"型。"Y"型沟在 Sundadonty 齿系中较多出现。

（18）下第一臼齿第 6 尖（LM1，6-cusp）

又称下内小尖（Entoconulid）或第六小结节（Tuberculum sextum），出现于下臼齿的下内尖（Entoconid）和下次小尖（Hypoconulid）之间的齿尖形结节，即出现于下臼齿远中凹第五尖（Hypoconid, cusp 5）之舌侧。

（19）下第二臼齿四尖型（LM2，4-cusp）

在下第一、二臼齿上常有五个齿尖，但由于退化，特别表现在下次小尖（Hypoconulid）的明显退化甚而缺失，呈现四尖型。这种四尖型在 Sundadonty 齿系中更常见。

（20）下第一臼齿屈曲隆脊（LM1，Deflecting wrinkle）

出现在下臼齿上。即下后尖（Metaconid）咬合面中间隆脊发达，从齿尖顶向下原尖（Protoconid）方向到达中央沟后向远中方向以略近直角屈曲，越过下原尖（Protoconid）和下次尖（Hypoconid）之间的颊侧沟，使下次尖和下内尖（Entoconid）相接触。这是下后尖上的近中隆脊的变形形态。Weidenreich（1937，1945）首先在中国猿人和巨猿下臼齿上发现，称之为"Deflecting wrinkle"。在 Sinodonty 齿系中发现较多。

（21）下第一臼齿下次小尖（LM1，Protostylid）

出现于下臼齿上。即出现在下原尖（Protoconid）颊侧面上的小尖，通常与分隔下原尖和下次尖（Hypoconid）的颊侧沟相接，呈笔尖状。这种小尖最常出现于第一和第三臼齿上。Dahlberg（1950）把它称之为下次小尖（Protostylid），而同一般的白齿旁结节（Paramolar cusp）相区别。在 Sinodonty 齿系中较常见。

（22）下第一臼齿第 7 尖（LM1，7-cusp）

又称下后小尖（Metaconulid）或中间结节（Tuberculum intermedium）。是在下臼齿的下后尖（Metaconid）和下内尖（Entoconid）之间舌侧沟上出现的钉尖状或齿尖形结节。最普遍出现在下第一臼齿上。Selenka（1898）曾在类人猿牙齿上发现，称之为"中间附结节"（Tuberculum accessorium medial internum）。后来 Hellman（1928）称之第七尖（Seventh cusp，cusp 7）。

（23）下第一前臼齿托马斯根（LP1，Tomes' root）

出现于 LP1 上近中根表面有深陷的沟，Tomes（1923）首先注意到这一特征。现已知，这一异常现象是从单根到复根形态发生学连续的一部分。

（24）下犬齿双根化（LC，2-roots）

下犬齿齿根常单根，有时也分成双根。

（25）下第一臼齿三根化（LM1，3-roots）

下臼齿一般有前后两个扁形齿根，但有时也出现第三个齿根，这一齿根常出现在后根（远中根）的舌侧或是后根的分叉，常向舌侧倾斜。认为是 Sinodonty 齿系特点之一。

（26）下第二臼齿单根化（LM2，1-root）

下臼齿齿根存在从单根到三根的变异。以双根为基本形态的下臼齿向第二、三臼齿方向齿根数减少或齿根呈融合方向变化。在下第二臼齿出现为单根时，颊侧比舌侧的融合倾向更强烈。因而齿根的舌侧面多出现较深的纵形管状根。此项特征多出现于 Sinodonty 齿系。

（27）下前臼齿中心结节（LP1-2，Odontome）

这是在下前臼齿咬合面中间部分出现的近于圆锥形结节。最初 Pedersen（1949）在东格陵兰的爱斯基摩人牙齿上见到。以后 Alexandersen（1970）也对针尖状（Pin-sized）和钉尖状（Spike-shaped）的这类釉质和齿质结节也列入此类结构。

本文在决定上述齿牙观察特征出现率时的分类等级参照 Turner II 并参考了真锅义孝的取舍等级[43]（表25）。

3. 比较资料

在分析洋海齿系种属性时首先与亚洲东部人群的齿牙资料进行比较。这些资料取自真锅义孝发表的有关山东和日本的史前和历史时期的数据[43]，可作为与东亚人群的比对，包括山东新石器时代和汉代两组、日本的绳文、弥生、古坟、镰仓和现代的北海道阿依努六组。在日本的六个组中，两个绳文时代组（早前期和中晚期）、种子岛弥生组及北海道阿依努组代表日本的土著系类群，山口弥生时代、古坟时代、镰仓时代及本州现代组代表日本的渡来系类群，该文利用 13 项在巽他齿系（Sundadonty）和中国齿系（Sinodonty）之间差异明显的观察性状来考察中国史前和近代两组齿系属性与日本古代和现代人之间的关系[43]。本文则利用这些资料来考察新疆古代人与东亚古代和近代人在齿系属性之间有什么样的关系。在这个基础上，我们再利用 G. Richard Scott 和 Christy G. Turner II[39] 著书中发表的世界不同地区类群齿牙特征出现率的变异范围，寻求洋海古人齿系频率的出现情况推测其他地区类群。取用的观察项目共 21 项，这些项目的说明已记述如前。这两位美国学者考察的地区包括欧亚西部（Western Eurasia）、撒哈拉沙漠以南非洲（Sub-Saharan Africa）、中国—美洲（Sino-Americas）、巽他—太平洋（Sunda-Pacific）、萨呼尔—

表 25　洋海头骨上 27 项齿牙特征观察统计及出现率

调查项目	有效级	有效数与观察数	出现率（%）	调查项目	有效级	有效数与观察数	出现率（%）
UI1 翼状（Winging）		4/61	6.7	LP2 舌侧多尖性（>1 Lingual cusp）（0 ~ 9）	>1	70/180	38.9
UI1 铲形（Shoveling）（0 ~ 6）	>3	5/98	5.1	LM2 Y 型沟（Y-groove pattern）（Y.+.X）	Y	0/246	0.0
UI1 双铲形（Double shoveling）（0 ~ 6）	>3	2/64	3.1	LM1 第 6 尖（6-cusp）（0 ~ 5）	>1	3/246	1.2
UI2 斜切痕（Interrup groove）（1 ~ 4）	D.Med	27/87	31.0	LM2 四尖型（4-cusp）	4 尖	217/266	81.6
UI2 齿结节（Tuberculum dentale）（0 ~ 4）	>2	2/90	2.2	LM1 屈曲隆脊（Deflecting wrinkle）（0 ~ 3）	>3	4/72	5.6
UC 近中脊（Mesial ridge）（0 ~ 3）	>1	3/98	3.1	LM1 下次小尖（Protostylid）（0 ~ 7）	>1	3/207	1.4
UC 远中副脊（Distal accessary ridge）（0 ~ 5）	>2	0/100	0.0	LM1 第 7 尖（7-cusp）（0 ~ 4）	>1	14/295	4.7
UM2 第 4 次尖（Hypocone）（0 ~ 5）	>2	187/262	71.4	LP1 托马斯（Tomes' root）（0 ~ 5）	>1	24/228	10.5
UM1 第 5 尖（Cusp5）（0 ~ 5）	>1	9/226	4.0	LC 双根化（2-roots）（1 ~ 2）	分叉 > 1/3	8/244	3.3
UM1 卡氏尖（Carabelli's cusp）（0 ~ 7）	>2	44/149	29.5	LM1 三根化（3-roots）（单、双、三根）	3 根	6/340	1.8
UM3 白齿旁结节（Parastyle）（0 ~ 5）	>1	6/100	6.0	LM2 单根化（1-root）（单、双、三根）	单根	56/304	18.4
UM1 釉质延伸（Enamel extention）（0 ~ 3）	>2	19/329	5.8	LP1-2 中心结节（Odontome）（0 ~ 1）	>1	0/187	0.0
UP1 单根性（1-root）（单、双根）	单根	176/261	67.4				
UM2 三根性（3-roots）	三根	193/308	62.7				
UM3 退化—先天缺失（P/R/CA）	P.C.CA	186/244	76.2				

太平洋（Sahul-Pacific）五个地区。这五个地区各自的出现率变异范围资料出自如下的数据：

欧亚西部地区——西欧、北欧、北非。

撒哈拉以南非洲地区——西非、南非、桑人。

中国—美洲地区——中国、蒙古、日本绳文人、现代日本人、东北西伯利亚、南西伯利亚、北极美洲、北美西北部、美洲印第安人。

巽他太平洋地区——东南亚（史前和现代）、波利尼西亚、密克罗尼西亚。

萨呼尔—太平洋地区——澳大利亚、新几内亚。

以上五个地区详细的资料来源参见 G. Richard Scott 和 Christy G. Turner II 著书的附录 A1 和 A2 及图 A1.1 [39]。

作为与对比各组总的出现率量化比较，我们将新疆洋海组与对比各组出现率之差进行了逐一的形态距离的计算。计算公式为：

$$d = \Sigma \ (x_1 - x_2) / m$$

式中 d 为多项特征出现率差总和的平均组间差，x_1 和 x_2 为两对比组的某项特征出现率之差的绝对值，m 为对比特征的项目数。

此外，采用欧氏距离公式计算洋海且与世界五个地区的共 21 个组之间的距离矩阵进行聚类分析（Claster analysis）以验证由单组间形态距离比对的结果。计算公式为：

$$\sqrt{\frac{\Sigma \ (x_1 - x_2)^2}{m}}$$

式中 x_1 和 x_2 代表两对比组的变量，m 代表考察变量的项目数。

（二）结果和分析

洋海古人骨的 27 项齿牙特征的有效观察例数和出现率（%）列于表 25。表中的"有效级"是指决定某项特征是存在或不存在的分类等级数。如 ">3" 即决定该项特征存在必须在分类等级 3 以上（包括 3 级）。其他依此类推。

根据 G. Richard Scott 和 Christy G. Turner II 对世界不同地区 21 项齿牙特征出现率高、中、低的变异范围估计，洋海相应 21 项特征出现率情况是：低和很低出现率的项目有 UI1 翼状齿、UI1 铲形门齿、UI1 双铲形门齿、UC 近中脊（布须曼犬齿）、UM1 第 5 尖、UM1 釉质延伸、LM2 Y 型沟、LM1 第 6 尖、LM1 屈曲隆脊、LM1 第 7 尖、LM1 三根性、LP1-2 中心结节等 12 项。属于中等出现率的有 UI2 斜切迹、UM2 三根性、LP1 托马斯根、LM2 单根化、LC 双根化等 5 项；高出现率的有 UM2 三尖型、UM1 卡氏尖、UP1 单根性、LM2 四尖型等 4 项（图 5~25）。

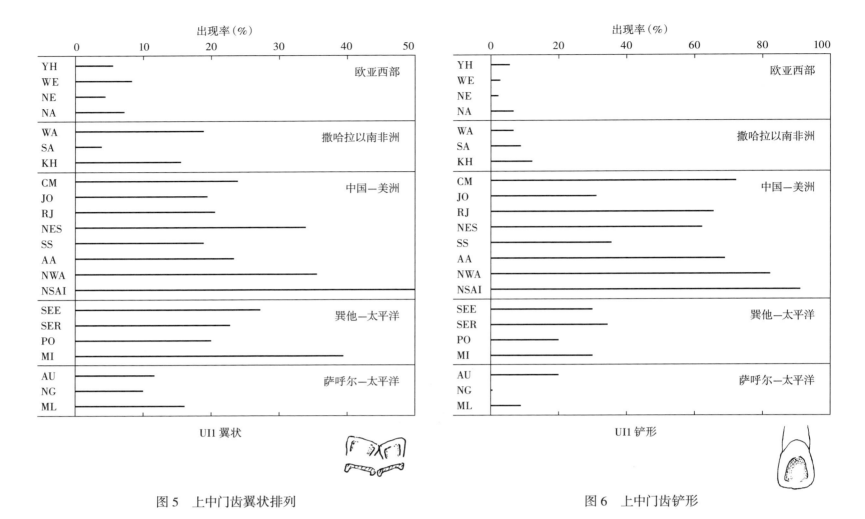

图 5　上中门齿翼状排列

图 6　上中门齿铲形

图注：YH 洋海，WE 西欧，NE 北欧，NA 北非，WA 西非，SA 南非，KH 科瓦桑，CM 中国·蒙古，JO 绳文(日本)，RJ 现代日本，NES 东北西伯利亚，SS 南西伯利亚，AA 美洲北极，NWA 北美西北，NSAI 南北美洲印第安，SEE 史前南亚，SER 现代南亚，PO 波利尼西亚，MI 密克罗尼西亚，AU 澳大利亚，NG 新几内亚，ML 美拉尼西亚。下同，不一一标注。

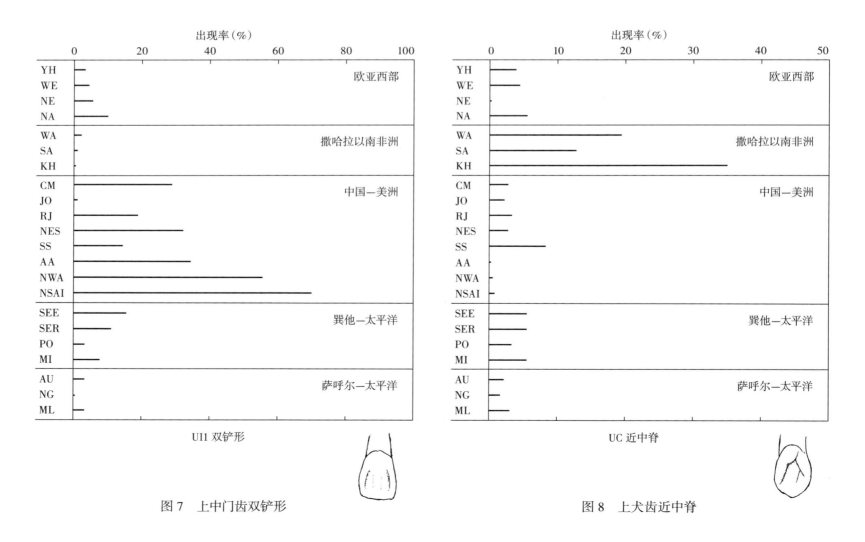

图 7　上中门齿双铲形

图 8　上犬齿近中脊

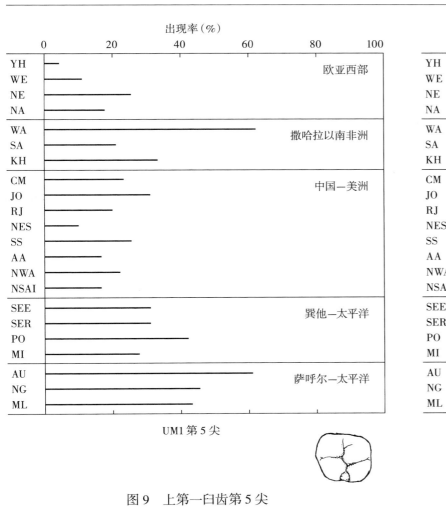

图 9　上第一臼齿第 5 尖

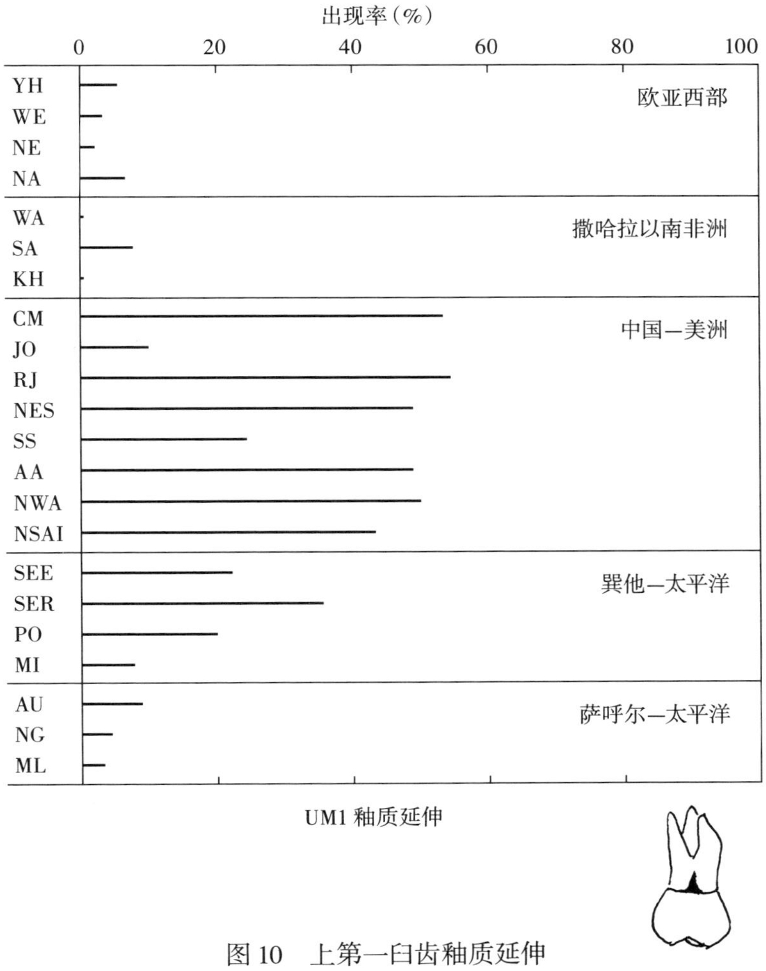

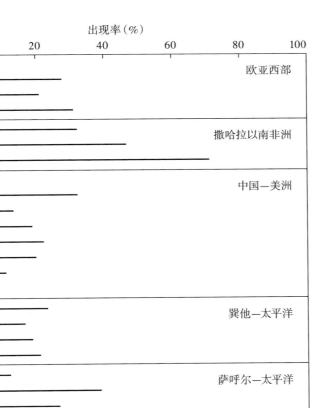

图 10　上第一臼齿釉质延伸

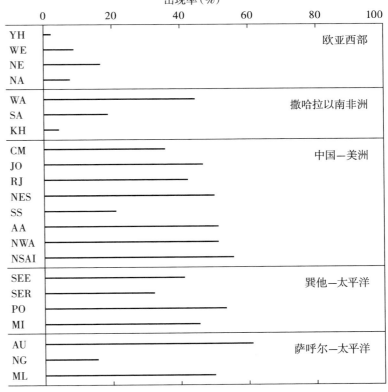

图 11　下第二臼齿 Y 型沟

图 12　下第一臼齿第 6 尖

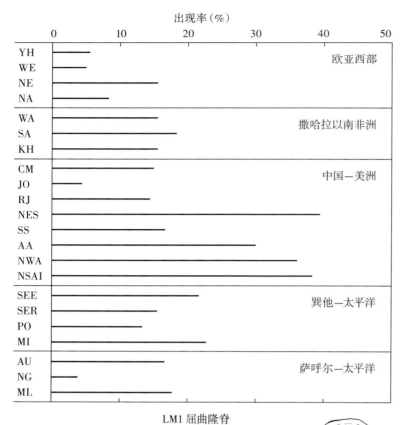

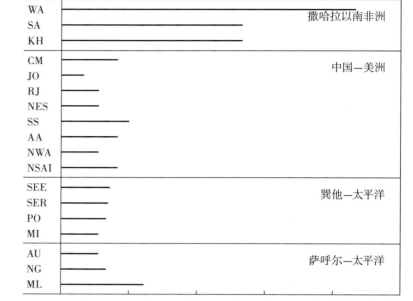

图 13　下第一臼齿屈曲隆脊

图 14　下第一臼齿第 7 尖

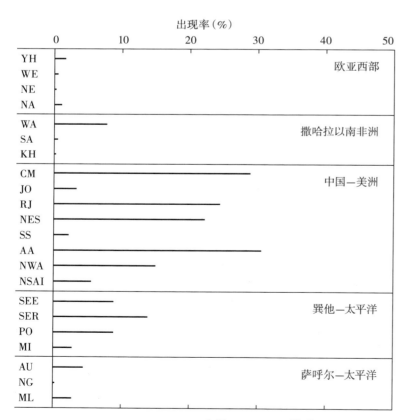

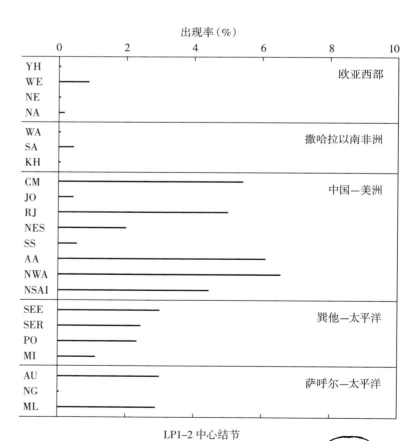

图 15　下第一臼齿 3 齿根

图 16　下第一、二前白齿中心结节

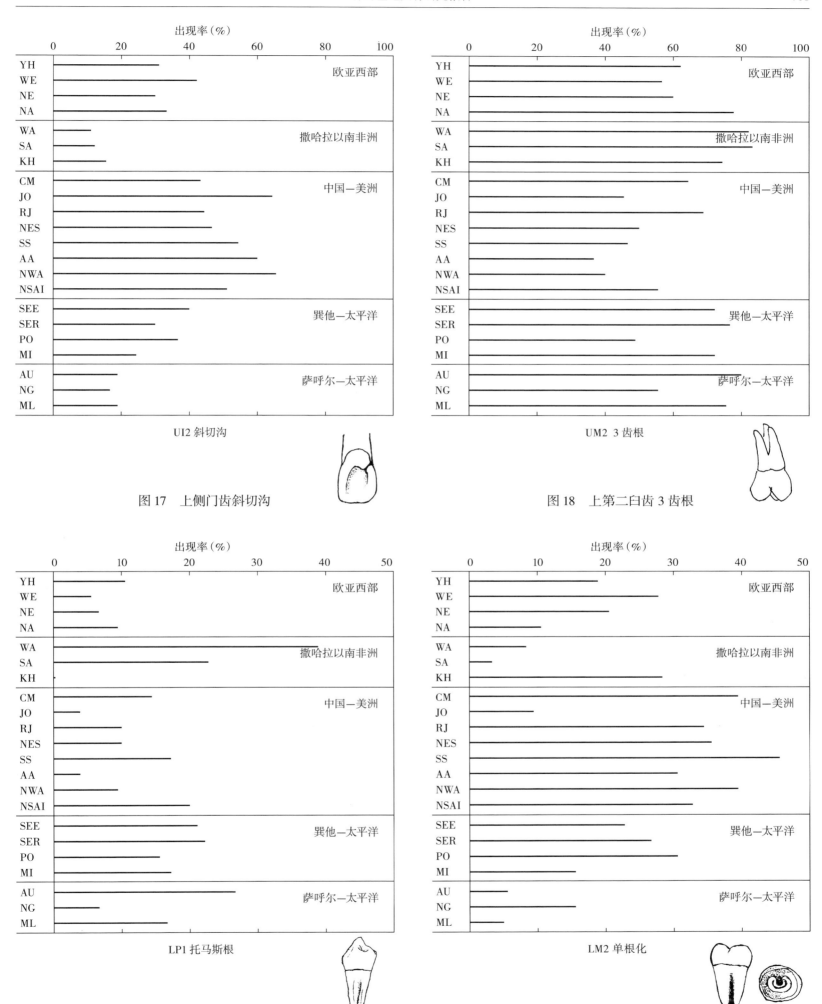

图 17 上侧门齿斜切沟

图 18 上第二臼齿 3 齿根

图 19 下第一前臼齿托马斯根

图 20 下第二臼齿单根化

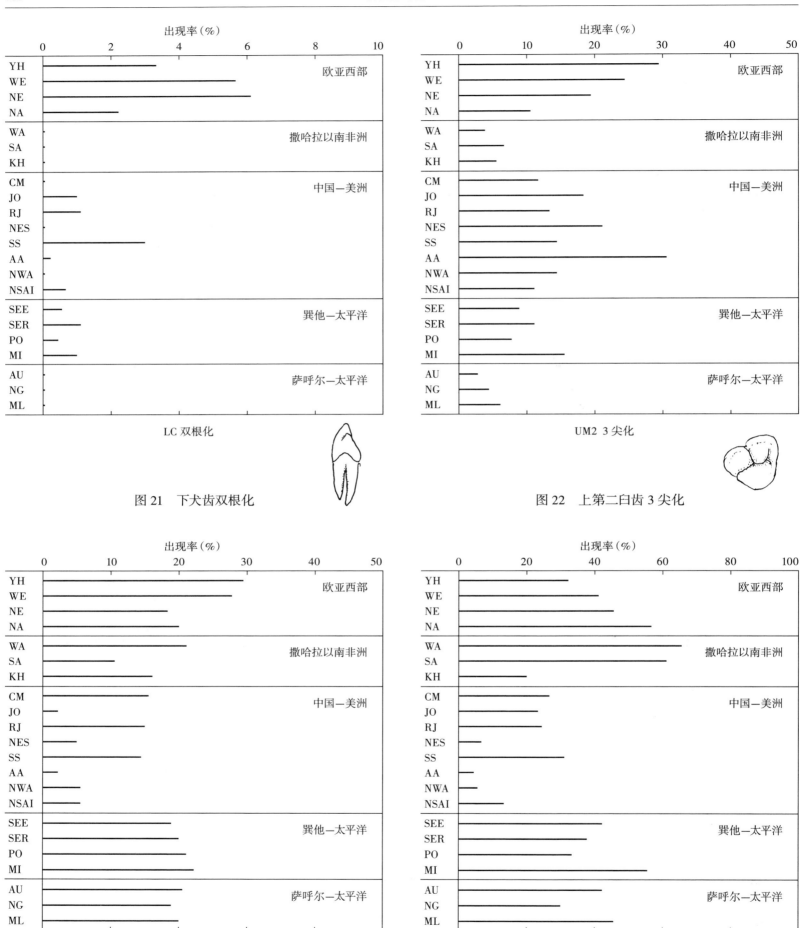

图 21　下犬齿双根化

图 22　上第二臼齿 3 尖化

图 23　上第一臼齿卡氏尖

图 24　上第一前臼齿双根化

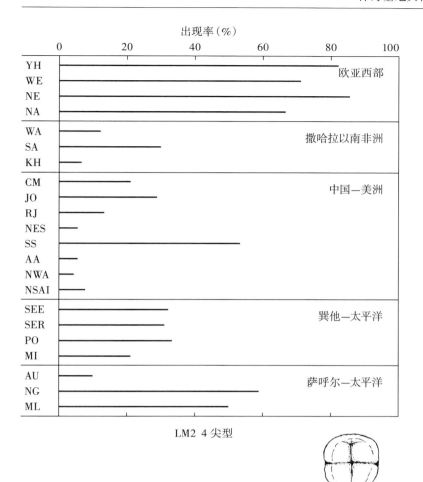

图 25　下第二臼齿 4 尖型

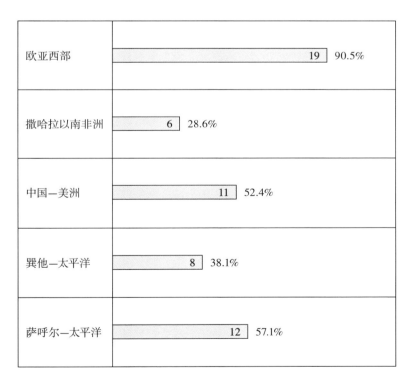

图 26　洋海组与世界五个地区组在同一变异等级中共同出现的
次数（21 项特征）

欧亚西部地区包括西欧、北欧、北非。撒哈拉以南包括撒哈拉以南非洲地区。中国—美洲地区包括东北亚、东北西伯利亚、南西伯利亚、日本绳文、东亚、东北西伯利亚、北美洲西北、北极美洲、北美西北部、中国—美洲。萨呼尔—太平洋地区包括澳大利亚、新几内亚、萨呼尔—太平洋。

应该指出，在 G. Richard Scott 和 Christy G. Turner II 在记述欧亚西部类群的齿系特征时认为该地区的 LM1 和 LM2 四尖型和 LC 双根化的高频率有别于其他世界的人群。同时具有高频率的卡氏尖和 UM2 的 3 尖化。洋海的上述齿系特征也基本如此，仅在 LC 双根化的出现上处在中等频率范围稍低于欧洲的类群。而在低频率特征上包括 UI2 斜切痕、LM2 Y 型沟、UP1 双根、UM2 三根化、LM2 单根化处在中等范围外，在其他许多低频率特征上如 UI1 翼状、UI1 铲形和双铲形、UC 近中脊、LP1-2 中心结节、UM1 第 5 尖、LM1 第 6 尖及第 7 尖、UM1 釉质延伸、LM1 屈曲隆脊、LP1 托马斯根及 LM1 三齿根等，都和新疆洋海的同类低频率项目非常一致。因此从整体上看，Mayhall et al.[52] 和 Zubov 等认为西部欧亚类群或高加索人种以上述一系列特征的丢失或稀有化比特征结构的复杂化更有代表性[53]。洋海的齿系特征显然也具有基本相同的性质。此外，洋海的 UI2 齿结节、LC 远中附脊、UM3 臼齿旁结节、LM1 下次小尖等的低频率及 UM3 退化和先天缺失的高频率也和齿系结构的简单化方向是相一致的。

表 26 中列出了 21 个齿牙特征的世界不同地区组在不同频率段出现的情况及洋海组出现率在这些频率段出现的比较。我们发现，与洋海组共同出现在同一频率段的是西部欧亚及欧洲合并的类群，达到 19 项（90.5%）。而与其他组共同出现在同一频率段的则显著减少，从只有一项到八项不等（参见图 26）。从这个角度显示，洋海组在齿系性质上与西部欧亚人群（包括欧洲）联系密切，而与其他地区人群关系疏远。这种情况在图 5 ~ 25 的单个特征出现率线状图的比较中也明显观察到，即除个别特征外，洋海（YH）的出现率大小与西部欧亚类群的三个组（西欧、北欧、北非）在很近和相似方向上波动。这同样反映了洋海人群与西部欧亚人群的密切联系。

对以上洋海组与西部欧亚人群的关系作为进一步量化的表达，在 21 项特征出现率的比较中进行了洋海组与世界上其他地区组之间的形态距离的计算（计算式见"比较资料"一节）。参照表 27 中各组的出现率（以千分比计算）计算出表 28 中洋海组（YH）与其他对比组的各项组差 d，然后将各项的组差之和（Σd）除以 21 个特征项目获得平均组差（平均 d）（在表 28 的最下一行）。我们发现，洋海组与西部欧亚人的西欧（WE）、北欧（NE）和北非（NA）三组的距离值（分别为 0.052、0.064、0.079）最小，而与其余地区的各组则距离明显更大（0.096~0.267）。这一计算结果更充分证明了洋海组与西部欧亚人群的紧密关系而疏远于世界上其他地区的

表 26　洋海及世界各地区类群在不同频率段出现情况的比较

齿牙特征	地区出现率范围（%）	地区组	洋海组频率出现位置
上中门齿翼状 (Winging UI1)	0 ~ 15	Western Eurasia, Sub-Saharan Africa, Sahul-Pacific	6.7
	15 ~ 13	East and Central Asia, American Arctic, Sunda-Pacific	
	30 ~ 50	Northeast Siberia, Northwest North America, North and South America	
上中门齿铲形 (Shoveling UI1)	0 ~ 15	Western Eurasia(recent), Sub-Saharan Africa, Sahul-Pacific	5.1
	20 ~ 50	Sunda-Pacific, Western Europe and India(prehistoric), Samoyeds, South Siberia, Central Asia , Jomon, Ainu	
	60 ~ 90	East and North Asia, Americas	
上中门齿双铲形 (Double shoveling UI1)	0 ~ 15	Western Eurasia, Sub-SaharanAfric, Sahul-Pacific, Sunda-Pacific	3.1
	20 ~ 40	East and North Asia, American Arctic	
	55 ~ 70	American Indians	
上侧门齿斜切迹 (Interruption groove UI2)	10 ~ 20	Sub-Saharan Africa, Sahul-Pacific	
	20 ~ 40	Western Eurasia, Sunda-Pacific	31.0
	45 ~ 65	Sino-Americas	
上犬齿近中脊 (Mesial ridge UC)	0 ~ 3	Sino-Americas, Sahul-Pacific, Polynesia	3.1
	4 ~ 7	Western Eurasia, Sunda-Pacific	
	12 ~ 35	Sub-Saharian Afric	
下前臼齿中心结节 (Odontome LP1-2)	0 ~ 1	Western Eurasia, Sub-Saharan Afric, New Guinea, Jomon, South Siberia	0.0
	1 ~ 3	Australia, Melanesia, Sunda-Pacific, Northeast Siberia	
	4 ~ 7	East Asia, Americas	
上第二臼齿 3 尖化（3-cusp UM2）	0 ~ 10	Sub-Saharan Africa, Australia, New Guinea	
	10 ~ 20	Sunda-Pacific, East Asia, Jomon, American Indian, North Africa, Melanesia?	
	20 ~ 35	Europe, India, Northeast Siberia, American Arctic	28.6
上第一臼齿卡氏尖 (Carabelli's cusp UM1)	0 ~ 10	North Asia, Eskimo-Aleuts, American Indians, Jomon, Ainu. (Prehistoric Europe and Indian?)	
	10 ~ 15	East Asia	
	15 ~ 20	Sub-Saharan Africa, Sunda-Pacific, Sahul-Pacific	
	20 ~ 30	Western Eurasia	29.5
上第一臼齿 5 尖型 (Cusp 5 UM1)	10 ~ 25	Sino-Americas	4.0
	30 ~ 40	Sunda-Pacific, Sub-Saharan Africa	
	45 ~ 60	Sahul-Pacific, Sub-Saharan Africa	
上第一臼齿釉质延伸 (Enamel extention UM1)	0 ~ 10	Western Eurasia, Sub-Saharan Africa, Sahul-Pacific, Jomon	5.8
	20 ~ 30	Sunda-Pacific, South Siberia	
	40 ~ 60	East and North Asia, Americas	
下第二臼齿 4 尖型 (4-cusp LM2)	10 ~ 30	San, Americas	
	30 ~ 60	South Africa, East Asia, North Asia, Altaic (Mongolian/Tungusic), Sunda-Pacific, Australia?	
	60 ~ 80	New Guinea, Melanesia, East Africa, Altaic (Turkic)	

齿牙特征	地区出现率范围（%）	地区组	洋海组频率出现位置
下第二臼齿 4 尖型 (4-cusp LM2)	>80	Western Eurasia	81.6
下第二臼齿 Y 型沟 (Y-groove LM2)	5~20	Western Eurasia, Sino-Americas, Sunda-Pacific, Australia	0.0
	25~40	East and South Africa, Melanesia, New Guinea	
	60~70	San.	
下第一臼齿第 6 尖 (6-cusp LM1)	0~10	Western Eurasia	1.2
	10~20	Sub-Saharan Africa, South Siberia, Altaic-speakers, New Guinea	
	30~50	North and East Asia, Americas, Melanesia	
	>50	Polynesia, Australia	
下第一臼齿第 7 尖（7-cusp LM1）	0~10	Western Eurasia, Sino-Americas, Sunda-Pacific, Sahul-Pacific	4.7
	25~40	Sub-Saharan Africa	
下第一臼齿屈曲隆脊 (Deflecting Wrinkle LM1)	5~15	Western Eurasia	5.6
	20~35	Sub-Saharan Africa, East Asia, Altaic, Sunda-Pacific	
	35~55	Sahul-Pacific?North Asia and Americas	
上第一前臼齿双根化 (2-roots UP1)	5~15	North Asia, Americas	
	20~30	East Asia, Jomon	
	30~60	Western Eurasia, Sunda-Pacific, Sahul-Pacific	32.6
上第二臼齿 3 根性 (3-roots UM2)	35~45	American Arctic, Northwest North America	
	50~70	Western Eurasia, East Asia, North and South American Indian, Polynesia, New Guinea	62.7
	70~80	North Africa, Southeast Asia, Micronesia, Melanesia	
	>80	Sub-Saharan Africa, Australia	
下犬齿双根化 (2-roots LC)	0~1	Sub-Saharan Africa, Sino-America, Sunda-Pacific, Sahul-Pacific	
	2~4	North Africa, South Siberia	3.3
	>5	Europe	
下第一前臼齿托马斯根（Tomes' root LP1）	0~5	Western Eurasia, Sub-Saharan Africa, Jomon, South Siberia, Sahul-Pacific	1.8
	5~15	Sunda-Pacific, American Indian	
	>20	North and East Asia, American Arctic	
下第一臼齿 3 根（3-roots LM1）	0~5	Western Eurasia, Sub-Saharan Africa, Jomon, South Siberia, Sahul-Pacific	1.8
	5~15	Sunda-Pacific, American Indian	
	>20	North and East Asia, American Arctic	
下第二臼齿单根化 (1-root LM2)	0~10	Sub-Saharan Africa, Jomon, Australia, Melanesia	
	10~20	North Africa, Micronesia, New Guinea	18.4
	20~30	Europe, Southeast Asia, Polynesia	
	>30	North and East Asia, South Siberia, Americas	

表 27　洋海组与世界各对比组牙特征出现率之比较

	洋海(YH)	WE	NE	NA	WA	SA	KH	CM	JO	RJ	NES	SS	AA	NWA	NSAI	SEE	SER	PO	MI	AU	NG	ML
UI1 翼状 (Winging)	0.067	0.072	0.047	0.075	0.192	0.042	0.167	0.245	0.199	0.219	0.339	0.183	0.232	0.358	0.500	0.275	0.226	0.204	0.397	0.094	0.076	0.187
UI1 铲形 (Shoveling UI1)	0.051	0.027	0.022	0.075	0.073	0.093	0.133	0.720	0.257	0.660	0.620	0.367	0.692	0.831	0.919	0.305	0.349	0.207	0.313	0.201	0.000	0.089
UI1 双铲形 (Double Shoveling)	0.031	0.038	0.050	0.086	0.026	0.018	0.000	0.288	0.014	0.195	0.328	0.152	0.349	0.567	0.705	0.159	0.120	0.045	0.082	0.042	0.000	0.045
UI2 斜切迹痕 (Inter Grooves)	0.310	0.420	0.300	0.324	0.104	0.120	0.157	0.430	0.646	0.445	0.463	0.545	0.596	0.650	0.510	0.385	0.290	0.353	0.245	0.182	0.161	0.188
UC 布须曼齿 (Bushman canine)	0.031	0.043	0.000	0.061	0.291	0.126	0.351	0.028	0.022	0.030	0.025	0.084	0.000	0.004	0.016	0.060	0.060	0.029	0.051	0.020	0.019	0.029
UM2 三尖型 (3-cusped UM2)	0.286	0.247	0.192	0.106	0.036	0.072	0.062	0.108	0.180	0.135	0.218	0.142	0.306	0.142	0.115	0.082	0.115	0.077	0.151	0.033	0.047	0.075
UM1 五尖型 (Cusp 5 UM1)	0.040	0.118	0.264	0.185	0.625	0.216	0.348	0.242	0.315	0.197	0.104	0.251	0.167	0.214	0.167	0.324	0.310	0.427	0.276	0.615	0.457	0.444
UM1 卡氏尖 (Carabelli's cusp)	0.295	0.273	0.181	0.200	0.213	0.114	0.168	0.162	0.023	0.149	0.053	0.140	0.019	0.055	0.056	0.187	0.208	0.217	0.225	0.214	0.187	0.203
UM1 釉质延伸 (Enamel extention)	0.058	0.038	0.022	0.068	0.000	0.080	0.000	0.532	0.097	0.546	0.497	0.249	0.459	0.509	0.437	0.225	0.361	0.201	0.078	0.092	0.050	0.035
UP1 双齿根 (2-rooted UP1)	0.326	0.407	0.459	0.571	0.667	0.611	0.200	0.272	0.245	0.249	0.069	0.313	0.049	0.067	0.143	0.432	0.386	0.336	0.556	0.424	0.302	0.462
UM2 三齿根 (3-rooted UM2)	0.627	0.574	0.612	0.786	0.829	0.845	0.750	0.650	0.469	0.689	0.508	0.470	0.374	0.415	0.559	0.730	0.774	0.495	0.734	0.809	0.554	0.751
LM2 Y 型 (Y pattern LM2)	0.000	0.272	0.210	0.306	0.328	0.457	0.719	0.076	0.321	0.131	0.186	0.222	0.200	0.118	0.098	0.184	0.175	0.188	0.212	0.127	0.392	0.268
LM1 第 6 尖 (Cusp 6 LM1)	0.012	0.083	0.169	0.077	0.447	0.188	0.047	0.359	0.467	0.427	0.500	0.205	0.504	0.503	0.551	0.403	0.325	0.535	0.453	0.617	0.152	0.495
LM2 四尖型 (4-cusped LM2)	0.816	0.711	0.844	0.664	0.120	0.300	0.068	0.208	0.287	0.136	0.065	0.542	0.052	0.044	0.086	0.322	0.303	0.332	0.205	0.097	0.591	0.500
LM1 屈曲隆脊 (Defecting Wrinkle)	0.056	0.052	0.160	0.082	0.167	0.181	0.167	0.157	0.049	0.149	0.395	0.169	0.300	0.365	0.381	0.220	0.159	0.140	0.228	0.171	0.038	0.179
LM1 第 7 尖 (Cusp 7 LM1)	0.047	0.045	0.050	0.094	0.437	0.265	0.264	0.079	0.031	0.057	0.060	0.099	0.085	0.068	0.085	0.075	0.073	0.071	0.058	0.053	0.070	0.124
LP1 托马斯根 (Tomes' root)	0.105	0.059	0.066	0.086	0.387	0.230	0.000	0.141	0.032	0.100	0.101	0.173	0.034	0.093	0.199	0.216	0.222	0.162	0.175	0.273	0.072	0.169
LC 双根性 (2-rooted LC)	0.033	0.057	0.061	0.023	0.000	0.000	0.000	0.000	0.010	0.012	0.000	0.030	0.003	0.000	0.007	0.005	0.011	0.004	0.010	0.000	0.000	0.000
LM1 三根 (3-rooted LM1)	0.018	0.006	0.000	0.012	0.076	0.004	0.000	0.283	0.034	0.242	0.223	0.025	0.311	0.165	0.065	0.082	0.141	0.086	0.029	0.049	0.000	0.032
LM2 单根 (1-rooted LM2)	0.184	0.280	0.208	0.117	0.085	0.036	0.286	0.398	0.098	0.329	0.355	0.463	0.312	0.387	0.328	0.234	0.267	0.313	0.166	0.065	0.162	0.062
LP 中心结节 (Odontomes)	0.000	0.008	0.000	0.002	0.000	0.004	0.000	0.055	0.004	0.050	0.021	0.006	0.062	0.065	0.044	0.028	0.025	0.023	0.012	0.030	0.000	0.028

表 28　洋海组与世界各对比组齿牙特征出现率差异之比较

洋海与世组间的差（d） 比较项目	WE	NE	NA	WA	SA	KH	CM	JO	RJ	NES	SS	AA	NWA	NSAI	SEE	SER	PO	MI	AU	NG	ML
UI1 翼状（Winging）	0.005	0.020	0.008	0.125	0.025	0.100	0.178	0.132	0.152	0.272	0.126	0.165	0.291	0.433	0.208	0.159	0.137	0.330	0.027	0.009	0.120
UI1 铲形（Shoveling UI1）	0.024	0.029	0.024	0.022	0.042	0.082	0.669	0.206	0.609	0.569	0.316	0.641	0.780	0.868	0.254	0.298	0.156	0.262	0.150	0.051	0.038
UI1 双铲形（Double Shoveling）	0.007	0.019	0.055	0.005	0.013	0.031	0.257	0.017	0.164	0.297	0.121	0.318	0.526	0.674	0.128	0.089	0.014	0.051	0.011	0.031	0.014
UI2 斜切迹痕（Interr Grooves）	0.110	0.010	0.014	0.206	0.190	0.153	0.120	0.336	0.135	0.153	0.235	0.286	0.340	0.200	0.075	0.020	0.043	0.065	0.128	0.149	0.122
UC 布须曼齿（Bushman canine）	0.012	0.031	0.030	0.260	0.095	0.321	0.003	0.009	0.001	0.006	0.053	0.031	0.027	0.015	0.029	0.029	0.002	0.020	0.011	0.012	0.002
UM2 三尖型（3-cusped UM2）	0.039	0.094	0.180	0.250	0.214	0.224	0.178	0.106	0.151	0.068	0.144	0.020	0.144	0.171	0.204	0.171	0.209	0.135	0.253	0.239	0.211
UM1 五尖型（Cusp 5 UM1）	0.078	0.224	0.145	0.685	0.176	0.308	0.202	0.275	0.157	0.064	0.211	0.127	0.174	0.128	0.284	0.270	0.387	0.236	0.575	0.417	0.404
UM1 卡氏尖（Carabelli's cusp）	0.023	0.114	0.095	0.082	0.181	0.127	0.133	0.272	0.146	0.242	0.155	0.276	0.240	0.239	0.108	0.087	0.078	0.070	0.081	0.108	0.092
UM1 釉质延伸（Enamel Extention）	0.020	0.036	0.010	0.058	0.022	0.058	0.474	0.039	0.488	0.449	0.191	0.401	0.451	0.379	0.167	0.303	0.143	0.020	0.034	0.008	0.023
UP1 双齿根（2-rooted UP1）	0.081	0.133	0.245	0.341	0.285	0.126	0.054	0.081	0.077	0.257	0.013	0.277	0.259	0.183	0.106	0.060	0.010	0.230	0.098	0.024	0.136
UM2 三齿根（3-rooted UM2）	0.053	0.015	0.159	0.202	0.218	0.123	0.023	0.158	0.062	0.119	0.157	0.253	0.212	0.068	0.103	0.147	0.132	0.107	0.182	0.073	0.124
LM2 Y型（Y pattern LM2）	0.272	0.210	0.306	0.328	0.457	0.719	0.076	0.321	0.131	0.186	0.222	0.200	0.118	0.098	0.184	0.175	0.188	0.212	0.127	0.392	0.268
LM1 第 6 尖（Cusp 6 LM1）	0.071	0.157	0.065	0.435	0.176	0.035	0.347	0.455	0.415	0.488	0.193	0.483	0.491	0.539	0.391	0.313	0.523	0.441	0.605	0.140	0.483
LM2 四尖型（4-cusped LM2）	0.105	0.028	0.152	0.696	0.516	0.748	0.608	0.529	0.680	0.751	0.274	0.764	0.772	0.730	0.494	0.513	0.484	0.611	0.719	0.225	0.316
LM1 屈曲隆脊（Deflecting Wrinkle）	0.004	0.104	0.026	0.111	0.125	0.111	0.101	0.007	0.093	0.339	0.113	0.244	0.309	0.325	0.164	0.103	0.084	0.172	0.115	0.018	0.123
LM1 第 7 尖（Cusp 7 LM1）	0.002	0.003	0.047	0.390	0.218	0.217	0.032	0.016	0.010	0.013	0.052	0.038	0.021	0.038	0.028	0.026	0.024	0.011	0.006	0.023	0.077
LP1 托马斯根（Tomes' root）	0.046	0.039	0.019	0.282	0.125	0.105	0.036	0.073	0.005	0.004	0.068	0.071	0.012	0.094	0.111	0.117	0.057	0.070	0.168	0.073	0.064
LC 双根性（2-rooted LC）	0.024	0.028	0.010	0.033	0.033	0.033	0.033	0.023	0.021	0.033	0.003	0.030	0.033	0.026	0.028	0.022	0.029	0.023	0.033	0.033	0.033
LM1 三根（3-rooted LM1）	0.012	0.018	0.006	0.058	0.014	0.018	0.265	0.016	0.224	0.205	0.007	0.293	0.147	0.047	0.064	0.123	0.068	0.011	0.031	0.018	0.014
LM2 单根（1-rooted LM2）	0.096	0.024	0.067	0.099	0.148	0.102	0.214	0.086	0.145	0.171	0.279	0.128	0.203	0.144	0.050	0.083	0.129	0.018	0.119	0.022	0.122
LP 中心结节（Odontomes）	0.008	0.000	0.002	0.000	0.004	0.000	0.055	0.004	0.050	0.021	0.006	0.062	0.065	0.044	0.028	0.025	0.023	0.012	0.030	0.000	0.028
Σd	1.092	1.338	1.665	4.668	4.213	3.471	4.058	3.161	3.916	4.642	2.939	5.108	5.615	5.442	3.208	3.151	2.920	3.107	3.503	2.025	2.814
n	21	21	21	21	21	21	21	21	21	21	21	21	21	21	21	21	21	21	21	21	21
平均 d	0.052	0.064	0.079	0.222	0.201	0.178	0.193	0.151	0.186	0.221	0.140	0.243	0.267	0.259	0.153	0.150	0.139	0.148	0.167	0.096	0.134

出现率（%）

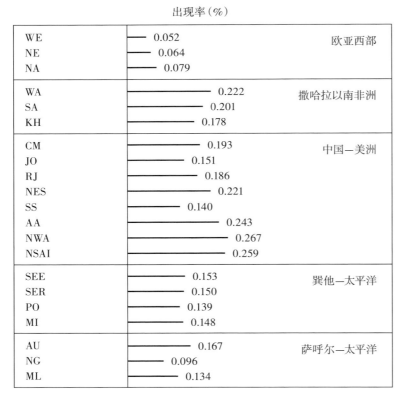

		出现率	
WE		0.052	欧亚西部
NE		0.064	
NA		0.079	
WA		0.222	撒哈拉以南非洲
SA		0.201	
KH		0.178	
CM		0.193	中国—美洲
JO		0.151	
RJ		0.186	
NES		0.221	
SS		0.140	
AA		0.243	
NWA		0.267	
NSAI		0.259	
SEE		0.153	巽他—太平洋
SER		0.150	
PO		0.139	
MI		0.148	
AU		0.167	萨呼尔—太平洋
NG		0.096	
ML		0.134	

图27　洋海（Yang Hai）组与世界各组之形态距离（21项）

人群（图27）。

上述的结果是依洋海组与其他对比组之间的单组间形态距离比较获得的。为进一步验证其可信度，用同样21项特征逐一代入欧氏形态距离公式，对包括洋海组在内的世界22个不同地区组之间进行聚类分析（Claster analysis）。各组之间相互形态距离数字矩阵列于表29，聚类图见图28。根据聚类谱系图，22个世界不同地区的

齿牙组基本上聚类为四个亚群，即：（1）太平洋地区的巽他—萨呼尔亚群，包括史前和现代东南亚（SEE、SER）、密克罗尼西亚（MI）、波利尼西亚（PO）、美拉尼西亚（ML）、日本绳文（JO）及澳大利亚（AU）七组，其中前四组属巽他—太平洋地区，后三组除日本绳文组外，另两组属萨呼尔—太平洋地区；（2）中国—美洲地区亚群，包括中国—蒙古（CM）、现代日本（RJ）、东北西伯利亚（NES）、美洲北极（AA）、北美西北（NWA）、南北美印第安（NSAI）六组；（3）欧亚大陆西部亚群，包括北欧（NE）、西欧(WE)、新几内亚（NG）、北美（NA）、南西伯利亚（SS）和新疆的洋海（YH）六组。其中新几内亚组从地理上应属萨呼尔—太平洋地区，南西伯利亚组应在中国—美洲亚群似是例外。（4）非洲亚群，包括南非（SA）、西非（WA）、科瓦桑（KH）三组，它们与以上三个亚群有相对更大的距离而列出其外。

G.Richard Scott 和 Christy G.Iurner Ⅱ也曾发表过一个根据23项齿冠和齿根特征的21个地区组的谱系图（参见文献［39］Fig.7.5）。虽然在牙齿性状上多了两项，但其谱系图与我们的21项特征所做的谱系图基本相同。根据他们的谱系，大致分为五个地区亚群，即：

（1）西部欧亚集群，包括西欧、北欧、北非，同时在这个集群中也多出了应归萨呼尔—太平洋地区的新几内亚组。

（2）非洲集群，包括西非和南非两组，科瓦桑组则远出了该集群之外。

（3）巽他—太平洋集群，包括史前和现代东南亚、

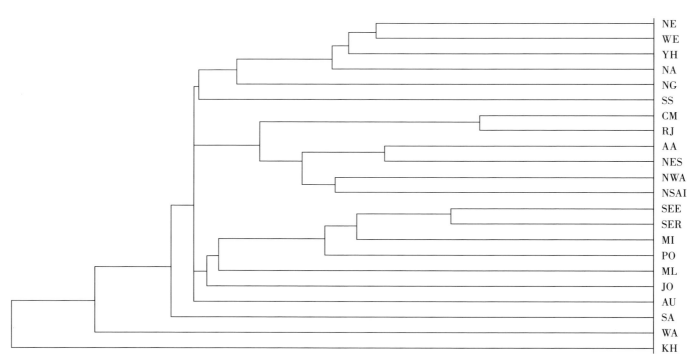

图28　21项牙齿特征出现率世界各组聚类谱系图

密克罗尼西亚、波利尼西亚四组。

（4）萨呼尔—太平洋集群，包括澳大利亚和美拉尼西亚两组，但日本绳文组出了此集群而和本该属于中国—美洲集团的南西伯利亚组单独组成一个亚组。

（5）中国—美洲集群，包括中国—蒙古、现代日本、西伯利亚东北、美洲北极、西北美洲、南北美洲印第安六组，其中少了应归此集群的南西伯利亚组。

在这里我们暂且不论两个谱系中个别几个组（如新几内亚、南西伯利亚和科瓦桑）走出了它们应属地区集团，其他绝大多数组都基本上与其所属地理分区相符，说明本报告谱系聚类与 Scott 和 Turner 的谱系之间存在明显的相应性。

但据本报告的聚类分析，新疆洋海组的聚类与西部欧亚人群群集也是一目了然的。这和此前用单组间的距离分析也同西部欧亚人群之间存在最接近的关系是一致的，并且与洋海齿系综合体与欧洲齿系的综合体是一致的。

还应该指出，在本文的聚类谱系中，撒哈拉以南的三个非洲组的表现不同于 Scott 和 Turner 的谱系，在后一个谱系中南非和西非两组的变异距离大致和西部欧亚人群或与巽他—太平洋人群的距离相当，而且科瓦桑一组则明显脱离了这两个非洲组。相反，本报告谱系中的三个非洲组的距离则明显超过了所有其他地区的集团。这种情况似乎暗示在齿系特征的变异上，非洲的集团大于其他地区集团。这或反映非洲集团的齿系在发生学上可能更具原态性。这和非洲人的基因变异大于其他非洲人的变异似相一致。

我们还与代表欧亚东部人群的中国和日本的 10 个史前和近代组〔山东新石器时代和汉代两组，日本的绳文早、晚两组，弥生时代两组（山口、种子岛），近代

表 29　洋海组与世界不同地区 21 个齿牙组形态距离矩阵表

	YH	WE	NE	NA	WA	SA	KH	CM	JO	RJ	NES	SS	AA	NWA	NSAI	SEE	SER	PO	MI	AU	NG	ML
YH																						
WE	7.64																					
NE	9.19	6.93																				
NA	11.58	8.50	8.06																			
WA	28.76	26.03	24.75	21.64																		
SA	20.64	17.68	17.19	11.98	14.09																	
KH	26.72	22.27	24.10	20.75	20.20	15.92																
CM	26.78	25.55	26.66	25.17	28.47	25.93	27.64															
JO	21.50	17.38	18.78	18.56	23.96	20.20	21.59	20.11														
RJ	26.64	25.07	26.43	24.63	24.78	24.62	26.26	4.36	18.18													
NES	29.87	28.13	29.50	28.90	31.22	28.38	27.66	10.80	19.75	9.81												
SS	16.85	13.43	11.35	15.92	25.51	20.57	22.43	15.61	13.95	16.07	18.42											
AA	31.28	19.43	30.87	30.63	33.36	30.71	29.88	12.54	19.33	11.82	6.69	19.56										
NWA	34.75	17.35	34.24	33.70	35.78	34.08	33.33	13.31	23.79	14.13	9.17	21.81	8.74									
NSAI	35.82	34.56	35.28	34.21	35.34	34.05	34.55	26.68	26.54	16.55	12.60	24.05	14.66	7.91								
SEE	19.43	16.87	16.79	15.74	17.85	15.15	20.50	14.33	13.19	13.55	17.36	12.47	20.12	22.14	30.39							
SER	19.37	17.57	17.89	15.58	19.04	15.52	20.40	12.27	15.46	11.43	16.90	12.29	19.84	22.32	23.00	5.07						
PO	20.23	16.97	16.81	17.50	19.05	18.17	21.23	19.26	11.17	16.10	18.94	12.05	20.53	23.72	25.60	8.15	9.91					
MI	21.57	19.06	18.97	16.55	16.45	14.51	20.38	18.53	15.37	17.32	20.27	16.61	23.23	25.48	25.41	7.33	9.88	11.29				
AU	26.21	24.74	22.67	23.30	13.91	17.21	22.95	22.57	18.23	21.10	24.98	22.20	26.99	29.44	29.65	12.86	14.08	12.71	12.59			
NG	15.47	11.86	10.45	11.32	20.84	14.77	17.81	26.21	16.89	25.56	28.75	16.56	30.10	33.73	35.14	16.22	16.69	14.36	17.97	18.92		
ML	18.63	16.14	13.36	12.74	14.79	12.43	20.48	23.67	15.81	19.30	26.00	17.77	28.83	31.23	31.21	10.80	12.99	11.07	11.01	11.42	11.43	

表 30　洋海组与山东、日本史前与现代组 13 项齿牙特征出现率之比较（％）

	洋海	山东新石器	山东汉代	绳文早前	绳文中晚	山口弥生	种子岛弥生	古坟	镰仓	北海道阿依努	本州现代
UI1 铲形（Shoveling）	5.1	87.5	80.6	12.5	14.4	93.3	18.0	72.5	74.5	6.9	75.0
UI1 双铲形（Double shoveling）	3.1	58.3	37.8	5.0	1.0	35.7	1.8	25.5	16.3	3.2	27.6
UM1 第 5 尖（Cusp 5）	4.0	11.1	44.4	37.5	48.2	46.5	64.0	30.2	23.5	22.9	28.2
LM2 Y 型沟（Y-groove pattern）	0.0	0.0	9.5	15.6	8.8	15.4	15.5	12.3	6.3	17.8	8.4
LM2 四尖型（4-Cusp）	81.6	25.8	17.8	45.2	49.8	13.1	49.2	25.0	20.8	57.3	21.3
LM1 屈曲隆脊（Deflecting wrinkle）	5.6	33.3	41.2	14.3	6.9	42.9	0.0	33.3	35.7	25.0	44.2
LM1 下次小尖（Protostylid）	1.4	42.9	26.8	30.0	21.2	34.9	29.2	19.4	37.5	20.7	43.9
UM1 釉质延伸（Enamel extention）	5.8	69.6	72.4	6.9	10.5	21.0	34.1	43.8	42.6	28.1	45.5
UP1 单根性（1-root）	67.4	77.4	90.9	73.3	70.9	78.3	55.3	78.8	81.3	81.7	78.1
UM2 三根性（3-roots）	62.7	72.4	84.9	50.0	51.3	61.4	47.2	64.2	66.0	60.6	59.2
UM3 退化—先天缺失（Peg-Shaped and congentical absence）	76.2	52.4	40.0	5.7	16.0	23.7	40.7	32.8	37.5	34.2	30.6
LM1 三根化（3-roots）	1.8	13.3	13.2	0.0	2.0	23.7	1.7	23.0	16.7	7.0	24.5
LM2 单根化（1-root）	18.4	33.3	37.0	6.7	4.8	20.0	5.4	26.2	23.9	7.7	35.5

表 31　洋海组与山东和日本史前与历史时期各组及西部欧亚组出现率差异之比较（％）

洋海组与对比组之差（d）／比较项目	山东新石器	山东汉代	绳文早前	绳文中晚	山口弥生	种子岛弥生	古坟	镰仓	北海道阿依努	本州现代	西欧	北欧	北非
UI1 铲形（Shoveling）	0.824	0.755	0.074	0.093	0.882	0.129	0.674	0.694	0.018	0.699	0.024	0.029	0.024
UI1 双铲形（Double shoveling）	0.552	0.347	0.019	0.021	0.326	0.013	0.224	0.132	0.001	0.245	0.007	0.019	0.055
UM1 第 5 尖（Cusp 5）	0.071	0.404	0.335	0.442	0.425	0.600	0.262	0.195	0.189	0.242	0.078	0.224	0.145
LM2 Y 型沟（Y-groove pattern）	0.000	0.095	0.156	0.088	0.154	0.155	0.123	0.063	0.178	0.084	0.272	0.210	0.306
LM2 四尖型（4-Cusp）	0.558	0.638	0.364	0.318	0.685	0.324	0.566	0.608	0.243	0.603	0.105	0.028	0.152
LM1 屈曲隆脊（Deflecting wrinkle）	0.277	0.356	0.087	0.013	0.373	0.056	0.277	0.301	0.194	0.386	0.004	0.104	0.026
LM1 下次小尖（Protostylid）	0.415	0.254	0.286	0.198	0.335	0.278	0.180	0.361	0.193	0.425	—	—	—
UM1 釉质延伸（Enamel extention）	0.638	0.666	0.011	0.047	0.152	0.283	0.380	0.368	0.223	0.397	0.020	0.036	0.010
UP1 单根性（1-root）	0.100	0.235	0.059	0.035	0.109	0.121	0.114	0.139	0.143	0.107	0.081	0.133	0.245
UM2 三根性（3-roots）	0.097	0.222	0.127	0.114	0.013	0.155	0.015	0.033	0.021	0.035	0.053	0.015	0.159
UM3 退化—先天缺失（Peg-Shaped and congentical absence）	0.238	0.362	0.705	0.602	0.525	0.355	0.434	0.387	0.420	0.456	—	—	—
LM1 三根化（3-roots）	0.115	0.114	0.018	0.002	0.219	0.001	0.212	0.149	0.052	0.227	0.012	0.018	0.006
LM2 单根化（1-root）	0.149	0.186	0.117	0.136	0.016	0.130	0.078	0.055	0.114	0.171	0.096	0.024	0.067
∑ d/13 项	0.310	0.356	0.181	0.162	0.324	0.200	0.272	0.268	0.153	0.314	—	—	—
∑ d/11 项 *	0.307	0.365	0.124	0.119	0.305	0.179	0.266	0.249	0.125	0.291	0.068	0.076	0.109

注：有“*”者不包括 LM1 下次小尖（Protostylid）和 UM3 退化—先天缺失两项。

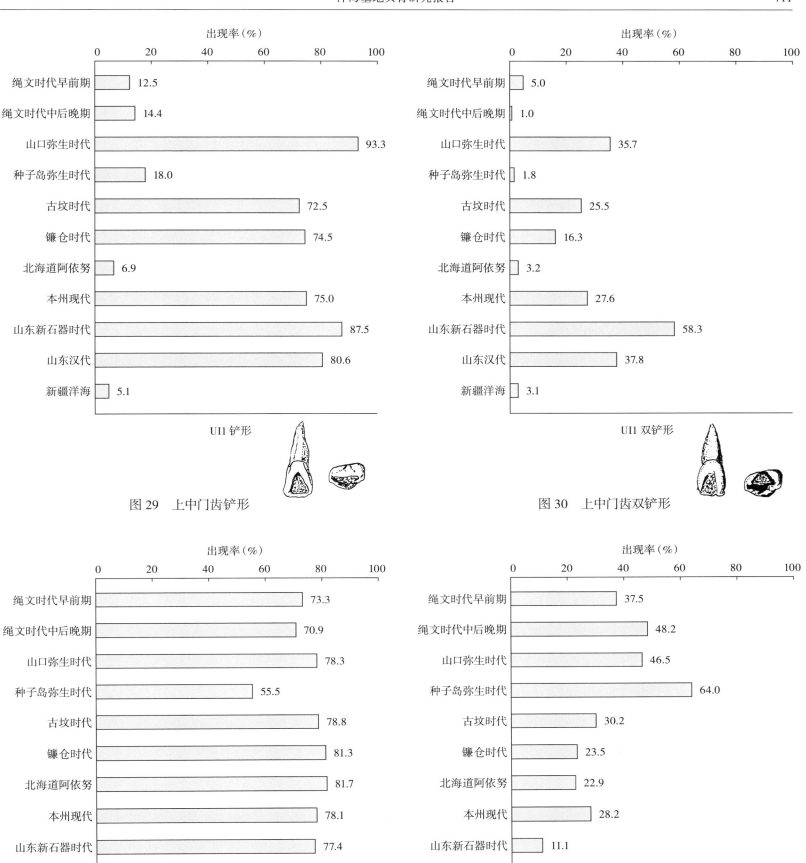

图 29　上中门齿铲形

图 30　上中门齿双铲形

图 31　上第一前臼齿单根

图 32　上第一臼齿第 5 尖

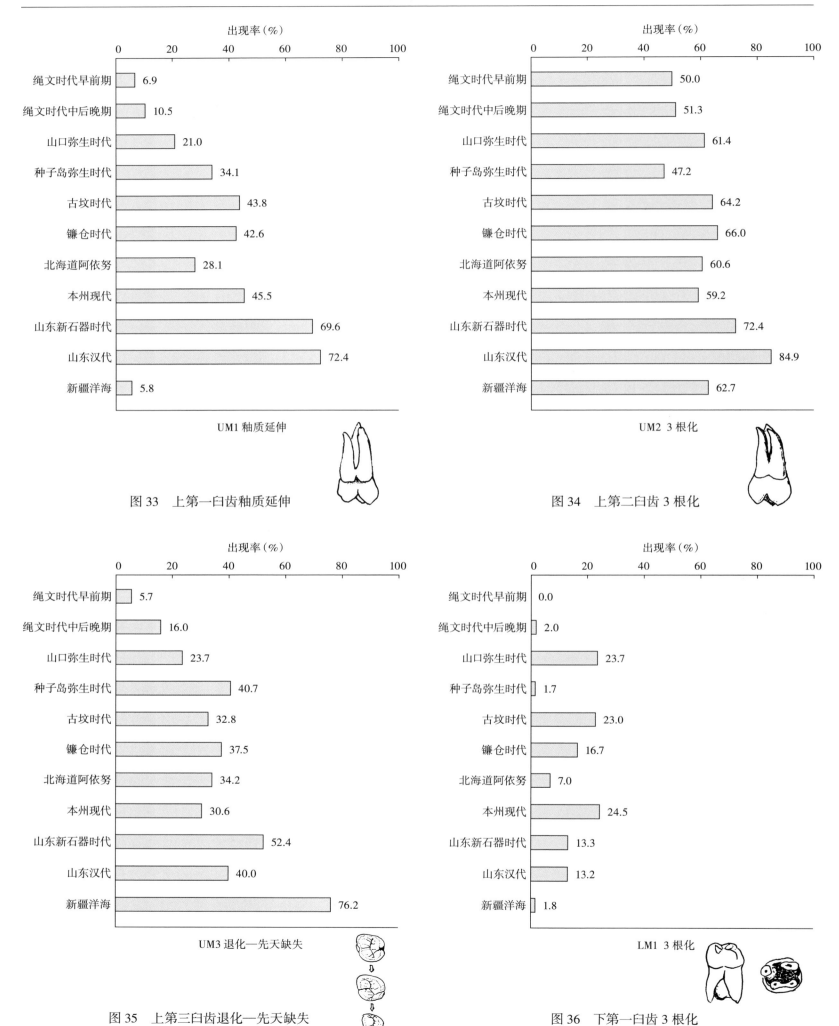

图 33　上第一臼齿釉质延伸

图 34　上第二臼齿 3 根化

图 35　上第三臼齿退化—先天缺失

图 36　下第一臼齿 3 根化

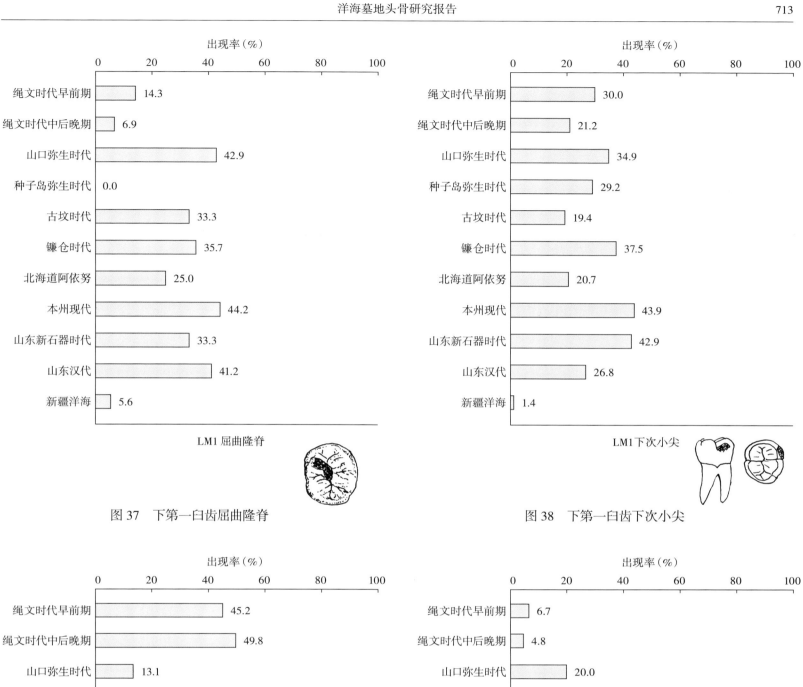

图 37　下第一臼齿屈曲隆脊

图 38　下第一臼齿下次小尖

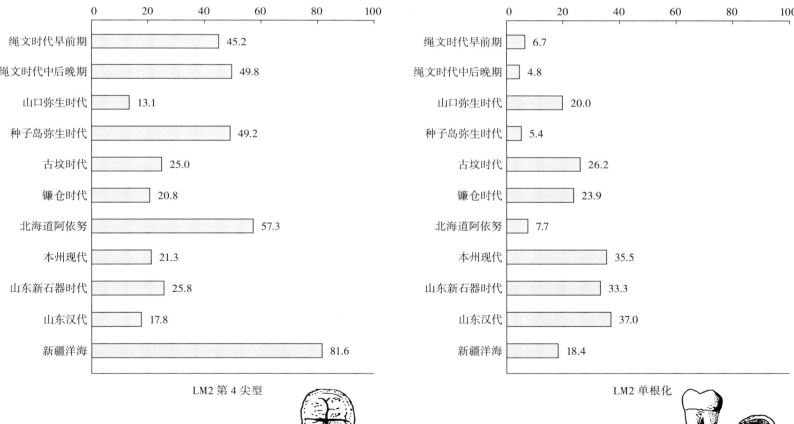

图 39　下第二臼齿 4 尖型

图 40　下第二臼齿单根化

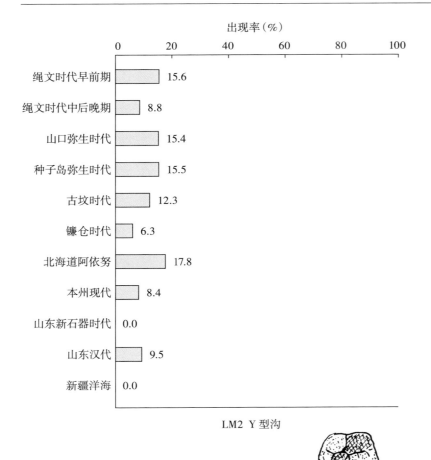

出现率（%）

LM2 Y 型沟

图 41　下第二臼齿 Y 型沟

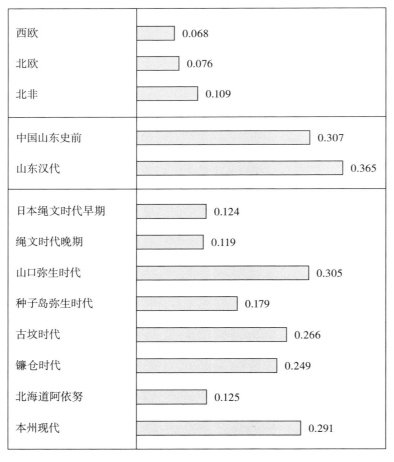

图 42　洋海组与西部和东部欧亚人群形态距离比较

的古坟、镰仓两组及现代的北海道阿依努、本州两组] 选择了 Sinodonty 和 Sundadonty 齿系差异明显的 13 项和 11 项出现率差异的平均距离比较（表 30、31；图 29~41），发现洋海组与它们的平均组差相对比较大（13 项是 0.153~0.356，11 项是 0.119~0.365），反映了洋海组与这些史前和近现代东部欧亚类群之间存在齿系性质上的差异。但这种差异是否真实，由于比对齿牙特征的项目只有 13 项和 11 项，与前述同世界五个地区类群比对的 21 项明显不对称。因此对后一比对也减至与前一比对相同的 11 项计算形态距离值，这些数据列于表 32。从表 31 的最下一行平均距离表明，洋海组与西部欧亚类群的西欧、北欧和北非三组具有最小级的距离（分别为 0.068、0.076、0.109），而与其他地区组的距离显得更大（0.116~0.359）。这种距离排列次序和前述用 21 项计算的距离顺序完全相符。而与代表东亚的中国和日本的史前与近代组的距离（11 项，0.119~0.365）显然也更大于洋海组与西部欧亚人群之间的距离见表 30（图 42）。这一结果再次证明，洋海组的古代人群在齿牙系统的性质上与欧亚西部类群之间可能存在过非常密切的遗传学上的联系。

（三）结论和讨论

本报告对洋海古墓地出土古人骨进行了齿牙人类学的研究，其中包括完整和不完整头骨 489 具及单独上下颌 82 具。各项特征的实际观察例数最少 61 例，最多 340 例。观察齿牙特征的项目及分类等级依 Turner II[39] 和真锅义孝[43]。因此从人骨材料的来源、数量及分类等级的取舍等方面具有相当的科学性及统计样本的可信性，也是目前国内齿牙人类学研究最丰富的一批材料。

本文对洋海墓地齿牙人类学研究的主要目的在于探讨新疆古代人民的种族或地区人群属性的一部分，并且探讨采用不同于骨骼测量学、形态小变异及古 DNA 技术的另类独立的方法寻求研究共同目标的一个尝试。

我们对不同齿种的齿冠和齿根的 27 项非测量性质的结构特征进行观察记录。具体的操作采用 Turner II[38] 的分类标准（ASU Dental Anthropology System），并为减小观察误差，使用了 ASU System 及 Dahlberg 的齿牙标准模型。各项牙齿特征出现率的统计方法也遵循 Turner II[38] 和真锅义孝[43]。对地区性人群齿牙特征出现率的比对资料一是真锅义孝[43] 的中国和日本史前和近现代人的数据；另一是 G. Richard Scott 和 Christy G. Turner II[39] 著书中发表的世界五个地区人群的数据。

根据 G. Richard Scott 和 Christy G. Turner II 对世界

表 32 洋海组与世界各地对比组齿牙特征出现率差异之比较（11 项）

洋海组与对比组之差（d） 比较项目	WE	NE	NA	WA	SA	KH	CM	JO	RJ	NES	SS
UI1 铲形（Shoveling）	0.024	0.029	0.024	0.022	0.042	0.082	0.669	0.206	0.609	0.569	0.316
UI1 双铲形（Double shoveling）	0.007	0.019	0.055	0.005	0.013	0.031	0.257	0.017	0.164	0.297	0.121
UM1 五尖型（Cusp 5）	0.078	0224	0.145	0.685	0.176	0.308	0.202	0.275	0.157	0.064	0.211
UM1 釉质延伸（Enamel extention）	0.020	0.036	0.010	0.058	0.022	0.058	0.474	0.039	0.488	0.449	0.191
UP1 双根（2-roots）	0.081	0.133	0.245	0.341	0.285	0.126	0.054	0.081	0.077	0.257	0.013
UM2 三根（3-roots）	0.053	0.015	0.159	0.202	0.218	0.123	0.023	0.158	0.062	0.119	0.157
LM2 Y 型沟（Y-groove）	0.272	0.210	0.306	0.328	0.457	0.719	0.076	0.321	0.131	0.186	0.222
LM2 四尖型（4-cusp）	0.105	0.028	0.152	0.696	0.516	0.748	0.608	0.529	0.680	0.751	0.274
LM1 屈曲隆脊（Deflecting wrinkle）	0.004	0.104	0.026	0.111	0.125	0.111	0.101	0.007	0.093	0.339	0.113
LM1 三根（3-roots）	0.012	0.018	0.006	0.058	0.014	0.018	0.265	0.016	0.224	0.205	0.007
LM2 单根（1-root）	0.096	0.024	0.067	0.099	0.148	0.102	0.214	0.086	0.145	0.171	0.279
Σ d/11	0.068	0.076	0.109	0.237	0.183	0.221	0.268	0.158	0.257	0.310	0.173

洋海组与对比组之差（d） 比较项目	AA	NWA	NSAI	SEE	SER	PO	MI	AU	NG	ML	
UI1 铲形（Shoveling）	0.641	0.780	0.868	0.254	0.298	0.156	0.262	0.150	0.051	0.038	
UI1 双铲形（Double shoveling）	0.318	0.526	0.674	0.128	0.089	0.014	0.051	0.011	0.031	0.014	
UM1 五尖型（Cusp 5）	0.127	0.174	0.128	0.284	0.270	0.387	0.236	0.575	0.417	0.404	
UM1 釉质延伸（Enamel extention）	0.401	0.451	0.379	0.167	0.303	0.143	0.020	0.034	0.008	0.023	
UP1 双根（2-roots）	0.277	0.259	0.183	0.106	0.060	0.010	0.230	0.098	0.024	0.136	
UM2 三根（3-roots）	0.253	0.212	0.068	0.103	0.147	0.132	0.107	0.182	0.073	0.124	
LM2 Y 型沟（Y-groove）	0.200	0.118	0.098	0.184	0.175	0.188	0.212	0.127	0.392	0.268	
LM2 四尖型（4-cusp）	0.764	0.772	0.730	0.494	0.513	0.484	0.611	0.719	0.225	0.316	
LM1 屈曲隆脊（Deflecting wrinkle）	0.244	0.309	0.325	0.164	0.103	0.084	0.172	0.115	0.018	0.123	
LM1 三根（3-roots）	0.293	0.147	0.047	0.064	0.123	0.068	0.011	0.031	0.018	0.014	
LM2 单根（1-root）	0.128	0.203	0.144	0.050	0.083	0.129	0.018	0.119	0.022	0.122	
Σ d/11	0.331	0.359	0.331	0.182	0.197	0.163	0.175	0.196	0.116	0.144	

注：洋海组与对比各组的组差利用表中相应 11 项出现率计算出来的。

不同地区人群齿牙特征出现率高低水平的估计，洋海古人的齿系特征是 UI1 翼状、UI1 铲形、UI1 双铲形、UC 近中脊、UM1 第 5 尖、UM1 釉质延伸、LM2 Y 型沟、LM1 第 6 尖、LM1 屈曲隆脊、LM1 第 7 尖、LM1 三根、LP1-2 中心结节等十二项属于低和很低的等级；出现率属中等的是 UI2 斜切迹痕、UM2 三根性、LP1 托马斯根、LM2 单根化、LC 双根化等五项；高出现率的有 UM2 三尖型、UM1 卡氏尖、UP1 单根性、LM2 四尖型等四项。这种频率出现的组合除 UM1 第 5 尖和 LM2 Y 型沟处在最低水平外，其他 19 项特征的出现频率都处在与西部欧亚人群（北欧、西欧、北非等）共出于同一频率段或十分接近的水平。即便上述两项（UM1 第 5 尖、LM2 Y 型沟）虽处在最低频率，但西部欧亚人群的这两项特征的出现率也是处在世界频率的最低频率而不是相反。因此可以说洋海齿系特征的综合体上显示了与西部欧亚人群齿系综合体的一致性。这种一致性在总共 21 项特征中的至少 90% 以上的共性上。

又据 G. Richard Scott 和 Christy G. Turner II 的归纳，西部欧亚人群的齿系特征最与其他地区不同的是 LM1-2 的 4 尖型和 LC 双根化上的高出现率上。从图 25 和图 21 上我们看到，洋海的 LM2 四尖型也属于高端型；LC 双根化虽较西欧和北欧为低，但比北非更高，而且继北欧和西欧之后的第三个高。其他地区除个别外都是明显低端类型的。因此在这两个特征上，洋海组与西部欧亚类群的基本相似而有别于其他地区组。

此外，西部欧亚类群的卡氏尖和 UM2 的三尖化的频度虽处在世界变异的高段（洋海组甚至更突出）（见图 23 和图 22），然而和其他地区类群的多数区别不大。在 UI2 切迹痕、LM2 Y 型沟、UP1 双根、UM2 三根和 LM2 单根化五项特征上，西部欧亚群与其他地区类群相比，大致处在它们中间的频率，而洋海组基本的趋势也大致与此相合（见图 17、11、24、18、20），仅在 LM2 Y 型沟的出现率为零，比西部欧亚类型更低（见图 11）。

在其余的许多项目上即 UI1 翼状、UI1-2 铲形和双铲形、UC 近中脊、LP1-2 中心结节、UM1 第 5 尖、UM1 釉质延伸、LM1 第 6 尖和第 7 尖、LM1 屈曲隆脊、LP1 托马斯根和 LM1 三齿根等许多特征上，西部欧亚类群表现出了更多缺失或在世界的低等级上。有趣的是洋海组在这些项目上也几无例外地表现出了与西部欧亚人群的一致性或具有共同的低频度方向（见图 5 ~ 10、12 ~ 16、19）。因此在这方面，有的学者认为对西部欧亚类群来讲，齿牙特征的稀有或缺失化比其特征的复杂化更具有代表性。而洋海的齿牙特征的综合体也基本上反映了西部欧亚人群的同类综合体。

用多项齿牙特征的量化（平均形态距离）计算及聚类分析也清楚地证明，洋海组与西部欧亚类群之间的距离明显比世界其他地区的距离更小，而且与东部欧亚人群或中国齿系及巽他齿系之间存在明显大的距离。用同样量化的距离测试也证明，洋海组齿系的综合特征与中国齿系和巽他齿系之间也存在比西部欧亚齿系之间明显大的距离。

这些结果足以证明，至少在距今 3000 多年的青铜时代以前，在新疆境内已经存在与西部欧亚人群相似的齿牙形态综合体，而且也与至少在万年以前出现于欧亚大陆东部类群的中国齿系和巽他齿系之间存在不同方向的综合差异，其中包括与黄河流域齿系的差异。这也是本文对洋海古代人齿牙人类学研究所获得的最重要的结论。

在这里特别指出，齿牙人类学中对牙齿非测量特征（观察特征）的研究与头骨形态测量学的研究在具体研究的材料对象及观察系统的技术路线和方法上相互独立。因此对同一批材料进行诸如同一种族或人群属性的研究能否获得相同或相似的结果依然处在探索阶段甚至存在诸多争议。本报告利用洋海丰富的人骨材料尝试采用学科互相独立的交叉测试，这一结果可与头骨形态和测量方法的种属研究结果互为验证并获得了基本一致的看法。

八　眶上孔和舌下神经管二分调查 [78]

过去学者们对古代人骨的种族属性研究在分析方法和技术操作程序上有一些不同的做法，如从头骨的生物测量学方法和牙齿的测量和形态观察方法。对材料的分析从形态类型的单变量统计比较到多变量的统计分析等。这些方法都属于从古人头骨上收集各种资料进行不同视角及相互独立的分析，可以起到相互验证的作用。近些年来，人类学家中常采用所谓形态小变异的调查，分析古代人群之间的关系也是其中之一。但这种方法与长期以来习用的头骨测量学方法及牙齿人类学等方法也是互相独立的。用这种方法得到的结果与其他方法的结果是否一致，或可作为另类的检讨和检验。在本节中，我们选取两个小变异特征即眶上孔和舌下神经管二分的出现观察，从另一个角度探讨洋海墓地人头骨的种族属性。

（一）材料和方法

1. 眶上孔和舌下神经管二分调查的意义

所谓眶上孔（Supraorbital foramen）（图 43；图版三三八，2）和舌下神经管二分（Hypoglossal canal bridging）（图 44；图版三四〇，4、5）这两个解剖学特征的变异已有许多学者在不同人群的头骨上做过调查和分析。据有些学者的调查结果，认为眶上孔的出现频率在蒙古种人群中比较普遍。有的学者对日本古代和近代人的框上孔调查后认为在北海道的阿伊努（Ainu）人中，眶上孔出现率远低于现代日本人，对舌下神经管二分现象，有的学者对一部分高加索人种和蒙古人种头骨进行调查后指出，认为它们的变异范围较大而少有区分人群的价值。但有的学者认为这两种特征早在胎儿发育的末期并已出现，因此与遗传背景有密切联系。同时，有的日本学者将此特征的出现情况作为区分阿伊努人和现代日本人之间的一种有效指标。其中，日本的百百幸雄利用世界上 92 个不同地区人群的资料对这两项特征的出现频率进行了广泛的调查和比较，提出了几项重要的结果[78]：

（1）眶上孔出现率在蒙古人种人群中比高加索人种、澳大利亚人种和尼格罗人种人群中更为普遍。

（2）舌下神经管二分的出现率在高加索人种和北美蒙古人种人口中比在澳大利亚人种和尼格人种及亚洲蒙古人种人群中更为普遍。

（3）将这两项特征出现率作世界性种族比较之后，对分辨人类主要种族人群有良好效果。

（4）根据这两项特征出现的综合比较证明，日本土井浜类型的弥生人、古坟人及现代日本人之间关系密切，与绳文人和现代阿伊努人之间的距离其远。因此推测日本人主要是由来自亚洲大陆的新蒙古人种（Neo-Mongoloid）移民的后代所组成，绳文人对现代日本人形成的遗传贡献相对较小。

本节即采用上述日本学者的研究成果和方法，探讨洋海墓地古人的种族属性，所得结果与骨骼形态测量学和牙齿人类学所得的结果进行比对和讨论。

2. 眶上孔出现位置及其计数

所谓眶上孔，顾名思义出现于眼眶上缘的上方（图43），一般常见于眶上缘中部的偏内侧。但其位置也有

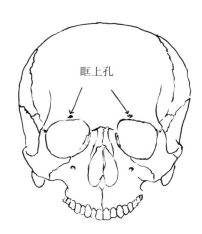

图43　眶上孔位置

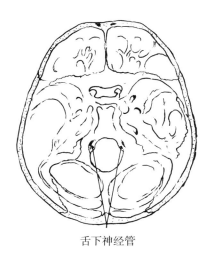

图44　舌下神经管位置

一些变化，有时和眶上孔外侧出现的额孔同时出现（后者出现的机会极少），在这种情况下只计出现一次。如只有额孔而无眶上孔的情况下，也只计数一次，条件是该额孔必须向眶腔内开口。这样的计数规定是为了将判定标准统一而减少观察误差。有的学者还将出现于眶上内角部位的所谓滑车上孔加以计数，但这种孔道的出现实际上极为罕见而可以忽略不计。在本文观察的洋海头骨上几乎没有发现该孔道明确单独出现的证据，所以也忽略不计。在统计出现率(%)时不分性别，且左右侧合并，以便与其他学者的统计方法一致。

3. 舌下神经管的位置及其二分的计数

所谓舌下神经管位于枕骨枕髁基部的一个孔道，舌下神经在此和血管互通（图44）。在部分管道中，有时滋生出一细的骨桥将此孔一分为二，此即所谓舌下神经管二分或成桥现象。但这种分隔现象有时不完全。因此在记录时，一般以完全分隔者计为一次。对这一特征的出现统计比较简单，不同观察者之间的观察误差也很小。统计出现率的规定与眶上孔相同。一般认为这两项特征发生于胎儿期，两者互不相关，因而可视为两个独立的遗传特性。

4. 出现率的统计方法

本报告调查了洋海489具头骨。为了解这两项特征的具体出现情况，进行了时代分期（按头骨出土墓葬的早、中、晚期）、左右侧别及未成年、男女成年的出现统计。并且最后列出了"未成年＋男成年＋女成年"及"男成年＋女成年"两项合并统计数据。两项特征的出现率统计用百分比（%）表示。

5. 比较材料

选用的比较人群资料转引自百百幸雄论文，即表33～35。文中插图的虚线围圈表示这两项特征在不同地理种族类群中出现的假定变异范围，该图亦引自百百幸雄论文（图45）。表中所列新疆和静—阿拉沟的数据出自谭婧泽论文[79]。

（二）结果与讨论

本文对洋海头骨上的眶上孔和舌下神经管二分的各项出现率（墓葬分期、未成年和成年、男女性别及左右侧别等）统计于表36，同时将这两项特征出现率的二维平面位置标注于图45。

1. 出现率的组内分析

据表36，似可指出以下几点：

（1）无论眶上孔还是舌下神经管二分，在不同墓葬分期和分期合并中，其出现率在未成年组中比成年组中

表 33　蒙古人种人群的眶上孔和舌下神经管二分出现率（男女性合并）

人群	眶上孔	舌下神经管二分	资料来源
	出现率	出现率	
Asia			
South Siberians (Bronge Age)	429/892 (48.1%)	88/660 (13.3%)	Kozintsev (1980)
Mongolians	173/354 (48.9%)	36/352 (10.2%)	Dodo (1987)
Inner Mongolians (Modern)	208/418 (49.8%)	46/390 (11.8%)	Onishi (1941)
Mongolians (Medieval-Modern)	34/125 (27.2%)	16/124 (12.9%)	Thoma (1981)
Northern Chinese (Modern)	94/202 (46.5%)	25/196 (12.8%)	Onishi (1941)
Chinese (do.)	30/132 (22.7%)	14/126 (11.1%)	Thoma (1981)
Koreans (do.)	305/660 (46.2%)	62/660 (9.4%)	Onishi (1941)
Korean-Chinese (do.)	57/121 (47.1%)	15/124 (12.1%)	Mouri (1986)
Japanese Tohoku (do.)	71/170 (41.8%)	14/170 (8.2%)	Dodo (1974)
do. Kanto (do.)	70/190 (36.8%)	16/190 (8.4%)	Dodo (1974)
do. Unto (do.)	143/368 (38.9%)	31/310 (10.0%)	Dodo (1975)
do. Hokuriku (do.)	153/370 (41.4%)	26/369 (7.0%)	Mouri (1986)
do. Kinai** (do.)	318/826 (38.5%)	81/816 (9.9%)	Akabori (1933)
do. Okinawa-Amani (do.)	52/118 (44.1%)	11/92 (12.0%)	Mouri (1986)
do. Sakishima (do.)	90/270 (33.3%)	20/222 (9.0%)	Mouri (1986)
Formosan-Chinese (do.)	425/1038 (40.9%)	14/200 (7.0%)	Lin (1949);Lin (1950)
Thailander	37/100 (37.0%)	6/100 (6.0%)	Shima (1942)
Burmese	14/102 (13.7%)	10/102 (9.8%)	Berry and Berry (1967)
North America			
Canadian Eskimos	180/302 (59.6%)	57/276 (20.7%)	文献［87］
Alaskan Eskimos	248/400 (62.0%)	63/398 (15.8%)	文献［87］
do. (Modern)	253/419 (60.3%)	97/405 (24.0%)	Ossenberg (1969)
Aleut	136/230 (59.1%)	45/234 (19.2%)	Dod (1987)
do. (Prekistoric-Modern)	251/438 (57.3%)	94/404 (23.3%)	Ossenberg (1969)
Northwest Coast (Protohistoric)	355/619 (57.5%)	143/618 (23.1%)	Cybulski (1975)
do.	586/900 (65.1%)	131/860 (15.2%)	Oetteking (1930)
Northern Plain (Prehistoric)	286/647 (44.3%)	119/520 (22.9%)	Ossenberg (1969)
do. (Historic)	108/302 (35.8%)	45/273 (16.5%)	Ossenberg (1969)
Hopewell (Prehistoric)	79/179 (44.2%)	35/148 (23.7%)	Ossenberg (1969)
Ontario Iroquois（Late Woodland）	277/492 (56.3%)	57/371 (15.4%)	Molto (1983)
do. (do.)	478/831 (57.7%)	130/660 (19.7%)	Molto (1983)
do. (do.)	111/188 (59.0%)	20/150 (13.3%)	Molto (1983)
do. (Middle Woodland)	64/123 (52.0%)	22/102 (21.6%)	Molto (1983)
do. (Late Woodland)	245/422 (58.1%)	76/374 (20.3%)	Dodo (1987)
do. (do.)	368/656 (56.1%)	155/872 (17.8%)	Yamaguchi (1977)
Central California (Prehistoric)	890/1426 (62.4%)	251/1366 (18.4%)	Suchy (1975)
Southern California (do.)	38/114 (33.3%)	25/98 (25.5%)	Suchy (1975)
Mexicans	57/112 (50.9%)	14/119 (11.8%)	Berry (1975)
South America			
Peruvians	32/106 (30.2%)	29/106 (27.4%)	Berry and Berry (1967)

注：表中数字皆引自 Dodo (1987)，见文献［78］。

表 34　高加索人种人群的眶上孔和舌下神经管二分出现率（男女性合并）

人群	眶上孔	舌下神经管二分	资料来源
	出现率	出现率	
Norwegian East (Medieval)	86/374 (23.0%)	71/370 (18.9%)	Berry (1974)
do. Central (do.)	55/180 (30.6%)	36/179 (20.1%)	Dodo (1987)
do. Weast (do.)	53/219 (24.2%)	39/220 (17.7%)	Dodo (1987)
do. South (do.)	27/98 (27.6%)	18/95 (18.9%)	Dodo (1987)
do. North (do.)	49/174 (28.2%)	18/169 (10.7%)	Dodo (1987)
Dane (Stone Age)	48/193 (24.9%)	26/194 (13.7%)	Dodo (1987)
do. (Medieval)	32/100 (32.0%)	21/97 (21.6%)	Dodo (1987)
do. Green land (do.)	21/91 (23.1%)	17/101 (16.8%)	Dodo (1987)
Icelanders (Medeval-Modern)	36/162 (22.4%)	32/162 (19.8%)	Dodo (1987)
The English Scotland (do.)	25/100 (25.0%)	9/95 (9.5%)	Dodo (1987)
do. Hebrides (do.)	23/100 (23.0%)	11/98 (11.2%)	Dodo (1987)
do. Orkney (Medieval)	8/38˙(21.1%)	6/40 (15.0%)	Dodo (1987)
do. Shetland (Med.-Mod.)	16/100 (16.0%)	15/100 (15.0%)	Dodo (1987)
do. England (Ancient)	23/101 (22.8%)	21/104 (20.2%)	Dodo (1987)
do. do. (Medieval)	24/100 (24.0%)	21/100 (21.0%)	Dodo (1987)
do. London (Modern)	55/356 (15.4%)	80/361 (22.2%)	Berry (1975)
The Duch Amsterdam (Modern)	159/504 (31.5%)	81/502 (16.1%)	
The French Thoiry (Medieval)	23/162 (14.2%)	12/96 (12.5%)	Muller (1977)
do. Breton (Modern)	24/132 (18.2%)	18/127 (14.2%)	Thoma (1981)
Italians (Ancient)	20/101 (19.8%)	21/97 (21.6%)	Ardito (1977)
do. Ligurians (Modern)	9/70 (12.8%)	10/69 (14.5%)	Dodo (1987)
do. Piedmontese (do.)	6/56 (10.7%)	7/55 (12.7%)	Dodo (1987)
do. Lombards (do.)	12/104 (11.5%)	29/106 (27.3%)	Dodo (1987)
do. Venetians (do.)	4/32 (12.5%)	4/30 (13.3%)	Dodo (1987)
do. Emilians (do.)	12/104 (11.5%)	26/102 (25.5%)	Dodo (1987)
do. Tuscans (do.)	16/100 (16.0%)	24/100 (24.0%)	Dodo (1987)
do. Sardinians (do.)	116/519 (22.4%)	80/501 (16.0%)	Cosseddu et al. (1979)
Palestinians (Medieval)	19/108 (17.6%)	7/100 (7.0%)	Berry and Berry (1967)
Lithuanians (Ancient-Modern)	822/5478 (15.0%)	851/4724 (18.0%)	Česnys (1982)
Indians East (Modern)	68/224 (30.4%)	34/224 (15.2%)	Dodo. (1987)
do. North	13/106 (12.3%)	19/106 (17.9%)	Berry and Berry (1967)
do. Rupkund (Medieval)	14/68 (20.6%)	8/24 (33.3%)	Kaul et al. (1979)
do. Uttar Pradesh (Modern)	60/238 (25.2%)	49/236 (20.8%)	Kaul et al. (1979)
do. Bihar (do.)	9/56 (16.1%)	14/56 (25.0%)	Dodo (1987)
do. Andhra Pradesh (do.)	32/152 (21.1%)	35/152 (23.0%)	Dodo (1987)
Egyptians (Ancient)	56/500 (11.2%)	82/494 (16.6%)	Berry and Berry (1967)
American Whites (Modern)	54/278 (19.4%)	51/278 (18.3%)	Corruccini (1974)

注：表中数字皆引自 Dodo (1987)。

表 35　尼格罗人种和太平洋人群的眶上孔和舌下神经管二分出现率（男女性合并）

人群	眶上孔	舌下神经管二分	资料来源
	出现率	出现率	
Negroes			
Jebel Moya (Prehistoric)	6/57 (10.5%)	8/59 (13.6%)	Berry and Berry (1972)
Ashanti	13/116 (11.7%)	13/112 (11.6%)	do. (1967)
Dogon (Modern)	13/132 (9.8%)	7/132 (5.3%)	Thoma (1981)
American Negroes (Modern)	54/368 (14.8%)	24/364 (6.6%)	Corruccini (1974)
Oceanians			
Australian Aborigines	17/131 (13.0%)	7/125 (5.6%)	Thoma (1981)
do. Murray River region	24/252 (9.5%)	9/390 (2.3%)	Yamaguchi (1967)
do. Non-Murray	42/230 (18.3%)	23/416 (5.5%)	do.
do. West	26/140 (18.6%)	5/137 (3.6%)	Kellock and Parson (1970)
do. North	31/258 (12.0%)	12/257 (4.7%)	do.
do. Queensland	61/266 (22.9%)	11/264 (4.2%)	do.
do. South	159/1161 (13.7%)	59/1158 (5.1%)	do.
do. New South Wales	69/664 (10.4%)	25/660 (3.8%)	do.
do. West (Precontact)	47/240 (19.6%)	11/207 (5.3%)	Milne et al. (1983)
Polynesians	29/61 (47.5%)	5/63 (7.9%)	Kellock and Parsons (1970)
do.	263/511 (51.5%)	29/478 (6.1%)	Pietrusewsky (1969)
Melanesians	94/233 (40.3%)	20/233 (8.6%)	Kellock and Parsons (1970)
Micronesians Guam	61/290 (21.0%)	21/204 (10.3%)	Dodo (1986)

注：表中数字皆引自 Dodo(1987)。

的低。这似乎提示至少这两项特征从未成年到成年有一定的随年龄增长的现象。换句话说，它们的出现频率不是从胚胎末期就固定不变的（参见"不分期"栏未成年和成年组出现率）。

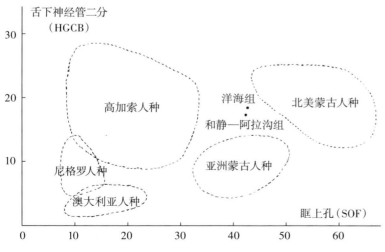

图 45　洋海与和静—阿拉沟组眶上孔、舌下神经管二分出现率二维散点图位置示意图

（2）按成年男女相比，即便在出现率上存在某些高低变动，但这种变差大致相差不大（参见"不分期"栏男女成年组出现率）。

（3）按左右侧出现率比较（参见"不分期"栏和"合计①"和"合计②"栏），眶上孔左侧的出现率稍低于右侧；舌下神经管二分左侧出现率明显较高于右侧。

（4）作为一个整组的不分侧别的出现率，眶上孔的出现率为43.1%，舌下神经管的出现率为18.3%（参见"合计①"的"左＋右"栏）。

（5）作为男女成年组不分侧别的出现率，眶上孔的出现率为44.6%，舌下神经管二分的出现率为19.5%（参见"合计②"的"左＋右"栏）。

2. 种族属性分析

在表 37 中列出了不同地区种群（亚洲、美洲蒙古人种，高加索种及尼格罗—澳大利亚人种）出现频率的大致变异范围，并附加了河南殷墟中小墓组与祭祀坑组及新疆和静—阿拉沟组的出现率作为对照。可以提示以下

表 36　洋海墓地墓葬分期、成年和未成年及男女成年等组合出现率统计表

期别	年龄	眶上孔			舌下神经管二分		
		左	右	左 + 右	左	右	左 + 右
早期	未成年	3/14（21.4%）	2/4（14.3%）	5/28（17.9%）	2/11（18.2%）	0/11（0.0%）	2/22（9.1%）
	男成年	21/43（48.8%）	21/43（48.8%）	42/86（48.8%）	12/39（30.8%）	7/40（17.5%）	19/79（24.1%）
	女成年	12/26（46.2%）	17/26（65.4%）	29/52（55.8%）	4/25（16.0%）	3/25（12.0%）	7/50（14.0%）
中期	未成年	13/27（48.1%）	9/27（33.3%）	22/54（40.7%）	4/21（19.0%）	3/22（13.6%）	7/43（16.3%）
	男成年	62/162（38.3%）	74/164（45.1%）	136/326（41.7%）	36/160（22.5%）	20/156（12.8%）	56/316（17.7%）
	女成年	41/101（40.6%）	45/102（44.1%）	86/203（42.4%）	27/99（27.3%）	17/99（17.2%）	44/198（22.2%）
晚期	未成年	2/6（33.3%）	0/6（0.0%）	2/12（16.7%）	0/5（0.0%）	1/5（20.0%）	1/10（10.0%）
	男成年	16/37（43.2%）	20/37（54.1%）	36/74（48.6%）	9/37（24.3%）	6/37（16.2%）	15/74（20.3%）
	女成年	5/10（50.0%）	5/10（50.0%）	10/20（50.0%）	1/10（10.0%）	3/10（30.0%）	4/20（20.0%）
墓号佚失	未成年	3/7（42.9%）	2/7（28.6%）	5/14（35.7%）	0/3（0.0%）	0/4（0.0%）	0/7（0.0%）
	男成年	15/26（57.7%）	9/26（34.6%）	24/52（46.2%）	7/24（29.2%）	4/23（17.4%）	11/47（23.4%）
	女成年	9/21（42.9%）	9/21（42.9%）	18/42（42.9%）	3/20（15.0%）	2/20（10.0%）	5/40（12.5%）
不分期	未成年	21/54（38.9%）	13/54（24.1%）	34/108（31.5%）	6/40（15.0%）	4/42（9.3%）	10/82（12.2%）
	男成年	114/268（42.5%）	124/270（45.9%）	238/538（44.2%）	64/260（24.6%）	37/256（14.5%）	101/516（19.6%）
	女成年	67/158（42.4%）	76/159（47.8%）	143/317（45.1%）	35/154（22.7%）	25/154（16.2%）	60/308（19.5%）
合计①	未成年 + 男成年 + 女成年	202/480（42.1%）	213/483（44.1%）	415/963（43.1%）	105/454（23.1%）	64/452（14.2%）	166/906（18.3%）
合计②	男成年 + 女成年	181/426（42.5%）	200/429（46.6%）	381/855（44.6%）	99/414（23.9%）	62/410（15.1%）	161/824（19.5%）

表 37　眶上孔和舌下神经管二分出现率种族比较

种族	眶上孔出现率（%）	舌下神经管二分出现率（%）
亚洲蒙古人种	23 ~ 49	6 ~ 14
北美蒙古人种	44 ~ 65	12 ~ 26
高加索人种	10 ~ 32	10 ~ 30
尼格罗—澳大利亚人种	9 ~ 23	3 ~ 14
殷墟祭祀坑组	32.9 ~ 48.6	9.2 ~ 14.1
殷墟中小墓组	43.8	9.9
和静—阿拉沟组	42.2	17.0
鄯善洋海组	44.6	19.5

几点分析加以讨论。

（1）无论亚洲蒙古人种还是北美蒙古人种都有较高或很高眶上孔出现率，而北美蒙古人种尤其最高。其他高加索人种及尼格罗—澳大利亚人种明显低得多。据这些比较，洋海组的出现率也比较高（44.6%），但它可能更接近于亚洲蒙古人种（23% ~ 49%）或在北美蒙古人种的低值（44% ~ 65%）。与高加索人种及尼格罗—

澳大利亚人种的界限值（10% ~ 32% 和 9% ~ 23%）明显有距离。相比之下，洋海组的出现率表现得与代表黄河流域人群的殷墟两组（祭祀坑组 32.9% ~ 48.6%，中小墓组 43.8%）很接近，而且与新疆的和静—阿拉沟组（42.2%）也接近。因此从表面上看，洋海组的这一特征应该与亚洲的蒙古人种相协调。

（2）同样从表 37，舌下神经管二分出现率以高加索人种和北美蒙古人种偏高（10% ～ 30% 和 12% ～ 26%），两者基本上重叠，相比之下，亚洲蒙古人种（6% ～ 14%）和尼格罗—澳大利亚人种趋向最低（3% ～ 14%），以此相比，洋海组较高的出现率（19.5%）可能与高加索人种和北美蒙古人种相对接近，相比之下，洋海组与殷墟两组（9.2% ～ 14.1%、9.9%）的距离明显大，也与亚洲蒙古人种的变异范围不重叠。相反，洋海组与同地区的和静—阿拉沟组（17.0%）之间有很接近的出现率。

（3）根据上述的比较，洋海组（也包括和静—阿拉沟组）似乎在眶上孔的出现上远离高加索人种和尼格罗—澳大利亚人种，相对接近亚洲和北美的蒙古人种；而在舌下神经管二分的出现上却与高加索人种和北美蒙古人种接近。

（4）从这两项特征出现率二维位置（图 45）上也可以更直观看到，新疆的洋海与和静—阿拉沟两组虽有较高的眶上孔位点，但它们与北美蒙古人种更高的位点之间有明显的距离，相反与亚洲蒙古人种的位点最相近。与高加索人种位点的距离则最强烈。因此仅就眶上孔出现率一项而言，它们似乎与亚洲蒙古人种的接近最大。但是比后者更高的舌下神经管二分的出现率却拉开了与它们的距离，也非常明显占有了相对独立的位置，即大致处在了高加索人种、北美蒙古人种和亚洲蒙古人种三者之间的地位。因此从舌下神经管二分一项来看，新疆的两组虽可弱化同亚洲蒙古人种的关系，但切不断与西方高加索人种同北美蒙古人种的联系。

（5）新疆洋海及和静—阿拉沟两组在眶上孔和舌下神经管二分出现率的二维平面位置，这种相对居间于高加索人种、亚洲蒙古人种及北美蒙古人种之间的特点或可能成为新疆古代人群的特有现象。但目前仅有两批材料的调查数据，我们期待今后有更充分的材料调查来证实或修正本文的认识。

（6）从本文作者对新疆古代人骨的大量生物测量学的研究，高加索人种的居民是这一地区的主要成分的一部分。对洋海古人骨的牙齿人类学的调查也说明在新疆境内距今 3000 年前已经存在接近西部欧亚人的齿牙系统。据有限的新疆古人骨的古 DNA 多肽性变异的研究，也大致指出与西部欧亚人群的接近。本文虽根据眶上孔和舌下神经管二分的遗传特性获得有些不完全一致的结果，但舌下神经管二分的较高出现率比较接近高加索人种这一点仍与前述的研究相符合。但同时眶上孔出现率较高这一现象是否为这一地区的兼有特点或地理上处于高加索人种与蒙古人种交错的过渡地带所产生的混血现象还有待进一步的探索和调查。

九　头骨形态观察与测量学研究

（一）头骨形态观察特征统计比较

对洋海墓地头骨的 25 项观察特征的分类考察和出现频率的统计列于表 38。这些统计数据出自洋海头骨中全部成年男性和女性头骨。对它们各自的形态类型相对集中或分布情况逐项归纳如下：

1. 观察特征（表 38）

颅形（Vault form）　无论男女性相对较多出现的椭圆形和卵圆形（男性椭圆占 51.0%，卵圆占 34.7%；女性椭圆占 38.4%，卵圆占 43.4%），两型合并都超过了 80%。不同的是男性的椭圆形出现率比女性高，卵圆形则女性较高于男性。两性合并则全组的椭圆形最高（46.2%），卵圆其次（38.0%）。其他颅形的出现率则相对明显更低。其中，菱形的出现率女性稍高于男性（11.9% 对 4.6%）。

眉弓突度（Brow ridges）　这一特征的性别差异很明显，男性显著、特显、粗壮三项的合并出现率为 64.8%，相应的女性三项合并的仅有 3.1%。相反，弱和中等两项合并女性占 96.8%，男性则占 35.2%。

眉间突度（Glabella Projection）　男性相对更多地集中向中等以上的等级，达到 69.4%，女性则仅 9.6%。不显和稍显两个弱等级女性非常集中，达 90.8%，明显高于男性的 30.7%。

鼻根凹陷（Pressure at nation）　也存在明显的性别差异，男性浅和深形的占 56.4%，女性仅 5.0%。后者的其余 95% 皆归入无形。不过男性中也有 43.6% 属于无形，而且比其他两形的出现率更高。从全组来讲，相对多数是无形（63.2%）。因此这群头骨整体在鼻根凹陷上不很强烈。

额坡度（Frontal slope）　男性中斜和斜形占多数（80.7%），直形相对少（19.3%）；女性则直形和中斜形占绝大多数（96.9%），斜形的很少（3.1%）。

额中缝（Metopism）　无论男女性额中缝的成年保存率都比较低，包括全段和部分段保存的男性为 5.0%，女性为 6.3%，全组仅为 5.5%。

眶形（Shape of orbit）　各种眶形的分布有些散，较为集中的是斜方形（男性 45.0%，女性 49.1%），但其中典型的高眶形相对少。其次是较多见长方形和方形，两者合并，男性出现率 42.3%，女性 34.6%，这两类属于角形眶。其中，男性角形眶较高于女性。

表 38 洋海墓地全组成年头骨形态特征出现率统计表

形态特征	性别	例数	形态分类和出现率					
			椭圆	卵圆	圆形	五角	楔形	菱形
颅形	♂	259	132（51.0%）	90（34.7%）	6（2.3%）	15（5.8%）	4（1.5%）	12（4.6%）
	♀	159	61（38.4%）	69（43.4%）	0（0.0%）	4（2.5%）	6（3.8%）	19（11.9%）
	♂ + ♀	418	193（46.2%）	159（38.0%）	6（1.4%）	19（4.5%）	10（2.4%）	31（7.4%）
			弱	中等	显著	特显	粗壮	
眉弓突度	♂	261	45（17.2%）	47（18.0%）	103（39.5%）	58（22.2%）	8（3.1%）	
	♀	159	119（74.8%）	35（22.0%）	4（2.5%）	1（0.6%）	0（0.0%）	
	♂ + ♀	420	164（39.0%）	8.2（19.5%）	107（25.5%）	59（14.0%）	8（1.9%）	
			不显	稍显	中等	显著	极显	粗壮
眉间突度	♂	248	17（6.9%）	59（23.8%）	78（31.5%）	59（23.8%）	27（10.9%）	8（3.2%）
	♀	151	62（41.1%）	75（49.7%）	13（8.6%）	1（0.7%）	0（0.0%）	0（0.0%）
	♂ + ♀	399	79（19.8%）	134（33.6%）	91（22.8%）	60（15.0%）	27（6.8%）	8（2.0%）
			无	浅	深			
鼻根凹陷	♂	257	112（43.6%）	73（28.4%）	72（28.0%）			
	♀	159	151（95.0%）	8（5.0%）	0（0.0%）			
	♂ + ♀	416	263（63.2%）	81（19.5%）	72（17.3%）			
			直	中斜	斜			
额坡度	♂	254	49（19.3%）	148（58.3%）	57（22.4%）			
	♀	159	86（54.1%）	68（42.8%）	5（3.1%）			
	♂ + ♀	413	135（32.7%）	216（52.3%）	6.2（15.0%）			
			无	<1/3	1/3 ~ 2/3	>2/3	全	
额中缝	♂	260	247（95.0%）	0（0.0%）	0（0.0%）	2（0.8%）	11（4.2%）	
	♀	158	148（93.7%）	1（0.6%）	0（0.0%）	0（0.0%）	9（5.7%）	
	♂ + ♀	418	395（94.5%）	1（0.2%）	0（0.0%）	2（0.5%）	20（4.8%）	
			圆形	椭圆	方形	长方	斜方	
眶形	♂	260	22（8.5%）	11（4.2%）	47（18.1%）	63（24.2%）	117（45.0%）	
	♀	159	20（12.6%）	6（3.8%）	38（23.9%）	17（10.7%）	78（49.1%）	
	♂ + ♀	419	42（10.0%）	17（4.1%）	85（20.3%）	80（19.1%）	195（46.5%）	
			前倾	垂直	后斜			
眶口平面位置	♂	254	9（3.5%）	168（66.1%）	77（30.3%）			
	♀	156	0（0.0%）	82（52.6%）	74（47.4%）			
	♂ + ♀	410	9（2.2%）	250（61.0%）	151（36.8%）			
			心形	梨形	三角形			
梨状孔	♂	229	44（19.2%）	163（71.2%）	22（9.6%）			
	♀	130	36（27.7%）	85（65.4%）	9（6.9%）			
	♂ + ♀	359	80（22.3%）	248（69.1%）	31（8.6%）			

形态特征	性别	例数	形态分类和出现率					
梨状孔下缘			人（锐）型	婴儿（钝）型	鼻前窝型	鼻前沟型	不对称型	
	♂	253	85（33.6%）	139（54.9%）	28（11.1%）	1（0.4%）		
	♀	158	72（45.6%）	77（48.7%）	9（5.7%）	0（0.0%）		
	♂ + ♀	411	157（38.2%）	216（52.6%）	37（9.0%）	1（0.2%）		
鼻棘			不显	稍显	中等	显著	特显	
	♂	249	13（5.2%）	32（12.9%）	80（32.1%）	87（34.9%）	37（14.9%）	
	♀	152	8（5.3%）	33（21.7%）	66（43.4%）	40（26.3%）	5（3.3%）	
	♂ + ♀	401	21（5.2%）	65（16.2%）	146（36.4%）	127（31.7%）	42（10.5%）	
犬齿窝			无	浅	中	深	极深	
	♂	258	79（30.6%）	70（27.1%）	45（17.4%）	44（17.1%）	20（7.8%）	
	♀	159	39（24.5%）	42（26.4%）	34（21.4%）	32（20.1%）	12（7.5%）	
	♂ + ♀	417	118（28.3%）	112（26.9%）	79（18.9%）	76（18.2%）	32（7.7%）	
鼻梁形状			直形	凹形	凹凸形			
	♂	239	19（7.9%）	111（46.4%）	109（45.6%）			
	♀	139	12（8.6%）	83（59.7%）	44（31.7%）			
	♂ + ♀	378	31（8.2%）	194（51.3%）	153（40.5%）			
鼻骨形态			I 型	II 型	III 型			
	♂	261	178（68.2%）	61（23.4%）	22（8.4%）			
	♀	159	102（64.2%）	47（29.6%）	10（6.3%）			
	♂ + ♀	420	280（66.7%）	108（25.7%）	32（7.6%）			
矢状脊			无	弱	中	显著		
	♂	257	152（59.1%）	74（28.8%）	23（8.9%）	8（3.1%）		
	♀	156	130（83.3%）	21（13.5%）	3（1.9%）	2（1.3%）		
	♂ + ♀	413	282（68.3%）	95（23.0%）	26（6.3%）	10（2.4%）		
枕外隆突			无	稍显	中等	显著	极显	喙状
	♂	249	76（30.5%）	104（41.8%）	41（16.5%）	16（6.4%）	8（3.2%）	4（1.6%）
	♀	159	110（69.2%）	39（24.5%）	9（5.7%）	0（0.0%）	1（0.6%）	0（0.0%）
	♂ + ♀	408	186（45.6%）	143（35.0%）	50（12.3%）	16（3.9%）	9（2.2%）	4（1.0%）
腭形			U 形	V 形	椭圆形			
	♂	217	3（1.4%）	71（32.7%）	143（65.9%）			
	♀	117	0（0.0%）	34（29.1%）	83（70.9%）			
	♂ + ♀	334	3（0.9%）	105（31.4%）	226（67.7%）			
腭圆枕			无	脊状	丘状	瘤状		
	♂	254	170（66.9%）	25（9.8%）	55（21.7%）	4（1.6%）		
	♀	156	80（51.3%）	24（15.4%）	49（31.4%）	3（1.9%）		
	♂ + ♀	410	250（61.0%）	49（12.0%）	104（25.4%）	7（1.7%）		

续表 38

形态特征	性别	例数	形态分类和出现率				
			简单	较简单	复杂		
颅顶缝	♂	238	26（10.9%）	44（18.5%）	168（70.6%）		
	♀	149	18（12.1%）	42（28.2%）	89（59.7%）		
	♂＋♀	387	44（11.4%）	86（22.2%）	257（66.4%）		
			方形	圆形	尖形	角形	杂形
颏形	♂	173	90（52.0%）	49（28.3%）	23（13.3%）	9（5.2%）	2（1.2%）
	♀	96	10（10.4%）	33（34.4%）	46（47.9%）	7（7.3%）	0（0.0%）
	♂＋♀	269	100（37.2%）	82（30.5%）	69（25.7%）	16（5.9%）	2（0.7%）
			外翻	直形	内翻		
下颌角	♂	172	70（40.7%）	84（48.8%）	18（10.5%）		
	♀	97	18（18.6%）	63（64.9%）	16（16.5%）		
	♂＋♀	269	88（32.7%）	147（54.6%）	34（12.6%）		
			P_1P_2 位	P_2 位	P_2M_1 位	M_1 位	
颏孔位置	♂	178	23（12.9%）	124（69.7%）	30（16.9%）	1（0.6%）	
	♀	88	13（14.8%）	65（73.9%）	10（11.4%）	0（0.0%）	
	♂＋♀	266	36（13.5%）	189（71.1%）	40（15.0%）	1（0.4%）	
			无	小	中	大	
下颌圆枕	♂	172	105（61.0%）	37（21.5%）	19（11.0%）	11（6.4%）	
	♀	96	71（74.0%）	17（17.7%）	7（7.3%）	1（1.0%）	
	♂＋♀	268	176（65.7%）	54（20.1%）	26（9.7%）	12（4.5%）	
			非	轻度	明显		
"摇椅"下颌	♂	171	119（69.6%）	32（18.7%）	20（11.7%）		
	♀	97	64（66.0%）	21（21.6%）	12（12.4%）		
	♂＋♀	268	183（68.3%）	53（19.8%）	32（11.9%）		
			铲形	非铲形			
铲形门齿	♂	—	—	—			
	♀	—	—	—			
	♂＋♀	98	5（5.1%）	9.3（94.9%）			

眶口平面位置（Plane position of orbit socket） 这是指眶口的平面与眼耳平面相交的位置（头骨侧视）。相对来说，这批头骨的框口平面与眶耳平面的相交关系无论男女性都以垂直型较多，这一点男性比女性更明显一些（男性垂直和前倾合计出现69.6%，女性52.6%），后斜形虽也有相当一部分（男性30.3%，女性47.4%），但不及垂直型，这种反差女性弱于男性。

梨状孔（Shape of nasal aperture） 无论男女性皆梨形较高（男性71.2%，女性65.4%）。其次是心形（男19.2%，女27.7%），三角形最少（男9.6%，女6.9%）。

梨状孔下缘（Lower borders of nasal aperture） 无论男女性以人（锐）型和婴儿（钝）型居多。其中男性的婴儿（钝）型（54.9%）又高于人（锐）型（33.6%）；女性则婴儿（钝）型（48.7%）略高于人（锐）型，两性合并则婴儿（钝）型高于人（锐）型。鼻前窝型和鼻前沟型更少。

鼻棘（Anterior nasal spine）　这一特征的出现情况相对较散。相对来讲，无论男女性都各自以中等以上较强烈的比例比较集中（男性中等以上三型合并占81.9%，女性相应比例为73.0%），其余较弱的两型比例都较低（男性18.1%，女性27.0%）。因此这组成年头骨整体来看是鼻下棘相对比较发达的人群。

犬齿窝（Canine fossa）　无论男女性，属于无和浅的弱型大约各占一半或稍多（男性57.7%，女性50.9%），中等以上三级的总和稍低于50%（男性42.3%，女性49.0%）。

鼻梁形状（Shape of nasal bridge）　这是从侧面观察鼻梁的走形。无论男女性典型的直型鼻梁都未超过10%，凹形和凹凸形的占多数（男性92.0%，女性91.4%）。其中男性凹凸形（45.6%）的比例仅略低于凹形（46.4%），两者很接近；女性则凹形的比凹凸形的更高（59.7%和31.7%）。

鼻骨形态（Types of nasal bones）　这是从正面观察鼻骨的形态。其中以Ⅰ型（上下明显比中间更宽）的占较多（男性68.2%，女性64.2%），Ⅱ型（由上向下逐渐变宽）其次（男性23.4%，女性29.6%），Ⅲ型（鼻骨较宽，上下宽度差相对小，中段不瘦狭）的最少（男性8.4%，女性6.3%）。

矢状脊（Sagital creast）　较多是无和微弱的（男性87.9%，女性96.8%），中到显著的占少数（男12.0%，女3.2%）。全组的情况亦如此。

枕外隆突（External occipital protuberance）　女性无和稍显两级的合计比例（93.7%）比男性的比例（72.3%）更高。而中等以上的四个等级合计的比例则男性比例高于女性（男27.7%，女6.3%）。全体合计的比例也是无和稍显的合计比例（80.6%）高于中等以上的合计比例（19.4%）。

腭形（Shape of palate）　最多为椭圆形（男65.9%，女70.9%），V形也占较高一部分（男32.7%，女29.1%），U形很少见。

腭圆枕（Palatine torus）　无此结构的最多（男66.9%，女51.3%），脊状和丘状各有一部分（男9.8%和21.7%，女15.4%和31.4%）。不过这些结构一般并不强烈。瘤状的也很少见。

颅顶缝（Sagital suture）　无论男女复杂形的最多（男70.6%稍高于女性的59.7%），其次为较简单形（男18.5%，女28.2%），简单形占少数（男10.9%，女12.1%）。

颏形（Chin form）　男性方形和圆形占大多数（80.3%），女性则尖形和圆形占大多数（82.3%）。其中女性的尖形（47.9%）出现比例明显高于男性（13.3%）。其他形式都较少。

下颌角（Gonial angles）　男性直形和外翻的居多（分别为40.7%和48.8%），内翻的少（10.5%）；女性则直形最多（64.9%）且高过男性（48.8%）。相反男性外翻形又明显高于女性（男40.7%，女18.6%）。女性内翻的（16.5%）稍高于男性（10.5%）。

颏孔位置（Position of foramen mentale）　颏孔在下颌体上的位置大多在第二前臼齿（P_2）位上，男女性分别占69.7%和73.9%。在其他齿位上的占相对较少的比例（在P_1P_2位男12.9%，女14.8%；P_2M_1位男16.9%，女11.4%），出现于M_1位的稀见。

下颌圆枕（Mandibular torus）　全组超过60%无此隆起（男61.0%，女74.0%），中等到发达的不多，中到大的类型中男性比女性稍高。

"摇椅"下颌（Rocker mandible）　如果轻度一级的不归入此种下颌，那么缺乏此类的下颌占大部分（男88.3%，女87.6%），明显者为少部分（男11.7%，女12.4%）。

铲形门齿（Shovel incisor）　铲形齿丢失严重，这里的统计数是以保存的第一上门齿计数且未分性别、成年和非成年。确定有无铲形是以大于子级统计的。共观察到98例，确定为铲形结构的仅5例，占全数的5.1%，属低铲形集团。

综合以上观察，洋海的这一批头骨大致的代表性形态组合可归纳为椭圆和卵圆颅形多见；眉弓和眉间突度虽比较弱化但强化类型稍见加强；鼻根凹陷弱或无的占优；额坡度中斜的较普遍；额中缝存在率低；眶形虽以斜方者较众，但方形和长方形角形眶占有一定的比例；眶口平面位置以垂直型相对后斜型更多见；梨状孔的近似于梨形最多，梨状孔下缘以婴儿（钝）型和人（锐）型最多见，鼻前窝型及其他型相对少见；鼻（下）棘则中等以上强化类型更普见，犬齿窝发育等级分布比较散漫；鼻梁形状绝大部分属凹形和凹凸形，正视鼻骨形状Ⅰ型相对更多见；矢状脊不发达，枕外隆突大多较弱；腭形多见宽窄不等的椭圆形，但也有相当的V形，腭圆枕缺乏或弱的占多数；颅顶缝更普见复杂形；下颌颏形等级分布似有些散，似以方、圆形多，其中男性方形和女性尖形更多见；下颌角男性外翻形比女性多见，女性内翻形较高于男性；颏孔位置多见P_2位；下颌圆枕不强烈；"摇椅"形下颌明显者稍高于10%；非铲形门齿出现率极高。

下边我们将洋海头骨的形态观察资料与青海、甘肃古人骨的同类资料进行一些比对（表 39）。青海的资料出自大通上孙家寨的卡约文化（约距今 3000 年）墓葬[23]。甘肃的资料来自玉门火烧沟文化（约距今 3200~3500 年）墓葬[23]。这两处墓葬人骨可观察数量比较丰富，特征出现率的统计数的可信度比小例数样本应更为可信。比较的目的是考察在观察形态上，新疆的古人骨与甘、青地区的古人骨之间有无可资注意的形态差别。表 39 中列出各组头骨的观察例数和各项形态分类出现的百分比数据，从出现率的数据分析，大致有以下可能存在的情况：

①洋海的头骨在椭圆形的出现上比甘肃地区的有所增加，卵圆形的有些减少。

②眉弓和眉间突度比甘青地区有更发达的倾向。

③鼻根凹陷比甘青地区有深化的倾向。

表 39　洋海、上孙家寨、火烧沟组观察特征分类出现率比较

形态特征	组别	例数	形态分类和出现率(%)					
颅形			椭圆	卵圆	圆形	五角	楔形	菱形
	洋海	418	46.2	38.0	1.4	4.5	2.4	7.4
	上孙家	203	30.5	56.2	0.5	3.0	1.5	8.4
	火烧沟	119	25.2	67.2	0.0	1.7	1.7	4.2
眉弓突度			弱	中等	显著	特显	粗壮	
	洋海	420	39.0	19.5	25.5	14.0	1.9	
	上孙家	209	42.1	20.6	23.9	10.0	3.3	
	火烧沟	119	38.7	22.7	18.5	7.6	12.6	
眉间突度			不显	稍显	中等	显著	极显	粗壮
	洋海	399	19.8	33.6	22.8	15.0	6.8	2.0
	上孙家	182	28.0	39.6	23.1	7.1	2.2	0.0
	火烧沟	–	–	–	–	–		
鼻根凹陷			无	浅	深			
	洋海	416	63.2	19.5	17.3			
	上孙家	207	70.0	25.1	4.8			
	火烧沟	113	61.9	32.7	5.3			
额坡度			直	中斜	斜			
	洋海	413	32.7	52.3	15.0			
	上孙家	211	36.0	43.6	20.4			
	火烧沟	118	28.8	36.4	34.7			
额中缝			无	<1/3	1/3 ~ 2/3	>2/3	全	
	洋海	418	94.5	0.2	0.0	0.5	4.8	
	上孙家	211	92.6	0.0	1.0	0.0	6.6	
	火烧沟	118	98.3	0.8	0.0	0.0	0.8	
眶形			圆形	椭圆形	方形	长方	斜方	
	洋海	419	10.0	4.1	20.3	19.1	46.5	
	上孙家	210	18.6	11.9	9.0	1.9	58.6	
	火烧沟	120	45.0	38.3	9.2	2.5	5.0	

形态特征	组别	例数	形态分类和出现率（%）				
眶口平面位置			前倾	垂直	后斜		
	洋海	410	2.2	61.0	36.8		
	上孙家	185	0.0	17.3	82.7		
	火烧沟	–	–	–	–		
梨状孔			心形	梨形	三角形		
	洋海	359	22.3	69.1	8.6		
	上孙家	180	31.7	57.8	10.6		
	火烧沟	107	32.7	57.0	10.3		
梨状孔下缘			人（锐）型	婴儿（钝）型	鼻前窝型	鼻前沟型	不对称型
	洋海	411	38.2	52.6	9.0	0.2	
	上孙家	206	23.8	57.8	16.5	1.9	
	火烧沟	120	44.2	23.3	29.2	3.3	
鼻棘			不显	稍显	中等	显著	特显
	洋海	401	5.2	16.2	36.4	31.7	10.5
	上孙家	183	12.6	27.9	31.7	18.0	9.8
	火烧沟	108	29.0	38.9	20.4	8.3	2.8
犬齿窝			无	浅	中	深	极深
	洋海	417	28.3	26.9	18.9	18.2	7.7
	上孙家	204	34.8	36.3	18.6	8.3	2.0
	火烧沟	118	18.6	33.9	21.2	19.5	6.8
鼻梁形状			直形	凹形	凹凸形		
	洋海	378	8.2	51.3	40.5		
	上孙家	148	12.2	79.7	15.5		
	火烧沟	–	–	–	–		
鼻骨形态			Ⅰ型	Ⅱ型	Ⅲ型		
	洋海	420	66.7	25.7	7.6		
	上孙家	183	64.5	31.7	3.8		
	火烧沟	–	–	–	–		
矢状脊			无	弱	中	显著	
	洋海	413	68.3	23.0	6.3	2.4	
	上孙家	208	66.8	19.7	9.1	4.3	
	火烧沟	106	44.3	31.1	12.3	12.3	
枕外隆突			无	稍显	中等	显著	极显	喙状
	洋海	408	45.6	35.0	12.3	3.9	2.2	1.0
	上孙家	195	24.6	39.5	15.9	14.9	5.1	0.0
	火烧沟	116	40.5	31.9	12.9	10.3	3.4	0.9

形态特征	组别	例数	形态分类和出现率（%）				
腭形			U 形	V 形	椭圆形		
	洋海	334	0.9	31.4	67.7		
	上孙家	162	6.2	9.9	84.0		
	火烧沟	93	7.5	21.5	71.0		
腭圆枕			无	脊状	丘状	瘤状	
	洋海	410	61.0	12.0	25.4	1.7	
	上孙家	205	36.6	29.8	30.7	2.9	
	火烧沟	–	–	–	–	–	
颅顶缝			简单	较简单	复杂		
	洋海	387	11.4	22.2	66.4		
	上孙家	170	50.0	35.9	14.1		
	火烧沟	395	61.2	24.1	14.7		
颏形			方形	圆形	尖形	角形	杂形
	洋海	269	37.2	30.5	25.7	5.9	0.7
	上孙家	147	11.6	42.2	34.0	10.9	1.4
	火烧沟	103	23.3	31.1	37.9	1.9	5.6
下颌角			外翻	直形	内翻		
	洋海	269	32.7	54.6	12.6		
	上孙家	136	38.2	51.5	10.3		
	火烧沟	106	55.7	28.3	16.0		
颏孔位置			P_1P_2 位	P_2 位	P_2M_1 位	M_1 位	
	洋海	266	13.5	71.1	15.0	0.4	
	上孙家	132	22.7	70.5	6.1	0.8	
	火烧沟	–	–	–	–	–	
下颌圆枕			无	小	中	大	
	洋海	268	65.7	20.1	9.7	4.5	
	上孙家	148	41.9	29.7	17.6	10.8	
	火烧沟	90	80.0	12.2	6.7	1.1	
"摇椅"下颌			非	轻度	明显		
	洋海	268	68.3	19.8	11.9		
	上孙家	135	89.6	6.7	3.7		
	火烧沟	–	–	–	–		
铲形门齿			铲形	非铲形			
	洋海	98	5.1	94.9			
	上孙家	10	100.0	0.0			
	火烧沟	–	–	–			

④额坡度的倾斜类型似不及甘青地区的多。

⑤额中缝成年保存很低，与青海的古代组相近，且稍高于甘肃组。

⑥与甘肃地区的相比，洋海头骨中的角形眶（方形和长方形）有较明显的增高，圆钝形眶（圆形和椭圆形）明显减少。

⑦眶口平面与眼耳平面交角关系垂直型的比例，比青海组的强烈增高，后斜形则相应明显减少。

⑧梨状孔形态上似未显示明确的变化方向。梨状孔下缘形态上也大致如此，好像仅在鼻前窝型的出现上比甘青地区的低一些。

⑨鼻棘发达程度上，洋海在中等以上强烈等级的总和比甘青地区的明显增加，尤其是和甘肃的相比是如此。相应的是在弱化的等级上明显下落。

⑩在犬齿窝的发达程度上，深度等级比青海的有较明显的增多，相应在弱化等级上比甘青地区的有些减少。

⑪在鼻梁形状上，凹凸形类型比青海的高许多；鼻骨形态上似Ⅱ型的比青海的低一些。

⑫矢状脊的出现比甘青地区的稍有弱化倾向，枕外隆突上也似有类似现象。

⑬腭形上比甘青地区更多现Ｖ形；而腭圆枕在缺乏等级上比青海的更普遍。

⑭颅顶缝比甘青地区的更多见复杂形。

⑮颏形的变化等级分布比较散，或可能在方形颏的比例上比甘青地区增高。下颌角外翻类型比甘青地区的降低，特别是与甘肃组相比更明显一些。

⑯颏孔的位置比青海组的有些后移现象。下颌圆枕的出现及强化程度上，洋海组不特别强烈。

⑰在"摇椅"形下颌的出现上至少比青海的略见增多。

⑱上门齿铲形化特征上，洋海组与青海组的差异非常大而趋向弱化。

由上逐项特征的比对分析，不难看出新疆洋海古代组与甘青地区的古代组之间存在若干值得注意的形态偏离现象，特别是那些可能出现的某些种族差异的性状组合，如颅形有些长化的椭圆颅，眉弓和眉间突度有些强化和鼻根凹陷有些深化，角形眶的明显增多及眶口平面垂直型位置更普见及更发达的鼻下棘，颅顶缝的复杂化和鼻梁的凹凸形增多及很低的铲形门齿出现率等。这种形态特征的组合方向使洋海古代头骨更倾向于西方高加索种族而与黄河流域的古代种族特征相区别。在下文中我们进一步在测量学的分析中找到佐证。

2. 测量特征形态分型

这里所指测量特征是选择了 19 项脑颅和面颅的各项指数和角度（表 40）。一般来说，在同一组人骨中用这些指数和角度来评估它们的形态类型比绝对测量更具价值。在表 40 中列出了各项特征的数据和形态分型的界值。归纳洋海头骨各项测量形态的分布是：

颅指数（8∶1）　无论男女性皆以长颅及中颅型占绝大多数，其中又以包括特长颅在内的长颅化类型超过中颅型为主的短化类型。平均几乎在长—中颅型之间。

颅长高指数（17∶1）　以此指数的分类中，以颅型不很高的正颅型较多，其次也有相当的高颅型，归入到低颅型的较少。平均为正颅型。

颅长耳高指数（21∶1）　基本情况同颅长高指数，较多正颅型，其次高颅型，低颅型甚少。平均近正颅型上限。

颅宽高指数（17∶8）　脑颅的相对宽度上，以狭颅型较多，其次为中颅型，阔颅型最少。平均男性狭颅型，女性中颅型上限。

额宽指数（9∶8）　三种相对额宽类型的分布较均匀，如中额型和阔额型稍高于狭额型，但前两型的比例接近，狭额型较少。平均中额型。

垂直颅面指数（48∶17）　上面高和颅高的比例以中等的类型占较多，其次是小比例的。不过大的比例也占有一部分。似乎在这项特征上变化比较散。平均为中等比例。

上面指数（48∶45）　这一特征以中等以上狭化的成分占绝大多数，反映了这一组人骨中面型趋向狭化的性质。面型阔化的成分则很少。平均归入狭面型。

全面指数（47∶45）　情况基本同上面指数即面型的中—狭化。平均几乎在中—狭型之间。

眶指数（52∶51）　眼眶形状以中眶型成分较多，低眶型的也占一部分，高眶型的相对更少。平均中眶型。

鼻指数（54∶55）　中—狭鼻型的占多数，阔化的鼻型相对少一些。平均中鼻型。

鼻根指数（SS∶SC）　鼻骨横截面的凸起程度以中等以上较明显突出者占多数，突度弱化的相对少。男性平均中等上限，女性中等。

面突度指数（40∶5）　以矢向面部突出程度不明显的平颌型较多，中颌型其次，突颌型很少。平均平颌型。

腭指数（63∶62）　上颌腭形以短宽的阔腭型占大多数，中腭型其次，狭腭型最少。平均阔腭型。

齿槽弓指数（61∶60）　短齿槽型占多数，情况类似腭指数。平均短齿槽型。

面角（72）　中—平颌型占优势，其中中颌型稍高于平颌型。突颌型不到10%。平均中颌型。

表 40　洋海墓地全组成年头骨指数和角度形态分型出现率

项目	性别	例数	形态分类和出现率（%）					平均值（例数）
颅指数 （8：1）			特长（<69.9）	长（70～74.9）	中（75～79.9）	短（80～84.9）	特短（>85）	
	♂	247	33（13.4%）	105（42.5%）	86（34.8%）	19（7.7%）	4（1.6%）	74.5（247）
	♀	157	6（3.8%）	84（53.5%）	55（35.0%）	7（4.5%）	5（3.2%）	75.1（157）
	♂＋♀	404	39（9.7%）	189（46.8%）	141（34.9%）	26（6.4%）	9（2.2%）	
颅长高指数 （17：1）			低（<69.9）	正（70～74.9）	高（>75）			
	♂	250	26（10.4%）	150（60.0%）	74（29.6%）			73.7（250）
	♀	154	25（16.2%）	77（50.0%）	52（33.8%）			73.4（154）
	♂＋♀	404	51（12.6%）	227（56.2%）	126（31.2%）			
颅长耳高指数 （21：1）			低（<57.9）	正（58～62.9）	高（>63）			
	♂	242	0（0.0%）	149（61.6%）	93（38.4%）			62.4（242）
	♀	153	4（2.6%）	90（58.8%）	59（38.6%）			62.6（153）
	♂＋♀	395	4（1.0%）	239（60.5%）	152（38.5%）			
颅宽高指数 （17：8）			阔（<91.9）	中（92～97.9）	狭（>98）			
	♂	243	19（7.8%）	75（30.9%）	149（61.3%）			99.2（243）
	♀	152	17（11.2%）	59（38.8%）	76（50.0%）			97.5（152）
	♂＋♀	395	36（9.1%）	134（33.9%）	225（57.0%）			
额宽指数 （9：8）			狭（<65.9）	中（66～68.9）	阔（>69）			
	♂	245	58（23.7%）	95（38.8%）	92（37.6%）			67.8（245）
	♀	154	41（26.6%）	58（37.7%）	55（35.7%）			68.0（154）
	♂＋♀	399	99（24.8%）	153（38.3%）	147（36.8%）			
垂直颅面指数 （48：17）			很小（<47.8）	小（47.9～51.1）	中（51.2～54.8）	大（54.9～58.1）	很大（>58.2）	
	♂	226	16（7.1%）	54（23.9%）	94（41.6%）	43（19.0%）	19（8.4%）	53.0（226）
	♀	132	9（6.8%）	35（26.5%）	59（44.7%）	23（17.4%）	6（4.5%）	52.5（132）
	♂＋♀	358	25（7.0%）	89（24.9%）	153（42.7%）	66（18.4%）	25（7.0%）	
上面指数 （48：45）			特阔（<44.9）	阔（45～49.9）	中（50～54.9）	狭（55～59.9）	特狭（>60）	
	♂	218	1（0.5%）	15（6.9%）	90（41.3%）	90（41.3%）	22（10.1%）	55.1（218）
	♀	133	0（0.0%）	4（3.0%）	55（41.4%）	64（48.1%）	10（7.5%）	55.4（133）
	♂＋♀	351	1（0.3%）	19（5.4%）	145（41.3%）	154（43.9%）	32（9.1%）	
全面指数 （47：45）			特阔（<79.9）	阔（80～84.9）	中（85～89.9）	狭（90～94.9）	特狭（>95）	
	♂	144	3（2.1%）	20（13.9%）	58（40.3%）	39（27.1%）	24（16.7%）	89.8（144）
	♀	72	1（1.4%）	7（9.7%）	22（30.6%）	32（44.4%）	10（13.9%）	90.6（72）
	♂＋♀	216	4（1.9%）	27（12.5%）	80（37.0%）	71（32.9%）	34（15.7%）	
眶指数　左 （52：51）			低（<75.9）	中（76～84.9）	高（>85）			
	♂	253	99（39.1%）	134（53.0%）	20（7.9%）			77.2（253）
	♀	156	28（17.9%）	102（65.4%）	26（16.7%）			80.3（156）
	♂＋♀	409	127（31.1%）	236（57.7%）	46（11.2%）			
鼻指数 （54：55）			狭（<46.9）	中（47～50.9）	阔（51～57.9）	特阔（>58）		
	♂	254	112（44.1%）	85（33.5%）	56（22.0%）	1（0.4%）		47.9（254）
	♀	159	49（30.8%）	61（38.4%）	47（29.6%）	2（1.3%）		49.0（159）
	♂＋♀	403	151（37.5%）	146（36.2%）	103（25.6%）	3（0.7%）		

续表 40

项目	性别	例数	形态分类和出现率（%）					平均值（例数）
鼻根指数 （SS：SC）			很弱（<23.4）	弱（23.5～35）	中（35.1～47.9）	突（48～59.5）	很突（>59.6）	
	♂	259	6（2.3%）	30（11.6%）	107（41.3%）	78（30.1%）	38（14.7%）	47.0（259）
	♀	157	9（5.7%）	46（29.3%）	74（47.1%）	22（14.0%）	6（3.8%）	38.8（157）
	♂+♀	416	15（3.6%）	76（18.3%）	181（43.5%）	100（24.0%）	44（10.6%）	
面突度指数 （40：5）			平颌（<97.9）	中颌（98～102.9）	突颌（>103）			
	♂	230	158（68.7%）	61（26.5%）	11（4.8%）			96.0（230）
	♀	132	83（62.9%）	42（31.8%）	7（5.3%）			97.0（132）
	♂+♀	362	241（66.6%）	103（28.5%）	18（5.0%）			
腭指数 （63：62）			狭（<79.9）	中（80～84.9）	阔（>85）			
	♂	182	14（7.7%）	29（15.9%）	139（76.4%）			90.1（182）
	♀	95	6（6.3%）	16（16.8%）	73（76.8%）			90.3（95）
	♂+♀	277	20（7.2%）	45（16.2%）	212（76.5%）			
齿槽弓指数 （61：60）			长（<109.9）	中（110～114.9）	短（>115）			
	♂	190	15（7.9%）	40（21.1%）	135（71.1%）			119.8（190）
	♀	97	11（11.3%）	12（12.4%）	74（76.3%）			118.8（97）
	♂+♀	287	26（9.1%）	52（18.1%）	209（72.8%）			
面角 （72）			超突（<69.9）	突（70～79.9）	中（80～84.9）	平（85～92.9）	超平（>93）	
	♂	227		19（8.4%）	111（48.9%）	96（42.3%）	1（0.4%）	84.1（227）
	♀	136		10（7.4%）	78（57.4%）	48（35.3%）	0（0.0%）	83.6（136）
	♂+♀	363		29（8.0%）	189（52.1%）	144（39.7%）	1（0.3%）	
齿槽面角 （74）			超突（<69.9）	突（70～79.9）	中（80～84.9）	平（85～92.9）	超平（>93）	
	♂	222	25（11.3%）	128（57.7%）	50（22.5%）	18（8.1%）	1（0.5%）	77.0（222）
	♀	134	21（15.7%）	80（59.7%）	25（18.7%）	8（6.0%）	0（0.0%）	75.4（134）
	♂+♀	356	46（12.9%）	208（58.4%）	75（21.1%）	26（7.3%）	1（0.3%）	
鼻骨角 （75（1））			很小（<18.9）	小（19～23）	中（24～28）	大（29～33）	很大（>34）	
	♂	209	27（12.9%）	58（27.8%）	79（37.8%）	35（16.7%）	10（4.9%）	24.8（209）
	♀	109	29（26.6%）	37（33.9%）	31（28.4%）	8（7.3%）	4（3.7%）	22.4（109）
	♂+♀	318	56（17.6%）	95（29.9%）	110（34.6%）	43（13.5%）	14（4.4%）	
鼻颧角 （77）			很小（<135）	小（136～139）	中（140～144）	大（145～148）	很大（>149）	
	♂	254	20（7.9%）	50（19.7%）	93（36.6%）	59（23.2%）	32（12.6%）	142.6（254）
	♀	156	5（3.2%）	20（12.8%）	66（42.3%）	43（27.6%）	22（14.1%）	144.1（156）
	♂+♀	410	25（6.1%）	70（17.1%）	159（38.8%）	102（24.9%）	54（13.2%）	
颧上颌角 （ZM$_1$∠）			很小（<124）	小（125～130）	中（131～136）	大（137～142）	很大（>143）	
	♂	244	17（7.0%）	71（29.1%）	109（44.7%）	37（15.2%）	10（4.1%）	133.0（244）
	♀	150	11（7.3%）	37（24.7%）	68（45.3%）	27（18.0%）	7（4.7%）	133.5（150）
	♂+♀	394	28（7.1%）	108（27.4%）	177（44.9%）	64（16.2%）	17（4.3%）	

齿槽面角（74） 上齿槽突颌型以上的占多数，中等以下弱化的类型相对少。平均突颌型。

鼻骨角（75（1）） 鼻骨上仰中等和更强烈的比例稍高于较弱化的类型。平均男性中等，女性更弱。

鼻颧角（77） 鼻颧水平方向扁平度小于中等以下的较多于扁平度大的类型。平均中等。

颧上颌角（$ZM_1∠$） 颧上颌水平扁平度类似鼻颧角，而且扁平度弱化的比强化的更多见。平均等级中等。

根据以上这些指数和角度的类型分布并以其全体的平均值估计，洋海头骨的综合特征可归纳为：

① 脑颅三个主要直径组成的类型是长颅—正颅—狭颅型结合中额型。

② 各项面部直径显示的组合是垂直颅面比例为中等，面形大致为狭面型。

③ 眶形为偏低的中眶型。

④ 鼻形为中鼻型。

⑤ 鼻根部突起中等，但男性比女性更强烈突出。

⑥ 面突度指示为平颌型。

⑦ 上颌腭形和齿槽弓指数显示短腭型和短宽齿槽弓。

⑧ 面角所示上面矢向突出均值为中颌略近平颌的类型，而上齿槽突出为突颌型。

⑨ 鼻骨角所示鼻骨上仰程度男性为中等，女性则更上仰等级。

⑩ 上下面部水平方向扁平度皆处中等，即这些头骨平均扁平度不强烈。

下边我们同样将上述指数和角度的形态分布与各项平均值与甘青地区的古代组（青海上孙家寨和甘肃火烧沟）进行比较[23]（表41、42）。

① 颅型上，洋海组无论男女性在长颅化的倾向上甚于上孙家和火烧沟两组，在颅指数的平均组值上也显示洋海组的比甘青地区的要小，可归入长颅型，后两组可归入中颅型。这反映在颅型的成分上可能存在相对的偏离。

② 以颅长高指数所反映的脑颅相对高度上，洋海组男性比甘青两组更多低颅化倾向，高颅化比例相对要少，平均指数值上也反映了这种情况，即洋海组平均值属正颅型，甘青两组可归入高颅型范围。女性组情况在洋海组与上孙家组的差别也基本同男性组，所不同的是火烧沟组的正颅化倾向与洋海组相对接近，两者均值都可归入正颅型，而上孙家寨组则具有高颅化的均值。颅长耳高指数的分布及均值情况也大致如此。

③ 以颅宽高指数所反映的脑颅形状相对宽，洋海及甘青两个男性组都以狭颅类型占优，它们的均值皆可归入狭颅型范围。女性组的情况则是洋海组与上孙家寨组

有些相差，皆以狭颅型占较多，其次为中颅型，阔颅型出现最少。火烧沟组的情况是以中颅型占多，其次为狭颅型，阔颅型也是最少。均值所示也是如此，即洋海与上孙家寨两组很接近，处在中颅型上限接近狭颅下限值，火烧沟组则更具中颅型的代表。

④ 代表相对额宽的额宽指数，洋海男组类型的分布相对较散，中—阔额型稍多见，其均值代表中额型。而甘青两组则皆以狭额型居多，其均值也几乎相等，皆归入狭额型。女性组的分布趋势及均值基本与男组相似。

⑤ 垂直方向的颅面比例，男组中的洋海和火烧沟两组以中等等级相对较多而一致，其均值也几乎相等；上孙家寨组则更多一些大等级，均值也更高，达到大等级。女性组情况是以中等和中等的弱比例相对高，其均值也较低处在中等级；而甘青两组则皆以中等级以强的有些增长，两组的均值比较接近，但几乎都在中—大等级之间。

⑥ 上面指数所示面型无论男女性各组中皆以中等面型以上的狭化类型占多数，阔面化类型很少见。所不同的是男性组中洋海和火烧沟组的中面型较高于上孙家寨组，而后者的狭面型又较高于前两组。均值所示，上孙家寨组面型稍更狭在狭面型范围，洋海组和上孙家寨两组虽可归入狭面型但几与该型的下界值相等，而火烧沟组虽介入中面型但与该型的上界值很接近。女性组的情况是洋海组的中面型较高于甘青两组，不过其均值和甘青两组都可归入狭面类型。全面指数所示也大致如是，按均值估计，男性三组大致处在中面型和狭面型之间，彼此差别不大；女性三组也虽可介入狭面型，但都较近此型的下界值。

⑦ 三个比较组在眶形指数上无论男女性皆以归入中眶型的较多，并且它们各组的均值女性组均比同组男性组略有升高。所不同的是洋海组的低眶型比甘青两组有较明显增加而高眶型有些减少。

⑧ 鼻形指数上，洋海和上孙家寨男性组皆以狭鼻型较多，中鼻型其次，阔化鼻型相对占少数，两组的均值也很接近。火烧沟男组则狭鼻成分减少，阔化鼻型较多增加。三个女性组的分布差异相对减少，它们的均值相差也不大。

⑨ 鼻根突度指数上，无论男女性组，中等以上强化突起的比例洋海组都明显比甘青两组的增大，均值也明显高于后两组。同时在估计鼻骨上仰程度的鼻骨角测量上也相应反映出洋海组的均值明显高于上孙家寨组（火烧沟组缺此角的测值）。

⑩ 面突度指数所反映的颌部突度上，三个比对组的

表 41　洋海墓地男性颅面测量特征分类出现率与甘、青地区头骨比较

项目	组别	例数	形态分类和出现率（%）					平均值（例数）
颅指数 （8：1）			特长（<69.9）	长（70～74.9）	中（75～79.9）	短（80～84.9）	特短（>85）	
	洋海	247	13.4	42.5	34.8	7.7	1.6	74.5（247）
	上孙家	97	1.0	23.7	46.4	15.5	3.1	76.7（97）
	火烧沟	49	0.0	36.7	53.1	10.2	0.0	75.9（49）
颅长高指数 （17：1）			低（<69.9）	正（70～74.9）	高（>75）			
	洋海	250	10.4	60.0	29.6			73.7（250）
	上孙家	93	2.2	38.7	59.1			75.7（93）
	火烧沟	53	1.9	32.1	66.0			76.1（53）
颅长耳高指数 （21：1）			低（<57.9）	正（58～62.9）	高（>63）			
	洋海	242		61.6	38.4			62.4（242）
	上孙家	90		47.8	52.2			63.2（90）
	火烧沟	51		39.2	60.0			63.9（51）
颅宽高指数 （17：8）			阔（<91.9）	中（92～97.9）	狭（>98）			
	洋海	243	7.8	30.9	61.3			99.2（243）
	上孙家	91	7.7	36.3	56.0			98.5（91）
	火烧沟	47	8.5	14.9	76.6			100.7（47）
额宽指数 （9：8）			狭（<65.9）	中（66～68.9）	阔（>69）			
	洋海	245	23.7	38.8	37.6			67.8（245）
	上孙家	97	64.9	26.8	8.2			64.9（97）
	火烧沟	50	66.0	24.0	10.0			64.8（50）
垂直颅面指数 （48：17）			很小（<47.8）	小（47.9～51.1）	中（51.2～54.8）	大（54.9～58.1）	很大（>58.2）	
	洋海	226	7.1	23.9	41.6	19.0	8.4	53.0（226）
	上孙家	82	1.2	8.5	26.8	39.0	24.4	55.7（82）
	火烧沟	48	2.1	29.2	43.8	14.6	10.4	53.1（48）
上面指数 （48：45）			特阔（<44.9）	阔（45～49.9）	中（50～54.9）	狭（55～59.9）	特狭（>60）	
	洋海	218	0.5	6.9	41.3	41.3	10.1	55.1（218）
	上孙家	84	0.0	3.6	31.0	50.0	15.5	56.5（84）
	火烧沟	46	0.0	4.3	50.0	41.3	4.3	54.4（46）
全面指数 （47：45）			特阔（<79.9）	阔（80～84.9）	中（85～89.9）	狭（90～94.9）	特狭（>95）	
	洋海	144	2.1	13.9	40.3	27.1	16.7	89.8（144）
	上孙家	47	0.0	12.8	23.4	38.3	25.5	91.9（47）
	火烧沟	33	0.0	27.3	36.4	33.3	3.0	88.1（33）
眶指数 左 （52：51）			低（<75.9）	中（76～84.9）	高（>85）			
	洋海	253	39.1	53.0	7.9			77.2（253）
	上孙家	103	7.8	55.3	36.9			83.0（103）
	火烧沟	59	22.0	66.1	11.9			78.5（59）
鼻指数 （54：55）			狭（<46.9）	中（47～50.9）	阔（51～57.9）	特阔（>58）		
	洋海	254	44.1	33.5	22.0	0.4		47.9（254）
	上孙家	102	47.1	35.3	16.7	1.0		47.3（102）
	火烧沟	59	25.4	35.6	37.3	1.7		49.9（59）

项目	组别	例数	形态分类和出现率（%）					平均值（例数）
鼻根指数 （SS：SC）			很弱（<23.4）	弱（23.5～35）	中（35.1～47.9）	突（48～59.5）	很突（>59.6）	
	洋海	259	2.3	11.6	41.3	30.1	14.7	47.0（259）
	上孙家	100	17.0	33.0	29.0	18.0	3.0	35.6（100）
	火烧沟	54	13.0	35.2	38.9	11.1	1.9	35.6（54）
面突度指数 （40：5）			平颌（<97.9）	中颌（98～102.9）	突颌（>103）			
	洋海	230	68.7	26.5	4.8			96.0（230）
	上孙家	86	81.4	17.4	1.2			94.0（86）
	火烧沟	50	72.0	28.0	0.0			95.3（50）
腭指数 （63：62）			狭（<79.9）	中（80～84.9）	阔（>85）			
	洋海	182	7.7	15.9	76.4			90.1（182）
	上孙家	70	1.4	10.0	88.6			94.1（70）
	火烧沟	45	2.2	15.6	82.2			91.7（45）
齿槽弓指数 （61：60）			长（<109.9）	中（110～114.9）	短（>115）			
	洋海	190	7.9	21.1	71.1			119.8（190）
	上孙家	77	0.0	2.6	97.4			125.2（77）
	火烧沟	45	8.9	13.3	77.8			120.0（45）
面角 （72）			超突（<69.9）	突（70～79.9）	中（80～84.9）	平（85～92.9）	超平（>93）	
	洋海	227		8.4	48.9	42.3	0.4	84.1（227）
	上孙家	86		2.3	30.2	67.4	0.0	85.9（86）
	火烧沟	47		2.1	21.3	72.3	4.3	86.7（47）
齿槽面角 （74）			超突（<69.9）	突（70～79.9）	中（80～84.9）	平（85～92.9）	超平（>93）	
	洋海	222	11.3	57.7	22.5	8.1	0.5	77.0（222）
	上孙家	85	5.9	36.5	31.8	23.5	0.0	80.3（85）
	火烧沟	46	8.7	41.3	26.1	19.6	4.3	79.8（46）
鼻骨角 （75（1））			很小（<18.9）	小（19～23）	中（24～28）	大（29～33）	很大（>34）	
	洋海	209	12.9	27.8	37.8	16.7	4.9	24.8（209）
	上孙家	66	43.9	37.9	16.7	1.5	0.0	19.5（66）
	火烧沟	–	–	–	–	–	–	–
鼻颧角 （77）			很小（<135）	小（136～139）	中（140～144）	大（145～148）	很大（>149）	
	洋海	254	7.9	19.7	36.6	23.2	12.6	142.6（254）
	上孙家	102	2.0	3.9	28.4	38.2	27.5	146.9（102）
	火烧沟	58	1.7	12.1	32.8	34.5	19.0	145.1（58）
颧上颌角 （ZM$_1$∠）			很小（<124）	小（125～130）	中（131～136）	大（137～142）	很大（>143）	
	洋海	244	7.0	29.1	44.7	15.2	4.1	133.0（244）
	上孙家	92	2.2	15.2	45.7	30.4	6.5	135.4（92）
	火烧沟	–	–	–	–	–	–	–

表 42 洋海墓地女性头颅面测量特征分类出现率与甘、青地区头骨比较

项目	组别	例数	形态分类和出现率（%）					平均值（例数）
颅指数 (8：1)			特长（<69.9）	长（70～74.9）	中（75～79.9）	短（80～84.9）	特短（>85）	
	洋海	157	3.8	53.5	35.0	4.5	3.2	75.1（157）
	上孙家	102	1.0	24.5	62.7	9.8	2.0	77.2（102）
	火烧沟	55	1.8	30.9	52.7	12.7	1.8	76.7（55）
颅长高指数 (17：1)			低（<69.9）	正（70～74.9）	高（>75）			
	洋海	154	16.2	50.0	33.8			73.4（154）
	上孙家	97	5.2	42.3	52.6			75.0（97）
	火烧沟	58	10.3	56.9	32.8			73.9（58）
颅长耳高指数 (21：1)			低（<57.9）	正（58～62.9）	高（>63）			
	洋海	153	2.6	58.8	38.6			62.6（153）
	上孙家	84	0.0	51.2	48.8			63.2（84）
	火烧沟	56	1.8	55.4	42.9			62.9（56）
颅宽高指数 (17：8)			阔（<91.9）	中（92～97.9）	狭（>98）			
	洋海	152	11.2	38.8	50.0			97.5（152）
	上孙家	98	8.2	49.0	53.1			97.3（98）
	火烧沟	54	14.8	55.6	29.6			95.8（54）
额宽指数 (9：8)			狭（<65.9）	中（66～68.9）	阔（>69）			
	洋海	154	26.6	37.7	35.7			68.0（154）
	上孙家	101	51.5	28.7	19.8			65.8（101）
	火烧沟	55	74.5	16.4	9.1			64.4（55）
垂直颅面指数 (48：17)			很小（<47.8）	小（47.9～51.1）	中（51.2～54.8）	大（54.9～58.1）	很大（>58.2）	
	洋海	132	6.8	26.5	44.7	17.4	4.5	52.5（132）
	上孙家	81	2.5	16.0	32.1	39.5	9.9	54.4（81）
	火烧沟	52	1.9	11.5	36.5	30.8	19.2	54.9（52）
上面指数 (48：45)			特阔（<44.9）	阔（45～49.9）	中（50～54.9）	狭（55～59.9）	特狭（>60）	
	洋海	133	0.0	3.0	41.4	48.1	7.5	55.4（133）
	上孙家	77	0.0	1.3	32.5	49.4	16.9	56.7（77）
	火烧沟	48	0.0	0.0	29.2	68.8	2.1	56.2（48）
全面指数 (47：45)			特阔（<79.9）	阔（80～84.9）	中（85～89.9）	狭（90～94.9）	特狭（>95）	
	洋海	72	1.4	9.7	30.6	44.4	13.9	90.6（72）
	上孙家	48	2.1	10.4	20.8	39.6	27.1	91.4（48）
	火烧沟	38	0.0	7.9	23.7	50.0	18.4	91.2（38）
眶指数 左 (52：51)			低（<75.9）	中（76～84.9）	高（>85）			
	洋海	156	17.9	65.4	16.7			80.3（156）
	上孙家	102	2.0	53.9	44.1			84.0（102）
	火烧沟	58	10.3	63.8	25.9			81.4（58）
鼻指数 (54：55)			狭（<46.9）	中（47～50.9）	阔（51～57.9）	特阔（>58）		
	洋海	159	30.8	38.4	29.6	1.3		49.0（159）
	上孙家	98	27.6	42.9	24.5	5.1		49.3（98）
	火烧沟	60	20.0	45.0	33.3	1.7		49.8（60）

续表 42

项目	组别	例数	形态分类和出现率（%）					平均值（例数）
鼻根指数 （SS∶SC）			很弱（<23.4）	弱（23.5～35）	中（35.1～47.9）	突（48～59.5）	很突（>59.6）	
	洋海	157	5.7	29.3	47.1	14.0	3.8	38.8（157）
	上孙家	96	33.3	37.5	26.0	3.1	0.0	28.3（96）
	火烧沟	60	25.0	43.3	26.7	3.3	1.7	30.3（60）
面突度指数 （40∶5）			平颌（<97.9）	中颌（98～102.9）	突颌（>103）			
	洋海	132	62.9	31.8	5.3			97.0（132）
	上孙家	82	72.0	24.4	3.7			95.7（82）
	火烧沟	56	75.0	23.2	1.8			95.8（56）
腭指数 （63∶62）			狭（<79.9）	中（80～84.9）	阔（>85）			
	洋海	95	6.3	16.8	76.8			90.3（95）
	上孙家	60	5.0	13.3	81.7			93.6（60）
	火烧沟	44	2.3	11.4	86.4			93.1（44）
齿槽弓指数 （61∶60）			长（<109.9）	中（110～114.9）	短（>115）			
	洋海	97	11.3	12.4	76.3			118.8（97）
	上孙家	73	5.5	12.3	82.2			122.7（73）
	火烧沟	44	2.3	9.1	88.6			123.9（44）
面角 （72）			超突（<69.9）	突（70～79.9）	中（80～84.9）	平（85～92.9）	超平（>93）	
	洋海	136	0.0	7.4	57.4	35.3	0.0	83.6（136）
	上孙家	76	0.0	7.9	42.1	50.0	0.0	84.9（76）
	火烧沟	51	0.0	0.0	21.6	76.5	2.0	86.7（51）
齿槽面角 （74）			超突（<69.9）	突（70～79.9）	中（80～84.9）	平（85～92.9）	超平（>93）	
	洋海	134	15.7	59.7	18.7	6.0	0.0	75.4（134）
	上孙家	75	10.7	56.0	25.3	8.0	0.0	77.1（75）
	火烧沟	50	14.0	52.0	16.0	18.0	0.0	77.0（50）
鼻骨角 （75（1））			很小（<18.9）	小（19～23）	中（24～28）	大（29～33）	很大（>34）	
	洋海	109	26.6	33.9	28.4	7.3	3.7	22.4（109）
	上孙家	59	67.8	23.7	8.5	0.0	0.0	16.9（59）
	火烧沟	－	－	－	－	－	－	－
鼻颧角 （77）			很小（<135）	小（136～139）	中（140～144）	大（145～148）	很大（>149）	
	洋海	156	3.2	12.8	42.3	27.6	14.1	144.1（156）
	上孙家	101	1.0	0.0	16.8	37.6	44.6	148.7（101）
	火烧沟	59	0.0	5.1	22.0	33.9	39.0	147.9（59）
颧上颌角 （ZM₁∠）			很小（<124）	小（125～130）	中（131～136）	大（137～142）	很大（>143）	
	洋海	150	7.3	24.7	45.3	18.0	4.7	133.5（150）
	上孙家	91	1.1	18.7	29.7	35.2	15.4	136.9（91）
	火烧沟	－	－	－	－	－	－	－

均值皆在平额型范围。不同的是洋海组的男女组在平额型的比例上要低于甘青两组。

⑪ 面角所示上面部在矢状方向上向前突出的程度，洋海组的中—突颌型合并比例高于甘青两组，而平颌化的比例则低于甘青两组。其均值也是洋海的低于甘青两组，在中颌型范围。类似的情况也反映在上齿槽突度的测量上，即洋海组的突颌和超突颌合并值明显高于甘青两组，中颌以下突度弱化的类型相对减少。均值上所示洋海组低于甘青两组。

⑫ 在估计面部水平方向扁平度的鼻颧角（上面部）和颧上颌角（中面部）上，洋海组在中等以下扁平度弱化类型的比例上皆明显高于甘青组，在这两项角度均值上也是小于甘青地区的组值。反映洋海头骨的面部水平方向扁平度小于甘青地区的头骨。

根据以上洋海组与甘青地区两组在以指数和角度为代表的脑颅和面颅特征的比较上，如不计有些差异方向不太明确的项目，我们仍可以指出一些可能有种族形态价值的偏离倾向。如与甘青地区的头骨相比，洋海的相对更长化和低化倾向，额型不如甘青地区的狭化明显，眶型矮化的成分更多。特别是鼻骨的突起和上仰程度明显强化，面部水平方向的扁平度明显变小，矢状方向的突度有些更强等。这些差异方向的综合或具有大种族类群的偏离，值得注意。

3. 头骨测量特征变异度的统计学估计

当人类学家面对一大群出自古墓地人骨时，其中有没有不同种族形态组成或混杂是难以回避的问题。特别是对那些可能有不同种族居民相邻或混居的古代墓地，这是一个困难的问题。这里首先涉及的是人骨在形态和测量学上，其变异程度是属于同一种群的还是异种群的。因此有的学者借助某些统计学方法来估计一组人骨群体的种族纯杂程度[54]。但这类方法只能对一组人骨作出有无种族混合成分进行一般性的统计学估计，并不能解决具体的种族混合的成分问题。尽管如此，面对本报告的洋海古代人骨的产地是与西方种族相邻接的新疆境内，我们还是尝试用某种生物统计学上的变异度来讨论洋海人骨群体的种族纯度。

（1）颅长、颅宽和颅指数标准差变异度的估计（表43）。

这一方法是将待考察头骨组颅长（1）、颅宽（8）和颅指数的标准差（S.D.）与被假定同种系（Homogeneous）的相应测量项目的标准差进行比较[54][55]。如果待测组的标准差显著大于同种系的，则它们可能是异种系（Heterogeneous）的一组头骨。本报告参引了 K.Pearson

和 G.W.Morant 及 W.W.Howells 使用的所谓 11 个同种系组的颅长、颅宽和颅指数的标准差并列于表43[56][57][58]。据 Pearson 的报告，如果颅长和颅宽的标准差大于6.5时，不能排除被测头骨组为异种系的可能。而如果这两项测量的标准差分别小于5.5和3.3，则被测头骨组是同种系的可能。根据这种统计学设定的标准，洋海组（男性）的颅长标准差（6.54）与 Pearson 设定的颅长、宽标准差（6.5）几乎相等。颅宽标准差（5.52）则小于该标准。如果以同种系标准（颅长和颅宽标准差分别小于5.5和3.3）比较，洋海组的两项相应标准差（6.54和5.52）则明显更大。这或暗示洋海组头骨群不能肯定为同种系之可能或有异种系成分。

此外，与表43中所列 Pearson 和 Mrant 10 个国外组的颅长和宽标准差相比，洋海组的颅长标准差除了和 Congo Negroes（6.55）的几乎相等外，都大于其他组（5.72 ~ 6.17）。颅宽标准差除了稍小于 Bavarians（5.85）的以外，也大于其他组。而颅指数的标准差（3.85）则大于 Morant 所列的全部5个组。因此这些统计量值的比较或可说明，洋海组头骨群在颅骨测量学上的变异比较大，反映其中的种族成分并非单一。与 Howells 的相应标准差相比[58]，洋海男性组的标准差也皆大于欧洲同种系的，女性组则在颅指数标准差上稍大于欧洲同种系外，颅长和颅宽标准差上则小于和等于欧洲同种系。

在表43中我们还列出了黄河流域的几个古代组（殷墟、火烧沟和上孙家寨）的颅长、颅宽和颅指数的标准差[54][55][23]。洋海男性组的与它们相比，在颅长标准差上，仅和杨希枚的殷墟祭祀坑组较近。在颅宽标准差上除较小于杨希枚的殷墟祭祀坑组外，也都大于其他组。在颅指数标准差的表现上，除稍小于杨希枚和李济的殷墟祭祀坑组（这两个组实属同一个样本，仅在取样的数量上不同而已）外，也都大于其他组。应该指出，杨希枚和李济都认为殷墟祭祀坑组的变异比较大，因而认定它们是一组异种系（Heterogeneous）的头骨[59][54]，并且进一步指定其中存在三大人种的五个体质类型[54]。尽管对这种人种分类存在异见（据笔者研究，这种变异内涵应改为同一人种支干下的不同地区类型）[55][60]，但祭祀坑人骨中存在异形成分或比较合理。洋海人骨的变异比较大或可能也反映了类似的情况。洋海女性组则颅长标准差小于上孙家同性组外，颅宽和颅指数标准差都比其他组更大的。与欧洲同种系相比，颅宽标准差与同种系几乎相等，颅长标准差小于同种系，颅指数标准差大于同种系。而且三个测量的标准差全都小于同组的男性组。这或说明，女性组的变异程度小于男性组。

（2）平均标准差百分比方法的估计（表44）

但是仅用少量测量和指数的变异量度去估计种族的同质或异源性是否客观合理，学者中不无一致。因此有的学者建议采用更多测量项目的平均标准差（Mean Sigma）百分比的计算方法进行比较和评估[58]。本报告表44中列出了这样的多量项目的标准差对比数据，其中包括19项绝对测量和8项指数的标准差。洋海的标准差分早期（σ_1）、中期（σ_2）、晚期（σ_3）、不分期（σ_4）及全部合并组（σ_5）分开计算的。表44中的所谓异种系标准差（σ_6）是作者将 D.Black 的"非亚洲组"（即26具欧洲人种头骨）及现代华北组（86具中国华北人头骨）[61]、G.M.Morant 的澳大利亚 A 组（75 ~ 162 具头骨）[62]及 M.G.Bonin 的 New Britain（63 具头骨）[63]等200 ~ 237 具不同人种头骨组成的。同种系标准差

（σ_0）是 W.W.Howells 利用 15 ~ 20 组欧洲民族同种系头骨的各项测量计算获得的[58]。

为了有个相对比对的量度，表44 中列出了异种系和同种系各项的平均标准差百分比（即 σ_6 / σ_0），其中 19 项绝对测量平均标准差百分比值为 102.68，8 项指数的平均标准差百分比值为 103.29，两者合并的全部 27 项的百分比值为 102.86。洋海与同种系的平均标准差百分比是按出土人骨墓葬的早、中、晚三个时期及佚失墓号的不分期组和全部头骨的合并组分别计算的。计算结果如下：

1）早期组与同种系组的平均标准差百分比值（σ_1 / σ_0）是 19 项绝对测量为 109.8，8 项指数为 101.6，全部 27 项为 107.4。与异种系和同种系的百分比（σ_6 / σ_0）值相比（分别为 102.68、103.29、102.86），洋海早期组在绝对测量项目上明显高于异种—同种系的比值，指数

表 43 颅长、颅宽和颅指数标准差（S.D.）比较

作者	组别		颅长标准差（S.D.）	颅宽标准差（S.D.）	颅指数标准差（S.D.）
K.Pearson	Ainos		5.94（76）	3.90（76）	
	Bavarians		6.01（100）	5.85（100）	
	Parisians		5.94（77）	5.21（77）	
	Nagadas		5.72（139）	4.62（139）	
	English		6.09（136）	4.80（136）	
G.M.Morant	Egyptians		5.73	4.76	2.67
	Nagadas		6.03	4.60	2.88
	Whitechapel English		6.17	5.28	2.97
	Moorfields English		5.90	5.31	3.27
	Congo Negroes		6.55	5.00	2.88
W.W.Howells	欧洲同种系		6.09	5.03	3.22
韩康信	新疆洋海	♂	6.54（255）	5.52（248）	3.85（247）
		♀	5.39（158）	5.02（156）	3.53（156）
	甘肃火烧沟	♂	5.94（57）	4.78（50）	3.14（49）
		♀	5.40（60）	4.40（55）	3.33（55）
	青海上孙家（卡约）	♂	5.80（101）	5.10（100）	3.60（97）
		♀	4.70（102）	4.80（103）	3.10（102）
	青海上孙家（汉代）	♂	5.90（45）	4.80（44）	2.90（42）
		♀	6.50（21）	3.80（21）	2.80（21）
	河南殷墟中小墓	♂	5.79（42）	4.44（39）	2.85（36）
		♀	4.95（21）	4.58（20）	2.74（20）
杨希枚	河南殷墟祭祀坑	♂	6.20（319）	5.90（317）	3.98（316）
李济	河南殷墟祭祀坑	♂	5.20（136）	5.40（135）	3.95（135）

表 44　与同种系和异种系平均标准差（σ）百分比值比较（♂）

项目 ＼ 组别与标准差	早期 σ₁	中期 σ₂	晚期 σ₃	不分期 σ₄	合并 σ₅	异种系 σ₆	欧洲同种系 σ₀	σ_1/σ_0	σ_2/σ_0	σ_3/σ_0	σ_4/σ_0	σ_5/σ_0	σ_6/σ_0
颅长（1）	7.2（41）	6.1（153）	6.3（37）	6.7（24）	6.5（255）	6.15	6.09	118.2	100.2	103.4	110.0	106.7	100.99
颅宽（8）	4.8（39）	5.5（149）	4.3（37）	5.9（23）	5.5（248）	4.91	5.03	95.4	109.3	85.5	117.3	109.3	97.61
最小额宽（9）	5.0（42）	4.5（153）	4.5（37）	5.5（26）	4.8（258）	5.00	4.32	115.7	104.2	104.2	127.3	111.1	115.74
耳上颅高（21）	3.8（41）	5.1（144）	4.4（37）	5.0（22）	4.0（243）	4.11	4.24	89.6	120.3	103.8	117.9	94.3	96.93
颅高（17）	5.0（40）	4.5（150）	6.3（37）	6.0（24）	5.1（251）	5.08	5.12	97.7	87.9	123.0	117.2	99.6	99.22
颅基底长（5）	5.5（40）	4.7（151）	3.6（37）	3.7（24）	4.6（252）	4.27	4.22	130.3	111.4	85.3	87.7	109.0	101.18
面基底长（40）	6.5（37）	4.9（143）	4.3（27）	4.5（23）	5.1（230）	5.41	4.88	133.2	100.4	88.1	92.2	104.5	110.86
颅周长（23）	16.4（39）	13.8（140）	12.3（37）	18.2（22）	14.7（238）	14.96	14.14	116.0	97.6	87.0	128.7	104.0	105.73
颅横弧（24）	9.5（40）	9.6（141）	8.7（37）	11.7（21）	9.9（239）	10.78	10.02	94.8	95.8	86.8	116.8	98.8	107.58
颅矢状弧（25）	13.7（39）	12.6（150）	13.9（37）	15.8（21）	13.5（248）	13.23	12.71	107.8	99.1	109.4	124.3	106.2	104.09
颧宽（45）	5.3（41）	5.5（142）	4.9（37）	5.0（22）	5.5（242）	5.45	5.10	103.9	107.8	96.1	98.0	107.8	106.86
上面高（48）	4.7（38）	4.7（145）	3.7（27）	5.0（25）	4.7（235）	4.17	4.28	109.8	109.8	86.4	116.8	109.8	97.43
全面高（47）	6.2（26）	6.5（92）	5.2（20）	10.6（9）	6.8（147）	5.54	6.33	97.9	102.7	82.1	167.5	107.4	87.52
眶高（52）	2.2（41）	1.9（152）	2.6（37）	2.4（26）	2.1（256）	1.94	2.01	109.5	94.5	129.4	119.4	104.5	96.52
眶宽（51）	1.6（42）	1.9（149）	1.4（37）	1.4（26）	1.8（254）	2.34	1.82	87.9	104.4	76.9	76.9	98.9	128.57
鼻高（55）	3.4（42）	3.5（153）	2.5（37）	3.4（26）	3.4（258）	3.10	3.03	112.2	115.5	82.5	112.2	112.2	102.31
鼻宽（54）	2.1（42）	2.0（149）	1.3（37）	1.9（26）	1.9（254）	1.90	1.81	116.0	110.5	71.8	105.0	105.0	104.97
腭长（62）	4.2（41）	2.8（140）	2.9（28）	3.8（24）	3.2（233）	2.94	2.93	143.3	95.6	99.0	129.7	109.2	100.34
腭宽（63）	3.4（35）	3.2（109）	2.3（24）	2.3（19）	3.1（187）	2.76	3.19	106.6	100.3	72.1	72.1	97.2	86.52
长度项目平均标准差百分比								109.8 [19]	103.5 [19]	93.3 [19]	112.5 [19]	105.0 [19]	102.68 [19]
颅指数（8∶1）	2.6（39）	3.8（149）	3.7（37）	3.8（22）	3.9（247）	3.71	3.22	80.7	118.0	114.9	118.0	121.1	115.22
颅长高指数（17∶1）	3.0（40）	2.5（150）	3.2（37）	3.5（23）	2.8（250）	3.21	3.05	98.4	82.0	104.9	114.8	91.8	105.25
额宽指数（9∶8）	3.2（39）	3.4（146）	3.1（37）	3.8（23）	3.4（245）	3.49	3.23	99.1	105.3	96.0	117.6	105.3	107.74
颅宽高指数（17∶8）	4.2（38）	5.0（147）	5.8（37）	4.4（21）	5.2（243）	5.12	4.61	91.1	108.5	125.8	95.4	112.8	111.06
上面指数（48∶45）	3.4（35）	3.7（135）	2.7（27）	3.7（21）	3.5（218）	3.37	3.30	103.0	112.1	81.8	112.1	106.1	102.12
眶指数（52∶51）	5.5（41）	5.0（149）	6.1（37）	4.7（26）	5.2（253）	4.35	5.33	103.2	93.8	114.4	88.2	97.6	81.61
鼻指数（54∶55）	4.2（42）	4.1（149）	3.2（37）	4.5（26）	4.1（254）	4.45	4.49	93.5	91.3	71.3	100.2	91.3	99.11
腭指数（63∶62）	9.5（33）	7.5（108）	6.6（23）	7.9（19）	7.5（182）	6.89	6.61	143.7	113.5	99.8	119.5	113.5	104.24
指数项目平均标准差百分比								101.6 [8]	103.1 [8]	101.1 [8]	108.2 [8]	104.9 [8]	103.29 [8]
全部项目平均标准差百分比								107.4 [27]	103.4 [27]	95.6 [27]	111.2 [27]	105.0 [27]	102.86 [27]

项目上则小于异种—同种系的比值，合并组仍较明显大于异种—同种系比值。

2）中期组绝对测量项目的比例（103.5）也稍高于异种—同种系比例（102.68），指数项目比例（103.1）和异种—同种系比例（103.29）很接近，全部项目比例（103.4）稍大于异种—同种系比例（102.86）。

3）晚期组绝对测量项目的比例（93.3）及指数项目（101.1）和全部项目比例（95.6）较小于异种—同种系的相应项目的比例（102.68、103.29、102.68）。

4）所谓墓号佚失不分期的一组样本例数更少，它们的绝对、相对和全部项目的比例分别为112.5、108.2、111.2，都比异种—同种系的相应项目的比值明显更大（102.68、103.29、102.86）。

5）全部合并组的比值（分别为105.0、104.9、105.0）也基本上较高于异种—同种系的相应项目的比值。

根据以上数据的比较，除了晚期组的各项比值低于异种—同种系的比值外，其他早、中期、不分期及合并组的比值都高于异种—同种系比值。这一结果与前述个别项目（颅长、颅宽、颅指数）标准差大小所示变异度的估计似相一致。

（3）平均变异系数的估计（表45）

如同前一种方法即统计学上常用计算标准差大小来量度样本全体的变异度，在不同项目的不同计算单位或两个对比组群的各个项目成员本身大小相差悬殊时，一般不太适宜用标准差本身来直接比较变异度的大小。为此，统计学上便有时采用变异系数（Coefficient of Variability）即将标准差化为平均值的百分率（C.V.= σ / M × 100）的方法进行组群之间变异度大小的估计[35]。表45中列出了这些比较数据，从表45中的数据情况来看，大致如下：

1）洋海早期组的19项长度项目的平均变异系数为5.19，8项指数的平均系数为6.12。前者大于异种系的（4.79），后者与异种系的（6.11）几乎相等。而27项的平均变异系数（5.46），也大于异种系的（5.18）。

2）中期的平均变异系数（长度项目4.98，指数项目6.09，全部项目5.31）与异种系的相应系数也如早期组，即长度项目比异种系（4.79）的大，指数项目与异种系（6.11）很接近，全部项目则比异种系的（5.18）较大。

3）晚期组长度、指数及全部项目的平均变异系数依次为4.38、5.84、4.81。它们都比异种系的相应系数（4.79、6.11、5.18）都要小。这或说明晚期头骨组的变异度或稍小于异种系的头骨。

4）由墓号佚失而不分期的一组例数最少，其长度、

指数和合并的平均变异系数依次为5.36、6.34、5.65。它们都稍大于异种系的相应系数值。

5）合并组的长度，指数及合并的平均变异系数依次为5.03、6.17、5.37，也都稍大于异种系的相应系数值。

据上的比较，洋海组的头骨即便使用平均值变异系数方法来考察，除了晚期组略小于异种系外，其余分组（早期、中期、不分期及合并组）的系数基本上都较大于异种系的相应系数。这或也表明洋海组头骨的形状变异度同样反映了某种异种系的性质。与平均标准差百分比值的比较方法所得的印象大致相符合。

在这里需要特别指出，所谓同种系和异种系的界定问题，用统计学方法仍难以具体准确的予以确定。所谓同种系（Homogeneous）和异种系（Heterogeneous）从字面上解释前者意指具有相同特征或共同起源的群体，后者与此相对，意指具有不同特征的混合体。而它们在人种学上的共同或互异是在那一个层级上并没有一个严格可操作的标准。如是在一级人种之间还是次一级种族之间，是在一个大的地理人种之间还是一个小的地区种族之间并没有定规。一般人以为在一级人种之间的差异大于次级种族之间的差异，从某些性状之间可能是如此，但实际上在同一个地理种群之内的人群之间，在某些性状之间的差异甚至不亚于一级人种之间的差异。因此很难用统计学的设计或数据非常准确地认定待测群体的种族变异度或种族纯度。尽管如此，我们还利用上述多种统计学方法进行估计也仅仅用作参考的度量而已。对洋海人骨种系纯度的统计估计也是如此。

（二）头骨的种系分析

在本节中主要评估洋海头骨群内部早、中、晚不同时期变异的性质、人种主干的评定及与周邻地区古代和现代类群之间的关系等。

1. 不同时期组群之间形态差异显著性测定

在这个显著性测定中，选用了大量（总共54项）头骨形态测量进行生物统计的显著性检验。所有测量项目的测验结果列于表46～48。检测差异显著性公式如下：

$$t = \frac{M_1 - M_2}{\sqrt{S.E._1^2 - S.E._2^2}}$$

式中 $S.E. = S.D. / \sqrt{n}$，M 为组的均值，$S.D.$ 为标准差，n 为样本例数。按照简单的规定，如 t 值 >2 即组差为显著。

从表47的男性早—中期之间，差异显著的项目不多，仅有颅高、最小额宽、颅横弧、鼻骨最小宽和齿槽面角5项，仅占全部54项的9.3%。换句话说，有90.7%的项目差异不显著。

表 45　平均变异系数的比较（8）

项目	平均数 ± 标准差 (M±σ)						变异系数 (C.V.= σ/M)					
	早期	中期	晚期	不分期	合并	异种系	早期	中期	晚期	不分期	合并	异种系
颅长 (1)	182.2±7.2	183.5±6.1	179.7±6.3	181.6±6.7	182.6±6.5	183.15±6.15	3.95	3.32	3.51	3.70	3.56	3.36
颅宽 (8)	134.6±4.8	135.3±5.5	139.5±4.3	134.7±5.9	135.7±5.5	134.46±4.91	3.57	4.07	3.08	4.38	4.05	3.65
最小额宽 (9)	90.2±5.0	92.2±4.5	93.3±4.5	92.0±5.5	92.0±4.8	93.72±5.00	5.54	4.88	4.82	5.98	5.22	5.34
耳上颅高 (21)	112.8±3.8	114.8±5.1	113.6±4.4	113.5±5.0	113.8±4.0	115.21±4.11	3.37	4.44	3.87	4.41	3.51	3.57
颅高 (17)	133.5±5.0	135.2±4.5	133.6±6.3	132.9±6.0	134.5±5.1	134.55±5.08	3.75	3.33	4.72	4.51	3.79	3.78
颅基底长 (5)	99.4±5.5	100.4±4.7	100.3±3.6	99.6±3.7	100.3±4.6	100.78±4.27	5.53	4.67	3.59	3.71	4.59	4.24
面基底长 (40)	95.5±3.7	96.8±4.9	95.2±4.3	96.6±4.5	96.4±5.1	100.11±5.41	3.87	5.06	4.52	4.66	5.29	5.40
颅周长 (23)	510.8±16.4	516.1±13.8	515.9±12.3	510.6±18.2	514.7±14.7	510.03±14.95	3.21	2.67	2.38	3.56	2.86	2.93
颅横弧 (24)	308.8±9.5	313.0±9.6	316.1±8.7	311.6±11.7	312.6±9.9	312.75±10.78	3.08	3.07	2.75	3.75	3.17	3.45
颅矢状弧 (25)	370.4±13.7	374.5±12.6	368.7±13.9	369.7±15.8	372.5±13.5	371.5±13.23	3.70	3.36	3.77	4.27	3.62	3.56
额宽 (45)	129.8±5.3	129.3±5.5	132.5±4.9	128.5±5.0	129.8±5.5	133.40±5.45	4.08	4.25	3.70	3.89	4.24	4.09
上面高 (48)	71.0±4.7	71.1±4.7	72.8±3.7	70.7±5.0	71.2±4.7	70.20±4.17	6.62	6.61	5.08	7.07	6.60	5.94
全面高 (47)	115.5±6.2	115.7±6.5	120.8±5.2	114.6±10.6	116.3±6.8	123.60±5.54	5.37	5.62	4.30	9.25	5.85	4.48
眶高 (52) 左	32.4±2.2	32.1±1.9	32.3±2.6	32.4±2.4	32.2±2.1	33.87±1.94	6.79	5.92	8.05	7.41	6.52	5.74
眶宽 (51) 左	41.8±1.6	41.7±1.9	41.8±1.4	41.8±1.4	41.7±1.8	44.30±2.34	3.83	4.56	3.35	3.35	4.32	5.28
鼻高 (55)	51.9±3.4	52.2±3.5	53.7±2.5	52.0±3.4	52.3±3.4	53.14±3.10	6.55	6.70	4.66	6.54	6.50	5.83
鼻宽 (54)	25.2±2.1	24.8±2.0	25.1±1.3	25.4±1.9	25.0±1.9	26.18±1.90	8.33	8.06	5.18	7.48	7.60	7.26
腭长 (62)	45.8±4.2	46.0±2.8	46.2±2.9	46.1±3.8	46.0±3.2	47.18±2.94	9.17	6.09	6.28	8.24	6.96	6.23
腭宽 (63)	41.3±3.4	40.7±3.2	41.7±2.3	40.8±2.3	41.0±3.1	40.65±2.76	8.23	7.86	5.52	5.64	7.56	6.79
长度项目平均变异系数							5.19 [19]	4.98 [19]	4.38 [19]	5.36 [19]	5.03 [19]	4.79 [19]
颅指数 (8:1)	74.2±2.6	73.8±3.8	77.8±3.7	74.1±3.8	74.5±3.9	73.91±3.71	3.50	5.15	4.76	5.13	5.23	5.02
颅长高指数 (17:1)	73.4±3.0	73.7±2.5	74.4±3.2	73.2±3.5	73.7±2.8	73.96±3.21	4.09	3.39	4.30	4.78	3.80	4.34
额宽指数 (9:8)	67.1±3.2	68.2±3.4	66.9±3.1	68.3±3.8	67.8±3.4	67.35±3.48	4.77	4.99	4.63	5.56	5.01	5.17
颅宽高指数 (17:8)	99.3±4.2	100.1±5.0	95.9±5.8	99.0±4.4	99.2±5.2	100.14±5.12	4.23	5.00	6.05	4.44	5.24	5.11
上面指数 (48:45)	54.8±3.4	55.1±3.7	54.8±2.7	55.5±3.7	55.1±3.5	52.77±3.37	6.20	6.72	4.93	6.67	6.35	6.39
眶指数 (52:51) 左	77.4±5.5	77.1±5.0	77.4±6.1	77.3±4.7	77.2±5.2	76.88±4.35	7.11	6.49	7.88	6.08	6.74	5.66
鼻指数 (54:55)	48.7±4.2	47.7±4.1	46.8±3.2	49.1±4.5	47.9±4.1	48.64±4.45	8.62	8.60	6.84	9.16	8.56	9.15
腭指数 (63:62)	90.7±9.5	89.2±7.5	90.4±6.6	88.8±7.9	89.4±7.5	86.00±6.89	10.47	8.41	7.30	8.90	8.39	8.01
指数项目平均变异系数							6.12 [8]	6.09 [8]	5.84 [8]	6.34 [8]	6.17 [8]	6.11 [8]
全部项目平均变异系数							5.46 [27]	5.31 [27]	4.81 [27]	5.65 [27]	5.37 [27]	5.18 [27]

表 46 洋海墓地头骨分期与合并组平均值统计表

组别 项目	早期♂	中期♂	晚期♂	不明期♂	合并♂
1 颅长	182.2±7.2（41）	183.5±6.1（153）	179.7±6.3（37）	181.6±6.7（24）	182.6±6.5（255）
8 颅宽	134.6±4.8（39）	135.3±5.5（149）	139.5±4.3（37）	134.7±5.9（23）	135.7±5.5（248）
17 颅高	133.5±5.0（40）	135.2±4.5（150）	133.6±6.3（37）	132.9±6.0（24）	134.5±5.1（251）
8：1 颅指数	74.2±2.6（39）	73.8±3.8（149）	77.8±3.7（37）	74.1±3.8（22）	74.5±3.9（24.7）
17：1 颅长高指数	73.4±3.0（40）	73.7±2.5（150）	74.4±3.2（37）	73.2±3.5（23）	73.7±2.8（250）
17：8 颅宽高指数	99.3±4.2（38）	100.1±5.0（147）	95.9±5.8（37）	99.0±4.4（21）	99.2±5.2（243）
9 最小额宽	90.2±5.0（42）	92.2±4.5（153）	93.3±4.5（37）	92.0±5.5（26）	92.0±4.8（258）
5 颅基底长	99.4±5.5（40）	100.7±4.7（151）	100.3±3.6（37）	99.6±3.7（24）	100.3±4.6（252）
40 面基底长	95.5±6.5（27）	96.8±4.9（143）	95.2±4.3（27）	96.6±4.5（23）	96.4±5.1（230）
40：5 面突度指数	95.7±3.4（37）	96.2±3.9（143）	94.6±4.0（27）	97.1±4.4（23）	96.0±4.0（230）
48 上面高（n-sd）	71.0±4.7（38）	71.1±4.7（145）	72.8±3.7（27）	70.7±5.0（25）	71.2±4.7（235）
（n-pr）	67.6±4.5（41）	67.9±4.4（146）	69.6±3.3（29）	67.5±4.9（25）	68.0±4.5（241）
45 颧宽	129.8±5.3（41）	129.3±5.5（142）	132.5±4.9（37）	128.5±5.0（22）	129.8±5.5（242）
48：45 上面指数 sd	54.8±3.4（35）	55.1±3.7（135）	54.8±2.7（27）	55.5±3.7（21）	55.1±3.5（218）
48：17 垂直颅面指数	53.5±3.9（35）	52.6±3.8（141）	54.0±2.9（27）	53.2±2.9（23）	53.0±3.6（226）
77 鼻颧角	142.1±7.4（43）	142.9±5.9（149）	143.5±5.0（36）	140.4±5.4（26）	142.6±6.1（254）
ZM∠颧上颌角	125.6±4.3（40）	125.8±6.4（142）	125.3±6.5（37）	125.1±5.7（25）	125.6±6.1（244）
ZM₁∠颧上颌角	132.8±5.9（40）	133.1±6.1（142）	133.6±4.7（37）	132.2±5.4（25）	133.0±5.8（244）
52 眶高 左	32.4±2.2（41）	32.1±1.9（152）	32.3±2.6（37）	32.4±2.4（26）	32.2±2.1（256）
51 眶宽 左	41.8±1.6（42）	41.7±1.9（149）	41.8±1.4（37）	41.8±1.4（26）	41.7±1.8（254）
52：51 眶指数 左	77.4±5.5（41）	77.1±5.0（149）	77.4±6.1（37）	77.3±4.7（26）	77.2±5.2（253）
55 鼻高	51.9±3.4（42）	52.1±1.9（152）	53.7±2.5（37）	52.0±3.4（26）	52.3±3.4（258）
54 鼻宽	25.2±2.1（42）	24.8±2.0（149）	25.1±1.3（37）	25.4±1.9（26）	25.0±1.9（254）
54：55 鼻指数	48.7±4.2（42）	47.7±4.1（149）	46.8±3.2（37）	49.1±4.5（26）	47.9±4.1（254）
DS 鼻梁眶内缘宽高	10.8±1.7（43）	11.0±1.5（150）	11.1±1.4（37）	11.6±1.3（26）	11.1±1.6（256）
DC 眶内缘点间宽	21.1±2.1（43）	21.3±2.5（153）	22.1±3.3（37）	21.9±2.8（26）	21.4±2.6（259）
DS：DC 眶间宽高指数	51.4±8.3（43）	52.2±8.6（150）	51.2±7.8（37）	54.0±9.4（26）	52.1±8.6（256）
SS 鼻骨最小宽高	3.6±1.0（43）	3.9±1.2（153）	4.1±1.1（37）	4.0±1.1（26）	3.9±1.1（259）
SC 鼻骨最小宽	7.8±1.7（43）	8.4±1.9（156）	8.7±1.7（37）	8.7±1.6（26）	8.4±1.9（262）
SS：SC 鼻根指数	46.8±11.6（43）	47.3±12.3（153）	46.8±9.0（37）	46.1±10.2（26）	47.0±11.6（259）
32 额倾角	81.4±3.8（41）	81.7±4.6（143）	82.1±4.8（37）	82.2±4.2（22）	81.1±4.5（343）
72 面角	84.5±3.0（38）	83.6±3.2（139）	85.2±3.2（29）	84.7±2.7（21）	84.1±3.2（227）
74 齿槽面角	78.6±4.9（37）	76.0±5.8（137）	78.4±5.9（28）	78.5±5.9（20）	77.0±5.8（222）
75 鼻尖角	59.3±5.9（37）	59.8±6.1（125）	61.0±6.1（34）	61.4±7.3（17）	60.0±6.2（213）
75（1）鼻骨角	24.7±5.5（35）	24.7±5.2（130）	24.7±4.8（25）	26.2±7.1（19）	24.8±5.4（209）

组别 项目	早期♀	中期♀	晚期♀	不明期♀	合并♀
1 颅长	175.5±5.9（25）	174.9±5.4（102）	173.0±4.0（10）	173.0±5.1（21）	174.6±5.4（158）
8 颅宽	131.3±4.8（25）	130.8±4.8（100）	137.9±4.6（10）	129.1±4.0（21）	131.1±5.0（156）
17 颅高	127.8±4.5（25）	127.9±4.9（99）	127.5±5.9（10）	127.5±6.2（20）	127.9±5.1（154）
8∶1 颅指数	74.9±2.6（25）	74.8±3.4（100）	79.8±3.9（10）	74.7±3.4（21）	75.1±3.5（156）
17∶1 颅长高指数	73.6±3.2（25）	73.2±2.7（99）	73.8±3.7（10）	73.7±4.0（20）	73.4±3.0（154）
17∶8 颅宽高指数	97.5±5.4（25）	97.8±4.4（97）	92.5±4.8（10）	98.9±6.1（20）	97.6±5.1（152）
9 最小额宽	87.9±2.9（26）	89.3±3.8（100）	91.6±4.2（10）	88.2±2.8（21）	89.1±3.7（157）
5 颅基底长	95.4±2.8（24）	95.3±3.6（99）	94.9±3.8（10）	94.0±3.1（20）	95.1±3.5（153）
40 面基底长	92.7±3.6（22）	92.4±4.5（85）	91.5±4.3（9）	90.4±2.3（16）	92.1±4.2（132）
40∶5 面突度指数	97.2±3.1（22）	97.1±3.9（85）	96.5±2.2（9）	96.4±3.3（16）	97.0±3.7（132）
48 上面高（n-sd）	66.7±3.4（23）	67.1±3.6（87）	67.6±4.9（9）	66.7±3.8（18）	67.0±3.7（137）
（n-pr）	64.1±3.2（24）	64.3±3.5（89）	64.9±4.3（9）	64.0±3.5（18）	64.3±3.5（140）
45 颧宽	121.9±4.5（26）	121.1±4.3（96）	125.1±3.8（10）	120.7±3.3（21）	121.4±4.3（153）
48∶45 上面指数 sd	55.1±3.0（23）	55.5±3.0（83）	54.0±4.3（9）	56.1±4.7（18）	55.4±3.4（133）
48∶17 垂直颅面指数	52.1±3.3（22）	52.6±3.0（84）	53.2±4.3（9）	52.1±4.0（17）	52.5±3.3（132）
77 鼻颧角	144.6±6.1（26）	143.8±4.1（100）	146.7±4.0（10）	143.3±3.5（20）	144.1±4.5（156）
ZM ∠颧上颌角	128.2±6.3（25）	126.0±6.1（95）	128.9±6.0（10）	125.9±3.6（21）	126.6±6.0（151）
ZM$_1$ ∠颧上颌角	134.5±8.0（25）	133.4±5.7（94）	133.8±6.1（10）	132.4±4.6（21）	133.4±6.1（150）
52 眶高 左	32.3±2.1（26）	32.2±1.9（100）	33.6±2.0（10）	32.4±1.5（21）	32.3±1.9（157）
51 眶宽 左	40.3±1.6（26）	40.1±1.4（100）	41.5±1.2（10）	40.1±1.5（21）	40.2±1.5（157）
52∶51 眶指数 左	80.1±4.1（26）	80.2±4.8（99）	81.0±4.4（10）	80.9±4.4（21）	80.3±4.6（156）
55 鼻高	49.9±2.6（26）	49.9±2.9（102）	50.5±2.8（10）	49.3±2.3（21）	49.9±2.8（159）
54 鼻宽	24.9±1.6（26）	24.2±1.9（102）	24.5±1.6（10）	24.1±1.5（21）	24.3±1.8（159）
54∶55 鼻指数	50.0±3.3（26）	48.7±4.5（102）	48.7±3.5（10）	49.0±3.2（21）	48.9±4.2（159）
DS 鼻梁眶内缘宽高	9.6±1.8（24）	10.1±1.9（98）	10.1±1.1（9）	9.6±1.3（18）	10.0±1.8（149）
DC 眶内缘点间宽	20.2±2.1（25）	20.4±2.1（102）	20.5±1.7（10）	20.5±2.0（19）	20.4±2.1（156）
DS∶DC 眶间宽高指数	48.3±9.0（24）	49.6±8.2（97）	49.5±3.9（9）	47.6±7.3（18）	49.1±8.1（148）
SS 鼻骨最小宽高	2.8±0.7（25）	3.2±1.0（98）	2.9±1.0（9）	3.0±0.9（20）	3.1±1.0（152）
SC 鼻骨最小宽	7.8±1.9（26）	8.2±1.8（102）	7.3±1.7（10）	8.0±1.5（21）	8.1±1.8（159）
SS∶SC 鼻根指数	37.1±8.8（25）	39.8±11.3（98）	38.5±9.5（9）	36.3±6.6（20）	38.8±10.4（152）
32 额倾角	82.9±4.4（25）	82.5±8.5（97）	82.4±3.0（10）	84.3±3.7（21）	83.3±3.9（153）
72 面角	83.0±2.8（23）	83.6±2.9（87）	84.7±2.8（9）	83.9±2.1（17）	83.6±2.8（136）
74 齿槽面角	74.9±6.1（26）	75.7±5.7（85）	74.5±6.6（9）	74.7±5.2（17）	75.4±5.8（134）
75 鼻尖角	63.8±5.5（19）	61.6±6.6（79）	61.2±5.1（9）	64.0±4.4（16）	62.2±6.2（123）
75（1）鼻骨角	20.8±5.5（17）	22.8±6.7（70）	25.4±3.2（8）	21.4±3.0（14）	22.5±6.1（109）

表 47　洋海墓地男性头骨分期显著性测定

项目	早期	中期	晚期	早—中期	早—晚期	中—晚期
	男	男	男	t	t	t
颅长（1）	182.2±7.2（41）	183.5±6.1（153）	179.7±6.3（37）	1.06	1.63	3.33
颅宽（8）	134.6±4.8（39）	135.3±5.5（149）	139.5±4.3（37）	0.79	4.71	5.00
颅高（17）	133.5±5.0（40）	135.2±4.5（150）	133.6±6.3（37）	2.10	0.07	1.45
最小额宽（9）	90.2±5.0（42）	92.2±4.5（153）	93.3±4.5（37）	2.35	2.89	1.34
颅矢状弧（25）	370.4±13.7（39）	374.5±12.6（150）	368.7±13.9（37）	1.56	0.54	2.31
颅周长（23）	510.8±16.4（39）	516.1±13.8（140）	515.9±12.3（37）	1.85	1.54	0.09
颅横弧（24）	308.8±9.5（40）	313.0±9.6（141）	316.1±8.7（37）	2.46	5.10	1.89
颅基底长（5）	99.4±5.5（40）	100.7±4.7（151）	100.3±3.6（37）	1.37	0.86	0.56
面基底长（40）	95.5±6.5（37）	96.8±4.9（143）	95.2±4.3（27）	1.14	0.22	1.74
上面高（48）	71.0±4.7（38）	71.7±4.7（145）	72.8±3.7（27）	0.12	1.73	2.35
全面高（47）	115.5±6.2（26）	115.7±6.5（92）	120.8±5.2（20）	0.14	3.15	3.78
颧宽（45）	129.8±5.3（42）	129.3±5.5（142）	132.5±4.9（37）	0.53	2.33	3.44
中面宽（46）	96.1±4.3（40）	96.0±4.7（145）	97.4±5.2（37）	0.13	1.19	1.49
两眶外缘宽（43（1））	96.5±3.4（43）	96.2±3.8（150）	97.6±3.1（36）	0.49	1.51	2.30
眶间宽（50）	18.9±2.1（43）	19.3±2.3（155）	19.8±3.1（37）	1.11	1.50	0.93
颧骨高（MH）左	43.0±2.8（41）	43.0±2.3（147）	43.5±2.8（37）	0.00	0.79	3.00
颧骨宽（MB′）左	24.3±3.0（41）	24.6±2.3（148）	25.6±2.8（37）	0.59	1.97	2.00
鼻高（55）	51.9±3.4（42）	52.2±3.5（153）	53.7±2.5（37）	0.50	2.69	3.00
鼻宽（54）	25.2±2.1（42）	24.8±2.0（149）	25.1±1.3（37）	1.08	0.25	1.07
鼻骨最小宽（SC）	7.8±1.7（43）	8.4±1.9（156）	8.7±1.7（37）	2.00	2.25	0.94
眶宽（51）左	41.8±1.6（42）	41.7±1.9（149）	41.8±1.4（37）	0.36	0.00	0.12
眶高（52）左	32.4±2.2（41）	32.1±1.9（152）	32.3±2.6（37）	0.81	0.18	0.44
齿槽弓长（60）	52.8±3.9（41）	53.5±3.0（138）	53.0±2.9（27）	1.06	0.24	0.81
齿槽弓宽（61）	63.7±4.8（36）	63.1±3.4（116）	64.9±2.8（25）	0.70	1.24	2.81
腭长（62）	45.8±4.2（41）	46.0±2.8（140）	46.2±2.9（28）	0.29	0.47	0.33
腭宽（63）	41.3±3.4（35）	40.7±3.2（109）	41.7±2.3（24）	0.92	0.54	1.79
颅粗壮度（CM）	149.9±4.5（38）	151.3±3.7（147）	150.9±3.8（37）	1.77	1.04	0.58
面粗壮度（FM）	113.2±4.7（24）	113.9±4.0（87）	116.6±4.2（19）	0.67	2.50	2.57
下颌髁间宽（65）	117.2±5.7（30）	116.0±5.5（104）	119.2±5.7（25）	1.03	1.30	2.54
额倾角（32）	81.2±3.8（41）	81.7±4.6（143）	82.1±4.8（37）	0.70	0.92	0.45
面角（72）	84.5±3.0（38）	83.6±3.2（139）	85.2±3.2（29）	1.61	0.91	2.46
鼻面角（73）	85.6±3.7（41）	85.7±3.5（142）	87.3±3.4（37）	0.15	2.13	2.54
齿槽面角（74）	78.6±4.9（37）	76.0±5.8（137）	78.4±5.9（28）	2.74	0.15	1.97
鼻颧角（77）	142.1±7.4（43）	142.9±6.1（130）	143.5±5.0（36）	0.64	1.00	0.61
颧上颌角（ZM₁∠）	132.8±5.9（40）	133.1±6.1（142）	133.6±4.7（37）	0.28	0.66	0.54
颅指数（8：1）	74.2±2.6（39）	73.8±3.8（149）	77.8±3.7（37）	1.48	4.93	5.80

项目	早期	中期	晚期	早—中期	早—晚期	中—晚期
	男	男	男	t	t	t
颅长高指数（17∶1）	73.4±3.0（40）	73.7±2.5（150）	74.4±3.2（37）	0.58	1.41	0.96
颅宽高指数（17∶8）	99.3±4.2（38）	100.1±5.0（147）	95.9±5.8（37）	1.01	2.91	4.42
颅面粗壮指数（FM∶CM）	75.6±2.1（23）	75.4±2.1（86）	76.8±2.5（19）	0.41	1.67	2.26
鼻指数（54∶55）	48.7±4.2（42）	47.7±4.1（149）	46.8±2.5（19）	1.37	2.26	1.45
鼻根指数（SS∶SC）	46.8±11.6（43）	47.3±12.3（153）	46.8±9.0（37）	0.25	0.00	0.28
眶指数（52∶51）左	77.4±5.5（41）	77.1±5.0（149）	77.4±6.1（37）	0.32	0.00	0.27
垂直颅面指数（48∶17）	53.5±3.9（35）	52.6±3.8（141）	54.0±2.9（27）	1.23	0.58	2.19
上面指数（48∶45）	54.8±3.4（35）	55.1±3.7（135）	54.8±2.7（27）	0.45	0.00	0.49
全面指数（47∶45）	88.9±5.0（26）	89.8±5.3（89）	90.9±3.9（20）	0.80	1.53	1.06
中面指数（48∶46）	73.4±4.8（35）	74.2±5.1（138）	74.8±4.3（26）	0.87	1.20	0.63
额宽指数（9∶8）	67.1±3.2（39）	68.2±3.4（146）	66.9±3.1（37）	0.90	0.28	2.24
面突度指数（40∶5）	95.7±3.4（37）	96.2±3.9（143）	94.6±4.0（27）	0.77	1.16	1.90
眶间宽高指数（DS∶DC）	51.4±8.3（43）	52.2±8.6（150）	51.2±7.8（37）	0.55	0.11	0.68
额面扁平指数（SN∶43(1)）	17.3±2.5（43）	17.1±2.1（147）	16.9±2.3（36）	1.11	0.73	0.48
鼻面扁平指数（SR∶O₃）	37.0±5.8（36）	36.1±5.5（126）	35.6±5.5（34）	0.83	1.04	0.47
腭指数（63∶62）	90.7±9.5（33）	89.2±7.5（108）	90.4±6.6（23）	0.83	0.14	0.77
齿槽弓指数（61∶60）	121.3±6.3（35）	118.4±6.8（114）	122.5±6.7（23）	1.88	0.69	2.66
面高髁宽指数（48∶65）	60.0±4.0（26）	61.4±4.1（99）	61.9±2.3（20）	1.57	2.02	0.76
差异显著项目数（%）				5（9.3）	13（24.1）	21（38.9）

在男性的早—晚期之间，差异显著的项目增加到 13 项，即颅宽、最小额宽、颅横弧、全面高、颧宽、鼻高、鼻骨最小宽、面粗壮度、鼻面角、颅指数、鼻指数、面高髁宽指数、颅宽高指数等。约占全部项目的 24.1%，即仍有近 76% 的项目差异不显著。

在男性中—晚期之间，差异显著的项目又有增加，达到 21 项，即颅长、颅宽、颅矢状弧、上面高、全面高、颧宽、两眶外缘宽、颧骨高、颧骨宽、鼻高、齿槽弓宽、面粗壮度、下颌髁间宽、面角、鼻面角、颅指数、颅宽高指数、颅面粗壮指数、垂直颅面指数、额宽指数、齿槽弓指数等，占全部项目的 38.9%，差异不显著项目下降到 61.1%。

女性头骨分期组之间的差异显著性测验结果列于表 48。从表 48 中所列 t 检验的数据可以看到，早—中期组之间差异显著项目也很少，仅有最小额宽、额宽指数、额面扁平指数和鼻面扁平指数 4 项，占全部 54 项的 7.4%，即有 92.6% 的项目差异不显著。

在女性早—晚期之间，差异显著的项目增加到 10 项，即颅宽、最小额宽、颅横弧、颧宽、眶宽、鼻面角、颅指数、颅宽高指数、腭指数、面高髁宽指数等，占全部项目的 18.5%，即仍有 81.5% 的项目差异不显著。

女性中—晚期之间，差异显著项目又稍增加到 13 项，即颅宽、颅周长、颅横弧、颧宽、眶宽、眶高、下颌髁间宽、鼻颧角、颅指数、颅宽高指数、额面扁平指数、腭指数、面高髁宽指数等，占全部项目的 24.1%，其余 75.9% 的项目差异不显著。

归纳上述男女性各自的显著性差异检查的结果，无论男女性，早期和中期组之间的差异显著项目都最少，而早期和晚期组之间及中期和晚期组之间的差异显著项目则有些升高，其中，中期和晚期组之间的差异显著项目增加最多。这种现象如不是出于不同时期样本例数多寡不等而引起的统计学误差，那么在洋海的头骨群中随着时间或可能渗入了不同形态类型造成的混杂。

为了较形象地显示分期组之间是否存在早、中期组与晚期组之间差异可以感觉到的变化，我们采用制作《综

表 48　洋海墓地女性头骨分期显著性测定

项目	早期	中期	晚期	早—中期	早—晚期	中—晚期
	女	女	女	t	t	t
颅长（1）	175.5±5.9（25）	174.9±5.4（102）	173.0±4.0（10）	0.46	1.44	1.39
颅宽（8）	131.3±4.8（25）	130.8±4.8（100）	137.9±4.6（10）	0.47	3.79	4.64
颅高（17）	127.8±4.5（25）	127.9±4.9（99）	127.5±5.9（10）	0.10	0.14	0.21
最小额宽（9）	87.9±2.9（26）	89.3±3.8（100）	91.6±4.2（10）	2.06	2.57	1.67
颅矢状弧（25）	359.7±12.8（25）	359.8±11.9（100）	356.6±9.1（10）	0.04	0.81	1.03
颅周长（23）	498.7±14.3（25）	496.0±11.9（97）	502.7±7.2（10）	0.87	1.09	2.60
颅横弧（24）	299.6±7.8（25）	301.8±9.0（97）	308.4±9.9（10）	1.22	2.51	2.02
颅基底长（5）	95.4±2.8（24）	95.3±3.6（99）	94.9±3.8（10）	0.15	0.38	0.32
面基底长（40）	92.7±3.6（22）	92.4±4.5（85）	91.5±4.3（9）	0.33	0.74	0.60
上面高（48）	66.7±3.4（23）	67.1±3.6（87）	67.6±4.9（9）	0.49	0.51	0.30
全面高（47）	107.5±7.4（10）	109.8±5.5（50）	107.6±6.4（5）	0.93	0.03	0.74
颧宽（45）	121.9±4.5（26）	121.1±4.3（96）	125.1±3.8（10）	0.82	2.15	3.13
中面宽（46）	93.1±4.0（25）	93.0±4.6（95）	94.9±4.3（10）	0.11	1.14	1.32
两眶外缘宽（43（1））	92.3±3.6（26）	92.4±3.1（101）	94.5±3.2（10）	0.13	1.79	1.98
眶间宽（50）	17.8±2.0（26）	18.1±2.5（102）	17.3±2.1（10）	0.65	0.65	1.13
颧骨高（MH）左	41.0±2.0（26）	40.5±2.4（98）	41.7±1.9（10）	1.09	0.99	1.85
颧骨宽（MB′）左	22.0±1.7（25）	22.5±2.2（97）	22.9±2.2（10）	1.22	1.17	0.55
鼻高（55）	49.9±2.6（26）	49.9±2.9（102）	50.5±2.8（10）	0.00	0.59	0.65
鼻宽（54）	24.9±1.6（26）	24.2±1.9（102）	24.5±1.6（10）	1.89	0.67	0.55
鼻骨最小宽（SC）	7.8±1.9（26）	8.2±1.8（102）	7.3±1.7（10）	0.98	0.76	1.58
眶宽（51）左	40.3±1.6（26）	40.1±1.4（100）	41.5±1.2（10）	0.57	2.45	3.50
眶高（52）左	32.3±2.1（26）	32.2±1.9（100）	33.6±2.0（10）	0.22	1.73	2.12
齿槽弓长（60）	51.0±2.2（21）	50.8±3.3（82）	51.1±3.4（7）	0.33	0.07	0.17
齿槽弓宽（61）	60.9±2.8（12）	59.7±3.3（65）	60.5±4.1（4）	1.32	0.08	0.38
腭长（62）	44.4±1.8（20）	43.8±2.3（84）	43.4±3.9（8）	1.28	0.69	0.29
腭宽（63）	40.2±2.3（12）	39.1±2.6（63）	39.5±2.2（5）	1.49	0.59	0.38
颅粗壮度（CM）	144.9±3.3（25）	144.5±3.6（97）	144.8±5.0（10）	0.53	0.06	0.19
面粗壮度（FM）	107.3±3.3（10）	107.7±3.3（47）	106.2±3.4（4）	0.35	0.55	0.85
下颌髁间宽（65）	111.8±5.3（14）	109.6±5.2（62）	113.9±4.2（6）	1.40	0.95	2.34
额倾角（32）	82.9±4.4（25）	82.5±8.5（97）	82.4±3.0（10）	0.56	0.39	0.08
面角（72）	83.0±2.8（23）	83.6±2.9（87）	84.7±2.8（9）	0.91	1.55	1.12
鼻面角（73）	85.3±3.0（25）	85.8±3.2（96）	87.5±2.7（10）	0.72	2.12	1.85
齿槽面角（74）	74.9±6.1（23）	75.7±5.7（85）	74.5±6.6（9）	0.57	0.16	0.53
鼻颧角（77）	144.6±6.1（26）	143.8±4.1（100）	146.7±4.0（10）	0.63	1.21	2.18
颧上颌角（$ZM_1 \angle$）	134.5±8.0（25）	133.4±5.7（94）	133.8±6.1（10）	0.64	0.28	0.20
颅指数（8：1）	74.9±2.6（25）	74.8±3.4（100）	79.8±3.9（10）	0.16	3.66	3.91

项目	早期	中期	晚期	早—中期	早—晚期	中—晚期
	女	女	女	t	t	t
颅长高指数（17：1）	73.6±3.2（25）	73.2±2.7（99）	73.8±3.7（10）	0.58	0.15	0.50
颅宽高指数（17：8）	97.5±5.4（25）	97.8±4.4（97）	92.5±4.8（10）	0.26	2.69	3.35
颅面粗壮指数（FM：CM）	74.4±1.7（10）	74.7±2.0（47）	74.5±4.2（4）	0.48	0.05	0.09
鼻指数（54：55）	50.0±3.3（26）	48.7±4.5（102）	48.7±3.5（10）	1.65	1.02	0.00
鼻根指数（SS：SC）	37.1±8.8（25）	39.8±11.3（98）	38.5±9.5（9）	1.29	0.39	0.39
眶指数（52：51）左	80.1±4.1（26）	80.2±4.8（99）	81.0±4.4（10）	0.11	0.56	0.54
垂直颅面指数（48：17）	52.1±3.3（22）	52.6±3.0（84）	53.2±4.3（9）	0.64	0.69	0.41
上面指数（48：45）	55.1±3.0（23）	55.5±3.0（83）	54.0±4.3（9）	0.56	0.71	1.02
全面指数（47：45）	88.7±6.9（10）	91.5±3.9（48）	87.5±4.6（5）	1.24	0.40	1.88
中面指数（48：46）	72.2±5.0（22）	72.4±4.2（81）	71.7±5.2（9）	0.17	0.25	0.39
额宽指数（9：8）	66.9±2.2（25）	68.3±3.4（98）	66.5±3.4（10）	2.50	0.34	1.59
面突度指数（40：5）	97.2±3.1（22）	97.1±3.9（85）	96.5±2.2（9）	0.13	0.71	0.71
眶间宽高指数（DS：DC）	48.3±9.0（24）	49.6±8.2（98）	49.5±3.9（9）	0.64	0.53	0.06
额面扁平指数（SN：43(1)）	15.7±1.7（24）	16.8±2.5（100）	15.2±1.7（10）	2.62	0.78	2.71
鼻面扁平指数（SR：O₃）	30.8±3.9（19）	33.2±5.1（73）	33.9±5.9（9）	2.22	1.44	0.34
腭指数（63：62）	91.0±6.5（11）	89.7±6.5（63）	96.0±3.3（5）	0.61	2.04	3.73
齿槽弓指数（61：60）	119.5±6.4（12）	118.4±7.5（64）	121.4±5.6（4）	0.53	0.57	1.02
面高髁宽指数（48：65）	60.1±2.8（12）	61.1±3.6（53）	56.7±2.1（5）	1.06	2.74	4.15
差异显著项目数（%）				4（7.4）	10（18.5）	13（24.1）

合多边形》方法进行考察。考察的测量项目共 12 项，即颅长（1）、颅宽（8）、颅指数（8：1）、颅高（17）、颧宽（45）、上面指数（48：45）、上面高（48）、鼻骨角（75（1））、鼻颧角（77）、眶指数（52：51a）、鼻指数（54：55）、额倾角（32）。这些项目大致包括了脑颅和面颅的最主要特征。制图的方法可参考苏联人类学家罗金斯基和列文（Я.Я.Рогинский и М.Т.Левин）的《人类学基础》[64]。从绘制的多边形折线图来看，洋海早期组的图形和中期图形基本相同（图46），但这两期的图形与晚期组之间出现了一些变化。这种变化的原因主要是晚期组的颅长变短而颅宽变大，面高和面宽也同时有些增大。这种用《综合多边形图》方法的考察结果大致与上述大量项目所做的分期显著测定的结果相呼应。此外，早、中期图形与全组图形基本相似，反映洋海古人口群有一个相对稳定的种族形态基础。只在晚期会有一些影响，但这种影响还不足以改变这个人群的遗传基础。

2. 与大人种主干鼻面部测量特征的比较

洋海墓地位于新疆的中东部吐鲁番地区。而据从新疆东部地区出土的多处古墓地人骨的研究，至少从距今3000 年前便有东西方种族混居的证据。因此，判定新疆古代墓地人骨种族群体尤其重要。这涉及新疆古代文化、种族的溯源问题及与黄河农耕文化居民的关系。在本节中，我们参考颅骨学上可能最具鉴别意义的东西方种族的一些测量特征来尝试对洋海人骨群所代表的种族属性进行分析。

实际上，从头骨上判别种族（人种）特性比从活体软组织的判断更为困难。但骨骼上的某些测量特征在鉴别大人种上确系具有一定的参考价值。如一般来说，鼻部的形态在东西方种族上有明显的差异，如测量学上常设计鼻根指数与鼻面扁平指数来估量鼻骨水平截面的隆突程度和鼻尖点上仰程度。又如面部水平截面向前突出程度便可用鼻颧角和颧上颌角的测定来评估。面部矢状方向突出程度可以用面角和齿槽面角测量。在面高和面

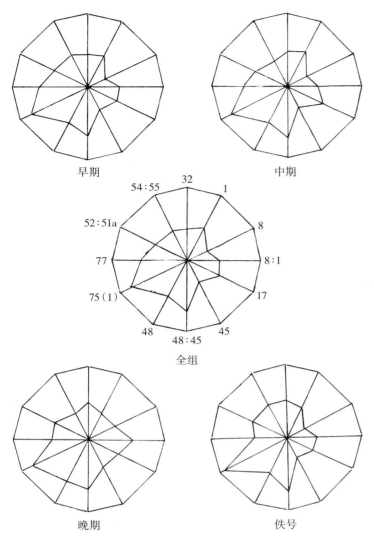

图 46　综合多边形图

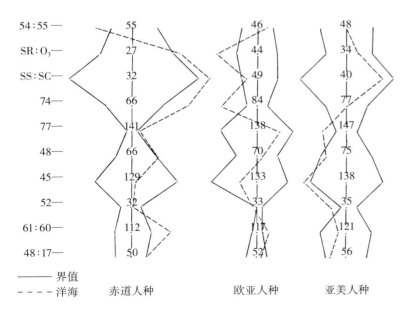

图 47　洋海组测量特征与三大人种变异范围之比较折线图

宽上，在东西方种族上常存在明显的偏离。眶高和鼻指数也具有配合价值。本报告便利用某些人类学家在这类测量项目上与洋海的数据进行比对，探测洋海人骨群体的种族（大人种）倾向[64]。这样的特征项目列于表49，并据此绘制出折线图 47。依洋海合并组数据考察，在赤道人种 10 个项目的变异范围内，洋海的数据越出上下界值范围的比较多，大约占 7 项（鼻指数、鼻面扁平指数、鼻根指数、齿槽面角、鼻颧角、上面高、齿槽弓指数等，其中鼻颧角和上面高两项接近赤道人种相应两项的上界值）。因此与赤道人种的形态距离相距较远而不考虑。与欧亚人种的上下界值相比，洋海组在鼻指数、鼻根指数、鼻颧角、上面高、颧宽、垂直颅面指数等 6 项处在变异范围之内。超出上下界值的有鼻面扁平指数、齿槽面角、眶高、齿槽弓指数 4 项，其中，眶高、齿槽弓指数两项各离开相应上或下界值不远。如将这两项也勉强列入与欧亚人种接近的可能，则在十个特征中有 8 项似近欧亚人种。与亚美人种变异范围相比，洋海组在鼻指数、鼻面扁平指数、鼻根指数、齿槽面角、上面高、齿槽弓指数和垂直颅面指数等 7 项在变异范围之内，仅在鼻颧角、颧宽、眶高三项上越出上下界值之外。由上可见，仅从对比项目数的比较上，洋海组是更接近欧亚人种还是亚美人种难做定论。因此，用这种十项鼻面部特征来估计洋海古代人群的种族属性有些困难，即他们或可能有欧亚人群之属性，也可能是亚美人群的一支，还可能介于两者之间。

应该指出，在亚美人种组成的变异范围中其数据来源包括了美洲人。据现代人类学的认识，这些美洲印第安人的祖先是在大约 15000 年（也有人认为更早）前从亚洲大陆过去的移民，其实在他们身上还没有形成如现代亚洲蒙古人种那样的具代表性的形态特征。因此，现代的印第安人仍显示出较高的鼻突起及面部向前突出的立体感强于现代亚洲的蒙古人种的特点。因此，在上边的比较中，洋海组显示出在鼻面部特征上与亚美人种的相似性同欧亚人种的相似性可能不是相同的。为此我们作一个补充测试，即列出中国黄河流域具有代表性的同样十项测量数据来考察洋海组是否与它们相同或相异。这些数据包括青海循化阿哈特拉山卡约[65]、大通的上孙家寨卡约和汉代[35]，甘肃玉门火烧沟齐家文化晚期[66]，宁夏固原彭堡春秋战国[67]及中卫—中宁的汉代[68]、固原的九龙山—南塬汉代[68]、吴忠唐代[69]，陕西神木汉代[70]，山西上马周代[71]，河南殷墟中小墓晚商[55]，山东临淄周—汉代等[42]十二个组，并且列出了由这十二个黄河上、中、下游数据组成的变异范围列于表50。这

表 49　洋海组与大人种鼻面部测量特征的比较

	洋海（全）	赤道人种	欧亚人种	亚美人种
鼻指数（54：55）	47.9	51 ~ 60	43 ~ 49	43 ~ 53
鼻面扁平指数（SR：O_3）	36.2	20 ~ 35	40 ~ 48	30 ~ 39
鼻根指数（SS：SC）	47.0	20 ~ 45	46 ~ 53	31 ~ 49
齿槽面角（74）	77.0	61 ~ 72	82 ~ 86	73 ~ 81
鼻颧角（77）	142.6	140 ~ 142	131 ~ 145	145 ~ 149
上面高（48）	71.2	62 ~ 71	66 ~ 74	70 ~ 80
颧宽（45）	129.8	121 ~ 138	124 ~ 139	131 ~ 145
眶高（52）	32.2	30 ~ 34	33 ~ 34	34 ~ 37
齿槽弓指数（61：60）	119.5	109 ~ 116	116 ~ 118	116 ~ 126
垂直颅面指数（48：17）	53.0	47 ~ 53	50 ~ 54	52 ~ 60

表 50　洋海组与黄河流域古代组鼻面部测量特征的比较

	阿哈特拉山卡约	上孙家卡约	上孙家汉代	火烧沟齐家晚	彭堡春秋战国	中卫—中宁汉代	九龙山—南塬汉代	吴忠唐代	神木汉代	上马周代	殷中小墓商晚	临淄周—汉代	黄河流域变异范围	洋海全组
鼻指数（54：55）	47.4	47.3	48.4	49.9	46.2	49.1	46.2	48.8	46.5	50.4	51.0	49.2	46.2 ~ 51.0	47.9
鼻面扁平指数（SR：O_3）	32.0	30.4	31.1	28.6	26.6	29.3	32.6	30.6	30.2	–	–	26.2	26.2 ~ 32.6	36.2
鼻根指数（SS：SC）	39.4	35.6	31.0	35.6	36.3	40.3	31.5	35.5	34.6	39.5	36.5	29.3	29.3 ~ 40.3	47.0
齿槽面角（74）	80.2	80.3	81.8	79.5	84.2	76.6	79.8	74.4	83.5	69.6	75.0	77.6	74.4 ~ 84.2	77.0
鼻颧角（77）	144.3	146.9	146.6	145.1	146.6	145.9	143.1	143.1	148.5	143.7	144.4	145.8	143.1 ~ 146.9	142.6
上面高（48）	74.8	76.7	75.8	73.8	77.8	73.0	78.0	76.9	77.2	75.0	74.0	73.7	73.0 ~ 78.0	71.2
颧宽（45）	133.7	136.1	137.1	136.3	139.8	138.3	139.6	136.1	137.9	137.4	135.2	137.4	135.2 ~ 139.8	129.8
眶高（52）	35.2	34.9	35.6	33.3	34.5	35.1	36.1	35.6	35.6	33.5	33.8	34.2	33.3 ~ 36.1	32.2
齿槽弓指数（61：60）	117.9	125.2	127.0	120.1	124.4	125.3	127.5	120.5	127.1	121.7	124.7	123.7	117.9 ~ 127.5	119.5
垂直颅面指数（48：17）	54.3	55.7	54.8	53.1	59.0	53.9	58.5	53.2	56.1	53.1	53.4	53.0	53.0 ~ 59.0	53.0

些组基本上由蒙古人种的东亚类群或个别组的北亚类群组成。如果将洋海组的相应数据与其变异范围逐一考察则不难发现，只有鼻指数、齿槽面角、齿槽弓指数和垂直颅面指数四项上处在上下界值之内，其余在鼻面特征上具有更重要评估价值的项目（鼻面扁平指数、鼻根指数、鼻颧角、上面高、颧宽、眶高）都不同程度地超越了界值。换句话说，洋海组在具有重要种族价值的测量特征上与黄河流域的人群之间存在明显的种族偏离。所以从洋海头骨所代表的基本组成上，至少与黄河流域的古代居民之间存在不同方向的来源（图版三一二至图版三一四）。

3. 与中亚哈萨克斯坦及南西伯利亚等地区古代人类学组的比较

本节的目的是将洋海组头骨的测量数据与苏联中亚

地区（土库曼、乌兹别克、吉尔吉斯、塔吉克）和哈萨克斯坦、南西伯利亚及伏尔加河下游等地区的人类学资源进行统计学的量化分析。苏联人类学家对这些地区出土的古代人骨有长期大量的研究报告，并且发表了总结性的专著即《中亚古人类学》（Палеоантропология Средней Азии.Издательство《Наука》, Москва, 1972）[72]。作者为苏联著名人类学家 B.B.Гинзьург、Т.А. ТроФимова. 在这本专著中列出了该地区大量不同地点和数量的头骨测量数据，并且对不同时期的材料进行了种族人类学的分析和讨论。这些资料对我们研究新疆出土古人骨种族形态学特征提供了很大的方便。我们选用的头骨测量数据按该书的时代划分大致包括铜石时代、青铜时代、铁器时代共24个男性组，另加包括洋海在内的新疆7个组合计31个组。这些组的简要情况及编号如下：

（1）新疆鄯善洋海组，铜器时代晚期—铁器时代（距今约 3000 ~ 2000 年）[1]。

（2）新疆孔雀河古墓沟组，铜器时代（距今约3800 年）[3]。

（3）新疆和静察吾呼沟IV组，铜器时代晚—铁器时代（距今约 3000 ~ 2500 年）[13]。

（4）新疆托克逊阿拉沟组，铜器时代晚—铁器时代（距今约 2600 ~ 2000 年）[2]。

（5）新疆哈密焉不拉克 C 组，铜器时代晚期（距今约3000 年）[4]。

（6）新疆昭苏组，铁器时代（距今约 2000 年）[9]。

（7）新疆楼兰城郊组，铁器时代（距今约 2000年）[11]。

（8）南土库曼铜石—铜器时代合并组（卡拉捷彼、吉尔格修勒、赫拉兹—捷彼）。

（9）西南土库曼铜器时代组（吉尔格修勒、阿拉添—捷彼）[73]。

（10）南塔吉克铜器时代组（图罗阿尔、吉格劳夫—巴尔加I、马考尼—莫尔，公元前第II千年末期）[73]。

（11）南土库曼卡拉捷彼组，铜器时代[73]。

（12）吉尔吉斯帕米尔塞克组，铜器时代晚期（公元前8 ~ 前3 世纪）[74]。

（13）南西伯利亚米努辛斯克阿凡纳羡沃组（公元前第III千年和第 II 千年初）[75]。

（14）阿尔泰阿凡纳羡沃组（公元前第III千年和第II千年初）[75]。

（15）南西伯利亚米努辛斯克安德罗诺沃组（公元前第II千年和第 I 千年初）[75]。

（16）哈萨克安德罗诺沃组（公元前第II千年和第I千年初）[75]。

（17）伏尔加河木椁墓组（青铜时代，公元前第II千年中—公元前第I千年初）[75]。

（18）伏尔加河洞室墓组（青铜时代，公元前第III千年末—公元前第II千年初）[75]。

（19）伏尔加河古竖穴墓组（红铜时代，公元前第III千年末和公元前第II千年初）[75]。

（20）中亚塔扎巴格亚布组（青铜时代）[75]。

（21）东南帕米尔塞克组（青铜时代晚—铁器时代，公元前8 ~ 前3 世纪）[74]。

（22）哈萨克塞克组（合并）（铁器时代）[74]。

（23）咸海沿岸塞克组（铁器时代）[74]。

（24）中亚两河地区组（公元前第I千年—公元7世纪图白—霍那，公元前几个世纪卢戈贝克、库瓦—萨伊）[74]。

（25）咸海沿岸塞克文化组（早期的塔吉斯肯、维加拉克，晚期的奇利克—拉巴特、阿萨尔、塔吉斯肯，公元前7 ~ 前5 世纪和公元前4 ~ 前1 世纪）[74]。

（26）吉尔吉斯塞克—早期乌孙组（铁器时代早期，公元前7 ~ 前3 世纪）[74]。

（27）吉尔吉斯乌孙期组（合并）（卡拉科拉、奇勒佩克、天山、阿莱盆地、塔拉斯和楚河流域，铁器时代）[74]。

（28）吉尔吉斯塔拉斯肯科尔组（塔拉斯河地区的匈奴及类匈奴时期，铁器时代）[74]。

（29）哈萨克乌孙文化组（综合）（铁器时代）[74]。

（30）哈萨克七河乌孙组（公元前4 ~ 前2 世纪）[74]。

（31）东哈萨克乌孙组（公元前3 ~ 公元2 世纪）[74]。

本报告在选择上述中亚、哈萨克斯坦等地区的头骨组时考虑到尽可能选择每组头骨测计数量比较大的组。其中有的组特别是同一地区头骨例数少的作了一些合并，如咸海沿岸塞克组（23）由公元2 ~ 3 世纪的卡拉雷—格尔I 和 II，卡拉雷—达赫马三组合并的。中亚两河地区组（24）是由南、中部的三个小例数组合并的。咸海沿岸塞克文化组(25)也是由时代稍不同的三个组合并的。吉尔吉斯塞克—早期乌孙组（26）同样将天山、阿莱地区塞克和乌孙组合并的。这些合并组的数据皆由本报告作者计算的。

从头骨上用于比较的测量项目有两类，即一类是线度大小的测量如颅长、颅宽等。这些测量可用于脑颅和面颅各项线状大小的比较以寻求组群间的异同或差异。另一类是对脑颅和面颅的相对测量即指数和角度。这些测量具有形态分型比对的作用，也就是借此寻求组群间在类型学上的相近或相异程度。

在对上述 31 个头骨测量组进行形态距离的量化比较时，采用了欧式距离公式计算成对组间的形态距离，即：

$$d_{ik} = \sqrt{\frac{\sum\limits_{j=1}^{m}(x_{ij}-x_{kj})^2}{m}}$$

式中 i、k 代表测量比较的头骨组别，j 代表测量的项目，m 代表用于比较的测量项目数，x 代表对比组测量特征的平均值，d_{ik} 代表对比两组之间 m 项测量特征的综合距离值。理论上 d_{ik} 值越小或越大，两个对比组之间可能存在越接近或越疏远的形态学联系。依排列组合所得两个组间的距离值（d_{ik}）组成数字矩阵，可进行多变量分析。本文采用其中的聚类分析（Claster analysis）方法。

用于聚类分析的脑颅和面颅的线度项目和指数角度项目各 12 项。线度项目的各组均值及形态距离值数字矩阵列于表 51 及表 52。指数和角度的各组均值及组间的数字矩阵分列于表 53 及表 54。所制作的聚类谱系图见图 48 和图 49。谱系图上各组的编号说明与前述 31 个组说明的顺序号相同或见图注。

我们首先对线度 12 项测量项目（颅长、颅宽、颅高、最小额宽、颅基底长、面基底长、上面高、颧宽、鼻宽、鼻高、眶宽、眶高）的聚类谱系图的聚类情况进行分析。

据谱系图 48 分布的中亚、哈萨克斯坦、南西伯利亚及伏尔加河下游地区 24 个头骨组的分布情况来看，大致分为三个亚群，即第一个亚群（8～11、13～20

组）基本上是铜石时代—青铜时代各组。第二亚群（22、24～31 组）基本上代表这个周围地区的先秦时代—秦汉的塞克、乌孙、匈奴时期的各组。第三亚群（12、21 组）代表帕米尔地区的塞克时代两组。其中，第一个亚群与第二、三亚群之间，似乎在时代上相差了一个时代。

新疆七个组的分布情况是古墓沟组（2）处在了前述的第一个亚群，也是新疆境内几组中时代最早的（铜器时代约距今 3800 年）。昭苏组（6）则分布在第二亚群中，也是时代较晚的一组（距今约 2000 年）。楼兰组（7）则远离了第一、第二亚群的所有组，其原因与该组头骨只有两例而且是大型头骨而生的偏离有关，可能其脑颅和面颅尺寸明显缺乏组群代表性。但应该指出，帕米尔塞克的两组即第三亚群也是明显偏离其他亚群，这种偏离的方向似与楼兰组（7）的在同一个方向上。其他的四个新疆组 1、3～5（洋海、察吾呼沟 IV、阿拉沟、焉不拉克 C）在谱系图上又聚集呈第四个亚群。这个亚群基本上代表的是铜器时代晚—铁器时代，它们所处位置似在较早的第一亚群和较晚的第二亚群之间。

从以上用脑颅和面颅线度测量的聚类分析结果来看，可能提供如下的一些印象，即中亚、哈萨克斯坦、南西伯利亚和伏尔加河下游这些周围地区的人类学资料显示，在形态学上大致从铜石并用时代—铁器时代期间出现过至少三种相互影响但又有彼此偏离的类型出现，其中时代较早的（铜石并用—铜器时代）为一个类群（即上文指的第一个亚群），时代稍晚的（铜器时代晚—铁器时代）为另一个类群（即上文指的第二个亚群），第三个亚群

表 51　12 项绝对测量平均值比较（♂）

	1	2	3	4	5	6	7	8
颅长（1）	182.6（255）	184.3（10）	183.4（46）	184.6（23）	183.3（8）	179.9（6）	193.8（2）	195.1（50）
颅宽（8）	135.7（248）	138.0（10）	136.5（47）	142.3（23）	133.3（8）	150.7（7）	138.0（2）	136.1（50）
颅高（17）	134.5（251）	137.5（9）	135.8（43）	136.5（25）	135.8（8）	135.1（6）	145.3（2）	139.5（31）
最小额宽（9）	92.0（258）	93.1（10）	94.2（47）	95.6（29）	90.9（8）	98.7（7）	94.5（2）	98.2（52）
颅基底长（5）	100.3（252）	101.0（9）	100.7（44）	100.7（24）	102.3（8）	102.4（6）	107.8（2）	108.1（29）
面基底长（40）	96.4（230）	101.4（8）	95.3（36）	98.4（19）	98.7（8）	101.2（6）	95.9（2）	103.4（29）
上面高（48）	71.2（235）	68.7（9）	70.7（38）	71.8（20）	71.2（8）	73.4（7）	79.7（2）	72.3（52）
颧宽（45）	129.8（242）	136.2（9）	131.1（34）	131.4（17）	132.5（8）	139.2（6）	134.4（2）	131.7（49）
鼻宽（54）	25.0（254）	26.2（10）	24.8（49）	25.0（28）	26.0（8）	27.2（7）	25.5（2）	26.3（53）
鼻高（55）	52.3（258）	50.9（10）	51.3（49）	52.4（27）	53.1（8）	55.2（7）	56.2（2）	52.5（51）
眶宽（51）	41.7（254）	43.3（9）	41.9（47）	41.8（28）	41.8（8）	45.0（7）	41.7（2）	43.4（49）
眶高（52）	32.2（256）	31.5（10）	32.2（46）	33.1（28）	32.7（8）	33.8（7）	35.0（2）	32.7（50）

续表 51

	9	10	11	12	13	14	15	16
颅长（1）	195.3（33）	190.4（14）	194.8（14）	187.8（14）	192.1（18）	191.7（16）	187.2（22）	185.0（16）
颅宽（8）	136.2（33）	137.2（12）	134.9（14）	131.8（14）	144.1（16）	142.4（16）	145.0（22）	141.5（16）
颅高（17）	138.2（23）	139.6（5）	143.7（7）	136.4（12）	132.6（13）	140.2（13）	138.7（21）	136.8（9）
最小额宽（9）	98.9（34）	97.4（13）	95.2（15）	92.8（13）	99.7（21）	100.7（19）	100.9（23）	97.6（16）
颅基底长（5）	108.1（22）	111.6（7）	107.3（6）	104.5（11）	104.2（11）	107.7（13）	106.3（21）	104.9（8）
面基底长（40）	103.6（22）	102.8（4）	101.8（6）	98.5（11）	99.8（9）	104.1（11）	101.4（19）	100.8（8）
上面高（48）	72.4（35）	72.4（11）	72.6（15）	73.6（14）	71.8（12）	71.7（17）	68.3（20）	68.3（15）
颧宽（45）	132.0（31）	133.4（10）	129.9（15）	126.1（12）	138.4（10）	141.6（16）	141.5（20）	137.4（13）
鼻宽（54）	26.1（35）	25.1（13）	26.6（15）	24.5（14）	26.1（13）	27.1（15）	26.1（20）	24.4（15）
鼻高（55）	53.2（34）	51.8（13）	51.2（15）	53.5（14）	52.1（12）	53.1（15）	50.5（20）	51.9（15）
眶宽（51）	43.6（33）	43.7（13）	42.5（14）	41.6（13）	44.9（9）	43.7（7）	44.8（17）	43.1（15）
眶高（52）	32.9（34）	32.4（13）	31.8（14）	33.8（13）	32.9（13）	32.3（16）	31.7（19）	32.0（14）
	17	**18**	**19**	**20**	**21**	**22**	**23**	**24**
颅长（1）	188.6（41）	188.2（16）	191.6（21）	186.1（13）	190.4（48）	181.2（26）	181.4（40）	177.6（15）
颅宽（8）	138.4（48）	143.5（16）	142.2（21）	138.1（13）	133.6（48）	144.7（25）	144.1（43）	143.9（15）
颅高（17）	136.2（21）	138.0（9）	136.2（11）	141.1（10）	133.6（39）	131.6（20）	137.9（25）	133.8（10）
最小额宽（9）	97.8（40）	97.3（17）	98.5（21）	98.4（13）	93.8（42）	99.6（30）	97.5（38）	98.7（14）
颅基底长（5）	107.1（21）	104.8（10）	107.2（10）	105.4（11）	104.8（38）	102.1（20）	101.5（25）	99.6（11）
面基底长（40）	102.0（17）	99.5（10）	102.1（7）	99.4（10）	100.0（35）	98.6（20）	96.7（20）	94.6（7）
上面高（48）	70.3（32）	70.5（16）	71.6（18）	68.4（14）	74.8（42）	71.4（31）	72.4（27）	70.7（12）
颧宽（45）	136.6（33）	137.5（13）	140.2（16）	133.4（13）	129.2（40）	138.8（31）	131.5（27）	134.4（14）
鼻宽（54）	25.4（30）	25.7（17）	25.6（19）	23.5（13）	24.5（45）	26.0（31）	26.1（28）	25.4（13）
鼻高（55）	51.9（30）	52.7（16）	53.1（19）	51.5（13）	54.0（45）	51.4（31）	54.1（28）	51.9（12）
眶宽（51）	43.2（33）	43.9（16）	43.5（16）	43.2（15）	42.5（32）	43.1（30）	41.9（27）	41.9（13）
眶高（52）	32.0（33）	32.3（13）	31.8（18）	30.9（15）	34.4（44）	33.1（31）	33.0（29）	33.2（13）
	25	**26**	**27**	**28**	**29**	**30**	**31**	
颅长（1）	182.1（34）	180.1（42）	179.1（38）	177.9（68）	181.9（42）	181.9（25）	180.2（14）	
颅宽（8）	147.4（34）	140.6（46）	145.7（39）	142.2（62）	146.3（42）	144.6（23）	143.3（14）	
颅高（17）	134.5（23）	133.8（38）	132.8（29）	136.0（64）	136.8（27）	138.1（10）	136.2（12）	
最小额宽（9）	99.1（26）	95.2（56）	96.6（43）	96.1（78）	98.4（46）	99.4（30）	97.5（16）	
颅基底长（5）	102.9（23）	102.4（40）	101.7（30）	102.2（72）	103.1（29）	104.1（11）	103.0（12）	
面基底长（40）	99.7（20）	97.5（38）	98.9（26）	98.0（69）	99.1（29）	99.8（9）	98.2（12）	
上面高（48）	72.9（31）	70.8（44）	71.4（38）	73.3（73）	73.3（47）	73.2（29）	73.1（16）	
颧宽（45）	139.4（30）	135.5（52）	136.3（41）	136.7（75）	139.4（46）	139.7（24）	138.5（15）	
鼻宽（54）	26.3（30）	25.5（52）	25.6（44）	25.5（79）	25.5（47）	25.4（30）	25.7（16）	
鼻高（55）	53.2（31）	52.0（50）	52.1（45）	52.8（80）	51.5（47）	51.4（29）	52.9（16）	
眶宽（51）	44.1（31）	42.2（46）	43.4（33）	42.5（82）	43.1（44）	42.8（28）	43.6（14）	
眶高（52）	33.5（32）	33.6（50）	33.7（44）	34.4（75）	33.6（47）	33.3（29）	33.9（16）	

表52　12项绝对测量组间差异数字矩阵表

序号		1	2	3	4	5	6	7	8	9	10	11	12	13	14	15	16
1	洋海																
2	古墓沟	2.851															
3	察吾呼沟Ⅳ	1.008	2.566														
4	阿拉沟	2.457	2.518	2.052													
5	焉不拉克C	1.517	2.386	1.973	3.047												
6	昭苏	5.909	4.774	5.573	4.067	6.069											
7	楼兰	5.964	5.753	5.596	5.229	5.513	7.042										
8	南土库曼铜石时代（合）	5.318	4.900	4.968	4.555	4.784	6.860	4.016									
9	西南土库曼铜器时代	5.385	4.078	5.046	4.604	4.872	6.772	4.194	0.498								
10	南塔吉克铜器时代	5.047	5.046	4.664	4.277	4.416	6.127	4.080	1.86	2.067							
11	南土库曼卡拉捷彼	5.237	4.641	4.921	4.787	4.691	7.581	3.506	1.775	2.252	2.635						
12	帕米尔塞克	2.773	4.248	3.020	3.831	2.610	7.381	4.937	3.971	4.085	4.088	3.723					
13	米努辛斯克阿凡纳羡沃	5.298	4.071	4.768	3.716	5.263	4.253	5.529	4.069	3.857	4.049	5.243	4.618				
14	阿尔泰阿凡纳羡沃	6.543	4.434	5.879	4.872	5.882	4.902	4.956	3.632	3.572	3.295	4.628	6.477	2.980			
15	米努辛斯克安德罗诺沃	5.952	3.857	5.272	4.256	5.701	3.826	6.078	4.794	4.766	4.093	5.609	6.761	2.833	2.226		
16	哈萨克安德罗诺沃	3.929	2.144	3.360	2.583	3.717	3.790	5.978	4.172	4.159	3.394	4.832	4.953	2.900	3.214	2.256	
17	伏尔加河木椁墓	4.172	2.655	3.680	3.201	3.625	4.863	4.843	2.758	2.696	2.091	3.724	4.268	2.645	2.684	2.821	1.705
18	伏尔加河洞室墓	4.259	2.751	3.750	2.615	4.194	3.653	4.685	3.755	3.750	3.239	4.410	5.076	2.147	2.579	2.061	1.470
19	伏尔加河古竖穴墓	5.486	3.769	4.976	4.045	5.041	4.549	4.851	3.383	3.394	3.004	4.504	5.680	1.831	1.572	2.269	2.485
20	中亚塔扎巴格亚布	3.710	2.640	3.346	6.932	3.512	5.309	4.865	3.429	3.855	2.794	4.597	4.026	4.063	3.909	3.443	2.088
21	东南帕米尔塞克	3.220	4.046	3.346	3.642	2.915	6.749	4.583	3.215	3.189	3.536	3.638	1.675	3.502	5.570	6.067	4.443
22	哈萨克塞克（合）	4.498	3.623	4.033	3.135	3.834	2.572	6.918	6.078	5.953	5.398	6.875	6.195	3.293	4.702	3.369	2.646
23	咸海沿岸塞克	3.225	3.388	2.782	1.502	4.469	3.494	5.519	5.387	5.420	4.867	5.596	4.682	4.333	5.212	4.394	3.043
24	中亚两河地区公元前后	3.698	3.944	3.253	2.810	4.469	3.610	7.181	6.850	6.627	6.213	7.225	5.862	4.897	6.212	4.853	3.604
25	咸海沿岸前7~前1世纪	5.084	3.900	4.623	3.266	5.221	1.399	6.393	5.948	5.853	5.229	6.874	6.520	3.176	4.114	2.902	2.734
26	吉尔吉斯塞克·早乌孙	2.626	2.514	2.329	2.158	2.906	3.749	6.265	5.626	5.604	4.880	6.049	4.631	4.114	5.268	5.300	2.490
27	吉尔吉斯乌孙期	4.004	3.432	3.710	2.666	4.402	2.351	6.929	6.336	6.270	5.565	6.906	5.913	4.041	5.305	4.000	2.866
28	吉尔吉斯肯科尔等	3.507	3.128	3.188	2.594	3.671	3.059	6.114	6.084	6.086	5.209	6.398	5.475	4.610	5.292	4.337	2.923
29	哈萨克乌孙文化（全）	4.792	3.531	4.250	3.032	4.885	2.037	5.932	5.712	5.691	4.905	6.290	6.228	3.686	3.967	2.775	2.455
30	哈萨克七河乌孙	4.820	3.396	4.232	3.111	4.762	2.520	5.682	5.373	5.364	4.479	5.944	6.048	3.462	3.558	2.473	2.201
31	东哈萨克乌孙	4.019	3.09	3.546	2.679	4.067	2.484	5.840	5.680	5.653	4.816	6.193	4.913	3.755	4.400	3.355	2.377

时代或跨上两者之间。而新疆的七个组与这三个周邻亚群之间各组的分布关系并不完全相同：最早的古墓沟一组与上述的第一个时代也早的第一亚群较相一致，时代最晚的昭苏组则与上述周邻的第二个亚群关系密切。时代也晚的楼兰一组则表现出特异的性质，但或可能与上述的第三个类群有相近的也是具有特别离异的方向。但如前述，该组中只含两具大型的颅骨样本，数据显示是否完全可靠尚有待进一步补证之必要。而新疆的阿拉沟、察吾呼沟Ⅳ、焉不拉克C及洋海四组它们的时代大致在铜器时代晚—铁器时代，它们在前述周邻的第一和第二

续表 52

序号		17	18	19	20	21	22	23	24	25	26	27	28	29	30	31
1	洋海															
2	古墓沟															
3	察吾呼沟Ⅳ															
4	阿拉沟															
5	焉不拉克 C															
6	昭苏															
7	楼兰															
8	南土库曼铜石时代（合）															
9	西南土库曼铜器时代															
10	南塔吉克铜器时代															
11	南土库曼卡拉捷彼															
12	帕米尔塞克															
13	米努辛斯克阿凡纳羡沃															
14	阿尔泰阿凡纳羡沃															
15	米努辛斯克安德罗诺沃															
16	哈萨克安德罗诺沃															
17	伏尔加河木椁墓															
18	伏尔加河洞室墓	1.901														
19	伏尔加河古竖穴墓	1.919	1.815													
20	中亚塔扎巴格亚布	2.221	2.495	3.488												
21	东南帕米尔塞克	3.474	4.393	4.614	4.054											
22	哈萨克塞克（合）	3.689	3.032	3.894	4.282	5.549										
23	咸海沿岸塞克	3.929	3.050	4.608	3.302	4.665	3.048									
24	中亚两河地区公元前后	4.804	4.064	5.471	4.406	5.781	2.299	2.187								
25	咸海沿岸前 7 至前 1 世纪	3.783	2.630	3.546	5.063	5.823	1.464	2.959	2.991							
26	吉尔吉斯塞克·早乌孙	3.411	3.155	4.351	3.520	4.383	2.131	2.338	1.987	2.848						
27	吉尔吉斯乌孙期	4.079	3.291	4.510	4.310	5.489	1.398	2.425	1.837	1.761	1.687					
28	吉尔吉斯肯科尔等	3.958	3.380	4.644	3.882	5.107	2.262	2.157	1.991	2.431	1.439	1.602				
29	哈萨克乌孙文化（全）	3.559	2.389	3.495	3.874	6.100	1.687	3.572	2.878	1.005	2.642	1.896	2.056			
30	哈萨克七河乌孙	3.208	2.273	3.262	3.464	5.531	2.097	2.844	3.171	1.537	2.774	2.370	2.164	0.784		
31	东哈萨克乌孙	3.443	2.625	3.815	3.628	5.152	1.725	2.314	2.343	1.577	1.804	1.581	1.079	1.193	1.303	

亚群之间的位置或略微靠近第二亚群。这些情况或可说明，新疆的古代人群在形态学上并非完全统一而受到周邻不同时代人群的影响。而洋海的人群在新疆的各组中又表现出与察吾呼沟人群之间最密切的联系。

以上这种以线度测量聚类分析划分的亚群是否有客观性，我们再用指数和角度作同样方法的测试进行核查。如前指出，在形态分类时，指数和角度的检查比线度大小的检查更具代表性。所用指数和角度项目包括全面角、额倾角、鼻颧角、颅指数、颅长高指数、颅宽高指数、面突度指数、额宽指数、垂直颅面指数、上面指数、鼻指数、

表 53　12 项角度与指数平均值比较（°）

	1	2	3	4	5	6	7	8
面角（72）	84.1（227）	85.3（9）	90.2（38）	86.1（19）	85.2（8）	87.3（6）	92.5（2）	85.5（47）
额倾角（32）	81.1（243）	82.2（9）	86.0（42）	83.8（19）	82.0（8）	83.1（6）	85.5（2）	83.1（46）
鼻颧角（77）	142.6（254）	141.1（10）	142.3（46）	142.2（23）	143.4（8）	140.8（7）	132.3（2）	135.6（47）
颅指数（8∶1）	74.5（247）	75.0（10）	74.4（44）	77.1（23）	72.7（8）	83.8（6）	71.1（2）	70.0（49）
颅长高指数（17∶1）	73.7（250）	74.5（9）	74.2（41）	73.8（25）	74.1（7）	75.2（6）	74.9（2）	72.1（31）
颅宽高指数（17∶8）	99.2（243）	99.7（9）	99.9（40）	95.8（25）	101.9（8）	89.8（6）	105.4（2）	102.2（31）
面突度指数（40∶5）	96.0（230）	100.9（8）	94.7（35）	97.5（19）	96.5（8）	98.8（6）	89.0（2）	95.8（29）
额宽指数（9∶8）	67.8（248）	67.5（10）	69.0（39）	67.2（21）	68.2（8）	65.7（7）	68.6（2）	［72.2］
垂直颅面指数（48∶17）	53.0（226）	50.3（8）	51.9（29）	52.1（19）	52.5（8）	54.3（6）	55.0（2）	52.3（31）
上面指数（48∶45）	55.1（218）	50.6（8）	54.0（25）	55.0（17）	53.8（8）	52.7（6）	59.5（2）	55.1（48）
鼻指数（54∶55）	47.9（254）	51.5（10）	48.7（48）	48.0（23）	48.7（7）	49.4（7）	45.2（2）	50.5（51）
眶指数（52∶51）	77.2（253）	72.5（9）	76.8（45）	79.3（28）	78.1（8）	75.2（7）	83.8（2）	75.5（49）
	9	**10**	**11**	**12**	**13**	**14**	**15**	**16**
面角（72）	86.2（32）	84.0（7）	83.9（12）	84.4（12）	86.1（10）	84.4（12）	85.5（17）	86.1（12）
额倾角（32）	83.6（32）	73.3（3）	82.5（12）	80.2（12）	75.1（10）	81.6（13）	83.3（16）	86.1（12）
鼻颧角（77）	135.9（31）	135..6（10）	134.2（15）	135.9（12）	137.6（10）	138.3（10）	139.2（18）	138.1（11）
颅指数（8∶1）	70.0（32）	71.6（12）	69.4（14）	70.2（14）	75.3（16）	74.4（16）	77.5（22）	76.4（16）
颅长高指数（17∶1）	71.1（23）	71.1（3）	74.8（7）	72.9（12）	69.3（12）	73.2（13）	74.1（20）	75.8（9）
颅宽高指数（17∶8）	100.8（23）	99.4（3）	105.7（7）	104.0（12）	91.5（12）	98.6（13）	95.7（20）	108.1（8）
面突度指数（40∶5）	96.2（22）	91.2（3）	95.0（6）	94.2（11）	96.5（9）	96.6（11）	96.3（19）	96.1（8）
额宽指数（9∶8）	［72.6］	［71.0］	［70.6］	70.7（13）	69.5（16）	70.9（16）	69.7（22）	［69.0］
垂直颅面指数（48∶17）	52.7（23）	51.9（4）	51.4（7）	53.8（12）	55.3（10）	52.0（13）	49.2（20）	50.0（9）
上面指数（48∶45）	55.0（31）	54.7（10）	56.0（15）	58.2（12）	52.3（10）	50.9（15）	48.1（19）	50.5（12）
鼻指数（54∶55）	49.0（34）	48.5（13）	52.1（15）	46.0（14）	50.3（12）	51.1（15）	51.7（20）	49.3（15）
眶指数（52∶51）	75.6（33）	74.1（3）	74.9（14）	［81.3］	［73.3］	［73.9］	［70.8］	［74.2］
	17	**18**	**19**	**20**	**21**	**22**	**23**	**24**
面角（72）	85.9（25）	85.9（12）	84.4（13）	82.9（11）	84.5（34）	84.7（24）	85.9（22）	84.9（9）
额倾角（32）	81.4（26）	80.2（13）	79.5（15）	80.3（11）	［84.4］	80.5（23）	85.8（23）	82.8（10）
鼻颧角（77）	137.0（27）	139.0（17）	137.8（11）	137.2（11）	138.6（37）	141.8（25）	140.7（30）	141.7（10）
颅指数（8∶1）	73.5	76.2	74.2	74.4	70.0（48）	80.2（25）	79.7（38）	81.2（15）
颅长高指数（17∶1）	72.3	73.3	71.1	76.2（10）	70.2（48）	73.7（20）	76.2（25）	75.6（10）
颅宽高指数（17∶8）	97.5	96.1	95.8	102.1（10）	［100.0］	91.2（20）	94.7（25）	93.3（10）
面突度指数（40∶5）	95.3	95.0	95.2	95.6（10）	［95.4］	96.7（20）	95.5（20）	94.2（7）
额宽指数（9∶8）	70.9	67.8	69.3	71.7（12）	［70.2］	［68.8］	［67.7］	［68.6］
垂直颅面指数（48∶17）	51.6	51.3	52.6	47.7（10）	［56.0］	53.9（20）	［52.5］	52.1（8）
上面指数（48∶45）	51.5	51.2	51.1	51.4（13）	57.5（38）	51.5（31）	55.0（25）	52.6（12）
鼻指数（54∶55）	49.0	48.7	51.0	45.7（12）	46.0（45）	50.5（31）	48.4（28）	49.4（11）
眶指数（52∶51）	［74.1］	［73.6］	［73.1］	［71.5］	［80.9］	76.3（30）	78.8（27）	79.3（12）

	25	26	27	28	29	30	31
面角（72）	86.5（24）	85.6（36）	86.0（35）	85.9（68）	86.9（42）	87.4（23）	86.9（14）
额倾角（32）	82.9（23）	81.5（34）	83.5（37）	80.1（55）	82.5（41）	84.7（22）	85.3（14）
鼻颧角（77）	142.0（29）	142.5（44）	143.3（30）	140.5（73）	143.0（43）	143.7（28）	141.8（15）
颅指数（8∶1）	81.2（34）	78.6（42）	81.2（37）	79.8（62）	80.6（42）	79.9（23）	81.8（14）
颅长高指数（17∶1）	74.3（24）	73.6（36）	74.2（28）	76.5（64）	75.6（27）	76.6（8）	76.4（12）
颅宽高指数（17∶8）	91.0（23）	94.8（38）	91.1（29）	95.7（62）	93.6（27）	96.0（8）	92.4（12）
面突度指数（40∶5）	96.4（20）	95.2（38）	97.2（26）	95.9（69）	96.2（29）	95.6（9）	95.4（12）
额宽指数（9∶8）	[67.2]	[67.7]	[66.3]	[67.6]	[67.3]	[68.7]	[68.0]
垂直颅面指数（48∶17）	54.3（21）	52.8（40）	53.7（28）	54.2（61）	52.2（28）	49.3（29）	53.9（12）
上面指数（48∶45）	52.7（29）	52.3（44）	52.2（35）	53.6（72）	52.9（45）	52.7（25）	53.1（15）
鼻指数（54∶55）	49.4（30）	49.6（50）	49.3（43）	48.3（78）	48.6（47）	49.3（29）	48.5（14）
眶指数（52∶51）	76.3（31）	79.8（46）	77.9（33）	80.8（74）	78.1（44）	77.7（27）	77.4（13）

眶指数等 12 项（见表 53）。用相同形态距离公式计算制作的 d_{ik} 数字矩阵和绘制的谱系图见表 54 和图 49。

从制作的谱系图来看，中亚、哈萨克斯坦、南西伯利亚及下伏尔加河的 24 个组的绝大多数也基本上聚集成三个亚群，即第一个亚群包括 8、9、11、13 ~ 15、17 ~ 19 九个组，仅比用线度测量的第一亚群少了 10、16、20 三个组，也就是其余的大多数都是共同重现的。而且这些重现的组也都是铜石并用时代和青铜时代各组。第二亚群是由 22 ~ 31 十个组组成，仅比直线项目第二亚群多了一个 23 组，而且这些组也基本上代表时代比第一亚群稍晚的塞克、乌孙、匈奴时期各组。第三个亚群也是 12、21 两个帕米尔塞克组。在新疆的各组中，时代较早的古墓沟组（2）参与在第一个亚群中，时代晚的昭苏组（6）也在第二个亚群中，楼兰一组（7）同样处在偏离所有其他组的极端位置。所不同的是阿拉沟、焉不拉克 C、洋海和察吾呼沟Ⅳ（4、5、1、3 组）四组没有像线度分析中那样组成一个所谓的第四亚群，而是其中的阿拉沟、焉不拉克 C 和洋海三组参与了时代稍晚的第二亚群，且处在这个亚群的最远端。这种情况和线度分析中它们处在第一和第二亚群之间的位置而稍靠近第二亚群的情况大致相符，仅仅是察吾呼沟Ⅳ组（3）较远，这三个组没有明显的聚为一类。应该指出，在这里洋海组（1）最近距离的是焉不拉克 C 组（5）而不是线度分析中的察吾呼沟Ⅳ组，其次也是同阿拉沟组相近。

总之，根据以上指数与角度的聚类分析，其结果也大致表明新疆的各组间在形态学的关系上也并非一致和统一。这种情况或也说明，新疆境内古代人受到周邻地区不同时代种族背景的影响。而洋海的古代人群在整体的形态类型上与阿拉沟、焉不拉克 C 及也可能同察吾呼沟Ⅳ的人群有相对更近的关系，与古墓沟、昭苏甚至楼兰各组的关系可能有类型学上的差异。

在下边我们从 12 项角度和指数项目的各项测值来考察一下在聚类分析中所归纳的三个亚群之间在形态学上的关系。表 55 中列出了 12 项特征在各亚群中的组间变异范围。我们审视各项特征在三个亚群之间的重叠情况。不难发现，在所有 12 项测值的变异范围各亚群之间重叠情况并不相同：

面角（72） 三个亚群各自的变异范围彼此几乎重叠或大部分重叠，其对亚群之间的区别价值不大。

额倾角（32） 三个亚群的变异范围也是彼此大部分或部分重叠，区分价值似也不大。

鼻颧角（77） 则Ⅰ和Ⅱ亚群之间大部分重叠，但在Ⅰ与Ⅲ之间和Ⅱ与Ⅲ之间不重叠。

颅指数（8∶1） 各亚群之间几皆彼此不重叠，Ⅰ、Ⅱ、Ⅲ亚群之间的关系是颅指数连续增大。因此可能具有大的区分价值。

颅长高指数（17∶1） 三亚群两两之间重叠或部分重叠，区分价值也不大。

颅宽高指数（17∶8） 仅Ⅰ和Ⅲ亚群之间不重叠外，Ⅰ和Ⅱ及Ⅱ和Ⅲ亚群之间皆重叠或部分重叠。

面突度指数（40∶5） 各亚群之间重叠或大部重叠。

额宽指数（9∶8） Ⅰ和Ⅲ亚群不重叠，Ⅰ和Ⅱ及

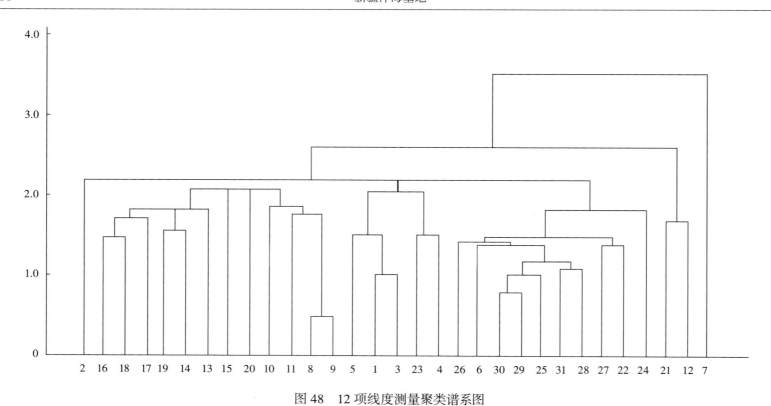

图 48　12 项线度测量聚类谱系图

1. 洋海　2. 古墓沟　3. 察吾呼沟Ⅳ　4. 阿拉沟　5. 焉不拉克 C　6. 昭苏　7. 楼兰　8. 南土库曼铜石时代（合）　9. 西南土库曼铜器时代　10. 南塔吉克铜器时代　11. 南土库曼卡拉捷彼　12. 帕米尔塞克　13. 米努辛斯克（阿凡纳羡沃）　14. 阿尔泰（阿凡纳羡沃）　15. 米努辛斯克（安德罗诺沃）　16. 哈萨克（安德罗诺沃）　17. 伏尔加河木椁墓　18. 伏尔加河洞室墓　19. 伏尔加河古竖穴墓　20. 中亚塔扎巴格亚布文化　21. 东南帕米尔塞克　22. 哈萨克塞克（合）　23. 咸海沿岸塞克　24. 中亚两河地区南中部　25. 咸海沿岸塞克　26. 吉尔吉斯塞克—早期乌孙　27. 吉尔吉斯乌孙期　28. 吉尔吉斯塔拉斯河肯科尔匈奴期　29. 哈萨克乌孙文化（全部）　30. 哈萨克七河乌孙　31. 哈萨克额尔齐斯河乌孙

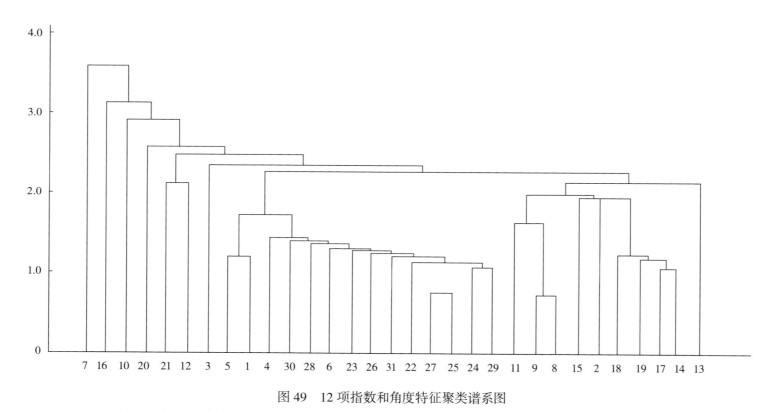

图 49　12 项指数和角度特征聚类谱系图

1. 洋海　2. 古墓沟　3. 察吾呼沟Ⅳ　4. 阿拉沟　5. 焉不拉克 C　6. 昭苏　7. 楼兰　8. 南土库曼铜石时代（合）　9. 西南土库曼铜器时代　10. 南塔吉克铜器时代　11. 南土库曼卡拉捷彼　12. 帕米尔塞克　13. 米努辛斯克（阿凡纳羡沃）　14. 阿尔泰（阿凡纳羡沃）　15. 米努辛斯克（安德罗诺沃）　16. 哈萨克（安德罗诺沃）　17. 伏尔加河木椁墓　18. 伏尔加河洞室墓　19. 伏尔加河古竖穴墓　20. 中亚塔扎巴格亚布文化　21. 东南帕米尔塞克　22. 哈萨克塞克（合）　23. 咸海沿岸塞克　24. 中亚两河地区南中部　25. 咸海沿岸塞克　26. 吉尔吉斯塞克—早期乌孙　27. 吉尔吉斯乌孙期　28. 吉尔吉斯塔拉斯河肯科尔匈奴期　29. 哈萨克乌孙文化（全部）　30. 哈萨克七河乌孙　31. 哈萨克额尔齐斯河乌孙

Ⅱ和Ⅲ亚群大部分或部分重叠。

垂直颅面指数（48：17） 三亚群之间重叠或部分重叠。

上面指数（48：45） 三亚群两两之间基本上不重叠。

鼻指数（54：55） 三亚群几乎重叠。

眶指数（52：51） Ⅰ和Ⅲ亚群之间重叠，Ⅰ和Ⅱ及Ⅱ和Ⅲ亚群之间基本不重叠。

由上可见，三个亚群之间可能具有区分价值的只有颅指数和上面指数两项。部分有价值的可能有四项，即鼻颧角在Ⅰ和Ⅲ及Ⅱ和Ⅲ亚群之间可能有价值；颅宽高指数仅在Ⅰ和Ⅲ亚群之间有价值；额宽指数在Ⅰ和Ⅲ亚群之间有价值；眶指数在Ⅰ和Ⅲ及Ⅱ和Ⅲ亚群之间可能有价值。换言之，三个亚群之间彼此可能有些鉴别意义的性状是：

Ⅰ亚群与Ⅱ亚群之间的差异在颅指数、上面指数、眶指数。

Ⅰ亚群与Ⅲ亚群之间的差异在鼻颧角、颅宽高指数、上面指数。

Ⅱ亚群与Ⅲ亚群之间的差异在鼻颧角、颅指数、眶指数。

将上述Ⅰ、Ⅱ、Ⅲ亚群之间的差异项目列于表56（五项特征的各亚群的变异范围表示）。表56中1～7分别代表与新疆境内的各组，即洋海（1）、古墓沟（2）、察吾呼沟Ⅳ（3）、阿拉沟（4）、焉不拉克C（5）、昭苏（6）、楼兰（7）等组。将新疆各组相应特征的相应值与三个亚群的各自变异范围去考察，我们发现的情况是：

洋海（1）组与Ⅱ亚群相近的有两项，近Ⅰ亚群的两项，近Ⅲ亚群的一或两项。反映了它不与哪个亚群更靠近。

古墓沟（2）组与Ⅱ亚群相近的有4项，与Ⅰ亚群接近的或只有一项，与Ⅲ亚群接近的1项，或反映了古墓沟（2）组与Ⅱ亚群的接近。

察吾呼沟Ⅳ（3）组近Ⅱ亚群的两项，近Ⅰ亚群的也或两项，近Ⅲ亚群的有三项。这或也反映了该组并不特别靠近哪个亚群。

阿拉沟（4）组近Ⅱ亚群的两项，近Ⅰ亚群的或也两项，近Ⅲ亚群的或三项。也没有反映与哪个亚群更靠近。

焉不拉克C（5）组近Ⅱ亚群的或两项，近Ⅰ亚群的一项，近Ⅲ亚群有三项。同样反映某种不确定性。

昭苏（6）组与Ⅱ亚群无接近项，与Ⅰ亚群接近仅一项，但与Ⅲ亚群最接近有四项。

楼兰（7）组与Ⅱ亚群有一项接近，与Ⅲ亚群也零项接近，但与Ⅰ亚群似在五项全部与Ⅰ亚群的极端界值方向靠近，如楼兰的颅指数与Ⅰ亚群的上界值接近，颅宽高指数也是如此。而鼻颧角极小，与Ⅰ亚群的下界值靠近。上面指数和眶指数超出了Ⅰ亚群的上界值。这种情况反映了楼兰组是极长狭颅型，最强烈前突的面和狭长的面，眶形也趋高，而这样的综合特征正是Ⅰ亚群的形态综合特点。

由上所述，新疆七个组在缩小到以上五项最可能有鉴别意义的特征中，对三个地区亚群的接近或疏远程度并不一致。反映在古墓沟（2）组似更接近第Ⅱ亚群，楼兰（7）组似与第Ⅰ亚群接近，昭苏（6）组接近第Ⅲ亚群。而洋海（1）、察吾呼沟Ⅳ（3）、阿拉沟（4）及焉不拉克C（5）等四组则多少表现出与周邻地区三个亚群方向不甚明确的或近或离的感觉。

4. 对洋海及其他新疆各组种族形态属性的估计

苏联人类学家对中亚、哈萨克斯坦、南西伯利亚及伏尔加河等地区出土大量古人骨的调查研究，对这些地区古人种族类型及其分布于历史上的相互关系有一个比较清楚的轮廓性的看法。这些看法基本上集中反映在20世纪70年代出版的《中亚古人类学》一书中。据该书的认识，新石器和铜器时代人类学和考古学材料证明，中亚和哈萨克斯坦的两个民族历史地区与两个种族类型相符合，即在中亚南部地区，以彩陶文化为代表的农业居民属于南欧人种的长颅类型（原始地中海人种），在中亚的北部草原地区如哈萨克斯坦的畜养人、狩猎者、渔业居民是中颅型的原始欧洲人种类型（安德罗诺沃类型）相对占优势。到铁器时代早期后，在中亚两河地区和七河地区出现了主要是中—短颅的欧洲人种类型（有的学者称之为中亚两河类型或帕米尔—费尔干类型）。关于这种类型具有怎样的起源及其发生的地区，目前还有不同的认识，有的认为它们发生于该地区更古老的种族的衍变及短颅化过程，也有的认为是不同欧洲人种甚至蒙古人种的混杂[72]。

在这里我们暂不考虑许多种族类型在历史上产生的变异多样性细节（原因可能是多样的，如迁移、隔离、混杂、基因突变等）。首先考虑的是上述指称的至少三个种族即原始欧洲人种（Proto-European race）、（原始）地中海人种（Proto-Mediterranean race）和中亚两河地人种或帕米尔—费尔干人种（Middle Asia between rivers race or Pamir-Fergan race）在头骨形态学上的主要特征及彼此间的差异。

所谓原始欧洲人种据Г.Ф.Дебец的说明是"直到公元前二千年，苏联欧洲部分的次一级欧洲人种的分化仍很弱，大多数仍属无更多细节区别的原始欧洲集团。这种集团即便在比这更晚的时代，许多欧洲集团的颅骨类

表 54　12 项角度和指数测量组间差异数字矩阵表

序号		1	2	3	4	5	6	7	8	9	10	11	12	13	14	15	16
1	洋海																
2	古墓沟	2.82															
3	察吾呼沟Ⅳ	2.38	3.18														
4	阿拉沟	1.77	3.13	2.32													
5	焉不拉克 C	1.19	2.73	2.66	2.37												
6	昭苏	4.24	4.29	4.55	3.16	5.07											
7	楼兰	5.56	7.07	4.72	5.79	5.35	7.91										
8	南土库曼铜石时代（合）	3.27	3.54	3.19	3.95	2.91	6.10	4.72									
9	西南土库曼铜器时代	3.06	3.61	3.04	3.75	2.95	5.89	4.72	0.74								
10	南塔吉克铜器时代	3.76	4.76	4.89	4.92	4.16	6.39	6.08	3.40	3.49							
11	南土库曼卡拉捷彼	3.84	4.06	4.07	4.87	3.51	6.96	4.84	1.63	2.34	3.82						
12	帕米尔塞克	4.60	5.07	4.05	4.23	3.19	6.82	3.59	2.65	2.72	3.62	2.96					
13	米努辛斯克阿凡纳羡沃	3.89	4.19	4.88	4.12	4.63	4.08	7.09	4.52	4.32	3.45	5.60	5.43				
14	阿尔泰阿凡纳羡沃	2.40	1.99	2.93	3.01	2.59	4.39	6.16	2.37	2.40	3.41	3.25	4.06	3.26			
15	米努辛斯克安德罗诺沃	3.62	2.30	3.61	3.65	3.97	3.83	7.45	4.12	4.10	4.76	4.84	5.89	3.86	2.06		
16	哈萨克安德罗诺沃	3.86	3.32	3.33	4.43	3.34	6.18	5.60	3.48	3.76	5.36	3.33	4.54	6.28	3.36	3.99	
17	伏尔加河木椁墓	2.52	2.65	2.91	3.03	2.83	4.50	6.18	2.22	2.04	2.99	3.34	3.77	3.01	1.06	2.40	3.70
18	伏尔加河洞室墓	2.28	2.41	2.91	2.57	2.89	3.51	6.24	3.42	3.31	3.38	4.25	4.48	2.75	1.65	2.01	4.00
19	伏尔加河古竖穴墓	2.73	2.71	3.55	3.28	3.26	4.20	6.53	3.02	2.94	2.93	3.96	4.45	2.16	1.37	2.33	4.44
20	中亚塔扎巴格亚布	3.42	3.18	3.98	4.31	3.52	5.77	6.39	3.26	3.38	3.62	3.46	4.27	4.89	2.61	3.28	3.15
21	东南帕米尔塞克	2.86	4.79	3.41	3.40	2.91	6.03	4.23	2.79	2.46	4.39	3.81	2.15	4.97	3.82	5.50	4.88
22	哈萨克塞克（合）	3.17	3.56	3.96	2.55	3.98	2.16	7.48	4.98	4.52	4.97	5.97	5.77	2.95	3.12	3.02	5.58
23	咸海沿岸塞克	2.67	3.55	2.71	1.44	3.30	2.72	5.84	6.19	4.29	5.41	5.21	4.82	4.61	3.39	3.62	4.55
24	中亚两河地区公元前后	2.96	3.93	3.41	2.03	3.66	2.53	6.60	4.93	4.81	5.20	5.73	5.30	4.17	3.41	3.42	5.05
25	咸海沿岸前 7 ~ 前 1 世纪	3.33	3.84	3.71	2.30	4.13	1.30	7.21	5.28	5.06	5.55	6.23	5.95	3.61	3.60	3.34	5.62
26	吉尔吉斯塞克·早乌孙	2.18	3.40	2.90	1.44	2.81	2.94	6.25	4.37	4.23	4.66	5.26	4.68	3.64	2.93	3.39	4.76
27	吉尔吉斯乌孙期	3.36	3.90	3.77	2.15	4.09	1.54	7.38	5.53	5.31	5.92	6.46	6.08	4.06	3.87	3.62	5.68
28	吉尔吉斯肯科尔等	2.47	3.84	3.34	1.74	3.14	3.01	5.88	4.57	4.49	4.73	5.32	4.44	3.98	3.38	4.03	4.84
29	哈萨克乌孙文化（全）	2.73	3.50	3.66	1.61	3.40	2.10	6.67	4.96	4.79	5.33	5.80	5.39	4.06	3.41	3.33	4.96
30	哈萨克七河乌孙	2.82	3.12	2.47	1.91	3.14	3.12	6.47	4.67	4.58	5.53	5.40	5.34	4.86	3.30	3.08	4.21
31	东哈萨克乌孙	3.40	4.07	3.90	2.22	4.07	1.85	6.73	5.25	5.05	5.89	6.11	5.81	4.48	3.80	3.56	5.21

型也表现出强烈的共性。这些最早的欧洲人种支干类型命名为原始欧洲人种类型。在头骨形态上的主要特点是具有宽而低并明显突出的面，显著突起的鼻，长颅或中颅型，有较大的颅高，发达的眉弓和倾斜的额坡度"。本文中提到的安德罗诺沃型（Andronov）便是属于这种

类型的一个变种。它是根据南西伯利亚青铜时代安德罗诺沃文化墓葬人骨的研究而定名的。这种类型是中亚、哈萨克斯坦铜器时代居民最普遍的形态类型之一。类似的一些变种可在东欧地区的伏尔加河流域的古代墓葬中也存在，如木椁墓、古竖穴墓及洞室墓等[76]。

序号		17	18	19	20	21	22	23	24	25	26	27	28	29	30	31
1	洋海															
2	古墓沟															
3	察吾呼沟Ⅳ															
4	阿拉沟															
5	焉不拉克C															
6	昭苏															
7	楼兰															
8	南土库曼铜石时代（合）															
9	西南土库曼铜器时代															
10	南塔吉克铜器时代															
11	南土库曼卡拉捷彼															
12	帕米尔塞克															
13	米努辛斯克阿凡纳羡沃															
14	阿尔泰阿凡纳羡沃															
15	米努辛斯克安德罗诺沃															
16	哈萨克安德罗诺沃															
17	伏尔加河木椁墓															
18	伏尔加河洞室墓	1.70														
19	伏尔加河古竖穴墓	1.19	1.26													
20	中亚塔扎巴格亚布	2.60	2.91	3.28												
21	东南帕米尔塞克	3.51	4.20	4.08	4.81											
22	哈萨克塞克（合）	3.30	2.43	2.83	4.81	5.04										
23	咸海沿岸塞克	3.53	2.89	3.71	4.72	4.07	2.53									
24	中亚两河地区公元前后	3.51	2.74	3.50	4.67	4.74	1.72	1.45								
25	咸海沿岸前7～前1世纪	3.67	3.40	3.42	5.15	5.08	1.15	1.98	1.59							
26	吉尔吉斯塞克·早乌孙	3.03	2.32	2.96	4.49	4.03	1.74	1.82	1.24	1.85						
27	吉尔吉斯乌孙期	3.88	3.07	3.77	5.41	5.14	1.45	1.98	1.58	0.76	1.73					
28	吉尔吉斯肯科尔等	3.44	2.78	3.53	4.54	4.17	2.29	1.89	1.61	2.27	1.40	2.29				
29	哈萨克乌孙文化（全）	3.50	2.56	3.69	4.65	4.75	1.68	1.45	1.08	1.24	1.23	1.15	1.61			
30	哈萨克七河乌孙	3.47	2.80	3.78	4.22	4.84	2.70	1.66	1.73	2.39	1.93	2.29	2.42	1.42		
31	东哈萨克乌孙	3.80	3.09	3.93	5.07	4.99	2.03	1.28	1.35	1.18	2.03	1.32	2.18	1.20	1.90	

所谓地中海人种主要指分布在地中海沿岸的欧洲人种（南欧人种）。中亚地区的古代地中海人种主要指与地中海人种接近的东支类型，又别称印度—阿富汗类型（Indo-Afghan）。在头骨形态上与原始欧洲人的安德罗诺沃型最明显的区别是长而狭的颅型和狭面类型，鼻骨也极突出，面部水平方向突出极强烈[76]。

所谓中亚两河类型或别称帕米尔—费尔干类型是以阿姆河和锡尔河地区的古今居民为代表的指称。与前述地中海东支类型最主要区别是短颅化，头骨有些纤弱化，可以感觉到某些程度不等的蒙古人种特征的"沉积"，

表 55　中亚哈萨克斯坦等周邻地区三个亚群 12 项角度与指数变异范围

	面角(72)	额倾角（32）	鼻颧角（77）	颅指数（8∶1）	颅长高指数（17∶1）	颅宽高指数（17∶8）	面突度指数（40∶5）	额宽指数（9∶8）	垂直颅面指数（48∶17）	上面指数（48∶45）	鼻指数（54∶55）	眶指数（52∶51）
Ⅰ亚群	83.9 ~ 86.2	73.3 ~ 84.4	134.2 ~ 138.6	69.4 ~ 71.6	70.2 ~ 74.8	99.4 ~ 105.1	91.2 ~ 96.2	69.5 ~ 72.6	51.9 ~ 56.0	54.7 ~ 58.2	46.0 ~ 52.1	74.1 ~ 81.3
Ⅱ亚群	82.9 ~ 86.1	75.1 ~ 86.1	137.0 ~ 139.2	73.5 ~ 77.5	69.3 ~ 76.2	91.5 ~ 108.1	95.0 ~ 96.6	67.8 ~ 71.3	47.7 ~ 55.3	48.1 ~ 52.3	45.7 ~ 51.7	70.8 ~ 74.2
Ⅲ亚群	84.7 ~ 87.4	80.1 ~ 85.8	140.5 ~ 143.7	78.6 ~ 81.8	73.6 ~ 76.6	91.0 ~ 96.0	94.2 ~ 97.2	66.3 ~ 68.8	49.3 ~ 54.3	52.2 ~ 55.0	48.3 ~ 50.5	76.3 ~ 80.8

注：Ⅰ亚群包括 8、9、10、11、12、21 组；Ⅱ亚群 13、14、15、16、17、18、19、20 组；Ⅲ亚群 22、23、24、25、26、27、28、29、30、31 组。

表 56　新疆各组与三个亚群 5 项最具区分价值特征变异范围比较

	1	2	3	4	5	6	7	Ⅰ亚群	Ⅱ亚群	Ⅲ亚群
颅指数（8∶1）	74.5	75.0	74.4	77.1	72.7	83.8	71.1	69.4 ~ 71.6	73.5 ~ 77.5	78.6 ~ 81.8
颅宽高指数（17∶8）	99.2	99.7	99.9	95.8	101.9	89.8	105.4	99.4 ~ 105.1	91.5 ~ 108.1	91.0 ~ 96.0
鼻颧角（77）	142.6	141.1	142.3	142.2	143.4	140.8	132.3	134.2 ~ 138.6	137.0 ~ 139.2	140.5 ~ 143.7
上面指数（48∶45）	55.1	50.6	54.0	55.0	53.8	52.7	59.5	54.7 ~ 58.2	48.1 ~ 52.3	52.2 ~ 55.0
眶指数（52∶51）	77.2	72.5	76.8	79.3	78.1	75.2	83.8	74.1 ~ 81.3	70.8 ~ 74.2	76.3 ~ 80.3

因而使其欧洲人种特点有弱化的倾向。大致来说，这种类型的普遍出现是在所谓的塞克、乌孙时期。对这种类型形成的种族基础尚有不同看法，有的认为是由安德罗诺沃类型的短颅化而来，也有的认为是不同欧洲人种或蒙古人种的混血有关[76][72]。

应该指出，上述对中亚、哈萨克斯坦等地区古代居民种族特性的认识是苏联人类学家主要对大量古代人骨的个体鉴定基础上提出来的，其主要依据是利用个体或成组的性状平均值的组间比较方法。本文则在这个基础上选择 31 个组值的 24 项（直线测值和指数角度各 12 项）采用多变量（聚类）分析方法进行了相似的探讨（见前文），并且指出了这种分析结果大致可区分出三个亚群。我们又将这三个亚群之间最具价值的特征项目缩小到五项（见表 56）。这五项在不同亚群之间的关系是：

Ⅰ亚群的颅指数（69.4 ~ 71.6）比Ⅱ亚群小（73.5 ~ 77.5），比Ⅲ亚群更小（78.6 ~ 81.8），显示其颅形的极度长狭化。Ⅱ亚群则属于长—中颅型，Ⅲ亚群是中—短颅型。

Ⅰ亚群与Ⅱ亚群甚至Ⅲ亚群的差离是在上面指数上，即Ⅰ亚群具有最高的上面指数（54.7 ~ 58.2），Ⅱ亚群明显低（48.1 ~ 52.3），Ⅲ亚群也较低（52.2 ~ 55.0）。这说明Ⅰ亚群大多属于高狭面类型，Ⅱ亚群属

中阔面类型，Ⅲ亚群也大致趋向中面类型。

Ⅰ亚群和Ⅱ亚群的另一个差离还可能在眶指数上（74.1 ~ 81.3 和 70.8 ~ 74.2），即Ⅰ亚群的眶形比Ⅱ亚群有变高现象，但与Ⅲ亚群（76.3 ~ 80.3）基本重叠。

在鼻颧角上，Ⅰ亚群（134.2 ~ 138.6）与Ⅱ亚群（137.0 ~ 139.2）差别不大，都是面部强烈前突的类群，它们都比Ⅲ亚群（140.5 ~ 143.7）更突出，后者却有些面部水平方向扁平度增大。

在颅宽高指数上，Ⅰ亚群（99.4 ~ 105.1）属于狭颅型，Ⅱ亚群（91.5 ~ 108.1）大多中颅型，Ⅲ亚群（91.0 ~ 96.0）也大多中颅型。

归纳起来，Ⅰ亚群属于长狭颅、高狭面且具有强烈前突的面部，眶形有些变高的综合形态。考虑到这个类群基本上出自中亚的土库曼铜器时代和帕米尔的早期铁器时代各组。这正是原始地中海和东地中海类型主要分布带，两者基本相吻合。Ⅱ亚群则属于中长颅型，相对低阔面和眶形低矮但也有明显前突的面。这样的形态变异方向与保存某些古老特征的原始欧洲人种的安德罗诺沃型及阿凡纳羡沃型是共同的，该亚群各组也基本上由南西伯利亚、阿尔泰、哈萨克斯坦及伏尔加河的铜器时代各组组成，与形态变异方向基本一致。Ⅲ亚群则基本上由塞克—乌孙—匈奴时期的各组组成，它们大多为明

显短颅化，面部扁平度也增大的时代更晚的组，与该地区的所谓中亚两河类型相接近。由这些情况可以说，本文的聚类分析所做的地区性人群特点的变异趋势和苏联学者主要的个体或以单组间均值比对的看法基本相符。

对新疆境内各头骨组的种族类型分析已在前文中指出并不完全相同，如已知时代最早的一批古墓沟头骨仍不失具有某些古老性状的残留而与聚类分析中的第Ⅱ亚群或原始欧洲人种类型的变种聚集和接近。而时代最晚的昭苏头骨组与第Ⅲ亚群各组聚集而与短颅化明显的中亚两河类型（或称帕米尔—费尔干类型）接近。另一个时代最晚的一组即楼兰组则因只包括两具偏大型头骨，使其测值的分析偏离了所有的对比组。但从表49、56的几项具有区分价值的指数和角度均值来看，它们具有很长而狭的颅、高狭面型和眶型明显增高，同时具有强烈前突的面部。这样特征的组合使它们更倾向第Ⅰ亚群或地中海人种类型。但由于只有两例大型头骨，有待新材料的进一步研究。

余下的新疆四个组（洋海、察吾呼沟Ⅳ、阿拉沟及焉不拉克C）则有些不一样的情况。按12项直线测量的聚类分析，它们似呈单一亚群（即前文曾说的第Ⅳ亚群），但这个亚群又稍许提前与也是前文提到的第Ⅲ亚群聚集成扩大的类群。如果以12项角度和指数的聚类分析，其中的洋海、焉不拉克C和阿拉沟三组也大致可归入第Ⅲ亚群，唯察吾呼沟Ⅳ组有些例外稍越出这个亚群。如果不计这个偶然的例外，那么这四个组或可较靠近第Ⅲ亚群。从这四个组的考古时代讲，它们大致从青铜时代—早期铁器时代（碳–14测年大概在距今3000～2000年），一般要晚于第Ⅱ亚群。这个时期大概是塞克时期向乌孙时期的短颅化过渡时期，但洋海等四个组在颅形上还都不是典型的短颅型代表，面形上有些近于Ⅲ类群的倾向。在本文中我们不妨暂时把这样的形态类群看成是包括新疆在内的中亚的大的种族交叉环境下出现的"居间"类群，它们在脑颅上还可感觉到某种程度的长—中颅化，面颅上扁平度较大但又不及蒙古人种类群那样的强烈，而面形相对较原始类群有些升高。这个问题或可在今后收集更广泛资料的基础上进一步深入研究。

5. 洋海头骨中有没有蒙古人种头骨

在新疆境内考古发掘出土古代人骨中有没有蒙古人种成分是另一个令人关注的问题。如果有，它们的数量多大？这个问题要精确的回答是困难的。因为直到目前为止，还只能凭经验做出主观的判定，然后利用有关具有种族判别价值的一些测量数据进行分析。过去，作者对新疆古人骨的判断也使用这种方法。例如哈密焉不拉克的头骨中区分出M组蒙古人种头骨约占所有头骨（29具）的72%[4]。在托克逊阿拉沟的头骨（58具）中可能归入蒙古人种支系或其混杂类型的约占12.0%[5]。在新疆昭苏土墩墓不多的人骨中也指出存在不占优势的可能归入蒙古人种或其混合类型的成分[9]。在楼兰古墓出土的六具头骨中也有一具清楚的蒙古人种的头骨存在[11]。在古墓沟和察吾呼沟的头骨中没有能够指认出这类成分[3]，山普拉的头骨中则情况不明[7]。

在对洋海的头骨中，报告作者在逐一观测中也注意到了在一些头骨上呈现非高加索种倾向。尽管这种印象出自主观，真正能凭经验肯定的更少，但我们还是提出来作一些测试分析。而且这一分析只在男性头骨中进行，原因是女性头骨的种族特征不如男性明显，判断起来更困难。

在洋海的头骨中（男性261具），主观判定为蒙古人种或其混杂类型的约23具。其中，在早期的43具头骨中提出4具约占9.3%；在中期的153具中约有10具占6.5%；在晚期的37具中约有8具占21.6%。在佚失墓号而无法分期的28具头骨中则没有指出这类头骨。总的印象是这类"非高加索种"的头骨并不占优势，仅占男性头骨中的8.4%，而且在早、中期中（9.3%和6.5%）占数少，晚期中（21.6%）明显增多。但这些头骨是否具有蒙古人种倾向需要作一些测量学的考察和分析。我们对这23具头骨的10项可能有鉴别价值的测量特征计算，它们的平均值列于表57。并逐项与同表中的三个大人种的相应各项变异范围进行比较。我们发现，洋海M组的各项均值有8项落在蒙古人种变异范围内，即便有2项落在变异范围之外（鼻颧角和眶高）也和蒙古人种的相应范围的下界值很接近的。相反，它们落在欧洲人种或是尼格罗人种范围的特征明显少。这种情况反映更可能是洋海M组头骨中大致代表了向蒙古人种的接近。这一结果基本上支持了作者所做的主观分类。下边我们也将这些头骨的墓号列出来供参考：

早期：ⅠM8：A、ⅠM16：B、ⅠM63、ⅠM90。

中期：ⅠM4、ⅠM41、ⅡM153、ⅠM109、ⅠM45、ⅢM27A、ⅡM118、ⅡM149、ⅡM152、ⅡM172。

晚期：ⅢM24：A、ⅢM24：C、ⅢM26、ⅢM26、ⅢM30：A、ⅢM36、ⅢM39：B、ⅢM41。

在基本上确定洋海M组的大人种属性之后，还要考察一下这些蒙古人种的类型或其可能的来源方向。按现代亚洲东部与新疆相邻的地区有两到三个蒙古人种的地区类型即北亚、东亚和东北亚三型。在脑颅和面颅的主

表 57　洋海 M 组与三大人种鼻面部测量特征比较（♂）

	洋海 M 组	赤道人种	欧亚人种	亚美人种
鼻指数（54：55）	47.6（23）	51 ~ 60	43 ~ 49	43 ~ 53
鼻面扁平指数（SR：O₃）	34.2（20）	20 ~ 35	40 ~ 48	30 ~ 39
鼻根指数（SS：SC）	35.4（22）	20 ~ 45	46 ~ 53	31 ~ 49
齿槽面角（74）	77.3（17）	61 ~ 72	82 ~ 86	73 ~ 81
鼻颧角（77）	144.2（20）	140 ~ 142	131 ~ 145	145 ~ 149
上面高（48）	73.1（19）	62 ~ 71	66 ~ 74	70 ~ 80
颧宽（45）	131.9（21）	121 ~ 138	124 ~ 139	131 ~ 145
眶高（52）	33.0（23）	30 ~ 34	33 ~ 34	34 ~ 37
齿槽弓指数（61：60）	122.9（16）	109 ~ 116	116 ~ 118	116 ~ 126
垂直颅面指数（48：17）	55.3（18）	47 ~ 53	50 ~ 54	52 ~ 60

表 58　洋海 M 组与现代和古代蒙古人种测量特征比较（♂）

	洋海 M	焉不拉克 M	华北	蒙古	楚克奇	藏族 B	上孙家卡约	上孙家汉	火烧沟	甘肃铜石	罗布泊
颅长（1）	181.1	187.6	178.7	182.2	182.9	185.5	182.7	181.2	182.8	181.6	185.7
颅宽（8）	138.5	136.4	139.1	149.0	142.3	139.4	139.9	139.7	138.4	137.0	136.0
颅指数（8：1）	76.7	72.8	77.9	82.0	77.9	75.3	76.7	77.3	75.9	75.0	73.3
颅高（17）	131.3	133.9	136.4	131.4	133.8	134.1	137.9	136.2	139.3	136.8	142.0
上面高（48）	73.1	76.4	73.6	78.0	78.0	76.5	76.7	75.8	73.8	74.8	75.7
颧宽（45）	131.9	135.1	131.4	141.8	140.8	137.5	136.1	137.1	136.3	130.7	139.2
上面指数（48：45）	55.1	54.7	56.0	55.0	55.4	55.6	56.5	55.2	54.4	56.5	53.7
眶指数（52：51a）	83.4	83.4	88.3	88.8	87.8	89.6	88.6	90.0	85.4	80.1	80.8
鼻指数（54：55）	47.6	46.5	47.5	48.6	44.7	49.4	47.3	48.4	49.9	47.3	44.8
面角（72）	84.1	86.5	85.0	90.4	85.3	85.7	85.7	85.3	86.7	85.0	85.5
鼻骨角（75-1）	22.2	19.9	18.4	22.4	23.9	18.7	19.5	18.3	19.8	–	24.5
额倾角（32）	80.6	82.1	84.2	80.5	77.9	82.5	81.8	82.0	84.3	–	83.5
d_{ik}（12 项）		2.97	3.40	5.23	3.74	3.33	3.15	3.20	3.20	2.32	4.53
d_{ik}（10 项）		3.13	3.34	5.73	3.97	3.43	3.32	3.25	3.22	2.32	4.82

要测量特征上，洋海 M 成分究竟与哪个类型可能更接近一些？我们在表 58 中选择了 12 项测值（颅长、颅宽、颅指数、颅高、上面高、颧宽、上面指数、眶指数、鼻指数、面角、鼻骨角、额倾角），它们基本上涵盖了颅、面部的最主要的性状。在表 58 中除列出了华北[61]、蒙古[77]、楚克奇[77]、藏族 B[57]四个现代组外，还列出了新疆、青海、甘肃的六个古代组。

计算洋海组与其他古代和现代组形态距离的量化公式如前文聚类分析用欧氏距离公式。洋海组与对比组间的形态距离（d_{ik}）值列于表 58 的最下两行。从计算的结果看，按 12 项特征，距离最小的是焉不拉克 M 组（2.97），依次是上孙家卡约、上孙家汉和火烧沟三组（3.15、3.20、3.20），这后三个组基本上在很接近的距离等级。其实与甘肃铜石时代组的距离最小（2.32），但对比测量项目少了鼻骨角和额倾角两项，属于不对称对比。为此我们将所有各组统一为 10 个项目（去掉鼻骨角和额倾角两项）所得出的距离值，洋海组与甘肃铜石组的距离值（2.32）也是最小的。因此推测洋海组与甘肃铜石组有接近的关系似为可信。古代组中，只有罗布泊组距离明显大。与现代四个不同地区类型的组相比，最近的是同华北和藏族 B 组（3.34、3.43），而且与这两组的距离同甘、青地区（上孙家卡约和汉代及火烧沟）三个组的距离相差不远。但与现代的蒙古和楚克奇组相距较大（5.73、3.97）。

上述的比较或可说明，洋海 M 组的蒙古人种成分与焉不拉克 M 组的成分相近，也和甘、青地区的古代成分相近，而且与现代华北人和西藏 B 组人也有较近的联系。相反与北亚的蒙古人和东北亚极区的楚克奇人关系疏远。由此推测，洋海 M 组的蒙古人种因素更可能主要来自黄河流域的东亚成分而不是北亚类型的蒙古人种成分（图版三二八；图版三二九，1）。虽然这些成分在洋海古代人口中还占少数，但也会影响古代吐鲁番地区人民整体因素的形成。

6. 洋海头骨中有没有不同高加索种成分的混杂？

这是一个比回答有无蒙古人种成分因素更难确切回答的问题。特别是对同一个生活区长达上千年的居民群中，即便有过不同甚至形态学上可以区别的种族，但因很可能产生混血，势必造成对这个人群在形态学上的某些重要影响。目前用骨骼人类学的研究还不能有效地表达这种影响在形态学上所起的标志性作用。在这里我们所能做到的也仅是用主观的先行分类提取，然后从测量学上寻找不同种族成分参与的可能性。具体来说，在我们对洋海头骨进行观察时总感觉其中有些头骨的面部比另一些头骨明显拉长，将这两种的极端头骨放在一起有明显不协调的感觉。这种感觉在测量学上有无反映，如有显示是在什么项目特征上，这种测值上的差异有无一定的种族区分价值，如果有，那么有无可能出自何种种族成分。这样最终的结果难免带有主观推测的嫌疑。

我们的这一测试也仅在一部分男性头骨中进行，之所以是一部分是因为有的头骨很难凭视觉印象做出分类。我们挑选了可能做出倾向性分类的男性头骨共 102 具，其中面部长化的 34 具，有些短化的 68 具。我们分别计算了这些头骨在主要颅面测量上的平均组值，比较项目选择了脑颅和面颅的 8 个项目（表 59、60）。另在表 60 中引列了东地中海种族组及古欧洲种族组各 7 个组的同样项目的平均值及其变异范围。所谓东地中海种族组包括保加利亚的特劳扬、土耳其的阿那陶利、巴基斯坦、伊拉克的美索不达米亚、伊朗、印度、南土库曼七个古代组。所谓古欧洲种族组包括伏尔加河下游的木椁墓、洞室墓和古竖穴墓三组及哈萨克斯坦的赫巴尔、塔斯梯布—塔克及所有其他墓地综合的三组和南西伯利亚

米努辛斯克七组，其中哈萨克斯坦的三个组及南西伯利亚米努辛斯克组均系安德罗诺沃类型的种族组[72]。表 60 中的洋海甲组是我们在前边已经提到的主观分类的面部较长的一类（34 具头骨），洋海乙组是面部有些矮化的一类（68 具头骨）。表 59 和表 60 中的东地中海变异范围及古欧洲变异范围即由表 59 中引列的各七个组的均值最大—最小值组成。之所以引列东地中海与古欧洲两个地区的变异范围的目的是考察这两个地区类群在脑颅和面颅特征上主要的变差方向，然后与洋海的甲、乙两组之间的变差方向相对照是否吻合或大致吻合。各个项目的变差方向用“>”和“<”来表示（表 60）。

我们逐项观察，东地中海类群的颅长范围虽与古欧洲类群的范围有大量的重叠，但仍有些增大趋势；洋海甲和乙的颅长反差方向也大致如此（差别虽然不大）。颅宽的变差方向是东地中海的比古欧洲的有些趋小；洋海甲与乙之间的变差方向也如此。颅指数上，东地中海的比古欧洲的趋小；洋海甲、乙之间的变差方向也相同。上面高上，东地中海的虽也与古欧洲的有大的重叠，但仍比后者稍有增大；洋海甲也是高于乙。颧宽上，东地中海的比古欧洲的趋狭；洋海甲也比乙更趋狭。上面指数上，东地中海的比古欧洲的趋大；洋海甲也比乙更大。眶高上，东地中海的比古欧洲的增高；洋海甲也比乙高。鼻指数上东地中海的与古欧洲的几乎完全重叠，仅略有变小；洋海甲也比乙稍小。如果对上述几项脑颅与面颅上变差方向的幅度不予考虑，我们不难看出东地中海与古欧洲的变差方向与洋海甲和乙的变差方向似基本相同或相近。换言之，东地中海的脑颅形态比古欧洲的有些长狭化；面颅特征上则比古欧洲的高狭化；相反，古欧洲的脑颅比地中海的有些短化，面颅特征有些低阔化。洋海甲与乙的情况也基本同地中海与古欧洲两者之间在脑颅与面颅上的变差方向。从这个意义上，洋海甲的头骨形态与地中海的类群较为趋同，洋海乙则与古欧洲类群较为趋同。如果以上的分析尚可作为一种分类的依据，那么似可考虑在洋海的一组头骨中还可能提供一种印象，即这可能还是一组具有过不同高加索种成分混杂或混血的头骨群，而这种混杂的主要成分是在古欧洲类型与地中海类型之间是最具合理。

此外，在我们主观提取并分类的 102 具男性头骨中，所谓面部较长化或可能较近地中海类型的头骨为 34 具（图版三二一，2、3；图版三二二至三二七），面部有些矮化或较近古欧洲类型的头骨为 68 具（图版三一二至三二〇；图版三二一，1），两者之比为 1∶2。如果这一数据尚可作为一种估计值，则或表示类似地中海成分

表 59　东地中海、古欧洲种族组颅面测量平均组值

	保加利亚特劳扬	土耳其阿那陶利	巴基斯坦	伊拉克美索不达米亚	伊朗	印度	南土库曼	变异范围
颅长（1）	188.4	185.5	189.2	190.7	189.1	185.9	195.1	185.5 ~ 195.1
颅宽（8）	137.4	141.3	139.4	138.4	134.4	132.0	136.1	132.0 ~ 141.3
颅指数（8：1）	72.9	76.2	73.5	72.5	71.5	70.8	70.0	70.0 ~ 76.2
上面高（48）	69.0	68.7	69.0	70.6	70.9	72.5	72.3	68.7 ~ 72.5
颧宽（45）	126.0	128.9	138.8	129.4	128.0	125.0	131.7	125.0 ~ 138.8
上面指数（48：45）	54.7	53.4	49.5	54.6	55.1	57.0	55.1	49.5 ~ 57.0
眶高（52）	31.5	32.9	32.7	36.0	32.0	32.6	32.7	31.5 ~ 36.0
鼻指数（54：55）	49.4	49.6	51.6	47.8	50.3	47.9	50.0	47.8 ~ 51.6

	伏尔加河下游			哈萨克斯坦			南西伯利亚米努辛斯克（合）	变异范围
	木椁墓	洞室墓	竖穴墓	赫巴尔	塔斯梯布—塔克	其他墓地综合		
颅长（1）	188.6	188.2	191.6	186.7	189.2	185.6	186.0	185.6 ~ 191.6
颅宽（8）	138.4	143.5	142.2	141.0	133.5	141.5	145.0	133.5 ~ 145.0
颅指数（8：1）	73.5	76.2	74.2	75.6	70.6	76.4	78.0	70.6 ~ 78.0
上面高（48）	70.3	70.5	71.6	71.2	66.5	68.9	67.8	66.5 ~ 71.6
颧宽（45）	136.6	137.5	140.2	134.2	129.0	138.0	140.7	129.0 ~ 140.7
上面指数（48：45）	51.5	51.2	51.1	53.3	53.1	50.5	48.7	48.7 ~ 53.3
眶高（52）	32.0	32.3	31.8	32.9	30.7	31.8	31.7	30.7 ~ 32.9
鼻指数（54：55）	49.0	48.8	48.2	50.6	49.3	49.5	51.7	48.2 ~ 51.7

表 60　东地中海、古欧洲及洋海甲、乙组颅面变异方向的比较

	东地中海		古欧洲		洋海甲		洋海乙
颅长（1）	185.5 ~ 195.1	＞	185.6 ~ 191.6		184.7（34）	＞	183.6（68）
颅宽（8）	132.0 ~ 141.3	＜	133.5 ~ 145.0		135.6（34）	＜	136.3（68）
颅指数（8：1）	70.0 ~ 76.2	＜	70.6 ~ 78.0		73.5（34）	＜	74.3（68）
上面高（48）	68.7 ~ 72.5	＞	66.5 ~ 71.6		73.6（34）	＞	70.7（68）
颧宽（45）	125.0 ~ 138.8	＜	129.0 ~ 140.7		128.7（34）	＜	132.5（68）
上面指数（48：45）	49.5 ~ 57.0	＞	48.7 ~ 53.3		57.3（34）	＞	53.5（68）
眶高（52）	31.5 ~ 36.0	＞	30.7 ~ 32.9		33.2（34）	＞	31.3（68）
鼻指数（54：55）	47.8 ~ 51.6	＜	48.2 ~ 51.7		47.2（34）	＜	48.4（68）

要少于类古欧洲的成分。类似的测试作者在研究阿拉沟的头骨中做过。如作者亦事先所做的阿拉沟男性头骨中，属于 I 组（接近地中海类的）占全部归入男性高加索种头骨的 17.2%，属于 Ⅲ 组（近于安德罗诺沃—中亚两河型的）占 37.9%，两者的比例是 1：2.2[5]。这个比例与上述洋海的比例很接近。

（三）结论和讨论

（1）从观察特征来看，洋海组的主要性状组合可归纳为颅形有些长化的椭圆形，眉弓和眉间突度较强烈和鼻根凹陷较深，角形眶明显增多，眶口平面与 FH 平面交角位置更普遍垂直型，鼻下棘更发达，颅顶缝样式复

杂化，鼻梁凹凸形增多，铲形门齿出现率很低等。这些特征的组合与黄河流域甘青地区的相应特征组合之间存在明显的差异方向，更接近高加索种的头骨。

（2）颅面测量特征的分析也可以看出洋海组与黄河流域头骨组的种族偏离方向即颅形更长兼矮化倾向，额形狭化较甘青地区的强烈。眶形矮化成分更多，鼻骨隆起和上仰程度明显强化，面部水平方向突出很明显等。这些综合特征同样具有向高加索人种头骨的一般综合特征趋近。

（3）对洋海组头骨的种系纯度估计用了三种统计比对方法（颅长、颅宽和颅指数标准差量度；大量项目的平均标准差百分比方法；平均变异系数大小的比较）皆表明这组头骨的变异度较大于所谓的"同种系"的水平。这或暗示在这些头骨中可能存在不同的种族成分甚至混杂因素。

（4）与三个主要人种的变异范围相比，洋海组在与欧亚人种和亚美人种之间的关系上显得有些不确定性。但与黄河流域的古、现代蒙古人种头骨相比，无疑存在明显的种族差别。因此仍可以确认洋海头骨群一般更像高加索种为主的一组材料。

（5）与中亚及其他邻近地区的古代人骨材料相比，在脑颅和面颅的绝对和相对测值的聚类分析上，洋海组与新疆境内的阿拉沟、察吾呼沟Ⅳ、焉不拉克Ｃ相对靠近，或者说处在本文中所称的中亚及其邻近地区的Ⅰ、Ⅲ亚群之间又略微靠近Ⅱ亚群（Ⅰ亚群基本上由铜石并用时代—青铜时代的时代较早的具有某些古老特征高加索种成员组成；Ⅲ亚群则基本上由铜器时代末—铁器时代的时代较晚的塞克、乌孙组组成）。但又与Ⅲ亚群中多数明显短颅化成员之间存在区别，因为洋海或察吾呼沟Ⅳ、阿拉沟及焉不拉克Ｃ各组的整体来说，都属于长—中颅型类型。在这一点上它们更像Ⅰ亚群的成分；而面形上则有些近于Ⅲ亚群。这种情况使洋海等四组又介于Ⅰ和Ⅲ亚群的居间状态。这种情况如非偶然或反映了不同种族影响下形成的某种多形现象。

（6）对于上述现象考察了在洋海头骨中有无不同种族成分的问题。所用方法是先行主观分类，而且是在部分男性头骨中进行的。分类之后再寻找测量特征上有无种族分离现象。首先是从 261 具头骨中提取到 23 具约占 8.8% 的蒙古人种的头骨，测量分析也能支持这一组成的种族偏离倾向，表明在洋海的头骨中可能存在目测可及的蒙古人种因素。而按考古分期考察，在洋海遗址的晚期，蒙古人种因素比例明显增加，其早、中期比例比晚期明显小。对这种蒙古人种地区性特点分析，它

们基本上与黄河流域的东亚类接近，与北亚类及东北亚类相去较远。

（7）另一个考察取向是在洋海头骨中有没有来源不同方向的高加索人种成分。我们以两具形态差异明显的头骨为标尺，从 102 具男性头骨中分成了两个组（34 具和 68 具），同样从这两组的颅面测量分析上证实它们彼此的偏离方向可能存在不同的种族意义。其中面部较长狭化的 34 具一组的头骨与地中海类型的较近，面部比较矮化的 68 具一组或较近古欧洲类型。粗算的估计，两者的比例为 1：2。我们在阿拉沟的头骨中作过类似的估计，其比例是 1：2.2。如果不出于偶然的话，这个比例两者很接近。因此设想在洋海的头骨中可能存在地中海人种和古欧洲人种的交错和混杂。

（8）如果上述不同人种类型的存在和混杂的看法不只为一种客观的估计，那么本报告中用多种方法评估表示的洋海头骨较大的变异性质或可得到较合理的说明。

一〇　洋海墓地未成年头骨颅、面部生长的测量观察

从洋海墓地收集的一大批古人头骨中，除 422 具成年头骨外，还有 67 具未成年（小于 14 岁）头骨，占全部头骨总数（489 具）的 13.7%。这些未成年个体从初生的幼婴到 14 岁之间。本文测量了其中的 63 具（另 4 具因过于破碎未能测量）。这些测量数据列于表 61。

（一）关于未成年头骨的性别

关于这些未成年头骨的性别，本文作者对其中的部分有倾向性的估计，但总体来讲，由于这些头骨正处于骨骼个体发育的生长期，性别性状在头骨的发育上未至臻熟，因此对这些头骨的性别认定是一个大的难题，用形态观察方法大多难以确定或把握不大。对这些头骨本文也没有刻意硬行作出鉴定。即便对其中部分头骨所做的性别估计也仅据作者多年的经验所形成的印象，大多用"？"表示。其中，倾向于男性的有 18 具，女性的 4 具，其余连倾向估计都难以做出的占大多数约 41 具。因此对未成年性别个体的结构比不可能做出决定。目前用观察方法认定未成年头骨的性别尚有许多难以确定的因素。

（二）未成年头骨的年龄估计和分组

对未成年头骨的年龄估计本文主要依牙齿萌出顺序来判定。这一方法相对于对成年个体依靠头骨缝愈合和牙齿磨蚀程度估计年龄的误差要小。对牙齿缺失者可依

表 61　新疆洋海未成年头骨（1～7岁、8～14岁）个体测量表

	1～7岁组									8～14岁组				
	ⅠM52上层 早 3～5	ⅠM61：A 早 5～6	ⅠM63 早 6±	ⅠM64 早 7±	ⅠM130 早 6～7	ⅡM56：A 早 3±	ⅡM56：B 早 1～2	ⅠM11：A 早 6～7	ⅠM12：E 早 2～3	ⅠM91 早 9～10	ⅡM56：C 早 13±	ⅠM8：B 早 11～13	ⅠM20：B 早 13～14	ⅠM20：C 早 10～13
1 颅长	172	171.5	175	174	174.6	168	164	171.5	169.5	183	173	175	–	166
8 颅宽	128	133.5	130.7	130	130.5	127	122.5	121.7	125	136	123.8	125	–	132.5
17 颅高	124.5	–	128.5	124	132.5	–	–	119.5	–	126.5	122.5	128	–	128
CM 颅粗壮度	141.5	–	144.7	142.7	145.9	–	–	137.6	–	148.5	139.8	142.7	–	142.2
9 最小额宽	91.4	80.6	89.8	89.1	92.7	88.5	89	89.1	80.4	90	89.6	88.5	92	91
25 颅矢状弧	353	356.5	369	367	363.5	369	350	–	359.5	374.5	347	352	–	352
24 颅横弧	303	298.5	313.5	301	316	304	300	293	294	314	282	292	–	310
23 颅周长	489	470	496	481	493	485	472	480	475	–	482	483	–	479
5 颅基底长	85.1	–	86	84.7	86.8	–	–	87	–	97	90.3	95.1	–	93.2
40 面基底长	76	–	81	75.1	79.8	–	–	79	–	88	88.6	87.4	–	91.6
47 全面高	85.6	83.5	–	–	–	84.2	80.6	–	80.5	–	–	103	–	106.6
45 颧宽	105.7	96	106.7	103.4	109.5	97.8	92.7	104.6	92.3	111.1	115	116	–	117.8
FM 面粗壮度	89.1	–	–	–	–	–	–	–	–	–	–	102.1	–	105.3
48 上面高	55.5	52.8	60.4	53.5	56.7	51.7	48.6	55	49.4	60.4	64.1	64.5	66.6	62
46 中面高	79.5	75.3	83.6	77.8	86.4	72.5	70	76.8	–	98.3	89.5	92.5	98.2	89.9
43（1）两眶外缘宽	85.2	79.4	86.1	82.1	88.3	82.8	82.5	85	76.4	87	88.5	91	89.2	87.7
MH 颧骨高 左	34.6	33.4	34.4	36.2	38.8	34.3	33.7	37.8	34.5	36.1	41	38.5	42	39.5
MB′ 颧骨宽 左	17.7	19	17	18.8	–	17.5	16.8	20.2	18.2	23.2	24.9	22	27	21.1
54 鼻宽	20.7	21.1	20.7	21.3	20.5	18.9	20.2	20	18.5	21.7	22.8	24.2	21.4	22.8
55 鼻高	40.6	37.5	44.5	40.2	43	36.2	35.1	41.3	36	46.1	45.8	49.8	51.2	46.4
SC 鼻骨最小宽	8.2	9.9	7.3	7.2	10.9	8	9.7	7.4	8.9	8.3	8.1	9.1	9.2	8.4
SS 鼻骨最小宽高	2.7	2.2	3.8	2	5	–	2	3.3	2.4	2.8	2.8	3.5	5	3.1
51 眶宽 左	37.2	35.1	37.4	37.5	36	35.6	35.6	36.7	33.8	38.5	37.4	39.5	38.5	38.1
52 眶高 左	31.8	29.4	33	29.7	32.7	31.4	31.5	32.2	28.7	32.6	31.8	32.9	31.3	31.4
32 额倾角	94.5	99.5	95.5	95	84.5	97	97	91	96	88	82.5	87.5	–	88
72 面角	89	90	84	91	89	90	93.5	90	94.5	91	81	88.5	–	82
74 齿槽面角	87.5	88	80	85	79.5	99	94	80.5	91	79	73	86.5	–	73
75 鼻尖角	73	76	62	75	55	73	70	69	80	80	67	65	–	60
75（1）鼻骨角	16.7	17.6	21.6	17.8	30.8	–	19.4	20.1	17.5	11.9	15.2	24.3	–	20
77 鼻颧角	143.9	128.9	141.1	133.6	143.4	139.3	139.6	140.5	139.2	136.4	143.8	141.8	137.8	148.1
8：1 颅指数	74.4	77.8	74.7	74.7	74.7	75.6	74.7	71	73.7	74.3	71.6	71.4	–	79.8
17：1 颅长高指数	72.4	–	73.4	71.3	75.9	–	–	69.7	–	69.1	70.8	73.1	–	77.1
17：8 颅宽高指数	97.3	–	98.3	95.4	101.5	–	–	98.2	–	93	98.9	102.4	–	96.6
9：8 额宽指数	71.4	60.4	68.7	68.5	71	69.7	72.7	73.2	64.3	66.2	72.4	70.8	–	68.7
40：5 面突度指数	89.3	–	94.2	88.7	91.9	–	–	90.8	–	90.7	98.1	91.9	–	98.3
54：55 鼻指数	51	56.3	46.5	53	47.7	52.2	57.5	48.4	51.4	47.1	49.8	48.6	41.8	49.1
SS：SC 鼻根指数	32.9	22.2	52.1	27.8	45.9	–	26	44.6	27	33.7	34.6	38.5	54.3	36.9
52：51 眶指数 左	85.5	83.8	88.2	79.2	90.8	88.2	88.5	87.7	84.9	84.7	85	83.3	81.3	82.4
48：17 垂直颅面指数	44.6	–	47	43.1	42.8	–	–	46	–	47.7	52.3	50.4	–	48.4
48：45 上面指数	52.5	55	56.6	51.7	51.8	52.9	52.4	52.6	53.5	54.4	55.7	55.6	–	52.6
47：45 全面指数	81	87	–	–	–	86.1	86.9	–	87.2	–	–	88.8	–	90.5
48：46 中面指数	69.8	70.1	72.2	68.8	65.6	71.3	69.4	71.6	–	61.4	71.6	69.7	67.8	69

续表 61

	1 ~ 7 岁组											8 ~ 14 岁组	
	ⅠM3	ⅠM70	ⅠM108	ⅡM29	ⅡM115	ⅡM124：B	ⅡM139	ⅡM145：B	ⅡM159：B	ⅡM161：B	ⅡM176	ⅠM88	ⅠM105：B
	中	中	中	中	中	中	中	中	中	中	中	中	中
	6±	5 ~ 6	4±	6±	7 ~ 8	6 ~ 7	4 ~ 6	7 ~ 8	6±	7 ~ 8	5 ~ 6	11 ~ 13	12±
1 颅长	172	172.5	174.5	172.5	171	180	158	176	167	169.5	168	172	176
8 颅宽	130	131	123.5	133	138	132.5	126	129	123	132	124.7	134.5	137
17 颅高	131.5	124.5	–	128	–	–	–	122	123	125	129.5	–	137
CM 颅粗壮度	144.5	142.7	–	144.5	–	–	–	142.3	137.7	142.2	140.7	–	150
9 最小额宽	92	90	81.7	92.5	85.1	89.8	85.5	88.3	83	83	89.4	92.3	88.2
25 颅矢状弧	374	351	365	362.5	373	377	327	372	352	372	364.5	–	375
24 颅横弧	309	300	300	310	313	–	298	312	293.5	313	305	309	315
23 颅周长	486	487	496	492	488	506	459	496	468	487	473	492	502
5 颅基底长	89.3	90.8	–	84.7	–	–	–	85.2	90.5	79.5	83.7	–	95
40 面基底长	78	–	–	–	–	–	–	83	77.6	73.7	77	–	92.8
47 全面高	–	–	90.2	94.3	96.1	102.7	85.6	95.3	86.4	–	92.4	–	108
45 颧宽	105.6	105.5	99.8	117.4	102.5	–	100.5	103.1	101	100.7	104.5	115.1	118.1
FM 面粗壮度	–	–	–	–	–	–	–	93.8	88.3	–	91.3	–	106.3
48 上面高	59.1	58.9	55.7	–	56.7	58.4	54.7	58.8	54.6	56.5	53.3	62	66.4
46 中面高	81.7	–	74.3	80.5	80.7	84.1	74	81.2	73	83	77.8	89.4	93.4
43（1）两眶外缘宽	87.1	82.1	80	88.1	84	86.2	82	83.4	79.2	80	96.7	88.6	90.7
MH 颧骨高 左	34.9	36.8	33.9	36.8	34.6	35.4	33	37.1	31.9	36	36.9	38.4	38.9
MB′ 颧骨宽 左	20.5	17.5	18	19	19.5	19	16.5	20.8	16.4	19.4	20.9	21.2	23.4
54 鼻宽	20.3	22.1	19	20	20.6	24	20.8	22.1	20.3	22.3	23.4	21.5	25.1
55 鼻高	41.1	44.8	41	–	42.2	42	37.7	44.6	40	39.7	39.3	47.8	50.2
SC 鼻骨最小宽	7.8	10	7.5	8.4	5.7	8.5	8.4	8.8	6.9	7.2	8	6.9	5.1
SS 鼻骨最小宽高	2	3.3	2.2	2.9	2.2	2.6	2.6	2.6	2.7	2.7	1.5	2.7	–
51 眶宽 左	37.8	37.5	36.1	37.3	34.7	37.1	33.6	36.5	37.2	35	36.4	39.7	39.3
52 眶高 左	27.9	32.4	30.9	30.4	32.4	32.3	29.7	28.5	31.1	31.8	29.9	33.6	31.5
32 额倾角	97.5	88.5	90	88.5	96.5	–	91	96	93.5	97.5	94.5	85.5	87
72 面角	92.5	–	90.5	–	84.5	–	87	87	92.5	87	84	85.5	80
74 齿槽面角	91.5	–	95	–	85.5	–	88.5	83	92.5	83	86	79	77.5
75 鼻尖角	68	66	77	–	60	–	–	71	73	62	67	64.5	–
75（1）鼻骨角	23.9	–	15.1	–	23.2	25.4	–	14.1	19.5	23.2	18.8	22.9	–
77 鼻颧角	129.5	137.8	135	132.4	146.2	138.4	143.7	145.6	138.5	145.8	–	135.9	142.1
8：1 颅指数	75.6	75.9	70.8	77.1	80.7	73.6	79.7	73.3	73.7	77.9	74.2	78.2	77.8
17：1 颅长高指数	76.5	72.2	–	74.2	–	–	–	69.3	73.7	73.7	77.1	–	77.8
17：8 颅宽高指数	101.2	95	–	96.2	–	–	–	94.6	100	94.7	103.8	–	100
9：8 额宽指数	70.8	68.7	66.2	69.5	61.7	67.8	67.9	68.4	67.5	62.9	71.7	68.6	64.4
40：5 面突度指数	87.3	–	–	–	–	–	–	97.4	85.7	92.7	92	–	97.7
54：55 鼻指数	49.2	49.3	46.3	–	48.8	57.1	55.2	49.6	50.8	56.2	59.5	45	50
SS：SC 鼻根指数	25.6	33	29.3	34.5	38.6	30.6	31	29.5	39.1	37.5	18.8	39.1	–
52：51 眶指数 左	73.8	86.4	85.6	81.5	93.4	87.1	88.4	78.1	83.6	90.9	82.1	84.6	80.2
48：17 垂直颅面指数	44.9	47.3	–	–	–	–	–	48.2	44.4	45.2	41.2	–	48.5
48：45 上面指数	56	55.8	55.8	–	55.3	–	54.4	57	54.1	56.1	51	53.9	56.2
47：45 全面指数	–	–	90.4	80.3	93.8	–	85.2	92.4	85.5	–	88.4	–	91.4
48：46 中面指数	72.3	–	75	–	70.3	69.4	73.9	72.4	74.8	68.1	68.5	69.4	71.1

	8～14 岁组													
	ⅡM137：A 中 12～13	ⅡM44 中 12～13	ⅡM55 中 12～13	ⅡM93 中 12～13	ⅡM93：A 中 13～15	ⅠM210 中 10～11	ⅠM1 中 9～10	ⅠM31 中 8～10	ⅡM28 中 10～12	ⅡM43 中 12～15	ⅡM44 中 11～13	ⅡM88 中 9～10	ⅡM98：B 中 12～15	ⅢM58：北 中 10～14
1 颅长	174	168	179	177.5	182.5	178	172	171	–	160	–	159	–	170
8 颅宽	137	136	129.5	136	130	131	126.5	130	–	126.5	–	124	132	130
17 颅高	137.5	140	127	135.5	133	–	124.5	125.5	–	125	–	122	129.5	–
CM 颅粗壮度	149.5	148	145.2	149.7	148.5	–	141	142.2	–	137.2	–	135	–	–
9 最小额宽	94.2	94	90.7	86	92	90.2	91.2	89.9	83.6	91	87.2	79.5	89.4	–
25 颅矢状弧	374	359	352.5	371	370	356	358.5	358	–	336	–	338	363	357
24 颅横弧	312	323	301	307	312	316	302	307	–	288	–	294	301	302
23 颅周长	503	489	500	499	516	502	496	486	–	466	–	457	488	495
5 颅基底长	92.7	100.5	96.4	93.8	96.8	–	91.6	88	–	88.6	–	84.6	93	–
40 面基底长	86.7	91.6	88.1	85.7	86	–	86	85	–	83.3	–	84.1	87.8	–
47 全面高	93.7	113.6	107.7	–	–	97.7	95	102.2	–	–	–	94.3	98.5	–
45 颧宽	116.5	118.4	121.4	121	124.6	120	110.4	–	110.5	120	–	105.2	117.8	–
FM 面粗壮度	99	107.9	105.7	–	–	–	97.1	–	–	–	–	94.5	101.4	–
48 上面高	55.2	66.6	63.6	64.2	72	62	58.2	62.6	62.3	60.2	69.3	56.5	60.3	–
46 中面高	87.9	86.3	88.3	90.2	93.2	86.6	86.4	91	88.7	84.7	103.3	83.6	92.1	–
43（1）两眶外缘宽	92	91.8	92	87.3	90.4	90	88.3	87.6	87	92.2	87.3	–	87.1	–
MH 颧骨高 左	39	43.3	40.4	38.6	40.4	39.5	36.9	34.7	40.8	41.1	42.8	31.9	36.2	–
MB′ 颧骨宽 左	24.2	28.3	20.3	22.5	23.7	22.2	21.1	20.2	22.1	19.9	25	23.3	22.8	–
54 鼻宽	23.2	21.3	22.8	24.7	24	22	21.7	22.5	22	22.3	23.3	22.9	25.2	21.6
55 鼻高	41.9	52	46.3	48.2	51.7	47.2	44.8	43.9	44.6	45.2	51	40.2	45.5	–
SC 鼻骨最小宽	8.6	6.7	7.1	7.3	7.5	9.6	8	8.2	7	7.1	9.8	9	7.6	–
SS 鼻骨最小宽高	3.5	3.4	2.9	3.9	4.2	3	2.5	2.5	2.5	–	3.4	2.7	2.7	–
51 眶宽 左	39.5	40.9	41.8	37.4	38.7	40.1	37.7	40.2	39.2	40.4	38	34.7	37.3	–
52 眶高 左	26.5	31.7	33.4	28.8	32.1	33.5	30.2	29.3	34.5	33.2	33.7	26.3	27.9	–
32 额倾角	85.5	85	83	81.5	80	89	90	92	–	85.5	–	91.5	98.5	–
72 面角	83	86	88.5	84	89	89	89	85	–	81	–	84.5	86	–
74 齿槽面角	77.5	77	82	77.5	81	88	87	82	–	77	–	91.5	80	–
75 鼻尖角	59	66	65	–	64	70.5	70	67	–	–	–	–	–	–
75（1）鼻骨角	25.4	19.3	22.1	–	26.5	21.5	18	25.3	15.1	–	15.2	–	–	–
77 鼻颧角	144.1	136	135.8	140	143.5	131	134.4	142.2	137.6	143.4	143.6	–	143.5	–
8：1 颅指数	78.7	81	72.3	76.6	71.2	73.6	73.5	76	–	79.1	–	78	–	76.5
17：1 颅长高指数	79	83.3	70.9	76.3	72.9	–	72.4	73.4	–	78.2	–	76.7	–	–
17：8 颅宽高指数	100.4	102.9	98.1	99.6	102.3	–	98.4	96.5	–	98.8	–	98.4	98.1	–
9：8 额宽指数	68.8	69.1	70	63.2	70.8	68.9	72.1	69.2	–	71.9	–	64.1	67.7	–
40：5 面突度指数	93.5	91.1	91.4	91.4	88.8	–	93.9	96.6	–	94	–	99.4	94.4	–
54：55 鼻指数	55.4	41	49.2	51.2	46.4	46.6	48.4	51.3	49.3	49.3	45.7	57	55.4	–
SS：SC 鼻根指数	40.7	50.7	40.8	53.4	56	31.3	31.3	30.5	35.7	–	34.7	30	35.5	–
52：51 眶指数 左	67.1	77.5	79.9	77	82.9	83.5	80.1	72.9	88	82.2	88.7	75.8	74.8	–
48：17 垂直颅面指数	40.1	47.6	50.1	47.4	54.1	–	46.7	49.9	–	48.2	–	46.3	46.6	–
48：45 上面指数	47.4	56.3	52.4	53.1	57.8	51.7	52.7	–	56.4	50.2	–	53.7	51.2	–
47：45 全面指数	80.4	95.9	88.7	–	–	81.4	86.1	–	–	–	–	89.6	83.6	–
48：46 中面指数	62.8	77.2	72	71.2	77.3	71.6	67.4	68.8	70.2	71.1	67.1	67.6	65.5	–

	8～14 岁组								1～7 岁组				
	ⅠM206 中 14～15	ⅡM125 中 10～13	ⅡM154：C 中 13±	ⅡM155 中 11～13	ⅡM161：A 中 7～9	ⅡM166 中 11～12	ⅡM172 中 11±	ⅡM168 中 11～12	ⅢM5：B 晚 2～3	ⅢM14 晚 6～7	ⅢM29 晚 2～3	ⅢM38：A 晚 5±	ⅢM67 晚 2±
1 颅长	173.5	185.5	162	176	–	169	175.5	160	163	162.5	157	164	160
8 颅宽	126.5	131.5	128.8	133.5	–	122	126	124	135	134.2	119	135.5	126
17 颅高	119.5	135	122.8	130	–	127	125	116	122.5	121	–	135	–
CM 颅粗壮度	139.8	150.7	137.9	146.5	–	139.3	142.2	133.3	140.2	139.2	–	144.8	–
9 最小额宽	84.7	91.5	90.5	92.2	84.9	84.3	86.4	79.8	87.2	88.9	80.2	90.1	82.6
25 颅矢状弧	345	366.5	347.5	368	–	366.5	369	320.5	356.5	338	–	346	327
24 颅横弧	290	302	295	301	–	300	298	283	316	305	272	317	280
23 颅周长	480	506	467	501	–	478	487	457	476	479	448	481	454
5 颅基底长	91.4	104.2	89	89.6	–	90	85.6	87.3	80.8	87.2	–	92.7	–
40 面基底长	94.7	98.4	92.1	83.6	–	84.7	–	81.2	75.5	84.7	–	77.7	–
47 全面高	96.1	–	99.8	–	–	–	–	99	–	–	77.1	92.7	82.9
45 颧宽	–	119.6	114.2	115.2	102.3	118.2	–	106.3	104.2	116.6	96.2	108.5	99.3
FM 面粗壮度	–	–	102	–	–	–	–	95.5	–	–	–	93	–
48 上面高	61.4	66	58.4	61.5	60.8	59.8	–	62.2	53	59.2	46.7	56.7	52.3
46 中面高	–	95	90	–	84.3	80.1	–	83.7	73.1	82.6	–	79	72.2
43（1）两眶外缘宽	84.1	91.4	90	86.6	80.5	83.7	83.9	81.4	83.8	86.9	76.3	85.1	78
MH 颧骨高 左	41.4	42.7	35.8	37.1	33.5	38.3	–	38.9	34.4	35.3	31.6	38.8	32.7
MB′ 颧骨宽 左	25.3	25.3	22.1	21	18.5	20.2	–	21.1	17.3	17.4	17.2	21	17.4
54 鼻宽	23.3	22.8	23.3	23.6	23	22.1	–	19.5	19.8	22	16.4	18.7	18.3
55 鼻高	46	49.8	45.6	44.6	42.2	44.6	–	44.5	38.7	44.5	35	40.6	37.1
SC 鼻骨最小宽	9.4	9.4	7	9.3	7.4	5.6	–	3.3	7.6	6.2	5.7	8	6.1
SS 鼻骨最小宽高	2.9	3.5	2.4	3.2	–	2.9	–	1	1.7	2.1	–	2.3	2.3
51 眶宽 左	35	40	38.7	35.8	34.6	38.5	–	36.5	36.4	38.4	35.2	38.1	35.1
52 眶高 左	29.4	31.2	27	30.5	30.4	30.2	–	31.5	32	31.5	28	32.6	28.8
32 额倾角	81.5	78	92	88.5	–	98	–	84.5	99	90	91	88	87.5
72 面角	80.5	82.5	79.5	86	–	87.5	–	88	88.5	84	90	92	88.5
74 齿槽面角	74.5	75	68	79	–	70.5	–	82	82	70	95	96	93
75 鼻尖角	60	61	60	60	–	72.5	–	69.5	68.5	75	–	72.5	67
75（1）鼻骨角	20.8	21.5	17.6	24.5	–	13.8	–	17.3	16.9	11.3	–	19.7	18.8
77 鼻颧角	142.1	135.1	147.3	140.5	140.2	141	143.3	145.6	141	145.5	139.2	137.2	139.6
8：1 颅指数	72.9	70.9	79.5	75.9	–	72.2	71.8	77.5	82.8	82.6	75.8	82.6	78.8
17：1 颅长高指数	68.9	72.8	75.8	73.9	–	75.1	71.2	72.5	75.2	74.5	–	82.3	–
17：8 颅宽高指数	94.5	102.7	95.3	97.4	–	104.1	99.2	93.5	90.7	90.2	–	99.6	–
9：8 额宽指数	67	69.6	70.3	69.1	–	69.1	68.6	64.4	64.6	66.2	67.4	66.5	65.6
40：5 面突度指数	103.6	94.4	103.5	93.3	–	94.1	–	92.5	93.4	97.1	–	83.8	–
54：55 鼻指数	50.7	45.8	51.1	52.9	54.5	49.6	–	43.8	51.2	49.4	46.9	46.1	49.3
SS：SC 鼻根指数	30.9	37.2	34.3	34.4	–	51.8	–	30.3	22.4	33.9	–	28.8	37.7
52：51 眶指数 左	84	78	69.8	85.2	87.9	78.4	–	86.3	87.9	82	79.5	85.6	82.1
48：17 垂直颅面指数	51.4	48.9	47.6	47.3	–	47.1	–	53.6	43.3	48.9	–	42	–
48：45 上面指数	–	55.2	51.1	53.4	59.4	50.6	–	58.5	50.9	50.8	48.5	52.3	52.7
47：45 全面指数	–	–	87.4	–	–	–	–	93.1	–	–	80.1	85.4	83.5
48：46 中面指数	–	69.5	64.9	–	72.1	74.7	–	74.3	72.5	71.7	–	71.8	72.4

续表 61

	8~14岁	1~7岁组				8~14岁组				1~7岁组			8~14岁组		
	ⅢM71:B 晚 12~13	No.8 ? 2~3	No.27 ? 6~7	No.35 ? 3~4	No.40 ? 6~8	No.46 ? 11~13	No.49 ? 10~12	No.5 ? 8~10	No.18 ? 9~11	n	M	σ	n	M	σ
1 颅长	172.5	166.5	167	144	–	–	171	170	–	28	168.0	7.2	27	172.3	6.7
8 颅宽	137.5	128	124.5	126	–	–	132	129.5	–	28	128.6	4.6	28	130.3	4.5
17 颅高	130	–	118.5	–	–	–	129	130	–	16	125.6	4.6	25	128.2	5.7
CM 颅粗壮度	146.7	–	136.7	–	–	–	144	146.5	–	16	141.7	2.8	24	143.6	4.9
9 最小额宽	93.4	83.6	85.4	82	91.5	91	90.6	93.9	87	29	87.0	3.9	33	89.1	3.7
25 颅矢状弧	360	343	360.5	–	–	–	369	354	–	25	357.9	13.5	27	357.8	12.9
24 颅横弧	318	287	289	–	–	–	313	316	–	26	301.6	11.2	28	303.7	10.6
23 颅周长	498	475	475	438	–	–	490	496	–	28	478.8	15.1	27	488.7	14.4
5 颅基底长	92.9	–	79.2	–	–	–	92.2	92.7	–	16	85.8	3.8	25	92.5	4.4
40 面基底长	85.5	–	72.1	–	–	–	92	86.6	–	14	77.9	3.3	24	88.0	4.0
47 全面高	93.8	88.2	92.5	76.3	–	–	–	–	–	19	87.7	6.8	15	100.6	5.9
45 颧宽	120.8	103.6	101.3	95.5	–	113	115.6	123.5	–	27	102.7	5.9	27	115.8	5.3
FM 面粗壮度	100	–	88.6	–	–	–	–	–	–	7	91.0	2.2	12	101.4	4.2
48 上面高	61.5	55.7	56.2	43.6	–	65	59	65.3	59.1	27	54.6	3.9	32	62.5	3.5
46 中面高	90.5	71.7	81.7	74	–	91.8	91.9	90.1	82	25	77.9	4.5	30	89.8	4.9
43（1）两眶外缘宽	91.9	81.4	81.4	76.6	–	91.7	90.4	95	82.3	28	83.1	4.3	32	88.4	3.4
MH 颧骨高 左	39.5	35.4	33.5	32.8	–	39	39.6	39.6	35	28	35.0	1.9	32	38.8	2.7
MB' 颧骨宽 左	22.7	19.4	20	18.9	–	21.9	23.7	19.4	20.1	27	18.6	1.4	32	22.5	2.2
54 鼻宽	23.3	21.3	18	18.5	–	22.7	24.4	23.9	21.5	28	20.4	1.7	33	22.8	1.2
55 鼻高	49.3	39.6	41.8	32.6	–	46	43.4	50.6	45.4	27	39.9	3.1	32	46.6	3.0
SC 鼻骨最小宽	10.3	7.1	8	6	–	7.3	10.3	7.9	8.1	28	7.8	1.3	32	7.9	1.5
SS 鼻骨最小宽高	3.3	–	2.6	0.7	–	–	2.5	4.2	2.5	25	2.5	0.8	28	3.1	0.7
51 眶宽 左	41.2	36.4	33.1	32.4	–	38.6	38.3	41.6	36.4	28	36.0	1.5	32	38.5	1.9
52 眶高 左	32.7	32.9	28	25.7	–	31.3	29.7	33.6	29.9	28	30.6	1.9	32	31.1	2.1
32 额倾角	87	89	93.5	–	–	–	94	84	–	26	93.1	4.0	26	87.2	5.0
72 面角	90	87.5	88	–	–	–	86	83.5	–	24	88.9	2.9	26	85.3	3.3
74 齿槽面角	82	95	88	–	–	–	74	79	–	24	87.9	6.6	26	78.9	5.3
75 鼻尖角	67	–	66	–	–	–	68	61	–	22	69.4	5.9	21	63.0	13.8
75（1）鼻骨角	20.5	–	24.4	–	–	18.1	19.1	16.3	16.5	21	19.8	4.2	25	19.6	3.9
77 鼻颧角	136	145.6	142.4	160.7	–	137.5	142.7	139.7	138.5	27	140.5	6.1	32	140.3	3.9
8:1 颅指数	79.7	76.9	74.6	87.5	–	–	77.2	82.4	–	28	76.6	3.8	27	75.9	3.3
17:1 颅长高指数	75.4	–	71	–	–	–	75.4	76.2	–	16	73.9	3.1	24	74.5	3.3
17:8 颅宽高指数	94.5	–	95.2	–	–	–	97.7	92.5	–	16	97.0	3.6	25	98.2	3.1
9:8 额宽指数	67.9	65.3	68.6	65.1	–	–	68.6	67.1	72.1	28	67.6	3.1	28	68.6	2.4
40:5 面突度指数	92	–	91	–	–	–	99.8	93.4	–	14	91.1	3.8	24	94.9	3.8
54:55 鼻指数	47.3	53.8	43.1	56.7	–	49.3	56.2	47.2	47.4	26	51.2	4.2	32	49.2	3.8
SS:SC 鼻根指数	32	–	32.5	11.7	–	–	24.3	53.2	30.9	28	31.7	8.6	28	38.1	8.7
52:51 眶指数 左	79.4	90.4	84.6	79.3	–	81.1	77.5	80.8	82.1	28	85.0	4.4	32	80.7	4.9
48:17 垂直颅面指数	47.3	–	47.4	–	–	–	45.7	50.4	–	15	45.1	2.3	24	48.5	2.8
48:45 上面指数	50.9	53.8	55.5	45.7	–	57.5	51	52.9	–	26	53.3	2.6	27	53.8	2.8
47:45 全面指数	77.6	85.1	91.3	79.9	–	–	–	–	–	18	86.1	4.1	13	87.3	5.1
48:46 中面指数	68	77.7	68.8	58.9	–	70.8	64.2	72.5	–	24	70.7	3.5	29	69.7	3.7

表 62 新疆洋海 63 具未成年头骨个体年龄分布表

1～7岁组	出现个体	累计年岁	8～14岁组	出现个体	累计年岁
1-	1	1	8-	1	8
2-	5	10	9-	5	45
3-	2	6	10-	2	20
4-	2	8	11-	7	77
5-	5	25	12-	12	144
6-	9	54	13-	5	65
7-	5	35	14-	2	28

不同齿种留下的齿槽孔及其顺序进行判断。具体做法是在认清乳齿和恒齿齿组或齿孔后，对照各齿种萌出的年龄表即可获得相对精确的个体年龄[80]。本文对洋海 63 具未成年头骨的个体年龄分布大致如表 62。

如表 62 列，将洋海 63 具未成年头骨分成两个年龄组，即 1 ～ 7 岁组和 8 ～ 14 岁组。分组的目的是为了便于制造两个平均年龄组来考察未成年阶段在头骨测量上的年龄变动情况。

根据上述年龄段个体分布的出现情况，1 ～ 7 岁组共 29 例，按累计年龄之和计算的平均年龄为 139/29=4.8 岁；8 ～ 14 岁组共 34 例，同样的按累计年龄之和算得的平均年龄为 387/34=11.4 岁。1 ～ 7 岁组的平均年龄（4.8 岁）大致接近乳齿列刚萌发完成或接近完成之时；8 ～ 14 岁组的平均年龄（11.4 岁）大致接近恒齿列（不包括第三臼齿）替代乳齿列完成其时。两个年龄组平均年龄的组差为 11.4 - 4.8=6.6 岁。这个年龄差大致是未成年乳齿列完全萌出到被后来的恒齿列取代所需的时间约 7 年。

在这里本文参照了 Martin 对未成年到成年的年龄分期[81]，即：

幼儿期——从初生到第一恒臼齿萌出结束，0 ～ 6 岁。

儿童期——从第一恒臼齿萌出结束到第二恒臼齿萌出，7 ～ 12 岁。

少年期——从第二恒臼齿萌出结束到齿根发育完成，13 ～ 15 岁。

成年期——从第二恒臼齿齿根发育完成到骨骼骨化形成，约 16 ～ 20 岁。

按 Martin 的未成年分期，洋海 63 具头骨处在幼儿期的有 24 例，约占全部的 38.1%；处在儿童期的 32 例，约占 50.8；处在少年期的 7 例，约占 11.1%。这或可说明，洋海的未成年个体大部分夭折在幼儿期和童年期，两期死亡个体占全部的 88.9%。到少年期死亡的减少（11.1%）。

本文为了后边的年龄考察将洋海的未成年头骨只分为两个年龄段，即如前述的 1 ～ 7 岁组和 8 ～ 14 岁组。与上述 Martin 的年龄分组相比，1 ～ 7 岁组大致与 Martin 的幼儿组—童年组早期相当；8 ～ 14 岁组与 Martin 的童年组晚—少年组相当。之所以作这种更粗的二分组，目的是让每组的人骨例数都保持统计学上有一定价值的最小样本数（30 例左右）。这样的分组平均值或具有一定的代表性，对比起来也更方便一些。在名称上简化为"童年组"和"少年组"。依次划分，"童年组"共 29 例，"少年组"34 例，各占全部未成年个体的 46.0% 和 54.0%。

（三）头骨的测量

对未成年头骨的测量项目同成年头骨共 42 项（表 61），其中涉及直线和弧线长度的 24 项，角度 6 项；由直线测量计算的指数 12 项。但由于头骨保存完整程度不尽一致，因而在每具头骨上可供测量的项目也存在多少不一。例如 1 ～ 7 岁童年组测量项目中从最少 7 例到最多 29 例不等，平均 23.5 例；8 ～ 14 岁少年组中从 13 例到 33 例不等，平均 27.1 例。这些例数虽然不多，但大体接近统计学上选例最好不少于 20 ～ 30 例的小样本要求，有一定的可信度。应该指出，从一个考古遗址中能收集如本文报告的 63 具未成年头骨并非易事，至少在国内还没有见到如此或超过这一样本的报告。

（四）未成年组与成年组测量均值的比较

在表 63 中，列出了洋海未成年两组（分 1 ～ 7 岁的童年组和 8 ～ 14 岁的少年组）42 项测量的均值及相应测量的成年组均值。由于未成年头骨性别判定的困难，所以这些均值合理地包括男女性个体的合并值，成年组的各项均值也相应属于男女合并的均值。表 63 中右两列是两个未成年组测值对成年组同名测值的比例，用百分比（%）表示。从这些比例值可以看到头骨测量项目上的年龄变化速度。

（1）脑颅大小尺寸上的变化（依 1、8、17、CM、9、25、23、24 八项线度项目）

这些测量项目的绝对尺寸，童年组对成年组的比例在 93.6% ～ 97.8% 之间，平均 95.7%；少年组的相应比例是 96.1% ～ 98.5%，平均 97.2%。两者之间，除了颅矢状弧（25）比例相等外，其余各项都是从童年到少年进一步增大，反映了脑颅随年龄增大的正常生长。但两组之间的增大幅度并不大，对成年脑颅的比例都已经相当大，似乎给人的感觉是脑颅向成年方向变大的速度相

表 63　洋海未成年头骨测量均值及对成年均值的比例（％）

测量项目与代号	童年组（1～7岁）	少年组（8～14岁）	成年组（>15岁）	童年对成年比例（%）	少年对成年比例（%）
颅长（1）	168（28）	172.3（27）	179.5（413）	93.6	96.1
颅宽（8）	128.6（28）	130.3（28）	134.0（404）	96.0	97.2
颅高（17）	125.6（16）	128.2（25）	131.9（405）	95.2	97.2
颅粗壮度（CM）	141.7（16）	143.6（24）	148.4（395）	95.5	96.8
最小额宽（9）	87.0（29）	89.1（33）	90.9（415）	95.7	98.0
颅矢状弧（25）	357.9（25）	357.8（27）	367.5（402）	97.4	97.4
颅横弧（24）	301.6（26）	303.7（28）	308.3（391）	97.8	98.5
颅周长（23）	478.8（28）	488.7（27）	507.5（390）	94.3	96.3
颅基底长（5）	85.8（16）	92.5（25）	98.4（405）	87.2	94.0
面基底长（40）	77.9（14）	88.0（24）	92.1（362）	84.6	95.5
全面高（47）	87.7（19）	100.6（15）	113.9（221）	77.0	88.3
颧宽（45）	102.7（27）	115.8（27）	126.6（395）	81.1	91.5
面粗壮度（FM）	91.0（7）	101.4（12）	111.9（209）	81.3	90.6
上面高（48.sd.）	54.6（27）	62.5（32）	69.7（372）	78.8	89.7
中面宽（46）	77.9（25）	89.8（30）	95.0（398）	82.0	94.5
两框外缘宽（43（1））	83.1（28）	88.4（32）	94.9（413）	87.7	93.0
颧骨高（MH）左	35.0（28）	38.8（32）	42.2（406）	82.9	91.9
颧骨宽（MB'）左	18.6（27）	22.5（32）	23.8（405）	78.2	94.5
鼻宽（54）	20.4（28）	22.8（33）	24.7（413）	82.6	92.3
鼻高（55）	39.9（27）	46.6（32）	51.4（417）	77.6	90.7
鼻骨最小宽（SC）	7.8（28）	7.9（32）	8.3（421）	94.0	95.2
鼻骨最小宽高（SS）	2.5（25）	3.1（28）	3.6（411）	69.4	86.1
眶宽（51）左	36.0（28）	38.5（32）	41.2（411）	87.4	93.4
眶高（52）左	30.6（28）	31.1（32）	32.3（413）	94.7	96.3
额倾角（32）	93.1（26）	87.2（26）	82.2（396）	113.3	106.1
面角（72）	88.9（24）	85.3（26）	83.9（363）	106.0	101.7
齿槽面角（74）	87.9（24）	78.9（26）	76.4（356）	115.1	103.3
鼻尖角（75）	69.4（22）	63.0（21）	60.8（336）	114.1	103.6
鼻骨角（75（1））	19.8（21）	19.6（25）	24.0（318）	82.5	81.7
鼻颧角（77）	140.5（27）	140.3（32）	143.1（410）	98.2	98.0
颅指数（8：1）	76.6（28）	75.9（27）	74.7（403）	102.5	101.6
颅长高指数（17：1）	73.9（16）	74.5（24）	73.6（404）	100.4	101.2
颅宽高指数（17：8）	97.0（16）	98.2（25）	98.6（395）	98.4	99.6
额宽指数（9：8）	67.6（28）	68.6（28）	67.9（399）	99.6	101.0
面突度指数（40：5）	91.1（14）	94.9（24）	96.4（362）	94.5	98.4
鼻指数（54：55）	51.2（26）	49.2（32）	48.3（413）	106.0	101.9
鼻根指数（SS：SC）	31.7（25）	38.1（28）	43.9（411）	72.2	86.8

续表 63

测量项目与代号	童年组(1～7岁)	少年组(8～14岁)	成年组(>15岁)	童年对成年比例(%)	少年对成年比例(%)
眶指数(52∶51)左	85.0(28)	80.7(32)	78.4(409)	108.4	102.9
垂直颅面指数(48∶17)	45.1(15)	48.5(24)	52.8(358)	85.4	91.9
上面指数(48∶45)	53.3(26)	53.8(27)	55.2(351)	96.6	97.5
全面指数(47∶45)	86.1(18)	87.3(13)	90.1(216)	95.6	96.9
中面指数(48∶46)	70.7(24)	69.7(29)	73.5(216)	96.2	94.8

当快（与面颅尺寸相比，见下文），而且增幅也相对较均匀。

（2）面颅大小尺寸上的变化（依5、40、47、45、FM、48、46、43（1）八项线度项目）

这些面部测量项目的绝对尺寸，童年组对成年组的比例在77.0%～87.7%之间，平均82.5%；少年组的相应比例在88.3%～95.5%之间，平均92.2%。

（3）若将面颅的平均增大幅度（童年组为82.5%，少年组为92.2%），与脑颅相应的平均增大幅度（童年组为95.7%，少年组为97.2%）相比，明显比后者小，即童年组的面颅平均增长幅度小于相应童年的脑颅增长幅度（95.7%–82.5%=13.2%）；同样少年组的面颅平均增大幅度也小于相应少年组的脑颅增长幅度（97.2%–92.2%=5.0%）。两者的差异幅度仅在童年组比少年组更大。换句话说，在童年组的脑、面颅生长上，面颅比脑颅的长大慢得多，到少年组时依然保持面颅慢于脑颅的这一生长趋势，只不过其速度差比童年组变小而已。

（4）颧骨尺寸的变化（依MH、MB′）

颧骨高（MH）从童年经少年到成年的变化和前述面骨大小的变化基本相似，其高度上的增幅大、均匀，但不如脑颅尺寸那样快速接近成年尺度。颧骨宽（MB′）的增幅上，从童年到少年的变动幅度大于从少年到成年之间的幅度。

（5）鼻形测值上的变化（依54、55）

鼻形的宽（54）和高（55）尺寸的增长也如其他面颅的增长，只是鼻宽的速度稍快于鼻高的速度。

（6）鼻骨凸起的变化（依SC、SS）

鼻骨最小宽（SC）童年期几乎达到少年期；鼻骨最小宽高（SS）增长速度慢于最小宽（SC），且距成年更远。反映鼻骨最小宽和高向成年的增长幅度不尽一致。

（7）面部角度大小的变化（依32、72、74、75、75（1）、77）

①额倾角（32）代表前额向后上方倾斜程度。该角由童年经少年到成年逐渐变小，表示前额膨隆丰满程度由未成年到成年趋向弱化。

②面角（72）代表面部在矢状方向上突出的程度。该角也是由童年经少年到成年逐渐变小，表示面部矢向突度变大。

③齿槽面角（74）代表上齿槽向前突出的程度。该角同样从童年经少年到成年变小。表示上颌齿槽突度由未成年到成年变强。其变动过程由童年到少年的速度似明显大于从少年到成年。

④鼻骨矢向突起用鼻尖角（75）和鼻骨角（75（1））代表。鼻尖角（75）从童年经少年到成年变小。反映的是鼻尖在矢状面方向上的上翘程度，由未成年向成年的强化。鼻骨角（75（1））也大致如此，不过在童年期到少年期减少很微，相反从少年到成年期的增幅很大，这表示鼻骨向上抬升主要变化在少年到成年期之间实现。

⑤鼻颧角（77）代表上面鼻颧水平面上的面部向前突出的程度。该角由未成年到成年的增大幅度不大，反映面部在水平方向上前突（或扁平）程度在未成年时期已相当接近成年。

（8）指数上的变化（依8∶1、17∶1、17∶8、9∶8、40∶5、54∶55、SS∶SC、52∶51、48∶17、48∶45、47∶45、46∶45）：

①脑颅指数（8∶1、17∶1、17∶8、9∶8）从童年经少年到成年的两个时段的变化幅度都不大，且都相当接近成年的水平。其中仅颅指数（8∶1）随年龄的增大有些下降，意味着颅形的相对长化。颅长高指数（17∶1）则从童年到少年稍有升高，但相差幅度很小，到成年几仍与童年相等。总的来说该指数的年龄变化不大。颅宽高指数（17∶8）从童年到少年稍有升高，少年到成年仅微升或几乎相等。额宽指数（9∶8）也是从童年到少年略提升，到成年又降到与童年的水平。总的来讲，这些脑颅指数也可能反映某些颅形上的年龄变化，但变化幅度相对较小，其中可能感知的仅在颅指数（8∶1）的相对幅度不大的降低上。或许甚至可以说，以指数表达的脑颅类型上的变化比脑颅绝对尺寸上的变化还要更小一些。

② 面突度指数（40：5）反映面部上齿槽前突的程度，与面角（72）和齿槽面角（74）具有同类的意义。该指数从童年经少年到成年有增大的趋势，与面角（72）和齿槽面角（74）从未成年向成年的发展中相对降低的趋势相呼应。

③ 鼻指数（54：55）代表鼻形宽狭的相对程度。该指数从童年经少年到成年出现变小的趋势，反映由未成年到成年的相对鼻型变狭的变化。这种变化仅在童年到少年的时段较快一些。

④ 鼻根指数（SS：SC）代表鼻骨在最小宽处横截面的隆起程度。这种隆起程度从童年经少年到成年有明显增大的趋势，即由未成年的相对低隆起向高隆起方向的年龄变动很明显。

⑤ 眶指数（52：51）代表眶形的相对高低。该指数亦如鼻指数，由童年经少年到成年变小，即眶形存在从童年经少年到成年由高型化向低矮化的年龄变动。

⑥ 垂直颅面指数（48：17）代表颜面高对颅高的相对比例。该指数同样由未成年向成年有明显增大趋势，这和上面高（48）由未成年向成年增大的幅度大于颅高（17）的增大幅度有关。

⑦ 上面指数（48：45）、全面指数（47：45）和中面指数（46：45）大致都代表面部的相对宽窄程度。这些指数从童年经少年到成年基本上存在增大趋势，其增大幅度在童年到少年之间较小，少年到成年之间要大一些。这种指数的变化反映面型从未成年到成年向较为狭化的变动。

以上各项测量的年龄变动除逐一从表 63 提供的数据上可以看到，同时在图 50 上逐一表达出来，图上各项折线连接，细实线代表 1 ~ 7 岁的童年组，细虚线代表 8 ~ 14 岁的少年组，基准直线（100%）代表成年组均值。每项测量到基准直线的距离是各未成年对成年所占的百分比（%）。

（五）洋海未成年脑、面颅生长速度差异真实性分析

关于洋海未成年头骨脑、面颅生长速度上的差异是否具有个体发育上的真实性，能否得到其他地点骨骼测量学的支持需要作一些补充分析。可惜目前作过同类研究的材料不多，正式发表的仅有对宁夏固原开城东山坡元代墓地人骨资料可作对比[82]。此外本文收集了青海大通上孙家寨和循化阿哈特拉山两处墓地 14 具未成年头骨测量数据[23][83]，其中主要是卡约文化和少数汉代头骨（表 64）。这些头骨的年龄都在 7 ~ 14 岁之间，与洋海的少年组年龄段相同。同样测量数据的统计也是

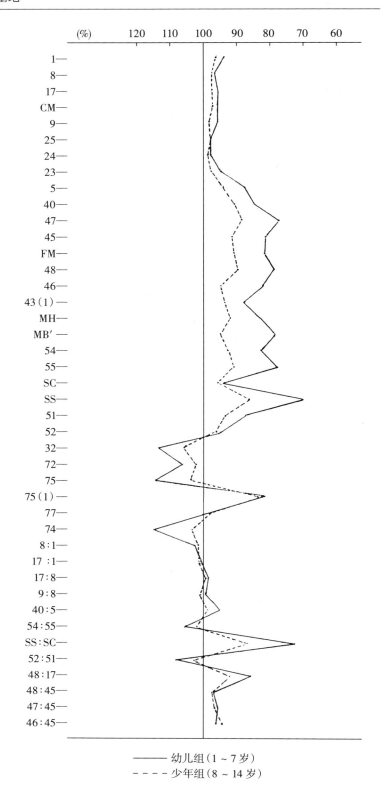

图 50　未成年脑、面颅测量年龄变化图

男女合并而未分性别组。

在表 65 中列出洋海、宁夏开城及青海上孙家（包括循化阿特拉山）几个墓的 15 项未成年（少年组）头骨测量的均值及相应各组的成年组均值。这些均值均也由男女合并计算的。同时列出了各组的未成年均值对相应成年组均值的百分比值。表 65 中测量项目中的颅长（1）、颅宽（8）、颅高（17）、颅矢状弧（25）、颅周长（23）、颅横弧（24）六项代表脑颅生长的指标；上面高（48）、

表 64　青海阿哈特拉山、上孙家未成年头骨（7～14 岁）个体测量表

	阿哈特拉山 M54 II 7～9	上孙家卡约 M1018 6～8	阿哈特拉山 M215 13～15	阿哈特拉山 M54 III 12～14	阿哈特拉山 M54 IV 12～14	上孙家卡约 M529 12～15	上孙家卡约 M531 13～15	上孙家卡约 M564 14～15	上孙家卡约 M967 13～14	上孙家卡约 M37 III 14～15	上孙家汉 M58 14～15	上孙家汉 M120 14±	上孙家汉 M137 13～14	上孙家汉 M159 14～15	n	M	σ
1 颅长	175.1	167	174.2	168.3	165.5	188.5	173	170.8	—	—	178.9	175.3	170.7	180.2	12	174.0	6.1
8 颅宽	138	133	134	139	132.5	145	134	133	—	—	133.5	137.6	137	134.2	12	135.9	3.5
17 颅高	135.5	122	131.5	131.3	124.5	139	136.5	129.4	148.5	—	134.8	137.4	130.6	142.8	13	134.1	6.9
CM 颅相对度	149.5	140.7	146.6	146.2	140.8	157.5	147.8	144.2	—	—	149.1	150.1	146.1	152.4	12	147.6	4.5
9 最小额宽	90	92.5	91	93.4	85	99.5	89.9	88.2	95	93	91.1	89	83	95.4	13	90.8	4.1
25 颅矢状弧	377	341	350	357	349	392	363	359	—	—	369	367.5	354.5	375	12	362.8	13.6
24 颅横弧	326	289	300	316	299	326	300	301	322	—	301	314	315	313	13	309.4	11.3
23 颅周长	499	482	489	491	475	536.5	490	484	—	—	493	494	488.5	503	12	493.8	14.7
5 颅基底长	89.3	88.5	97.4	92.9	90	102	93.3	93.8	—	—	95.4	94	87.2	92.2	11	93.1	4.1
40 面基底长	82.2	79	93.5	88	86.6	89.4	94.4	—	—	—	88.7	91.2	79.2	92.2	11	87.7	5.2
47 全面高	101.7	—	108.2	101.2	104.6	—	103	—	—	—	—	—	—	—	5	103.7	2.5
45 颧宽	111.5	116.8	121	117	116	—	114.4	120.6	—	—	121.8	—	119.6	129.9	10	118.9	4.8
FM 面相对度	98.5	—	107.6	102.1	102.4	—	103.9	—	—	—	—	—	—	—	5	102.9	2.9
48 上面高	61	63.5	67	64.5	67.5	74.8	62.9	—	74.1	75.8	61.1	63.4	68	72.8	13	67.4	5.1
46 中面高	85.2	84.7	95.2	91.9	93.4	—	85.1	—	103.4	105.4	97.8	89.4	88.6	98.6	12	93.2	6.7
43（1）两眶外缘宽	82.7	89.6	93	88.8	85.6	93.7	89.2	89.4	97.1	99	94.8	86.4	90.4	94.5	14	91.0	4.4
MH 颧骨高 左	36.5	37.3	42.7	37.5	39	—	38.3	41.4	42.5	43.7	41.5	41.4	40.6	44.2	13	40.5	2.4
右	38	39.6	42.9	39	40	—	38.5	—	43.3	44	41.2	40	40.7	44.3	12	41.0	2.1
MB' 颧骨宽 左	22.3	21.5	26	21.4	21.9	—	21.7	26	24.5	25.7	23.9	22.7	19.7	25.5	13	23.3	2.0
右	23.5	22.7	26.3	22.8	22.8	23.2	22.4	—	25.5	25.3	23.3	23.6	20	26.7	13	23.7	1.8
鼻宽	22	23.8	24	23.5	24.5	23	23.8	22	25	25.6	24.6	24	23.9	26.9	14	24.0	1.3
鼻高	44.2	49.3	49.3	48.4	50.2	55.8	47.8	—	51.3	58.4	41.5	49	49.2	55.3	13	50.0	4.4
SC 鼻骨最小宽	6.3	8.7	9	5.7	4.6	6.8	5.6	5.7	10.6	7.3	6.3	9.8	6.7	6	14	7.1	1.7
SS 鼻骨最小宽高	1.6	1.8	2.2	1.6	2.1	1.8	0.7	1.6	1.8	2.6	0	2	1.9	1.2	14	1.6	0.6
51 眶宽 左	36.3	38.2	40.9	39.5	38.8	39.3	37.3	38	42.1	42.4	39	37.5	40.4	41.2	14	39.4	1.8
右	37.1	37.6	40.8	38	38	40	38.7	37.2	42.4	44.5	40.2	37.8	41.3	41.4	14	39.6	2.2

续表64

	阿哈特拉山 M54Ⅱ 7~9	上孙家卡约 M1018 6~8	阿哈特拉山 M215 13~15	阿哈特拉山 M54Ⅲ 12~14	阿哈特拉山 M54Ⅳ 12~14	上孙家卡约 M529 12~15	上孙家卡约 M531 13~15	上孙家卡约 M564 14~15	上孙家卡约 M967 13~14	上孙家汉 M37Ⅲ 14~15	上孙家汉 M58 14~15	上孙家汉 M120 14±	上孙家汉 M137 13~14	上孙家汉 M159 14~15	n	M	σ
52 眶高　左	32.4	33.2	32.1	34.5	33.8	35.2	29.7	31.3	35.1	35.7	31.9	31.6	35.9	36.8	14	33.5	2.0
右	33	34	32.1	34	35	35.7	29.5	32.1	35	35.8	31.9	32.5	36.7	36.5	14	33.8	2.0
32 额倾角	97	85	81.5	92	84	90	91	86	77	–	90	84	93.5	82	13	87.2	5.4
72 面角	89	87	84	85	87	89.5	77.5	–	86	–	85	81	87	88	12	85.5	3.3
74 齿槽面角	90	80	82	76	87.5	93.5	64	–	78	–	92.5	77.5	85	86	12	82.7	7.9
75 鼻尖角	–	72	–	–	–	73	60	70	70	–	65.5	61.5	71.5	–	8	67.9	4.7
75（1） 鼻骨角	11.3	9.6	–	9.9	13.6	18.9	–	–	14.1	–	–	–	–	–	6	12.9	3.2
77 鼻颧角	139	144.7	143.9	151.5	152.1	146.3	140.7	148	145.4	145.7	140.4	144.9	149.1	144.2	14	145.4	3.7
8：1 颅指数	78.8	79.6	76.9	82.6	80.1	76.9	77.5	77.9	–	–	74.6	78.5	80.3	74.5	12	78.2	2.2
17：1 颅长高指数	77.4	73.1	75.5	78	75.2	73.7	78.9	75.8	–	–	75.3	78.4	76.5	79.2	12	76.4	1.9
17：8 颅宽高指数	98.2	91.7	98.1	94.5	94	95.9	101.9	75.8	–	–	101	99.9	95.3	106.4	12	96.1	7.2
9：8 额宽指数	65.2	69.5	67.9	67.2	64.2	68.6	67.1	66.3	64	–	68.2	64.7	60.6	71.1	13	66.5	2.7
40：5 面突度指数	92.1	89.3	96	94.7	96.2	87.6	101.2	–	–	–	92.8	97	90.9	–	10	93.8	3.8
54：55 鼻指数	49.8	48.3	48.7	48.6	48.8	41.2	49.8	–	48.7	43.8	59.3	49	48.6	48.6	13	48.7	3.9
SS：SC 鼻根指数	25.7	20.4	24.2	27.3	45.1	26.5	13	27.4	16.8	35.2	0	20.5	28.4	20.8	14	23.7	10.0
52：51 眶指数　左	89.3	86.9	78.5	87.3	87.1	89.6	79.6	82.4	83.4	84.2	81.9	84.3	88.6	89.3	14	85.2	3.5
右	89	90.4	78.7	89.5	92.1	89.3	76.2	86.3	82.5	80.7	79.4	85.8	88.9	88.2	14	85.5	4.9
48：17 垂直颅面指数	45	52	51	49.1	54.2	53.8	46.1	–	–	–	45.3	46.1	52.1	50.9	11	49.6	3.3
48：45 上面指数	54.7	54.4	55.4	55.1	58.2	–	55	–	–	–	50.2	–	56.9	56	9	55.1	2.1
47：45 全面指数	91.2	–	89.4	86.5	90.2	–	90	–	–	–	–	–	–	–	5	89.5	1.6
48：46 中面指数	71.6	75	70.4	70.2	72.3	–	73.9	–	71.7	–	62.4	70.9	76.7	73.8	11	71.7	3.5

表 65　洋海、开城、上孙家未成年和成年组 15 项脑、面颅测量均值及与成年均值之比例

	洋海 （未成年）	洋海（成年）	洋海未成年 /成年比例	开城 （未成年）	开城（成年）	开城未成年 /成年比例	上孙家 （未成年）	上孙家 （成年）	上孙家未成 年/成年比例
颅长（1）	172.3（27）	179.5（413）	96.0%	169.4（6）	173.6（29）	97.6%	174.0（12）	179.1（302）	97.2%
颅宽（8）	130.3（28）	134.0（404）	97.2%	138.9（6）	143.5（30）	96.8%	135.9（12）	137.8（301）	98.6%
颅高（17）	128.2（25）	131.9（405）	97.4%	130.1（6）	133.5（30）	97.5%	134.1（13）	134.6（283）	99.6%
颅矢状弧（25）	357.8（27）	367.5（402）	97.4%	357.9（6）	364.7（25）	98.1%	362.8（12）	368.4（276）	98.5%
颅周长（23）	488.7（27）	507.5（390）	96.3%	494.0（6）	509.3（27）	97.0%	493.8（12）	507.6（290）	97.3%
颅横弧（24）	303.7（28）	308.3（391）	98.5%	318.7（6）	320.6（27）	99.6%	309.4（13）	310.6（289）	99.6%
上面高（48）sd.	62.5（32）	69.7（372）	89.7%	63.3（7）	72.6（26）	87.2%	67.4（13）	74.1（267）	91.0%
全面高（47）	100.6（15）	113.9（221）	88.3%	103.8（6）	117.4（21）	88.4%	103.7（5）	120.0（124）	86.4%
颧宽（45）	115.8（27）	126.6（395）	91.5%	120.7（6）	133.0（28）	90.8%	118.9（10）	132.6（315）	89.7%
中面宽（46）	89.8（30）	95.0（398）	94.5%	90.7（6）	98.2（27）	92.4%	93.2（12）	100.8（291）	92.5%
两眶外缘宽 （43（1））	88.4（32）	94.9（413）	93.2%	89.4（7）	97.0（27）	92.2%	91.0（14）	95.6（307）	95.2%
鼻高（55）	46.6（32）	51.4（417）	90.7%	48.2（7）	53.9（29）	89.4%	50.0（13）	54.5（299）	91.7%
鼻宽（54）	22.8（33）	24.7（413）	92.3%	24.1（7）	26.6（28）	90.6%	24.0（14）	26.5（299）	90.6%
眶宽（51）左	38.5（32）	41.2（411）	93.4%	38.7（7）	42.3（28）	91.5%	39.4（14）	41.5（308）	94.9%
眶高（52）左	31.1（32）	32.3（413）	96.3%	34.3（7）	34.9（28）	98.3%	33.5（14）	34.7（306）	96.5%

注：①成年和未成年均值为男女合并；②未成年组指 8 ~ 14 岁或 7 ~ 14 岁的平均值；③上孙家组中包括阿哈特拉山卡约文化头骨。

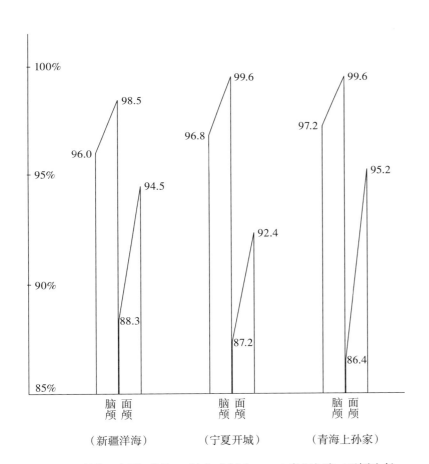

图 51　洋海、宁夏、青海三组未成年（8 ~ 14 岁组）脑、面颅生长
速度比较

表 66　洋海、开城、上孙家脑颅、面颅比例

	脑颅比例（%）	面颅比例（%）
洋海	96.0 ~ 98.5	88.3 ~ 94.5
开城	96.8 ~ 99.6	87.2 ~ 92.4
上孙家	97.2 ~ 99.6	86.4 ~ 95.2

全面高（47）、颧宽（45）、中面宽（46）、两眶外缘宽（43（1））代表面颅生长的指标。据计算脑颅大小六项和面颅大小五项未成年对成年所占的比例，三个墓地组的变动范围如表 66。

由这些数字可以看出，三个头骨组的脑颅和面颅大小上，未成年组对成年组的比例变动范围彼此不重叠，而且三个组的脑颅生长比例无例外地大于面颅生长的比例。用线图（图 51）表示的情况是三个组在面颅测量上未成年对成年比例的变动范围在图的右侧位置，而脑颅测量的同类比例的变动范围在图的左侧位置。在两者之间有明显的隔断而不彼此连接或重叠。此外，脑颅比例的变动值更靠近成年的界值（100%），面颅比例的变动值则明显比脑颅的更离成年的界值。因此有理由设想，脑颅和面颅尺寸从未成年向成年的生长上似乎并不匀速，即脑颅尺寸的生长比面颅更快速。这种现象至少在三个不同地点和不同时代甚至不同种族的头骨测量材料上都是共同的。

用脑颅粗壮度和面颅粗壮度（CM、FM）的比较也可获得相同的印象。所谓脑颅粗壮度（CM）是指颅长（1）、颅高（17）和颅宽（8）三项之和的三分之一值；面颅粗壮度（FM）指全面高（47）、颅基底长（5）和颧宽（45）三项之和的三分之一值。洋海、开城、上孙家三个组的未成年（少年组）对成年组的脑颅粗壮度的比例分别是96.7%、95.4%和98.1%；面颅粗壮度的相应比例分别是90.6%、87.7%和87.9%。由这两组数据也明显看出，无论是洋海、开城还是上孙家各组的脑颅粗壮度的未成年比例都无例外地大于相应同名组的面颅粗壮度的未成年比例。

此处所用的脑颅和面颅粗壮度比例计算公式如下：

$$脑颅粗壮度比例 R = \frac{未成年组颅长、颅宽、颅高三项之和的均值}{成年组颅长、颅宽、颅高三项之和的均值} \times 100\%$$

$$面颅粗壮度比例 R = \frac{未成年组全面高、面基底长、颧宽三项之和的均值}{成年组全面高、面基底长、颧宽三项之和的均值} \times 100\%$$

除了这三个头骨组的未成年对成年脑颅粗壮度比例都比相应同名头骨组的未成年面颅粗壮度的比例大以外，还可能注意到洋海的未成年面颅比例（90.6%）大于开城（87.7%）和上孙家（87.9%）的面颅比例。这一差异似乎暗示洋海未成年面颅比例的增长快于开城和上孙家的面颅比例的增长。如果考虑到洋海古代人群的形态测量学更接近于中亚的高加索人种，而开城和上孙家更接近于东亚的蒙古人种，或许在面颅的生长速度上也存在人类种群之间的差异。这个问题还有待更多材料验证。

（六）洋海、开城、上孙家未成年头骨测值上的脑面颅特征的比较

洋海墓地未成年头骨在测量值上与开城、上孙家的同龄头骨之间有没有值得注意的差别？如果有，这些差异是否具有种族意义？或者说种族之间的差异是否如成年头骨那样在未成年之间已经同等出现？这方面的考察研究至少在国内尚无人涉及。

表67中列出了洋海、开城和上孙家三组42项脑颅、面颅及指数的均值和统计例数。其年龄段大致如前指的8～14岁个体提供的统计均值。这些数据作为讨论的基础。彼此直接逐项的比较可注意以下几点：

（1）洋海的鼻根指数（SS：SC）为38.1，明显高于开城的19.5和上孙家的23.7。从鼻根的两项测量来看主要是洋海的鼻骨最小宽（SS）高3.1明显高于开城的

1.5和上孙家的1.6。

（2）洋海的眶指数（52：51）为80.7，明显低于开城的87.3和上孙家的85.2。这主要是洋海的眶高（52）31.1，明显低于开城的34.3和上孙家的33.5。

（3）洋海的鼻骨角（75（1））为19.6，鼻尖角（75）为63.0，与开城的18.0和67.6及上孙家的12.9和67.9之间也有较明显的差异。

（4）洋海的鼻颧角（77）140.3，开城的为144.0，与上孙家的145.4之间也存在4～5度的差别，其面部扁平度显得更小。

（5）颧骨的大小上（MH、MB′），洋海的宽度（MB′）22.5，和开城的22.1及上孙家的23.3差别不大。主要在颧骨的高度（MH）上，洋海的38.8比开城的41.6和上孙家的40.5较低。

（6）颧宽（45）上，洋海的115.8比开城的120.7及上孙家的118.9更狭。

（7）在颅形上，洋海的颅指数（8：1）为75.9，比开城的82.3及上孙家的78.2更小。

（8）在其他测项上，洋海与开城、上孙家的差异方向不大明确的，例如鼻形测项上，洋海的鼻高（55）和鼻宽（54）上皆稍小于开城和上孙家，其鼻指数（54：55）则在开城和上孙家之间；上面高（48）和全面高（47）都小于开城和上孙家，其上面指数（48：45）和全面指数（47：45）则在开城和上孙家之间；垂直颅面指数（48：17）也在开城和上孙家之间，更接近开城；颅宽高指数（17：8）和额宽指数（9：8）则较大于开城和上孙家；额倾角（32）略大于开城，与上孙家相等；而面角（72）则与开城和上孙家几乎相等；齿槽面角（74）是大于开城，小于上孙家。这些项目上的差异据现有的这些数据表现还难认定它们是否具有种族差异的倾向，需留待以后资料的积累才能进一步分析。

以上1～7点的分析比较是否就具有人群的种族差异性质，我们引述相应的未成年和成年组的数据进行观察比较（表68）。

从表68数据不难发现，本文所列洋海未成年均值与同年龄段开城和上孙家的均值之间的差异几乎就是洋海成年均值与开城、上孙家成年均值之间方向相同的差异。具体来说，鼻根指数未成年组38.1增大到成年组的43.9，后者也明显高出开城和上孙家成年组的均值；鼻骨最小宽高，由洋海未成年的3.1增高到成年的3.6，后者也同样明显高出成年的开城和上孙家的均值；眶指数则相反，洋海未成年的80.7降到成年的78.4，后者仍然保持了比开城和上孙家成年更低矮的眶指数；眶高也如

表 67　洋海、开城、上孙家未成年（8 ～ 14 岁）头骨测量均值比较

项目	洋海	开城	上孙家
颅长（1）	172.3±6.7（27）	169.4±8.2（6）	174.0±6.1（12）
颅宽（8）	130.3±4.5（28）	138.9±4.9（6）	135.9±3.5（12）
颅高（17）	128.2±5.7（25）	130.1±5.2（6）	134.1±6.9（13）
颅粗壮度（CM）	143.6±4.9（24）	146.1±3.8（6）	147.6±4.5（12）
最小额宽（9）	89.1±3.7（33）	91.7±1.2（6）	90.8±4.1（13）
颅矢状弧（25）	357.8±12.9（27）	357.9±1.6（6）	362.8±13.6（12）
颅横弧（24）	303.7±10.6（28）	318.7±9.8（6）	309.4±11.3（13）
颅周长（23）	488.7±14.4（27）	494.0±11.5（6）	493.8±14.7（12）
颅基底长（5）	92.5±4.4（25）	93.5±4.0（6）	93.1±4.1（11）
面基底长（40）	88.0±4.0（24）	88.0±2.5（6）	87.7±5.2（11）
全面高（47）	100.6±5.9（15）	103.8±6.4（6）	103.7±2.5（5）
颧宽（45）	115.8±5.3（27）	120.7±4.0（6）	118.9±4.8（10）
面粗壮度（FM）	101.4±4.2（12）	104.2±3.3（6）	102.9±2.9（5）
上面高（48）	62.5±3.5（32）	63.3±4.2（7）	67.4±5.1（13）
中面宽（46）	89.8±4.9（30）	90.7±4.2（6）	93.2±6.7（12）
两框外缘宽（43（1））	88.4±3.4（32）	89.4±2.1（7）	91.0±4.4（14）
颧骨高（MH）左	38.8±2.7（32）	41.6±2.6（6）	40.5±2.4（13）
颧骨宽（MB′）左	22.5±2.2（32）	22.1±2.7（6）	23.3±2.0（13）
鼻宽（54）	22.8±1.2（33）	24.1±1.5（7）	24.0±1.3（14）
鼻高（55）	46.6±3.0（32）	48.2±4.0（7）	50.0±4.4（13）
鼻骨最小宽（SC）	7.9±1.5（32）	7.6±1.8（7）	7.1±1.7（14）
鼻骨最小宽高（SS）	3.1±0.7（28）	1.5±0.7（7）	1.6±0.6（14）
眶宽（51）左	38.5±1.9（32）	38.7±2.1（7）	39.4±1.8（14）
眶高（52）左	31.1±2.1（32）	34.3±2.9（7）	33.5±2.0（14）
额倾角（32）	87.2±5.0（26）	85.3±3.4（6）	87.2±5.4（13）
面角（72）	85.3±3.3（26）	85.3±2.4（6）	85.5±3.3（12）
齿槽面角（74）	78.9±5.3（26）	76.5±3.8（6）	82.7±7.9（12）
鼻尖角（75）	63.0±3.8（21）	67.6±3.1（5）	67.9±4.7（8）
鼻骨角（75（1））	19.6±3.9（25）	18.0±6.8（4）	12.9±3.2（6）
鼻颧角（77）	140.3±3.9（32）	144.0±3.6（7）	145.4±3.7（14）
颅指数（8∶1）	75.9±3.3（22）	82.3±6.2（6）	78.2±2.2（12）
颅长高指数（17∶1）	74.5±3.3（24）	76.9±2.4（6）	76.4±1.9（12）
颅宽高指数（17∶8）	98.2±3.1（25）	93.8±5.3（6）	96.1±7.2（12）
额宽指数（9∶8）	68.6±2.4（28）	66.1±2.6（6）	66.5±2.7（13）
面突度指数（40∶5）	94.9±3.8（24）	94.3±3.6（6）	93.8±3.8（10）
鼻指数（54∶55）	49.2±3.8（32）	50.1±3.8（7）	48.7±3.9（13）
鼻根指数（SS∶SC）	38.1±8.7（28）	19.5±8.5（6）	23.7±10.0（14）
眶指数（52∶51）左	80.7±4.9（32）	87.3±3.9（7）	85.2±3.5（14）
垂直颅面指数（48∶17）	48.5±2.8（24）	48.1±2.9（6）	49.6±3.3（11）
上面指数（48∶45）	53.8±2.8（27）	51.8±2.8（6）	55.1±2.1（9）
全面指数（47∶45）	87.3±5.1（13）	86.0±4.5（6）	89.5±1.6（5）
中面指数（48∶46）	69.7±3.7（29）	71.3±4.1（6）	71.7±3.5（11）

表 68　洋海、开城、上孙家头骨测量数据比较

	未成年组			成年组		
	洋海	开城	上孙家	洋海	开城	上孙家
鼻根指数（SS：SC）	38.1	＞ 19.5	＞ 23.7	43.9	＞ 24.8	＞ 31.3
鼻骨最小宽高（SS）	3.1	＞ 1.5	＞ 1.6	3.6	＞ 1.9	＞ 2.2
眶指数（52：51）	80.7	＜ 87.3	＜ 85.2	78.4	＜ 82.6	＜ 83.7
眶高（52）	31.1	＜ 34.3	＜ 33.5	32.3	＜ 34.9	＜ 34.7
鼻骨角（75（1））	19.6	＞ 18.0	＞ 12.9	24.0	＞ 16.1	＞ 18.7
鼻尖角（75）	63.0	＜ 67.6	＜ 67.9	60.8	＜ 67.9	＜ 67.3
鼻颧角（77）	140.3	＜ 144.0	＜ 145.4	143.1	＜ 149.2	＜ 147.4
颧骨高（MH）	38.8	＜ 41.6	＜ 40.5	42.2	＜ 45.4	＜ 44.6
颧骨宽（MB′）	22.5	＞ 22.1	＜ 23.3	23.8	＜ 25.5	＜ 26.2
颧宽（45）	115.8	＜ 120.7	＜ 118.9	126.6	＜ 133.0	＜ 132.6
颅指数（8：1）	75.9	＜ 82.3	＜ 78.2	74.7	＜ 82.5	＜ 77.1

眶指数，未成年和成年洋海的高度都比未成年和成年的开城及上孙家的更高；鼻骨角则洋海未成年和成年的角都同样比相应的未成年和成年的开城及上孙家的更大；与此相应的鼻尖角洋海未成年和成年值都比开城和上孙家同龄组的更小；鼻颧角洋海的未成年到成年有些变大，但后者仍保持比同龄组的开城及上孙家明显更小均值；颧骨高上，洋海的成年值虽比未成年的增高，但同时与开城和上孙家同龄组的均值之间保持趋低矮的现象；颧骨宽上，洋海的成年组比未成年组的变宽，但比同龄的开城和上孙家的宽度更窄的差异（仅在未成年组上洋海的比开城的微宽 0.4 毫米，但仍比上孙家的狭 0.8 毫米）；颧宽上，洋海的成年值比未成年明显变宽，但同时比成年的开城和上孙家的颧宽更狭的距离；颅指数上，洋海的未成年指数到成年稍变小，但后者比同龄的开城与上孙家之间也保持更小的方向差。

由上可知，在上述的测值上，洋海的未成年和成年组之间在数据上有增或有减，但两者都与同龄的开城和上孙家两组之间基本上保持着相同的增减方向。如果将这些数值上的差异用形态学的文字记述，洋海头骨的少年时期便已经明显出现了与成年时期那样的综合特点，即比开城和上孙家的头骨相比，鼻骨横截面明显更隆起，鼻骨更上仰，眶形较矮化，颧骨更低狭，颧宽（即面宽）更窄，面部扁平度明显弱化，颅形有些更长化等。这样一些未成年期形态变异的方向显然与成年期的应该具有相同的种族特点。这种情况或至少反映了一般意义上的西方高加索种的形态学综合。这种综合特点既然在未成年时期便已确现，那么

这种从未成年到成年的传承与定型应该具有遗传价值，至少在上述举证的特征上应该如此。

（七）结果与讨论

本文用洋海墓地收集的 63 具未成年头骨（小于 14 岁）进行了测量。由于未成年头骨的性别异形特征发育得不强烈，准确认定每具头骨的性别有许多困难。因此对这组未成年头骨未做性别分组。在进行年龄变化的比较时，我们使用的成年组的数据也作了不分性别的一组数据。在本文实录的头骨登记中，未成年的实为 47 具，占该墓地全部 489 具头骨的 13.7%。根据牙齿萌发状态估计的个体年龄从刚出生不久的幼儿到童年和少年皆有，但一般不大于 15 岁。

为了进行比较的方便，本文将这些未成年个体划分为两个年龄组，即一组为 1 ~ 7 岁组共 29 例；另一组为 8 ~ 14 岁组共 34 例。两组的累计平均年龄分别为 4.8 岁和 11.4 岁。为叙述的方便，将前一组记为"童年组"，后一组为"少年组"。

对未成年头骨提供的测量数据共 42 项，其中线度（直线和弧线长）测量 24 项，角度测量 6 项，指数 12 项。用于对比的成年组也提供了相同项目和项数的测量数据。在与成年组比较时，主要取少年组的数据进行比对。在进行从童年组同成年组，少年组同成年组之间的成长比例的比较时，采用以成年组的数据为 100% 的比例为基准。考察结果摘录如下：

（1）八项脑颅线度测量（1、8、17、CM、9、25、

23、24）上，童年组对成年组的比例是 93.6% ~ 97.8% 之间，平均 95.7%。少年组对成年组的比例在 96.1% ~ 98.5% 之间，平均 97.2%。面颅八项的线度测量（5、40、47、45、FM、48、46、43（1））上，童年组对成年组的比例为 77.0% ~ 87.0% 之间，平均 82.5%。少年组对成年组的相应比例为 88.3% ~ 95.5%，平均 92.2%。根据这些比例数据的比较，一方面显示头骨的脑、面颅尺寸正常的由童年—少年—成年的增大生长外，还显示无论在童年段还是少年段，面颅的生长幅度要小于脑颅的生长幅度。换句话说，在个体发育上，脑颅向成年的增长速度大于面颅的速度。这一现象，本文作者在研究宁夏一处元代古墓地未成年头骨时指出过，但当时测量的未成年头骨例数为数不多。本文利用洋海更丰富的未成年头骨材料作同样的测试，获得了基本相同的结果。

（2）具体各项测量所见的年龄变化则简略如下：

①脑颅指数（8：1、17：1、17：8、9：8）的变化是颅指数（8：1）从童年—少年—成年稍有降低之势，但变化幅度不特别明显，即颅形的相对长度变化不甚强烈。颅长高指数（17：1）从童年、少年到成年的变化也不大，即颅形的相对高度在不同年龄段大致相当。颅宽高指数（17：8）从童年—少年稍有升高，到少年已与成年的基本相当。额宽指数（9：8）在三个年龄段也相差不大，仅童年—少年微升一个百分点，少年—成年则微落一个百分点不到。总的来讲，各项颅形的相对指数的年龄变化幅度不大，仅在相对长度上稍有增长之势，其他相对指数在未成年中已接近成年，变化不大。

②面部指数（48：45、47：45）的变化总的来讲从未成年向成年的逐渐增大，仅童年向少年的变升幅度略小于少年向成年的幅度。这两个指数从未成年向成年增大的结果显示面形向相对狭长化的方向发育。

③面部角度（32、72、74、75、75（1）、77）的变化是额倾角（32）向成年的方向变小，仅在童年—少年段的减小幅度比少年—成年时的变小幅度更明显。这种变化反映从未成年向成年额丰满度的减弱。面角（72）也是童年—少年的减小幅度稍大于少年—成年时的幅度，总的趋势是从未成年向成年的面部矢状方向更突出的变化。齿槽面角（74）也是由未成年向成年变小的变化，使上齿槽矢状方向变得更突出，仅在童年—少年减幅稍大于少年—成年的幅度。鼻骨尖角（75）也是从未成年—成年变小，使鼻尖上仰增强，其减幅在童年—少年时比少年—成年时更大。鼻骨角（75（1））在童年期到少年期没有明显差异，主要增大幅度发生在少年—成年时段。鼻颧角（77）的变化增大也是主要发生在少年—成年时段，

使面部扁平度稍增大。

④鼻部指数（54：55、SS ：SC）的变化是鼻指数（54：55）基本上是从未成年—成年变小，即示意鼻型相对狭化方向发育。鼻根指数（SS ：SC）则从未成年—成年增大很明显，示意鼻骨横截面变得更隆起。

⑤眶指数（52：51）的变动从未成年—成年降幅很明显，表明由未成年的相对高眶倾向低眶化方向发展。

⑥面突度指数（40：5）从未成年—成年有增大趋势，这与面角（72）和齿槽面角（74）随年龄降低相呼应。

⑦垂直颅面指数（48：17）的比例由未成年到成年向相对高化方向发育。

（3）将洋海未成年头骨测量值与宁夏开城、青海上孙家寨两组未成年头骨的测量值比较，其间有一组值得注意的差异存在，即洋海的鼻根指数明显比后两组的更高，眶指数更低，鼻骨角更大和鼻尖角更小，鼻颧角也更小，颧骨高也更低，颧宽更狭，颅指数也更小等。而洋海的成年组头骨与开城、上孙家寨两个成年组相比较，在上述未成年组之间的变差方向几乎相同。这证明洋海未成年头骨的种族测量形态已经形成了与成年组之间性质相同的变差，暗示这种种族组合特点具有遗传学价值。因此，这样一些组合特征即便在未成年头骨上也具有种族鉴别意义。

参考书目

［1］新疆文物考古研究所，吐鲁番地区文物局：《吐鲁番考古新收获——鄯善县洋海墓地发掘简报》，《吐鲁番学研究》2004 年第 1 期。

［2］韩康信：《丝绸之路古代种族研究》，新疆人民出版社，2009 年。

［3］韩康信：《新疆孔雀河古墓沟墓地人骨研究》，《考古学报》1986 年第 3 期。

［4］韩康信：《新疆哈密焉不拉克古墓人骨种系成分之研究》，《考古学报》1990 年第 3 期。

［5］韩康信：《阿拉沟古代丛葬墓人骨研究》，《丝绸之路古代居民种族人类学研究》，新疆人民出版社，1993 年。

［6］韩康信、张君、赵凌霞：《新疆和静察吾呼沟三号和四号墓地人骨种族特征研究》，《演化的证实———纪念杨钟健教授百年诞辰论文集》，海洋出版社，1997 年。

［7］韩康信：《新疆洛浦山普拉古代丛葬墓人骨的种系问题》，《人类学学报》1988 年第 3 期。

［8］韩康信、左崇新：《新疆洛浦桑普拉古代丛葬墓头骨的研究与复原》，《文物与考古》1987 年第 5 期。

［9］韩康信、潘其风：《新疆昭苏土墩墓古人类学材料的研究》，《考古学报》1987 年第 4 期。

［10］韩康信：《塔吉克县香宝宝古墓出土人头骨》，《新疆文物》1987 年第 1 期。

［11］韩康信：《新疆楼兰城郊古墓人骨人类学特征的研究》，《人类学学报》1986 年第 3 期。

［12］韩康信：《丝绸之路古代居民种族人类学研究》，新疆人民出版社，1993 年。

［13］韩康信、张君、赵凌霞：《察吾呼三号、四号墓地人骨的体质人类学

研究》，《新疆察吾呼——大型氏族墓地发掘报告》第一〇章，东方出版社，1999 年。

[14] 张帆：《中国古代人群的 mtDNA 多态性研究》，2005 年复旦大学生命科学院现代人类学研究中心博士学位论文。

[15] 徐智：《中国西北地区古代人群的 DNA 研究》，2008 年复旦大学生命科学院现代人类学研究中心博士学位论文。

[16] 墓葬分期资料是由新疆文物考古研究所的吕恩国整理提供的。

[17] Krogman WM. *The Human Skeleton in Forensic Medicine*. Charles C Thomas. Publisher, Springfield.Illinois. U.S.A., 1978（Third Printing）.

[18] 吴汝康、吴新智、张振标：《人体测量方法》，科学出版社，1984 年。

[19] 邵象清：《人体测量手册》，上海辞书出版社，1985 年。

[20] Brothwell DR. *Diging up Bones–The Excavation,Treatment and Study of Human Skeletal Remains*. Printed by Order of the Trustees of the British Museum,1963.London.

[21] 瀬田季茂、吉野峰生：《白骨死体的鉴定》，令文社，1990 年。

[22] 刘铮、邬沧萍、查瑞传编：《人口统计学》，中国人民大学出版社，1981 年。

[23] 韩康信、谭婧泽、张帆：《中国西北地区古代居民种族研究》，复旦大学出版社，2005 年。

[24] 北京医学院主编：《口腔组织病理学》，人民卫生出版社，1979 年。

[25] 铃木隆雄：《日本人骨から见た——古病理学が语る历史》，讲谈社，1998 年。

[26] Steinbock RT and Stewart TD. *Paleopathological Diagnosis and Interpretation—Bone Diseases in Ancient Human Populations*. Chapter Ⅶ, 239-248. Charles C Thomas. Publisher, Springfield. Illinois. U.S.A. 1976（注：本报告中国外对眼窝筛的调查及病因学说是由本条文献转引的，原始文献不再一一列出）。

[27] 尚虹、韩康信：《山东新石器时代人类眶顶筛孔样病变》，《第八届中国古脊椎动物学学术年会论文集》，海洋出版社，2001 年。

[28] 中国烹饪协会美食营养专业委员会编著：《完全营养手册》，北京出版社，2005 年。

[29] 同［26］Chapter X,374-384（注：本报告中对这一癌症资料转引自本条文献。还可参考文献［25］）。

[30] 同［20］Chapter Ⅴ.162-170。

[31] 藤田恒太郎、桐野忠大：《齿の解剖学》第Ⅵ章第 137 ~ 166 页，第 21 版，金原出版株式会社，1976 年。

[32] 赤井三千男编著：《齿の解剖学入门》第 5 章第 131 ~ 148 页，医齿药出版株式会社，1990 年。

[33] 同［20］Chapter IV.122-126。

[34] 同［20］Chapter IV.126-130。

[35] 韩康信、谭婧泽、何传坤：《中国远古开颅术》，复旦大学出版社，2007 年。

[36] Margetts EL. Trepanation of the Skull by the Medicine-men of Primitive Cultures, with Particular Reference to Present-day Native East African Practice. *Diseases in Antiquity, A Survey of the Diseases, Injuries and Surgery of Early Populations*. Charles C Thomas, Publisher, Springfield, Illinois, U.S.A.,1967（53）：673-701.

[37] 韩康信：《新疆古代居民的种族人类学研究》，《十世纪前的丝绸之路和东西文化交流——沙漠路线考察乌鲁木齐国际讨论会》，新世界出版社，1996 年。

[38] Turner CG Ⅱ, Nichol CR and Scott GR. Scoring Procedures for Key Morphological Traits of Pernament Dentition: the Arizona University Dental Anthropology System. In: Kelley, M.A. and Larsen, C.S. eds. *Advances in Dental Anthropology*, New York: Wiley-Liss, 13-31, 1991.

[39] Scott GR and Turner CG Ⅱ. *The Anthropology of Modern Human Teeth—Dental Morphology and its Variation in Recent Human Popultions*.

Cambridge University Press, 1997.

[40] 埴原和郎：《绳文人と渡来人による " 二重构造 "》，《最日本文化起源论—弥生のルーツを大陆に探る》，学习出版社，1990 年。

[41] Turner CG Ⅱ. Dental Evidence on the Origins of the Ainu and Japanese. *Science*, 193: 911-913. 1976.

[42] 韩康信：《山东临淄周—汉代人骨体质特征研究与西日本弥生时代人骨之比较》，《渡来系弥生人のⅣ一ツを大陆にさぐる》，株式会社，2000 年。

[43] 真锅义孝、六反田笃：《山东省汉代墓および大汶口期墓出土人骨の齿冠と齿根の非计测的形质》，《渡来系弥生人のⅣ一ツを大陆にさぐる》，株式会社，2000 年。

[44] Hiroki Oota, Naruya Saitou, Takayuk. *Matsushita et al.Molecular Genetic Analysis of Remains of a 2000-year Human Population in China and its Relevance for the Origin of the Modern Japanese Population*. Am.J.Hum. Genet., 1999, 64: 250-258.

[45] Li Wang, Hiroki Oota, Naruya Saitou et al. *Genetic Structure of a 2500-year-old Human Population in China and its Spatiotemporal Changes*.Mol.Biol.Evol. 2000, 17(9): 1396-1400.

[46] Turner CG Ⅱ and Scott GR. Dentition of Easter Islanders. In: Dahl-berg and Graber TM eds. *Orofacial Growth and Development*. The Hague: Mounton, 1977, 229-249.

[47] Turner CG Ⅱ. Expression Count: A Method for Calculating Morphological Dental Trait Frequencies by Using Adjustable Weighting Coefficients with Standard Ranked Scales. Am.J. *Phys. Anthrop*. 1985, 68: 263-267.

[48] Scott GR. Dental Morphology: a Genetic Study of American White Families and Variation in Living Southwest Indians. PhD dissertation, Department of Anthropology, Arizona State University, Tempe. 1973.

[49] Turner CG Ⅱ and Hanihara K. Additional Features of the Ainu Dentition. V.Peopling of the Pacific.Am. J. *Phys. Anthrop*. 1977, 46: 13-24.

[50] Turner CG Ⅱ. Late Pleistocene and Holocene Population History of East Asia Based on Dental Variation. Am. J. *Phys. Anthrop*. 1987, 73: 301-321.

[51] Manabe Y Rokutanda A and Kitagawa Y. Nonmetric Tooth Crown Traits in the Am: Tribe, Taiwan Aborigines: Comparisons with East Asian Populations. *Human Biology*, 1992, 64: 717-726.

[52] Mayhall JT, Saunders SR and Belier PL. The Dental Morphology of North American Whites: a Reappraisal. In Teeth: Form,Function and Evolution, ed.B.Kurtén, New York: Columbia University Press, 1982, 245-258.

[53] Zubov AA and Khaldeeva NI. *Ethnic Odontology of the USSR*. Moscow: Nauka（In Russian）.

[54] 杨希枚：《河南安阳殷墟墓葬中人体骨骼的整理和研究》，《史语所集刊》第 42 本，1970 年。

[55] 韩康信、潘其风：《安阳殷墟中小墓人骨的研究》，《安阳殷墟头骨研究》，文物出版社，1985 年。

[56] Pearson K. Homogeneity and Heterogeneity in Colletions of Crania. *Biometrika*, Vol.2. No.3: 345-347, 1903.

[57] Morant GM. A First Study of the Tibetan Skull. *Biometrika*. Vol.14: 222.

[58] Howells WW. The Early Christian Irish: The Skeletons at Gallen Priory, Proceedings of the Royal Irish Academy, C.No.3: 103-219.

[59] Chi Li. Notes on Some Metrical Characters of Calvaria of the Shang Dynasty Excavated from Houchiachuang, Anyang.《"中研院"院刊》第一辑，1954 年，台湾。

[60] 韩康信、潘其风：《殷墟祭祀坑人头骨的种系》，《安阳殷墟头骨研究》，文物出版社，1985 年。

[61] Black DA. Study of Kansu and Honan Aeneolithic Skulls and Specimens from Later Kansu Prehistoric Sites in Comparison with North China and other Recent Crania. *Palaeont. Sinica*, Ser. D. Vol.1: 1-83. 1928.

［62］Morant GM. A Study of the Australian and Tasmanian Skulls, Based on Previously Published Measurements. *Biometrika*, 19（3-4）: 24-440, 1927.

［63］Bonin G. On the Craniology of Oceanic, Crania from New Britain. *Biometrika*, 28（1-2）: 124-147, 1936.

［64］Рогинскцй ЯЯ. и Левин, М. Г. Основы Антрологии. Иэдатель-ство Московского Университета, 1955, Москва.

［65］韩康信：《青海循化阿哈特拉山古墓人骨研究》，《考古学报》2000年第3期。

［66］颜闾：《甘肃齐家文化墓葬中头骨的初步研究》，《考古学报》1955年第9期。

［67］韩康信：《宁夏彭堡于家庄墓地人骨种系特点之研究》，《考古学报》1995年第1期。

［68］韩康信、谭婧泽：《宁夏古人类学研究报告集》，科学出版社，2009年。

［69］韩康信、谭婧泽、王玲娥：《宁夏吴忠西郊唐墓人骨鉴定研究》，《吴忠西郊唐墓》，文物出版社，2006年。

［70］韩康信、张君：《陕西神木大保当汉墓人骨鉴定报告》，《神木大保当——汉代城址与墓葬考古报告》，科学出版社，2001年。

［71］潘其风：《上马墓地出土人骨的初步研究》，《上马墓地》，文物出版社，1994年。

［72］Гинзбург ВВ. и Трофимова ТА. Палеоантропология Средней Азии, издательство «Наука», 1997, Москва.

［73］同［72］Таблица 4.

［74］Гинзбург ВВ. Антропопогическая Характеристика Сасов Южного Памира. Краткие Сообщения Института Истории Материальной Культуры. Вып. 80. стр. 26-39. 1960.

［75］Исмагулов О. Палеоантропология Казахстана Эпохи Бронзы. Труды Института Истории Археологии и Этнографии, Том, 18, стр. 153-173, 1963.

［76］Дебец Г Ф. Палеовнтропология СССР. Труды Института Этно-графии, Т. IV, М.-Л., 1948, Москва.

［77］Чебоксаров НН. Етническэя Антропология Китая, Издательство Наука, 1982, Москва.

［78］Dodo, Yukio. Supraorbital Foramen and Hypoglossal Canal Bridging: The Two Most Suggestive Nonmetric Cranial Traits in Discriminating Major Racial Groupings of Man. *Journal of the Anthropological Society of Nippon*, Vol.95, No.1, PP.19-35, 1987.

［79］谭婧泽：《中国古代人骨眶上孔和舌下神经管二分发生率的调查与日本人起源问题的讨论》，《人类学学报》第21卷第1期，2002年。

［80］吴汝康、吴新智、张振标：《人体测量方法》，科学出版社，1984年。

［81］Martin S. *Lehrbuch der Anthropologie*. Bd.T. Custav Fisher Verlag Stuttagart. 1957。

［82］韩康信：《固原开城元代和闽宁村西夏未成年头骨的测量观察》，《旧石器时代论集——纪念水洞沟遗址发现八十周年》，文物出版社，2006年；《宁夏古人类学研究报告集》第28～297页，科学出版社，2009年。

［83］韩康信：《青海循化阿哈特拉山古墓地人骨研究》，《考古学报》2000年第3期。

附录　头骨测量说明

头骨测量在人类学上有专门的仪器，最常用的有线度测量的双脚规（Sliding caliper）、弯脚规（Spreading caliper）、三脚平行规（Coordinate caliper, Parellelometer）、软尺等。角度测量最常用的是摩里逊定颅器（Mollison's craniophor）和量角器（Attachable goniometer）。这些仪器是本报告中使用的必不可少的几件。还有一些其他的测量器绘制头骨轮廓图的描绘器等不一一列举。

头骨上的线度测量比较简单，可用双脚规、弯脚规和软尺等直接按规定测点的距离从仪器上获得直线或弧线的长度。角度的测量比较复杂，需要先把头骨固定在特定的水平面上，即法兰克福平面（Frankfort plane），又称眼耳平面。这个平面是由左右耳门上缘点（Porion）和眼眶下缘点（Orbitale）来决定的。但由于头骨往往不完全对称，耳门上缘点和眼下缘点（四个点）常不在一个水平上，因此在实际定位时通常取左右耳门上缘点和左侧眶下缘点三个点决定平面。有时左侧眶下缘点破损时，便取右侧眶下缘点代替。这种头骨的水平定位大体上与人体自然直立时两眼平视正前方的头部位置相一致。定位仪器即摩里逊定颅器。头骨上测点的规定可参照头骨测量手册。主要测点见示意图。

下边是本报告所用各项测量的规定说明。每项括号中的数码为马丁教课书上的测量编号，字母为生物测量学缩写号。

颅长（g-op）（1）——眉间点g到枕部最后突点op。

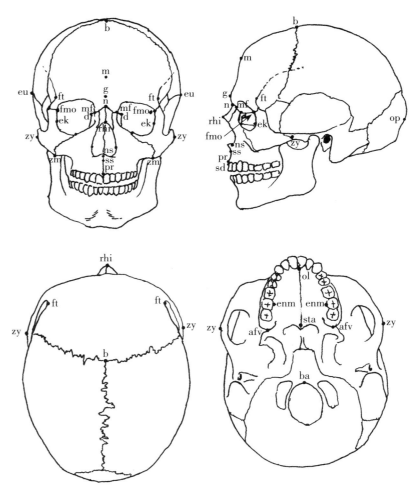

主要测点示意图

颅宽（eu-eu）（8）——头骨顶骨上最大的水平宽。

颅高（ba-b）（17）——颅底点 ba 到前囟点 b 的直线高度。

耳上颅高（po-v）（21）——两侧耳门上缘点连线（po-po）上到正中矢状面上 V 点的垂直高。头骨要定位于法兰克福平面上。

最小额宽（ft-ft）（9）——额骨左右额颞点 ft 之间的距离。

颅矢状弧（arc n-o）（25）——鼻根点 n 到枕大孔后缘点 o 在正中矢状面上的弧长。

颅周长（23）——通过眉间点 g 和颅后点 op 的颅周围长。如头骨眉弓很粗突时，可在 g 点上方绕过。

颅横弧（arc po-po）（24）——外耳门上缘点 po 跨过前囟点 b 再到对侧耳门上缘点的弧长。

颅基底长（n-ba）（5）——鼻根点 n 到颅底点 ba 的直线长。

面基底长（ba-pr）（40）——枕大孔前缘点 enba 到上齿槽前缘点 pr 之长。

上面高（n-pr）（48）——鼻根点 n 到上齿槽前缘点 pr 之高。

上面高（n-sd）（48）——鼻根点 n 到上齿槽前缘最下点 sd 之高。

全面高（n-gn）（47）——鼻根点到下颌颏下点 gn 之长。

颧宽（zy-zy）（45）——左右颧点 zy 之间的宽度。

中面宽（zm-zm）（46）——左右颧颌点 zm 之间的宽度。

颧颌点间高（sub.zm-ss-zm）——鼻棘下点 ss 到中面宽 zm-zm 上的垂高。

两眶外缘宽（fmo-fmo）（43（1））——左右额颞眶点 fmo 之间的宽度。

眶外缘间高（sub.fmo-n-fmo）——鼻根点至两眶外缘点宽 fmo-fmo 上之高度。

眶中宽（O₃）——颧颌缘与眶下缘交点 or 之间的宽度。

鼻尖高（SR）——鼻尖点 rhi 到眶中宽间的高度。

眶间宽（mf-mf）（50）——左右上颌额点 mf 之间的宽。

眶内缘点间宽（d-d）（DC）——左右眶内缘点 d 之间宽。

鼻梁眶内缘宽高（DS）——眶内缘点间宽到鼻梁上最小的矢高。

颧骨高（fmo-zm）（MH）——眶外缘点 fmo 到颧颌点 zm 的高度。

颧骨宽（zm-rim orb.）（MB′）——颧颌点 zm 到眶下缘最小的宽度。

鼻宽（NB）（54）——梨状孔的最大宽度。

鼻高（n-ns）（55）——鼻根点 n 到鼻棘点 ns 的高度。

鼻骨最小宽（SC）（57）——两侧鼻颌缝之间的最小距离。

鼻骨最小宽高（SS）——鼻骨正中线上至鼻骨最小宽上的最小矢高。

眶宽（mf-ek）（51）——从眶内缘点 mf 到眶外缘点 ek 之间的宽度。

眶高（O₂）（52）——与眶宽垂直的眶口最大高度。

齿槽弓长（pr-alv）（60）——上齿槽前缘点 pr 到左右上齿槽后点 alv 连线上的垂直距离。

齿槽弓宽（ekm-ekm）（61）——左右上齿槽突最外侧点 ekm 之间的宽度。

腭长（ol-sta）（62）——上腭口点 ol 到口后点 sta 之间的长度。

腭宽（enm-enm）（63）——左右上腭第二臼齿齿槽内缘中点 enm 之间的宽度。

颅粗壮度（CM）——颅长（1）、颅宽（8）和颅高（17）三直径之和除以 3。

面粗壮度（FM）——面基底长（40）、全面高（47）和颧宽（45）三直径之和除以 3。

下颌髁间宽（cdl-cdl）（65）——左右下颌髁突外侧点 cdl 之间的宽度。

鼻骨长（n-rhi）（NL）——鼻根点 n 到鼻尖点 rhi 之间的直线长。

鼻尖齿槽长（rhi-pr）——鼻尖点 rhi 到齿槽前缘点 pr 的距离。

额倾角（n-m-FH）（32）——鼻根点 n 与额中点 m 连线与法兰克福平面之交角。

面角（n-pr-FH）（72）——鼻根点 n 与齿槽前缘点 pr 连线同法兰克福平面之交角。

鼻面角（n-ns-FH）（73）——鼻根点 n 与鼻棘点 ns 连线与法兰克福平面之交角。

齿槽面角（ns-pr-FH）（74）——鼻棘点 ns 与齿槽前缘点连线与法兰克福平面之交角。

鼻颧角（fmo-n-fmo）（77）——此角的顶点在鼻根点 n，两个边分别与两侧的眶额颧点 fmo 相连，测得 n 顶点的角度。

颧上颌角（zm-ss-zm）（ZM∠）——此角的尖端在鼻棘下点 ss，两边分别与两侧的颧颌点 zm 相连，测得

ss 为顶点的角度。

鼻尖角（n-rhi-FH）（75）——鼻根点 n 与鼻尖点连线同法兰克福平面的交角。

鼻骨角（rhi-n-pr）（75（1））——以鼻根点 n 为顶点分别与鼻尖点 rhi 和齿槽前缘点 pr 连线所交的角。

颅指数（8：1）——颅宽（8）除以颅长（1）的百分比。

颅长高指数（17：1）——颅高（17）除以颅长（1）的百分比。

颅长耳高指数（21：1）——耳上颅高（21）除以颅长（1）的百分比。

颅宽高指数（17：8）——颅高（17）除以颅宽（8）的百分比。

颅面粗壮指数（FM：CM）——面粗壮度（FM）除以颅粗壮度（CM）的百分比。

鼻指数（54：55）——鼻宽（54）除以鼻高（55）的百分比。

鼻根指数（SS：SC）——鼻骨最小宽高（SS）除以鼻骨最小宽（SC）的百分比。

眶指数（52：51）——眶高（52）除以眶宽（51）的百分比。

垂直颅面指数（48：17）——上面高（48-sd）除以颅高（17）的百分比。

上面指数（48-sd：45）——上面高（48-sd）除以颧宽（45）的百分比。

全面指数（47：45）——全面高（47）除以颧宽（45）的百分比。

中面指数（48-sd：46）——上面高（48-sd）除以中面宽（46）的百分比。

额宽指数（9：8）——最小额宽（9）除以颅宽（8）的百分比。

面突度指数（40：5）——面基底长（40）除以颅基底长（5）的百分比。

眶间宽高指数（DS：DC）——鼻梁眶内缘宽高（DS）除以眶内缘点间宽（DC）的百分比。

额面扁平度指数（SN：OB）——鼻根高（SN）除以眶额颧点间宽（OB）的百分比。

鼻面扁平指数（SR：O_3）——鼻尖高（SR）除以眶中宽（O_3）的百分比。

腭指数（63：62）——腭宽（63）除以腭长（62）的百分比。

齿槽弓指数（61：60）——齿槽弓宽（61）除以齿槽弓长（60）的百分比。

面高髁宽指数（48-sd：65）——上面高（48-sd）除以下颌髁间宽（65）的百分比。

附表 1　早期头骨个体测量表及平均值和标准差

（长度单位：毫米，角度：度，指数：百分比）

代号	测量项目	IM5：A ♂	IM5：B ♂	IM6：B ♂	IM8 ♂	IM8 ♂	IM8：A ♂？	IM12：A ♂	IM12：B ♂	IM12：C ♂
1	颅长（g-op）	180.0	183.5	165.0	191.0	–	187.0	195.0	190.5	191.0
8	颅宽（eu-eu）	124.5	132.0	128.0	141.0	–	141.0	136.0	132.0	137.0
17	颅高（ba-b）	136.0	137.0	123.0	141.5	–	127.0	141.0	135.5	134.0
21	耳上颅高（po-v）	110.5	112.0	106.3	119.0	–	109.0	122.0	117.0	113.2
9	最小颅宽（ft-ft）	84.3	84.1	84.1	102.1	–	83.0	90.2	88.5	99.6
25	颅矢状弧（arc n-o）	346.5	368.5	338.0	385.0	–	360.0	404.0	380.0	378.0
23	颅周长（眉上方）	500.0	503.0	465.0	533.0	–	523.0	535.0	520.0	531.0
24	颅横弧（arc po-po）	294.0	303.0	292.0	324.0	–	309.0	326.0	313.0	315.0
5	颅基底长（n-ba）	112.2	106.3	91.0	109.2	–	100.8	99.8	106.4	105.0
40	面基底长（ba-pr）	104.6	98.0	83.7?	100.6	–	95.1	–	104.3	104.5
48	上面高（n-sd）	70.9	71.4	–	73.2	62.6	82.0	–	74.2	–
	（n-pr）	68.0	67.5	58?	71.4	61.0	77.6	–	71.2	66.6?
47	全面高（n-gn）	112.8	120.5	97.8	119.0	–	–	121.3	–	113.4
45	颧宽（zy-zy）	130.0	132.4	120.0	138.1	–	134.6	132.8	138.4	138.4
46	中面宽（zm-zm）	95.0	94.2	88.5	99.0	90.6	–	98.4	106.1	94.1
	颧颌点间高（sub.zm-ss-zm）	24.5?	24.0	22.6	26.5	24.1	–	30.4	26.5	29.0
43（1）	两眶外缘宽（fmo-fmo）	97.1	93.3	89.0	101.7	92.4	95.6	101.0	101.0	102.4
	眶外缘间高（sub.fmo-n-fmo）	18?	15.9	16.2	19.9	17.6	16.5	19.3	17.9	18.5
O₃	眶中宽	50.0	44.8	–	55.6	46.7	58.6	63.8	57.5	49.3
SR	鼻尖高	23?	18.7	–	23.5	15.9	–	19.8	21.6	–
50	眶间宽（mf-mf）	20.1	17.5	18.8	22.5	16.9	17.2	20.7	19.7	20.0
DC	眶内缘点间宽（d-d）	22.6	18.6	19.7	23.2	20.0	22.4	22.8	23.4	23.9
DS	鼻梁眶内缘宽高	12.8?	8.5	12.0	12.0	9.2	11.0	11.7	14.8	13.4
MH	颧骨高（fmo-zm）左	40.0	43.8	35.1	44.8	42.4	–	42.7	47.0	42.8
MB′	颧骨宽（zm-rim orb.）左	20.1	27.4	18.6?	24.4	24.7	–	26.1	27.6	28.1
54	鼻宽	23.4	24.6	25.2	27.8	22.6	28.3	29.0	29.0	26.4
55	鼻高（n-ns）	54.2	52.2	47.1	55.0	46.0	58.6	54.3	55.0	50.4
SC	鼻骨最小宽	8.3	8.2	9.0	10.7	8.4	6.6	12.0	7.8	8.2
SS	鼻骨最小宽高	3.6	5.4	3.9	5.1	2.6	2.7	5.3	4.7	4.1
51	眶宽（mf-ek）左	42.3	40.0	38.5	43.0	41.0	42.3	44.7	44.9	42.1
52	眶高 左	32.0	31.0	–	33.1	31.1	37.5	32.0	35.0	26.7
60	齿槽弓长	55.0	53.3	43?	54.0	48.9	52.7	–	57.8	58.9?
61	齿槽弓宽	65.1	64.3	–	64.3	63.4	63.3	–	–	64.6?
62	腭长（ol-sta）	46.7	43.7	39.3?	49.4	43.2	45.6	–	50.2	51?

代号	测量项目	IM5：A ♂	IM5：B ♂	IM6：B ♂	IM8 ♂	IM8 ♂	IM8：A ♂？	IM12：A ♂	IM12：B ♂	IM12：C ♂
63	腭宽（enm-enm）	41.1	43.9	–	41.2	40.8	40.0	42.6	–	41.4?
CM	颅粗壮度〔（1+8+17）/3〕	146.8	150.8	138.7	157.8	–	151.7	157.3	152.7	154.0
FM	面粗壮度〔（40+47+45）/3〕	115.8	117.0	100.5	119.2	–	–	–	–	118.8?
65	下颌髁间宽	115.8	114.7	106.5	123.0	114.0	–	125.2	–	116.4
	鼻骨长（n-rhi）	26.2	24.1	19.4	27.6	16?	–	23.1	25.3	–
	鼻尖齿槽长（rhi-pr）	46.1	47.5	41.9	49.4	45.5	–	–	51.8	–
32	额倾角（n-m-FH）	77.0	83.0	84.0	79.0	–	70.5	83.0	79.0	79.5
72	面角（n-pr-FH）	84.5	88.5	87.5?	87.5	–	89.5	–	85.5	–
73	鼻面角（n-ns-FH）	87.0	90.5	86?	88.0	–	90.0	83.0	87.0	80.5
74	齿槽面角（ns-pr-FH）	76.5	78.0	–	85.0	–	85.0	–	82.5	–
77	鼻颧角（fmo-n-fmo）	139.5	142.2	141.1	137.3	137.9	143.0	138.0	142.4	140.5
ZM∠	颧上颌角（zm-ss-zm）	127.2	126.7	124.5	123.1	129.2	–	117.3	126.7	118.5
ZM₁∠	颧上颌角（zm1-ss-zm1）	133.0	128.8	131.8	131.7	134.0	–	122.1	133.7	125.7
75	鼻尖角（n-rhi-FH）	57.5	62.0	57.5	56.5	–	–	58.5	51.5	–
75（1）	鼻骨角（rhi-n-pr）	15.7	27.7	28.1	29.8	12.4	–	–	32.9	–
8：1	颅指数	69.2	71.9	77.6	73.8	–	75.4	69.7	69.3	71.7
17：1	颅长高指数	75.6	74.7	74.5	74.1	–	67.9	72.3	71.1	70.2
21：1	颅长耳高指数	61.4	61.0	64.4	62.3	–	58.3	62.6	61.4	59.3
17：8	颅宽高指数	109.2	103.8	96.1	100.4	–	90.1	103.7	102.7	97.8
FM：CM	颅面粗壮指数	78.9	77.6	72.5	75.5	–	–	–	–	77.1
54：55	鼻指数	43.2	47.1	53.5	50.5	49.1	48.3	53.4	52.7	52.4
SS：SC	鼻根指数	43.4?	65.9?	43.3?	47.7	31.0	40.9	44.2	60.3	50.0
52：51	眶指数 左	75.7	77.5	–	77.0	75.9	88.7	72.0	78.0	63.4
48：17	垂直颅面指数 sd	52.1	52.1	–	51.7	–	64.6	–	54.8	–
48：45	上面指数 sd	54.5	53.9	–	53.0	–	60.9	–	53.6	–
47：45	全面指数	86.8	91.0	81.5	86.2	–	–	91.3	–	81.9
48：46	中面指数 sd	74.6	75.8	–	73.9	69.2	–	–	69.9	–
9：8	额宽指数	67.7	63.7	65.7	72.4	–	58.9	66.3	67.0	72.7
40：5	面突度指数	93.2	92.2	92.0	92.1	–	94.3	–	98.0	99.5?
DS：DC	眶间宽高指数	56.6	45.7	60.9	51.7	46.0	49.1	51.3	63.2	56.1
SN：OB	额面扁平度指数	18.5	25.7	18.2	19.6	19.0	17.3	19.1	17.7	18.1
SR：O₃	鼻面扁平指数	46.0	41.7	–	42.3	33.6	–	31.0	37.6	–
63：62	腭指数	88.0	100.5	–	83.4	94.4	87.7	–	–	81.8?
61：60	齿槽弓指数	118.4	120.6	–	119.1	129.7	120.1	–	–	109.7?
48：65	面高髁宽指数 sd	61.2	62.2	–	59.5	54.9	–	–	–	–

代号	测量项目	IM14 ♂	IM16：B ♂	IM21 ♂	IM23 ♂	IM25 ♂？	IM26 ♂？	IM26：A ♂	IM48 ♂	IM61 ♂
1	颅长（g-op）	190.0	179.5	187.0	177.5	170.5	179.5	177.0	178.5	191.5
8	颅宽（eu-eu）	136.0	135.0	136.5	136.5	133.0	136.6	132.0	134.0	138.7
17	颅高（ba-b）	131.0	139.0	135.5	131.0	125.0	129.0	136.0	135.5	133.5
21	耳上颅高（po-v）	112.8	116.0	119.5	111.0	109.8	109.0	116.0	113.0	116.0
9	最小颅宽（ft-ft）	97.1	93.2	100.6	90.3	85.2	89.6	89.2	83.3	92.4
25	颅矢状弧（arc n-o）	371.5	373.0	365.0	366.5	371.0	362.5	369.0	363.5	381.0
23	颅周长（眉上方）	534.0	513.0	527.0	510.0	497.0	505.0	495.0	499.0	535.0
24	颅横弧（arc po-po）	313.0	310.0	322.0	309.0	309.0	306.0	306.0	306.0	323.0
5	颅基底长（n-ba）	104.1	96.0	109.3	99.5	87.7	94.0	96.0	99.2	101.5
40	面基底长（ba-pr）	101.4?	88.7	109.2	93.1	–	84.7	91.1	102.5	95.5
48	上面高（n-sd）	76.3?	74.2	72.5	68.0	–	72.0	65.8	70.2?	81.4
	（n-pr）	72.3?	69.7	69.9	64.5	–	69.2	63.4	68.4	78.1
47	全面高（n-gn）	128.3	119.3	–	113.0	–	118.3	112.0	–	–
45	颧宽（zy-zy）	129.9	130.2	134.3	130.9	116.5?	126.4	129.7	128.2?	131.1
46	中面宽（zm-zm）	93.7	95.8	104.0	99.6	89.8	92.6	95.1	102.4	103.1
	颧颌点间高（sub.zm-ss-zm）	25.9	26.8	26.1	24.9	24.0	20.9	25.0	26.7	25.7
43（1）	两眶外缘宽（fmo-fmo）	98.3	96.6	105.1	96.8	91.8	95.3	94.0	96.0	97.5
	眶外缘间高（sub.fmo-n-fmo）	16.8	15.5	19.5	14.3	14.7	17.1	15.4	14.0	17.8
O₃	眶中宽	51.6	51.8	64.4	50.2	–	49.3	44.7	37.8	55.0
SR	鼻尖高	18.0	19.8	13.1	14.8	–	15.5	16.0	15.0	22.1
50	眶间宽（mf-mf）	18.1	20.2	21.6	17.9	16.0	18.3	21.4	19.3	21.1
DC	眶内缘点间宽（d-d）	18.0	22.1	21.7	18.5	17.8	20.1	22.2	20.3	24.3
DS	鼻梁眶内缘宽高	10.2	9.1	7.4	10.5	12.8	7.2	9.6?	12.1	9.6
MH	颧骨高（fmo-zm）左	45.9	47.0	42.3	41.7	39.3	44.6	46.1	44.3	44.4
MB′	颧骨宽（zm-rim orb.）左	25.9	23.3	26.5	24.6	19.5	25.5	28.3	28.8	25.5
54	鼻宽	27.0	25.9	25.7	27.6	20.9	24.2	22.5	26.2	24.8
55	鼻高（n-ns）	51.6	53.8	54.5	50.3	42.4	52.3	49.3	51.6	60.5
SC	鼻骨最小宽	6.2	9.3	9.3	9.5	4.9	8.3	8.7	6.0	8.8
SS	鼻骨最小宽高	3.2	2.7	1.7	4.6	2.8	3.0	3.2	4.0	3.7
51	眶宽（mf-ek）左	42.2	41.6	44.7	42.3	41.5	41.0	40.7	40.0	40.9
52	眶高 左	35.2	33.5	29.5	30.5	30.8	35.6	29.6	28.6	34.5
60	齿槽弓长	55?	53.1	55.5	50.9	–	40.0	52.0	60.0	55.7
61	齿槽弓宽	67.5	60.3	–	69.3?	56.2	43.0	63.0	69.3	69.2
62	腭长（ol-sta）	47.8	47.4	48.1	42.1	44.4	62.0	43.4	50.8	45.4

代号	测量项目	IM14 ♂	IM16：B ♂	IM21 ♂	IM23 ♂	IM25 ♂？	IM26 ♂？	IM26：A ♂	IM48 ♂	IM61 ♀
63	腭宽（enm-enm）	42.4	34.1	–	–	34.9	47.5	40.4	44.9?	48.4
CM	颅粗壮度［(1+8+17)/3］	152.3	151.2	153.0	148.3	142.8	148.4	148.3	149.3	154.6
FM	面粗壮度［(40+47+45)/3］	119.9	112.7	–	112.3	–	109.8	110.9	–	–
65	下颌髁间宽	114.7	123.6	121.2	123.0	–	112.5	112.6	–	–
	鼻骨长（n-rhi）	27.3	27.1	21.0	23.8	–	23.6	21.6	18.5	31.4
	鼻尖齿槽长（rhi-pr）	48.1?	45.7	49.4	42.1	–	47.7	43.5	52.4	52.1
32	额倾角（n-m-FH）	80.0	83.5	84.0	80.0	85.5	82.0	81.5	84.0	83.0
72	面角（n-pr-FH）	84?	85.0	84.5	86.0	–	88.5	85.0	78.5	88.5
73	鼻面角（n-ns-FH）	84.5	85.0	84.5	86.0	78.0	89.0	87.5	78.0	90.0
74	齿槽面角（ns-pr-FH）	75?	82.5	86.0	84.0		85.0	77.0	76.5	81.0
77	鼻颧角（fmo-n-fmo）	141.9	146.4	140.1	145.7	146.8	140.4	143.4	148.7	141.4
ZM∠	颧上颌角（zm-ss-zm）	121.9	120.4	126.6	127.6	126.4	131.6	125.8	126.2	127.4
ZM₁∠	颧上颌角（zm1-ss-zm1）	129.4	129.5	136.6	153.5	130.8	141.0	134.2	133.4	132.8
75	鼻尖角（n-rhi-FH）	61.0	63.0	70.0	70.0	–	69.0	67.0	55.0	63.0
75（1）	鼻骨角（rhi-n-pr）	22.0	22.0	10.5	–	–	19.9	18.7	26.0	27.0
8：1	颅指数	71.6	75.2	73.0	76.9	78.0	76.1	74.6	75.1	72.4
17：1	颅长高指数	68.9	77.4	72.5	73.8	73.3	71.9	76.8	75.9	69.7
21：1	颅长耳高指数	59.4	64.6	63.9	62.5	64.2	60.7	65.5	63.3	60.6
17：8	颅宽高指数	96.3	103.0	99.3	96.0	94.0	94.4	103.0	101.1	96.3
FM：CM	颅面粗壮指数	78.7	74.5	–	75.7	–	74.0	74.8	–	–
54：55	鼻指数	52.3	48.1	47.2	54.9	49.3	46.3	45.6	50.8	41.0
SS：SC	鼻根指数	51.6	29.0	18.3	48.4	57.1	36.1	36.8	66.7	42.0
52：51	眶指数 左	83.4	80.5	66.0	72.1	74.2	86.8	72.7	71.5	84.4
48：17	垂直颅面指数 sd	58.2?	53.4	53.5	51.9	–	55.8	48.4	51.8?	61.0
48：45	上面指数 sd	58.7	57.0	54.0	51.9	–	57.0	50.7	54.8?	62.1
47：45	全面指数	98.8	91.6	–	86.3	–	93.6	86.4	–	–
48：46	中面指数 sd	81.4	77.5	69.7	68.3	–	77.8	69.2	68.6?	79.0
9：8	额宽指数	71.4	69.0	73.7	66.2	64.1	65.6	67.6	62.2	66.6
40：5	面突度指数	97.4?	92.4	99.9	93.6	–	90.1	94.9	103.8	94.1
DS：DC	眶间宽高指数	56.7	41.2	34.1	56.8	71.9	35.8	43.2	59.6	39.5
SN：OB	额面扁平度指数	17.1	16.0	18.6	14.8	16.0	17.9	16.4	14.6	18.3
SR：O₃	鼻面扁平指数	34.9	38.2	20.3	29.5	–	31.4	35.8	39.7	40.2
63：62	腭指数	88.7	71.9	–	–	78.6	93.0	93.1	88.4?	106.6
61：60	齿槽弓指数	122.7?	113.6	–	136.1	–	130.5	121.2	115.5	124.2
48：65	面高髁宽指数 sd	66.5	60.0	59.8	55.3	–	64.0	58.4	–	–

代号	测量项目	ⅠM63	ⅠM64	ⅠM67	ⅠM80：A	ⅠM84	ⅠM84	ⅠM90：A	ⅠM90：B	ⅠM95
		♂	♂	♂	♂？	♂	♂	♂	♂	♂
1	颅长（g-op）	184.0	176.5	178.0	176.0	181.0	–	172.0	194.2	187.0
8	颅宽（eu-eu）	138.5	139.0	142.5	132.0	133.0	–	128.5	148.0	–
17	颅高（ba-b）	132.0	138.5	137.0	127.0	137.5	–	132.1	146.5	129.0
21	耳上颅高（po-v）	111.0	114.8	116.0	110.0	113.2	111.0	111.2	122.5	116.7
9	最小颅宽（ft-ft）	95.5	82.3	94.0	87.6	90.0	86.4	88.7	94.1	85.0
25	颅矢状弧（arc n-o）	376.5	365.0	377.0	356.0	380.0	–	362.5	408.0	–
23	颅周长（眉上方）	524.0	506.0	515.0	507.0	502.0	–	488.0	546.0	–
24	颅横弧（arc po-po）	310.0	318.0	323.0	303.0	307.0	304?	303.5	336.0	–
5	颅基底长（n-ba）	97.3	95.9	97.7	96.5	95.2	–	93.6	95.4	93.4
40	面基底长（ba-pr）	95.7	96.9	92.8	90.9	90.6?	–	87.4	92.8	91.6
48	上面高（n-sd）	70.0	65.5	69.5	67.1	64.4?	68.4	64.9	78.3	76.2
	（n-pr）	68.4	63.4	65.1	64.0	62.1	64.5	61.7	75.0	74.7
47	全面高（n-gn）	–	114.7	109.5	110.7	–	114?	–	124.8	120.3
45	颧宽（zy-zy）	138.6	134.0	132.8	120.3	129.7	129.0	120.8	133.0	130.7
46	中面宽（zm-zm）	–	96.9	96.6	95.5	93.3	98.8	95.7	91.0	95.2
	颧颌点间高（sub.zm-ss-zm）	–	21.0	28.6	23.4	28.8	24.0	26.0	24.2	25.0
43（1）	两眶外缘宽（fmo-fmo）	99.9	98.4	97.5	93.1	94.2	94.4	92.5	98.4	97.7
	眶外缘间高（sub.fmo-n-fmo）	15.3	11.9	13.7	14.7	16.6	14.2	17.1	14.7	15.9
O₃	眶中宽	–	53.8	56.3	52.5	48.8	59.0	56.0	54.1	51.0
SR	鼻尖高	–	18.7	21.7	–	19.9	–	19.0	23.2	20.5
50	眶间宽（mf-mf）	18.6	18.5	20.0	15.3	17.9	19.0	21.1	15.7	18.4
DC	眶内缘点间宽（d-d）	22.3	21.5	24.2	20.8	20.6	20.4	24.4	17.8	20.5
DS	鼻梁眶内缘宽高	8.0	8.6	10.2	9.8	10.0	10.6	12.0	9.6	9.8
MH	颧骨高（fmo-zm）左	46.7	41.5	48.6	42.3	40.6	43.9	41.0	46.8	44.0
MB′	颧骨宽（zm-rim orb.）左	29.1	23.2	30.8	23.1	23.0	23.8	21.4	25.3	23.4
54	鼻宽	26.6	26.4	25.3	23.3	23.6	25.6	26.0	25.8	25.5
55	鼻高（n-ns）	52.3	46.7	53.1	49.1	51.3	49.0	49.2	56.6	56.7
SC	鼻骨最小宽	5.3	8.1	7.2	4.8	5.6	9.0	7.2	7.6	8.9
SS	鼻骨最小宽高	1.2	3.0	4.0	3.0	3.5	3.1	2.5	3.6	5.0
51	眶宽（mf-ek）左	44.7	43.5	40.4	41.3	42.0	41.2	39.5	44.6	42.6
52	眶高　左	32.3	30.0	32.6	31.3	30.8	31.7	32.0	35.1	33.0
60	齿槽弓长	53.8	51.1	50.5	50.6	53.2?	52.9	48.2	56.5	54.2
61	齿槽弓宽	63.4	–	66.1	63.0	–	65.2	61.7	69.8	62.6
62	腭长（ol-sta）	47.4	48.0	42.3	41.6	46.6	44.9	42.6	–	45.7

代号	测量项目	ⅠM63	ⅠM64	ⅠM67	ⅠM80：A	ⅠM84	ⅠM84	ⅠM90：A	ⅠM90：B	ⅠM95
		♂	♂	♂	♂？	♂	♂	♂	♂	♂
63	腭宽（enm-enm）	38.8?	–	43.7	41.6	–	40.8	41.6	44.1	40.3
CM	颅粗壮度［(1+8+17)/3］	151.5	151.3	152.5	145.0	150.5	–	144.2	162.8	–
FM	面粗壮度［(40+47+45)/3］	–	115.2	111.7	107.3	–	–	–	116.9	114.2
65	下颌髁间宽	–	124.0	125.0	111.0	120.6	114.4	–	124.6	118.5
	鼻骨长（n-rhi）	20.2	19.3	24.4	–	23.8	–	23.5	26.3	26.6
	鼻尖齿槽长（rhi-pr）	50.7	47.8	47.1	–	42.1	–	40.4	53.4	52.0
32	额倾角（n-m-FH）	80.0	86.0	90.5	81.5	81.0	80.0	85.5	82.5	81.5
72	面角（n-pr-FH）	82.0	76.0	86.0	88.5	81.5	85.0	84.0	84.5	89.0
73	鼻面角（n-ns-FH）	82.0	75.0	85.5	93.0	82.0	86.0	86.0	86.5	91.5
74	齿槽面角（ns-pr-FH）	75.0	77.5	88.0	74.5	77.5?	78.0	70.0	80.0	77.0
77	鼻颧角（fmo-n-fmo）	150.5	154.4	148.5	147.0	142.4	146.4	139.2	149.9	147.8
ZM∠	颧上颌角（zm-ss-zm）	–	131.7	119.3	129.5	116.0	129.6	123.4	124.3	127.1
ZM₁∠	颧上颌角（zm1-ss-zm1）	–	144.2	130.6	132.9	122.6	136.6	130.5	128.6	131.1
75	鼻尖角（n-rhi-FH）	54.5	41?	52.0	–	55.0	59?	64.0	57.0	65.0
75（1）	鼻骨角（rhi-n-pr）	24.4	25.9	34.6	–	26.3	–	19.9	28.6	25.6
8：1	颅指数	75.3	78.8	80.1	75.0	73.5	–	74.7	76.2	–
17：1	颅长高指数	71.7	78.5	77.0	72.2	76.0	–	76.8	75.4	69.0
21：1	颅长耳高指数	60.3	65.0	65.2	62.5	62.5	–	64.7	63.1	62.4
17：8	颅宽高指数	95.3	99.6	96.1	96.2	103.4	–	102.8	99.0	–
FM：CM	颅面粗壮指数	–	76.1	73.2	74.0	–	–	–	71.8	–
54：55	鼻指数	50.9	56.5	47.6	47.5	46.0	52.2	52.8	45.6	45.0
SS：SC	鼻根指数	22.6	37.0	55.6	62.5	62.5	34.4	34.7	47.4	56.2
52：51	眶指数　左	72.3	69.0	80.7	75.8	73.3	76.9	81.0	78.7	77.5
48：17	垂直颅面指数 sd	53.0	47.3	50.7	52.8	46.8?	–	49.1	53.4	59.1
48：45	上面指数 sd	50.5	48.9	52.3	55.8	49.7?	53.0	53.7	58.9	58.3
47：45	全面指数	–	85.6	82.5	92.0	–	88.4	–	93.8	92.0
48：46	中面指数 sd	–	67.6	71.9	70.3	69.0	69.2	67.8	86.0	80.0
9：8	额宽指数	69.0	59.2	66.0	66.4	67.7	–	69.0	63.6	–
40：5	面突度指数	98.4	101.0	95.0	94.2	95.2?	–	93.4	97.3	98.1
DS：DC	眶间宽高指数	35.9	40.0	42.1	47.1	48.5	52.0	49.2	53.9	47.8
SN：OB	额面扁平度指数	15.3	12.1	14.1	15.8	17.6	15.0	18.5	14.9	16.3
SR：O₃	鼻面扁平指数	–	34.8	38.5	–	40.8	–	33.9	42.9	40.2
63：62	腭指数	81.9?	–	103.3	100.0	–	90.9	97.7	–	88.2
61：60	齿槽弓指数	117.8	–	130.9	124.5	–	122.9	128.0	123.5	115.5
48：65	面高髁宽指数 sd	–	52.8	55.6	60.5	53.4?	59.8	–	62.8	64.3

代号	测量项目	IM95：A	IM96	IM99	IM100	IM103：B	IM132	IM133：B	IM133：A	IM175
		♂	♂	♂	♂	♂	♂	♂	♂	♀
1	颅长（g-op）	181.5	188.0	178.2	199.0	180.0	181.5	180.0	180.0	184.0
8	颅宽（eu-eu）	134.0	138.0	134.5	–	133.0	127.5	136.5	137.5	130.6
17	颅高（ba-b）	132.5	124.0	135.0	138.0	133.5	126.0	–	129.0	138.0
21	耳上颅高（po-v）	109.5	111.9	113.9	–	112.0	106.2	111.8	109.1	118.0
9	最小颅宽（ft-ft）	87.6	96.3	90.0	96.0	88.0	85.6	91.1	91.0	93.0
25	颅矢状弧（arc n-o）	356.0	382.0	361.0	391.0	367.0	366.0	–	364.0	372.5
23	颅周长（眉上方）	505.0	529.0	505.0	–	510.0	502.0	501.0	508.0	504.0
24	颅横弧（arc po-po）	301.0	309.0	314.0	–	306.0	291.0	307.0	309.0	314.0
5	颅基底长（n-ba）	103.0	95.9	99.2	110.5	99.0	97.0	–	95.4	104.0
40	面基底长（ba-pr）	100.2	96.2	96.3	109.2?	91.5	88.2	–	–	96.7
48	上面高（n-sd）	71.0	70.7	–	74.2?	69.3	70.8	64.7?	65.5?	67.4
	（n-pr）	66.5	68.5	63.1	69.3?	66.0	67.0	63.3	63?	64.0
47	全面高（n-gn）	114.0	113.2	–	–	114.0	114.3	–	–	114.1
45	颧宽（zy-zy）	134.2	137?	131.2	–	127.7	120.5	127.9?	126.0	132.3
46	中面宽（zm-zm）	101.2	96.6	102.3	–	99.7	88.6	87.8	90.5	96.6
	颧颌点间高（sub.zm-ss-zm）	25.8	24.0	21.1	–	25.4	21.5	24.7	26.0	25.6
43（1）	两眶外缘宽（fmo-fmo）	98.5	99.5	97.4	98.5	93.2	93.5	98.0	92.3	99.5
	眶外缘间高（sub.fmo-n-fmo）	15.0	16.5	14.0	22.4	16.0	17.9	20.9	17.0	21.9
O₃	眶中宽	56.4	41.8	45.8	58.7	40.2	49.4	51.6	42.8	54.3
SR	鼻尖高	19.4	16.7	13.0	19.5	20.0	17.9	24.6	17.6	20.5
50	眶间宽（mf-mf）	17.7	19.3	16.3	23.0	16.6	20.5	21.3	18.4	22.3
DC	眶内缘点间宽（d-d）	22.8	18.7?	19.7	24.8	17.4	21.4	20.9	20.7	23.1
DS	鼻梁眶内缘宽高	13.0	10.0	10.5	12.4	11.8	9.5	11.7	9.1	14.0
MH	颧骨高（fmo-zm）左	45.0	43.6	39.7	–	43.8	42.2	42.7	43.9	39.5
MB′	颧骨宽（zm-rim orb.）左	26.4	25.0	23.3	–	27.1	19.3	22.2	23.6	21.5
54	鼻宽	27.9	24.7	25.6	28.8	22.4	23.9	22.1	25.4	26.6
55	鼻高（n-ns）	48.3	54.1	49.6	54.7	52.0	51.9	51.4	51.6	49.0
SC	鼻骨最小宽	8.5	7.4	5.8	12.7	7.8	9.6	8.6	6.1	9.6
SS	鼻骨最小宽高	4.6	2.8	2.1	4.5	4.5	4.2	4.0	3.7	5.4
51	眶宽（mf-ek）左	45.1	42.0	41.5	–	41.0	41.0	42.1	39.4	40.5
52	眶高 左	33.5	29.8	32.0	–	31.3	34.7	33.1	32.7	33.7
60	齿槽弓长	54.0	57.8	53.5	58.1?	49.8	51.4	50.8?	50.7?	54.4
61	齿槽弓宽	63.1	65.6	66.5	67.4?	65.3	61.6	–	59.1	67.4
62	腭长（ol-sta）	45.9	48.3	45.0	51.4	41.5	41.4	42.5	42.3?	45.2

代号	测量项目	ⅠM95：A ♂	ⅠM96 ♂	ⅠM99 ♂	ⅠM100 ♂	ⅠM103：B ♂	ⅠM132 ♂	ⅠM133：B ♂	ⅠM133：A ♂	ⅠM175 ♂
63	腭宽（enm-enm）	40.4	46.0	–	43.1	31.6	41.1	–	37.7	44.2
CM	颅粗壮度［(1+8+17)/3］	149.3	150.0	149.2	–	148.8	145.0	–	148.8	150.9
FM	面粗壮度［(40+47+45)/3］	116.1	115.5	–	–	111.1	107.7	–	–	114.4
65	下颌髁间宽	–	123.7	121.0	–	110?	109.0	118.5	–	109.5
	鼻骨长（n-rhi）	21.6	25.0	19.7	23.3?	22.2	23.2	27.1	24.3	19.6
	鼻尖齿槽长（rhi-pr）	48.9	46.8	45.2	48.4	47.0	45.7	44.0	42.7?	48.0
32	额倾角（n-m-FH）	77.5	77.0	82.0	–	79.5	75.5	75.0	80.5	81.5
72	面角（n-pr-FH）	80.5	83.0	81.0	–	85.0	86.5	86.0	84?	87.5
73	鼻面角（n-ns-FH）	80.0	86.5	85.5	–	87.0	89.0	86.0	86.5	89.5
74	齿槽面角（ns-pr-FH）	84.0	78.0	67.0	–	79.5	78.0	88.0	75?	77.0
77	鼻颧角（fmo-n-fmo）	144.6	145.1	148.5	132.3	143.3	138.2	134.4	141.7	132.8
ZM ∠	颧上颌角（zm-ss-zm）	124.0	129.2	135.6	–	126.8	128.4	122.0	121.9	124.6
ZM₁ ∠	颧上颌角（zm1-ss-zm1）	134.6	135.8	143.3	–	131.8	136.0	127.4	128.7	132.2
75	鼻尖角（n-rhi-FH）	53.0	62.0	61.0	–	57.0	67.0	52.0	61.5	58.5
75(1)	鼻骨角（rhi-n-pr）	29.6	24.1	20.6	24.5?	25.7	27.9	35.1	26.7	29.8
8：1	颅指数	73.8	73.4	75.5	–	73.9	70.2	75.8	76.4	71.0
17：1	颅长高指数	73.0	66.0	75.8	69.3	74.2	69.4	–	71.7	75.0
21：1	颅长耳高指数	60.3	59.5	63.9	–	62.2	58.5	62.1	60.6	64.1
17：8	颅宽高指数	98.9	89.9	100.4	–	100.4	98.8	–	93.8	105.7
FM：CM	颅面粗壮指数	77.8	77.0	–	–	74.7	74.3	–	–	75.8
54：55	鼻指数	57.8	45.7	51.6	52.7	43.1	46.1	43.0	49.2	54.3
SS：SC	鼻根指数	54.1	37.8	36.2	35.4	57.7	43.8	46.5	60.7	56.3
52：51	眶指数　左	74.2	71.0	77.1	–	76.3	84.6	78.6	83.0	83.2
48：17	垂直颅面指数 sd	53.6	57.0	–	53.8	51.9	56.2	–	50.8?	48.8
48：45	上面指数 sd	52.9	51.6?	–	–	54.3	58.8	–	52?	50.9
47：45	全面指数	84.9	82.6	–	–	89.3	94.9	–	–	86.2
48：46	中面指数 sd	70.2	73.2	–	–	69.5	79.9	73.7	72.4	69.8
9：8	额宽指数	65.4	69.8	66.9	–	66.2	67.1	66.7	66.2	71.2
40：5	面突度指数	97.3	100.3	97.1	98.8	92.4	90.9	–	–	93.0
DS：DC	眶间宽高指数	57.0	53.5	53.3	50.0	67.8	44.4	56.0	44.0	60.6
SN：OB	额面扁平度指数	15.2	16.6	14.4	22.7	17.2	19.1	21.3	18.4	22.0
SR：O₃	鼻面扁平指数	34.4	40.0	28.4	33.2	49.8	36.2	47.7	41.1	37.8
63：62	腭指数	88.0	95.2	–	83.9	76.1	99.3	–	89.1?	97.8
61：60	齿槽弓指数	116.9	113.5	124.3	115.4	131.1	119.8	–	116.6?	123.9
48：65	面高髁宽指数 sd	–	57.2	–	–	63?	65.0	54.6	–	61.6

代号	测量项目	ⅡM16 ♂	ⅡM84 ♂	ⅠM209 ♂	ⅠM212 ♂	ⅠM213 ♂	ⅠM21 ♂	ⅠM76 ♂	例数 n	平均值 m
1	颅长（g-op）	186.5	176.5	180.0	184.0	178.0	182.5	166.0	41	182.2
8	颅宽（eu-eu）	130.0	132.3	133.0	140.0	131.0	136.0	124.0	39	134.6
17	颅高（ba-b）	133.0	131.0	136.7	135.0	136.5	132.0	131.0	40	133.5
21	耳上颅高（po-v）	109.2	109.2	112.8	112.0	111.0	112.0	107.2	41	112.8
9	最小颅宽（ft-ft）	88.3	85.3	88.2	96.1	91.0	96.9	84.6	42	90.2
25	颅矢状弧（arc n-o）	371.0	369.0	385.0	373.5	375.0	356.0	347.0	39	370.4
23	颅周长（眉上方）	509.0	504.0	510.0	525.0	505.0	517.0	473.0	39	510.8
24	颅横弧（arc po-po）	298.0	300.0	308.0	309.0	307.0	303.0	293.0	40	308.8
5	颅基底长（n-ba）	102.0	93.3	95.6	100.0	98.2	104.8	95.0	40	99.4
40	面基底长（ba-pr）	101.7	92.5	90.0	96.6	88.4	103.7	86.6	37	95.5
48	上面高（n-sd）	75.4	72.0	72.1	69.0	67.2	79.7	68.8	38	71.0
	（n-pr）	71.8	68.4	70.4	67.0	65.6	75.7	65.4	41	67.6
47	全面高（n-gn）	–	–	–	113.6	107.0	127.5	114.4	26	115.5
45	颧宽（zy-zy）	125.5	130.1	129.8	128.5	131.7	130.0	120.1	41	129.8
46	中面宽（zm-zm）	99.0	95.5	96.0	100.2	97.1	94.8	92.7	40	96.1
	颧颌点间高（sub.zm-ss-zm）	30.1	23.1	22.8	25.0	24.8	28.0	18.6	40	25.0
43（1）	两眶外缘宽（fmo-fmo）	96.5	90.6	93.0	97.9	96.3	100.5	91.6	43	96.5
	眶外缘间高（sub.fmo-n-fmo）	16.8	12.8	14.0	18.2	17.8	17.2	12.8	43	16.5
O₃	眶中宽	57.2	46.4	51.0	55.9	52.4	57.0	46.1	40	51.7
SR	鼻尖高	19.9	15.8	16.5	22.1	23.0	19.2	13.8	36	18.9
50	眶间宽（mf-mf）	18.1	18.1	16.3	18.6	16.0	22.5	13.9	43	18.9
DC	眶内缘点间宽（d-d）	20.6	20.5	19.3	20.9	19.2	24.4	17.7	43	21.1
DS	鼻梁眶内缘宽高	11.5	12.5	11.5	11.1	10.4	12.9	8.7	43	10.8
MH	颧骨高（fmo-zm）左	41.0	46.6	37.3	40.1	41.4	44.7	40.2	41	43.0
MB′	颧骨宽（zm-rim orb.）左	23.8	28.1	20.4	21.8	21.1	25.5	19.4	41	24.3
54	鼻宽	–	23.4	24.9	25.4	26.5	23.3	19.8	42	25.2
55	鼻高（n-ns）	–	54.2	54.3	50.0	53.2	54.8	49.4	42	51.9
SC	鼻骨最小宽	7.6	5.8	6.8	6.0	6.6	7.5	5.5	43	7.8
SS	鼻骨最小宽高	3.4	2.0	3.7	3.6	4.0	4.0	2.8	43	3.6
51	眶宽（mf-ek）左	41.8	39.1	41.0	42.2	42.5	40.5	42.9	42	41.8
52	眶高　左	35.6	30.6	31.2	33.0	35.8	33.8	32.7	41	32.4
60	齿槽弓长	55.0	50.0	51.0	55.8	48.8	57.8	50.2	41	52.8
61	齿槽弓宽	61.5	58.7	68.3	67.2	59.4	67.4	59.1	36	63.7
62	腭长（ol-sta）	48.3	46.0	36.3?	48.5	44.5	49.4	41.8	41	45.8

续附表 1

代号	测量项目	ⅡM16 ♂	ⅡM84 ♂	ⅠM209 ♂	ⅠM212 ♂	ⅠM213 ♂	ⅠM21 ♂	ⅠM76 ♂	例数 n	平均值 m
63	腭宽（enm-enm）	41.0	38.8	44.7	43.1	38.7	43.0	38.4	35	41.3
CM	颅粗壮度［（1+8+17)/3］	149.8	146.6	149.9	153.0	148.5	150.2	140.3	38	149.9
FM	面粗壮度［（40+47+45)/3］	–	–	–	112.9	109.0	120.4	107.0	24	113.2
65	下颌髁间宽	–	–	–	117.0	121.4	119.2	105.9	30	117.2
	鼻骨长（n-rhi）	26.3	29.1	20.2	24.8	27.4	–	23.3	37	23.7
	鼻尖齿槽长（rhi-pr）	48.2	43.5	53.6	46.4	41.6	–	43.7	36	46.4
32	额倾角（n-m-FH）	73.5	86.0	81.5	83.0	85.5	85.0	86.5	41	81.4
72	面角（n-pr-FH）	80.0	81.5	84.5	84.5	83.0	82.0	84.0	38	84.5
73	鼻面角（n-ns-FH）	82.0	82.0	85.0	87.0	87.0	87.5	87.5	41	85.6
74	齿槽面角（ns-pr-FH）	74.0	77.0	80.0	76.0	70.0	82.0	73.0	37	78.6
77	鼻颧角（fmo-n-fmo）	142.5	149.1	105.8?	139.9	138.1	141.7	148.8	43	142.1
ZM∠	颧上颌角（zm-ss-zm）	120.4	128.5	125.5	128.8	126.2	119.9	134.8	40	125.6
ZM₁∠	颧上颌角（zm1-ss-zm1）	125.3	137.4	128.6	133.0	131.5	125.3	140.6	40	132.8
75	鼻尖角（n-rhi-FH）	57.0	57.5	55.0	58.5	60?	57.0	68.0	37	59.3
75（1）	鼻骨角（rhi-n-pr）	21.1	24.1	28.8	27.4	22.4	–	17.3	35	24.7
8：1	颅指数	69.7	75.0	73.9	76.1	73.6	74.5	74.7	39	74.2
17：1	颅长高指数	71.3	74.2	75.9	73.4	76.7	72.3	78.9	40.0	73.4
21：1	颅长耳高指数	58.6	61.9	62.7	60.9	62.4	61.4	64.6	40.0	62.1
17：8	颅宽高指数	102.3	99.0	102.8	96.4	104.2	97.1	105.6	38.0	99.3
FM：CM	颅面粗壮指数	–	–	–	73.8	73.4	80.2	76.3	23.0	75.6
54：55	鼻指数	–	43.2	45.9	50.8	49.8	42.5	40.1	42.0	48.7
SS：SC	鼻根指数	44.7	34.5	54.4	60.0	60.6	53.3	50.9	43.0	46.8
52：51	眶指数 左	85.2	78.3	76.1	78.2	84.2	83.5	76.2	41.0	77.4
48：17	垂直颅面指数 sd	56.7	55.0	52.7	51.1	49.2	60.4	52.5	35.0	53.5
48：45	上面指数 sd	60.1	55.3	55.5	53.7	51.0	61.3	57.3	35.0	54.8
47：45	全面指数	–	–	–	88.4	81.2	98.1	95.3	26.0	88.9
48：46	中面指数 sd	76.2	75.4	75.1	68.9	69.2	84.1	74.2	35.0	73.4
9：8	额宽指数	67.9	64.5	66.3	68.6	69.5	71.3	68.2	39.0	67.1
40：5	面突度指数	99.7	99.1	94.1	96.6	90.0	99.0	91.2	37.0	95.7
DS：DC	眶间宽高指数	55.8	61.0	59.6	53.1	54.2	52.9	49.2	43.0	51.4
SN：OB	额面扁平度指数	17.4	14.1	15.1	18.6	18.5	17.1	14.0	43.0	17.3
SR：O₃	鼻面扁平指数	34.8	34.1	32.4	39.5	43.9	33.7	29.9	36.0	37.0
63：62	腭指数	84.9	84.3	–	88.9	87.0	87.0	91.9	33.0	90.7
61：60	齿槽弓指数	111.8	117.4	133.9	120.4	121.7	116.6	117.7	35.0	121.3
48：65	面高髁宽指数 sd	–	–	–	59.0	55.4	66.9	65.0	26.0	60.0

代号	测量项目	标准差 σ	IM8：C ♀？	IM12：D ♀	IM15 ♀	IM20：A ♀	IM21 ♀	IM25 ♀	IM25：B ♀	IM52下层 ♀
1	颅长（g-op）	7.2	173.8	173.5	180.0	176.5	177.5	176.0	172.5	177.5
8	颅宽（eu-eu）	4.8	134.5	132.5	131.0	130.0	130.5	125.0	128.0	133.5
17	颅高（ba-b）	5.0	125.0	132.5	128.5	133.0	125.0	128.0	121.5	135.0
21	耳上颅高（po-v）	3.8	105.0	110.5	116.9	110.0	110.0	107.0	100.2	113.6
9	最小颅宽（ft-ft）	5.0	89.1	91.6	86.0	88.4	92.0	88.3	87.0	90.0
25	颅矢状弧（arc n-o）	13.7	349.0	362.0	370.0	354.0	363.5	352.0	339.0	360.5
23	颅周长（眉上方）	16.4	495.0	496.0	505.0	500.0	502.0	491.0	483.0	509.0
24	颅横弧（arc po-po）	9.5	293.0	306.0	311.0	303.0	300.0	291.0	283.0	309.0
5	颅基底长（n-ba）	5.5	97.7	93.0	96.6	99.7	93.3	96.0	94.1	99.0
40	面基底长（ba-pr）	6.5	–	–	100.6	94.6	91.2	94.8	95.0	91.2
48	上面高（n-sd）	4.7	–	–	71.4	66.0	67.8	68.1	66.2	64.3
	（n-pr）	4.5	63.8?	–	69.3	63.7	65.5	64.9	64.2	62.9
47	全面高（n-gn）	6.2	–	–	112?	–	109.0	–	–	103.1
45	颧宽（zy-zy）	5.3	128.8?	119.5	128.3	123.1	118.1	117.0	118.0	127.1
46	中面宽（zm-zm）	4.3	95.5	91.6	100.7	95.6	90.2	89.9	94.2	92.7
	颧颌点间高（sub.zm-ss-zm）	2.5	25.8	21.2	25.4	22.7	24.0	20.1	18.9	24.4
43（1）	两眶外缘宽（fmo-fmo）	3.4	95.7	93.1	94.0	92.6	90.7	91.4	90.4	93.3
	眶外缘间高（sub.fmo-n-fmo）	2.3	16.4	15.1	15.5	16.0	15.0	13.6	12.6	16.7
O₃	眶中宽	6.0	55.8	54.4	57.2	55.9	47.6	55.1	51.8	48.4
SR	鼻尖高	3.0	18.9	18.5	18.8	21.0	15.1	15.0	–	–
50	眶间宽（mf-mf）	2.1	18.3	17.2	20.0	16.8	19.1	16.8	17.0	15.9
DC	眶内缘点间宽（d-d）	2.1	18.7	21.6	22.3	17.7	22.8	20.0	19.0	18.1
DS	鼻梁眶内缘宽高	1.7	10.6	10.0	10.2	10.5	8.1	8.0	8.5	11.1
MH	颧骨高（fmo-zm）左	2.8	40.7	39.3	41.8	38.2	36.7	41.6	42.7	40.4
MB′	颧骨宽（zm-rim orb.）左	3.0	19.7	19.5	21.2	19.2	22.6	20.9	23.7	23.2
54	鼻宽	2.1	25.1	25.8	26.6	25.3	20.7	26.8	25.5	23.8
55	鼻高（n-ns）	3.4	50.1	47.1	56.1	51.3	48.2	49.8	49.0	49.0
SC	鼻骨最小宽	1.7	8.2	10.8	10.6	5.5	5.5	6.3	6.5	5.8
SS	鼻骨最小宽高	1.0	4.4	2.8	3.7	3.0	2.0	2.7	2.8	2.3?
51	眶宽（mf-ek）左	1.6	42.0	41.2	40.3	41.4	37.6	42.3	39.8	42.3
52	眶高 左	2.2	35.0	35.2	33.8	33.7	29.0	32.4	33.0	31.0
60	齿槽弓长	3.9	–	–	51.5	52.9	48.5	51.0	50.6	50.0
61	齿槽弓宽	4.8	–	–	64.4	57.1	58.6	62.6	64.7	61.1
62	腭长（ol-sta）	4.2	–	–	45.9	45.2	42.4	45.0	46.4	–

续附表 1

代号	测量项目	标准差 σ	IM8：C ♀？	IM12：D ♀	IM15 ♀	IM20：A ♀	IM21 ♀	IM25 ♀	IM25：B ♀	IM52下层 ♀
63	腭宽（enm-enm）	3.4	–	–	–	36.0	38.1	41.1	42.1	40.8
CM	颅粗壮度［（1+8+17）/3］	4.5	144.4	146.2	146.5	146.5	144.3	143.0	140.7	148.7
FM	面粗壮度［（40+47+45）/3］	4.7	–	–	113.6?	–	106.1	–	–	107.1
65	下颌髁间宽	5.7	116.3	112.0	120.2	–	105.6	–	103.4	107.2
	鼻骨长（n-rhi）	3.2	21.8	20.7	26.2	24.5	22.5	24.1	–	–
	鼻尖齿槽长（rhi-pr）	4.8	44.6?	–	47.1	43.7	43.9	43.5	–	–
32	额倾角（n-m-FH）	3.8	78.5	83.0	84.0	82.0	89.5	84.5	82.0	83.5
72	面角（n-pr-FH）	3.0	83?	–	82.0	82.0	85.0	80.5	78.0	86.5
73	鼻面角（n-ns-FH）	3.7	83.0	80.0	82.0	83.5	88.5	82.5	82.0	84.5
74	齿槽面角（ns-pr-FH）	4.9	85?	–	82.5	72.0	76.5	71.0	62.0	89.0
77	鼻颧角（fmo-n-fmo）	7.4	145.6	145.8	119.8	141.1	143.5	147.9	149.9	140.9
ZM∠	颧上颌角（zm-ss-zm）	4.3	122.4	127.3	121.2	132.6	125.0	132.5	136.3	125.9
ZM₁∠	颧上颌角（zm1-ss-zm1）	5.9	129.5	132.3	128.3	135.2	128.4	135.9	144.0	133.9
75	鼻尖角（n-rhi-FH）	5.9	60.0	59.0	56.5	53.5	69.0	62.0	–	–
75（1）	鼻骨角（rhi-n-pr）	5.5	23.2	–	25.8	28.3	13.2	22.0	–	–
8：1	颅指数	2.6	77.4	76.4	72.8	73.7	73.5	71.0	74.2	75.2
17：1	颅长高指数	3.0	71.9	76.4	73.6	75.4	70.4	72.7	70.4	76.1
21：1	颅长耳高指数	1.9	60.4	63.7	64.9	62.3	62.0	60.8	58.1	64.0
17：8	颅宽高指数	4.2	92.9	100.0	98.1	102.3	95.8	102.4	94.9	101.1
FM：CM	颅面粗壮指数	2.1	–	–	77.5?	–	73.5	–	–	72.0
54：55	鼻指数	4.2	50.1	54.8	47.4	49.3	42.9	53.8	52.0	48.6
SS：SC	鼻根指数	11.6	53.7	25.9	34.9	54.5	36.4	42.9	43.1	39.7?
52：51	眶指数 左	5.5	83.3	85.4	83.9	81.4	77.1	76.6	82.9	73.3
48：17	垂直颅面指数 sd	3.9	–	–	55.6	49.6	54.2	53.2	54.5	47.6
48：45	上面指数 sd	3.4	–	–	55.7	53.6	57.4	58.2	56.1	50.6
47：45	全面指数	5.0	–	–	87.3?	–	92.3	–	–	81.1
48：46	中面指数 sd	4.8	–	–	70.9	69.0	75.2	75.6	70.3	69.4
9：8	额宽指数	3.2	66.2	69.1	65.6	68.0	70.5	70.6	68.0	67.4
40：5	面突度指数	3.4	–	–	104.1	94.9	97.7	98.8	101.0	92.1
DS：DC	眶间宽高指数	8.3	56.7	46.3	45.7	59.3	35.5	40.0	44.7	61.3
SN：OB	额面扁平度指数	2.5	17.1	16.2	16.5	17.3	16.5	14.9	13.9	17.9
SR：O₃	鼻面扁平指数	5.8	33.9	34.0	32.9	37.6	31.7	27.2	–	–
63：62	腭指数	9.5	–	–	–	79.6	89.9	91.3	90.7	–
61：60	齿槽弓指数	6.3	–	–	125.0	107.9	120.8	122.7	127.9	122.2
48：65	面高髁宽指数 sd	4.0	–	–	59.4	–	64.2	–	64.0	60.0

代号	测量项目	I M61	I M61：B	I M80：B	I M84	I M90	I M95	I M99	I M133	I M133：A
		♀	♀	♀？	♀	♀？	♀	♀	♀	♀？
1	颅长（g-op）	174.0	182.0	173.5	175.0	–	160.5	169.0	181.0	183.0
8	颅宽（eu-eu）	129.0	130.5	125.5	132.0	–	125.0	131.0	134.5	146.0
17	颅高（ba-b）	127.5	122.5	126.5	129.0	–	128.5	126.5	131.0	117.5
21	耳上颅高（po-v）	111.0	108.0	104.0	111.2	–	107.0	109.0	109.1	101.2
9	最小颅宽（ft-ft）	88.0	85.7	84.5	85.8	89.2	82.2	88.0	84.6	91.1
25	颅矢状弧（arc n-o）	360.5	371.0	353.5	362.0	–	330.0	356.5	365.0	359.0
23	颅周长（眉上方）	502.0	505.0	489.0	494.0	–	459.0	485.0	508.0	522.0
24	颅横弧（arc po-po）	301.0	300.0	286.0	304.0	–	292.0	298.0	300.0	300.0
5	颅基底长（n-ba）	94.0	91.7	94.8	92.2	–	98.4	89.6	97.0	–
40	面基底长（ba-pr）	88.0	89.0	89.2	91.1	–	94.2	88.1	97.6	–
48	上面高（n-sd）	70.2	68.7	62.0	69.5	67.6	59.3	61.4	63.9	–
	（n-pr）	69.0	65.2	59.0	65.6	65.1	57.1	58.3	60.5	–
47	全面高（n-gn）	–	–	96.8	112.5	–	93.5	–	–	–
45	颧宽（zy-zy）	122.6	117.4	118.2	119.7	123.7?	124.5	118.2	123.3	135.4
46	中面宽（zm-zm）	86.7	90.8	88.7	87.7	96.6	97.3	–	88.7	99.5
	颧颌点间高（sub.zm-ss-zm）	20.8	22.2	22.7	24.8	25.8	16.7	–	21.0	–
43（1）	两眶外缘宽（fmo-fmo）	90.1	90.8	88.9	87.9	96.6	91.1	87.5	88.8	100.6
	眶外缘间高（sub.fmo-n-fmo）	13.9	13.8	15.9	14.0	16.2	14.1	13.0	11.8	–
O₃	眶中宽	49.7	48.0	53.5	44.3	58.4	48.9	–	47.1	58.0
SR	鼻尖高	–	18.5	16.0	15.0	16.0	–	–	14.3	–
50	眶间宽（mf-mf）	18.0	16.5	16.0	20.2	20.8	12.5	17.5	19.0	20.7
DC	眶内缘点间宽（d-d）	–	18.8	18.1	22.1	23.0	19.3	18.4	21.4	24.8
DS	鼻梁眶内缘宽高	–	11.0	8.5	10.0	10.2	8.5	8.6	8.6	–
MH	颧骨高（fmo-zm）左	44.7	41.5	41.6	43.9	40.4	40.4	37.5	40.3	43.4
MB′	颧骨宽（zm-rim orb.）左	23.5	21.3	21.5	23.1	23.2	23.0	–	21.9	20.2
54	鼻宽	24.3	24.8	23.8	23.9	24.0	25.1	22.5	24.1	26.1
55	鼻高（n-ns）	52.0	50.0	47.7	51.0	47.6	47.3	44.8	45.2	51.6
SC	鼻骨最小宽	8.2	8.5	11.9	7.6	7.4	11.2	8.0	8.6	6.9
SS	鼻骨最小宽高	2.4	4.7	3.2	2.1	2.9	3.9	2.5	2.6	–
51	眶宽（mf-ek）左	39.1	39.6	40.7	39.0	41.7	38.0	37.8	37.9	43.7
52	眶高 左	33.0	34.3	31.2	32.0	31.6	31.3	28.5	30.2	37.0
60	齿槽弓长	50.0	50.5	49.1	50.1	54.3	46.9	–	53.6	–
61	齿槽弓宽	–	–	–	56.7	–	–	–	60.0	–
62	腭长（ol-sta）	44.0	42.0	42.3	44.0	46.3	–	–	45.4	–

续附表 1

代号	测量项目	ⅠM61 ♀	ⅠM61：B ♀	ⅠM80：B ♀？	ⅠM84 ♀	ⅠM90 ♀？	ⅠM95 ♀	ⅠM99 ♀	ⅠM133 ♀	ⅠM133：A ♀？
63	腭宽（enm-enm）	–	–	–	35.9	–	–	–	39.0	–
CM	颅粗壮度［（1+8+17）/3］	143.5	145.0	141.8	145.3	–	138.0	142.2	148.8	148.8
FM	面粗壮度［（40+47+45）/3］	–	–	101.4	107.8		104.1	–	–	–
65	下颌髁间宽	–	–	106.1	109.6	–	107.4	–	–	–
	鼻骨长（n-rhi）	–	26.1	22.2	22.4	20.0	–	–	19.8	23.2
	鼻尖齿槽长（rhi-pr）	–	44.1	39.9	45.0	46.5	–	–	22.1	–
32	额倾角（n-m-FH）	84.5	81.0	78.0	85.5		81.0	89.0	84.5	69.0
72	面角（n-pr-FH）	86.0	85.5	82.5	81.5	–	83.5	79.5	78.0	–
73	鼻面角（n-ns-FH）	91.0	87.0	86.0	84.5	–	86.0	82.5	82.5	90.0
74	齿槽面角（ns-pr-FH）	73.5	77.5	71.0	72.5		74.5	75.0	65.0	–
77	鼻颧角（fmo-n-fmo）	146.9	148.3	142.1	143.7	143.9	145.8	147.2	149.2	140.5
ZM∠	颧上颌角（zm-ss-zm）	129.1	130.7	126.3	124.0	123.2	138.1	–	144.9	136.6
ZM₁∠	颧上颌角（zm1-ss-zm1）	140.7	134.3	132.8	130.7	133.7	144.0	–	164.6	127.1
75	鼻尖角（n-rhi-FH）	–	59.0	60.0	64.0	–	–	–	59.0	69.0
75（1）	鼻骨角（rhi-n-pr）	–	28.6	24.6	18.9	18.1	–	–	–	–
8：1	颅指数	74.1	71.7	72.3	75.4	–	77.9	77.5	74.3	79.8
17：1	颅长高指数	73.3	67.3	72.9	73.7	–	80.1	74.9	72.4	79.8
21：1	颅长耳高指数	63.8	59.3	59.9	63.5	–	66.7	64.5	60.3	55.3
17：8	颅宽高指数	98.8	93.9	100.8	97.7	–	102.8	96.6	97.4	80.5
FM：CM	颅面粗壮指数	–	–	71.5	74.2		75.4	–	–	–
54：55	鼻指数	46.7	49.6	49.9	46.9	50.4	53.1	50.2	53.3	50.6
SS：SC	鼻根指数	29.3	55.3	26.9	27.6	39.2	34.8	31.3	30.2	–
52：51	眶指数　左	84.4	86.6	76.7	82.1	75.8	82.4	75.4	79.7	84.7
48：17	垂直颅面指数 sd	55.1	56.1	49.0	53.9	–	46.1	48.5	48.8	–
48：45	上面指数 sd	57.3	58.5	52.5	58.1	54.6？	47.6	51.9	51.8	–
47：45	全面指数	–	–	81.9	94.0	–	75.1	–	–	–
48：46	中面指数 sd	81.0	75.7	69.9	79.2	67.0	60.9	–	72.0	–
9：8	额宽指数	68.2	65.7	67.3	65.0	–	65.8	67.2	62.9	62.4
40：5	面突度指数	93.6	97.1	94.1	98.8	–	95.7	98.3	100.6	–
DS：DC	眶间宽高指数	–	58.5	47.0	45.2	44.3	44.0	46.7	40.2	
SN：OB	额面扁平度指数	15.4	15.2	17.9	15.9	16.8	15.5	14.9	13.3	
SR：O₃	鼻面扁平指数	–	38.5	29.9	33.9	27.4	–	–	30.4	–
63：62	腭指数	–	–	–	81.6	–	–	–	85.9	
61：60	齿槽弓指数	–	–	–	113.2	–	–	–	111.9	
48：65	面高髁宽指数 sd	–	–	58.4	63.4	–	55.2	–	–	–

代号	测量项目	ⅠM136	ⅠM140	ⅡM84∶B	ⅠM211	ⅡM132	ⅠM16∶A	ⅡM80	ⅠM6	ⅠM6∶A
		♀?	♀	♀	♀?	♀?	♀	♀	♀	♀
1	颅长（g-op）	174.5	177.5	166.0	180.0	177.5	181.0	166.0	188.0	171.0
8	颅宽（eu-eu）	129.0	134.5	129.0	139.0	129.0	125.5	133.5	138.0	126.4
17	颅高（ba-b）	121.5	122.0	129.0	130.7	134.0	135.8	125.0	130.0	130.0
21	耳上颅高（po-v）	106.2	104.8	111.5	111.0	107.5	113.1	103.5	113.5	110.0
9	最小颅宽（ft-ft）	86.5	89.9	85.4	90.0	90.7	85.0	83.5	95.0	87.0
25	颅矢状弧（arc n-o）	355.0	362.5	345.5	375.0	366.0	395.0	349.5	378.5	358.0
23	颅周长（眉上方）	495.0	504.0	480.0	519.0	500.0	520.0	484.0	523.0	498.0
24	颅横弧（arc po-po）	294.0	294.0	304.5	307.0	294.0	307.0	292.0	317.0	304.0
5	颅基底长（n-ba）	97.4	94.1	92.8	99.3	97.5	93.2	92.6	99.3	96.0
40	面基底长（ba-pr）	96.0	92?	92.9	93.0	92.5	87.0	92.6	99.3	89.0
48	上面高（n-sd）	64.5	69.7	70.2	73.4	68.4	65.7	68.5	63.4	64.9
	（n-pr）	62.7	66.3	66.4	70.1	66.5	62.6	65.0	61.5	62.2
47	全面高（n-gn）	107.1	111.5	－	120.0	－	－	109.4	－	－
45	颧宽（zy-zy）	117.2	123.0	123.7	121.5	123.6	121.2	116.5	123.7	116.0
46	中面宽（zm-zm）	94.1	94.9	94.3	95.3	96.6	93.0	83.5	97.3	92.5
	颧颌点间高（sub.zm-ss-zm）	23.8	27.0	21.6	21.6	27.1	21.0	24.6	23.5	27.0
43（1）	两眶外缘宽（fmo-fmo）	93.4	96.8	95.9	88.3	92.8	94.4	87.1	99.9	88.0
	眶外缘间高（sub.fmo-n-fmo）	15.5	14.4	15.4	12.5	－	11.0	13.2	19.0	11.2
O₃	眶中宽	55.9	53.0	59.1	54.6	56.5	50.2	37.4	59.8	52.1
SR	鼻尖高	13.5	18.0	16.1	14.7	－	15.2	12.0	15.0	15.0
50	眶间宽（mf-mf）	17.1	19.2	19.0	16.4	18.6	16.9	16.5	22.3	15.1
DC	眶内缘点间宽（d-d）	19.0	20.4	20.9	18.1	21.8	19.8	17.4	24.0	17.8
DS	鼻梁眶内缘宽高	7.9	9.6	7.7	8.3	16.6	9.4	8.0	10.4	10.6
MH	颧骨高（fmo-zm）左	38.7	43.2	43.5	41.6	38.6	41.0	41.6	42.8	40.4
MB′	颧骨宽（zm-rim orb.）左	20.9	24.5	26.1	20.9	21.5	20.5	22.0	21.6	24.2
54	鼻宽	27.8	26.2	25.1	24.0	28.0	24.2	22.2	25.7	26.5
55	鼻高（n-ns）	50.6	54.6	51.6	54.5	49.8	50.2	48.8	49.0	51.6
SC	鼻骨最小宽	7.1	7.4	6.0	7.1	10.8	4.3	7.3	8.5	7.6
SS	鼻骨最小宽高	2.8	3.1	1.6	2.2	3.3	2.0	1.9	3.0	3.3
51	眶宽（mf-ek）左	41.0	40.4	42.0	40.4	40.5	40.3	38.6	41.4	38.9
52	眶高　左	31.7	33.0	30.5	33.3	30.0	34.5	29.8	34.0	30.0
60	齿槽弓长	52.6	52.3	50.7	47.4	54.7	47.8	53.4	53.2	－
61	齿槽弓宽	－	58.2	63.3	60.0	－	－	64.1	－	－
62	腭长（ol-sta）	47.2	45.3	43.8	42.7	47.3	41.5	44.4	44.9	41.5

代号	测量项目	ⅠM136 ♀？	ⅠM140 ♀	ⅡM84：B ♀	ⅠM211 ♀？	ⅡM132 ♀？	ⅠM16：A ♀	ⅡM80 ♀	ⅠM6 ♀	ⅠM6：A ♀
63	腭宽（enm-enm）	–	40.9	41.3	43.3	–	–	42.4	–	41.5
CM	颅粗壮度［(1+8+17)/3］	141.7	144.7	141.3	149.9	146.8	147.4	141.5	152.0	142.5
FM	面粗壮度［(40+47+45)/3］	106.8	108.8	–	111.5	–	–	106.2	–	–
65	下颌髁间宽	114.7	114.5	–	119.3	–	110.8	118.0	–	–
	鼻骨长（n-rhi）	24.2	25.6	22.9	27.7	–	17.4	22.1	19.6	24.4
	鼻尖齿槽长（rhi-pr）	39.1	42.5	46.6	44.1	–	46.5	44.1	43.6	42.7
32	额倾角（n-m-FH）	86.0	79.5	78.0	85.5	85.0	84.5	81.0	82.0	92.0
72	面角（n-pr-FH）	83.0	82.5	81.5	88.5	82.5	83.0	80.0	86.0	88.0
73	鼻面角（n-ns-FH）	87.0	84.5	85.0	91.0	84?	85.0	83.0	88.0	90.0
74	齿槽面角（ns-pr-FH）	70.0	75.0	71.0	78.5	81?	74.0	68.0	76.0	82.0
77	鼻颧角（fmo-n-fmo）	142.6	148.8	145.9	149.1	141.2	152.9	146.7	139.7	151.5
ZM∠	颧上颌角（zm-ss-zm）	124.8	120.1	131.1	131.6	123.8	130.3	117.6	129.2	120.8
ZM₁∠	颧上颌角（zm1-ss-zm1）	132.6	126.9	140.4	133.7	131.0	137.1	124.5	135.1	124.9
75	鼻尖角（n-rhi-FH）	71.0	62.0	61.5	74.5	–	68.0	65.0	68.5	70.0
75（1）	鼻骨角（rhi-n-pr）	10.0	17.1	24.7	15.8	–	19.0	15.5	20.0	29.5
8：1	颅指数	73.9	75.8	77.7	77.2	72.7	69.3	80.4	73.4	73.9
17：1	颅长高指数	69.6	68.7	77.7	72.6	75.5	75.0	75.3	69.1	76.0
21：1	颅长耳高指数	60.9	59.0	67.2	61.7	60.6	62.5	62.3	60.4	64.3
17：8	颅宽高指数	94.2	90.7	100.0	94.0	103.9	108.2	93.6	94.2	102.8
FM：CM	颅面粗壮指数	75.4	75.2	–	74.4	–	–	75.1	–	–
54：55	鼻指数	54.9	48.0	48.6	44.0	56.2	48.2	45.5	52.4	51.4
SS：SC	鼻根指数	39.4	41.9	26.7	31.0	30.6	46.5	26.0	35.3	43.4
52：51	眶指数　左	77.3	81.7	72.6	82.4	74.1	85.6	77.2	82.1	77.1
48：17	垂直颅面指数 sd	53.1	57.1	54.4	56.2	51.0	48.4	54.8	48.8	49.9
48：45	上面指数 sd	55.0	56.7	56.8	60.4	55.3	54.2	58.8	51.3	55.9
47：45	全面指数	91.4	90.7	–	98.8	–	–	93.9	–	–
48：46	中面指数 sd	68.5	73.4	74.4	77.0	70.8	70.6	82.0	65.2	70.2
9：8	额宽指数	67.1	66.8	66.2	64.7	70.3	67.7	62.5	68.8	68.8
40：5	面突度指数	98.6	97.8	100.1	93.7	94.9	93.3	100.0	100.0	92.7
DS：DC	眶间宽高指数	41.6	47.1	36.8	45.9	76.1	47.5	46.0	43.3	59.6
SN：OB	额面扁平度指数	16.6	14.9	16.1	14.2	–	11.7	15.2	19.0	12.7
SR：O₃	鼻面扁平指数	24.2	34.0	27.2	26.9	–	30.3	32.1	25.1	28.8
63：62	腭指数	–	90.3	94.3	101.4	–	–	95.5	–	100.0
61：60	齿槽弓指数	–	111.3	124.9	126.6	–	–	120.0	–	–
48：65	面高髁宽指数 sd	56.2	60.9	–	61.5	–	59.3	58.1	–	–

代号	测量项目	例数	平均值	标准差	ⅠM52上层	ⅠM61：A	ⅠM63	ⅠM64	ⅠM91	ⅠM130
		n	m	σ	♀	♀	♀	♀	♂♀	♂♀
1	颅长（g-op）	25	175.5	5.9	172.0	171.5	175.0	174.0	183.0	174.6
8	颅宽（eu-eu）	25	131.3	4.8	128.0	133.5	130.7	130.0	136.0	130.5
17	颅高（ba-b）	25	127.8	4.5	124.5	–	128.5	124.0	126.5	132.5
21	耳上颅高（po-v）	25	108.6	3.9	109.5	107.0	111.6	108.0	114.0	117.4
9	最小颅宽（ft-ft）	26	87.9	2.9	91.4	80.6	89.8	89.1	90.0	92.7
25	颅矢状弧（arc n-o）	25	359.7	12.8	353.0	356.5	369.0	367.0	374.5	363.5
23	颅周长（眉上方）	25	498.7	14.3	489.0	470.0	496.0	481.0	–	493.0
24	颅横弧（arc po-po）	25	299.6	7.8	303.0	298.5	313.5	301.0	314.0	316.0
5	颅基底长（n-ba）	24	95.4	2.8	85.1	–	86.0	84.7	97.0	86.8
40	面基底长（ba-pr）	22	92.7	3.6	76.0	–	81.0	75.1	88.0	79.8
48	上面高（n-sd）	23	66.7	3.4	55.5	52.8	60.4	53.5	60.4	56.7
	（n-pr）	24	64.1	3.2	53.1	50.3	58.7	50.7	58.2	55.1
47	全面高（n-gn）	10	107.5	7.4	85.6	83.5	–	–	–	–
45	颧宽（zy-zy）	26	121.9	4.5	105.7	96.0	106.7	103.4	111.1	109.5
46	中面宽（zm-zm）	25	93.1	4.0	79.5	75.3	83.6	77.8	98.3	86.4
	颧颌点间高（sub.zm-ss-zm）	24	23.1	2.6	23.0	24.8	23.5	21.9	35.8	21.8
43（1）	两眶外缘宽（fmo-fmo）	26	92.3	3.6	85.2	79.4	86.1	82.1	87.0	88.3
	眶外缘间高（sub.fmo-n-fmo）	24	14.4	1.9	14.1	19.3	15.6	17.5	17.5	14.8
O₃	眶中宽	25	52.5	5.1	35.3	–	44.7	42.8	45.0	37.2
SR	鼻尖高	19	16.1	2.2	14.6	–	15.6	14.3	13.4	17.8
50	眶间宽（mf-mf）	26	17.8	2.0	15.3	16.3	15.0	15.4	17.9	18.2
DC	眶内缘点间宽（d-d）	25	20.2	2.1	17.2	20.8	16.8	20.2	19.3	19.9
DS	鼻梁眶内缘宽高	24	9.6	1.8	6.9	8.9	8.2	7.7	9.6	10.0
MH	颧骨高（fmo-zm）左	26	41.0	2.0	34.6	33.4	34.4	36.2	36.1	38.8
MB′	颧骨宽（zm-rim orb.）左	25	22.0	1.7	17.7	19.0	17.0	18.8	23.2	–
54	鼻宽	26	24.9	1.6	20.7	21.1	20.7	21.3	21.7	20.5
55	鼻高（n-ns）	26	49.9	2.6	40.6	37.5	44.5	40.2	46.1	43.0
SC	鼻骨最小宽	26	7.8	1.9	8.2	9.9	7.3	7.2	8.3	10.9
SS	鼻骨最小宽高	25	2.8	0.7	2.7	2.2	3.8	2.0	2.8	5.0
51	眶宽（mf-ek）左	26	40.3	1.6	37.2	35.1	37.4	37.5	38.5	36.0
52	眶高　左	26	32.3	2.1	31.8	29.4	33.0	29.7	32.6	32.7
60	齿槽弓长	21	51.0	2.2	35.5	40.4	45.5?	38.8	44.1?	44.2
61	齿槽弓宽	12	60.9	2.8	55.4	52.1	58.7?	56.9	58.3?	57.4
62	腭长（ol-sta）	20	44.4	1.8	33.5	35.7	39.6	33.3	38.6	37.3

代号	测量项目	例数	平均值	标准差	ⅠM52上层	ⅠM61：A	ⅠM63	ⅠM64	ⅠM91	ⅠM130
		n	m	σ	?	?	?	?	♂?	♂?
63	腭宽（enm-enm）	12	40.2	2.3	33.7	30.9	33.1	37.7	33.6?	36.7
CM	颅粗壮度［(1+8+17)/3］	25	144.9	3.3	141.5	–	144.7	142.7	148.5	145.9
FM	面粗壮度［(40+47+45)/3］	10	107.3	3.3	89.1	–	–	–	–	–
65	下颌髁间宽	14	111.8	5.3	94.1	86?	–	–	–	–
	鼻骨长（n-rhi）	20	22.9	2.5	19.8	16.2	22.0	17.9	22.9	15.4
	鼻尖齿槽长（rhi-pr）	18	42.8	5.4	34.6	35.2	39.1	34.1	36.1	42.6
32	额倾角（n-m-FH）	25	82.9	4.4	94.5	99.5	95.5	95.0	88.0	84.5
72	面角（n-pr-FH）	23	83.0	2.8	89.0	90.0	84.0	91.0	91.0	89.0
73	鼻面角（n-ns-FH）	25	85.3	3.0	88.5	90.5	86.0	93.0	94.5	90.0
74	齿槽面角（ns-pr-FH）	23	74.9	6.1	87.5	88.0	80.0	85.0	79.0	79.5
77	鼻颧角（fmo-n-fmo）	26	144.6	6.1	143.9	128.9	141.1	133.6	136.4	143.4
ZM∠	颧上颌角（zm-ss-zm）	25	128.2	6.3	121.5	115.6	123.1	122.8	109.5	126.9
ZM₁∠	颧上颌角（zm1-ss-zm1）	25	134.5	8.0	128.9	125.6	126.3	131.0	121.1	133.5
75	鼻尖角（n-rhi-FH）	19	63.8	5.5	73.0	76.0	62.0	75.0	82.0	55.0
75(1)	鼻骨角（rhi-n-pr）	17	20.8	5.5	16.7	17.6	21.6	17.8	11.9	30.8
8：1	颅指数	25	74.9	2.6	74.4	77.8	74.7	74.7	74.3	74.7
17：1	颅长高指数	25	73.6	3.2	72.4	–	73.4	71.3	69.1	75.9
21：1	颅长耳高指数	25	61.9	2.6	63.7	62.4	63.8	62.1	62.3	67.2
17：8	颅宽高指数	25	97.5	5.4	97.3	–	98.3	95.4	93.0	101.5
FM：CM	颅面粗壮指数	10	74.4	1.7	63.0	–	–	–	–	–
54：55	鼻指数	26	50.0	3.3	51.0	56.3	46.5	53.0	47.1	47.7
SS：SC	鼻根指数	25	37.1	8.8	32.9	22.2	52.1	27.8	33.7	45.9
52：51	眶指数 左	26	80.1	4.1	85.5	83.8	88.2	79.2	84.7	90.8
48：17	垂直颅面指数 sd	22	52.1	3.3	44.6	–	47.0	43.1	47.7	42.8
48：45	上面指数 sd	23	55.1	3.0	52.5	55.0	56.6	51.7	54.4	51.8
47：45	全面指数	10	88.7	6.9	81.0	87.0	–	–	–	–
48：46	中面指数 sd	22	72.2	5.0	69.8	70.1	72.2	68.8	61.4	65.6
9：8	额宽指数	25	66.9	2.2	71.4	60.4	68.7	68.5	66.2	71.0
40：5	面突度指数	22	97.2	3.1	89.3	–	94.2	88.7	90.7	91.9
DS：DC	眶间宽高指数	24	48.3	9.0	40.1	42.8	48.8	38.1	49.7	50.3
SN：OB	额面扁平度指数	24	15.7	1.7	16.5	24.3	18.1	21.3	20.1	16.8
SR：O₃	鼻面扁平指数	19	30.8	3.9	41.4	–	34.9	33.4	29.8	47.8
63：62	腭指数	11	91.0	6.5	100.6	86.6	83.6	113.2	87.0?	98.4
61：60	齿槽弓指数	12	119.5	6.4	156.1	129.0	129.0	146.6	132.2?	129.9
48：65	面高髁宽指数 sd	12	60.1	2.8	59.0	61.4?	–	–	–	–

代号	测量项目	ⅡM56：A	ⅡM56：B	ⅡM56：C	ⅠM8：B	ⅠM11：A	ⅠM12：B	ⅠM20：B	ⅠM20：C
		？	？	♀？	♂？	？	？	♂	♂
1	颅长（g-op）	168.0	164.0	173.0	175.0	171.5	169.5	–	166.0
8	颅宽（eu-eu）	127.0	122.5	123.8	125.0	121.7	125.0	–	132.5
17	颅高（ba-b）	–	–	122.5	128.0	119.5	–	–	128.0
21	耳上颅高（po-v）	106.0	107.2	102.9	108.0	108.1	103.0	–	111.5
9	最小颅宽（ft-ft）	88.5	89.0	89.6	88.5	89.1	80.4	92.0	91.0
25	颅矢状弧（arc n-o）	369.0	350.0	347.0	352.0	–	359.5	–	352.0
23	颅周长（眉上方）	485.0	472.0	482.0	483.0	480.0	475.0	–	479.0
24	颅横弧（arc po-po）	304.0	300.0	282.0	292.0	293.0	294.0	–	310.0
5	颅基底长（n-ba）	–	–	90.3	95.1	87.0	–	–	93.2
40	面基底长（ba-pr）	–	–	88.6	87.4	79.0	–	–	91.6
48	上面高（n-sd）	51.7	48.6	64.1	64.5	55.0	49.4	66.6	62.0
	（n-pr）	–	46.1	61.6	63.1	52.8	48.0	64.6	59.7
47	全面高（n-gn）	84.2	80.6	–	103.0	–	80.5	–	106.6
45	颧宽（zy-zy）	97.8	92.7？	115.0	116.0	104.6	92.3	–	117.8
46	中面宽（zm-zm）	72.5	70.0	89.5	92.5	76.8	–	98.2	89.9
	颧颌点间高（sub.zm-ss-zm）	–	20.2	26.0	25.5	20.7	–	25.1	21.1
43（1）	两眶外缘宽（fmo-fmo）	82.8	82.5	88.5	91.0	85.0	76.4	89.2	87.7
	眶外缘间高（sub.fmo-n-fmo）	16.2	16.2	15.5	16.7	15.7	15.0	16.8	12.5
O₃	眶中宽	42.7	40.5	50.5	48.9	44.0	38.8	56.3	51.6
SR	鼻尖高	–	–	14.5	16.8	16.0	12.2	–	13.9
50	眶间宽（mf-mf）	17.7	19.8	17.5	18.1	16.4	15.3	17.1	18.0
DC	眶内缘点间宽（d-d）	18.7	19.7	18.2	21.7	18.7	16.7	18.0	21.4
DS	鼻梁眶内缘宽高	–	5.4	4.0	8.5	9.9	7.7	11.5	8.0
MH	颧骨高（fmo-zm）左	34.3	33.7	41.0	38.5	37.8	34.5？	42.0	39.5
MB′	颧骨宽（zm-rim orb.）左	17.5	16.8	24.9	22.0	20.2	18.2？	27.0	21.1
54	鼻宽	18.9	20.2	22.8	24.2	20.0	18.5	21.4	22.8
55	鼻高（n-ns）	36.2	35.1	45.8	49.8	41.3	36.0	51.2	46.4
SC	鼻骨最小宽	8.0	9.7	8.1	9.1	7.4	8.9	9.2	8.4
SS	鼻骨最小宽高	–	2.0	2.8	3.5	3.3	2.4	5.0	3.1
51	眶宽（mf-ek）左	35.6	35.6	37.4	39.5	36.7	33.8	38.5	38.1
52	眶高　左	31.4	31.5	31.8	32.9	32.2	28.7	31.3	31.4
60	齿槽弓长	–	–	48.5	46.4	38.1	34.9	52.3	46.0
61	齿槽弓宽	–	–	56.4	62.3	55.1	51.7	65.9	57.3
62	腭长（ol-sta）	32.6	–	42.4	40.2	33.4	31.9	46.7	40.3

代号	测量项目	ⅡM56：A	ⅡM56：B	ⅡM56：C	ⅠM8：B	ⅠM11：A	ⅠM12：B	ⅠM20：B	ⅠM20：C
		？	？	♀？	♂？	？	？	♂	♂
63	腭宽（enm-enm）	–	–	35.4	39.8	36.3	32.0	–	37.0
CM	颅粗壮度［(1+8+17)/3］	–	–	139.8	142.7	137.6	–	–	142.2
FM	面粗壮度［(40+47+45)/3］	–	–	–	102.1	–	–	–	105.3
65	下颌髁间宽	87.8	83.6	–	105.3	–	83.8	–	104.3
	鼻骨长（n-rhi）	–	15.5	21.0	26.7	19.3	15.0	–	21.7
	鼻尖齿槽长（rhi-pr）	–	31.9	41.7	40.3	35.3	34.0	–	40.0
32	额倾角（n-m-FH）	97.0	97.0	82.5	87.5	91.0	96.0	–	88.0
72	面角（n-pr-FH）	90.0	93.5	81.0	88.5	90.0	94.5	–	82.0
73	鼻面角（n-ns-FH）	87.5	92.0	83.0	89.0	91.0	93.0	–	84.5
74	齿槽面角（ns-pr-FH）	99.0	94.0	73.0	86.5	80.5	91.0	–	73.0
77	鼻颧角（fmo-n-fmo）	139.3	139.6	143.8	141.8	140.5	139.2	137.8	148.1
ZM∠	颧上颌角（zm-ss-zm）	122.0	121.3	118.6	124.5	125.0	–	126.9	131.0
ZM₁∠	颧上颌角（zm1-ss-zm1）	126.0	123.9	128.4	130.9	132.8	125.0	131.1	138.0
75	鼻尖角（n-rhi-FH）	73.0	70.0	67.0	65.0	69.0	80.0	–	60.0
75（1）	鼻骨角（rhi-n-pr）	–	19.4	15.2	24.3	20.1	17.5	–	20.0
8：1	颅指数	75.6	74.7	71.6	71.4	71.0	73.7	–	79.8
17：1	颅长高指数	–	–	70.8	73.1	69.7	–	–	77.1
21：1	颅长耳高指数	63.1	65.4	59.5	61.7	63.0	60.8	–	67.2
17：8	颅宽高指数	–	–	98.9	102.4	98.2	–	–	96.6
FM：CM	颅面粗壮指数	–	–	–	71.5	–	–	–	74.1
54：55	鼻指数	52.2	57.5	49.8	48.6	48.4	51.4	41.8	49.1
SS：SC	鼻根指数	–	26.0	34.6	38.5	44.6	27.0	54.3	36.9
52：51	眶指数 左	88.2	88.5	85.0	83.3	87.7	84.9	81.3	82.4
48：17	垂直颅面指数 sd	–	–	52.3	50.4	46.0	–	–	48.4
48：45	上面指数 sd	52.9	52.4？	55.7	55.6	52.6	53.5	–	52.6
47：45	全面指数	86.1	86.9？	–	88.8	–	87.2	–	90.5
48：46	中面指数 sd	71.3	69.4	71.6		71.6	–	67.8	69.0
9：8	额宽指数	69.7	72.7	72.4	70.8	73.2	64.3	–	68.7
40：5	面突度指数	–	–	98.1	91.9	90.8	–	–	98.3
DS：DC	眶间宽高指数	–	27.4	22.0	39.2	52.9	46.1	63.9	37.4
SN：OB	额面扁平度指数	19.6	19.6	17.5	18.4	18.5	19.6	18.8	14.3
SR：O₃	鼻面扁平指数	–	–	28.7	34.4	36.4	31.4	–	26.9
63：62	腭指数	–	–	83.5	99.0	108.7	100.3	–	91.8
61：60	齿槽弓指数	–	–	116.3	134.3	144.6	148.1	126.0	124.6
48：65	面高髁宽指数 sd	58.9	58.1	–	61.3	–	58.9	–	59.4

附表 2　中期头骨个体测量表及平均值和标准差

（长度单位：毫米，角度：度，指数：百分比）

代号	测量项目	IM1：A	IM1：B	IM3	IM3	IM3	IM4	IM4	IM41	IM42	IM49：B
		♂	♂	♂	♂	♂	♂	♂	♂	♂	♂
1	颅长（g-op）	175.5	187.0	176.0	184.0	183.0	173.0	187.0	180.5	180.5	191.0
8	颅宽（eu-eu）	148.0	146.0	136.0	140.0	147.0	142.5	134.5	–	136.0	144.1
17	颅高（ba-b）	131.5	135.5	132.0	139.0	136.0	128.6	143.0	–	130.0	142.5
21	耳上颅高（po-v）	116.0	118.4	113.1	112.0	117.0	110.0	116.0	–	112.5	115.0
9	最小颅宽（ft-ft）	92.0	100.8	92.8	96.7	95.5	94.3	94.7	96.7	93.0	90.8
25	颅矢状弧（arc n-o）	373.0	377.0	355.0	364.5	368.0	360.0	381.0	378.5	366.0	383.5
23	颅周长（眉上方）	525.0	541.0	505.0	523.0	527.0	506.0	518.0	–	508.0	539.0
24	颅横弧（arc po-po）	331.0	331.0	311.0	318.0	325.0	310.0	312.0	–	307.0	325.0
5	颅基底长（n-ba）	97.0	104.7	98.0	107.9	102.3	95.1	105.0	–	96.7	108.6
40	面基底长（ba-pr）	92.6	98.0	87.8	97.0	95.3	95.8	96.7	–	91.7	101.4
48	上面高（n-sd）	68.4	72.2	65.4	76.6	72.2	67.4	72.8	71.2	74.6	74.4
	（n-pr）	65.0	69.3	62.8	74.0	69.8	65.0	68.2	67.3	72.4	70.0
47	全面高（n-gn）	116.6	121.4	117.6	–	112.0	108.0	–	–	–	118.0
45	颧宽（zy-zy）	132.1	135.0	128.1	139.0	139.5	134.3	125.7	–	124.8?	137.6
46	中面宽（zm-zm）	91.5	97.7	97.2	102.3	102.5	96.5	91.9	97.7	91.3	95.7
	颧颌点间高（sub.zm-ss-zm）	22.8	30.0	22.9	27.1	17.0	18.7	27.7	24.0	23.2	24.6
43（1）	两眶外缘宽（fmo-fmo）	94.6	103.4	97.8	103.8	100.8	96.5	98.6	95.2	93.0	93.8
	眶外缘间高（sub.fmo-n-fmo）	13.5	20.0	16.8	22.0	15.3	13.2	19.6	16.4	15.0	16.0
O₃	眶中宽	56.5	56.1	50.1	53.0	53.6	52.4	53.4	52.0	49.5	50.5
SR	鼻尖高	23.4	20.2?	18.0	21.0	15.0	11.8	23.8	20.5	16.9	16.4
50	眶间宽（mf-mf）	18.4	25.2	18.1	22.7	17.7	16.1	21.7	20.5	17.7	20.4
DC	眶内缘点间宽（d-d）	26.4	25.5	19.2	24.7	20.1	17.1	20.4	23.8	19.1	21.7
DS	鼻梁眶内缘宽高	12.1	13.9	12.0	12.3	9.7	7.2	11.6	8.6	10.6	9.0
MH	颧骨高（fmo-zm）左	43.6	42.8	43.9	45.2	46.5	41.0	42.4	43.8	46.9	41.7
MB′	颧骨宽（zm-rim orb.）左	23.7	25.2	23.2	26.8	27.4	22.2	22.5	25.9	26.9	24.8
54	鼻宽	26.1	25.6	23.5	28.0	28.3	25.2	24.1	27.2	23.6	24.4
55	鼻高（n-ns）	51.0	54.8	51.6	55.5	54.7	49.7	52.8	51.0	52.0	54.3
SC	鼻骨最小宽	7.5	11.3	5.6	9.3	6.6	6.8	9.1	8.0	7.4	8.5
SS	鼻骨最小宽高	4.9	5.0	3.3	4.2	4.0	2.0	4.6	2.6	3.7	3.7
51	眶宽（mf-ek）左	41.0	43.7	42.6	45.5	44.1	44.0	43.0	40.2	40.6	39.8
52	眶高 左	32.6	28.8	31.8	31.8	37.2	32.6	34.2	33.6	32.1	28.7
60	齿槽弓长	50.8	54.0	48.1	56.1	51.1	52.1	52.1	52.8	52.2	55.9
61	齿槽弓宽	59.5	65.0	61.9	67.8	–	64.6	62.0	63.0	60.5?	66.4
62	腭长（ol-sta）	44.1	42.3	39.6	47.5	46.6	45.3	42.4	46.9	46.0	48.9

代号	测量项目	IM1：A ♂	IM1：B ♂	IM3 ♂	IM3 ♂	IM3 ♂	IM4 ♂	IM4 ♂	IM41 ♂	IM42 ♂	IM49：B ♂
63	腭宽（enm-enm）	37.7	43.0	40.0	46.0	44.1	42.2	41.0	38.3	42.3	42.0
CM	颅粗壮度 [（1+8+17）/3]	151.7	156.2	148.0	154.3	155.3	148.0	154.8	–	148.8	159.2
FM	面粗壮度 [（40+47+45）/3]	113.8	118.1	111.2	–	115.6	112.7	–	–	–	119.0
65	下颌髁间宽	115.7	109.6	114.0	–	126.8	121.7	–	109.5	–	126.7
	鼻骨长（n-rhi）	30.1	24?	24.9	28.1	27.0	21.9	22.8	23.0	24.1?	25.5
	鼻尖齿槽长（rhi-pr）	42.4	49.2?	40.0	49.5	47.1	43.5	49.4	47.0	52.3?	47.1
32	额倾角（n-m-FH）	85.0	85.0	74.0	78.0	81.0	84.5	86.0	–	82.5	85.5
72	面角（n-pr-FH）	88.5	90.0	90.0	87.5	88.0	80.5	84.0	–	87.0	87.0
73	鼻面角（n-ns-FH）	90.0	90.0	94.0	89.5	91.5	84.5	85.0	–	86.0	87.5
74	齿槽面角（ns-pr-FH）	80.0	91.5	76.0	81.5	79.0	69.5	82.0	–	86.0	83.0
77	鼻颧角（fmo-n-fmo）	150.6	136.8	141.8	133.9	146.3	150.4	137.8	142.6	144.7	144.5
ZM∠	颧上颌角（zm-ss-zm）	128.5	117.6	132.0	122.1	145.3	136.8	118.2	129.5	126.4	124.4
ZM₁∠	颧上颌角（zm1-ss-zm1）	134.5	124.8	139.0	134.8	151.9	146.5	125.1	132.4	137.0	129.4
75	鼻尖角（n-rhi-FH）	56.0	65.0	71.5	64.0	61.0	71.0	55.0	–	60.0	65.0
75（1）	鼻骨角（rhi-n-pr）	31.6	27.2	18.6	23.4	26.2	8.9	28.6	23.0	27.8?	21.0
8：1	颅指数	84.3	78.1	77.3	76.1	80.3	82.4	71.9	–	75.3	75.4
17：1	颅长高指数	74.9	72.5	75.0	75.5	74.3	74.3	76.5	–	72.0	74.6
21：1	颅长耳高指数	66.1	63.3	64.3	60.9	63.9	63.6	62.0	–	62.3	60.2
17：8	颅宽高指数	88.9	92.8	97.1	99.3	92.5	90.2	106.3	–	95.6	98.9
FM：CM	颅面粗壮指数	75.0	75.6	75.1	–	74.4	76.1	–	–	–	74.7
54：55	鼻指数	51.2	46.7	45.5	50.5	51.7	50.7	45.6	53.3	45.4	44.9
SS：SC	鼻根指数	65.3	44.2	58.9	45.2	60.6	29.4	50.5	32.5	50.0	43.5
52：51	眶指数 左	79.5	65.9	74.6	69.9	84.4	74.1	79.5	83.6	79.1	72.1
48：17	垂直颅面指数 sd	52.0	53.3	49.5	55.1	53.1	52.4	50.9	–	57.4	52.2
48：45	上面指数 sd	51.8	53.5	51.1	55.1	51.8	50.2	57.9	–	59.8?	54.1
47：45	全面指数	88.3	89.9	91.8	–	80.3	80.4	–	–	–	85.8
48：46	中面指数 sd	74.8	73.9	67.3	74.9	70.4	69.8	79.2	72.9	81.7	77.7
9：8	额宽指数	62.2	69.0	68.2	69.1	65.0	66.2	70.4	–	68.4	63.0
40：5	面突度指数	95.5	93.6	89.6	89.9	93.2	100.7	92.1	–	94.8	93.4
DS：DC	眶间宽高指数	45.8	54.5	62.5	49.8	48.3	42.1	56.9	36.1	55.5	41.5
SN：OB	额面扁平度指数	14.3	19.3	17.2	21.2	15.2	13.7	19.9	17.2	16.1	17.1
SR：O₃	鼻面扁平指数	41.4	36.0	35.9	39.6	28.0	22.5	44.6	39.4	34.1	32.5
63：62	腭指数	85.5	101.7	101.0	96.8	94.6	93.2	96.7	81.7	92.0	85.9
61：60	齿槽弓指数	117.1	120.4	128.7	120.9	–	124.0	119.0	119.3	115.9	118.8
48：65	面高髁宽指数 sd	59.1	65.9	57.4	–	56.9	55.4	–	65.0	–	58.7

代号	测量项目	IM70：A	IM70：B	IM77	IM78	IM78	IM85	IM87?	IM87	IM98
		♂	♂?	♂	♂	♂	♂	♂	♂	♂
1	颅长（g-op）	188.0	–	193.4	186.0	189.0	185.5	176.0	199.0	184.2
8	颅宽（eu-eu）	138.0	–	133.5	–	127.5	130.5	125.0	130.7	134.2
17	颅高（ba-b）	133.5	–	141.5	131.0	139.5	137.0	136.0	147.0	137.0
21	耳上颅高（po-v）	–	–	115.0	–	114.9	111.0	112.0	121.5	114.2
9	最小颅宽（ft-ft）	–	93.6	94.2	90.0	91.8	90.3	93.2	98.0	97.1
25	颅矢状弧（arc n-o）	381.0	–	388.0	370.0	383.0	363.5	366.0	400.0	391.0
23	颅周长（眉上方）	–	–	539.0	–	514.0	507.0	492.0	541.0	518.0
24	颅横弧（arc po-po）	–	–	312.0	–	306.0	300.0	299.0	321.0	310.0
5	颅基底长（n-ba）	102.2	99.8	118.3	102.2	103.8	107.6	98.5	109.9	95.1
40	面基底长（ba-pr）	98.4	96.2	96.4	96.4	102.0	100.3	90.7	105.8	88.6
48	上面高（n-sd）	74.0	69.2	76.7	79.4	71.5	63.0	64.4	66.2	69.4
	（n-pr）	70.5	67.2	72.6	77.0	70.2	59.4	61.5	65.0	64.7
47	全面高（n-gn）	–	–	–	–	114.5	104.7	–	111?	–
45	颧宽（zy-zy）	127.2?	129?	132.5	–	132.5	132.4	125.5	129.4	129.4
46	中面宽（zm-zm）	97.5	96.2	92.4	–	102.0	95.2	90.7	104.3	93.8
	颧颌点间高（sub.zm-ss-zm）	28.5	23.5	24.2	–	28.8	25.5	26.7	29.7	24.6
43（1）	两眶外缘宽（fmo-fmo）	–	96.5	100.0	–	101.0	99.8	101.7	97.3	98.4
	眶外缘间高（sub.fmo-n-fmo）	–	18.0	17.4	–	19.5	19.2	21.5	18.0	16.1
O₃	眶中宽	55.8	59.1	58.1	59.7	53.3	55.3	58.0	48.8	52.0
SR	鼻尖高	22.0	17.7	20.7	–	23.0	23.0	25.5	20.7	20.0
50	眶间宽（mf-mf）	16.0	18.6	20.7	21.1	21.0	20.7	21.0	17.8	20.9
DC	眶内缘点间宽（d-d）	20.2	21.0	22.4	21.7	20.5	21.3	22.3	20.1	22.0
DS	鼻梁眶内缘宽高	16.4	9.8	10.2	–	14.2	12.2	12.5	12.0	11.6
MH	颧骨高（fmo-zm）左	–	43.0	39.4	–	43.7	40.3	41.0	45.6	43.5
MB′	颧骨宽（zm-rim orb.）左	28.2	24.5	18.8	–	25.0	19.3	19.1	28.3	23.8
54	鼻宽	23.7	28.4	25.0	23.1	26.6	26.3	21.6	24.1	24.1
55	鼻高（n-ns）	53.8	51.3	56.5	59.2	55.1	48.2	47.6	51.0	52.0
SC	鼻骨最小宽	6.7	6.1	11.2	10.2	8.0	10.0	8.4	7.8	11.0
SS	鼻骨最小宽高	4.5	2.4	5.3	–	5.4	5.0	3.8	3.9	4.5
51	眶宽（mf-ek）左	42.9	43.1	43.8	–	43.0	44.5	42.9	42.9	40.8
52	眶高 左	30.9	34.9	32.2	35.2	33.2	29.1	36.1	33.2	29.8
60	齿槽弓长	55.7	51.4	53.6	50.7	54.6	53.3	48.7	53.9	53.5
61	齿槽弓宽	64.3	63.3	58.5	64.2	–	64.7	62.0	–	–
62	腭长（ol-sta）	49.4	44.7	44.5	44.4	45.0	45.7	43.6	47.5	–

续附表 2

代号	测量项目	ⅠM70：A ♂	ⅠM70：B ♂?	ⅠM77 ♂	ⅠM78 ♂	ⅠM78 ♀	ⅠM85 ♀	ⅠM87? ♀	ⅠM87 ♀	ⅠM98 ♀
63	腭宽（enm-enm）	40.0	44.1	37.8	41.2	–	40.2	41.1	–	–
CM	颅粗壮度［(1+8+17)/3］	153.2	–	156.1	–	152.0	151.0	145.7	158.9	151.8
FM	面粗壮度［(40+47+45)/3］	–	–	–	–	116.3	112.5	–	115.4	–
65	下颌髁间宽	–	–	–	–	123.5?	122.1	–	118.5	–
	鼻骨长（n-rhi）	29.3	20.4	29.6	33.6	22.3	18.2?	26.2	23.0	23.1
	鼻尖齿槽长（rhi-pr）	45.5	48.4	45.9	49.5	53.8	46.6?	41.1	47.1	44.7
32	额倾角（n-m-FH）	–	–	79.0	–	80.5	74.0	83.0	86.5	84.0
72	面角（n-pr-FH）	–	–	85.0	–	80.5	82.5	85.0	83.5	84.0
73	鼻面角（n-ns-FH）	–	–	87.0	–	83.0	86.5	86.0	83.0	88.0
74	齿槽面角（ns-pr-FH）	–	–	79.5	–	74.0	71.5	69.0	84.0	74.5
77	鼻颧角（fmo-n-fmo）	–	140.3	142.5	–	139.7	138.8	135.2	140.4	145.6
ZM∠	颧上颌角（zm-ss-zm）	117.6	128.7	125.8	–	121.3	125.3	120.8	122.1	126.1
ZM₁∠	颧上颌角（zm1-ss-zm1）	126.0	133.8	131.9	–	123.4	133.3	126.1	130.7	134.2
75	鼻尖角（n-rhi-FH）	–	–	65.0	–	45.5	43.5	54.0	52.5	58?
75(1)	鼻骨角（rhi-n-pr）	24.5	19.2	19.9	27.1	36.1	38.7?	30.4	32.0	24.4
8：1	颅指数	73.4	–	69.0	–	67.5	70.4	71.0	65.7	72.9
17：1	颅长高指数	71.0	–	73.2	70.4	73.8	73.9	77.3	73.9	74.4
21：1	颅长耳高指数	–	–	59.5	–	60.8	59.8	63.6	61.1	62.0
17：8	颅宽高指数	96.7	–	106.0	–	109.4	105.0	108.8	112.5	102.1
FM：CM	颅面粗壮指数	–	–	–	–	76.5	74.5	–	72.6	–
54：55	鼻指数	44.1	55.4	44.2	39.0	48.3	54.6	45.4	47.3	46.3
SS：SC	鼻根指数	67.2	39.3	47.3	–	67.5	50.0	45.2	50.0	40.9
52：51	眶指数 左	72.0	81.0	73.5	–	77.2	65.4	84.1	77.4	73.0
48：17	垂直颅面指数 sd	55.4	–	54.2	60.6	51.3	46.0	47.4	45.0	50.7
48：45	上面指数 sd	58.2?	53.6?	57.9	–	54.0	47.6	51.3	51.2	53.6
47：45	全面指数	–	–	–	–	86.4	79.1	–	85.8	–
48：46	中面指数 sd	75.9	71.9	83.0	–	70.1	66.2	71.0	63.5	74.0
9：8	额宽指数	–	–	70.6	–	71.8	69.2	74.6	75.0	72.4
40：5	面突度指数	96.3	96.4	81.5	94.3	98.3	93.2	92.1	96.3	93.2
DS：DC	眶间宽高指数	81.2	46.7	45.5	–	69.3	57.3	56.1	59.7	52.7
SN：OB	额面扁平度指数	–	18.7	17.4	–	19.3	19.2	21.1	18.5	16.4
SR：O₃	鼻面扁平指数	39.4	29.9	35.6	–	43.2	41.6	44.0	42.4	38.5
63：62	腭指数	81.0	98.7	84.9	92.8	–	88.0	94.3	–	–
61：60	齿槽弓指数	115.4	123.2	109.1	126.6	–	121.4	127.3	–	–
48：65	面高髁宽指数 sd	–	–	–	–	57.9?	51.6	–	55.9	–

代号	测量项目	ⅠM101：B	ⅠM101：C	ⅠM101：D	ⅠM102：A	ⅠM104	ⅠM106：B	ⅠM109	ⅠM110	ⅠM141：A
		♂	♂	♂?	♂	♂	♂	♂?	♂	♂
1	颅长（g-op）	178.5	186.0	179.0	176.0	179.0	186.0	180.0	189.0	192.0
8	颅宽（eu-eu）	134.0	134.0	133.0	131.0	136.0	131.0	138.0	133.0	133?
17	颅高（ba-b）	134.0	137.0	137.0	127.0	133.5	137.0	131.5	137.0	141.0
21	耳上颅高（po-v）	114.1	114.5	114.1	106.0	112.0	112.2	109.5	116.1	115.0
9	最小颅宽（ft-ft）	98.0	97.3	86.6	94.3	86.3	94.3	92.3	98.6	–
25	颅矢状弧（arc n-o）	370.0	378.5	365.5	360.0	379.0	375.0	369.0	377.5	385.0
23	颅周长（眉上方）	514.0	525.0	510.0	501.0	507.0	520.0	519.0	531.0	–
24	颅横弧（arc po-po）	315.0	309.0	308.0	298.0	313.0	306.0	308.0	318.0	–
5	颅基底长（n-ba）	99.0	97.9	97.6	97.0	94.6	101.2	96.2	104.3	109.4
40	面基底长（ba-pr）	97.0	94.5	93.7	90.8	87.1	95.7	91.2	99.0	109.1
48	上面高（n-sd）	67.8	76.3	65.4	72.5	70.3	67.0	71.0	80.7	71.5
	（n-pr）	64.7	72.1	60.6	69.8	67.3	64.0	68.9	76.8	66.5
47	全面高（n-gn）	110.0	–	–	115.6	118.5	111.7	118.1	130.8	–
45	颧宽（zy-zy）	124.8	130.0	127.0	123.7	125.4	–	126.8	128.0	–
46	中面宽（zm-zm）	91.8	91.0	93.0	101.3	91.9	–	90.1	96.1	–
	颧颌点间高（sub.zm-ss-zm）	22.3	26.0	24.0	25.0	25.2	–	21.4	21.4	–
43（1）	两眶外缘宽（fmo-fmo）	93.0	99.6	94.0	93.9	90.8	–	92.7	100.0	–
	眶外缘间高（sub.fmo-n-fmo）	14.5	16.0	14.4	16.0	15.0	–	15.5	16.6	–
O₃	眶中宽	44.6	54.8	50.5	47.0	47.6	–	59.2	51.4	–
SR	鼻尖高	15.2	16.9	20.5?	18.9	20.0	–	14.4	19.1	–
50	眶间宽（mf-mf）	19.5	20.3	14.8	19.6	19.0	–	19.1	19.8	19.7
DC	眶内缘点间宽（d-d）	21.0	26.5	16.4	21.5	19.9	–	19.7	21.2	22.0
DS	鼻梁眶内缘宽高	9.9	11.0	11.5	9.0	11.0	–	9.1	10.6	11.8
MH	颧骨高（fmo-zm）左	40.8	42.5	41.8	44.0	41.6	45.2	42.6	47.4	–
MB′	颧骨宽（zm-rim orb.）左	20.9	22.8	21.3	26.3	24.1	24.2	23.8	27.0	–
54	鼻宽	23.4	25.0	22.6	28.8	22.9	–	23.3	27.2	25.4
55	鼻高（n-ns）	52.6	55.0	50.4	56.0	51.0	52.0	52.0	60.0	51.4
SC	鼻骨最小宽	8.0	6.1	5.3	9.9	8.5	7.6	13.0	10.5	8.1
SS	鼻骨最小宽高	2.9	3.8	4.0	4.2	3.7	3.7	2.5	4.4	4.8
51	眶宽（mf-ek）左	40.5	44.0	41.0	39.8	39.5	41.9?	39.6	41.0	–
52	眶高 左	32.7	34.2	34.9	31.1	32.8	31.4	32.7	36.0	–
60	齿槽弓长	55.6	52.1	44.6	52.2	50.3	–	51.3	54.2	60.0
61	齿槽弓宽	61.2	64.0	61.0	64.7	60.1	–	62.6	64.4	59.9
62	腭长（ol-sta）	48.3	41.3	44.0	46.6	44.2	–	43.1	44.2	49.7

续附表 2

代号	测量项目	IM101：B	IM101：C	IM101：D	IM102：A	IM104	IM106：B	IM109	IM110	IM141：A
		♂	♂	♂?	♂	♂	♂	♂?	♂	♂
63	腭宽（enm-enm）	42.3	43.1	40.8	44.9	38.3	–	41.4	40.4	26.8
CM	颅粗壮度〔(1+8+17)/3〕	148.8	152.3	149.7	144.7	149.5	151.3	149.8	153.0	155.3?
FM	面粗壮度〔(40+47+45)/3〕	110.6	–	–	110.0	110.3	–	112.0	119.3	
65	下颌髁间宽	111.8	–	–	111.0	114.6	115.3	117.0	110.0	–
	鼻骨长（n-rhi）	20.1	24.3	19?	29.3	24.8	–	25.5	33.5	23.8
	鼻尖齿槽长（rhi-pr）	45.9	51.4	45.5?	44.6	46.6	–	45.6	46.7	46.9
32	额倾角（n-m-FH）	92.0	80.5	80.5	81.0	83.0	81.0	86.5	79.0	83.5
72	面角（n-pr-FH）	83.0	82.0	81.0	87.0	86.0	82.0	83.0	86.0	80.0
73	鼻面角（n-ns-FH）	86.0	84.0	84.0	91.0	87.0	85.0	87.0	88.5	85.0
74	齿槽面角（ns-pr-FH）	70.0	78.0	–	77.0	82.5	67.0	71.5	75.5	69.0
77	鼻颧角（fmo-n-fmo）	149.9	145.8	148.8	142.0	142.5	–	142.5	145.9	–
ZM∠	颧上颌角（zm-ss-zm）	132.8	114.0	127.3	127.0	122.3	–	130.5	132.2	
ZM₁∠	颧上颌角（zm1-ss-zm1）	133.2	128.7	132.6	131.0	130.4	–	136.5	137.2	–
75	鼻尖角（n-rhi-FH）	63.0	59.0	68.0	63.0	58.5	–	65.0	65.0	55.0
75（1）	鼻骨角（rhi-n-pr）	17.3	26.1	31.5?	23.8	27.1	–	19.2	19.9	28.2
8：1	颅指数	75.1	72.0	74.3	74.4	76.0	70.4	76.7	70.4	69.3?
17：1	颅长高指数	75.1	73.7	76.5	72.2	74.6	73.7	73.1	72.5	73.4
21：1	颅长耳高指数	63.9	61.6	63.7	60.2	62.6	60.3	60.8	61.4	59.9
17：8	颅宽高指数	100.0	102.2	103.0	96.9	98.2	104.6	95.3	103.0	106?
FM：CM	颅面粗壮指数	74.3	–	–	76.0	73.8	–	74.8	78.0	–
54：55	鼻指数	44.5	45.5	44.8	51.4	44.9	–	44.8	45.3	49.4
SS：SC	鼻根指数	36.3	62.3	75.5	42.4	43.5	48.7	19.2	41.9	59.3
52：51	眶指数　左	80.7	77.7	85.1	78.1	83.0	74.9?	82.6	87.8	–
48：17	垂直颅面指数 sd	50.6	55.7	47.7	57.1	52.7	48.9	54.0	58.9	50.7
48：45	上面指数 sd	54.3	58.7	51.5	58.6	56.1	–	56.0	63.0	–
47：45	全面指数	88.1	–	–	93.5	94.5	–	93.1	102.2	–
48：46	中面指数 sd	73.9	83.8	70.3	71.6	76.5	–	78.8	84.0	–
9：8	额宽指数	73.1	72.6	65.1	72.0	63.5	72.0	66.9	74.1	
40：5	面突度指数	98.0	96.5	96.0	93.6	92.1	94.6	94.8	94.9	99.7
DS：DC	眶间宽高指数	47.1	41.5	70.1	41.9	55.3	–	46.2	50.0	53.6
SN：OB	额面扁平度指数	15.6	16.1	15.3	17.0	16.5	–	16.7	16.6	–
SR：O₃	鼻面扁平指数	34.1	30.8	40.6?	40.2	42.0	–	24.3	37.2	–
63：62	腭指数	87.6	104.4	92.7	96.4	86.7	–	96.1	91.4	53.9
61：60	齿槽弓指数	110.1	122.8	136.8	123.9	119.5	–	122.0	118.8	99.8
48：65	面高髁宽指数 sd	60.6	–	–	65.3	61.3	58.1	60.7	73.4	–

代号	测量项目	ⅠM141：B	ⅠM158：A	ⅠM164	ⅠM167：A	ⅠM167：B	ⅠM167：C	ⅠM169	ⅠM173	ⅠM176
		♂	♂？	♂	♂？	♂	♂	♂	♂	♂
1	颅长（g-op）	180.0	172.0	184.5	186.0	188.5?	182.1	184.0	179.0	187.0
8	颅宽（eu-eu）	–	126.1	134.6	136.5	137?	139.0	140.5	135.5	133.0
17	颅高（ba-b）	139.5	127.5	140.5	132.0	137?	137.5	132.0	132.0	140.0
21	耳上颅高（po-v）	–	110.0	119.0	–	116.0	115.5	112.5	109.5	115.2
9	最小颅宽（ft-ft）	92.7	81.4	90.0	93.3	95.6	96.4	101.6	92.4	85.3
25	颅矢状弧（arc n-o）	373.5	368.0	369.0	378.0	391?	379.0	370.0	360.0	–
23	颅周长（眉上方）	–	486.0	518.0	–	–	512.0	522.0	501.0	519.0
24	颅横弧（arc po-po）	–	301.0	325.0	–	317.0	315.0	318.0	306.0	310.0
5	颅基底长（n-ba）	101.4	90.5	108.1	98.0	105.9	102.4	104.1	99.7	100.4
40	面基底长（ba-pr）	96.4	90.1	98.2	93.6	98.1	96.4	95.8?	95.0	97.5
48	上面高（n-sd）	75.9	62.4	73.4	76.2	73.8	61.7	–	74.2	67.0
	（n-pr）	72.3	60.4	69.0	73.5	70.1	59.8	–	71.3	63.8
47	全面高（n-gn）	–	103.7	114.5	–	–	–	–	–	109.1
45	颧宽（zy-zy）	–	117.1	136.5	127.2	127.0	131.8	139.0	130.3	126.5
46	中面宽（zm-zm）	95.5	82.0	98.6	95.7	92.2	92.6	98.8	95.7	94.5
	颧颌点间高（sub.zm-ss-zm）	26.3	21.8	24.0	24.0	29.5	24.6	25.7	25.0	28.1
43（1）	两眶外缘宽（fmo-fmo）	91.4	89.3	92.2	100.5	98.3	99.0	105.2	97.7	92.1
	眶外缘间高（sub.fmo-n-fmo）	16.4	15.6	21.0	14.9	18.0	18.8	18.7	18.5	14.0
O₃	眶中宽	46.7	47.6	57.5	53.2	55.0	51.0	56.9	56.4	43.3
SR	鼻尖高	22.0	16.1	18.3	20.0	23.5	19.6	–	21.0	18.5
50	眶间宽（mf-mf）	12.0	15.9	15.0	23.8	17.8	17.6	21.5	18.6	18.2
DC	眶内缘点间宽（d-d）	17.0	17.6	16.9	26.5	20.7	19.2	25.5	18.4	19.5
DS	鼻梁眶内缘宽高	10.9	9.5	10.5	8.0	13.5	10.9	11.4	11.4	10.3
MH	颧骨高（fmo-zm）左	44.7	40.6	44.1	44.4	44.7	45.8	44.3	46.0	41.2
MB′	颧骨宽（zm-rim orb.）左	27.1	22.8	23.1	24.4	25.6	25.8	22.6	27.3	23.8
54	鼻宽	23.6	21.4	26.2	22.1	23.9	21.3	26.5	25.0	27.0
55	鼻高（n-ns）	55.0	43.5	57.1	52.2	55.5	49.1	56.1	52.5	53.4
SC	鼻骨最小宽	8.3	7.5	6.1	4.0	4.6	6.7	9.8	9.4	5.4
SS	鼻骨最小宽高	3.5	2.2	4.6	1.4	3.0	4.0	4.0	4.1	2.9
51	眶宽（mf-ek）左	39.2	39.8	46.2	42.7	45.0	43.5	46.7	43.3	40.9
52	眶高 左	34.8	29.6	32.9	35.0	33.5	34.1	35.8	33.7	30.5
60	齿槽弓长	53.8	51.7	51.0	50.9	51.4	52.6	–	53.0	52.3
61	齿槽弓宽	59.2	59.1	61.7	54.0	57.7	–	–	–	66.1
62	腭长（ol-sta）	46.5	43.9	42.0	43.4	43.2	46.0	46.8	44.6	44.5

续附表 2

代号	测量项目	IM141：B	IM158：A	IM164	IM167：A	IM167：B	IM167：C	IM169	IM173	IM176
		♂	♂？	♂	♂？	♂	♂	♂	♂	♂
63	腭宽（enm-enm）	37.8	38.3	38.2	34.1	34.8	–	–	–	41.7
CM	颅粗壮度［(1+8+17)/3］	–	141.9	153.2	151.5	154.2?	152.9	152.2	148.8	153.3
FM	面粗壮度［(40+47+45)/3］	–	103.6	116.4	–	–	–	–	–	111.0
65	下颌髁间宽	–	110.8	118.7	–	–	–	123.3	116.6	120.0
	鼻骨长（n-rhi）	25.7	17.5	23.8	25.6	28.9	19.4	–	23.0	22.7
	鼻尖齿槽长（rhi-pr）	50.2	45.1	47.1	51.6	47.2	42.8	–	52.9	44.2
32	额倾角（n-m-FH）	–	91.5	79.5	–	78.0	77.5	79.0	79.0	79.5
72	面角（n-pr-FH）	–	81.5	88.0	–	85.5	85.0	85?	84.5	81.0
73	鼻面角（n-ns-FH）	–	81.5	89.0	–	86.0	86.0	86.0	86.5	83.0
74	齿槽面角（ns-pr-FH）	–	64.5	70.0	–	82.5	79.0	80?	77.5	74.0
77	鼻颧角（fmo-n-fmo）	140.5	142.2	122.4	152.8	140.0	141.4	141.3	138.4	147.2
ZM∠	颧上颌角（zm-ss-zm）	126.0	124.6	151.2	127.3	114.5	123.7	125.0	125.4	119.0
ZM₁∠	颧上颌角（zm1-ss-zm1）	134.5	133.2	130.9	135.2	120.6	133.0	131.8	134.9	125.0
75	鼻尖角（n-rhi-FH）	–	59.5	71.0	–	56.4	59.0	58?	57.0	56.0
75（1）	鼻骨角（rhi-n-pr）	25.0	24.7	18.8	25.6	29.6	23.9	–	30.9	21.4
8：1	颅指数	–	73.3	73.0	73.4	72.7?	76.3	76.4	75.7	71.1
17：1	颅长高指数	77.5	74.1	76.2	71.0	72.7?	75.5	71.7	73.7	74.9
21：1	颅长耳高指数	–	64.0	64.5	–	61.5?	63.4	61.1	61.2	61.6
17：8	颅宽高指数	–	101.1	104.4	96.7	100?	98.9	94.0	97.4	105.3
FM：CM	颅面粗壮指数	–	73.0	76.0	–	–	–	–	–	72.4
54：55	鼻指数	42.9	49.2	45.9	42.3	43.1	43.4	47.2	47.6	50.6
SS：SC	鼻根指数	42.2	29.3	75.4	35.0	65.2	59.7	40.8	43.6	53.7
52：51	眶指数 左	88.8	74.4	71.2	82.0	74.4	78.4	76.7	77.8	74.6
48：17	垂直颅面指数 sd	54.4	48.9	52.2	57.7	53.9?	44.9	–	56.2	47.9
48：45	上面指数 sd	–	53.3	53.8	59.9	58.1	46.8	–	56.9	53.0
47：45	全面指数	–	88.6	83.9	–	–	–	–	–	86.2
48：46	中面指数 sd	79.5	76.1	74.4	79.6	80.0	66.6	–	77.5	70.9
9：8	额宽指数	–	64.6	66.9	68.4	69.8?	69.4	72.3	68.2	64.1
40：5	面突度指数	95.1	99.6	90.8	95.5	92.6	94.1	92?	95.3	97.1
DS：DC	眶间宽高指数	64.1	54.0	62.1	30.2	65.2	56.8	44.7	62.0	52.8
SN：OB	额面扁平度指数	17.9	17.5	22.8	14.8	18.3	19.0	17.8	18.9	15.2
SR：O₃	鼻面扁平指数	47.1	33.8	31.8	37.6	42.7	38.4	–	37.2	42.7
63：62	腭指数	81.3	87.2	91.0	78.6	80.6	–	–	–	93.7
61：60	齿槽弓指数	110.0	114.3	121.0	106.1	112.3	–	–	–	126.4
48：65	面高髁宽指数 sd	–	56.3	61.8	–	–	–	–	63.6	55.8

代号	测量项目	ⅠM177 ♂	ⅠM179：B ♂	ⅠM189 ♂	ⅠM191 ♂	ⅠM193：A ♂	ⅠM194 ♂	ⅠM195：A ♂	ⅠM197 ♂	ⅡM3 ♂
1	颅长（g-op）	191.0	184.0	190.5	188.0	176.5	191.0	184.0	179.0	177.0
8	颅宽（eu-eu）	132.0	134.5	133.0	128.0	129.0	135.0	126.5	134.5	137.0
17	颅高（ba-b）	141.0	137.0	145.5	138.0	128.0	132.0	137.0	139.5	130.5
21	耳上颅高（po-v）	122.1	113.3	117.0	112.0	110.0	114.0	–	116.3	113.0
9	最小颅宽（ft-ft）	90.1	96.2	93.2	90.0	94.8	96.4	90.1	83.0	96.5
25	颅矢状弧（arc n-o）	394.0	361.5	392.0	377.0	357.5	385.0	373.0	373.0	347.5
23	颅周长（眉上方）	522.0	518.0	521.0	512.0	505.0	530.0	509.0	507.0	505.0
24	颅横弧（arc po-po）	327.0	313.0	313.0	301.0	302.0	316.0	301.0	315.0	316.0
5	颅基底长（n-ba）	104.1	100.4	107.4	107.0	99.5	101.2	100.6	97.7	108.1
40	面基底长（ba-pr）	102.0	88.1	94.2	104.4	94.2	101.2	–	95.6	100.3
48	上面高（n-sd）	73.3	69.3	69.0	68.8	70.4	72.0	76.7?	68.3	73.1
	（n-pr）	69.7	66.1	65.5	66.6	67.1	67.5	73.2?	66.3	71.1
47	全面高（n-gn）	118.2	–	115.0	–	117.0	116.1	126.0	–	–
45	颧宽（zy-zy）	126.7	130.2	138.8	125.8	124.2	127.2	126.7	124.0	131.7
46	中面宽（zm-zm）	103.0	93.7	107.4	93.7	88.0	97.5	97.8	87.7	90.3
	颧颌点间高（sub.zm-ss-zm）	28.5	22.5	27.4	26.7	25.4	31.7	21.2	22.0	24.1
43（1）	两眶外缘宽（fmo-fmo）	99.0	96.5	103.4	97.3	92.3	97.3	93.2	91.1	96.8
	眶外缘间高（sub.fmo-n-fmo）	19.6	16.4	22.1	19.3	18.7	21.9	14.0	16.2	17.6
O₃	眶中宽	62.0	53.8	56.5	60.1	47.3	59.3	58.6	46.3	52.0
SR	鼻尖高	25.0	21.4	23.0	14.4	20.2	26.3	18.5	20.1	22.5
50	眶间宽（mf-mf）	19.7	24.6	20.9	17.9	19.0	20.0	19.2	17.7	18.4
DC	眶内缘点间宽（d-d）	21.8	25.3	21.7	23.7	19.7	21.0	21.0	–	20.0
DS	鼻梁眶内缘宽高	14.2	12.0	12.5	14.0	19.1	12.6	10.5	–	11.6
MH	颧骨高（fmo-zm）左	47.4	43.4	41.6	41.8	41.6	42.3	49.0	43.7	42.4
MB′	颧骨宽（zm-rim orb.）左	28.7	24.8	24.7	22.9	23.5	26.4	27.8	27.0	23.7
54	鼻宽	24.6	23.6	22.4	27.5	22.5	24.0	26.5	25.0	25.7
55	鼻高（n-ns）	53.6	49.8	51.5	49.4	50.0	50.7	59.0	50.8	56.6
SC	鼻骨最小宽	7.6	12.3	6.9	10.3	7.5	11.0	10.9	7.8	8.7
SS	鼻骨最小宽高	4.0	4.5	4.7	2.5	3.1	7.2	4.0	5.1	5.1
51	眶宽（mf-ek）左	42.5	38.8	44.8	43.3	39.4	42.2	41.4	38.3	41.6
52	眶高 左	34.4	30.1	32.2	30.4	33.8	30.9	34.7	30.0	31.8
60	齿槽弓长	58.1	49.2	50.9	57.2	49.8	58.1	–	–	53.3
61	齿槽弓宽	64.4	58.4	63.2	64.3	59.2	64.4	65.1	–	–
62	腭长（ol-sta）	48.8	41.4	42.6	48.7	44.0	51.7	43.9	–	47.8

续附表 2

代号	测量项目	ⅠM177 ♂	ⅠM179：B ♂	ⅠM189 ♂	ⅠM191 ♂	ⅠM193：A ♂	ⅠM194 ♂	ⅠM195：A ♂	ⅠM197 ♂	ⅡM3 ♂
63	腭宽（enm-enm）	41.3	37.2	40.4	40.0	40.4	39.6	–	–	–
CM	颅粗壮度［（1+8+17）/3］	154.7	151.8	156.3	151.3	144.5	152.7	149.2	151.0	148.2
FM	面粗壮度［（40+47+45）/3］	115.6	–	116.0	–	111.8	114.8	–	–	–
65	下颌髁间宽	113.2	–	123.4?	–	106.5	112.2	114.9	–	–
	鼻骨长（n-rhi）	22.8	27.9	16.7	22.5	23.0	23.7	26.8	21.1	27.2
	鼻尖齿槽长（rhi-pr）	52.7	43.0	52.3	45.3	47.8	47.2	49.2?	48.5	47.6
32	额倾角（n-m-FH）	80.0	85.0	76.5	80.5	82.0	83.0	–	88.0	72.0
72	面角（n-pr-FH）	85.0	91.0	85.5	80.5	85.0	84.5	–	83.0	87.5
73	鼻面角（n-ns-FH）	87.5	92.0	88.5	85.0	88.0	86.5	–	86.0	90.0
74	齿槽面角（ns-pr-FH）	80.0	84.5	75.5	69.0	77.0	77.0	–	64.5	72.0
77	鼻颧角（fmo-n-fmo）	138.4	145.7	133.6	139.2	137.3	132.5	139.5	142.2	137.4
ZM∠	颧上颌角（zm-ss-zm）	121.2	130.0	125.7	123.2	120.4	115.2	132.9	128.4	124.1
ZM₁∠	颧上颌角（zm1-ss-zm1）	125.5	136.7	131.4	130.6	128.0	120.3	136.4	136.5	132.1
75	鼻尖角（n-rhi-FH）	52.0	63.5	54.0	69.0	60.0	59.0	–	56.5	63.0
75（1）	鼻骨角（rhi-n-pr）	35.1	26.6	33.0	15.4	27.1	25.4	21.3?	27.2	24.2
8：1	颅指数	69.1	73.1	69.8	68.1	73.1	70.7	68.8	75.1	77.4
17：1	颅长高指数	73.8	74.5	76.4	73.4	72.5	69.1	74.5	77.9	73.7
21：1	颅长耳高指数	63.9	61.6	61.4	59.6	62.3	59.7	–	65.0	63.8
17：8	颅宽高指数	106.8	101.9	109.4	107.8	99.2	97.8	108.3	103.7	95.3
FM：CM	颅面粗壮指数	74.7	–	74.2	–	77.4	75.2	–	–	–
54：55	鼻指数	45.9	47.4	43.5	55.7	45.0	47.3	44.9	49.2	45.4
SS：SC	鼻根指数	52.6	36.6	68.1	24.3	41.3	65.5	36.7	65.4	58.6
52：51	眶指数 左	80.9	77.6	71.9	70.2	85.8	73.2	83.8	78.3	76.4
48：17	垂直颅面指数 sd	52.0	50.6	47.4	49.9	55.0	54.5	56?	49.0	56.0
48：45	上面指数 sd	57.9	53.2	49.7	54.7	56.7	56.6	60.5?	55.1	55.5
47：45	全面指数	93.3	–	82.9	–	94.2	91.3	99.4	–	–
48：46	中面指数 sd	71.2	74.0	64.2	73.4	80.0	73.8	78.4?	77.9	81.0
9：8	额宽指数	68.3	71.5	70.1	70.3	73.5	71.4	71.2	61.7	70.4
40：5	面突度指数	98.0	87.7	87.7	97.6	94.7	100.0	–	97.9	92.8
DS：DC	眶间宽高指数	65.1	47.4	57.6	59.1	46.2	60.0	50.0	–	58.0
SN：OB	额面扁平度指数	19.8	17.0	21.4	19.8	20.3	22.5	15.0	17.8	18.2
SR：O₃	鼻面扁平指数	40.3	39.8	40.7	60.8	42.7	44.4	31.6	43.4	43.3
63：62	腭指数	84.6	89.9	94.8	82.1	91.8	76.6	–	–	–
61：60	齿槽弓指数	110.8	118.7	124.2	112.4	118.9	110.8	–	–	–
48：65	面高髁宽指数 sd	64.8	–	55.9	–	66.1	64.2	66.8?	–	–

代号	测量项目	ⅡM4 ♂	ⅡM9 ♂	ⅡM10 ♂	ⅡM13 ♂	ⅡM15 ♂	ⅡM19 ♂?	ⅡM22 ♂	ⅡM23 ♂?	ⅡM27 ♂
1	颅长（g-op）	181.0	176.0	175.0	193.0	177.0	185.0	186.0	179.5	186.0
8	颅宽（eu-eu）	136.5	129.0	128.5	138.0	134.0	130.0	129.5	126.5	137.0
17	颅高（ba-b）	135.0	130.5	136.0	137.5	139.5	135.0	135.0	131.0	129.0
21	耳上颅高（po-v）	112.1	111.2	112.2	119.0	115.5	116.0	113.1	114.5	113.0
9	最小颅宽（ft-ft）	96.4	82.8	97.0	94.0	90.1	91.0	88.8	90.0	95.1
25	颅矢状弧（arc n-o）	376.0	363.0	358.0	404.5	369.0	374.5	367.0	368.0	373.0
23	颅周长（眉上方）	521.0	490.0	493.0	542.0	501.0	510.0	510.0	–	524.0
24	颅横弧（arc po-po）	312.0	297.0	307.0	328.0	311.0	313.0	305.0	–	312.0
5	颅基底长（n-ba）	98.1	92.1	104.9	101.1	98.4	103.1	104.4	94.8	95.4
40	面基底长（ba-pr）	94.5	93.2	98.1	103.7	92.3	100.4	102.7	94.1	99.0
48	上面高（n-sd）	71.2	67.5	68.1	75.3	68.7	67.9	70.5	68.8	67.3
	（n-pr）	67.7	64.2	64.7	72.4	66.7	64.9	67.7	65.6	66.0
47	全面高（n-gn）	111.0	–	114.0	127.5	111.6	110.7	121.1	115.7	110?
45	颧宽（zy-zy）	128.9	126.6	124.0	132.2	130.0	114.9	128.5	121.2	136.1
46	中面宽（zm-zm）	97.0	89.5	91.1	103.1	103.0	89.2	95.0	92.8	94.9
	颧颌点间高（sub.zm-ss-zm）	23.3	24.0	23.0	27.9	25.9	26.9	27.5	24.0	26.0
43（1）	两眶外缘宽（fmo-fmo）	93.5	93.4	95.2	98.0	94.3	95.3	96.6	95.5	98.3
	眶外缘间高（sub.fmo-n-fmo）	14.2	14.7	18.9	14.8	16.0	18.8	19.9	15.2	12.5
O₃	眶中宽	45.7	53.4	50.7	53.8	49.7	47.4	50.7	56.4	58.6
SR	鼻尖高	–	16.5	18.8	16.8	15.4	19.0	19.2	16.3	21.2
50	眶间宽（mf-mf）	18.8	15.8	22.0	17.4	16.3	17.8	18.5	20.0	19.1
DC	眶内缘点间宽（d-d）	20.3	18.9	21.8	21.2	18.4	18.9	20.6	21.9	19.7
DS	鼻梁眶内缘宽高	9.4	9.7	12.1	12.2	11.0	11.5	12.0	10.1	9.8
MH	颧骨高（fmo-zm）左	40.6	43.9	44.5	45.5	41.4	37.8	45.7	42.5	43.4
MB′	颧骨宽（zm-rim orb.）左	21.9	24.6	26.6	26.6	23.7	21.6	26.1	22.4	22.0
54	鼻宽	24.4	23.3	22.2	26.7	20.9	25.1	25.8	23.7	24.6
55	鼻高（n-ns）	51.4	47.9	51.1	54.1	51.1	48.2	53.5	49.1	49.6
SC	鼻骨最小宽	9.0	5.4	10.9	8.4	7.4	8.4	9.5	7.4	10.0
SS	鼻骨最小宽高	5.0	2.0	4.4	4.4	3.8	4.5	4.8	2.8	4.3
51	眶宽（mf-ek）左	39.2	43.2	40.5	43.8	41.0	40.0	41.8	40.9	43.8
52	眶高 左	31.7	30.0	30.4	30.7	31.5	32.0	33.2	31.1	32.7
60	齿槽弓长	53.6	54.5	52.0	62.2	51.3	52.8	55.6	51.7	54.5
61	齿槽弓宽	64.3	64.7	64.7	69.8	62.8	59.0	–	62.5	–
62	腭长（ol-sta）	46.5	46.5	43.9	52.1	45.4	45.7	48.7	44.2	46.1

代号	测量项目	ⅡM4 ♂	ⅡM9 ♂	ⅡM10 ♂	ⅡM13 ♂	ⅡM15 ♂	ⅡM19 ♂?	ⅡM22 ♂	ⅡM23 ♂?	ⅡM27 ♂
63	腭宽（enm-enm）	40.4	40.0	39.2	43.2	41.6	34.2	–	42.3	–
CM	颅粗壮度［(1+8+17)/3］	150.8	145.2	146.5	156.2	150.2	150.0	150.2	145.7	150.7
FM	面粗壮度［(40+47+45)/3］	111.5	–	112.0	121.1	111.3	108.7	117.4	110.3	115.0
65	下颌髁间宽	115.6	115.4	107.1	121.2	108.0	103.0	115.1	110.4	124.2
	鼻骨长（n-rhi）	–	19.3	27.9	24.4	19.7	21.3	22.8	19.2?	23.4
	鼻尖齿槽长（rhi-pr）	–	47.1	41.2	50.2	49.5	44.8	47.1	47.5?	47.6
32	额倾角（n-m-FH）	92.0	83.0	78.0	90.0	79.5	84.5	80.0	80.0	78.0
72	面角（n-pr-FH）	82.5	78.0	83.0	81.0	84.0	84.0	81.0	81.0	79.0
73	鼻面角（n-ns-FH）	83.0	80.0	85.0	83.0	86.0	87.0	82.5	84.5	80.0
74	齿槽面角（ns-pr-FH）	79.0	72.0	76.0	76.0	78.0	71.0	76.0	69.5	74.0
77	鼻颧角（fmo-n-fmo）	147.4	147.4	137.1	145.9	143.5	136.5	135.2	145.9	153.4
ZM∠	颧上颌角（zm-ss-zm）	126.6	124.8	128.4	124.3	140.1	120.0	118.9	127.0	122.8
ZM₁∠	颧上颌角（zm1-ss-zm1）	130.3	135.0	134.8	131.3	136.6	128.6	128.1	134.3	131.8
75	鼻尖角（n-rhi-FH）	54?	55.0	58.0	61.0	62.0	65.0	59.0	62.0	50.0
75（1）	鼻骨角（rhi-n-pr）	–	23.3	25.2	20.1	24.7	15.9	20.9	16.5	31.4
8：1	颅指数	75.4	73.3	73.4	71.5	75.7	70.2	69.6	70.5	73.7
17：1	颅长高指数	74.6	74.1	77.7	71.2	78.8	73.0	72.6	73.0	69.4
21：1	颅长耳高指数	61.9	63.2	64.1	61.7	65.3	62.7	60.8	63.8	60.8
17：8	颅宽高指数	98.9	101.2	105.8	99.6	104.1	103.8	104.2	103.6	94.2
FM：CM	颅面粗壮指数	73.9	–	76.5	77.5	74.1	72.5	78.2	75.7	76.3
54：55	鼻指数	47.5	48.6	43.4	49.4	40.9	52.1	48.2	48.3	49.6
SS：SC	鼻根指数	55.6	37.0	40.4	52.4	51.4	53.6	50.5	37.8	43.0
52：51	眶指数 左	80.9	69.4	75.1	70.1	76.8	80.0	79.4	76.0	74.7
48：17	垂直颅面指数 sd	52.7	51.7	50.1	54.8	49.2	50.3	52.2	52.5	52.2
48：45	上面指数 sd	55.2	53.3	54.9	57.0	52.8	59.1	54.9	56.8	49.4
47：45	全面指数	86.1	–	91.9	96.4	85.8	96.3	94.2	95.5	80.8
48：46	中面指数 sd	73.4	75.4	74.8	73.0	66.7	76.1	74.2	74.1	70.9
9：8	额宽指数	70.6	64.2	75.5	68.1	67.2	70.0	68.4	71.1	69.4
40：5	面突度指数	96.3	101.2	93.5	102.6	93.8	97.4	98.4	99.3	103.8
DS：DC	眶间宽高指数	46.3	51.3	55.5	57.5	59.8	60.8	58.2	46.1	49.7
SN：OB	额面扁平度指数	15.2	15.7	19.9	15.1	17.0	19.7	20.6	15.9	12.7
SR：O₃	鼻面扁平指数	–	30.9	37.1	31.2	31.0	40.1	37.9	28.9	36.2
63：62	腭指数	86.9	86.0	89.3	82.9	91.6	74.8	–	95.7	–
61：60	齿槽弓指数	120.0	118.7	124.4	112.2	122.4	111.7	–	120.9	–
48：65	面高髁宽指数 sd	61.6	58.5	63.6	62.1	63.6	65.9	61.3	62.3	54.2

代号	测量项目	ⅡM33 ♂	ⅡM34 ♂	ⅡM34：B ♂	ⅡM35 ♂	ⅡM42 ♂	ⅡM42 ♂	ⅡM43 ♂	ⅡM44：A ♂	ⅡM45 ♂
1	颅长（g-op）	185.0	180.0	180.0	176.0	185.0	183.5	179.5	177.5	185.0
8	颅宽（eu-eu）	137.0	135.0	150.0	139.5	133.5	127.5	138.0	142.7	127.0
17	颅高（ba-b）	139.5	135.0	133.0	133.5	134.0	135.0	135.5	142.5	132.2
21	耳上颅高（po-v）	118.0	114.1	117.0	110.5	115.3	114.9	116.8	122.0	108.0
9	最小颅宽（ft-ft）	99.5	90.3	94.7	89.2	85.1	83.7	95.3	95.7	90.7
25	颅矢状弧（arc n-o）	376.0	366.5	362.0	362.0	378.5	383.0	372.0	372.0	361.0
23	颅周长（眉上方）	518.0	505.0	533.0	512.0	516.0	513.0	515.0	513.0	501.0
24	颅横弧（arc po-po）	320.0	312.0	329.0	312.0	313.0	306.0	318.0	333.0	295.0
5	颅基底长（n-ba）	102.2	97.5	103.8	97.0	97.5	94.4	100.2	102.0	106.5
40	面基底长（ba-pr）	92.6	108.2	–	95.0	89.3	94.4	–	97.9	106.6
48	上面高（n-sd）	68.6	70.0	–	78.5	68.0	65.5	–	66.4	83.0
	（n-pr）	63.8	66.4	–	74.1	65.2	62.6	–	63.5	79.7
47	全面高（n-gn）	106.6	117.7	–	128.4	–	–	–	114.0	–
45	颧宽（zy-zy）	–	125.4	142.8	135.3	–	132.5	–	134.5	135.1
46	中面宽（zm-zm）	104.3	94.7	–	89.5	99.4	98.0	–	–	103.0
	颧颌点间高（sub.zm-ss-zm）	–	26.0	–	–	19.5	27.2	–	–	27.7
43（1）	两眶外缘宽（fmo-fmo）	102.9	97.6	101.5	96.4	95.3	89.1	98.7	99.6	101.4
	眶外缘间高（sub.fmo-n-fmo）	18.9	18.2	13.4	–	13.2	14.5	16.0	16.5	19.0
O₃	眶中宽	–	51.2	57.7?	47.6	55.1	49.4	–	63.6	57.2
SR	鼻尖高	–	16.0	–	–	16.2	16.1	–	23.9	17.1
50	眶间宽（mf-mf）	22.0	21.7	22.6	18.9	19.2	17.0	19.6	19.8	21.2
DC	眶内缘点间宽（d-d）	22.4	22.1	25.1	21.3	21.9	18.6	19.1	22.7	23.7
DS	鼻梁眶内缘宽高	10.9	9.0	12.0	–	9.6	10.2	11.6	12.0	11.0
MH	颧骨高（fmo-zm） 左	43.8?	42.1	–	40.4	43.6	42.2	43.0	–	44.1
MB′	颧骨宽（zm-rim orb.） 左	–	24.3	–	23.0	26.2	22.7	25.6	–	25.2
54	鼻宽	28.0	27.6	27.3	24.8	26.2	24.8	–	22.7	28.8
55	鼻高（n-ns）	49.2	48.1	57.4	55.4	52.9	47.7	–	48.1	59.2
SC	鼻骨最小宽	8.8	12.9	9.6	10.0	7.6	5.5	8.6	8.7	9.6
SS	鼻骨最小宽高	2.9	4.0	3.5	–	3.0	2.5	4.8	4.4	3.2
51	眶宽（mf-ek） 左	–	40.5	–	40.5	42.4	40.4	40.2	43.0	44.8
52	眶高 左	–	33.5	31.8	33.0	31.4	30.0	32.8?	30.6	33.1
60	齿槽弓长	52.3	55.0	–	57.5	52.3	52.3	–	52.0	57.8
61	齿槽弓宽	64.7	60.6	–	–	62.3	–	–	65.7	70.0
62	腭长（ol-sta）	42.7	47.9	–	48.8	41.8	47.6	–	46.5	50.7

代号	测量项目	ⅡM33 ♂	ⅡM34 ♂	ⅡM34：B ♂	ⅡM35 ♂	ⅡM42 ♂	ⅡM42 ♂	ⅡM43 ♂	ⅡM44：A ♂	ⅡM45 ♂
63	腭宽（enm-enm）	41.5	38.7	—	—	39.5	—	—	43.3	49.3
CM	颅粗壮度〔（1+8+17）/3〕	153.8	150.0	154.3	149.7	150.8	148.7	151.0	154.2	148.1
FM	面粗壮度〔（40+47+45）/3〕	—	114.4	—	119.6	—	—	—	115.5	—
65	下颌髁间宽	116.2	109.8	119.4	—	—	—	—	120.0	—
	鼻骨长（n-rhi）	19.2	24.1	—	22.0	19.3	20.2	—	21.5	26.9
	鼻尖齿槽长（rhi-pr）	46.3	44.4	—	54.7	49.0	44.0	—	47.4	55.5
32	额倾角（n-m-FH）	77.5	84.5	83.5	83.0	81.5	81.5	83.5	84.0	68.0
72	面角（n-pr-FH）	84.0	78.0	—	82.0	88.0	78.0	—	84.5	79.5
73	鼻面角（n-ns-FH）	89.5	81.5	90.0	84.0	89.5	84.0	—	86.0	80.0
74	齿槽面角（ns-pr-FH）	66.0	—	—	77.0	83.0	64.0	—	76.0	79.0
77	鼻颧角（fmo-n-fmo）	141.5	140.2	150.3	143.9	150.3	144.3	144.3	143.4	139.7
ZM∠	颧上颌角（zm-ss-zm）	—	122.7		124.1	143.7	123.0	—	—	121.8
ZM₁∠	颧上颌角（zm1-ss-zm1）	—	129.7		133.1	159.5	129.4	—	—	130.9
75	鼻尖角（n-rhi-FH）	65.0	69.0	—	60.0	62.0	59.5	—	47.5	59.0
75（1）	鼻骨角（rhi-n-pr）	20.5	19.4	—	20.7	28.0	19.0	—	34.6	21.3
8：1	颅指数	74.1	75.0	83.3	79.3	72.2	69.5	75.8	80.4	68.6
17：1	颅长高指数	75.4	75.0	73.9	75.9	72.4	73.6	75.5	80.3	71.5
21：1	颅长耳高指数	63.8	63.4	65.0	62.8	62.3	62.6	65.1	68.7	58.4
17：8	颅宽高指数	101.8	100.0	88.7	95.7	100.4	105.9	98.2	99.9	104.1
FM：CM	颅面粗壮指数	—	76.3	—	79.9	—	—	—	74.9	—
54：55	鼻指数	56.9	57.4	47.6	44.8	49.5	52.0	—	47.2	48.6
SS：SC	鼻根指数	33.0	31.0	36.5	—	39.5	45.5	55.8	50.6	33.3
52：51	眶指数　左	—	82.7	—	81.5	74.1	74.3	81.6?	71.2	73.9
48：17	垂直颅面指数 sd	49.2	51.9	—	58.8	50.7	48.5	—	46.6	62.8
48：45	上面指数 sd	—	55.8	—	58.0	—	49.4	—	49.4	61.4
47：45	全面指数	—	93.9	—	94.9	—	—	—	84.8	—
48：46	中面指数 sd	65.8	73.9	—	87.7	68.4	66.8	—	—	80.6
9：8	额宽指数	72.6	66.9	63.1	63.9	63.7	65.6	69.1	67.1	71.4
40：5	面突度指数	90.6	102.8	—	97.9	91.6	100.0	—	96.0	100.1
DS：DC	眶间宽高指数	48.7	40.7	47.8	—	43.8	54.8	60.7	52.9	46.4
SN：OB	额面扁平度指数	18.4	18.6	13.2	—	13.9	16.3	16.2	16.6	18.7
SR：O₃	鼻面扁平指数	—	31.3	—	—	29.4	32.6	—	37.6	29.9
63：62	腭指数	97.2	80.8	—	—	94.5	—	—	93.1	97.2
61：60	齿槽弓指数	123.7	110.2	—	—	119.1	—	—	126.3	121.1
48：65	面高髁宽指数 sd	59.0	63.8	65.7	—	—	—	—	55.3	—

代号	测量项目	ⅡM52 ♂	ⅡM54 ♂	ⅡM55：A ♂	ⅡM58：A ♂	ⅡM60 ♂	ⅡM69 ♂	ⅡM74 ♂	ⅡM81：A ♂	ⅡM81：B ♂
1	颅长（g-op）	180.5	188.0	189.5	183.0	175.5	187.0	193.5	181.5	188.0
8	颅宽（eu-eu）	127.0	133.5?	136.0	127.5	131.0	143.0	136.5	134.5	135.0
17	颅高（ba-b）	135.0	137.5	140.5	135.0	138.0	133.0	144.0	135.0	134.0
21	耳上颅高（po-v）	108.0	–	112.0	112.2	111.0	113.0	117.0	118.0	115.0
9	最小颅宽（ft-ft）	90.6	95.0	97.4	–	93.2	90.0	90.5	85.2	95.0
25	颅矢状弧（arc n-o）	353.0	384.0	384.0	358.0	363.0	379.0	390.0	367.0	378.0
23	颅周长（眉上方）	495.0	–	522.0	499.0	494.0	521.0	535.0	506.0	522.0
24	颅横弧（arc po-po）	297.0	–	309.0	305.0	303.0	312.0	317.0	314.0	312.0
5	颅基底长（n-ba）	105.6	106.2	101.3	104.4?	99.5	97.0	110.2	98.5	102.0
40	面基底长（ba-pr）	103.8	105.6	100.7	105?	94.0	95.0	104.5	–	101.0
48	上面高（n-sd）	73.3	70.8	68.4	72.2	64.2	77.7	83.2	–	71.0
	（n-pr）	69.8	68.0	64.0	70.4	61.6	73.4	77.8	–	68.6
47	全面高（n-gn）	–	–	115.7	–	110.5	119.3	–	–	119.0
45	颧宽（zy-zy）	130.2	–	130.7	113.4	124.1	136.6	132.7	135.5	129.1
46	中面宽（zm-zm）	93.4	–	92.9	89.4	93.1	100.3	106.2	100.3	92.2
	颧颌点间高（sub.zm-ss-zm）	21.1	–	27.0	33.0	25.5	26.5	27.0	23.0	29.7
43（1）	两眶外缘宽（fmo-fmo）	96.0	102.8	95.7	–	93.1	93.1	98.3	95.0	96.1
	眶外缘间高（sub.fmo-n-fmo）	16.9	–	15.0	–	14.9	16.1	18.1	15.1	18.8
O₃	眶中宽	46.9	–	50.3	43.5	–	45.7	60.5	56.2	56.0
SR	鼻尖高	15.0	–	17.5	19.6	–	18.0	17.2	19.6	–
50	眶间宽（mf-mf）	16.7	19.7	18.8	16.3	14.7	19.2	24.0	19.6	23.0
DC	眶内缘点间宽（d-d）	18.9	22.6	22.8	20.2	19.1	20.3	26.2	22.9	23.9
DS	鼻梁眶内缘宽高	9.1	10.7	11.3	12.0	11.5	9.6	11.2	11.5	11.3
MH	颧骨高（fmo-zm）左	45.3	39.7	43.5	–	37.4	43.6	47.7	40.0	45.5
MB′	颧骨宽（zm-rim orb.）左	25.7	21.6	25.7	26.1	21.3	27.0	29.2	22.5	28.1
54	鼻宽	23.7	–	25.1	23.2	21.7	25.3	30.9	22.1?	26.7
55	鼻高（n-ns）	53.6	51.6	47.2	50.9	50.7	56.8	58.0	47.3	52.8
SC	鼻骨最小宽	7.0	5.6	9.2	7.8	7.0	9.7	10.7	9.3	10.7
SS	鼻骨最小宽高	3.7	2.8	3.3	5.7	2.8	5.4	2.9	4.0	5.0
51	眶宽（mf-ek）左	41.4	45.1	42.0	–	41.7	39.7	42.4	39.9	40.2
52	眶高 左	29.3	32.7	29.5	31.5	33.3	31.4	32.4	30.5	31.3
60	齿槽弓长	55.0	–	55.2	55.2	48.8	54.3	60.0	–	57.9
61	齿槽弓宽	60.0	–	65.2	60.5	58.3	–	68.4	–	64.1
62	腭长（ol-sta）	48.0	–	48.0	46.8	43.2	49.4	52.0	–	48.9

代号	测量项目	ⅡM52 ♂	ⅡM54 ♂	ⅡM55：A ♂	ⅡM58：A ♂	ⅡM60 ♂	ⅡM69 ♂	ⅡM74 ♂	ⅡM81：A ♂	ⅡM81：B ♂
63	腭宽（enm-enm）	39.6	–	42.6	38.0	39.5	–	41.1	–	41.5
CM	颅粗壮度［(1+8+17)/3］	147.5	153.0	155.3	148.5	148.2	154.3	158.0	150.3	152.3
FM	面粗壮度［(40+47+45)/3］	–	–	115.7	–	109.5	117.0	–	–	116.4
65	下颌髁间宽	–	–	113.8	–	115.2	119.7	–	–	118.2
	鼻骨长（n-rhi）	23.8	17.7	18.8	26.7	17.9?	25.9	29.5	19.2?	–
	鼻尖齿槽长（rhi-pr）	50.6	52.9	48.4	48.7	47?	49.8	52.2	–	–
32	额倾角（n-m-FH）	79.5	–	85.0	84.0	86.0	75.0	80.0	81.0	78.5
72	面角（n-pr-FH）	82.5	–	78.0	80.5	81.5	83.5	84.0	–	82.5
73	鼻面角（n-ns-FH）	83.0	–	80.5	81.0	82.5	85.0	85.0	86.0	82.0
74	齿槽面角（ns-pr-FH）	78.0	–	70.5	74.5	77.5	78.5	81.0	–	82.0
77	鼻颧角（fmo-n-fmo）	142.4	141.2	144.8	–	145.4	142.6	139.8	143.3	136.7
ZM∠	颧上颌角（zm-ss-zm）	132.1	–	120.5	108.3	124.3	126.1	126.7	132.9	108.1
ZM₁∠	颧上颌角（zm1-ss-zm1）	137.3	–	129.0	116.6	129.3	132.0	136.6	139.1	124.5
75	鼻尖角（n-rhi-FH）	54.0	–	49.5	53.0	–	59.5	60.0	56.0	–
75(1)	鼻骨角（rhi-n-pr）	30.0	27.3	28.9	28.7	30.2	19.8	23.8	–	–
8：1	颅指数	70.4	71.0	71.8	69.7	74.6	76.5	70.5	74.1	71.8
17：1	颅长高指数	74.8	73.1	74.1	73.8	78.6	71.1	74.4	74.4	71.3
21：1	颅长耳高指数	59.8	–	59.1	61.3	63.2	60.4	60.5	65.0	61.2
17：8	颅宽高指数	106.3	103?	103.3	105.9	105.3	93.0	105.5	100.4	99.3
FM：CM	颅面粗壮指数	–	–	74.5	–	73.9	75.8	–	–	76.4
54：55	鼻指数	44.2	–	53.2	45.6	42.8	44.5	53.3	46.7?	50.6
SS：SC	鼻根指数	52.9	50.0	35.9	73.1	40.0	55.7	27.1	43.0	46.7
52：51	眶指数　左	70.8	72.5	70.2	–	79.9	79.1	76.4	76.4	77.9
48：17	垂直颅面指数 sd	54.3	51.5	48.7	53.5	46.5	58.4	57.8	–	53.0
48：45	上面指数 sd	56.3	–	52.3	63.7	51.7	56.9	62.7	–	55.0
47：45	全面指数	–	–	88.5	–	89.0	87.3	–	–	92.2
48：46	中面指数 sd	78.5	–	73.6	80.8	69.0	77.5	78.3	–	77.0
9：8	额宽指数	71.3	71.2?	71.6	–	71.1	62.9	66.3	63.3	70.4
40：5	面突度指数	98.3	99.4	99.4	100.6?	94.5	97.9	94.8	–	99.0
DS：DC	眶间宽高指数	48.1	47.3	49.6	59.4	60.2	47.3	42.7	50.2	47.3
SN：OB	额面扁平度指数	17.6	–	15.7	–	16.0	17.3	18.4	15.9	19.6
SR：O₃	鼻面扁平指数	32.0	–	34.8	45.1	–	39.4	28.4	34.9	–
63：62	腭指数	82.5	–	88.8	81.2	91.4	–	79.0	–	84.9
61：60	齿槽弓指数	109.1	–	118.1	109.6	119.5	–	114.0	–	110.7
48：65	面高髁宽指数 sd	–	–	60.1	–	55.7	64.9	–	–	60.1

代号	测量项目	ⅡM86：A	ⅡM90	ⅡM91	ⅡM92	ⅡM92	ⅡM93	ⅡM94	ⅢM27：A	ⅢM28
		♂	♂	♂	♂	♂	♂	♂	♂	♂
1	颅长（g-op）	183.5	–	170.0	176.2	175.0	185.4	182.0	188.5	164.0
8	颅宽（eu-eu）	138.5	–	136.5	131.0	136.0	134.0	139.0	142.0	140.0
17	颅高（ba-b）	141.5	–	–	123.0	130.0	134.0	137.5	135.0	125.0
21	耳上颅高（po-v）	117.0	–	–	107.1	111.5	114.0	122.0	112.2	112.0
9	最小颅宽（ft-ft）	91.9	89.3	86.9	87.3	91.0	96.3	98.6	86.5	97.0
25	颅矢状弧（arc n-o）	396.0	–	362.0	349.0	352.0	378.5	380.0	373.5	345.0
23	颅周长（眉上方）	531.0	–	–	499.0	504.0	525.0	518.0	–	489.0
24	颅横弧（arc po-po）	324.0	–	–	297.0	311.0	313.0	331.0	313.0	316.0
5	颅基底长（n-ba）	95.5	–	–	97.5	98.4	102.2	97.1	110.0	93.2
40	面基底长（ba-pr）	91.8	–	–	96.5	95.2	94.0	96.0	94.7	90.3
48	上面高（n-sd）	68.2	73.5	68.7	70.3	72.5	70.2	68.7	87.9	62.2
	（n-pr）	64.5	71.2	65.5	68.4	70.3	67.3	65.5	85.4	59.3
47	全面高（n-gn）	–	–	–	114.8	–	118.0	–	137.0	–
45	颧宽（zy-zy）	129.0	126.5?	–	128.1	131.1	134.1	124.1	142.2	124.0
46	中面宽（zm-zm）	94.4	100.7	–	89.9	95.4	94.4	85.9	97.5	93.8
	颧颌点间高（sub.zm-ss-zm）	24.1	28.1	–	22.8	24.6	21.5	26.8	23.6	23.0
43（1）	两眶外缘宽（fmo-fmo）	99.6	95.8	–	90.2	90.8	98.8	91.3	101.5	97.7
	眶外缘间高（sub.fmo-n-fmo）	12.6	16.5	–	15.4	15.0	22.6	16.5	19.2	18.0
O₃	眶中宽	51.7	56.7	–	50.0	52.2	52.0	42.4	51.0	58.7
SR	鼻尖高	–	22.8	–	16.0	18.2	21.2	15.6	21.7	20.2
50	眶间宽（mf-mf）	18.0	17.8	17.7	18.0	17.5	20.3	19.3	19.8	18.4
DC	眶内缘点间宽（d-d）	22.0	20.7	19.0	21.8	20.6	21.4	20.7	21.2	20.5
DS	鼻梁眶内缘宽高	12.1	13.1	13.0	10.7	10.5	12.0	12.8	12.0	11.8
MH	颧骨高（fmo-zm）左	40.6	42.7	–	44.4	43.7	45.7	40.7	50.1	41.3
MB′	颧骨宽（zm-rim orb.）左	23.1	21.9	–	26.8	24.3	23.3	23.9	31.4	22.5
54	鼻宽	25.9	25.1	24.2	22.7	22.9	24.6	22.3	25.0	23.1
55	鼻高（n-ns）	49.8	56.1	49.0	52.5	53.7	49.7	53.8	64.4	49.1
SC	鼻骨最小宽	7.6	8.1	10.9	7.0	7.8	9.6	9.1	10.6	9.7
SS	鼻骨最小宽高	4.7	6.6	7.6	3.2	4.0	4.5	3.7	3.8	4.4
51	眶宽（mf-ek）左	42.1	41.8	–	38.7	39.9	43.4	38.1	44.3	43.2
52	眶高 左	30.5	35.8	–	31.3	33.1	32.9	30.3	34.3	33.5
60	齿槽弓长	53.1	54.6	53.1	53.8	53.7	49.1	54.5	54.7	49.8
61	齿槽弓宽	–	–	62.7	59.6	58.3?	61.0	61.8	73.3?	61.3
62	腭长（ol-sta）	44.3	46.8	46.1	45.0	43.9	45.4	46.3	46.3	44.2

代号	测量项目	ⅡM86：A ♂	ⅡM90 ♂	ⅡM91 ♂	ⅡM92 ♂	ⅡM92 ♂	ⅡM93 ♂	ⅡM94 ♂	ⅢM27：A ♂	ⅢM28 ♂
63	腭宽（enm-enm）	–	–	42.0	39.4	37.5	38.9	41.2	48.3	38.0
CM	颅粗壮度［(1+8+17)/3］	154.5	–	–	143.4	147.0	151.1	152.8	155.2	143.0
FM	面粗壮度［(40+47+45)/3］	–	–	–	113.1	–	115.4	–	124.6	–
65	下颌髁间宽	–	116.3	–	117.1	–	117.8	–	124.1	–
	鼻骨长（n-rhi）	–	24.6	23.6	22.0	29.1	21.4	21.4	39.9	19.7
	鼻尖齿槽长（rhi-pr）	–	50.3	48.2	49.0	49.3	48.6	45.5	50.2	43.0
32	额倾角（n-m-FH）	94.0	–	–	79.0	82.0	76.0	87.0	69.5	79.0
72	面角（n-pr-FH）	81.0	–	–	82.5	84.0	85.5	83.0	92.0	87.0
73	鼻面角（n-ns-FH）	82.0	–	–	86.0	86.0	92.0	83.5	94.0	90.0
74	齿槽面角（ns-pr-FH）	75.5	–	–	74.0	77.0	71.0	77.0	88.0	72.0
77	鼻颧角（fmo-n-fmo）	165.5	125.5	–	143.1	147.4	143.3	115.5	138.3	139.3
ZM∠	颧上颌角（zm-ss-zm）	125.9	125.2	–	126.9	125.5	130.9	116.9	128.2	128.6
ZM₁∠	颧上颌角（zm1-ss-zm1）	135.4	126.0	–	132.6	131.8	141.0	124.9	138.1	138.4
75	鼻尖角（n-rhi-FH）	–	–	–	61.0	61.0	62.0	66.0	72.5	62.5
75(1)	鼻骨角（rhi-n-pr）	–	26.1	35.3	23.4	34.8	24.3	17.2	20.9	28.4
8：1	颅指数	75.5	–	80.3	74.3	77.7	72.3	76.4	75.3	85.4
17：1	颅长高指数	77.1	–	–	69.8	74.3	72.3	75.5	71.6	76.2
21：1	颅长耳高指数	63.8	–	–	60.8	63.7	61.5	67.0	59.5	68.3
17：8	颅宽高指数	102.2	–	–	93.9	95.6	100.0	98.9	95.1	89.3
FM：CM	颅面粗壮指数	–	–	–	78.9	–	76.4	–	80.3	–
54：55	鼻指数	52.0	44.7	49.4	43.2	42.6	49.5	41.4	38.8	47.0
SS：SC	鼻根指数	61.8	81.5	69.7	45.7	51.3	46.9	40.7	35.8	45.4
52：51	眶指数 左	72.4	85.6	–	80.9	83.0	75.8	79.5	77.4	77.5
48：17	垂直颅面指数 sd	48.2	–	–	57.2	55.8	52.4	50.0	65.1	49.8
48：45	上面指数 sd	52.9	58.1?	–	54.9	55.3	52.3	55.4	61.8	50.2
47：45	全面指数	–	–	–	89.6	–	88.0	–	96.3	–
48：46	中面指数 sd	72.2	73.0	–	78.2	76.0	74.4	80.0	90.2	66.3
9：8	额宽指数	66.4	–	63.7	66.6	66.9	71.9	70.9	60.9	69.3
40：5	面突度指数	96.1	–	–	99.0	96.7	92.0	98.9	86.1	96.9
DS：DC	眶间宽高指数	55.0	63.3	68.4	49.1	51.0	56.1	61.8	56.6	57.6
SN：OB	额面扁平度指数	12.7	17.2	–	17.1	16.5	22.9	18.1	18.9	18.4
SR：O₃	鼻面扁平指数	–	40.2	–	32.0	34.9	40.8	36.8	42.5	34.4
63：62	腭指数	–	–	91.1	87.6	85.4	85.7	89.0	104.3	86.0
61：60	齿槽弓指数	–	–	118.1	110.8	108.6?	124.2	113.4	134?	123.1
48：65	面高髁宽指数 sd	–	63.2	–	60.0	–	59.6	–	70.8	–

代号	测量项目	ⅢM32：A ♂	ⅢM33 ♂	ⅢM33 ♂	ⅢM43 ♂	ⅢM56 ♂	ⅢM58：中 ♂	ⅢM62 ♂	ⅢM78 ♂	ⅠM204 ♂
1	颅长（g-op）	181.0	187.5	182.0	180.0	179.5	170.5	184.5	193.4	188.5
8	颅宽（eu-eu）	142.0	141.0	141.5	142.1	134.5	142.0	145.0	144.3	136.2
17	颅高（ba-b）	133.0	139.0	130.5	141.0	128.0	142.0	131.0	134.0	129.0
21	耳上颅高（po-v）	112.0	118.6	115.5	118.0	109.2	120.5	112.9	114.6	111.2
9	最小颅宽（ft-ft）	96.6	96.1	95.1	97.5	88.3	89.0	99.0	99.2	92.7
25	颅矢状弧（arc n-o）	368.0	387.0	375.0	385.0	390.5	363?	–	379.0	387.0
23	颅周长（眉上方）	519.0	534.0	523.0	520.0	504.0	500.0	532.0	545.0	530.0
24	颅横弧（arc po-po）	319.0	325.0	322.0	322.0	302.0	334.0	322.0	325.0	319.0
5	颅基底长（n-ba）	99.2	103.5	95.0	95.2	100.0	96.4	102.4	107.4	94.6
40	面基底长（ba-pr）	102.2	99.5?	90.5	90.5	98.1	99.8	95.4	98.5	91.9
48	上面高（n-sd）	72.1	69?	70.9	70.7	73.5	65.0	63.2	73.2	70.0
	（n-pr）	69.0	66.8	68.1	66.1	69.6	63.2	61.0	69.5	67.9
47	全面高（n-gn）	117.7	–	–	–	–	–	110.0	118.2	110.1
45	颧宽（zy-zy）	135.6	130.5	125.8	132.4	122.5	135.2	130.0	137.0	127.2
46	中面宽（zm-zm）	99.1	101.5	95.3	98.1	89.6	–	88.8	98.2	99.2
	颧颌点间高（sub.zm-ss-zm）	29.3	29.6	23.2	26.8	23.0	–	25.2	24.5	26.8
43（1）	两眶外缘宽（fmo-fmo）	99.6	102.0	95.3	99.1	92.6	93.0	99.4	103.5	97.1
	眶外缘间高（sub.fmo-n-fmo）	15.9	18.0	16.0	17.0	15.7	13.1	19.0	19.4	13.7
O₃	眶中宽	56.5	59.5	47.4	–	51.3	49.7	57.1	56.3	56.4
SR	鼻尖高	–	21.0	15.8	–	16.5	20.0	21.9	23.1	15.0
50	眶间宽（mf-mf）	22.0	19.4	21.0	19.0	18.7	16.5	19.1	20.5	20.0
DC	眶内缘点间宽（d-d）	23.6	21.6	22.8	21.3	20.2	19.4	22.7	·20.9	22.0
DS	鼻梁眶内缘宽高	11.0	12.0	8.4	8.7	12.7	11.6	13.1	12.7	10.0
MH	颧骨高（fmo-zm）左	43.1	40.7	40.8	42.4	42.1	–	42.4	42.9	41.5
MB′	颧骨宽（zm-rim orb.）左	24.3	25.8	23.4	24.4	22.3	–	18.2	22.3	23.5
54	鼻宽	–	25.6	25.8	22.7	25.3	26.2	26.3	27.0	26.9
55	鼻高（n-ns）	53.0	54.2	51.5	51.1	52.0	49.5	46.7	53.8	52.8
SC	鼻骨最小宽	7.1	9.7	8.1	8.6	6.4	9.4	7.5	8.3	7.9
SS	鼻骨最小宽高	4.0	5.1	3.9	3.4	5.0	4.7	3.9	5.0	3.5
51	眶宽（mf-ek）左	42.6	43.4	40.8	44.0	39.6	41.6	43.2	44.3	42.4
52	眶高 左	31.8	32.0	32.4	30.6	32.4	30.0	37.6	34.8	34.0
60	齿槽弓长	56.8	58.6	51.8	51.0	51.4	56.8?	–	54.0	49.5
61	齿槽弓宽	65.0	70.0	57.5	64.6	61.1	–	–	65.1	–
62	腭长（ol-sta）	50.5	52.6	43.9	43.6	46.3	48.6	–	47.4	45.0

代号	测量项目	ⅢM32：A ♂	ⅢM33 ♂	ⅢM33 ♂	ⅢM43 ♂	ⅢM56 ♂	ⅢM58：中 ♂	ⅢM62 ♂	ⅢM78 ♂	ⅠM204 ♂
63	腭宽（enm-enm）	43.3	46.8	38.3	41.1	38.1	–	–	42.6	–
CM	颅粗壮度［(1+8+17)/3］	152.0	155.8	151.3	154.4	147.3	151.5	153.5	157.3	151.2
FM	面粗壮度［(40+47+45)/3］	118.5	–	–	–	–	–	111.8	117.9	109.7
65	下颌髁间宽	118.6?	–	–	–	–	112.0	–	121.6	113.0
	鼻骨长（n-rhi）	–	22.8	25.0	–	21.9	19.6	17.8	23.6	22.6?
	鼻尖齿槽长（rhi-pr）	–	47.2	45.5	–	50.7	48.2	44.9	51.2	46.5?
32	额倾角（n-m-FH）	77.0	79.0	85.5	85.0	71.0	87.5	80.0	70.5	83.0
72	面角（n-pr-FH）	78.0	83.0	86.0	82.5	84.0	78.5	87.0	89.0	84.5
73	鼻面角（n-ns-FH）	77.0	85.5	89.0	86.5	86.5	79.5	90.0	90.5	86.0
74	齿槽面角（ns-pr-FH）	78.0	66?	75.0	68.0	78.5	68.0	77.0	83.0	78.0
77	鼻颧角（fmo-n-fmo）	145.1	141.0	143.3	143.7	145.0	149.0	139.6	139.6	150.5
ZM∠	颧上颌角（zm-ss-zm）	120.1	121.7	128.7	124.2	127.5	–	123.3	126.2	123.1
ZM₁∠	颧上颌角（zm1-ss-zm1）	130.0	130.9	135.1	136.4	129.7	–	129.4	131.3	129.0
75	鼻尖角（n-rhi-FH）	–	58.0	66.5	56?	59.0	49.0	63.0	58.0	67?
75(1)	鼻骨角（rhi-n-pr）	–	25.3	20.4	–	25.4	33.9	21.4	32.5	15.4?
8：1	颅指数	78.5	75.2	77.7	78.9	74.9	83.3	78.6	74.6	72.3
17：1	颅长高指数	73.5	74.1	71.7	78.3	71.3	83.3	71.0	69.3	68.4
21：1	颅长耳高指数	61.9	63.3	63.5	65.6	60.8	71.0	61.2	59.3	59.0
17：8	颅宽高指数	93.7	98.6	92.2	99.2	95.2	100.0	90.3	92.9	94.7
FM：CM	颅面粗壮指数	78.0	–	–	–	–	–	72.8	75.0	72.6
54：55	鼻指数	–	47.2	50.1	44.4	48.7	52.9	56.3	50.2	50.9
SS：SC	鼻根指数	56.3	52.6	48.1	39.5	78.1	50.0	52.0	60.2	44.3
52：51	眶指数 左	74.6	73.7	79.4	69.5	81.8	72.1	87.0	78.6	80.2
48：17	垂直颅面指数 sd	54.2	49.6?	54.3	50.1	57.4	45.8	48.2	54.6	54.3
48：45	上面指数 sd	53.2	52.9?	56.4	53.4	60.0	48.1	48.6	53.4	55.0
47：45	全面指数	86.8	–	–	–	–	–	84.6	86.3	86.6
48：46	中面指数 sd	72.8	68?	74.4	72.1	82.0	–	71.2	74.5	70.6
9：8	额宽指数	68.0	68.2	67.2	68.6	65.7	62.7	68.3	68.7	68.1
40：5	面突度指数	103.0	96.1?	95.3	95.1	98.1	103.5	93.2	91.7	97.1
DS：DC	眶间宽高指数	46.6	55.6	36.8	40.8	62.9	59.8	57.7	60.8	45.5
SN：OB	额面扁平度指数	16.0	17.6	16.8	17.2	17.0	14.1	19.1	18.7	14.1
SR：O₃	鼻面扁平指数	–	35.3	33.3	–	32.2	40.2	38.4	41.0	26.6
63：62	腭指数	85.7	89.0	87.2	94.3	82.3	–	–	89.9	–
61：60	齿槽弓指数	114.4	119.5	111.0	126.7	118.9	–	–	120.6	–
48：65	面高髁宽指数 sd	60.8?	–	–	–	–	58.0	–	60.2	61.9

代号	测量项目	ⅠM205：A	ⅠM207：B	ⅠM208	ⅡM103	ⅡM104	ⅡM105：A	ⅡM106：A	ⅡM108：A	ⅡM109：A
		♂	♂	♂	♂	♂	♂	♂	♂	♂
1	颅长（g-op）	184.0	176.0	177.0	182.0	182.1	192.0	200.0	182.6	176.0
8	颅宽（eu-eu）	128.6	134.5	126.0	130.3	131.5	136.0	145.0	130.0	126.0
17	颅高（ba-b）	133.0	131.0	130.0	134.5	135.5	140.1	144.0	135.5	132.0
21	耳上颅高（po-v）	113.1	112.0	108.0	113.0	111.6	114.5	120.0	114.2	114.6
9	最小颅宽（ft-ft）	95.1	86.7	90.3	89.4	90.8	89.5	97.4	90.7	86.8
25	颅矢状弧（arc n-o）	372.0	355.0	351.5	366.5	366.0	384.0	404.0	367.0	375.0
23	颅周长（眉上方）	510.0	495.0	500.0	507.0	506.0	532.0	556.0	510.0	492.0
24	颅横弧（arc po-po）	304.0	309.0	295.0	304.0	301.0	310.0	330.0	307.0	307.0
5	颅基底长（n-ba）	103.2	96.2	102.0	99.0	100.9	102.4	108.9	104.6	92.4
40	面基底长（ba-pr）	99.8	90.1	97.8	93.4	100.0	96.2	103.3	100.3	89.1
48	上面高（n-sd）	69.9	69.5	67.0	79.4	65.6	70.9	72.5?	70.8	65.1
	（n-pr）	67.9	67.6	64.4	76.0	61.3	72.8	71.3	67.1	63.0
47	全面高（n-gn）	–	115.5	112.7	126.4	106.0	–	–	–	108.3
45	颧宽（zy-zy）	125.2	–	128.4	123.6	124.4	127.6	142.0	130.9	122.2
46	中面宽（zm-zm）	94.6	97.2	96.8	97.6	93.9	99.2	97.6	98.1	94.5
	颧颌点间高（sub.zm-ss-zm）	27.0	22.5	23.0	30.2	30.0	23.4	–	24.5	22.8
43（1）	两眶外缘宽（fmo-fmo）	99.5	94.4	91.6	93.7	96.7	102.3	99.0	92.7	91.8
	眶外缘间高（sub.fmo-n-fmo）	18.0	16.4	14.9	16.7	15.8	17.8	14.7	15.7	14.2
O₃	眶中宽	64.7	53.7	51.6	44.7	53.1	59.7	50.7	48.6	44.6
SR	鼻尖高	17.7	16.5	17.4	17.5	18.0	19.0	21.5	19.4	17.3
50	眶间宽（mf-mf）	21.4	16.8	18.4	15.6	20.3	22.5	20.4	17.1	16.4
DC	眶内缘点间宽（d-d）	25.1	20.5	20.5	15.3	23.2	23.5	21.5	18.4	18.4
DS	鼻梁眶内缘宽高	11.5	11.7	11.1	10.2	10.5	10.1	10.6	12.0	11.0
MH	颧骨高（fmo-zm）左	41.4	43.6	45.0	44.8	40.6	44.0	43.7	46.6	40.6
MB′	颧骨宽（zm-rim orb.）左	21.8	24.3	27.0	27.1	23.5	23.6	25.5	27.5	25.5
54	鼻宽	27.6	21.8	26.3	21.9	27.0	25.5	25.7	22.4	22.7
55	鼻高（n-ns）	54.3	51.1	50.3	59.4	46.0	49.8	57.4	51.5	48.6
SC	鼻骨最小宽	8.0	6.6	9.5	7.0	9.4	10.1	7.9	6.3	5.5
SS	鼻骨最小宽高	2.9	3.7	4.5	4.5	3.9	4.0	5.3	3.5	2.6
51	眶宽（mf-ek）左	42.2	40.6	39.3	44.1	39.9	42.5	42.7	41.3	39.7
52	眶高 左	32.5	32.8	31.5	33.5	30.0	32.9	32.9	32.3?	28.8
60	齿槽弓长	51.8	48.5	53.5	53.1	54.0	53.5	57.0	51.6	49.6
61	齿槽弓宽	–	62.4	67.4	64.3	62.0	–	68.7	62.9	58.0
62	腭长（ol-sta）	44.5	39.8	47.3	42.1	46.9	46.5	48.1	45.7	43.6

代号	测量项目	ⅠM205：A ♂	ⅠM207：B ♂	ⅠM208 ♂	ⅡM103 ♂	ⅡM104 ♂	ⅡM105：A ♂	ⅡM106：A ♂	ⅡM108：A ♂	ⅡM109：A ♂
63	腭宽（enm-enm）	–	42.2	44.4	41.7	41.3	–	43.6	41.0	37.8
CM	颅粗壮度［（1+8+17）/3］	148.5	147.2	144.3	148.9	149.7	156.0	163.0	149.4	144.7
FM	面粗壮度［（40+47+45）/3］	–	–	113.0	114.5	110.1	–	–	–	106.5
65	下颌髁间宽	–	114.1	109.3	115.0	117.0	–	124.4	–	112.4
	鼻骨长（n-rhi）	24.5	22.1	23.7	29.2	21.6	21.9	28.1	20.5	19.1
	鼻尖齿槽长（rhi-pr）	46.2	48.6	43.2	49.9	43.1	52.8	47.8	48.9	46.6
32	额倾角（n-m-FH）	79.0	79.0	79.0	79.0	80.5	77.0	83.0	83.0	91.0
72	面角（n-pr-FH）	84.5	86.5	84.0	85.0	79.0	81.5	82.5	83.0	86.0
73	鼻面角（n-ns-FH）	86.0	88.5	88.0	86.0	80.0	85.0	83.0	87.0	91.0
74	齿槽面角（ns-pr-FH）	80.0	82.5	73.5	81.5	74.5	71.0	83.0	72.0	72.0
77	鼻颧角（fmo-n-fmo）	140.6	154.4	147.5	141.3	144.3	141.1	149.1	142.1	146.8
ZM∠	颧上颌角（zm-ss-zm）	120.4	133.2	130.7	117.6	116.5	129.5	117.4	127.9	130.6
ZM₁∠	颧上颌角（zm1-ss-zm1）	126.4	141.6	138.4	121.6	128.1	137.6	125.5	140.7	139.9
75	鼻尖角（n-rhi-FH）	65.0	60.0	64.5	63.5	51.0	59.5	54.5	59.0	62.0
75（1）	鼻骨角（rhi-n-pr）	22.4	25.5	21.4	21.2	26.7	20.2	26.4	23.1	26.0
8：1	颅指数	69.9	76.4	71.2	71.6	72.2	70.8	72.5	71.2	71.6
17：1	颅长高指数	72.3	74.4	73.4	73.9	74.4	73.0	72.0	74.2	75.0
21：1	颅长耳高指数	61.5	63.6	61.0	62.1	61.3	59.6	60.0	62.5	65.1
17：8	颅宽高指数	103.4	97.4	103.2	103.2	103.0	103.0	99.3	104.2	104.8
FM：CM	颅面粗壮指数	–	–	78.3	76.9	73.5	–	–	–	73.6
54：55	鼻指数	50.8	42.7	52.3	36.9	58.7	51.2	44.8	43.5	46.7
SS：SC	鼻根指数	36.3	56.1	47.4	64.3	41.5	39.6	67.1	55.6	47.3
52：51	眶指数 左	77.0	80.8	80.2	76.0	75.2	77.4	77.0	78.2?	72.5
48：17	垂直颅面指数 sd	52.6	53.1	51.5	59.0	48.4	50.6	50.3?	52.3	49.3
48：45	上面指数 sd	55.8	–	52.2	64.2	52.7	55.6	51.1?	54.1	53.3
47：45	全面指数	–	–	87.8	102.3	85.2	–	–	–	88.6
48：46	中面指数 sd	73.9	71.5	69.2	81.4	69.9	71.5	74.3?	72.2	68.9
9：8	额宽指数	74.0	64.5	71.7	68.6	69.0	65.8	67.2	69.8	68.9
40：5	面突度指数	96.7	93.7	95.9	94.3	99.1	93.9	94.9	95.9	96.4
DS：DC	眶间宽高指数	45.8	57.1	54.1	66.7	45.3	43.0	49.3	65.2	59.8
SN：OB	额面扁平度指数	18.1	17.4	16.3	17.8	16.3	17.4	14.8	16.9	15.5
SR：O₃	鼻面扁平指数	27.4	30.7	33.7	39.1	33.9	31.8	42.4	39.9	38.8
63：62	腭指数	–	106.0	93.9	99.0	88.1	–	90.6	89.7	86.7
61：60	齿槽弓指数	–	128.7	126.0	121.1	114.8	–	120.5	121.9	116.9
48：65	面高髁宽指数 sd	–	60.9	61.3	69.0	56.1	–	58.3?	–	57.9

代号	测量项目	ⅡM110	ⅡM111	ⅡM112	ⅡM113	ⅡM116	ⅡM118	ⅡM120	ⅡM121	ⅡM121
		♂	♂	♂	♂	♂	♂	♂	♂	♂
1	颅长（g-op）	175.0	187.5	185.5	187.0	182.0	188.0	178.0	196.0	198.0
8	颅宽（eu-eu）	128.0	130.6	142.0	135.0	134.5	140.5	126.0	147.5	138.5
17	颅高（ba-b）	130.0	133.0	138.0	–	134.5	134.0	135.0	141.5	141.0
21	耳上颅高（po-v）	108.1	114.0	119.0	–	106.5	112.1	112.0	120.0	119?
9	最小颅宽（ft-ft）	89.1	91.3	93.0	89.9	89.0	90.5	86.7	99.0	93.0
25	颅矢状弧（arc n-o）	350.0	371.0	381.5	386.0	357.0	384.0	375.0	407.0	399.0
23	颅周长（眉上方）	485.0	509.0	531.0	519.0	513.0	529.0	498.0	554.0	539.0
24	颅横弧（arc po-po）	295.0	307.0	327.0	–	304.0	311.0	307.0	334.0	325.0
5	颅基底长（n-ba）	94.7	94.0	102.8	–	104.3	98.0	99.5	99.3	100.8
40	面基底长（ba-pr）	97.7	99.4	98.7	–	99.4	93.6	90.6	98.0	105.0
48	上面高（n-sd）	72.1	69.8	70.2	–	73.5	76.8	71.0	72.7	74.0
	（n-pr）	70.0	66.4	66.9	–	70.0	72.5	67.3	69.6	71.1
47	全面高（n-gn）	123.4	115.3	117.3	–	118.4	121.1	115.6	115.0	122.6
45	颧宽（zy-zy）	126.5	124.6	135.6	–	120.2	126.7	124.0	128.0	133.2
46	中面宽（zm-zm）	98.8	96.1	96.0	–	98.4	102.4	94.5	101.5	101.2
	颧颌点间高（sub.zm-ss-zm）	21.4	26.2	19.9?	–	28.9	22.3	23.3	29.0	30.1
43（1）	两眶外缘宽（fmo-fmo）	94.8	97.4	101.5	93.8	89.8	94.5	92.0	99.3	98.5
	眶外缘间高（sub.fmo-n-fmo）	17.7	20.3	15.0	16.0	12.6	13.9	17.3	17.7	15.5
O₃	眶中宽	56.3	60.9	54.4	–	56.4	54.1	49.0	57.9	57.5
SR	鼻尖高	–	22.2	–	–	–	18.5	20.8	17.5	–
50	眶间宽（mf-mf）	21.2	26.7	18.7	17.6	17.0	21.5	16.4	25.8	23.8
DC	眶内缘点间宽（d-d）	22.6	25.1	21.5	21.2	20.1	22.4	17.4	28.4	25.0
DS	鼻梁眶内缘宽高	12.1	12.0	13.6	12.0	10.7	9.9	12.6	12.5	10.5
MH	颧骨高（fmo-zm）左	42.0	41.0	42.6	45.0	42.4	47.7	41.5	38.9	43.3
MB′	颧骨宽（zm-rim orb.）左	26.0	24.9	25.7	27.5	26.8	29.2	23.5	23.6	27.6
54	鼻宽	23.7	26.5	23.0	–	26.0	25.3	23.7	27.4	27.0
55	鼻高（n-ns）	51.1	47.8	49.2	54.0	52.5	56.7	52.0	53.9	51.7
SC	鼻骨最小宽	13.3	15.5	8.5	7.6	7.1	6.7	8.3	10.9	12.5
SS	鼻骨最小宽高	4.1	5.1	3.0	2.8	3.0	2.6	4.6	3.0	3.5
51	眶宽（mf-ek）左	39.0	39.9	43.5	42.0	39.2	39.1	40.5	39.7	41.0
52	眶高 左	30.3	31.9	31.8	33.7	32.4	35.0	32.8	30.3	28.3
60	齿槽弓长	51.2	55.0	53.4	–	54.5	54.1	50.7	56.7	59.4
61	齿槽弓宽	62.0	64.4	67.0	–	61.4	63.6	61.0	66.6	71.0
62	腭长（ol-sta）	45.2	44.2	46.2	–	49.2	44.4	43.3	49.0	51.0

续附表 2

代号	测量项目	ⅡM110 ♂	ⅡM111 ♂	ⅡM112 ♂	ⅡM113 ♂	ⅡM116 ♂	ⅡM118 ♂	ⅡM120 ♂	ⅡM121 ♂	ⅡM121 ♂
63	腭宽（enm-enm）	42.3	41.2	44.6	–	39.9	38.4	39.5	42.0	45.4
CM	颅粗壮度〔（1+8+17）/3〕	144.3	150.4	155.2	–	150.3	154.2	146.3	161.7	159.2
FM	面粗壮度〔（40+47+45）/3〕	115.9	113.1	117.2	–	112.7	113.8	110.1	113.7	120.3
65	下颌髁间宽	110.0	111.2	125?	119.1	107.2	112.6	113.0	117.0	118.3
	鼻骨长（n-rhi）	–	21.5	–	23.8	–	28.3	23.0	27.5	–
	鼻尖齿槽长（rhi-pr）	–	47.0	–	–	–	48.8	48.2	44.9	–
32	额倾角（n-m-FH）	80.0	77.5	80.0	–	85.5	79.0	80.0	91.5	85.0
72	面角（n-pr-FH）	78.5	85.0	87.0	–	83.0	85.0	87.0	81.0	79.0
73	鼻面角（n-ns-FH）	83.0	85.0	90.5	–	86.0	87.5	89.0	83.0	80.0
74	齿槽面角（ns-pr-FH）	67.0	84.0	77?	–	73.0	74.0	85.0	73.0	73.5
77	鼻颧角（fmo-n-fmo）	139.0	134.5	142.5	145.6	149.9	147.6	140.7	140.2	145.3
ZM∠	颧上颌角（zm-ss-zm）	133.3	122.7	137.5	–	119.7	132.4	129.0	120.5	119.6
ZM₁∠	颧上颌角（zm1-ss-zm1）	142.9	136.9	150.8	–	128.7	142.5	134.0	127.8	128.8
75	鼻尖角（n-rhi-FH）	–	58.0	–	–	–	53.5	57.0	63.5	–
75（1）	鼻骨角（rhi-n-pr）	–	21.2	–	–	–	26.4	27.9	20.9	–
8：1	颅指数	73.1	69.7	76.5	72.2	73.9	74.7	70.8	75.3	69.9
17：1	颅长高指数	74.3	70.9	74.4	–	73.9	71.3	75.8	72.2	71.2
21：1	颅长耳高指数	61.8	60.8	64.2	–	58.5	59.6	62.9	61.2	60.1
17：8	颅宽高指数	101.6	101.8	97.2	–	100.0	95.4	107.1	95.9	101.8
FM：CM	颅面粗壮指数	80.3	75.2	75.5	–	75.0	73.8	75.3	70.3	75.6
54：55	鼻指数	46.4	55.4	46.7	–	49.5	44.6	45.6	50.8	52.2
SS：SC	鼻根指数	30.8	32.9	35.3	36.8	42.3	38.8	55.4	27.5	28.0
52：51	眶指数 左	77.7	79.9	73.1	80.2	82.7	89.5	81.0	76.3	69.0
48：17	垂直颅面指数 sd	55.5	52.5	50.9	–	54.6	57.3	52.6	51.4	52.5
48：45	上面指数 sd	57.0	56.0	51.8	–	61.1	60.6	57.3	56.8	55.6
47：45	全面指数	97.5	92.5	86.5	–	98.5	95.6	93.2	89.8	92.0
48：46	中面指数 sd	73.0	72.6	73.1	–	74.7	75.0	75.1	71.6	73.1
9：8	额宽指数	69.6	69.9	65.5	66.6	66.2	64.4	68.8	67.1	67.1
40：5	面突度指数	103.2	105.7	96.0	–	95.3	95.5	91.1	98.7	104.2
DS：DC	眶间宽高指数	53.5	47.8	63.3	56.6	53.2	44.2	72.4	44.0	42.0
SN：OB	额面扁平度指数	18.7	20.8	14.8	17.1	14.0	14.7	18.8	17.8	15.7
SR：O₃	鼻面扁平指数	–	36.5	–	–	–	34.2	42.4	30.2	–
63：62	腭指数	93.6	93.2	96.5	–	81.1	86.5	91.2	85.7	89.0
61：60	齿槽弓指数	121.1	117.1	125.5	–	112.7	117.6	120.3	117.5	119.5
48：65	面高髁宽指数 sd	65.5	62.8	56.2?	–	68.6	68.2	62.8	62.1	62.6

代号	测量项目	ⅡM124	ⅡM126	ⅡM127	ⅡM128	ⅡM134	ⅡM135：A	ⅡM138	ⅡM140：A	ⅡM142
		♂	♂	♂	♂?	♂	♂	♂	♂	♂
1	颅长（g-op）	181.0	184.3	188.5	183.5	184.0	193.0	187.5	183.0	–
8	颅宽（eu-eu）	138.5	130.5	137.5	142.5	136.6	138.0	139.0	140.5	–
17	颅高（ba-b）	138.2	133.0	133.0	136.0	135.0	132.5	128.0	133.5	–
21	耳上颅高（po-v）	112.0	117.1	112.0	113.0	111.6	112.0	111.9	117.0	–
9	最小颅宽（ft-ft）	89.2	89.6	100.2	85.5	89.6	103.1	88.5	86.3	93.0
25	颅矢状弧（arc n-o）	381.0	372.0	372.0	379.0	380.0	395.0	363.0	384.0	–
23	颅周长（眉上方）	520.0	509.0	522.0	519.0	525.0	546.0	531.0	519.0	–
24	颅横弧（arc po-po）	313.0	313.0	311.0	324.0	309.0	315.0	312.0	321.0	–
5	颅基底长（n-ba）	100.1	101.0	102.3	100.3	96.3	101.2	96.7	90.0	–
40	面基底长（ba-pr）	91.7?	–	105.0	99.5	95.6	94.0	–	87.7?	–
48	上面高（n-sd）	68.4?	–	75.0	76.4	72.1?	71.2	–	71.1	–
	（n-pr）	66?	–	72.0	73.3	69.0	68.0	68.7?	67.0	–
47	全面高（n-gn）	–	–	115.6	119.4	–	114.3	115.5	–	–
45	颧宽（zy-zy）	124.0	127.0	137.0	122.6	132.7	132.0	135.0	124.2	–
46	中面宽（zm-zm）	91.8	86.4	102.1	92.4	98.5	98.2	101.8	92.6	96.3
	颧颌点间高（sub.zm-ss-zm）	20.0	26.9	30.3	29.0	24.2	24.0	29.0	19.8	
43（1）	两眶外缘宽（fmo-fmo）	93.8	96.3	102.5	92.0	94.4	97.1	99.9	93.4	91.4
	眶外缘间高（sub.fmo-n-fmo）	14.8	17.7	19.2	14.9	14.0	17.1	16.7	10.9	13.0
O₃	眶中宽	51.2	55.3	67.2	52.7	53.6	47.3	51.6	52.7	52.7
SR	鼻尖高	20.0	22.3	22.1	17.0	20.6	16.2	22.1	18.0	–
50	眶间宽（mf-mf）	19.2	18.8	21.9	18.0	19.8	24.7	21.7	16.5	17.6
DC	眶内缘点间宽（d-d）	20.2	18.9	25.0	21.5	20.3	27.8	27.1	18.3	18.8
DS	鼻梁眶内缘宽高	11.0	8.3	10.0	13.8	11.3	11.4	11.5	10.2	10.0
MH	颧骨高（fmo-zm）左	40.5	42.2	43.9	43.8	42.6	43.3	42.2	42.6	42.0
MB′	颧骨宽（zm-rim orb.）左	21.8	21.4	26.4	24.4	24.8	28.3	23.3	23.8	23.2
54	鼻宽	22.9	20.8	28.9	24.1	24.1	23.4	28.2	26.5	–
55	鼻高（n-ns）	47.0	49.0	53.2	52.6	51.7	54.5	57.1	53.5	–
SC	鼻骨最小宽	10.9	7.4	10.1	7.2	9.1	10.6	9.8	5.4	6.3
SS	鼻骨最小宽高	4.3	4.6	4.0	3.5	4.0	3.0	4.4	3.1	3.3
51	眶宽（mf-ek）左	40.2	41.5	43.8	39.3	40.7	39.1	41.7	41.4	40.0
52	眶高 左	34.0	32.5	34.3	33.5	33.0	30.0	30.9	32.4	31.2
60	齿槽弓长	–	–	57.7	56.9	–	54.0	–	49.2?	–
61	齿槽弓宽	–	–	70.0	60.0	–	60.4	67.0	–	–
62	腭长（ol-sta）	–	44.0	50.1	51.1	–	44.2	–	42.3	–

代号	测量项目	ⅡM124	ⅡM126	ⅡM127	ⅡM128	ⅡM134	ⅡM135：A	ⅡM138	ⅡM140：A	ⅡM142
		♂	♂	♂	♂？	♂	♂	♂	♂	♂
63	腭宽（enm-enm）	–	–	45.9	38.4	–	38.8	43.8	–	–
CM	颅粗壮度［（1+8+17）/3］	152.6	149.3	153.0	154.0	151.9	154.5	151.5	152.3	–
FM	面粗壮度［（40+47+45）/3］	–	–	119.2	113.8	–	113.4	–	–	–
65	下颌髁间宽	117.1	110.1	122.0	107.3	–	119.0	124.2	108.3	–
	鼻骨长（n-rhi）	22.8	23.4	24.7	22.0	24.1	23.4	29.8	30.6	18.6
	鼻尖齿槽长（rhi-pr）	48.2	–	51.2	54.0	51.7	47.7	44.8？	41.2	–
32	额倾角（n-m-FH）	84.5	85.0	78.5	86.5	82.5	88.0	80.0	79.5	
72	面角（n-pr-FH）	83.5	–	77.5	82.0	77.0	88.0	85.5？	83.5	
73	鼻面角（n-ns-FH）	84.0	85.0	82.5	83.0	80.0	89.0	88.0	84.5	
74	齿槽面角（ns-pr-FH）	81.0	–	63.0	81.0	67.0	83.0	76.5？	77.5	
77	鼻颧角（fmo-n-fmo）	144.8	139.6	139.4	145.6	147.6	140.4	145.2	156.5	151.0
ZM∠	颧上颌角（zm-ss-zm）	135.1	117.4	118.5	117.6	126.5	127.9	125.6	134.0	–
ZM₁∠	颧上颌角（zm1-ss-zm1）	141.7	121.0	128.5	125.1	133.5	135.6	131.1	137.7	–
75	鼻尖角（n-rhi-FH）	53.0	57.0	50.5	58.0	49.0	66.0	57.5	59.0	
75（1）	鼻骨角（rhi-n-pr）	32.0	–	26.9	24.1	29.8	24.5	28.4？	24.6	
8：1	颅指数	76.5	70.8	72.9	77.7	74.2	71.5	74.1	76.8	–
17：1	颅长高指数	76.4	72.2	70.6	74.1	73.4	68.7	68.3	73.0	–
21：1	颅长耳高指数	61.9	63.5	59.4	61.6	60.7	58.0	59.7	63.9	–
17：8	颅宽高指数	99.8	101.9	96.7	95.4	98.8	96.0	92.1	95.0	–
FM：CM	颅面粗壮指数	–	–	77.9	73.9	–	73.4	–	–	–
54：55	鼻指数	48.7	42.4	54.3	45.8	46.6	42.9	49.4	49.5	–
SS：SC	鼻根指数	39.4	62.2	39.6	48.6	44.0	28.3	44.9	57.4	52.4
52：51	眶指数 左	84.6	78.3	78.3	85.2	81.1	76.7	74.1	78.3	78.0
48：17	垂直颅面指数 sd	49.5？	–	56.4	56.2	53.4？	53.7	–	53.3	–
48：45	上面指数 sd	55.2？	–	54.7	62.3	54.3？	53.9	–	57.2	–
47：45	全面指数	–	–	84.4	97.4	–	86.6	85.6	–	–
48：46	中面指数 sd	74.5？	–	73.5	82.7	73.2？	72.5	–	76.8	–
9：8	额宽指数	64.4	68.7	72.9	60.0	65.6	74.7	63.7	61.4	–
40：5	面突度指数	91.6？	–	102.6	99.2	99.3	92.9	–	97.4？	–
DS：DC	眶间宽高指数	54.5	43.9	40.0	64.2	55.7	41.0	42.4	55.7	53.2
SN：OB	额面扁平度指数	15.8	18.4	18.7	16.2	14.8	17.6	16.7	11.7	14.2
SR：O₃	鼻面扁平指数	39.1	40.3	32.9	32.3	38.4	34.2	42.8	34.2	–
63：62	腭指数	–	–	91.6	75.1	–	87.8	–	–	–
61：60	齿槽弓指数	–	–	121.3	105.4	–	111.9	–	–	–
48：65	面高髁宽指数 sd	58.4？	–	61.5	71.2	–	59.8	–	65.7	–

代号	测量项目	ⅡM142：A ♂	ⅡM143：A ♂	ⅡM144 ♂	ⅡM145：A ♂	ⅡM147 ♂	ⅡM149 ♂？	ⅡM150：B ♂	ⅡM152 ♂	ⅡM152 ♂
1	颅长（g-op）	188.0	179.0	185.0	190.0	186.7	181.0	190.2	190.0	172.0
8	颅宽（eu-eu）	130.0	136.0	129.0	145.0	127.2	137.3	138.5	137.0	134.0
17	颅高（ba-b）	135.0	143.0	127.0	129.0	135.0	133.4	135.0	134.0	129.0
21	耳上颅高（po-v）	117.0	119.2	112.0	115.0	112.6	115.0	118.0	115.0	109.0
9	最小颅宽（ft-ft）	79.6	80.8	86.6	97.5	91.6	100.5	92.3	95.5	86.1
25	颅矢状弧（arc n-o）	377.5	369.0	379.0	392.0	374.5	373.0	383.5	382.0	352.0
23	颅周长（眉上方）	513.0	508.0	512.0	540.0	511.0	515.5	531.0	531.0	495.0
24	颅横弧（arc po-po）	315.0	315.0	303.0	326.0	303.0	316.5	325.0	314.0	306.0
5	颅基底长（n-ba）	99.3	104.0	93.0	101.3	102.2	100.0	107.0	107.6	99.0
40	面基底长（ba-pr）	101.4	－	98.7	96.5	92.5	99.1	105.2	101.3	92.0
48	上面高（n-sd）	67.4	－	70.3	79？	72.4	66.5	80.2	76.3	66.7
	（n-pr）	64.7	－	66.0	75.5	70.0	64.2	75.5	71.1	63.8
47	全面高（n-gn）	109.9	－	113.0	127.6	116.7	110.6	129.7	125.7	109.6
45	颧宽（zy-zy）	128.3	128.0	125.8	131.7	125.0	125.0	139.9	136.2	126.3
46	中面宽（zm-zm）	99.0	96.7	88.1	93.4	94.5	101.0	100.5	103.0	96.4
	颧颌点间高（sub.zm-ss-zm）	22.2	25.8	25.3	23.1	26.0	27.3	22.6	33.1	21.0
43（1）	两眶外缘宽（fmo-fmo）	91.4	89.6	90.7	100.5	95.0	90.2	103.1	99.9	94.5
	眶外缘间高（sub.fmo-n-fmo）	12.1	14.9	12.9	20.0	20.9	17.7	18.8	18.9	15.5
O₃	眶中宽	49.0	53.6	50.0	50.6	49.0	57.0	51.7	54.1	48.0
SR	鼻尖高	17.6	17.2	－	－	17.0	24.4	18.6	20.4	15.5
50	眶间宽（mf-mf）	16.5	19.0	18.5	18.0	20.2	19.6	21.8	20.5	18.1
DC	眶内缘点间宽（d-d）	16.8	19.2	19.4	21.1	21.4	22.6	24.6	22.2	19.7
DS	鼻梁眶内缘宽高	11.0	11.5	7.7	11.7	9.3	9.0	10.3	11.5	11.0
MH	颧骨高（fmo-zm）左	42.1	42.1	40.5	46.0	43.7	40.9	44.8	47.8	39.7
MB′	颧骨宽（zm-rim orb.）左	26.9	25.8	25.2	25.0	28.3	23.6	26.5	29.9	23.1
54	鼻宽	22.9	23.7	21.3	24.7	21.8	25.9	25.8	26.3	23.1
55	鼻高（n-ns）	50.7	49.2	48.2	51.1	57.1	49.2	58.7	59.9	49.4
SC	鼻骨最小宽	4.6	7.0	7.8	8.4	6.0	6.5	8.1	9.0	6.8
SS	鼻骨最小宽高	2.1	2.9	2.5	3.8	3.1	2.0	5.3	5.2	3.1
51	眶宽（mf-ek）左	38.8	38.3	40.0	46.3	40.8	42.0	44.2	43.4	41.2
52	眶高 左	30.0	29.2	26.8	34.6	28.4	31.3	33.5	34.5	29.3
60	齿槽弓长	52.9	－	54.7	53.2？	53.3	50.1	57.2	53.8	52.4
61	齿槽弓宽	61.5	－	63.7	58.7？	55.4	61.8	66.8	－	58.4
62	腭长（ol-sta）	47.1	－	48.0	47.7	46.7	45.3	48.0	44.8	43.2

代号	测量项目	ⅡM142：A ♂	ⅡM143：A ♂	ⅡM144 ♂	ⅡM145：A ♂	ⅡM147 ♂	ⅡM149 ♂？	ⅡM150：B ♂	ⅡM152 ♂	ⅡM152 ♂
63	腭宽（enm-enm）	47.9	–	–	–	33.2	39.9	43.8	–	37.2
CM	颅粗壮度［（1+8+17）/3］	151.0	152.7	147.0	154.7	149.6	150.6	154.6	153.7	145.0
FM	面粗壮度［（40+47+45）/3］	113.2	–	112.5	118.6	111.4	111.6	124.9	121.1	109.3
65	下颌髁间宽	120.8	–	118.6	116.1	109.2	109.4	123.7	122.9	107.0
	鼻骨长（n-rhi）	23.1	24.5	–	–	25.2	19.2	24.7	33.2	21.1
	鼻尖齿槽长（rhi-pr）	45.8	43.5?	–	–	47.8	46.7	53.2	43.7	44.6
32	额倾角（n-m-FH）	78.0	85.0	89.0	81.5	84.0	90.0	80.0	78.0	78.5
72	面角（n-pr-FH）	81.5	79.9?	80.0	90.5	88.0	80.0	83.0	86.5	87.0
73	鼻面角（n-ns-FH）	86.0	79.0	80.0	92.0	89.0	79.5	85.0	86.5	90.0
74	齿槽面角（ns-pr-FH）	66.0	78.5	75.5	84.5	86.0	73.0	79.0	88.0	76.5
77	鼻颧角（fmo-n-fmo）	151.0	141.2	150.5	136.5	133.0	–	139.2	138.6	144.2
ZM∠	颧上颌角（zm-ss-zm）	133.1	122.1	121.9	126.9	121.1	–	132.9	117.0	131.8
ZM₁∠	颧上颌角（zm1-ss-zm1）	138.3	133.0	129.8	134.2	133.4	–	140.3	125.6	138.5
75	鼻尖角（n-rhi-FH）	54.0	53.0	–	–	64.0	63.5	60.0	64.0	73.5
75（1）	鼻骨角（rhi-n-pr）	28.7	–	–	–	22.9	20.5	21.1	25.9	20.2
8：1	颅指数	69.1	76.0	69.7	76.3	68.1	75.9	72.8	72.1	77.9
17：1	颅长高指数	71.8	79.9	68.6	67.9	72.3	73.7	71.0	70.5	75.0
21：1	颅长耳高指数	62.2	66.6	60.5	60.5	60.3	63.5	62.0	60.5	63.4
17：8	颅宽高指数	103.8	105.1	98.4	89.0	106.1	97.2	97.5	97.8	96.3
FM：CM	颅面粗壮指数	75.0	–	76.5	76.7	74.5	74.1	80.8	78.8	75.4
54：55	鼻指数	45.2	48.2	44.2	48.3	38.2	52.6	44.0	43.9	46.8
SS：SC	鼻根指数	45.7	41.4	32.1	45.2	51.7	30.8	65.4	57.8	45.6
52：51	眶指数 左	77.3	76.2	67.0	74.7	69.6	74.5	75.8	79.5	71.1
48：17	垂直颅面指数 sd	49.9	–	55.4	61.2?	53.6	49.9	59.4	56.9	51.7
48：45	上面指数 sd	52.5	–	55.9	60.0	57.9	53.2	57.3	56.0	52.8
47：45	全面指数	85.7	–	89.8	96.9	93.4	88.5	92.7	92.3	86.8
48：46	中面指数 sd	68.1	–	79.8	84.6	76.6	65.8	79.8	74.1	69.2
9：8	额宽指数	61.2	59.4	67.1	67.2	72.0	73.2	66.6	69.7	64.3
40：5	面突度指数	102.1	–	106.1	95.3	90.5	99.1	98.3	94.1	92.9
DS：DC	眶间宽高指数	65.5	59.9	39.7	55.5	43.5	39.8	41.9	51.8	55.8
SN：OB	额面扁平度指数	13.2	16.6	14.2	19.9	22.0	19.6	18.2	18.9	16.4
SR：O₃	鼻面扁平指数	35.9	32.1	–	–	34.7	42.8	36.0	37.7	32.3
63：62	腭指数	101.7	–	–	–	71.1	88.1	91.3	–	86.1
61：60	齿槽弓指数	116.3	–	116.5	110.3?	103.9	123.4	116.8	–	111.5
48：65	面高髁宽指数 sd	55.8	–	59.3	68.0	66.3	60.8	64.8	62.1	62.3

代号	测量项目	ⅡM153 ♂?	ⅡM157 ♂	ⅡM158 ♂	ⅡM162：B ♂	ⅡM165：A ♂	ⅡM166 ♂	ⅡM168 ♂	ⅡM169 ♂	ⅡM170 ♂
1	颅长（g-op）	173.5	186.5	185.0	186.5	191.5	176.5	184.1	192.0	178.0
8	颅宽（eu-eu）	134.0	137.0	135.5	138.0	128.0	129.0	138.4	128.5	132.5
17	颅高（ba-b）	127.5	141.5	127.0	140.0	140.0	131.0	137.5	140.6	137.5
21	耳上颅高（po-v）	103.0	120.0	111.1	120.0	115.8	115.6	115.0	119.3	121.2
9	最小颅宽（ft-ft）	88.0	90.9	85.1	90.7	88.5	86.2	93.0	88.5	91.2
25	颅矢状弧（arc n-o）	346.0	382.0	375.0	394.0	382.0	364.0	384.0	400.5	372.0
23	颅周长（眉上方）	501.0	522.0	520.0	522.0	515.0	500.0	518.0	528.0	504.0
24	颅横弧（arc po-po）	288.0	324.0	307.0	332.0	304.0	304.0	314.0	318.0	325.0
5	颅基底长（n-ba）	95.8	104.7	95.6	100.0	107.7	96.2	96.8	105.4	96.3
40	面基底长（ba-pr）	86.7	98.8	92.8	100.8	107.4	97.0	94.6	102.3	93.4
48	上面高（n-sd）	68.8	80.5	75.3	–	77.3	67.7	76.1	76.0	69.3
	（n-pr）	66.0	76.0	70.6	–	75.0	64.4	72.3	71.8	65.4
47	全面高（n-gn）	113.0	129.1	120.7	–	–	–	121.6	–	–
45	颧宽（zy-zy）	125.6	132.4	128.5	134.8	130.8	120.3	131.0	135.1	128.0
46	中面宽（zm-zm）	99.5	100.2	99.2	101.6	96.8	85.3	100.7	91.8	96.7
	颧颌点间高（sub.zm-ss-zm）	24.9	24.5	25.1	25.7	27.6	24.8	26.6	23.0	18.5
43（1）	两眶外缘宽（fmo-fmo）	93.8	98.3	91.0	94.5	98.2	90.7	98.3	98.4	93.7
	眶外缘间高（sub.fmo-n-fmo）	15.4	15.2	15.7	12.8	16.7	15.9	17.5	16.6	13.2
O₃	眶中宽	43.3	58.5	45.9	55.3	55.4	51.2	63.7	50.0	46.9
SR	鼻尖高	15.8	21.6	18.2	20.0	–	20.2	18.4	20.7	12.4
50	眶间宽（mf-mf）	17.6	16.5	19.2	17.0	19.2	17.6	23.0	18.3	18.5
DC	眶内缘点间宽（d-d）	20.3	18.2	20.2	19.2	22.4	12.8	27.7	19.1	20.5
DS	鼻梁眶内缘宽高	9.9	10.3	10.2	10.0	12.3	–	11.0	12.3	9.5
MH	颧骨高（fmo-zm）左	44.4	47.7	43.0	44.5	43.6	42.0	42.7	45.3	42.2
MB′	颧骨宽（zm-rim orb.）左	26.6	28.6	27.3	26.6	26.9	25.0	25.5	27.0	23.8
54	鼻宽	26.9	22.8	24.8	26.5	25.2	24.7	27.7	28.1	23.8
55	鼻高（n-ns）	50.9	56.3	52.2	53.5	54.1	49.0	53.7	55.5	48.7
SC	鼻骨最小宽	8.9	7.7	7.6	7.7	7.3	8.3	10.5	7.8	8.0
SS	鼻骨最小宽高	4.6	6.0	3.7	3.3	5.2	10.4	4.0	3.9	3.5
51	眶宽（mf-ek）左	40.1	44.0	37.9	42.5	42.0	39.6	40.2	41.8	41.9
52	眶高 左	31.1	33.0	32.3	32.8	29.7	30.2	32.7	30.9	30.0
60	齿槽弓长	47.0	55.6	52.6	–	60.2	53.1	53.6	56.1	48.1
61	齿槽弓宽	64.1	62.8	66.0	–	–	–	66.0	62.0	64.2
62	腭长（ol-sta）	40.0	48.5	46.5	46?	54.0	45.8	45.2	46.6	41.7

代号	测量项目	ⅡM153 ♂?	ⅡM157 ♂	ⅡM158 ♂	ⅡM162：B ♂	ⅡM165：A ♂	ⅡM166 ♂	ⅡM168 ♂	ⅡM169 ♂	ⅡM170 ♂
63	腭宽（enm-enm）	41.5	–	40.8	–	–	–	43.1	39.7	42.8
CM	颅粗壮度［（1+8+17）/3］	145.0	155.0	149.2	154.8	153.2	145.5	153.3	153.7	149.3
FM	面粗壮度［（40+47+45）/3］	108.4	120.1	114.0	–	–	–	115.7	–	–
65	下颌髁间宽	112.6	122.5	118.8	125.8	124.4	108.1	115.0	–	–
	鼻骨长（n-rhi）	23.4	32.8	29.1	31.0	–	18.0	25.4	21.4	20.4
	鼻尖齿槽长（rhi-pr）	46.4	51.0	44.4	49.2?	–	49.5	50.7	53.0	45.9
32	额倾角（n-m-FH）	77.0	78.0	80.0	81.0	79.0	87.0	80.5	87.0	87.0
72	面角（n-pr-FH）	88.0	86.0	85.5	82?	80.0	83.5	82.0	85.0	85.5
73	鼻面角（n-ns-FH）	88.5	87.0	87.0	84.0	83.0	86.0	74.0	87.0	90.0
74	齿槽面角（ns-pr-FH）	84.0	82.0	81.5	77?	73.0	74.0	75.0	75.5	72.5
77	鼻颧角（fmo-n-fmo）	145.6	146.7	142.5	150.1	142.2	142.1	140.0	140.6	148.3
ZM∠	颧上颌角（zm-ss-zm）	128.0	129.0	127.3	127.5	123.7	120.2	124.7	127.8	137.9
ZM₁∠	颧上颌角（zm1-ss-zm1）	136.1	134.5	137.1	135.6	133.0	129.8	135.0	134.1	143.1
75	鼻尖角（n-rhi-FH）	61.0	56.0	64.5	54.0	–	52.0	56.0	56.0	71.0
75（1）	鼻骨角（rhi-n-pr）	27.1	31.5	20.1	–	–	29.3	26.0	24.1	14.2
8：1	颅指数	77.2	73.5	73.2	74.0	66.8	73.1	75.2	66.9	74.4
17：1	颅长高指数	73.5	75.9	68.6	75.1	73.1	74.2	74.7	73.2	77.2
21：1	颅长耳高指数	59.4	64.3	60.1	64.3	60.5	65.5	62.5	62.1	68.1
17：8	颅宽高指数	95.1	103.3	93.7	101.4	109.4	101.6	99.3	109.4	103.8
FM：CM	颅面粗壮指数	74.8	77.5	76.4	–	–	–	75.5	–	–
54：55	鼻指数	52.8	40.5	47.5	49.5	46.6	50.4	51.6	50.6	48.9
SS：SC	鼻根指数	51.7	77.9	48.7	42.9	71.2	–	38.1	50.0	43.8
52：51	眶指数 左	77.6	75.0	85.2	77.2	70.7	76.3	81.3	73.9	71.6
48：17	垂直颅面指数 sd	54.0	56.9	59.3	–	55.2	51.7	55.3	54.1	50.4
48：45	上面指数 sd	54.8	60.8	58.6	–	59.1	56.3	58.1	56.3	54.1
47：45	全面指数	90.0	97.5	93.9	–	–	–	92.8	–	–
48：46	中面指数 sd	69.1	80.3	75.9	–	79.9	79.4	75.6	82.8	71.7
9：8	额宽指数	65.7	66.4	62.8	65.7	69.1	66.8	67.2	68.9	68.8
40：5	面突度指数	90.5	94.4	97.1	100.8?	99.7	100.8	97.7	97.1	97.0
DS：DC	眶间宽高指数	48.8	56.6	50.5	52.1	54.9	–	39.7	64.4	46.3
SN：OB	额面扁平度指数	16.4	15.5	17.3	13.5	17.0	17.5	17.8	16.9	14.1
SR：O₃	鼻面扁平指数	36.5	36.9	39.7	36.2	–	39.5	28.9	41.4	26.4
63：62	腭指数	103.8	–	87.7	–	–	–	95.4	85.2	102.6
61：60	齿槽弓指数	136.4	112.9	125.5	–	–	–	123.1	110.5	133.5
48：65	面高髁宽指数 sd	61.1	65.7	63.4	–	62.1	62.6	66.2	–	–

代号	测量项目	ⅡM172 ♂	ⅡM173 ♂	ⅡM175 ♂	ⅡM177 ♂	ⅡM180 ♂	ⅡM181 ♂	ⅡM182 ♂	ⅡM183 ♂	ⅡM185 ♂
1	颅长（g-op）	188.0	178.0	186.2	184.0	181.0	188.5	191.5	190.0	187.0
8	颅宽（eu-eu）	132.0	131.5	137.2	138.8	126.2	130.5	133.0	132.9	128.0
17	颅高（ba-b）	130.0	133.0	136.6	132.0	132.5	139.5	136.5	133.0	138.0
21	耳上颅高（po-v）	110.5	109.1	111.0	117.0	108.1	118.5	114.1	119.9	116.0
9	最小颅宽（ft-ft）	90.0	95.3	92.8	96.0	91.0	89.3	88.3	91.0	91.5
25	颅矢状弧（arc n-o）	387.0	390.0	380.0	368.0	360.5	371.0	385.5	390.0	369.0
23	颅周长（眉上方）	523.0	509.0	523.0	521.0	503.0	516.0	520.0	530.0	511.0
24	颅横弧（arc po-po）	307.0	304.0	307.0	320.0	293.0	315.0	305.0	324.0	307.0
5	颅基底长（n-ba）	95.0	99.7	97.6	102.8	95.7	110.0	103.0	103.1	105.0
40	面基底长（ba-pr）	99.1	98.2	92.1	98.4	88.8	101.0	99.0	100.9	98.8
48	上面高（n-sd）	70.0	67.3	71.3	69.9	67.6	76.7	66.2	71.2	66.8
	（n-pr）	66.2	64.1	68.4	67.2	64.7	70.8	63.8	67.1	62.7
47	全面高（n-gn）	–	111.3	108.7	114.0	112.2	118.3	110.1	114.5	111.3
45	颧宽（zy-zy）	128.9	123.4	131.9	126.0	134.1	117.1	133.4	129.7	119.0
46	中面宽（zm-zm）	93.4	97.6	93.0	97.5	92.6	98.6	97.4	93.5	100.6
	颧颌点间高（sub.zm-ss-zm）	23.8	22.4	24.3	28.7	24.8	24.8	23.1	21.7	24.0
43（1）	两眶外缘宽（fmo-fmo）	90.4	95.5	95.2	90.5	98.0	96.4	99.3	93.2	93.9
	眶外缘间高（sub.fmo-n-fmo）	11.9	16.3	17.6	17.5	14.5	18.5	14.6	14.2	16.5
O₃	眶中宽	49.3	53.3	49.6	55.6	52.7	56.3	56.3	53.0	56.1
SR	鼻尖高	15.0	–	17.0	19.8	17.8	20.0	16.1	20.4	20.9
50	眶间宽（mf-mf）	16.6	17.5	17.5	17.7	20.4	20.3	16.6	16.9	17.8
DC	眶内缘点间宽（d-d）	20.2	21.2	20.0	19.8	21.6	21.9	21.1	18.2	19.3
DS	鼻梁眶内缘宽高	7.9	9.8	11.0	10.2	8.7	11.2	10.9	11.4	11.6
MH	颧骨高（fmo-zm）左	42.9	41.0	44.0	39.6	44.1	44.4	40.2	39.0	39.4
MB′	颧骨宽（zm-rim orb.）左	22.7	21.6	24.4	24.5	24.2	25.3	23.2	21.4	22.0
54	鼻宽	23.4	23.4	23.1	24.5	23.4	23.8	24.8	–	22.0
55	鼻高（n-ns）	50.5	49.5	53.4	53.9	53.1	53.5	48.6	–	48.8
SC	鼻骨最小宽	4.9	6.4	7.5	6.4	7.3	7.7	7.2	8.7	5.4
SS	鼻骨最小宽高	2.3	2.8	4.0	3.8	2.9	3.6	3.8	3.6	2.9
51	眶宽（mf-ek）左	40.7	42.3	39.7	40.8	42.0	43.0	45.0	41.0	41.0
52	眶高 左	30.4	32.4	35.5	31.5	31.0	33.6	30.2	33.8	32.5
60	齿槽弓长	57.9	54.7	52.2	52.0	49.3	53.9	54.6	56.2	51.3
61	齿槽弓宽	–	65.0	61.8	65.4	63.2	62.8	61.8	62.8	57.6
62	腭长（ol-sta）	50.1	46.4	46.2	43.6	43.0	46.7	47.2	46.2	45.3

代号	测量项目	ⅡM172 ♂	ⅡM173 ♂	ⅡM175 ♂	ⅡM177 ♂	ⅡM180 ♂	ⅡM181 ♂	ⅡM182 ♂	ⅡM183 ♂	ⅡM185 ♂
63	腭宽（enm-enm）	–	40.5	40.1	42.7	40.2	40.1	41.0	36.8	38.1
CM	颅粗壮度［（1+8+17）/3］	150.0	147.5	153.3	151.6	146.6	152.8	153.7	152.0	151.0
FM	面粗壮度［（40+47+45）/3］	–	111.0	110.9	112.8	111.7	112.1	114.2	115.0	109.7
65	下颌髁间宽	–	110.6	111.8	114.3	113.0	114.6	112.1	118.4	119.0
	鼻骨长（n-rhi）	22.0	–	24.0	27.3	25.3	25.9	22.0	24.0	23.6
	鼻尖齿槽长（rhi-pr）	47.8	–	46.1	43.2	43.7	47.3	43.5	45.4	42.8
32	额倾角（n-m-FH）	88.0	86.0	79.0	83.0	80.5	78.0	74.5	86.0	81.0
72	面角（n-pr-FH）	78.0	80.5	82.5	86.5	84.0	88.5	80.5	86.0	84.0
73	鼻面角（n-ns-FH）	80.0	83.0	84.0	88.0	85.0	91.5	83.5	90.0	85.5
74	齿槽面角（ns-pr-FH）	70.0	68.5	78.0	84.5	77.5	79.5	69.5	76.0	78.0
77	鼻颧角（fmo-n-fmo）	150.9	145.5	141.6	137.8	145.6	137.6	149.2	146.6	141.0
ZM∠	颧上颌角（zm-ss-zm）	127.6	130.7	122.5	119.8	125.4	125.1	132.3	133.4	130.2
ZM₁∠	颧上颌角（zm1-ss-zm1）	131.5	135.2	131.1	128.2	132.2	133.1	135.4	141.8	133.4
75	鼻尖角（n-rhi-FH）	51.0	–	65.0	65.0	58.0	70.5	62.0	65.0	58.0
75（1）	鼻骨角（rhi-n-pr）	29.1	–	17.6	22.3	27.0	20.0	18.5	20.5	26.2
8：1	颅指数	70.2	73.9	73.7	75.4	69.7	69.2	69.5	69.9	68.4
17：1	颅长高指数	69.1	74.7	73.4	71.7	73.2	74.0	71.3	70.0	73.8
21：1	颅长耳高指数	58.8	61.3	59.6	63.6	59.7	62.9	59.6	63.1	62.0
17：8	颅宽高指数	98.5	101.1	99.6	95.1	105.0	106.9	102.6	100.1	107.8
FM：CM	颅面粗壮指数	–	75.3	72.3	74.4	76.2	73.4	74.3	75.7	72.6
54：55	鼻指数	46.3	47.3	43.3	45.5	44.1	44.5	51.0	–	45.1
SS：SC	鼻根指数	46.9	43.8	53.3	59.4	39.7	46.8	52.8	41.4	53.7
52：51	眶指数 左	74.7	76.6	89.4	77.2	73.8	78.1	67.1	82.4	79.3
48：17	垂直颅面指数 sd	53.8	50.6	52.2	53.0	51.0	55.0	48.5	53.5	48.4
48：45	上面指数 sd	54.3	54.5	54.1	55.5	50.4	65.5	49.6	54.9	56.1
47：45	全面指数	–	90.2	82.4	90.5	83.7	101.0	82.5	88.3	93.5
48：46	中面指数 sd	74.9	69.0	76.7	71.7	73.0	77.8	68.0	76.1	66.4
9：8	额宽指数	68.2	72.5	67.6	69.2	72.1	68.4	66.4	68.5	71.5
40：5	面突度指数	104.3	98.5	94.4	95.7	92.8	91.8	96.1	97.9	94.1
DS：DC	眶间宽高指数	39.1	46.2	55.0	51.5	40.3	51.1	51.7	62.6	60.1
SN：OB	额面扁平度指数	13.2	17.1	18.5	19.3	14.8	19.2	14.7	15.2	17.6
SR：O₃	鼻面扁平指数	30.4	–	34.3	35.6	33.8	35.5	28.6	38.5	37.3
63：62	腭指数	–	87.3	86.8	97.9	93.5	85.9	86.9	79.7	84.1
61：60	齿槽弓指数	–	118.8	118.4	125.8	128.2	116.5	113.2	111.7	112.3
48：65	面高髁宽指数 sd	–	60.8	63.8	61.2	59.8	66.9	59.1	60.1	56.1

代号	测量项目	ⅡM189 ♂	ⅡM203：A ♂	ⅡM203：B ♂	ⅡM205 ♂	ⅡM205：B ♂	ⅡM206：A ♂	ⅡM207 ♂	ⅡM209 ♂	ⅡM210 ♂
1	颅长（g-op）	187.0	189.5	184.5	172.0	172.0	184.0	178.1	181.0	177.5
8	颅宽（eu-eu）	–	142.0	130.1	148.0	138.0	135.0	138.5	143.6	137.0
17	颅高（ba-b）	138.5	141.5	137.0	126.0	138.0	137.0	136.0	141.0	129.0
21	耳上颅高（po-v）	120.0	117.1	119.1	109.3	113.5	113.0	115.0	–	115.2
9	最小颅宽（ft-ft）	91.2	97.1	88.3	99.6	92.1	99.0	96.2	92.1	88.6
25	颅矢状弧（arc n-o）	387.0	379.0	368.0	353.0	360.0	386.0	383.5	382.5	362.0
23	颅周长（眉上方）	–	530.0	512.0	516.0	500.0	528.0	513.0	–	508.0
24	颅横弧（arc po-po）	–	323.0	315.0	324.0	321.0	308.0	317.0	–	318.0
5	颅基底长（n-ba）	100.4	109.6	102.5	101.2	97.8	100.2	94.3	101.6	95.0
40	面基底长（ba-pr）	95.5	103.3	102.2	104.5	97.3	97.2	85.6	–	90.3
48	上面高（n-sd）	69.4	69.7	64.3	74.5	62.7	78.2	73.1	–	65.4
	（n-pr）	66.2	66.5	59.7	71.4	60.3	73.8	70.0	–	62.4
47	全面高（n-gn）	111.2	106.7	–	115?	106.4	120.5	124.1	–	112.4
45	颧宽（zy-zy）	124.8	133.4	128.4	132.2	135.8	134.3	128.6	–	131.3
46	中面宽（zm-zm）	97.4	95.1	95.0	90.9	98.8	101.3	87.8	–	102.5
	颧颌点间高（sub.zm-ss-zm）	26.0	–	25.4	28.4	24.2	27.6	21.5	–	19.0
43（1）	两眶外缘宽（fmo-fmo）	95.0	98.8	91.3	100.2	98.1	99.7	95.4	94.0	95.2
	眶外缘间高（sub.fmo-n-fmo）	17.5	–	14.3	15.9	13.9	18.2	16.4	16.8	13.1
O₃	眶中宽	61.9	53.9	52.7	–	48.3	66.1	51.4	–	58.9
SR	鼻尖高	–	–	18.3?	–	15.0	16.2	17.0	–	17.3
50	眶间宽（mf-mf）	18.8	21.3	21.5	19.5	18.8	21.7	19.5	19.7	22.1
DC	眶内缘点间宽（d-d）	21.7	24.0	24.1	21.8	20.3	23.0	21.8	22.8	23.3
DS	鼻梁眶内缘宽高	12.2	–	15.7	12.0	10.0	9.0	9.1	11.4	8.2
MH	颧骨高（fmo-zm）左	42.0	41.0	43.5	42.9	38.0	44.1	44.6	–	48.4
MB′	颧骨宽（zm-rim orb.）左	22.3	22.0	26.5	23.9	21.0	27.0	23.1	–	27.8
54	鼻宽	26.8	28.8	22.8	27.5	24.5	25.5	23.0	24.0	26.5
55	鼻高（n-ns）	52.6	50.2	46.3	55.2	44.6	54.2	52.8	50.0	47.1
SC	鼻骨最小宽	9.0	6.7	10.8	8.8	8.5	10.2	10.8	7.4	9.3
SS	鼻骨最小宽高	4.8	3.5	4.5	4.9	2.4	2.2	3.6	2.6	2.0
51	眶宽（mf-ek）左	41.1	41.8	39.2	44.2	42.0	43.1	40.6	–	40.2
52	眶高 左	32.0	30.4	28.4	31.5	28.6	33.5	34.7	–	32.1
60	齿槽弓长	51.7	59.2	54.2	60.3	54.4	58.4	50.4	–	51.2
61	齿槽弓宽	65.3	64.5	–	63.4?	65.1	69?	62.8	–	59.9
62	腭长（ol-sta）	44.0	50.4	46.7	51.1	49.1	48.6	–	–	44.8

代号	测量项目	ⅡM189 ♂	ⅡM203：A ♂	ⅡM203：B ♂	ⅡM205 ♂	ⅡM205：B ♂	ⅡM206：A ♂	ⅡM207 ♂	ⅡM209 ♂	ⅡM210 ♂
63	腭宽（enm-enm）	43.2?	42.3	–	–	45.0	–	–	–	39.2
CM	颅粗壮度〔（1+8+17）/3〕	–	157.7	150.5	148.7	149.3	152.0	150.9	155.2	147.8
FM	面粗壮度〔（40+47+45）/3〕	110.5	114.5	–	117.2?	113.2	117.3	112.8	–	111.3
65	下颌髁间宽	113.0	117.8	–	–	115.9	125.2	116.8	–	120.0
	鼻骨长（n-rhi）	–	20.4	14.0	–	14.3	25.9	27.3	19.1	19.8
	鼻尖齿槽长（rhi-pr）	–	50.0	48.5	–	47.2	49.8	44.3	–	44.0
32	额倾角（n-m-FH）	84.5	80.5	79.0	75.5	88.0	85.0	82.5	–	86.0
72	面角（n-pr-FH）	88.0	83.5	79.0	81.0	79.5	81.5	85.0	–	88.5
73	鼻面角（n-ns-FH）	88.5	85.5	82.0	83.5	84.0	82.0	88.0	–	92.0
74	齿槽面角（ns-pr-FH）	84.0	75.0	73.0	71.5	64.0	79.0	77.0	–	72.5
77	鼻颧角（fmo-n-fmo）	140.0	138.4	147.1	141.9	149.0	140.3	141.7	139.8	153.0
ZM∠	颧上颌角（zm-ss-zm）	124.8	128.0	125.4	117.4	128.9	122.8	126.5	–	138.0
ZM₁∠	颧上颌角（zm1-ss-zm1）	130.8	134.1	134.7	126.3	134.8	132.0	135.9	–	148.0
75	鼻尖角（n-rhi-FH）	–	56.0	50?	–	69.5	67.5	68.5	–	72.5
75（1）	鼻骨角（rhi-n-pr）	–	30.5	32.6	–	20.7	17.9	15.5	–	18.0
8：1	颅指数	–	74.9	70.5	86.0	80.2	73.4	77.8	79.3	77.2
17：1	颅长高指数	74.1	74.7	74.3	73.3	80.2	74.5	76.4	77.9	72.7
21：1	颅长耳高指数	64.2	61.8	64.6	63.5	66.0	61.4	64.6	–	64.9
17：8	颅宽高指数	–	99.6	105.3	85.1	100.0	101.5	98.2	98.2	94.2
FM：CM	颅面粗壮指数	–	72.6	–	78.8?	75.8	77.2	74.8	–	75.3
54：55	鼻指数	51.0	57.4	49.2	49.8	54.9	47.0	43.6	48.0	56.3
SS：SC	鼻根指数	53.3	52.2	41.7	55.7	28.2	21.6	33.3	35.1	21.5
52：51	眶指数 左	77.9	72.7	72.4	71.3	68.1	77.7	85.5	–	79.9
48：17	垂直颅面指数 sd	50.1	49.3	46.9	59.1	45.4	57.1	53.8	–	50.7
48：45	上面指数 sd	55.6	52.2	50.1	56.4	46.2	58.2	56.8	–	49.8
47：45	全面指数	89.1	80.0	–	87?	78.4	89.7	96.5	–	85.6
48：46	中面指数 sd	71.3	73.3	67.7	82.0	63.5	77.2	83.3	–	63.8
9：8	额宽指数	–	68.4	67.9	67.3	66.7	73.3	69.5	64.1	64.7
40：5	面突度指数	95.1	94.3	99.7	103.3	99.5	97.0	90.8	–	95.1
DS：DC	眶间宽高指数	56.2	–	65.1	55.0	49.3	39.1	41.7	50.0	35.2
SN：OB	额面扁平度指数	18.4	–	15.7	15.9	14.2	18.3	17.2	17.9	13.8
SR：O₃	鼻面扁平指数	–	–	34.7?	–	31.1	24.5	33.1	–	29.4
63：62	腭指数	98.2?	83.9	–	–	91.6	–	–	–	87.5
61：60	齿槽弓指数	126.5	109.0	–	105.1?	119.7	118.2?	124.6	–	117.0
48：65	面高髁宽指数 sd	61.4	59.2	–	–	54.1	62.5	62.6	–	54.5

代号	测量项目	ⅡM210	ⅠM35：C	例数	平均值	标准差	ⅠM2	ⅠM3	ⅠM3	ⅠM7
		♂	♂？	n	m	σ	♀	♀？	♀	♀
1	颅长（g-op）	187.5	180.0	153.0	183.5	6.1	166.7	172.5	168.0	177.0
8	颅宽（eu-eu）	135.5	129.5	149.0	135.3	5.5	123.7	128.5	127.5	138.0
17	颅高（ba-b）	140.0	131.0	150.0	135.5	4.5	128.0	–	126.5	130.0
21	耳上颅高（po-v）	114.3	106.0	144.0	114.8	5.1	104.0	106.0	106.4	108.9
9	最小颅宽（ft-ft）	102.9	90.0	153.0	92.2	4.5	87.7	89.7	91.0	87.4
25	颅矢状弧（arc n-o）	380.0	363.5	150.0	374.5	12.6	344.0	350.0	350.0	374.0
23	颅周长（眉上方）	520.0	505.0	140.0	516.1	13.6	475.0	485.0	493.0	505.0
24	颅横弧（arc po-po）	317.0	296.0	141.0	313.0	9.6	287.0	293.0	295.0	302.0
5	颅基底长（n-ba）	104.7	94.3	151.0	100.7	4.7	94.1	–	92.4	89.2
40	面基底长（ba-pr）	102.8	86.7	143.0	96.8	4.9	91.0	–	92.1	83.5
48	上面高（n-sd）	75.5	58.0	145.0	71.1	4.7	65.1	63.2	62.8	71.9
	（n-pr）	73.1	55.1	146.0	67.9	4.4	63.2	60.4	61.2	68.0
47	全面高（n-gn）	115.6	100.1	92.0	115.7	6.5	103.0	–	–	–
45	颧宽（zy-zy）	131.0	117？	142.0	129.3	5.5	119.4	123.8	121.5	124.6
46	中面宽（zm-zm）	106.8	89.6	145.0	96.0	4.7	94.7	–	93.0	99.2
	颧颌点间高（sub.zm-ss-zm）	30.4	21.0	140.0	25.1	3.0	29.0	–	–	19.7
43（1）	两眶外缘宽（fmo-fmo）	103.7	88.3	150.0	96.2	3.8	87.6	92.5	95.7	93.8
	眶外缘间高（sub.fmo-n-fmo）	17.0	13.2	147.0	16.4	2.3	23.8	13.7	–	15.5
O_3	眶中宽	58.2	53.5	145.0	53.3	4.9	50.3	48.8	47.9	51.0
SR	鼻尖高	18.0	15.1	126.0	18.9	2.8	18.0	15.2	–	13.4
50	眶间宽（mf-mf）	20.2	19.0	155.0	19.3	2.3	17.9	16.9	18.2	16.0
DC	眶内缘点间宽（d-d）	21.4	21.0	153.0	21.3	2.5	22.1	19.7	20.3	20.0
DS	鼻梁眶内缘宽高	10.3	7.5	150.0	11.0	1.5	11.2	8.4	–	8.7
MH	颧骨高（fmo-zm）左	41.2	41.0	147.0	43.0	2.3	37.5	–	38.8	41.2
MB′	颧骨宽（zm-rim orb.）左	24.7	21.0	148.0	24.6	2.3	19.7	–	21.0	25.3
54	鼻宽	26.1	22.2	149.0	24.8	2.0	22.0	26.4	23.7	20.7
55	鼻高（n-ns）	58.3	44.3	153.0	52.2	3.5	50.0	46.7	47.1	51.7
SC	鼻骨最小宽	11.4	5.5	156.0	8.4	1.9	7.8	8.2	7.2	6.9
SS	鼻骨最小宽高	4.7	2.1	153.0	3.9	1.2	3.0	2.8	–	3.0
51	眶宽（mf-ek）左	45.4	38.2	149.0	41.7	1.9	38.8	40.7	40.6	41.3
52	眶高 左	29.6	31.8	152.0	32.1	1.9	30.8	30.2	31.3	34.9
60	齿槽弓长	56.8	46.9	138.0	53.5	3.0	49.7	54.2？	47.0	52.6
61	齿槽弓宽	70.1	57.7	116.0	63.1	3.4	59.4	–	59.4	53.0
62	腭长（ol-sta）	49.2	41.1	140.0	46.0	2.8	42.5	46.0	41.0	41.4

续附表 2

代号	测量项目	ⅡM210 ♂	ⅠM35：C ♂？	例数 n	平均值 m	标准差 σ	ⅠM2 ♀	ⅠM3 ♀？	ⅠM3 ♀	ⅠM7 ♀
63	腭宽（enm-enm）	–	34.0	109.0	40.7	3.2	38.7	–	38.6	40.5
CM	颅粗壮度［（1+8+17）/3］	154.3	146.8	147.0	151.3	3.7	139.5	–	140.7	148.3
FM	面粗壮度［（40+47+45）/3］	116.5	101.3？	87.0	113.9	4.0	104.5	–	–	–
65	下颌髁间宽	125.0	104.7	104.0	116.0	5.5	108.3	–	–	–
	鼻骨长（n-rhi）	27.1	18.5	137.0	23.7	4.0	20.2	20.5	17.6	22.7
	鼻尖齿槽长（rhi-pr）	50.5	38.0	132.0	47.5	3.2	47.2	41.7	45.6	46.3
32	额倾角（n-m-FH）	75.5	85.0	143.0	81.7	4.6	84.0	80.0	85.0	87.0
72	面角（n-pr-FH）	81.0	82.0	139.0	83.6	3.2	80.0	79.0	79.0	84.5
73	鼻面角（n-ns-FH）	80.0	87.0	142.0	85.7	3.5	80.0	84.0	82.0	89.5
74	齿槽面角（ns-pr-FH）	86.0	61.0	137.0	76.0	5.8	80.0	65.0	73.0	70.0
77	鼻颧角（fmo-n-fmo）	142.5	150.5	149.0	142.9	5.9	147.3	147.3	150.3	145.6
ZM∠	颧上颌角（zm-ss-zm）	118.3	126.8	142.0	125.8	6.4	117.1	–	129.1	136.5
ZM₁∠	颧上颌角（zm1-ss-zm1）	123.5	136.4	142.0	133.1	6.1	114.3	–	136.8	138.1
75	鼻尖角（n-rhi-FH）	55.0	–	125.0	59.8	6.1	51.5	63.0	53.0	69.0
75（1）	鼻骨角（rhi-n-pr）	27.1	18.4	130.0	24.7	5.2	31.6	19.8	23.5	14.0
8：1	颅指数	72.3	71.9	149.0	73.8	3.8	74.2	74.5	75.9	78.0
17：1	颅长高指数	74.7	72.8	150.0	73.7	2.5	76.8	–	75.3	73.4
21：1	颅长耳高指数	61.0	58.9	143.0	62.2	2.4	62.4	61.4	63.3	61.5
17：8	颅宽高指数	103.3	101.2	147.0	100.1	5.0	103.5	–	99.2	94.2
FM：CM	颅面粗壮指数	75.5	69.0	86.0	75.4	2.1	74.9	–	–	–
54：55	鼻指数	44.8	50.1	149.0	47.7	4.1	44.0	56.5	50.3	40.0
SS：SC	鼻根指数	41.2	38.2	153.0	47.3	12.3	38.5	34.1	–	43.5
52：51	眶指数 左	65.2	83.2	149.0	77.1	5.0	79.4	74.2	77.1	84.5
48：17	垂直颅面指数 sd	53.9	44.3	141.0	52.6	3.8	50.9	–	49.6	55.3
48：45	上面指数 sd	57.6	49.6？	135.0	55.1	3.7	54.5	51.1	51.7	57.7
47：45	全面指数	88.2	85.6？	89.0	89.8	5.3	86.3	–	–	–
48：46	中面指数 sd	70.7	64.7	138.0	74.2	5.1	68.7	–	67.5	72.5
9：8	额宽指数	75.9	69.5	146.0	68.2	3.4	70.9	69.8	71.4	63.3
40：5	面突度指数	98.2	91.9	143.0	96.2	3.9	96.7	–	99.7	93.6
DS：DC	眶间宽高指数	48.1	35.7	150.0	52.2	8.6	50.7	42.6	–	43.5
SN：OB	额面扁平度指数	16.4	14.9	147.0	17.1	2.1	27.2	14.8	–	16.5
SR：O₃	鼻面扁平指数	30.9	28.2	126.0	36.1	5.5	35.8	31.1	–	26.3
63：62	腭指数	–	82.7	108.0	89.2	7.5	91.1	–	94.1	97.8
61：60	齿槽弓指数	123.4	123.0	114.0	118.4	6.8	119.5	–	126.4	100.8
48：65	面高髁宽指数 sd	60.4	55.4	99.0	61.4	4.1	60.1	–	–	–

代号	测量项目	IM9：A	IM49：A	IM56：A	IM58	IM58	IM60	IM72	IM92：A	IM107
		♀	♀	♀？	♀	♀	♀？	♀？	♀	♀？
1	颅长（g-op）	180.0	177.5	174.5	172.5	173.0	172.0	174.0	177.5	174.5
8	颅宽（eu-eu）	137.0	132.0	126.5	134.5	128.5	123.5	127.0	129.0	128.0
17	颅高（ba-b）	126.5	129.5	129.0	132.0	127.5	127.5	122.0	119.0	133.0
21	耳上颅高（po-v）	110.6	111.0	107.0	114.0	111.7	108.0	103.5	108.4	110.0
9	最小颅宽（ft-ft）	94.4	91.5	89.6	92.6	90.0	89.7	82.3	86.2	87.3
25	颅矢状弧（arc n-o）	364.0	367.0	352.0	362.0	364.0	349.0	349.0	358.0	367.0
23	颅周长（眉上方）	510.0	500.0	490.0	500.0	492.0	479.0	486.0	496.0	491.0
24	颅横弧（arc po-po）	312.0	303.0	295.0	309.0	306.0	293.0	291.0	301.0	295.0
5	颅基底长（n-ba）	100.2	97.0	98.4	94.5	91.5	96.0	92.5	98.7	92.4
40	面基底长（ba-pr）	–	89.0	–	92.8	87.0	92.6	93.1	104.7	–
48	上面高（n-sd）	–	64.5	–	69.2	65.4	63.7	64.7	64.4	–
	（n-pr）	–	62.0	–	65.8	62.2	61.2	62.8	60.4	–
47	全面高（n-gn）	–	108?	–	–	–	104.6	–	102.3	–
45	颧宽（zy-zy）	129.7	119.0	124.0	123.3	119.6	119.5?	117.1	118.0	126.4
46	中面宽（zm-zm）	92.8	88.2	100.5	94.3	94.0	100.1	91.7	91.0	94.7
	颧颌点间高（sub.zm-ss-zm）	18.0	20.8	26.6	27.2	23.3	31.7	23.6	26.5	23.4
43（1）	两眶外缘宽（fmo-fmo）	96.7	92.5	95.4	93.6	90.5	92.6	90.0	90.5	98.6
	眶外缘间高（sub.fmo-n-fmo）	16.2	17.2	19.0	13.5	14.9	16.4?	14.8	16.9	14.8
O₃	眶中宽	–	47.2	64.4?	52.3	52.3	58.6	54.4	55.7	55.7?
SR	鼻尖高	–	15.9	21.0	–	–	–	12.5	14.7	16.3
50	眶间宽（mf-mf）	20.8	15.5	18.0	18.5	18.0	18.3	20.7	20.0	19.2
DC	眶内缘点间宽（d-d）	21.8	17.2	22.1	20.6	20.8	20.8	23.4	21.5	20.9
DS	鼻梁眶内缘宽高	8.8	9.8	10.5	8.9	8.6	10.5	7.5	8.8	8.9
MH	颧骨高（fmo-zm）左	42.5	38.4	39.2	42.7	38.8	48.1	41.0	37.6	41.8
MB′	颧骨宽（zm-rim orb.）左	22.1	23.7	20.3	23.8	21.7	–	22.3	21.4	23.6
54	鼻宽	27.2	22.4	28.3	25.2	24.8	24.2	23.3	25.0	25.6
55	鼻高（n-ns）	54.7	48.0	51.6	50.6	48.0	48.5	45.1	47.5	50.0
SC	鼻骨最小宽	9.1	7.8	10.7	7.4	9.5	7.5	7.7	9.1	7.9
SS	鼻骨最小宽高	2.2	3.7	3.7	3.0	5.0	4.5	1.0	1.9	3.0
51	眶宽（mf-ek）左	42.5	41.1	41.3	40.6	40.0	–	38.6	38.2	40.1
52	眶高 左	33.2?	29.9	35.1	34.3	31.9	32.9	33.2	29.9	31.0
60	齿槽弓长	–	46.8	–	52.0	49.3	68.1	51.7	52.8	–
61	齿槽弓宽	–	58.8	–	–	60.4	64.3	57.1	57.4	–
62	腭长（ol-sta）	–	38.6	–	41.4	41.0	42.1	45.7	44.3	–

代号	测量项目	ⅠM9：A ♀	ⅠM49：A ♀	ⅠM56：A ♀？	ⅠM58 ♀	ⅠM58 ♀	ⅠM60 ♀？	ⅠM72 ♀？	ⅠM92：A ♀	ⅠM107 ♀？
63	腭宽（enm-enm）	－	－	－	－	40.3	42.8	37.7	35.0	－
CM	颅粗壮度［（1+8+17）/3］	147.8	146.3	143.3	146.3	143.0	141.0	141.0	141.8	145.2
FM	面粗壮度［（40+47+45）/3］	－	105.3?	－	－	－	105.6?	－	108.3	－
65	下颌髁间宽	－	111.6	109.6	－	－	108.0	－	105.2	117.3
	鼻骨长（n-rhi）	26.4	23.4	21.3	－	18.3?	－	21.3	22.8	21.1
	鼻尖齿槽长（rhi-pr）	－	42.0	－	－	46.5?	－	43.2	38.6	－
32	额倾角（n-m-FH）	80.0	84.0	80.5	87.0	88.0	81.5	83.0	90.0	83.5
72	面角（n-pr-FH）	－	89.0	－	83.5	87.0	81.0	80.0	83.0	－
73	鼻面角（n-ns-FH）	91.0	91.0	82.0	85.5	87.0	82.5	83.0	87.0	83.5
74	齿槽面角（ns-pr-FH）	－	81.0	－	78.0	83.0	75.0	71.0	70.5	－
77	鼻颧角（fmo-n-fmo）	143.6	138.5	137.7	148.7	145.7	144.2	143.7	138.7	145.6
ZM∠	颧上颌角（zm-ss-zm）	138.6	132.1	125.9	123.4	128.6	120.1	124.3	120.0	128.3
ZM₁∠	颧上颌角（zm1-ss-zm1）	145.8	138.3	127.4	132.6	134.9	133.5	135.7	129.6	136.2
75	鼻尖角（n-rhi-FH）	74.0	65.0	58.0	－	61?	－	66.0	64.0	61.5
75（1）	鼻骨角（rhi-n-pr）	－	25.1	－	－	26.3?	－	18.9	13.5	－
8：1	颅指数	76.1	74.4	72.5	78.0	74.3	71.8	73.0	72.7	73.4
17：1	颅长高指数	70.3	73.0	73.9	76.5	73.7	74.1	70.1	67.0	76.2
21：1	颅长耳高指数	61.4	62.5	61.3	66.7	64.6	62.8	59.5	61.1	63.0
17：8	颅宽高指数	92.3	98.1	102.0	98.1	99.2	103.2	96.1	92.2	103.9
FM：CM	颅面粗壮指数	－	72?	－	－	－	74.9	－	76.4	－
54：55	鼻指数	49.7	46.7	54.8	49.8	51.7	49.9	51.7	52.6	51.2
SS：SC	鼻根指数	24.2	47.4	34.6	40.5	52.6	60.0	13.0	20.9	38.0
52：51	眶指数 左	78.1?	72.7	85.0	84.5	79.8	－	86.0	78.3	77.3
48：17	垂直颅面指数 sd	－	49.8	－	52.4	51.3	50.0	53.0	54.1	－
48：45	上面指数 sd	－	54.2	－	56.1	54.7	53.3?	55.3	54.6	－
47：45	全面指数	－	90.8?	－	－	－	87.5?	－	86.7	－
48：46	中面指数 sd	－	73.1	－	73.4	69.6	63.6	70.6	70.8	－
9：8	额宽指数	68.9	69.3	70.8	68.8	70.0	72.6	64.8	66.8	68.2
40：5	面突度指数	－	91.8	－	98.2	95.1	96.5	100.6	106.1	－
DS：DC	眶间宽高指数	40.4	57.0	47.5	43.2	41.3	50.5	32.1	40.9	42.6
SN：OB	额面扁平度指数	16.8	18.6	19.9	14.4	16.5	17.7?	16.4	18.7	15.0
SR：O₃	鼻面扁平指数	－	33.7	32.6?	－	－	－	23.0	26.4	29.3?
63：62	腭指数	－	－	－	－	98.3	101.7	82.5	79.0	－
61：60	齿槽弓指数	－	125.6	－	－	122.5	94.4	110.4	108.7	－
48：65	面高髁宽指数 sd	－	57.8	－	－	－	59.0	－	61.2	－

代号	测量项目	IM158 ♀	IM165 ♀	IM166 ♀	IM178 ♀?	IM179：A ♀?	IM180 ♀?	IM188 ♀	IM191 ♀?	IM194：B ♀
1	颅长（g-op）	174.0	180.5	171.0	170.0	178.0	180.0	169.0	178.0	164.5
8	颅宽（eu-eu）	127.5	137.0	125.0	131.0	132.0	127.5	127.0	129.0	126.5
17	颅高（ba-b）	125.0	137.0	121.0	127.0	133.5	130.5	125.0	131.0	118.5
21	耳上颅高（po-v）	109.2	113.0	–	105.5	111.1	113.0	106.0	107.6	96.3
9	最小颅宽（ft-ft）	94.6	88.9	91.2	88.6	87.0	93.7	87.5	86.2	95.5
25	颅矢状弧（arc n-o）	372.0	374.0	357.5	347.5	370.0	374.0	343.0	364.0	335.0
23	颅周长（眉上方）	497.0	510.0	486.0	485.0	500.0	505.0	477.0	502.0	478.0
24	颅横弧（arc po-po）	300.0	310.0	299.0	295.0	306.0	301.0	293.0	297.0	281.0
5	颅基底长（n-ba）	93.7	99.4	92.0	92.0	97.4	91.0	93.0	95.4	93.2
40	面基底长（ba-pr）	92.1	93.1?	99.5	91.0	92.6	91.2	92.1	–	–
48	上面高（n-sd）	67.6	72.6	63.0	61.0	71.7	71.3	65.4	–	–
	（n-pr）	64.4	70.9	59.9	57.5	69.5	68.8	62.9	–	64.1?
47	全面高（n-gn）	112.8	–	–	99.2	123.5	–	106.7	–	108.7
45	颧宽（zy-zy）	122.1	128.0	115.8	114.5	122.2	121.2	118.5	127.4	113.5
46	中面宽（zm-zm）	95.8	–	83.0	82.9	94.1	94.3	88.5	–	86.8
	颧颌点间高（sub.zm-ss-zm）	31.0	–	27.9	21.7	23.0	25.7	23.1	–	23.1
43（1）	两眶外缘宽（fmo-fmo）	95.8	88.5	91.2	89.7	90.6	93.1	87.8	98.3	90.1
	眶外缘间高（sub.fmo-n-fmo）	18.9	15.8	15.6	14.1	15.4	15.5	15.7	14.6	18.9
O₃	眶中宽	53.2	49.5	49.1	47.7	51.0	47.5	41.8	–	52.3
SR	鼻尖高	21.0	–	–	17.6	20.5	17.5	14.0	–	–
50	眶间宽（mf-mf）	16.5	15.7	18.0	15.3	15.7	20.0	17.8	21.3	19.3
DC	眶内缘点间宽（d-d）	19.7	19.8	19.1	17.2	16.8	22.0	18.7	22.9	21.3
DS	鼻梁眶内缘宽高	11.3	13.3	8.1	10.4	12.3	12.6	10.5	–	22.7
MH	颧骨高（fmo-zm）左	41.6	–	34.0	35.5	43.0	42.8	39.9	41.2	36.5
MB′	颧骨宽（zm-rim orb.）左	23.1	–	19.9	15.0	25.9	23.5	22.5	20.0	19.0
54	鼻宽	24.6	24.4	24.0	24.9	24.2	24.3	24.3	25.3	23.7
55	鼻高（n-ns）	51.2	54.0	46.5	47.3	53.6	53.9	49.8	50.0	51.5
SC	鼻骨最小宽	6.0	7.7	5.9	6.8	8.8	9.8	6.6	10.3	10.4
SS	鼻骨最小宽高	2.4	3.6	2.0	4.1	5.5	3.7	4.4	–	5.8
51	眶宽（mf-ek）左	43.2	40.3	37.4	40.0	41.5	39.6	39.1	42.4	38.7
52	眶高 左	31.4	35.3	29.5	32.9	32.2	33.5	29.3	35.8	32.5
60	齿槽弓长	51.2	53.0	53.3	48.8	50.7	52.3	49.4	–	–
61	齿槽弓宽	60.8	61.4?	–	59.1	58.6	66.0	60.2	–	56.6
62	腭长（ol-sta）	47.4	42.9	45.7	43.1	45.2	44.8	42.8	41.6	39.4?

续附表 2

代号	测量项目	IM158	IM165	IM166	IM178	IM179：A	IM180	IM188	IM191	IM194：B
		♀	♀	♀	♀？	♀？	♀？	♀	♀？	♀
63	腭宽（enm-enm）	41.1	37.6	38.8?	－	38.4	41.5	40.3	－	37.7
CM	颅粗壮度 [（1+8+17）/3]	142.2	151.5	139.0	142.7	147.8	146.0	140.3	146.0	136.5
FM	面粗壮度 [（40+47+45）/3]	109.0	－	－	101.6	112.8	－	105.8	－	－
65	下颌髁间宽	116.0	－	－	105.1	－	－	109.0	－	97.3
	鼻骨长（n-rhi）	24.2	－	－	16.7	22.3	26.1	32.2	－	28.3
	鼻尖齿槽长（rhi-pr）	44.5	－	－	42.4	50.7	45.3	42.2	－	40.3?
32	额倾角（n-m-FH）	85.0	81.0	－	75.0	82.0	86.0	85.0	78.5	84.5
72	面角（n-pr-FH）	86.0	82.0	－	78.0	82.0	81.0	82.5	84?	84?
73	鼻面角（n-ns-FH）	87.5	83.5	－	81.0	84.0	83.0	86.0	－	86.0
74	齿槽面角（ns-pr-FH）	80.5	78.0	－	66.5	73.5	69.5	71.0	－	76?
77	鼻颧角（fmo-n-fmo）	139.8	141.6	142.5	144.8	140.7	144.0	141.5	147.8	135.6
ZM∠	颧上颌角（zm-ss-zm）	117.3	－	113.4	126.3	128.9	114.9	124.9	－	125.8
ZM₁∠	颧上颌角（zm1-ss-zm1）	－	－	120.3	130.6	137.7	130.4	130.9	－	129.8
75	鼻尖角（n-rhi-FH）	58.5	－	－	56.5	54.0	62.0	65.0	－	60.0
75（1）	鼻骨角（rhi-n-pr）	28.0	－	－	21.5	27.2	20.6	37.5	－	25.1?
8：1	颅指数	73.3	75.9	73.1	77.1	74.2	70.8	75.1	72.5	76.9
17：1	颅长高指数	71.8	75.9	70.8	74.7	75.0	72.5	74.0	73.6	72.0
21：1	颅长耳高指数	62.8	62.6	－	62.1	62.4	62.8	62.7	60.4	58.5
17：8	颅宽高指数	98.0	100.0	96.8	96.9	101.1	102.4	98.4	101.6	93.7
FM：CM	颅面粗壮指数	76.7	－	－	71.2	76.3	－	75.4	－	－
54：55	鼻指数	48.0	45.2	51.6	52.6	45.1	45.1	48.8	50.6	46.0
SS：SC	鼻根指数	40.0	46.8	33.9	60.3	62.5	37.8	66.7	－	55.8
52：51	眶指数 左	72.7	87.6	78.9	82.3	77.6	84.6	74.9	84.4	84.0
48：17	垂直颅面指数 sd	54.1	53.0	52.1	48.0	53.7	54.6	52.3	－	－
48：45	上面指数 sd	55.4	56.7	54.4	53.3	58.7	58.8	55.2	－	－
47：45	全面指数	92.4	－	－	86.6	101.1	－	90.0	－	95.8
48：46	中面指数 sd	70.6	－	75.9	73.6	76.2	75.6	73.9	－	－
9：8	额宽指数	74.2	64.9	73.0	67.6	65.9	73.5	68.9	66.8	75.5
40：5	面突度指数	98.3	93.7?	108.2	98.9	95.1	100.2	99.0	－	－
DS：DC	眶间宽高指数	57.4	67.2	42.4	60.5	73.2	57.3	56.1	－	－
SN：OB	额面扁平度指数	19.7	17.9	17.1	15.7	17.0	16.6	17.9	14.9	21.0
SR：O₃	鼻面扁平指数	39.5	－	－	36.9	40.2	36.8	33.5	－	－
63：62	腭指数	86.7	87.6	84.9?	－	85.0	92.6	94.2	－	95.7?
61：60	齿槽弓指数	118.8	115.8?	－	121.1	115.6	126.2	121.9	－	－
48：65	面高髁宽指数 sd	58.3	－	－	58.0	－	－	60.0	－	－

代号	测量项目	ⅠM195：B	ⅠM199	ⅡM13	ⅡM15	ⅡM15	ⅡM15：B	ⅡM19	ⅡM30	ⅡM33
		♀	♀	♀	♀	♀	♀	♀	♀	♀
1	颅长（g-op）	180.5	172.5	174.0	172.8	174.0	182.5	181.0	172.0	178.5
8	颅宽（eu-eu）	129.0	138.0	126.0	129.5	126.0	124.0	128.0	137.5	131.0
17	颅高（ba-b）	134.0	129.5	127.5	124.0	121.5	125.0	125.0	126.5	125.0
21	耳上颅高（po-v）	115.0	113.6	110.0	111.2	102.1	104.0	110.2	107.0	110.1
9	最小颅宽（ft-ft）	95.6	92.2	90.2	82.1	86.9	88.7	86.1	91.0	95.1
25	颅矢状弧（arc n-o）	378.0	360.0	363.0	344.5	351.0	371.0	371.0	360.5	372.0
23	颅周长（眉上方）	512.0	500.0	490.0	487.0	496.0	500.0	500.0	500.0	507.0
24	颅横弧（arc po-po）	312.0	314.0	300.0	302.0	289.0	291.0	300.0	311.0	305.0
5	颅基底长（n-ba）	100.1	93.1	92.2	95.1	96.2	93.6	95.0	93.3	91.2
40	面基底长（ba-pr）	91.9	85.4	88.4	98.0	90.9	89.9	95.5	87.1	–
48	上面高（n-sd）	69.7	66.8	67.1	69.0	69.5	67.6	72.7	70.2	–
	（n-pr）	67.0	64.5	63.7	66.2	66.5	65.0	69.4	68.0	–
47	全面高（n-gn）	110.1	–	110.7	112.6	109.8	115.4	–	114.0	–
45	颧宽（zy-zy）	124.4	117.0	117.9	120.0	123.0	119.0	119.5	121.2	–
46	中面宽（zm-zm）	96.5	89.7	89.8	90.5	94.1	83.2	92.9	90.4	93.8
	颧颌点间高（sub.zm-ss-zm）	27.0	19.4	23.1	23.1	24.8	24.2	24.0	21.9	27.1
43（1）	两眶外缘宽（fmo-fmo）	97.2	93.0	94.0	88.0	90.5	89.0	92.3	89.7	96.7
	眶外缘间高（sub.fmo-n-fmo）	19.4	15.0	15.9	14.7	18.7	13.9	16.0	16.1	14.6
O$_3$	眶中宽	53.7	49.0	51.7	51.4	44.8	46.2	45.8	51.0	60.4
SR	鼻尖高	–	15.9	19.9	15.0	16.4	14.9	20.0	15.1	19.8
50	眶间宽（mf-mf）	19.8	13.9	15.4	12.3	19.4	16.0	19.2	18.6	15.8
DC	眶内缘点间宽（d-d）	21.9	20.7	18.1	19.8	21.9	18.4	20.9	21.7	17.2
DS	鼻梁眶内缘宽高	10.5	11.0	9.8	9.4	11.8	10.1	10.0	10.9	9.2
MH	颧骨高（fmo-zm）左	41.2	37.4	39.1	42.1	41.8	43.6	42.3	42.8	38.5
MB′	颧骨宽（zm-rim orb.）左	22.0	19.7	22.0	22.6	24.0	25.5	22.3	22.6	20.0
54	鼻宽	24.5	24.5	23.1	27.1	26.6	22.6	22.1	23.2	23.4
55	鼻高（n-ns）	53.3	51.1	47.8	51.3	53.0	50.9	48.8	51.1	52.0
SC	鼻骨最小宽	10.9	8.1	6.1	9.0	11.2	6.9	10.7	7.0	8.2
SS	鼻骨最小宽高	4.1	3.0	4.1	3.4	4.9	3.2	5.0	2.2	4.1
51	眶宽（mf-ek）左	42.9	39.0	41.4	38.2	37.6	39.7	37.4	38.8	41.3
52	眶高 左	34.2	32.3	32.4	30.5	33.1	32.3	35.9	34.7	33.0
60	齿槽弓长	51.4	44.5	51.1	55.7	51.2	49.7	50.7	48.6	–
61	齿槽弓宽	–	–	57.3	58.6	59.7	53.3	–	62.0	–
62	腭长（ol-sta）	47.0	–	44.3	47.1	44.8	44.6	44.1	40.7	–

续附表 2

代号	测量项目	ⅠM195：B ♀	ⅠM199 ♀	ⅡM13 ♀	ⅡM15 ♀	ⅡM15 ♀	ⅡM15：B ♀	ⅡM19 ♀	ⅡM30 ♀	ⅡM33 ♀
63	腭宽（enm-enm）	–	–	37.7	38.6	40.0	37.5	–	40.5	–
CM	颅粗壮度[（1+8+17）/3]	147.8	146.7	142.5	142.1	140.5	143.8	144.7	145.3	144.8
FM	面粗壮度[（40+47+45）/3]	108.5	–	105.7	110.2	107.9	108.1	–	107.4	–
65	下颌髁间宽	114.5	–	109.0	104.7	113.1	115.0	–	112.5	103.4
	鼻骨长（n-rhi）	–	25.6	20.2	23.6	20.8?	26.3	23.0	23.6	–
	鼻尖齿槽长（rhi-pr）	–	41.7	46.3	43.8	47.4?	41.3	48.9	46.3	–
32	额倾角（n-m-FH）	88.5	86.0	87.5	82.0	76.0	82.5	81.0	89.0	82.5
72	面角（n-pr-FH）	88.0	88.0	84.0	83.0	85.5	82.0	82.5	86.5	–
73	鼻面角（n-ns-FH）	89.0	93.0	88.5	89.0	86.5	83.5	83.5	89.0	83.0
74	齿槽面角（ns-pr-FH）	83.0	76.5	72.0	65.5	80.0	74.5	80.0	77.5	–
77	鼻颧角（fmo-n-fmo）	137.2	144.3	144.1	143.4	–	145.5	142.8	140.8	147.2
ZM∠	颧上颌角（zm-ss-zm）	121.5	135.0	126.4	130.4	124.1	121.0	127.0	127.5	119.3
ZM₁∠	颧上颌角（zm1-ss-zm1）	128.9	139.4	132.6	137.8	131.9	131.9	135.1	138.1	125.3
75	鼻尖角（n-rhi-FH）	–	69.0	58.0	71.0	67.5	63.0	53.5	70.0	54?
75（1）	鼻骨角（rhi-n-pr）	–	21.3	25.5	14.8	19.5?	20.1	22.3	18.9	–
8：1	颅指数	71.5	80.0	72.4	74.9	72.4	67.9	70.7	79.9	73.4
17：1	颅长高指数	74.2	75.1	73.3	71.8	69.8	68.5	69.1	73.5	70.0
21：1	颅长耳高指数	63.7	65.9	63.2	64.4	58.7	57.0	60.9	62.2	61.7
17：8	颅宽高指数	103.9	93.8	101.2	95.8	96.4	100.8	97.7	92.0	95.4
FM：CM	颅面粗壮指数	73.4	–	74.2	77.6	76.8	75.2	–	73.9	–
54：55	鼻指数	46.0	47.9	48.3	52.8	50.2	44.4	45.3	45.4	45.0
SS：SC	鼻根指数	37.6	37.0	67.2	37.8	43.8	46.4	46.7	31.4	50.0
52：51	眶指数 左	79.7	82.8	78.3	79.8	88.0	81.4	96.0	89.4	79.9
48：17	垂直颅面指数 sd	52.0	51.6	52.6	55.6	57.2	54.1	58.2	55.5	–
48：45	上面指数 sd	56.0	57.1	56.9	57.5	56.5	56.8	60.8	57.9	–
47：45	全面指数	88.5	–	93.9	93.8	89.3	97.0	–	94.1	–
48：46	中面指数 sd	72.2	74.5	74.7	76.2	73.9	71.5	78.3	77.7	–
9：8	额宽指数	74.1	66.8	71.6	63.4	69.0	71.5	67.3	66.2	72.6
40：5	面突度指数	91.8	91.7	95.9	103.0	94.5	96.0	100.5	93.4	–
DS：DC	眶间宽高指数	47.9	53.1	54.1	47.5	53.9	54.9	47.8	50.2	53.5
SN：OB	额面扁平度指数	20.0	16.1	16.9	16.7	20.7	15.6	17.3	17.9	15.1
SR：O₃	鼻面扁平指数	–	32.4	38.5	29.2	36.6	32.3	43.7	29.6	32.8
63：62	腭指数	–	–	85.1	82.0	89.3	84.1	–	99.5	–
61：60	齿槽弓指数	–	–	112.1	105.2	116.6	107.2	–	127.6	–
48：65	面高髁宽指数 sd	60.9	–	61.6	65.9	61.5	58.8	–	62.4	–

代号	测量项目	ⅡM35 ♀	ⅡM38 ♀？	ⅡM39 ♀？	ⅡM43 ♀	ⅡM43 ♀	ⅡM44 ♀？	ⅡM44 ♀？	ⅡM54∶A ♀？	ⅡM57∶A ♀
1	颅长（g-op）	174.0	180.5	180.1	171.0	170.0	176.0	175.0	170.0	176.8
8	颅宽（eu-eu）	128.0	128.0	124?	131.5	129.0	139.5	132.6	134.0	132.5
17	颅高（ba-b）	127.5	132.0	–	128.0	132.5	128.5	132.5	121.0	134.4
21	耳上颅高（po-v）	108.0	111.3	113.0	115.2	109.0	109.9	114.2	105.6	110.9
9	最小颅宽（ft-ft）	85.2	83.7	97.2	87.4	–	94.4	87.0	78.3	88.6
25	颅矢状弧（arc n-o）	353.0	367.0	–	364.5	349.0	363.0	364.0	338.5	366.0
23	颅周长（眉上方）	481.0	500.0	–	487.0	–	510.0	499.0	481.0	509.0
24	颅横弧（arc po-po）	297.0	298.0	–	311.0	–	316.0	308.0	297.0	306.0
5	颅基底长（n-ba）	97.5	98.3	–	89.6	100.6	95.0	96.5	95.1	96.5
40	面基底长（ba-pr）	95.1?	94.3	–	91.1	91.0	88.1	98.0	91.0	87.9
48	上面高（n-sd）	65.1?	67.7	60.1	67.7	63.8	72.0	71.4	65.5	60.7
	（n-pr）	60.8	65.1	58.4	66.2	62.4	69.8	68.2	63.8	58.1
47	全面高（n-gn）	109.2	–	–	110.5	–	–	–	105.2	100.4
45	颧宽（zy-zy）	123.0	124.4	120.5	120.8	123.0	122.7	127.3	113.6	120.2
46	中面宽（zm-zm）	–	97.5	92.3	94.2	93.8	102.4	102.7	89.5	86.3
	颧颌点间高（sub.zm-ss-zm）	–	24.4	23.6	19.0	24.5	22.0	22.5	28.6	25.0
43（1）	两眶外缘宽（fmo-fmo）	93.2	96.6	97.2	91.0	94.9	90.6	98.1	90.3	93.8
	眶外缘间高（sub.fmo-n-fmo）	15.0	13.9	18.4	11.1	18.4	15.2	15.6	16.2	17.8
O₃	眶中宽	–	54.8	48.6	51.0	58.2	47.8	55.6	44.8	49.0
SR	鼻尖高	–	14.8	17.6	–	18.5	16.0	–	19.8?	18.0
50	眶间宽（mf-mf）	18.5	17.7	22.7	15.0	20.8	17.3	19.6	15.7	17.3
DC	眶内缘点间宽（d-d）	19.5	18.6	23.7	19.1	24.2	19.0	22.2	17.3	18.4
DS	鼻梁眶内缘宽高	10.2	8.8	11.0	8.0	12.0	10.9	8.5	13.0	10.0
MH	颧骨高（fmo-zm）左	41.8?	39.1	38.8	43.3	41.3	42.8	42.2	39.1	42.0
MB′	颧骨宽（zm-rim orb.）左	24.4?	21.1	22.4	24.1	22.2	26.1	25.8	19.3	24.7
54	鼻宽	25.1	28.3	25.8	25.1	25.3	22.7	26.3	26.5	23.2
55	鼻高（n-ns）	49.1	53.8	44.7	50.3	49.0	54.5	48.6	53.0	44.9
SC	鼻骨最小宽	6.3	8.3	9.9	4.5	10.3	8.2	6.0	7.1	9.5
SS	鼻骨最小宽高	3.2	2.6	3.0	1.9	3.5	3.6	2.4	4.1	4.4
51	眶宽（mf-ek）左	39.7	42.0	38.9	41.0	41.3	39.4	41.3	40.7	40.8
52	眶高 左	32.3	33.0	28.6	34.4	–	33.0	31.2	34.2	32.5
60	齿槽弓长	–	50.0	52.0	49.8	46.7	47.5	53.5	50.2	46.2
61	齿槽弓宽	–	65.0	60.6	58.3	–	62.1	71.0	57.7	57.3
62	腭长（ol-sta）	47.3	45.5	44.8	42.2	41.7	43.6	46.8	43.3	40.3

代号	测量项目	ⅡM35	ⅡM38	ⅡM39	ⅡM43	ⅡM43	ⅡM44	ⅡM44	ⅡM54：A	ⅡM57：A
		♀	♀？	♀？	♀	♀	♀？	♀？	♀？	♀
63	腭宽（enm-enm）	37.8	44.2	41.7	38.6	–	41.4	45.5	39.2	36.6
CM	颅粗壮度［(1+8+17)/3］	143.2	146.8	–	143.5	143.8	148.0	146.7	141.7	147.9
FM	面粗壮度［(40+47+45)/3］	109.1?	–	–	107.5	–	–	–	103.3	102.8
65	下颌髁间宽	114.0	–	113.0	115.2	–	–	–	103.1	111.2
	鼻骨长（n-rhi）	–	23.9	20.2	–	23.0	25.0	–	16.0	17.7
	鼻尖齿槽长（rhi-pr）	–	42.9	40.3	–	41.8	46.8	–	50.5	43.6
32	额倾角（n-m-FH）	75.5	78.0	88.0	87.0	80.0	85.0	82.5	75.5	82.0
72	面角（n-pr-FH）	80.0	83.5	81.0	84.0	86.0	85.5	81.5	85.5	85.5
73	鼻面角（n-ns-FH）	82.0	88.5	82.0	87.0	87.0	92?	84.0	85.0	87.0
74	齿槽面角（ns-pr-FH）	68?	69.0	74.0	74.5	81.0	74.0	75.0	85.5	73.0
77	鼻颧角（fmo-n-fmo）	144.7	149.6	138.9	156.8	138.7	144.6	145.6	141.0	138.5
ZM∠	颧上颌角（zm-ss-zm）	–	126.1	126.9	114.1	125.7	134.6	132.0	110.7	121.1
ZM₁∠	颧上颌角（zm1-ss-zm1）	–	132.5	132.3	142.9	134.1	138.4	141.5	119.3	129.6
75	鼻尖角（n-rhi-FH）	–	68.5	57.0	–	62.5	70.0	–	56.5	57.0
75（1）	鼻骨角（rhi-n-pr）	–	17.4	21.5	–	21.2	18.6	–	40.6	29.6
8：1	颅指数	73.6	70.9	68.9?	76.9	75.9	79.3	75.8	78.8	74.9
17：1	颅长高指数	73.3	73.1	–	74.9	77.9	73.0	75.7	71.2	76.0
21：1	颅长耳高指数	62.1	61.7	62.7	67.4	64.1	62.4	65.3	62.1	62.7
17：8	颅宽高指数	99.6	103.1	–	97.3	102.7	92.1	99.9	90.3	101.4
FM：CM	颅面粗壮指数	76.2?	–	–	74.9	–	–	–	72.9	69.5
54：55	鼻指数	51.1	52.6	57.7	49.9	51.6	41.7	54.1	50.0	51.7
SS：SC	鼻根指数	50.8	31.3	30.3	42.2	34.0	43.9	40.0	57.7	46.3
52：51	眶指数 左	81.4	78.6	73.5	83.9	–	83.8	75.5	84.0	79.7
48：17	垂直颅面指数 sd	51.1?	51.3	–	52.9	48.2	56.0	53.9	54.1	45.2
48：45	上面指数 sd	52.9?	54.4	49.9	56.0	51.9	58.7	56.1	57.7	50.5
47：45	全面指数	88.8	–	–	91.5	–	–	–	92.6	83.5
48：46	中面指数 sd	–	69.4	65.1	71.9	68.0	70.3	69.5	73.2	70.3
9：8	额宽指数	66.6	65.4	78.4?	66.5	–	67.7	65.6	58.4	66.9
40：5	面突度指数	97.5?	95.9	–	101.7	90.5	92.7	101.6	95.7	91.1
DS：DC	眶间宽高指数	52.3	47.3	46.4	41.9	49.6	57.4	38.3	75.1	54.3
SN：OB	额面扁平度指数	16.1	14.4	18.9	12.2	19.0	16.8	15.9	17.9	19.0
SR：O₃	鼻面扁平指数	–	27.0	36.2	–	31.8	33.5	–	44.2?	36.7
63：62	腭指数	79.9	97.1	93.1	91.5	–	95.0	97.2	90.5	90.8
61：60	齿槽弓指数	–	130.0	116.5	117.1	–	130.7	132.7	114.9	124.0
48：65	面高髁宽指数 sd	57.1?	–	53.2	58.8	–	–	–	63.5	54.6

代号	测量项目	ⅡM63 ♀	ⅡM65 ♀	ⅡM66 ♀	ⅡM73 ♀	ⅡM77 ♀	ⅡM93 ♀	ⅡM95 ♀	ⅡM95 ♀	ⅡM97 ♀
1	颅长（g-op）	183.0	179.0	172.4	175.0	173.0	178.2	174.0	177.0	168.0
8	颅宽（eu-eu）	135.0	132.5	140.0	–	136.5	131.0	133.5	125.0	126.5
17	颅高（ba-b）	126.0	133.5	125.1	124.5	126.5	129.0	–	134.0	127.5
21	耳上颅高（po-v）	107.3	112.0	108.5	–	108.0	111.5	114.4	110.4	107.9
9	最小颅宽（ft-ft）	91.8	93.6	87.5	94.0	86.1	91.7	90.2	87.4	85.4
25	颅矢状弧（arc n-o）	367.0	364.5	365.0	347.0	355.5	357.0	–	375.0	343.0
23	颅周长（眉上方）	517.0	507.0	497.0	–	495.0	499.0	500.0	495.0	478.0
24	颅横弧（arc po-po）	303.0	308.0	309.0	–	302.0	305.0	313.0	301.0	294.0
5	颅基底长（n-ba）	97.3	100.3	93.3	99.7	92.5	104.0	–	91.8	95.0
40	面基底长（ba-pr）	100.0	97.2	95.0	95.6	89.2	99.5	–	85.9	92.0
48	上面高（n-sd）	67.5	70.0	66.5?	66.7	62.0	69.0	69.0	60.2	68.5
	（n-pr）	65.2	67.0	65.2?	64.7	59.1	67.6	66.5	58.3	64.5
47	全面高（n-gn）	–	–	114.0	109.4	103.6	–	–	–	–
45	颧宽（zy-zy）	124.0	122.2	127.8	–	120.7	120.9	126.3?	116.3	102.7
46	中面宽（zm-zm）	95.4	93.1	94.6	94.0	94.1	97.0	90.0	89.6	78.1
	颧颌点间高（sub.zm-ss-zm）	26.3	24.7	23.0	23.9	20.2	25.3	23.7	22.0	23.7
43（1）	两眶外缘宽（fmo-fmo）	93.2	94.1	91.1	97.0	90.9	95.2	91.3	87.0	83.3
	眶外缘间高（sub.fmo-n-fmo）	15.5	14.5	13.7	19.1	16.0	19.7	14.6	15.2	13.9
O₃	眶中宽	50.6	50.5	50.7	62.8	50.5	57.0	49.5	48.5	39.0
SR	鼻尖高	17.8	19.2	11.4	18.7?	16.1	17.3	17.5	–	16.6
50	眶间宽（mf-mf）	16.0	17.8	16.1	23.2	16.4	23.6	18.8	18.3	13.1
DC	眶内缘点间宽（d-d）	16.8	21.0	19.0	23.9	21.0	24.3	19.7	19.0	15.0
DS	鼻梁眶内缘宽高	9.1	11.5	9.0	9.0	10.5	9.7	10.8	–	7.7
MH	颧骨高（fmo-zm）左	41.0	42.2	38.1	41.6	39.7	38.6	44.0	36.8	37.9
MB′	颧骨宽（zm-rim orb.）左	24.7	22.9	22.1	22.2	20.4	23.3	23.7	20.9	21.3
54	鼻宽	23.8	23.8	28.4	25.3	22.0	24.6	23.7	23.6	17.0
55	鼻高（n-ns）	49.2	50.1	53.0	50.1	41.2	50.0	51.4	44.4	49.9
SC	鼻骨最小宽	7.1	9.2	7.4	8.6	7.6	13.8	10.1	7.5	5.2
SS	鼻骨最小宽高	3.6	4.4	1.8	2.6	3.1	4.0	3.4	–	2.0
51	眶宽（mf-ek）左	42.0	41.3	39.4	40.9	39.9	38.3	38.7	38.5	38.3
52	眶高 左	33.0	33.6	33.6	31.5	30.6	30.3	33.0	29.2	30.8
60	齿槽弓长	59.0	55.3	52.5	49.3	50.5	54.0	47.0	46.8	48.0
61	齿槽弓宽	–	59.2	64.0	54.5	57.4?	–	–	59.8	50.4
62	腭长（ol-sta）	49.1	46.4	45.8	43.9	42.0	49.0	40.3	41.2	41.6

代号	测量项目	ⅡM63 ♀	ⅡM65 ♀	ⅡM66 ♀	ⅡM73 ♀	ⅡM77 ♀	ⅡM93 ♀	ⅡM95 ♀	ⅡM95 ♀	ⅡM97 ♀
63	腭宽（enm-enm）	–	38.0	–	36.5	–	–	–	37.7	29.5
CM	颅粗壮度［(1+8+17)/3]	148.0	148.3	145.8	–	145.3	146.1	–	145.3	140.7
FM	面粗壮度 ［(40+47+45)/3]	–	–	112.3	–	104.5	–	–	–	–
65	下颌髁间宽	–	–	116.0	107.9	111.4	–	–	–	–
	鼻骨长（n-rhi）	21.5	24.3	23.0	18.0	17.6	24.3	26.0	–	25.4
	鼻尖齿槽长（rhi-pr）	46.4	45.1	43.2	47.7	44.4	46.0	43.4	–	40.1
32	额倾角（n-m-FH）	85.0	79.5	74.0	–	82.0	81.5	81.5	92.0	82.0
72	面角（n-pr-FH）	80.0	82.5	80.5	–	84.0	85.5	88.5	84.0	82.5
73	鼻面角（n-ns-FH）	82.5	84.0	84.0	–	87.0	86.5	88.5	85.5	86.0
74	齿槽面角（ns-pr-FH）	73.5	71.0	66.5	–	70.5	78.0	87.5	77.5	68.0
77	鼻颧角（fmo-n-fmo）	144.3	147.6	151.0	138.3	142.8	137.0	145.1	141.7	144.8
ZM ∠	颧上颌角（zm-ss-zm）	122.7	126.4	138.7	126.9	134.6	127.0	127.8	131.2	119.3
ZM₁ ∠	颧上颌角（zm1-ss-zm1）	131.7	131.8	138.0	133.1	141.8	133.8	135.5	136.8	123.9
75	鼻尖角（n-rhi-FH）	58.0	58.0	68.5	–	58.5	67.0	68.0	–	65.0
75（1）	鼻骨角（rhi-n-pr）	24.0	20.7	13.7	16.4	28.3	22.1	21.6	–	12.6
8：1	颅指数	73.8	74.0	81.2	–	78.9	73.5	76.7	70.6	75.3
17：1	颅长高指数	68.9	74.6	72.6	71.1	73.1	72.4	–	75.7	75.9
21：1	颅长耳高指数	58.6	62.6	62.9	–	62.4	62.6	65.7	62.4	64.2
17：8	颅宽高指数	93.3	100.8	89.4	–	92.7	98.5	–	107.2	100.8
FM：CM	颅面粗壮指数	–	–	77.0	–	71.9	–	–	–	–
54：55	鼻指数	48.4	47.5	53.6	50.5	53.4	49.2	46.1	53.2	34.1
SS：SC	鼻根指数	50.7	47.8	24.3	30.2	40.8	29.0	33.7	–	38.5
52：51	眶指数 左	78.6	81.4	85.3	77.0	76.7	79.1	85.3	75.8	80.4
48：17	垂直颅面指数 sd	53.6	52.4	53.2?	53.6	49.0	53.5	–	44.9	53.7
48：45	上面指数 sd	54.4	57.3	52?	–	51.4	57.1	54.6?	51.8	66.7
47：45	全面指数	–	–	89.2	–	85.8	–	–	–	–
48：46	中面指数 sd	70.8	75.2	70.3?	71.0	65.9	71.1	76.7	67.2	87.7
9：8	额宽指数	68.0	70.6	62.5	–	63.1	70.0	67.6	69.9	67.5
40：5	面突度指数	102.8	96.9	101.8	95.9	96.4	95.7	–	93.6	96.8
DS：DC	眶间宽高指数	54.2	54.8	47.4	37.7	50.0	39.9	54.8	–	51.3
SN：OB	额面扁平度指数	16.6	15.4	15.0	19.7	17.6	20.7	16.0	17.5	16.7
SR：O₃	鼻面扁平指数	35.2	38.0	22.5	29.8?	31.9	30.4	35.4	–	42.6
63：62	腭指数	–	81.9	–	83.1	–	–	–	91.5	70.9
61：60	齿槽弓指数	–	107.1	121.9	110.5	113.7?	–	–	127.8	105.0
48：65	面高髁宽指数 sd	–	–	57.3?	61.8	55.7	–	–	–	–

代号	测量项目	ⅡM33	ⅡM98：A	ⅢM27：B	ⅢM33	ⅢM33	ⅢM58：南	ⅢM60	ⅠM200：A	ⅠM201
		♀	♀？	♀	♀	♀	♀	♀	♀	♀
1	颅长（g-op）	177.5	175.0	162.0	169.0	165.0	177.0	173.5	179.0	164.0
8	颅宽（eu-eu）	130.0	137.0	143.0	128.0	142.0	132.2	–	132.0	134.0
17	颅高（ba-b）	131.0	133.0	127.9	121.0	129.0	134.0	135.0	123.0	125.5
21	耳上颅高（po-v）	110.0	111.0	111.5	106.2	113.0	116.0	–	106.0	110.0
9	最小颅宽（ft-ft）	82.2	93.7	91.6	87.4	90.0	90.4	94.0	93.1	88.0
25	颅矢状弧（arc n-o）	363.0	354.5	360.0	326.0	346.0	368.0	355.0	356.0	348.5
23	颅周长（眉上方）	499.0	493.0	490.0	486.0	499.0	501.0	–	513.0	479.0
24	颅横弧（arc po-po）	303.0	302.0	319.0	292.0	318.0	313.0	–	298.0	303.0
5	颅基底长（n-ba）	97.0	97.2	91.0	98.0	95.0	98.0	99.1	98.4	92.8
40	面基底长（ba-pr）	99.7	93.6	89.7	98.1	88.6	92.2	93.5	94.0	90.0
48	上面高（n-sd）	64.6	66.2	68.4	70.6	69.7	68.3	66.3	68.3	67.0
	（n-pr）	61.2	63.2	66.6	67.7	68.1	66.1	62.5	66.4	63.4
47	全面高（n-gn）	–	109.0	–	114.0	–	–	–	111.3	111.5
45	颧宽（zy-zy）	124.2	122.0	127.2	122.0	120.0	125.7	–	123.3	117.5
46	中面宽（zm-zm）	96.3	97.2	95.0	96.8	90.3	97.0	–	94.1	84.2
	颧颌点间高（sub.zm-ss-zm）	27.9	23.2	23.9	26.1	26.8	23.0	–	24.0	22.1
43（1）	两眶外缘宽（fmo-fmo）	92.7	97.4	94.0	93.8	92.4	93.1	95.7	93.2	89.3
	眶外缘间高（sub.fmo-n-fmo）	13.1	16.7	13.0	15.7	17.0	16.6	16.0	13.5	12.0
O_3	眶中宽	50.6	57.0	50.3	48.6	52.7	59.8	–	56.0	46.3
SR	鼻尖高	15.9	12.9	18.2	15.6?	18.9	13.8	–	17.8	18?
50	眶间宽（mf-mf）	17.1	18.0	19.3	17.8	18.3	18.5	21.0	18.3	16.1
DC	眶内缘点间宽（d-d）	19.2	19.5	21.1	20.3	18.8	21.8	22.6	23.2	18.8
DS	鼻梁眶内缘宽高	9.0	9.0	10.1	12.8	9.0	10.9	10.5	12.0	10.0
MH	颧骨高（fmo-zm）左	39.2	40.9	41.9	37.7	38.7	41.8	–	39.8	41.2
MB′	颧骨宽（zm-rim orb.）左	23.7	22.7	24.5	22.1	18.3	23.0	–	22.7	20.5
54	鼻宽	26.7	23.8	23.7	23.4	21.2	24.8	24.1	23.5	23.2
55	鼻高（n-ns）	43.1	48.5	50.1	53.1	53.4	53.4	46.3	51.9	50.2
SC	鼻骨最小宽	9.2	9.4	10.4	8.3	5.9	9.8	9.4	9.0	9.7
SS	鼻骨最小宽高	2.0	3.4	4.1	4.0	1.5	2.5	3.0	5.0	4.5
51	眶宽（mf-ek）左	39.7	42.0	38.8	39.4	40.5	41.3	42.6	40.1	39.0
52	眶高 左	27.3	33.0	31.8	33.6	35.5	32.6	30.2	34.7	33.8
60	齿槽弓长	52.0	49.8	49.7	52.5	50.0	49.6	52.5	47.2	47.8
61	齿槽弓宽	64.7	62.2	–	63.9	–	–	–	55.6	58.5
62	腭长（ol-sta）	45.7	43.5	41.9	46.4	44.7	43.8	44.8	42.2	41.7

续附表 2

代号	测量项目	ⅡM33 ♀	ⅡM98：A ♀？	ⅢM27：B ♀	ⅢM33 ♀	ⅢM33 ♀	ⅢM58：南 ♀	ⅢM60 ♀	ⅠM200：A ♀	ⅠM201 ♀
63	腭宽（enm-enm）	43.4	38.8	–	41.8	–	–	–	38.3	38.1
CM	颅粗壮度〔(1+8+17)/3〕	146.2	148.3	144.3	139.3	145.3	147.7	–	144.7	141.2
FM	面粗壮度〔(40+47+45)/3〕	–	108.2	–	111.4	–	–	–	109.5	106.3
65	下颌髁间宽	–	107.0	115.9	115.2	–	119.7	–	107.2	99.1
	鼻骨长（n-rhi）	19.0	22.4	22.1	22.5?	25.6	27.3	–	26.6	19.7?
	鼻尖齿槽长（rhi-pr）	46.6	41.3	48.4	46.2?	45.1	40.0	–	42.5	46?
32	额倾角（n-m-FH）	87.0	83.5	84.5	79.0	83.0	83.0	–	84.0	80.5
72	面角（n-pr-FH）	80.0	83.0	85.0	82.0	83.5	85.0	–	84.5	86.0
73	鼻面角（n-ns-FH）	80.0	85.0	83.5	86.0	84.5	89.0	–	86.5	89.5
74	齿槽面角（ns-pr-FH）	74.0	74.0	86.5	–	79.0	67.0	–	76.5	70.5
77	鼻颧角（fmo-n-fmo）	150.3	142.7	151.4	142.0	141.1	140.6	143.0	144.7	151.2
ZM∠	颧上颌角（zm-ss-zm）	120.7	127.7	127.1	122.1	119.8	129.2	–	126.9	129.7
ZM₁∠	颧上颌角（zm1-ss-zm1）	132.7	137.6	133.7	130.7	122.8	132.2	–	137.4	133.6
75	鼻尖角（n-rhi-FH）	49.0	74.5	55.0	69.0	63.0	74.0	–	64.5	51?
75(1)	鼻骨角（rhi-n-pr）	33.7	9.8	28.7	14.1	11.6	13.1	–	20.4	23.4?
8：1	颅指数	73.2	78.3	88.3	75.7	86.1	74.7	–	73.7	81.7
17：1	颅长高指数	73.8	76.0	79.0	71.2	78.2	75.7	77.8	68.7	76.5
21：1	颅长耳高指数	62.0	63.4	68.8	62.8	68.5	65.5	–	59.2	67.1
17：8	颅宽高指数	100.8	97.1	89.4	94.5	90.8	101.4	–	93.2	93.7
FM：CM	颅面粗壮指数	–	73.0	–	80.0	–	–	–	75.7	75.3
54：55	鼻指数	61.9	49.1	47.3	44.1	39.7	46.4	52.1	45.3	46.2
SS：SC	鼻根指数	21.7	36.2	39.4	48.2	25.4	25.5	31.9	55.6	46.4
52：51	眶指数　左	68.8	78.6	82.0	85.3	87.7	78.9	70.9	86.5	86.7
48：17	垂直颅面指数 sd	49.3	49.8	53.5	58.3	54.0	51.0	49.1	55.5	53.4
48：45	上面指数 sd	52.0	54.3	53.8	57.9	58.1	54.3	–	55.4	57.0
47：45	全面指数	–	89.3	–	93.4	–	–	–	90.3	94.9
48：46	中面指数 sd	67.1	68.1	72.0	72.9	77.2	70.4	–	72.6	79.6
9：8	额宽指数	63.2	68.4	64.1	68.3	63.4	68.4	–	70.5	65.7
40：5	面突度指数	102.8	96.3	98.6	100.1	93.3	94.1	94.3	95.5	97.0
DS：DC	眶间宽高指数	46.9	46.2	47.9	63.1	47.9	50.0	46.5	51.7	53.2
SN：OB	额面扁平度指数	14.1	17.1	13.8	16.7	18.4	17.8	16.7	14.5	13.4
SR：O₃	鼻面扁平指数	31.4	22.6	36.2	32.1?	35.9	23.1	–	31.8	38.9?
63：62	腭指数	95.0	89.2	–	90.1	–	–	–	90.8	91.4
61：60	齿槽弓指数	124.4	124.9	–	121.7	–	–	–	117.8	122.4
48：65	面高髁宽指数 sd	–	61.9	59.0	61.3	–	57.1	–	63.7	67.6

代号	测量项目	ⅠM203	ⅠM205：B	ⅠM207：A	ⅡM100	ⅡM105：B	ⅡM106：B	ⅡM108：B	ⅡM109：B	ⅡM131：B
		♀	♀	♀	♀	♀	♀	♀	♀	♀
1	颅长（g-op）	177.0	166.2	182.5	172.0	173.9	191.0	172.0	174.0	172.5
8	颅宽（eu-eu）	135.0	132.2	127.5	135.5	130.0	146.0	130.0	129.0	133.0
17	颅高（ba-b）	124.7	121.0	122.0	128.0	119.0	132.0	129.5	130.5	124.2
21	耳上颅高（po-v）	101.9	105.0	103.0	109.2	103.0	113.9	112.0	113.5	108.0
9	最小颅宽（ft-ft）	91.6	90.9	90.5	87.0	86.4	92.8	86.0	88.6	86.2
25	颅矢状弧（arc n-o）	356.0	331.0	363.0	359.0	353.0	396.0	364.5	374.0	358.0
23	颅周长（眉上方）	501.0	482.0	501.0	492.0	490.0	533.0	488.0	490.0	493.0
24	颅横弧（arc po-po）	312.0	293.0	290.0	306.0	287.0	316.0	301.0	307.0	300.0
5	颅基底长（n-ba）	97.3	97.4	98.4	91.2	88.5	92.1	91.0	94.0	91.8
40	面基底长（ba-pr）	103.2	91.4	–	83.7	86.5	91.0	93.6	99.3	94.2
48	上面高（n-sd）	69.8	68.3?	–	63.8	67.2	70.8	58.8	66.2	65.4
	（n-pr）	67.1	64.1	–	59.7	65.2	66.7	56.5	64.0	63.4
47	全面高（n-gn）	111.2	110.0	–	–	–	118.8	–	108.9	104.5
45	颧宽（zy-zy）	118.1	125.0	121.1?	122.3	126.3	128.2	119.4	120.1	122.5
46	中面宽（zm-zm）	91.6	–	96.1	85.1	95.4	96.8	89.1	94.1	104.4
	颧颌点间高（sub.zm-ss-zm）	26.6	–	21.5	17.4	19.0	25.4	23.5	26.5	29.8
43（1）	两眶外缘宽（fmo-fmo）	92.0	93.7	96.1	90.2	89.3	93.8	95.2	92.7	94.6
	眶外缘间高（sub.fmo-n-fmo）	14.0	19.0	16.3	12.0	13.5	12.5	13.9	17.1	15.0
O₃	眶中宽	52.0	–	56.1	50.7	48.5	50.0	50.9	47.3	50.8
SR	鼻尖高	–	–	12.5	14.0	15.1	15.0	15.5	17.4	17.4
50	眶间宽（mf-mf）	16.3	22.6	20.3	13.8	7.7	20.0	20.2	20.6	19.4
DC	眶内缘点间宽（d-d）	16.9	24.1	23.8	17.0	20.6	23.0	23.0	23.1	20.4
DS	鼻梁眶内缘宽高	12.1	11.0	10.9	8.1	9.7	11.0	9.8	12.0	10.5
MH	颧骨高（fmo-zm）左	41.6	38.4	43.5	40.1	35.6	42.7	40.6	40.5	40.1
MB′	颧骨宽（zm-rim orb.）左	24.0	22.2	24.4	21.4	19.6	26.9	21.1	23.3	22.5
54	鼻宽	21.3	25.7	26.7	23.0	21.5	21.5	22.0	24.5	24.1
55	鼻高（n-ns）	53.5	53.6	53.4	47.0	50.6	48.3	42.8	46.5	51.9
SC	鼻骨最小宽	6.6	10.5	6.9	7.1	9.6	6.3	4.3	10.7	4.8
SS	鼻骨最小宽高	2.5	5.0	1.9	2.8	3.4	2.5	2.1	3.2	1.6
51	眶宽（mf-ek）左	41.3	40.3	41.6	40.4	38.6	39.2	39.9	40.8	41.1
52	眶高　左	33.2	30.4	31.9	30.6	30.8	32.0	30.3	28.8	31.5
60	齿槽弓长	56.4	47.5	–	46.5	–	52.0	50.5	51.2	52.6
61	齿槽弓宽	58.4	58.3	–	59.0	–	63.1	–	59.0	66.2
62	腭长（ol-sta）	46.7	41.4	–	37.0	–	44.4	45.3	44.4	45.6

续附表 2

代号	测量项目	ⅠM203 ♀	ⅠM205：B ♀	ⅠM207：A ♀	ⅡM100 ♀	ⅡM105：B ♀	ⅡM106：B ♀	ⅡM108：B ♀	ⅡM109：B ♀	ⅡM131：B ♀
63	腭宽（enm-enm）	36.7	37.3	–	39.1	–	42.9	–	37.5	43.8
CM	颅粗壮度〔（1+8+17）/3〕	145.6	139.8	144.0	145.2	141.0	156.3	143.8	144.5	143.2
FM	面粗壮度〔（40+47+45）/3〕	110.8	108.8	–	–	–	112.7	–	109.4	107.1
65	下颌髁间宽	104.2	110.4	112.5	–	–	116.2	–	106.6	106.0
	鼻骨长（n-rhi）	–	–	23.7	18.0	27.1	22.0	14.4	19.5	19.0
	鼻尖齿槽长（rhi-pr）	–	–	–	42.7	40.6	46.5	44.4	48.6	47.7
32	额倾角（n-m-FH）	81.0	80.0	79.0	83.0	78.0	86.0	83.5	90.0	79.5
72	面角（n-pr-FH）	81.0	87.0	–	85.5	82.5	83.0	78.0	79.5	81.0
73	鼻面角（n-ns-FH）	83.0	87.5	87.0	90.0	85.0	84.0	79.0	80.5	84.0
74	齿槽面角（ns-pr-FH）	76.0	84.0	–	69.0	75.0	78.5	73.0	73.0	71.0
77	鼻颧角（fmo-n-fmo）	145.6	138.5	143.1	149.0	147.6	150.0	149.4	141.8	145.7
ZM∠	颧上颌角（zm-ss-zm）	120.5	–	132.7	137.5	137.1	126.3	125.3	120.5	120.7
ZM₁∠	颧上颌角（zm1-ss-zm1）	124.8	–	142.7	141.5	148.2	136.1	131.9	129.5	128.7
75	鼻尖角（n-rhi-FH）	–	–	72.5	71.5	61.0	68.0	53?	50.0	51.0
75（1）	鼻骨角（rhi-n-pr）	–	–	–	6.7	19.2	19.3	28.6	32.1	29.1
8：1	颅指数	76.3	79.5	69.9	78.8	74.8	76.4	75.6	74.1	77.1
17：1	颅长高指数	70.5	72.8	66.8	74.4	68.4	69.1	75.3	75.0	72.0
21：1	颅长耳高指数	57.6	63.2	56.4	63.5	59.2	59.6	65.1	65.2	62.6
17：8	颅宽高指数	92.4	91.5	95.7	94.5	91.5	90.4	99.6	101.2	93.4
FM：CM	颅面粗壮指数	76.1	77.8	–	–	–	72.1	–	75.7	74.8
54：55	鼻指数	39.8	47.9	50.0	48.9	42.5	44.5	51.4	52.7	46.4
SS：SC	鼻根指数	37.9	47.6	27.5	39.4	35.4	39.7	48.8	29.9	33.3
52：51	眶指数 左	80.4	75.4	76.7	75.7	79.8	81.6	75.9	70.6	76.6
48：17	垂直颅面指数 sd	56.0	56.4?	–	49.8	56.5	53.6	45.4	50.7	52.7
48：45	上面指数 sd	59.1	54.6?	–	52.2	53.2	55.2	49.2	55.1	53.4
47：45	全面指数	94.2	88.0	–	–	–	92.7	–	90.7	85.3
48：46	中面指数 sd	76.2	–	–	75.0	70.4	73.1	66.0	70.4	62.6
9：8	额宽指数	67.9	68.8	71.0	64.2	66.5	63.6	66.2	68.7	64.8
40：5	面突度指数	106.1	93.8	–	91.8	97.7	98.8	102.9	105.6	102.6
DS：DC	眶间宽高指数	71.6	45.6	45.8	47.6	47.1	47.8	42.6	51.9	51.5
SN：OB	额面扁平度指数	15.2	20.3	17.0	13.3	15.1	13.3	14.6	18.4	15.9
SR：O₃	鼻面扁平指数	–	–	22.3	27.6	31.1	30.0	30.5	36.8	34.3
63：62	腭指数	78.6	90.1	–	105.7	–	96.6	–	84.5	96.1
61：60	齿槽弓指数	103.5	122.7	–	126.9	–	121.3	–	115.2	125.9
48：65	面高髁宽指数 sd	67.0	61.9?	–	–	–	60.9	–	62.1	61.7

代号	测量项目	ⅡM135：B	ⅡM135：C	ⅡM136	ⅡM140：B	ⅡM142：B	ⅡM143：B	ⅡM146	ⅡM147	ⅡM147
		♀	♀	♀？	♀	♀	♀	♀？	♀	♀
1	颅长（g-op）	180.3	172.0	178.0	179.0	172.5	173.5	175.0	182.0	180.0
8	颅宽（eu-eu）	128.0	127.5	130.5	131.0	125.5	124.5	129.0	129.0	128.0
17	颅高（ba-b）	129.5	119.0	128.5	125.0	124.0	129.5	136.0	134.3	127.0
21	耳上颅高（po-v）	106.0	105.5	111.0	106.0	107.2	107.0	109.9	112.0	108.5
9	最小颅宽（ft-ft）	89.8	83.0	92.5	88.8	85.2	80.5	86.0	88.5	95.1
25	颅矢状弧（arc n-o）	366.5	349.0	365.0	356?	355.0	356.0	364.0	377.0	372.0
23	颅周长（眉上方）	496.0	488.0	498.0	503.0	488.0	486.0	489.0	508.0	510.0
24	颅横弧（arc po-po）	288.0	298.0	303.0	295.0	296.0	290.0	300.0	303.0	296.0
5	颅基底长（n-ba）	96.0	90.4	98.3	97.0	90.7	97.2	99.7	98.7	93.0
40	面基底长（ba-pr）	90.0	92.2	–	86.4	90.9	98.6	99.2	89.8	–
48	上面高（n-sd）	67.0	66.8	–	66.8?	63.7	60.9	72.7	66.0	–
	（n-pr）	64.8	63.0	–	64.5	60.6	58.2	69.4	58.6	–
47	全面高（n-gn）	110.0	–	–	–	104.8	103.0	115.8	108.2	–
45	颧宽（zy-zy）	120.3	120.7	123.3	121.4	116.4	115.2?	118.8	117.8	121.2
46	中面宽（zm-zm）	90.0	91.6	95?	90.5	91.0	89.6	90.3	96.1	93.3
	颧颌点间高（sub.zm-ss-zm）	22.0	25.0	21.0	23.5	22.0	22.4	23.1	29.3	21.1
43（1）	两眶外缘宽（fmo-fmo）	91.4	87.7	94.0	93.6	93.2	87.8	90.3	92.6	94.1
	眶外缘间高（sub.fmo-n-fmo）	15.7	13.5	17.6	15.7	13.4	13.7	17.0	17.0	15.4
O₃	眶中宽	48.1	51.5	57.3	48.0	51.6	–	52.0	55.4	51.1
SR	鼻尖高	16.0	17.6	–	17.8	–	–	18.3	16.2	18.2
50	眶间宽（mf-mf）	16.0	15.3	18.0	17.6	17.6	16.9	18.7	20.3	19.8
DC	眶内缘点间宽（d-d）	18.3	18.3	19.6	18.8	20.5	17.4	19.2	22.4	21.0
DS	鼻梁眶内缘宽高	10.8	10.0	9.7	10.3	8.0	10.4	8.9	7.2	9.1
MH	颧骨高（fmo-zm）左	36.8	40.6	44.5	43.0	41.3	37.5	42.0	40.5	40.1
MB′	颧骨宽（zm-rim orb.）左	19.0	19.8	24.1	20.0	24.7	19.7	23.1	23.7	20.4
54	鼻宽	23.5	23.0	23.9	23.0	25.1	22.1	25.5	22.2	25.3
55	鼻高（n-ns）	50.5	46.7	48.0	51.1	44.7	44.2	53.5	50.5	53.2
SC	鼻骨最小宽	7.5	6.8	8.3	8.9	7.2	7.8	11.0	5.8	10.6
SS	鼻骨最小宽高	3.9	3.0	3.0	5.1	2.8	2.0	3.8	2.4	2.4
51	眶宽（mf-ek）左	40.3	40.4	41.4	40.8	41.0	38.7	40.8	39.5	39.7
52	眶高 左	33.9	33.1	33.6	35.6	31.5	30.2	31.5	28.1	34.0
60	齿槽弓长	47.4	49.5	–	–	50.2	50.5	49.0	51.3	–
61	齿槽弓宽	56.3	57.8	–	–	61.2	58.2	59.0	–	–
62	腭长（ol-sta）	41.3	44.0	–	–	43.8	44.0	42.4	45.3?	–

续附表 2

代号	测量项目	ⅡM135：B ♀	ⅡM135：C ♀	ⅡM136 ♀？	ⅡM140：B ♀	ⅡM142：B ♀	ⅡM143：B ♀	ⅡM146 ♀？	ⅡM147 ♀	ⅡM147 ♀
63	腭宽（enm-enm）	35.5	37.2	–	–	37.1	37.3	40.0	–	–
CM	颅粗壮度［（1+8+17）/3］	145.9	139.5	145.7	145.0	140.7	142.5	146.7	148.4	145.0
FM	面粗壮度［（40+47+45）/3］	106.8	–	–	–	104.0	105.6?	111.3	105.3	–
65	下颌髁间宽	108.2	–	–	105.8	104.8	104.9	118.7	108.1	–
	鼻骨长（n-rhi）	22.7	21.4	–	26.3	–	15.7?	28.9	24.6	26.3
	鼻尖齿槽长（rhi-pr）	43.9	43.5	–	42.4	–	44.1?	43.6	42.5	–
32	额倾角（n-m-FH）	77.5	86.0	78.0	78.0	88.0	83.0	82.0	85.0	83.0
72	面角（n-pr-FH）	81.0	83.0	–	87.0	82.0	74.0	84.5	86.0	–
73	鼻面角（n-ns-FH）	83.5	87.0	86.0	87.0	88.0	76.0	89.5	86.0	91?
74	齿槽面角（ns-pr-FH）	74.0	71.0	–	87.0	66.0	65.0	71.0	82.0	–
77	鼻颧角（fmo-n-fmo）	142.2	147.3	140.4	144.4	147.0	146.5	140.3	137.7	146.0
ZM∠	颧上颌角（zm-ss-zm）	126.7	126.0	134.0	126.6	126.5	130.9	127.7	120.1	134.7
ZM₁∠	颧上颌角（zm1-ss-zm1）	136.1	132.2	137.3	135.3	134.8	135.6	133.3	129.2	138.9
75	鼻尖角（n-rhi-FH）	62.5	64.0	–	64.0	–	50.0	64.0	60.0	61.0
75（1）	鼻骨角（rhi-n-pr）	18.7	19.9	–	25.8	–	22.5	20.8	39.2	–
8：1	颅指数	71.0	74.1	73.3	73.2	72.8	71.8	73.7	70.9	71.7
17：1	颅长高指数	71.8	69.2	72.2	69.8	71.9	74.6	77.7	73.8	70.6
21：1	颅长耳高指数	58.8	61.3	62.4	59.2	62.1	61.7	62.8	61.5	60.3
17：8	颅宽高指数	101.2	93.3	98.5	95.4	98.8	104.0	105.4	104.1	99.2
FM：CM	颅面粗壮指数	73.2	–	–	–	73.9	74.1?	75.9	71.0	–
54：55	鼻指数	46.5	49.3	49.8	45.0	56.2	50.0	47.7	44.0	47.6
SS：SC	鼻根指数	52.0	44.1	36.1	57.3	38.9	25.6	34.5	41.4	22.6
52：51	眶指数　左	84.1	81.9	81.2	87.3	76.8	78.0	77.2	71.1	85.6
48：17	垂直颅面指数 sd	51.7	56.1	–	53.4?	51.4	47.0	53.5	49.1	–
48：45	上面指数 sd	55.7	55.3	–	55?	54.7	52.9?	61.2	56.0	–
47：45	全面指数	91.4	–	–	–	90.0	89.4?	97.5	91.9	–
48：46	中面指数 sd	74.4	72.9	–	73.8	70.0	68.0	80.5	68.7	–
9：8	额宽指数	65.5	65.1	70.9	67.8	67.9	64.7	66.7	68.6	74.3
40：5	面突度指数	93.8	102.0	–	89.1	100.2	101.4	99.5	91.0	–
DS：DC	眶间宽高指数	59.0	54.6	49.5	54.8	39.0	59.8	46.4	32.1	43.3
SN：OB	额面扁平度指数	17.2	15.4	18.7	16.8	14.4	15.6	18.8	18.4	16.4
SR：O₃	鼻面扁平指数	33.3	34.2	–	37.1	–	–	35.2	29.2	35.6
63：62	腭指数	86.0	84.5	–	–	84.7	84.8	94.3	–	–
61：60	齿槽弓指数	118.8	116.8	–	–	121.9	115.2	120.4	–	–
48：65	面高髁宽指数 sd	61.9	–	–	63.1?	60.8	58.1	61.2	61.1	–

代号	测量项目	ⅡM150：A	ⅡM151	ⅡM153	ⅡM154：A	ⅡM157	ⅡM159	ⅡM159：A	ⅡM162：A	ⅡM165：B
		♀	♀	♀	♀	♀	♀	♀	♀	♀
1	颅长（g-op）	172.0	180.0	177.5	180.0	171.0	172.0	179.0	173.0	177.0
8	颅宽（eu-eu）	128.7	127.0	131.0	138.0	125.5	142.5	130.5	130.0	129.0
17	颅高（ba-b）	118.7	122.0	131.0	138.3	128.0	123.0	133.0	127.5	125.0
21	耳上颅高（po-v）	102.5	109.4	114.4	119.0	107.0	112.6	–	108.0	106.9
9	最小颅宽（ft-ft）	87.8	93.6	84.4	92.1	85.1	93.7	93.4	91.6	87.5
25	颅矢状弧（arc n-o）	352.0	368.0	366.0	376.0	358.0	359.0	364.0	358.0	350.0
23	颅周长（眉上方）	487.0	503.0	497.0	515.0	490.0	510.0	500.0	491.0	494.0
24	颅横弧（arc po-po）	290.0	300.0	314.0	327.0	291.0	322.0	301.0	301.0	294.0
5	颅基底长（n-ba）	89.4	92.1	95.9	100.4	89.0	100.1	102.0	92.5	100.1
40	面基底长（ba-pr）	85.5	92.8	–	93.1	88.7	94.7	–	91.1	99.1?
48	上面高（n-sd）	72.4	68.9	–	61.9	65.7	67.1	–	61.4	–
	（n-pr）	69.6	66.1	66?	59.8	62.1	64.3	–	60.0	–
47	全面高（n-gn）	114.2	–	–	100.5	103.0	–	–	102.2	–
45	颧宽（zy-zy）	123.0	117.4	119.4	–	113.2	126.2	124.0	122.4	122.7
46	中面宽（zm-zm）	94.5	92.2	93.3	90.5	91.0	94.6	96.2	92.8	99.7
	颧颌点间高（sub.zm-ss-zm）	23.9	24.3	24.0	24.9	26.0	24.5	27.2	30.3	28.8
43（1）	两眶外缘宽（fmo-fmo）	89.5	92.6	86.0	94.3	85.4	93.7	93.0	89.3	96.0
	眶外缘间高（sub.fmo-n-fmo）	13.4	14.8	13.2	19.2	12.0	17.4	19.0	16.4	16.9
O₃	眶中宽	52.5	51.7	52.1	52.5	48.8	55.0	51.7	51.0	57.0
SR	鼻尖高	15.5	16.0	19.4	23.4?	–	–	17.0	20.0	–
50	眶间宽（mf-mf）	17.1	15.3	14.5	18.3	16.6	20.0	20.6	17.5	20.2
DC	眶内缘点间宽（d-d）	20.3	18.4	17.7	20.1	19.0	22.7	21.7	20.3	22.0
DS	鼻梁眶内缘宽高	8.5	11.9	10.5	12.7	9.1	9.6	11.0	12.0	10.4
MH	颧骨高（fmo-zm）左	44.6	40.5	40.1	39.1	39.0	42.7	43.5	40.0	39.8
MB′	颧骨宽（zm-rim orb.）左	24.9	23.8	23.7	20.0	23.8	25.4	24.8	20.3	22.6
54	鼻宽	23.9	25.4	22.3	24.7	25.1	24.5?	26.8	25.6	25.0
55	鼻高（n-ns）	53.7	50.9	53.0	46.1	46.8	51.1	51.3	48.2	52.6
SC	鼻骨最小宽	7.3	6.5	6.4	9.4	7.3	9.5	9.7	8.9	9.2
SS	鼻骨最小宽高	2.0	4.2	3.4	5.4	2.2	4.1	3.0	3.6	4.4
51	眶宽（mf-ek）左	40.3	41.1	38.4	41.0	36.5	40.5	39.0	40.2	41.5
52	眶高 左	35.3	32.9	32.5	32.5	31.2	33.6	34.3	32.5	32.9
60	齿槽弓长	49.2	49.5	–	51.3	50.0	52.7?	–	53.3	–
61	齿槽弓宽	59.8	62.7	–	60.0	58.1	–	–	–	–
62	腭长（ol-sta）	42.7	45.1	–	43.7	43.2	–	–	45.5	–

代号	测量项目	ⅡM150：A ♀	ⅡM151 ♀	ⅡM153 ♀	ⅡM154：A ♀	ⅡM157 ♀	ⅡM159 ♀	ⅡM159：A ♀	ⅡM162：A ♀	ⅡM165：B ♀
63	腭宽（enm-enm）	38.4	42.0	–	–	34.2	–	–	–	–
CM	颅粗壮度［（1+8+17）/3］	139.8	143.0	146.5	152.1	141.5	145.8	147.5	143.5	143.7
FM	面粗壮度［（40+47+45）/3］	107.6	–	–	–	101.6	–	–	105.2	–
65	下颌髁间宽	114.5	–	–	112.3	99.4	–	117.3	110.1	112.0
	鼻骨长（n-rhi）	25.2	21.2	27.8	15.2?	–	–	22.7	19.1	–
	鼻尖齿槽长（rhi-pr）	46.1	46.4	43.5?	48.6	–	–	–	44.2	–
32	额倾角（n-m-FH）	78.5	84.5	86.0	83.0	88.5	87.0	–	88.5	78.5
72	面角（n-pr-FH）	85.0	85.0	91.0	85.0	81.0	90.0	–	83.0	82.0
73	鼻面角（n-ns-FH）	87.5	86.5	93.0	86.0	82.0	90.0	–	82.0	82?
74	齿槽面角（ns-pr-FH）	78.0	76.5	89.0	79.0	75.0	87.0	–	82.0	79.5?
77	鼻颧角（fmo-n-fmo）	148.0	145.0	142.2	135.7	149.1	140.7	135.4	139.7	142.4
ZM∠	颧上颌角（zm-ss-zm）	127.0	128.4	127.3	124.0	119.9	126.4	120.5	113.8	121.6
ZM₁∠	颧上颌角（zm1-ss-zm1）	132.1	131.9	134.7	129.1	132.1	136.9	131.8	120.6	128.8
75	鼻尖角（n-rhi-FH）	67.0	66.0	62.0	44?	–	–	–	54.0	61?
75（1）	鼻骨角（rhi-n-pr）	17.0	18.0	28.1	37.4	–	–	–	28.7	–
8：1	颅指数	74.8	70.6	73.8	76.7	73.4	82.8	72.9	75.1	72.9
17：1	颅长高指数	69.0	67.8	73.8	76.8	74.9	71.5	74.3	73.7	70.6
21：1	颅长耳高指数	59.6	60.8	64.5	66.1	62.6	65.5	–	62.4	60.4
17：8	颅宽高指数	92.2	96.1	100.0	100.2	102.0	86.3	101.9	98.1	96.9
FM：CM	颅面粗壮指数	77.0	–	–	–	71.8	–	–	73.3	–
54：55	鼻指数	44.5	49.9	42.1	53.6	53.6	47.9?	52.2	53.1	47.5
SS：SC	鼻根指数	27.4	64.6	53.1	57.4	30.1	43.2	30.9	40.4	47.8
52：51	眶指数 左	87.6	80.0	84.6	79.3	85.5	83.0	87.9	80.8	79.3
48：17	垂直颅面指数 sd	61.0	56.5	–	44.8	51.3	54.6	–	48.2	–
48：45	上面指数 sd	58.9	58.7	–	–	58.0	53.2	–	50.2	–
47：45	全面指数	92.8	–	–	–	91.0	–	–	83.5	–
48：46	中面指数 sd	76.6	74.7	–	68.4	72.2	70.9	–	66.2	–
9：8	额宽指数	68.2	73.7	64.4	66.7	67.8	65.8	71.6	70.5	67.8
40：5	面突度指数	95.6	100.8	–	92.7	99.7	94.6	–	98.5	99?
DS：DC	眶间宽高指数	41.9	64.7	59.3	63.2	47.9	42.3	50.7	59.1	47.3
SN：OB	额面扁平度指数	15.0	16.0	15.3	20.4	14.1	18.6	20.4	18.4	17.6
SR：O₃	鼻面扁平指数	29.5	30.9	37.2	44.6?	–	–	32.9	39.2	–
63：62	腭指数	89.9	93.1	–	–	79.2	–	–	–	–
61：60	齿槽弓指数	121.5	126.7	–	117.0	116.2	–	–	–	–
48：65	面高髁宽指数 sd	63.2	–	–	55.1	66.1	–	–	55.8	–

代号	测量项目	ⅡM167 ♀	ⅡM173 ♀	ⅡM182：A ♀	ⅡM186 ♀	ⅡM199 ♀	ⅡM201：A ♀	ⅡM203：C ♀	ⅡM203：D ♀	ⅡM205：C ♀
1	颅长（g-op）	180.0	170.0	168.0	175.5	169.5	175.0	164.0	169.0	176.0
8	颅宽（eu-eu）	129.0	131.5	126.5	125.0	132.0	135.5	122.5	129.0	131.5
17	颅高（ba-b）	137.0	124.0	127.0	126.0	129.5	131.0	117.5	121.5	130.7
21	耳上颅高（po-v）	113.0	109.0	105.0	112.0	107.5	115.0	104.9	106.0	111.5
9	最小颅宽（ft-ft）	92.4	92.0	82.0	88.2	87.0	93.1	84.5	89.4	90.8
25	颅矢状弧（arc n-o）	370.0	351.5	338.0	358.0	360.0	357.0	341.0	353.0	364.0
23	颅周长（眉上方）	513.0	490.0	469.0	490.0	483.0	500.0	471.0	489.0	504.0
24	颅横弧（arc po-po）	306.0	305.0	289.0	303.0	300.0	314.0	288.0	293.0	309.0
5	颅基底长（n-ba）	99.2	93.0	99.5	98.0	91.0	95.6	90.0	89.0	94.8
40	面基底长（ba-pr）	–	91.6	95.3	–	87.0	–	85.8	86.6	90.0
48	上面高（n-sd）	–	63.5	72.4	–	68.8	–	59.7	65.8	67.9
	（n-pr）	–	61.4	68.0	–	66.6	–	56.5	63.1	64.4
47	全面高（n-gn）	–	103.4	114.0	–	112.2	–	–	–	110.3
45	颧宽（zy-zy）	–	115.7	115.2	114.1	124.3	123.1	112.5	125.9	119.7
46	中面宽（zm-zm）	103.1	90.3	89.5	90.1	93.4	96.2	85.0	97.7	90.8
	颧颌点间高（sub.zm-ss-zm）	27.0	22.1	28.3	17.0	19.5	24.1	17.5	26.1	23.8
43（1）	两眶外缘宽（fmo-fmo）	100.0	92.3	91.7	89.6	91.4	91.8	88.0	92.3	87.3
	眶外缘间高（sub.fmo-n-fmo）	15.3	15.0	17.1	15.0	14.0	17.5	14.3	14.3	14.0
O_3	眶中宽	64.8	56.4	41.3	49.6	56.8	–	45.4	55.5	46.9
SR	鼻尖高	16.5	18.0	–	14.0	16.2	–	–	19.0	–
50	眶间宽（mf-mf）	22.0	18.3	19.1	16.3	15.3	18.0	18.8	18.3	18.6
DC	眶内缘点间宽（d-d）	24.0	21.7	18.7	19.3	16.3	20.7	20.3	20.0	20.7
DS	鼻梁眶内缘宽高	7.8	9.0	8.2	10.8	7.9	11.8	7.9	9.3	8.9
MH	颧骨高（fmo-zm）左	39.2	42.0	39.6	40.0	43.2	41.9	30.9	40.2	39.1
MB′	颧骨宽（zm-rim orb.）左	21.3	25.2	19.5	23.1	23.6	23.6	15.3	23.5	22.8
54	鼻宽	31.4	25.9	22.8	22.2	24.2	24.6	23.0	26.2	21.3
55	鼻高（n-ns）	48.2	48.4	51.9	51.1	50.5	51.0	45.1	48.8	49.2
SC	鼻骨最小宽	11.0	7.2	6.0	8.7	4.7	7.0	9.0	6.5	6.8
SS	鼻骨最小宽高	1.5	3.0	2.4	3.5	2.4	3.0	2.0	2.4	2.1
51	眶宽（mf-ek）左	42.4	40.0	40.2	40.2	41.4	40.5	38.7	40.4	37.0
52	眶高 左	34.2	32.9	33.3	32.5	32.1	32.4	27.9	31.5	30.9
60	齿槽弓长	–	47.3	51.7	–	49.4	–	44.8	51.7	50.2
61	齿槽弓宽	–	59.0	62.2	–	57.8	–	54.4	62.0	59.7
62	腭长（ol-sta）	–	44.4	45.1	–	43.8	–	39.0	42.6	43.1

代号	测量项目	ⅡM167	ⅡM173	ⅡM182：A	ⅡM186	ⅡM199	ⅡM201：A	ⅡM203：C	ⅡM203：D	ⅡM205：C
		♀	♀	♀	♀	♀	♀	♀	♀	♀
63	腭宽（enm-enm）	–	40.7	40.4	–	38.0	–	39.1	41.2	38.8
CM	颅粗壮度［(1+8+17)/3］	148.7	141.8	140.5	142.2	143.7	147.2	134.7	139.8	146.1
FM	面粗壮度 ［(40+47+45)/3］	–	103.6	108.2	–	107.8	–	–	–	106.7
65	下颌髁间宽	102.9?	106.3	100.4	103.5	114.4	–	–	–	109.6
	鼻骨长（n-rhi）	24.2	24.5	–	25.8	19.0	–	–	17.6	–
	鼻尖齿槽长（rhi-pr）	–	40.5	–	–	50.3	–	–	48.5	–
32	额倾角（n-m-FH）	85.5	84.0	81.0	83.5	81.5	80.5	90.5	82.5	89.0
72	面角（n-pr-FH）	–	84.5	83.0	–	83.0	–	87.0	84.0	86.5
73	鼻面角（n-ns-FH）	83.0	85.5	85.0	89.0	85.0	86.5?	92.5	86.0	88.5
74	齿槽面角（ns-pr-FH）	–	78.5	76.5	–	75.0	–	68.0	78.5	81.0
77	鼻颧角（fmo-n-fmo）	146.2	144.5	139.3	143.3	148.8	139.3	144.9	148.9	145.9
ZM∠	颧上颌角（zm-ss-zm）	127.0	128.9	118.4	138.0	134.4	127.2	138.3	123.1	125.6
ZM₁∠	颧上颌角（zm1-ss-zm1）	134.0	134.6	126.9	144.2	140.2	133.8	139.2	131.7	133.6
75	鼻尖角（n-rhi-FH）	55.0	60.5	–	68.5	58.0	60.5?	68.5?	56.0	–
75（1）	鼻骨角（rhi-n-pr）	–	24.9	–	–	26.4	–	–	29.2	–
8：1	颅指数	71.7	77.4	75.3	71.2	77.9	77.4	74.7	76.3	74.7
17：1	颅长高指数	76.1	72.9	75.6	71.8	76.4	74.9	74.7	71.9	74.3
21：1	颅长耳高指数	62.8	64.1	62.5	63.8	63.4	65.7	64.0	62.7	63.4
17：8	颅宽高指数	106.2	94.3	100.4	100.8	98.1	96.7	95.9	94.2	99.4
FM：CM	颅面粗壮指数	–	73.1	77.0	–	75.0	–	–	–	73.0
54：55	鼻指数	65.1	53.5	43.9	43.4	47.9	48.2	51.0	53.7	43.3
SS：SC	鼻根指数	13.6	41.7	40.0	40.2	51.1	42.9	22.2	36.9	30.9
52：51	眶指数 左	80.7	82.3	82.8	80.8	77.5	80.0	72.1	78.0	83.5
48：17	垂直颅面指数 sd	–	51.2	57.0	–	53.1	–	50.8	54.2	52.0
48：45	上面指数 sd	–	54.9	62.8	–	55.3	–	53.1	52.3	56.7
47：45	全面指数	–	89.4	99.0	–	90.3	–	–	–	92.1
48：46	中面指数 sd	–	70.3	80.9	–	73.7	–	70.2	67.3	74.8
9：8	额宽指数	71.6	70.0	64.8	70.6	65.9	68.7	69.0	69.3	69.0
40：5	面突度指数	–	98.5	98.8	–	95.6	–	95.3	97.3	94.9
DS：DC	眶间宽高指数	32.5	41.5	43.9	56.0	48.5	57.0	38.9	46.5	43.0
SN：OB	额面扁平度指数	15.3	16.3	18.6	16.7	15.3	19.1	16.3	15.5	16.0
SR：O₃	鼻面扁平指数	25.5	31.9	–	28.2	28.5	–	–	34.2	–
63：62	腭指数	–	91.7	89.6	–	86.8	–	100.3	96.7	90.0
61：60	齿槽弓指数	–	124.7	120.3	–	117.0	–	121.4	119.9	118.9
48：65	面高髁宽指数 sd	–	59.7	72.1	–	60.1	–	–	–	62.0

代号	测量项目	ⅡM206	ⅡM207	ⅡM210	ⅡM211：B	ⅡM211：C	ⅡM217：A	ⅡM154：D	ⅠM106：A	例数
		♀	♀	♀	♀？	♀	♀？	♀？	♀？	n
1	颅长（g-op）	179.0	178.0	170.0	167.5	177.0	187.0	181.0	193.0	102
8	颅宽（eu-eu）	133?	134.0	128.5	123.0	133.0	125.0	132.0	139.0	100
17	颅高（ba-b）	130.0	128.2	133.0	120.0	132.0	138.0	134.0	135.8	99
21	耳上颅高（po-v）	–	110.5	112.4	100.5	113.5	115.0	117.2	117.0	97
9	最小颅宽（ft-ft）	–	88.8	89.0	92.1	88.4	91.6	98.9	92.0	100
25	颅矢状弧（arc n-o）	365.0	364.0	353.0	342.0	370.5	378.0	384.0	389.0	100
23	颅周长（眉上方）	–	505.0	487.0	481.0	508.0	510.0	517.0	535.0	97
24	颅横弧（arc po-po）	–	302.0	307.0	284.0	309.0	307.0	317.0	317.0	97
5	颅基底长（n-ba）	99.1	94.4	96.0	91.8	95.0	106.0	94.4	102.6	99
40	面基底长（ba-pr）	93.7	89.8	85.5	91.0	90.6	99.0	92.2	102.1	85
48	上面高（n-sd）	69.2	66.6	70.9	62.7	70.7	75.9	69.5	75.4	87
	（n-pr）	66.7	63.1	65.8	61.2	67.4	72.6	66.9	71.4	89
47	全面高（n-gn）	–	–	112.6	108.7	116.5	122.1	114.8	119.3	50
45	颧宽（zy-zy）	–	122.4?	119.0	112.2	126.1	124.0	122.7	129.0	96
46	中面宽（zm-zm）	–	93.0	89.3	86.0	94.8	101.0	97.4	93.7	95
	颧颌点间高（sub.zm-ss-zm）	–	19.2	24.2	24.0	25.2	32.0	22.7	27.0	94
43（1）	两眶外缘宽（fmo-fmo）	–	91.5	93.0	90.0	91.3	98.0	94.0	96.5	101
	眶外缘间高（sub.fmo-n-fmo）	–	14.5	15.6	4.1?	16.0	20.0	15.7	17.1	100
O₃	眶中宽	–	51.6	45.7	48.6	44.5	49.6	57.0	49.6	94
SR	鼻尖高	–	–	18.2	13.7	17.4	16.5	18.5	19.8	73
50	眶间宽（mf-mf）	19.7	16.3	18.3	22.7	17.8	25.6	17.0	19.5	102
DC	眶内缘点间宽（d-d）	22.2	19.7	18.7	23.6	19.5	25.1	21.0	22.4	102
DS	鼻梁眶内缘宽高	–	10.9	9.0	9.5	9.4	9.0	9.0	10.5	98
MH	颧骨高（fmo-zm）左	–	41.3	43.0	39.9	41.2	40.4	39.0	44.4	98
MB′	颧骨宽（zm-rim orb.）左	–	22.6	23.5	22.6	26.5	25.4	24.4	25.3	97
54	鼻宽	25.1	21.8	23.3	23.6	22.7	23.8	24.8	26.9	102
55	鼻高（n-ns）	51.4	48.2	51.8	49.2	50.2	54.7	47.7	53.8	102
SC	鼻骨最小宽	8.4	6.7	8.2	12.3	10.3	9.5	6.7	7.2	102
SS	鼻骨最小宽高	–	2.4	3.4	3.7	3.0	2.0	2.8	3.3	98
51	眶宽（mf-ek）左	–	40.5	39.1	36.9	40.0	40.1	42.0	41.3	100
52	眶高 左	–	31.7	32.3	29.7	29.8	28.1	30.8	32.5	100
60	齿槽弓长	–	50.0	49.0	50.6	–	50.8	53.7	56.8	82
61	齿槽弓宽	–	58.7	59.6	61.0	–	62.5	60.3	61.7	65
62	腭长（ol-sta）	–	41.7	42.3	43.2	46.2	48.1	45.2	46.0	84

代号	测量项目	ⅡM206 ♀	ⅡM207 ♀	ⅡM210 ♀	ⅡM211：B ♀？	ⅡM211：C ♀	ⅡM217：A ♀？	ⅡM154：D ♀？	ⅠM106：A ♀？	例数 n
63	腭宽（enm-enm）	–	37.3	39.1	40.8	39.4	40.1	36.3	41.3	63
CM	颅粗壮度〔（1+8+17）/3〕	147.3?	146.7	143.8	136.8	147.3	150.0	149.0	155.9	97
FM	面粗壮度〔（40+47+45）/3〕	–	–	105.7	104.0	111.1	115.0	109.9	116.8	47
65	下颌髁间宽	115.5	–	112.0	101.1	112.3	108.6	108.3	114.0	62
	鼻骨长（n-rhi）	24.6	–	23.7	24.7	26.5	24.6	23.3	25.9	78
	鼻尖齿槽长（rhi-pr）	45.2	–	45.3	38.8	44.0	50.2	47.4	49.7	70
32	额倾角（n-m-FH）	–	87.5	84.0	89.5	88.0	81.5	91.5	81.5	97
72	面角（n-pr-FH）	–	86.0	89.0	80.0	88.0	85.0	84.5	84.5	87
73	鼻面角（n-ns-FH）	–	90.0	90.5	82.0	89.5	87.0	86.5	84.0	96
74	齿槽面角（ns-pr-FH）	–	73.5	80.5	71.0	83.0	82.5	77.0	83.5	85
77	鼻颧角（fmo-n-fmo）	–	146.3	144.3	144.5	142.6	135.2	144.5	142.2	100
ZM∠	颧上颌角（zm-ss-zm）	–	136.0	123.4	122.9	124.3	114.0	131.3	121.7	95
ZM₁∠	颧上颌角（zm1-ss-zm1）	–	141.2	132.8	129.2	129.6	123.1	136.1	130.1	94
75	鼻尖角（n-rhi-FH）	–	–	64.0	62.0	66.5	66.0	58.0	57.0	79
75（1）	鼻骨角（rhi-n-pr）	23.4	–	24.4	19.5	22.1	20.0	27.2	26.6	70
8：1	颅指数	74.3?	75.3	75.6	73.4	75.1	66.8	72.9	72.0	100
17：1	颅长高指数	72.6	72.0	78.2	71.6	74.6	73.8	74.0	70.4	99
21：1	颅长耳高指数	–	62.1	66.1	60.0	64.1	61.5	64.8	62.9	97
17：8	颅宽高指数	97.7	95.7	103.5	97.6	99.2	110.4	101.5	97.7	97
FM：CM	颅面粗壮指数	–	–	73.5	76.0	75.4	76.7	73.8	74.9	47
54：55	鼻指数	48.8	45.2	45.0	48.0	45.2	43.5	52.0	50.0	102
SS：SC	鼻根指数	–	35.8	41.5	30.1	29.1	21.1	41.8	45.8	98
52：51	眶指数 左	–	78.3	82.6	80.5	74.5	70.0	73.3	78.7	99
48：17	垂直颅面指数 sd	53.2	52.0	53.3	52.3	53.6	55.0	51.9	55.5	84
48：45	上面指数 sd	–	54.4?	59.6	55.9	56.1	61.2	56.6	58.4	83
47：45	全面指数	–	–	94.6	96.9	92.4	98.5	93.6	92.5	48
48：46	中面指数 sd	–	71.6	79.4	72.9	74.6	75.1	71.4	80.5	81
9：8	额宽指数	–	66.3	69.3	74.9	66.5	73.3	74.9	66.2	98
40：5	面突度指数	94.6	95.1	89.1	99.1	95.4	93.4	97.7	99.5	85
DS：DC	眶间宽高指数	–	55.3	48.1	40.3	48.2	35.9	42.9	46.9	97
SN：OB	额面扁平度指数	–	15.8	16.8	4.6?	17.5	20.4	16.7	17.7	100
SR：O₃	鼻面扁平指数	–	–	39.8	28.2	39.1	33.3	32.5	39.9	73
63：62	腭指数	–	89.4	92.4	94.4	85.3	83.4	80.3	89.8	63
61：60	齿槽弓指数	–	117.4	121.6	120.6	–	123.0	112.3	108.6	64
48：65	面高髁宽指数 sd	59.9	–	63.3	62.0	63.0	69.9	64.2	66.1	53

代号	测量项目	平均值	标准差	ⅠM105：B	ⅡM137	ⅡM44：A	ⅡM55	ⅡM93	ⅡM93：A	ⅠM210
		m	σ	♂？	♂？	♂	♂？	♂	♂？	♂？
1	颅长（g-op）	174.9	5.4	176.0	174.0	168.0	179.0	177.5	182.5	178.0
8	颅宽（eu-eu）	130.8	4.8	137.0	137.0	136.0	129.5	136.0	130.0	131.0
17	颅高（ba-b）	127.9	4.9	137.0	137.5	140.0	127.0	135.5	133.0	–
21	耳上颅高（po-v）	109.4	4.0	114.5	112.2	119.0	106.5	112.0	114.0	115.5
9	最小颅宽（ft-ft）	89.3	3.8	88.2	94.2	94.0	90.7	86.0	92.0	90.2
25	颅矢状弧（arc n-o）	359.8	11.9	375.0	374.0	359.0	352.5	371.0	370.0	356.0
23	颅周长（眉上方）	496.0	11.9	502.0	503.0	489.0	500.0	499.0	516.0	502.0
24	颅横弧（arc po-po）	301.8	9.0	315.0	312.0	323.0	301.0	307.0	312.0	316.0
5	颅基底长（n-ba）	95.3	3.6	95.0	92.7	100.5	96.4	93.8	96.8	–
40	面基底长（ba-pr）	92.4	4.5	92.8	86.7	91.6	88.1	85.7	86.0	–
48	上面高（n-sd）	67.1	3.6	66.4	55.2	66.6	63.6	64.2	72.0	62.0
	（n-pr）	64.3	3.5	64.7	53.5	64.4	60.6	62.7	68.2	60.3
47	全面高（n-gn）	109.8	5.5	108.0	93.7	113.6	107.7	–	–	97.7
45	颧宽（zy-zy）	121.1	4.3	118.1	116.5	118.4	121.4	121?	124.6	120.0
46	中面宽（zm-zm）	93.0	4.6	93.4	87.9	86.3	88.3	90.2	93.2	86.6
	颧颌点间高（sub.zm-ss-zm）	24.2	3.1	28.7	24.5	26.5	22.6	26.7	21.2	26.4
43（1）	两眶外缘宽（fmo-fmo）	92.4	3.1	90.7	92.0	91.8	92.0	87.3	90.4	90.0
	眶外缘间高（sub.fmo-n-fmo）	15.6	2.4	14.9	19.8	19.3	18.5	16.9	15.5	20.2
O₃	眶中宽	51.4	4.6	–	50.9	39.6	52.6	48.0	47.1	56.5
SR	鼻尖高	16.9	2.3	–	15.5	18.5	18.4	–	18.7	21.3
50	眶间宽（mf-mf）	18.1	2.5	18.9	19.4	18.7	17.3	16.8	18.5	17.2
DC	眶内缘点间宽（d-d）	20.4	2.1	20.2	21.0	19.2	18.6	18.5	19.7	20.4
DS	鼻梁眶内缘宽高	10.1	1.9	–	9.0	10.8	8.5	11.4	9.9	10.0
MH	颧骨高（fmo-zm）左	40.5	2.4	38.9	39.0	43.3	40.4	38.6	40.4	39.5
MB′	颧骨宽（zm-rim orb.）左	22.5	2.2	23.4	24.2	28.3	20.3	22.5	23.7	22.2
54	鼻宽	24.2	1.9	25.1	23.2	21.3	22.8	24.7	24.0	22.0
55	鼻高（n-ns）	49.9	2.9	50.2	41.9	52.0	46.3	48.2	51.7	47.2
SC	鼻骨最小宽	8.2	1.8	5.1	8.6	6.7	7.1	7.3	7.5	9.6
SS	鼻骨最小宽高	3.2	1.0	–	3.5	3.4	2.9	3.9	4.2	3.0
51	眶宽（mf-ek）左	40.1	1.4	39.3	39.5	40.9	41.8	37.4	38.7	40.1
52	眶高 左	32.2	1.9	31.5	26.5	31.7	33.4	28.8	32.1	33.5
60	齿槽弓长	50.8	3.3	51.5	48.7	52.4	45.6	46.8	47.2	44.5
61	齿槽弓宽	59.7	3.3	64.7	63.4	56.9	64.0	59.5	63.5	64.0
62	腭长（ol-sta）	43.8	2.3	42.4	40.6	45.0	39.6	40.3	41.3	40.6

代号	测量项目	平均值	标准差	ⅠM105：B	ⅡM137	ⅡM44：A	ⅡM55	ⅡM93	ⅡM93：A	ⅠM210
		m	σ	♂?	♂?	♂	♂?	♂	♂?	♂?
63	腭宽（enm-enm）	39.1	2.6	38.9	41.8	35.1	39.8	41.6	40.5	39.9
CM	颅粗壮度［（1+8+17）/3］	144.5	3.6	150.0	149.5	148.0	145.2	149.7	148.5	—
FM	面粗壮度［（40+47+45）/3］	107.7	3.3	106.3	99.0	107.9	105.7	—	—	—
65	下颌髁间宽	109.6	5.2	105.8	102.3	104.5	99.4	—	—	109.0
	鼻骨长（n-rhi）	22.6	3.5	—	17.3	24.8	19.7	—	27.6	18.4
	鼻尖齿槽长（rhi-pr）	44.7	2.9	—	38.6	41.8	43.0	—	45.2	43.7
32	额倾角（n-m-FH）	82.5	8.5	87.0	85.5	85.0	83.0	81.5	80.0	89.0
72	面角（n-pr-FH）	83.6	2.9	80.0	83.0	86.0	88.5	84.0	89.0	89.0
73	鼻面角（n-ns-FH）	85.8	3.2	81.0	85.0	88.0	90.0	85.0	92.0	88.0
74	齿槽面角（ns-pr-FH）	75.7	5.7	77.5	77.5	77.0	82.0	77.5	81.0	88.0
77	鼻颧角（fmo-n-fmo）	143.8	4.1	142.1	144.1	136.0	135.8	140.0	143.5	131.0
ZM∠	颧上颌角（zm-ss-zm）	126.0	6.1	107.7	123.0	115.2	126.9	118.1	132.3	119.0
ZM₁∠	颧上颌角（zm1-ss-zm1）	133.4	5.7	128.7	132.1	123.8	132.4	128.2	141.0	125.8
75	鼻尖角（n-rhi-FH）	61.6	6.6	—	59.0	66.0	65.0	—	64.0	70.5
75（1）	鼻骨角（rhi-n-pr）	22.8	6.7	—	25.4	19.3	22.1	—	26.5	21.5
8：1	颅指数	74.8	3.4	77.8	78.7	81.0	72.3	76.6	71.2	73.6
17：1	颅长高指数	73.2	2.7	77.8	79.0	83.3	70.9	76.3	72.9	—
21：1	颅长耳高指数	62.6	2.3	65.1	64.5	70.8	59.5	63.1	62.5	64.9
17：8	颅宽高指数	97.8	4.4	100.0	100.4	102.9	98.1	99.6	102.3	—
FM：CM	颅面粗壮指数	74.7	2.0	70.9	66.2	72.9	72.8	—	—	—
54：55	鼻指数	48.7	4.5	50.0	55.4	41.0	49.2	51.2	46.4	46.6
SS：SC	鼻根指数	39.8	11.3	—	40.7	50.7	40.8	53.4	56.0	31.3
52：51	眶指数　左	80.2	4.8	80.2	67.1	77.5	79.9	77.0	82.9	83.5
48：17	垂直颅面指数 sd	52.6	3.0	48.5	40.1	47.6	50.1	47.4	54.1	—
48：45	上面指数 sd	55.5	3.0	56.2	47.4	56.3	52.4	53.1?	57.8	51.7
47：45	全面指数	91.5	3.9	91.4	80.4	95.9	88.7	—	—	81.4
48：46	中面指数 sd	72.4	4.2	71.1	62.8	77.2	72.0	71.2	77.3	71.6
9：8	额宽指数	68.3	3.4	64.4	68.8	69.1	70.0	63.2	70.8	68.9
40：5	面突度指数	97.1	3.9	97.7	93.5	91.1	91.4	91.4	88.8	—
DS：DC	眶间宽高指数	49.6	8.2	—	42..9	56.3	45.7	61.6	50.3	49.0
SN：OB	额面扁平度指数	16.8	2.5	16.4	21.5	21.0	20.1	19.4	17.1	22.4
SR：O₃	鼻面扁平指数	33.2	5.1	—	30.5	46.7	35.0	—	39.7	37.7
63：62	腭指数	89.7	6.5	91.7	103.0	78.0	100.5	103.2	98.1	98.3
61：60	齿槽弓指数	118.4	7.5	125.6	130.2	108.6	140.4	127.1	134.5	143.8
48：65	面高髁宽指数 sd	61.1	3.6	63.0	54.0	63.7	64.0	—	—	56.9

代号	测量项目	ⅠM1	ⅠM3	ⅠM31	ⅠM70	ⅠM108	ⅡM28	ⅡM29	ⅡM43	ⅡM44
		?	?	?	?	?	?	?	?	?
1	颅长（g-op）	172.0	172.0	171.0	172.5	174.5	–	172.5	160.0	–
8	颅宽（eu-eu）	126.5	130.0	130.0	131.0	123.5	–	133.0	126.5	–
17	颅高（ba-b）	124.5	131.5	125.5	124.5	–	–	128.0	125.0	–
21	耳上颅高（po-v）	113.0	112.0	108.0	109.0	106.4	–	113.0	103.5	–
9	最小颅宽（ft-ft）	91.2	92.0	89.9	90.0	81.7	83.6	92.5	91.0	87.2
25	颅矢状弧（arc n-o）	358.5	374.0	358.0	351.0	365.0	–	362.5	336.0	–
23	颅周长（眉上方）	496.0	486.0	486.0	487.0	496.0	–	492.0	466.0	–
24	颅横弧（arc po-po）	302.0	309.0	307.0	300.0	300.0	–	310.0	288.0	–
5	颅基底长（n-ba）	91.6	89.3	88.0	90.8	–	–	84.7	88.6	–
40	面基底长（ba-pr）	86.0	78.0	85.0	–	–	–	–	83.3	–
48	上面高（n-sd）	58.2	59.1	62.6	58.9	55.7	62.3	–	60.2	69.3
	（n-pr）	56.9	55.0	60.8	–	53.1	59.9	–	58.5	67.1
47	全面高（n-gn）	95.0	–	102.2?	–	90.2	–	94.3	–	–
45	颧宽（zy-zy）	110.4	105.6	–	105.5?	99.8	110.5?	117.4?	120.0	–
46	中面宽（zm-zm）	86.4	81.7	91.0	–	74.3	88.7	80.5	84.7	103.3
	颧颌点间高（sub.zm-ss-zm）	22.9	23.1	24.1	–	23.0	22.1	–	21.5	22.5
43（1）	两眶外缘宽（fmo-fmo）	88.3	87.1	87.6	82.1	80.0	87.0	88.1	92.2	87.3
	眶外缘间高（sub.fmo-n-fmo）	18.1	20.2	16.2	16.9	17.4	17.0	–	14.4	15.0
O₃	眶中宽	52.0	45.4	52.7	51.4	43.6	47.9	50.2	46.3	56.1
SR	鼻尖高	16.3	15.4	14.5	19.5	14.5	15.5	–	–	15.8
50	眶间宽（mf-mf）	18.5	19.5	17.1	16.8	15.7	14.7	18.2	19.2	19.8
DC	眶内缘点间宽（d-d）	21.5	20.3	19.1	18.3	17.6	15.3	–	21.3	20.3
DS	鼻梁眶内缘宽高	10.3	9.0	7.8	9.5	6.7	8.1	–	–	9.5
MH	颧骨高（fmo-zm）左	36.9	34.9	34.7	36.8	33.9	40.8	36.8	41.1	42.8
MB′	颧骨宽（zm-rim orb.）左	21.1	20.5	20.2	17.5	18.0	22.1	19.0	19.9	25.0
54	鼻宽	21.7	20.3	22.5	22.1	19.0	22.0	20.0	22.3	23.3
55	鼻高（n-ns）	44.8	41.1	43.9	44.8	41.0	44.6	–	45.2	51.0
SC	鼻骨最小宽	8.0	7.8	8.2	10.0	7.5	7.0	8.4	7.1	9.8
SS	鼻骨最小宽高	2.5	2.0	2.5	3.3	2.2	2.5	2.9	–	3.4
51	眶宽（mf-ek）左	37.7	37.8	40.2	37.5	36.1	39.2	37.3	40.4	38.0
52	眶高 左	30.2	27.9	29.3	32.4	30.9	34.5	30.4	33.2	33.7
60	齿槽弓长	42.0	41.5	42.4	–	36.4	46.2	–	46.5	47.6
61	齿槽弓宽	56.2	55.7	63.1	–	53.6	46.7	–	60.6	59.1
62	腭长（ol-sta）	36.2	35.0	37.0	–	31.4	40.3	–	39.7	42.3

代号	测量项目	ⅠM1	ⅠM3	ⅠM31	ⅠM70	ⅠM108	ⅡM28	ⅡM29	ⅡM43	ⅡM44
		？	？	？	？	？	？	？	？	？
63	腭宽（enm-enm）	35.7	39.0	43.6	–	–	35.5	–	41.6	38.6
CM	颅粗壮度［(1+8+17)/3］	141.0	144.5	142.2	142.7	–	–	144.5	137.2	–
FM	面粗壮度［(40+47+45)/3］	97.1	–	–	–	–	–	–	–	–
65	下颌髁间宽	99.8	–	96.2	–	90.2	–	84.8	–	–
	鼻骨长（n-rhi）	21.0	19.0	18.6	23.6	18.9	22.3	–	–	23.0
	鼻尖齿槽长（rhi-pr）	37.5	38.4	44.7	36.6?	35.2	38.8	–	–	45.3
32	额倾角（n-m-FH）	90.0	97.5	92.0	88.5	90.0	–	88.5	85.5	–
72	面角（n-pr-FH）	89.0	92.5	85.0	–	90.5	–	–	81.0	–
73	鼻面角（n-ns-FH）	89.5	91.0	85.0	84.0	90.0	–	84.5	82.5	–
74	齿槽面角（ns-pr-FH）	87.0	91.5	82.0	–	95.0	–	–	77.0	–
77	鼻颧角（fmo-n-fmo）	134.4	129.5	142.2	137.8	135.0	137.6	132.4	143.4	143.6
ZM ∠	颧上颌角（zm-ss-zm）	138.5	120.9	125.4	–	119.1	130.9	120.8	127.4	135.5
ZM₁ ∠	颧上颌角（zm1-ss-zm1）	135.9	127.5	132.1	–	123.9	138.5	126.1	132.7	138.7
75	鼻尖角（n-rhi-FH）	70.0	68.0	67.0	66.0	77.0	–	–	–	–
75(1)	鼻骨角（rhi-n-pr）	18.0	23.9	25.3	–	15.1	15.1	–	–	15.2
8：1	颅指数	73.5	75.6	76.0	75.9	70.8	–	77.1	79.1	–
17：1	颅长高指数	72.4	76.5	73.4	72.2	–	–	74.2	78.2	–
21：1	颅长耳高指数	65.7	65.1	63.2	63.2	61.0	–	65.5	64.7	–
17：8	颅宽高指数	98.4	101.2	96.5	95.0	–	–	96.2	98.8	–
FM：CM	颅面粗壮指数	68.9	–	–	–	–	–	–	–	–
54：55	鼻指数	48.4	49.4	51.3	49.3	46.3	49.3	–	49.3	45.7
SS：SC	鼻根指数	31.3	25.6	30.5	33.0	29.3	35.7	34.5	–	34.7
52：51	眶指数　左	80.1	73.8	72.9	86.4	85.6	88.0	81.5	82.2	88.7
48：17	垂直颅面指数 sd	46.7	44.9	49.9	47.3	–	–	–	48.2	–
48：45	上面指数 sd	52.7	56.0	–	55.8?	55.8	56.4?	–	50.2	–
47：45	全面指数	86.1	–	–	–	90.4	–	80.3?	–	–
48：46	中面指数 sd	67.4	72.3	68.8	–	75.0	70.2	–	71.1	67.1
9：8	额宽指数	72.1	70.8	69.2	68.7	66.2	–	69.5	71.9	–
40：5	面突度指数	93.9	87.3	96.6	–	–	–	–	94.0	–
DS：DC	眶间宽高指数	47.9	44.3	40.8	51.9	38.1	52.9	–	–	46.8
SN：OB	额面扁平度指数	20.5	23.2	18.5	20.6	21.8	19.5	–	15.6	17.2
SR：O₃	鼻面扁平指数	31.3	33.9	27.5	37.9	33.3	32.4	–	–	28.2
63：62	腭指数	98.6	111.4	117.8	–	–	88.1	–	104.8	91.3
61：60	齿槽弓指数	133.8	134.2	148.8	–	147.3	101.1	–	130.3	124.2
48：65	面高髁宽指数 sd	58.3	–	65.1	–	61.8	–	–	–	–

代号	测量项目	ⅡM88	ⅡM98：B	ⅠM88	ⅠM206	ⅡM115	ⅡM124：B	ⅡM125	ⅡM139	ⅡM145：B
		?	?	♂?	♀?	?	♂?	♂?	?	?
1	颅长（g-op）	159.0	–	172.0	173.5	171.0	180.0	185.5	158.0	176.0
8	颅宽（eu-eu）	124.0	132.0	134.5	126.5	138.0	132.5	131.5	126.0	129.0
17	颅高（ba-b）	122.0	129.5	–	119.5	–	–	135.0	–	122.0
21	耳上颅高（po-v）	107.0	109.2	109.0	105.0	111.0	–	111.3	104.0	111.1
9	最小颅宽（ft-ft）	79.5	89.4	92.3	84.7	85.1	89.8	91.5	85.5	88.3
25	颅矢状弧（arc n-o）	338.0	363.0	–	345.0	373.0	377.0	366.5	327.0	372.0
23	颅周长（眉上方）	457.0	488.0	492.0	480.0	488.0	506.0	506.0	459.0	496.0
24	颅横弧（arc po-po）	294.0	301.0	309.0	290.0	313.0	–	302.0	298.0	312.0
5	颅基底长（n-ba）	84.6	93.0	–	91.4	–	–	104.2	–	85.2
40	面基底长（ba-pr）	84.1	87.8	–	94.7	–	–	98.4	–	83.0
48	上面高（n-sd）	56.5	60.3	62.0	61.4	56.7	58.4	66.0	54.7	58.8
	（n-pr）	54.9	58.0	58.4	59.3	55.0	56.2	64.0	52.3	57.0
47	全面高（n-gn）	94.3	98.5	–	98.2	96.1	102.7	–	85.6	95.3
45	颧宽（zy-zy）	105.2?	117.8	115.1	–	102.5	–	119.6	100.5	103.1
46	中面宽（zm-zm）	83.6	92.1	89.4	–	80.7	84.1	95.0	74.0	81.2
	颧颌点间高（sub.zm-ss-zm）	26.2	25.4	23.1	–	25.7	22.0	28.5	19.9	25.0
43（1）	两眶外缘宽（fmo-fmo）	–	87.1	88.6	84.1	84.0	86.2	91.4	82.0	83.4
	眶外缘间高（sub.fmo-n-fmo）	–	14.7	18.6	14.0	13.5	16.8	18.5	14.4	13.7
O₃	眶中宽	–	46.3	46.0	47.8	49.2	52.5	52.6	36.4	41.1
SR	鼻尖高	–	–	20.0	16.5	16.3	18.0	17.5	–	13.6
50	眶间宽（mf-mf）	14.8	18.2	15.7	17.1	16.3	18.3	19.8	18.1	16.7
DC	眶内缘点间宽（d-d）	17.1	20.0	16.8	19.3	18.4	20.6	22.0	19.1	17.0
DS	鼻梁眶内缘宽高	8.3	8.7	9.0	11.7	9.1	10.7	10.0	7.0	7.1
MH	颧骨高（fmo-zm）左	31.9	36.2	38.4	41.4?	34.6	35.4	42.7	33.0	37.1
MB′	颧骨宽（zm-rim orb.）左	23.3	22.8	21.2	25.3?	19.5	19.0	25.3	16.5	20.8
54	鼻宽	22.9	25.2	21.5	23.3	20.6	24.0	22.8	20.8	22.1
55	鼻高（n-ns）	40.2	45.5	47.8	46.0	42.2	42.0	49.8	37.7	44.6
SC	鼻骨最小宽	9.0	7.6	6.9	9.4	5.7	8.5	9.4	8.4	8.8
SS	鼻骨最小宽高	2.7	2.7	2.7	2.9	2.2	2.6	3.5	2.6	2.6
51	眶宽（mf-ek）左	34.7	37.3	39.7	35.0	34.7	37.1	40.0	33.6	36.5
52	眶高 左	26.3	27.9	33.6	29.4	32.4	32.3	31.2	29.7	28.5
60	齿槽弓长	42.5	45.8	43.6	51.0	41.0	43.5	50.4	38.2	42.0
61	齿槽弓宽	57.4	59.8	55.8	57.8	58.3	60.5	62.7	53.8	55.8
62	腭长（ol-sta）	38.0	39.8	39.3	47.3	33.8	38.4	42.5	33.6	36.4

续附表 2

代号	测量项目	ⅡM88	ⅡM98：B	ⅠM88	ⅠM206	ⅡM115	ⅡM124：B	ⅡM125	ⅡM139	ⅡM145：B
		?	?	♂?	♀	?	♂?	♂?	?	?
63	腭宽（enm-enm）	37.1	38.7	33.5	37.3	37.8	35.0	38.0	29.0	37.0
CM	颅粗壮度［(1+8+17)/3］	135.0	–	–	139.8	–	–	150.7	–	142.3
FM	面粗壮度［(40+47+45)/3］	94.5?	101.4	–	–	–	–	–	–	93.8
65	下颌髁间宽	92.1	104.1	–	102.9	90.8	100.0	–	89.7	90.2
	鼻骨长（n-rhi）	–	–	21.5	23.8	18.6	20.5	24.6	–	23.7
	鼻尖齿槽长（rhi-pr）	–	–	39.5	38.0	38.6	38.7	42.1	–	34.5
32	额倾角（n-m-FH）	91.5	98.5	85.5	81.5	96.5	–	78.0	91.0	96.0
72	面角（n-pr-FH）	84.5	86.0	85.5	80.5	84.5	–	82.5	87.0	87.0
73	鼻面角（n-ns-FH）	80.5	88.0	85.5	82.0	83.5	–	84.5	86.0	88.5
74	齿槽面角（ns-pr-FH）	91.5	80.0	79.0	74.5	85.5	–	75.0	88.5	83.0
77	鼻颧角（fmo-n-fmo）	–	143.5	135.9	142.1	146.2	138.4	135.1	143.7	145.6
ZM∠	颧上颌角（zm-ss-zm）	116.1	122.8	126.3	–	116.7	126.4	120.7	123.8	117.3
ZM₁∠	颧上颌角（zm1-ss-zm1）	124.8	131.6	132.2		122.4	133.8	126.1	–	124.1
75	鼻尖角（n-rhi-FH）	–	–	64.5	60.0	60.0	–	61.0	–	71.0
75(1)	鼻骨角（rhi-n-pr）	–	–	22.9	20.8	23.2	25.4	21.5	–	14.1
8：1	颅指数	78.0	–	78.2	72.9	80.7	73.6	70.9	79.7	73.3
17：1	颅长高指数	76.7	–	–	68.9	–	–	72.8	–	69.3
21：1	颅长耳高指数	67.3	–	63.4	60.5	64.9	–	60	65.8	63.1
17：8	颅宽高指数	98.4	98.1	–	94.5	–	–	102.7	–	94.6
FM：CM	颅面粗壮指数	70?	–	–	–	–	–	–	–	65.9
54：55	鼻指数	57.0	55.4	45.0	50.7	48.8	57.1	45.8	55.2	49.6
SS：SC	鼻根指数	30.0	35.5	39.1	30.9	38.6	30.6	37.2	31	29.5
52：51	眶指数 左	75.8	74.8	84.6	84.0	93.4	87.1	78	88.4	78.1
48：17	垂直颅面指数 sd	46.3	46.6	–	51.4	–	–	48.9	–	48.2
48：45	上面指数 sd	53.7?	51.2	53.9	–	55.3	–	55.2	54.4	57
47：45	全面指数	89.6	83.6	–	–	93.8	–	–	85.2	92.4
48：46	中面指数 sd	67.6	65.5	69.4	–	70.3	69.4	69.5	73.9	72.4
9：8	额宽指数	64.1	67.7	68.6	67.0	61.7	67.8	69.6	67.9	68.4
40：5	面突度指数	99.4	94.4	–	103.6	–	–	94.4	–	97.4
DS：DC	眶间宽高指数	48.5	43.5	53.6	60.6	49.5	51.9	45.5	36.6	41.8
SN：OB	额面扁平度指数	–	16.9	21.0	16.6	16.1	19.5	20.2	17.6	16.4
SR：O₃	鼻面扁平指数	–	–	43.5	34.5	33.1	34.3	33.3	–	33.1
63：62	腭指数	97.6	97.2	85.2	78.9	111.8	91.1	89.4	86.3	101.6
61：60	齿槽弓指数	135.1	130.6	128.0	113.3	142.2	139.1	124.4	140.8	132.9
48：65	面高髁宽指数 sd	61.3	57.9	–	59.7	62.4	58.4	–	61	65.2

代号	测量项目	ⅡM154：C	ⅡM155	ⅡM159：B	ⅡM161：A	ⅡM161：B	ⅡM166	ⅡM172	ⅡM176	ⅡM182：B
		♀	♀？	♀？	？	？	？	？	？	？
1	颅长（g-op）	162.0	176.0	167.0	–	169.5	169.0	175.5	168.0	160.0
8	颅宽（eu-eu）	128.8	133.5	123.0	–	132.0	122.0	126.0	124.7	124.0
17	颅高（ba-b）	122.8	130？	123.0	–	125.0	127.0	125.0	129.5	116.0
21	耳上颅高（po-v）	105.9	109.0	103.5	–	111.0	112.0	–	111.8	101.0
9	最小颅宽（ft-ft）	90.5	92.2	83.0	84.9	83.0	84.3	86.4	89.4	79.8
25	颅矢状弧（arc n-o）	347.5	368.0	352.0	–	372.0	366.5	369.0	364.5	320.5
23	颅周长（眉上方）	467.0	501.0	468.0	–	487.0	478.0	487.0	473.0	457.0
24	颅横弧（arc po-po）	295.0	301.0	293.5	–	313.0	300.0	298？	305.0	283.0
5	颅基底长（n-ba）	89.0	89.6？	90.5？	–	79.5	90.0	85.6	83.7	87.8
40	面基底长（ba-pr）	92.1	83.6？	77.6？	–	73.7	84.7	–	77.0	81.2
48	上面高（n-sd）	58.4	61.5	54.6	60.8	56.5	59.8	–	53.3	62.2
	（n-pr）	56.8	59.0	53.3	58.1	54.6	57.7	–	51.8	60.3
47	全面高（n-gn）	99.8	–	86.4	–	–	–	–	92.4	99？
45	颧宽（zy-zy）	114.2	115.2	101？	102.3？	100.7	118.2？	–	104.5？	106.3
46	中面宽（zm-zm）	90.0	–	73.0	84.3	83.0	80.1	–	77.8	83.7
	颧颌点间高（sub.zm-ss-zm）	26.7	–	20.7	–	23.0	21.4	–	20.0	24.7
43（1）	两眶外缘宽（fmo-fmo）	90.0	86.6	79.2	80.5	80.0	83.7	83.9？	96.7	81.4
	眶外缘间高（sub.fmo-n-fmo）	13.6	15.9	15.5	–	12.8	16.0	15.5？	15.8	14.1
O₃	眶中宽	53.0	44.2	38.4	45.5	44.8	45.7	–	48.6	40.0
SR	鼻尖高	15.9	16.0	15.0	–	15.0	17.0	–	13.0	13.5
50	眶间宽（mf-mf）	16.5	20.8	13.1	17.4	15.0	14.6	–	19.3	13.4
DC	眶内缘点间宽（d-d）	19.4	23.1	13.8	18.4	20.0	16.8	–	20.8	15.6
DS	鼻梁眶内缘宽高	7.9	9.8	7.3	–	13.2？	11.3	–	7.1	6.6
MH	颧骨高（fmo-zm）左	35.8	37.1	31.9	33.5	36.0	38.3	–	36.9	38.9
MB′	颧骨宽（zm-rim orb.）左	22.1	21.0	16.4	18.5	19.4	20.2	–	20.9	21.1
54	鼻宽	23.3	23.6	20.3	23.0	22.3	22.1	–	23.4	19.5
55	鼻高（n-ns）	45.6	44.6	40.0	42.2	39.7	44.6	–	39.3	44.5
SC	鼻骨最小宽	7.0	9.3	6.9	7.4	7.2	5.6	–	8.0	3.3
SS	鼻骨最小宽高	2.4	3.2	2.7	–	2.7	2.9	–	1.5	1.0
51	眶宽（mf-ek）左	38.7	35.8	37.2	34.6	35.0	38.5	–	36.4	36.5
52	眶高 左	27.0	30.5	31.1	30.4	31.8	30.2	–	29.9	31.5
60	齿槽弓长	51.5	48.0	36.4	43.6	39.7	48.7	–	–	45.1
61	齿槽弓宽	60.3	59.2	50.0	57.3	54.5	53.0	–	58.0	56.2
62	腭长（ol-sta）	44.4	42.7	31.2	36.4	34.2	39.1	–	32.0	38.6

代号	测量项目	ⅡM154：C ♀	ⅡM155 ♀？	ⅡM159：B ♀？	ⅡM161：A ？	ⅡM161：B ？	ⅡM166 ？	ⅡM172 ？	ⅡM176 ？	ⅡM182：B ？
63	腭宽（enm-enm）	38.3	37.3	30.2	34.0	31.2	–	–	–	35.0
CM	颅粗壮度［（1+8+17）/3］	137.9	146.5?	137.7	–	142.2	139.3	142.2	140.7	133.3
FM	面粗壮度［（40+47+45）/3］	102.0	–	88.3?	–	–	–	–	91.3?	95.5?
65	下颌髁间宽	100.8	–	90.5	–	–	99.8	101.0	96.1	96.0
	鼻骨长（n-rhi）	20.8	22.8	18.6	–	17.3	18.8	–	16.8	20.7
	鼻尖齿槽长（rhi-pr）	37.5	39.4	36.3	–	39.3	39.7	–	36.3	41.0
32	额倾角（n-m-FH）	92.0	88.5	93.5	–	97.5	98.0	–	94.5	84.5
72	面角（n-pr-FH）	79.5	86.0	92.5	–	87.0	87.5	–	84.0	88.0
73	鼻面角（n-ns-FH）	82.0	88.0	92.5	–	86.0	92.0	–	85.0	90.5
74	齿槽面角（ns-pr-FH）	68.0	79.0	92.5	–	83.0	70.5	–	86.0	82.0
77	鼻颧角（fmo-n-fmo）	147.3	140.5	138.5	140.2	145.8	141.0	143.3	–	145.6
ZM∠	颧上颌角（zm-ss-zm）	117.1	–	124.2	119.5	125.2	124.8	–	127.6	118.6
ZM₁∠	颧上颌角（zm1-ss-zm1）	124.1	129.6	129.0	129.1	134.7	130.1	–	133.2	127.3
75	鼻尖角（n-rhi-FH）	60.0	60.0	73.0	–	62.0	72.5	–	67.0	69.5
75（1）	鼻骨角（rhi-n-pr）	17.6	24.5	19.5	–	23.2	13.8	–	18.8	17.3
8：1	颅指数	79.5	75.9	73.7	–	77.9	72.2	71.8	74.2	77.5
17：1	颅长高指数	75.8	73.9?	73.7	–	73.7	75.1	71.2	77.1	72.5
21：1	颅长耳高指数	65.4	61.9	62	–	65.5	66.3	–	66.5	63.1
17：8	颅宽高指数	95.3	97.4?	100	–	94.7	104.1	99.2	103.8	93.5
FM：CM	颅面粗壮指数	74	–	64.1	–	–	–	–	64.9?	71.6?
54：55	鼻指数	51.1	52.9	50.8	54.5	56.2	49.6	–	59.6	43.8
SS：SC	鼻根指数	34.3	34.4	39.1	–	37.5	51.8	–	18.8	30.3
52：51	眶指数 左	69.8	85.2	83.6	87.9	90.9	78.4	–	82.1	86.3
48：17	垂直颅面指数 sd	47.6	47.3?	44.4	–	45.2	47.1	–	41.2	53.6
48：45	上面指数 sd	51.1	53.4	54.1	59.4?	56.1	50.6?	–	51?	58.5
47：45	全面指数	87.4	–	85.5	–	–	–	–	88.4?	93.1
48：46	中面指数 sd	64.9	–	74.8	72.1	68.1	74.7	–	68.5	74.3
9：8	额宽指数	70.3	69.1	67.5	–	62.9	69.1	68.6	71.7	64.4
40：5	面突度指数	103.5	93.3?	85.7?	–	92.7	94.1	–	92	92.5
DS：DC	眶间宽高指数	40.7	42.4	52.9	–	66	67.3	–	34.1	42.3
SN：OB	额面扁平度指数	15.1	18.4	19.6	–	16	19.1	18.5?	16.3	17.3
SR：O₃	鼻面扁平指数	30	36.2	39.1	–	33.5	37.2	–	26.7	33.8
63：62	腭指数	86.3	87.4	96.8	93.4	91.2	–	–	–	90.7
61：60	齿槽弓指数	117.1	123.3	137.4	131.4	137.3	108.8	–	–	124.6
48：65	面高髁宽指数 sd	58.1	–	60.3	–	–	59.9	–	55.5	64.8

附表 3　晚期头骨个体测量表及平均值和标准差

（长度单位：毫米，角度：度，指数：百分比）

代号	测量项目	ⅢM5：A	ⅢM10	ⅢM10：A	ⅢM10：B	ⅢM17	ⅢM17	ⅢM17	ⅢM18：A	ⅢM18：C
		♂	♂?	♂	♂	♂	♂	♂	♂	♂
1	颅长（g-op）	180.1	174.4	184.7	178.0	185.0	188.0	182.0	185.0	180.0
8	颅宽（eu-eu）	133.5	140.0	144.4	141.5	138.0	140.7	139.5	142.0	136.5
17	颅高（ba-b）	136.0	124.5	124.6	133.5	140.0	148.0	139.0	131.0	130.0
21	耳上颅高（po-v）	110.1	110.0	111.0	117.0	116.0	123.3	118.0	112.5	111.0
9	最小颅宽（ft-ft）	88.5	87.3	89.4	97.7	98.1	97.3	95.0	89.2	92.0
25	颅矢状弧（arc n-o）	366.0	359.0	362.0	370.5	383.0	394.0	374.0	368.0	362.0
23	颅周长（眉上方）	510.0	506.0	529.0	521.0	524.0	535.0	518.0	528.0	509.0
24	颅横弧（arc po-po）	302.0	310.0	317.0	318.0	323.0	337.0	322.0	318.0	305.0
5	颅基底长（n-ba）	103.4	96.5	101.4	95.3	103.0	105.6	104.0	102.0	99.7
40	面基底长（ba-pr）	97.9	–	101.3	–	96.1	95.3	91.9	102.3	93.4
48	上面高（n-sd）	72.4	–	72.0	–	72.0	75.5	73.4	77.6	73.8
	（n-pr）	69.4	–	69.5	–	69.0	73.1	70.0	73.1	70.5
47	全面高（n-gn）	119.2	–	116.5	–	123.2	125.5	120.3	129.5	–
45	颧宽（zy-zy）	136.4	130.3	133.5	129.1	126.7	134.1	135.5	140.3	123.4
46	中面宽（zm-zm）	102.3	92.9	84.8	95.6	93.6	96.8	101.3	104.3	91.7
	颧颌点间高（sub.zm-ss-zm）	23.7	25.5	23.4	27.8	27.0	18.5	27.7	26.3	22.8
43（1）	两眶外缘宽（fmo-fmo）	99.7	98.2	99.7	98.8	98.4	99.8	102.6	104.9	92.7
	眶外缘间高（sub.fmo-n-fmo）	15.7	18.8	14.4	11.2	20.6	17.4	20.0	17.0	17.5
O₃	眶中宽	50.1	55.3	36.3	58.1	55.3	45.3	56.2	61.0	44.7
SR	鼻尖高	19.0	–	16.0	17.7	14.3	15.0	22.2	17.0	21.5
50	眶间宽（mf-mf）	20.5	18.2	18.3	33.0	19.7	19.7	22.1	19.8	20.0
DC	眶内缘点间宽（d-d）	24.7	19.6	22.1	35.5	21.8	23.7	22.9	22.3	19.5
DS	鼻梁眶内缘宽高	11.9	13.4	10.9	11.2	10.0	10.0	12.7	11.8	10.2
MH	颧骨高（fmo-zm）左	42.9	44.5	45.1	44.1	41.1	45.4	44.9	44.0	39.4
MB′	颧骨宽（zm-rim orb.）左	24.4	23.1	25.8	27.5	26.2	26.9	26.6	27.8	21.7
54	鼻宽	24.8	24.3	24.5	25.7	26.2	26.2	23.7	27.5	23.1
55	鼻高（n-ns）	52.2	52.7	55.1	54.2	50.8	55.2	53.7	54.1	55.0
SC	鼻骨最小宽	9.0	11.4	9.2	7.0	7.0	7.7	9.4	12.2	8.4
SS	鼻骨最小宽高	4.0	6.2	5.4	4.0	3.0	4.3	4.7	5.0	4.4
51	眶宽（mf-ek）左	42.0	44.0	42.6	41.8	43.1	42.1	43.3	45.1	38.7
52	眶高 左	27.9	37.6	33.0	31.3	27.4	30.8	32.8	34.0	31.3
60	齿槽弓长	56.6	–	51.5	–	55.4	52.7	50.0	56.6	54.3
61	齿槽弓宽	65.0	–	63.2	–	62.9	64.6	66.4	69.4	59.5
62	腭长（ol-sta）	48.5	–	46.2	–	48.6	46.6	43.0	53.4	44.4

代号	测量项目	ⅢM5：A	ⅢM10	ⅢM10：A	ⅢM10：B	ⅢM17	ⅢM17	ⅢM17	ⅢM18：A	ⅢM18：C
		♂	♂?	♂	♂	♂	♂	♂	♂	♂
63	腭宽（enm-enm）	41.7	–	43.2	–	39.6	41.0	43.1	46.5	39.3?
CM	颅粗壮度［（1+8+17）/3］	149.9	146.4	151.3	151.0	154.3	158.9	153.5	152.7	148.8
FM	面粗壮度［（40+47+45）/3］	117.8	–	117.1	–	115.3	118.3	115.9	124.0	–
65	下颌髁间宽	116.6	–	116.1	121.1	115.4	126.2	119.4	131.0	–
	鼻骨长（n-rhi）	22.7?	–	23.6	24.5	25.3	23.9	20.7	23.5	26.6
	鼻尖齿槽长（rhi-pr）	50.3?	–	50.4	–	45.5	52.6	53.5	51.7	47.3
32	额倾角（n-m-FH）	77.0	74.0	80.0	85.5	88.5	89.0	84.0	80.5	83.5
72	面角（n-pr-FH）	84.5	–	86.0	–	86.5	88.0	91.0	82.5	87.0
73	鼻面角（n-ns-FH）	86.0	83.5	86.0	89.0	90.0	90.0	90.5	87.0	93.0
74	齿槽面角（ns-pr-FH）	77.0	–	83.5	–	75.0	79.0	88.0	71.0	72.5
77	鼻颧角（fmo-n-fmo）	146.2	138.8	147.3	154.5	135.3	141.5	138.3	136.5	140.8
ZM∠	颧上颌角（zm-ss-zm）	132.2	118.1	125.8	119.4	103.3	138.3	124.0	127.1	126.3
ZM₁∠	颧上颌角（zm1-ss-zm1）	139.7	130.8	130.8	131.2	130.3	142.6	132.4	140.5	133.2
75	鼻尖角（n-rhi-FH）	58.0	50?	56.5	57.0	70.0	65.0	60.0	63.0	–
75（1）	鼻骨角（rhi-n-pr）	27.2?	–	29.8	–	17.4	25.7	31.7	20.3	17.8
8：1	颅指数	74.1	80.1	78.2	79.5	74.6	74.8	76.6	76.8	75.8
17：1	颅长高指数	75.5	71.3	67.5	75.0	75.7	78.7	76.4	70.8	72.2
21：1	颅长耳高指数	61.1	63.0	60.1	62.9	62.7	65.6	64.8	60.8	61.7
17：8	颅宽高指数	101.9	88.9	86.2	94.3	101.4	105.2	99.6	92.3	95.2
FM：CM	颅面粗壮指数	78.6	–	77.4	–	74.7	74.4	75.5	81.2	–
54：55	鼻指数	47.5	46.1	44.5	47.4	51.6	47.5	44.1	50.8	42.0
SS：SC	鼻根指数	44.4	54.4	58.7	57.1	42.9	55.8	50.0	41.0	52.4
52：51	眶指数 左	66.4	85.5	77.5	74.9	63.6	73.2	75.6	75.4	80.9
48：17	垂直颅面指数 sd	53.2	–	57.8	–	51.4	51.0	52.8	59.2	56.8
48：45	上面指数 sd	53.1	–	53.9	–	56.8	56.3	54.2	55.3	59.8
47：45	全面指数	87.4	–	87.3	–	97.2	93.6	88.8	92.3	–
48：46	中面指数 sd	70.8	–	84.9	–	76.9	78.0	72.5	74.4	80.5
9：8	额宽指数	66.3	62.4	61.9	69.0	71.1	69.2	68.1	62.8	67.4
40：5	面突度指数	94.7	–	99.9	–	93.3	90.2	88.4	100.3	93.7
DS：DC	眶间宽高指数	48.2	68.4	49.3	31.5	45.9	42.2	55.5	52.9	52.3
SN：OB	额面扁平度指数	15.7	19.1	14.4	11.3	20.9	17.4	19.5	16.2	18.9
SR：O₃	鼻面扁平指数	37.9	–	44.1	30.5	25.9	33.1	39.5	27.9	48.1
63：62	腭指数	86.0	–	93.5	–	81.5	88.0	100.2	87.1	88.5?
61：60	齿槽弓指数	114.8	–	122.7	–	113.5	122.6	132.8	122.6	109.6
48：65	面高髁宽指数 sd	62.1	–	62.0	–	62.4	59.8	61.5	59.2	–

代号	测量项目	ⅢM22 ♂	ⅢM24：A ♂	ⅢM24：C ♂	ⅢM25：B ♂	ⅢM25：C ♂	ⅢM26 ♂	ⅢM26 ♂?	ⅢM26 ♂	ⅢM30：A ♂
1	颅长（g-op）	183.0	175.0	173.0	170.0	179.0	178.0	187.0	188.0	174.0
8	颅宽（eu-eu）	126.0	144.5	143.0	134.0	135.5	142.7	144.0	142.5	140.6
17	颅高（ba-b）	133.0	121.0	124.5	140.0	137.0	132.0	133.5	140.0	128.0
21	耳上颅高（po-v）	111.9	106.0	109.0	115.9	113.9	112.0	115.0	118.5	107.0
9	最小颅宽（ft-ft）	88.3	93.0	96.2	93.2	91.2	95.2	96.7	96.0	97.8
25	颅矢状弧（arc n-o）	378.5	346.0	361.5	360.0	367.5	369.0	388.0	394.0	344.0
23	颅周长（眉上方）	505.0	504.0	510.0	496.0	509.0	515.0	534.0	535.0	506.0
24	颅横弧（arc po-po）	296.0	309.0	316.0	318.0	311.0	313.0	321.0	325.0	307.0
5	颅基底长（n-ba）	97.0	99.3	95.0	101.8	104.9	95.7	101.5	102.5	101.9
40	面基底长（ba-pr）	94.3	–	–	94.1	90.9	93.4	–	–	99.3
48	上面高（n-sd）	63.7	–	–	74.7	77.7	69.7	–	69.4?	74.4
	（n-pr）	61.2	–	–	71.4	74.8	67.0	–	67.6?	71.6
47	全面高（n-gn）	–	–	–	119.8	125.3	111.5	–	–	125.3
45	颧宽（zy-zy）	127.0	130.0	130.9	134.4	136.6	131.6	129.5	136.4	143.5
46	中面宽（zm-zm）	91.8	95.5	92.0	102.5	98.0	100.8	100.6	102.8	109.0
	颧颌点间高（sub.zm-ss-zm）	25.6	23.9	24.0	24.6	23.1	27.5	26.5	25.0	22.0
43（1）	两眶外缘宽（fmo-fmo）	96.7	97.2	95.7	95.1	92.4	95.3	99.3	–	98.5
	眶外缘间高（sub.fmo-n-fmo）	16.9	19.6	18.5	15.0	14.1	15.5	18.0	–	15.4
O₃	眶中宽	43.0	53.0	55.6	55.6	57.2	61.4	56.3	58.5	54.6
SR	鼻尖高	20.2	16.9	22.3	17.7	19.2	16.7	18.1	22.1	20.8
50	眶间宽（mf-mf）	15.3	19.6	18.8	18.2	18.9	21.6	25.8	21.3	17.5
DC	眶内缘点间宽（d-d）	17.4	21.1	21.1	19.9	19.0	24.8	29.5	25.1	20.3
DS	鼻梁眶内缘宽高	10.4	11.6	13.3	10.0	11.3	10.6	10.0	13.0	9.5
MH	颧骨高（fmo-zm）左	39.7	38.0	39.4	47.3	48.7	43.6	45.1	42.9	45.3
MB′	颧骨宽（zm-rim orb.）左	20.0	20.3	21.3	31.3	30.3	27.9	26.1	24.0	28.1
54	鼻宽	22.1	25.3	26.8	24.1	23.2	24.4	28.3	26.2	23.1
55	鼻高（n-ns）	48.8	54.3	48.9	53.8	55.5	54.1	55.2	53.6	58.3
SC	鼻骨最小宽	5.5	7.8	8.9	7.9	9.9	9.0	11.7	9.2	6.5
SS	鼻骨最小宽高	2.5	3.9	4.2	3.7	5.7	4.8	2.9	3.6	2.2
51	眶宽（mf-ek）左	42.0	41.6	41.6	40.0	40.7	39.6	40.3	42.3	42.5
52	眶高 左	34.5	29.8	30.6	29.5	30.1	34.4	35.4	34.6	35.9
60	齿槽弓长	52.6	–	–	50.0	50.0	52.5	–	–	56.5
61	齿槽弓宽	–	–	–	67.4	61.8	65.5	–	64.1	70.6
62	腭长（ol-sta）	45.7	–	–	43.5	43.5	46.1	–	50.5	49.5

代号	测量项目	ⅢM22	ⅢM24：A	ⅢM24：C	ⅢM25：B	ⅢM25：C	ⅢM26	ⅢM26	ⅢM26	ⅢM30：A
		♂	♂	♂	♂	♂	♂	♂？	♂	♂
63	腭宽（enm-enm）	–	–	–	43.5	42.1	45.1	–	37.7	43.8
CM	颅粗壮度［（1+8+17）/3］	147.3	146.8	146.8	148.0	150.5	150.9	154.8	156.8	147.5
FM	面粗壮度［（40+47+45）/3］	–	–	–	116.1	117.6	112.2	–	–	122.7
65	下颌髁间宽	–	–	–	116.4	123.0	117.0	118.6	–	120.0
	鼻骨长（n-rhi）	22.7	22.8	–	28.6	29.9	27.4	25.7	29.7	26.7
	鼻尖齿槽长（rhi-pr）	42.5	–	–	47.3	48.5	41.8	–	–	48.7
32	额倾角（n-m-FH）	81.0	78.5	81.0	86.0	80.0	79.0	84.0	83.0	72.0
72	面角（n-pr-FH）	80.5	–	–	86.0	92.0	83.5	–	81？	83.0
73	鼻面角（n-ns-FH）	81.5？	92.5	95.0	86.0	91.5	85.0	87.0	84.0	83.0
74	齿槽面角（ns-pr-FH）	73？	–	–	83.0	89.0	76.0	–	–	74.0
77	鼻颧角（fmo-n-fmo）	142.6	142.3	139.5	145.4	145.7	145.5	142.4	–	147.5
ZM∠	颧上颌角（zm-ss-zm）	110.3	128.8	124.2	129.1	129.4	123.6	123.7	130.5	135.9
ZM₁∠	颧上颌角（zm1-ss-zm1）	123.1	133.6	127.7	137.5	140.0	132.8	133.5	139.0	139.2
75	鼻尖角（n-rhi-FH）	51.0	69.0	66.0	61.5	69.5	65.0	62.0	54.0	59.0
75（1）	鼻骨角（rhi-n-pr）	27.9	–	–	25.7	22.4	18.0	–	–	24.9
8：1	颅指数	68.9	82.6	82.7	78.8	75.7	80.2	77.0	75.8	80.8
17：1	颅长高指数	72.7	69.1	72.0	82.4	76.5	74.2	71.4	74.5	73.6
21：1	颅长耳高指数	61.1	60.6	63.0	68.2	63.6	62.9	61.5	63.0	61.5
17：8	颅宽高指数	105.6	83.7	87.1	104.5	101.1	92.5	92.7	98.2	91.0
FM：CM	颅面粗壮指数	–	–	–	78.4	78.1	74.4	–	–	83.2
54：55	鼻指数	45.3	46.6	54.8	44.8	41.8	45.1	51.3	48.9	39.6
SS：SC	鼻根指数	45.5	50.0	47.2	46.8	57.6	53.3	24.8	39.1	33.8
52：51	眶指数 左	82.1	71.6	73.6	73.8	74.0	86.7	87.8	81.8	84.5
48：17	垂直颅面指数 sd	47.9	–	–	53.4	56.7	52.8	–	49.6？	58.1
48：45	上面指数 sd	50.2	–	–	55.6	56.9	53.0	–	50.9？	51.8
47：45	全面指数	–	–	–	89.1	91.7	84.7	–	–	87.3
48：46	中面指数 sd	69.4	–	–	72.9	79.3	69.1	–	–	68.3
9：8	额宽指数	70.1	64.4	67.3	69.6	67.3	66.7	67.2	67.4	69.6
40：5	面突度指数	97.2	–	–	92.4	86.7	97.6	–	–	97.4
DS：DC	眶间宽高指数	59.8	55.0	63.0	50.3	59.5	42.7	33.9	51.8	46.8
SN：OB	额面扁平度指数	17.5	20.2	19.3	15.8	15.3	16.3	18.1	–	15.6
SR：O₃	鼻面扁平指数	47.0	31.9	40.1	31.8	33.6	27.2	32.1	37.8	38.1
63：62	腭指数	–	–	–	100.0	96.8	97.8	–	74.7	88.5
61：60	齿槽弓指数	–	–	–	134.8	123.6	124.8	–	–	125.0
48：65	面高髁宽指数 sd	–	–	–	64.2	63.2	59.6	–	–	62.0

代号	测量项目	ⅢM34	ⅢM36	ⅢM36	ⅢM36	ⅢM37	ⅢM37	ⅢM37	ⅢM39：B	ⅢM41：A
		♂	♂	♂	♂	♂	♂	♂	♂	♂
1	颅长（g-op）	176.1	193.5	188.0	179.0	174.5	170.5	174.0	176.0	175.0
8	颅宽（eu-eu）	134.0	137.5	141.5	138.0	139.0	132.0	143.0	140.5	142.5
17	颅高（ba-b）	136.1	138.0	141.0	124.0	128.7	125.0	126.0	131.5	134.3
21	耳上颅高（po-v）	117.0	116.0	114.8	106.0	110.0	110.0	102.2	114.2	113.0
9	最小颅宽（ft-ft）	89.1	95.0	102.0	94.2	92.7	92.4	88.4	89.3	106.5
25	颅矢状弧（arc n-o）	377.0	397.0	388.0	365.0	358.5	347.0	350.0	359.0	361.0
23	颅周长（眉上方）	511.0	538.0	534.0	515.0	501.0	492?	507.0	507.0	522.0
24	颅横弧（arc po-po）	318.0	317.0	318.0	300.0	311.0	311.0	303.0	320.0	318.0
5	颅基底长（n-ba）	96.7	97.1	100.2	95.8	98.1	95.8	102.3	98.6	103.0
40	面基底长（ba-pr）	86.9	91.7	93.7	–	92.1	92.3	97.4	96.2	87.9
48	上面高（n-sd）	71.9	74.0	74.4	–	–	72.4	67.3	67.8	72.6
	（n-pr）	68.2	71.1	71.1	–	67.4	69.0	66.1	65.2	68.7
47	全面高（n-gn）	117.7	–	126.2	–	–	–	–	110.8	–
45	颧宽（zy-zy）	119.3	135.4	133.1	134.5	130.1	130.2	137.4	124.5	135.6
46	中面宽（zm-zm）	94.9	100.0	103.3	89.8	101.9	90.0	90.1	101.4	99.9
	颧颌点间高（sub.zm-ss-zm）	23.5	22.9	22.0	27.2	23.1	22.0	22.8	25.9	25.3
43（1）	两眶外缘宽（fmo-fmo）	89.9	95.6	98.5	99.1	102.0	97.3	95.8	94.9	102.3
	眶外缘间高（sub.fmo-n-fmo）	13.0	14.8	14.6	15.5	18.6	18.0	13.7	16.0	16.1
O₃	眶中宽	50.8	51.2	55.6	54.8	57.1	46.1	52.3	57.8	56.6?
SR	鼻尖高	16.8	19.9	21.9	19.6	–	20.0	15.4	15.5	17.9
50	眶间宽（mf-mf）	16.4	21.3	19.1	18.4	19.8	20.0	15.9	21.8	22.7
DC	眶内缘点间宽（d-d）	18.8	24.3	22.2	21.3	23.2	22.5	18.6	23.2	23.7
DS	鼻梁眶内缘宽高	10.0	13.8	12.0	8.6	12.0	12.0	10.0	10.5	13.1
MH	颧骨高（fmo-zm）左	44.2	44.4	43.0	48.5	46.7	47.1	38.5	46.1	45.4
MB′	颧骨宽（zm-rim orb.）左	25.5	27.3	25.7	27.7	25.9	25.7	20.3	28.9	26.7
54	鼻宽	23.4	25.4	25.5	24.3	26.8	24.6	25.4	25.7	26.1
55	鼻高（n-ns）	51.4	52.2	49.0	57.8	53.6	51.8	54.5	51.0	55.4
SC	鼻骨最小宽	7.6	8.0	9.2	10.4	11.3	10.3	7.2	6.6	9.1
SS	鼻骨最小宽高	3.1	3.1	5.5	3.5	5.5	5.0	3.0	2.0	3.8
51	眶宽（mf-ek）左	40.5	39.6	40.8	42.3	43.9	42.0	42.8	40.3	41.7
52	眶高 左	33.1	33.6	32.8	32.8	36.4	34.4	30.6	31.2	31.9
60	齿槽弓长	49.6	53.7	53.4	–	53.3	50.4	50.0	49.7	50.3
61	齿槽弓宽	63.4	–	67.7	–	59.6	62.2	–	65.0	66.1
62	腭长（ol-sta）	42.8	43.5	46.8	–	45.3	42.9	44.4	44.1	43.6

续附表 3

代号	测量项目	ⅢM34	ⅢM36	ⅢM36	ⅢM36	ⅢM37	ⅢM37	ⅢM37	ⅢM39：B	ⅢM41：A
		♂	♂	♂	♂	♂	♂	♂	♂	♂
63	腭宽（enm-enm）	41.9	–	43.6	–	40.6	41.2	–	40.3	41.8
CM	颅粗壮度［（1+8+17）/3］	148.7	156.3	156.8	147.0	147.4	142.5	147.7	149.3	150.6
FM	面粗壮度［（40+47+45）/3］	108.0	–	117.7	–	–	–	–	110.5	–
65	下颌髁间宽	108.8	122.0	124.9	–	–	–	–	105.1	–
	鼻骨长（n-rhi）	20.5	26.3	22.6	32.9	–	21.9	23.5	23.1	25.6
	鼻尖齿槽长（rhi-pr）	49.9	48.7	53.1	–	–	49.8	44.8	43.5	47.7
32	额倾角（n-m-FH）	87.5	79.5	79.5	78.5	86.5	75.0	72.5	84.0	89.0
72	面角（n-pr-FH）	90.0	84.0	82.5	–	87.0	85.0	83.0	85.0	91.0
73	鼻面角（n-ns-FH）	92.0	84.0	84.0	89.5	88.0	88.0	82.0	86.5	92.5
74	齿槽面角（ns-pr-FH）	81.0	81.0	78.0	–	83.0	72.0	82.0	72.0	91.0
77	鼻颧角（fmo-n-fmo）	151.3	146.2	147.1	146.1	141.6	140.7	147.4	143.2	146.3
ZM∠	颧上颌角（zm-ss-zm）	128.4	128.8	135.8	118.5	130.7	128.8	128.1	125.6	126.9
ZM₁∠	颧上颌角（zm1-ss-zm1）	135.9	138.2	141.8	124.9	135.1	137.0	131.8	136.2	134.9
75	鼻尖角（n-rhi-FH）	67.5	59.5	48.0	67?	–	60.0	65.0	65.0	67.5
75（1）	鼻骨角（rhi-n-pr）	22.6	25.5	31.3	–	–	24.0	20.3	16.2	28.2
8：1	颅指数	76.1	71.1	75.3	77.1	79.7	77.4	82.2	79.8	81.4
17：1	颅长高指数	77.3	71.3	75.0	69.3	73.8	73.3	72.4	74.7	76.7
21：1	颅长耳高指数	66.4	59.9	61.1	59.2	63.0	64.5	58.7	64.9	64.6
17：8	颅宽高指数	101.6	100.4	99.6	89.9	92.6	94.7	88.1	93.6	94.2
FM：CM	颅面粗壮指数	72.6	–	75.1	–	–	–	–	74.0	–
54：55	鼻指数	45.5	48.7	52.0	42.0	50.0	47.5	46.6	50.4	47.1
SS：SC	鼻根指数	40.8	38.8	59.8	33.7	48.7	48.5	41.7	30.3	41.8
52：51	眶指数 左	81.7	84.8	80.4	77.5	82.9	81.9	71.5	77.4	76.5
48：17	垂直颅面指数 sd	52.8	53.6	52.8	–	–	57.9	53.4	51.6	54.1
48：45	上面指数 sd	60.3	54.7	55.9	–	–	55.6	49.0	54.5	53.5
47：45	全面指数	98.7	–	94.8	–	–	–	–	89.0	–
48：46	中面指数 sd	75.8	74.0	72.0	–	–	80.4	74.7	66.9	72.7
9：8	额宽指数	66.5	69.1	72.1	68.3	66.7	70.0	61.8	63.6	74.7
40：5	面突度指数	89.9	94.4	93.5	–	93.9	96.3	95.2	97.6	85.3
DS：DC	眶间宽高指数	53.2	56.8	54.1	40.4	51.7	53.3	53.8	45.3	55.3
SN：OB	额面扁平度指数	14.5	15.5	14.8	15.6	18.2	18.5	14.3	16.9	15.7
SR：O₃	鼻面扁平指数	33.1	38.9	39.4	35.8	–	43.4	29.4	26.8	31.6?
63：62	腭指数	97.9	–	93.2	–	89.6	96.0	–	91.4	95.9
61：60	齿槽弓指数	127.8	–	126.8	–	111.8	123.4	–	130.8	131.4
48：65	面高髁宽指数 sd	66.1	60.7	59.6	–	–	–	–	64.5	–

代号	测量项目	ⅢM42：A	ⅢM68	ⅢM71：A	ⅢM73：A	ⅢM73：B	ⅢM74	ⅢM74	ⅢM77：A
		♂	♂	♂	♂	♂	♂	♂	♂
1	颅长（g-op）	173.0	181.0	182.5	179.0	192.1	185.0	179.5	186.0
8	颅宽（eu-eu）	144.0	139.0	141.5	133.0	140.2	140.0	135.5	142.4
17	颅高（ba-b）	142.5	131.0	133.0	139.5	145.0	140.0	135.0	135.5
21	耳上颅高（po-v）	120.1	111.5	114.2	118.2	119.0	119.5	114.0	118.0
9	最小颅宽（ft-ft）	88.0	90.0	99.0	88.6	94.6	94.7	86.1	88.5
25	颅矢状弧（arc n-o）	365.5	367.0	362.5	375.0	388.0	388.0	362.0	375.5
23	颅周长（眉上方）	512.0	515.0	517.0	510.0	539.0	530.0	505.0	529.0
24	颅横弧（arc po-po）	322.0	309.0	315.0	316.0	329.0	330.0	318.0	322.5
5	颅基底长（n-ba）	105.1	98.4	103.6	101.2	109.0	101.0	100.0	105.1
40	面基底长（ba-pr）	98.3	94.6	–	100.0	104.3	–	–	100.2
48	上面高（n-sd）	71.0	67.7	–	73.1	81.0	–	–	78.9
	（n-pr）	69.4	63.5	67.5?	69.5	76.0	–	–	75.9
47	全面高（n-gn）	–	115.7	–	115.7	127.0	125.5	–	124.7
45	颧宽（zy-zy）	134.4	133.8	131.5	129.0	138.3	128.2	135.2	140.8
46	中面宽（zm-zm）	99.6	94.9	98.0	93.8	101.9	93.0	101.2	104.6
	颧颌点间高（sub.zm-ss-zm）	28.9	25.9	26.1	25.5	29.0	27.4	26.9	27.1
43（1）	两眶外缘宽（fmo-fmo）	96.7	99.7	97.8	92.6	102.2	97.0	97.2	99.2
	眶外缘间高（sub.fmo-n-fmo）	18.5	15.1	18.6	15.5	20.6	15.1	16.3	21.7
O₃	眶中宽	57.5	52.2	57.0	51.7	58.0	53.2	58.7	48.1
SR	鼻尖高	19.3	18.5	19.5	20.2	22.5	17.9	18.7	19.7
50	眶间宽（mf-mf）	20.0	18.8	21.7	18.4	22.3	16.5	21.2	18.1
DC	眶内缘点间宽（d-d）	20.3	20.2	24.4	21.3	23.3	19.4	23.7	19.2
DS	鼻梁眶内缘宽高	10.7	11.0	12.8	9.9	12.6	8.1	13.2	8.9
MH	颧骨高（fmo-zm）左	38.8	44.0	40.5	40.3	43.8	42.0	40.1	42.9
MB′	颧骨宽（zm-rim orb.）左	21.0	27.0	27.3	21.0	25.4	23.3	26.9	25.7
54	鼻宽	25.5	24.0	25.7	25.0	26.7	25.2	25.3	23.7
55	鼻高（n-ns）	55.5	50.7	51.7	53.0	60.1	55.6	53.4	55.4
SC	鼻骨最小宽	6.5	10.6	12.3	7.3	10.2	7.8	9.4	7.6
SS	鼻骨最小宽高	2.7	5.2	6.0	4.1	6.1	3.1	3.9	3.0
51	眶宽（mf-ek）左	42.1	41.0	41.5	41.4	44.8	42.2	39.2	42.0
52	眶高 左	29.2	30.6	29.5	34.7	30.5	33.4	26.9	32.6
60	齿槽弓长	55.5	53.0	–	57.6	61.0	–	–	53.0
61	齿槽弓宽	68.1	63.6	–	68.3	67.7	63.6	–	–
62	腭长（ol-sta）	49.5	45.5	–	47.5	53.0	–	–	44.0

代号	测量项目	ⅢM42：A ♂	ⅢM68 ♂	ⅢM71：A ♂	ⅢM73：A ♂	ⅢM73：B ♂	ⅢM74 ♂	ⅢM74 ♂	ⅢM77：A ♂
63	腭宽（enm-enm）	–	39.9？	–	41.3	42.1	38.3	–	–
CM	颅粗壮度［（1+8+17）/3］	153.2	150.3	152.3	150.5	159.1	155.0	150.0	154.6
FM	面粗壮度［（40+47+45）/3］	–	114.7	–	114.9	123.2	–	–	121.9
65	下颌髁间宽	–	119.9	111.4	114.2	122.8	119.0	124.6	127.1
	鼻骨长（n-rhi）	26.1	23.0	24.1	24.9	27.0	26.6	23.5	25.7
	鼻尖齿槽长（rhi-pr）	45.3	45.3	–	47.5	54.4	–	–	55.1
32	额倾角（n-m-FH）	84.5	79.0	79.5	84.0	88.5	91.5	86.5	79.5
72	面角（n-pr-FH）	87.5	82.5	85？	80.5	83.5	–	–	88.0
73	鼻面角（n-ns-FH）	89.0	82.5	86.0	85.0	86.0	90.0	87.5	88.0
74	齿槽面角（ns-pr-FH）	76.5	77.0	82？	68.0	70.0	–	–	86.0
77	鼻颧角（fmo-n-fmo）	139.7	145.8	135.7	130.2	136.6	145.7	143.3	150.0
ZM∠	颧上颌角（zm-ss-zm）	119.8	125.8	122.6	125.3	120.4	118.3	125.6	127.9
ZM₁∠	颧上颌角（zm1-ss-zm1）	126.1	135.8	134.2	127.9	130.3	128.4	131.4	134.2
75	鼻尖角（n-rhi-FH）	69.0	49.0	61.0	57.5	54.0	69.0	62？	60.0
75（1）	鼻骨角（rhi-n-pr）	18.0	30.8	–	22.7	30.2	–	–	29.8
8：1	颅指数	83.2	76.8	77.5	74.3	73.0	75.7	75.5	76.6
17：1	颅长高指数	82.4	72.4	72.9	77.9	75.5	75.7	75.2	72.8
21：1	颅长耳高指数	69.4	61.6	62.6	66.0	61.9	64.6	63.5	63.4
17：8	颅宽高指数	99.0	94.2	94.0	104.9	103.4	100.0	99.6	95.2
FM：CM	颅面粗壮指数	–	76.3	–	76.3	77.4	–	–	78.8
54：55	鼻指数	45.9	47.3	49.7	47.2	44.4	45.3	47.4	42.8
SS：SC	鼻根指数	41.5	49.1	48.8	56.2	59.8	39.7	41.5	39.5
52：51	眶指数 左	69.4	74.6	71.1	83.8	68.1	79.1	68.6	77.6
48：17	垂直颅面指数 sd	49.8	51.7	–	52.4	55.9	–	–	58.2
48：45	上面指数 sd	52.8	50.6	–	56.7	58.6	–	–	56.0
47：45	全面指数	–	86.5	–	89.7	91.8	97.9	–	88.6
48：46	中面指数 sd	71.3	71.3	–	77.9	79.5	–	–	75.4
9：8	额宽指数	61.1	64.7	70.0	66.6	67.5	67.6	63.5	62.1
40：5	面突度指数	93.5	96.1	–	98.8	95.7	–	–	95.3
DS：DC	眶间宽高指数	52.7	54.5	52.5	46.5	54.1	41.8	55.7	46.4
SN：OB	额面扁平度指数	19.1	15.1	19.0	16.7	20.2	15.6	16.8	21.9
SR：O₃	鼻面扁平指数	33.6	35.4	34.2	39.1	38.8	33.6	31.9	41.0
63：62	腭指数	–	87.7？	–	86.9	79.4	–	–	–
61：60	齿槽弓指数	122.7	120.0	–	118.6	111.0	–	–	–
48：65	面高髁宽指数 sd	–	56.5	–	64.0	66.0	–	–	62.1

代号	测量项目	ⅢM79：B	ⅢM80	例数	平均值	标准差	ⅢM18：B	ⅢM25：A	ⅢM26
		♂	♂	n	m	σ	♀？	♀	♀
1	颅长（g-op）	171.0	168.0	37	179.7	6.3	170.0	178.5	172.0
8	颅宽（eu-eu）	146.0	144.5	37	139.5	4.3	133.5	135.0	140.0
17	颅高（ba-b）	130.0	132.0	37	133.6	6.3	118.5	136.5	130.0
21	耳上颅高（po-v）	112.5	113.6	37	113.6	4.4	109.1	109.9	112.6
9	最小颅宽（ft-ft）	93.2	97.3	37	93.3	4.5	92.4	89.0	91.7
25	颅矢状弧（arc n-o）	355.0	353.0	37	368.7	13.9	347.5	371.0	358.0
23	颅周长（眉上方）	510.0	502.0	37	515.9	12.3	494.0	507.0	503.0
24	颅横弧（arc po-po）	320.0	319.0	37	316.1	8.7	296.0	304.0	312.5
5	颅基底长（n-ba）	94.3	94.2	37	100.3	3.6	89.0	94.2	100.5
40	面基底长（ba-pr）	88.5	96.7	27	95.2	4.3	85.4	90.9	96.2？
48	上面高（n-sd）	71.4	76.0	27	72.8	3.7	67.0	61.9	68.7？
	（n-pr）	68.2	73.3	29	69.6	33.0	63.2	59.9	67.7？
47	全面高（n-gn）	118.9	117.2	20	120.8	5.2	－	103.7	－
45	颧宽（zy-zy）	128.5	133.3	37	132.5	4.9	124.0	120.0	130.1
46	中面宽（zm-zm）	92.4	98.0	37	97.4	5.2	93.0	91.0	98.6
	颧颌点间高（sub.zm-ss-zm）	25.2	25.6	37	25.1	2.2	22.4	25.0	21.0
43（1）	两眶外缘宽（fmo-fmo）	94.4	95.8	36	97.6	3.1	93.9	91.8	98.3
	眶外缘间高（sub.fmo-n-fmo）	13.5	14.0	36	16.5	2.4	13.0	14.5	14.5
O₃	眶中宽	53.5	54.2	37	53.6	5.2	53.5	45.0	51.1
SR	鼻尖高	21.0	－	34	18.9	2.2	17.1	19.8	20.9
50	眶间宽（mf-mf）	15.2	17.6	37	19.8	3.1	17.1	18.0	20.8
DC	眶内缘点间宽（d-d）	17.1	20.0	37	22.1	3.3	21.6	21.2	22.4
DS	鼻梁眶内缘宽高	11.7	9.5	37	11.1	1.4	11.5	10.0	10.4
MH	颧骨高（fmo-zm）左	46.4	46.3	37	43.5	2.8	39.3	41.6	40.1
MB′	颧骨宽（zm-rim orb.）左	28.6	26.3	37	25.6	2.8	23.9	22.8	19.6
54	鼻宽	26.2	24.6	37	25.1	1.3	24.7	25.2	26.2
55	鼻高（n-ns）	53.0	56.2	37	53.7	2.5	50.1	47.3	50.6
SC	鼻骨最小宽	7.4	6.3	37	8.7	1.7	7.3	9.0	6.1
SS	鼻骨最小宽高	5.0	3.1	37	4.1	1.1	3.1	3.9	1.5
51	眶宽（mf-ek）左	41.8	42.1	37	41.8	1.4	40.8	39.6	42.5
52	眶高 左	33.5	36.5	37	32.3	2.6	30.8	31.1	34.5
60	齿槽弓长	50.1	52.0	27	53.0	2.9	50.6	48.4	－
61	齿槽弓宽	61.1	65.0	25	64.9	2.8	－	56.2	－
62	腭长（ol-sta）	44.6	47.3	28	46.2	2.9	42.0	38.9	48.8

代号	测量项目	ⅢM79：B	ⅢM80	例数	平均值	标准差	ⅢM18：B	ⅢM25：A	ⅢM26
		♂	♂	n	m	σ	♀？	♀	♀
63	腭宽（enm-enm）	37.1	45.1	24	41.7	2.3	40.0	37.4	–
CM	颅粗壮度［（1+8+17）/3］	149.0	148.2	37	150.9	3.8	140.7	150.0	147.3
FM	面粗壮度［（40+47+45）/3］	112.0	115.7	19	116.6	4.2	–	104.9	–
65	下颌髁间宽	116.0	123.5	25	119.2	5.7	–	111.4	119.0
	鼻骨长（n-rhi）	27.1	–	33	25.1	2.7	23.8	23.3	21.1
	鼻尖齿槽长（rhi-pr）	46.7	–	25	48.5	3.6	43.9	41.6	49.6
32	额倾角（n-m-FH）	82.0	84.0	37	82.1	4.8	82.0	80.0	84.5
72	面角（n-pr-FH）	86.0	80.0	29	85.2	3.2	89.0	83.0	83.5
73	鼻面角（n-ns-FH）	87.5	82.0	37	87.3	3.4	91.5	84.0	87.5
74	齿槽面角（ns-pr-FH）	79.0	75.0	28	78.4	5.9	81.0	84.5	72.0
77	鼻颧角（fmo-n-fmo）	150.6	147.8	36	143.5	5.0	150.9	146.0	145.2
ZM∠	颧上颌角（zm-ss-zm）	121.9	126.6	37	125.3	6.5	132.5	124.8	135.1
ZM₁∠	颧上颌角（zm1-ss-zm1）	130.3	130.7	37	133.6	4.7	136.8	128.9	138.5
75	鼻尖角（n-rhi-FH）	56.5	–	34	61.0	6.1	61.5	51.0	57.0
75（1）	鼻骨角（rhi-n-pr）	29.9	–	25	24.7	4.8	28.9	30.7	26.0
8：1	颅指数	85.4	86.0	37	77.8	3.7	78.5	75.6	81.4
17：1	颅长高指数	76.0	78.6	37	74.4	3.2	69.7	76.5	75.6
21：1	颅长耳高指数	65.8	67.6	37	63.2	2.4	64.2	61.6	65.5
17：8	颅宽高指数	89.0	91.3	37	95.9	5.8	88.8	101.1	92.9
FM：CM	颅面粗壮指数	75.2	78.1	19	76.8	2.5	–	69.9	–
54：55	鼻指数	49.4	43.8	37	46.8	3.2	49.3	53.3	51.8
SS：SC	鼻根指数	67.6	49.2	37	46.8	9.0	42.5	43.3	24.6
52：51	眶指数　左	80.1	86.7	37	77.4	6.1	75.5	78.5	81.2
48：17	垂直颅面指数 sd	54.9	57.6	27	54.0	2.9	56.5	45.3	52.8？
48：45	上面指数 sd	55.6	57.0	27	54.8	2.7	54.0	51.6	52.8？
47：45	全面指数	92.5	87.9	20	90.9	3.9	–	86.4	–
48：46	中面指数 sd	77.3	77.6	26	74.8	4.3	72.0	68.0	69.7？
9：8	额宽指数	63.8	67.3	37	66.9	3.1	69.2	65.9	65.5
40：5	面突度指数	93.8	102.7	27	94.6	4.0	96.0	96.5	95.7
DS：DC	眶间宽高指数	68.4	47.5	37	51.2	7.8	53.2	47.2	46.4
SN：OB	额面扁平度指数	14.3	14.6	36	16.9	2.3	13.8	15.8	14.8
SR：O₃	鼻面扁平指数	39.3	–	34	35.6	5.5	32.0	44.0	40.9
63：62	腭指数	83.2	95.3	23	90.4	6.6	95.2	96.1	–
61：60	齿槽弓指数	122.0	125.0	23	122.5	6.7	–	116.1	–
48：65	面高髁宽指数 sd	61.6	61.5	20	61.9	2.3	–	55.6	57.7？

代号	测量项目	ⅢM30：B	ⅢM38：B	ⅢM42：B	ⅢM42：C	ⅢM67	ⅢM77	ⅢM79：A	例数
		♀	♀？	♀	♀	♀	♀	♀？	n
1	颅长（g-op）	180.0	174.0	172.5	165.0	172.0	173.5	172.0	10
8	颅宽（eu-eu）	133.0	139.0	140.2	142.9	137.5	131.0	146.5	10
17	颅高（ba-b）	122.5	121.0	130.0	128.8	121.0	133.0	133.5	10
21	耳上颅高（po-v）	105.0	109.0	115.5	111.9	105.0	111.5	114.0	10
9	最小颅宽（ft-ft）	91.7	89.2	97.5	100.3	86.3	90.8	87.0	10
25	颅矢状弧（arc n-o）	359.5	341.0	359.0	348.0	352.5	370.0	359.0	10
23	颅周长（眉上方）	505.0	504.0	503.0	513.0	497.0	489.0	512.0	10
24	颅横弧（arc po-po）	299.0	306.0	319.0	319.0	298.0	303.5	327.0	10
5	颅基底长（n-ba）	98.0	98.3	95.5	95.4	89.7	90.2	98.0	10
40	面基底长（ba-pr）	92.6	95.1	97.7	–	85.4	87.2	92.6?	9
48	上面高（n-sd）	74.5	61.7	71.0	–	62.4	65.8	75.3?	9
	（n-pr）	71.0	60.2	67.0	–	60.0	64.0	71.5?	9
47	全面高（n-gn）	118.4	–	–	110?	99.4	106.4	–	5
45	颧宽（zy-zy）	123.6	133.6	123.5	124.6	121.3	125.0	125.4	10
46	中面宽（zm-zm）	92.9	101.3	93.7	99.5	87.2	92.3	99.2	10
	颧颌点间高（sub.zm-ss-zm）	21.7	21.8	28.8	25.7	25.0	25.6	–	9
43（1）	两眶外缘宽（fmo-fmo）	93.1	96.5	98.3	95.4	87.2	96.5	93.6	10
	眶外缘间高（sub.fmo-n-fmo）	14.6	17.0	17.0	12.4	13.6	15.6	11.2	10
O₃	眶中宽	52.4	59.6	62.7	60.2	46.7	54.6	–	9
SR	鼻尖高	16.1	16.4	18.2	15.9	17.5	20.2	–	9
50	眶间宽（mf-mf）	17.1	16.2	19.1	20.4	14.1	16.0	14.6	10
DC	眶内缘点间宽（d-d）	19.4	21.3	20.1	23.2	18.0	17.8	19.6	10
DS	鼻梁眶内缘宽高	10.1	11.3	11.2	10.0	8.5	8.4	–	9
MH	颧骨高（fmo-zm）左	43.0	42.6	43.7	42.0	39.4	40.0	45.2	10
MB′	颧骨宽（zm-rim orb.）左	23.0	25.7	24.3	24.7	20.5	19.2	25.2	10
54	鼻宽	24.0	24.2	25.0	27.7	21.8	24.1	22.3	10
55	鼻高（n-ns）	54.7	48.6	51.8	53.1	45.5	49.4	54.1?	10
SC	鼻骨最小宽	7.7	5.3	11.1	7.9	5.4	6.7	6.0	10
SS	鼻骨最小宽高	1.8	2.0	4.8	2.5	2.6	3.5	–	9
51	眶宽（mf-ek）左	41.7	43.8	41.3	40.3	40.4	42.5	42.0	10
52	眶高　左	35.5	31.6	34.1	32.4	34.0	37.1	34.9	10
60	齿槽弓长	51.4	–	56.4	–	45.3	54.3	51.3?	7
61	齿槽弓宽	59.8	–	–	–	58.6	67.2	–	4
62	腭长（ol-sta）	45.5	44.1	48.0	–	36.9	42.7	–	8

代号	测量项目	ⅢM30：B	ⅢM38：B	ⅢM42：B	ⅢM42：C	ⅢM67	ⅢM77	ⅢM79：A	例数
		♀	♀？	♀	♀	♀	♀	♀？	n
63	腭宽（enm-enm）	41.0	–	–	–	36.5	42.5	–	5
CM	颅粗壮度〔（1+8+17）/3〕	145.2	144.7	147.6	145.6	143.5	132.5	150.7	10
FM	面粗壮度〔（40+47+45）/3〕	111.5	–	–	–	102.0	106.2	–	4
65	下颌髁间宽	–	116.1	–	117.7	106.9	112.0	–	6
	鼻骨长（n-rhi）	28.5	21.5	21.3	26.1	21.9	20.9	–	9
	鼻尖齿槽长（rhi-pr）	45.4	41.6	47.9	–	41.6	45.8	–	8
32	额倾角（n-m-FH）	80.0	77.5	83.5	88.5	85.0	81.0	82.0	10
72	面角（n-pr-FH）	85.0	86.5	82.0	–	86.0	79.5	87.5	9
73	鼻面角（n-ns-FH）	87.5	88.5	86.5	88.0	88.5	82.0	90.5？	10
74	齿槽面角（ns-pr-FH）	79.5	76.0	65.0	–	75.0	63.5	74？	9
77	鼻颧角（fmo-n-fmo）	145.1	143.5	143.2	153.1	145.9	140.9	152.8	10
ZM∠	颧上颌角（zm-ss-zm）	131.7	133.6	118.4	127.2	121.6	125.9	138.4？	10
ZM₁∠	颧上颌角（zm1-ss-zm1）	137.9	141.9	125.1	132.9	128.8	125.4	141.4？	10
75	鼻尖角（n-rhi-FH）	66.0	68.0	60.5	67.5	61.0	58.5	–	9
75（1）	鼻骨角（rhi-n-pr）	20.4	24.5	21.9	–	26.6	24.5	–	8
8：1	颅指数	73.9	79.9	81.3	86.6	79.9	75.5	85.2	10
17：1	颅长高指数	68.1	69.5	75.4	78.1	70.3	76.7	77.6	10
21：1	颅长耳高指数	58.3	62.6	67.0	67.8	61.0	64.3	66.3	10
17：8	颅宽高指数	92.1	87.1	92.7	90.1	88.0	101.5	91.1	10
FM：CM	颅面粗壮指数	76.8	–	–	–	71.1	80.2	–	4
54：55	鼻指数	43.9	49.8	48.3	52.2	47.9	48.8	41.2？	10
SS：SC	鼻根指数	23.4	37.7	43.2	31.6	48.1	52.2	–	9
52：51	眶指数 左	85.1	72.1	82.6	80.4	84.2	87.3	83.1	10
48：17	垂直颅面指数 sd	60.8	51.0	54.6	–	51.6	49.5	56.4？	9
48：45	上面指数 sd	60.3	46.2	57.5	–	51.4	52.6	60？	9
47：45	全面指数	95.8	–	–	88.3？	81.9	85.1	–	5
48：46	中面指数 sd	80.2	60.9	75.8	–	71.6	71.3	75.9？	9
9：8	额宽指数	68.9	64.2	69.5	70.2	62.8	69.3	59.4	10
40：5	面突度指数	94.5	96.7	102.3	–	95.2	96.7	94.5？	9
DS：DC	眶间宽高指数	52.1	53.1	55.7	43.1	47.2	47.2	–	9
SN：OB	额面扁平度指数	15.7	17.6	17.3	13.0	15.6	16.2	12.0	10
SR：O₃	鼻面扁平指数	30.7	27.5	29.0	26.4	37.5	37.0	–	9
63：62	腭指数	90.1	–	–	–	98.9	99.5	–	5
61：60	齿槽弓指数	116.3	–	–	–	129.4	123.8	–	4
48：65	面高髁宽指数 sd	–	53.1	–	–	58.4	58.8	–	5

代号	测量项目	平均值	标准差	ⅢM5：B	ⅢM14	ⅢM29	ⅢM38：A	ⅢM67	ⅢM71：B
		m	σ	♀	♀	♀	♀	♀	♂♀
1	颅长（g-op）	173.0	4.0	163.0	162.5	157.0	164.0	160.0	172.5
8	颅宽（eu-eu）	137.9	4.6	135.0	134.2	119.0	135.5	126.0	137.5
17	颅高（ba-b）	127.5	5.9	122.5	121.0	–	135.0	–	130.0
21	耳上颅高（po-v）	110.4	3.3	110.0	107.5	98.4	111.7	99.0	115.0
9	最小颅宽（ft-ft）	91.6	4.2	87.2	88.9	80.2	90.1	82.6	93.4
25	颅矢状弧（arc n-o）	356.6	9.1	356.5	338.0	–	346.0	327.0	360.0
23	颅周长（眉上方）	502.7	7.2	476.0	479.0	448.0	481.0	454.0	498.0
24	颅横弧（arc po-po）	308.4	9.9	316.0	305.0	272.0	317.0	280.0	318.0
5	颅基底长（n-ba）	94.9	3.8	80.8	87.2	–	92.7	–	92.9
40	面基底长（ba-pr）	91.5	4.3	75.5	84.7	–	77.7	–	85.5
48	上面高（n-sd）	67.6	4.9	53.0	59.2	46.7	56.7	52.3	61.5
	（n-pr）	64.9	4.3	51.6	57.9	46.2	55.4	50.9	59.2
47	全面高（n-gn）	107.6	6.4	–	–	77.1	92.7	82.9	93.8
45	颧宽（zy-zy）	125.1	3.8	104.2?	116.6	96.2?	108.5?	99.3	120.8
46	中面宽（zm-zm）	94.9	4.3	73.1	82.6	–	79.0	72.2	90.5
	颧颌点间高（sub.zm-ss-zm）	24.1	2.4	20.5	22.7	22.5	23.7	23.6	24.8
43（1）	两眶外缘宽（fmo-fmo）	94.5	3.2	83.8	86.9	76.3	85.1	78.0	91.9
	眶外缘间高（sub.fmo-n-fmo）	14.3	1.8	15.5	13.5	14.6	16.7	14.8	19.2
O₃	眶中宽	54.0	5.7	40.5	38.8	37.5	45.2	38.4	57.0
SR	鼻尖高	18.0	1.8	13.9	10.7	–	17.5	15.0	20.5
50	眶间宽（mf-mf）	17.3	2.1	16.3	15.5	14.2	16.8	14.3	19.9
DC	眶内缘点间宽（d-d）	20.5	1.7	18.0	17.7	–	18.1	16.5	21.8
DS	鼻梁眶内缘宽高	10.1	1.1	7.3	7.5	–	8.7	9.0	11.0
MH	颧骨高（fmo-zm）左	41.7	1.9	34.4	35.3	31.6	38.8	32.7	39.5
MB′	颧骨宽（zm-rim orb.）左	22.9	2.2	17.3	17.4	17.2	21.0	17.4	22.7
54	鼻宽	24.5	1.6	19.8	22.0	16.4	18.7	18.3	23.3
55	鼻高（n-ns）	50.5	2.8	38.7	44.5	35.0	40.6	37.1	49.3
SC	鼻骨最小宽	7.3	1.7	7.6	6.2	5.7	8.0	6.1	10.3
SS	鼻骨最小宽高	2.9	1.0	1.7	2.1	–	2.3	2.3	3.3
51	眶宽（mf-ek）左	41.5	1.2	36.4	38.4	35.2	38.1	35.1	41.2
52	眶高　左	33.6	2.0	32.0	31.5	28.0	32.6	28.8	32.7
60	齿槽弓长	51.1	3.4	36.4	41.4	36.3?	40.5	37	44.2
61	齿槽弓宽	60.5	4.1	53.6	56.1	48.8	58.2	49.3	64
62	腭长（ol-sta）	43.4	3.9	33.6	39.4	32.3	34.1	31.4	37.4

续附表3

代号	测量项目	平均值 m	标准差 σ	ⅢM5：B ?	ⅢM14 ?	ⅢM29 ?	ⅢM38：A ?	ⅢM67 ?	ⅢM71：B ♂?
63	腭宽（enm-enm）	39.5	2.2	30.2	33.5	29.7	30.6	30.8	40.6
CM	颅粗壮度［(1+8+17)/3］	144.8	5.0	140.2	139.2	–	144.8	–	146.7
FM	面粗壮度［(40+47+45)/3］	106.2	3.4	–	–	–	93.0?	–	100
65	下颌髁间宽	113.9	4.2	–	–	87.4	97.3	91	110.7
	鼻骨长（n-rhi）	23.2	2.5	16.1	20.2	–	17.7	16.7	19.5
	鼻尖齿槽长（rhi-pr）	44.7	2.9	36.5	38.3	–	39.2	35.5	41.5
32	额倾角（n-m-FH）	82.4	3.0	99.0	90.0	91.0	88.0	87.5	87
72	面角（n-pr-FH）	84.7	2.8	88.5	84.0	90.0	92.0	88.5	90
73	鼻面角（n-ns-FH）	87.5	2.7	89.0	89.5	98.5	91.0	86	91
74	齿槽面角（ns-pr-FH）	74.5	6.6	82.0	70.0	95.0	96.0	93	82
77	鼻颧角（fmo-n-fmo）	146.7	4.0	141.0	145.5	139.2	137.2	139.6	136
ZM∠	颧上颌角（zm-ss-zm）	128.9	6.0	125.3	125.8	–	117.9	114.4	124.8
ZM₁∠	颧上颌角（zm1-ss-zm1）	133.8	6.1	132.1	136.5	–	126.2	121	133
75	鼻尖角（n-rhi-FH）	61.2	5.1	68.5	75.0	–	72.5	67	67
75(1)	鼻骨角（rhi-n-pr）	25.4	3.2	16.9	11.3	–	19.7	18.8	20.5
8：1	颅指数	79.8	3.9	82.8	82.6	75.8	82.6	78.8	79.7
17：1	颅长高指数	73.8	3.7	75.2	74.5	–	82.3	–	75.4
21：1	颅长耳高指数	63.9	2.8	67.5	66.2	62.7	68.1	61.9	66.7
17：8	颅宽高指数	92.5	4.8	90.7	90.2	–	99.6	–	94.5
FM：CM	颅面粗壮指数	74.5	4.2	–	–	–	64.2	–	68.2
54：55	鼻指数	48.7	3.5	51.2	49.4	46.9	46.1	49.3	47.3
SS：SC	鼻根指数	38.5	9.5	22.4	33.9	–	28.8	37.7	32.0
52：51	眶指数 左	81.0	4.4	87.9	82.0	79.5	85.6	82.1	79.4
48：17	垂直颅面指数 sd	53.2	4.3	43.3	48.9	–	42.0	–	47.3
48：45	上面指数 sd	54.0	4.3	50.9?	50.8	48.5?	52.3?	52.7	50.9
47：45	全面指数	87.5	4.6	–	–	80.1?	85.4?	83.5	77.6
48：46	中面指数 sd	71.7	5.2	72.5	71.7	–	71.8	72.4	68.0
9：8	额宽指数	66.5	3.4	64.6	66.2	67.4	66.5	65.6	67.9
40：5	面突度指数	96.5	2.2	93.4	97.1	–	83.8	–	92.0
DS：DC	眶间宽高指数	49.5	3.9	40.6	42.4	–	48.1	54.5	50.5
SN：OB	额面扁平度指数	15.2	1.7	18.5	15.5	19.1	19.6	19.0	20.9
SR：O₃	鼻面扁平指数	33.9	5.9	34.3	27.6	–	38.7	39.1	36.0
63：62	腭指数	96.0	3.3	89.9	85.0	92.0	89.7	98.1	108.6
61：60	齿槽弓指数	121.4	5.6	147.3	135.5	134.4?	143.7	133.2	144.8
48：65	面高髁宽指数 sd	56.7	2.1	–	–	53.4	58.3	57.5	55.6

附表 4　墓号佚失头骨个体测量表及平均值和标准差

（长度单位：毫米，角度：度，指数：百分比）

代号	测量项目	No.2 ♂	No.4 ♂	No.7 ♂	No.9 ♂	No.11 ♂?	No.12 ♂	No.15 ♂?	No.17 ♂	No.19 ♂
1	颅长（g-op）	175.7	191.5	174.0	201.5	175.5	180.0	182.0	–	186.0
8	颅宽（eu-eu）	138.5	128.5	132.0	144.0	132.7	126.0	–	–	130.0
17	颅高（ba-b）	133.5	135.0	126.0	138.0	125.0	–	125.5	132.0	127.0
21	耳上颅高（po-v）	110.0	116.0	109.0	121.0	109.0	108.5	–	–	108.0
9	最小颅宽（ft-ft）	93.0	95.2	92.7	103.3	89.0	90.2	88.8	96.0	87.0
25	颅矢状弧（arc n-o）	353.0	389.5	352.0	410.5	356.0	360.0	357.5	–	378.0
23	颅周长（眉上方）	505.0	526.0	490.0	562.0	493.0	498.0	–	–	514.0
24	颅横弧（arc po-po）	309.0	313.0	305.0	333.0	305.0	298.0	–	–	298.0
5	颅基底长（n-ba）	102.6	100.7	97.0	104.3	98.7	–	101.5	104.3	95.1
40	面基底长（ba-pr）	86.5	102.6	94.5	104.7	96.6?	–	93.1	105.0	95.6?
48	上面高（n-sd）	69.4	73.0	68.2	79.2	63.2	73.6	65.6	70.7	74?
	（n-pr）	67.1	70.4	65.7	75.5	59.7	69.0	61.3	67.4	71.2
47	全面高（n-gn）	–	–	113.7	126.9	–	–	106.5	–	123.0
45	颧宽（zy-zy）	124.0	133.6	127.3	132.0	–	127?	121?	–	123.4
46	中面宽（zm-zm）	91.3	102.8	90.8	100.2	–	102.1	86.5	96.3	92.5
	颧颌点间高（sub.zm-ss-zm）	26.0	33.2	22.5	24.0	–	27.3	20.2	24.6	27.0
43（1）	两眶外缘宽（fmo-fmo）	92.8	100.3	96.3	100.9	94.5	92.7	92.6	100.6	93.4
	眶外缘间高（sub.fmo-n-fmo）	19.0	19.0	17.3	17.0	16.8	18.6	17.0	19.2	13.9
O₃	眶中宽	51.1	63.6	56.3	56.7	–	53.8	58.4	55.0	50.0
SR	鼻尖高	21.9	–	14.9	18.6	–	18.8	22.5	17.9	21.5
50	眶间宽（mf-mf）	22.0	21.0	21.3	19.0	19.3	20.6	20.4	20.3	15.6
DC	眶内缘点间宽（d-d）	24.3	21.1	23.0	21.4	22.7	23.4	20.7	23.6	18.3
DS	鼻梁眶内缘宽高	14.3	10.8	9.2	10.7	10.7	13.7	12.4	11.3	11.3
MH	颧骨高（fmo-zm）左	43.7	47.0	46.1	47.6	41.0	41.4	44.1	44.5	41.8
MB′	颧骨宽（zm-rim orb.）左	24.2	27.2	23.4	27.8	23.4	23.3	23.5	26.5	24.2
54	鼻宽	28.2	27.5	26.1	24.5	24.6	23.9	24.0	23.9	22.3
55	鼻高（n-ns）	54.3	54.2	51.0	58.2	45.6	53.0	51.4	49.8	55.4
SC	鼻骨最小宽	10.2	7.3	9.8	6.8	7.5	6.5	7.1	8.1	8.6
SS	鼻骨最小宽高	4.9	4.0	3.8	3.0	2.5	2.5	3.4	8.1	3.5
51	眶宽（mf-ek）左	41.1	42.8	43.6	43.7	42.5	40.7	41.8	43.0	41.0
52	眶高　左	30.3	34.0	34.5	35.2	29.8	32.6	33.0	32.7	35.5
60	齿槽弓长	43.4	57.6	50.8	61.1	–	52.0	47.0	55.1	56?
61	齿槽弓宽	61.5	66.0	60.0	70.2	–	62.8	59.4	56.3?	–
62	腭长（ol-sta）	37.7	52.0	44.4	49.7	–	42.7	38.8?	51.7	49.2

续附表 4

代号	测量项目	No.2 ♂	No.4 ♂	No.7 ♂	No.9 ♂	No.11 ♂?	No.12 ♂	No.15 ♂?	No.17 ♂	No.19 ♂
63	腭宽（enm-enm）	41.5	41.8	38.2	43.5	–	38.4	38.0	36.5?	–
CM	颅粗壮度［(1+8+17)/3］	149.2	151.7	144.0	161.2	144.4	–	–	–	147.7
FM	面粗壮度［(40+47+45)/3］	–	–	111.8	121.2	–	–	106.9?	–	114.0
65	下颌髁间宽	–	–	111.1	118.7	–	–	114.7	–	119.0
	鼻骨长（n-rhi）	28.4	–	21.3	29.4	19.6	22.8	21.8	26.1	25.7
	鼻尖齿槽长（rhi-pr）	44.8	–	46.1	48.9	42.2	49.4	44.3	43.8	29.4
32	额倾角（n-m-FH）	82.0	82.5	77.5	86.5	78.0	81.0	–	–	78.0
72	面角（n-pr-FH）	94.0	80.5	85.0	85.0	83.5	85.0	–	–	81.5
73	鼻面角（n-ns-FH）	94.0	80.5	90.0	88.0	86.0	85.5	–	–	81.0
74	齿槽面角（ns-pr-FH）	93.0	79.5	70.0	75.0	70.0	82.0	–	–	83.0
77	鼻颧角（fmo-n-fmo）	136.8	139.5	142.2	145.3	141.8	136.2	141.8	136.8	148.7
ZM∠	颧上颌角（zm-ss-zm）	122.4	115.7	127.5	129.0	–	138.4	131.6	126.0	120.2
ZM₁∠	颧上颌角（zm1-ss-zm1）	130.1	121.1	136.6	136.6	–	132.9	144.8	135.1	128.2
75	鼻尖角（n-rhi-FH）	64.0	–	66.5	66.5	63.0	60.0	–	–	55.0
75(1)	鼻骨角（rhi-n-pr）	30.0	–	19.1	19.9	22.2	25.5	31.7	20.0	–
8:1	颅指数	78.8	67.1	75.9	71.5	75.6	70.0	–	–	69.9
17:1	颅长高指数	76.0	70.5	72.4	68.5	71.2	–	69.0	–	68.3
21:1	颅长耳高指数	62.6	60.6	62.6	60.0	62.1	60.3	–	–	58.1
17:8	颅宽高指数	96.4	105.1	95.5	95.8	94.2	–	–	–	97.7
FM:CM	颅面粗壮指数	–	–	77.6	75.2	–	–	–	–	77.2
54:55	鼻指数	51.9	50.7	51.2	42.1	53.9	45.1	46.7	48.0	40.3
SS:SC	鼻根指数	48.0	54.8	38.8	44.1	33.3	38.5	47.9	43.2	40.7
52:51	眶指数 左	73.7	79.4	79.1	80.5	70.1	80.1	78.9	76.0	86.6
48:17	垂直颅面指数 sd	52.0	54.1	54.1	57.4	50.6	–	52.3	53.6	58.3?
48:45	上面指数 sd	56.0	54.6	53.6	60.0	–	58?	54.2?	–	60?
47:45	全面指数	–	–	89.3	96.1	–	–	88?	–	99.7
48:46	中面指数 sd	76.0	71.0	75.1	79.0	–	72.1	75.8	73.4	80?
9:8	额宽指数	67.1	74.1	70.2	71.7	67.1	71.6	–	–	66.9
40:5	面突度指数	84.3	101.9	97.4	100.4	97.9?	–	91.7	100.7	100.5?
DS:DC	眶间宽高指数	58.8	51.2	40.0	50.0	47.1	58.5	59.9	47.9	61.7
SN:OB	额面扁平度指数	20.5	18.9	18.0	16.8	17.8	20.1	18.4	19.1	14.9
SR:O₃	鼻面扁平指数	42.9	–	26.5	32.8	–	34.9	38.5	32.5	43.0
63:62	腭指数	110.1	80.4	86.0	87.5	–	89.9	97.9?	70.6?	–
61:60	齿槽弓指数	141.7	114.6	118.1	114.9	–	120.8	126.4	102.2?	–
48:65	面高髁宽指数 sd	–	–	61.4	66.7	–	–	57.2	–	62.2?

代号	测量项目	No.20	No.21	No.23	No.25	No.29	No.30	No.34	No.36	No.37
		♂?	♂	♂	♂	♂	♂	♂?	♂	♂
1	颅长（g-op）	177.0	–	170.0	170.0	180.5	184.0	178.7	183.5	179.0
8	颅宽（eu-eu）	125.0	142.0	135.0	139.0	129.0	136.5	130.5	139.0	146.0
17	颅高（ba-b）	132.0	–	133.5	125.5	129.0	139.5	125.0	129.5	143.0
21	耳上颅高（po-v）	111.0	–	117.3	112.9	105.9	115.0	115.0	110.0	–
9	最小颅宽（ft-ft）	85.4	94.2	82.6	89.6	92.1	97.3	76.3	88.6	102.1
25	颅矢状弧（arc n-o）	369.0	–	356.0	351.0	361.5	370.9	359.0	368.0	383.0
23	颅周长（眉上方）	493.0	–	480.0	490.0	500.0	515.0	501.0	512.0	530.0
24	颅横弧（arc po-po）	297.0	–	315.0	313.0	295.0	313.0	314.0	314.0	–
5	颅基底长（n-ba）	97.0	–	94.5	95.7	99.3	101.0	96.2	98.2	102.2
40	面基底长（ba-pr）	96.5	–	95.2	99.5	95.7	–	96.3	93.7	103.7
48	上面高（n-sd）	69.0	72.6	69.0	64.0	65.0	–	71.2	60.2	76.6
	（n-pr）	66.3	69.6	65.6	61.5	62.4	–	68.6	57.5	72.2
47	全面高（n-gn）	–	–	–	–	111.5	–	110.6	–	–
45	颧宽（zy-zy）	124.7	–	–	128.0	126.2	134.8	122.5	134.6	135.3
46	中面宽（zm-zm）	99.6	100.0	94.3	95.6	89.1	96.4	90.5	104.0	104.6
	颧颌点间高（sub.zm-ss-zm）	–	22.0	–	23.2	21.4	23.6	22.0	29.9	30.3
43（1）	两眶外缘宽（fmo-fmo）	94.8	98.8	88.4	98.6	98.1	99.0	85.2	93.3	107.3
	眶外缘间高（sub.fmo-n-fmo）	27.5	16.0	15.5	16.0	19.2	18.9	11.4	18.0	19.4
O$_3$	眶中宽	54.5	55.1	54.3	53.0	46.7	57.9	43.7	53.6	58.1
SR	鼻尖高	–	20.3	–	18.5	17.0	18.3	–	18.5	25.0
50	眶间宽（mf-mf）	18.5	20.5	14.5	19.3	19.1	23.3	12.1	22.5	23.8
DC	眶内缘点间宽（d-d）	21.0	23.3	16.9	21.4	21.0	27.1	13.8	25.2	26.6
DS	鼻梁眶内缘宽高	11.7	9.1	11.0	10.7	11.0	13.0	11.7	11.0	12.9
MH	颧骨高（fmo-zm）左	42.5	43.8	36.0	41.0	42?	44.7	41.1	40.4	46.1
MB′	颧骨宽（zm-rim orb.）左	24.6	23.5	20.7	22.4	24.3	25.0	21.6	24.9	28.6
54	鼻宽	26.5	26.5	24.1	25.5	25.4	25.6	23.4	23.4	29.0
55	鼻高（n-ns）	48.5	53.0	49.1	49.1	49.3	50.5	52.5	45.5	54.1
SC	鼻骨最小宽	9.0	9.7	6.5	10.2	8.5	11.7	6.2	8.8	9.0
SS	鼻骨最小宽高	4.0	3.2	4.2	4.7	4.8	5.1	3.8	4.3	5.0
51	眶宽（mf-ek）左	41.8	42.2	40.6	42.2	42.1	41.0	39.8	38.8	43.8
52	眶高 左	31.5	34.2	28.7	32.0	30.4	31.8	32.9	28.0	33.8
60	齿槽弓长	55.0	51.6	54.2	55.7	53.4	–	53.4?	50.0	62.1
61	齿槽弓宽	60.7	61.9	–	61.2	61.0	–	–	–	68.4
62	腭长（ol-sta）	48.3	45.0	45.7	48.0	46.7	–	46.1	41.2	51.5

代号	测量项目	No.20	No.21	No.23	No.25	No.29	No.30	No.34	No.36	No.37
		♂？	♂	♂	♂	♂	♂	♂？	♂	♂
63	腭宽（enm-enm）	38.8	40.8	40.3	40.0	41.1	—	—	—	43.0
CM	颅粗壮度〔（1+8+17）/3〕	144.7	—	146.2	144.8	146.2	153.3	144.7	150.7	156.0
FM	面粗壮度〔（40+47+45）/3〕	—	—	—	—	111.1	—	109.8	—	—
65	下颌髁间宽	—	118.0	—	—	117.6	—	—	115.6	—
	鼻骨长（n-rhi）	—	26.2	—	22.2	22.1	—	—	23.3	25.0
	鼻尖齿槽长（rhi-pr）	—	48.4	—	42.3	44.5	—	—	38.3	52.9
32	额倾角（n-m-FH）	85.0	—	86.0	81.5	79.0	82.0	81.0	78.5	—
72	面角（n-pr-FH）	82.5	—	83.5	83.0	84.5	—	87.0	85.0	—
73	鼻面角（n-ns-FH）	82.0	—	83.0	87.0	88.0	80.0	88.5	86.5	—
74	齿槽面角（ns-pr-FH）	80.5	—	83.0	69.0	67.5	—	78.5	81.5	—
77	鼻颧角（fmo-n-fmo）	139.0	145.3	123.4	145.7	136.3	140.8	152.2	137.8	141.1
ZM∠	颧上颌角（zm-ss-zm）	121.8	135.4	117.3	129.0	131.3	128.3	129.4	122.2	121.5
ZM₁∠	颧上颌角（zm1-ss-zm1）	129.3	139.4	124.0	136.9	138.7	136.9	133.7	132.7	127.4
75	鼻尖角（n-rhi-FH）	—	—	—	59.0	58.5	60.0	—	61.0	—
75（1）	鼻骨角（rhi-n-pr）	—	29.1	—	24.4	29.4	—	—	27.2	32.7
8：1	颅指数	70.6	—	79.4	81.8	71.5	74.2	73.0	75.7	81.6
17：1	颅长高指数	74.6	—	78.5	73.8	71.5	75.8	69.9	70.6	79.9
21：1	颅长耳高指数	62.7	—	69.0	66.4	58.7	62.5	64.4	59.9	—
17：8	颅宽高指数	105.6	—	98.9	90.3	100.0	102.2	95.8	93.2	97.9
FM：CM	颅面粗壮指数	—	—	—	—	76.0	—	75.9	—	—
54：55	鼻指数	54.6	50.0	49.1	51.9	51.5	50.7	44.6	51.4	53.6
SS：SC	鼻根指数	44.4	33.0	64.6	46.1	56.5	43.6	61.3	48.9	55.6
52：51	眶指数 左	75.4	81.0	70.7	75.8	72.2	77.6	82.7	72.2	77.2
48：17	垂直颅面指数 sd	52.3	—	51.7	51.0	50.4	—	57.0	46.5	53.6
48：45	上面指数 sd	55.3	—	—	50.0	51.5	—	58.1	44.7	56.6
47：45	全面指数	—	—	—	—	88.4	—	90.3	—	—
48：46	中面指数 sd	69.3	72.6	73.2	66.9	73.0	—	78.7	57.9	73.2
9：8	额宽指数	68.3	66.3	61.2	64.5	71.4	71.3	58.5	63.7	69.9
40：5	面突度指数	99.5	—	100.7	104.0	96.4	—	100.1	95.4	101.5
DS：DC	眶间宽高指数	55.7	39.1	65.1	50.0	52.4	48.0	84.8	43.7	48.5
SN：OB	额面扁平度指数	—	16.2	17.5	16.2	19.6	19.1	13.4	19.3	18.1
SR：O₃	鼻面扁平指数	—	36.8	—	34.9	36.4	31.6	—	34.5	43.0
63：62	腭指数	80.3	90.7	88.2	83.3	88.0	—	—	—	83.5
61：60	齿槽弓指数	110.4	120.0	—	109.9	114.2	—	—	—	110.1
48：65	面高髁宽指数 sd	—	61.5	—	—	55.3	—	52.1	—	—

代号	测量项目	No.41 ♂	No.43 ♂	No.47 ♂	No.48 ♂	No.50 ♂	No.51 ♂	No.52 ♂	No.53 ♂	例数 n
1	颅长（g-op）	190.5	184.0	184.5	181.0	179.0	184.5	182.6	182.5	24.0
8	颅宽（eu-eu）	141.0	136.0	140.0	125.0	134.0	131.5	136.5	–	23.0
17	颅高（ba-b）	136.0	131.0	142.0	126.5	137.5	141.0	144.0	132.5	24.0
21	耳上颅高（po-v）	114.0	112.0	122.0	106.0	118.0	123.0	119.2	115.0	22.0
9	最小颅宽（ft-ft）	94.0	92.6	97.7	94.7	90.3	92.2	93.0	93.1	26.0
25	颅矢状弧（arc n-o）	–	375.0	–	355.0	382.0	394.0	383.5	–	21.0
23	颅周长（眉上方）	535.0	518.0	528.0	499.0	507.0	519.0	518.0	–	22.0
24	颅横弧（arc po-po）	312.0	309.0	337.0	294.0	317.0	330.0	322.0	–	21.0
5	颅基底长（n-ba）	111.1	99.0	102.5	100.5	95.3	98.3	98.0	98.0	24.0
40	面基底长（ba-pr）	101.3	91.0	99.1	97.6	95.3	93.3	90.7	95.0	23.0
48	上面高（n-sd）	75.3	70.0	77.0	65.7	73.2	67.0	79.2	76.2	25.0
	（n-pr）	73.2	65.2	73.3	63.0	70.7	63.4	76.0	72.6	25.0
47	全面高（n-gn）	–	105.4	134.3	–	99.3	–	–	–	9.0
45	颧宽（zy-zy）	134.2	125.3	138.3	124.0	125.0	123.5	128.5	134.5	22.0
46	中面宽（zm-zm）	101.2	92.4	100.0	94.3	100.8	93.0	90.4	98.6	25.0
	颧颌点间高（sub.zm-ss-zm）	25.1	30.5	26.9	28.5	27.4	26.9	26.0	27.2	23.0
43（1）	两眶外缘宽（fmo-fmo）	99.0	98.1	99.8	99.0	94.7	94.0	97.2	97.5	26.0
	眶外缘间高（sub.fmo-n-fmo）	18.0	22.0	18.0	20.6	16.0	16.8	16.5	16.5	26.0
O₃	眶中宽	60.2	49.5	59.4	51.2	55.1	50.7	51.6?	50.5	25.0
SR	鼻尖高	17.8	24.8	24.1	13.4	–	17.3	21.4	25.8	20.0
50	眶间宽（mf-mf）	21.7	21.3	18.3	23.7	19.5	17.7	17.9	20.0	26.0
DC	眶内缘点间宽（d-d）	23.8	22.2	21.5	24.1	21.4	18.8	21.0	21.4	26.0
DS	鼻梁眶内缘宽高	11.9	14.7	12.7	10.8	12.5	11.0	11.8	10.2	26.0
MH	颧骨高（fmo-zm）左	45.0	43.0	44.2	41.5	42.6	40.7	43.9	48.3	26.0
MB′	颧骨宽（zm-rim orb.）左	24.9	24.8	26.1	22.0	27.0	24.7	23.1	26.1	26.0
54	鼻宽	28.4	21.8	25.5	26.4	25.5	28.7	24.6	25.2	26.0
55	鼻高（n-ns）	55.8	52.7	55.1	46.3	55.7	50.0	55.2	55.6	26.0
SC	鼻骨最小宽	9.2	13.5	8.7	8.8	9.5	7.7	7.4	9.2	26.0
SS	鼻骨最小宽高	3.6	6.9	3.0	1.8	4.1	3.4	4.2	6.0	26.0
51	眶宽（mf-ek）左	43.4	41.4	43.6	39.4	41.1	40.5	42.7	43.3	26.0
52	眶高 左	31.0	30.7	35.0	30.5	30.8	29.0	37.2	36.5	26.0
60	齿槽弓长	–	52.1	54.8	53.2	57.0	50.4	54.3	52.0	23.0
61	齿槽弓宽	–	58.7	63.4	59.7	64.7	59.5	58.1?	63.1	19.0
62	腭长（ol-sta）	48.1	42.8	49.8	44.8	48.8	45.6	44.4	42.9	24.0

代号	测量项目	No.41 ♂	No.43 ♂	No.47 ♂	No.48 ♂	No.50 ♂	No.51 ♂	No.52 ♂	No.53 ♂	例数 n
63	腭宽（enm-enm）	–	39.0	45.1	40.5	45.7	40.5	–	41.7	19.0
CM	颅粗壮度［（1+8+17）/3］	155.8	150.3	155.5	144.2	150.2	152.3	154.4	–	21.0
FM	面粗壮度［（40+47+45）/3］	–	107.2	123.9	–	106.5	–	–	–	9.0
65	下颌髁间宽	–	110.4	128.8	–	114.7	–	–	–	10.0
	鼻骨长（n-rhi）	26.3	24.9	28.1	22.0	–	23.9	27.6	38.1	20.0
	鼻尖齿槽长（rhi-pr）	50.5	47.9	49.0	41.6	–	42.1	52.3	52.1	20.0
32	额倾角（n-m-FH）	78.0	79.0	87.0	83.0	87.0	95.0	83.0	77.0	22.0
72	面角（n-pr-FH）	87.0	85.0	85.0	84.5	85.0	87.0	83.0	82.5	21.0
73	鼻面角（n-ns-FH）	88.5	85.0	87.5	87.5	87.0	91.0	84.0	82.0	22.0
74	齿槽面角（ns-pr-FH）	80.5	85.0	78.0	77.0	77.0	–	78.5	80.5	20.0
77	鼻颧角（fmo-n-fmo）	140.5	132.7	141.2	135.7	142.5	142.7	140.4	144.4	26.0
ZM∠	颧上颌角（zm-ss-zm）	127.2	115.1	124.7	119.4	126.9	121.3	121.9	123.0	25.0
ZM₁∠	颧上颌角（zm1-ss-zm1）	134.4	122.7	129.5	128.0	134.0	130.6	131.0	130.6	25.0
75	鼻尖角（n-rhi-FH）	63.5	50.0	62.0	76.0	–	75.0	57.0	46.5	17.0
75（1）	鼻骨角（rhi-n-pr）	24.6	37.5	24.1	10.9	–	21.6	25.0	43.6	19.0
8：1	颅指数	74.0	73.9	75.9	69.1	74.9	71.3	74.8	–	22.0
17：1	颅长高指数	71.4	71.2	77.0	69.9	76.8	76.4	78.9	72.6	23.0
21：1	颅长耳高指数	59.8	60.9	66.1	58.6	65.9	66.7	65.3	63.0	22.0
17：8	颅宽高指数	96.5	96.3	101.4	101.2	102.6	107.2	105.5	–	21.0
FM：CM	颅面粗壮指数	–	71.3	79.7	–	70.9	–	–	–	8.0
54：55	鼻指数	50.9	41.4	46.3	57.0	45.8	57.4	44.6	45.3	26.0
SS：SC	鼻根指数	39.1	51.1	34.5	20.5	43.2	44.2	56.8	65.2	26.0
52：51	眶指数 左	71.4	74.2	80.3	77.4	74.9	71.6	87.1	84.3	26.0
48：17	垂直颅面指数 sd	55.4	53.4	54.2	51.9	53.2	47.5	55.0	57.5	23.0
48：45	上面指数 sd	56.1	55.9	55.7	53.0	58.6	54.3	61.6	56.7	21.0
47：45	全面指数	–	84.1	97.1	–	79.4	–	–	–	9.0
48：46	中面指数 sd	74.4	75.8	77.0	69.7	72.6	72.0	87.6	77.3	24.0
9：8	额宽指数	66.7	68.1	69.8	75.8	67.4	70.1	68.1	–	23.0
40：5	面突度指数	91.2	91.9	96.7	97.1	100.0	95.0	92.6	96.9	23.0
DS：DC	眶间宽高指数	50.0	66.2	59.1	44.8	58.4	58.5	56.2	47.7	26.0
SN：OB	额面扁平度指数	18.2	22.4	18.0	20.8	16.9	17.9	17.0	16.9	25.0
SR：O₃	鼻面扁平指数	29.6	50.1	40.6	26.2	–	34.1	41.5?	51.1	20.0
63：62	腭指数	–	91.1	90.6	90.4	93.6	88.8	–	97.2	19.0
61：60	齿槽弓指数	–	112.7	115.7	112.2	113.5	118.1	107?	121.3	19.0
48：65	面高髁宽指数 sd	–	63.4	59.8	–	63.8	–	–	–	10.0

代号	测量项目	平均值	标准差	No.1	No.3	No.6	No.10	No.13	No.14	No.16
		m	σ	♀？	♀	♀	♀	♀	♀	♀
1	颅长（g-op）	181.6	6.7	159.0	172.0	174.5	171.0	171？	176.0	168.0
8	颅宽（eu-eu）	134.7	5.9	140.0	126.0	130.0	130.2	129.0	126.0	128.0
17	颅高（ba-b）	132.9	6.0	124.0	139.5	126.0	129.5	–	134.0	129.5
21	耳上颅高（po-v）	113.5	5.0	113.0	114.1	105.8	112.0	112.7	112.9	108.5
9	最小颅宽（ft-ft）	92.0	5.5	87.3	87.9	86.2	90.5	80.3	87.2	90.8
25	颅矢状弧（arc n-o）	369.7	15.8	333.0	363.5	365.0	358.0	357.5？	372.9	340.0
23	颅周长（眉上方）	510.6	18.2	482.0	490.0	493.0	493.0	483.0	490.0	480.0
24	颅横弧（arc po-po）	311.6	11.7	317.0	305.0	296.0	305.0	308.0	303.0	296.0
5	颅基底长（n-ba）	99.6	3.7	90.4	101.0	91.8	96.3	–	95.4	96.0
40	面基底长（ba-pr）	96.6	4.5	88.6	–	–	92.1	–	93.0	94.0
48	上面高（n-sd）	70.7	5.0	64.0	68.0	–	66.6	68.9	67.6	61.5
	（n-pr）	67.5	4.9	62.0	65.7？	–	63.4	65.6	64.2	60.0
47	全面高（n-gn）	114.6	10.6	106.8	–	–	112.1	–	111.0	104.0
45	颧宽（zy-zy）	128.5	5.0	122.0	123.3	116.0	119.1	118.4	123.6	120.9
46	中面宽（zm-zm）	96.3	5.0	86.7	93.9	89.6	92.2	88.0	94.3	89.3
	颧颌点间高（sub.zm-ss-zm）	25.9	3.2	22.5	28.8	21.4	24.7	22.3	24.1	24.7
43（1）	两眶外缘宽（fmo-fmo）	96.4	4.3	89.8	90.2	85.2	92.8	98.2	95.9	89.2
	眶外缘间高（sub.fmo-n-fmo）	17.9	2.8	16.0	12.9	13.6	15.9	15.8	16.5	16.7
O₃	眶中宽	54.0	4.3	48.5	45.7	–	51.1	54.3	60.0	45.7
SR	鼻尖高	19.9	3.3	19.6	–	–	17.0	18.8	17.9	17.9？
50	眶间宽（mf-mf）	19.7	2.7	19.5	14.8	16.1	19.0	16.2	19.1	18.2
DC	眶内缘点间宽（d-d）	21.9	2.8	22.2	16.6	–	21.6	–	23.0	19.2
DS	鼻梁眶内缘宽高	11.6	1.3	10.5	7.2	–	11.0	–	8.1	10.5
MH	颧骨高（fmo-zm）左	43.2	2.6	39.6	42.4	34.1	38.7	38.5	43.7	41.0
MB′	颧骨宽（zm-rim orb.）左	24.5	1.9	21.5	23.8	15.6	23.0	20.1	23.4	19.9
54	鼻宽	25.4	1.9	21.1	23.6	24.4	24.6	22.8	24.1	23.3
55	鼻高（n-ns）	52.0	3.4	46.7	51.1	49.3	48.8	47.6	47.2	48.0
SC	鼻骨最小宽	8.7	1.6	8.8	6.8	5.1	5.8	6.4	8.4	9.6
SS	鼻骨最小宽高	4.0	1.1	3.7	1.8	1.7	2.2	1.8	2.6	3.8
51	眶宽（mf-ek）左	41.8	1.4	37.8	42.0	38.9	40.6	38.7	43.4	38.4
52	眶高 左	32.4	2.4	31.5	30.8	30.9	30.1	35.2	34.3	33.2
60	齿槽弓长	53.6	4.0	47.7	50.5	–	49.3	51.7	53.7	48.6
61	齿槽弓宽	61.9	3.4	58.4	62.7	–	58.4	56.1	60.0	62.0
62	腭长（ol-sta）	46.1	3.8	41.5	42.6	–	43.9	–	45.7	43.5

续附表 4

代号	测量项目	平均值	标准差	No.1	No.3	No.6	No.10	No.13	No.14	No.16
		m	σ	♀?	♀	♀	♀	♀	♀	♀
63	腭宽（enm-enm）	40.8	2.3	35.2	38.3	–	39.8	37.3	36.8	42.5
CM	颅粗壮度〔（1+8+17）/3〕	149.9	4.8	141.0	145.8	143.5	143.6	–	145.3	141.8
FM	面粗壮度〔（40+47+45）/3〕	112.5	5.9	105.8	–	–	107.8	–	109.2	106.3
65	下颌髁间宽	116.9	4.9	106.0	–	103.4	110.6	–	115.4	100.1?
	鼻骨长（n-rhi）	25.2	3.9	24.0	–	–	23.7	18.5	20.6	15.5?
	鼻尖齿槽长（rhi-pr）	45.5	5.4	41.6	–	–	42.4	49.5	44.8	46.5?
32	额倾角（n-m-FH）	82.2	4.2	85.0	89.5	87.0	86.5	86.0	85.5	87.5
72	面角（n-pr-FH）	84.7	2.7	85.0	–	–	85.5	83.5	80.0	81.0
73	鼻面角（n-ns-FH）	86.0	3.5	89?	84.5	87.0	86.5	87.0	85.0	85.0
74	齿槽面角（ns-pr-FH）	78.5	5.9	78.5	–	–	81.0	75.0	65.0	69.5
77	鼻颧角（fmo-n-fmo）	140.4	5.4	141.8	149.0	147.7	145.0	–	142.4	139.5
ZM∠	颧上颌角（zm-ss-zm）	125.1	5.7	128.4	117.4	129.2	124.5	125.9	125.0	124.1
ZM₁∠	颧上颌角（zm1-ss-zm1）	132.2	5.4	130.3	125.9	129.9	133.4	134.1	130.9	126.4
75	鼻尖角（n-rhi-FH）	61.4	7.3	60.0	–	–	64.0	60.0	69.0	57?
75（1）	鼻骨角（rhi-n-pr）	26.2	7.1	25.3	–	–	22.1	22.9	16.3	25.6
8：1	颅指数	74.1	3.8	88.1	73.3	74.5	76.1	75.4?	71.2	76.2
17：1	颅长高指数	73.2	3.5	78.0	81.1	72.2	75.7	–	76.1	77.1
21：1	颅长耳高指数	62.6	3.0	71.1	66.3	60.6	65.5	65.9?	64.1	64.6
17：8	颅宽高指数	99.0	4.4	88.6	110.7	96.9	99.5	–	106.3	101.2
FM：CM	颅面粗壮指数	75.5	2.8	75.0	–	–	75.1	–	75.2	75.0
54：55	鼻指数	49.1	4.5	45.2	46.2	49.5	50.4	47.9	51.1	48.5
SS：SC	鼻根指数	46.1	10.2	42.0	26.5	33.3	37.9	28.1	31.0	39.6
52：51	眶指数 左	77.3	4.7	83.3	73.3	79.4	74.1	91.0	79.0	86.5
48：17	垂直颅面指数 sd	53.2	2.9	51.6	48.7	–	51.4	–	50.4	47.5
48：45	上面指数 sd	55.5	3.7	52.5	55.2	–	55.9	58.2	71.7	50.9
47：45	全面指数	90.3	6.1	87.5	–	–	94.1	–	89.8	86.0
48：46	中面指数 sd	73.9	5.3	73.8	72.4	–	72.2	78.3	71.7	68.9
9：8	额宽指数	68.3	3.8	62.4	69.8	66.3	69.5	62.2	69.2	70.9
40：5	面突度指数	97.1	4.4	98.0	–	–	95.6	–	97.5	97.9
DS：DC	眶间宽高指数	54.0	9.4	47.3	43.4	–	50.9	–	35.2	54.7
SN：OB	额面扁平度指数	18.0	1.9	17.8	14.3	16.0	17.1	16.1	17.2	18.7
SR：O₃	鼻面扁平指数	37.1	6.7	40.4	–	–	33.3	34.6	29.8	39.2
63：62	腭指数	88.8	7.9	84.8	89.9	–	90.7	–	80.5	97.7
61：60	齿槽弓指数	116.0	8.1	122.4	124.2	–	118.5	108.5	111.7	127.6
48：65	面高髁宽指数 sd	60.3	4.1	60.4	–	–	60.2	–	58.6	61.4?

代号	测量项目	No.22 ♀	No.24 ♀	No.26 ♀?	No.28 ♀	No.31 ♀	No.32 ♀?	No.33 ♀	No.38 ♀	No.39 ♀
1	颅长（g-op）	171.5	166.0	177.5	168.5	173.0	172.0	176.0	179.0	184.0
8	颅宽（eu-eu）	130.0	121.0	131.0	124.0	125.0	128.3	130.6	130.7	132.0
17	颅高（ba-b）	132.5	128.5	136.0	123.5	117.0	134.0	128.8	127.0	127.0
21	耳上颅高（po-v）	114.0	109.0	115.0	106.0	102.0	109.2	110.0	108.0	109.5
9	最小颅宽（ft-ft）	88.2	89.4	89.2	93.2	89.1	86.1	88.7	88.2	93.0
25	颅矢状弧（arc n-o）	362.0	346.0	371.0	341.5	360.0	363.5	357.0	367.0	382.0
23	颅周长（眉上方）	485.0	471.0	497.0	475.0	487.0	489.0	497.0	499.0	520.0
24	颅横弧（arc po-po）	307.0	292.0	308.0	289.0	284.0	301.0	305.0	294.0	299.0
5	颅基底长（n-ba）	94.0	94.4	96.9	96.0	86.1	94.6	96.2	93.4	92.2
40	面基底长（ba-pr）	87.6	90.7	92.1	92.4	89.3	85.2	89.3	89.1	–
48	上面高（n-sd）	68.3	64.5	69.0	63.5	66.0	65.5	65.6	71.5	–
	（n-pr）	66.0	61.2	65.1	59.8	64.4	63.1	63.3	67.8	–
47	全面高（n-gn）	–	–	–	104.6	–	107.5	–	113.4	–
45	颧宽（zy-zy）	120.0	118.1	129.2	123.7	117.8	122.3	119.2	123.7	123.7
46	中面宽（zm-zm）	94.4	86.0	94.9	88.5	83.8	93.4	86.9	96.5	91.4
	颧颌点间高（sub.zm-ss-zm）	25.5	23.0	19.6	21.4	24.3	23.5	24.4	24.6	23.1
43（1）	两眶外缘宽（fmo-fmo）	91.2	89.2	94.7	92.9	89.5	95.2	93.0	92.2	96.0
	眶外缘间高（sub.fmo-n-fmo）	17.5	14.5	15.2	18.7	14.8	16.5	16.7	17.2	13.8
O₃	眶中宽	43.2	51.0	49.3	48.8	50.4	53.5	49.4	56.9	48.9
SR	鼻尖高	–	–	14.5	17.3	18.8	–	16.1?	20.1	13.9
50	眶间宽（mf-mf）	16.8	16.7	20.3	20.4	16.5	18.8	18.6	16.3	16.7
DC	眶内缘点间宽（d-d）	18.9	18.1	23.9	22.4	19.1	22.2	20.7	17.6	18.2
DS	鼻梁眶内缘宽高	8.8	10.5	9.2	12.0	9.5	8.8	10.1	10.3	10.0
MH	颧骨高（fmo-zm）左	42.3	39.6	43.1	37.0	42.8	41.0	41.0	38.5	39.8
MB′	颧骨宽（zm-rim orb.）左	26.4	21.2	23.5	20.0	24.1	22.7	20.6	19.6	20.9
54	鼻宽	24.5	24.2	24.9	26.8	21.9	25.4	23.8	26.6	24.7
55	鼻高（n-ns）	49.8	49.8	49.0	47.1	49.6	48.2	51.0	54.4	50.5
SC	鼻骨最小宽	9.1	8.3	7.4	9.1	8.0	8.6	8.8	9.5	4.5
SS	鼻骨最小宽高	3.4	3.1	2.5	3.4	3.5	3.8	3.6	4.5	1.2
51	眶宽（mf-ek）左	40.2	39.6	40.0	38.2	39.8	41.1	41.2	41.0	42.7
52	眶高 左	32.3	31.2	32.5	31.7	33.6	32.4	32.5	35.0	31.7
60	齿槽弓长	49.8	48.4	50.2	49.7	51.9	48.0	48.5	51.0	–
61	齿槽弓宽	60.6	59.2	61.2	59.0	–	62.6	55.3	60.3	–
62	腭长（ol-sta）	45.0	42.8	43.5	42.3	44.6	39.0	41.6	44.0	–

代号	测量项目	No.22	No.24	No.26	No.28	No.31	No.32	No.33	No.38	No.39
		♀	♀	♀?	♀	♀	♀?	♀	♀	♀
63	腭宽（enm-enm）	40.1	37.8	40.6	39.4	–	42.5	36.9	38.3	–
CM	颅粗壮度〔(1+8+17)/3〕	144.7	138.5	148.2	138.7	138.3	144.8	145.1	145.6	147.7
FM	面粗壮度〔(40+47+45)/3〕	–	–	–	106.9	–	105.0	–	108.7	–
65	下颌髁间宽	–	–	–	118.8	–	110.7	–	115.0	115.6
	鼻骨长（n-rhi）	–	–	23.7	19.1	25.6	–	19.5?	24.6	23.1
	鼻尖齿槽长（rhi-pr）	–	–	43.0	42.7	42.8	–	45.7?	45.9	–
32	额倾角（n-m-FH）	90.0	87.0	82.0	85.5	86.0	81.5	85.5	78.5	88.0
72	面角（n-pr-FH）	89.0	84.0	83.5	85.5	81.0	83.5	87.0	84.5	–
73	鼻面角（n-ns-FH）	91.0	86.5	89.5	89.0	84.0	87.5	88.0	89.5	87.0
74	齿槽面角（ns-pr-FH）	80.0	70.0	66.5	71.5	71.0	77.5	83.0	73.5	–
77	鼻颧角（fmo-n-fmo）	139.3	145.5	142.2	136.5	144.8	144.0	141.5	141.4	149.1
ZM∠	颧上颌角（zm-ss-zm）	123.8	125.8	134.0	128.9	122.2	128.5	122.1	128.8	125.1
ZM₁∠	颧上颌角（zm1-ss-zm1）	131.8	132.0	145.4	136.8	124.4	134.7	129.7	130.4	132.0
75	鼻尖角（n-rhi-FH）	–	–	70.0	63.0	56.0	–	64?	64.0	72.5
75(1)	鼻骨角（rhi-n-pr）	–	–	17.0	22.0	25.7	–	21.4?	21.8	–
8：1	颅指数	75.8	72.9	73.8	73.6	72.3	74.6	74.2	73.0	71.7
17：1	颅长高指数	77.3	77.4	76.6	73.3	67.6	77.9	73.2	70.9	69.0
21：1	颅长耳高指数	66.5	65.7	64.8	62.9	59.0	63.5	62.5	60.3	59.5
17：8	颅宽高指数	101.9	106.2	103.8	99.6	93.6	104.4	98.6	97.2	96.2
FM：CM	颅面粗壮指数	–	–	–	77.1	–	72.5	–	74.7	–
54：55	鼻指数	49.2	48.6	50.8	56.9	44.2	52.7	46.7	48.9	48.9
SS：SC	鼻根指数	37.4	37.3	33.8	37.4	43.8	44.2	40.9	47.4	26.7
52：51	眶指数 左	80.3	78.8	81.3	83.0	84.4	78.8	78.9	85.4	74.2
48：17	垂直颅面指数 sd	51.5	50.2	50.7	51.4	56.4	48.9	50.9	56.3	–
48：45	上面指数 sd	56.9	54.6	56.0	51.3	56.0	53.6	55.0	57.8	–
47：45	全面指数	–	–	–	84.6	–	87.9	–	91.7	–
48：46	中面指数 sd	72.4	75.0	72.7	71.8	78.8	70.1	75.5	74.1	–
9：8	额宽指数	67.8	73.9	68.1	75.2	71.3	67.1	67.9	67.5	70.5
40：5	面突度指数	93.2	96.1	95.0	96.3	103.7	90.1	92.8	95.4	–
DS：DC	眶间宽高指数	46.6	58.0	38.5	53.6	49.7	39.6	48.8	58.5	54.9
SN：OB	额面扁平度指数	19.2	16.3	16.1	20.1	16.5	17.3	18.0	18.7	14.4
SR：O₃	鼻面扁平指数	–	–	29.4	35.5	37.3	–	32.6?	35.3	28.4
63：62	腭指数	89.1	88.3	93.3	93.1	–	109.0	88.7	87.0	–
61：60	齿槽弓指数	121.7	122.3	121.9	118.7	–	130.4	114.0	118.2	–
48：65	面高髁宽指数 sd	–	–	–	53.5	–	59.2	–	62.2	–

代号	测量项目	No.42	No.44	No.45	No.54	No.55	例数	平均值	标准差
		♀	♀	♀	♀?	♀	n	m	σ
1	颅长（g-op）	177.7	174.0	176.5	172.5	173.0	21.0	173.0	5.1
8	颅宽（eu-eu）	132.5	128.5	126.5	135.0	126.0	21.0	129.1	4.0
17	颅高（ba-b）	125.0	121.5	132.5	115.0	120.0	20.0	127.5	6.2
21	耳上颅高（po-v）	104.0	108.0	107.0	102.0	105.0	21.0	108.9	3.8
9	最小颅宽（ft-ft）	85.5	91.0	85.4	87.6	87.7	21.0	88.2	2.8
25	颅矢状弧（arc n-o）	358.0	354.0	363.0	355.5	–	20.0	358.5	11.4
23	颅周长（眉上方）	506.0	495.0	490.0	504.0	–	20.0	491.3	10.9
24	颅横弧（arc po-po）	296.0	295.0	292.0	289.0	–	20.0	299.1	8.0
5	颅基底长（n-ba）	92.4	94.2	96.7	91.3	90.6	20.0	94.0	3.1
40	面基底长（ba-pr）	89.1	–	90.0	93.3	89.8	16.0	90.4	2.3
48	上面高（n-sd）	77.0	–	63.8	69.4	59.7	18.0	66.7	3.8
	（n-pr）	74.2	–	61.2	66.3	58.5	18.0	64.0	3.5
47	全面高（n-gn）	123.6	–	99.3	–	–	9.0	109.1	6.6
45	颧宽（zy-zy）	121.0	120.5	119.5	127.0	111.7	21.0	120.7	3.3
46	中面宽（zm-zm）	90.6	90.0	96.4	95.0	86.6	21.0	90.9	3.7
	颧颌点间高（sub.zm-ss-zm）	–	22.5	25.0	23.6	25.2	20.0	23.7	1.9
43（1）	两眶外缘宽（fmo-fmo）	90.6	94.4	90.2	92.7	89.0	21.0	92.0	3.0
	眶外缘间高（sub.fmo-n-fmo）	–	17.5	16.0	13.8	16.4	20.0	15.8	1.5
O_3	眶中宽	45.2	58.5	48.0	54.4	44.7	20.0	50.4	4.5
SR	鼻尖高	–	17.8?	16.4	17.3	15.6	15.0	17.3	1.7
50	眶间宽（mf-mf）	18.6	20.0	18.6	19.5	18.4	21.0	18.1	1.6
DC	眶内缘点间宽（d-d）	22.3	21.4	21.3	20.4	20.0	19.0	20.5	2.0
DS	鼻梁眶内缘宽高	–	8.7	12.0	8.0	8.0	18.0	9.6	1.3
MH	颧骨高（fmo-zm）左	45.1	40.0	39.1	43.5	35.5	21.0	40.3	2.7
MB'	颧骨宽（zm-rim orb.）左	27.0	20.9	19.9	22.9	18.5	21.0	21.7	2.6
54	鼻宽	23.1	23.5	24.0	27.0	22.5	21.0	24.1	1.5
55	鼻高（n-ns）	54.6	50.3	48.0	50.3	44.1	21.0	49.3	2.3
SC	鼻骨最小宽	8.5	8.5	9.7	9.2	8.9	21.0	8.0	1.5
SS	鼻骨最小宽高	–	3.5	3.3	2.0	3.7	20.0	3.0	0.9
51	眶宽（mf-ek）左	37.9	41.5	39.9	40.6	38.5	21.0	40.1	1.5
52	眶高　左	32.7	34.5	31.5	33.0	29.6	21.0	32.4	1.5
60	齿槽弓长	50.7	–	48.6	49.5	48.7	18.0	49.8	1.5
61	齿槽弓宽	58.4	–	60.9	58.5	54.2	17.0	59.3	2.4
62	腭长（ol-sta）	45.2	–	43.3	42.1	43.3	17.0	43.2	1.6

代号	测量项目	No.42	No.44	No.45	No.54	No.55	例数	平均值	标准差
		♀	♀	♀	♀?	♀	n	m	σ
63	腭宽（enm-enm）	39.3	–	40.3	36.5	36.2	17.0	38.7	2.1
CM	颅粗壮度〔(1+8+17)/3〕	145.1	141.3	145.2	140.8	139.7	20.0	143.2	2.9
FM	面粗壮度〔(40+47+45)/3〕	111.2	–	102.9	–	–	9.0	107.1	2.3
65	下颌髁间宽	111.2	–	107.5	–	–	11.0	110.4	5.5
	鼻骨长（n-rhi）	24.2	18.7	17.9	24.1	19.8	16.0	21.4	2.9
	鼻尖齿槽长（rhi-pr）	51.7	–	45.3	44.1	40.4	14.0	44.7	3.0
32	额倾角（n-m-FH）	76.5	81.5	80.0	78.0	83.0	21.0	84.3	3.7
72	面角（n-pr-FH）	83.5	–	82.5	83.5	83.0	17.0	83.9	2.1
73	鼻面角（n-ns-FH）	84.0	87.0	85.5	87.0	85.0	21.0	86.9	1.9
74	齿槽面角（ns-pr-FH）	82.0	–	75.0	77.0	75.5	17.0	74.7	5.2
77	鼻颧角（fmo-n-fmo）	143.5	139.6	143.0	149.4	140.7	20.0	143.3	3.5
ZM∠	颧上颌角（zm-ss-zm）	128.5	129.5	126.6	128.2	120.0	21.0	125.9	3.6
ZM₁∠	颧上颌角（zm1-ss-zm1）	137.8	135.3	133.9	136.8	127.8	21.0	132.4	4.6
75	鼻尖角（n-rhi-FH）	63.5	69.0	61.5	65.0	66.0	16.0	64.0	4.4
75（1）	鼻骨角（rhi-n-pr）	17.9	–	23.2	18.4	19.6	14.0	21.4	3.0
8：1	颅指数	74.6	73.9	71.7	78.3	72.8	21.0	74.7	3.4
17：1	颅长高指数	70.3	69.8	75.1	66.7	69.4	20.0	73.7	4.0
21：1	颅长耳高指数	58.5	62.1	60.6	59.1	60.7	21.0	63.0	3.1
17：8	颅宽高指数	94.3	94.6	104.7	85.2	95.2	20.0	98.9	6.1
FM：CM	颅面粗壮指数	76.6	–	70.9	–	–	9.0	74.7	1.8
54：55	鼻指数	42.3	46.7	50.0	53.7	51.0	21.0	49.0	3.2
SS：SC	鼻根指数	–	41.2	34.0	21.7	41.6	20.0	36.3	6.6
52：51	眶指数 左	86.3	83.1	78.9	81.3	76.9	21.0	80.9	4.4
48：17	垂直颅面指数 sd	61.6	–	48.2	60.3	49.8	17.0	52.1	4.0
48：45	上面指数 sd	63.6	–	53.4	54.6	53.4	18.0	56.1	4.7
47：45	全面指数	102.1	–	83.1	–	–	9.0	89.6	5.5
48：46	中面指数 sd	85.0	–	66.2	73.1	68.9	18.0	73.4	4.1
9：8	额宽指数	64.5	70.8	67.5	64.9	69.6	21.0	68.4	3.2
40：5	面突度指数	96.4	–	93.1	102.2	99.1	16.0	96.4	3.3
DS：DC	眶间宽高指数	–	40.7	56.3	39.2	40.0	18.0	47.6	7.3
SN：OB	额面扁平度指数	–	18.5	17.7	14.9	18.4	20.0	17.2	1.5
SR：O₃	鼻面扁平指数	–	30.4	34.2	31.8	34.9	15.0	33.8	3.4
63：62	腭指数	86.9	–	93.1	86.7	83.6	16.0	90.2	6.3
61：60	齿槽弓指数	115.2	–	125.3	118.2	111.3	17.0	119.4	5.8
48：65	面高髁宽指数 sd	69.2	–	59.3	–	–	9.0	60.4	3.9

代号	测量项目	No.5	No.8	No.18	No.27	No.35	No.40	No.46	No.49
		♂?	?	♀?	?	?	?	♂?	?
1	颅长（g-op）	170.0	166.5	–	167.0	144?	–	–	171.0
8	颅宽（eu-eu）	129.5	128.0	–	124.5	126?	–	–	132.0
17	颅高（ba-b）	130.0	–	–	118.5	–	–	–	129.0
21	耳上颅高（po-v）	108.0	101.0	–	104.0	–	–	–	117.3
9	最小颅宽（ft-ft）	93.9	83.6	87.0	85.4	82.0	91.5	91.0	90.6
25	颅矢状弧（arc n-o）	354.0	343.0	–	360.5	–	–	–	369.0
23	颅周长（眉上方）	496.0	475.0	–	475.0	438.0	–	–	490.0
24	颅横弧（arc po-po）	316.0	287.0	–	289.0	–	–	–	313.0
5	颅基底长（n-ba）	92.7	–	–	79.2	–	–	–	92.2
40	面基底长（ba-pr）	86.6	–	–	72.1	–	–	–	92.0
48	上面高（n-sd）	65.3	55.7	59.1	56.2	43.6	–	65.0	59.0
	（n-pr）	62.2	54.4	57.4	52.8	42.0	–	61.6	56.7
47	全面高（n-gn）	–	88.2	–	92.5	76.3	–	–	–
45	颧宽（zy-zy）	123.5	103.6	–	101.3	95.5?	–	113?	115.6?
46	中面宽（zm-zm）	90.1	71.7	82.0	81.7	74.0	–	91.8	91.9
	颧颌点间高（sub.zm-ss-zm）	23.1	25.3	24.5	22.0	17.7	–	–	26.2
43（1）	两眶外缘宽（fmo-fmo）	95.0	81.4	82.3	81.4	76.6	–	91.7	90.4
	眶外缘间高（sub.fmo-n-fmo）	17.7	14.7	15.0	14.2	8.0	–	–	15.5
O₃	眶中宽	51.0	46.7	48.3	46.2	38.7	–	47.7	53.1
SR	鼻尖高	18.6	–	14.8	12.8	–	–	–	16.2
50	眶间宽（mf-mf）	17.3	14.2	16.6	19.1	15.2	–	20.1	18.2
DC	眶内缘点间宽（d-d）	18.8	15.8	20.5	20.3	18.5	–	23.1	21.1
DS	鼻梁眶内缘宽高	10.5	–	9.7	6.9	5.5	–	–	8.7
MH	颧骨高（fmo-zm）左	39.6	35.4	35.0	33.5	32.8	–	39.0	39.6
MB′	颧骨宽（zm-rim orb.）左	19.4	19.4	20.1	20.0	18.9	–	21.9	23.7
54	鼻宽	23.9	21.3	21.5	18.0	18.5	–	22.7	24.4
55	鼻高（n-ns）	50.6	39.6	45.4	41.8	32.6	–	46.0	43.4
SC	鼻骨最小宽	7.9	7.1	8.1	8.0	6.0	–	7.3	10.3
SS	鼻骨最小宽高	4.2	–	2.5	2.6	0.7	–	–	2.5
51	眶宽（mf-ek）左	41.6	36.4	36.4	33.1	32.4	–	38.6	38.3
52	眶高 左	33.6	32.9	29.9	28.0	25.7	–	31.3	29.7
60	齿槽弓长	45.3	38.5	46.6?	38.3	33.8?	–	51.2	47.5
61	齿槽弓宽	57.0	52.0	55.5	52.7	50.4	–	58.8	61.1
62	腭长（ol-sta）	38.7	34.2	40.0	31.6	30.1	–	45.0	40.5

代号	测量项目	No.5	No.8	No.18	No.27	No.35	No.40	No.46	No.49
		♂?	?	♀?	?	?	?	♂?	?
63	腭宽（enm-enm）	35.6	31.2	34.8	31.1	30.2	–	37.0	38.6
CM	颅粗壮度［（1+8+17）/3］	146.5	–	–	136.7	–	–	–	144.0
FM	面粗壮度［（40+47+45）/3］	–	–	–	88.6	–	–	–	–
65	下颌髁间宽	–	95.3	–	89.6	81.8?	–	–	–
	鼻骨长（n-rhi）	24.5	–	21.6	21.1	–	–	22.3	21.8
	鼻尖齿槽长（rhi-pr）	39.3	–	37.2	34.7	–	–	41.0	36.8
32	额倾角（n-m-FH）	84.0	89.0	–	93.5	–	–	–	94.0
72	面角（n-pr-FH）	83.5	87.5	–	88.0	–	–	–	86.0
73	鼻面角（n-ns-FH）	84.0	84.0	–	88.0	–	–	–	90.0
74	齿槽面角（ns-pr-FH）	79.0	95.0	–	88.0	–	–	–	74.0
77	鼻颧角（fmo-n-fmo）	139.7	145.6	138.5	142.4	160.7	–	137.5	142.7
ZM∠	颧上颌角（zm-ss-zm）	127.6	102.9	120.8	123.8	129.3	–	125.0	122.3
ZM₁∠	颧上颌角（zm1-ss-zm1）	134.0	117.8	129.9	127.3	137.2	–	132.7	134.1
75	鼻尖角（n-rhi-FH）	61.0	–	–	66.0	–	–	–	68.0
75（1）	鼻骨角（rhi-n-pr）	16.3	–	16.5	24.4	–	–	18.1	19.1
8：1	颅指数	82.4	76.9	–	74.6	87.5?	–	–	77.2
17：1	颅长高指数	76.2	–	–	71.0	–	–	–	75.4
21：1	颅长耳高指数	63.5	60.7	–	62.3	–	–	–	68.6
17：8	颅宽高指数	92.5	–	–	95.2	–	–	–	97.7
FM：CM	颅面粗壮指数	–	–	–	64.8	–	–	–	–
54：55	鼻指数	47.2	53.8	47.4	43.1	56.7	–	49.3	56.2
SS：SC	鼻根指数	53.2	–	30.9	32.5	11.7	–	–	24.3
52：51	眶指数 左	80.8	90.4	82.1	84.6	79.3	–	81.1	77.5
48：17	垂直颅面指数 sd	50.4	–	–	47.4	–	–	–	45.7
48：45	上面指数 sd	52.9	53.8	–	55.5	45.7?	–	57.5?	51?
47：45	全面指数	–	85.1	–	91.3	79.9?	–	–	–
48：46	中面指数 sd	72.5	77.7	–	68.8	58.9	–	70.8	64.2
9：8	额宽指数	67.1	65.3	72.1	68.6	65.1?	–	–	68.6
40：5	面突度指数	93.4	–	–	91.0	–	–	–	99.8
DS：DC	眶间宽高指数	55.9	–	47.3	34.0	29.7	–	–	41.2
SN：OB	额面扁平度指数	18.6	18.1	18.2	17.4	10.4	–	–	17.1
SR：O₃	鼻面扁平指数	36.5	–	30.6	27.7	–	–	–	30.5
63：62	腭指数	92.0	91.2	87.0	98.4	100.3	–	82.2	95.3
61：60	齿槽弓指数	125.8	135.1	119.1?	137.6	149.1?	–	114.8	128.6
48：65	面高髁宽指数 sd	–	58.4	–	62.7	53.3?	–	–	–

洋海墓地出土毛纺织物整理报告

贾应逸[1] 李 媛[2] 玛尔亚木·依不拉音木[2]

（1.新疆维吾尔自治区博物馆 2.吐鲁番市文物局、吐鲁番学研究院技术保护室）

洋海墓地是近年来新疆发现规模较大的古墓群，出土的毛纺织物数量多，品种丰富。我们用了近两年的时间，对这里出土的400多件毛纺织物进行清洗、整理、拼对，共整理出毛织衣物220多件，其中衣服46件，毛纺织物残片59件，毛编织带100多条，铺垫毯8件，此外，还有一些缨穗、绳子等。但不少织物腐蚀严重，难以测量分析。可提供测量分析的有162件，其中有衣服42件，包括长衣和上衣16件、"法衣"2件、披风2件、裤子9条、裙子7条、披巾6条；毛纺织物残片48件，栽绒毯9件，毛编织带61条，还有2件无纺织的毡子。用来缝缀这些衣物的毛纺织物种类有平纹、斜纹及各种变化组织的织物，还有缂毛、栽绒毯、各种编织法的编织带和无纺组织的毡子等。同时，也基本搞清这些毛纺织物的组织结构及其用途。洋海墓地中，I号墓地出土毛纺织物最多，II、III号墓地出土较少，为我们了解其发展演变提供了实物例证。这些毛纺织物向我们展示了洋海人的物质生活及其毛纺织手工技艺，对了解和研究新疆古代的物质文化生活、毛纺织手工业的发展、东西方文化交流和古代人们的活动具有重要的意义。现将情况报告于后。

一 I号墓地出土毛纺织物

在洋海I号墓地218座墓葬中，有44座墓葬发现了毛纺织物，即I M4、I M7、I M8、I M12、I M14、I M15、I M16、I M18、I M19、I M21、I M26、I M31、I M32、I M52、I M67、I M76、I M78、I M80、I M84、I M87、I M90、I M91、I M92、I M95、 I M130、 I M133、 I M138、 I M141、

I M144、 I M146、 I M149、 I M157、 I M158、 I M164、 I M167、 I M174、 I M181、 I M183、 I M189、 I M208、 I M209、 I M211、 I M213、 I M215 等墓葬。发现的毛织衣物、毛纺织物和毛编织带300多件。经清洗、整理、拼对后，可供测量分析的有衣物32件，都用毛纺织物缝缀，有长衣14件、裤子8条、披风2件、样式比较特殊的"法衣"2件；还有披巾6件，它是一种专门织制的毛纺织品。整理后的毛纺织物残片有35件，其中有平纹织物15件，斜纹原组织织物5件，斜纹变化组织织物8件；缂毛织物7件。有毛编织带50条、栽绒组织的鞍毯9件，共125件之多。其中尤以缂毛织物最为精美、厚重，分别以平纹和斜纹为基础组织，用通经断纬法织制。

从我们这次整理的情况看，I号台地墓葬中不少死者额头前结毛编织带，上缀海贝和铜牌等装饰物，头戴皮帽，少量戴毡帽，身穿用毛纺织物缝制的长衣，腰束毛编织带，下着用毛纺织物缝缀的长裤；也有少数死者穿着短裤，脚蹬的高靿皮靴，裤脚用编织带捆扎，置于高靿皮靴内，外面再用彩色编织带捆绑。有的在编织带两头拴结缨穗或铜铃。有的死者外面还使用毛纺织物缝制或皮毛的披风。现将发现的这些毛织衣物、毛纺织物、编织物、栽绒毯等分别叙述于后。

（一）服饰

这里所叙述的服饰主要是死者身穿的长衣、"法衣"、裤子、披风和披巾（这些服饰所使用毛纺织物的组织法，如为原组织法，即一并叙述）。

1. 长衣

14件，I M8、I M26、I M67、I M76、I M84、

I M90、I M133、I M149、I M174、I M175 各出土 1 件，I M164 和 I M211 各有 2 件。这些长衣的样式多为开襟，窄袖。长衣或由两幅专门织成的毛纺织物对折构成前后身；两幅相缝缀构成后身，前面为开襟式——两幅敞开形成左右两前襟。或直接将后身织成一块，再在后身脖际处分成两幅织制，形成两前襟；往往还在后背的领口处打结加以固定。最后分别缝缀专门织成的两袖（图 1）。这些长衣没有专门缝制领口，仅在衣服的领口部位缝缀编织饰带或彩色绦，在襟边、下摆、袖边和织物相缝接的后背正中、袖头处缝缀编织饰带或彩色绦；有些还在下摆、袖口处缂织出图案，进行装饰，增加美感。其中 I M149：6 黄地缂几何纹褐开襟长外衣、I M26：10 黄棕色条纹斜褐开襟长外衣，保存较完整，样式清晰。较多的衣服严重残损，甚至仅存少量残片，我们只能根据袖子、领口等残存部分来分析，确认其样式。

① I M149：6，黄地缂几何纹褐开襟长外衣

衣身长 112、宽 95.5、厚 0.068 厘米；通袖长 147.1、袖长 25.5 ~ 26.5 厘米。将两幅以平纹为基础组织的缂毛织物对折，形成前、后身，后身以两幅相缝缀，前面两幅分别为左右前襟；再分别缝缀袖子。袖子为单独织制的整幅缂毛织物对折而成。在衣服肩、胸和背部，包括整个袖子，均以通经回纬的缂毛技法织出条格和折线纹图案，条格边沿形成锯齿纹或斜向的菱格纹。遗憾的是这件长外衣出土时，左右两半身已经分离。两半身残存的部分不同，宽度有异，缂织图案也有区别（图版二五四，6）。

左半身用黄地红、蓝色长方格纹和折线纹缂毛织物缝制。衣长 112、宽 45.5 厘米；袖长 25.5、袖头宽 19.5、袖口宽 15 厘米。整个织物为一上一下的平纹原组织，在肩、胸、背部和袖子处，以平纹为基础组织，在黄色地上，用红、蓝色纬线缂织出长方形格纹和折线相间的纹样，方格纹的边沿形成锯齿式纹样；衣身下面是纯黄色的褐，即平纹毛纺织物。

右半身用黄地蓝色宽条和折线纹缂毛织物缝制。衣长 112、残宽 50 厘米；袖子保存完好，长 26.5、袖头宽 18、袖口宽 15 厘米。和左半身一样，衣服上部是在平纹组织的黄色经线上，用蓝色纬线，以通经断纬法缂织出宽条与折线相间的纹饰，宽条的边沿缂织成蓝色菱形格纹；下面也是黄色褐。在下摆终端和袖口处织出宽 5 厘米的边饰。边饰是利用原黄色经线，与蓝、白色纬线相交织，但组织法改成斜纹，缂织一条蓝地白色锯齿纹。下摆处宽 1.8 厘米，袖口处仅宽 1 厘米。两前襟前面敞开处缝缀红、蓝色编织带各一条，共宽 1.5 厘米。靠近领口处，缝缀一根黄色毛绳，可能是用来系结的带子。腋下，即前后身相缝接处装饰一条毛纱加捻的细绦，该细绦是在蓝色上叠压紫红色毛纱组成。

② I M26：10，黄棕色条纹斜褐开襟长外衣（附：I M26：11，原黄色毛编织带）

衣身长 104、身宽 82 厘米；通袖长 141 厘米，衣袖呈直筒状，长 33、宽 19 厘米。该长衣的后身为完整的一幅斜纹毛纺织物，在脖际处分成两幅，分别织制成前身的左、右两襟。再分别缝缀由一整幅织物对折而成的两只袖子。在两前襟前侧和前、后身缝接处缝缀红蓝色细编织绦，绦宽 1 厘米。长衣的下摆终端及袖口处装饰图案，下摆终端织出高 6 ~ 7.5 厘米蓝色边饰，其上缂织一排蓝、白色相错三角形图案。袖口部位的图案大体与此相似，但甚不规则（图版二三七，3）。这件长外衣领口的三个部位及左、右前半身各有一处用黄色毛线缝补的痕迹，厚度为 0.111 厘米。

该长衣以黄、棕色相间的纵向条纹斜褐缝制而成，组织法为 2/2 斜纹，左向 40°。棕、黄两色的经线均为单股，"Z" 向加捻，按需要排列依次为：棕色宽 4 ~ 5 厘米，中央加三根黄色；黄色宽 5 ~ 6 厘米，中央加三根棕色线，组成棕、黄色条纹状，与纬线相交织；平均经密 12 根／厘米。纬线棕色，也是单股，但捻向为 "S"，密度为 15 根／厘米。下摆终端和袖口处的装饰却是以通经断纬的缂织技法显出图案。这些图案是利用长衣的经线，纬线却为双股合并，且与织物的斜纹组织法不同，而是以平纹基础组织法缂织。因为这些缂毛图案的存在，造成长衣的厚度不同：衣身和袖子的织物厚度为 0.083 厘米，

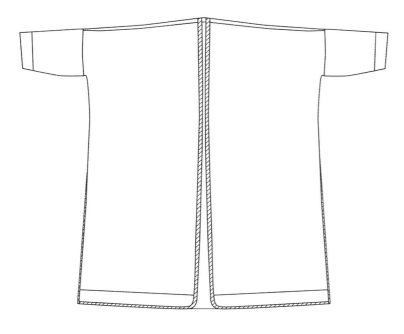

图 1　开襟长外衣样式

而底边缂毛部分厚为 0.073 厘米。袖口缂毛厚 0.139 厘米。衣身部分的幅边由 5 根加捻的经线与纬线交织，幅宽（即后身）82 厘米，袖子部分为 38 厘米。

与这件长外衣同时出土的还有一条长 271.5、宽 2.5、厚 0.14 厘米的黄色毛编织带，编号为 I M26∶11。黄色毛线以"S"向加捻，宽 0.010 厘米；三根毛纱合并呈"Z"向合股加捻成一根进行交织。共用 36 根毛线以 2/2 斜编法编织。出土时已断为三截，其中一端有两个缨穗（图版二三七，4）。应是这件长衣的腰带。由此也可看到出土的大量毛编织带，多数是服饰的腰带和饰带。

③ I M211∶2，蓝棕色菱格纹缂毛开襟长外衣

破损严重，现仅存半身和一只较完整的袖子，衣长 89、宽 45 厘米；袖长 31、宽 16~20 厘米。与 I M149∶6 不同，这是一件由通身为缂毛织物缝制的长外衣，样式与 I M26∶10 相同，后身为完整的一幅缂毛织物，在脖际处分成两幅，分别织制成前身的左、右两襟。再分别缝缀由一整幅织物对折而成的两只袖子。下摆终端的棕色编织带饰边保存较完整，前襟断断续续地残存一些缝缀的编织带残迹。这是一件由棕色经线和棕、蓝两色纬线交织而成的缂毛织物，以平纹为基础组织相交织成棕、蓝色相间的纵式菱格状纹。现只有蓝色菱格纹保存较好，棕色菱格纹仅存个别纹样，但经线仍存（图版二六四，4）。

④ I M211∶3，红蓝色几何纹缂毛开襟长外衣

衣身残破严重，另存袖子一只，经拼对后仍可看出衣服的样式与 I M211∶2 相同，且是以缂毛法"织成"缝制的长外衣。残长 158、宽 62、厚 0.07 厘米；袖长 40、袖口宽 17、厚 0.031 厘米。经纬线均以"S"向加捻。织物用棕色经线与红、蓝两色纬线相交，以平纹为基础组织，并用通经断纬法缂织出红、蓝相间的宽条纹，图案两侧形成锯齿状纹。上下相邻两排的条纹，纹样相同，色彩相错；依次交替，遍布整个长衣。在前襟、下摆终端和袖口处缝红蓝色编织缕以装饰（图版二六四，1）。

⑤ I M90∶29，蓝色褐饰绯蓝色缂毛开襟长衣残片

衣服发现于尸床下，已残为 3 片。I M90∶29-1，长 95、宽 82 厘米（图版二四八，6）；I M90∶29-2，长 70、宽 64 厘米；I M90∶29-3，长 20、宽 35 厘米。残存前襟部分，用蓝色平纹毛纺织物缝制。棕色经线与蓝色纬线均为单股，"Z"向加捻，经线现宽 0.027、纬线宽 0.022 厘米。以 1/1 平纹组织法交织，经线平均密度为 11 根/厘米，纬线平均密度为 28 根/厘米，细而致密的蓝色纬线覆盖了经线，织物表面呈现蓝色。幅边处由三根经线合并交织，以增强其张力，幅宽 42 厘米。在肩部

缝缀一块长 30、宽约 15 厘米，以一上一下平纹为基础组织，运用通经断纬技法缂织成蓝、绯色相间的菱格形图案的缂毛织物，作为装饰。

⑥ I M67∶11，红地蓝色菱格涡旋纹缂毛开襟长衣残片

长衣已残为两部分：一块是后身右部与右前襟缝缀在一起，长 95.5、宽 120 厘米（包括右前襟 43 厘米和后身残存的 77 厘米）；袖长 27、袖头宽 17.5、袖口宽 14.5 厘米。缝缀长衣的织物是由棕色经线和红、蓝色纬线，以一上一下的平纹织物为基础组织，用通经断纬的方法在红色地纹上，缂织出满布全衣的蓝色菱格涡旋式纹样（图版二四一，1）。

⑦ I M175∶1，深棕地黄绿色折线纹缂毛上衣残片

严重残损，从现已残破的左袖和前身左半部分可知是一件上衣的局部。带有袖子的一件长 65、宽 55、厚 0.056 厘米；其中袖长 31、宽 20 厘米。另一片长 45、宽 25 厘米。

衣服的样式不清。缝缀衣服的织物上满布纵向的黄色和绿色相间的折线纹，不同色泽的交接处呈梯形状。黄、绿色折线纹间又缂织一条相间的三角纹，呈纵向二方连续伸展（图版二六〇，4、5）。

⑧ I M133∶20，彩色条纹斜褐残衣

现已残为 4 片，其中较大片长 60、宽 43 厘米和长 30、宽 62 厘米。这是长衣的下摆部分，其毛纺织物为 1/2 斜纹组织，厚 0.077 厘米。经纬线均为单股，"Z"向加捻。深红、大红、蓝色、黄绿色、棕五种色彩的经线顺序排列，与棕红色纬线相交，经线密度分别平均为 20、25、16、19、18 根/厘米，纬线平均密度为 15 根/厘米，织物表面呈现纵向的彩色条纹。幅边处为五根经线合并，以加强坚牢度（图版二五二，2）。

⑨ I M174∶2，黄地棕色条纹斜褐衣残片

严重残破，现存 3 片：I M174∶2-1，长 50、宽 30 厘米；I M174∶2-2，长 42、宽 25 厘米；I M174∶2-3，长 33、宽 16 厘米。织物厚 0.053 厘米，其中 I M174∶2-1 为左袖和左肩部分，袖残长 28、宽 21 厘米。衣服样式不清晰，仅知织物以黄、棕色经线与黄色纬线以 2/2 相交织为左斜纹，斜向 45°；在黄色地上显出棕色条纹。经、纬线为单股，"Z"向加捻，黄、棕色经线宽 0.012 厘米，平均密度 12 根/厘米。黄色纬线宽 0.009 厘米，平均密度 16 根/厘米（图版二六〇，3）。

⑩ I M164∶15，黄色褐长衣残片

现已残为 5 片，但保存有后身的大部分和前襟局部，最大片为长 100、宽 95 厘米；其中一前襟残长 47、宽

46 厘米。织物为平纹组织，厚 0.078 厘米。由均为单股、"Z"向加捻的黄色经纬线相交织，经线宽 0.019 厘米，纬线宽 0.022 厘米；经线平均密度为 12 根 / 厘米，纬线平均密度为 44 根 / 厘米。三根经线合并与纬线交织形成幅边，幅宽 48.5 厘米。织物表面较平整（图版二五八，4）。

⑪ Ⅰ M164：16，黄色褐长衣残片

仅残存两片，一长 84、宽 50 厘米；另一长 53、宽 73 厘米。缝制该衣的毛纺织物是由黄色经线与黄色纬线相交而成的平纹组织织物，厚 0.105 厘米。这件织物的特点是经纬线都以"S"向加捻。经纬线均为黄色，单股，经线宽 0.016 厘米，纬线宽 0.01 厘米；平均每厘米经线 13 根，纬线 10 根。幅边处由三根经线合并，以加强牢固度（图版二五八，2）。

⑫ Ⅰ M8：23，红色褐长衣

已残为 4 片，最大片为 Ⅰ M8：23-1，长 90、宽 47.5 厘米；Ⅰ M8：23-2，长 50、宽 37 厘米；Ⅰ M8：23-3，长 24、宽 10 厘米；Ⅰ M8：23-4，长 25、宽 10 厘米。经拼对知是一件长衣，衣长 130、宽 49、厚 0.092 厘米。用来缝缀长衣的织物由棕色经线，与红色纬线以一上一下的平纹组织法相交而成，经纬线均为单股，"Z"向加捻。原棕色经线宽 0.005 厘米，红色纬线宽 0.004 厘米，经线平均密度为 12 根 / 厘米，纬线平均密度为 25 根 / 厘米，致密蓬松的纬线覆盖了经线，织物表面呈红色。幅边处由三根经线合并，以加强其坚牢度（图版二三二，3）。

⑬ Ⅰ M76：5，蓝色褐衣残片

虽仅残存长 48、宽 60 厘米，但从缝缀的情况看，原是一件衣服的残片。这件织物的经线为原棕色，单股，"Z"向加捻，平均密度为 12 根 / 厘米；纬线为蓝色，单股，也为"Z"向加捻，平均密度为 46 根 / 厘米。以平纹组织法相交织，纬线覆盖了经线，织物表面呈蓝色，厚 0.048 厘米。四根经线合并与纬线交织构成幅边，幅宽已无存（图版二四二，4）。

⑭ Ⅰ M84：5，蓝色斜褐长衣残片

残破为 8 片，衣长 97、衣身残宽 70 厘米；袖长 32、袖头宽 33、袖口宽 32 厘米。这件衣服的制作方法和样式不够清晰，仅见后身上部横向压缀一条红色编织绦。后身与一条袖子缝接在一起，袖子是由预先织成的整幅织物缝缀，接缝处压红色绦。在一片长 15、宽 26 厘米的残片中，保存有一条横向的边饰，长 24、宽 6.5 厘米。在边饰的上下两边，用原蓝色斜褐的经线与六根红色纬线，织出一条经重平组织的红色框线，宽 5.5 厘米的中间，以斜向 45° 的 1/2 右斜纹为基础组织，运用通经断纬技法，在深蓝色地纹上缂织出浅蓝色纹样，纹样为由小方格纹组成的图案。蓝色经、纬线均为单股、"Z"向加捻；经宽 0.023、纬宽 0.019 厘米。2/2 双面加强斜纹，左向，45°；织物的厚度为 0.094 厘米；经、纬线的密度平均都为 14 根 / 厘米（图版二四四）。

上述长衣中，有些保存的比较完整，如 Ⅰ M149：6 和 Ⅰ M26：10，其余的大多残存长衣的局部或袖子，使我们能够了解到洋海人长衣的样式为：衣身宽肥，前面开襟、袖子较窄，袖口小；下摆和袖口或缂织图案，并缝饰编织绦；接缝处大多装饰彩色编织绦。洋海人的外衣都是用根据需要专门织制的毛纺织物而缝缀的，从某种意义上讲，这种衣料可以称为"织成"。其中 Ⅰ M149：6、Ⅰ M26：10、Ⅰ M211：2、Ⅰ M211：3、Ⅰ M90：29、Ⅰ M67：11、Ⅰ M175：1、Ⅰ M133：20 都装饰有图案纹样，或是条纹，或是精心缂织的图案，其中用缂毛织物缝缀的长衣 6 件，且其基础组织均为平纹。Ⅰ M174：2、Ⅰ M164：15、Ⅰ M164：16、Ⅰ M8：23、Ⅰ M76：5、Ⅰ M84：5 是用没有图案的纯色平纹或斜纹毛组织缝制的。但是，无论哪种毛纺织物缝缀的长衣都装饰着编织带或绦带，看来洋海人很讲究装饰美。

2. "法衣"

明确可称为"法衣"的 Ⅰ M21：22，是从被称为"萨满巫师"的死尸身上脱下的衣服，即棕地红色菱格纹缂毛法衣。这是一座椭圆形竖穴墓，上层葬一女尸，35 岁左右，仅存骨架，未见头骨。下层男尸，约 40 岁，有木架尸床。这件衣服穿在男尸身上，运回室内进行脱取。脱取时已多处残破，且血渍污损严重。衣长 110、宽 66 厘米，套头式。由两幅缂毛织物缝缀而成，织物为棕地缂织红色菱格纹图案；前身为一幅，上端缂织出二方连续的三角形图案，下端缂织一排由三角形组成的变体山形纹饰，山的上方加饰折线纹。织物四周，即上、下端和两侧均缝缀红色编织绦。后身的一幅仅长 22 厘米，四周也缝缀红色编织绦。前、后两幅仅在两肩处各缝连约 9 厘米，中央留 30 厘米的领口（套头处），两侧垂至上臂。后身织物的下端两侧各缝缀一根短绳，可与前身腋下的小绳相系结。这件衣服是用缂毛织物缝缀的。棕色经线与棕、红色纬线以 2/2 加强斜纹组织法织制，并以通经断纬法，在棕色地上，缂织出红色菱形格图案。菱格由似三瓣状的叶形组成，每边五个；菱格中央又以同样的叶纹分隔成四个小菱格（图版二三六，4、5；图版二三七，1）。

Ⅰ M67 也发现一件与此相似的衣服残片，编号为 Ⅰ M67：8，红地蓝色菱格涡旋纹缂毛法衣残片，现残存 5 片，较大者：Ⅰ M67：8-1，长 70、宽 76 厘米；

ⅠM67：8-2，长 86、宽 70 厘米；ⅠM67：8-3，长 73、宽 70 厘米。织物以 2/2 双面加强斜纹为基础组织，在红色地上，缂织出四方连续的蓝色勾连纹图案。上、下两端也分别装饰三角纹和变体山形纹饰；织物的四周边缘缝缀红色编织绦，宽 0.7 厘米（图版二四〇，4）。

洋海墓地出土的这两件法衣，都是用缂毛织物缝缀的，且均为斜纹织物，织制技术较精细，图案纹样协调美感。我们在脱ⅠM21"萨满巫师"的衣服时，仅见这种"法衣"的后身只有上部（肩部），而没有后背，或是整个后背无存。外披羊皮披风。当然，这仅只是孤例，有待以后的发现。

3. 裤子

能辨认出形制是裤子的有 8 条：ⅠM18、ⅠM67、ⅠM157、ⅠM21、ⅠM164、ⅠM211 各出土 1 条，ⅠM26 中发现 2 条。裤子可分为长裤和短裤，大多为长裤，仅ⅠM26：9 是短裤。这些裤子均是以预先织制成的整幅毛纺织物缝缀：一般是先将两幅织物的上端相对缝合，构成腰围和臀围；或是四幅织物，先将两幅相对缝合成前后两片，再将这两片相对缝合，构成腰围和臀围。然后分别将两片的缝合处对齐，显现出两条裤腿；再各自对折相缝合而成裤腿。另外，在臀围处缝缀预先织成的裤裆。裤裆的形式有两种，最多的是"十"字形，另一种是阶梯形（图 2）。Ⅰ号墓地整理拼对出的裤子中ⅠM67：12、ⅠM21：23 保存得比较完整，ⅠM26：9 颇具特点；ⅠM211：5、ⅠM18：3 等都保存了基本的形制；其余的是根据残片辨识的。

①ⅠM67：12，蓝地黄色几何纹缂毛斜褐长裤

与ⅠM67：11 红地蓝色菱格涡旋纹缂毛开襟长衣残

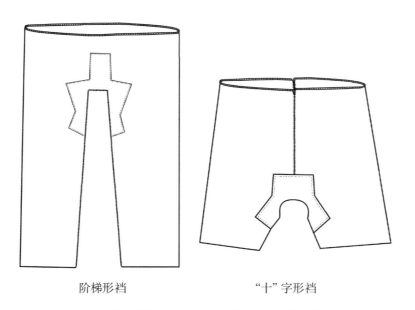

阶梯形裆　　　　　　　　"十"字形裆

图 2　裤子样式（包括"十"字形和阶梯形裆）

片同出一墓。裤子通长 128、腰围宽 108 厘米；裤腿长 101 厘米，两裤腿分别宽 24、25 厘米，裤脚 21 厘米。这条裤子腰围和裤腿是用不同色泽的毛纱织制的。从腰围至裤裆处由四幅长 28、宽 27 厘米的棕地黄色条纹斜褐两幅对接，形成前后两片，构成腰围和臀围。再分别将左面和右面的前后两片合在一起，分别织成蓝地黄色横式条纹散花和菱格缂毛的两整幅织物；然后，从内侧缝合成两条筒状裤腿。在两种不同图案的织物相交处缝入预先织成的"十"字形裤裆。在蓝地黄色条纹织物的上端，即两侧腰围处各缝缀一根，共四根黄色编织带，可供系结，起到裤带的作用。

缝制该裤腿的毛纺织物是蓝地黄色横式条纹缂毛。"S"向加捻的经、纬线，以 2/2 双面加强斜纹组织法交织。每隔约 7 厘米，织出一排横向的方重平组织，并在此基础组织上，缂织一排黄色图案：左裤腿缂织出由点、线组成的四瓣花纹，全裤腿共有十二排纹样。右侧裤腿缂织出三个连续的小方格纹，全裤腿共有九排纹样。裤裆为"十"字形，通高 37、通宽 54 厘米；织物为棕地黄色条纹斜褐，2/1 左斜纹，斜向 25°（图版二四一，5）。

②ⅠM21：23，棕地黄色几何纹缂毛斜褐长裤

裤腰宽 52、臀围 68 厘米；左腿长 102、宽 21~24.5 厘米；右腿长 93、宽 20~22 厘米。这条裤子的腰围至臀围间由四幅毛纺织物缝制，前后两片各用两幅，两端缝缀系结的毛绳。前后两片的中央缝入另外织成的阶梯式裤裆；再将裤裆左侧和右侧的前后两幅合并，织制成左右两条裤腿，从内侧缝合成筒状裤腿。其裆呈阶梯状，为四层阶梯式。

腰围处为黄色；臀围处转换为棕色地，缂织一圈倒置的黄色阶梯状图案，高 27 厘米。两条裤腿仅在膝盖和裤脚处缂织图案，在棕色地上缂织出黄色几何纹饰：膝盖处显出勾连纹饰；裤脚处是两排平行的折线纹，均呈二方连续循环。织物的组织法为 2/1 斜纹原组织，幅边以四根经线合并，与纬线交织，以增强其坚牢度；幅宽 44 ~ 50 厘米。单独织成的裤裆从裤腰处一直延伸至裤裆，高 34、底宽 30 厘米。为 2/2 斜纹组织，在黄色地上织出棕色横向条纹。经、纬线也是单股，"S"向加捻，经线宽 0.017 厘米，密度为 9 根 / 厘米；纬线宽 0.018 厘米，密度 10 根 / 厘米（图版二三八，1）。

③ⅠM26：9，红蓝色锯齿纹缂毛斜褐短裤

与ⅠM26：10 黄棕色条纹斜褐开襟长外衣同出土于一墓。这是该墓地出土唯一的一件短裤，裤长 89、腰围 108 厘米。由专门织成的两幅相同的毛纺织物缝缀而成，裤裆上部（58 厘米处以上）为两幅红蓝色锯齿纹缂毛织

物，相对缝合构成腰、臀部；缝入预先织成的"十"字形裆后；两条裤腿分前、后两片分别织制成棕色斜纹织物，各宽28、长31厘米。然后从内外两侧缝合，在裤脚外侧用黄色粗毛绳穿插接结（图版二三八，4）。

这条裤子的织物为棕色经线与红、蓝、棕三色纬线相交而成。其基础组织为2/2双面加强斜纹，裤裆以上部分是在2/2斜纹基础组织上，以通经断纬法织出红、蓝两色相间排列的纵向宽条纹，在两种色泽相交处形成锯齿纹。两裤腿部分的棕色斜褐组织法与上部相同，也是2/2双面加强斜纹，在棕色上方、两部分色泽变换处缂织一排红、蓝色相间的阶梯形图案，即红色地上显蓝色图案，反之，蓝色地上显红色图案。"十"字形裤裆高30、宽44厘米。其经线为双股，以白、棕色织成相间的经重平组织的细条格纹。

④ⅠM157：14，绿地红黄格纹斜褐长裤

残存一条裤腿。残长126、宽70、厚0.084厘米。缝制此裤的毛纺织物是由相间排列的黄、棕色经线与黄色纬线相交成裤子的臀部和裤脚。裤腿部分使用相同的经线，与绿色纬线交织成深浅不同的方格，再横向织入黄色和红色纬线形成绿地黄红格纹；然后，缝缀黄地棕色条纹的"十"字形裤裆。裤脚下端缝饰绿色编织带（图版二五六，4）。

⑤ⅠM211：5，棕地黄色横条纹斜褐裤

仅存一条不完整的裤腿和"十"字形裤裆。裤长72、腰围残存64厘米；裤裆长22、宽38厘米。缝制这件裤子的毛纺织物是2/1斜纹原组织，斜向为左35°。棕色经线和棕、黄色纬线均为单股，以"S"向加捻。经线宽0.025厘米，平均密度为9根/厘米。纬线中棕色宽0.026厘米，平均密度为15根/厘米；黄色宽0.024厘米，平均密度为10根/厘米。腰围和臀围为黄色，两裤腿则为横向的棕黄色条纹。五根以"S"捻向的经线合捻和纬线相交成幅边，幅宽无存。而裤裆却是用重平组织法织制，即一组两根棕色经线与一根纬线相交织，纬线有棕、黄两种颜色。其中棕色的经、纬线均为单股，以"S"向加捻，而黄色纬线却是"Z"向加捻，经线平均密度为10根/厘米，纬线平均密度为16根/厘米（图版二六五，2）。

⑥ⅠM164：17，黄色褐长裤

破损十分严重，仅存残长28、宽20厘米的裤片和长75、宽26厘米的裤裆。用黄色经纬线织制的平纹毛纺织物缝制裤腿，并缝入以平纹组织法织制的阶梯形裤裆。裤褪部分的经纬线均为单股，"Z"向加捻；经线宽0.009厘米，纬线宽0.004厘米。以一上一下的平纹组织法相交，其中经线平均密度为12.5根/厘米，纬线平

均密度为46根/厘米；织物厚0.08厘米。裤裆残存半边，为相对的六级阶梯状，其经纬线也为单股，"Z"向加捻；经线平均密度为14根/厘米，纬线平均密度为38根/厘米（图版二五八，1）。

⑦ⅠM18：3，棕地黄色勾连纹缂毛斜褐长裤

仅残存一条裤腿和两块残片。裤腿长74、宽26厘米；残片分别长24、宽26厘米和长19、宽26厘米。由一幅宽56厘米的织物呈不对称状缝制而成。织物的经纬线均为"S"向加捻，由棕色经线和棕、黄色纬线组成，以2/1斜纹原组织法相交织，用通经断纬法通体缂织出四方连续的黄色勾连纹。裤脚处缂织出一排高5厘米的阶梯状图案（图版二三四，1）。

⑧ⅠM26：12，红蓝色锯齿纹缂毛斜褐残裤褪

仅残存长50、宽24厘米的局部，裤裆已无存。由棕色经线与红、蓝色纬线交织，以2/1斜纹为基础组织法，用通经断纬法缂织出纵向条纹，两种纬线相遇时形成锯齿状。其织物的经纬线均为"S"向加捻（图版二三九，1）。

这八条裤子中除一条（ⅠM164：17）为用平纹组织的织物缝制外，其余的七条用斜纹织物缝制，织物比较厚重，保暖性强。和长外衣一样，也是根据需要预先织制成相应的裤料，再进行缝合而成，也可称为"织成"。其中有5条裤子为缂毛织物，装饰着各种图案，一条为山形斜纹织物。

4. 披风

洋海Ⅰ号墓地出土的披风破损十分严重，经整理拼对后可确认的有两件，即ⅠM31：3和ⅠM87：16。这两件披风都是将两幅织物竖向缝接在一起，形成长方形整体；其上、下两端折边缝合；四周缝缀编织绦，上端斜向缝缀编织带以供系结（图3）。

①ⅠM31：3，红地蓝色条纹斜褐披风

长约176、宽101厘米。现已残破为3部分，分别为：ⅠM31：3-1，长125、宽94.5～95.5厘米；中间一幅残存完整的幅边，两侧缝接的同样织物已残损。ⅠM31：3-2，长31、宽56厘米；为披风的一端，折边缝合后，依次缝缀红、蓝、黄色编织绦，该编织绦拼接后的长度为101厘米，应是披风的最小宽度。ⅠM31：3-3，A长20、宽14厘米；B长18.5、宽34厘米。这件披风是用红地蓝色条纹斜褐缝制而成。根据条纹织物的需要排列红、蓝色经线，经线均为单股，"Z"向加捻，红色宽0.014、蓝色宽0.021厘米。与红色纬线相交织，纬线也是单股，"Z"向加捻，宽0.017厘米。组织法为2/1斜纹，呈右斜，斜向60°；厚0.096厘米。其中红色经线密度

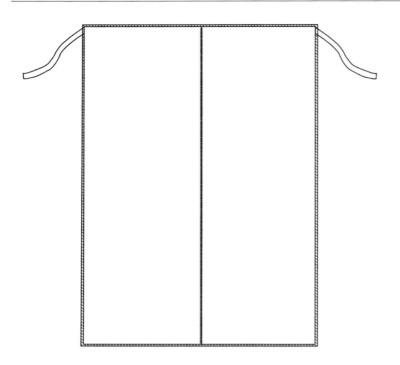

图3　披风样式

18 根/厘米，蓝色经线密度 17.5 根/厘米；纬线密度 13 根/厘米。织物表面是在红色地上显出七条纵向蓝色条纹，其中位于中央的条纹最宽为 5.3 厘米，其余为 1.1～1.3 厘米。织物的幅宽为 59 厘米；幅边由四根经线合并交织，以加强牢固度（图版二三九，5）。

②ⅠM87：16，红蓝格纹斜褐披风。

已残破为 7 片，分别为：ⅠM87：16-1，长 67、宽 71、厚 0.09 厘米（下同）；ⅠM87：16-2，长 62、宽 134 厘米；ⅠM87：16-3，长 44、宽 52 厘米；ⅠM87：16-4，长 47、宽 46 厘米；ⅠM87：16-5，长 8、宽 37 厘米；ⅠM87：16-6，长 23、宽 47 厘米；ⅠM87：16-7，长 17、宽 19 厘米。其中ⅠM87：16-7 的一端折边缝合，上面缝缀着斜向的黄色编织带，与其他服饰相对比是披风。

缝缀这件披风的织物是红蓝格纹斜褐，将红、蓝、黄色经线依据织物的纹样排列，与同样排列的红、蓝、黄色纬线相交织，形成红、蓝色方格纹，在方格交界处以黄色相间，并在方格内显出黄色"井"字形纹。其经纬线均为"Z"向加捻，单股毛纱；红色经纬线现宽 0.005 厘米，蓝色经纬线现宽 0.004～0.005 厘米，黄色经纬线现宽 0.007 厘米。织物的组织法为 2/2 双面加强斜纹，左向 50°；厚 0.9 厘米。经线平均密度为 15～16 根/厘米，纬线平均密度为 14～16 根/厘米。其中ⅠM87：16-1、2 两块保存幅边，由七根红色经线合并或四根蓝色纬线合并与纬线交织而成，幅宽 76 厘米（图版二四六，3）。

这两件披风均采用斜纹组织的毛纺织物缝缀，图案

虽然简洁，但色泽艳丽，极似现在的条格呢。

5. 披巾

这里出土的披巾相当破碎，可确认为披巾的共有 6 件，即ⅠM76：4、ⅠM76：6-1、ⅠM76：6-2、ⅠM87：17、ⅠM133：22、ⅠM130：11，且均不完整。这几条披巾均呈长方形，两端带有流苏（图 4）。它们都是专门织制的，一般情况下，披巾的纵向就是经线的方向，并将两端的经线留出一定的长度搓捻成流苏；而披巾的横宽就等于织物的幅宽。

①ⅠM76：4，黄地蓝色条纹褐披巾

现已残破，仅存两片残块。比较完整的一片长 40、宽 45 厘米，流苏长 10 厘米。另一片残长 20、宽 44 厘米。从残片中可以看出披巾的宽度为 45 厘米，流苏长 10 厘米，但仍无法了解披巾的整体长度。披巾是将黄、蓝色经线按图案要求排列，与黄色纬线以一上一下的组织法相交成平纹织物，厚 0.085 厘米。其经、纬线均为单股，"Z"向加捻；经线的宽度为 0.003 厘米，密度为 10～13 根/厘米；纬线宽度 0.007 厘米，密度 9 根/厘米。在黄色地上显出纵向的蓝色条纹，共七组，组间距 4~4.5 厘米，每组由三条（每条四根）蓝色经线组成。其中一侧幅边附近织出红色边饰，三根经线合并交织成幅边，幅宽相当于披巾的宽度，即 45 厘米。在经线的一端将数根经线合并搓捻成一排流苏（图版二四二，2）。

②ⅠM76：6-1，红地蓝色条纹披巾

残长 19、宽 29、厚 0.074 厘米。由一组红色经线与红、蓝色两组纬线相交织。经、纬线均为单股，"Z"向加捻；经线宽 0.017 厘米，纬线宽 0.019 厘米。组织法为一上一下的平纹织物，平均密度为经线 12 根/厘米，纬线 10 根/厘米。现存蓝色条纹两组，每组有两道，组间间距为 11 厘米，组内间距为 1 厘米，每道宽 5 厘米。残存一侧幅边，由三根"Z"向加捻的经线"Z"向合捻而成（图版二四二，5）。

③ⅠM76：6-2，红地蓝色条纹披巾

残长 17、宽 9、厚 0.113 厘米。由一组红色经线与红、蓝色两组纬线相交织。经、纬线均为单股，"Z"向加

图4　披巾样式

捻；经线宽 0.017 厘米，纬线宽 0.016 厘米。组织法为一上一下的平纹织物，平均密度为经线 12 根 / 厘米，纬线 11 根 / 厘米。现存蓝色条纹两组，每组有五根纬线；组间间距为 11 厘米。织物一端保存有流苏，长 4.5 厘米。残存一侧幅边，由两根"Z"向加捻的经线合并而成

④ Ⅰ M87：17，红蓝黄色方格纹披巾

残破严重，可拼对成两块。Ⅰ M87：17-1，长 40、宽 21 厘米；Ⅰ M87：17-2，长 20、宽 7 厘米。织物一端保存有流苏。该织物是由红、蓝、黄色经线和同样的纬线相交织成一上一下的平纹织物，厚 0.077 厘米。经纬线均为"Z"向加捻，单股；其中红色经纬线宽 0.023 ~ 0.025 厘米，蓝色经纬线宽 0.015 ~ 0.02 厘米，黄色经纬线宽 0.016 ~ 0.022 厘米。经线密度为 15 根 / 厘米，纬线密度为 10 根 / 厘米。织物表面形成大小方格纹，在 5 厘米 ×5 厘米的大方格纹内，显出 8×8 个由黄色线条隔离开的红、蓝色小方格纹。四根经线合捻与纬线交织成幅边，增强了牢固度（图版二四六，2）。

⑤ Ⅰ M133：22，红地蓝色条纹褐披巾

一端残存流苏。由红、蓝色经线和棕色纬线相交成一上一下的平纹组织。经纬线均为单股，"Z"向加捻；红色经线宽 0.03 厘米，密度为 14 根 / 厘米；蓝色经线宽 0.031 厘米，密度为 17 根 / 厘米。棕色纬线宽 0.021 厘米，密度为 7 根 / 厘米。织物表面在红地上显出纵向蓝色条纹（图版二五二，6）。

⑥ Ⅰ M130：11，红地蓝色条纹披巾

披巾由红、蓝色经线与棕色纬线相交织而成，残存流苏。经、纬线均为单股，"Z"向加捻，红色经线宽 0.033 厘米，蓝色经线宽 0.023 厘米，棕色纬线宽 0.018 厘米。组织法为一上一下的平纹，经线平均密度为：红色 14 根 / 厘米、蓝色 15 根 / 厘米；纬线平均密度为 8 根 / 厘米。织物表面呈现纵向的红、蓝色条纹。幅边处为两根经线合捻与纬线相交织（图版二五一，5）。

这 6 件披巾都是用一上一下的平纹组织法织制而成，组织较疏松，织物较轻薄柔软，便于围戴；并织出简洁的纵向条、格纹。

在当时生产力低下的情况下，洋海人已经懂得用比较轻薄的平纹毛纺织物制作天气比较暖和时的衣服，用较厚重的斜纹毛纺织物等缝缀裤子、披风等。

（二）毛纺织物

毛纺织物是缝缀衣冠服饰和日常生活用品的重要原料。洋海 Ⅰ 号墓地出土的毛纺织物中，除上述缝制成长衣、法衣、披风、裤子等衣服和佩饰——披巾等外，还有大量无法拼对成衣冠服饰的毛织品残片。这批毛纺织物中，经拼对、整理，有毛纺织物残片 35 件，其中平纹组织织物 15 件；斜纹原组织织物 5 件，斜纹变化组织织物 8 件；还有通经断纬的精美缂毛织物 7 件，其中以平纹为基础组织的 5 件，斜纹为基础组织的 2 件。上述已介绍过的缝缀成衣物和佩饰的平纹和斜纹原组织织物不再赘述，仅将洋海墓地出土的毛纺织物残片分别叙述如下。但为了能更全面地了解洋海人的纺织技术，我们特地将比较少见、特殊的一些缝缀成衣服和佩饰的织物的组织法，如斜纹变化组织中的山形斜纹、破斜纹和各种精美缂毛的技法一一加以介绍[①]，并尽量避免与前述重复。

1. 平纹组织织物

在洋海 Ⅰ 号墓地出土的衣物中，平纹组织的毛纺织物运用最为广泛，多用来缝制长衣，织制披巾，也有少量的裤子用平纹毛纺织物缝缀。这里出土平纹组织织物有平纹原组织及其变化组织两种，其中原组织织物 15 件。另 2 件平纹变化组织织物为裤子的裤裆，为能较全面了解洋海人的纺织技术，特加以叙述。

（1）平纹原组织织物

和其他组织的毛纺织物一样，平纹组织的毛纺织物也是经线和纬线以一上一下的方法相交，也就是说，经、纬线每隔一根毛纱就进行一次交织（图 5）。这里出土的平纹原组织织物有 15 件。

① Ⅰ M76：7，深红色褐

长 55、宽 32.5、厚 0.057 厘米。经、纬线均为深红

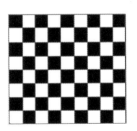

图 5　平纹组织法

① 对于毛纺织物组织法的命名，主要参考沈兰萍主编：《织物结构与设计》（中国纺织出版社，2005 年）。需要说明的是，洋海墓地出土的毛纺织物大多为死者身穿的衣服，有的生前已多年穿着磨损，甚至已经缝补；死后埋入墓葬，经几千年叠压、腐蚀……多已严重残破，因而，文中所说毛纺织物的数据多为大约数，特别是织物的厚度；经、纬线粗细度也已变为宽度。

色，单股，"Z"向加捻；经线宽 0.008 厘米，纬线宽 0.005 厘米。以 1/1 的平纹组织法相交，经、纬线的平均密度为 12 根 / 厘米。幅边处由两根经线合并而成（图版二四三，3）。

② Ⅰ M76∶9，浅棕色地深棕色条纹褐

已残为两块：Ⅰ M76∶9-1，长 30.5、宽 26、厚 0.097 厘米；Ⅰ M76∶9-2，长 25、宽 23 厘米，厚 0.097 厘米。经线为浅棕色，单股，"Z"向加捻，宽 0.016 厘米。纬线有浅棕和深棕色两种，均 "Z"向加捻，单股，宽 0.123 厘米。以平纹组织法相交成浅棕地，横向的深棕色条纹褐，经线平均密度为 7 根 / 厘米，纬线平均密度为 19 根 / 厘米。现存条纹三组，每组五条（图版二四一，4）。

③ Ⅰ M87∶24，红蓝色条格纹褐

已残为 3 片：Ⅰ M87∶24-1，长 36、宽 26 厘米；Ⅰ M87∶24-2，长 21、宽 12 厘米；Ⅰ M87∶24-3，长 50、宽 29 厘米，织物厚度为 0.063 厘米。这是一件红、蓝、黄三色经线与红、蓝、黄三色纬线以平纹组织法相交的条格纹褐；红、蓝两种色泽条格纹中间，再织入 4 根黄色经、纬线，构成红、蓝色条格中间加饰黄色条格的几何纹样。红、蓝、黄色经纬线均为单股，"Z"向加捻。红色经线宽 0.022、纬线宽 0.019 厘米；蓝色经线宽 0.023、纬线宽 0.016 厘米。平均密度为经线 16 根 / 厘米，纬线 11 根 / 厘米。幅边处织入 4 根合捻的黄色经线（图版二四六，1）。

④ Ⅰ M87∶18，红蓝色条纹褐

长 19、宽 36、厚 0.108 厘米。棕色经线和红、蓝色纬线，以 1/1 的平纹原组织法相交织。经、纬线均为单股，"Z"向加捻。经线宽 0.029 厘米，纬线宽：红色为 0.016、蓝色 0.023 厘米。经、纬线的平均密度分别为 10 根 / 厘米和 23 根 / 厘米，较致密的纬线覆盖了经线，由纬线现出织物表面的红蓝色条纹（图版二四五，7）。

⑤ Ⅰ M130∶10，蓝色褐残片

残存长 23、宽 15、厚 0.013 厘米。经、纬线均为 "Z"向加捻，单股；经线宽 0.013、纬线宽 0.011 厘米。平纹原组织，经线平均密度为 10 根 / 厘米，纬线平均密度为 15 根 / 厘米（图版二五一，3）。

⑥ Ⅰ M164∶22，原黄色褐残片

长 64、宽 47、厚 0.127 厘米。经、纬线均未染色，单股，"Z"向加捻，宽度分别为 0.04、0.03 厘米。平纹组织法，经线平均密度为 7 根 / 厘米，纬线平均密度为 22 根 / 厘米，纬线覆盖了经线（图版二五八，3）。

⑦ Ⅰ M164∶23，黄色褐残片

长 15、宽 46、厚 0.064 厘米。这件织物的特点是经、

纬线均以 "S"向加捻，单股；其宽度为：经线 0.013、纬线 0.015 厘米。平纹组织，经线平均密度为 12 根 / 厘米，纬线平均密度为 22 根 / 厘米（图版二五八，5）。

⑧ Ⅰ M181∶3，绯色褐残片

经、纬线均为单股，"Z"向加捻；经线宽 0.025、纬线宽 0.019 厘米。一上一下的平纹组织法相交织，经纬线的平均密度相同，均为 15 根 / 厘米。幅边处由三根经线合并，以加强其张力。织制完成后匹染为绯色（图版二六〇，6）。

⑨ Ⅰ M183∶11，原黄色褐残片

长 90、宽 33 厘米。由原黄色经、纬线以一上一下的组织法相交而成的平纹毛纺织物。经、纬线均为单股，"Z"向加捻；经线宽 0.065 厘米，纬线宽 0.026 厘米；经线平均密度为 4 根 / 厘米，纬线平均密度为 10 根 / 厘米。幅边处为四根经线以 "S"向合股加捻而成，粗重结实，增强织物的牢固度（图版二六一，1）。

⑩ Ⅰ M183∶12，原黄色褐残片

长 56、宽 54、厚 0.191 厘米。经、纬线同是单股，但捻向不同，经线为 "Z"向，纬线为 "S"向。以一上一下平纹组织法相交织，经线平均密度为 5 根 / 厘米，纬线平均密度为 8 根 / 厘米。平纹织物采用不同捻向的经、纬线交织仅见这一件（图版二六一，3）。

⑪ Ⅰ M183∶13，黄色褐残片

长 88、宽 34、厚 0.192 厘米。纬线是棕色，单股，"Z"向加捻，宽 0.023 厘米。经线由黄、棕色两种以 "S"向加捻，前者宽 0.049、后者宽 0.021 厘米。两股毛纱再以 "Z"向合捻成一根进行交织。平纹组织法，经线平均密度为 4 根 / 厘米，纬线平均密度为 9 根 / 厘米（图版二六一，2）。

⑫ Ⅰ M167∶14，黄棕色褐残片

残断为两片：Ⅰ M167∶14-1，长 31、宽 24 厘米；Ⅰ M167∶14-2，长 26、宽 28 厘米，织物厚 0.117 厘米。经、纬线均为单股，"Z"向加捻，以平纹组织法织制，经线平均密度为 9 根 / 厘米，纬线平均密度为 21 根 / 厘米。这件织物的特点在于：每根经、纬线都用黄、蓝两色羊毛加捻，当两种色泽的纤维在织物表面相遇时，形成黄棕色，且稍带有晕繝效果（图版二五九，1）。

⑬ Ⅰ M167∶15，红棕色褐残片

长 18、宽 15、厚 0.060 厘米。红棕色经、纬线均 "Z"向加捻，单股，经线宽 0.021、纬线宽 0.023 厘米。一上一下的平纹原组织，经线平均密度为 13 根 / 厘米，纬线平均密度为 11 根 / 厘米。仅存一侧幅边，由 3 根经线合并（图版二五九，2）。

⑭ Ⅰ M174∶3，棕色褐残片

残长 31、宽 22、厚 0.064 厘米。经线为黄、棕色，以"Z"向加捻，其中棕色宽 0.016、黄色宽 0.014 厘米。双股毛纱以"S"向合捻为一根。棕色纬线单股，"Z"向加捻，宽 0.009 厘米。平纹组织，经线平均密度为 10 根／厘米，纬线平均密度为 19 根／厘米。

（2）重平组织织物

以平纹组织为基础，沿着一个方向延长组织点的方法，称为重平组织。洋海墓地出土的重平组织的毛纺织物多为经重平组织，即平纹组织沿着经线方向上下各延长一个组织点（图 6），使织物的外观呈现横向凸纹。洋海人多用它来缝缀裤子的裤裆，前面的"裤子"部分已提到，这里仅叙述其组织法。

① I M26：9，黄棕色褐裤裆

参见"裤子③"。用黄、棕色织成的"十"字形裤裆，缝缀于红蓝色锯齿纹绛毛短裤上。裤裆通长 30、通宽 36 厘米。这是根据裤子的需要专门织制的，所有边缘都织成齐边。经线是"Z"向加捻的纱线，单股，宽 0.016 厘米。黄色和棕色纬线均为"S"向加捻，单股，分别宽 0.002 和 0.004 厘米。经、纬线以一上一下的平纹组织法交织；每一根纬线与两根经线相交织，经线平均密度 8 根／厘米，纬线平均密度：黄色 14 根／厘米，棕色 12 根／厘米。黄、棕色纬线相错与经线相交，形成一条条黄、棕色相间的条纹，相隔约 10 厘米后，两色纬线再相交替，织物表面形成条格纹（图版二三八，4）。

② I M211：5，黄色裤裆

缝缀于棕地黄色横条纹斜褐裤上，参见"裤子⑤"。棕色经线以"S"向加捻，单股，宽 0.025 厘米，平均密度为 10 根／厘米。黄、棕两色纬线，分别以"S""Z"向加捻，宽度为 0.024、0.042 厘米，平均密度分别为 10 根／厘米、6 根／厘米。与上件相同，黄、棕色纬线一一依次与两根经线相交，织物表面呈现横向凸纹。其纹样为黄、棕色纵向条纹，每隔约 10 厘米，两色纬线再相错，形成条格纹（图版二六五，2）。

洋海 I 号墓地出土平纹组织的毛纺织物较多，被用来缝制长衣，织制成披巾；而经重平组织的织物，仅在"十"字形裤裆上使用。

2. 斜纹组织织物

斜纹是毛纺织中较多使用的组织法。洋海 I 号墓地出土有 13 件斜纹组织的毛纺织物，其中 2/1 经面、1/2 纬面斜纹的原组织织物 5 件，斜纹变化组织，如 2/2 的双面加强斜纹、山形斜纹、破斜纹组织等 8 件。这种织物比较厚重，多用来缝制裤子、披风和长外衣等，粗厚的斜纹织物往往被用来作为铺垫毯。

（1）斜纹原组织织物

斜纹组织的特点是在织物表面有连续的经组织点或纬组织点构成的斜线，前者称为经面斜纹，后者称为纬面斜纹（图 7）。

① I M87：19，蓝地红黄色条纹斜褐残片

已残为 3 片： I M87：19-1，长 55、宽 24 厘米； I M87：19-2，长 26、宽 22 厘米； I M87：19-3，长 31、宽 20 厘米，织物厚 0.077 厘米。经、纬线均为单股，"Z"向加捻。经线由蓝、黄、红三色组成，现宽 0.029 厘米；纬线为蓝色，现宽 0.015 厘米。以一上二下（1/2）的组织法相交成左斜 55° 的纬面斜纹织物，其中经线平均密度为 19 根／厘米，纬线平均密度为 16 根／厘米。织物表面呈现出蓝地黄红色纵向条纹，纹饰为每隔 2~3 厘米蓝色地，相间交织一组黄色或红色条纹，如此循环。幅边处为三根经线合并（图版二四五，3）。

② I M183：10，黄色斜褐

残存 3 片： I M183：10-1，长 48、宽 87 厘米； I M183：10-2，长 94、宽 60 厘米； I M183：10-3，长 70、宽 50 厘米。经、纬线均为黄色毛纱，单股，"Z"向加捻；经线宽 0.057 厘米，纬线宽 0.043 厘米。以二上一下（2/1）的斜纹原组织法相交织成经面斜纹织物，经线平均密度为 4 根／厘米，纬线平均密度为 6 根／厘米。织物表面显得粗糙松散。

③ I M52：4，红棕色条纹斜褐残片

由红、棕两色经线与红色纬线相交织，组织法为 1/2 纬面斜纹。经、纬线均为单股，"Z"向加捻；经线中的红色线宽 0.022 厘米，平均密度 14 根／厘米；棕色线宽 0.026 厘米，平均密度 15 根／厘米。纬线宽 0.021 厘

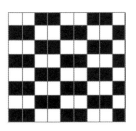

图 6　经重平组织法

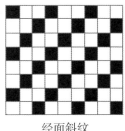 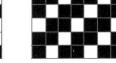

经面斜纹　　　　纬面斜纹

图 7　斜纹原组织（包括经面和纬面）

米，平均密度9根/厘米。织物表面显出纵向条纹（图版二四〇，1）。

④ⅠM133：19，蓝色斜褐残片

残为5片，其中较大可供分析的长57、宽20、厚0.099厘米。蓝色经、纬线为单股，"Z"向加捻；经宽0.027、纬宽0.009厘米。以1/2的斜纹原组织法相交织，平均每厘米经线20根，纬线17根。残存一侧幅边，由两根"Z"向加捻的经线合捻（"S"向）而成（图版二五二，3）。

⑤ⅠM133：23，原棕色斜褐粗毯残片

出土时置于尸体身下，故残损严重。棕色经纬线以三上一下（3/1）组织法相交。经线为单股，"Z"向加捻，现宽0.38厘米，平均密度为5根/厘米。纬线也为单根，"Z"向加捻，现宽0.20厘米，平均密度为3根/厘米。幅边由三根合捻的经线组成。织物的一端保存织物起点的经头：由两股"S"捻向的毛纱以"Z"向合捻（图8）。

（2）斜纹变化组织织物

斜纹变化组织是在斜纹组织的基础上，延长组织点、改变飞数和斜线方向，或几种方法联合使用而获得的各种组织。其种类很多，洋海墓地出土较多的是加强斜纹，即二上二下（2/2）的双面加强斜纹（图9）。此外，还有山形斜纹和破斜纹。洋海Ⅰ号墓地出土的斜纹变化组织织物有8件。

①ⅠM87：20，黄色斜褐残片

长63、宽27.5、厚0.104厘米。黄色经、纬线均为单股，经线"Z"向加捻，宽0.011厘米；纬线以"S"向加捻，

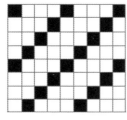 

组织法　　　　　　　　　经头

图8　ⅠM133：23组织法和经头

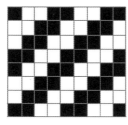 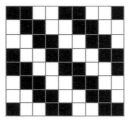

右向加强斜纹　　　　　　左向加强斜纹

图9　2/2加强斜纹组织法（包括右向和左向）

宽0.008厘米。经、纬线以二上二下的斜纹组织法相交成2/2双面加强斜纹组织，左向40°，经线平均密度为11根/厘米，纬线平均密度为13根/厘米。幅边处由三根经线合并与纬线交织，加强其张力（图版二四五，4）。

②ⅠM130：12，红色斜褐残片

与红地蓝色条纹披巾同出土于竖穴土坑二层台墓中。长18、宽33、厚0.061厘米。经、纬线均为红色，"Z"向加捻，单股；经线较粗，现宽0.026厘米；纬线较细，现宽0.005厘米。以2/2加强斜纹组织法相交，经、纬线的密度均为20根/厘米。由四根经线合并与纬线交织成幅边。在红色斜褐地下端装饰一条宽1.5厘米边饰：其基础组织是1/2右向斜纹，斜向45°，用通经回纬法缂织出在深蓝色地上，显出浅蓝色斜向三角纹，呈二方连续式伸展（图版二五一，2）。

③ⅠM130：13，蓝地红色条纹斜褐残片

织物残破严重，较大片长30、宽13、厚0.138厘米。由红、蓝色经线和蓝色纬线交织成蓝地纵向红色条纹。经、纬线均为单股，"Z"向加捻；宽度分别为：红色经线0.032、蓝色经线0.033厘米；蓝色纬线0.021厘米。组织法为2/2斜纹，经线平均密度为20根/厘米，纬线平均密度为18根/厘米。残存一侧幅边，为两股"Z"向加捻的经线以"S"向合捻，以加强牢固度（图版二五一，1）。

④ⅠM146：6，深棕地浅棕色条纹斜褐

长103、宽79、厚0.117厘米。这件织物是由以"S"向加捻的经、纬线织制而成，单股。其中经线现宽为0.015厘米，纬宽较小，为0.012厘米。由深、浅两种棕色经、纬线相交成2/2双面加强斜纹组织，经线平均密度为18根/厘米；纬线平均密度为24根/厘米。织物表面形成深棕色地上，现出横向浅棕色条纹，现存条纹八组，每组五根，每组间距7.5厘米。由六根合捻的经线作幅边，加强坚固度（图版二五四，2）。

⑤ⅠM149：5，黄地横向蓝色条纹破斜纹毛纺织物

已残为两片：ⅠM149：5-1，长25.5、宽38厘米；ⅠM149：5-2，长36、宽39厘米，织物厚度为0.128厘米。经线为黄色毛纱，单股，"Z"向加捻，现宽0.06厘米。纬线有蓝、黄两组，均为单股，"S"向加捻，现宽0.015厘米。织物的一端为黄色，主体部分是在蓝色地上，显出黄色条纹。这是一件以2/1斜纹为基础组织的破斜纹，每织入九根左向斜纹后，再转向右，也织入九根。斜纹方向一半向左，另一半向右，但在左、右斜纹的交接处有一条明显的分界线，称为断界（图10）。这件织物使用"Z"捻向的经线和"S"捻向的纬线，使

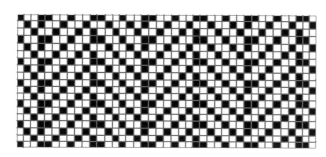

图10　IM149：5破斜纹组织法

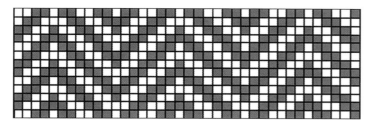

图11　IM157：14山形斜纹组织法

织物表面的斜向纹路更加清晰（图版二五五，4）。

⑥ I M157：14，绿地红黄格纹山形斜纹毛纺织物

原为裤料，长126、宽70、厚0.084厘米。详细情况已在"裤子④"中叙述，这里仅记述织物的组织法。由黄、棕两色经线和绿、红色纬线相交织而成。经、纬线均为单股，以"S"向加捻。两种经线现宽均为0.013厘米；纬线的现宽，绿色为0.016厘米，红色0.021厘米。黄、棕色经线根据图案需要相间排列成黄、棕色条状，再与绿色纬线以2/2为基础组织相交，表面显出深浅绿色相间的条纹，并横向织入三条红色条纹。每织入14～15根纬线后，改变一次织物斜向的方向。如此循环，使斜纹方向一半向右斜，一半向左斜，组成山形斜纹（图11）。黄色经线平均密度为13根/厘米，棕色经线平均密度为11根/厘米。纬线的密度较大，平均每厘米有：绿色16～18根/厘米，红色17根/厘米，黄色纬线已残破，无法统计。四根经线合捻与纬线交织成幅边，幅宽57厘米。织物表面比较平整，色泽配置和谐（图版二五六，4）。

⑦ I M209：13，黄地棕色条纹斜褐

现已残为三片：I M209：13-1，长45、宽39厘米；I M209：13-2，长35、宽17厘米；I M209：13-3，长43、宽8厘米，织物厚0.063厘米。由黄、棕色经线和黄色纬线，以2/2斜纹组织法织制而成。经、纬线均为单股，经线以"Z"向加捻，纬线是"S"捻向。经宽：黄色0.063、棕色0.013厘米，纬宽0.007厘米。密度为平均每厘米经线18根，纬线14根。在黄色地上，显出六条棕色条纹为一组，棕色条纹宽0.3厘米，每条之间的距离也是0.3厘米。织物为右斜纹，斜向45°，由于经、

纬线的捻向不同，所以织物表面的斜向十分清晰（图版二六二，4）。

⑧ I M211：4，蓝地棕红黄色条纹斜褐

可能是一件长衣的残片。现存长83、宽55、厚0.073~0.163厘米。棕、红、黄色经线与蓝色纬线均为"S"向加捻，单股，棕、红、黄色经线分别宽0.007、0.014、0.008厘米；纬线宽0.004厘米。以2/2斜纹组织法交织成左向35°的双面加强斜纹织物。织物表面在蓝地上显出纵向棕、红、黄色条纹。经线平均密度为10根/厘米，纬线平均密度为14根/厘米。在织物下端缂织出图案（图版二六四，2）。

洋海 I 号墓地出土的斜纹组织织物数量较多，但最多的是斜纹变化组织，尤其是二上二下的双面加强斜纹组织织物。这种毛纺织物使用得比较广泛，用来缝制长衣、"法衣"、裤子和披风等。

（三）缂毛织物

洋海 I 号墓地出土的毛纺织物中最精美的要算是缂毛织物了。这种组织法常常被称为"通经断纬"，实际上不需要断纬，仅仅是回纬而已，因而，有时称为"通经回纬"。这种织物往往使用两种或两种以上色彩的纬线与经线相交织，当两种不同色彩的纬线相遇时，各自与经线相交后，再返回到原来的位置，再进行交织，如此循环，织物表面呈现出彩色图案。洋海 I 号墓地出土缂毛织物的基础组织有平纹和斜纹的两种，多用来织制缝缀长外衣和裤子的用料。洋海墓地出土的缂毛衣物共13件，其中平纹为基础组织的6件，均为长衣；斜纹为基础组织的7件，有裤子和"法衣"；缂毛织物有7件，其中以平纹为基础组织的5件，斜纹为基础组织的2件。由于它在吐鲁番地区，甚至在新疆古代毛纺织的发展上有着重大意义，影响深远，所以，将前面所述13件缂毛长外衣、"法衣"和裤子中较典型织物的组织法和经、纬线等织制技艺，在此加以较为详细的叙述。

1. 平纹组织的缂毛

平纹组织的缂毛有一上一下的原组织和平纹变化组织，主要是经重平组织。这种重平组织法往往用来缂织衣服下摆、袖口等边饰处的图案。现分别叙述于后。

（1）平纹原组织的缂毛

以一上一下的平纹组织为基础组织，即经、纬线用1/1组织法相交织，当两种不同色彩的纬线相遇，各自再回到原来的位置，仍以平纹组织法继续交织，如此循环（图版二五五，1）。分别叙述于下。

① I M149：6，黄地缂几何纹褐

被缝制成开襟长外衣，参见前述"长衣①"。由两种缂毛织物缝缀而成，都已残破为多片，其中 I M149：6-1 黄地红蓝色长方格和折线纹缂毛织物缝制左半部。经线为黄色，单股，"S"向加捻，现宽0.027厘米。纬线有黄、红、蓝色，均为单股，"S"向加捻，现宽0.025厘米。经、纬线以平纹为基础组织法相交，并在衣服前、后身的上部和袖子上，又运用通经断纬法，在黄色地上织出红、蓝色格纹相间排列组成的条纹和折线纹（图版二五五，2左侧），条纹上下共两行，分别长20、14.5厘米；格纹长宽为3厘米×3厘米，为了使织物表面不形成豁口，当两种不同色泽的纬线相遇时，各自返回到原来的位置，继续交织；并在条格纹两色相交的边缘处缂织成长短不等的锯齿状（图版二五五，3）。这件织物的平均密度为：经线9.5根/厘米；纬线黄色38根/厘米、红色32根/厘米、蓝色33根/厘米。幅边由四根经线合捻后与纬线交织，衣身部分的幅宽44.5厘米；袖子部分幅宽40厘米（图版二五四，6）。

I M149：6-2 是黄地蓝色宽条和折线纹缂毛缝制衣服的右半部，较残损，衣身和袖子已分离。织物是在黄色地上缂织相间的蓝色宽条纹与折线纹，与左半部的技法相同，在平纹基础组织上，以通经断纬法缂织图案，条纹两侧缂织成由菱格组成的锯齿纹（图版二五五，2右侧）。其黄色经线为单股，"S"向加捻，现宽0.017厘米，平均密度10根/厘米。黄、蓝两色纬线均宽0.011厘米，均为单股，"S"捻向；平均密度为：黄色28根/厘米，蓝色为32根/厘米。由四根经线合捻交织成幅边，衣身部分幅宽49厘米，袖子部分幅宽39厘米（图版二五四，6）。

② I M175：1，深棕地黄绿色折线纹缂毛褐

参见"长衣⑦"。严重残损。深棕色经线与深棕、黄、绿色纬线以平纹组织法相交织。织物表面形成在深棕色地上，缂织出纵向的黄色和绿色相间的折线纹，折线宽3.5厘米，不同色泽毛纱的交接处呈梯形状。黄、绿色折线纹之间又缂织一条三角纹，三角纹相错排列，且呈纵向二方连续伸展。

经、纬线均为单股，经线为"Z"向加捻，宽0.021厘米；纬线"S"向加捻，深棕色宽0.011，黄、绿色宽0.008厘米。平纹基础组织，以通经回纬法缂织纹样，经线平均密度为13根/厘米，纬线平均密度为26根/厘米。幅边处由四根经线合并，袖子保留有幅宽，为40厘米（图版二六〇，4、5）。

③ I M67：11，红地蓝色菱格涡旋纹缂毛褐

被缝制为开襟长衣，现残存后身局部和一袖残片，参见上述"长衣⑥"部分。原棕色经线和红、蓝色纬线均为单股，"S"向加捻；经线宽0.027厘米，纬线均宽0.018厘米。经、纬线以一上一下的平纹组织法相交织，经线平均密度为10根/厘米；纬线平均密度为24～32根/厘米。运用通经断纬的技法，在红色地纹上缂织出满布织物表面的蓝色小三角纹，并运用小三角纹组合成菱格，再呈涡旋状排列；纹饰呈四方连续式循环。3根经线以"S"向合捻，与纬线交织成幅边，后身部分的幅宽为43厘米，袖子幅宽54厘米（图版二四一，1、2）。

④ I M211：2，蓝棕色菱格纹缂毛褐

被缝制成开襟长外衣，参见"长衣③"。由蓝色经线和蓝、棕色纬线，其中经、纬线均为单股，"Z"向加捻；棕色经、纬线现宽0.01厘米；蓝色纬线现宽0.006厘米。以平纹为基础组织，运用通经断纬技法，缂织出连续的菱格纹图案，蓝色和棕色菱格纹以纵向一条条排列，横向为蓝、棕色相间。其经线平均密度为9根/厘米，纬线密度为22~24根/厘米。现只有蓝色菱格纹保存较好，每个长8～9厘米，宽约6厘米；棕色菱格纹仅存个别纹样，但经线仍然相连。由四根经线合并与纬线交织成幅边，织物的幅宽44厘米（图版二六四，4）。

⑤ I M146：7，棕色地黄色菱形涡旋纹缂毛残片

长85.8、宽44.5、厚0.085厘米。经、纬线均为单股，"S"向加捻，现宽经线0.013、纬线0.009厘米。以平纹为基础组织，运用通经断纬的方法，缂织出斜向的宽折线、小菱格等不规则的纹饰，曲折回旋组成菱形式涡旋纹样。其中经线密度10根/厘米，纬密23根/厘米。保存有幅边，由五根经线合捻与纬线交织，以增加织物的牢固度（图版二五四，3、4）。

⑥ I M209：9，棕地黄色回纹缂毛褐

残存2片。I M209：9-1，长44、宽20厘米；I M209：9-2，长42、宽33厘米，织物厚0.107厘米。经、纬线均为"S"向加捻，单股；经宽0.009、纬宽0.007厘米。以一上一下的平纹组织法交织基础组织，经线平均密度为8根/厘米，纬线平均密度为15根/厘米。在棕色地上，缂织出主体为"十"字形的变体图案，并由这种图案组成大小相套的菱格纹样，极似"回"字。从残片看，似为呈四方连续循环，布满织物整体。残存一侧幅边，由三根经线合并。

⑦ I M211：6，蓝地红色锯齿纹缂毛褐

已残为2片，其中最大片残长27、宽10、厚0.125厘米。经、纬线均为单股，棕色经线以"Z"向加捻，宽0.012厘米。纬线为蓝色，"S"向加捻，宽0.007厘米。以平

纹组织法相交，并用通经回纬法在蓝色地上缂织出一条红色两侧为锯齿状的条带。经线平均密度为 9 根 / 厘米，纬线平均密度为 26 根 / 厘米。

⑧ I M130∶14，棕地蓝色花瓣纹缂毛褐残片

长 29、宽 22、厚 0.056 厘米。经、纬线均为单股；棕色经线为"Z"向加捻，宽 0.020 厘米。蓝、棕色纬线以"S"向加捻，宽 0.009 厘米。平纹组织法交织基础组织，蓝、棕两色纬线以通经回纬法缂，在棕色地上显出连续的花瓣状纹样，由于织物残损难以辨清整体图案，似为梯形。一侧残存幅边为三根经线合并。幅边处缝缀红棕色编织带，可能原为衣服的局部，现已成残片（图版二五一，4）。

⑨ I M167∶13，黄地红蓝色鹿纹缂毛褐

残为多片，保留图案的有三件：I M167∶13-1，长 32、宽 25 厘米，缂织两只鹿纹；I M167∶13-2，长 19、宽 27 厘米，4 处残存不完整鹿纹；I M167∶13-3，长 22、宽 24 厘米，存有两只鹿纹。织物厚 0.104 厘米。经、纬线均为黄色，单股，"Z"向加捻，经宽 0.104、纬宽 0.032 厘米。经、纬线相交成平纹基础组织，经线平均密度为 8 根 / 厘米，纬线平均密度为 29 根 / 厘米。用通经回纬法在黄色平纹地上缂织出红、蓝色鹿纹。鹿呈跪卧状，长角，体态自然。由于织物过于残破，看不出红、蓝色鹿的排列次序，好似斜向排列，有的又像相向而卧。幅边为四根经线合并，其中 I M167∶13-3 残存幅宽，约 18 厘米（图版二五九，3、4）。

（2）平纹变化组织的缂毛

主要是重平组织的缂毛图案（图版二四〇，5）。这种组织的缂毛多出现在斜纹组织衣服、裤子的边缘和一些残片中，作为装饰点缀；而且，往往在斜纹组织缂织图案织物的边饰均使用经重平组织法。其方法一般是运用原织物的经线，并将两根合并，与彩色纬线以平纹组织法相交织的经重平组织。也有少量的方重平组织缂织边饰。

① I M67∶12，蓝地黄色几何纹缂毛织物

参看前述"裤子①"缝制该裤腿的毛纺织物是蓝地黄色横式条纹缂毛织物。裤子的整体是斜纹织物，但缂织图案时却使用经重平组织法。

经线为原棕色，宽 0.024 厘米；纬线有蓝、黄色两种，蓝色宽 0.020 厘米，黄色宽 0.013 ~ 0.018 厘米。经、纬线均为单股，捻向为"S"。棕色经线和蓝色纬线交织成 2/2 双面加强斜纹织物，织物表面呈蓝色，斜向为左 20°。经线密度为 11 根 / 厘米，蓝色纬线密度为 18 根 / 厘米；织物厚 0.108 ~ 0.115 厘米。每隔约 7 厘米，缂织

一排图案：其组织法是将织物经线两股合并，与两股合并的纬线交织成宽 1.5 厘米的方重平组织。在基础组织上，以通经断纬法缂织出黄色图案。其中左裤腿为由点状形成的四瓣花纹，全裤腿共有十二排纹样。右侧裤腿为一组由三个连续的小方格，呈二方连续展开，全裤腿共有九排纹样。由三根经线合并与纬线交织幅边，裤腿幅宽 48 厘米（图版二四一，5）。

② I M26∶10，黄棕色条纹斜褐开襟长外衣的边饰

参见"长衣②"。在长衣的下摆及袖口处装饰一列变体三角形图案，其组织法：将原长衣的黄、棕色经线，两根合并，与蓝、白色纬线以一上一下的平纹组织法交织成经重平组织，再以通经断纬法，缂织出一排蓝、白色相错三角形图案。袖口部位的缂织图案大体与此相似，但甚不规则（图版二三七，3）。

③ I M67∶8，红地蓝色菱格涡旋纹缂毛"法衣"边饰

在衣服的上、下两端，将原织物的两根棕色经线合并为一根，再与两股合并的红、蓝色纬线，以方重平组织法相交成基础组织，用通经断纬法缂织出红地二方连续的图案：上端为三角形；下端为一排由三角形组成的变体山形纹饰，山的上方也加饰折线纹。厚 0.234 厘米（图版二四〇，4）。

2. 斜纹组织的缂毛

如前所述，洋海墓地出土斜纹组织的缂毛法衣和裤子有 7 件，另有斜纹组织的缂织物 2 件，共 9 件，其中以 2/1 为基础组织的 3 件，有些衣物的边饰中也有用 2/1 斜纹的缂毛技法织制，作为装饰。以 2/2 的斜纹变化组织为基础组织的 6 件，但其中一件在缂织图案处使用重平纹组织。

（1）斜纹原组织的缂毛

以斜纹原组织，即 2/1 斜纹为基础组织法织制的缂毛织物，即经线与纬线用 2/1 斜纹组织法相交，当两组不同色彩的纬线相遇时，各自再回到原来的位置，继续交织（图版二三四，2）。这里出土的这种缂毛织物都被缝缀成裤子。

① I M18∶3，棕地黄色勾连纹缂毛斜褐

原为裤料，参看前述"裤子⑦"。已残为数片，最大片长 74、宽 26、厚 0.133 厘米。经线由黄棕色混合毛以"S"向加捻，单股，现宽 0.009 厘米。纬线为棕和黄色两种，均为单股，"S"向加捻；棕色纬线宽 0.007、黄色纬线宽 0.009 厘米。采用二上一下的斜纹原组织为基础组织，交织成 2/1 左向 35° 斜纹；以通经断纬法缂织纹样。与平纹组织的缂织法一样，根据纹样需要，当

两种不同色彩的纬线，即纹纬与地纬相遇时，各自再返回到原来的位置，继续交织，如此循环。织物表面形成斜向的黄色四方连续勾连纹饰。勾连纹由五根纬线组成，每条之间相距 2 厘米。在织物下端（裤脚处）缂织出一排高 5 厘米的阶梯状图案。其经线密度为 11 根 / 厘米，纬线密度 10 根 / 厘米。五根经线合捻与纬线交织成幅边，以增强张力，幅宽 56 厘米（图版二三四，1）。

②Ⅰ M21：23，棕地黄色几何纹缂毛斜褐

原为裤料，详见上述"裤子②"部分。该毛纺织物是由棕色经线与棕、黄色纬线相交织，经、纬线均为单股，以"S"向加捻，经线宽 0.009 厘米，棕色纬线宽 0.004、黄色纬线宽 0.027 厘米。经纬线以 2/1 相交织，织物表面呈左向斜纹。其经线密度为 8 根 / 厘米，纬线密度为 10 根 / 厘米。在臀围处的棕色地缂织一圈倒置的黄色阶梯状图案。两条裤腿仅在膝盖和裤脚处缂织图案，组织法是以方重平纹为基础组织，在棕色地上缂织出黄色几何纹饰：膝盖处显出勾连纹饰；裤脚处是两排平行的折线纹，均呈二方连续循环。织物的幅边以四根经线合并，与纬线交织，以增强其坚牢度；幅宽 44～50 厘米（图版二三八，1）。

③Ⅰ M26：12，红蓝色锯齿纹缂毛斜褐

原为裤料，参见上述"裤子⑧"。该织物由棕色经线与红、蓝色纬线交织，经、纬线均为单股，"S"向加捻；经线宽 0.019 厘米，红色纬线宽 0.008、蓝色纬线宽 0.005 厘米。以 2/1 斜纹组织法相交，用通经断纬法缂织出纵向条纹，两种纬线相遇时形成锯齿状。条纹长约 14、宽约 5 厘米。其经、纬线的平均密度为：经线 15 根 / 厘米，纬线红色 19 根 / 厘米、蓝色 20 根 / 厘米。织物厚 0.104 厘米。幅边处的经线为四根合捻，幅宽 49 厘米（图版二三九，1）。

④Ⅰ M149：6，黄地几何纹缂毛开襟长外衣的边饰

参见"长衣①"。在衣服下摆和袖口边饰的中央部分：利用原黄色经线与蓝、黄色纬线，以 2/1 的斜纹组织法，在蓝色地上缂织出一条白色锯齿纹饰。下摆处宽 1.8 厘米，袖口处仅宽 1 厘米（图版二五四，6）。

⑤Ⅰ M130：12，红色斜褐残片的边饰

参见"斜纹变化组织织物②"。可能为衣服的残片，原织物为双面加强斜纹组织织物，一端饰 1.5 厘米的边饰。边饰由红色经线与深蓝、蓝色纬线相交织：以 2/1 的右向斜纹为基础组织，在深蓝色地上缂织出一排斜向的浅蓝色三角形图案，呈二方连续式延伸（图版二五一，2）。

（2）斜纹变化组织的缂毛

以斜纹变化组织为基础组织的缂毛织物，主要是以 2/2 双面加强斜纹为基础组织。与其他缂毛织物一样，当两组或两组以上不同色彩的纬线相遇时，各自与经线相交织后，再返回原来的方向进行交织。这种织物厚重，保温性强，多用来制作"法衣"、长裤等。

①Ⅰ M21：22，棕地红色菱格纹缂毛斜褐

长 110、宽 66、厚 0.105 厘米。详见上述"法衣"部分。棕色经线和棕、红色纬线均为"S"向加捻，单股，经线宽 0.006 厘米，棕色纬线宽 0.008 厘米。棕色经线与棕色纬线以 2/2 斜纹相交织成双面加强斜纹组织，左斜向 25°。运用通经断纬法，在棕色地上缂织出红色菱格图案，其经线平均密度为 12 根 / 厘米，纬线平均密度为 20 根 / 厘米。菱格图案由似三瓣状的叶形组成，每边五个；菱格中央又以叶纹分隔成四个小菱格，是洋海墓地出土缂毛织物中最为复杂的图案。在其前身上、下端分别用黄色缂织出二方连续的三角形图案和一排由三角形组成的变体山形纹饰，山的上方加饰折线纹。由四根经线与纬线相交成幅边，以增加其坚固度；织物幅宽 66 厘米（图版二三六，4、6）。

②Ⅰ M67：8，红地蓝色菱形涡旋纹缂毛斜褐

已被缝制为"法衣"，参见"法衣"部分。原棕色经线和红、蓝色纬线均为"S"向加捻，单股；经线现宽 0.029 厘米，纬线现宽 0.021 厘米。经、纬线均为以 2/2 双面加强斜纹为基础组织，并用通经断纬法进行交织，即缂织，经、纬线密度均为 11 根 / 厘米。整个织物表面在红色地上显出蓝色四方连续的菱形涡旋纹图案。织物为左斜纹，斜向 25°，厚 0.014 厘米。织物的上、下两端，又以平纹为基础组织，用通经断纬法缂织出红地二方连续的图案（参见平纹缂毛部分）。幅边处由三根经线合并与纬线交织，加强织物的牢固度；幅宽 70 厘米（图版二四〇，4）。

③Ⅰ M26：9，红蓝色锯齿纹缂毛斜褐

原为裤料，参见前述"裤子③"。该织物由棕色经线和红、蓝、棕色纬线织成，经、纬线均为单股，"S"向加捻。经线现宽 0.031 厘米，纬线现宽：红色 0.013、蓝色 0.015、棕色 0.007 厘米。裤腰和臀围部分为缂织物，采用 2/2 双面加强斜纹组织作基础组织进行交织，经纬线的平均密度为：经线 13 根 / 厘米，纬线棕色 15 根 / 厘米，纬线红、蓝 16 根 / 厘米。左斜纹，斜向 40°，厚 0.106 厘米。以通经断纬技法缂织成红、蓝色相间的条格纹，每织入约 15 厘米的红、蓝色纬线后，两种色泽的纬线互相交换位置，变成蓝、红色条纹。如此循环，形成一种长方形条格纹。当两种不同色泽的纬线相遇时，再各自返回到原来的位置，并与原经线相邻的另一根经线相交

织，纹样边缘处形成锯齿状。在棕色裤腿上方、两种色泽变换处缂织了一排红、蓝色相间的阶梯形图案，即红色地上显蓝色图案，反之，蓝色地上显红色图案。由四根"S"捻向的经线合捻成一根与纬线交织成幅边，裤腿部分的幅宽保存比较完整，宽28厘米（图版二三八，4）。

④ Ⅰ M146：8，深棕地缂浅棕色锯齿纹斜褐残片

长25、宽18、厚0.117厘米。经、纬线均为单股，"S"向加捻。经线宽0.015厘米；棕色纬线宽0.012、黄色纬线宽0.013厘米。经、纬线以2/2组织法交织成左向30°斜纹为基础组织，经线平均密度为18根/厘米，纬线平均密度为24根/厘米。再在深棕色地上，用通经断纬法缂织出棕色地黄色锯齿纹图案。每个图案有五根纬线，现存八组图案，每组图案间距1.5～1.8厘米。以六根经线合捻与纬线相交成幅边（图版二五四，5）。

⑤ Ⅰ M211：8，棕色蓝红条纹地锯齿纹缂毛斜褐残片

残为3片，分别为：Ⅰ M211：8-1，长29、宽43厘米；Ⅰ M211：8-2，长27、宽24厘米；Ⅰ M211：8-3，长16、宽19厘米。织物厚0.123厘米。棕色经线与深棕、浅棕两色纬线，以2/2加强斜纹组织法织成深棕色地蓝红色条纹织物。织物为左斜纹，斜向18°。在Ⅰ M211：8-1上还残存深棕色地蓝红色条纹与黄色纬线缂织的锯齿纹图案。而残片Ⅰ M211：8-2则全片均为深棕色地蓝红色条纹与黄色纬线缂织的锯齿纹图案。缂织部分以2/2为基础组织。织物整体的经、纬线均为"S"向加捻，单股；经线宽0.016厘米，棕色纬线宽0.009、黄色纬线宽0.011厘米。经线平均密度为9～11根/厘米，纬线平均密度为16～20根/厘米（图版二六四，5）。

洋海Ⅰ号墓地出土的缂毛织物，有的是整体缂织图案，如Ⅰ M67、Ⅰ M209、Ⅰ M211、Ⅰ M174等墓中出土的缂毛织物；有的仅在某个部位缂出图案，如Ⅰ M149、Ⅰ M130等墓的缂织物。无论用哪种方法，用缂毛技法显现出的图案较突出，富有立体感，再加上艳丽的色彩，显得更加优美，所以，缂毛技法是洋海人美化织物的重要手段。

（四）毛编织带

毛编织带是洋海人衣服上的系带和重要装饰物，因而墓地出土的编织带也相当丰富，其中有系结于衣服和裤子上的腰带、裤带和绑扎裤腿的腿带、扎绑鞋靴等的系带等。同时，前额上装饰有"额带"，上衣的领口、袖口、裤子的裤腰、裤口装饰有缂带。我们整理了其中的96条，但多数严重糟毁，经拼对后，可供测量分析的有41条。从编织技法上来看，可分为平纹编织、斜纹编织和勾编法。斜纹编织法有1/2、2/2、1/3、4/1斜编法，其中采用2/2编织法的编织带最多，包括折向编织带。此外，使用勾编法编织的是一件帽子残片。

1. 平纹编织法

这种编织法相当于毛纺织物中的平纹组织，即采用一上一下的交织法编织。可分为绕编和斜编两种截然不同的编织法。

（1）绕编法

这种编织法是平纹毛纺织物组织法在编织技法中的运用，但其幅宽大大小于毛纺织物。与毛织物相同，编织使用的毛线可分为经线和纬线，纬线围绕经线以一上一下组织法编织而成（图12）。这种编织法可利用毛纱的粗细、色泽和排列的紧密度等，使编织带显现出不同的效果。

① Ⅰ M18：4，棕色地黄色小格纹编织带

残长17、宽4.5、厚0.21厘米。棕、黄色毛纱都是"S"向加捻；宽0.007厘米；3股以"Z"向合捻为一根（这种加捻法：是在两根"S"向的毛纱，以"Z"向加捻的基础上，再加入一根"S"向毛纱进行合捻，因而，虽为三股合捻，却仍是"Z"向。下同）。运用一上一下的绕编法进行编织，由棕、黄色经线在编织带表面形成棕色地，上面显现出黄色小格纹饰（图版二三四，3）。

② Ⅰ M87：21，绿地红黄色散花纹编织带

残长22、宽6、厚0.183厘米。经向编织线都是"S"向加捻，绿色线宽0.006、红和黄色宽0.007厘米；两股以"Z"向合捻为一根。纬向编织线为棕色，"Z"向加捻，宽0.015厘米，双股合并成一根。毛纱细、排列紧密的经向线和毛纱较粗、排列疏松的纬向线交织而成，编织带的表面由经向线显出绿地红黄色纹样。编织带中央有一排竖向红色六瓣花纹，两侧为黄色点状纹（图版二四五，6）。

③ Ⅰ M209：15，绿边红色编织带

残存2截，其中1条一端残存流苏。现存长21+20、宽3.5厘米。编织线有红、绿、棕色三种，均

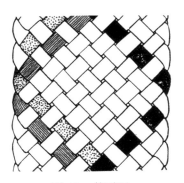

图12　绕编法

为单股。红、绿两色经向编织线，将绿色排列在两侧。纬向编织线为棕色，以 1/1 绕编。经向编织线完全覆盖了纬向线，编织带表面显现出饰绿色边的红色。一端由经向编织线编织成两根，下垂流苏，流苏长 5 厘米（图版二六三，7）。

④ⅠM209：18，棕边红色编织带

残损严重，现存长 12、宽 4 厘米。经向编织线为红、棕两色，"Z"向加捻；棕色纬线为单股，围绕经线，以 1/1 法编织。编织带表面形成两侧饰棕色边的红色编织带。

⑤ⅠM209：17，棕地黄色直线纹编织带

残长 15、宽 3 厘米。经向编织线有黄、棕两色，纬向编织线是棕色。棕色纬编织线围绕经向线，以 1/1 平纹法编织。编织带表面在棕色地上显现出不规则的黄色直线组成的图案（图版二六二，6）。

⑥ⅠM211：12，浅黄色编织带

残长 39、宽 3.5 厘米。经、纬向编织线均为黄色，单股。以 1/1 绕编法编织（图版二六三，9）。

⑦ⅠM209：14，原黄色毛编织带

残存 2 截，长 26+14、宽 3 厘米。三股合并进行编织，编织法为 1/1 绕编（图版二六三，1）。

（2）1/1 折向斜编法

两组毛线同时从两侧以 1/1 组织法编织，当它们相遇时，互相交换位置，再折向原来的方向，继续编织，回到原来的一侧。我们称其为"折向"法。在编织物的中间形成一个较小的顶端（图 13）。洋海出土的这种毛编织带中，往往编织出折线纹图案纹样，较宽的大部分为腰带，较窄的多为绑腿带，有的还缝缀在衣服上作为边饰。

①ⅠM8：25，红地蓝色折线纹编织带

残长 23、宽 3、厚 0.160 厘米。红、蓝色毛线均为"Z"

图 13　1/1 折向编织法

向加捻；经宽 0.016、纬宽 0.015 厘米；两股合并编织。用 1/1 平纹法编织成深红色地纹，显出蓝色折线纹；每根毛线都在折向点互相交换位置，再回到原来的方向，进行编织。编织带中的每条蓝色折线都有三个折向点（图版二三二，4）。

②ⅠM21：19，黄棕色编织带

结于ⅠM21 墓死尸身上的腰带，因为是侧身屈肢葬，位于身下的部分已无存，只残存前面和下垂的部分，残长 53、宽 5.6 厘米。由黄、棕两色毛线编织成在棕色地上，显出变体三角形纹样，极似"《"形。编织带中央打结，两端分为两条，分别长 67.5 和 60.5 厘米。下垂流苏，长 3～12 厘米和 2.5～19 厘米（图版二三七，2）。

③ⅠM76：10，红地蓝色折线纹宽编织带

残断为两截，长 35+22、宽 11、厚 0.193 厘米。红、蓝色线均为"Z"向加捻，红色线宽 0.011、蓝色宽 0.013 厘米；三股毛线以"S"向合捻（先两股合捻后，再加第三股加捻）为一根，编织时，两根毛纱合并。组织法与图案与上述"（1）ⅠM8：25"相同，也有七个折向点（图版二四二，1）。

④ⅠM76：11，红地蓝色折线纹编织带

残断，现存两截，长 35+27.5、宽 1.7、厚 0.135 厘米。红、蓝色毛线与上述"ⅠM21：19"相同，均为"Z"向加捻，红色线宽 0.011、蓝色宽 0.013 厘米；三股毛线以"S"向合捻为一根，进行编织。编织法也同于"（2）ⅠM21：19"，编织带表面有三个折向点（图版二四一，6）。

⑤ⅠM76：12，红蓝色编织带

残存两段，长 21+15、宽 2.5、厚 0.191 厘米。与上述"（2）ⅠM21：19"相同，红、蓝色毛线均为"Z"向加捻，红色线宽 0.011、蓝色宽 0.013 厘米；三股毛线以"S"向合捻为一根，进行编织。编织法也同于"（2）ⅠM21：19"，但残损严重，表面的折向点不清。

⑥ⅠM90：34，棕色地绯色斜线纹编织带

残损严重，现存 7 段，长 145、残宽 6、厚 0.236 厘米。棕、绯两色线均为"Z"向加捻，棕色线宽 0.020、绯色线宽 0.018 厘米；三股合捻为一根进行编织。以一上一下的平纹编织法，在棕色地纹上显现出斜向的绯色条纹，即斜线纹饰。当绯色斜线编织到一定的长度时（从七到十几厘米不等），棕色线再折向原来的方向，继续进行编织。

⑦ⅠM133：21，棕黄色宽编织带

残为两段，长 56、宽 9、厚 0.185 厘米。棕、黄色毛线均为"Z"向加捻；棕色线宽 0.019、黄色线宽 0.021 厘米；均由三股以"S"向合捻为一根，进行编织。编织法为提一压一的平纹法，编织成棕、黄色平行四边形。

当两种不同色泽的毛线在编织带的中间相遇时，相互交换位置，再回到原来的地方。编织30多厘米后，再变换色泽，形成棕、黄两色相互交替的平行四边形纹样（图版二五二，4）。

⑧ⅠM181：4，红棕色折线纹编织带

残长30、宽2.5、厚0.247厘米。红、棕色毛纱编织而成，毛纱均以"Z"向加捻，宽度分别为0.027、0.025厘米，两股毛纱以"S"向合捻为一根进行编织。编织法为1/1折向斜编，毛纱从编织带的两侧，以1/1的平纹法交织，当到编织带中央、两组毛纱相遇时，相互交换位置，再回到原来的方向，继续交织。这件编织带折线的宽度基本相同，表面形成红棕色相间的斜向折线纹饰，极似横向的"V"形（图版二六〇，1）。

⑨ⅠM31：4，棕红色折线纹编织带

断为3截，总长为144.5厘米。红、棕均为"Z"向加捻，分别宽0.022和0.015厘米，三股以"S"向合捻为一根，进行交织。与上件编织法相同，编织带表面形成棕和红色相间的折线纹，折向点有五个，呈横向的"W"式排列（图版二三九，4）。

⑩ⅠM84：7，蓝红棕黄色编织带残段

长16、宽6.5、厚0.105厘米。蓝、红、棕、黄色线均为"Z"向加捻，分别宽0.015、0.009、0.014和0.013厘米；三股以"S"向合捻为一根，运用1/1折向法进行编织（图版二四五，1）。

⑪ⅠM87：22，深红地蓝色折线纹宽编织带

残长35、宽11厘米。由深红、蓝两种毛线编织而成，均为"Z"向加捻；红色线宽0.011厘米，蓝色线0.009厘米；三股合并为一根，1/1变向法进行编织。以一上一下的平纹法编织成深红色地纹，显出蓝色斜线；当两组毛线相遇时，互相交换位置，形成一个折向点，再回到原来的方向，显出蓝色折线纹。这件编织带中的每条蓝色折线都有七个折向点（图版二四五，5）。

2. 斜纹编织法

编织带中的每根毛线均运用斜纹法，从带子的一侧向另一侧斜向编织，到达编织带的另一侧时，再折向相反的方向返回。在洋海Ⅰ号墓地发现的毛编织带中有2/1、2/2、3/1和4/1编织法，尤以2/2编织法使用的最多。这种斜纹编织法中的两组毛线以垂直状相交，其中最多的是折向编织法，即当两组毛线相遇时，相互交织后，再改变方向，返回原来的位置进行交织，编织带表面呈现折向纹饰。

（1）2/1斜编法

以2/1斜纹编织，从毛织带两侧向中间编织，用提二压一法交织（图14）。现仅发现一件。即ⅠM149：7蓝色编织带。残长40.5、宽1.8、厚0.145厘米。毛纱为"S"向加捻，宽0.013厘米，双股合并为一根。共有28根毛纱，以压二提一的斜编方法编织。编织带的一端缝缀红、蓝色两个缨穗（图版二五五，6）。

（2）3/1斜编法

与"2/1斜编法"相同，仅在交织时，运用提三压一法（图15）。也仅出土一件，即ⅠM90：30红地蓝色方格纹编织带。这是一条保存比较完整的编织带，通长93、宽约7厘米，两端各有三个缨穗，分别长10和7厘米。红、蓝色编织线均为"S"向加捻，分别宽0.021和0.012厘米，两股以"Z"向合捻为一根进行交织。从编织带两侧向中间、以压三提一的方法交织，直到带子的另一侧。编织带表面形成1/3斜向纹路；并编织成在红色地上显现出蓝色小方格纹，由这些较小的方格组成折向纹。利用编织带两端的红、蓝色毛纱，以2/2斜编法，分别在两端编织出三个缨穗（图版二四七，7）。

图14 2/1斜编法

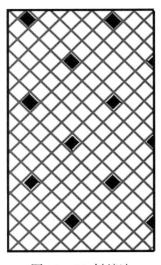

图15 3/1斜编法

（3）4/1 斜编法

与"2/1 斜编法"相同，仅在交织时，运用提三压一法。也仅出土一件，即 I M84：6红蓝黄色编织带。已残为 8 段，总长 159、宽 2.8、厚 0.308 厘米。红、蓝、黄色毛纱均为"Z"向加捻，分别宽 0.012、0.007 和 0.015 厘米；三股以"S"向合捻为一根进行交织。编织法是从编织带两侧以压四提一的组织法，向中间编织，当两侧的线相遇时，变换位置，再回到各自原来的方向，继续编织，形成 1/4 的折向纹（图版二四三，5）。

（4）2/2 斜编法

从编织带两侧，以提二压二的斜纹编织法（2/2），向另一侧编织，编织带表面呈现斜向纹路（图 16）。这是洋海墓地出土编织带中使用较多的一种方法。

① I M26：11，黄色编织带

清洗时与黄棕色条纹斜褐长衣包在一起，可能是长衣的腰带。现已残断为 3 截，共长 271.5、厚 0.136 厘米。黄色毛线为"S"向加捻，宽 0.010 厘米；三根毛纱以"Z"向合捻。单根进行交织，编织法为 2/2 斜编法，编织带宽 2.5 厘米，用线 36 根（图版二三七，4）。

② I M26：13，原黄色编织带

断为 2 截，并残存一端的缨穗。编织带分别长 35 和 22 厘米，厚 0.120 厘米。黄色毛纱宽 0.010 厘米；"S"向加捻的三股线以"Z"向合捻；且双股合并交织。编织法为 2/2 斜编，编织带宽 1.5 厘米，使用 36 根毛线。缨穗也以 2/2 斜编，宽 0.5 厘米（图版二三八，2）。

③ I M149：9，红色编织带

长 66、宽 2、厚 0.152 厘米。毛纱均为"S"向加捻，宽 0.014 厘米，两股合并为一根。用 32 根线，以 2/2 斜编法编制而成（图版二五五，9）。

图 16　2/2 斜编法

④ I M18：6，棕色编织带

残为两段：I M18：6-1，长 7.5、宽 2、厚 0.286 厘米；I M18：6-2，长 11、宽 2 厘米，残存结扣，长 6 厘米。以 2/2 斜编法编织（图版二三四，5）。

⑤ I M130：16，棕色编织带

已残为两段，长 11+5、宽 4、厚 0.107 厘米。编织线为"Z"向加捻，宽 0.009 厘米，单股进行编织。运用 2/2 斜向编织法（图版二五〇，1）。

⑥ I M130：17，黄棕色编织带

残为 5 段，长 8+5+7+5+1、宽 4、厚 0.157 厘米。黄、棕两色编织线以"Z"向加捻，宽 0.016 ～ 0.022 厘米，双股合并进行编织。运用 2/2 斜向编织法（图版二五〇，2）。

⑦ I M167：16，多色编织带

已残为 3 段，长 17+7+6、宽 1、厚 0.188 厘米。编织线为双股合并，以 2/2 斜编法编织（图版二五九，5）。

⑧ I M174：4，黄色编织带

残为 2 截，总长为 13+12、宽 3、厚 0.131 厘米。原黄色编织线以"Z"向加捻，两股以"S"向合捻，宽 0.014 厘米。编织成 2/2 斜向编织带（图版二六〇，2）。

⑨ I M211：7，棕黄色编织带

长 58、宽 3 厘米。编织线为双股合并进行编织，运用 2/2 斜向编织法。编织带表面是在棕色地上，显出变体三角纹（图版二六三，8）。

⑩ I M211：9，红地棕色纹编织带

已残破为 3 段，总长 51+21+17、宽 3 厘米。单股线进行编织，2/2 斜编法。其中加入棕色加捻绳，使其在红地上显出棕色的"∞"纹（图版二六三，6）。

⑪ I M76：8，红蓝编织带结头

仅残存结扣处。红、蓝两色毛线均为"Z"向加捻，红色线宽 0.011 厘米，蓝线宽 0.0013 厘米。编织带宽 2 厘米，用线 16 根（图版二四一，3）。

（5）2/2 折向斜编法

这是洋海 I 号墓地使用最多的编织法，以提二压二法相交。当两根毛线在编织中相遇时，相互交织后，再返回原来的方向，编织带表面形成折向斜纹（图 17）。这种编织带的表面往往现出折线纹，极似"W"或"V"形。

① I M149：10，棕地红色菱格纹编织带

清洗整理时与 I M149：6黄色地缂红色锯齿纹开襟长衣包在一起。编织带现长 235.5、宽 5、厚 0.190 厘米。棕、红色毛纱均为"S"向加捻，两股合并为一根。运用 56 根毛线，以 2/2 斜编法进行编织。编织带表面在棕色地上显现出红色菱格纹饰。利用编织带的毛纱，在其一端装饰五个缨穗。

②ⅠM149：11，黄地棕色菱格纹编织带

长 184.5、宽 4.5、厚 0.184 厘米。黄、棕色毛纱均以"S"向加捻，分别宽 0.018 和 0.03 厘米，两股合并为一根，共用 36 根毛纱。以 2/2 斜编法编制成黄色地上显现出棕色菱格纹图案。带子的一端残留由黄棕色线组成的流苏（图版二五五，8）。

③ⅠM149：12，棕地黄色纹编织带残段

长 24、宽 3、厚 0.128 厘米。棕、黄色毛纱均为"Z"向加捻，宽分别为 0.016 和 0.015 厘米；两股合并为一根。共用线 28 根，以 2/2 斜编法编织。编织带表面形成在棕色地上，显现出由黄色图案构成的格纹。编织带的一端残存两个缨穗（图版二五五，5）。

④ⅠM18：5，棕地红色折线纹编织带

残长 16、宽 3、厚 0.155 厘米。红、棕色毛纱均为"S"向加捻，双股为"Z"向合捻。以 2/2 斜编法，编织成棕色地红色折线纹。残损严重（图版二三四，4）。

⑤ⅠM164：20，红绿色编织带

残断为 4 截，长 11+6+9+8.5、宽 2～3、厚 0.154 厘米。红、绿两色线均为"Z"向加捻；双股合并。共用 32 根

图 17　2/2 折向斜编法

图 18　勾编法

毛线编织，其中红、绿色线各一半，以 2/2 斜编法，显现红绿两色折向纹。即每根毛线从侧边以二上二下法向另一侧交织，当到达另一侧时，再折向相反的方向，如此循环（图版二五七，4）。

⑥ⅠM164：21，黄色编织带

残长 28 厘米。黄色毛线编织，线宽 0.020 厘米；以"Z"向加捻；双股合并。以 2/2 斜编法进行编织，宽 2.8 厘米，共用 40 根毛线（图版二五七，7）。

⑦ⅠM164：19，黄色编织带

残为 4 段，长 29+21+11+8、宽 1.9 厘米。黄色线编织而成，"Z"向加捻；线宽 0.020 厘米；两股合并。编制法为 2/2 斜编（图版二五七，7）。

⑧ⅠM209：16，棕红色编织带

已残为 2 截，长 11+12、宽 3 厘米。双股合并进行编织，编织法为 2/2 斜编。编织带表面为在棕色地上显出红色折线纹样（图版二六三，3）。

⑨ⅠM211：11，蓝红色编织带

残存结扣处。长 120、宽 3～4 厘米。蓝红色编织线为单股，以 2/2 斜向编织，编织带表面呈斜向的蓝红色条纹和纵向折线纹（图版二六三，5）。

3. 勾编法

ⅠM183：14 原是一顶帽子的残片。由"Z"向加捻的棕色毛线勾编；毛纱宽 0.174 厘米；三股以"S"向合捻。从顶端开始勾编，每两针间增加一针（图 18），逐渐增大，形成圆形的编织帽。可惜残破严重，已变成一件长 37、宽 23 厘米的片状。

（五）栽绒毯

栽绒毯是以一组经线和两组纬线——交织纬（地纬）和绒纬（绒头）交织而成。它的组织法是先将经线和交织纬织成平纹的基础组织，然后再用绒纬在经线上拴结小型羊毛扣。新疆出土早期地毯的结扣法大多为马蹄扣法（图 19）。洋海Ⅰ号墓地出土的栽绒毯共有 9 件，其中可供分析的 7 件。

①ⅠM87：23，红蓝色菱格纹鞍毯

残长 40、宽 78 厘米，地纹部分厚 0.08 厘米，栽绒部分厚 0.379 厘米。鞍毯由四层白色毡和最上面的一层栽绒毯叠压缝缀而成。这件鞍毯的经线是两根"Z"向加捻的纱线合并，与单股、"Z"向加捻的地纬，以 1/1 的平纹组织法相交织而成的平纹基础组织，其中经线现宽 0.02 厘米，密度为 6 根/厘米；地纬现宽 0.016 厘米，密度为 8~10 根/厘米。再用红、蓝两种绒纬拴结绒头，形成红蓝色菱格纹相交错的图案。绒头拴结的结扣采用

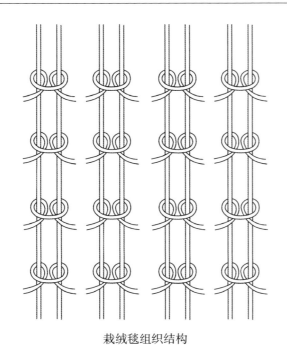

栽绒毯组织结构

栽绒毯结法

图 19　栽绒毯组织及结扣法

"马蹄扣"法，或称"剪刀扣"法，绒头也以"Z"向加捻，现长 1.2~2.2 厘米。每两排绒头之间有 8~12 根地纬，每 10 厘米内平均栽绒 11 道。在蓝色菱格的四角点缀一簇浅蓝色，红色菱格的长对角点缀一簇黄色绒头，以增强美感。其幅边是由四根经线合并与地纬相交织，幅宽 74 厘米（图版二四五，8）。

②ⅠM138：11，红蓝色三角纹栽绒毯

长 43、宽 53 厘米，地纹部分厚 0.293 厘米，栽绒部分厚 0.475 厘米。原棕色经线，以"Z"向加捻，现宽 0.017 厘米，双股合并；原棕色地纬为单股，"Z"向加捻，现宽 0.014 厘米。两者相交成平纹基础组织，经线密度 5 根 / 厘米，纬线密度 12 根 / 厘米。"Z"向加捻的红、蓝两色绒头，以马蹄扣法拴结在经线上，每隔 4~6 根地纬拴结一排绒头，平均每 10 厘米有 10 排结扣。织物表面由红、蓝色绒头显出相错的三角形纹饰，并在每个三角形的角端拴结 2~4 个加以点缀（图版二五三，4）。

③ⅠM90：31，栽绒毯残片

长 30、宽 20 厘米。经线以"Z"向加捻，现宽 0.048 厘米，两股合并；地纬单股，"Z"捻向，现宽 0.021 厘米。以平纹为基础组织，经线密度 12 根 / 厘米。将红、蓝两色绒纬，以马蹄扣法拴结在经线上，每隔 12~15 根地纬拴结一排绒头，平均每 10 厘米有 10 排绒头。现存幅宽 18 厘米（图版二四八，2）。

④ⅠM189：17，红蓝色变体水波纹栽绒毯

长 53、宽 49.5 厘米。原白色经线以"Z"向加捻，双股合并，密度为 8 根 / 厘米；地纬为单股，"S"向加捻。红、蓝、黄、绿色绒头，以马蹄扣法拴结在经线上，在红地上显出蓝、绿、黄色变体水波纹纹样。现存绒头长 0.09~1.1 厘米（图版二六二，1）。

⑤ⅠM8：24，红黄棕色菱形纹栽绒毯残片

残损严重，已残断为 3 片，整体长 31.8、宽 19.5、厚 0.341 厘米。经线为原黄色，"Z"向加捻，宽 0.22 厘米，双股合并。地纬是原棕色，"Z"向加捻，宽 0.22 厘米。经线和地纬交织成平纹基础组织，经线密度 5 根 / 厘米。用马蹄扣法拴结绒纬；每隔八行地纬，拴结一排绒纬（绒头）。绒纬长 0.8 ~ 1 厘米（图版二三三，1）。

⑥ⅠM164：18，红蓝色菱纹栽绒毯

仅残存 13 厘米 ×13 厘米大小，经线为原黄色，"Z"向加捻，双股合并；地纬为原黄色，"Z"向加捻，双股合并。采用马蹄扣法拴结绒纬，经线和地纬交织成平纹基础组织，经线密度 4 根 / 厘米，每隔 4 行地纬，拴结一排绒纬（绒头）。绒纬长 2 厘米（图版二五七，5）。

⑦ⅠM95：14，红黄蓝色栽绒毯残片

仅存 17 厘米 ×33 厘米的边缘。在平纹基础组织上，以马蹄扣法拴结红、黄、蓝色绒头，因过于破碎图案不清。周边残存相邻两侧的红、蓝色编织带（图版二五○，3）。

这些栽绒毯的面积大多较小，其中ⅠM87：23 红蓝色菱格纹鞍毯保存完整，说明这些栽绒毯可能均为鞍毯。

（六）毡子

从洋海Ⅰ号墓地采集到的一条毡子，已残破为 7 块，分别为：① 174 厘米 ×178 厘米；② 80 厘米 ×78 厘米；③ 115 厘米 ×78 厘米；④ 72 厘米 ×49 厘米；⑤ 84 厘米 ×41 厘米；⑥ 48 厘米 ×36 厘米；⑦ 100 厘米 ×97 厘米。毡子的表层有红、蓝、棕、黄色，由于过于残破，图案难以辨识，似乎是菱形纹。中央由蓝、黄色组成，周围由红棕色组成。现存厚度各不相同：蓝色 0.301 ~ 0.330、黄色 0.363、红色 0.367、棕色 0.206 厘米。

（七）衣物及毛纺织物的特点

洋海Ⅰ号墓地发掘的 218 座墓葬中，保存毛织衣服和毛纺织物残片的墓葬仅有 44 座。这些衣服缝缀的样式和毛纺织物的组织结构等与新疆其他地区出土毛纺织物有许多共同点，如衣服均为根据需要专门织制出"织成"缝缀；织物的组织法主要有平纹、斜纹、缂毛、栽绒毯；

经线加捻较紧，纬线相对较蓬松等表现了毛纺织物的规律等。但也存在一些与新疆其他地区不完全相同的现象，有着自己的特点，如衣服样式中的"法衣"、毛纺织物中毛纱加捻及其在织物中的配置，毛纺织物的幅宽和幅边的处理，斜纹变化组织的大量运用，缂毛织物基础组织的多样性及其图案的表现；裁绒组织较早出现等等，现分别叙述于后。

1. 衣物样式的特点

洋海 I 号墓地出土毛织衣服的种类比较单一，仅有长衣、"法衣"、裤子、披风和披巾。

（1）开襟长外衣和裤子

洋海 I 号墓地出土衣物中可供测量分析的衣服 14 件，裤子 8 条。

① 洋海 I 号墓地出土的 14 件衣服均为开襟，窄袖式。后身为整片或缝缀成整片，后背衣领处打结加以固定。前襟分为左右两侧，呈敞开式。穿着时腰间系结腰带，因为衣服肥大，系结腰带后，很可能变成斜襟。在衣服的下摆和袖口处，往往缂织出边饰；在领口、两前襟、腋下前后身接缝、袖头处都装饰有编织带或彩色压绦，甚至在后身的接缝处也缝缀压绦，以增加衣服的美感。14 件长衣中有 6 件运用缂毛织物缝缀，且均为平纹基础组织，如 I M149：6 黄地缂几何纹褐开襟长外衣。有 4 件斜纹织物，如 I M26：10 黄棕色条纹斜褐长外衣。上述这两件长外衣保存较完整，样式清晰。

② 洋海 I 号墓地出土的 8 条裤子中，有 7 条长裤，1 条短裤。一般都是先将毛纺织物相对缝缀出圆形的裤腰、臀围，在腰两侧开口，并缝缀系结带；其次，对准缝线，显出两条腿；再插入裤裆缝缀。裤裆有梯形和"十"字形两种。洋海 I 号墓地出土的 8 条裤子中有 5 条为缂毛织物缝缀，2 条用斜纹毛纺织物。保存裤裆的 6 条中有 4 条为"十"字形裆，2 条阶梯形裆。如 I M67：12 和 I M21：23 裤子保存得比较完整，都是长裤，前者为"十"字形裤裆，后者为梯形。 I M26：9 则是唯一的一条短裤，"十"字形裤裆。

（2）"法衣"的出现

洋海 I 号墓地出土"法衣"2 件。这种衣服是由一幅织物组成前身，后身的一幅仅长 22 厘米，前、后两幅仅在两肩处各缝连约 9 厘米，中央留 30 厘米的领口（套头处），两侧垂至上臂。后身织物的下端两侧各缝缀一根短绳，可与前身腋下的小绳相系结。这两件衣服均用斜纹缂毛织物缝缀，其中 I M21：22 棕地红色菱格纹缂毛法衣是从"萨满巫师"死尸身上脱下的，在新疆境内是首次发现。

（3）披风和披巾

披风是将两幅织物竖向缝接在一起，形成长方形整体；其上、下两端折边缝合；四周缝压编织绦，上端斜向缝缀编织带以供系结。洋海 I 号墓地出土的披风破损十分严重，经整理拼对后可确认的有两件，用条纹或条格纹毛纺织物缝缀，均为斜纹组织，即 I M31：3 和 I M87：16，前者是条纹，后者为方格纹织物，至今色泽仍很鲜艳。

披巾均呈长方形，两端带有流苏。一般情况下，披巾的纵向就是经线的方向，并以经线两端构成披巾的流苏。洋海 I 号墓地出土 6 件，但保存得不完整，不过仍可看出：都是用平纹组织法织制。

（4）衣服全用"织成"缝制

洋海 I 号墓地出土衣服所用的衣料，无论是长衣，还是"法衣"和裤子，都是按照衣物的需要，包括幅宽、长度和组织法等，专门设计织制的。所以，从某种意义上讲全可称为"织成"。披风由两幅织物相接，上端缝缀毛编织带，以供系接固定。披巾则是在一幅织物的两端搓捻流苏而已。

2. 纺织物的特点

如上所述，洋海 I 号墓地出土毛纺织物衣服共 32 件，残存的毛纺织物 35 件，共有 67 件可供分析其经、纬线及其组织法等。

（1）毛纱的纺捻及其在织物中的配置

洋海 I 号墓地出土毛纺织物的经、纬线，都是使用木、石、陶等质地的纺轮加捻而成的。

一些毛织品的经、纬线，捻向有"Z"向和"S"向两种（图 20），是洋海墓地出土毛纺织物的特点之一。

① 以"Z"向加捻的毛纺织物有 38 件。其中平纹组织的织物 34 件，现知的 6 件披巾均为"Z"向加捻；斜纹组织的 14 件中，现知的 2 件披风均为"Z"向加捻毛

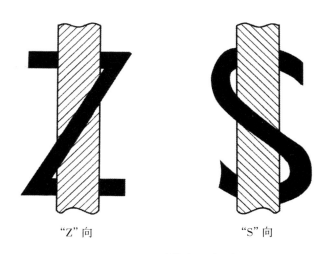

"Z"向　　　　　　"S"向

图 20　毛纱捻向示意图

纱织制的斜纹织物；缂毛织物中只有 6 件为 "Z" 捻；而 6 件栽绒组织的毯类全用 "Z" 向加捻的毛纱织制。

以 "S" 向加捻的毛纺织物共有 19 件，其中 13 件为通经断纬的缂毛，包括以斜纹为基础组织的 9 件，平纹为基础组织的 4 件。另外有斜纹 3 件，平纹 3 件。

另外，还有 9 件毛纺织物的经、纬线捻向不同，且都为经线以 "Z" 向加捻，纬线加捻方向为 "S"。其中有 3 件为缂毛织物，斜纹织物 4 件，平纹毛纺织物 2 件。

从出土情况看，两种不同捻向的毛纺织物并不是单纯地出土于某个墓葬中，而是有的墓葬出土毛纺织物全是 "Z" 捻；有的全以 "S" 向加捻；有的墓葬的毛纺织物中既有 "Z" 捻的，也有 "S" 向加捻的。如ⅠM76 出土 6 件平纹组织的毛纺织物，均为 "Z" 向加捻。ⅠM87 也出土 6 件，其中 5 件均为 "Z" 向加捻。而ⅠM67 出土的 3 件和ⅠM146 出土的 2 件均为 "S" 向加捻，且都是缂毛织物。ⅠM26 出土 3 件中有 2 件为 "S" 捻，另 1 件的纬线也是 "S" 向加捻；且均为斜纹组织，其中 2 件为缂毛织物。而ⅠM164 出土了 5 件平纹组织织物，其中 3 件为 "Z" 向加捻，2 件是 "S" 向加捻；ⅠM211 出土 6 件毛纺织物，5 件是 "S" 向加捻，仅有 1 件以 "Z" 捻向加捻。

看来两种捻向的毛纱在毛纺织物中有着各自的作用：平纹组织的毛纺织物以 "Z" 向加捻的为最多，共有 24 件，而斜纹毛纺织物仅有 14 件。"S" 向加捻的 19 件毛纺织物中，其中仅缂毛织物就有 13 件，另有 3 件缂毛织物的经线为 "Z" 向，纬线是以 "S" 向加捻。缂毛织物较多使用 "S" 向加捻的毛纱。

经、纬纱的捻向对织物有着明显的影响：在平纹织物中，经纬捻向相同，则使表面反光一致，光泽较好。在斜纹组织的毛纺织物中，经、纬线的捻向相反，织物表面明暗分明，斜路清晰。

② 纬线的捻度。由于这些出土毛纺织物的牢固性很差，我们无法用仪器测量其捻度，而仅能用肉眼进行观察：发现毛纺织物经线的捻度一般大于纬线捻度，如ⅠM8：23 深红色褐长衣残片中的经线每厘米约加捻 10 圈，纬线每厘米约 8 圈。ⅠM157：14 绿地红黄格纹斜褐裤，经线加捻 8 圈 / 厘米，纬线加捻 6 圈 / 厘米。ⅠM67：11 红地蓝色菱形涡旋纹缂毛长衣残片，其经线约 8 圈 / 厘米，纬线为 5 圈 / 厘米。

③ 关于经、纬线的直径。用纺轮纺捻成的经纬线基本是圆柱式，一般用支数计算。但作为古代毛纺织物，不仅经过长期服用，而且又在墓葬中沉睡两千多年，已改变了原来的形状，变成扁平状，所以我们以投影宽度来计算。洋海墓地出土毛纱的宽度大多在 0.005~0.029 厘米之间，个别的最宽可达 0.065 厘米。

一般情况下，平纹织物的经、纬线宽度较小些；供铺垫用织物的经、纬线都较宽，如ⅠM133：23 原黄色铺垫毯的经、纬线分别宽 0.38、0.20 厘米。该墓地中ⅠM183 出土毛纺织物的经、纬线较宽，如ⅠM183：10 原黄色斜褐残片，经线宽 0.057、纬线宽 0.043 厘米；ⅠM183：11 原黄色褐残片的经、纬线宽度分别为 0.065、0.026 厘米。

经、纬线宽度在毛纺织物中的配置，一般是经线宽于纬线，在现有 36 件平纹织物中，有 28 件的经线比纬线宽；30 件斜纹毛纺织物中有 24 件经线宽于纬线。只有 8 件平纹和 5 件斜纹毛纺织物的纬线大于经线；一件斜纹毛纺织物的经、纬线宽度相同。特别是缂毛织物，所有的经线宽度都大于纬宽。

④ 这些毛纺织物的经、纬线绝大多数是以单股进行交织；仅有 2 件平纹织物的经线，一件是双股合并，另一件双股合捻。另外，在某些衣物的边缘，使用双股合并的经线与两股合并的纬线缂织出装饰图案，如前述ⅠM26：10 黄棕色条纹斜褐开襟长外衣、ⅠM67：8 红地蓝色菱格涡旋纹缂毛法衣、ⅠM67：12 蓝地黄色几何纹缂毛长裤和ⅠM211：4 蓝地棕红黄色条纹斜褐残片等。

⑤ 经、纬线在织物中的排列。洋海Ⅰ号墓地出土毛纺织物中，经、纬线排列的密度大多纬线密度大于经密，在 36 件平纹组织的毛纺织物中，有 24 件纬线密度大于经线密度，占 68%，虽然大量织物的经、纬线密度差距不大，有 7 件仅差 1 ~ 3 根，有 2 件的经纬线密度相等。30 件斜纹毛纺织物中有 16 件经线密度小于纬线密度，仅占 50%，经、纬线密度相同的有 3 件，经线密度大于纬线的有 11 件，约占 36%。但缂毛织物纬线密度都大于经线，仅有 2 件的经纬线密度相等。

（2）织物的幅宽与幅边

① 关于幅宽如前所述，洋海Ⅰ号墓地出土的这些毛织衣物均可以称为 "织成"。如缝制长外衣，有的是分别织出两幅等长的毛纺织物，将两幅布的部分对折缝合成后身，其余的一半是前身，两幅敞开作为开襟式；然后，分别缝缀两只预先织成的袖子。这种后身缝合的毛纺织物幅宽一般在 42~49 厘米之间，袖子的幅宽约 38~40 厘米。如缝制ⅠM149：6 黄地几何纹缂毛开襟长外衣的衣料，以两幅平纹为基础组织的缂毛织物对折，形成前、后身，其衣身部分的幅宽为 44.5 厘米；分别缝缀单独织制的袖子，幅宽 40 厘米。这种衣服的样式与毛纺织物的幅宽，与扎滚鲁克墓地出土的长衣极其相似。

但有的后身织成整幅，在上端脖际处再分成两幅织出两前襟，这种织物的后身幅宽一般为 80 多厘米，两前身的幅宽即为其 1/2，袖子的幅宽与前者相同。如缝制 I M26：10 黄棕色条纹斜褐开襟长外衣的织物，后身为完整的一幅斜纹毛纺织物，幅宽 82 厘米，在脖际处分成两幅，分别织制成前身的左、右两襟，每幅宽 39 厘米；分别缝缀的袖子，幅宽 38 厘米。

洋海人身穿的裤子也是以预先织制成的整幅毛纺织物缝缀而成。在出土的 8 条裤子中，仅 I M26：9 红蓝色锯齿纹缂毛短裤保存有幅宽的数据：裤裆上部为两幅毛纺织物相对缝合成腰围和臀围，每幅宽 49 厘米；两条裤腿分别分前、后两片分别织制成棕色斜纹织物，幅宽 28 厘米。有的腰围和臀围分四幅织制，先两幅相对缝合成前后两片，再将这两片相对缝合；然后再分别将左面和右面的前后两片合在一起，变成两幅分别织制；每幅织物再各自对折相缝合成裤腿。如 I M67：12 蓝地黄色几何缂毛长裤，从腰围至裤裆处的四幅织物幅宽 27 厘米；左、右面的前后两片合在一起织成的裤腿幅宽 48 厘米。

此外，仅存可供统计数据的几件衣物：法衣 I M21：22 毛纺织物的幅宽为 66 厘米。缝制披风 I M87：16 的幅宽为 74 厘米。披巾 I M76：4 的幅宽为 45 厘米。残存的一件毛纺织物 I M183：10 原黄色斜褐残片的幅宽最大，达 87 厘米，也可能是一件长外衣的残片。

现知洋海 I 号墓地出土毛纺织物的幅宽为 38~87 厘米。其中长外衣的后身幅宽最大，一般在 80 厘米以上，衣服袖子的幅宽最小，为 38~40 厘米。

② 关于幅边的处理方法。洋海墓地出土毛纺织物的幅边是由几股经线合并，或几根经线加捻两种方式与纬线相交织而形成的（图 21）。现有毛纺织物中保存幅边

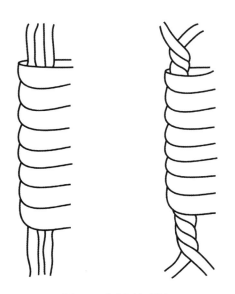

图 21　幅边处理法

的 55 件，其中多股经线合并的有 33 件，经线合股加捻的 22 件，并股的多于合捻的。但并股的经线数也不完全相同，多在 2~5 根，其中 2、4、5 根的较少，3 根的最多。一般是织物比较轻薄的多用并股，如 I M76：7 深红色褐残片，厚 0.057 厘米，幅边为两根合并。五根的只有 1 件，即 I M133：20 彩色条纹斜褐的幅边为五根合并，而厚度也仅 0.077 厘米。幅边由三根经线合并的有 20 件，如 I M164：15 黄色褐长衣残片，织物厚 0.078 厘米；I M87：19 蓝地红黄色条纹斜褐的幅边也为三根合并，织物厚 0.077 厘米。在 15 件现存幅边的缂毛织物中，有 8 件的幅边是并股的，其中三根和四根经线合并的分别有 4 件。I M67：8 红地蓝色菱形涡旋纹法衣，以平纹为基础组织，厚 0.114 厘米，三根经线合并交织成幅边。I M167：13 黄地红蓝色鹿纹缂毛织物，厚 0.104 厘米，幅边由四股经线合并。

比较厚重的织物更需要加大幅边的张力，增强坚固性，因而，多用加捻经线，在现存 22 件幅边为加捻经线的织物中，就有 7 件是缂毛织物，7 件斜纹组织织物。因为缂毛织物厚度多在 0.09 厘米左右，比较厚重，所以幅边多为 3~5 股经线合并或合捻。如 I M26：12 红蓝色锯齿纹缂毛短裤，斜纹基础组织，厚 0.096 厘米，幅边由四根经线合捻；I M18：3 棕地黄色勾连纹缂毛长裤，基础组织为斜纹，厚 0.133 厘米，五根经线合捻交织成幅边。

看来，洋海 I 号墓地出土毛纺织物的幅边处理法，还没有形成一个固定的模式。

（3）斜纹及其变化组织的织物

洋海 I 号墓地出土的毛纺织物中，斜纹组织的毛纺织物有 30 件，其中以斜纹为基础组织的缂毛织物有 9 件；运用斜纹组织法织制的毛纺织物仅 21 件。而平纹织物共有 36 件，其中以平纹为基础组织的缂毛织物 11 件，运用平纹组织法织制的毛纺织物共 25 件。平纹织物的毛纺织物略多于斜纹织物，但两者在织物所占比例差距不大。

关于平纹组织毛纺织物的组织法、经纬线的排列等，我们已在前面作了叙述。现重点探讨斜纹组织法。斜纹织物比较复杂，不仅有 2/1、1/2 和 3/1 的原组织织物，更多的是斜纹变化组织，其中 2/1 斜纹有 7 件，1/2 有 3 件，3/1 仅 1 件，而斜纹变化组织就有 19 件。在这些斜纹变化组织中，以 2/2，即双面加强斜纹组织最多，共有 17 件，其中有 9 件为缂毛织物的基础组织，2/2 的斜褐有 8 件。另有 1 件破斜纹，1 件山形斜纹毛纺织物。

这些织物的斜向大多为左向，在可供统计的 23 件

中，有 16 件左斜纹，斜度以 35° 和 40° 为最多，最小的 20°，最大的 55°。ⅠM211：5 棕地黄色横条纹斜褐裤，以 "S" 向加捻、单股的棕色经线和棕、黄色纬线相交为 2/1 斜纹原组织，左斜，35°。ⅠM87：20 黄色斜褐，黄色经、纬线均为单股，经线 "Z" 向加捻，纬以 "S" 向加捻。经纬线以二上二下的斜纹组织法相交成 2/2 双面加强斜纹组织，左向 40°。右向斜纹中，如ⅠM31：3 红地蓝条纹斜褐披风，红、蓝色经线与红色纬线相交织成红地蓝色条纹，经、纬线均是单股，"Z" 捻向；组织法为 2/1 斜纹，呈右斜，斜向 60°。

织物中经、纬线捻向的配合对织物，尤其是斜纹组织织物的手感、厚度、表面纹路等都有一定的影响。洋海墓地出土了 9 件经、纬线捻向不同的毛纺织物，其中除了 3 件为缂毛织物外，有 4 件为斜纹组织毛纺织物，且都是变化组织，3 件 2/2 双面加强斜纹，1 件破斜纹。如ⅠM87：20 黄色斜褐，黄色经纬线以二上二下的斜纹组织法相交成 2/2 双面加强斜纹组织，左向 40°，经线密度 11 根 / 厘米，纬密 13 根 / 厘米。经、纬线均为单股，但经线 "Z" 向加捻；纬线以 "S" 向加捻，斜纹组织的纹路清晰。ⅠM26：10 黄棕色条纹斜褐开襟长外衣，棕、黄两色经线与棕色纬线以 2/2 斜纹组织法，交织成左向 40° 双面加强斜纹。经线平均密度为 12 根 / 厘米；纬线平均密度为 15 根 / 厘米。经线以 "Z" 向加捻；纬线以 "S" 向加捻，不同捻向的经纬线更显现出斜纹组织的特点。

洋海墓地出土了现知新疆最早的破斜纹和山形斜纹组织织物。ⅠM149：5 黄地横向蓝色条纹斜褐，经线为黄色毛纱，纬线有蓝、黄两组，主体部分是在蓝色地上，显出黄色条纹。组织法为 2/1 斜纹为基础组织，每织入斜向左侧的九根纬线后，再转向右，织入九根纬线，使织物的斜纹方向一半向左，另一半向右，但在左、右斜纹的交接处有一条明显的分界线，称为断界。这件织物使用经纬线均为单股，经线以 "Z" 向加捻，与 "S" 捻向的纬线交织，织物表面的斜向纹路更加清晰。其经线平均密度为 7.5 根 / 厘米，纬线密度 16 根 / 厘米。另一件ⅠM157：14 绿地红黄格纹斜褐，原为裤料。由黄、棕两色经线和绿、红色纬线相交织而成。经、纬线均为单股，以 "S" 向加捻。以 2/2 为基础组织相交，每织入 14~15 根纬线后，改变织物斜向的方向，使斜纹方向一半向右斜，一半向左斜，组成山形斜纹。其经线密度 11~13 根 / 厘米，纬线密度 16~18 根 / 厘米。这些斜纹织物的出现，显示了洋海人毛纺织技术的发展水平，不仅能操作织制，而且了解斜纹组织的性能，能熟练地掌握斜纹织物织制技术。

洋海Ⅰ号墓地出土的这些斜纹织物的厚度较多在 0.09 厘米左右，斜纹织物比较厚重，大多织成裤料、披风、法衣、长外衣和铺垫毯等。

（4）缂毛织物的多样性及其图案

洋海Ⅰ号墓地出土的这些织物中，最精美的要算是缂毛织物了，共有 19 件。这些缂毛织物中有 11 件的基础组织为平纹，8 件使用斜纹组织法织制，其中 3 件是 2/1 斜纹原组织，5 件以 2/2 双面加强斜纹作基础组织。

① 平纹为基础组织的 11 件缂毛织物中，有 5 件是通体缂织图案：即ⅠM67：11、ⅠM146：7、ⅠM174：1、ⅠM209：9、ⅠM211：2。如ⅠM67：11 红地蓝色变体涡旋纹缂毛开襟长衣，参见前述 "长衣⑥" 部分。原棕色经线和红、蓝色纬线均为单股，"S" 向加捻。经线为单股，排列疏松，平均密度约每厘米 10 根。红、蓝色纬线也是单股，排列较紧密，平均每厘米 24 ~ 32 根。经纬线以一上一下的平纹织组织法相交织，纬线紧紧地缚住了经线，织物表面呈经向凸起，并由纬线显出红色和蓝色图案。当两组不同色彩的纬线在织物上相遇时，相错与经线交织，表面呈现梳齿状。因而，整个织物不存在裂缝，显得结实厚重。织物背面的纬线交叉不零乱，显得较有规律。再如ⅠM149：6 黄地几何纹缂毛开襟长外衣，左半身是黄地红蓝色长方格和折线纹缂毛，右半部为黄地蓝色宽条和折线纹缂毛。衣服仅在上部和袖子上缂织出图案，其余部分如衣服下部仍是黄色平纹织物。且两侧图案的色泽不同，样式也有区别，但组织法是一致的。缂织图案部分厚于织物本身，这件织物厚 0.068 厘米，但缂织部分为 0.8 厘米。其经、线均为黄色，单股，"S" 向加捻。左面的纬线有黄、红、蓝三色；右面仅为黄、蓝两色，所有纬线均为单股，"S" 向加捻。经、纬线以平纹为基础组织法相交，左面为长格和折线相间的纹样。纬线紧紧地缚住经线，当两种不同色泽的纬线相遇时，分别与相邻的经线相交，再折回原来的方向交织；再次相遇时，相错与相邻的两根经线交织，图案边缘形成锯齿状。其经线密度 9.5 根 / 厘米；纬线密度黄色 38 根 / 厘米、红色 32 根 / 厘米、蓝色 33 根 / 厘米。上下相邻两排的长格纹，纹样相同，红、蓝两色彩相错，依次交替。

② 斜纹为基础组织的缂毛织物 8 件中，有 3 件为 2/1 原斜纹组织，即ⅠM18：3、ⅠM21：23 和ⅠM26：12。5 件是 2/2 双面加强斜纹组织，如ⅠM21：22、ⅠM26：9、ⅠM67：8、ⅠM211：8 和ⅠM146：8。

运用斜纹原组织为基础组织的，如ⅠM26：12 红蓝色锯齿纹缂毛裤，棕色经线与红、蓝色纬线均为单股，

"S"向加捻。经、纬线以二上一下的斜纹原组织法交织。与平纹缂织物相同，纬线分别与经线交织，当两组不同颜色的纬线相遇时，分别与相邻的两根经线相交；下次再相错与经线交织，如此循环。因为这件织物的组织法是斜纹，因而织物表面呈现出斜向的一个个豁口，并形成二方连续的红蓝色锯齿纹饰。其经纬线的平均密度为：经线 15 根 / 厘米，纬线红色 19 根 / 厘米、黄色 20 根 / 厘米。

所有这些缂织物的经纬线都是单股，经线加捻较紧，排列较疏松，约在 8 ~ 18/ 厘米；纬线较细，蓬松，排列较紧密，约在 16 ~ 38 根 / 厘米。以平纹为基础组织的，如Ⅰ M211 ： 2 蓝棕色菱格纹缂毛开襟长外衣，由蓝色经线和棕、蓝色纬线交织而成。经、纬线均为单股，"Z"向加捻，以平纹组织法交织，通体显出棕、蓝两色菱格纹样，同一种色泽的菱格呈纵向排列。棕色和蓝色菱格的相接处，也即两种不同色泽的纬线相遇时，各自与相邻的两根经线相交后，返回原来的位置；当两种颜色的纬线再次相遇时，相错与相邻的两根经线相交，形成斜向边缘，显现出菱格纹样。其经线密度为 8~9 根 / 厘米，纬线密度 22~24 根 / 厘米。以斜纹为基础组织的，如Ⅰ M67 ： 8 红地蓝色菱形涡旋纹缂毛法衣，原棕色经线和红、蓝色纬线均为"S"向加捻，单股，以 2/2 基础组织相交织成左斜 25° 的双面加强斜纹。当两种不同色彩的纬线相遇时，各自与相邻的两根经线相交，返回原来的方向；下次再相错与相邻的两根经线交织，如此循环，形成在红色地上，显出斜向的蓝色变体四方连续涡旋纹。其经线密度为 11 根 / 厘米，纬线密度 22 根 / 厘米。

洋海Ⅰ号墓地出土的 19 件缂毛织物，有的是整体缂织图案，如前述的 8 件，其余的仅在某个部位或仅保存了某个部位的图案。其中 5 件织物以平纹基础组织的缂毛图案装饰在衣物的边缘处；还有 2 处用斜纹基础组织的缂毛装饰。无论用哪种方法，用缂毛技法显出图案都是洋海人美化织物的重要手段。

3. 毛编织带

洋海Ⅰ号墓地出土毛编织带中，无论是平纹编织法，或是斜纹编织法都以折向编织法为最多。在 41 条编织带中，就有 20 条为折向斜编法，其中平纹 11 件；2/2 折向斜编法 9 件。这种编织带表面较多显现出斜向的纹饰，呈"V"或"W"形。

4. 现知新疆最早的栽绒毯

洋海Ⅰ号墓地出土 7 条可供分析的栽绒组织的毯类：Ⅰ M87 ： 23、Ⅰ M138 ： 11、Ⅰ M90 ： 31、Ⅰ M189 ： 17、Ⅰ M8 ： 24、Ⅰ M164 ： 18 和Ⅰ M95 ： 14。这些栽绒毯大多是作为鞍毯使用。其中Ⅰ M87 ： 23 红蓝色菱格纹鞍毯保存较完整，长 40、宽 78 厘米，下面缝缀四层原白色毡，看来是作为鞍毯使用的。

这些栽绒组织的鞍毯均是由经线、地纬线交织成基础组织，再在经线上拴结绒头（绒纬）而成的栽绒织物。洋海出土栽绒毯的经线、地纬和绒纬均以"Z"向加捻，经线由两股合并，地纬和绒纬为单股。经线与地纬以 1/1 的平纹组织法相交织，再用彩色绒纬拴结一排绒头，由绒纬显出图案。绒头的结扣法用"马蹄扣"法，或称"剪刀扣"法。每两排绒头之间的地纬根数不等，最少的 4~6 根，如Ⅰ M138 ： 11 红蓝色三角纹栽绒毯；最多的有 12~15 排，如Ⅰ M90 ： 31 栽绒毯残片，规律性不强；但每 10 厘米内平均栽绒 10~11 道，与 100 道地毯的差距不大。毯面上彩色绒纬的长度一般在 2 厘米左右，覆盖了地纬组织，由绒纬的纵面表现出图案。洋海栽绒毯的图案多为几何形，其中尤以三角和菱格为最，如Ⅰ M87 ： 23、Ⅰ M138 ： 11 和Ⅰ M90 ： 31，仅有Ⅰ M189 ： 17 为水波纹。

洋海墓地出土的栽绒毯虽然面积不大，均为鞍毯，图案简单，但它却是新疆至今发现最早的栽绒毯，且已具备了新疆地毯的一些特点，如使用马蹄扣法，或称剪刀扣；图案以几何纹为主。

二　Ⅱ号墓地出土毛纺织物

在洋海Ⅱ号台地共清理 223 座墓葬，但仅有ⅡM1、ⅡM3、ⅡM12、ⅡM19、ⅡM23、ⅡM41、ⅡM46、ⅡM60、ⅡM63、ⅡM72、ⅡM77、ⅡM84、ⅡM104、ⅡM111、ⅡM115、ⅡM121、ⅡM125、ⅡM152、ⅡM157、ⅡM163、ⅡM205 和ⅡM211 这 22 座墓葬出土 51 件毛纺织物。这批墓葬出土毛纺织物较少的原因可能是多方面的：首先，其中有 150 多座已被盗掘；其次，该处的地下黄土层较厚，容易积水；再加上，两条废弃的坎儿井沿着台地两侧穿过，台地两端现仍存几眼废弃的坎儿井，地下水丰富，较潮湿的地理环境，使埋葬在地下的毛纺织物遭受到严重破坏；在清洗、整理、拼对中也遇到不少困难。从现存可供测量分析的毛纺织物中可辨认出的有长衣、裤子、裙子等 8 件衣服。首次出土的裙子，增加了服饰的种类。毛纺织物的品种有平纹组织的褐，斜纹组织的斜褐，前者有 6 件，后者也应为 6 件。还有大量的编织带，除缝缀裙子的毛编织带外，可供测量分析的编织带还有 9 条。现将情况报告如下。

（一）衣　服

Ⅱ号台地出土的衣服有长衣 1 件、裤子 2 件和裙子 5 件。其中有 2 条裙子是用毛纺织物缝接，3 条以毛编织带缝缀。

① ⅡM3：5，黄棕色斜褐残长衣

现残存一块衣身和一截衣袖，残长 96、宽 76 厘米；袖长 18、袖口残宽 13 厘米。这块残片是用两整幅斜褐接缝而成的衣身局部，再缝缀专门织成的衣袖。长衣下端缂织 5 厘米宽的红绿色变体回向几何纹，红、绿两色纹饰呈二方连续式，相间排列，间距大约为 1 厘米。袖口处缝缀用"S"向加捻的绿色线点缀。出土时，与这件衣服一起的还有一条长 44 厘米的黄棕色带，应是该衣服的结带。

缝缀这件长衣的斜褐为 2/2 斜纹组织。经、纬线均为"Z"向加捻，单根，经线宽 0.018、纬线宽 0.026 厘米；经线密度 10 根 / 厘米，纬线密度 11 根 / 厘米；织物厚 0.128 厘米。现存衣片还保存有完整的幅边，幅宽 38 厘米，幅边为"Z"向加捻的三根毛纱合并而成。衣袖是由 28 厘米宽的一幅布对折缝合后，再缝缀到衣服上；厚 0.016 厘米；经、纬线与衣身的织物相同（图版二六六，6）。

② ⅡM152：15，原黄色斜褐长裤

以预先织制成的整幅毛纺织物缝缀：先将两幅织物的上端相对缝合，构成腰围和臀围，再缝缀预先织成的裤裆。这件裤子的两裤腿稍微残破，左长 112、宽 61 厘米；右长 116、仅存半幅宽 30 厘米。两条腿间缝缀的裤裆呈正方形，边长 26 厘米，对折成三角形缝缀在

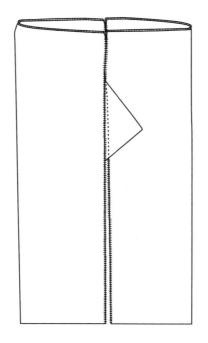

图 22　ⅡM152：15 裤子样式

所在部位（图 22）。

这件斜褐的经、纬线均为单根，"Z"向加捻；经宽 0.027、纬宽 0.014 厘米。以 1/2 斜纹组织法织制，经线平均密度 5 根 / 厘米，纬线平均密度 10 根 / 厘米。织物厚 0.172 厘米。幅边处由两根"Z"加捻、"S"向合股的经线组成；幅宽 60 厘米。正方形裤裆用料与裤腿厚度相同，且均为单股，"Z"向加捻；但经、纬线稍宽，经宽 0.032、纬宽 0.046 厘米；经线为 6 根 / 厘米，纬线 9 根 / 厘米。幅边以"Z"向加捻，两根合股以加强其坚牢度（图版二七二，2）。

③ ⅡM157：11，黄红蓝棕色条纹斜褐裙残片

现残存有 4 块，其中 ⅡM157：11-1 保存较多，可看出是由黄、红、蓝和深棕四种颜色的织物沿幅边（纵向）拼接缝合，成为横向的四色接裙。该裙通长 114、宽 78 厘米。其厚度分别是：黄色 0.048、红色 0.052、蓝色 0.050、深棕色 0.084 厘米。

缝缀织物都是以 2/2 组织法交织而成的双面加强斜纹。其经、纬线均为"Z"向加捻，经线为单股，纬线双股合并。依次加以叙述：ⅡM157：11-1-1，黄色斜褐，织物宽 10、厚 0.048 厘米。织制使用的经线宽 0.040 厘米，密度 10 根 / 厘米；纬线宽 0.026 厘米，密度 18 根 / 厘米。ⅡM157：11-1-2，红色斜褐，织物宽 11、厚 0.052 厘米。使用的经线宽 0.052 厘米，密度 10 根 / 厘米；纬线宽 0.022 厘米，密度 22 根 / 厘米。ⅡM157：11-1-3，蓝色斜褐，织物宽 10、厚 0.050 厘米。其经线宽 0.040 厘米，密度 11 根 / 厘米；纬线宽 0.028 厘米，密度 18 根 / 厘米。ⅡM157：11-1-4，深棕色斜褐，织物宽 10、厚 0.084 厘米。使用的经线为原黄色，宽 0.045 厘米，密度 10 根 / 厘米；纬线为棕色，宽 0.020 厘米，密度 24 根 / 厘米（图版二七二，4）。

其余 ⅡM157：11-2 仅存棕色斜褐一种，残长 54、宽 27.5 厘米。ⅡM157：11-3 残蓝、红、黄色，长 43、宽 66 厘米。ⅡM157：11-4 有深棕、蓝、红色，残长 43、宽 53 厘米。

④ ⅡM77：5，红地绿黄蓝棕色斜褐接裙残片

裙子通长 94、最宽 200 厘米。由七条毛纺织物沿幅边，即纵向缝缀成为呈横向排列的红色地绿黄蓝棕色接裙，从上而下依次为红、绿、红、黄、红、蓝、棕色斜褐，是专门为缝接长裙而设计、织制的毛纺织物。

这七条毛纺织物均为双面加强斜纹组织。其经、纬线都以"Z"向加捻，经线为单股，纬线由两股合并。依次加以叙述：ⅡM77：5-1，红色斜褐，残长 68、宽 12、厚 0.137 厘米；织物为 2/2 左斜纹，斜向 35°；经线平均

密度为9根/厘米，纬线平均密度为11根/厘米；幅边为单股，幅宽相当于织物宽度。ⅡM77：5-2，绿色斜褐残片，长65、宽13、厚0.098厘米；织物为2/2左斜纹，斜向45°，每厘米平均密度为经线14根，纬线14根。幅边为单股，幅宽相当于织物宽。ⅡM77：5-3，红色斜褐，残长150、宽12、厚0.126厘米。织物为2/2左斜纹，斜向30°；经线平均密度为9根/厘米，纬线平均密度为13根/厘米。ⅡM77：5-4，黄色斜褐，残长160、宽11.5、厚0.108厘米；2/2左斜纹，斜向60°；经线平均密度为12根/厘米，纬线平均密度为11.5根/厘米。ⅡM77：5-5，红色斜褐，长185、宽13.5、厚0.125厘米；2/2左斜纹，斜向35°；平均每厘米经线10根，纬线11根。ⅡM77：5-6，蓝色斜褐，长180、宽11.5、厚0.90厘米；2/2左斜纹，斜向45°，经线平均密度为13根/厘米，纬线平均密度为13根/厘米。ⅡM77：5-7，棕色斜褐，长200、宽21、厚0.126厘米；2/2左斜纹，斜向50°；平均每厘米经线11根，纬线7.5厘米（图版二六九，4、5）。

⑤ⅡM23：10，红地蓝绿色编织带接裙残片

这是一件由毛编织带缝接而成的裙子残片，展开呈扇形状。残长36、宽104厘米。从上而下为红、蓝、红、绿和红棕色毛编织带，纵向沿侧边缝缀，成为横向的红地蓝绿条纹裙。在腰部内侧缝一红、蓝色的直角梯形口袋，高11.5、长7.5~14厘米。并缝缀有宽3厘米的原棕色褐一块（现残存无几）。在裙下端、棕色编织带的底部缝有宽0.5厘米的原棕色围边。

残裙的编织带共有5条，其编织线都以"Z"向加捻，双股合并；编织法均为2/2斜编法。从上端始依次为：ⅡM23：10-1，红色编织带，残长80、宽5、厚0.178厘米，共用48根线编织，线宽0.036厘米。ⅡM23：10-2，蓝色编织带，残长87、宽4、厚0.148厘米；用线48根，线宽0.018厘米。ⅡM23：10-3，红色编织带，残长86、宽7、厚0.144厘米；用线64根，线宽0.028厘米。ⅡM23：10-4，绿色编织带，残长98、宽7、厚0.158厘米；用线80根，线宽0.022厘米。ⅡM23：10-5，红棕色编织带，残长104、宽8、厚0.186厘米；用线48根，线宽0.042厘米（图版二六七，5）。

⑥ⅡM211：21，红黄色条纹编织带接裙残片

残长35、宽19厘米。由红、黄、红、黄地绿色折线纹、红色编织带沿侧边，即纵向缝接而成的裙子，呈横向的红地黄色条纹，展开呈扇形（图版二七四，6）。

现存五条编织带使用的线均为"Z"向加捻；除最下端的一条红色编织带为三股合并外，其余的都是双股合并。从上而下依次为：ⅡM211：21-1，红色编织带，残长5、宽4、厚0.108厘米；编织线的宽度为0.019厘米。ⅡM211：21-2，黄色编织带，残长10、宽4、厚0.157厘米；用线40根，线宽0.022厘米。ⅡM211：21-3，红色编织带，残长15、宽3.5、厚0.154厘米；用线32根，线宽0.013厘米。ⅡM211：21-4，黄地绿色折线纹编织带，残长35、宽4.5、厚0.130厘米；使用52根线，黄色线宽0.025厘米，绿色为两根线合捻，宽0.34厘米。ⅡM211：21-5，红色编织带，残长28、宽3、厚0.184厘米；编织线宽0.022厘米。其中上下两端的红色编织带残损，无法统计使用线的根数。这些编织带均以2/2斜纹法编织（图版二七四，5）。

⑦ⅡM163：11，红地绿蓝棕色编织带接裙残片

由六条编织带沿侧边，即纵向缝缀而成，长21、宽73厘米。现存编织带从上而下依次为绿、红、蓝、红、棕、红色，形成以红色为地的横向彩色条纹接裙。

这些编织带都是以2/2斜纹法编制，各条编织带的详情是：ⅡM163：11-1，绿色编织带，由两条缝接而成，残长69.5、宽4.5、厚0.126厘米；使用32根线，两者线宽分别为0.008和0.033厘米。ⅡM163：11-2，红色编织带，残长71、宽4.5、厚0.137厘米；使用32根线，线宽0.016厘米。ⅡM163：11-3，蓝色编织带，残长49、宽2.5、厚0.061厘米；由42根线编织，线宽0.017厘米。ⅡM163：11-4，红色编织带，残长61、宽3、厚0.092厘米；用线40根，线宽0.014厘米。ⅡM163：11-5，棕色编织带，残长57、宽2、厚0.086厘米；使用30根线编织，线宽0.015厘米。ⅡM163：11-6，红色编织带，两段相接而成，残长18+13、宽3、厚0.109厘米；使用36根线编织，线宽0.021厘米（图版二七三，1）。

（二）毛纺织物

毛纺织物的种类有平纹组织的褐、斜纹组织的斜褐，缂毛技法仅作为装饰使用。现介绍如下：

1. 平纹组织的褐

采用一上一下的交织法织制的平纹组织毛纺织物共有6件。

①ⅡM3：6，黄棕色地绿条纹褐残片

残为两块，一块长45、宽43厘米；另一块长55、36厘米；织物厚0.105厘米。黄棕色、绿色经线和黄棕色纬线相交织成平纹织物。经、纬线均为单股，"Z"向加捻；经线宽0.008、纬线宽0.10厘米；经线密度18根/厘米，纬线密度16根/厘米。织物保存有幅边，由三股"Z"向加捻的经线合并，幅宽42厘米。一幅内织出三组绿色竖条纹，每组内有三条绿色条纹，每条为八

根经线，各条之间又加织一根绿色经线。组与组的间距为 9~11 厘米（图版二六六，5）。

②Ⅱ M3：7，深棕地浅棕色条纹褐残片

长 68、宽 44 厘米。经线有深棕、浅棕和红色三种，纬线由原深棕和原棕色羊毛加捻而成。这些经、纬线均为单股，"Z"向加捻；经宽 0.012、纬宽 0.009 厘米。经线密度 14 根 / 厘米，纬线密度 20 根 / 厘米。整体条纹的布局可分为三组，中央部分两侧以红色条纹为间隔，在浅棕色地上织出深棕色条纹。两侧是在深棕色地上，显出浅棕色条纹（图版二六六，4）。

③Ⅱ M3：8，棕地红黄蓝色条纹褐残片

两幅缝接在一起，总长 36、宽 65 厘米。以黄色经线与棕、黄、红、蓝四色纬线相交织成平纹织物。经、纬线均为 "Z" 向加捻；经线较粗，宽 0.040 厘米，密度为 6 根 / 厘米。纬线略有变化：作为地色的棕色纬线较细，宽 0.013 厘米，两股合并交织，密度为 24 根 / 厘米；其余均为单股，红、蓝色为粗细相同，为 0.023 厘米，但密度不同，红色为 26 根 / 厘米，蓝色 16 根 / 厘米。黄色纬宽 0.21 厘米，密度为 28 根 / 厘米。仍残存幅边，由三根经线合并而成，幅宽 43 厘米。现存条纹的色泽循环为：以棕色为地，织入四行黄色，再依次织入红、蓝色条纹各两行（图版二六六，7）。

④Ⅱ M157：12，红地棕色条纹褐残片

长 40、宽 36、厚 0.073 厘米。经、纬线同为单根，"Z"向加捻，以一上一下的平纹组织法交织。经线为红色，宽 0.011 厘米，密度 9 根 / 厘米；纬线有红、棕两色。红色纬宽 0.006、棕色纬宽 0.018 厘米；密度 10 根 / 厘米。每隔 3~5 厘米红色纬线，织入一条棕色纹饰。残存幅边，宽 10 厘米（图版二七二，1）。

⑤Ⅱ M60：11，红色褐残片

衣服原已破碎成残片，残长 19、29、厚 0.048 厘米。经纬线均为单股，"Z"向加捻，宽度为经线 0.015、纬线 0.12 厘米。经、纬线较细，组织比较疏松，经线平均密度为 12 根 / 厘米，纬线平均密度为 11 根 / 厘米，织物轻薄（图版二六八，5）。

⑥Ⅱ M211：20，原棕色褐残片

残长 86、宽 57 厘米。经、纬线均为棕色，"Z"向加捻，单股，经宽 0.075、纬宽 0.038 厘米。平纹组织法。经线密度为 7 根 / 厘米，纬线密度为 6 根 / 厘米（图版二七四，7）。

2. 斜纹组织的斜褐

用斜纹组织法织制的毛纺织物多为斜纹变化组织，其中 5 件是 2/2 双面加强斜纹，1 件为 2/3 变化组织。

①Ⅱ M152：16，红色斜褐残片

残存为 5 片，其中 2 片残损严重，难以统计。Ⅱ M152：16-1，残长 40、宽 75、厚 0.172 厘米。Ⅱ M152：16-2，残长 33、宽 52、厚 0.172 厘米。Ⅱ M152：16-3，长 43、宽 37、厚 0.172 厘米。其经、纬线均为红色，单根，"Z"向加捻。经线较粗，现宽 0.052 厘米；纬线较细，现宽 0.020 厘米。以二上二下（2/2）的斜纹组织法相交织，经线密度 6 根 / 厘米，纬线密度 13 根 / 厘米。这些残片均残存由合并的四根经线组成的幅边，幅宽不存。匹染为红色（图版二七二，3）。

②Ⅱ M163：12，黄色斜褐残片

残长 111、宽 70、厚 0.293 厘米。经线为原棕色，由 "Z" 向加捻的两根毛纱合并而成，宽 0.024 厘米。纬线为 "S" 捻向的单根原黄色毛纱，宽 0.010 厘米。以 2/3 组织法交织成 ↗ 35° 的斜纹变化织物，经线密度 8 根 / 厘米，纬线密度 6 根 / 厘米。织物表面毛绒较多应属铺垫类毯（图版二七三，2）。

③Ⅱ M63：12，红色斜褐残片

已残存为 3 片：Ⅱ M63：12-1，残长 17、宽 21、厚 0.103~0.095 厘米；由两幅接缝而成。Ⅱ M63：12-2，长 18.5、宽 12、厚 0.077 厘米。Ⅱ M63：12-3，长 17.5、宽 17.5、厚 0.084 厘米。其经、纬线均是 "Z" 捻向的单根红色毛纱，经线宽 0.014、纬宽 0.020 厘米。以 2/2 组织法交织成双面加强斜纹织物，经线密度 13 根 / 厘米，纬线密度 18 根 / 厘米。现Ⅱ M63：12-1 中残存有三根经线合并而成的幅边，幅宽不存。很可能是裙子的残片（图版二六九，2）。

④Ⅱ M63：11，红色斜褐残片

长 12、宽 9、厚 0.228 厘米。经线是由 "Z" 捻向的两根原褐色毛纱和 "Z" 捻向的一根原黄色毛纱以 "Z" 向合捻而成，每根毛纱平均宽 0.012 厘米。纬线是 "S" 向加捻的两根红色毛纱合并而成，单根宽 0.023 厘米。以 2/2 组织法交织成双面加强斜纹织物。其中经线密度 4×3 根 / 厘米，纬线密度 7 根 / 厘米（图版二六八，6）。

⑤Ⅱ M205：21，黄色斜褐

发掘简报说，有毛织上衣、裤子，现已分不出衣服的样式，但残存织物的组织法有两种。现残存斜纹毛纺织物，残长 51、宽 60、厚 0.331 厘米。由多片不规则的斜褐拼接而成，现存九片，有两种斜纹组织法（图版二七三，5）。

Ⅱ M205：21-1 即第一种，是以 2/2 ↗ 的双面加强斜纹织成，经、纬线均为 "Z" 向加捻的单根黄色毛纱，经线宽 0.054 厘米，纬线宽 0.049 厘米；密度为：经线密

度 6 根 / 厘米，纬线密度 10 根 / 厘米，存在两根经线合并而成的幅边。

ⅡM205：21-2 即第二种，是以 2/2 ↖ 双面加强斜纹织成，经线为"Z"向加捻的单根黄色毛纱，宽 0.021 厘米；纬线由"Z"向加捻的两根黄色毛纱合并，宽 0.032 厘米。织物的平均密度，经、纬线相同，均为 10 根 / 厘米。保存有幅宽，幅边由两根经线合并，幅宽 11 厘米（可能是裤子或裙子）。

（三）编织物

Ⅱ号墓地出土毛编织带的与Ⅰ号墓地出土的相比较，数量少，种类也少。平纹编织带中仅有 1/1 折向编织带；斜纹编织带中只有 2/2 斜编法，但多了一种辫式带。

（1）1/1 折向编织带

①ⅡM205：22，棕黄色编织带

已残为两截，长 37+25、宽 2 厘米，由十二根毛线编织。棕、黄色毛线均为"Z"向加捻；黄色线宽 0.040 厘米，棕色线宽 0.041 厘米；三股以"S"向合捻进行编织。编织法为 1/1 的平纹（图版二七四，4）。

②ⅡM205：23，黄色编织带残段

现仅残存一个结扣，共长 48.5 厘米。以"Z"向加捻的三股毛纱，再以"S"向合捻为一根。编织带两侧用 2/2 斜编法编织，中间有两组合捻的毛纱，拉向中央以 1/1 法编织，使两种编制法紧密相连（图版二七四，2）。

（2）2/2 斜编带

①ⅡM152：17，绯色编织带

残长 20、厚 0.219 厘米。毛纱为"Z"向加捻，三根毛纱以"S"向合捻为一根；宽 0.026 厘米。用提二压二的斜编法编织而成，宽 5 厘米，用毛纱 24 根（图版二七一，4）。

②ⅡM152：18，黄地红棕色编织带

长 28、厚 0.159 厘米。黄、红、棕三色编织线均为"Z"向加捻，宽 0.013 厘米；以三股"S"向合捻的毛纱为一根进行交织。用 16 根毛纱，2/2 斜编法，编织成宽 2 厘米的彩色编织带。残存彩色缨穗（ⅡM152：19），下端由六根辫式法编织的缨穗组成，长 16 ～ 49 厘米（图版二七一，3）。

③ⅡM41：8，红色编织带

残存 2 条残段，分别为长 11、宽 3、厚 0.368 厘米；长 8、宽 2、厚 0.266 厘米。红色毛纱为单股；"S"向加捻；宽 0.014 厘米。用线 54 根，将毛纱从编织带的两侧拉向中央，再以 2/2 的斜编法与从另一侧拉过来的毛纱相交织后，再拉向编织物的另一侧。如此循环，编织带表面形成中央编织，两侧根毛纱疏松排列的带子。带子的一端由编织剩余的毛纱编织的缨穗六条，每条均由三根合并成一组，三组毛纱以辫式编制法织制；每条辫式带有九根毛纱，六条辫式带共用 54 根毛纱（图版二六八，1）。

④ⅡM60：12，黄棕色编织带

残存长 45、宽 2.5、厚 0.326 厘米。编织线均为"Z"向加捻，黄色线宽 0.031、棕色线宽 0.024 厘米；三股合并进行编织。运用 2/2 斜向编织法（图版二六八，7）。

（3）辫式编织法

这是一种使用通常称为的"麻花"辫式编织的带子（图 23）。三组毛纱从编织带两侧以压一的方式向中间编织。

①ⅡM205：24，深黄色编织带

已残为 4 段，长 79+22+19+11，共 131 厘米。毛纱为"Z"向加捻，宽 0.031 厘米，两股以"S"向合捻为一根。每 18 根并为一组，共有三组，从右侧斜向拉向左侧，到编织带中央部位，每组剔出三根线，以辫式编制法相互交织。编织带表面形成四条疏松的斜线，每条之间可见低凹的交织点。这种编织带呈立体状，宽 2 厘米，厚 1.25 厘米（图版二七四，1）。

②ⅡM205：25，黄棕色编织绳

现存总长 320 厘米，已残为八段。毛纱为"S"向加捻，宽 0.098 厘米，两股合并进行编织。

③ⅡM3：9，棕黄色编织绳

残存结扣部分，绳长 44 厘米，结扣长 6 厘米（图版二六六，2）。

还有 1 件勾编的残片，似应为帽子，但过于残破，无法分析。

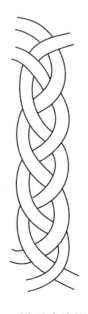

图 23　辫子式编织带图

（四）无纺织物——毛毡

残破严重，现长 23、宽 10、厚 0.253 厘米。

（五）Ⅱ号墓地毛纺织物的特点

Ⅱ号墓地 223 座墓葬中，发现随葬毛织衣物的墓葬只有 22 座；出土用毛纺织物缝缀的衣服 8 件，毛纺织物 12 件，其中平纹织物 6 件，斜纹 6 件，共 20 件，毛编织带 10 件。发现毛纺织物墓葬少，出土的毛纺织物数量也少，织物的品种比较单调。但在这些有限的毛纺织物中，如衣服种类，与Ⅰ号墓地相比，除有用毛纺织物缝缀衣服和裤子外，还出现了裙子，增加了服饰的种类。平纹织物与斜纹织物的比例发生了变化，平纹趋向减少，斜纹织物相对增多，平纹组织的褐少于斜纹组织的斜褐；缂毛织物很少。编织物的品种丰富了，出土有辫式编织物。但仅就这些少量衣物来看，Ⅱ号台地墓葬出土的毛纺织物也有着自己的特点。

（1）就衣服而言，服饰中仅有一件长衣，即Ⅱ M3：5 黄棕色斜褐残长衣。整体衣服都是根据需要预先织制出衣身、袖子，再缝缀而成的。上饰缂织图案，与Ⅰ号墓地出土衣服的图案装饰在全身或胸部不同，而是缂织在衣服的下端，以二方连续式显出红绿色变体回向几何纹样。这一点与 1984 年且末县扎滚鲁克 2 号墓出土的缂毛上衣相同。

该墓地出土的裤子Ⅱ M152：15 原黄色褐长裤，与Ⅰ号台地墓葬出土的裤子相同，也是由预先织成的两条裤腿和裤裆缝缀而成；但裤裆的样式不同。前者的裤裆样式呈"十"字形或梯形；而Ⅱ号台地出土裤子的裤裆变成了正方形，变得更简单、更便于缝缀了。

Ⅱ号台地墓葬发现有 5 条裙子，这是此前的Ⅰ号台地所没有的。这些裙子都是横向彩色条纹裙，其中 2 条用彩色毛纺织物缝接而成，且均为斜纹织物。另外 3 条以毛编织带缝缀而成，且毛编织带都是 2/2 斜纹编织法。在色彩方面多以红色为主，配以黄、蓝、绿、棕色，大多形成红色地的彩色裙，色泽绚丽。又与 1984 年且末县扎滚鲁克 2、4 号墓出土的裙子相同

（2）Ⅱ号台地墓葬出土毛纺织物的特点也很明显。

首先，毛纺织物的经、纬线均以"Z"向加捻，无论是前述的 6 件平纹织物，还是 5 件斜纹织物，或是缝缀成衣服裤子的织成，或是编织物使用的纱线，除红色斜褐残片（Ⅱ M63：11）的纬线外，均为"Z"向加捻，规律性显得更强。与新疆境内其他地区出土毛纺织物的捻向特点趋于一致。至于红色斜褐残片（Ⅱ M63：11）的

经线为"Z"向加捻，纬线的加捻为"S"向，使交织点互相垂直，纹路显得更加清晰。

其次，毛纺织物的组织结构与生活需要结合得更紧密了。如平纹织物的经、纬线或宽度较小，或排列较疏松，密度较小。其中Ⅱ M211：20 原棕色褐残片，经线宽 0.075、纬线宽 0.038 厘米，但经线密度 7 根 / 厘米，纬线密度 6 根 / 厘米。Ⅱ M3：7 深棕地浅棕色条纹褐残片的经线密度 14 根 / 厘米，纬线密度 20 根 / 厘米，经线宽 0.012、纬线宽 0.009 厘米。织物比较轻薄，透气性较好，适合于气候温暖的季节服用。其中纬线密度最大的Ⅱ M3：8 棕地红黄蓝色条纹褐残片，经线密度为 6 根 / 厘米；棕、红、黄、蓝色纬线分别为平均每厘米 24、26、28、16 根。与新疆其他地区发现的同样遗物对比，我们认为很可能是一条裙子的局部。

而斜褐或经、纬线相对较宽，或排列比较紧密。如Ⅱ M205：21 黄色斜褐，经线宽 0.054 厘米，纬线宽 0.049 厘米；Ⅱ M63：12 红色斜褐残片，经线密度 13 根 / 厘米，纬线密度 18 根 / 厘米。织物比较厚重，保暖性较强，适合寒冷季节服用。

再次，该台地墓葬出土斜褐的组织法多为斜纹变化组织，没有一件是斜纹原组织。而斜纹变化组织中尤以 2/2 双面加强斜纹为最多，仅有Ⅱ M163：12 黄色斜褐残片为 2/3 ↗ 35° 的斜纹变化组织。

最后，染色织物增多。平纹组织的褐以彩色条纹为最多，出土的 6 件平纹织物中就有 4 件是彩色条纹。斜纹较多染为黄色或红色，也有彩色条纹。色泽有红、黄、蓝、绿、棕等色，红色有深红、浅红和绯色；棕色有深棕、棕、浅棕之分；蓝色有蓝和蓝绿之别。这些织物的经、纬线，大量是在织制之前就进行染色，即运用条染法，如彩色条纹织物和部分红、黄色织物。Ⅱ号台地墓葬中出土了一批织制完工后再染色，即运用匹染法染色的织物，如Ⅱ M152：16 红色斜褐残片，明显可以看出匹染的痕迹，又为印染的研究增添了新资料。

三　Ⅲ号墓地出土毛纺织物

Ⅲ号墓地所在的台地低平，中间一条冲沟将台地一分为二，四条废弃的坎儿井东西向穿过台地，影响了这里墓室内的湿度，潮湿的环境使毛纺织物难以较好地保存下来。现仅存 3 件衣服，其中 1 件短上衣、1 条长裙，另 1 条也应为裙子，另有 2 件毛纺织物和 2 条毛编织带。现分别叙述如下。

（一）衣　服

① ⅢM18：22，棕色褐套头短衣

该上衣残存左半部，包括左袖。右半部严重残损，仅见前身的局部。衣身长72、残宽51厘米；左袖长45、袖头宽25、袖口宽9厘米。原为用幅宽约为56厘米（现存左半幅宽28厘米）的棕色褐对折成前后身，全长最少应为72×2=148厘米。中央挖出圆形领口，形成套头式上衣，领口横向长14（现存一半为7厘米）、直径6厘米。两侧，即腋下缝入高46、下宽24厘米的裁剪而成的三角形（接缝后略呈梯形）棕色褐，腰部收进约3厘米，以增加其宽度，并形成卡腰状。再缝接预先织制接缝而成的长袖。衣身下端底边呈弧形。在领口和袖口处缝缀宽1.5厘米的红色编织带。衣服前身的正中、肩部和袖头处压缀宽0.5厘米的红色编织带。衣服的造型和装饰都很新颖（图版二七六，2）。

缝缀短衣的经、纬线均为"Z"向加捻，单股；经宽0.020、纬宽0.014厘米。经、纬线以一上一下的平纹组织法交织，两者的密度均为13根/厘米。幅边由两根经线合并，残存左侧半幅，宽28厘米，推测全幅宽应为28×2=56厘米（图版二七六，3）。

② ⅢM18：24，红黄色褐接裙残片

由红、黄色各两件织物沿幅边、纵向接缝，成为红、焦黄、红、黄色横向相间的长裙，裙长138、腰残宽118、残存上端宽118、下端最宽处136、厚0.108厘米。四条织物，即红、焦黄、红、黄色褐的长依次分别为：长118、124.5、136和54厘米；其宽依次为52、36、34.5和15.5厘米。

缝缀接裙的织物为平纹组织，其经纬线均为单股，"Z"向加捻；经宽依次为红0.013、焦黄0.011、红0.012和黄0.011厘米；纬宽依次为红0.008、黄0.004、红0.005厘米和黄0.004厘米。经线平均密度为9根/厘米；纬线每厘米的密度依次为：红10、焦黄16、红20和黄16根。上端红、黄、红色织物的幅边保存完好，均为三根经线合并，幅宽依次为：红色52、黄色36、红色34.5厘米。这些毛纺织物都是织成后，匹染为红色或黄色的（图版二七六，5）。

③ ⅢM76：17，红地蓝色斜褐接裙残片

残破严重。仅见由红、蓝、红色斜褐拼接，组织法为1/2斜纹。腐蚀的难以测量分析。

（二）毛纺织物

Ⅲ号墓地出土的两件毛纺织物中，一件是平纹组织的褐，另一件为斜纹组织的斜褐，且两件均以原组织法织制。

① ⅢM36：15，原黄色褐残片

残存2块残片：一片长45.5、宽83厘米。另一片残长为31、宽61厘米。织物厚0.174厘米。较大的残片由三块缝合。经、纬线均为单根，"Z"向加捻；经线宽0.042、纬线宽0.048厘米。平纹组织法，平均每厘米经线8根，纬线10根。残存一侧幅边，由三根经线合并。

② ⅢM37：13，红蓝色斜褐残片。

由红、蓝、黄色织物从幅边处接缝而成，疑原为接裙。现残为3片，均为2/1斜纹毛纺织物，其中：ⅢM37：13-1，红、蓝两色织物接缝，长37、宽34厘米，厚度：红0.138、蓝0.156厘米。ⅢM37：13-2，红、黄两色织物接拼，长30、宽23.5厘米，厚度：红0.138、黄0.158厘米。ⅢM37：13-3，残存红色，长29.5、宽28、厚0.138厘米。经、纬线均为"Z"向加捻，红色织物经宽0.012、纬宽0.014厘米；蓝色织物经宽0.022、纬宽0.016厘米；黄色经宽0.014、纬宽0.011厘米。经、纬线均为双股合并，以2/1斜纹组织法相交织。红色织物的经线密度12根/厘米，纬线密度18根/厘米。蓝色和黄色织物的平均密度均为经线10根，纬线18根。这些织物均残存一侧的幅边，由单根经线组成，仅红色织物保存幅宽：1/1为22厘米；1/3为27厘米（图版二七八，3）。

（三）毛编织带

Ⅲ号墓地发现的2根毛编织带都是用1/1的平纹编织法编织的，且编织有美观大方的图案纹样。

① ⅢM18：21，黄地方格纹编织带

现存两条，保存比较完好，分别编号为ⅢM18：21-1和ⅢM18：21-2。两者的长、宽、厚相同，长45.5、宽5.2、厚0.107～0.185厘米。一端缝有4厘米长的棕色褐边，上系结皮革扣；距此约7厘米处也系结一皮革扣。在距另一端6厘米处缝缀一条鞓式带，ⅢM18：21-1长23厘米；ⅢM18：21-2长38厘米，后者还残存另一端缝缀的棕色褐，长35.5厘米。

编织带是以1/1的平纹编织法编织的，与毛纺织物中的平纹织物相同，有人也称其为绕编法。编织带使用黄、焦黄、红、棕色毛纱，宽度分别为0.005、0.005、0.006厘米；均为"S"向加捻，两股以"Z"向合捻。另一组黄色缠绕着这些彩色毛纱，以提一压一的组织法交织，极似毛纺织物中的平纹组织法。由于经向的线排列得十分紧密，编织带表面现出纵向纹样：中央部分在黄色地上显出焦黄色方格，相邻处为红、黄色相间的横向细条纹，外侧布局棕色边（图版二七六，4）。

② ⅢM21：15，棕黄色锯齿纹编织带

以 1/1 平纹编织法编织的带子，极似毛纺织物中的缂毛织物，长 35、宽 4.5、厚 0.392 厘米。棕黄色经线，宽 0.027 ~ 0.044 厘米；"Z" 向加捻，两股"S"向合捻；通幅用八根经线。纬线为棕、黄两色，分别宽 0.028 和 0.034 厘米。棕、黄色纬线缠绕经线，以 1/1 平纹法相交织；当两种线相遇时，各自再返回到原来的位置，继续进行交织。编织带表面显出棕、黄色锯齿纹；纵向 29 个，边框高 0.5 ~ 1.5 厘米，锯齿高 2.5 厘米（图版二七七，7）。

（四）Ⅲ号墓地毛纺织物的特点

Ⅲ号墓地出土毛纺织物虽然太少，但残存的短上衣和裙子确是十分珍贵的遗物。Ⅲ M18：22 棕色褐套头短上衣是洋海墓地出土唯一的套头式，明显地可看出有人工挖出的领口，并缝缀有宽 1.5 厘米的红色编织缘。缝缀衣服毛纺织物的幅宽最多为 56 厘米，肩臂部很贴切；为了增加腰身的宽度，两侧接缝一梯形织物；衣服下摆处裁剪成弧形，再折边缝合；并在前身正中和肩上压饰红色缘。这是我们见到最早用部分裁剪法缝制的衣服，比起前述的"织成"来是一个进步。衣服显得更合身、美观。

Ⅲ M18：24 红黄色褐接裙残片是以专门织成的长条状毛纺织物，横向缝缀而成。与新疆洛浦县山普拉墓葬出土的接裙相似。还有Ⅲ M18：21 黄地方格纹编织带，织制精细。

上述衣服、长裙和编织带出土于Ⅲ M18 同一墓葬中，这是一座竖穴偏室墓，墓室有三具死尸，中间为一青年男性，左侧有一老年男性，右侧为一 15 岁左右的少女。这些毛纺织物有的就出土于青年男性与少女之间，很可能是这位少女的服装。这种上衣紧身，裙子宽大；棕、红、黄、蓝、焦黄等多种色彩，配置得协调大方，表明当时人们的生活水平和审美趣味。

四　几点认识

洋海墓地出土的毛纺织物 400 多件，经清洗、整理、拼对后，有 220 多件，其中毛纺织物 114 件，毛编织物 100 多条。除严重破损腐蚀者外，可供测量、分析的衣服 42 件，毛纺织物 49 件，毛编织带 61 条，总共有 152 件。这些毛纺织物向我们展示了洋海人物质生活及其毛纺手工技艺。洋海墓地延续时间较长，但Ⅱ、Ⅲ号墓地出土毛纺织物很少，使我们的研究和认识带有局限性，但就是这些少量遗物也为我们了解其发展演变提供了佐证。

当然，我们也深知，这些研究存在着较大的局限性。

（一）衣服的特点及其变化

1. 上衣

洋海Ⅰ号墓地出土的 14 件上衣均长及膝下，通体较肥大，前面开襟。在衣服的下摆和袖口处，往往缂织出边饰；领口、两前襟、腋下前后身接缝、袖头处都装饰有编织带或彩色压缘，甚至在后身的接缝处也缝缀压缘。其中有 6 件用缂毛织物缝缀而成，缂毛的基础组织都是平纹；还有 4 件为平纹织物缝缀。在时间较早的Ⅰ M26、Ⅰ M67 和Ⅰ M149 号三座椭圆形竖穴墓（A 型）中出土长衣比较精美，其中Ⅰ M67、Ⅰ M149 号墓的长衣均是缂毛，Ⅰ M26 号墓为黄棕色条纹斜褐，在下摆、袖口缂饰三角形等几何图案。其中Ⅰ M149：6、Ⅰ M26：10 保存较好。在竖穴生土二层台墓（B 型）的Ⅰ M8、Ⅰ M76、Ⅰ M84、Ⅰ M90、Ⅰ M133、Ⅰ M174 号出土长衣样式和装饰也与前者相同，但保存不完整。Ⅱ号墓地仅有一件黄棕色斜褐残长衣，也是开襟式，在下摆处缂饰一条红绿色的几何图案。这些衣服都是使用按照需要专门设计织制的毛纺织物缝缀而成的，从某种意义上讲全可称为"织成"。

这种长衣的样式和使用"织成"的缝缀法都与且末扎滚鲁克墓地出土的衣服相似，如 85QZM2：10 棕色斜褐长外衣，开襟，下摆处织出红色装饰带，前襟、袖口等处压缀彩色编织带。同样是用根据衣服的要求，预先专门织制毛纺织物缝缀。尤其是Ⅱ M3：5 的黄棕色斜褐残长衣与扎滚鲁克 2 号墓出土 85QZM2：34 绯色缂毛长外衣极为相似，在下摆处也以通经回纬法缂织几何图案。

Ⅲ号墓地出土的上衣仅有一件，Ⅲ M18：22 棕色褐套头短衣，但却是洋海墓地出土的新样式：短上衣，套头式，有人工挖出的领口，领口周围缝缀红色编织缘。衣服整体显得随身，肩臂部缝制得很贴切。为了增加腰身的宽度，两侧接缝一梯形织物。衣服下摆处裁剪成弧形，并在前身正中和肩上压饰红色带。这是现知洋海墓地出土的唯一一件套头上衣，也是最早用部分裁剪法缝制的衣服，比起前述的"织成"相比，显然是一个进步，衣服显得更合身美观。

这种套头式的短上衣在于田县圆沙古城附近墓地、洛浦县的山普拉墓地发现的较多，尤其是前者，不仅衣服的样式、甚至连衣服上压缀的红色边饰等都相同。

2. 裤子

洋海Ⅰ号墓地出土的 8 条裤子中有 5 条为缂毛织物，且是以斜纹为基础组织的缂毛，2 条用斜纹毛纺织物缝制，都比较厚重，保暖性较强。这些裤子都是按照需要预先织制成的"织成"缝缀的。一般是将毛纺织物对折缝缀成裤腰、臀围和裤腿，并在腰两侧开口，并缝缀系结带。插入的裤裆有"十"字形和阶梯形两种。A 型墓葬出土的 3 条裤子中，有 2 条用"十"字形裆，1 条为梯形裆。Ⅱ号墓地出土的裤子，与Ⅰ号墓地出土的裤子样式相同，也是用"织成"缝缀，但裤裆却呈正方形，对折成三角形缝合，与Ⅰ号墓地两种形式的裤裆比较更加简便易织，使用又方便。

这种裤子的样式与且末扎滚鲁克墓葬出土的裤子相似，但裤腿呈直筒式。但扎滚鲁克墓地 1985 年出土裤子中，只有"阶梯式"和方形裆两种，而无"十"字形裤裆[1]。而与洛浦山普拉墓地出土裤子的样式差距较大，那里的裤子的裤腿多为束口式，即灯笼裤[2]。

3. 裙子

洋海Ⅰ号墓地中没发现有裙子，而Ⅱ号墓地发现有 5 条，这几条裙子都是用彩色条纹斜褐或编织带，纵向接缝而成呈横向的彩色裙。其中 2 条用彩色毛纺织物缝接而成，且均为斜纹织物。另外 3 条以毛编织带缝缀而成。在色彩方面多以红色为主，配以黄、蓝、绿、棕色，大多形成红色地的彩色裙，色泽绚丽。这几条裙子都出土于时代较晚的竖穴土坑墓（C 型）。如Ⅱ M163：11 "似为一座男女成年合葬"墓，出土有"毛纺织物残片"，经整理得知原来是一件毛编织带接裙，说明裙子在洋海出现的应比上衣、裤子较晚。

近年来，新疆境内发现的毛织裙数量可观，与洋海墓地出土的这些裙子对比，扎滚鲁克墓葬发现的裙子无论样式或质地与洋海墓地的更接近些，于田县圆沙古城附近墓地也有出土。如扎滚鲁克 1985 年 2、4 号墓出土 4 条用编织带缝缀的裙子。不过，扎滚鲁克出土这几条裙子的编织带更细些，宽度仅 0.8 ~ 1.5 厘米，而且，毛编织带中的彩色花纹编织带较多。而洋海墓地编织接裙的这些编织带宽度较大，其中最细的一件，即Ⅱ M211：21 红黄色条纹编织带接裙残片，其毛编织带的宽度在 2 ~ 4.5 厘米，其色泽都是单纯的红、棕、黄等色，没有彩色花纹。

扎滚鲁克 1985 年发掘的墓葬时间较晚一点的 4 号墓中，出土 3 件以毛纺织物缝缀的接裙，与洋海Ⅱ号墓地出土的 2 条斜褐接裙相同，均织制成 2/2 斜褐，其宽度均在 10 厘米以上，有的比洋海出土的还要宽一些，最多为 20 厘米。而Ⅲ号墓地出土的红黄色褐接裙使用的毛纺织物都是平纹织物，又与圆沙古城附近墓地出土的接裙相同。不过，这两处出土的接裙有的下面装饰彩色缂毛，而在洋海的裙子中，我们没有见到装饰缂毛。洛浦山普拉墓葬出土这种用的毛纺织物缝缀的裙子较多，但大部分都装饰缂毛织物。

4. 披巾

洋海Ⅰ号墓地出土 6 件披巾，残损都较为严重。但其样式及毛纺织物的织制与扎滚鲁克墓地出土的同类遗物完全相同，均为长方形，两端饰有流苏；且大多饰有条纹；同样也是根据需要专门织制的。

至于洋海Ⅰ号墓地出土的"法衣"和披风，则是我们在其他墓地所没有见到过的。出土的两件"法衣"都是用以斜纹为基础组织的缂毛织物缝缀。两件披风则是用斜纹织物缝缀。

如前所述，洋海墓地出土的这些毛织衣物，无论是长外衣、法衣，或是裤子、披风、披巾，或铺垫毯等物，其织物都是根据缝制物的需要而确定其幅宽的，所以，从某种意义上来讲，均可以称为"织成"。这一点与且末县扎滚鲁克、洛浦县山普拉墓地出土的毛织衣物相同。

（二）毛纺织技艺的特点

洋海墓地出土的毛纺织物及其缝缀衣服的毛纺织物共有 88 件，除去Ⅱ号墓地出土的 3 条编织带缝缀裙外，织制而成的毛纺织物应为 85 件。其中有平纹组织织物 45 件，包括 9 件缂毛织物；斜纹原组织织物及其变化组织织物 40 件，包括 9 件缂毛织物。平纹与斜纹织物的比例相差不大，这大概仅反映了洋海Ⅰ号墓地的情况；Ⅱ号墓地中的斜纹织物稍多，而Ⅲ号墓地的平纹织物稍多。如前所述，因后两处墓地的毛纺织物保存较少，所以，这种现象不一定能准确反映当时的情况。但是，洋海目前发现的这些毛纺织物有着自己的地域特点，尤其是缂毛织物和斜纹织物。现分别加以探讨。

1. 缂毛织物

洋海墓地出土的缂毛织物以Ⅰ号墓地最多，有 20 件，Ⅱ号墓地仅有 1 件，共 21 件。Ⅰ号墓地的 20 件缂织物中，平纹为基础组织的 11 件，斜纹基础组织的 9 件；Ⅱ号墓地的 1 件斜纹为基础组织的。

---

[1] 有关扎滚鲁克墓地的材料，请参看新疆博物馆文物队：《且末县扎滚鲁克五座墓葬发掘报告》，《新疆文物》1998 年第 3 期。

[2] 新疆博物馆新疆考古研究所：《中国新疆山普拉》，彩版 334、336，新疆人民出版社，2001 年；Keriya. MeMoiresd'unfleuue, Archeologieet civilization des oasis du TaklaMakan, P83.

用平纹组织法作基础组织的缂毛织物，纬线紧紧地缚住了经线，织物表面呈经向凸起，并由纬线显出地色和图案。当两组不同色彩的纬线在织物上相遇时，依次与相邻的两根经线交织，下次再相错与相邻的另两根经线相交，使图案边缘呈现梳齿状。整个织物不存在裂缝，织物背面的纬线交叉显得较有规律。织物显得结实厚重，又有图案纹样，鲜艳美丽，洋海人用这种缂织物缝制外衣。

运用斜纹原组织为基础组织的共有10件，其中以2/1斜纹原组织法交织的仅有3件，其余7件均运用2/2加强斜纹组织法。与平纹缂毛织物相同，纬线分别与经线交织，当两组不同颜色的纬线相遇时，与相邻的两根经线相交；下次再相错与经线交织，如此循环。因为两组不同色泽的纬线总是斜向相遇，织物表面形成一个个斜向的豁口，而不是裂缝，因而，图案的轮廓也现斜向。织物背面的色泽、图案与正面相同，但各种色彩的纬线相互穿梭，显得有点零乱。这种缂毛织物厚重，保暖性强，洋海人常常用它缝缀裤子。

上述这21件缂毛织物的经、纬线都是单股；其中经线加捻较紧，排列较疏松；而纬线较细，蓬松，排列较紧密。至于经、纬线的加捻则以"S"向为最多，尤其是斜纹基础组织的缂毛，在出土的10件遗物中，除Ⅱ号墓地的1件为"Z"向加捻外，均为"S"向加捻。平纹为基础组织的缂毛织物中有5件为"S"向加捻；有2件的经线呈"Z"向，纬线为"S"向；仅有4件使用"Z"向加捻的毛纱。看来，这里缂毛的毛纱是以"S"向为主，特别是那些出土于Ⅰ号墓地A型墓葬中的缂毛织物，如ⅠM21、ⅠM26、ⅠM67、ⅠM149等墓的9件缂毛织物经、纬线均为"S"向加捻。

洋海墓地出土的这些缂毛织物不论是以平纹为基础组织，还是斜纹为基础组织都有个共同的特点：在图案的边缘处，两种不同颜色的纬线总是斜向显花。因而，这些缂毛织物的图案多呈菱格、锯齿、回纹和斜线构成的变体涡旋纹等。

以平纹为基础组织缂毛，在新疆出现的最早，在距今约3800年前的小河墓地已发现有多件。与洋海墓地时代相近的扎滚鲁克85QZM4：6斜褐接裙上装饰的红地羊角纹缂毛也以平纹为基础组织。但汉代及以后的洛浦县山普拉墓地及尼雅、楼兰、营盘等遗址中出土的缂毛织物中，平纹是主要组织法。以斜纹为基础组织的缂毛织物，主要出土于扎滚鲁克墓地，共有7件。大多是缂

织在长外衣下端、裤子的腰围和裤脚处。

缂毛是新疆毛纺织业较早使用的一种技法，后来传入中原，运用于丝织业中，出现了缂丝。它是聚居在新疆地区古代各族人民对祖国物质文化的重要贡献，因而更引起我们的重视。

2. 斜纹组织织物

斜纹也是较早采用的一种组织法，因为其长浮线较多，提经较少，较为省事。洋海墓地发现的毛纺织物中，斜纹组织与平纹组织织物的比例相差无几。但洋海墓地出土的40件斜纹织物中，变化组织的织物就有26件，占65%。其中14件2/2加强斜纹。这种变化组织是洋海人使用最多的斜纹组织法，至今仍是毛纺织物中采用最多的组织法。

另有1件山形斜纹，1件破斜纹。山形斜纹和破斜纹组织的织物均出土于Ⅰ号墓地。ⅠM157：14绿地红黄格纹斜褐，以2/2斜纹为基础组织，织成纬山形斜纹。即每织入10根纬线后，改变织物的斜向，使织物表面的斜向呈现一半向左，一半向右，形成山形。ⅠM149：5黄地横向蓝色条纹斜褐，以2/1为基础组织，织成破斜纹。即每织入斜向左或右侧一定数量的纬线后，再转向右，织入相同数量的纬线，使织物的斜纹方向一半向左，另一半向右，与上述山形斜纹相似，但在左、右斜纹的交接处有一条明显的分界线，称为"断界"，纺织上称为"破斜纹"。洋海出土的这件织物是以原组织为基础组织的纬破斜纹。

洋海墓地，主要是Ⅰ号墓地出土了4件经、纬线捻向不同的斜纹织物，其中2件左向斜纹，1件山形斜纹；且都是经线为"Z"向加捻，纬线是"S"向加捻。这种不同捻向经纬线配合使用，使织物表面经纬线的排列方向相同，在交织处纤维互相垂直，交织点突出，吸色性较强，光泽较好，手感比较厚实。织物的斜纹倾斜方向与纱线捻向垂直，织物表面的纹路清晰。

洋海人的斜纹织制技艺，特别是山形斜纹和破斜纹织物的出现，显示出他们毛纺织技术的发展水平，不仅能操作织制，而且了解斜纹组织的性能，能熟练地掌握斜纹织物织制技术。这种组织法的毛纺织物，曾在营盘墓地发现一件，即95BYYM30：6彩条纹斜褐，时代为汉至晋，比这件晚了几百年[1]。

3. 毛纱

如前所述，洋海墓地出土毛纺织物使用的毛纱大多是使用纺轮，以手工加捻的。

---

[1] 赵丰主编：《纺织品考古新发现》，彩版14，香港艺纱堂，2002年。

（1）关于毛纱的捻向。洋海Ⅰ号墓地出土的67件毛纺织物中既有"Z"向加捻的毛纱，也有以"S"加捻的。其中以"Z"向加捻的毛纺织物有39件；以"S"向加捻的毛纺织物共有21件；还有7件毛纺织物的经、纬线捻向不同，且都为经线以"Z"向加捻，纬线加捻方向为"S"。而Ⅱ号墓地和Ⅲ号墓地出土的所有毛纺织物的经、纬线却都演变为是以"Z"向加捻为主，仅有2件织物的经线为"Z"捻，纬线以"S"向加捻。与新疆其他地区出土毛纺织物的经、纬线相同，趋于一致。

关于洋海墓地出土毛纺织物的经、纬线捻向问题很值得探讨。通过近年来对新疆出土毛纺织物的分析，我们发现在古代纺织手工业的发展过程中，新疆与中原形成不同的传统。仅就捻向而言，新疆出土的毛纺织物大多以"Z"向加捻，如洛浦山普拉墓地、若羌楼兰、民丰尼雅和巴楚脱库孜萨莱遗址等处，就连与洋海墓地时代相近的且末扎滚鲁克墓地都是以"Z"向加捻。但在我国中原地区则多以"S"向加捻。我曾考察过湖北省荆州市出土的春秋战国时的麻织物，最近又考察了青海省都兰诺木洪遗址出土的毛纺织物，两者都是以"S"向加捻。洋海墓地出土的毛纺织物中，这种"S"向捻的毛纺织物都出现在Ⅰ号墓地，并且是椭圆形竖穴墓（A型）出土最多，如这种形制墓葬出土有毛纺织物的ⅠM21、ⅠM26、ⅠM67、ⅠM149出土8件中经、纬线捻向都是"S"向，另有1件的纬线为"S"向，约占50%。发掘者认为，这种椭圆形竖穴墓（A型）在洋海墓地中年代最早，那么，可否认为，洋海出土的早期毛纺织物曾经受到来自东面，即中原地区的影响，或者说这里曾有一批居民来自东面。随着历史的演变，这批先民逐渐被融合，表现在纺织技艺上以"Z"向加捻毛纱替代了"S"向捻法，显现出新疆毛纺织物的特点。

（2）洋海墓地出土毛纺织物的毛纱大多是单股进行交织，只有Ⅱ号墓地的2条接裙使用的2/2的彩色斜褐是用双股合并为一根的毛纱交织的。这点与扎滚鲁克墓地出土毛纺织物比较接近，山普拉墓地出土接裙的毛纺织物多用并股织制，也多为2/2的双面斜纹织物。

将毛纱合股后，再进行交织的毛纺织物，主要是编织带。根据毛纱纺捻的规律，合股时一般是如为偶数方向与捻向相反，如是奇数则方向与原捻向相同。也就是说，以"Z"向加捻的毛纱合股加捻时，如为偶数，必定是"S"向；如是奇数则为"Z"向。反之，也同。但这里出土的毛纱中，有一些则是以三股，即奇数加捻的毛纱却仍是原来的捻向。如Ⅰ号墓地出土的ⅠM18：4棕色地黄色小格纹编织带，棕、黄色毛纱都是"S"向加捻；三

股合并后加捻却仍是"S"向。这是因为洋海人是先将其中的两股"S"向毛纱，以"Z"向合捻；再在此基础上，再加入第三根以"S"向毛纱进行合捻，实际上仍是两股合捻，因而，虽为三股合捻，却仍是"Z"向。Ⅱ号墓地的ⅡM205：23黄色编织带，是以"Z"向加捻的三股毛纱，用与上述相同的方法，以"S"向合捻为一根进行编织。现知这种方法都用在编织带上。

（3）经、纬线在织物中的排列一般是纬线排列的密度大于经线的。Ⅰ号墓地在35件平纹组织的毛纺织物中，有24件纬线密度大于经线密度，占68%；30件斜纹毛纺织物中有16件经线密度小于纬线密度，仅占50%，经、纬线密度相同的有2件。但缂毛织物纬线密度都大于经线密度，仅有2件的经纬线密度相等。而Ⅱ号墓地和Ⅲ号墓地出土毛纺织物的这种特点更加明显。

遗憾的是，从洋海墓地出土的遗物中，我们没有发现毛纺织工具。仅从上述的纺织技艺特点上推测，当时的洋海人可能使用竖机织制毛纺织物。

（三）最早出现的栽绒毯

洋海墓地出土的栽绒毯虽然面积不大，均为鞍毯，图案简单，但它却是新疆，也是世界现知最早出现的栽绒毯，且已具备了新疆地毯的一些特点。首先栽绒毯的结扣法看，已经形成绒头缠绕在相邻的两根经线上的双经扣，即马蹄扣法，或称剪刀扣。这种结扣法一直沿用到17世纪，甚至近代。再从图案纹样上看，洋海出土的栽绒毯多为几何纹饰，尤其三角、菱格，这也是后来新疆地毯中最为流行的图案。但它毕竟是新疆现知最早的栽绒毯，没有形成装饰多层边框的特点。再从绒纬的色彩看，红、蓝、黄等彩色配置的浓艳悦目，对比强烈。这些特点在后来几千年的演变发展中，更加丰富多彩。

（四）毛纺织物的图案纹样

洋海人很讲究装饰美。他们用来装饰衣服和毛纺织物的方法有：用简单的变化组织，使织物表面显现出纹样，如山形斜纹和破斜纹。但更多的方法是在衣服和毛纺织物上显现出图案，使用最多的图案是条纹和方格纹，如ⅠM87墓葬中出土的红蓝色方格纹褐，中间添加一条黄色细条纹。另一件红蓝色方格纹斜褐至今仍可称是一件优美的毛织衣料。

洋海人常常在长衣的下摆、袖口，或裤子的裤脚处装饰一周图案，这种图案往往是将织制衣料的经线部分两股合并，再与纬线相交织；且要变换基础组织法，以

使纹样更加突出。如ⅠM26的开襟长外衣，衣服为黄棕色条纹斜褐，在下摆和袖口处缂织一列变体三角形图案，其组织法：将原长衣的黄、棕色经线，两根合并，与蓝、白色纬线以经重平组织为基础组织，采用通经断纬法，缂织出一排蓝、白色相错三角形图案。ⅠM67棕地蓝色菱格涡旋纹缂毛"法衣"的基础组织为2/2斜纹边饰，上、下两端，将原织物的两根棕色经线合并为一根，再与两股合并的棕、蓝色纬线，以方重平组织法相交成基础组织，用通经断纬法缂织出红地二方连续的图案：上端为三角形；下端为一排由三角形组成的变体山形纹饰，山的上方也加饰折线纹。

洋海出土的毛纺织物中，缂毛织物是最精美的，其图案有条纹、折线、方格、锯齿、三角、菱形、菱格形涡旋、阶梯纹等。由于洋海人的缂毛技法，不论是以平纹，还是斜纹为基础组织，均为当两组不同色彩的纬线在织物上相遇时，依次与相邻的两根经线交织，下次再相错与相邻的另两根经线相交，使图案边缘呈现梳齿状。这种方法织制成的缂毛织物不存在裂缝，保证了织物的保暖性；且显现出的图案纹样多呈斜向，因而锯齿、三角、菱形等图案最多，如ⅠM149、ⅠM26墓葬出土的开襟长外衣和短裤等是锯齿纹图案。ⅠM211号出土了4件缂毛织物中，2件缂织锯齿纹，另2件长衣，缂织的菱形图案布满全身。另外，用各种小型图案组成菱格形的涡旋纹，以四方连续的方式布满毛纺织物表面的显花法也独具特色，如ⅠM21、ⅠM67、ⅠM130、ⅠM146都出土有这种纹饰的缂毛衣服。还有一种阶梯状纹饰，出土于ⅠM21、ⅠM26墓中的毛纺织物，如ⅠM21：23，棕地黄色几何纹缂毛斜褐长裤的腰围处，在棕色地上缂织一圈倒置的黄色阶梯状图案。在ⅠM167墓中，发现了唯一的一件动物纹样，即鹿纹的缂毛织物。有趣的是在ⅠM211发现的1件蓝地黄棕色条纹斜褐残片，在织物下端织出5厘米宽的纬重平织物，并以此为基础组织，采用通经断纬技法缂织一列由三排"V"形相互叠压的图案，极似一个蛙纹，似为青海马家窑文化陶器图案的遗风。

上述这些图案与洋海墓地出土彩陶上的装饰图案相同，如彩陶器口处的锯齿纹，彩陶外壁的三角、菱格纹等，菱格形涡旋纹是彩陶上水波纹的变体，这种纹样运用在纺织上，在当时的技术条件下，只能以几何形式表现。至于那些阶梯式纹样就是洋海墓地出土"立耳杯"上那种"口沿"，"带阶梯状装饰的三角形立耳"。看来，洋海人有着自己独特的文化体系。同时，上述ⅠM211的那件斜褐上极似蛙纹的装饰图案，与青海出土彩陶上的纹饰相似，也存在着与附近地区经济文化的交流。

（五）毛纺织物的染色

洋海墓地发现的毛织衣服和毛纺织物中，有很多是经过染色的。其中有些是在织制前，先将羊毛或毛纱染色，即染毛或条染。用来织制彩色条纹和格纹等图案的毛纺织物，包括缂毛织物使用的毛纱都是织制前染色的。有些是织成后才染色的，即匹染成彩色的，但这种织物所占比例较少。

从出土的这些毛织衣服和毛纺织物看，洋海人已掌握了红、黄、蓝基本色（三原色）的染法，此外，棕色使用的也较多。但对二次混合色的运用还不够稳定和熟练，因而，我们常常为辨别蓝、绿色而争论不休。

关于染料问题。目前，我们对这些毛织品的染料，还未作科学的检验。用肉眼来观察，这些织物使用的染料中，有植物染料，如红色织物褪色后呈绯色或黄色，其原料可能是茜草等类。

通过对洋海墓地发现毛纺织物的探讨，我们可以了解当时人们的物质生活水平，毛纺织手工业发展状况，及其文化内涵和科学知识的掌握等等。但是，我们对于其纺车、织机、染料及其加工过程等一系列的问题了解得非常不够，仍待进一步的研究和发现。

洋海墓地植物遗存研究

蒋洪恩

（中国科学院大学人文学院考古学与人类学系）

一　洋海墓地概况

吐鲁番盆地位于我国西北边陲，深居欧亚大陆腹地，海洋的水汽很难到达。该地区夏季太阳辐射强烈，6 月份年均温为 37.2℃～39.5 ℃，最高气温可达 49.6℃（1975 年），是我国夏季气温最高的地区。然而，吐鲁番在 1951～1980 年的年均降水仅 16.4 mm，而蒸发量却高达 2800 mm[1]。巨大的蒸发量与微弱的降水量造成了当地极端的大陆性干旱气候。吐鲁番地区遗址丰富、墓葬数量多，大部分有机质文物在埋葬后可迅速脱水，极大地抑制了微生物活动，降低或避免了进一步腐朽。因此，吐鲁番地区像一个巨大的博物馆，保存了大量的珍贵文物和植物遗存。

洋海墓地位于火焰山南麓的荒漠戈壁中，北距鄯善县吐峪沟乡 5 千米，东南距洋海村四组 2 千米（图 1）。整个古墓群主要分布在相对独立的三块略高出周围地面的台地上。台地南北走向，总面积 5.4 万平方米。三块台地相对隔离，其上的墓形以及墓葬分布特征均有较大

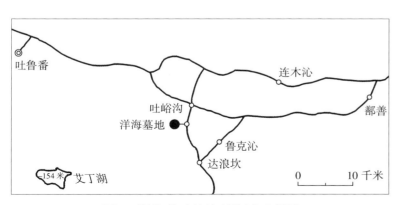

图 1　洋海墓地的地理位置示意图

差别，故将三地分别命名为一号、二号和三号台地。墓地周围是一些为戈壁及小砾石所覆盖的起伏不平的沙丘和土梁。2003 年，新疆文物考古研究所与吐鲁番地区文物管理局组队对洋海墓地进行了发掘[2]。

洋海墓地周围村落居民主要为维吾尔族，其中少部分人员在北部天山内经营游牧活动，大部分居民在绿洲内从事农业生产和商贸经营。农作物主要有葡萄（*Vitis vinifera* L.）、棉花（*Gossypium* spp.）、高粱（*Sorghum bicolor*（L.）Moench.）、哈密瓜（*Cucumis melo* L.）、西瓜（*Citrullus lanatus*（Thunb.）Matsum. et Nakai）等；另外，还种植枣（*Ziziphus jujuba* L.）、石榴（*Punica granatum* L.）、 桃（*Amydalus persica* Batsch.）、 杏（*Armeniaca vulgaris* Lam.）、桑（*Morus* sp.）、榆（*Ulmus* sp.）等。当地的乔木树种有杨（*Populus* sp.）、柳（*Salix* sp.）， 灌木有骆驼刺（*Alhagi sparsifolia* (B. Keller et Shap.) Shap.）、沙拐枣（*Calligonum* sp.）、刺山柑（*Capparis spinosa* L.）、 柽柳（*Tamarix* sp.）、黑果枸杞（*Lycium ruthenicum* Murr.）、 苦豆子（*Sophora alopecuroides* var. *alopecuroides* L.）等。

二　洋海墓地出土的植物遗存研究

吐鲁番气候干燥，植物遗存保存良好。迄今为止，我们一共鉴定了 16 种植物。这些植物部分为野生杂草，部分为栽培植物，与古洋海人的生活息息相关。

1. 大麻 *Cannabis sativa* L.

科　　大麻科　Cannabaceae
属　　大麻属　*Cannabis*
种　　大麻　*Cannabis sativa* L.

叶片均已破碎，叶柄较多，托叶未见。叶片碎片黄绿色，卷曲，皱缩。叶脉掌状，主脉 3 ~ 7 条，从叶柄顶端上发出，主脉间夹角 10° ~ 30°（图 2c，现代对照为图 2f）。主脉在叶片近轴端隆起成脊状，在远轴端则下陷成沟状。

叶近轴端表皮细胞角质层纹饰与指纹相似。表皮细胞形状不规则，垂周壁波浪状，互相嵌合。表皮具刚毛。刚毛圆锥形，有一个膨大的圆形基部（图 3a，现代对照为图 3d）。刚毛直立或略弯曲，壁上具疣状突起。叶远轴端表皮上分布着两种表皮毛：贴伏毛和腺毛。贴伏毛圆锥形，有一个较小的球根形基部（图 3b，现代对照为图 3e）。主脉及周围表皮上的贴伏毛上多具疣状突起。腺毛具一个圆形的头部及一个很短的柄。腺毛头部棕红色，稀疏而有致的分布于贴伏毛间。

叶柄粗糙，圆柱形，长 5.40 ~ 15.44 mm（$\overline{X}$=11.27 mm），直径 0.24 ~ 0.60 mm（$\overline{X}$=0.39 mm），表皮上具贴伏毛和具短柄的腺毛。腺毛与非腺毛特征与相应的叶背面的腺毛与非腺毛结构相似。小枝条粗糙（图 2a，现代对照为图 2d），长 7 ~ 42 mm（$\overline{X}$=23.66 mm），直径 0.4 ~ 1.5 mm（$\overline{X}$=0.9 mm）。枝条上的腺毛与贴伏毛

图 2　大麻的小枝、果序及叶

(a)、(d) 示大麻的小枝条，标尺＝ 750 μm. NGT 为贴伏毛；RI 为棱
(b)、(e) 示大麻的果序轴，标尺＝ 1.5 mm. RE 为花托
(c)、(f) 示大麻的复叶，掌状全裂 . (c) 的标尺＝ 1.2 mm, (f) 的标尺＝ 1cm
［(a)、(b)、(c) 为大麻遗存, (d)、(e)、(f) 为现代标本］

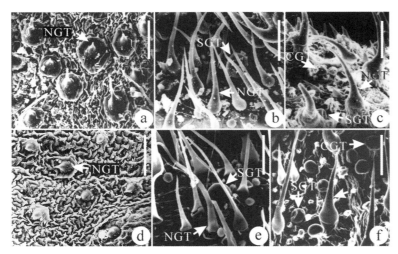

图 3　大麻叶片及苞片上的表皮毛

(a)、(d) 大麻叶片近轴端表皮细胞与表皮毛形态，标尺＝ 120 μm. NGT 为刚毛
(b)、(e) 大麻叶片远轴端表皮细胞与表皮毛形态，标尺＝ 75 μm. SGT 为具短柄的腺毛；NGT 为贴伏毛
(c)、(f) 大麻果实外的苞片上的表皮毛形态，标尺＝ 120 μm. SGT 为无柄腺毛；NGT 为贴伏毛，CGT 为具长柄的腺毛
［(a)、(b)、(c) 为大麻遗存, (d)、(e)、(f) 为现代标本］

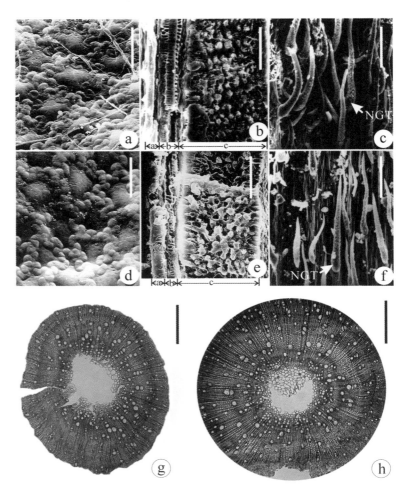

图 4　大麻的果壁及枝条切面

(a)、(d) 大麻果实内果皮内表面表皮细胞垂周壁波浪状，标尺＝ 25 μm
(b)、(e) 大麻果壁径切面，示外果皮、中果皮和内果皮的结构，标尺＝ 50 μm. a 指外果皮, b 指中果皮, c 指内果皮
(c)、(f) 大麻小枝条上的表皮毛形态，标尺＝ 10 μm. NGT 为贴伏毛，表面具疣状结构
(g)、(h) 大麻小枝条的横切面，示维管结构，标尺＝ 400 μm.
［(a)、(b)、(c)、(g) 为大麻遗存, (d)、(e)、(f)、(h) 为现代标本］

的特征与叶柄上的对应部分相似（图4c，现代对照为图4f）。在小枝条的横切面上，髓近圆形，占据了枝条直径的1/3。初生木质部保存较少，已无明显初生结构。次生木质部保存完好，导管圆形（70%），椭圆形（20%）或不规则（10%），直径16～57 μm（$\overline{X}$=32.4 μm）。导管为单管孔，极少联结成径列复管孔（2～3根导管）。木纤维横切面三角形，长方形，或多边形，切向直径长8～16 μm（$\overline{X}$=12.2 μm），径向长5～18 μm（$\overline{X}$=10.9 μm）。射线薄壁细胞四边形，为3～14层木纤维细胞隔开（图4g，现代对照为图4h）。

果序长0.8～1.5 cm，直径为0.2～0.4 mm。果实生于叶腋。大部分果实已经脱落，仅剩下花托。果序表皮特征与小枝相似（图2b，现代对照为图2e）。每个果实外面为花被所包围。花被连同果实被一个或松或紧的苞片所包被。由于保存原因，苞片多已脱落。苞片具有一个尖而直的喙（图5a，现代对照为图5d）。苞片外同样有腺毛和刚毛，其中刚毛直立或向苞片顶端倾斜。部分腺毛无柄，部分具长柄，均与叶远轴端的腺毛具有相同特征（图3c，现代对照为图3f）。苞片内表面亦有刚毛及具短柄的腺毛，特征与外表皮相同。刚毛在苞片内侧主要分布在主脉、喙的内侧及苞片边缘。

花被紧贴于果实外部，易分离。花被膜质，大部分透明，部分区域有棕黑色素沉积。花被上的表皮毛丝状，多已脱落，仅剩圆形的基部（图6a，现代对照为图

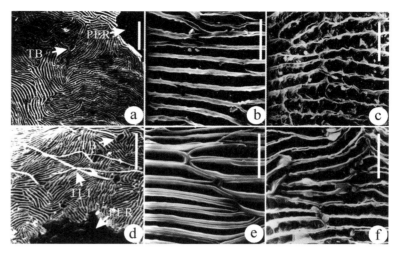

图6　花被特征的扫描电子显微镜照片

(a)、(d) 花被表皮形态，标尺＝136 μm. PER 为果皮，TB 为表皮毛的基部，TLT 为线状表皮毛
(b)、(e) 部分花被表皮细胞壁平滑，标尺＝27 μm
(c)、(f) 部分花被表皮细胞壁呈波浪状，标尺＝27 μm
［(a)、(b)、(c) 为大麻遗存, (d)、(e)、(f) 为现代标本］

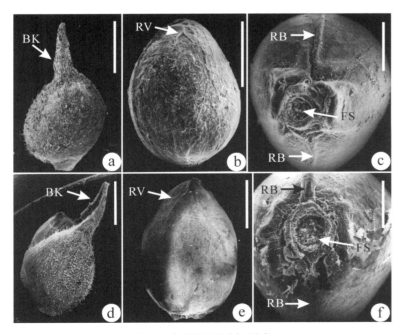

图5　大麻的苞片与果实

(a)、(d) 大麻的苞片，标尺＝1.5 mm. BK 为喙
(b)、(e) 大麻的瘦果，标尺＝1.2 mm. RV 为大麻果实表面的网状结构
(c)、(f) 大麻的果脐，标尺＝600 μm. RB 为果实两侧的肋；FS 为果脐
［(a)、(b)、(c) 为大麻遗存, (d)、(e)、(f) 为现代标本］

6d）。表皮细胞多平行于果实长轴方向。表皮细胞可细分为两类：一类细胞垂周壁平直（图6b，现代对照为图6e）；另一类细胞垂周壁呈波浪状（图6c，现代对照为图6f）。

果实为瘦果，椭圆形，扁，两侧各有一条明显的肋（图5c，现代对照为图5f）。果实基部钝圆，顶端具有小尖头。瘦果长2.2～3.6 mm（$\overline{X}$=2.99 mm），宽1.7～2.5 mm（$\overline{X}$=2.19 mm）。果脐圆形，通常内陷（图5b，现代对照为图5e）。果皮硬，厚约0.08～0.20 mm。外果皮外表面有光泽，平坦，但其表面有网纹状结构（图5b，现代对照为图5e）；中果皮由1～3层薄壁细胞构成（图4b，现代对照为图4e）。内果皮内表面垂周壁强列加厚且互相嵌合，横周壁波浪状加厚，壁上布满小孔（Pits）（图4a，现代对照为图4d）。果实内含一粒种子。种皮白色，由薄壁细胞构成，部分种皮贴在内果皮上。胚皱缩。

大麻遗存出土于洋海墓地Ⅰ M90墓室。墓主男性，40岁左右，高加索人种。墓室中的随葬品较为丰富，主要置于尸床下四周。一个皮编小篓位于墓主头部左侧，小篓直径24 cm，高31 cm，里面装满了大麻的果实、小枝条及叶子碎片（图7；图版三四一，1）。一个木盆位于墓主脚下左侧位置，木盆已残，直径36 cm，高21 cm，内亦装有大麻混合物。经称重，大麻果实、枝、叶混合物共789克。大麻的[14]C年代经北京大学考古文博学院测定为距今2475±30年，经树轮校正后为距今2700年左右（表1）。

表 1　　大麻年代测定数据

编号	样品	^{14}C 年代（BP）（T$_{1/2}$=5620）	树轮校正年龄 1δ（68.2%）	树轮校正年龄 2δ（95.4%）
BA04538	大麻种子	2475±30	760BC（23.8%）~ 680BC 670BC（21.3%）~ 610BC 600BC（23.2%）~ 520BC	770BC（89.4%）~ 480BC 470BC（6.0%）~ 410BC

大麻（Cannabis sativa L.），亦称为"火麻""线麻"。作为人类最早发现并栽培的植物之一，大麻与人类相生相伴已有上万年历史[3]~[6]。大麻是一种极为重要的经济作物：其茎的韧皮部含有丰富的韧皮纤维，可制作绳索或衣物；果实含有丰富的蛋白质和脂类，可作为小杂粮，也可榨油；叶、花及苞片含有大量的树脂，可用于医药。大麻富含至幻物质，可以吸食。因此，大麻与罂粟（Papaver somniferum L.）、古柯（Erythroxylon coca Lam.）并列为国际三大毒品植物[5][7]~[13]。

大麻为一年生直立草本植物，雌雄异株。关于大麻的分类问题仍存争议，部分学者认为大麻属内有两至三个种：C. sativa, C. indica, C. ruderalis[11][14]~[20]。另有学者认为大麻属内仅具一个种：C. sativa[7][8][12][13][21]~[25]。大麻原产于中亚地区，我国各地均有野生或栽培，新疆的野生植株较常见[13]。

大麻遗存在欧亚大陆上多有发现[6][26]。然而，由于保存原因，多数已炭化或变形。由于特殊干燥的气候，洋海墓地的大麻遗存保存完好。2700 年过后，这些大麻的叶片、果实及小枝条，连同内部结构都完好地保存下

图 7　皮篓（IM90：8）

来，未发生任何的炭化或变形，是迄今保存最好的古大麻标本。

在史前时代，人类的食物、衣物、建筑、医药甚至宗教都与植物息息相关[27]。世界各地的史前先民，以及现代人都在利用着大麻的不同价值。装在容器中陪葬的大麻对墓主来说显然是极其重要的。他为什么需要这些东西，其用途是什么？如果这些大麻是用作粮食或油料或作种子来栽培，那么那些小枝条应该被除掉而仅仅剩下果实和种子。本次出土的大麻果实极小，并不适合做谷物或油料。墓地出土的衣物多为毛织品，并未发现有大麻织物出现，因此，并没有迹象可以推论洋海人把大麻当作粮食或纤维植物。

大麻腺毛中产生的分泌物中有四氢大麻酚（THC）和大麻二酚（CBD），且为大麻所特有[28]。其中四氢大麻酚含量丰富，属于致幻物质。四氢大麻酚含量在苞片中最高，其次分别按以下顺序下降：花序、叶、小枝条、主茎、根、果实[29]。大麻所具有的致幻成分给了我们一个启发：这个墓主可能知道并且利用大麻的致幻特性。根据随葬品推测，墓主可能是一位萨满（Shaman）。在他的丰富随葬品中有一件乐器：竖琴。在所发掘的 500 多座墓室中，仅仅出土了 3 件竖琴，证明竖琴使用者的身份特殊。同时考虑所发现的大麻作为陪葬品，墓室主人的萨满的身份变得越来越明显。如前所示，大麻在木盆中亦有发现。由于木盆长期用来磨碎物品，其内壁被磨得发亮，一侧已经磨损并穿孔（图 8）。这些大麻很可能是在这个木盆中被研磨成粉，由墓主服用以获得欣慰感，大麻的致幻作用和价值成为墓主人保存这些大麻的目的。

在古代，大麻的药用、宗教及麻醉价值很难截然分开[6]。在公元前 500 年左右，古希腊历史学家希罗多德（Herodotus）记录了他在黑海地区见到赛西亚人（斯基泰人）（Scythian）使用大麻的情况。赛西亚是一个马背上的民族，曾于约公元前 700 ~ 前 100 年称雄于欧亚大陆。他们的领地西起德国北部，跨越西西伯利亚平原，东到中西伯利亚的阿尔泰山脚下，南到今天的印度北界[3][5][30]~[32]。赛西亚人使用大麻的纤维来制作衣

图 8 木盆（已残）

服，同时，也将其用于宗教。对于后者，希罗多德是这样描述的："在当地人结束对去世的首领的葬礼或祭祀后，他们便开始对自身进行清洁活动。他们首先在地上支起三根倾斜并接触的支柱，然后在上面覆盖上一块毛毡以搭起一个帐篷。然后他们围坐在帐篷内，在帐篷中间放置一个金属盘子，在盘子中放入一些烧红的石头。他们匍匐在帐篷中，将大麻种子（应为果实）投入烧红的石头上。大麻种子马上冒起烟来，并释放出水蒸气——这种蒸汽是没有任何一种希腊式蒸汽浴所能超越的。这些赛西亚人兴奋起来，发出快乐的呼喊；并且，他们以蒸汽浴取代水浴，因为他们根本没有机会用水洗澡"[3]~[6][26][31][33]。

希罗多德的记录很少被后来的历史学者相信。1929年，俄罗斯考古学家 Rudenko 在中西伯利亚阿尔泰山附近的一次考古中证实了希罗多德所记录的赛西亚风俗。他们在 Pazyryk 墓地（阿尔泰山北麓，墓地年代约公元前 500 年）的墓室中发现了两个铜制的容器[34][35]。容器内装有一些石块，另外还有一些烧焦的大麻果实，并且在墓中还发现了用来搭建帐篷的三根支柱（图 9）。虽然同属赛西亚文明，但阿尔泰山与黑海地区相距甚远，说明赛西亚民族用大麻清洁躯体的民俗广为流传。希罗多德在他的著作中似乎更注重说明大麻的宗教作用。"赛西亚人兴奋起来，发出快乐的呼喊"，证明吸入大麻后的致幻作用已经发生。从 Pazyryk 墓地大麻作为陪葬品的情况来看，吸食大麻不仅仅是一种宗教活动，而且是一种以享乐为目的的日常行为[35]。那么，古洋海人有没有吸食大麻呢？由于从墓室出土的物品中没有找到任

何吸食大麻的器皿，所以，我们尚不能证明古洋海人曾经吸食大麻。

在史前时代，大麻的麻醉价值在不同的地区和文化中起着不同的作用。大麻的麻醉作用在中亚地区曾用于萨满教[36]。古人认为，人和神不能直接交流，需要一个媒介来沟通，这个媒介就是萨满。洋海 I M90 墓室中的墓主被认为是萨满，其主要作用就是在宗教活动中实现人和神之间的交流，用于陪葬的大麻可能希望他在升天后能继续从事自己的职业。另外，萨满的另一个社会功能就是治疗疾病。在古代，巫与医是密不可分的，萨满除进行鬼神沟通外也可能充当着医生的角色[37]~[39]，因此，大麻也可能被用于医药。虽然大麻的医用价值在吐鲁番早期历史中没有记录，但被记载于公元前 1000 年左右成书的古印度医书《Susrita》，后又记载于 2600 年前的古波斯梵语医书《Zend Avesta》[7]。在我国，大麻的药用价值最早记载于假托神农氏所著的医书《神农本草经》[36]~[38][40]。

2. 小花紫草 Lithospermum officinale L.

科　　紫草科　Boraginaceae
属　　紫草属　Lithospermum L.
种　　小花紫草　Lithospermum officinale L.

小坚果，卵圆形，白色，少部分区域点缀着淡棕色小点。果实长 3.2 ~ 3.6 mm，宽 2.2 ~ 2.3 mm，厚 2.1 ~

图 9　俄罗斯 Pazyryk 墓地出土的赛西亚人吸食大麻的用具
（引自注释[35]）

2.3 mm，顶部尖，背部浑圆，腹部略显龙骨状突起。外果皮平滑，有瓷样光泽，但果实腹面的龙骨状突起两侧各有一列小坑，有时小坑连接起来形成一条纵向的窄沟（图 10a，现代样品对照为图 10d）。果脐位于基部，平坦，扇形，淡棕色。其近腹面处有一个圆形、直立、管状的疤痕，正对果脐的近背面处有一个小的瘤状突起（图 10b，现代样品对照为图 10e）。外果皮角质层厚，有光泽，无特殊纹饰。外果皮仅由一层表皮细胞构成。中果皮最厚，由厚壁细胞构成。内果皮棕褐色，可分为两层，均由薄壁细胞构成，但外层细胞的细胞壁厚于内层（图 10c，现代样品对照为图 10f）。

标本来自洋海墓地ⅠM23 与ⅠM81。小花紫草果实分别粘于两只木桶的口沿部，排列成倒三角形（图版三四一，2c）。ⅠM23 墓室中的木桶（图版三四一，2a）（编号ⅠM23∶4）上种子仅剩 4 颗，ⅠM81 中木桶（图版三四一，2b）（ⅠM81∶1）上依然保留 297 颗种子。

小花紫草是紫草属的模式种。部分紫草属植物的小坚果有一个特点：在腹面龙骨状突起两侧各有一列小坑，有时小坑连接起来形成一条的窄沟。具有此特点的还有紫草科的 *Onosmodium virginianum* 及 *Psilolaemus* 属内部分植物。然而，这两个属在中国均无自然分布[41]。自然分布于欧亚大陆上的紫草属植物中仅有两种植物的果实上的龙骨状突起两侧各具一排小坑，它们分别是紫草（*L. erythrorhizon*）和小花紫草（*L. officinale*）[41]。它们的小坚果无论从形态、颜色和大小都难以分开。但是，两者的自然分布有着显著区别。紫草分布于我国的中

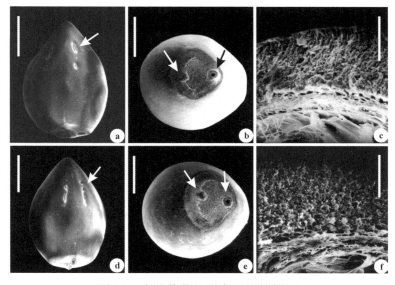

图 10　小花紫草的形态及解剖特征

(a)、(d) 小花紫草果实，示两列小坑，标尺= 1.2 mm
(b)、(e) 果脐，标尺= 1 mm
(c)、(f) 果壁的横切面，标尺= 120 μm
[(a)、(b)、(c) 为古代遗存, (d)、(e)、(f) 为现代标本]

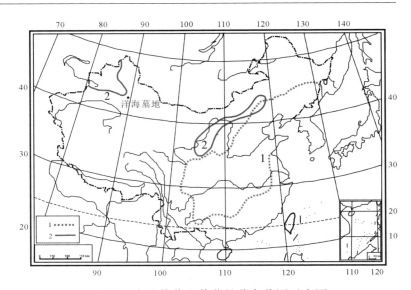

图 11　小花紫草和紫草的分布范围示意图
1. 紫草的自然分布范围　2. 小花紫草的自然分布范围（引自注释[42]）

部、东部及东南部，以及朝鲜和日本。小花紫草主要分布于欧洲到中亚，新疆至今依然有小花紫草分布。另外，小花紫草在我国的甘肃中部、宁夏和内蒙古有一个间断分布区（图 11）。那么，紫草有没有可能曾经在新疆生活过？研究证明，紫草与小花紫草之间并没有过渡类型和杂交后代[42]。假设紫草曾在新疆有过自然分布，其不可能在 2500 年内退缩到中国的东部而在当地没有任何的孑遗。因此，木桶上所贴的果实应为就地取材的小花紫草。

紫草属植物的果皮坚硬且不易腐朽，在遗址中常有发现[43]~[49]。小花紫草果实光洁圆润，具有漂亮的外形。所有果实的顶部指向了桶的下方，并被排列成倒三角形纹饰。果实的白色与桶外壁的砖红色形成了鲜明对比。无疑，这些果实起到装饰作用。倒三角形纹饰在苏贝希文化中十分流行。它们不但反映在了木桶上，在陶器、衣物上都有大量的体现[2]。但是，木桶上的倒三角形多为阴刻，用植物种子装饰起来的却只发现于这两个个体上。小花紫草的果实很小，粘贴成规则的倒三角形实属不易。因此，这无疑是古代洋海人在追求美的活动中的一种奢侈行为。

史前先民对美的追求在日常生活中占了重要地位。在生产力不发达的情况下，他们最大限度地利用自然资源，尤其是植物资源。在保加利亚的 Gumelnitsa 文化遗址中曾有 600 多颗穿孔的小花紫草果实出土以作装饰品[43]。新石器时代阿尔卑斯山地区滨湖遗址（Palafitte Region of the Alps）的史前居民已使用紫草属植物 *L. purpureo-caeruleum* 的果实（果皮亦为白色，有瓷样光泽，且体积略大于小花紫草果实）点缀于纺织品上[50]（图 12）。吐鲁番洋海墓地出土的小花紫草果实证明它们的

装饰作用可能早已从类似于史前保加利亚等同属欧亚草原文化的西部地区传到了吐鲁番。当然，小花紫草果实的装饰作用也可能早已为吐鲁番的土著民族独立发现。

3. 刺山柑 *Capparis spinosa* L.

科　　白花菜科　Capparidaceae

属　　山柑属　*Capparis*

种　　刺山柑　*Capparis spinosa* L.

种子少部分为散落状态，大部分集结成团（图版三四二，a）。团块个体为梭形，系多枚种子与有黏性的果肉自然粘连在一起（图版三四二，b）。团块长 1.64 ~ 2.38 cm（$\overline{X}$=2.02 cm，*N*=30），直径约 0.90 ~ 1.40 cm（$\overline{X}$=1.19 cm，*N*=30）。位于团块外部的种子破坏较为严重（遭虫蛀），而位于内部的种子保存完好。将团块浸入水中，致使黏合在一起的种子逐渐散开。果肉内游离出来的色素使溶液呈棕红色（图版三四二，g）。

种子大小均一，紫褐色，肾形，先端具突出且弯曲的喙（图版三四二，c）；喙前端为种脐。种子长 2.26 ~ 2.70 mm（$\overline{X}$=2.49 mm），宽 1.72 ~ 2.10 mm（$\overline{X}$=1.86 mm），厚 1.20 ~ 1.50 mm（$\overline{X}$=1.40 mm），百粒重 0.341 g。种皮侧面光滑，没有明显纹饰。背侧和腹侧在电镜下呈波浪状起伏（图 13a、c）。将种皮的表

图 12　阿尔卑斯山地区史前居民以紫草属植物种子作为装饰品（引自注释[50]）

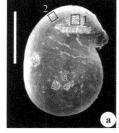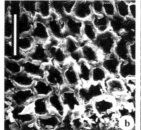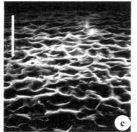

图 13　刺山柑种子

(a) 刺山柑种子的电镜照片。标尺 = 1.0 cm

(b) 种皮的表皮层剥离后，表皮层下部的组织呈蜂窝状（图 a 中 1 处的放大）。标尺 = 75 μm

(c) 种皮表皮层未剥离时呈波浪状起伏（图 a 中 2 处的放大）。标尺 = 60 μm

皮层剥离后，表皮层下部的组织呈蜂窝状（honeycomb pattern）（图 13b）。种皮脆，厚度为 0.10 ~ 0.16 mm（$\overline{X}$=0.12 mm，*N*=30）。胚乳和胚棕色。胚不对称，螺旋状（图版三四二，e、f），外面包着一层厚厚的胚乳（图版三四二，d）。

刺山柑的种子出土于洋海 II M213 墓室，共 45.24 g。该墓室内共发现 3 个陶罐。其中编号为 II M213：1 罐内装有黍（*Pancium miliaceum* L.）的带稃颖果，第 3 个编号为 II M213：2 陶罐内装植物遗存（图版三四二，a、h、i），由两种植物组成：下部为大麻（*Cannabis sativa* L.）的果实、破碎的叶片及小枝条（图版三四二，h、i）；上部为刺山柑（*Capparis spinosa* L.）的种子，并夹杂少量虎尾草（*Chloris virgata* Sw.）及小獐毛（*Aeluropus pungens* var. *pungens*（M. Bieb.）C. Koch）的颖果。另有部分刺山柑的种子散落于墓室中。刺山柑的 ^{14}C 年龄经北京大学考古文博学院测定为距今 2620 ± 35 年，经树轮校正后为距今 2800 年左右（表 2）。

山柑属植物被分为四个组（section）：1 *Capparis*，2 *Sodada*，3 *Monostichocalyx*，4 *Busbeckea*[51][52]。在这四个组中，仅有 *Capparis* 组在东半球的温带地区有自然分布。*Capparis* 组的分类问题至今仍未能达成共识。根据最新修订结果，该组由 10 个种组成[53]。在本研究中，我们采用了 Jacobs[51] 的处理原则，即山柑组（*Capparis* section）内仅包含一个种：刺山柑（*Capparis spinosa* L.）[51][52][54][55]。

刺山柑又称老鼠瓜、野西瓜、槌果藤，为白花菜科山柑属的模式种。它是一种多刺、具匍匐茎的多年生小灌木，多生于干旱的沙地、戈壁、石质山坡及山麓，是优良的固沙植物[56]。刺山柑的根皮、叶子、种子及果实可入药，主治急慢性风湿性关节炎[57]；花蕾、果实及根部盐腌渍后可食用；果实可以生食；种子含油高达 30%。刺山柑主要分布在东半球，中亚、西南亚、欧洲南部、非洲东部和北部、马达加斯加岛及至大洋洲诸岛都有自然分布（图 14）。刺山柑在我国主要分布于新疆，也见于甘肃（安西、敦煌）及西藏（札达）。

人类认识刺山柑的历史可追溯到新石器时代。最早的炭化刺山柑种子被发现于叙利亚 Tell Abu Hureyra 遗址的 Epi-Palaeolithic 层位（公元前 9200 ~ 前 8500 年）中[59]，在其他考古遗址中也多有发现（图 15；表 3）。由于上述遗址出土的刺山柑种子或果实遗存多散落于遗址中而未经特别保存，其用途仍不清楚。在叙利亚的 Tell es-Sweyhat 遗址中（公元前 2400 ~ 前 1400 年），炭化的刺山柑花蕾及未成熟果实被贮存于陶罐内。花蕾被认为

表 2　刺山柑种子 [14]C 年代测定数据

编号	样品	[14]C 年代（BP）（$T_{1/2}$=5620）	树轮校正年龄 1δ（68.2%）	树轮校正年龄 2δ（95.4%）
BA07170	刺山柑种子	2620±35	820BC ~ 780BC	850BC（95.4%）~ 760BC 690BC（1.5%）~ 670BC

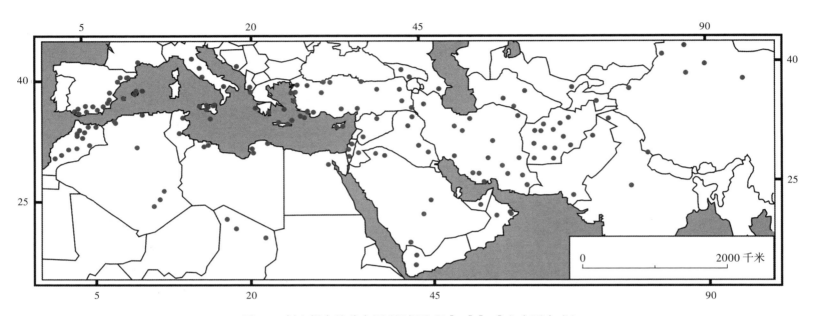

图 14　刺山柑自然分布图（根据注释［53］［58］文中图合成）

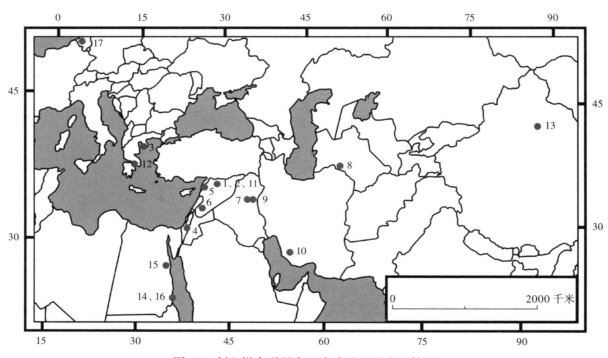

图 15　刺山柑在世界各地考古遗址的出土情况

（1 ~ 17 遗址名称、所在国家等情况见表 3）

是腌渍后当作调料（condiment），而未成熟果实的用途尚不清楚[60]。

与自然分布区域相一致，刺山柑主要出土于地中海及西亚地区，以叙利亚最多。其在中亚地区除了塔吉克斯坦的 Jeitun 遗址（公元前 5400 ~ 前 5000 年）有少量种子出土外，还未见其他报道[68]。本研究证实，两千多年前生活在中国吐鲁番地区的先民曾对刺山柑高度重视。

在以前的报道中，叙利亚的 Tell es-Sweyhat 遗址曾出土刺山柑炭化的花及未成熟果实[60]，伊朗的 Malyan 遗址（公元前 4000 ~ 前 2000 年）曾出土炭化木材[70]，而

表 3 刺山柑遗存在世界各国的出土情况

时代	遗址	所在国家	数量和质量	保存状况	备注	文献	在图 15 中的遗址号
9500 ~ 4000 BC	Tell Abu Hureyra	叙利亚	种子, 稀见于中石器时代层位, 但多见于新石器时代层位	炭化	中石器层位的种子可能是新石器时代扰入的	[61][62]	1
8500 ~ 6900 BC	Tell Mureybit I- Ⅳ	叙利亚	138 枚种子, 大部分受到严重破坏	炭化	在第二期文化层内浮选共获得 102 枚种子	[63]	2
7500 ~ 7000 BC	Franchti Cave	希腊	280 枚种子	大部分矿化, 少量炭化	—	[47]	3
7100 ~ 6000 BC	Nahal Hemar Cave	以色列	8 枚种子	干燥（dried）	种皮为黑色	[64]	4
6500 ~ 5750 BC	Ras Shamra	叙利亚	87 枚种子	由炭化、半炭化 (semi-charred) 及未炭化种子组成	原作者认为这些种子并非新石器时代遗存	[65]	5
6200 BC	Tell Asward	叙利亚	25 枚种子	烧焦	大部分种子受到严重破坏	[66]	6
6000 BC	Tell es-Sawwan	伊朗	300 枚完整或挤压的种子	炭化	—	[67]	7
5400 ~ 5000 BC	Jeitun	土库曼	少量种子	烧焦	可能为野生, 其果实或种子被采集	[68]	8
5000 BC	Choga Mami	伊拉克	5 枚种子	炭化	标本来自 Samarra 文化层	[69]	9
4000 ~ 2000 BC	Malyan	伊朗	少量的木炭	烧焦	原作者认为刺山柑木木材可能被用作燃料	[70]	10
2400 ~ 1400 BC	Es-Sweyhat	叙利亚	花蕾及未成熟果实, 数量不详。部分果实及花依然完整, 其余大量标本破碎	炭化	贮存于陶罐内	[60]	11
600 ~ 400 BC	Corinth	希腊	1 枚种子	炭化	—	[71]	12
700 BC	洋海墓地	中国新疆	78 个种子团及大量分离的种子, 共 45.24 g	保存完好	贮存于陶罐内上层; 下层有部分大麻的小枝条、破碎叶片及果实	本文	13
275 BC ~ 600 AD	Berenike	埃及	约 3000 粒种子及少量破碎的果实	脱水（Desiccated）	原作者推断植株当时可能被用作装饰品	[72]	14
100 ~ 200 AD 晚期	Mons Claudiann	埃及	种子, 数量较少且不详	脱水	原作者推断其可能从尼罗峡谷 (Nile Valley) 地区或其附近输入	[73][74]	15
500 ~ 600 AD	Shenshef	埃及	不详	脱水	原作者认为刺山柑果实可能被采集并食用	[75]	16
1200 ~ 1495 AD	Bruge	比利时	15 枚种子, 部分完整, 部分破碎	脱水 (Cooremans, 2006, 个人通讯)	原作者认为刺山柑可能系地中海地区输入	[76]	17

其他地区出土仅为种子，且多已炭化或腐朽[61][68][77][78]，或严重损坏[63][66][69][77]。类似于本次装于特定容器中，保存又如此完好的种子遗存实属罕见。

洋海墓地刺山柑种子出土时的另一个重要特征在于仍然集结成块，且贮存于陶罐内。迄今为止，大部分遗址中出土的种子数量较少，多与其他农作物或杂草种子混杂[67][68]。这些刺山柑种子是先民有意使用还是无意中与其他作物混合？以前出土的刺山柑遗存多散落于遗址而不是被保存于特定容器内。那么，它们是动物扰动带来的，还是与人类活动有关？正因为如此，叙利亚 Ras Shamra 遗址（公元前 6500 ~ 前 5750 年）出土的刺山柑被植物考古学家所怀疑[65]；Nahal Hemar 遗址出土的部分种子被认为系由啮齿类动物后来带入遗址[64]。根据现有资料，仅在叙利亚 Tell es-Sweyhat 遗址中出土的保存在陶罐内的炭化花蕾及未成熟果实被认为是先民有意贮存[60]。新疆吐鲁番洋海墓地出土的刺山柑作为陪葬品出现，并被贮存于陶罐内，应该视为先民有意保存。

刺山柑一般被视为杂草[61][73][77]。然而，其种子富含蛋白质、脂类及纤维，具有食用价值[79]。埃及人将刺山柑种子加入葡萄酒中以保持酒的甜味[80]。另外，刺山柑种子含有阿魏酸（Ferulic acid）和芥子酸（Sinapic acid），具有药用价值。刺山柑种子用醋煮后服下可缓解牙痛[76]，根皮是重要的维药之一。早在 11 世纪前叶成书的《注医典》中，刺山柑的药用价值被记述为"强筋健肌，增强感觉，软脾退肿，止咳平喘……"。在 14 世纪的维吾尔药学著作《拜地依药书》中则被记述为"消坚退肿，祛斑生辉，通经利尿……"[81][82]。但是，作为重要的民族药品，刺山柑的医用价值在欧亚大陆的考古遗存中却没有得到任何暗示。

陶罐内上层为刺山柑成团的种子，而下部分为大麻的果实、叶子和小枝条的混合物。先民为什么将这两种不相及的东西放在一起呢？如前所述，墓地中保存的大麻最大的可能是使用它的药用价值[83]。出土的刺山柑种子胚均已经发育健全，种子属于成熟状态。刺山柑中食用部分为未成熟的花蕾，未成熟的果实或带有叶片的嫩枝（其汁液含有辛辣味），但其种子一般不作为食用[61]。根据物以类聚的原则，大麻和刺山柑的共性在于都具有药用价值。我们推断，古洋海人很可能已经通晓并利用刺山柑的药用价值，并对其加以保存。

刺山柑的药用价值在古代已被发现并记录[84]。古亚述文字 [sam]A-SI-A-SI，[(sam)(is)]NIM 和 *baltu* 经考证被认为是刺山柑，且被用来治疗痛性尿淋沥（strangury）、月经期疾病（menstruation）及唾液疾病（saliva）[85]。在 Pliny the Elder's 的名著 *Natural History* 及 Dioscorides' 的药学名著 *De Materia Medica* 中出现的词汇 *Aspalathus/Aspalathos* 经美国植物考古学家 Naomi Miller 博士考证为刺山柑[86]。其药物学价值在公元 1 世纪已被上述两位作者（Pliny 和 Dioscorides）著述[87][88]。正如 Powell 所指出的那样，古巴比伦人最初认识药物有着获得麻醉药的取向（the practice of medicine in ancient Babylonia was "primarily drug-oriented"）[86][89]。事实上，该论点在吐鲁番地区同样适用。然而，两千多年前的古洋海人是如何利用这两种植物的药用价值的，仍需要植物学家及考古工作者进行更深入的研究。

4. 葡萄 *Vitis vinifera* L.

科　　葡萄科　Vitaceae
属　　葡萄属　*Vitis*
种　　葡萄　*Vitis vinifera* L.

葡萄藤呈黑褐色，轻微弯曲，外部周皮多脱落，少量附着于韧皮部上；长 116 cm，宽 2.3 ~ 2.7cm，厚 1.1 ~ 1.5cm；横截面椭圆形，一侧压扁（图 16a、b）；髓接近于压扁一侧。

生长轮明显，环孔材；导管椭圆形，少数圆形；单管孔稀少，径列复管孔 2 ~ 11 个，多为 4 个以上（图版三四三，1a）。根据切向直径，导管可分为两组：直径较大的导管分布在早材区域，且多与直径较小的导管形成径列复管孔；直径较小的导管多分布在晚材区域，少数分布在早材区域，形成径列复管孔或管孔团。

射线细胞异型，多为横卧细胞；方形细胞与横卧细胞高度相仿，直立细胞比横卧细胞高（图版三四三，1d）；射线具穿孔（图版三四三，2a）。轴向薄壁细胞多位于导管周围，高为 7 ~ 12 细胞。导管与导管间纹孔梯状，一至多列；导管端部为单穿孔板，圆形（图版三四三，1c）；导管 - 射线间纹孔与导管 - 薄壁细胞间纹孔相似，半具缘（图版三四三，2c、d）。较细导管多

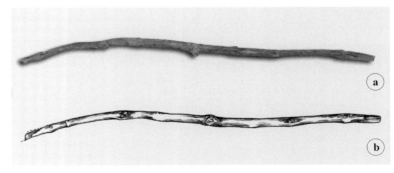

图 16　洋海墓地出土的葡萄藤（长 116cm）

(a) 实物照片　　(b) 清绘图

具螺纹加厚。

射线细胞多列，宽约 2 ~ 16 个细胞，高约 2 ~ 3.8 mm。木纤维多分隔，细胞壁上有具缘纹孔（图版三四三，1b）；导管间纹孔式梯状，一至多列（图版三四三，2b）。

葡萄藤取自洋海墓地ⅡM169 墓室。墓室口用树枝用横梁，上搭芦苇。葡萄藤随意地与树枝混杂在一起，取出后编号为ⅡM169 ：5。墓室内陈设物分成三层，上层和中层各放置一具男尸，下层为一具小孩骨架（图17）。葡萄藤的 ^{14}C 年龄经北京大学考古文博学院测定为距今 2245 ± 35 年，经树轮校正后为距今 2300 年左右（表4）；后又送至美国 Beta 实验室进行年代测定，数据与北京大学的测定结果吻合较好。

标本具有环孔材，射线宽且高，管间纹孔式为梯状等解剖学特征，与葡萄属植物木材特征一致。葡萄属植物中有 36 种自然分布在我国[90]。另外，在喜马拉雅山系一带还分布有 V. jacquemontii Parker[91]。它们多零星分布于亚热带区域，比较适应温暖湿润的气候，而不适应新疆夏季炎热干燥的气候。迄今为止，新疆地区尚未发现野生的葡萄科植物。我国北方也有分布于温带的葡萄属植物如山葡萄（V. amurensis Rupr.）、葛藟（V. flexuosa Thunb.）及蘡薁（V. bryoniaefolia Bunge = V. thunbergii Sieb. et Zucc. var. adstricta（Hance）Gagnep.）等。通过比较木材结构发现，山葡萄木材为散孔材，葛藟及蘡薁为半环孔材（以上数据均来自日本 FFPRI 数据库 http:// f030091.ffpri.affrc.go.jp/fmi/xsl/home-E.xsl）。新发现的标本与上述三种植物均不一致。因此，从植物地理学、生态学及解剖学等三个方面均不存在原生于我国内地或喜马拉雅山脉一带的野葡萄（Vitis spp.）传播到新疆的可能。况且，除葡萄（V. vinifera L.）外，其他葡萄属植物并无栽培价值。从历史文化方面来看，我国内地当时并无葡萄栽培，而西域诸国葡萄栽培已很为盛行。因此，此次发现的葡萄遗存当为栽培葡萄（Vitis vinifera L.）。

葡萄是人类最早栽培的果树之一，为多年生木质藤

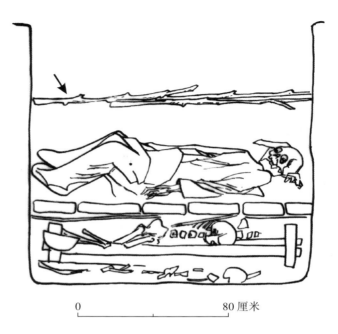

0 —————————————— 80 厘米

图 17　ⅡM169 墓葬示意图（箭头指处为葡萄藤）

本植物。在与新大陆葡萄属植物进行杂交育种之前，旧大陆的上万个栽培品种均来源于葡萄属植物的模式种：葡萄（Vitis vinifera L.）[92]。葡萄（V. vinifera ssp. vinifera L.）系野葡萄（V. vinifera ssp. sylvestris（C. C. Gmelin）Berger）经人工驯化而来。野葡萄雌雄异株，分布范围广，从大西洋东岸经地中海的狭长地带一直延伸到喜马拉雅山脉西侧[59]（图18）。关于栽培葡萄的起源问题现在仍有争议。传统研究认为，葡萄栽培的诞生和发展在三个不同的地理区域独立进行，并形成三个品种群：东方品种群（orientalis）、西欧品种群（occidentalis）和黑海品种群（pontica）。不同的生态环境和栽培条件，孕育形成了丰富的优良栽培品种和类型而流传于世界各地[93][94]。该学说得到分子遗传学证据的支持[95]。然而，叶绿体 DNA（Chloroplast DNA）研究显示栽培葡萄至少从两个中心驯化而来：近东地区和地中海西部地区[96]；叶绿体微卫星研究（Chloroplast microsatellites）则显示欧洲的栽培葡萄应单元起源于从高加索到中东地区的较小范围[97]。

表 4　葡萄藤 ^{14}C 年代测定数据

编号	样品	^{14}C 年代（BP）（$T_{1/2}$=5620）	树轮校正年龄 1δ（68.2%）	树轮校正年龄 2δ（95.4%）
BA07172	葡萄藤	2245±35	390BC（22.9%）~ 350BC 300BC（44.9%）~ 230BC 220BC（1.2%）~ 210BC	400BC（28.9%）~ 340BC 330BC（66.5%）~ 200BC
Beta-439605	葡萄藤	2240±30	366BC（10.1%）~ 351BC 300BC（58.1%）~ 210BC	384BC（20.8%）~ 339BC 328BC（74.6%）~ 204BC

与葡萄的自然分布区域相吻合，葡萄遗存主要发现于地中海及中东地区。最古老的葡萄遗存可追溯到地质历史时期：英国 Suffolk 地区的更新世地层中曾有一枚葡萄（V. vinifera）种子被发现[99]。旧石器时代先民可能已经认识并利用野葡萄（V. vinifera ssp. sylvestris）：2 枚野葡萄种子被发现于以色列的 Ohalo II 遗址中（约 18000 年，后被认为 22000 年）[100]。炭化的野葡萄种子也发现于希腊地区新石器时代的 Franchthi Cave 遗址中（距今 6940 ~ 6670 年）。葡萄栽培最早出现于地中海东部地区（Levant）：在该地公元前 4000 ~ 前 3000 年的一系列遗址中有葡萄种子及炭化木材出土[59][101][102]。由于该地区并无野葡萄自然分布，上述葡萄遗存应系外地传播而来的栽培葡萄。地中海一带的晚期遗址中多有葡萄遗存出土。

中亚地区多高山与沙漠，交通不便，栽培葡萄（Vitis vinifera）传至我国已经很晚。根据《史记·大宛列传》，汉使张骞到达大宛（今乌兹别克斯坦地区的费尔干纳盆地）后发现"（宛）去汉可万里，其俗土著，耕田，田稻麦，有蒲陶酒……"且"宛左右以蒲陶为酒，富人藏酒至万余石，久者数十岁不败。俗嗜酒，马嗜苜蓿"。然后"汉使取其实来，于是天子始种苜蓿蒲陶肥饶地。及天马多，又外国使来众，则离宫别观旁尽种蒲陶苜蓿离馆旁极望"[103]。司马迁与张骞为汉武帝同代朝臣，其史实记载不应谬误。随着西汉与大宛文化交流日益增多，两国间使节来往应该不少。葡萄也可能在张骞凿通西域之后由汉代使节传入我国内地。张骞曾于公元前 138 年和公元前 119 年两度出使西域。如果《史记·大宛列传》确实客观地反映了汉代使节对西域部分经济作物的传播行为，则栽培葡萄（V. vinifera ssp. vinifera L.）传入我国内

地应在公元前 100 年左右。

除对古文献进行考证外，研究人员一直在寻找我国早期葡萄栽培的实物证据。考古学者在新疆民丰县的古精绝国遗存——尼雅古城（公元 1 ~ 4 世纪）内发现有葡萄园遗址。新疆维吾尔自治区博物馆[104]曾报道洛甫县山普拉 1 号墓地（古于阗王国时期）1 号墓室（M01）出土的纺织品上有葡萄形纹饰（标本编号 M01：3902）（图 19）。据此，杨承时先生认为我国出现葡萄栽培最早的地方应为新疆塔里木盆地西、南缘区域，并综合文献和考古证据认为我国新疆最早引进和栽培葡萄当在公元前 4 ~ 前 3 世纪[105]。山普拉墓地的葡萄图案固然有可能系当地居民设计，也有可能是通过文化交流从其他地区传入。山普拉墓地出土的植物遗存有薏苡（Coix lacryma-jobi var. lacryma-jobi L.）、桃（Amydalus persica Batsch.）、杏（Armeniaca vulgaris Lam.）、黍（Panicum miliaceum L.）、青稞（Hordeum vulgare var. coeleste L.）、核桃（Jugians regia L.）、沙枣（Elaeagnus sp.）等，但没有一粒葡萄种子出土[106]。该墓室年代经测定为距今 2085 ± 80 年，即公元前 1 世纪左右，与张骞凿通西域的时间相去不远。因此，吐鲁番洋海墓地出土的 2300 年前的葡萄藤为追溯我国早期葡萄栽培提供了新的切入点。

与葡萄种子相比，葡萄藤在考古遗址中十分少见。然而，葡萄藤的出土意义要大于葡萄种子，因为它"显示了植物的祖本"[107]。McGovern 曾报道在格鲁吉亚（Georgia）西部 Nosiri 地区一处 4000 年前的遗址中发现葡萄藤遗存[107]。该遗存来自于葡萄的自然分布区，原作者应不会弄错，但并未展示解剖图版并加以证实。Lone 等报道克什米尔地区的 Burzahom 新石器时代一期文化遗址（公元前 1700 ~ 前 1000 年）中有葡萄藤出

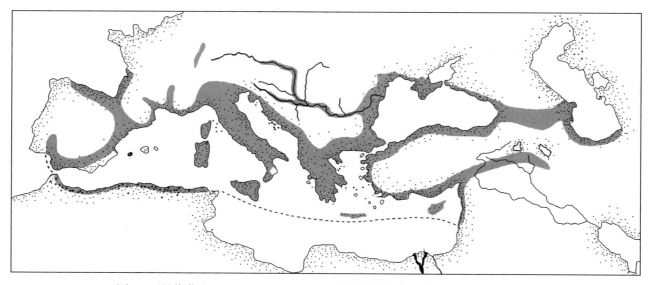

图 18　野葡萄（V. vinifera ssp. sylvestris）的自然分布区域（引自注释[98]）

图19　新疆山普拉墓地出土的葡萄纹图案（根据注释［104］重绘）

土［108］，但其弦切面射线仅为两至三列，木材为散孔材。上述特征不似葡萄属植物，尤其不像是栽培葡萄（*V. vinifera* L.）的木材结构。在本研究中，我们对洋海墓地出土的葡萄藤作了详细的解剖学研究，充分证明吐鲁番出土的葡萄藤遗存应属栽培葡萄（*Vitis vinifera*）无疑。

中国文献记载的有关葡萄的史料丰富。春秋时期儒家经典著作《诗经》中已有"六月食郁及薁，七月烹葵及菽"等诗句。其中的"薁"经李惠林先生考证即为原生于我国的一种野葡萄（*Vitis* sp.）［109］。从实物证据来看，在河南贾湖遗址（距今8000年）曾出土过较多的蘡薁（*V. bryoniaefolia*）种子［110］。出土陶器壁上的酒石酸/酒石酸盐（tartaric acid/tartrate）残留物可能部分来自于当地的野葡萄（*Vitis* sp.）［111］。在我国长江中下游地区的良渚文化遗址（距今5000～4000年），如庄桥坟、下家山、尖山湾遗址中也有部分野葡萄（*Vitis* spp.）种子出土［112］；彭头山遗址出土的葡萄属植物的种子也均来自当地的野葡萄如蘡薁［113］。上述现象说明，原生于我国的野葡萄（*Vitis* spp.）也曾引起先民的注意并可能被加以利用，但这些野葡萄皆因果小、皮厚、味酸而未能得到重视，也未加以驯化。时至近期，我国才逐渐从山葡萄（*V. amurense*）中选育一些新品种，用作抗寒砧木。

葡萄喜光，喜水，生长季怕湿。吐鲁番地区夏季炎热干旱，与地中海地区气候相仿，对葡萄来说是一块宝地。因此，吐鲁番成为我国的葡萄主产区［114］。但是，

葡萄的管理较难。吐鲁番地区冬天温度太低，只有对葡萄藤进行下架埋土，才能避免被冻死。从生长轮来看，出土的葡萄藤已有6年树龄，说明古洋海人已经深谙葡萄的各种特性，包括冬天给葡萄果树埋土防寒。葡萄一般在第三或第四年才开始结果。因此墓主可能已经品尝了2～3年的珍馐美味。中亚地区浩瀚的荒漠与险峻的高山并没能隔断民族文化的交流以及先民们对美好生活的向往与追求。

东亚、美洲与欧洲并列为葡萄属植物的三大起源中心。作为起源中心之一，我国版图内并不缺乏葡萄属植物。欧亚大陆自然分布的葡萄属植物约40种，中国就有37种之多。但是，新疆地区从未发现有任何野生的葡萄科（Vitaceae）植物，出土于吐鲁番洋海墓地的葡萄遗存无疑系外地传来，且已在本地栽培。本研究对长久以来史学界及农学界认为在我国版图内葡萄栽培始于张骞出使西域之后的说法提出了新看法。同时，我们的研究也证明了我国境内葡萄栽培最早并非始于塔里木盆地西、南地区，而有可能始于吐鲁番地区。伴随着葡萄文化，西方的葡萄酒文化才有可能传至吐鲁番地区。或许早在丝绸之路之前，就有一条葡萄之路连接着东方与西方；吐鲁番不仅作为丝路重镇，也有可能作为古老的葡萄重镇，传承着葡萄文化，促进东西方文明的交流与发展。

5. 黍 *Panicum miliaceum* L.

科　　禾本科　Poaceae
属　　黍属　　*Panicum*
种　　黍　　　*Panicum miliaceum* L.

叶互生，条状披针形，上下表面均粗糙，具疣基毛。叶边缘平直，具硬刺毛。叶耳未见，叶舌密被纤毛。叶鞘松弛裹茎，具沟槽，疣基毛位于沟槽内；叶鞘基部被白色柔毛。秆直立，光滑，中空，直径平均为2.3 mm，壁厚约0.1 mm。

圆锥花序长约8.0cm，开展，分枝纤细。主轴上部分枝呈螺旋形排列（图版三四四，a）。分枝三棱形，棱上具糙刺毛，下部裸露，上部密生小枝与小穗。小穗卵状椭圆形，平均长3.6 mm，宽1.4 mm。每小穗有两朵小花，仅一朵可育。颖纸质，无毛。第一颖三角形，短小，具5脉，长仅占小穗的1/2，顶端尖。第一外稃与小穗等长，脉多数，不甚明显，顶端深两裂。第一内稃退化，透明膜质，长约1.5 mm；第二颖与第一外稃相似，亦具多数脉；第二外稃背部平滑，坚硬，内卷，紧抱同质的内稃。内稃略鼓，顶部露出于外稃（图版三四四，d、e）。颖果为自然的米黄色，长1.7～1.9 mm，宽1.5～1.7 mm，厚

0.9 ~ 1.3 mm。胚宽卵形，约占果实长度的 1/2，被稀疏柔毛（图版三四四，g）。种脐位于胚的另一侧，点状，黑色（图版三四四，f）。

标本由洋海墓地 2 号台地 213 号墓室内的填土中筛出，保存为一个完整的花序（图版三四四，a）及一些带叶鞘的茎秆（图版三四四，b），淡棕黄色；另在墓室中的一个陶罐（编号 ⅡM213：1）里装有黍的带稃颖果，其中部分已结块（图版三四四，c）。

在叶鞘上有疣基毛的禾本科植物中，自然分布于新疆的大画眉草（Eragrostis cilianensis）仅叶鞘口处具疣基毛（长柔毛）；荩草（Arthraxon hispidus）叶鞘生硬疣毛，但短于节间，且秆细弱，本种与之不同；粟（俗称"谷子"）（Setaria italica）与狗尾草（Setaria viridis）的叶鞘虽密生疣基毛，但其叶鞘边缘密生纤毛，本种亦与之不同。将所得材料与中国科学院植物研究所国家植物标本馆中的黍对比，发现二者的外部形态相同。因此，该植物遗存当属黍无疑。

黍与粟的颖果于肉眼观察下易于混淆。但是，二者的胚区别明显：粟的胚为窄卵形，长宽之比约为 2；黍的胚为宽卵形，长宽之比约为 1。胚区长与颖果长之比亦不相同：黍约为 1/2，而粟约为 5/6。这两个性状较为稳定，可作为鉴定粟与黍的标准[115]。本次出土的颖果遗存胚区宽度和高度之比为 1.03 ~ 1.17，且胚区高度约占颖果的 1/2（图版三四四，g），符合黍的一般特征，故验证了该遗存为黍的推论。

黍为禾本科一年生草本植物，又名稷或糜子，是一种栽培历史悠久的粮食作物，为我国传统的"五谷"之一。中国北方黄土地区是旱作农业的故乡。一般认为，黍是中国黄土地区的原生作物[98][109][116]，距今 8000 年就已栽培，是黄河流域重要的粮食作物。我国已出土黍遗存多处。甘肃秦安大地湾遗址大地湾一期文化（距今 7800 ~ 7350 年）中出土的黍遗存是我国最早记录；稍晚期为大地湾仰韶文化早期遗址（距今 6500 ~ 6000 年）中出土的黍遗存[115]。甘肃东乡林家马家窑遗址（距今 5000 年）出土了黍的较为完整的植株，包括花序和颖果[117][118]。吕厚远等在青海省喇家新石器遗址齐家文化的层位中发现了作为食物的面条，从中提取了大量的粟和黍的植硅体和淀粉颗粒，是我国先民在 4000 年前以粟和黍为原料制作面条的直接证据[118]。黍在新疆古代遗址中的出土记录远不及中原多。王炳华曾提到"在和硕县新塔拉石器时代文化遗址中，见到了多量炭化糜粒"[119]；新疆小河墓地也出土了较多的黍[120]。

黍在希腊的 Argissa-Maghilla 史前遗址（距今 7950 ~ 6960 年）中曾有发现，与中国最早出土黍的年代相去不远。但因其遗址年代尚有争议，故发现于该遗址中的黍一般不为考古学家及农学家所接受[121]。在中东地区美索不达米亚平原的 Jemdet Nasr（公元前 3000 年）及意大利 Varese 地区的史前滨湖居民遗址中亦发现有黍的遗存[122]。然而 Motuzaite-Matuzeviciute 等对欧洲十个距今 8000 ~ 6000 年的遗址中出土的炭化黍进行了直接测年，发现最老的黍不过距今 3600 年左右，无疑应为后期混入[123]。史学界及农学界均认为，黍起源于华北，其在史前已经欧亚草原传入东欧[124]。我们认为，吐鲁番地区为原生于中国黄土地区的黍等禾谷类作物向西传播的重要驿站。

6. 青稞 Hordeum vulgare var. coeleste L.

科　　禾本科　　Poaceae

属　　大麦属　　Hordeum

种　　青稞　　Hordeum vulgare var. coeleste L.

穗状花序，黄褐色，小穗排列紧凑。花序平均长 27.6 mm，宽 14.0 mm，厚 3.0 mm。花序轴坚韧，由若干个小节片联结而成。节片直立扁平，背腹面光滑且具有光泽，两侧密生柔毛。节片上端较宽且厚，下端较窄且薄。每节片上着生有三枚小穗，排成一行，形成三联小穗。三联小穗交替排列于穗轴之上，每小穗由两颖及一可孕小花组成。颖线状披针形，先端延伸成芒（图版三四四，h），长 9.7 mm，宽 0.8 mm，着生于节片顶端与小穗连接处，革质，上表皮基部密生刚毛，中上部毛稀疏；下表皮较为光滑，边缘具硬刺毛。

小穗轴（基刺）锥形，周围密布长柔毛，平均长 2.7 mm（图版三四四，i）。外稃与内稃着生于小穗轴上，纸质，边缘膜质，二者几等长。外稃具 5 脉，稃背部 3 条，两侧各 1 条。稃体外侧表皮具厚壁的乳头状表皮毛，边缘被贴伏毛。外稃先端形成长芒，芒上具硬刺毛。内稃包于外稃内，无芒，具 2 脉，内外两侧表皮特征与外稃相似。

颖果棕褐色，平均长 6.2 mm，宽 2.5 mm，厚 1.7 mm，易脱离稃体。颖果顶端平截，果毛稀少；背腹略扁，腹沟明显，纵跨种子全长，上端通至萎缩的花柱基部，下端与花轴断面相接（图版三四四，j）。腹沟两侧的果颊圆而隆起，无毛，皱纹明显。胚区位于颖果背面下方，约占总果长的 2/5，胚中部凹陷，果基尖削。

青稞由洋海墓地 ⅡM213 墓室内的填土中筛出。保存为不完整的穗状花序。部分颖和稃亦发现于墓室中的陶罐（编号 ⅡM213：1）中。该花序穗状，每节片上着生有三联小穗，无疑应属大麦属。三联小穗皆无柄，且可育，穗轴不易自然断裂，符合栽培大麦的特征。栽培大麦在中国有一种及两变种。原变种大麦（H. vulgare）在成熟时分泌的黏性物质可将内外稃与颖果紧密黏合以致不能完全分开，故又称为皮大麦。裸大麦则可轻易从内外稃内脱出。我们发现的标本果实裸露，且易从稃内脱出，无疑应属于后者。裸大麦在中国有两种类型，青稞（Hordeum vulgare var. coeleste）与藏青稞（Hordeum vulgare var. trifurcatum）。二者区别在于藏青稞的外稃顶端具三个裂片，两侧裂片顶端具短芒或无芒；青稞外稃顶端不具三裂片，而是具一条长芒[125]。墓地样品符合青稞的特点。

大麦是人类最早驯化的主要农作物之一，至今已有上万年的历史[126]。一般认为，大麦起源于"新月沃地"的原生植物野生二棱大麦（H. spontaneum），而裸大麦系大麦基因突变而来。该结论得到了考古学、植物学及遗传学证据的支持[98][109][116][124][127]~[132]。最早出土的大麦（H. vulgare）遗存已有10000年之久。青稞最早出土于叙利亚新石器时代的Ramad遗址（距今10000~9000年）[66]，而栽培大麦最早出土于伊拉克东部的Tell es-Sawwan遗址（距今8000年）[133]。青稞在中亚地区的出现晚于中东地区，其最早出土于土库曼斯坦新石器时代（距今7300~7100年）的Jeitun遗址[68]。

青稞在中国栽培历史悠久。青海都兰诺木洪塔遗址（公元前2175~前955年）出土的麦类作物中含有青稞[130]。西藏昌果沟新石器遗址亦报道发现了3500年前的炭化青稞[131]。陈发虎等对青藏高原多个遗址出土的农作物种子进行比较分析表明，耐寒的青稞的传入与推广成为藏族先民向更高处扩散的动力，并促进了藏族的形成[134]。新疆在关于青稞出土的报道较少。哈密五堡墓地出土的新石器时代（距今3300年）的青稞（原报道为"四棱裸大麦（H. vulgare）"当属最早的记录[135]。

7. 普通小麦 Triticum aestivum L.

科　　禾本科　Poaceae
属　　小麦属　Triticum
种　　普通小麦　Triticum aestivum L.

花序穗状，黄褐色，直立，不具分枝。花序短粗、密聚，长约3.0 mm，厚约为5.8 mm（图版三四四，k）。花序由一个左右曲折的花序轴和两侧的小穗组成。花序轴由多个穗轴组成。每一穗轴的基部与下一个穗轴的顶端相连。穗轴一侧凸起，另一侧下陷。轴节盾片状，具竖棱纹，最宽处位于穗轴中上部，顶部1/3处曲线明显。穗轴侧面及顶端的边缘具刚毛（图版三四四，l）。小穗单生于平截的穗轴顶端，成覆瓦状排列。每小穗有2~

3朵小花可育。颖革质，边缘膜质，舟形，稍短于外稃，具9脉，从小穗两侧包围着小花，易于穗轴脱落。颖背部具一显著的龙骨状脊，自基部直达先端，脊上具硬毛（图版三四四，m）。脊于顶端形成约2 mm的齿，齿上具刚毛。颖上的轴向皱襞明显，且基部稍具横向褶皱。

外稃与内稃均纸质，但外稃厚于内稃。外稃顶部具短芒，背面鼓起，具7脉，表面稀具贴伏毛。内外稃边缘均膜质，被贴伏毛。内稃边缘向外稃一侧折叠，形成两脊，脊上密生贴伏毛；中部向外稃一侧凹陷，亦形成一脊，脊上光滑无毛。颖果干瘪皱缩，部分果皮脱落，果毛明显，胚不明显（图版三四四，n）。颖果平均长度为5.0 mm，宽为1.7 mm，厚1.2 mm。

标本由ⅡM213墓室内的填土中筛出，混杂在青稞遗存中，保存为三个不完整的花序。部分颖和稃亦发现于墓室中的陶罐（ⅡM213∶2）中。所得标本为穗状花序，小穗单生于各节，两侧压扁，呈覆瓦状排列在穗轴两侧。颖革质，卵形，边缘膜质，背部具1条明显的脊。颖果长圆形，顶端具毛，腹面具纵沟。此标本符合小麦属（Triticum）的特征。

小麦属作物分为三个组：二倍体组（2n=2x=14）、四倍体组（2n=4x=28）和六倍体组（2n=6x=42）。染色体组为二倍体的一粒小麦（T. monococcum）及其变种的颖先端具两个尖齿，内稃成熟时纵裂为两瓣，每穗通常仅有一个可育小花。洋海标本与一粒小麦特征不符。四倍体（T. turgidum、T. durum）与六倍体普通小麦（T. aestivum）易于混淆，主要区别有三点：1）六倍体小麦穗轴上具纵向纹理，穗轴两侧弯曲呈弧形，具硬毛，穗轴最宽端位于中上部；四倍体小麦穗轴上不具纵向纹理，穗轴两侧较平直，不具硬毛，穗轴呈楔形，最宽端位于最上部；2）六倍体小麦的颖基部无加厚，且易从穗轴上完全脱落；四倍体小麦的颖基部加厚明显，不易于从穗轴上脱落。颖往往仅部分脱落，而加厚的颖基部宿存于穗轴之上；3）六倍体小麦颖上的轴向皱襞明显，且基部稍具横向褶皱；而四倍体小麦颖上的轴向皱襞并不明显，且基部也不具横向褶皱[136]~[138]。根据上述标准，可以判断洋海墓地的植物遗存为六倍体普通小麦。

小麦属作物的栽培已有10000年之久。普通小麦几乎广布世界各国农区，现在已有25000多个栽培种[139]。与大麦相同，小麦属作物一般被认为起源于西南亚及地中海东部冬雨区的"新月沃地"[109][124][129][139]。遗传学证据表明，普通小麦可能起源于伊朗北部至里海西岸一带[140][141]。

小麦遗存在我国古代遗址中多有发现。距今约4000

年前的新石器时代的新疆孔雀河墓地中也有普通小麦出土。楼兰古城遗址（距今 2000 年）诵经堂的内墙抹泥上还保存着很完整的普通小麦的小花[141]。西藏昌果沟新石器遗址（距今 3500 年）亦报道有炭化的普通小麦颖果（仅一粒）出土[131]。

有史以来，殷墟甲骨文中已有"来"字和"麦"字，二者皆专指小麦（*Triticum* sp.）。麦是我国古代"五谷"之一，《诗经》中已有"丘中有麦""贻我来牟""禾麻菽麦"等诗句。我国在秦代以前出土的普通小麦遗存较少。本次洋海墓地出土的普通小麦遗存的小穗、颖、稃及果实均保存良好，丰富了我国小麦栽培的历史证据。

我国并非小麦属作物的起源地，其有可能于史前就已传入中国内地[109][116][124]。我们认为，新疆（吐鲁番）地区可能是普通小麦由西亚传至中国内地或者次生于中国的优良品种向西传播的一个重要驿站。

洋海墓地虽然出土了黍、青稞、小麦等三种粮食作物，但古洋海人有没有原始农业？这些粮食作物是在本地栽培的，还是通过交换或掠夺由外地输入？墓室中发现的粮食作物具有茎秆，可以证明它们当属本地栽培无疑。鉴于黍的颖果贮存于陶罐内，有半罐之多，且较为单一，而青稞与普通小麦则散落于墓室内，混杂在一起。我们推测，青稞与普通小麦不及黍重要。洋海人的主要粮食为黍，青稞次之，普通小麦可能是混在青稞中保存下来。

8. 芦苇 *Phragmites australis* (Cav.) Trin. ex Steud.

　　科　　禾本科　Poaceae
　　　属　　芦苇属　*Phragmites*
　　　　种　　芦苇　*Phragmites australis* (Cav.) Trin. ex Steud.

芦苇黄褐色，叶鞘无毛，叶舌短，密生短毛。叶片扁平，平均宽 0.74 mm，厚 0.34 mm。秆粗 0.37 ～ 2.0 cm，光滑，直立，具多数节，边缘粗糙，节下被白粉。自节向上表皮毛逐渐增多，至与下一节相连的白粉处增至最多。根及花序未见。秆的表皮细胞由长细胞、短细胞和表皮毛组成。长细胞长 57 ～ 173 μm（$\overline{X}$=108 μm），宽 7 ～ 13 μm（$\overline{X}$=11 μm）。细胞垂周壁波浪状，横周壁上具多数纹孔（图版三四三，3c、d）。

原生于新疆的禾本科植物多为小草本，秆细且丛生者居多。因为新疆不产竹子，所以秆硬质、空心、直径可达 2.0 cm 的禾本科植物仅有芦苇。另外，根据其节下通常被白粉的特性，当前遗存属于芦苇无疑。遗存茎秆表皮特征也与现代芦苇一致。多数墓室中均有芦苇出

土，大部分为散落的茎秆（包括叶和叶鞘），另有芦苇编成的席子和绳子（图版三四三，3a、b）。芦苇秆坚韧，纤维含量高，在古洋海地区除被用于编织席子和制作绳子外，亦被作为杂草搭于墓室顶部的圆木之上或铺在死者身下。其食用、饲喂、建筑以及药用价值在古洋海地区尚未发现。

9. 虎尾草 *Chloris virgata* Sw.

　　科　　禾本科　Poaceae
　　　属　　虎尾草属　*Chloris*
　　　　种　　虎尾草　*Chloris virgata* Sw.

小穗淡黄色；每个小穗上着生 2 朵小花，上部花不孕，仅下部花可孕。不孕花附着在孕花上而不脱落，颖未见。第一花外稃长 3 ～ 4 mm，具 3 脉，中脉成脊，脊上具柔毛，两边脉具长柔毛。外稃先端二齿裂，齿稍下方着生着长 5 ～ 10 mm 的芒。芒上有微刺毛，基盘被柔毛；内稃稍短于外稃，脊上具微纤毛。果实长 1.34 ～ 1.98 mm，宽 0.42 ～ 0.58 mm，纺锤形，无毛，两侧扁，具三棱，棕红色，透明，有油状光泽，骨质。顶端钝圆，两侧稍凹，基部略尖。背面有钝脊，腹面弓圆；胚体大，椭圆形，稍皱缩，色深于果实其他部分，长约占果实的 3/4；脐位于果实基部背面，点状，紫色（图版三四五，1a）。

虎尾草出土于洋海墓地 ⅡM213 墓室内的陶罐（编号为 ⅡM213：2）内，状态为散落的小穗及颖果。共发现 10 个小穗及 8 粒颖果。

虎尾草为广谱性杂草，分布于全国各地。在新疆，主要生长于平原绿洲及部分山地。

10. 小獐毛 *Aeluropus pungens* var. *pungens* (M. Bieb.) C. Koch

　　科　　禾本科　Poaceae
　　　属　　獐毛属　*Aeluropus*
　　　　种　　小獐毛　*Aeluropus pungens* var. *pungens* (M. Bieb.) C. Koch

圆锥花序，穗状，长 4.86 cm，宽 0.86 cm。花序轴扁形，有棱，棱上密生 1 ～ 2 排贴伏毛，刚毛顶部指向花序轴顶端。整个花序由 13 个小穗组成，各小穗彼此疏离，不互相重叠（图版三四五，1c）。小穗长 3.74 mm，由 4 ～ 8 小花组成。小花在穗轴上排成明显的两行。颖卵形，草质，具 5 ～ 9 脉，脊上粗糙，边缘膜质，疏生纤毛。小花单凸透镜形，长约 2.0 mm。外稃与颖同型同质，具 5 ～ 11 脉，边缘及基部密生纤毛。内稃凹陷，为外稃紧包，纸质，边缘具短刺毛（图版三四五，1d）。颖果红褐色，椭圆形，长 0.98 ～ 1.1 mm，宽 0.60 ～ 0.66 mm，胚位于果实基部，圆形。背面隆起，靠近胚端（远离花柱侧）有一个椭圆

形凹陷。腹部平坦，顶端具黄褐色宿存花柱。果皮表面具纵向的指纹形纹饰（图版三四五，1b）。

小獐毛颖果发现于洋海墓地ⅡM213墓室的陶罐（编号为ⅡM213：2）内，另有一枚完整的小穗发现于ⅡM211墓室内的填土中。

小獐毛（A. pungens）具有两个变种：原变种小獐毛（A. pungens var. pungens）与变种刺叶獐毛（A. pungens var. hirtulus）。两者区别在于后者叶片上表面密生刺毛，下表面疏生柔毛；颖及外稃边缘无纤毛或仅有数根纤毛。出土的标本虽不具叶片，但其外稃边缘密生纤毛而更接近于前者。在地理分布上，刺叶獐毛仅产于新疆阿勒泰地区，在吐鲁番并无自然分布。故墓室中标本可能属于原变种小獐毛（A. pungens var. pungens）。

小獐毛属于农田杂草，生于南北疆平原绿洲，多见于大河流域的三角洲、河旁低地及湖滨周围，是平原盐化低地草甸的主要建群种之一，也是苏打盐土的指示植物。

11. 稗 Echinochloa crusgali (L.) Beauv.

科　　禾本科　Poaceae

属　　稗属　Echinochloa

种　　稗子　Echinochloa crusgali (L.) Beauv.

叶边缘粗糙，有刚毛，锯齿状；无叶舌（图版三四五，2f）。圆锥花序长5.6 cm，主轴具棱，具疣基长毛（图版三四五，2a）。侧枝贴向主轴，具次级小枝。侧枝粗糙，穗轴上密生刺毛，疏生疣基长毛（图版三四五，2a）。小穗卵形，长3.3 mm，宽1.5 mm，常成对着生于穗轴的一侧。每小穗含两小花，阔卵状椭圆形，仅一朵可育。第一颖阔卵形，于基部包卷小穗，长为小穗的1/3左右，具3～5脉，脉上具疣基毛（图版三四五，2b）。第一小花不育，第一外稃草质，上部具7脉，脉上具疣基毛，脉间被短硬毛，芒缺如；第一内稃薄膜质，具2脉，边缘具刺毛（图版三四五，2c）。第二外稃椭圆形，平滑，坚硬，背部鼓起。顶端具小尖头，尖头上微具细毛，边缘内卷，包着同质的内稃（图版三四五，2d、e）。与黍的内稃不同，稗子的内稃平坦或略向背部一侧凹陷。内稃顶端亦微具细毛。颖果包于第二外稃与内稃之间，已萎缩，干瘪。

标本出土于洋海墓地ⅡM211墓室中的填土内，为三个圆锥花序。其中一花序下部连有部分秆，秆外面尚包有叶和叶鞘。该遗存的小穗含2朵花，其中一朵不育，仅余外稃。第二朵花的外稃及内稃质地坚硬，且颖上密被刚毛。上述特征均符合稗属的一般特征。根据《新疆植物志（第六卷）》记载，新疆自然分布有5种稗属杂草[142]。遗存小穗平均长3.3 mm，圆锥花序的侧枝常再分枝，且颖的主脉上具疣基毛，与稗（E. crusgalli）最为相似。稗属其他种如光头稗（E. colonum）侧枝稀疏并不再分枝，小穗仅长2～2.5mm，较规则的成四行排列于穗轴的一侧等特征与本种不同；水田稗（E. oryzoides）与旱稗（E. hispidula）因小穗长4～6mm，花序侧枝通常不再分枝亦与本种不同；长芒稗（E. caudate）第一外稃具5脉，脉上疏生刺毛（不具疣基毛），且小穗与芒常带紫红色等特征与本种不同。所以，遗存标本被鉴定为稗（Echinochloa crusgali）。

新疆自然分布的稗子有其原变种Echinochloa crusgali var. crusgali和变种E. crusgali var. mitis。两者主要区别在于原变种外稃顶端延伸成一粗壮的芒，而变种无芒或具极短的芒。本标本没有发现长芒，可能长芒在保存或发掘过程中脱落，或根本不存在，故很难确定其原生状态。因此，我们仅将其鉴定到种。

稗子生长于南北疆平原绿洲水分条件较好的田边、地埂、水稻田和水边湿草地，为一种恶性的农田杂草。

12. 苦豆子 Sophora alopecuroides var. alopecuroides L.

科　　蝶形花科　Fabaceae

属　　槐属　Sophora

种　　豆子　Sophora alopecuroides var. alopecuroides L.

草本，基部木质化成半灌木状。茎直立，具不明显棱纹，淡黄色。植株自基部多分枝，枝多成帚状，被白色贴伏毛。主枝粗1.13 cm，侧枝粗3.1 mm。叶未见。总状果序顶生，果实密集（图版三四六，1b）。荚果于种子间缢缩，呈明显的念珠状，具长柄，顶端亦延长成尖头。荚果稍扁，长2.1～7.0 cm，宽约4.6 mm，略向内弯曲，不裂，具1～7粒种子，多为三粒。外果皮密被白色贴伏毛。雄蕊10，花丝不同程度联合，花丝上及联合部分疏被短毛（图版三四六，1d）。种子近半圆形，两侧微扁，各有一个略为下陷的凹坑。长4.60～5.10 mm，宽3.24～3.70 mm，厚2.38～2.42 mm。表面红褐色，近光滑，具微颗粒。背面光滑，腹部平截，种脐位于种长的1/2以上，近椭圆形，直径约为0.5 mm，褐色，晕轮褐色，隆起。种瘤位于种子基部，微突出，褐色，距种脐2.5～3 mm。脐条明显，呈一条隆起的褐色线（图29c）。横切面长椭圆形，子叶断面呈黑色。

标本出土于ⅡM211及ⅡM213墓室，发现于覆盖墓室顶部的杂草中和墓主身下所垫的杂草中。大部分为与枝条连在一起的荚果，仅一株较具根、茎、果实和种子的完整植株（图版三四六，1a）。苦豆子具有两个变种：原变种苦豆子（Sophora alopecuroides var. alopecuroide）

及变种毛苦豆子（*S. alopecuroides* var. *tomentosa*）。两者区别为后者叶和枝密被绒毛，而前者被贴伏毛。发现的标本因枝条密被白色贴伏毛而非绒毛，与苦豆子相符。另外，毛苦豆子仅分布在新疆哈密地区，在吐鲁番地区并无自然分布。据此推测，新发现的遗存应属于苦豆子为宜。

苦豆子多分布在我国西北地区的草原及沙漠区域，适合生长于荒漠区内较潮湿的地段，如潮湿的风沙地、低湿地、湖盆沙地、沙丘的低湿处，绿洲边缘及农区的沟旁和田边地头[143]，属中等旱生耐盐植物，具有固风沙、耐干旱等特性。苦豆子味极苦，其鲜草及干草家畜均不食用。另外，苦豆子性寒、有毒、具有清热解毒、抗菌消炎作用，是重要的维吾尔族药品[144][145]。目前尚未发现古洋海人以苦豆子为药的迹象，可能仅作为杂草铺垫于尸体之下，或盖于墓室之上。

13. 黑果枸杞 *Lycium ruthenicum* Murr.

科　　茄科　Solanaceae

属　　枸杞属　*Lycium*

种　　黑果枸杞　*Lycium ruthenicum* Murr.

多刺灌木。分枝坚硬，幼枝灰白色，中部粗 0.03 ~ 0.33 cm，节间短缩，顶端延伸成刺；老枝土黄色，有不规则的纵条纹，粗 0.5 ~ 1.0 cm。每节有长 0.3 ~ 0.8 cm 的短棘刺，棘刺为枝刺类型。短枝位于棘刺两侧，在幼枝上不明显，在老枝上成瘤状；叶、果未见（图版三四六，1f、g）。

遗存标本与枸杞属植物最为相似。自然分布于新疆的枸杞属有五个种：黑果枸杞（*L. ruthenicum*）、新疆枸杞（*L. dasystemum*）、宁夏枸杞（*L. barbarum*）、柱筒枸杞（*L. cylindricum*）、北方枸杞（*L. chinense* var. *potaninii*）。本次发现标本的一个突出特点在于其每节的短棘刺长为 0.3 ~ 0.8 cm；并且短枝位于棘刺两侧，在幼枝上不明显，在老枝上成瘤状。该特征与黑果枸杞最为吻合。

几乎每个墓室都有黑果枸杞出土。一般放置在墓室顶部的圆木上，厚达 15 cm 左右（图版三四六，1e）。黑果枸杞耐干旱，常生于盐碱土荒地、沙地或路旁。从墓葬特征来看，黑果枸杞主要是用于搭建墓室。同时代的胜金店墓地也有大量使用黑果枸杞植株填充墓室的现象[146]。我们推测，黑果枸杞置于墓室顶部可防止向下掉土；另外，粗壮的枝刺可能具有防盗或防止动物破坏的作用。

14. 云杉 *Picea* sp.

科　　松科　Pinaceae

属　　云杉属　*Picea*

种　　云杉（未定种）　*Picea* sp.

出土于 M8 墓室。木材直径 6 ~ 9 cm，多纵向裂纹。

生长轮明显，早材带至晚材带渐变。年轮长度为 96 ~ 827 μm（$\overline{X}$=316μm）。管胞于横切面上多呈四边形，少数为椭圆形。管胞的直径弦向长度为 6 ~ 25 μm（$\overline{X}$=17 μm），径向 15 ~ 40 μm（$\overline{X}$=24 μm）。晚材宽 3 ~ 7 个细胞。具轴向树脂道。单个或成对出现于晚材附近，部分出现于早材中。树脂道周围 9 ~ 13 个泌脂细胞，细胞壁厚（图版三四六，2a）。木薄壁组织细胞缺如。

射线单列，高 2 ~ 17 细胞，细胞呈长椭圆形。晚材附近管胞切向壁具多数小而圆的具缘纹孔。部分射线纺锤形，内含横向树脂道（图版三四六，2b）。横向树脂道直径小于轴向树脂道，直径为 30 ~ 54 μm（$\overline{X}$=43 μm）。树脂道周围 8 ~ 12 个泌脂细胞，细胞壁厚。

管胞径壁具缘纹孔单列，未见二列（图版三四六，2c）。纹孔直径 10 ~ 22 μm（$\overline{X}$=17 μm）。木射线细胞壁具单纹孔，端壁具节状加厚。射线管胞位于射线薄壁细胞边缘，1 ~ 4 列（图版三四六，2e），射线管胞具缘纹孔较小。交叉场纹孔云杉型，2 ~ 7 个，多为 3 ~ 4 个（图版三四六，2d）。

同时具有轴向树脂道及径向树脂道，且交叉场纹孔为云杉型的木材仅出现于松科中的云杉属（*Picea*）及落叶松属（*Larix*）。然而，落叶松属与云杉属差别有三：1）落叶松属早材至晚材为急变，而云杉属为渐变；2）落叶松属木材径壁纹孔主要为两列，而云杉属主为一列；3）落叶松属木材的射线管胞具缘纹孔要比云杉属宽大得多[147][148]（图 20，21）。洋海墓地材料完全符合云杉属木材性状。

根据《新疆植物志·第一卷》[149]，原生于新疆的云杉属植物仅有天山云杉（*Picea schrenkiana*）和新疆云杉（*Picea obovata*）两种。广布于吐鲁番盆地周边高山上的云杉属树种仅有天山云杉，而新疆云杉仅分布于阿尔泰山地。根据史前人类一般就地取材的原则，我们认为，洋海墓地出土的云杉属木材很可能来自于天山云杉（*Picea schrenkiana*）。然而，仅根据光学显微特征难以将云杉属木材鉴定到种，故我们本次仅将其鉴定到属为宜。

云杉多数搭建于墓室顶部，起支撑作用，上盖黑果枸杞枝条、杂草或芦苇木，部分木材用以制作尸床。天山云杉木材优良，材质细密，纹理直，易加工，可供房屋建筑等用[149]。从洋海墓地向北走 20 千米便可进入天山。因此，这些木材应从天山内采集而得。

15. 胡杨 *Populus euphratica* Oliv.

科　　杨柳科　Salicaceae

属　　杨属　*Populus*

种　　胡杨　*Populus euphratica* Oliv.

木材直径 7 ～ 9 cm，部分尚具红褐色树皮；木材出土较多，研究材料来自ⅠM8。

生长轮明显，宽度平均为 4mm，散孔材。多数为短径向复管孔，通常 2 ～ 3 个，单管孔较少，管孔团稀见；每平方毫米平均 75 个管孔。单个导管在横切面呈椭圆形，具多角形轮廓（图版三四七，1a）；导管弦向直径为 19 ～ 54 μm（$\bar{X}$=36 μm），导管分子端壁具单穿孔板（图版三四七，1e）。管间纹孔式互列，纹孔轮廓为多角形，长轴为 8 ～ 11 μm（图版三四七，1c）。侵填体未见。导管与射线间纹孔式为圆形单纹孔，大小略同于管间纹孔，多见于边缘数列细胞内（图版三四七，1g）。

轴向薄壁细胞未见。

射线组织多同型单列，少数为异型单列，4 ～ 25 个细胞高（图版三四七，1f）；射线高度为 180 ～ 998 μm（$\bar{X}$=439.43 μm）。直立射线细胞多位于横卧射线边缘，且高于横卧射线（图版三四七，1b、d）。

分隔木纤维及胞间道未见。

16. 柳（未定种） *Salix* sp.

科　　杨柳科　Salicaceae

属　　柳属　*Salix*

种　　柳（未定种）　*Salix* sp.

仅在ⅠM8内发现一株，木材直径 7cm。

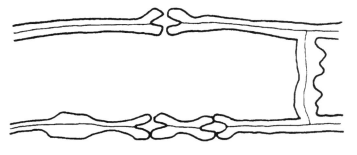

图20　云杉属（*Picea*）木材射线管胞具缘纹孔

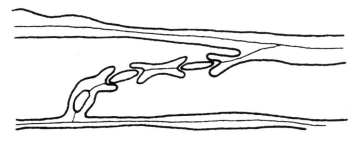

图21　落叶松属（*Larix*）木材射线管胞具缘纹孔（引自注释[147]）

生长轮明显，宽度平均为 3.1 mm，散孔材（图版三四七，2a）。多数为单管孔，少数为短径列复管孔，通常 2 ～ 3 个，管孔团稀见；每平方毫米平均 70 个管孔（图版三四七，2a）。单个导管在横切面呈椭圆形；导管弦向直径为 31 ～ 71 μm（$\bar{X}$=50 μm），导管分子端壁具单穿孔板，穿孔板端正（图版三四七，2c）。管间纹孔式互列，纹孔轮廓为多角形，长轴为 6 ～ 10 μm（$\bar{X}$=8 μm）（图版三四七，2d），侵填体未见。导管与射线间纹孔式为圆形单纹孔，大小略同于管间纹孔，主要位于直立射线细胞内（图版三四七，2b）。

轴向薄壁细胞未见。

射线组织多同型单列，少数为异型单列，3 ～ 26 个细胞高（图版三四七，2e）；射线高度为 87 ～ 276 μm（$\bar{X}$=184 μm）。直立射线细胞多位于横卧射线边缘，且高于横卧射线（图版三四七，2b）。

分隔木纤维及胞间道未见。

杨属（*Popules*）和柳属（*Salix*）木材都有一个突出的特点：射线组织均单列。一般而言，被子植物木材射线组织多为多列，而完全为单列者较为特殊。就我们所掌握的资料来看，我国北方树种木射线单列者仅为杨柳科、枣属（*Ziziphus*）、栗属（*Castanea*）、长柄七叶树（*Aesculus wilsonii*）及栾树（*Koelreuteria paniculata*）。枣属木材导管与射线及轴向薄壁组织间纹孔式类似管间纹孔式，且导管含树胶；栗属及栾树的木材为环孔材；长柄七叶树木材射线有叠生现象，均与洋海墓地标本不同。墓室木材导管与射线及轴向薄壁组织间纹孔式为大圆形单纹孔，管间纹孔式为互列的多角形，符合杨柳科木材的特征。另外，杨柳科木材导管不含树胶[150]。比较发现，我们于洋海墓地所发现的被子植物木材特征与杨柳科木材相同。

柳属与部分杨属木材均为散孔材。柳属木材导管多为单管孔，散生；杨属木材多为径列复管孔，据此我们可以将两者分开[150][151]。就杨属木材而言，其射线组织多为同形单列。具有异形射线组织的仅有加杨（*Popules* × *canadensis*）及胡杨。众所周知，加杨系外来种。因此，原生于新疆的，具异形射线的杨属木材仅为胡杨。

新疆现生柳属木材众多，然多为栽培种。查阅《中国木材志》[151]及《新疆植物志》[149]后发现，吐鲁番并无自然分布的柳属乔木。况且，柳属乔木甚多，而该属的木材解剖工作仅限于极少数的几个种（如旱柳、垂柳）。因此，在本文中我们暂将所发现的柳属木材定到属。

胡杨抗盐，抗旱，抗风，喜光，喜沙质土壤，是新疆荒漠中分布最广的落叶阔叶树种，特有的荒漠森林树种。其多生于荒漠河流沿岸及排水良好的沙质土壤上。

柳属树种喜光、喜湿、抗寒，是保持水土的优良树种。木材易干燥，易加工，可作为民用建筑材料。洋海村中现在还生长着为数不少的旱柳（*Salix matsudana*）。

此次发现的云杉、胡杨、柳等树种均用于墓室建筑。杨和柳的存在说明，与今天相似，当时的洋海墓地周边地区自然分布着一定量的阔叶树木。

参考书目

［1］吐鲁番市志编辑委员会：《吐鲁番市志》，新疆人民出版社，2002 年。

［2］新疆文物考古研究所、吐鲁番地区文物局：《吐鲁番考古新收获——鄯善县洋海墓地发掘简报》，《吐鲁番学研究》2004 年第 1 期。

［3］Schultes, RE. Man and marijuana. *Natural History*, 1973, 82: 59-63, 80, 82.

［4］Frank M, Rosenthal E. Cannabis *and Ancient History*. And/Or Press, Berkeley, California, USA, 1978.

［5］Abel EL. *Marihuana. The First Twelve Thousand Years*. Plenum Press, New York, 1980.

［6］Merlin MD. Archaeological evidence for the tradition of psychoactive plant use in the old world. *Economic Botany*, 2003, 57: 295-323.

［7］Bouquet RJ. *Cannabis. Bulletin on Narcotics*, 1950, 2: 14-30.

［8］Miller NG. The genera of Cannabaceae in the southeastern United States. *Journal of the Arnold Arboretum*, 1970, 51: 185-203.

［9］Schultes RE. Random thoughts and queries on the botany of *Cannabis*. In: Joyce CRB, Curry SH (Eds): *The Botany and Chemistry of C*annabis. J. and A. Churchill Publishers, London. 1970, pp 11-38.

［10］Vaughan JG. *The Structure and Utilization of Oil Seeds*. Chapman and Hall Ltd., London, 1970.

［11］Schultes RE, Klein WM, Plowman T, Lockwood TE. *Cannabis*: an example of taxonomic neglect. *Botanical Museum Leaflets*, Harvard University, 1974, 23: 337-367.

［12］Small E, Cronquist A. A practical and natural taxonomy for *Cannabis*. *Taxon*, 1976, 25: 405-435.

［13］Bartholomew B., and Zhou, Z. K., 2003. Cannabaceae. In: Wu ZY, Raven PH (Eds). *Flora of China*, Vol. 5. Science Press, and Missouri Botanical Garden Press, Beijing and St. Louis, 2003. pp. 74-75.

［14］Anderson LC. A Study on systematic wood anatomy in Cannabis. *Botanical Museum Leaflets*, Harvard University, 1974, 24 (2):29-36.

［15］Anderson LC. Leaf variation among *Cannabis* species from a controlled garden. *Botanical Museum Leaflets*, Harvard University, 1980, 28 (1): 61-69.

［16］Emboden WA. *Cannabis* — a polytypic genus. *Economic Botany*, 1974, 28: 304-310.

［17］Hillig KW, Mahlberg PG. A chemotaxonomic analysis of cannabinoid variation in *Cannabis* (Cannabaceae). *American Journal of Botany*, 2004, 91: 966-975.

［18］Hillig KW. A Chemotaxonomic analysis of terpenoid variation in *Cannabis*. *Biochemical Systematics and Ecology*, 2004, 32: 875-891.

［19］Hillig KW. Genetic evidence for speciation in *Cannabis* (Cannabaceae). *Genetic Resources and Crop Evolution*, 2005, 52: 161-180.

［20］Hillig KW. *A Systematic Investigation of* Cannabis. Ph. D. Dissertation, Indiana University, USA, 2005.

［21］Davidyan GG. Botanicheskaya kharakteristika konopli. Trudy po Prikladnoi Botanike, *Genetike i Seliktsii*, 1972, 48(3): 17-52.

［22］Small E. Morphological variation of achenes of *Cannabis. Canadian Journal of Botany*, 1975, 53: 978-987.

［23］Small E. American law and the species problem in *Cannabis*: Science and Semantics. *Bulletin on Narcotics*, 1975, 27(3): 1-20.

［24］Klimko M. Morphological variability of *Cannabis sativa* L. *Bulletin de la Société des Amis des Sciences et des Lettres de Poznan*. Serie D, *Sciences Biologiques*, 1980, 20 : 127-134.

［25］Gilmore S, Peakall R, Robertson J. Short Tandem Repeat (STR) DNA Markers are Hypervariable and Informative in *Cannabis sativa*: implications for forensic investigations. *Forensic Science International*, 2003, 131: 65-74.

［26］Fleming MP, Clarke RC. Physical evidence for the antiquity of *Cannabis sativa* L. *Journal of the International Hemp Associations*, 1998, 5: 80-92.

［27］Hastorf CA. Recent research in paleoethnobotany. *Journal of Archaeological Research*, 1999, 7: 55-103.

［28］Mahlberg PG, Kim ES. Accumulation of cannabinoids in glandular trichomes of *Cannabis* (Cannabaceae). *Journal of Industrial Hemp*, 2004, 9: 15-36.

［29］Fetterman PS, Keith ES, Waller CW, et al. Mississippi-grown *Cannabis Sativa* L. : preliminary observation on chemical definition of phenotype and variations in tetrahydrocannabinol content versus age, sex, and plant part. *Journal of Pharmaceutical Sciences*, 1971, 60: 1246-1249.

［30］Edwards M. Searching for the Scythians. *National Geographic*, 1996, 190(3): 54-79.

［31］Wills S. *Cannabis* use and abuse by man: An historical perspective. In: Brown PT (Ed.). Cannabis-*The Genus* Cannabis. Harwood Academic Pubs. The Netherlands, 1998, 1-27.

［32］Polosmak N. A Mummy unearthed from the pastures of heaven. *National Geographic*, 1994, 80-103.

［33］Godwin H. The ancient cultivation of Hemp. *Antiquity*, 1967, 42: 42-49.

［34］Artamonov MI. Frozen tomb of the Scythians. *Scientific American*, 1965, 212(5): 101-109.

［35］Rudenko SI. *Frozen Tombs of Siberia-the Pazyryk Burials of Iron Age Horsemen*. Translated by Thompson M. W., University of California Press, Berkeley and Los Angeles, USA, 1970.

［36］Touw M. The religious and medicinal uses of *Cannabis* in China, India, and Tibet. *Journal of Psychoactive Drugs*, 1981, 13: 23-34.

［37］Li HL. An Archaeological and Historical Account of *Cannabis* in China. *Economic Botany*, 1974, 28: 437-448.

［38］Li HL. The origin and use of *Cannabis* in eastern Asia linguistic-cultural implications. *Economic Botany*, 1974, 28: 293-301.

［39］王纪潮：《中国古代萨满昏迷中的药物问题》，《自然科学史研究》2005 年第 24 卷第 1 期。

［40］Li HL. Hallucinogenic plants in Chinese herbals. *Journal of Psychedelic Drugs*, 1978, 10: 17-26.

［41］Johnston IM. Studies in the Boraginaceae, XXVI. Further reevaluations of the genera of the *Lithospermeae. Journal of Arnold Arboretum*, 1954, 35: 1-81.

［42］朱格麟：《中国产紫草属和软紫草属分类的研究》，《西北师范大学学报》（自然科学版）1980 年第 2 期。

［43］Gaul JH. *The Neolithic Period in Bulgaria*. Cambridge, Mass, 1948.

［44］Gimbutas M. *The Prehistory of Eastern Europe*, part Ⅰ: *Mesolithic, Neolithic and Copper Age Cultures in Russia and Baltic Area*. Cambridge, Mass, 1956.

［45］Hansen JM, Renfrew JM. Palaeolithic-Neolithic seed remains at Franchthi Cave, Greece. *Nature*, 1978, 271: 349-352.

［46］Matsutani A. Plant Remains from the 1984 Excavations at Douara Cave. In: Akazawa T and Sakaguchi Y (Eds.), *Paleolithic Site of Douara Cave and Paleogeography of Palmyra Basin in Syria*. Part IV: 1984 Excavations. The University Museum, the University of Tokyo Bulletin No. 29, University of Tokyo Press, Tokyo, 1987, pp 117-122.

［47］Hansen JM. *The Palaeoethnobotany of Franchthi Cave*. Indiana University Press, Bloomington, 1991.

［48］Pustovoytov KE, Riehl S, Mittmann S. Radiocarbon age of carbonate in fruits of *Lithospermum* from the early Bronze Age settlement of Hirbet ez-Zeraqon (Jordan), *Vegetation History and Archaeobotany*, 2004, 13: 207-212.

［49］Riehl S. Archaeobotany at the Early Bronze Age Settlement of Hirbet ez-Zeraqon: a preliminary report. *Zeitschrift des Deutschen Palästina-Vereins*, 2004, 120: 101-122.

［50］Schlichtherle H. Neolithische Schmuckperlen aus Samen und Fruchtsteinen. In: Küster H (Ed.). *Der Prähistorische Mensch und seine Umwelt*. Forschungen und Berichte zur Vor- und Frühgeschichte in Baden-Württemberg 31, Stuttgart, 1988, pp 199-203.

［51］Jacobs M. The genus *Capparis* (Capparaceae) from the Indus to the Pacific. *Blumea*, 1965, 12: 385-541.

［52］Fici S. Micromorphological observations on leaf and pollen of *Capparis* L. sect. *Capparis* (Capparaceae). *Plant Biosystems*, 2004, 38: 125-134.

［53］Inocencio C, Rivera D, Obón MC, Alcaraz F, Barreña J. A systematic revision of *Capparis* section *Capparis* (Capparaceae). *Annals of the Missouri Botanical Garden*, 2006, 93: 122-149.

［54］Higton RN, Akeroyd JR. Variation in *Capparis spinosa* L. in Europe. *Botanical Journals of the Linnean Society*, 1991, 106: 104-112.

［55］Fici S. Intraspecific variation and evolutionary trends in *Capparis spinosa* L. (Capparaceae). *Plant Systematics and Evolution*, 2001, 228: 123-141.

［56］张立运、杨春：《保护风蚀地的刺山柑》，《植物杂志》2004 年第 1 期。

［57］新疆生物土壤沙漠研究所：《新疆药用植物志》(第一册)，新疆人民出版社，1977 年。

［58］林祁：《山柑科》，《中国高等植物》(第 5 卷)，青岛出版社，2003 年。

［59］Zohary D, Hopf M. Domestication of Plants in the Old World. *The Origin and Spread of Cultivated Plants in West Asia, Europe and the Nile Valley*. Clarendon Press, Oxford, England, 2000.

［60］Van Zeist W, Bakker-Heeres JAH. Archaeobotanical studies in the Levant 4. Bronze Age sits on the North Syrian Euphrates. *Palaeohistoria*, 1985, 27: 247-316.

［61］Hillman GC. The plant remains from Tell Abu Hureyra: A Preliminary report. In: Moore AMT, Hillman GC, Legge AJ. (Eds.). *The Excavation of Tell Abu Hureyra. Proceedings Prehistory Society*, 1975, 41: 70-73.

［62］Moore AMT, Hillman GC, Legge AJ. *Village on the Euphrates: from Foraging to Farming at Abu Hureyra*. Oxford University Press, Oxford, 2000, pp 527.

［63］Van Zeist W, Bakker-Heeres JAH. Archaeobotanical studies in the Levant 3. Late Palaeolithic Mureybit. *Palaeohistoria*, 1984, 26: 171-199.

［64］Kislev ME. Nahal Hemar Cave, Desiccated plant remains: an interim report. *Atiqot*, 1988, 18: 76-81.

［65］Van Zeist W, Bakker-Heeres JAH. Archaeobotanical studies in the Levant 2. Neolithic and Halaf levels at Ras Shamra. *Palaeohistoria*, 1984, 26: 151-170.

［66］Van Zeist W, Bakker-Heeres JAH. Archaeobotanical studies in the Levant 1. Neolithic sites in the Damascus Basin: Aswad, Ghoraife, Ramad.

Palaeohistoria, 1982, 24: 165-256.

［67］Helbaek H. Early Hassunan Vegetable at Es-Sawwan near Samarra. *Sumer*, 1965, 20: 45-48.

［68］Harris DR, Masson VM, Berezkin YE, et al. Investigating early agriculture in Central Asia: new research at Jeitun, Turkmenistan. *Antiquity*, 1993, 67: 324-338.

［69］Helbaek H. Samarran irrigation agriculture at Choga Mami in Iraq. *Iraq*, 1972, 34: 35-48.

［70］Miller N. Paleoethnobotanical evidence for deforestation in ancient Iran: A case study of urban Malyan. *Journal of Ethnobiology*, 1985, 5: 1-19.

［71］Bookidis N, Hansen J, Snyder L, et al. Dining at the sanctuary of Demeter and Kore at Corinth. *Hesperia*, 1999, 68, 1-54.

［72］Cappers RTJ. Roman Foodprints at Berenike. *Archaeobotanical Evidence of Trade and Subsistence in the Eastern Desert of Egypt*. Cotsen Institute of Archaeology, University of California, 2006.

［73］Van der Veen M, Hamilton-Dyer S. A life of luxury in the desert? The food and fodder supply to Mons Claudianus. *Journal of Roman Archeology*, 1998, 11: 101-116.

［74］Van der Veen M. The food and fodder supply to Roman Quarry Settlements in the Eastern Desert of Egypt. In: M Van der Veen (Ed.), *The Exploitation of Plant Resources in Ancient Africa*. Plenum, NewYork, 1999, pp 171-183.

［75］Cappers RTJ. Archaeobotanical remains from Shenshef. In: Sidebotham ST and Wendrich NZ (Eds.), Berenike 1997. *Report of the 1997 Excavations at Berenike and the Survey of the Egyptian Eastern Desert, Including Excavations at Shenshef*. Research School, CNWS, Leiden, 1999, pp 419-426.

［76］Cooremans B. An Unexpected discovery in Medieval Bruges (Flanders, Belgium): seeds of the caper (*Capparis spinosa* L.). *Environmental Archaeology*, 1999, 4, 97-101.

［77］Helbaek H. Pre-pottery Neolithic farming at Beidha. *Palestine Exploration Quarterly*, 1966, 98: 61-66.

［78］Miller N. The crusader period fortress: some archaeobotanical samples from Medieval Gritille. *Anatolica*, 1992, 18: 87-99.

［79］Akgül A, Özcan M. Some compositional characteristics of capers (*Capparis* spp.) seed and oil. *Grasas Y Aceites*, 1999, 50, 49-52.

［80］Renfrew JM. Fruits from ancient Iraq: the paleoethnobotanical evidence. *Bulletin Sumerian Agriculture*, 1987, 3: 157-161.

［81］中国医学百科全书编辑委员会：《中国医学百科全书·维吾尔分卷》，上海科学技术出版社，2005 年。

［82］中华本草编委会：《中华本草·维吾尔卷》，上海科学技术出版社，2005 年。

［83］Jiang HE, Li X, Zhao YX, Ferguson DK, Bera S, Hueber F, Wang YF, Zhao LC, Liu CJ, Li CS. A new insight into *Cannabis sativa* (Cannabaceae) utilization from 2500-year-old Yanghai Tombs, Xinjiang, China. *Journal of Ethnopharmacology*, 2006, 108: 414-422.

［84］Fici S, Gianguzzi L. Diversity and conservation in wild and cultivated *Capparis* in Sicily. *Bocconea*, 1997, 7: 437-443.

［85］Campbell-Thompson R. A Dictionary of Assyrian botany. *The British Academy*, London, 1949, pp 175~178.

［86］Miller N. *The Aspalathus Caper*. Basor, 1995, 297: 55-60.

［87］Rivera D, Inocencio C, Obon C, Carreno E, Reales A, Alcaraz F. Archaeobotany of capers (*Cappari*) (Capparaceae). *Vegetation History and Archaeobotany*, 2002, 11: 295-313.

［88］Rivera D, Inocencio C, Obon C, Alcaraz F. Review of food and medicinal uses of *Capparis* L. subgenus *Capparis* (Capparidaceae). *Economic Botany*, 2003, 57: 515-534.

［89］Powell M. Drugs and pharmaceuticals in ancient Mesopotamia. In: Jacob I, Jacob W (Eds.), *The Healing Past, Pharmaceuticals in the Biblical and Rabbinic Tradition*. Brill, Leiden, 1993, pp 47-67.

［90］Ren H, Wen J. *Vitis*. In: Wu ZY, Raven P (Eds.), *Flora of China*. Vol. 12. Science Press, Beijing and Missouri Botanical Garden Press, St. Louis, 2007, pp 173.

［91］Nazimuddin S, Qaiser M. Vitaceae In: Nasir E, Ali SI (Eds.), *Flora of Pakistan*, Vol. 147. Department of Botany. University of Karachi, Pakistan, 1982.

［92］Olmo HP. Grape. In: Simmonds NW (Ed.), *Evolution of Crop Plants*, Longman, London, 1995: 294-298.

［93］Levadoux LD. Wild and cultivated populations of *Vitis vinifera* L. *Annales de l'Amelioration des Plantes*, 1956, 6: 59-118.

［94］Olmo HP. The origin and domestication of *Vinifera* grape. In: McGovern P, Fleming SJ, Katz SH (Eds). *The Origin and Ancient History of Wine*. Gordon and Breach, Luxembourg, 1995: 31-43.

［95］Aradhya MK, Dangl GS, Prins BH, Boursiquot JM, Walker MA, Meredith CP, Simon CJ. Genetic structure and differentiation in cultivated grape, *Vitis vinifera* L. *Genetical Research*, 2003, 81(3): 179-192.

［96］Arroyo-Garcia R, Ruiz-Garcia L, Boulling L, et al. Multiple origins of cultivated grapevine (*Vitis vinifera* L. ssp. *sativa*) based on chloroplast DNA polymorphisms. *Molecular Ecology*, 2006, 15, 3707-3714.

［97］Imazio S, Labra M, Grassi F, Scienza A, Failla O. Chloroplast microsatellites to investigate the origin of grapevine. *Genetic Resources and Crop Evolution*, 2006, 53: 1003-1011.

［98］Hancock JF. *Plant Evolution and the Origin of Crop Species*. Second Edition. CABI Publishing, Cambridge, MA, USA, 2004.

［99］Turner C. A note on the occurrence of vitis and other new plant records from the Pleistocene deposits at Hoxne, Suffolk. *New Phytologist*, 1968, 67: 333-334.

［100］Kislev ME, Nadel D, Carmi I. Epi-Palaeolithic (19,000 BP) cereal and fruit diet at Ohalo II, Sea of Galilee, Israel. *Review of Palaeobotany and Palynology*, 1992, 73: 161-166.

［101］Zohary D, Spoegal-Roy P. Beginning of fruit-growing in the Old World. *Science*, 1975, 187: 319-327.

［102］Zohary D. The domestication of the grapevine *Vitis vinifera* L. in the Near East. In: McGovern P, Fleming S, and Katz S (Eds.), *The Origins and Ancient History of Wine*. Gordon & Breach, New York, 1995.

［103］司马迁：《史记·大宛列传》。

［104］新疆维吾尔自治区博物馆：《洛浦县山普拉古墓发掘报告》，《新疆文物考古新收获》(1979~1989)，新疆人民出版社，1995 年。

［105］杨承时：《中国葡萄栽培的起始与演化》，《中外葡萄与葡萄酒》2003 年第 4 期。

［106］新疆维吾尔自治区博物馆，新疆文物考古研究所：《中国新疆山普拉——古代于阗文明的揭示与研究》，新疆人民出版社，2001 年。

［107］McGovern PE. *Ancient Wine. The Search for the Origins of Viniculture*. Princeton and Oxford, Princeton University Press, 2003.

［108］Lone FA, Khan M, Buth GM. Palaeoethnobotany. *Plants and Ancient man in Kashmir. Balkema*, Rotterdam, 1993.

［109］何炳棣：《黄土与中国农业的起源》，香港中文大学出版社，1969 年。

［110］刘长江、靳桂云、孔昭宸：《植物考古——种子和果实研究》，科学出版社，2008 年。

［111］McGovern PE, Zhang J, Tang J, et al. Fermented beverages of pre-and proto-historic China. *Proceedings of the National Academy of Sciences of the United States of America*, 2004, 101: 17593-17598.

［112］郑云飞、游修龄：《新石器时代遗址出土葡萄种子引起的思考》，《农业考古》2006 年第 1 期。

［113］湖南省文物考古研究所：《彭头山与八十垱》，科学出版社，2006 年。

［114］Wang QH. Turpan: China's prime grape producer. *Fruit Varieties Journal*, 1991, 44: 187-188.

［115］刘长江、孔昭宸：《粟、黍籽粒的比较及其在考古鉴定中的意义》，《考古》2004 年第 8 期。

［116］李惠林：《东南亚栽培植物之起源》，香港中文大学出版社，1966 年。

［117］西北师范学院植物研究所、甘肃省博物馆：《甘肃东乡林家马家窑文化遗址出土的稷与大麻》，《考古》1984 年第 7 期。

［118］Lu HY, Yang XY, Ye ML, Liu KB, Xia Z, Ren X, Cai L, Wu N, Liu TS. Millet noodles in late Neolithic China. *Nature*, 2005, 437: 967-968.

［119］王炳华：《新疆农业考古概述》，《农业考古》1983 年第 1 期。

［120］Zhang G, Wang S., Ferguson D K, Yang, Y, Liu X, Jiang H. Ancient plant use and palaeoenvironmental analysis at the Gumugou Cemetery, Xinjiang, China: implication from desiccated plant remains. *Archaeological and Anthropological Sciences*, 2017, 9: 145-152.

［121］Renfrew JM. The archaeological evidence for the domestication of plants: methods and problems. In: Ucko PJ, Dimbleby GW (Eds), *The Domestication and Exploitation of Plants and Animals*. 1968, pp 149-172.

［122］King LJ. *Weeds of the World: Biology and Control*. Leonard Hall, London, 1966.

［123］Motuzaite-Matuzeviciute G, Staff R, Hunt H, Liu X, Jones M. The early chronology of broomcorn millet (*Panicum miliaceum*) in Europe. *Antiquity*, 2013, 87: 1073-1085.

［124］Candolle Alphonse de. *Origin of Cultivated Plants*. Hafner Pub. Co., New York, 1959.

［125］郭本兆：《中国植物志》第 9 卷第三分册《禾本科》，科学出版社，1987 年。

［126］Harlan JR. Barly. In: Smartt J. and Simmonds NW (Eds.), *Evolution of Crop Plants*. 1995, pp 140-147.

［127］Helbaek H. Domestication of food plants in the old world. *Science*, 1959, 130: 365-372.

［128］Clark HH. The Origin and early history of the cultivated barleys: A botanical and archaeological synthesis. *Agricultural History Review*, 1967, 15: 1-18.

［129］Renfrew JM. *Palaeoethnobotany: The Prehistoric Food Plants of the Near East and Europe*. London, Methuen & Co Ltd, 1973.

［130］颜济、杨俊良：《小麦族生物系统学》(第二卷)，中国农业出版社，2004 年。

［131］傅大雄、阮仁武、戴秀梅、刘咏梅：《西藏昌果古青稞、古小麦、古粟的研究》，《作物学报》2000 年第 26 卷第 4 期。

［132］Badr A, Müller K, Schäfer-Preg R, et al. On the origin and domestication history of barley (*Hordeum vulgare*). *Molecular Biology and Evolution*, 2000, 17: 499~510.

［133］Helbaek H. Early Hassunan vegetable at Es-Sawwan near Samarra. *Sumer*, 1964, 20: 45-48.

［134］Chen F, Dong G, Zhang D, et al. Agriculture facilitated permanent human occupation of the Tibetan Plateau after 3600 BP. *Science* , 2014, 347: 248-250.

［135］王炳华：《新疆哈密五堡古墓出土大麦的研究》，《农业考古》1989 年第 1 期。

［136］Hillman G. Archaeology, Percival, and the problems of identifying wheat remains. In: Caligari PDS, Brandham PE. *Wheat Taxonomy: the Legacy of John Percival*. Academic Press, 2001.

［137］Nesbitt M. Wheat evolution: integrating archaeological and biological evidence. In: Caligari, P. D. S., Brandham, P. E., *Wheat Taxonomy: the*

Legacy of John Percival. Academic Press, 2001.

［138］Jacomet S. Identification of cereal remains from archaeological sites. *IPAS*, Basel University, 2006.

［139］Feldman M, Lupto FGH, Miller TE. Wheats. In: Simmonds NW (Ed.) *Evolution of Crop Plants. Longman Group Limited*, London. 1995: 184-192.

［140］Ward RW, Yang ZL Kim HS, Yen C. Comparative analyses of RFLP diversity in landraces of *Triticum aestivum* and collections of *T. tauschii* from China and southwest Asia. *Theor. Appl. Genet.*, 1998, 96: 312-218.

［141］颜济、杨俊良：《小麦族生物系统学》(第一卷)，中国农业出版社，1999 年。

［142］崔乃然：《新疆植物志（第六卷）》，新疆科技卫生出版社，1996 年。

［143］李爱华、孙兆军：《苦豆子资源开发现状及前景初探》，《宁夏大学学报》（自然科学版）2000 年第 21 卷第 4 期。

［144］尹长安：《干旱荒漠半荒漠地区苦豆子的资源状况及开发利用》，《干旱区资源与环境》1995 年第 9 卷第 2 期。

［145］夏木西卡玛尔、肖克来提：《维吾尔药苦豆子应用》，《中国民族医药杂志》2005 年第 11 卷第 1 期。

［146］Jiang H, Zhang Y, Lü E, Wang C. Archaeobotanical evidence of plant utilization in the ancient Turpan of Xinjiang, China: a case study at the Shengjindian cemetery. *Vegetation History and Archaeobotany*, 2015, 24: 165-177.

［147］IAWA. IAWA List of microscopic features for softwood identification. *IAWA Journal*, 2004, 25 (1):1-70.

［148］Anagnost SE, Meyer RW, De Zeeuw C. Confirmation and significance of Bartholin's method for identification of the wood of *Picea* and *Larix*. *IAWA Journal*. 1994, 15:171-184.

［149］杨昌友：《新疆植物志》（第一卷），新疆科技卫生出版社，1993 年。

［150］成俊卿：《木材学》，中国林业出版社，1985 年。

［151］成俊卿、杨家驹、刘鹏：《中国木材志》，中国林业出版社，1992 年。

洋海墓地随葬（或祭肉）动物（骨骼）登记表

贝内克（Norbert Benecke）

（德国考古研究院欧亚草原文化研究所）

墓号	物种、部位	性别	年龄	牙齿状况和其他	图版
IM1	马胫骨	？	？	？	
IM4	绵羊下颌骨	母	3~4 岁	恒齿, 稍有磨损	
IM6	绵羊头骨	母	3~4 岁	恒齿, 稍有磨损	
	绵羊头骨	公	不到 1 岁	第二臼齿萌出	
IM11	绵羊头骨	母	3~4 岁	恒齿, 稍有磨损, 有角	
IM16	山羊头骨	母	4~5 岁	恒齿, 有角	
	绵羊头骨	母	18~24 个月	第三臼齿萌出	
IM18	绵羊头骨	母	3~4 岁	恒齿, 稍有磨损, 有角	
IM19	绵羊头骨	母	5~6 岁	恒齿, 有磨损	
IM21	绵羊头骨	母	6~8 岁	恒齿, 磨损较严重	三四八, 1、2
IM23	绵羊头骨	母	3~4 岁	恒齿, 稍有磨损	
IM25	绵羊头骨 a	母	3~4 岁	恒齿, 有下颌骨	
	绵羊头骨 b	母	3 岁	恒齿, 有角	
IM27	绵羊骨骼	？	？	左前腿和左肩胛骨	
IM33	绵羊头骨	母	3~4 岁	恒齿	
IM41	绵羊头骨	母	3~4 岁	恒齿, 有角	
	马下颌骨	公	6~8 岁	恒齿	
IM54	绵羊头骨	母	18~24 个月	第三臼齿萌出	
IM57	绵羊头骨	母	3~4 岁	恒齿, 有下颌骨	

墓号	物种、部位	性别	年龄	牙齿状况和其他	图版
IM60	绵羊头骨	母	3~4 岁	恒齿, 有下颌骨	
IM62	绵羊头骨	公	不到 1 岁	第二臼齿萌出, 有角	
IM66	绵羊头骨	母	不到 1 岁	第二臼齿萌出	
IM67	绵羊头骨	母	3~4 岁	恒齿, 稍有磨损	
IM68	牛头骨	母	5~6 岁	恒齿	
	山羊头骨	公？	不到 1 岁？	第一臼齿完全发育	
IM69	绵羊头骨	公	不到 1 岁	第二臼齿萌出, 有角	
IM71	山羊头骨	母	18~24 个月	第三臼齿萌出, 有角	
IM72	绵羊头骨	母	18~24 个月	第三臼齿萌出	
IM74	绵羊头骨	公	不到 1 岁	第二臼齿萌出	
IM76	绵羊头骨	母	3~4 岁	恒齿, 有下颌骨	
IM78	绵羊头骨	母	3~4 岁	恒齿, 稍有磨损	
IM80	绵羊头骨	母	3~4 岁	恒齿	
IM82	绵羊头骨	母	不到 1 岁？	第二臼齿完全发育	
IM83	绵羊头骨	母	4~5 岁	恒齿	
IM85	山羊头骨	公	不到 1 岁？	第二臼齿萌出	
IM90	绵羊头骨	母	大于 10 岁	恒齿, 磨损严重	三四八, 3、4
IM99	绵羊头骨	母	不到 1 岁？	第二臼齿萌出	

续表

墓号	物种、部位	性别	年龄	牙齿状况和其他	图版
ⅠM101	绵羊头骨	母	4~5 岁	恒齿，有下颌骨，牙齿不规则	
ⅠM103	绵羊头骨	母	18~24 个月	第三臼齿萌出	
ⅠM105	绵羊头骨	母	3~4 岁	恒齿，有下颌骨	
ⅠM106	绵羊头骨	母	3 岁	恒齿，稍有磨损	
ⅠM117	羊腿骨	？	？	在木盘中	
ⅠM119	绵羊头骨	母	4~6 岁	恒齿	
ⅠM125	绵羊头骨	母	3~4 岁	恒齿，稍有磨损，有角	
ⅠM128	绵羊头骨	母	3~4 岁	恒齿	
ⅠM130	牛头骨	母	3~5 岁	恒齿	三五〇，5、6
	山羊头骨 a	母	6~8 岁	恒齿，磨损较严重	三四九，3
	山羊头骨 b	母	4~5 岁	恒齿	三四九，1、2
	山羊头骨 c	公？	？	第一臼齿完全发育	三四九，7、8
	山羊头骨 d	母？	？	第二臼齿完全发育	
	山羊头骨 e	母？	？	第二臼齿萌出	
ⅠM132	绵羊下颌骨	母	3~4 岁	恒齿，稍有磨损	
ⅠM142	狗头骨和部分骨架	？	2 岁	恒齿，有下颌骨	
	绵羊头骨	母	不到 1 岁	第二臼齿完全发育	
ⅠM144	绵羊头骨	母	4~6 岁	恒齿	
ⅠM150	绵羊头骨	母	不到 1 岁？	第二臼齿完全发育	
ⅠM152	绵羊头骨	母	3~4 岁	恒齿，稍有磨损	
ⅠM157	绵羊头骨	母	3~4 岁	恒齿，稍有磨损	
ⅠM159	绵羊头骨	母	18~24 个月	第三臼齿萌出	
ⅠM160	绵羊头骨	母	3~4 岁	恒齿	
ⅠM163	绵羊头骨	母	3~4 岁	恒齿	
ⅠM168	绵羊头骨	公	不到 1 岁	第二臼齿萌出，有角	
ⅠM169	绵羊头骨	母	3~4 岁	恒齿，有下颌骨	
ⅠM170	山羊头骨	母	4~5 岁	恒齿，稍有磨损，有角	

墓号	物种、部位	性别	年龄	牙齿状况和其他	图版
ⅠM184	绵羊头骨	母	3~4 岁	恒齿	
ⅠM196	绵羊头骨	母	4~6 岁	恒齿，在木盘中	
ⅠM201	绵羊头骨	母	？	第二臼齿完全发育	
ⅠM202	绵羊头骨	母	4~6 岁	恒齿	
ⅠM203	绵羊头骨	母	18~24 个月	第三臼齿萌出	
ⅠM208	绵羊头骨	母	3~4 岁	恒齿，稍有磨损	
ⅠM215	绵羊头骨	公	？	不见牙齿，有角	
ⅠM216	绵羊头骨	公	不到 1 岁	第二臼齿萌出	
ⅠM217	绵羊头骨和肢骨	母	4~6 岁	恒齿	
ⅡM3	绵羊下颌骨	母	3 岁	恒齿	
ⅡM4	绵羊头骨	母	6~9 个月	第一臼齿完全发育	
ⅡM5	绵羊头骨	母	6~8 岁	恒齿，磨损严重，有角	
ⅡM9	绵羊头骨	母	3~4 岁	恒齿，稍有磨损	
ⅡM10	绵羊头骨	母	3~4 岁	恒齿，有角	
ⅡM11	绵羊头骨	母	3 岁	恒齿	
ⅡM12	绵羊头骨	母	3~4 岁	恒齿	
ⅡM16	山羊头骨	母	？	有角	
ⅡM18	绵羊腿骨	？	？	右前腿骨	
ⅡM20	绵羊头骨	母	3~4 岁	恒齿	
ⅡM22	绵羊头骨	母	不到 1 岁？	第二臼齿完全发育	
ⅡM30	绵羊头骨	母？	6~9 个月	第一臼齿完全发育	
ⅡM35	绵羊头骨	母	不到 1 岁？	第二臼齿萌出，有角	
	绵羊头骨	母	4~5 岁	恒齿，有下颌骨	
ⅡM38	山羊头骨	母	3~4 岁	恒齿，有角	
	绵羊头骨	母	18~24 个月	第三臼齿萌出	
ⅡM42	绵羊头骨	母	3~4 岁	恒齿，有角	三四八，7、8
ⅡM43	绵羊头骨	母	3~4 岁	恒齿，稍有磨损	

续表

墓号	物种、部位	性别	年龄	牙齿状况和其他	图版
ⅡM47	殉马坑中整马	公	6~8 岁	恒齿	三五〇, 7、8
ⅡM48	殉马坑中整马	公	8~10 岁	恒齿	三五〇, 9、10
	墓道中整马	公	13~15 岁	恒齿	
ⅡM49	殉马坑中整马	公	8~10 岁	恒齿	
ⅡM56	山羊头骨	母	18~24 个月	第三臼齿萌出, 有角	
ⅡM58	绵羊头骨	母	3~4 岁	恒齿, 稍有磨损	三五〇, 1、2
ⅡM60	绵羊头骨	公?	6~9 个月	第一臼齿完全发育	
ⅡM61	绵羊头骨	母	6~8 岁	恒齿, 磨损较严重	
ⅡM62	绵羊头骨	母	3~4 岁	恒齿, 稍有磨损	
ⅡM70	绵羊头骨	母	3~4 岁	恒齿, 有下颌骨	
ⅡM72	绵羊头骨	母	3 岁	恒齿	
ⅡM74	绵羊骨骼	母	3~4 岁	恒齿有角	
ⅡM76	绵羊头骨	母	3~4 岁	恒齿有角	
ⅡM82	绵羊头骨	母	4~6 岁	恒齿, 磨损严重	
ⅡM84	绵羊头骨	母	3~4 岁	恒齿, 稍有磨损	
ⅡM92	绵羊头骨	母	3~4 岁	恒齿有角	
ⅡM95	绵羊头骨	母	18~24 个月	第三臼齿萌出, 有角	
ⅡM96	绵羊头骨	母	3~4 岁	恒齿, 稍有磨损, 有角	
ⅡM97	绵羊头骨	公	不到 1 岁	第二臼齿萌出	
ⅡM103	绵羊头骨	母	3~4 岁	恒齿, 稍有磨损, 有角	
ⅡM106	山羊头骨	公?	6~12 个月	第一臼齿完全发育, 有角	
ⅡM108	山羊头骨	母	4~6 岁	恒齿, 有角	
ⅡM109	绵羊头骨	母	3~4 岁	恒齿, 稍有磨损, 有角	
ⅡM110	绵羊头骨	公	?	不见牙齿, 有角	
ⅡM111	绵羊头骨	母	不到 1 岁 (?)	第二臼齿完全发育	
ⅡM112	绵羊头骨	母	3~4 岁	恒齿, 有角	
ⅡM118	绵羊头骨	母	18~24 个月	第三臼齿萌出	

墓号	物种、部位	性别	年龄	牙齿状况和其他	图版
ⅡM118	马腿骨 1 段	?	?	前腿	
ⅡM121	马头骨	公	8~10 岁	恒齿	
ⅡM122	绵羊头骨	母	3 岁	恒齿	
ⅡM124	绵羊骨骼	母	不到 1 岁?	第二臼齿萌出	
	绵羊头骨	公?	6~9 个月	第一臼齿完全发育	
ⅡM126	绵羊头骨	母	18~24 个月	第三臼齿萌出	
ⅡM127	绵羊头骨	母	3~4 岁	恒齿, 有角	
ⅡM129	绵羊头骨	母	3~4 岁	恒齿, 有角	
ⅡM131	绵羊头骨	母	不到 1 岁?	第二臼齿完全发育	
ⅡM132	绵羊头骨	母?	6~9 个月	第一臼齿完全发育	
ⅡM136	绵羊头骨	母	不到 1 岁?	第二臼齿萌出	
ⅡM137	绵羊头骨	母	4~5 岁	恒齿, 有下颌骨	
ⅡM146	绵羊头骨	母	3~4 岁	恒齿	
ⅡM149	绵羊头骨	母	18~24 个月	第三臼齿萌出	
ⅡM150	绵羊头骨	母	18~24 个月	第三臼齿萌出	
ⅡM151	绵羊头骨	母?	6~9 个月	大部分在木盘中	
ⅡM152	绵羊头骨	母	4~6 岁	恒齿	
ⅡM153	绵羊头骨	母	3 岁	恒齿	
ⅡM156	绵羊头骨	母	4~5 岁	恒齿	
ⅡM158	绵羊头骨	母	18~24 个月	第三臼齿萌出	
ⅡM159	绵羊头骨	母	18~24 个月	第三臼齿萌出, 有角	
ⅡM161	绵羊头骨	公	不到 1 岁	第二臼齿萌出, 有角	三四八, 5、6
ⅡM162	绵羊头骨	母	3~4 岁	恒齿, 有角	
ⅡM164	绵羊脊椎骨	?	?	在木盘中	
ⅡM165	绵羊头骨	母	3~4 岁	恒齿, 稍有磨损, 有角	
ⅡM168	绵羊头骨	母	3~4 岁	恒齿, 稍有磨损, 有角	
ⅡM169	山羊头骨	公	不到 1 岁	第二臼齿萌出, 有角	三四九, 4~6

续表

墓号	物种、部位	性别	年龄	牙齿状况和其他	图版
ⅡM169	绵羊头骨	母	3~4 岁	恒齿, 稍有磨损	
ⅡM171	绵羊头骨	母	18~24 个月	第三臼齿萌出	
ⅡM178	绵羊头骨、肩胛骨	母	3~4 岁	恒齿, 有下颌骨。木盘中	
ⅡM181	绵羊下颌骨	？	18~24 个月	第三臼齿萌出	
ⅡM191	绵羊头骨	母	18~24 个月	第三臼齿萌出	
ⅡM199	绵羊头骨	母	不到 1 岁？	第二臼齿完全发育	
ⅡM200	山羊头骨	公	18~24 个月	第三臼齿萌出	
ⅡM201	山羊下颌骨和后肢骨	公？	不到 1 岁？	第二臼齿萌出	
ⅡM204	绵羊下颌骨	母	不到 1 岁？	第二臼齿萌出	
ⅡM207	绵羊头骨	母	3~4 岁	恒齿, 有角	
ⅡM211	绵羊头骨	母	3~4 岁	恒齿	三五〇, 3、4
ⅡM212	整马	整马公	公	8~10 岁	
ⅡM215	绵羊下颌骨	母	18~24 个月	第三臼齿萌出	
ⅡM216	整马	公	8~10 岁	恒齿	
ⅡM220	绵羊头骨和腿骨	母	18~24 个月	第三臼齿萌出	
ⅡM222	山羊头骨	母	3~4 岁	恒齿, 有角	
ⅢM1	整马	公	8~10 岁	恒齿	

墓号	物种、部位	性别	年龄	牙齿状况和其他	图版
ⅢM6	马骨	？	？	右前腿骨, 脊椎骨	
ⅢM10	绵羊头骨	母	3~4 岁	恒齿	
ⅢM10	马头, 肩胛, 腿	公	6~8 岁	恒齿	
ⅢM12	绵羊头骨	母	3~4 岁	恒齿, 稍有磨损	
ⅢM23	绵羊头骨	母	4~5 岁	恒齿, 有角	
ⅢM35	绵羊头骨	母	3~4 岁	恒齿	
ⅢM48	马头骨	公	13~15 岁	恒齿, 有下颌骨	
ⅢM61	马头骨	公	6~8 岁	恒齿	
ⅢM61	绵羊腿骨	？	？	后腿	
ⅢM64	马头骨	公	8~10 岁	上颌部分, 恒齿	
ⅢM64	牛头骨	公	6~8 岁	恒齿	
ⅢM64	山羊头骨	母	4~5 岁	恒齿	
ⅢM64	绵羊头骨	母	不到 1 岁	第二臼齿萌出	
ⅢM64	绵羊头骨	母	3~4 岁	恒齿	
ⅢM68	绵羊头骨	母	18~24 个月	第三臼齿萌出	
ⅢM68	马下颌骨	公	8~10 岁	恒齿	
ⅢM69	整马	公	13~15 岁	恒齿	
ⅢM69	整马	公	8~10 岁	恒齿	
ⅢM70	马头和部分骨骼	公	8~10 岁	近乎完整, 恒齿	
ⅢM80	整马	公	4~6 岁	恒齿	

新疆吐鲁番地区出土金属器的科学分析

凌　勇[1]　梅建军[2]　李　肖[3]　张永兵[4]　吕恩国[5]

（1. 北京科技大学冶金与材料史研究所　2. 英国李约瑟研究所　3. 中国人民大学国学院　4. 吐鲁番市文物局
5. 新疆文物考古研究所）

吐鲁番是新疆从事考古工作较早的地区，截至 2002 年底，在吐鲁番盆地及其周边地区共发掘史前墓葬 500 余座，遗址近千平方米。鉴于该区域内史前文化有较强的一致性，因此有学者以"苏贝希文化"命名之[1][2]。在随后的几年时间里，考古工作取得新的进展，主要是洋海墓地的发掘，共清理了墓葬总数 521 座，相当于此前发掘墓葬的总和。本报告是对洋海墓地出土的 5 件金属器样品进行实验分析的结果，也包括托克逊县乌斯提沟发现的 4 件金属器样品（这 4 件样品因为是盗掘回收品，所以缺乏准确的考古学背景）[1]，为认识该地区的早期金属技术特征提供了初步的线索。

一　洋海墓地简介

洋海墓地位于火焰山南麓的荒漠戈壁滩上，北距鄯善县吐峪沟乡政府 5 千米，东南距洋海夏村四组 2 千米。2003 年 3 ~ 5 月，经国家文物局批准，新疆文物考古研究所与吐鲁番地区文物局合作，对洋海古墓进行了抢救性发掘。洋海墓地主要分布在相对独立的三块略高出周围地面的台地上，三块台地相对隔离，分别命名为Ⅰ、Ⅱ、Ⅲ号墓地。洋海Ⅰ号墓地共发掘 218 座墓葬，出土文物十分丰富，以木器最多，其次是陶器，铜器有 53 件，其中Ⅰ M5 出土了唯一一件铁制品——铜、铁复合带扣（Ⅰ M5∶4），初步判定该墓地为青铜时代晚期到早期铁器时代；洋海Ⅱ号墓地共清理发掘 223 座墓葬，也是出土木器、陶器居多，而铜器、铁器等较少，铜器有衔、刀等，铁器主要是刀，均长直柄、短刃；在Ⅱ M210 出土一件泥质吹风管（Ⅱ M210∶3），甚为罕见，似乎提示墓葬的主人生前可能是冶铸工师，值得特别注意；洋海Ⅲ号墓地共清理发掘 80 座墓葬，木器、陶器出土较多，铁器出土数量较前两处墓地增多，而金器、铜器出土都很少，而且个体很小，仅限于装饰品[3]。为初步了解洋海墓地以及吐鲁番地区早期金属技术的特征，我们选取 9 件金属器样品，采用金相显微镜与扫描电子显微镜进行实验分析，这些样品包括洋海墓地出土的 4 件铜器与 1 件铁器，其实验编号为：2 件铜管（XJ985、XJ986）、1 件铜铃（XJ974）、1 件铜条（XJ975）以及 1 件铁刀（XJ987）；另外还有托克逊县乌斯提沟出土的 3 件铜器与 1 件铁器，其实验编号为：1 件铜管圈饰（XJ988）、1 件铜镜形饰（XJ976）、1 件铜器残片（XJ892）以及 1 件残铁片（XJ977）。

二　分析检验

本实验采用金相显微镜对铜器进行了金相分析。金相样品的制备按照常规程序进行：首先就某一样品选定合适的分析截面，进行镶样（热镶或冷镶均可），然后用砂纸磨光、用抛光机抛光，最后根据样品的材质情况，铜器使用浓度为 3% 的三氯化铁盐酸酒精溶液作为浸蚀液；铁器使用浓度为 3% 的硝酸酒精溶液作为浸蚀液，以揭示样品的微观组织形貌。浸蚀后的样品即可在金相显微镜下进行显微组织的观察并拍摄金相照片。在金相观察以后，采用扫描电镜能谱仪对这部分样品进行成分定量分析。一般来讲，先对样品的观察面进行喷碳处理，使之导电，然后置入扫描电子显微镜中观察其组织形貌，并用与扫描电镜相配置的 X 射线能谱仪对样品进行定量成分测定。由于电镜能谱测定是一种微区分析方法，所以需要选择 2 ~ 3 处区域进行测定，取平均值。能谱分析还可以给出样品所含夹杂物或某些特定物相的成分，这是电镜微区分析的一个优点。用于本研究的金相显微镜有莱卡（Leica）DM4000M 和莱卡 DMRXP 显微图像分析系统；扫描电子显微镜及配置的能谱仪采用 JSM6480LV 型扫描电镜和 Noran System Six 型能谱仪。表 1 所列是吐鲁番地区部分

出土金属器的化学成分分析结果。表 2 是吐鲁番地区部分出土金属器的金相组织检测结果。

由表 1 和表 2 看出，洋海墓地出土的 5 件金属器中，铜器主要是锡青铜（如 XJ974、XJ975、XJ986）；红铜制品有 1 件铜管（XJ985），但含有少量的锡；1 件铁器

表 1　吐鲁番地区部分出土金属器的成分分析结果

实验编号	出土地或考古编号	器物名称	元素成分（重量%）				材质	保存状态
			Cu	Sn	Pb	其他		
XJ974	洋海墓地Ⅰ M67：3	铜铃	96.7	3.3	n. d.		Cu-Sn (As)	金属
			95.9	3.0	n. d.	As: 1.1		
XJ975	洋海墓地Ⅰ M67：3	铜条	85.5	14.5	n. d.		Cu-Sn	金属
			89.8	10.2	n. d.			
XJ985	洋海墓地Ⅰ M67：3	铜管	99.2	0.8	n. d.		Cu (Sn)	金属
			98.2	1.8	n. d.			
XJ986	洋海墓地Ⅰ M67：3	铜管	96.7	3.3	n. d.		Cu-Sn	金属
			97.5	2.5	n. d.			
XJ987	洋海墓地Ⅱ M65：3	铁刀	n. d.	n. d.	n. d.	Fe: 99.6; P: 0.4	Fe	金属
XJ892	托克逊县乌斯提沟	铜器残片	99.7	n. d.	n. d.	S: 0.3	Cu (Sn, As)	金属
			98.9	0.7	n. d.	As: 0.4		
XJ988	托克逊县乌斯提沟	铜管圈饰	90.2	n. d.	det.	As: 0.7; O: 9.1	Cu (As)	金属
XJ976	托克逊县乌斯提沟	铜镜形饰	98.4	n. d.	n. d.	O: 1.6	Cu	金属
XJ977	托克逊县乌斯提沟	残铁片	3.4	n. d.	n. d.	Fe: 62.2; O: 34.4	Fe (Cu)	完全锈蚀
			3.1	n. d.	n. d.	Fe: 65.5; O: 31.4		

表 2　吐鲁番地区部分出土金属器的金相组织检测结果

编号	器物名称	金相组织特征	图示
XJ974	铜铃	基体为 α 固溶体枝晶偏析组织，表明此铃为铸造制成；能谱分析表明有铋颗粒（B 相）和硫化铜夹杂物（A 相）存在	图1、2
XJ975	铜条	基体为变形的 α 固溶体等轴晶、孪晶组织，有滑移带存在，表明此件器物为热锻制成，并经冷加工处理；能谱分析表明有硫化铜夹杂物存在	图3
XJ985	铜管	基体为严重变形的 α 固溶体，表明此管经反复锻打制成；能谱分析表明有硫化铜铁夹杂物（A 相）存在，且变形明显，沿加工方向排列	图4
XJ986	铜管	基体为典型的 α 固溶体等轴晶、孪晶组织，表明此管为热锻制成；能谱分析表明有硫化铜夹杂物（A 相）存在	图5、6
XJ987	铁刀	是低碳钢组织，有铁素体与珠光体存在；残余金属较小，难以观察到夹杂物，能谱分析表明有磷、硅元素存在	图7
XJ892	铜器残片	基体为 α 固溶体等轴晶、孪晶组织，表明此件器物为热锻制成；能谱分析表明有硫化铜夹杂物存在	图8
XJ988	铜管圈饰	基体为变形的 α 固溶体等轴晶、孪晶组织，有较多滑移带存在，表明此管为热锻制成，并经冷加工处理；能谱分析表明有铅颗粒以及硫化铜夹杂物存在，夹杂物沿加工方向拉长变形明显	图9
XJ976	铜镜形饰	基体为典型的 α 固溶体等轴晶、孪晶组织，表明此器物为热锻制成；能谱分析表明有硫化铜夹杂物存在	图10
XJ977	残铁片	样品已完全锈蚀，组织不可见。能谱分析表明有硫化铜夹杂物（A 相）存在	

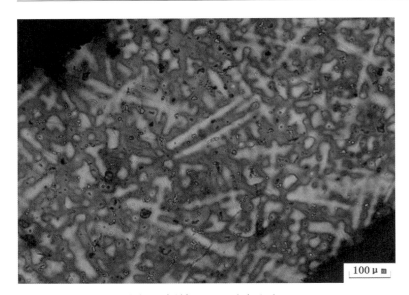

图 1　铜铃 XJ974 金相组织

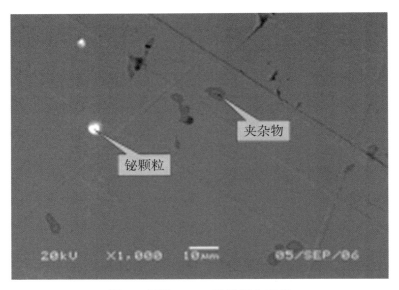

图 2　铜铃 XJ974 背散射电子像

图 3　铜条 XJ975 金相组织

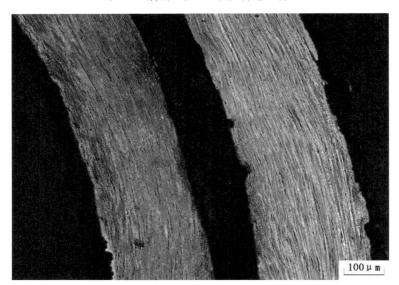

图 4　铜管 XJ985 金相组织

图 5　铜管 XJ986 金相组织

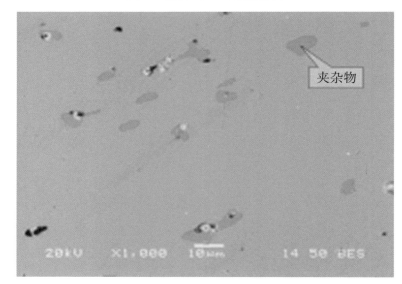

图 6　铜管 XJ986 背散射电子像

经分析是低碳钢。托克逊县乌斯提沟出土的 4 件金属制品，3 件铜器（XJ892、XJ988、XJ976）经分析主要是红铜制品，个别样品含有少量砷、铅元素；有 1 件铁器样

品（XJ977）已经锈蚀，但分析显示其含有少量的铜元素。在上述几件铜器的分析中，基本上都含有硫化铜夹杂物，砷元素所占比例很小，而且洋海墓地出土铜器基本不见

图 7　铁刀 XJ987 金相组织

图 8　铜器残片 XJ892 金相组织

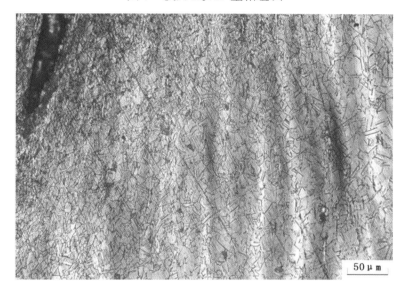

图 9　铜管圈饰 XJ988 金相组织

图 10　铜镜形饰 XJ976 金相组织

铅元素。

在铜器的制作工艺方面，铸造、锻造、退火、冷加工的工艺均已采用，其中锻造是采用较多的方法。洋海墓地出土的 4 件铜器，1 件铜铃（XJ974）是铸造成型，金相组织图片见图 1、2；2 件铜管（XJ985、XJ986）是热锻制成，金相组织图片见图 4、5 与图 6；1 件铜条（XJ975）是热锻后经冷加工处理，金相组织图片见图 3。托克逊县乌斯提沟提供的 3 件铜器都是热锻成型，其中铜管圈饰（XJ988）是热锻后经冷加工处理，金相组织图片见图 9；另 2 件铜器（XJ892、XJ976）的金相组织图片见图 8、10。对于 2 件铁器，铁刀（XJ987）是经锻打制成的，金相组织图片见图 7；另 1 见残铁片（XJ977）由于完全锈蚀，组织已不可见。值得注意的是，在洋海墓地，小铜铃和小铜管是组合起来使用的，小铜铃是铸造成型的，而小铜管是用铜片卷锻而成的，两者都属于低锡铜合金，具体器物组合使用示意见图 11。

三　讨　论

新疆吐鲁番地区早期的金属技术，既是本地文化进程的重要组成部分，也是该地区与周边各文化区接触和交流的结果。洋海墓地的发现和发掘是近年来新疆吐鲁番地区考古工作最重要的成果之一，由于吐鲁番盆地的气候特征是干燥少雨多风，各种质地的古代遗物都能较好地保存下来，因此该墓地出土了一批特别有价值的器物和标本，如竖琴、俑等文物珍品。以下着重探讨该地区出土早期金属器的冶金学特征，同时对各区域文化的交流互动进行简要论述，希望有助于吐鲁番地区早期文明史的研究。

1. 铜器的技术特征

从金属技术的角度揭示吐鲁番地区的物质文化特征无疑是一项重要的基础性工作。以上对洋海墓地出土的

图 11　铜铃、管器物组合使用情况

4 件铜器进行科学分析，初步揭示该墓地是以锡青铜为主要的合金元素；托克逊县乌斯提沟提供的 3 件铜器主要是红铜制品。以上铜制品都不同程度地含有硫化铜夹杂物；而且铅、砷材料在吐鲁番地区早期的冶铜工艺中不是值得注意的合金元素；从制作工艺来看，锻造是采用较多的方法。结合潜伟的实验分析，与此墓地相邻的苏贝希墓地出土的 3 件铜器，经检测为 2 件红铜，1 件锡青铜，制作技术都是热锻成型[4]。

以往的研究表明，铜锡合金技术在新疆早期冶金实践中起到了不可替代的作用[5]～[9]。进入公元前第一千纪，青铜时代冶金技术传统的延续与传播在新疆西部、南部以及中部有不同程度的反映。最新的科学分析研究表明，公元前第一千纪新疆大部分遗址出土的铜器都以锡青铜为显著特征，例如伊犁地区出土的铜器（铜器检测分析待发表）[1]、流水墓地出土的铜器（金属器检测分析待发表）[2]、新疆中部地区和静县察吾呼沟墓地[10]、巴仑台墓地、哈布其罕墓地以及拜城县克孜尔墓地出土

的铜器[4]，等等。由此看来，洋海墓地持续使用锡青铜不是偶然的现象，这一特征与新疆青铜时代的冶金背景是密不可分的。在新疆早期的冶金实践中，有一些含杂质的红铜出现是值得注意的现象。进入公元前第一千纪，红铜的制作与使用在新疆似日渐普及。哈密地区拜其尔墓地用于检测的 32 件铜器中，有 19 件是红铜材质，占样品总数的 59%（铜器检测分析待发表）[3]。在新疆其他考古遗存中，也有数量不等的红铜器存在，如南疆克里雅河流域出土铜器的检测分析，红铜材质也占主导地位，该遗址用于分析的铜器有 21 件，其中红铜有 15 件，占样品总数的 71%[11]。研究表明，沿着天山北麓乌鲁木齐周边地区，相比公元前第二千纪，公元前第一千纪红铜的使用更加普及，这似乎暗示公元前第一千纪已经找到新的铜矿资源，并已用于生产红铜[12]。本文检测的托克逊县乌斯提沟出土的 3 件铜器主要是红铜制品，应与这一时期红铜的较多使用有关。

2. 关于铁器

本研究对洋海墓地出土的 1 件铁刀进行实验分析，结果显示铁刀（XJ987）保留了残余的金属相，属于低碳钢组分，是经过锻打制成的。另外 1 件托克逊县乌斯提沟提供的残铁片（XJ977）已经锈蚀，分析结果显示其含有 3% 左右的铜元素。事实上，属于公元前第一千纪的考古发现都有数量不等的铁器出土，这也为新疆铁器的系统研究提供了契机。从现有新疆早期铁器分布情况看，哈密地区发现了年代较早的铁器，如焉不拉克墓地出土 7 件铁器，其中有 1 件弧背直刃小刀、1 件菱形剑尖残段、1 件圆戒指，其余 4 件器形不明确。经过分析鉴定，指环及两件碎片是块炼铁，而该地区黑沟梁墓地与上庙儿沟墓地出土的铁器残片也同属于块炼铁系列。在新疆其他地区，也陆续出土早期铁器，经过检验的样品有来自和静县察吾呼沟墓地、哈布其罕墓地、拜勒其尔墓地以及拜城克孜尔墓地出土的铁器，它们也多属块炼铁系列[13]。对于克里雅河流域圆沙古城出土的 16 件样品，经鉴定是一组以生铁铸造为主的铁器群，而白口铁的发现在新疆还是第一次，这也是目前汉代生铁在地理上的最西界[11]。

3. 其他相关问题

对于洋海墓地出土的小铜铃和小铜管，两者的合金配比相似，也许是因为器物形制的差别，因而采用了不同的制作工艺。对于铜铃和铜管的组合使用，是否具有其特定的文化功用，同样也是值得深入探讨的课题。需要说明的是，在ⅡM210：3 泥质吹风管，一方面可以作为存在金属冶炼的证据，另一方面也说明在当时冶铸业

可能成为独立的生产部门。当时人们除制陶、木器加工、纺织手工业外，还从事冶铜及制作青铜工具。除此之外，在ⅡM78中出土了一件袖珍木杯（ⅡM78：3），表面微雕两只盘羊，其中一只后半身反转，这种造型艺术与天山阿拉沟墓葬出土的狮形金牌饰、圆形金箔牌饰上的虎、长条金箔带上的虎以及阿合奇县库兰萨日克墓地出土的马形金饰牌等极为相似。一般而言，动物母题艺术可能源自于中亚七河地区、伊犁地区以及阿尔泰周边地区，而且这种以动物纹作装饰题材是欧亚草原地带游牧民族所特有的风格，应该是从斯基泰文化和阿尔泰"野兽纹"借鉴来的[14]。

四 结 论

结合近20多年的考古发现，吐鲁番地区早期金属技术的科学分析为我们了解该地区的物质文化特征提供了重要的资料。洋海墓地用于检测的4件铜器主要是锡青铜，1件铁器属于低碳钢组分，是经过锻打制成的；托克逊县乌斯提沟提供的3件铜器主要是红铜制品，吐鲁番地区出土的铜器多数采用锻制工艺。尽管本研究检测的金属样品数量比较有限，但仍为我们认识吐鲁番地区的早期金属技术提供了重要的线索。鉴于洋海墓地具有独特的物质文化特征，在新疆史前考古上占据着不可替代的显著地位，我们期待通过进一步合作，对该地区出土的早期金属技术展开更深入、系统地科学分析检测，从而更好地认识吐鲁番盆地早期文明演进的物质文化特征及对周边地区的影响和意义。

致谢： 本文的研究工作得到北京科技大学高层次人才引进基金的资助。在实地调研和论文写作过程中，得到新疆文物考古研究所、吐鲁番市文物局和德国考古研究院的鼎力相助，谨此一并致谢！

参考书目

[1] 陈戈：《新疆史前时期又一种考古文化——苏贝希文化试析》，《苏秉琦与当代中国考古学》，科学出版社，2001年。

[2] 陈戈：《苏贝希文化的源流及与其他文化的关系》，《西域研究》2002年第2期。

[3] 新疆文物考古研究所、吐鲁番地区文物局：《吐鲁番考古新收获——鄯善县洋海墓地发掘简报》，《吐鲁番学研究》2004年第1期。

[4] 潜伟：《新疆哈密地区史前时期铜器及其与邻近地区文化的关系》，知识产权出版社，2006年。

[5] Mei Jianjun, Colin Shell, Li Xiao and Wang Bo. A metallurgical study of early copper and bronze artifacts from Xinjiang, China. *Bullitin of Metals Meseum*, Vol. 30, 1998（2）：1-22.

[6] Mei Jianjun and Colin Shell. The existence of Andronovo cultural influence in Xinjiang during the second milennium BC, *Antiqity* 73. 281（1999）：570-578.

[7] 梅建军、刘国瑞、常喜恩：《新疆东部地区出土早期铜器的初步分析和研究》，《西域研究》2002年第2期。

[8] 北京科技大学冶金与材料史研究所、新疆文物考古研究所、哈密地区文物管理所：《新疆哈密天山北路墓地出土铜器的初步研究》，《文物》2001年第6期。

[9] 陈坤龙、凌勇、梅建军：《小河墓地出土三件铜片的初步分析》，《新疆文物》2007年第2期。

[10] 梅建军等：《新疆察吾乎墓地出土铜器的初步科学分析》，《新疆文物》2002年第3、4期。

[11] 潜伟等：《新疆克里雅河流域出土金属遗物的冶金学研究》，《西域研究》2000年第4期。

[12] Mei Jianjun. Copper and bronze metallurgy in late prehistoric Xinjiang. *BAR International Series* 865, Oxford: Archacopress, 2000, 1-75.

[13] Wei Qian & Ge Chen. The iron artifacts unearthed from Yanbulake cemetery and the beginning use of iron in China. *Proceedings of Beginnings of Use of Metals and Alloys*—V, Gyeongju, Korea, 2002, 189-194.

[14] 吴勇：《试述新疆地区早期金银器》，《新疆文物》1999年第3、4期。

洋海墓地 ^{14}C 测年数据

洋海墓地共有 ^{14}C 测年数据 46 个，测定的绝对年代为 1261BC ～ 49BC。列表如下：

实验室编号	样品种类	墓号和墓型	^{14}C 年龄（BP） （T$_{1/2}$=5620）	树轮校正年龄 1δ(68.2%)	树轮校正年龄 2δ(95.4%)
BA04538	大麻	ⅠM90　B	2475±30	760BC (23.8%) 680BC 670BC (21.3%) 610BC 600BC (23.2%) 520BC 753BC (68.2%) 702BC	770BC (89.4%) 480BC 470BC (6.0%) 410BC 771BC (95.4%) 477BC
BA05520	木棍	ⅠM90　B	2480±40	760BC (22.7%) 680BC 670BC (45.5%) 520BC	770BC (87.3%) 480BC 470BC (8.1%) 410BC
BA07172	葡萄藤	ⅡM169　C	2245±35	390BC (22.9%) 350BC 300BC (44.9%) 230BC 220BC (1.2%) 210BC	400BC (28.9%) 340BC 330BC (66.5%) 200BC
BA07170	刺山柑种子	ⅡM13　C	2620±35	820BC (68.2%) 780BC	850BC (95.4%) 760BC 690BC (1.5%) 670BC
BA05519	木头	ⅠM130　B	2760±40	970BC (4.0%) 950BC 940BC (44.9%) 840BC	1010BC (95.4%) 820BC
LZ14251	木头	ⅠM130	2700±30		902BC---806BC
BA05521	木棍	ⅠM163　B	2570±40	810BC (49.3%) 950BC 690BC (11.4%) 660BC 640BC (7.5%) 590BC	820BC (55.2%) 730BC 690BC (13.8%) 660BC 650BC (26.4%) 540BC
BA05522	木棍	ⅡM81　C	2250±40	390BC (24.8%) 350BC 300BC (42.6%) 230BC 220BC (0.9%) 210BC	400BC (95.4%) 200BC
LZ14255	木头	ⅡM81	2200±25		360BC---198BC
BA05525	木棍	ⅠM21　A	2550±40	800BC (34.5%) 740BC 690BC (12.9%) 660BC 650BC (20.8%) 590BC	810BC (41.2%) 710BC 700BC (54.2%) 530BC
LZ14248	木棍	ⅠM21	2585±25		808BC---763BC
BA05526	粗木棍	ⅡM65　C	2770±40	980BC (48.0%) 890BC 880BC (20.2%) 840BC	1010BC (95.4%) 820BC
LZ14272	骨头	ⅡM65	2465±20	439BC (0.5%) 434BC	673BC (61.2%) 482BC
BA05530	木棍	ⅡM163　C	2240±40	390BC (19.7%) 350BC 330BC (48.5%) 210BC	400BC (95.4%) 200BC
BA05531	粗木棍	ⅠM5　B	2690±40	895BC (21.5%) 865BC 860BC (46.7%) 805BC	920BC (95.4%) 790BC

实验室编号	样品种类	墓号和墓型	¹⁴C 年龄（BP）（T₁/₂=5620）	树轮校正年龄 1δ(68.2%)	树轮校正年龄 2δ(95.4%)
BA05532	木棍	ⅢM76　D	2190±40	360BC (42.0%) 280BC 260BC (26.2%) 190BC	390BC (95.4%) 160BC
BA05533	木棍	ⅢM53　C	2200±40	360BC (42.2%) 270BC 260BC (26.0%) 200BC	390BC (95.4%) 170BC
BA05534	木棍	ⅡM63　C	2500±40	770BC (15.2%) 720BC 700BC (53.0%) 540BC	790BC (89.7%) 480BC 470BC (5.7%) 410BC
LZ14247	木头	ⅠM19　A	2775±30		998BC---841BC
LZ14249	木头	ⅠM48　B	2740±25	965BC (0.2%) 964BC	929BC (99.8%) 822BC
LZ14250	木头	ⅠM58　C	2430±30	589BC (1.5%) 575BC	570BC (71.1%) 404BC
LZ14252	木头	ⅠM150　A	2820±30		1052BC---899BC
LZ14253	木头	ⅠM158　C	2475±35	464BC (1.6%) 450BC	445BC (2.0%) 429BC
LZ14254	木头	ⅡM73　C	2830±30	1082BC (1.9%) 1063BC	1057BC (98.1%) 905BC
LZ14272	骨头	ⅢM5　D	2335±20		408BC---382BC
LZ14273	骨头	ⅢM80　D	2100±25		187BC---49BC
LZ14256	木头	ⅢM11　D	2220±25	370BC (16.9%) 334BC	328BC (83.1%) 203BC
LZ14270	骨头	ⅡM15　C	2375±20	508BC (3.8%) 496BC	493BC (96.2%) 396BC
LZ14264	骨头	ⅠM84　B	2545±30	508BC (3.8%) 496BC	645BC (36.7%) 548BC
LZ14265	骨头	ⅠM99　B	2465±25	462BC (0.9%) 454BC	444BC (1.8%) 430BC
LZ14266	骨头	ⅠM100　B	2495±25		772BC---539BC
LZ14267	骨头	ⅠM105　C	2530±30	690BC (14.4%) 659BC	649BC (48.0%) 543BC
LZ14268	骨头	ⅠM132　C	2670±30	894BC (15.9%) 863BC	859BC (84.1%) 798BC
LZ14269	骨头	ⅠM145　A	3600±20	2021BC (20.8%) 1989BC	1983BC (79.2%) 1895BC
Poz43696	羊毛 / 长裤	ⅠM157　B	2935±30	1212BC (68.2%) 1056BC	1261BC (95.4%) 1041BC
Poz43694	羊毛 / 法衣	ⅠM21　A	2870±30	1114BC (68.2%) 1003BC	1188BC (95.4%) 931BC 1103BC (95.4%) 938BC
Poz43695	羊毛 / 长裤	ⅠM21　A	2855±30	1056BC (68.2%) 940BC	1122BC (95.4%) 926BC 1074BC (95.4%) 935BC
Poz43708	羊毛 / 左绑腿带	ⅠM21　A	2825±35	1016BC (68.2%) 922BC	1113BC (95.4%) 900BC 1038BC (95.4%) 926BC
Poz43709	羊毛 / 右绑腿带	ⅠM21　A	2810±40	1009BC (68.2%) 912BC	1110BC (95.4%) 843BC 1038BC (95.4%) 926BC
Poz57391	织片	Ⅰ号墓地采集	2565±30	800BC (68.2%) 671BC	806BC (95.4%) 556BC
Poz57395	织片	Ⅰ号墓地采集	2610±35	812BC (68.2%) 780BC	839BC (95.4%) 601BC
Poz57397	织片	Ⅰ号墓地采集	2525±30	784BC (68.2%) 567BC	795BC (95.4%) 540BC
Poz57398	织片	Ⅰ号墓地采集	2635±30	819BC (68.2%) 794BC	888BC (95.4%) 774BC
Poz59925	织片	ⅢM18　D	2250±30	389BC (68.2%) 211BC	398BC (95.4%) 202BC

实验室编号	样品种类	墓号和墓型	¹⁴C 年龄（BP） （T₁/₂=5620）	树轮校正年龄 1δ(68.2%)	树轮校正年龄 2δ(95.4%)
UBA21943	黍	06 I M4　C	2446±35	738BC (27.3%) 690BC 663BC (7.4%) 648BC 548BC (37.2%) 479BC 470BC (28.2%) 211BC	753BC (24.1%) 685BC 668BC (13.7%) 610BC 598BC (62.2%) 408BC
Beta440290	青稞	II M213　C	2430±30	726BC (3.0%) 719BC 704BC (3.7%) 695BC 540BC (61.5%) 211BC	750BC (19.6%) 683BC 668BC (6.6%) 638BC 590BC (69.2%) 404BC

说明："实验室编号"栏中，BA 开头数据为北京大学考古文博学院科技文物保护实验室测定；LZ 开头数据为兰州大学资源环境学院制备石墨，测年是在北京大学考古文博学院科技文物保护实验室进行；Poz 开头数据为波兰波茨南 ¹⁴C 实验室测定；UBA 开头数据为英国贝尔法斯特女王大学年代学研究中心测定；Beta 开头数据为美国 Beta 实验室测定。

这 46 个标本数据中，A 型墓 10 个，B 型墓 12 个，C 型墓 16 个，D 型墓 4 个，还有 4 个标本为 I 号墓地地表采集，因为 I 号墓地三种类型的墓葬均有，所以无法归类。

I M21 共测得 6 个数据，前两次标本用的是木棍，数据相差 35 年，树木年轮校正后仅差 2 年。后四次选取的标本是法衣和长裤的原料羊毛，数据相差最多的是 60 年，一般的是 15 年。

有 4 座墓葬测得两次数据，它们是 I M90，两次数据相差 5 年，树木年轮校正后是一样的。I M130，两次数据相差 60 年，树木年轮校正后仅差 14 年。II M65，两次数据差距较大，为 305 年，树木年轮校正后还是相差 337 年，可能因标本质地不同或粗木棍受污染所致。II M81，两次数据相差 50 年，树木年轮校正后仅差 2 年。这些数据是在不同时间和不同的试验室测得，而数据相当一致，因此其绝对年代可以信赖的程度大增。

在这些有 ¹⁴C 测年数据的墓葬中，I M145 是 A 型墓，年代可能会早一些，测量数据为 1983BC (79.2%) 1895BC，明显太早，而且只有这一个数据早得有些离谱。随葬器物中不见陶器，木钵与 I M21 的类同。因此感觉不可能早 1000 年。

后 记

本报告是集体劳动成果的结晶。

吐鲁番市文物局、新疆文物考古研究所、吐鲁番学研究院、吐鲁番博物馆的领导和相关工作人员为此付出了极大的努力和心血。尤其是吐鲁番市文物局党组书记赵强、前任局长李肖和现任局长王霄飞、副局长曹洪勇，以及吐鲁番学研究院副院长丹青等，为报告的出版作出了卓有成效的贡献。更要感谢新疆文物考古研究所的历任所长伊弟利斯、王卫东、于志勇和现任领导李文瑛的热情关心和支持。

撰写本书的作者如下：

执笔：吕恩国 张永兵

绘图：舍秀红 刘澄宇 任新宇 陈新勇

摄影：张永兵 丁西峰

参与田野考古发掘工作的主要人员有：吕恩国、张永兵、祖力皮亚、徐东良、安尼瓦尔、刘丽、李保强、张勇、刘刚等。时任吐鲁番地区文物局局长柳洪亮先生计划全程参与田野考古发掘工作，2003 年 3 月 24 日驾车赴乌鲁木齐开会，途中因交通事故不幸罹难！斯人已逝，现以本书告慰英灵。

参与室内整理和报告编写的人员主要有：吕恩国、张永兵、舍秀红、张振峰、刘澄宇、陈新勇、任新宇、杨华、丁西峰。祖力皮亚、徐东良在先期整理和简报编写中也做了不少工作。

十分感谢韩康信、谭婧泽、贾应逸、李媛、玛尔亚木、蒋洪恩、凌勇、梅建军、贝内克（Norbert Benecke）为洋海墓地出土文物和标本作各种技术报告，这些研究成果为报告增加了更加丰富的内容。

感谢国家文物局、新疆维吾尔自治区文物局、吐鲁番市委、吐鲁番市政府的帮助和支持，感谢谢辰生先生和王炳华先生在序言中对本书和编者的高度评价，感谢梅维恒（Victor Mair）教授翻译了英文提要，感谢文物出版社的领导和为本书出版付出辛勤劳动的责任编辑。

十五年磨一剑。中国考古事业的发展需要考古界同仁和社会各界共同的努力！

编 者

2018 年 10 月

Report of Archaeological Excavations at Yanghai Cemetery

(Summary)

The Yanghai Cemetery is located in Yanghai Village of Tuyugou (Toyuk Gorge) Township, Shanshan County, in the Xinjiang Uyghur Autonomous Region of the People's Republic of China. It is situated in the gobi (desert) area south of the foothills of the Flaming Mountains at the edge of the Turfan Basin. The cemetery is mainly distributed on three tablelands that are slightly higher than the surrounding land and, through relatively separate, are adjacent to each other. The surface of the tablelands consists of a layer of pebbly gobi, beneath which is a stratum of Quatenary loess that is pure and has a compact structure.

Nine *karez* (underground canals) running from northeast to southwest cut through the three sections of the cemetery, and each section of the cemetery has access shafts for the *karez*. On the surface are piled circular mounds of earth, in the middle of which there are depressions with rectangular openings for the *karez* shafts.

This area often experiences windstorms, causing serious wind erosion of the surface. In 2003, the Cultural Relics Bureau of Turfan District and the Xinjiang Institute of Cultural Relics and Archaeology carried out rescue excavations at the Yanghai Cemetery. All together, 521 tombs were excavated in the three sectors of the cemetery. The density of distribution of the burials in the three sectors is somewhat different. Sector Ⅰ has the greatest density, sector Ⅱ is next, and sector Ⅲ has the greatest distance between individual tombs. The entirety of the three tablelands is covered with burials evenly distributed in an orderly, appropriately spaced fashion.

1. Burial shapes, implements, types, and the position of funerary goods

The tombs are divided into four types: oval vertical shaft tombs with two layers, rectangular shaft tombs with two layers, rectangular vertical shaft tombs, and vertical tombs with a side chamber. Burial implements include wooden couches made of logs and beautifully woven mats, straw mattresses, blankets, and carpets. The tomb openings are covered by a horizontal beam, on top of which are laid reeds, camel thorns, and other plant material.

There are supine burials with bent limbs, burials on their side with bent limbs, burials on their side with extended limbs, and reburials. Objects for daily use include pottery and wooden vessels. Generally they are placed near the head of the tomb occupant, though occasionally they will be found at the side or below the feet. Large wooden implements such as bows are generally placed alongside the body. Smaller implements, such as earrings, grindstones, and clothing or ornaments are mostly unearthed from positions on the body where they would have been found in life.

2. Funerary objects

Pottery, wooden utensils, and fur clothing are the most common funerary objects, and they have been recovered from nearly every tomb. Bronze tools and weapons, bows and arrows, etc. are sharp implements used by men for production and in war. The heads of sheep and goats are basic funerary objects, and sometimes even a whole sheep or goat, their ribs or legs, cattle heads, entire horses, horse jaws, horse scapulae, dogs, and so on are found in the tombs. In contrast, food remains from plants are relatively few.

Unearthed burial goods are quite rich, with items made from the following in evidence: pottery, wood, bronze, stone, iron, bone, gold, silver, shells, grasses, leather, felt, wool, and materials for clothing.

Among the pottery, jars with a single ear, cups, and vases are most numerous, especially those with a vertical ear on the rim or a horizontal ear at the waist are the most conspicuous.

Painted pottery is abundant, the vast majority having black designs on a red background. In some cases there are composite designs made with black, white, and yellow colors. The earliest painted pottery designs are composed of grids, triangles, zigzags, and vertical stripes, next are whorls, waves, concentric circles, feather patterns, and so forth. There are also pottery vessels with handles, and handles shaped to look like a mountain goat or a sheep's head. The images are quite realistic and lifelike.

The most abundant wooden vessels are buckets, bows and arrows in leather cases with wooden handles, spinning whorls with spindles included, whirling projectiles, *konghou* (harps), canes, fire drills, bowls of various types, plates, crown ornaments, cups with ears, whip handles, darts, combs, looseners, figurines, and other types of devices and implements. Most of the wooden buckets are incised with a continuous pattern of triangles on the outside of the rim around the opening at the top. Some of the wooden buckets have triangular patterns formed from *Lithospermum officinale* seeds pasted around the outer rim of the opening. Around the outer sides of the buckets are incised images of animals, including mountain goats, horses, wolves, tigers, dogs, camels, wild boar, red deer, birds, and so on. On some wooden bowls, plates, and the handles of implements are engraved the images of mountain goats, wolves, monsters, and so forth.

Bows accompanying the burials for the most part are powerful composite bows which come in many forms and are of exquisite workmanship.

Bronze implements including ring-handled knives, as well as long axes and straight axes are most characteristic of the time. In addition, there are jointed horse bits, knives with straight handles, and bronze buckles, shells, and fittings used as ornaments for horse bridles. Stone implements include disks, pestles, balls, and so on. Iron implements include knives, awls, and horse bits. There are few objects made of gold and silver, and they are mainly used for ornaments, earrings, and foil. Implements made of bone and horn are relatively numerous and include cups, horse bits, arrowheads, buckles, small bodkins, and so on. A considerable amount of cowry shells (*Cypraea moneta*) has been unearthed. Baskets, leather goods, felt objects, textiles for clothing, etc., although they are difficult to preserve, have also been recovered from some of the burials, albeit usually in fragmentary condition.

Among other finds are saddles, musical pipes made of clay, clay figurines, leather armor, and grape vines.

3. Grave types, periodization, and dating

The construction of the tombs in the Yanghai Cemetery may be divided into types A, B, C, and D, and correspondingly divided into four periods. In general, the tombs in sector Ⅰ are mainly of types A and B and belong to the Bronze Age. Tombs in sector Ⅱ are mainly of C type and belong to the Early Iron Age. Tombs in sector Ⅲ are mainly of D type and date to the Han period (206 BC-220 AD). Furthermore, it can be demonstrated that the use of all three sectors began in the south and stopped when they reached the northernmost part. In the periodization of the site, the archaeologists did not rely strictly on the tomb types, but also took into account the forms of the objects found in them. Through a comprehensive examination of the construction of the tombs, artifact types, and ^{14}C data, they arrived at an absolute chronology of 13-11th cc. BC for period 1, 10-8th cc. BC for period 2, 7-4th cc. BC for period 3, and 3-2nd cc. BC for period 4. That is to say, periods 1 and 2 belong to the Bronze Age, period 3 belongs to the Iron Age, and period 4 belongs to the time of the Han Dynasty. If we take into account cultural continuity and the absence of Han Dynasty artifacts, period 4 may also be ascribed to the Early Iron Age.

4. Periodization and Basic Characteristics

Period 1 is characterized by type A tombs. They have only a small amount of pottery and lack painted pottery, whereas bronze implements are relatively more numerous. In particular, it is only in type A tombs that bronze axes with haft eyes and bronze knives with arc backs and ring handles are found. These two kinds of bronze implements are quite common in the cultures of the northern grassland. Implements of this type may be correlated with the end of the Shang Dynasty (ca. 1600-1046 BC) and the beginning of the Zhou Dynasty (1046-256 BC). Objects made of wood and leather are relatively abundant. Wooden vessels with deep bellies and simple bows are numerous.

Period 2 is characterized by type B tombs. The pottery in these tombs comes in a variety of shapes, with painted pottery having a serrated pattern being most characteristic. Bone bit shanks with horseheads or slightly rounded animal heads at their tips, single ring bronze horse bits, and compound bows with a single arc have been recovered from these tombs.

Period 3 is characterized by type C tombs, which are numerous and last for a long time. There is an abundance of pottery with painted vessels mainly having triangular patterns and variants of triangular patterns with whorls. Bronze horse bits with double rings, horse bit shanks with three holes, straight bronze knives, and composite bows with three bends have been recovered from these tombs.

Period 4 is characterized by type D tombs. These have yielded a small amount of Chinese-style artifacts, such as pottery jars with string patterns, wood cups with ears, and so forth. The pottery is rough and has thick walls. Painted pottery is seldom seen. Combs with an arched back, single ring iron horse bits, bit shanks with two holes, straight iron knives, and composite bows with no bend in the middle have been recovered from these tombs.

Type A tombs are mostly distributed along the edge of the southwestern part of sector Ⅰ of the cemetery. Type B tombs are mainly distributed in the south central part of sector Ⅰ. The number of type C tombs is especially great, the total of which amounts to more than two thirds of all the tombs that have been excavated. Viewed from a larger perspective, type C tombs coexisted with type B tombs and type D tombs for a period of time. Most of the tombs in sector Ⅱ are of this type and concurrently were distributed in the northern part of sector Ⅰ and in the southern part of sector Ⅲ. Type D tombs are mainly concentrated in the northern part of sector Ⅲ. All three sectors of the cemetery were utilized beginning from the south and stopped when they reached their northernmost point.

5. The importance of the Yanghai Cemetery in establishing and perfecting the affiliations and chronological yardsticks of Xinjiang archaeological cultures

The variety of painted pottery ornamentation at this cemetery is conspicuous, with continuous triangular patterns (serrated patterns) both on the inside and outside of the rim of the opening being the most characteristic. The motif of triangular patterns is combined in designs of many different kinds. They are densely constructed and rich in variety, with painted patterns often being seen on the ears of the pots. Triangular patterns not only constitute a large proportion of the ornamentation on pottery, they are often seen on wooden artifacts and on apparel.

The original design motif on painted pottery derived from designs on woolen textiles, especially on the fringes of woolen fabrics, nearly all of which were copied on the rims of painted pottery, after which they developed and evolved in accord with their new medium.

Typically seen from the Bronze Age to the Early Iron Age, artifacts consisting of equine equipage, bronze weapons, and animal patterns are known as the "three Scythian essentials" (they are also called the "three Scythian associates").

As for animal limbs and other body parts accompanying the burials as foods, they are mainly ovicaprid heads, whole ovicaprids, ovicaprid ribs, ovicaprid legs, bovine heads, horse jaws and horse scapulae, horse tibias, and so forth. There are only a few instances of horse tails with decorations and accompanying dog burials. Accompanying burials of a complete horse that could be used for transport only appear in the late period.

Examples of plant foods as accompanying burial goods are common, and they are always placed in pottery vessels.

The Yanghai people believed in Shamanism. With the burial grounds being located beneath the highest peaks of the Flaming Mountains, this would have been where the shamans could have ascended to heaven. There is, in addition, evidence of the practice of skull perforation (trepanation) and tattooing.

The very rich remains of woolen textiles, animal style patterns of ornamentation, complete sets of equipment for riding and archery, as well as for hunting, etc. reflect the fact that the primary mode of production at that time was animal husbandry and hunting. The Yanghai people raised goats, sheep, cattle, and horses. At the same time, they planted small plots of wheat, barley, and highland barley, as well as other grains (millet). Vegetables, grapes, and other plants were also grown in irrigated fields.

It was an important custom for the Yanghai people to use designs and colors to decorate their artifacts and clothing. The high peaked crowns and gorgeous gowns have been preserved. These included cloaks, shirts, robes, pants, skirts, shawls, as well as belts, bands, and sashes woven of wool, and carpets.

The Turfan Basin is a complete and independent geographical unit which has for many years undergone extensive archaeological investigation and excavation. The Yanghai Cemetery is divided into four periods which experienced four stages of gradual evolution: origins, development, prosperity, and decline, establishing a complete cultural system. Xinjiang painted pottery is distributed in four major areas along the range of mountains that surround it. They belong to four different archaeological cultures: from east to west they are the Yanbulak, Subeshi, Charwighul, and Ili River Basin cultures. From the time when they became self-contained systems, each of these cultural areas underwent periods of rise, development, and disappearance, but the times when these processes occurred in each of the four cultures were different. In Xinjiang and even in the whole of the Central Asian region, there are a considerable number of archaeological cultures that continued from the Bronze Age to the Early Iron Age. In the west there was the Chust Culture and the Kulbulak Culture, in the east was the Kayue Culture of the Hexi (Gansu) Corridor. In the past, Subeshi Culture was thought to be a culture of the Early Iron Age, but the results of excavations at the Yanghai Cemetery allow us to see clearly that the earliest stages of Subeshi Culture should be assigned to the Bronze Age. Still more important are its resonances with the neighboring Yanbulak Culture and Charwighul Culture.